KARL LARENZ

ALLGEMEINER TEIL DES DEUTSCHEN BÜRGERLICHEN RECHTS

ALLGEMEINER TEIL DES DEUTSCHEN BÜRGERLICHEN RECHTS

VON

DR. KARL LARENZ

EM. O. PROFESSOR
AN DER UNIVERSITÄT MÜNCHEN

6., neubearbeitete Auflage

C.H.BECK'SCHE VERLAGSBUCHHANDLUNG
MÜNCHEN 1983

CIP-Kurztitelaufnahme der Deutschen Bibliothek

Larenz, Karl:
Allgemeiner Teil des deutschen Bürgerlichen Rechts /
von Karl Larenz. – 6., neubearb. Aufl. – München:
Beck, 1983.
ISBN 3 406 09700 6

ISBN 3 406 09700 6

Druck der C. H. Beck'schen Buchdruckerei Nördlingen

Vorwort zur sechsten Auflage

Die 6. Auflage enthält wieder zahlreiche meist kleinere Änderungen und Ergänzungen, die teils dem Fortgang der Rechtsprechung Rechnung tragen, teils der Verdeutlichung dienen sollen. Stärker erweitert habe ich die Ausführungen zur ergänzenden Vertragsauslegung, speziell zu deren Verhältnis zum Fortfall der Geschäftsgrundlage. Hierüber habe ich mich näher in einem Aufsatz geäußert, der demnächst in einem Beiheft der Zeitschrift Versicherungsrecht erscheinen wird. Viel Mühe, um nicht zu sagen Verdruß, hat mir diesmal die Nachprüfung der Hinweise auf solche Kommentare bereitet, die, meist im Zusammenhang mit einem Wechsel der Bearbeiter, vielfach ihre Einteilung geändert haben. Der Versuchung, auf solche Hinweise künftig überhaupt zu verzichten, habe ich aber nicht nachgegeben, weil sie m. E. für den Leser, der sich weiter unterrichten will, nicht zu entbehren sind. Insgesamt hat der Umfang des Buches leider abermals, um mehr als 40 Seiten, zugenommen.

Das Buch entspricht nunmehr im ganzen dem Stand etwa vom April 1983.

München, im Juni 1983

Karl Larenz

Aus dem Vorwort zur ersten Auflage (1967)

Das pädagogische Anliegen dieses Lehrbuchs ist das gleiche, das mich vor 15 Jahren bei der Abfassung meines Lehrbuchs des Schuldrechts geleitet hat, nämlich, wie ich damals schrieb, „ein Buch zu schreiben, das zusammenhängend lesbar, in sich verständlich und so aufgebaut sei, daß es ein möglichst geschlossenes Bild der behandelten Rechtsinstitute ergibt“. Dem habe ich nichts hinzuzufügen.

Nicht so leicht ist es, das wissenschaftliche Anliegen deutlich zu machen, das hinter diesem Buche steht. Der Allgemeine Teil des Bürgerlichen Rechts ist von jeher der Ort gewesen, nicht nur die Normen des ersten Buches des BGB, sondern darüber hinaus das System und die Grundbegriffe unseres Bürgerlichen Rechts darzustellen. Dabei hat man unter dem System meist nur das zu Ordnungszwecken gebildete „äußere System“ und unter den „Grundbegriffen“ die diesem System zugehörenden abstrakten Begriffe verstanden, die ebenso durch die Weite ihres Anwendungsbereichs wie durch die äußerste Reduzierung des Begriffsinhalts gekennzeichnet sind. Die das Privatrecht als solches fundierenden Sinnzusammenhänge werden dann wohl noch vorausgesetzt, aber nicht hinreichend sichtbar gemacht. Ein volles Verständnis des geltenden Rechts verlangt meiner Überzeugung nach die Kenntnis der dem positiven Recht vorgegebenen Grundprinzipien und des durch sie gestifteten Sinnzusammenhanges, des „inneren Systems". In diesem Buch wurde der Versuch gemacht, es darzustellen.

Um den Umfang des Buches nicht zu sehr anschwellen zu lassen, habe ich auf die Darstellung des internationalen Privatrechts, das ja ein eigenes Lehrgebiet ist, und, von wenigen Bemerkungen in der Einleitung abgesehen, auch auf die Geschichte der Privatrechtswissenschaft, die Rechtsquellenlehre und die Methodenlehre verzichtet. Diese Lehren finden, soweit sie nicht Gegenstand von Sondervorlesungen und Einzeldarstellungen sind, ihren gegebenen Platz in der Einführung in die Rechtswissenschaft. Mochten sie zur Zeit des gemeinen Rechts, als die Schulung des Juristen fast ausschließlich anhand der Pandekten erfolgte, ihren Platz in den allgemeinen Lehren des Privatrechts finden, so gehören sie dort nicht mehr hin, seit das Bürgerliche Recht auch im Unterricht nur noch eines der großen Rechtsgebiete neben den anderen ist.

Inhalt

Inhalt

Erstes Kapitel. Die Personen

A. Natürliche Personen

B. Juristische Personen

Zweites Kapitel. Rechtsverhältnisse und subjektive Rechte

Drittes Kapitel. Die Rechtsgegenstände und das Vermögen

Verzeichnis der Abkürzungen

aA . . . . anderer Ansicht
aaO . . . . am angeführten Ort
AbzG . . . . Gesetz, betreffend die Abzahlungsgeschäfte, vom 16. 5. 1894 (Abzahlungsgesetz)
AcP . . . . Archiv für die civilistische Praxis
a. E. . . . . am Ende
AG . . . . Aktiengesellschaft
AGBG . . . . Gesetz zur Regelung des Rechts der Allgemeinen Geschäftsbedingungen vom 9. 12. 1976
AktG . . . . Aktiengesetz
ALR . . . . Allgemeines Landrecht für die Preußischen Staaten von 1794
AnfG . . . . Anfechtungsgesetz
Anm. . . . . Anmerkung
AP . . . . Arbeitsrechtliche Praxis; Nachschlagewerk des Bundesarbeitsgerichts
ArchBürgR . . . . Archiv für Bürgerliches Recht
ArchöffR . . . . Archiv für öffentliches Recht
ArchRWPhil. . . . . Archiv für Rechts- und Wirtschaftsphilosophie
ARSP . . . . Archiv für Rechts- und Sozialphilosophie
Art. . . . . Artikel
Aufl. . . . . Auflage

BAG . . . . Bundesarbeitsgericht
BayObLG . . . . Bayerisches Oberstes Landesgericht
BB . . . . Der Betriebsberater
Bd. . . . . Band
Bem. . . . . Bemerkung
BGB . . . . Bürgerliches Gesetzbuch
BGBl. . . . . Bundesgesetzblatt
BGH . . . . Bundesgerichtshof
BGHZ . . . . Entscheidungen des Bundesgerichtshofs in Zivilsachen
BeurkG . . . . Beurkundungsgesetz vom 28. 8. 1969
BVerfG . . . . Bundesverfassungsgericht
BVerfGE . . . . Entscheidungen des Bundesverfassungsgerichts

DB . . . . Der Betrieb
DDR . . . . Deutsche Demokratische Republik
Diss. . . . . Dissertation
DJT . . . . Deutscher Juristentag
DJZ . . . . Deutsche Juristen-Zeitung
DRiZ . . . . Deutsche Richterzeitung

EG . . . . Einführungsgesetz
EGBGB . . . . Einführungsgesetz zum Bürgerlichen Gesetzbuch
e. G. . . . . eingetragene Genossenschaft
EheG . . . . Ehegesetz
Erl. . . . . Erläuterung
e. V. . . . . eingetragener Verein

FamRZ . . . . Zeitschrift für das gesamte Familienrecht
Festschr. . . . . Festschrift, Festgabe

Abkürzungen

Festschr. JT . . . . Hundert Jahre Deutsches Rechtsleben, Festschrift zum hundertjährigen Bestehen des Deutschen Juristentages, 1960
FGG . . . . Gesetz über die Angelegenheiten der freiwilligen Gerichtsbarkeit

G . . . . Gesetz
GBO . . . . Grundbuchordnung
GebrMG . . . . Gebrauchsmustergesetz
GenG . . . . Genossenschaftsgesetz
GG . . . . Grundgesetz für die Bundesrepublik Deutschland
GmbH . . . . Gesellschaft mit beschränkter Haftung
GrdstVG . . . . Grundstücksverkehrsgesetz
GruchBeitr. . . . . Beiträge zur Erläuterung des Deutschen Rechts, begründet von Dr. J. A. Gruchot
GVG . . . . Gerichtsverfassungsgesetz
GWB . . . . Gesetz gegen Wettbewerbsbeschränkungen vom 27. 7. 1957 idF vom 4. 4. 1974

HaftpflG . . . . Reichshaftpflichtgesetz
HGB . . . . Handelsgesetzbuch
h. L. . . . . herrschende Lehre
HO . . . . Hinterlegungsordnung
HRR . . . . Höchstrichterliche Rechtsprechung

idF. . . . . in der Fassung

JA . . . . Juristische Arbeitsblätter
JherJb. . . . . Jherings Jahrbücher für die Dogmatik des bürgerlichen Rechts
JR . . . . Juristische Rundschau
JurJb. . . . . Juristen-Jahrbuch
JuS . . . . Juristische Schulung
JW . . . . Juristische Wochenschrift
JZ . . . . Juristenzeitung

KG . . . . Kammergericht
KG . . . . Kommanditgesellschaft
KO . . . . Konkursordnung
KunstUrhG . . . . Gesetz betreffend das Urheberrecht an Werken der bildenden Künste und der Photographie

LM . . . . Lindenmaier-Möhring, Nachschlagewerk des Bundesgerichtshofs
LZ . . . . Leipziger Zeitschrift für Deutsches Recht

MDR . . . . Monatsschrift dür deutsches Recht
m. E. . . . . meines Erachtens
MünchKomm . . . . . . Münchener Kommentar zum BGB, Bd. I, 1978
Mugdan . . . . Mugdan, Die Gesamten Materialien zum Bürgerlichen Gesetzbuch für das Deutsche Reich, Bd. I, 1899, Neudruck 1979

NJW . . . . Neue Juristische Wochenschrift

OGHZ . . . . Entscheidungen des Obersten Gerichtshofs für die britische Zone in Zivilsachen
OHG . . . . Offene Handelsgesellschaft
OLG . . . . Oberlandesgericht

PatG . . . . Patentgesetz
PStG . . . . Personenstandsgesetz

Rdn, Rdz . . . . Randnote, Randziffer
Recht . . . . Das Recht
RG . . . . Reichsgericht
RG-Festschr. . . . . Die Reichsgerichtspraxis im deutschen Rechtsleben, Festgabe der juristischen Fakultäten zum 50jährigen Bestehen des Reichsgerichts, 1929
RGZ . . . . Entscheidungen des Reichsgerichts in Zivilsachen
Rhein. Zschr. . . . . Rheinische Zeitschrift für Zivil- und Prozeßrecht
Rspr. . . . . Rechtsprechung

SAE . . . . Sammlung arbeitsrechtlicher Entscheidungen
SeuffA . . . . Seufferts Archiv für Entscheidungen der obersten Gerichte in den deutschen Staaten
str. . . . . streitig
StGB . . . . Strafgesetzbuch
StPO . . . . Strafprozeßordnung
StVG . . . . Straßenverkehrsgesetz

UrhG. . . . . Gesetz über Urheberrecht und verwandte Schutzrechte (Urheberrechtsgesetz)
UWG . . . . Gesetz gegen den unlauteren Wettbewerb

VerschG . . . . Verschollenheitsgesetz
VersR . . . . Versicherungsrecht
vgl. . . . . vergleiche
VO . . . . Verordnung
VwGO. . . . . Verwaltungsgerichtsordnung

WarnR . . . . Die Rechtsprechung des Reichsgerichts auf dem Gebiete des Zivilrechts, herausgegeben von Warneyer
WEG . . . . Wohnungseigentumsgesetz
WM . . . . Wertpapiermitteilungen

ZAkDR . . . . Zeitschrift der Akademie für Deutsches Recht
ZBernJV . . . . Zeitschrift des Bernischen Juristenvereins
ZFA . . . . Zeitschrift für Arbeitsrecht
ZGB . . . . Schweizerisches Zivilgesetzbuch
ZHR . . . . Zeitschrift für das gesamte Handelsrecht und Wirtschaftsrecht
ZPO . . . . Zivilprozeßordnung
ZVG . . . . Gesetz über die Zwangsversteigerung und die Zwangsverwaltung
ZZP . . . . Zeitschrift für Zivilprozeß

Schrifttum zum Allgemeinen Teil des BGB

I. Einführungen in das Bürgerliche Recht, insbesondere in den Allgemeinen Teil des BGB

Diederichsen, Der Allgemeine Teil des Bürgerlichen Gesetzbuchs für Studienanfänger, 4. Aufl. 1980

Diederichsen/Marburger, Fälle und Lösungen, BGB Allgemeiner Teil, 5. Aufl. 1983

Eisenhardt, Allgemeiner Teil des BGB, 2. Aufl. 1980

Hattenhauer, Grundbegriffe des Bürgerlichen Rechts, 1982

Helm, Grundkurs im Bürgerlichen Recht, 2. Aufl. 1977

Löwisch, Das Rechtsgeschäft (für Studienanfänger), 4. Aufl. 1982

Medicus, Bürgerliches Recht, 11. Aufl. 1983

Ramm, Einführung in das Privatrecht/Allgemeiner Teil des BGB, 3 Bände, 2. Aufl. (ohne Jahresangabe)

Rüthers, Allgemeiner Teil des BGB, 4. Aufl. 1982

Schwab, Einführung in das Zivilrecht, 2. Aufl. 1976

Westermann, Grundbegriffe des BGB, 2. Aufl. 1975

Westermann, BGB, Allgemeiner Teil („Schwerpunkte"), 4. Aufl. 1978

II. Lehr- und Handbücher zum Allgemeinen Teil[1]

Brox, Allgemeiner Teil des Bürgerlichen Gesetzbuchs, 6. Aufl. 1982

Enneccerus/Nipperdey, Allgemeiner Teil des Bürgerlichen Rechts, 15. Aufl., Bd. I 1959, Bd. II 1960 (zit. *Enn./N.*)

Flume, Allgemeiner Teil des Bürgerlichen Rechts, 1. Band, 1. Teil, Die Personengesellschaft, 1977; 2. Band, Das Rechtsgeschäft, 3. Aufl. 1979

Lange/Köhler, BGB, Allgemeiner Teil, 17. Aufl. 1980

Lehmann-Hübner, Allgemeiner Teil des Bürgerlichen Gesetzbuchs, 15. Aufl. 1966

Medicus, Allgemeiner Teil des BGB, 1. Aufl. 1982

Pawlowski, Allgemeiner Teil des BGB, 2 Bände, 1972

v. Tuhr, Der Allgemeine Teil des Deutschen Bürgerlichen Rechts, Bd. I 1910; Bd. II, 1. Halbband 1914; 2. Halbband 1918; Neudruck 1957

Wolf, Ernst, Allgemeiner Teil des Bürgerlichen Rechts, 3. Aufl. 1982

III. Kommentare

Beuthien und andere, Studienkommentar zum BGB, 2. Aufl. 1979

Erman, Handkommentar zum Bürgerlichen Gesetzbuch, Bd. I, 7. Aufl. 1981

---

[1] Über ältere, heute kaum noch benutzte Lehrbücher des Bürgerlichen Rechts, die nur noch von dogmengeschichtlichem Interesse sind, vgl. die Angaben in der 1. bis 3. Auflage dieses Buches.

Schrifttum

Jauernig und andere, Bürgerliches Gesetzbuch mit Erläuterungen, 2. Aufl. 1981

Kommentar der Reichsgerichtsräte zum Bürgerlichen Gesetzbuch, Bd. I, 12. Aufl., herausgegeben von Mitgliedern des BGH (zit. RGR-Komm.)

Münchener Kommentar zum BGB, Bd. I, Allgemeiner Teil, AGB-Gesetz, herausgeg. von *Säcker,* 1978 (zit. MünchKomm.)

Oertmann, Bürgerliches Gesetzbuch, 1. Buch, Allgemeiner Teil, 3. Aufl. 1927

Palandt, Bürgerliches Gesetzbuch (Allgemeiner Teil bearbeitet von *Heinrichs*), 42. Aufl. 1983

Planck, Kommentar zum BGB, Bd. I, Allgemeiner Teil, 4. Aufl. 1913

Rosenthal, Bürgerliches Gesetzbuch (bearbeitet von *Kamnitzer, Bohnenberg*), 15. Aufl. 1965

Rother, Grundsatzkommentar zum BGB, Allgemeiner Teil, 2. Aufl. 1979

Soergel/Siebert, Bürgerliches Gesetzbuch, Bd. I, Allgemeiner Teil, 11. Aufl. 1978 (bearbeitet von *Schultze-v. Lasaulx* und anderen)

Staudinger, Kommentar zum BGB, Bd. I, Allgemeiner Teil, 12. Aufl. 1979 u. 80, §§ 1 bis 89 bearbeitet von *Coing* u. *Hubmann,* §§ 90 bis 240 bearbeitet von *Dilcher*

Zur Zitierweise:

Die meisten Lehrbücher und Einführungen wurden nur mit dem Namen des Verfassers, Kommentare in der Regel unter Angabe des Herausgebers und des jeweiligen Bearbeiters zitiert. „*Flume*" ohne weitere Angabe bedeutet den 2. Band seines Allgemeinen Teils (Das Rechtsgeschäft), 3. Aufl. 1979. „*Medicus*" ohne Zusatz sein Lehrbuch, 1982. Die Abkürzung „Sch.R." verweist auf mein Lehrbuch des Schuldrechts, Bd. I, 13. Aufl. 1982, Bd. II, 12. Aufl. 1981.

Paragraphen ohne Zusatz sind im allgemeinen solche des BGB, in § 29a dieses Buches solche des AGBG.

Einleitung

§ 1. Das BGB als gesetzliche Grundlage des deutschen Privatrechts

I. Begriff und Quellen des Privatrechts

a) **Das Privatrecht im Unterschied zum öffentlichen Recht.** Das bürgerliche Recht ist Teil des Privatrechts. Das Privatrecht ist derjenige Teil der Rechtsordnung, der die Beziehungen der einzelnen zueinander auf der Grundlage ihrer Gleichberechtigung und Selbstbestimmung *(„Privatautonomie")* regelt. Demgegenüber versteht man unter dem öffentlichen Recht denjenigen Teil der Rechtsordnung, der die Beziehungen des Staates und anderer mit hoheitlicher Gewalt ausgestatteter Verbände sowohl zu ihren Mitgliedern wie untereinander, sowie die Organisation dieser Verbände regelt. Das Verhältnis des Staates und der mit hoheitlicher Gewalt ausgestatteten Verbände, wie der Gemeinden und sonstigen öffentlichen Körperschaften, zu ihren Mitgliedern ist nicht das der Gleichordnung, sondern das einer, im Rechtsstaat genau geregelten, Über- und Unterordnung. Verhältnisse einer gewissen Überordnung und Unterordnung gibt es aber auch im Privatrecht, nämlich im Familienrecht und im Verhältnis privatrechtlicher Gesellschaften und Vereine zu ihren Mitgliedern. Auf der anderen Seite stehen zwar die Gemeinden zum Staate im Verhältnis der Einordnung, zwei Gemeinden untereinander, ebenso wie zwei Länder innerhalb der Bundesrepublik aber im Verhältnis der Gleichordnung. Für die begriffliche Abgrenzung des Privatrechts und des öffentlichen Rechts ist das Kriterium der Gleichordnung oder der Über- und Unterordnung daher nicht ausschlaggebend.

Eine möglichst genaue Abgrenzung ist indessen notwendig, weil auf ihr die Unterschiedlichkeit der verschiedenen Gerichtswege beruht. Nach § 13 GVG gehören vor die sogenannten „ordentlichen Gerichte", d. h. die Zivilgerichte, im Grundsatz alle „bürgerlichen Rechtsstreitigkeiten", das sind solche Streitigkeiten, die ein Rechtsverhältnis des Privatrechts oder einen aus einem solchen Rechtsverhältnis abgeleiteten Anspruch betreffen. Für öffentlich-rechtliche Streitigkeiten, also für Streitigkeiten, die ein Rechtsverhältnis des öffentlichen Rechts oder eine daraus abgeleitete Rechtsfolge betreffen, sind heute, soweit nicht die Zuständigkeit eines Verfassungsgerichts oder aber eines besonderen Verwaltungsgerichts (nämlich eines Sozialgerichts oder Finanzgerichts) gegeben ist, die allgemeinen Verwaltungsgerichte zuständig (§ 40 Abs. 1 VwGO). Bestimmte Streitigkeiten sind, obwohl sie ihrer Natur nach öffentlich-rechtlich sind, aus historischen Gründen durch Gesetz den ordentlichen Gerichten zugewiesen (vgl.

Art. 14 Abs. 3 Satz 4, 34 Satz 3 GG; § 40 Abs. 2 VwGO). Von diesen Fällen abgesehen kommt es also darauf an, ob das Rechtsverhältnis oder subjektive Recht, über das gestritten wird, dem öffentlichen Recht oder dem Privatrecht angehört.[1]

Nach der „Interessentheorie" soll für die Abgrenzung der Rechtsregeln entscheidend sein, ob bei der Regelung das Interesse der einzelnen, ein Privatinteresse, oder ein sogenanntes öffentliches Interesse im Vordergrund steht. Das ist unhaltbar. Einmal werden durch das Privatrecht nicht nur die Interessen der einzelnen, sondern häufig zugleich auch öffentliche Interessen geschützt, so etwa ein Interesse der Rechtspflege, das Interesse an der Sicherheit des Rechtsverkehrs, an leichter Erkennbarkeit und Beweisbarkeit von Rechtsverhältnissen (Grundbuchsystem, Formvorschriften), das Interesse an der Erhaltung sozialer Ordnungen wie der Ehe und Familie (vgl. Art. 6 Abs. 1 GG), soziale Rücksichten, z. B. im Miet- und im Arbeitsrecht, sowie sozialökonomische und marktwirtschaftliche Interessen. Anderseits geht es auch im öffentlichen Recht keineswegs allein um das regelmäßig mit im Spiel befindliche öffentliche Interesse, sondern ebenso auch um die angemessene Berücksichtigung des Interesses der einzelnen. Eben um dieses Interesse zu wahren, ist ja dem einzelnen der Rechtsweg vor den Verwaltungsgerichten geöffnet. Letzten Endes handelt es sich sowohl im öffentlichen Recht wie im Privatrecht nicht nur um die Förderung und den Schutz bestimmter Interessen, sei es der Allgemeinheit oder des einzelnen, sondern um einen angemessenen Interessenausgleich, also um Recht und Gerechtigkeit.

Daß auch das Kriterium der Gleichordnung oder der Über- und Unterordnung nicht immer zutrifft, wurde schon bemerkt. Man kann höchstens sagen, daß im Privatrecht *grundsätzlich* die Gleichordnung, im öffentlichen Recht die Über- und Unterordnung im Vordergrund steht. Auf dem Boden der Gleichordnung ist das regelmäßige Mittel zur Gestaltung einzelner Rechtsverhältnisse der *Vertrag*. Ein Vertrag erfordert die Zustimmung beider Teile. Hier kann also nicht der eine dem anderen einseitig eine Pflicht auferlegen oder dessen Rechte beschränken. Eben das ist im Verhältnis der Über- und Unterordnung möglich. Der Staat legt seinen Bürgern z. B., ohne daß es darauf ankäme, ob der einzelne dem zugestimmt hat, Steuerpflichten auf, oder beschränkt ihn, soweit das die Verfassung zuläßt, in seinen Rechten, z. B. im Gebrauch seines Grundeigentums. Aber auch, wer Mitglied eines privaten Vereins ist, ist an dessen satzungsgemäße Beschlüsse, z. B. über eine Erhöhung des Mitgliedsbeitrags, gebunden, solange er sich nicht dieser Bindung durch seinen Austritt entzieht. Dem minderjährigen Kinde können die Eltern im Rahmen ihres Sorge-, insbesondere ihres Erziehungsrechts Pflichten und Beschränkungen auferlegen. Auf der anderen Seite können Länder

[1] Ist das zweifelhaft, so entscheidet in einem anhängigen Rechtsstreit das zuerst angerufene Gericht, ob der Rechtsweg zu diesem Zweig der Gerichtsbarkeit zulässig ist.

oder Gemeinden sie gemeinsam berührende Fragen, die in ihren hoheitlichen Bereich fallen, auf dem Boden der Gleichberechtigung, durch einen öffentlich-rechtlichen Vertrag, regeln. Das klassische Völkerrecht ist im Prinzip ein Recht gleichberechtigter Staaten. Ob also ein Rechtsverhältnis auf der Gleichordnung oder auf einer Über- und Unterordnung der Beteiligten beruht, ist allenfalls ein Indiz, aber kein verläßliches Kriterium dafür, ob es sich um ein Rechtsverhältnis des Privatrechts oder des öffentlichen Rechts handelt.

Die heute herrschend gewordene Lehre stellt darauf ab, ob an dem Rechtsverhältnis wenigstens der eine Teil *gerade in seiner Eigenschaft als Träger von „Hoheitsgewalt"* beteiligt ist – dann öffentlich-rechtlich –, oder ob das nicht der Fall ist – dann privatrechtlich.[2] Ein mit hoheitlicher Gewalt ausgestatteter Verband, z. B. der Staat oder eine Gemeinde, kann in derselben Weise wie ein Privatrechtssubjekt am Rechtsverkehr teilnehmen, indem er z. B. ein Grundstück kauft oder anmietet, Anstellungsverträge abschließt, ein Darlehen aufnimmt. In diesem Fall ist er an dem Rechtsverhältnis nicht gerade in seiner Eigenschaft als Träger hoheitlicher Gewalt beteiligt; das Rechtsverhältnis gehört dem Privatrecht an. Schließen zwei Gemeinden oder zwei Länder dagegen miteinander einen Vertrag, der die Ausübung ihrer hoheitlichen Befugnisse betrifft, so handeln sie als Träger hoheitlicher Gewalt, der Vertrag ist ein öffentlich-rechtlicher. Es kommt insoweit auf den Inhalt des Vertrages, insbesondere darauf an, ob ein Vertrag gleichen Inhalts auch unter Privatleuten möglich wäre. Als Hoheitsträger, nicht als Privatrechtssubjekt handelt der Staat auch dann, wenn er aufgrund entsprechender Gesetze *Leistungen fürsorglicher Art* erbringt. Zwar bedarf es hier nicht eines Einsatzes staatlicher Machtmittel, das Rechtsverhältnis zwischen dem Staat (oder der zur Erbringung derartiger Leistungen verpflichteten Körperschaft) und dem Leistungsempfänger ist dennoch ein öffentlich-rechtliches, weil die Erbringung dieser Leistungen, die in Erfüllung der Aufgaben des Sozialstaates geschieht, nicht die Sache von Privatleuten ist. Gewiß sind auch damit nicht alle Abgrenzungsschwierigkeiten restlos beseitigt. Öffentliches Recht und Privatrecht lassen sich nicht so messerscharf voneinander trennen wie die beiden Hälften eines durchgeschnittenen Apfels. Vielmehr sind sie vielfach ineinander ver-

---

[2] Man bezeichnet diese Auffassung als Subjekttheorie, weil sie auf die an einem Rechtsverhältnis beteiligten Subjekte und, wenn eines dieser Subjekte ein Träger hoheitlicher Gewalt ist, darauf abstellt, ob es gerade in dieser seiner Eigenschaft beteiligt ist. Die Subjekttheorie wird unter anderen vertreten von *Boehmer,* Einführung in das Bürgerliche Recht, 2. Aufl. 1965, § 4 III; *Dahm,* Deutsches Recht, 2. Aufl. 1963, § 19 II; *Enn./N.* § 34 II 2; *Brox,* Rdz. 9; *Rehfeldt,* Einführung in die Rechtswissenschaft, 2. Aufl. 1966, § 34 I; *Palandt/Heinrichs,* Einleitung I, 2; *MünchKomm./Säcker,* Einleitung Nr. 3. Eine Sonderart der Subjekttheorie vertritt *H. J. Wolff,* ArchöffR 76, S. 205; Verwaltungsrecht I § 22 II. Kritisch *Lehmann/Hübner* § 1 I 1c; *Ernst Wolf* S. 240ff. Ein anderes Abgrenzungskriterium schlägt *Medicus,* Lehrb. Rdz. 10 a. E. vor: Das öffentliche Recht sei das Recht der gebundenen, das Privatrecht das der freien Entscheidung. „Gebunden" ist der ausführende Beamte aber auch dort, wo er für den Staat oder die von ihm vertretene Körperschaft einen privatrechtlichen Vertrag schließt. Auch dieses Kriterium vermag daher nicht zu befriedigen.

zahnt. Dabei spielen auch historische Reminiszenzen eine Rolle. Am stärksten ist die Verschränkung heute im Arbeitsrecht, das öffentlich-rechtliche und privatrechtliche Bestandteile enthält.

An die Stelle der herkömmlichen Zweiteilung will *Pawlowski* eine Dreiteilung des (materiellen) Rechts in Privatrecht, Sozialrecht und öffentliches Recht setzen.[3] Im Bereich des Privatrechts entscheide über die Gestaltung der Rechtsverhältnisse – im Rahmen der für alle geltenden Gesetze – das Individuum gemäß seiner eigenen Interessenbewertung, in dem des öffentlichen Rechts der Staat oder ein „hoheitlich" organisierter Verband, dessen einzelner Amtsträger im Rahmen des ihm zugeteilten Ermessens. Im Bereich des „Sozialrechts" dagegen seien an den Entscheidungen auch auf freiwilligem Zusammenschluß beruhende Verbände (z. B. Gewerkschaften, Arbeitgeberverbände) oder gewählte Interessenvertreter (z. B. Betriebsräte) beteiligt. Auch bei dieser Einteilung entstehen erhebliche Abgrenzungsschwierigkeiten;[4] so ist die innere Organisation vieler dieser Verbände, unerachtet ihrer sozialen Funktion, doch dem Privatrecht zuzurechnen, und das gilt auch von ihrem Zusammenwirken in der Rechtsform des Vertrages. Wir folgen deshalb dieser Einteilung nicht. Richtig ist jedoch, daß die Mitwirkung dazu geschaffener Verbände oder Interessenvertreter an der Gestaltung der Bedingungen des Wirtschafts- und Arbeitslebens und die ihnen daraus erwachsende Verantwortung ein sich noch verstärkender Grundzug unserer heutigen Wirtschafts- und Gesellschaftsordnung ist.[5] Von da aus gesehen, ist es in der Tat problematisch, ob die Entgegensetzung von öffentlichem Recht und Privatrecht noch zu einer adäquaten Erfassung *aller* Rechtsverhältnisse ausreicht.[6]

Die Unterscheidung des öffentlichen Rechts und des Privatrechts kann sinnvollerweise jedenfalls nur auf das *materielle Recht,* die Lebensordnung, nicht auf das *Prozeßrecht,* die Verfahrensordnung, bezogen werden.[7] Zwar rechnet man allgemein das Prozeßrecht deshalb zum öffentlichen Recht,[8] weil die Rechtspflege zweifellos eine Betätigung der staatlichen Hoheitsgewalt ist und das Verhältnis der Parteien, aber auch der Zeugen und Sachverständigen, zum Gericht nicht das der Gleichordnung, sondern das einer Unter- und Überordnung ist. Aber bei den eigentlichen Verfahrensregeln geht es nicht nur um dieses Verhältnis, sondern ebenso um das der Prozeßparteien zueinander, die sich im Verfahren als gleichberechtigt gegenüberstehen. Darüber hinaus räumt unsere Zivilprozeßordnung den Parteien noch während des Prozesses ein erhebliches Maß an Dispositi-

---

[3] *Pawlowski* I S. 8ff.

[4] So rechnet *Pawlowski* zum Sozialrecht „das Recht der wirtschaftlich bedeutsameren Vereine". Welche sind das?

[5] Vgl. *Wieacker,* Privatrechtsgeschichte der Neuzeit, 2. Aufl. S. 546f.; *Schwab,* Rdz. 78.

[6] Vgl. auch *Ramm,* I § 19 I. Zum Arbeitsrecht unten § 3 I.

[7] So auch *Pawlowski,* I S. 11 Anm. 20.

[8] So *Rosenberg/Schwab,* Zivilprozeßrecht, 13. Aufl. § 1 VI; *Blomeyer,* Zivilprozeßrecht § 1 II; *Lent/Jauernig,* Zivilprozeßrecht § 2 VI.

onsfreiheit über das im Streit befangene Recht ein, was nur aus dem Fortwirken ihrer „Privatautonomie" im Prozeß verstanden werden kann. Dies alles paßt zu einer rein öffentlich-rechtlichen Auffassung des Prozeßrechts schlecht. Auch entscheiden über Verfahrensmängel die Zivilgerichte der höheren Instanz selbst. Wollte man damit Ernst machen, daß es sich bei dem Prozeßrechtsverhältnis rein um ein Verhältnis des öffentlichen Rechts handle, so müßten konsequenterweise die Verwaltungsgerichte darüber entscheiden. Man sollte sich daher entschließen anzuerkennen, daß das Prozeßrecht seinem Wesen nach weder dem öffentlichen Recht noch dem Privatrecht zugezählt werden kann, sondern jenseits dieser Unterscheidung steht. Die heutige Prozeßlehre sieht das „Prozeßrechtsverhältnis" als ein dreiseitiges Rechtsverhältnis an, nämlich als ein Rechtsverhältnis der Parteien sowohl untereinander wie zum Gericht.[9] Nur in der zweiten Hinsicht gleicht es einem Verhältnis des öffentlichen Rechts, in der ersten mehr einem des Privatrechts. Da aber das Verfahren eine Einheit darstellt, die man nicht in eine öffentlich-rechtliche und in eine privatrechtliche Komponente zerlegen kann, so bleibt eben nur übrig, das Prozeßrecht als ein eigenes Rechtsgebiet anzusehen, das weder dem öffentlichen Recht noch dem Privatrecht zuzuzählen ist. Dafür, daß alles Recht *nur* entweder öffentliches Recht oder Privatrecht sein könne, besteht keine logische Notwendigkeit. Für das materielle Recht muß freilich daran festgehalten werden, daß jedes Rechtsverhältnis entweder dem öffentlichen Recht oder dem Privatrecht einzuordnen ist, weil davon die Art des Rechtsweges abhängt. Für das Prozeßrecht besteht diese Notwendigkeit nicht; es wird von dieser Einteilung, sieht man es richtig, nicht berührt.

b) **Das bürgerliche Recht als Teil des Privatrechts.** Innerhalb des Privatrechts unterscheiden wir das bürgerliche Recht als das *allgemeine* Privatrecht sowie eine Reihe von *Sondergebieten.* Das bürgerliche Recht oder Zivilrecht[10] hat solche Rechtsverhältnisse zum Gegenstand, in denen grundsätzlich *jeder* „Bürger" (im Sinne von civis, citoyen) stehen kann; es ist das Recht, das *alle* angeht. Dazu gehören einmal der Schutz der Persönlichkeit, Bestimmungen über die Geschäftsfähigkeit und die zivilrechtliche Verantwortlichkeit, sodann das allgemeine Vermögensrecht, das Bestimmungen sowohl über das Eigentum und andere Sachenrechte, wie auch über Verträge, über die Entstehung, den Inhalt und die Endigung von Schuldverhältnissen sowie über Verpflichtungen zum Schadensersatz enthält, ferner das Familienrecht und das Erbrecht. Es sind das die Materien,

---

[9] So besonders *Rosenberg/Schwab* § 2 II, die aber gleichwohl das Prozeßrechtsverhältnis ausdrücklich als ein öffentlich-rechtliches Verhältnis bezeichnen. Richtig ist gewiß, daß das Prozeßrechtsverhältnis kein Privatrechtsverhältnis ist. Daraus folgt aber noch nicht notwendig, daß es ein öffentlich-rechtliches Verhältnis sein müsse, da es nicht ausgemacht ist, daß die Unterscheidung, die für das materielle Recht unentbehrlich ist, auch auf das Verfahrensrecht angewandt werden muß.

[10] Zur geschichtlichen Herkunft der Bezeichnung vgl. *Boehmer,* Einführung in das Bürgerliche Recht § 1.

die im wesentlichen im BGB geregelt sind. In Sondergesetzen geregelt sind eine Reihe von Spezialmaterien; zu erwähnen sind hier das Verschollenheitsgesetz, das Gesetz über Abzahlungsgeschäfte, das Wohnungseigentumsgesetz, das Ehegesetz. Von großer Bedeutung für das gesamte, im BGB geregelte Vertragsrecht ist das Gesetz zur Regelung des Rechts der Allgemeinen Geschäftsbedingungen. Außerhalb des BGB und teilweise von ihm abweichend geregelt ist das Recht der privaten Versicherungsverträge und das Wechsel- und Scheckrecht.

Zum Privatrecht, aber nicht zum bürgerlichen Recht gehören das Handelsrecht als das Sonderrecht der Kaufleute[11] und der handelsrechtlichen Gesellschaften (OHG, KG, GmbH und AG), das Bank- und Börsenrecht und das Seerecht. Aus dem allgemeinen bürgerlichen Recht ausgegliedert ist heute auch das Arbeitsrecht als das Recht der unselbständig tätigen Arbeitnehmer. Als Sondergebiete, die sich von dem allgemeinen bürgerlichen Recht deutlich abheben, sind ferner das Recht der gewerblichen Wirtschaft (Wettbewerbsrecht, Kartellrecht) sowie das Urheberrecht und das Recht der gewerblichen Schutzrechte zu nennen. Die Verschiedenheit der Rechtsgebiete spiegelt sich teilweise auch in der Gerichtsorganisation wider. So sind für Streitigkeiten aus Arbeitsverhältnissen nicht die ordentlichen Gerichte, sondern die Arbeitsgerichte zuständig, während für Handelssachen bei den ordentlichen Gerichten auf der Stufe des Landgerichts besondere Kammern, die Kammern für Handelssachen, errichtet werden können (aber nicht müssen). In den Arbeitsgerichten sowohl wie in den Kammern für Handelssachen wirken neben den Berufsrichtern ehrenamtlich tätige Laienrichter mit, die den betreffenden Lebenssachverhalten nahestehen. Bei den Arbeitsgerichten gehört jeweils einer der beiden Laienrichter dem Kreis der Arbeitgeber, einer dem der Arbeitnehmer an.

Das bürgerliche Recht ist das Kerngebiet des Privatrechts. Das BGB enthält, vor allem in den drei ersten Büchern, diejenigen allgemeinen Regeln und Rechtsinstitute, auf denen die Regelung in allen anderen Bereichen des Privatrechts aufbaut. Wie ein Vertrag geschlossen wird und wann er gültig ist, was ein Kaufvertrag ist, wie Eigentum erworben und übertragen wird, welche Rechtsfolgen eintreten, wenn ein Vertragsteil seine Verpflichtungen nicht erfüllt, auf welche Weise sich ein Gläubiger gegenüber der Gefahr eines Vermögensverfalls seines Schuldners sichern kann – was hierüber das bürgerliche Recht bestimmt, das hat für *alle* Gebiete des Privatrechts Bedeutung. Man kann die Sondergebiete

---

[11] *Raisch* hat in seinem Buch „Geschichtliche Voraussetzungen, dogmatische Grundlagen und Sinnwandel des Handelsrechts", 1965, gezeigt, daß hinter dem Kaufmannsbegriff, auf den das HGB abstellt, das Unternehmen als Bezugspunkt spezifisch handelrechtlicher Normen steht. Er zieht daraus – in JuS 67, 533 – den Schluß, daß handelsrechtliche Normen auf Sachverhalte, die der Regelung des BGB unterliegen, bei Vorliegen der entsprechenden Voraussetzungen dann analog angewandt werden können, wenn die ihnen zugrunde liegende Wertung nicht maßgebend vom Begriff des Unternehmens beeinflußt ist.

nicht verstehen, solange man nicht die Grundbegriffe und die allgemeinen Regeln des bürgerlichen Rechts kennt. Die Grundsätze, die das gesamte Privatrecht, wenn auch in verschiedenem Maße, beherrschen, treten im bürgerlichen Recht am deutlichsten hervor.

c) **Die Quellen des Privatrechts.** Unter „Rechtsquellen" versteht man einmal die Entstehungsgründe der Rechtssätze und zum anderen die durch ihren Entstehungsgrund gekennzeichneten Erscheinungsformen des – innerhalb des Herrschaftsbereichs der staatlichen Rechtsordnung – für alle geltenden objektiven Rechts selbst. Die h. L.[12] kennt nur zwei durch ihre unterschiedliche Entstehung gekennzeichnete Erscheinungsformen[13] des objektiven Rechts, die sie als gleichwertig ansieht: das staatliche Gesetz und das Gewohnheitsrecht. Während das Gesetz auf einem Akt bewußter Rechtsetzung beruht, der eine durch die Verfassung des betreffenden Gemeinwesens begründete Legitimation des Gesetzgebers und die Einhaltung des in ihr vorgeschriebenen Verfahrens erfordert, beruht das Gewohnheitsrecht auf der tatsächlichen Betätigung einer in der Rechtsgemeinschaft vorherrschenden Rechtsüberzeugung durch eine entsprechende Übung der Rechtsgenossen, meist auch ihrer Bestätigung durch die Gerichte. Ob daneben im Völkerrecht und im Staatsrecht auch noch die „Vereinbarung" als eine „Rechtsquelle" anzusehen ist,[14] braucht hier nicht erörtert zu werden. Auch die Frage, ob der Tarifvertrag eine Rechtsquelle ist, lassen wir hier offen, da sie uns von unserem Thema zu weit abführen würde.[15] Der privatrechtliche Vertrag jedenfalls ist keine „Rechtsquelle" in dem hier gemeinten Sinne, da er zwar Recht unter den Parteien setzt, Dritte aber dadurch nicht verpflichtet werden können. Die vertragliche Regelung gilt für die Vertragsparteien, nicht aber, wie eine Norm des objektiven (staatlichen) Rechts, für eine unbestimmte Vielzahl von „Normadressaten", die der Norm ohne Rücksicht darauf, ob sie ihr zugestimmt haben, unterworfen sind. Vereinssatzungen gelten zwar für eine unbestimmte Vielzahl von Personen – die jeweiligen Vereinsmitglieder – und sind daher in diesem Sinne auch Rechtsnormen. Sie gelten aber nur für diejenigen, die sich ihrem Geltungsanspruch durch den *freiwilligen Akt* des Beitritts unterworfen haben,[16] und auch für sie nur so lange, als sie die freiwillige Unterwerfung nicht durch Austritt aus dem Verein beendet haben. Die Satzungen sind daher keine Normen des *für alle,* ohne Rücksicht auf freiwillige Unterwerfung, vermöge

---

[12] *Enn./N.* § 32 II; *Lange/Köhler* § 7 I 1; *Lehmann/Hübner* § 3 I 3.

[13] Ihre Bezeichnung als „Rechtsquellen" ist sprachwidrig. (Richtig *Meyer-Cording,* Die Rechtsnormen, 1971, S. 50). „Quelle", d. h. Entstehungsgrund des Gesetzes ist der Akt der Gesetzgebung, „Quelle" des Gewohnheitsrechts die sich in ihm manifestierende gemeinsame Rechtsüberzeugung.

[14] So *Dahm,* Deutsches Recht § 7 IV, 51 III 3. Kritisch dazu *Lehmann/Hübner* § 3 II 4.

[15] Vgl. *Enn./N.* § 43 III; *Nikisch,* Arbeitsrecht, Bd. II, 2. Aufl., § 69 II.

[16] *Meyer-Cording* aaO. S. 47 bezeichnet derartige Normen daher als „Wahlnormen" oder als „akzeptierte Rechtsnormen".

seines (wie immer zu begründenden) *objektiven Geltungsanspruchs* geltenden staatlichen Rechts, sondern Normen des auf seiner „Satzungsautonomie" beruhenden Rechts des betreffenden Vereins.[17] Für das bürgerliche Recht kommen hiernach, sehen wir hier zunächst einmal noch von dem so genannten „Richterrecht" ab, als „Rechtsquellen", besser als seine Erscheinungsweisen, in der Tat nur das Gesetz und das Gewohnheitsrecht in Betracht.

Historisch ist das **Gewohnheitsrecht,** wenigstens im germanischen Rechtskreis,[18] älter als das Gesetzesrecht. Das Recht bildete sich in der Frühzeit der germanischen Rechtsgeschichte teils in der Übung der Rechtsgenossen, teils in den von der Zustimmung der Rechtsgenossen getragenen Gerichtssprüchen, in beiden Fällen auf Grund der allgemeinen Überzeugung der Rechtsgenossen von der Richtigkeit eines bestimmten Verhaltens oder einer bestimmten Sanktion. Das so entstandene Gewohnheitsrecht wurde durch mündliche Überlieferung, später auch durch schriftliche Aufzeichnungen, die aber nicht die Kraft eines Gesetzes hatten, weitergegeben, tradiert. Gesetze begegnen uns im frühen Mittelalter als Äußerungen der Königsgewalt; im späteren Mittelalter auch als Satzungen der Städte oder anderer autonomer Verbände. Mit der Ausbildung der Landeshoheit der Fürsten verlagert sich seit dem Beginn der Neuzeit das Schwergewicht der Gesetzgebung vom Reich auf die Länder. Als Gesetzgeber tritt nun der Landesherr, der König oder ein Fürst, auf. Im Laufe des 18. Jahrhunderts und zu Beginn des 19. entstehen in den größten deutschen Ländern umfassende **Gesetzeskodifikationen.** In Bayern trat 1756 der Codex Maximilianeus Bavaricus, in Preußen 1794 das Allgemeine Landrecht und in Österreich 1811 das Allgemeine Bürgerliche Gesetzbuch in Kraft. Aber auch in den anderen damaligen Großstaaten des europäischen Festlandes setzte sich um die gleiche Zeit der Gedanke einer umfassenden Gesetzgebung durch. So trat in Frankreich, unter der Autorität Napoleons, 1804 der Code civil in Kraft, der auch auf die deutsche Entwicklung Einfluß gewann. Die Bedeutung des Gewohnheitsrechts trat damit auf dem europäischen Festland, anders als in England, zurück. Aber noch *Savigny* gab ihm in seiner berühmten Schrift „Vom Beruf unserer Zeit für Gesetzgebung und Rechtswissenschaft" (1814) grundsätzlich den Vorrang vor dem Gesetzesrecht. Er betonte, alles Recht sei ursprünglich auf die Weise entstanden, die man heute als Gewohnheitsrecht bezeichne, und sprach seiner eigenen Zeit die Fähigkeit, ein wirklich gutes Gesetzesbuch zu machen, entschieden ab. Diese Meinung suchte er durch eine Kritik des preußischen Landrechts, des österreichischen Allgemeinen Bürgerlichen Gesetzbuchs und des Code civil zu erhärten. Freilich hielt auch er für *seine* Zeit nicht mehr das Gewohnheitsrecht im ursprünglichen Sinne fest,

---

[17] Hierzu *Meyer-Cording,* Die Vereinsstrafe, 1957, S. 43, 46ff.

[18] Zur Bedeutung des Gewohnheitsrechts im römischen Recht *Flume,* Gewohnheitsrecht und römisches Recht, Rheinisch-Westfälische Akademie der Wissenschaft, Vorträge G 201, 1975.

sondern sah das zwar ,,gewohnheitsrechtlich" in Deutschland übernommene, aber durch die Rechtswissenschaft und die Gerichte fortgebildete *römische Recht* für die geeignetste Grundlage unseres Privatrechts an. Er lehnte aus diesem Grunde den Vorschlag des Heidelberger Rechtslehrers *Thibaut,* ein von allen deutschen Staaten einzuführendes allgemeines deutsches Bürgerliches Gesetzbuch zu schaffen, als unzeitgemäß ab.

Schon vor ihm hatten sich zwei bedeutende Publizisten des 18. Jahrhunderts grundsätzlich gegen die Kodifikationsbestrebungen gewandt. Der Osnabrücker Historiker Justus *Möser* veröffentlichte 1772 einen Aufsatz unter dem Titel: ,,Der jetzige Hang zu allgemeinen Gesetzen und Verordnungen ist der gemeinen Freiheit gefährlich".[19] Er meinte, allgemeine Gesetzbücher bahnten nur ,,den Weg zum Despotismus, der alles nach wenig Regeln zwingen will", und er erklärte: ,,Wenn ich ein allgemeines Gesetzbuch zu machen hätte, so würde es darin bestehen, daß jeder Richter nach den Rechten und Gewohnheiten sprechen sollte, welche ihm von den Eingesessenen seiner Gerichtsbarkeit zugewiesen werden würden". Ähnliche Bedenken äußerte im Hinblick auf den Entwurf zum preußischen Allgemeinen Landrecht auch *Goethes* Schwager Johann Georg *Schlosser.*[20] Diese Männer schätzten die verborgene Weisheit der überlieferten Bräuche und Sprüche wie auch die den örtlichen Verhältnissen angepaßten unterschiedlichen Regelungen höher als allgemeine Regelungen, in denen sie das Produkt des vereinfachenden, aber auch vereinseitigenden Verstandes und die Äußerung eines die Eigenständigkeit ,,gewachsener" Ordnungen erdrückenden Zentralismus sahen. Demgegenüber war *Savignys* Ablehnung wohl mehr von der Besorgnis bestimmt, ein Gesetzbuch werde den derzeitigen, nach seiner Meinung unvollkommenen Zustand der Rechtswissenschaft auf lange Zeit fixieren und damit der Entwicklung eines auf den Fortschritt der wissenschaftlichen Erkenntnis gegründeten Rechts Fesseln anlegen.

Die Gegner einer umfassenden Gesetzgebung, gleich welches ihre Motive immer waren, hatten indessen auf die Dauer keinen Erfolg, weil die mächtigsten Tendenzen des 19. Jahrhunderts für eine gesamtdeutsche Kodifikation wirkten. Es war das einmal die Tendenz zur Überwindung der Hindernisse, die aus der Vielheit und Undurchsichtigkeit der örtlich unterschiedlichen Rechte für Handel und Verkehr entstanden, und zum anderen das Streben nach nationaler Einheit, die auch die Rechtseinheit in sich schloß. So kam es im Jahre 1861 zum Allgemeinen Deutschen Handelsgesetzbuch, dem Vorläufer des heute geltenden Handelsgesetzbuchs von 1897, und nach der Gründung des Reiches zur Schaffung des Bürgerlichen Gesetzbuchs. Für die Fortgeltung des bisherigen oder für die Bildung neuen Gewohnheitsrechts schien danach auf dem Gebiete des bürgerlichen Rechts kaum noch Raum zu sein. Denn da Reichsrecht (heute Bundesrecht) dem Landesrecht vorgeht, müßte es sich ja bei der Bildung eines Gewohnheitsrechts schon um Normen handeln, die im gesamten Reichsgebiet (Bundesgebiet) in der Überzeugung, daß es sich dabei um ,,Recht" handle, befolgt werden.

Vielfach wird angenommen, daß sich solches Gewohnheitsrecht dennoch in bedeutendem Umfange auf dem Wege über den sog. Gerichtsgebrauch, insbesondere eine **ständige Rechtsprechung** der obersten Gerichte, gebildet habe.

---

[19] Justus *Möser,* Patriotische Phantasien (Sämtliche Werke), 1842, Bd. II, S. 20.
[20] J. G. *Schlosser,* Briefe über die Gesetzgebung, 1789.

Daran, daß die Gerichte an der Durchbildung und Fortbildung des Rechts einen maßgebenden Anteil haben, kann kein Zweifel bestehen. Zwar ist es nicht ihre Aufgabe, Rechtsnormen zu schaffen und in Geltung zu setzen; dies ist vielmehr die Aufgabe des Gesetzgebers. Die Aufgabe des Richters ist es, das Recht in der Entscheidung des Einzelfalls zu finden.[21] Dazu aber genügt es nicht, daß er das Gesetz als eine feste Größe, etwa wie einen Zollstock, an die ihm gegebenen Tatsachen gleichsam anlegt, um sie daran zu messen; vielmehr bedarf das Gesetz, um anwendbar zu werden, immer erneut der Verdeutlichung, Präzisierung, „Konkretisierung" der in ihm enthaltenen Beurteilungsmaximen im Hinblick auf den zu entscheidenden Fall und die besonderen Fragen, die dieser aufgibt. Der Richter muß also das Gesetz, indem er es anwendet, auslegen und, soweit es „lückenhaft" ist, ergänzen. Dadurch bildet er es, indem er es anwendet, auch schon fort. Die von den Gerichten gefundenen Auslegungen und Ergänzungen schaffen zwar unmittelbar „Recht" nur für den entschiedenen Einzelfall; kein Gericht ist dazu verbunden, in einem anderen Fall das Gesetz wiederum in der gleichen Weise auszulegen. Doch werden die Gerichte dies tun, wenn sie von der Richtigkeit der einmal gefundenen Auslegung oder Gesetzesergänzung überzeugt sind, und sie dienen damit auch der Kontinuität und Stabilität. Eine so zustandegekommene „ständige Rechtsprechung", mitunter auch schon eine einzige Entscheidung des höchsten Gerichts, von der angenommen werden kann, daß die Gerichte ihr künftig folgen werden, wird im Rechtsverkehr, z. B. bei der Abfassung von Verträgen oder „allgemeinen Geschäftsbedingungen", *gleich wie* eine Rechtsnorm beachtet, auf die man sich faktisch einrichtet. Wird sie damit schon zum „Gewohnheitsrecht"?

Wenn man unter dem Gewohnheitsrecht – und das tut die h. L. – *verbindliche* Normen versteht, die in gleicher Weise „gelten" wie ein Gesetz, dann muß man mit der Bejahung der Frage sehr vorsichtig sein. Denn wenn auch die „ständige Rechtsprechung", solange die Gerichte an ihr festhalten, das faktisch in Geltung stehende (d. h. überwiegend befolgte) Recht in erheblichem Umfang mit bestimmt, so kommt ihr „Verbindlichkeit" und damit *normative* Geltung in Wahrheit doch nur insoweit zu, als sie das Ergebnis einer zutreffenden Interpretation, methodisch einwandfrei begründeter Überlegungen, d. h. *„richtig"* ist.[22] Stellt sich ihre Unrichtigkeit – sei es auch nur im Hinblick auf eine bestimmte Situation, die von der des „Ausgangsfalls" wesentlich verschieden ist – heraus, dann sind die Gerichte nicht nur berechtigt, sondern sogar verpflichtet, sie aufzugeben

---

[21] Vgl. *Flume,* Richter und Recht, Verhandlungen des 46. DJT, Bd. II, Teil K, 1967, S. 25.

[22] Ihr Geltungsgrund ist dann „die Überzeugungskraft der Gründe, mit denen diese Normen gerechtfertigt werden", (so *Pawlowski* I S. 29). Zur Frage einer Bindungswirkung von Präjudizien vgl. *meine* Abhandlung in der Festschr. f. *Hans Schima,* Wien 1969, S. 247 und Methodenlehre der Rechtswissenschaft, 5. Aufl. S. 412ff.

oder zu modifizieren, und sie tun das auch in der Tat.[23] Wäre eine ständige Rechtsprechung, auf die der Verkehr sich eingerichtet hat, deshalb schon Gewohnheitsrecht, so wären die Gerichte daran nunmehr wie an ein Gesetz gebunden, dürften also selbst dann nicht mehr von ihr abgehen, wenn sie sie als unzutreffend erkannt hätten. Davon kann aber keine Rede sein. Der Bindung der Gerichte an das Gesetz entspricht ihre Freiheit zur (methodisch geleiteten) Interpretation und Rechtsfortbildung, ihre Freiheit daher auch gegenüber ihren eigenen früheren Entscheidungen (den sogenannten Präjudizien). Nur so ist es ihnen möglich, neuen Erkenntnissen Raum zu geben, einem Wandel der Lebensverhältnisse oder des allgemeinen Rechtsbewußtseins, der Entwicklung der gesamten Rechtsordnung in der Interpretation der Einzelnorm oder der Ausfüllung eines „unbestimmten" Rechtsbegriffs immer erneut Rechnung zu tragen. Die Freiheit der Gerichte gegenüber ihren eigenen früheren Entscheidungen würde unerträglich eingeengt, wollte man in jeder ständigen Rechtsprechung, auf die der Verkehr sich eingerichtet hat, bereits ein „Gewohnheitsrecht" sehen.[24]

Dennoch *kann* eine ständige Rechtsprechung (und sogar eine einzelne höchstrichterliche Entscheidung) den Anstoß zur Bildung eines Gewohnheitsrechts geben oder ein solches sichtbar machen, wenn sie eine Regel zum Ausdruck bringt, die vom Verkehr übernommen wird und die in solchem Maße dem allgemeinen Rechtsbewußtsein entspricht, daß sie befolgt wird, nicht nur weil man erwartet, andernfalls bei den Gerichten zu unterliegen, sondern weil man in ihr den Ausdruck einer unbezweifelbaren *Rechts*anforderung sieht.[25] Denn entscheidend für ein Gewohnheitsrecht ist nicht allein die Übung, sondern daß dieser die allgemeine Überzeugung einer rechtsethischen Richtigkeit, die sog. „opinio necessitatis", zugrunde liegt. Ist das der Fall, so handelt es sich in der Tat um Gewohnheitsrecht; andernfalls vermag selbst eine noch so lange fortgesetzte Übung oder ein noch so langer Gerichtsgebrauch keine verbindliche Norm zu begründen. Legt man diesen Maßstab an, so wird man allerdings nicht alle von den Gerichten

---

[23] Hierin liegt ein wesentlicher Unterschied der Rechtspr. der deutschen zu der der englischen Obergerichte, die sich praktisch an ihre eigenen Entscheidungen für gebunden erachten; vgl. dazu *Fikentscher,* Methoden des Rechts Bd. II S. 105. Als Konsequenz der von ihm entwickelten Fallnormtheorie überträgt *Fikentscher* (Bd. IV. S. 336ff.) diese Bindung auch auf das deutsche Recht; hierzu *meine* Methodenlehre, 5. Aufl. S. 139. Beispiele für die Aufgabe einer „ständigen Rechtsprechung" durch den BGH aufgrund neuer Überlegungen bieten die Entsch. BGHZ 52, 259 („Bergwerksbesitzer") und 59, 343 („Testamentsaushöhlung" und Auslegung des § 2287 BGB) – beide lesenswert!

[24] Vgl. dazu *Esser,* Festschr. für F. v. *Hippel,* S. 95ff., besonders S. 113f. *Esser* warnt zutreffend davor, aus einem „Gerichtsgebrauch" alsbald ein „Gewohnheitsrecht" zu machen, geht aber doch wohl zu weit, wenn er die Möglichkeit der Bildung echten Gewohnheitsrechts auf dem Wege über die Rechtsprechung anscheinend völlig in Abrede stellt.

[25] In derartigen Fällen kann ausnahmsweise schon eine einzelne Grundsatzentscheidung des höchsten Gerichts eine normative Kraft erlangen, ohne daß eine sich bildende Übung abgewartet werden müßte. Vgl. dazu Festschr. f. *Schima* S. 262ff.; *Liver* in ZBerrJV 91 bis S. 40ff. Gegen die Möglichkeit eines „Gewohnheitsrechts" Ernst *Wolf* S. 69f.

entwickelten Entscheidungsmaximen, nur weil sie seit längerem unangefochten sind, dem Gewohnheitsrecht zurechnen dürfen.

Die in letzter Zeit viel erörterte Frage, ob etwa die Rechtsprechung selbst eine „Rechtsquelle“ ist,[26] ist jedenfalls im Sinne des hier zugrunde gelegten Begriffs der „Rechtsquelle“ (als eines Entstehungsgrundes verbindlicher Normen) zu verneinen.[27] Die Rechtsprechung ist, da ihre Ergebnisse das derzeit faktisch geltende Recht zum Ausdruck bringen und überdies eine gewisse Vermutung der Richtigkeit für sich haben, eine, und zwar unentbehrliche, *Rechtserkenntnisquelle.* Aber eine dem Gesetz oder dem Gewohnheitsrecht gleich zu erachtende „Rechtsquelle“ ist sie nicht.

Keine Rechtsquelle, auch kein Gewohnheitsrecht, stellen die sogenannte **Verkehrssitte** und der **Handelsbrauch** dar,[28] obgleich das Gesetz auf sie als Hilfsmittel der Auslegung und in anderen Zusammenhängen (vgl. die §§ 157, 242) verweist. Denn Verkehrssitte und Handelsbrauch können nur insoweit beachtet werden, als sie mit den Wertungsmaßstäben der Rechtsordnung in Einklang stehen, für deren Erkenntnis sie ihrerseits nicht herangezogen werden dürfen. Wer die Verkehrssitte außer acht läßt, kann dadurch einen rechtlichen Nachteil erleiden, weil die Rechtsordnung in der Regel denjenigen schützt, der von seinem Geschäftspartner die Beachtung der Verkehrssitte erwartet und erwarten kann (vgl. unten § 19 II b). Jedoch macht der Verstoß gegen eine Verkehrssitte allein ein Verhalten noch nicht „rechtswidrig“. Die Verkehrssitte ist eben, auch wenn die Rechtsordnung sie vielfach beachtet, selbst kein Recht, weil ihre Anforderungen nicht den Sinn von *Rechts*anforderungen haben, ihre Anerkennung und Befolgung weder auf einer darin zum Ausdruck kommenden Rechtsüberzeugung noch auf der Autorität des Gesetzgebers beruht. Wie weit sie überhaupt den Charakter einer *Norm,* also einer Befolgung heischenden Anforderung, hat, nicht nur eine tatsächlich in bestimmten Kreisen bestehende allgemeine Meinung oder Gepflogenheit ist, kann hier dahinstehen.[29] Von praktischer Bedeutung ist der Unterschied zwischen dem Gewohnheitsrecht auf der einen Seite, der Verkehrssitte und dem bloßen Brauch auf der anderen Seite deshalb, weil nur das Gewohnheitsrecht dem Gesetz im Range gleichsteht und jüngeres Gewohnheitsrecht daher auch älteres Gesetzesrecht außer Kraft zu setzen vermag, die Verkehrssitte dagegen stets dem Gesetze zu weichen hat. Daher vermag eine Ver-

---

[26] Vgl. dazu die Angaben in der Festschr. f. *Schima* S. 248 Anm. 2; *Meyer-Cording* aaO. S. 66 ff.

[27] So auch die noch immer herrschende Ansicht: *Enn./N.* § 42 I 1; *Lange/Köhler* § 1 II 1; *Lehmann/Hübner* § 3 V; *Flume,* Verhandl. des 46. DJT, Bd. II, Teil K S. 25; *Pawlowski* I S. 29 f.

[28] Vgl. *Enn./N.* § 41 IV; *Lange/Köhler* § 1 II 5. Zur rechtlichen Bedeutung der Verkehrssitte *Oertmann,* Rechtsordnung und Verkehrssitte, 1914; *Sonnenberger,* Verkehrssitten im Schuldvertrag, 1969.

[29] Ihren Normcharakter verneint – sicherlich mit Recht, soweit es sich um die verkehrsübliche Bedeutung bestimmter gebräuchlicher Ausdrücke und Geschäftsklauseln handelt – *Sonnenberger* aaO. S. 61 ff.

kehrsübung und eine diese gutheißende Rechtsprechung eine entgegenstehende gesetzliche Regelung erst dann zu überwinden, wenn sie die Kraft eines Gewohnheitsrechts erlangt hat, was z. B. hinsichtlich der Zulässigkeit der Sicherungsübereignung heute der Fall ist. Auch ein Gewohnheitsrecht kann aber, da es keinen höheren Rang hat als das Gesetzesrecht, jederzeit durch ein neues Gesetz geändert oder aufgehoben werden. So wurde mit dem Inkrafttreten des BGB alles entgegenstehende Gewohnheitsrecht aufgehoben.

Keine Rechtsnormen, wenn auch zum Teil von erheblicher Bedeutung für die Rechtsfindung, sind die **technischen Normen,** die von privatrechtlich organisierten Institutionen wie dem ,,Deutschen Institut für Normung" (,,Din"-Normen) oder dem Verein Deutscher Ingenieure erarbeitet und publiziert werden.[30] Sie dienen der Vereinheitlichung der Produktion und damit auch der besseren Nutzbarkeit der hergestellten Produkte, der Qualitätskontrolle und der Sicherung vor Gefahren, die mit der Herstellung und der Verwendung technischer Einrichtungen und Geräte für die damit befaßten Personen und für die Allgemeinheit verbunden sind. Vornehmlich diejenigen, die dem zuletzt genannten Zwecke dienen, weisen einen Bezug zu solchen Rechtsnormen auf, die bezwekken, Schäden zu verhüten oder eingetretene Schäden gerecht zu verteilen. Sie sind nicht nur technische Kunstregeln, die den Charakter von Lehr- und Erfahrungssätzen haben, sondern gleich vielen Rechtsnormen echte Verhaltensanforderungen ,,für den mit der Herstellung und Verwendung technischer Systeme befaßten Menschen".[31] Sie erheben also einen Geltungsanspruch, und der Umstand, daß sie tatsächlich in den beteiligten Kreisen als maßgebend angesehen und überwiegend befolgt werden, verschafft ihnen faktische Geltung.[32] Darin ähneln sie den Vorschriften der Sitte, den ,,Konventionalregeln". Doch unterscheiden sie sich von diesen durch ihre Entstehung: sie bilden sich nicht allein im Umgang der Menschen miteinander und verfestigen sich kraft der Gewöhnung oder Tradition, sondern sie sind in einem bestimmten Verfahren zweckrational geschaffen, von den damit betrauten Personen oder Gremien, nach vorangegangener Prüfung und Beratung, fast so wie Gesetze verkündet und ,,in Kraft gesetzt". In sie gehen nicht nur technische Erfahrungen, sondern auch wirtschaftliche Erwägungen, ja Bewertungen (etwa bei der Frage nach der Zumutbarkeit technisch möglicher, aber unverhältnismäßig aufwendiger Sicherungsmaßnahmen) – somit Erwägungen, wie sie auch der Gesetzgeber anstellt – ein. Sind sie also Rechtsnormen? Dafür fehlt ihnen die Autorität der sie ,,erlassenden" Verbände oder Gremien, deren Kompetenz zur Gesetzgebung einer entsprechenden Legitimation durch die Verfassung bedürfte. Sie binden weder die Gerichte noch die

---

[30] Dazu grundlegend: *Marburger,* Die Regeln der Technik im Recht, 1979.
[31] *Marburger* aaO. S. 283.
[32] *Marburger* S. 297f.

Verwaltungsbehörden, sind nicht im Vollstreckungsverfahren durchsetzbar, sind keine Normen des staatlich gesetzten Rechts und ebensowenig Gewohnheitsrecht.[33] Einzelne von ihnen können freilich zu Rechtsnormen dadurch werden, daß ein Gesetz ausdrücklich auf sie verweist, ihre Befolgung damit zu einer Rechtspflicht erhebt. Der Grund ihrer Geltung als Rechtsnorm ist dann aber immer erst das betreffende Gesetz, nicht schon ihre ,,Setzung" als technische Norm. Überdies aber bestimmen sie im Wege der richterlichen Konkretisierung des Maßstabes der ,,im Verkehr erforderlichen Sorgfalt" (§ 276 Abs. 1 Satz 2) in erheblichem Umfang die von der Rechtsordnung konkret gestellten Verhaltensanforderungen mit.[34] Ihre Kenntnis wird von den durch sie angesprochenen Personen erwartet; ihre Nichtbeachtung begründet ihnen gegenüber in der Regel, wenn auch nicht immer, den Vorwurf der Fahrlässigkeit.

Als Gesetzesrecht kommt für das bürgerliche Recht heute nur **staatlich gesetztes Recht** in Betracht. Satzungen der zu selbständiger Rechtsbildung vom Staat legitimierten öffentlichen Körperschaften (z. B. der Gemeinden) sind Quellen öffentlichen Rechts, nicht aber des Privatrechts. Da die Bundesrepublik Deutschland ein Bundesstaat ist, sind Bundesgesetze und Landesgesetze zu unterscheiden. Gemäß Art. 74 Nr. 1 GG gehört das Bürgerliche Recht,[35] wie schon nach der Weimarer Reichsverfassung und der Verfassung des Bismarckreiches, zur konkurrierenden Gesetzgebung des Bundes, also des Gesamtstaates. Das bedeutet, daß die Länder auf diesem Gebiet nur noch insoweit die Befugnis zur Gesetzgebung haben, als der Bund von seinen Gesetzgebungsrechten keinen Gebrauch gemacht hat (Art. 72 Abs. 1 GG). Wie weit auf dem Gebiet des Bürgerlichen Rechts heute noch das Landesrecht von Bedeutung ist, wird unter III dargelegt.

Unter einem ,,Gesetz" in dem hier gemeinten Sinne ist nur das sogenannte Gesetz im *materiellen* Sinn zu verstehen, das eine allgemeine, an eine unbestimmte Vielzahl von Personen gerichtete Norm enthält. Zu den Gesetzen in diesem Sinn sind auch die Rechtsverordnungen zu zählen. Weitergehend bestimmt Art. 2 des Einführungsgesetzes zum BGB, daß als ,,Gesetz" im Sinne des BGB wie auch des Einführungsgesetzes ,,jede Rechtsnorm" zu gelten habe. Wo also in diesen Gesetzen z. B. von einem Verstoß gegen ein Gesetz die Rede ist, da ist auch der Verstoß gegen eine Norm des Gewohnheitsrechts mit gemeint. Eine entsprechende Vorschrift findet sich im § 12 des Einführungsgesetzes zur ZPO.

---

[33] Ebenso *Marburger* S. 330 ff.

[34] Vgl. *Marburger* S. 429 ff.

[35] Zu der Frage, was zum ,,Bürgerlichen Recht" im Sinne dieser Kompetenznorm gehört, BVerfGE 42, 20, 28 ff. Im Sinne der vom BVerfG herangezogenen Rechtstradition steht der Ausdruck ,,Bürgerliches Recht" für ,,Privatrecht"; er meint im wesentlichen die Normen, die die rechtlichen Beziehungen der einzelnen zueinander, nicht auch die zum Staat oder anderen Hoheitsträgern, regeln.

II. Die Vorgeschichte des BGB

Die wichtigste Rechtsquelle auf dem Gebiete des bürgerlichen Rechts und damit des gesamten Privatrechts ist das Bürgerliche Gesetzbuch vom 18. 8. 1896.[36] Es ist gemäß Art. 1 EG am 1. 1. 1900 in Kraft getreten und gilt heute mit den inzwischen erfolgten Änderungen in der Bundesrepublik Deutschland gemäß den Artikeln 123 Abs. 1, 125 (in Verbindung mit Art. 74 Nr. 1) GG als Bundesrecht.

Die Schaffung des deutschen BGB war politisch eine Folge der Gründung des Deutschen Reiches im Jahre 1871. Bis dahin war das Privatrecht in Deutschland stark zersplittert.[37] Es galten teils Landesgesetze – außer den bereits erwähnten bayerischen und preußischen Gesetzen ist noch das Bürgerliche Gesetzbuch für das Königreich Sachsen von 1863 zu nennen –, in einigen linksrheinischen Gebieten und in Baden der dort übernommene Code civil, teils ältere Stadtrechte (z. B. Lübisches Recht in Lübeck und Teilen Schleswig-Holsteins), teils örtlich unterschiedliches Gewohnheitsrecht, teils – und zwar in einigen Gebieten allein, in den meisten Gebieten aber nur „subsidiär", d. h. in Ergänzung zu dem dort geltenden Recht – das sogenannte „Gemeine Recht". Darunter verstand man das in Deutschland durch die „Rezeption" im Laufe des 15. und 16. Jahrhunderts als Kaiserrecht oder allgemeines Recht zur Geltung gekommene spätrömische Recht, und zwar in der Gestalt, die es im „corpus iuris", den Rechtsbüchern des oströmischen Kaisers *Justinian* (527–565), erhalten hatte. Die Rechtsbücher *Justinians* waren seit dem hohen Mittelalter zunächst in Italien (Bologneser Schule), dann in Paris und schließlich auch an den deutschen Universitäten zum Gegenstand der Forschung und Lehre geworden.[38] In einer den Bedürfnissen der Zeit angepaßten Form, als „usus modernus pandectarum", hatten sie Eingang in die Gerichte und in die Kanzleien der Fürsten gewonnen und auch die Gesetzgebung beeinflußt. Im 19. Jahrhundert erfuhr die Erforschung und Systematisierung des römischen Rechts durch *Savigny*[39] und den romanistischen Zweig der von ihm begründeten „historischen Rechtsschule" einen starken Auftrieb und in *Savignys* „System des heutigen römischen Rechts" eine gewisse formale Vollendung. Gelehrte wie *Puchta*, *Jhering*[40] und *Windscheid*,[41] deren Namen hier für viele andere

---

[36] Das bei einem Gesetz angegebene Datum ist regelmäßig das Datum der Ausfertigung des Gesetzes, nicht das der Verkündigung im Gesetzblatt oder des Inkrafttretens des Gesetzes.

[37] Vgl. die Aufzählung im *MünchKomm/Säcker*, Einleitung Nr. 9.

[38] Näheres zur Geschichte der wissenschaftlichen Bearbeitung des römischen Rechts und zur Rezeption dieser Bearbeitung in Deutschland bei *Wieacker*, Privatrechtsgeschichte der Neuzeit §§ 4, 5, 7–13.

[39] Über ihn Erik *Wolf*, Große Rechtsdenker der deutschen Geistesgeschichte, 4. Aufl. 1963, S. 467 ff.; über die historische Rechtsschule *Wieacker*, Privatrechtsgeschichte der Neuzeit §§ 19, 20.

[40] Über ihn Erik *Wolf* aaO. S. 622 ff.; *Wieacker/Wollschläger*, Jherings Erbe, 1970.

[41] Über ihn Erik *Wolf* aaO. S. 591 ff.

stehen mögen, setzten das Werk *Savignys* fort. In *Windscheids* „Lehrbuch der Pandekten" fand es am Ende des Jahrhunderts einen gewissen Abschluß. Da die deutschen Juristen des 19. Jahrhunderts, gleichgültig, in welchem Lande sie wirkten, ihre juristische Ausbildung an der Universität in den Begriffen der gemeinrechtlichen Jurisprudenz und im Hinblick auf die römischen Rechtsquellen erfahren hatten, so kann es nicht wundernehmen, daß man auch bei der Abfassung des Bürgerlichen Gesetzbuchs weithin von ihnen ausging. *Windscheid* selbst war ein Mitglied der ersten Gesetzgebungskommission. Daneben hatte sich, ebenfalls begünstigt durch die „historische Rechtsschule" und durch die allgemeine Hinwendung der Geisteswissenschaften in den ersten Jahrzehnten des 19. Jahrhunderts zur Geschichte, auch die germanistische (deutschrechtliche) Forschung kräftig entwickelt. Deutschrechtliche Vorstellungen fanden Eingang vor allem in das Familienrecht (elterliche Sorge[42]), in das Sachenrecht und in das Gesellschaftsrecht (Gesamthandsprinzip). Der bedeutendste Vertreter der deutschrechtlichen Forschung, Otto v. *Gierke*,[43] gehörte zwar nicht einer der beiden Gesetzgebungskommissionen an, hat aber durch seine Kritik am ersten Entwurf[44] wesentlich mit dazu beigetragen, daß dieser Entwurf einer erneuten Bearbeitung durch eine zweite Kommission unterzogen und in einer Reihe von Punkten verändert wurde.

Die Vereinheitlichung des Privatrechts durch die Schaffung eines für ganz Deutschland geltenden Bürgerlichen Gesetzbuchs war eines der Anliegen der nationalen Einigungsbewegung des vorigen Jahrhunderts. Die Zersplitterung des Privatrechts hemmte den innerdeutschen Handel und Verkehr sowie den Austausch von Juristen unter den verschiedenen Rechtsgebieten. Während die Reichsverfassung *Bismarcks* ursprünglich dem Reiche nur die Gesetzgebungskompetenz für das Handelsrecht, das Wechselrecht und das Obligationenrecht (Schuldrecht) zuwies, wurde diese Kompetenz bereits 1873 durch eine vom Reichstag verlangte Verfassungsänderung auf das gesamte Gebiet des bürgerlichen Rechts erweitert. Die daraufhin vom damaligen Bundesrat eingesetzte erste Gesetzgebungskommission, die im wesentlichen aus hohen Richtern sowie aus einigen Ministerialbeamten und Professoren, unter ihnen *Windscheid*, bestand, arbeitete bis zum Jahre 1887. Die scheinbare Länge ihrer Arbeitszeit erklärt sich daraus, daß die Kommission äußerst gründlich verfuhr. Man sammelte zunächst die in den verschiedenen Teilen Deutschlands geltenden Rechtsvorschriften, um sie zu vergleichen und die brauchbarsten herauszufinden. Die allgemeinen Begriffe, die das Ganze zusammenhielten, entnahm man dabei, wie bemerkt, in der

[42] Vgl. die §§ 1626ff. Der ursprünglich vom BGB gebrauchte Ausdruck „elterliche Gewalt" wurde 1979 durch den der „elterlichen Sorge" ersetzt. In der Sache wurde die „elterliche Gewalt" stets als Recht und Pflicht der Eltern zur Sorge für ihre Kinder verstanden.

[43] Über ihn Erik *Wolf* aaO. S. 669ff.

[44] Otto v. *Gierke*, Der Entwurf eines Bürgerlichen Gesetzbuchs und das Deutsche Recht, 1889.

Hauptsache der gemeinrechtlichen Wissenschaft. Anfang 1888 wurde der von der Kommission hergestellte *erste Entwurf* nebst den sogenannten Motiven, einer Zusammenfassung der Gründe, von denen sich die Kommissionsmehrheit hatte leiten lassen, veröffentlicht. Er begegnete vielfacher Kritik; unter anderem warf man ihm vor, daß er die praktischen Bedürfnisse zu wenig berücksichtige, sozialen Erfordernissen keinen Raum gebe, in seiner Ausdrucksweise schwerfällig und lebensfern, zu wenig volkstümlich, kurz, zu sehr ein Produkt ,,reiner Schreibtischarbeit" sei. Daher wurde 1890 eine zweite Kommission eingesetzt, der auch einige Vertreter des Wirtschaftslebens angehörten. Diese Kommission hatte den Auftrag, den ersten Entwurf unter Berücksichtigung der ergangenen Kritik zu überarbeiten. Das Ergebnis dieser Überarbeitung war der *zweite Entwurf,* der 1895 fertiggestellt war und alsbald vom Bundesrat beraten wurde. Der zweite Entwurf unterscheidet sich vom ersten in vielen Einzelheiten, aber kaum im Stil und in der Gesamtanlage. Er wurde 1898 zusammen mit den Protokollen der zweiten Kommission veröffentlicht. Der vom Bundesrat nur wenig geänderte Entwurf wurde alsdann vom Reichskanzler zusammen mit einer Denkschrift des damaligen Reichsjustizamtes (Reichsminister und daher einen Reichsjustizminister kannte die Verfassung *Bismarcks* nicht, sondern nur ,,Reichsämter", die dem Reichskanzler unterstanden) Anfang 1896 dem Reichstag vorgelegt. Man bezeichnet diesen gegenüber dem zweiten Entwurf nur wenig veränderten Entwurf als die *,,Reichstagsvorlage".* Der Reichstag nahm die Vorlage nach eingehender Beratung in der dafür eingesetzten Reichstagskommission, wiederum mit einigen Änderungen, am 1. 7. 1896 an. Nach der Ausfertigung durch den Kaiser am 18. 8. 1896 erlangte sie durch die Verkündung im Reichsgesetzblatt mit Wirkung vom 1. 1. 1900 Gesetzeskraft.

Die Kenntnis der Vorgeschichte des Gesetzes ist wichtig für seine Auslegung. Die wichtigsten Hilfsmittel zur Erkenntnis der Vorstellungen und Erwägungen der Gesetzesverfasser und der an der Gesetzgebung beteiligten Personen sind die Motive der ersten und die Protokolle der zweiten Kommission, ferner die Denkschrift des Reichsjustizamtes und die Protokolle der Reichstagskommission. Man bezeichnet diese Hilfsmittel[45] in ihrer Gesamtheit als die ,,Gesetzesmaterialien".[46] Sowohl die Motive wie die Protokolle nehmen häufig Bezug auf die Begriffe und die Rechtsinstitute sowie auf einzelne Streitfragen der gemeinrechtlichen Wissenschaft, wobei sie nicht selten eine eigene Stellungnahme vermeiden, um der künftigen Entwicklung der Wissenschaft nicht vorzugreifen. Will man solche Bezugnahmen richtig verstehen, so ist der Rückgriff eben auf die gemeinrechtliche Wissenschaft unerläßlich. Die Vorstellungen der an der Gesetzgebung betei-

---

[45] Zur Beurteilung ihres unterschiedlichen Wertes vgl. *Enn./N.* § 55 II.
[46] Eine übersichtliche Nebeneinanderstellung bei *Mugdan,* Die gesamten Materialien zum BGB.

ligten Personen haben indessen keine Gesetzeskraft; sie stellen nur eines der Kriterien dar, an denen sich die Auslegung des Gesetzes zu orientieren hat.[47]

III. Das Verhältnis des BGB zum Landesprivatrecht und sein Geltungsbereich

a) **Das Verhältnis zum Landesprivatrecht.** Obwohl das BGB eine Gesamtkodifikation wenigstens des bürgerlichen Rechts sein sollte und der Wunsch nach Rechtsvereinheitlichung ein maßgebliches Motiv für die Schaffung des Gesetzes war, blieb doch eine Reihe von Einzelmaterien von der Kodifikation ausgeschlossen, deren Regelung man, aus historischen Gründen oder um den besonderen Verhältnissen in den einzelnen Ländern Rechnung zu tragen, weiterhin den Einzelstaaten überlassen wollte. Hinsichtlich einzelner Fragen sollten ferner trotz ihrer Regelung im BGB *ergänzende* Vorschriften des Landesrechts bestehen bleiben und weiterhin ergehen können. Daher bestimmte das Einführungsgesetz in Art. 55, daß die privatrechtlichen Vorschriften der Landesgesetze außer Kraft treten, soweit nicht im BGB oder im Einführungsgesetz ein anderes bestimmt ist.[48] Darauf folgte eine lange Aufzählung (Art. 56 bis 152) solcher landesgesetzlicher Vorschriften, die „unberührt" bleiben. Weiter heißt es in Art. 3, daß, soweit im BGB oder im Einführungsgesetz die Regelung den Landesgesetzen vorbehalten oder bestimmt ist, daß landesgesetzliche Vorschriften unberührt bleiben oder erlassen werden können, die bestehenden landesgesetzlichen Vorschriften in Kraft bleiben und neue landgesgesetzliche Vorschriften erlassen werden können.

Von den in Art. 56ff. EGBGB genannten Vorbehalten zugunsten der Landesgesetzgebung sind manche inzwischen gegenstandslos geworden, da die betreffenden Materien entweder durch Reichs- oder Bundesgesetze erschöpfend geregelt worden sind oder – wie die auf Grund der Weimarer Verfassung aufgelösten Familienfideikommisse – keine Bedeutung mehr haben. Die wichtigsten heute noch durch Landesgesetze geregelten Materien sind: das landwirtschaftliche Anerbenrecht (Art. 64; beachte jedoch Abs. 2!), das Wasserrecht (Art. 65), soweit nicht das Wasserhaushaltsgesetz des Bundes als Rahmengesetz eingreift, und das Fischereirecht (Art. 69). Von den Gebieten, die zwar im BGB geregelt sind, bei denen aber das Landesrecht ergänzende Vorschriften geben kann, sei nur das Nachbarrecht (Art. 124) erwähnt. Zu beachten ist, daß auch auf den der Landesgesetzgebung durch das EGBGB vorbehaltenen Gebieten der Bund die konkurrierende Gesetzgebungszuständigkeit besitzt, soweit sie unter eine der Nummern des Art. 74 GG fallen (also z. B. das Wirtschaftsrecht mit Einschluß des Berg-

[47] Über Auslegungskriterien vgl. unten § 4 II.

[48] Dagegen sollten Reichsgesetze auf dem Gebiete des Privatrechts in Kraft bleiben, soweit sich nicht aus dem BGB oder dem EG ihre Aufhebung ergab (Art. 32 EG).

rechts, Nr. 11, und das Arbeitsrecht, Nr. 12), und daß er von dieser Zuständigkeit Gebrauch machen kann und teilweise auch Gebrauch gemacht hat, so auf dem Gebiete des Bergrechts durch das Bundesberggesetz vom 13. 8. 1980 (BGBl Teil I S. 1310).

Der Umstand, daß so wichtige Materien wie das Wasserrecht und das Bergrecht lange dem Landesrecht überlassen waren, hat sich für ihre wissenschaftliche Bearbeitung, vor allem für ihre Berücksichtigung im Unterricht nachteilig ausgewirkt. In den Darstellungen des Sachenrechts werden sie nur mehr oder weniger am Rande erwähnt, bei der Behandlung allgemeiner privatrechtlicher Fragen nur selten mit in Betracht gezogen. Das ist zu bedauern, weil es sich hier um Rechtsgebiete handelt, denen bestimmte Rechtsgedanken eigen sind, die auch praktisch von erheblicher Bedeutung sind.

b) **Der zeitliche Geltungsbereich des Gesetzes.** Das BGB ist am 1. 1. 1900 in Kraft getreten, d. h. von diesem Zeitpunkt an waren seine Normen auf alle *danach* begründeten Privatrechtsverhältnisse anzuwenden. Es konnten solche Verhältnisse nur noch insoweit begründet werden, als das Gesetz sie zuläßt. Wie aber steht es mit solchen Rechtsverhältnissen, die schon *vor* diesem Tag begründet waren, nach früherem Recht zulässig waren und bis dahin nach diesem Recht beurteilt wurden? Diese Frage hat nichts mit der nach einer sogenannten rückwirkenden Kraft des Gesetzes zu tun, denn es geht bei ihr nicht darum, derartige Rechtsverhältnisse auch schon für die zurückliegende Zeit nach dem jetzt in Kraft getretenen Gesetz zu beurteilen, sondern es geht ausschließlich um die Frage, nach welchem Recht sie *nach* diesem Zeitpunkt zu beurteilen sind. Der Gesetzgeber mußte sich bei der Beantwortung dieser Frage vor Augen halten, daß Privatrechtsverhältnisse zum größten Teil auf dem freien Willen der Beteiligten beruhen, die bei ihrer Eingehung das zu dieser Zeit geltende Recht im Auge haben und darauf z. B. bei der Abfassung von Verträgen oder Testamenten Rücksicht nehmen. Dem begreiflichen Wunsche des Gesetzgebers des BGB, es solle um des Zieles der Rechtsvereinheitlichung willen vom 1. 1. 1900 an nur noch das neue Recht zur Anwendung kommen, stand daher die unerläßliche Rücksicht auf die Erwartung der an einem früher begründeten Privatrechtsverhältnis Beteiligten gegenüber, daß es nach den zur Zeit seiner Begründung geltenden Rechtsregeln beurteilt werden würde. Der Gesetzgeber des BGB hat sich für eine differenzierte Lösung dieser Frage entschieden, die in den Artikeln 153ff. EGBGB enthalten ist. Danach sollten z. B. für ein Schuldverhältnis, das vor dem Inkrafttreten des BGB entstanden war, die bisherigen Rechte maßgebend bleiben (Art. 170). Etwas anderes wurde jedoch für Miet-, Pacht- und Dienstverhältnisse bestimmt. Diese sollten, wenn nicht die Kündigung nach dem Inkrafttreten des BGB für den ersten Termin erfolgte, für den sie nach den bisherigen Vorschriften zulässig war, von diesem Termin an nach den Normen des BGB beurteilt werden (Art. 171). Die Vorschriften des BGB über die Verjährung von Ansprüchen sollten sogleich auch auf die vor dem Inkrafttreten des BGB entstandenen, noch nicht verjährten Ansprüche Anwendung finden (Art. 169). Auf das zur Zeit des Inkrafttretens des BGB bestehende Eigentum sollten sogleich die Vorschriften des BGB zur Anwendung kommen; bestehendes Stockwerkseigentum, das das BGB nicht kennt, sollte indessen bestehen bleiben; das Rechtsverhältnis der Beteiligten untereinander sollte sich weiterhin nach den bisherigen Vorschriften bestimmen (Art. 181, 182). Eine vor dem Inkrafttreten des BGB gültig geschlossene Ehe blieb weiterhin gültig (Art. 198 Abs. 1). Die persönlichen Beziehungen der Ehegatten zueinander, insbesondere ihre Unterhaltspflicht, bestimmten sich aber sogleich nach den Vorschriften des BGB (Art. 199). Für den Güterstand einer zur Zeit des Inkrafttretens des BGB bereits bestehenden Ehe sollten dagegen die bisherigen Vorschriften maßgebend bleiben (Art. 200). Die Gültigkeit einer vor dem Inkrafttreten des BGB errichteten Verfügung von Todes wegen sollte weiterhin nach dem bisherigen Recht beurteilt werden, auch wenn der Erblasser erst nach dem Inkrafttreten des BGB verstarb (Art. 214). Ob sich aus diesen Vorschriften allgemeine Grundsätze ableiten lassen, die bei einer Gesetzeslücke unmittelbar angewandt werden können,[49] oder ob nur Einzelanalogien möglich sind, ist zweifelhaft.

Der größte Teil dieser Vorschriften hat heute, rund 80 Jahre nach dem Inkrafttreten des Gesetzes, keine oder nur noch geringe Bedeutung. Doch kann sich aus ihnen in einzelnen Fällen auch heute noch die Notwendigkeit ergeben, auf früheres Recht zurückzugreifen.[50]

c) **Der räumliche Geltungsbereich des Gesetzes (Kollisionsrecht).** Alles positive Recht gilt für eine bestimmte Zeit und für einen bestimmten Raum. Positive Rechtssätze treten in einem bestimmten Zeitpunkt in Kraft und wiederum außer Kraft. Sie gelten innerhalb des Herrschaftsbereichs desjenigen Gemeinwesens, das sie erlassen hat. Das BGB galt ursprünglich für das Gebiet des damaligen Deutschen Reiches. Es gilt heute für das Gebiet der Bundesrepublik, nicht aber mehr in der DDR. Daß ein Gesetz für ein bestimmtes Gebiet, das Hoheitsgebiet eines bestimmten Gemeinwesens, das es erlassen oder übernommen hat, *gilt,* bedeutet grundsätzlich, daß die Gerichte und die Behörden dieses Gemeinwesens es auf alle ihrer Beurteilung unterbreiteten Vorgänge und rechtlich bedeutsamen Lebensverhältnisse anzuwenden haben. Aber das kann nicht ausnahmslos gelten.

Für die persönlichen Verhältnisse eines Menschen (z. B. für seine Geschäftsfähigkeit) oder seine Ehe kann nicht wohl das Recht desjenigen Staates maßgebend

---

[49] Solche allgemeinen Grundsätze finden sich bei *Enn./N.* § 62.

[50] So hat der BGH noch in einem Urteil vom 25. 11. 1966 (BGHZ 46, 281, 286ff.) auf die Bestimmungen des Badischen Landrechts aus dem Jahre 1809 über das Stockwerkseigentum zurückgegriffen.

sein, in dem er sich jeweils gerade aufhält, denn dann würden sie mit jedem Grenzwechsel ihren Inhalt ändern. Das könnte zu erheblichen Unbilligkeiten führen. Hier muß daher ein dauerhafterer Anknüpfungspunkt gefunden werden, als es der jeweilige Aufenthalt auf dem Gebiet eines bestimmten Staates darstellt, etwa die Staatsangehörigkeit oder der Wohnsitz. Im einzelnen ergeben sich hier oft schwierige Fragen. Kann die Ehe einer deutschen Frau mit einem Ausländer, die im Ausland geschlossen wurde, hier nach deutschem Recht geschieden werden, auch wenn das Recht des betreffenden ausländischen Staates die Scheidung einer Ehe nicht kennt? Können Ausländer im Inland nach dem deutschen Recht die Ehe miteinander eingehen, wenn sie es nach dem Gesetz ihres Heimatstaates nicht könnten? Nach welchem Recht soll der deutsche Richter einen Vertrag beurteilen, den ein Deutscher in Frankreich mit einem Italiener geschlossen hat und der von beiden Teilen in der Schweiz zu erfüllen war, wenn der deutsche Teil hier an seinem Wohnort auf Schadensersatz wegen Nichterfüllung verklagt wird? Es muß Normen geben, nach denen sich diese Fragen beantworten lassen. Derartige Normen bezeichnet man als **„Kollisionsnormen“**, die Gesamtheit der für die Anwendung eigenen oder ausländischen *Privatrechts* maßgebenden Kollisionsnormen als **„internationales Privatrecht“.** Sie sind immer dann heranzuziehen, wenn ein Rechtsverhältnis oder ein rechtlich bedeutsamer Vorgang Anknüpfungspunkte, Beziehungen zu verschiedenen Rechtsordnungen aufweist. Im Gegensatz zu den Kollisionsnormen bezeichnet man diejenigen Normen einer Rechtsordnung, die auf die Lebensverhältnisse unmittelbar anwendbar sind, als „Sachnormen“.

Das internationale Privatrecht ist nicht, wie die Bezeichnung vermuten lassen könnte, überstaatliches Recht, nicht das Recht einer internationalen Gemeinschaft oder Völkerrecht, sondern heute noch staatliches Recht der jeweiligen nationalen Rechtsgemeinschaft. Der Richter jedes Landes hat grundsätzlich das Kollisionsrecht seines eigenen Landes anzuwenden; der deutsche Richter also das deutsche internationale Privatrecht, der englische das englische internationale Privatrecht usw. Verweist das deutsche internationale Privatrecht den deutschen Richter für die Entscheidung einer bestimmten Frage an das englische Recht, so entsteht das Problem der „Rückverweisung“, d.h. die Frage, ob die deutsche Kollisionsnorm nur auf die englischen Sachnormen verweist oder auch auf das englische Kollisionsrecht, so daß eine aus diesem etwa sich ergebende Rückverweisung auf das deutsche Recht zu beachten wäre. Daß das internationale Privatrecht jeweils nur das Kollisionsrecht eines bestimmten Staates ist, ist deshalb mißlich, weil auf diese Weise Widersprüche unvermeidlich sind. Das internationale Privatrecht des einen Staates verwendet etwa die Staatsangehörigkeit, das des anderen den Wohnsitz als Anknüpfungspunkt für die persönlichen Verhältnisse eines Menschen, so daß die Frage, welche Rechtsordnung zur Anwendung kommt, davon abhängt, welche Kollisionsnormen angewandt werden, also davon, in welchem Lande geklagt wird. Um solche Widersprüche nach Möglichkeit auszuschließen, sind internationale Abkommen geschlossen worden, denen aber nur einige Staaten beigetreten sind und die auch nur bestimmte Fragen betreffen. Für einige Fragen hat sich so etwas wie ein internationales Gewohnheitsrecht gebildet, für dessen Erkenntnis nicht nur die eigene Rechtsprechung, sondern auch die anderer Länder von Bedeutung ist.

Das deutsche internationale Privatrecht ist in den Artikeln 7 bis 31 des Einführungsgesetzes zum BGB geregelt. Die Regelung ist freilich sehr lückenhaft. Zur Ausfüllung der Lücken bietet sich, neben internationalem Gewohnheitsrecht, vor allem die „Natur der Sache" an. Das deutsche internationale Privatrecht kann im übrigen hier nicht dargestellt werden. Eine eingehende Beschäftigung mit ihm ist für jeden Juristen unentbehrlich, da die internationale Verflechtung der Wirtschaft und der Verkehrsbeziehungen seine Bedeutung immer mehr anwachsen läßt. Die Beschäftigung mit dem internationalen Privatrecht kann aber sinnvollerweise erst im Anschluß an das Studium des sachlichen Privatrechts geschehen. Hierfür muß auf die Darstellungen des internationalen Privatrechts verwiesen werden.[51]

Vom internationalen Privatrecht unterscheidet man das **interlokale Privatrecht.** Es regelt die Frage, welche von mehreren in verschiedenen Teilgebieten eines Gesamtstaates (eines Bundesstaates oder eines dezentralisierten Einheitsstaates) geltenden Privatrechtsnormen von den Gerichten und Behörden des betreffenden Teilgebiets anzuwenden sind, wenn ein Fall Anknüpfungspunkte zu einem anderen Teilgebiet oder mehreren anderen Teilgebieten aufweist. Es handelt sich dabei um die gleichen Probleme wie im internationalen Privatrecht, mit dem einzigen, allerdings nicht bedeutungslosen Unterschied, daß es sich bei den Normen des anderen Teilgebietes nicht um die Normen eines fremden Staates, sondern um die eines Teiles des eigenen oder doch eines mit dem eigenen durch ein staatsrechtliches Band verbundenen Staat handelt.[52] Auch das interlokale Privatrecht ist Kollisionsrecht. Soweit besondere Regeln fehlen, können die des internationalen Privatrechts in der Regel entsprechend angewandt werden; jedoch stellt z. B. die Staatsangehörigkeit keinen brauchbaren Anknüpfungspunkt dar, wenn nur eine einheitliche Staatsangehörigkeit besteht. Sie muß dann durch einen anderen Anknüpfungspunkt, etwa den Wohnsitz oder den gewöhnlichen Aufenthaltsort der betreffenden Person, ersetzt werden.

In Deutschland spielte das interlokale Privatrecht nach der weitgehenden Ver-

---

[51] *Ferid,* Internationales Privatrecht (Jur. Arbeitsblätter), 1975; *Firsching,* Einführung in das internationale Privatrecht, 1974; *Kegel,* Internationales Privatrecht, 4. Aufl. 1977; *Raape,* Internationales Privatrecht, 5. Aufl. 1961; Martin *Wolff,* Das Internationale Privatrecht Deutschlands, 3. Aufl. 1954, sowie die Kommentare zum BGB vor und zu den Art. 7ff. EGBGB.

[52] Vgl. dazu *Ficker,* Grundfragen des deutschen interlokalen Rechts, 1952; *Beitzke* in Festschrift für *Nipperdey,* 1955, S. 41 ff.

einheitlichung des Privatrechts durch das BGB, das HGB und die Nebengesetze keine erhebliche Rolle mehr. Auf den dem Landesprivatrecht vorbehaltenen Gebieten wie dem Bergrecht oder dem Wasserrecht sind Kollisionsfälle äußerst selten. Nach 1945 begann infolge der Teilung Deutschlands in Besatzungszonen und der alsbald in der Ostzone einsetzenden abweichenden Entwicklung der politischen und gesellschaftlichen Verhältnisse auch das Privatrecht in den beiden Teilen Deutschlands sich immer stärker auseinanderzuentwickeln. Damit ergab sich, gefördert besonders durch die massenhafte Wanderung der Menschen von Ost nach West, immer häufiger die Frage nach der Anwendung hiesigen oder dortigen Privatrechts auf Fälle mit mehrfachen Bezugspunkten. Es bildete sich der Begriff des „interzonalen Rechts",[52a] das man, da die Lehre an der staatsrechtlichen Einheit Deutschlands festhielt, als Teil des deutschen interlokalen Privatrechts betrachtete. Nach der Anerkennung der DDR im „Grundvertrag" konnte man hieran nicht festhalten. Anzuwenden sind die Regeln des internationalen Privatrechts.[53]

IV. Denkstil, Sprache und System des Gesetzes

a) **Der Denkstil des Gesetzes.** Der Denkstil eines Gesetzes hängt weitgehend davon ab, welche Ziele der Gesetzgeber verfolgt, ferner von dem Stande der Rechtswissenschaft und der vorherrschenden Denkweise der Zeit. Wir unterscheiden den *kasuistischen*, den *abstrahierend-generalisierenden* Gesetzesstil und den *Richtlinienstil*. Den kasuistischen Stil wird ein Gesetzgeber wählen, dem es vor allem darauf ankommt, eine möglichst vollständige, bis in die letzten Einzelheiten gehende Regelung zu treffen, die in allen von ihm vorhergesehenen Fällen eine zweifelsfreie Entscheidung erlaubt. Voraussetzung dafür ist seine Überzeugung, daß es ihm möglich sei, alle künftigen Fälle vorauszusehen und angemessen zu regeln, ein Optimismus der Vernunft, wie er dem 18. Jahrhundert, dem Zeitalter der Aufklärung, eigen war. Nicht zufällig ist daher das Musterbeispiel eines im kasuistischen Stil verfaßten Gesetzbuchs das preußische Allgemeine Landrecht. Der Gesetzgeber wünschte, es solle nicht nur von den Juristen, sondern von jedem gebildeten Bürger verstanden werden können, so daß dieser daraus zu ersehen vermöge, welche Rechte und Pflichten er in einem bestimmten Verhältnis habe. Daher sollte es keiner Auslegungskünste bedürfen und dem Beurteilungsermessen des Richters möglichst geringen Raum lassen. Demgegenüber wird ein Gesetzgeber, der sich der Unmöglichkeit bewußt ist, alle denkbaren Fallgestaltungen vorauszusehen, und der bereit ist, bei der Anwendung der

---

[52a] Vgl. *Enn./N.* § 70; *Beitzke* aaO. S. 47f.
[53] Vgl. dazu *Ferid* aaO. § 2 Nr. 39; *Palandt/Heldrich* 14a vor Art. 7 EGBGB.

allgemeinen Regeln auf Einzelfälle dem Urteil des Richters zu vertrauen, den abstrahierend-generalisierenden oder den Richtlinienstil, oder eine Kombination beider, vorziehen. In dem einen wie in dem anderen Fall wird er bestrebt sein, allgemeine Gesichtspunkte herauszustellen, die auf eine Vielzahl möglicher Fallgestaltungen, auch solcher, die er im einzelnen nicht vorherzusehen vermag, zutreffen. Begnügt er sich damit, allgemeine Beurteilungsmaßstäbe aufzustellen, die nicht durch scharf abgegrenzte Merkmale bestimmt sind und daher bei der Anwendung auf den Einzelfall dem Richter einen erheblichen Beurteilungsspielraum lassen, dann verfährt er im Sinne des Richtlinienstils. Ist er aber bemüht, mittels genau definierter, scharf umrissener Begriffe Tatbestände zu bilden, unter die der Richter die Lebensvorgänge wenigstens in den Regelfällen nur in einem logisch genau nachzuprüfenden Verfahren zu subsumieren braucht, dann bedient er sich der abstrahierend-generalisierenden Methode. Er wird sie wählen, wenn es ihm vornehmlich um Rechtssicherheit, um die Berechenbarkeit der Entscheidungen zu tun ist, und er kann sie wählen, wenn er auf eine Rechtswissenschaft zurückzugreifen vermag, die ihm auf Grund eines hochentwickelten Abstraktionsvermögens die erforderlichen allgemeinen Begriffe und Formulierungen zur Verfügung stellt. Beides war bei dem Gesetzgeber des BGB der Fall.

Einen Eindruck von der Verschiedenheit der Gesetzesstile erhält man, wenn man einzelne Bestimmungen des BGB mit den entsprechenden des ALR vergleicht. Das BGB sagt in den §§ 97, 98, was als „Zubehör" einer Sache anzusehen ist. Während § 97 eine allgemeine Definition enthält, gibt § 98 eine Klärung für einige besonders wichtige und typische Fallgruppen. Das ALR regelt dieselbe Frage im 2. Titel des 1. Teils in nicht weniger als 61 Paragraphen (42–102). Die vorangestellte Definition (§ 42) ist einigermaßen nichtssagend, da in ihr nur auf die „fortwährende Verbindung einer Sache mit einer anderen" abgestellt wird. Es folgen darauf in 60 Paragraphen lauter Einzelbeispiele, die in dem Bestreben, keine Einzelheit auszulassen, teilweise geradezu komisch anmuten. So ist z. B. in den §§ 52ff. davon die Rede, welches auf einem Landgut befindliche Vieh zu den „Pertinenzstücken dieses Landgutes" zu zählen sei. In diesem Zusammenhang heißt es in § 57: „Überhaupt sind Tiere, welche bloß zum Haus- oder persönlichen Gebrauche, oder zum Vergnügen des Besitzers, gehalten werden, unter den Pertinenzstücken eines Landgutes nicht mit begriffen". Dieser Satz wird dann weiterhin wie folgt erläutert: „Gemeine Hühner, Gänse, Enten, Tauben und Truthühner werden zu den Pertinenzstücken eines Landgutes gerechnet" (§ 58). „Seltene Arten von Federvieh gehören nur insoweit zu den Pertinenzstücken, als nicht gemeine Arten derselben Gattung in einer verhältnismäßigen Anzahl vorhanden sind" (§ 59). Es ist leicht zu sehen, daß, wie lange auch ein Gesetzgeber eine derartige Aufzählung fortsetzen mag, er auf diese Weise niemals alle denkbaren Einzelfälle erfassen wird. Eine kasuistische Regelung ist notwendigerweise immer lückenhaft; je mehr sie in das Detail geht, desto weniger kann sie vollständig sein.

Die Abkehr von der kasuistischen Methode muß als ein Vorteil des BGB bezeichnet werden. Indessen hat auch der von ihm bevorzugte abstrahierend-generalisierende Denkstil einige nicht zu übersehende Nachteile. Die Bildung sehr weit gefaßter Tatbestände mit Hilfe abstrakter Begriffsmerkmale hat notwendigerweise zur Folge, daß diese Tatbestände unanschaulich werden, da oft im Leben sehr unterschiedliche Vorgänge unter einem einzigen, ihnen gemeinsamen Merkmal zusammengefaßt werden. Unter einen sehr weitgefaßten Tatbestand können, wenn man unter ihn lediglich nach den Regeln der Logik subsumiert, auch Vorgänge fallen, an die der Gesetzgeber nicht gedacht hat und für die die von ihm gegebene Regelung nicht paßt, weil sie von den Regelfällen erheblich abweichende Züge aufweisen. Das Bestreben, eine möglichst große Vielzahl unterschiedlicher Lebensvorgänge durch möglichst wenige Normen oder gar durch eine einzige Norm einheitlich zu regeln, hat den Gesetzgeber mitunter dazu verführt, von der Sache her notwendige Differenzierungen zu unterlassen, die dann die Rechtsprechung im Wege einer einschränkenden Gesetzesinterpretation oder, soweit es sich um das Vertragsrecht handelt, im Wege einer Interpretation der einzelnen Verträge hinzugefügt hat.

Die Verfasser des Gesetzes haben selbst empfunden, daß sich mit der abstrahierend-generalisierenden Gesetzesmethode allein zwar ein hohes Maß an Rechtssicherheit und auch an genereller Gerechtigkeit (der Regelungsinhalte im allgemeinen) erzielen läßt, vielfach aber doch nur auf Kosten der durch die Vielgestaltigkeit der Lebensverhältnisse selbst geforderten Differenzierung und damit der gerechten Entscheidung auch des Einzelfalles. Sie haben daher die Nachteile des abstrahierend-generalisierenden Gesetzesstils dadurch abzumildern versucht, daß sie in das Gesetz auch einige ausfüllungsbedürftige Wertmaßstäbe, sogenannte **„Generalklauseln"**, aufgenommen haben, die den Charakter von Richtlinien haben. So verweist das Gesetz an einigen Stellen auf rechtsethische Grundsätze wie „Treu und Glauben" (§§ 157, 242) und die „guten Sitten" (§§ 138, 826), auf außerrechtliche Maßstäbe wie die „Verkehrssitte" oder schlechtweg auf die „Billigkeit" (§§ 315ff., 829, 847). Auf der gleichen Linie liegt auch die nicht seltene Verwendung weitgehend unbestimmter Begriffe als Tatbestandsmerkmale, wie z. B. der „im Verkehr erforderlichen Sorgfalt" als Maßstab der Fahrlässigkeit (§ 276 Abs. 1 Satz 2) oder des „wichtigen Grundes" (§ 626 und öfter). Bei näherem Zusehen ergibt sich, daß auch viele der scheinbar fest umrissenen Begriffe, deren sich das Gesetz bedient, zwar einen genau angebbaren, gleichsam festen „Begriffskern", daneben aber eine „Randzone" aufweisen, deren Reichweite sich nur von Fall zu Fall bestimmen läßt, oder daß es sich überhaupt nicht um einen durch feste Merkmale definierten Begriff, sondern um einen durch „fließende Übergänge" gekennzeichneten, an Beispielen verdeutlichten „Typus" handelt. Der abstrahierend-generalisierenden Methode sind Grenzen gesetzt, die sich aus der Veränderlichkeit der Lebenserscheinungen wie auch aus der Flexibilität der Umgangssprache ergeben, deren der Gesetzgeber bei allem Streben nach exakter Ausdrucksweise nicht entraten kann. Darüber hinaus aber hat der Gesetzgeber des BGB in Gestalt der „Generalklauseln" und der „unbestimmten Rechtsbegriffe" selbst ein Korrektiv gegen die Gefahren der abstrahierend-generalisierenden Gesetzesmethode eingebaut. Er hat damit der Rechtsprechung die Möglichkeit gegeben, die gesetzliche Regelung fortzubilden und an die sich ändernden Lebensumstände anzupassen. Nur so konnte es geschehen, daß das Gesetz, dessen Verfasser die wirtschaftlichen und die sozialen Verhältnisse des ausgehenden 19. Jahrhunderts vor Augen hatten, in der so stark veränderten sozialen Umwelt der zweiten Hälfte unseres Jahrhunderts zu bestehen vermag.

Das BGB wurde bei seinem Erscheinen überwiegend günstig beurteilt, weil es in der gedanklichen Verarbeitung der juristisch bedeutsamen Tatsachen, der Schärfe der Begriffsbildung und der Genauigkeit der Ausdrucksweise den Vergleich mit keinem anderen bedeutenden Gesetzeswerk zu scheuen brauchte. Vornehmlich wohl wegen dieser seiner formalen Qualitäten wurde es, mit einzelnen inhaltlichen Änderungen, alsbald in Japan (Japanisches Bürgerliches Gesetzbuch, 1898), später auch in China (Bürgerliches Gesetzbuch von 1930) übernommen.[54] Ebenso hat es das Griechische Zivilgesetzbuch von 1940 beeinflußt. Dagegen hat das Schweizerische Zivilgesetzbuch vom Jahre 1907, das eine Schöpfung des großen schweizerischen Rechtsgelehrten Eugen *Huber* ist, nicht den Denkstil und die Sprache des deutschen BGB zum Vorbild genommen, sondern bevorzugt stärker den Richtlinienstil und eine einfache und verständliche Sprache. Von ihm ist wiederum eine erhebliche Rückwirkung auf die deutsche Rechtswissenschaft und auch auf die Rechtsprechung ausgegangen.

b) **Die Sprache des Gesetzes.** Mit dem Denkstil hängt die Sprache des Gesetzes eng zusammen. Ist die Sprache eines kasuistischen Gesetzes, wie des preußischen Allgemeinen Landrechts, die allgemeine Umgangssprache, so tendiert die Sprache eines abstrahierend-generalisierenden Gesetzes wie des BGB, ohne ganz der Umgangssprache entraten zu können, doch in weitem Maß zu einer juristischen Fach- und Kunstsprache, zu abstrakten Wortbildungen und technisch gemeinten Ausdrücken. In dem Streben nach genauer Ausdrucksweise vermeidet das BGB bildhafte oder besonders einprägsame Ausdrücke, wirkt trocken und unanschaulich. Die moderne Rechtssprache sei „abgezogen und unlebendig", bemerkt Hans *Dölle*[55] in einer bemerkenswerten Studie. Das trifft in besonders hohem Maße auf das BGB zu. Dies ist um so mehr zu bedauern, als das Schweizerische Zivilgesetzbuch (ZGB) zeigt, daß es nicht unbedingt so zu sein brauchte.

§ 11 ZGB beschreibt den Begriff der Rechtsfähigkeit folgendermaßen: „Rechtsfähig ist jedermann. Für alle Menschen besteht demgemäß in den Schranken der Rechtsordnung die gleiche Fähigkeit, Rechte und Pflichten zu haben." In § 31 heißt es dann: „Die Persönlichkeit beginnt mit dem Leben nach der vollendeten Geburt und endet mit dem Tode." Was § 11 sagt, gilt auch bei uns. Die Verfasser des BGB hielten es aber nicht für nötig, das auszusprechen, weil sie davon ausgingen, jeder Jurist wisse, was „Rechtsfähigkeit" bedeutet; an einen der juristischen Begriffssprache unkundigen Leser dachten sie nicht. So begannen sie das Gesetz mit dem für einen solchen Leser schwer verständlichen Satz: „Die Rechtsfähigkeit der Menschen beginnt mit der Vollendung der Geburt." Rein

---

[54] Über die mit der Rezeption des deutschen Rechts in Japan und in China zusammenhängenden Probleme vgl. die Aufsätze von *Kitagawa* in AcP 166, S. 330 und *Wang Tze-Chien* in AcP 166, S. 343; *Kitagawa*, Rezeption und Fortbildung des europäischen Zivilrechts in Japan, 1970.

[55] *Dölle*, Vom Stil der Rechtssprache, 1949, S. 21. Zur Sprache des Gesetzes vgl. weiter die Schrifttumsangaben bei *Enn./N.* § 15 Anm. 3.

sprachlich fällt an diesem Satz die Häufung der Substantive auf, denen ein einziges Verb gegenübersteht. In derselben Weise geht es in § 2 weiter: „Die Volljährigkeit tritt mit der Vollendung des 18. Lebensjahres ein." Demgegenüber sagt Art. 14 Abs. 1 ZGB sehr viel leichter und eingängiger: „Mündig ist, wer das 20. Lebensjahr vollendet hat."

Es mag sein, daß die unnötig schwerfällige und manchmal gekünstelt wirkende Sprache des Gesetzes auch damit zusammenhängt, daß die Verfasser gewohnt waren, in den terminis technicis einer fremden Rechtssprache, der lateinischen, zu denken. Zwar bemühten sie sich, viele Ausdrücke in die deutsche Sprache zu übersetzen, indem sie z. B. vom „Schuldverhältnis" statt von der „Obligation", von der „Abtretung" einer Forderung statt von ihrer „Zession" sprachen. Aber in ihrem Sprachstil wirkte das lateinische Vorbild doch wohl nach. Jedenfalls wandten sie sich eher an den ausgebildeten Juristen, bei dem sie von vornherein die Kenntnis der juristischen Fachausdrücke und die Fähigkeit voraussetzten, auch einen komplizierten Satzbau sofort zu durchschauen, als an den juristischen Laien, den „Bürger", für den das Gesetz doch gelten soll. Für die Rechtswissenschaft ist der Gebrauch einer Fachsprache so unentbehrlich wie für jede andere Wissenschaft; jeder Fachausdruck ist eine abkürzende Bezeichnung für einen verwickelten Gedankengang, den nachzuvollziehen nur ein Fachkundiger in der Lage ist. Jedoch sind Gesetze, soweit sie sich nicht gerade mit sehr speziellen Materien befassen, für alle da und sollten sich daher einer Sprache bedienen, die sich von der allgemeinen Verkehrs- und Umgangssprache nicht allzuweit entfernt.[56]

Um das Gesetz richtig zu verstehen, muß man wissen, daß der Gesetzgeber häufig schon durch die Satzstellung, durch die Formulierung einer Ausnahme eine sachliche Anordnung, und zwar über die Beweislast, hat geben wollen. Die **„Beweislast"** gibt auf die Frage Antwort, zu wessen Ungunsten es sich im Prozeß auswirkt, wenn eine bestimmte Tatsache nicht bewiesen werden kann, unaufklärbar ist. Das Gericht hat die Sachlage dann in diesem Punkt zuungunsten der Partei anzusehen, die die Beweislast hinsichtlich dieser Tatsache trägt. Beispielsweise ist es nach § 932 möglich, das Eigentum an einer beweglichen Sache durch eine Einigung und Übergabe gemäß § 929 auch dann zu erwerben, wenn die Sache nicht dem Veräußerer gehört, falls nur der Erwerber ihn ohne grobe Fahrlässigkeit für den Eigentümer hielt. Aus der Fassung des § 932 Abs. 1 ergibt sich, daß der Erwerber, wenn ihm das Eigentum streitig gemacht wird, nur die nach § 929 erfolgte Veräußerung zu beweisen braucht, nicht aber auch, daß er zur Zeit des Erwerbs gutgläubig war. Vielmehr muß derjenige, der ihm das Eigentum streitig macht, beweisen, daß der Erwerber nicht gutgläubig war. Denn das Gesetz erwähnt in dem positiv formulierten Teil des ersten Satzes als Voraussetzung des Eigentumserwerbs nur die nach § 929 erfolgte Veräußerung und bringt

[56] Zum Unterschied der Fachsprache des Juristen von der des Chemikers oder Physikers vgl. *Oksaar* in ARSP 1967, S. 91 (95).

das weitere Erfordernis des guten Glaubens des Erwerbers nur mit Hilfe einer doppelten Negation zum Ausdruck, indem es sagt, daß das Fehlen des guten Glaubens den Eigentumserwerb des Erwerbers ausschließt. Nach einer vom Gesetz befolgten ungeschriebenen Regel braucht derjenige, der sich auf den Eintritt einer Rechtsfolge (hier des Eigentumserwerbs) beruft, nur die hierfür positiv vom Gesetz genannten Voraussetzungen zu beweisen, während das Vorliegen einer Ausnahme von dem Gegner zu beweisen ist. Die Ausnahme wird in manchen Fällen durch einen neuen Satz bezeichnet, der mit den Worten beginnt, die vorher bezeichnete Rechtsfolge trete nicht ein, wenn ein bestimmter Umstand vorliege (vgl. die §§ 122 Abs. 2, 285, 831 Abs. 1 Satz 2, 832 Abs. 1 Satz 2, 833 Satz 2, 834 Satz 2, 836 Abs. 1 Satz 2). In anderen Fällen wird sie durch einen Nachsatz bezeichnet, der meist mit den Worten „es sei denn" eingeleitet wird (vgl. die §§ 145, 153, 178 Satz 1, 287 Satz 2, 892 Abs. 1 Satz 1, 973 Abs. 1 Satz 1). In den meisten dieser Fälle wäre, vom Inhalt dieser Vorschrift her gesehen, auch eine andere sprachliche Fassung denkbar gewesen; durch die gewählte Fassung hat der Gesetzgeber die Beweislast regeln wollen.

c) **Die Systematik des Gesetzes.** Es versteht sich, daß für ein Gesetz, das sich durch eine generalisierende Begriffsbildung und durch scharfe begriffliche Abgrenzungen auszeichnet, der logische Zusammenhang, das Über- und Unterordnungsverhältnis der Begriffe, ihre Gegensätzlichkeit oder Verträglichkeit sowie die Aufteilung des gesamten Rechtsstoffs unter verschiedene Begriffe, kurz die Systematik, eine bedeutende Rolle spielt. Um Mißverständnisse auszuschließen, muß bemerkt werden, daß hier nur von dem äußeren System des Gesetzes und dem ihm zugrundeliegenden logischen System abstrakt-allgemeiner Begriffe, nicht von dem inneren System des Rechts als dem Sinnzusammenhang seiner Grundgedanken und Prinzipien, die Rede ist.[57]

Grundlegend für das System des BGB ist einmal die Unterscheidung der allgemeineren und der spezielleren Begriffe, auf der auch das Verhältnis des „Allgemeinen" Teils zu den „besonderen" Teilen des Gesetzes und die nochmalige Unterscheidung eines „allgemeinen" und eines „besonderen" Teils des Schuldrechts beruht. Um dies an einem Beispiel zu verdeutlichen: Einer der allgemeinsten Begriffe des Gesetzes ist der des Rechtsgeschäfts. Er bezeichnet jeden auf die Herbeiführung einer Privatrechtsfolge gerichteten Willensakt einer Person oder mehrerer Personen. Rechtsgeschäfte in diesem weiten Sinne kommen auf allen Gebieten des Privatrechts vor. Sie können aber sehr unterschiedlichen Inhalt haben und die verschiedenen Rechtsfolgen nach sich ziehen. Das Gesetz gibt nun im „Allgemeinen Teil", und zwar im dritten Abschnitt, eine Reihe von Vor-

---

[57] Zum „äußeren" und zum „inneren" System vgl. *meine* Methodenlehre der Rechtswissenschaft, 5. Aufl. S. 420, zum Systemgedanken überhaupt *Canaris,* Systemdenken und Systembegriff in der Jurisprudenz, 2. Aufl. 1983.

schriften, die grundsätzlich für Rechtsgeschäfte aller Art gelten. Eine besonders wichtige Untergruppe der Rechtsgeschäfte bilden die zweiseitigen Rechtsgeschäfte oder Verträge. Darüber, wie ein Vertrag, gleich welchen Inhalts, geschlossen wird, enthält das Gesetz, ebenfalls im ,,Allgemeinen Teil", Bestimmungen in den §§ 145ff. Da aber ein Vertrag eben ein ,,Rechtsgeschäft" ist, so sind bei einem Vertrage auch alle anderen Vorschriften über Rechtsgeschäfte zu beachten. Je nachdem, ob die beabsichtigten Rechtsfolgen eines Vertrages auf dem Gebiete des Schuldrechts, der Begründung von Verpflichtungen, oder auf dem des Sachenrechts liegen, unterscheiden wir weiter schuldrechtliche und dingliche Verträge. Über ,,Schuldverhältnisse aus Verträgen" enthält das Gesetz im allgemeinen Teil des Schuldrechts, im zweiten Abschnitt des zweiten Buches, wiederum eine Reihe von allgemeinen Vorschriften. Unter ihnen sind besonders wichtig diejenigen über ,,gegenseitige Verträge" (§§ 320ff.). Im besonderen Teil des Schuldrechts, nämlich im siebenten Abschnitt, gibt das Gesetz dann ergänzende Vorschriften für bestimmte typische Arten von Schuldverträgen, wie z. B. Kaufverträge, Mietverträge, Dienst- und Werkverträge. Auf jeden dieser Vertragstypen finden außer den für den betreffenden Vertragstypus selbst gegebenen Vorschriften auch die allgemeineren Vorschriften über Schuldverträge und, wenn es sich um einen gegenseitigen Vertrag handelt, über gegenseitige Verträge, ferner die Vorschriften des Allgemeinen Teils des Gesetzes über Verträge überhaupt und schließlich die über Rechtsgeschäfte Anwendung. Die Vorschriften des ,,Allgemeinen Teils" finden ebenso auf Verträge und sonstige Rechtsgeschäfte auf dem Gebiete des Sachenrechts, des Familien- und des Erbrechts Anwendung, falls hier nicht einmal etwas anderes bestimmt ist. Man muß sich also bei der Beurteilung eines einzelnen Vertrages, z. B. eines Kaufvertrages, darüber klar sein, unter welche höheren und nächsthöheren Begriffe er zu subsumieren ist, um alle in Betracht kommenden Vorschriften anwenden zu können. Darunter werden sich in der Regel auch solche des ,,Allgemeinen Teils" befinden.

Von den auf den Allgemeinen Teil folgenden Büchern des Gesetzes enthält das vierte Buch das Familienrecht und das fünfte Buch das Erbrecht. Das zweite und das dritte Buch enthalten zusammen das allgemeine Vermögensrecht. Für die Systematik des Gesetzes ist von besonderer Bedeutung der scharfe Unterschied, den es zwischen dem Schuldrecht und dem Sachenrecht macht. Schuldverhältnisse sind rechtliche Beziehungen zwischen zwei oder mehreren Personen, auf Grund derer mindestens einer dem anderen eine bestimmte Leistung schuldet, dieser sie von ihm fordern kann. Die Forderung, das Recht auf die Leistung, und die Verpflichtung zur Leistung charakterisieren also das Schuldverhältnis. Dagegen sind Sachenrechte inhaltlich näher bestimmte Herrschaftsrechte einer Person über eine Sache, die grundsätzlich jedermann zu respektieren hat. Sie weisen die Sache einer Person entweder zur vollen Herrschaft, als Eigentum, oder zu einer beschränkten Nutzung oder Verwertung zu. Dritte werden dadurch von entsprechenden Einwirkungen auf die Sache ausgeschlossen. Die unterschiedliche Struktur der Forderungsrechte und der Sachenrechte bestimmt die Unterschiedlichkeit der Regelungen des Schuldrechts und des Sachenrechts. Sie bestimmt auch den vom Gesetz scharf durchgeführten Unterschied des schuldrechtlichen und des dinglichen Vertrages. Durch einen schuldrechtlichen Vertrag wird eine Forderung und eine ihr entsprechende Leistungspflicht begründet; er hat keinen unmittelbaren Einfluß auf die sachenrechtliche Zuordnung. Eigentum oder ein sonstiges Sachenrecht kann nur erworben oder übertragen werden durch einen sachenrechtlichen, dinglichen Vertrag. Beide Arten von Verträgen sind nach der Systematik des Gesetzes streng auseinanderzuhalten. Ihre Rechtsfolgen sind gänzlich verschieden. Für beide gelten freilich, da sie Verträge sind, die Vorschriften des Allgemeinen Teils über Verträge überhaupt und über Rechtsgeschäfte.

Weiter auf die Systematik des Gesetzes einzugehen, wäre an dieser Stelle verfrüht. Der logische Zusammenhang und das Ineinandergreifen der Gesetzesbestimmungen kann sich erst bei fortschreitendem Eindringen in den Stoff enthüllen. Es dürfte aber bereits klar geworden sein, daß es sich bei den 2385 Paragraphen des BGB nicht um eine bloße Aufeinanderfolge, um ein Konglomerat einzelner Bestimmungen handelt, sondern daß ihnen eine vom Gesetzgeber sorgfältig durchdachte Anordnung zugrundeliegt, daß daher jede Vorschrift im Zusammenhang mit zahlreichen anderen gesehen werden muß und die vollständige Regelung eines Vorganges oder eines Lebensverhältnisses sich meist erst aus dem Ineinandergreifen verschiedener Vorschriften, darunter häufig solcher des Allgemeinen Teils und eines oder mehrerer besonderer Teile, ergibt.

V. Zwingende (unabdingbare) und nachgiebige (dispositive) Regeln

Unter den Normen des BGB unterscheidet man zwingende, unabdingbare („ius cogens") und nachgiebige, abdingbare Regeln („ius dispositivum"). Mit dieser Unterscheidung hat es folgende Bewandtnis: Gemäß dem vom BGB weitgehend anerkannten Grundsatz der *„Privatautonomie"* (unten § 2 II e) können die einzelnen ihre Privatrechtsverhältnisse zu anderen innerhalb gewisser Grenzen selbst gestalten. Das Mittel hierzu ist das „Rechtsgeschäft"; zu den Rechtsgeschäften zählen, wie schon bemerkt, insbesondere die zweiseitigen Rechtsgeschäfte oder „Verträge". Die Rechtsordnung regelt einmal die *Voraussetzungen,* unter denen sie solche Rechtsakte als gültig anerkennt; sie stellt den einzelnen auf manchen Gebieten, so im Sachenrecht, im Familien- und im Erbrecht, bestimmte Typen zulässiger Regelungen zur Verfügung, unter denen sie wählen können, während sie schuldrechtliche Verträge ohne Beschränkung auf bestimmte Typen gelten läßt. Zum anderen enthält sie auch Bestimmungen über die *Folgen* zulässiger Verträge. Die Parteien eines Schuldvertrages können zwar regelmäßig *alle* mit der Durchführung des Vertrages zusammenhängenden Fragen durch Vereinbarungen *selbst* regeln. Meistens regeln sie aber nur das Nächstliegende. Erfordert die Durchführung des Vertrages eine zusätzliche Regelung oder treten Umstände ein, die sich der Durchführung entgegenstellen, so fragt es sich, was nunmehr rechtens sei. Das Gesetz hält für derartige Fälle eine die vertragliche Vereinbarung *ergänzende Regelung* bereit, die nur insoweit zur Anwendung kommt, als die Parteien selbst keine andere Regelung getroffen haben. Weil solche ergänzenden Normen hinter eine etwas anderes besagende Parteivereinbarung zurücktreten, bezeichnet man sie als *nachgiebige, abdingbare* oder, weil sie zur Disposition der Parteien stehen, als *dispositive* Normen. Im Gegensatz zu ihnen bezeichnet man die Vorschriften, die auf jeden Fall, also auch dann, wenn die Parteien etwas anderes vereinbart haben, zur Anwendung kommen, die also ihrer Disposition entzogen sind, als *zwingende*[58] oder *unabdingbare* Normen. Es sind das einmal die Normen, die die Voraussetzungen der Privatautonomie und ihrer Ausübung, wie z. B. die Geschäftsfähigkeit, die Anforderungen an eine gültige Willenserklärung und, soweit Typenzwang besteht, die zulässigen Geschäftstypen regeln, ferner Vorschriften, die die Sicherheit des Rechtsverkehrs gewährleisten, das Vertrauen Dritter schützen wollen, und endlich Vorschriften, die, um grobe Ungerechtigkeiten zu verhüten oder um sozialen Anforderungen zu genügen, die Privatautonomie einschränken.

Überwiegend dispositiv sind die Normen des Schuldrechts. Vorschriften, die das Interesse Dritter schützen wollen, reine Ordnungsvorschriften und Vorschriften, die schwere Unbilligkeiten verhüten sollen, sind hier selten, fehlen allerdings nicht ganz. Soziale Schutzvorschriften finden sich hauptsächlich im Wohnmietrecht und im Recht des Dienstvertrages sowie, außerhalb des BGB, für den Abzahlungskauf. Dagegen sind zwingend die meisten Vorschriften des Sachenrechts, da hier fast immer auch Interessen Dritter berührt werden können, und ebenso die des Familien- und des Erbrechts, teils weil hier Ordnungsgesichtspunkte im Vordergrund stehen, teils wieder, weil Interessen Dritter berührt werden. Im Allgemeinen Teil sind zwingend die Vorschriften über die Rechts- und Geschäftsfähigkeit sowie die meisten Vorschriften über Vereine (Ausnahmen in § 40); ferner Vorschriften, die anordnen, daß Rechtsgeschäfte unter bestimmten Voraussetzungen nichtig oder ,,relativ unwirksam" sind. Für die Frage, ob eine Vorschrift zwingend oder abdingbar sei, kann die Formulie-

[58] Der Ausdruck ,,zwingend" besagt nicht, daß es sich um Verhaltensregeln handeln müßte, deren Nichtbefolgung eine Zwangsmaßnahme oder auch nur einen rechtlichen Nachteil zur Folge hätte. Vielmehr gehören zu den ,,zwingenden" Normen, worauf *Bucher* (in Festschr. f. *H. Deschenaux*, Fribourg/Schweiz, 1977, S. 249ff.) zutreffend hingewiesen hat, auch solche, die lediglich die Gültigkeitsvoraussetzungen bestimmter Rechtsakte – deren Vornahme oder Nichtvornahme freigestellt bleibt – festsetzen. ,,Zwingend" sind sie insofern, als ihre Anwendung unerachtet des Parteiwillens *stets* geboten ist.

rung des Gesetzes von Bedeutung sein. Wenn das Gesetz sagt, daß etwas durch Rechtsgeschäft nicht vereinbart werden „könne" (wie z. B. in den §§ 137 Satz 1, 225 Satz 1, 276 Abs. 2, 619), dann deutet das auf eine Einschränkung der Privatautonomie, also auf eine zwingende Vorschrift. Am eindeutigsten ist der zwingende Charakter einer Vorschrift, wenn das Gesetz hinzufügt, daß eine abweichende Vereinbarung unwirksam sei.

Obwohl die dispositiven Vorschriften nur dann zur Anwendung kommen, wenn die Parteien nichts anderes vereinbart haben, ist ihre Bedeutung doch nicht etwa gering. Denn die Parteien unterlassen sehr oft eine nähere Regelung, weil es vor allem bei den üblichen und häufigen Geschäften des täglichen Lebens viel zu umständlich und zeitraubend wäre, eine solche jeweils zu vereinbaren, und weil sie darauf vertrauen, daß das Gesetz eine gerechte Regelung bereit hält. Bei einem Kaufvertrage etwa vereinbaren sie nur, welche Sache gekauft und wann sie geliefert werden soll, welchen Preis der Käufer zahlen soll und wann er zu zahlen ist. Wird dann nicht fristgerecht geliefert oder gezahlt, erweist sich die Ware als mangelhaft oder kommt die vom Verkäufer an den Käufer gesandte Ware bei diesem in beschädigtem Zustand an, so stellt sich die Frage, was der in seiner Erwartung enttäuschte Teil nunmehr von dem anderen verlangen kann. Soweit darüber die Parteien nichts vereinbart hatten, ergibt sich die Antwort aus dem – zumeist dispositiven – Gesetzesrecht. Es gilt, wenn auch nur subsidiär, d. h. *nach* der ihm vorgehenden vertraglichen Regelung, nicht aufgrund des Parteiwillens, sondern „von Rechts wegen". Es ist also, wenn auch im einzelnen Fall durch die Parteien abdingbar, objektives, für alle geltendes Recht. Nach dem Gesetz zur Regelung des Rechts der Allgemeinen Geschäftsbedingungen vom 9. 12. 1976 – vgl. dazu unten § 3 IIc und 29a – können bestimmte Regeln des dispositiven Rechts *in allgemeinen Geschäftsbedingungen* entweder überhaupt nicht, oder nur in gewissem Umfang oder unter bestimmten Voraussetzungen abbedungen werden. Sie sind daher „voll disponibel" für die Parteien nur im Wege einer Einzelvereinbarung, nicht schon mittels der Verwendung vorformulierter Vertragsbedingungen. Damit hat das genannte Gesetz den Gegensatz dispositiver und zwingender Normen bis zu einem gewissen Grade relativiert.

§ 2. Der ethische Personalismus als geistige Grundlage des BGB

I. Die Person als ethischer Grundbegriff

Nicht zufällig handelt der 1. Abschnitt des BGB von den „Personen". Vordergründig gesehen besagt der Begriff „Person" im Kontext des BGB nichts anderes als den „möglichen Träger von subjektiven Rechten und Rechtspflichten".

Das Gesetz unterscheidet „natürliche Personen" und „juristische Personen"; „natürliche Person" ist jeder Mensch, und zwar vom Augenblick seiner Geburt an (§ 1). Daß aber das BGB den Menschen gleichsam als die geborene „Person" ansieht, wird mit allen sich daraus ergebenden Konsequenzen erst auf dem Hintergrund eines Verständnisses des Menschen verständlich, demzufolge die ihn vor allen anderen Lebewesen auszeichnende Qualität des Menschen seine „Personhaftigkeit" ist. Gemeint ist damit, daß der Mensch seiner eigentümlichen Natur und Bestimmung nach darauf angelegt ist, sein Dasein und seine Umwelt im Rahmen der ihm jeweils gegebenen Möglichkeiten frei und verantwortlich zu gestalten, sich Ziele zu setzen und selbst Schranken des Handelns aufzuerlegen. Seine Wurzeln hat dieses Verständnis sowohl in der christlichen Religion, wie in der Philosophie; dahinter stehen Erfahrungen der Menschheit, die, wenngleich von anderer Art, so doch nicht weniger wirkungsmächtig sind als die Erfahrungen, auf denen die Naturwissenschaft aufbaut. Einen nachhaltigen Ausdruck hat dieses Verständnis des Menschen in dem ethischen Personalismus *Kants* gefunden, der auf die Vorstellungswelt der Schöpfer des BGB in ähnlicher Weise eingewirkt hat wie die Naturrechtslehre des 18. Jahrhunderts auf die Verfasser des Preußischen Allgemeinen Landrechts und des Österreichischen Allgemeinen Bürgerlichen Gesetzbuchs.[1]

„Vernunftlose Wesen", sagt *Kant*,[2] „haben nur einen relativen Wert, als Mittel, und heißen daher Sachen, dagegen vernünftige Wesen *Personen* genannt werden, weil ihre Natur sie schon als Zwecke an sich selbst, das ist etwas, das nicht bloß als Mittel gebraucht werden darf, auszeichnet". Daraus ergibt sich für *Kant* als das moralische Grundgebot: „Handle so, daß du die Menschheit sowohl in deiner Person, als in der Person jedes anderen zugleich als Zweck, niemals bloß als Mittel brauchst". Zum Verständnis dieser Ausführungen muß hinzugefügt werden, daß *Kant* unter der „Vernunft" nicht nur das Vermögen versteht, Gegenstände der wahrnehmbaren Welt und deren Gesetzlichkeit zu erkennen, sondern auch das Vermögen des Menschen, das moralische Gebot, dessen Grund nach ihm die Vernunft selbst ist, zu erkennen und danach zu handeln. Auf dieser ihm eigenen Fähigkeit beruht nach *Kant* der unbedingte Wert des Menschen, seine „Würde".[3]

Der ethische Personalismus spricht dem Menschen, eben weil er „Person" im ethischen Sinne ist, einen Wert an sich selbst – nicht nur als Mittel für die Zwecke anderer – und in diesem Sinne „Würde" zu. Daraus folgt, daß jeder Mensch gegenüber jedem anderen ein Recht darauf hat, von ihm als Person geachtet, in

---

[1] Die Ethik und Rechtsphilosophie *Kants*, aber auch der an ihn anknüpfenden Philosophen des deutschen Idealismus und der Frühromantik, wurde der deutschen gemeinrechtlichen Wissenschaft des 19. Jahrhunderts vornehmlich durch *Savigny* vermittelt. Vgl. dazu *Wieacker*, Privatrechtsgeschichte der Neuzeit, 2. Aufl., S. 375f.; grundlegend jetzt *Rückert*, Idealismus, Jurisprudenz und Politik bei F. C. v. *Savigny*, 1983. Über die Bedeutung dieser Ethik im Denken *Windscheids*, der den ersten Entwurf zum BGB maßgeblich beeinflußt hat, vgl. *Erik Wolf*, Große Rechtsdenker, 4. Aufl. S. 603f.

[2] In der Grundlegung zur Metaphysik der Sitten, 2. Abschnitt.

[3] Dazu Metaphysik der Sitten, 2. Teil § 37: „Was einen Preis hat, an dessen Stelle kann auch ein anderes als dessen Äquivalent gesetzt werden; was dagegen über allen Preis erhaben ist, mithin kein Äquivalent verstattet, das hat eine Würde."

seinem Dasein (Leben, Körper, Gesundheit) und einem ihm eigenen Bereich nicht verletzt zu werden, und daß jeder jedem anderen in entsprechender Weise verpflichtet ist. Dieses *Prinzip des gegenseitigen Achtens* ist ein Grundprinzip nicht nur unseres positiven Rechts, nachdrücklich ausgesprochen und bestärkt in Art. 1 GG, sondern ebenso ein Prinzip anderer entwickelter Rechtsordnungen; es ist ein Grundprinzip „richtigen Rechts".[4] Das Verhältnis wechselseitiger Achtung, die jeder jedem schuldet und von jedem verlangen kann, ist das *„rechtliche Grundverhältnis"*, das nach dieser Konzeption die Grundlage allen Zusammenlebens in einer Rechtsgemeinschaft und jedes einzelnen Rechtsverhältnisses ist. Die wesentlichen Elemente dieses „rechtlichen Grundverhältnisses" sind das *Recht* (das berechtigte Verlangen) und die *Pflicht*, sowie die Wechselseitigkeit der Rechte und Pflichten im Verhältnis der Personen zueinander.

Das hier als das „rechtliche Grundverhältnis" bezeichnete Verhältnis wird von *Kant*[5] in folgender Weise gekennzeichnet: „Ein jeder Mensch hat rechtmäßigen Anspruch auf Achtung von seinen Mitmenschen, und wechselseitig ist er dazu auch gegen jeden anderen verbunden." Kürzer und einprägsamer sagt *Hegel*:[6] „Das Rechtsgebot ist daher: sei eine Person und respektiere die anderen als Personen."

Mit den Begriffen der Person, des (subjektiven) Rechts, der Rechtspflicht und des zwei oder mehr Personen verbindenden Rechtsverhältnisses sind bereits einige der Grundbegriffe unseres Privatrechts angesprochen. Ihr geistiger Gehalt ergibt sich aus der Transponierung des ethischen Personbegriffs in die Sphäre des Rechts. Darüber hinaus ergeben sich aus dieser Transponierung einige weitere Grundbegriffe und Grundsätze unseres Privatrechts. Das ist nun weiter auszuführen.

II. Die Transponierung des ethischen Personbegriffs in die Sphäre des Privatrechts

a) *Die Person als Subjekt von Rechten.* Wenn das BGB als die wesentliche Eigenschaft der Person im rechtlichen Sinne – sowohl der „natürlichen Person", wie der „juristischen Person" – ihre „Rechtsfähigkeit" betrachtet, dann meint es damit in erster Linie die Fähigkeit, Subjekt von Rechten zu sein. Unser Privatrecht kennt eine Reihe sehr unterschiedlicher Arten von subjektiven Rechten; davon soll erst später die Rede sein. Gemeinsam ist allen diesen Arten von „subjektiven Rechten", daß einer Person, dem „Berechtigten", etwas von Rechts wegen zukommt oder gebührt. Was dieses „Etwas" ist, ob die Unverletzbarkeit seines Daseins oder seines persönlichen Eigenbereichs, die Herrschaft über eine Sache, die Leistung eines anderen, die dieser dem Berechtigten „schul-

---

[4] Dazu *meine* Schrift: Richtiges Recht, Grundzüge einer Rechtsethik, 1979, S. 45ff.
[5] In der Metaphysik der Sitten, 2. Teil § 38.
[6] Grundlinien der Philosophie des Rechts § 36.

det", oder die Möglichkeit, ein Rechtsverhältnis zu gestalten oder im Rahmen eines Verbandes, einer Organisation mitzuwirken, das eben macht den Unterschied der verschiedenen Arten subjektiver Rechte aus. „Rechte" hat die Person immer nur in ihrem Verhältnis zu anderen Personen, die durch die Rechtsordnung dazu gehalten oder „verbunden" sind, diese Rechte anzuerkennen und sich demgemäß zu verhalten. Wer sich nicht demgemäß verhält, wer also einem anderen das ihm von Rechts wegen Zukommende vorenthält, entzieht oder sonst beeinträchtigt, „verletzt" in der Sprache der Juristen das Recht des anderen, handelt „widerrechtlich". Das Privatrecht schützt den Berechtigten gegen widerrechtliche Beeinträchtigungen dadurch, daß es ihm die Möglichkeit gerichtlicher Geltendmachung seines Rechts und anschließender Zwangsvollstreckung eröffnet; weiter durch die Auferlegung von Schadensersatzpflichten.

Die Gesamtheit alles dessen, was einer Person in einem bestimmten Zeitpunkt von Rechts wegen zukommt oder gebührt, die Summe aller ihrer Rechte oder rechtlich geschützten Güter, kann man als ihren *„Rechtskreis"* bezeichnen. Die Person im rechtlichen Sinne kann daher auch gedacht werden als der Mittelpunkt eines ihr notwendig zugehörigen „Rechtskreises". Diese Vorstellung ist, obgleich ebenfalls nur ein Bild, zutreffender als die geläufige Vorstellung eines „Trägers" von Rechten und Pflichten, da sie zum Ausdruck bringt, daß die Person nicht schlechthin getrennt von ihrem Rechtskreis gedacht werden darf. In ihrem Rechtskreis wird die Person *mittelbar selbst* verletzt; es geht daher im Rechtsstreit den Beteiligten vielfach nicht nur um das materielle Streitobjekt, sondern zugleich um die Selbstbehauptung ihrer Person. Wer das nicht sieht, dem entgeht eine wesentliche Seite der Rechtswirklichkeit.[7]

b) *Die Person als Adressat von Rechtspflichten.* Neben dem subjektiven Recht ist die Rechtspflicht das zweite, konstituierende Element des Rechtsverhältnisses. Im „rechtlichen Grundverhältnis", wie wir es nannten, ist das Recht eines jeden auf Achtung seiner Person untrennbar verknüpft mit der Pflicht eines jeden, alle anderen als Personen zu achten. So wenig wie ohne den Begriff des subjektiven Rechts, kommt die Rechtsordnung ohne den Begriff der Rechtspflicht aus. Auch der Ausdruck „Pflicht" ist zunächst in dem Sinne zu verstehen, der ihm im ethischen Personalismus *Kants* zukommt. Er bezeichnet hier eine *innere Anforderung,* die der Mensch in seinem moralischen Bewußtsein erfährt. Während freilich die Ethik *Kants* eine Handlung nur dann als moralisch gut anerkennt, wenn die Pflicht aus moralischer Gesinnung, um der Pflicht selbst willen erfüllt wird, kommt es der Rechtsordnung im allgemeinen nur auf das pflichtmäßige Verhal-

---

[7] In *Rudolf v. Jherings* viel gelesener und niemals veralteter Schrift „Der Kampf ums Recht" wird dies klar ausgesprochen. Er fragt, wie es zu erklären sei, daß in Prozessen immer wieder mit äußerster Erbitterung um oft geringfügige Objekte gestritten werde, und gibt die Antwort, es ginge den Beteiligten letztlich gar nicht so sehr um dieses Objekt, als um die Behauptung ihrer Person und ihres Rechtsgefühls.

ten, gleich aus welchen Motiven, an. Dem Charakter der Rechtspflicht als einer „Pflicht“ tut es daher keinen Abbruch, daß ihre Nichterfüllung mit einer *Sanktion,* der Androhung irgendeines Nachteils, wie Verlust eines Rechts, Schadensersatzpflicht oder, in extremen Fällen, Strafe, verbunden wird. Falsch wäre es jedoch, das Wesen der Rechtspflicht allein in ihrer Verbindung mit der Sanktion und dem dadurch ausgeübten indirekten Zwang zur Erfüllung zu sehen. Es gibt auch unerzwingbare Rechtspflichten; so im Verfassungsrecht und vor allem im Völkerrecht. Auch rechnet die Rechtsordnung notwendigerweise damit, daß die meisten Rechtspflichten im alltäglichen Leben aus rechtlicher Gesinnung der Bürger und nicht nur aus Furcht vor Nachteilen erfüllt werden. Andernfalls würden alle Gerichte und Vollstreckungsbehörden nicht ausreichen, um die Aufrechterhaltung der Rechtsordnung zu sichern. Das zeigt sich deutlich in Zeiten des Verfalls der Rechtsgesinnung, etwa in Kriegszeiten und in Zeiten schwerer wirtschaftlicher und sozialer Erschütterungen. Mit dem Ausdruck „Pflichtverletzung“ verbindet sich auch für die Wertung des BGB der Gedanke einer *rechtlich mißbilligten* Handlungsweise, ein rechtliches Unwerturteil also. Darauf ist gleich noch zurückzukommen. Festzuhalten ist, daß hinter dem Begriff „Rechtspflicht“ der Gedanke einer an die Person gerichteten Anforderung, eines „Sollens“, steht, der sich die Person in ihrem eigenen moralischen oder rechtlichen Bewußtsein grundsätzlich nicht zu entziehen vermag. Freilich hängt die Verbindlichkeit einer Rechtspflicht nicht von der inneren Zustimmung des Verpflichteten ab, sondern gründet sich auf den objektiven Geltungsanspruch der Rechtsordnung.

Das Gesagte darf nicht dahin mißverstanden werden, als ob jede moralische Pflicht auch schon eine Rechtspflicht sei. Sie ist eine Rechtspflicht nur, wenn sie in die Rechtsordnung aufgenommen ist, und sie wird in die Rechtsordnung nur aufgenommen, wenn sie das äußere Verhalten der Menschen in ihrem Zusammenleben betrifft und daher mit einer Sanktion verbunden werden *kann.* Die Rechtsordnung legt ferner zahlreiche Pflichten auf, die nicht bereits moralische Pflichten sind, wie etwa die Pflicht, Steuern zu zahlen, vor Gericht zu erscheinen und auszusagen, Ordnungsvorschriften einzuhalten. Es ist nicht zu bestreiten, daß in diesen letzteren Fällen der Begriff der „Pflicht“ nur mehr in einem Sinne gebraucht wird, in dem das Moment des Zwangsgebotes das einer inneren Bindung überwiegt. Darüber darf doch nicht übersehen werden, daß ein großer Teil der Rechtspflichten zugleich ethische Pflichten sind, wie z. B. die Pflicht, Verträge zu halten, in Anspruch genommenes Vertrauen nicht zu enttäuschen, die Person und den Rechtskreis des anderen nicht zu verletzen.

c) *Die Verantwortlichkeit der Person für Unrecht.* Der Begriff der Person im ethischen Sinne schließt den Gedanken der Verantwortlichkeit für das eigene Tun und Unterlassen ein. Verantwortung tragen und übernehmen heißt, die Folgen seines Tuns auf sich zu nehmen, dafür einzustehen. Es handelt sich hierbei um ein Grundphänomen des menschlichen Daseins, ein Phänomen, das, wie immer man es metaphysisch deuten mag, als eine erfahrbare Tatsache des Bewußtseins unbestreitbar ist. Der Mensch, der sich über seine Handlung und deren Folgen verantwortlich weiß, rechnet sie sich selbst zu, weist sie nicht als etwas, was ihn nichts anginge, von sich. Sofern er erkennt, einem anderen Unrecht getan, seine Pflicht ihm gegenüber verletzt zu haben, empfindet er die moralische Nötigung, dem anderen die Folgen abzunehmen, das Unrecht „wieder gutzumachen". Wiedergutmachung fordert derjenige, dem Unrecht angetan wurde, als *sein* „Recht". Er macht den anderen verantwortlich, weil dieser Person ist. Niemand würde von einem Tier oder von einer leblosen Sache „Wiedergutmachung" verlangen. Verantwortung zu tragen und verantwortlich gemacht zu werden, ist Vorrecht und Bürde der Person.

Der Umfang rechtlicher Verantwortung deckt sich freilich sowenig mit dem moralischer Verantwortlichkeit, wie der Umfang der rechtlichen mit dem der moralischen Pflichten. Rechtliche Verantwortlichkeit setzt rechtliche Zurechnung und diese bestimmte Zurechnungskriterien voraus, die für alle die gleichen sein müssen. Die Folge rechtlicher Verantwortlichkeit ist im Zivilrecht die Entstehung einer Schadensersatzpflicht. Das BGB knüpft Schadensersatzpflichten in der Regel an ein sowohl rechtswidriges, wie schuldhaftes Verhalten (vgl. vorläufig die §§ 276, 823). Als *„schuldhaft"* sieht es die vorsätzliche oder fahrlässige Verletzung eines fremden Rechts oder einer von der Rechtsordnung auferlegten Pflicht an. „Vorsätzlich" handelt, wer den rechtswidrigen Erfolg in seinen Willen aufgenommen hat, „fahrlässig", wer ihn bei Anwendung der von der Rechtsordnung gebotenen Sorgfalt, Aufmerksamkeit und Behutsamkeit hätte voraussehen und vermeiden können. Auf das Vorhandensein der hierfür erforderlichen individuellen Fähigkeiten und Geschicklichkeiten nimmt das Zivilrecht, dem es in erster Linie um einen gerechten Schadensausgleich zu tun ist, anders als das Strafrecht, nur in beschränktem Maße Rücksicht. Das Nähere über die Bedeutung der Begriffe „Vorsatz" und „Fahrlässigkeit" im Zivilrecht gehört in die Darstellung des Schuldrechts.[8] Im Sinne des Zivilrechts „schuldhaftes" Handeln setzt Verschuldensfähigkeit voraus. Die „Verschuldensfähigkeit" knüpft das Gesetz an das Vorliegen bestimmter Voraussetzungen, die ein Mindestalter, eine bestimmte geistige Reife und das Nichtvorliegen von Bewußtseinsstörungen betreffen (dazu unten § 6 IV).

Neben der Verantwortung für das eigene Verhalten kennt das BGB im Rahmen eines schon bestehenden Schuldverhältnisses auch eine Verantwortung für schuldhaftes Verhalten anderer Personen, die im Rahmen eines solchen Schuldverhältnisses für den Schuldner tätig werden (§ 278). Darin liegt eine starke Erweiterung des zivilrechtlichen Verantwortungsbereichs über die Verantwortung für eigenes Verschulden hinaus. Eine weitere, sehr erhebliche Erweiterung des Verantwortungsbereichs ergibt sich aus dem außerhalb des BGB erfolgten Ausbau der Gefährdungshaftung (vgl. dazu unten § 3 III). Ähnlich wie der Begriff der Pflicht, erfährt auch der Begriff der Verantwortung, ja sogar – denken

---

[8] Vgl. Sch. R. I § 20.

wir an die „Juristischen Personen" – der Begriff der Person selbst durch die Transponierung dieser Begriffe in das Privatrecht eine Erweiterung seines Umfangs, die seinen ursprünglichen Inhalt nur in abgeblaßter Weise durchscheinen läßt.

d) *Das Eigentum, die rechtlich anerkannte Sachherrschaft.* Der Gegenbegriff zu dem der Person im rechtlichen Sinn ist der der Sache. „Sache" in diesem Sinn ist alles dasjenige, was einerseits der Person äußerlich ist, andererseits aber ihrem Zugriff zugänglich, für sie verfügbar ist. Der Mensch gebraucht Sachen zur Befriedigung seiner unmittelbaren Bedürfnisse, als Werkzeuge und als Material, das er bearbeitet, als Mittel zur Steigerung seines Lebensgenusses und für mannigfache weitere Zwecke. Er befreit sich damit aus der unmittelbaren Abhängigkeit von dem, was er vorfindet, schafft sich bis zu einem gewissen Grade seine Umwelt und die ihm gemäßen Lebensbedingungen, vermag für die Zukunft vorzusorgen.

Der sich seiner selbst bewußt gewordene Mensch strebt danach, sich seiner Eigenart gemäß zu entfalten, selbst gesetzte Lebensziele zu verwirklichen. Als Mittel hierzu bedarf er solcher Sachen, die ihm, und nur ihm allein, zur Verfügung stehen. Solange sich freilich der Mensch nicht so sehr als Individuum, denn als Glied einer Gesamtheit, etwa einer Familie, einer Sippe, einer Dorfgemeinde, eines religiösen Ordens fühlt, ist das Bedürfnis nach einem ihm als Individuum vorbehaltenen Herrschaftsbereich gering ausgeprägt. Das ändert sich, sobald er sich primär als „dieser", als eine individuelle Persönlichkeit zu empfinden beginnt. Nunmehr empfindet er das Bedürfnis, sich seine eigene Umwelt zu gestalten, selbst zu disponieren, Dinge zu eigen zu haben. Diesem Bedürfnis dient das Eigentum als die rechtlich anerkannte und geschützte Herrschaft einer Person über bestimmte Sachen.

Das BGB entstand in einer Zeit und auf dem Hintergrund einer geistigen Entwicklung – man denke nur an die Bedeutung der Persönlichkeit in der Wertschätzung der Goethezeit und der Romantik, oder an die politische Freiheitsidee des Liberalismus und verwandter Strömungen –, in der die Emanzipation des Individuums, die mit dem Beginn der Neuzeit eingesetzt hatte, weit fortgeschritten war. Kein Wunder, daß im BGB, wie schon in den Gesetzbüchern der Aufklärungszeit und dem in Deutschland rezipierten römischen Recht, das individuelle Eigentum eine hervorragende Bedeutung hat. Es steht im Mittelpunkt des dritten Buches, des Sachenrechts. Unter „Eigentum" versteht das Gesetz nicht einen Zustand, die tatsächliche Sachherrschaft – diese bezeichnet es als „Besitz" –, sondern ein Recht. Es ist das Recht, „soweit nicht das Gesetz oder Rechte Dritter entgegenstehen, mit der Sache nach Belieben zu verfahren und andere von jeder Einwirkung auszuschließen" (§ 903).

Vermöge seines Eigentumsrechts ist der Eigentümer befugt, die Sache zu besitzen, sie umzugestalten, zu gebrauchen oder zu verbrauchen, aber auch, sich seines Eigentums zu entäußern, es aufzugeben oder einem anderen zu übertragen. Die Kehrseite aller dieser ,,positiven" Befugnisse in bezug auf die Sache ist die Ausschließung aller anderen von jeder Einwirkung auf sie. Das Eigentum bedeutet also, daß diese Sache dem Eigentümer *allein* vorbehalten ist, so daß andere ihm die Sache weder entziehen oder vorenthalten, noch ihn in der Ausübung seiner Sachherrschaft auf andere Weise stören oder beeinträchtigen dürfen (vgl. die §§ 985 und 1004). In dieser ,,negativen" Seite oder Ausschlußfunktion des Eigentums kommt zum Ausdruck, daß es ein Rechtsverhältnis des Eigentümers nicht nur zur Sache, sondern, wie jedes Rechtsverhältnis, zu anderen Personen ist. Der Kreis der Befugnisse, die dem Eigentümer von der Rechtsordnung zugewiesen sind und in deren Ausübung sie ihn schützt, ist weit gezogen. Er ist jedoch nicht unbegrenzt. Das ergibt sich bereits aus den Worten des Gesetzes: ,,soweit nicht das Gesetz oder Rechte Dritter entgegenstehen", die man bei nur flüchtiger Lektüre des § 903 leicht übersieht. Einschränkungen zugunsten anderer enthält das BGB, außer in dem Schikaneverbot des § 226, in § 904 und im sogenannten Nachbarrecht (§§ 906ff.). ,,Rechte Dritter", die das Recht des Eigentümers beschränken können, sind die sogenannten beschränkten dinglichen Rechte, wie Nießbrauch und Pfandrechte. Unberührt ließ das BGB Einschränkungen, die sich aus dem Landesprivatrecht ergeben, soweit es durch das Einführungsgesetz aufrecht erhalten wurde, wie z. B. aus dem Bergrecht. Unberührt blieben auch alle Beschränkungen des Eigentums, die ihren Grund im öffentlichen Recht, z. B. im Baurecht, hatten. Mochte man sie ursprünglich als bloße ,,Randerscheinungen" ansehen, die an der grundsätzlich alle möglichen Arten der Eigentumsnutzung und der Verfügung umfassenden privaten Rechtsmacht des Eigentümers nichts zu ändern vermöchten, so sind sie heute zu dem Inhalt des Eigentums, zum mindesten am Boden, mitbestimmende Faktoren geworden. (Dazu unten § 3 IV.)

Unter ,,Eigentum" versteht das BGB nur ein Herrschaftsrecht an Sachen, d. h. an ,,körperlichen Gegenständen" (§ 90). Daher fallen das Recht an einem Unternehmen, das Mitgliedschaftsrecht des Aktionärs oder der Anteil eines Gesellschafters an einer Handelsgesellschaft, Bankguthaben und sonstige Forderungen nicht unter den Eigentumsbegriff des BGB. Sie gehören zum Vermögen, und man faßt sie mit unter den Eigentumsbegriff, wenn man vom Eigentum in einem wirtschafts- und gesellschaftspolitischen Sinne spricht. Es geht dann vor allem um das Eigentum an den Produktionsmitteln, um die Begrenzung und die Kontrolle der daraus resultierenden wirtschaftlichen Macht, Probleme der Mitbestimmung und einer ,,gerechten" Vermögensverteilung. Ihren rechtlichen Niederschlag finden sie im Wirtschaftsverfassungsrecht,[9] das BGB hat es nur mehr mit der funktionsgerechten rechtstechnischen Ausgestaltung, den Möglichkeiten

[9] Vgl. dazu *Badura,* Wirtschaftsverfassung und Wirtschaftsverwaltung, 1971, S. 102ff.

der Begründung, des Erwerbs und der Übertragung dieser Vermögensrechte und ihrem Schutz gegen rechtswidrige Beeinträchtigungen zu tun.

e) *Die Privatautonomie und die Selbstbindung im Vertrag.* Unter den Befugnissen des Eigentümers wurde auch bereits die genannt, sich seines Eigentums zu entäußern und es einem anderen zu übertragen. Dieselbe Befugnis steht auch den Inhabern anderer Vermögensrechte zu, soweit diese nicht ausnahmsweise unübertragbar sind. Die Übertragung des Eigentums oder eines anderen Vermögensrechts geschieht in den meisten Fällen zu dem Zweck, um von dem Empfänger im Austausch dagegen eine andere Sache, ein anderes Recht oder eine Dienstleistung zu erlangen. Die an einem derartigen Austauschvorgang Beteiligten regeln ihn im einzelnen durch einen Vertrag. Durch „Schuldverträge" verpflichten sie sich einander zu bestimmten Leistungen (vgl. die §§ 241, 305), die auch in der Übereignung einer Sache bestehen können. Sie schließen z. B. Kaufverträge, Tauschverträge, Mietverträge, Dienst- und Werkverträge. Entscheidend für den durch Verträge geregelten Austausch von Gütern und Leistungen aller Art ist, daß jeder Vertragspartner der Regelung aus eigener Entschließung zugestimmt hat, daß es also der Wille der beiden Vertragschließenden ist, auf dem diese Regelung beruht. Unerläßliche Voraussetzung dafür ist die Abwesenheit von Zwang.

Die den einzelnen durch die Rechtsordnung gewährte und gesicherte Möglichkeit, ihre Beziehungen untereinander innerhalb bestimmter Grenzen durch Rechtsgeschäfte, insbesondere durch Verträge, zu regeln, bezeichnet man als die **„Privatautonomie"**. Der Mensch, der in ständiger Kommunikation mit anderen lebt, bedarf ihrer, um in den ihn unmittelbar angehenden Angelegenheiten frei entscheiden, sie in eigener Verantwortung gestalten zu können. Denn nur wenn er dazu in der Lage ist, vermag er sich als Person zu entfalten und zu behaupten. Die jedem mündigen Bürger zustehende Privatautonomie ist daher eines der Haupt- und Grundprinzipien des Privatrechts.

Die in einem Vertrag von den beiden Vertragspartnern einvernehmlich gesetzte Regelung – die *„lex contractus"* – ist für beide *„bindend"*. Es liegt im Sinne jedes Vertrages als eines zweiseitigen Aktes, daß die Beteiligten sich eben dadurch wechselseitig an das Vereinbarte binden. Die Möglichkeit, Verpflichtungen einzugehen, sich durch entsprechende Erklärungen moralisch und rechtlich zu „binden", liegt, ebenso wie die Fähigkeit, Verantwortung auf sich zu nehmen, im Wesen der Person (im ethischen Sinn). Daß Verträge gehalten werden sollen („pacta sunt servanda"), folgt nicht erst aus einem Gebot der jeweiligen Rechtsordnung, sondern aus der bindenden Kraft des Versprechens als eines moralischen Akts der Person,[10] und ist eine Voraussetzung für jede Ordnung unter

[10] Die Frage, warum ein Versprechen – im moralischen und auch im rechtlichen Sinn – „bindet", ist im rechtsphilosophischen Schrifttum mehrfach erörtert worden; so von *Friedrich Bassenge,* Das Versprechen, 1930, und von *Adolf Reinach,* Die apriorischen Grundlagen des bürgerlichen Rechts,

einzelnen Menschen wie unter den Staaten, die nicht allein auf der Gewalt beruht.

Damit eine Übereinkunft nicht nur moralisch, sondern auch rechtlich bindet, ihre Einhaltung notfalls mit Hilfe der Rechtsordnung erzwungen werden kann, muß allerdings zu dem Akt der Selbstbindung ein zweites hinzukommen: seine Anerkennung als eines *gültigen Rechtsaktes* durch das positive Recht. Denn die Rechtsordnung kann nur solchen Vereinbarungen rechtliche Geltung zuerkennen, die bestimmten rechtlichen *Mindestanforderungen* genügen. Sie versagt z. B. Verträgen und anderen Rechtsgeschäften die Geltung, wenn ihr Inhalt gegen ein gesetzliches Verbot oder gegen die „guten Sitten" verstößt (§§ 134, 138). Sie verlangt für die Vornahme bestimmter Rechtsgeschäfte die Einhaltung einer bestimmten Form, oder sie macht ihre Gültigkeit von der Zustimmung eines Dritten, dessen Interessen berührt werden, mitunter auch von der einer Behörde, die das öffentliche Interesse wahrzunehmen hat,[11] abhängig. Die *rechtliche Geltung* einer vertraglichen Regelung hat also stets einen doppelten Grund: den diese Regelung schaffenden gemeinsamen Willensakt der Vertragsschließenden, durch den sie sich selbst binden, und die Anerkennung dieses Aktes durch die Rechtsordnung.[12]

Die Privatautonomie kann, so wenig wie irgendeine andere von der Rechtsordnung gewährte Befugnis oder Gestattung, unbegrenzt sein. Ihre Grenzen sind aber vom BGB, ähnlich wie die des Eigentums, weit gezogen. Das ist wieder die Folge davon, daß in der Wertrangordnung, die dem BGB zugrunde liegt, der Wert der individuellen Persönlichkeit und ihrer Entfaltung durch eigenverantwortliche Tätigkeit einen hervorragenden Platz einnimmt. Gleichwohl ist sie nicht das einzige Rechtsprinzip, auf dem das Recht der privaten Austauschbeziehungen beruht (vgl. dazu unten IV und V).

III. Der formale Personbegriff des BGB

Das BGB betrachtet, wie dargelegt, jeden Menschen als eine „natürliche Person", weil er als Mensch darauf angelegt ist, Selbstbewußtsein zu haben, sein Dasein eigenverantwortlich zu gestalten und anderen gegenüber Verantwortung zu übernehmen und zu tragen. Jeder Mensch ist daher von seiner Geburt an (§ 1) „rechtsfähig", d. h. er kann Rechte und Pflichten haben, in Rechtsverhältnissen

1922, Neuauflage unter dem Titel „Zur Phänomenologie des Rechts", 1953. Macht man sich klar, daß es in dem dem Empfänger verständlichen Aktsinn des Versprechens liegt, daß der Versprechende sich hiermit binde, daß derartige Akte allgemein als Akte der Selbstbindung verstanden werden, und daß demzufolge der Versprechensempfänger den Versprechenden regelmäßig als „gebunden" betrachtet, so kann man mit *Reinach in dem Versprechensakt selbst* den Grund der Bindung sehen. Dazu *meine* Schrift über Richtiges Recht, 1979, S. 60ff.

[11] Über Fälle dieser Art vgl. Schuldrecht Bd. I § 4 III.

[12] So auch *Flume,* § 1, 2 a. E.

zu anderen Personen stehen. In der Tat steht er von Geburt an in Rechtsverhältnissen, nämlich in Familien-Rechtsverhältnissen, und unter dem Schutz der Rechtsordnung. Für die „Rechtsfähigkeit" kommt es dagegen nicht darauf an, ob der Mensch nach seinem Lebensalter und seiner geistigen Entwicklung dazu in der Lage ist, seine Rechte selbst auszuüben, seine Pflichten als solche zu erkennen und zu erfüllen und „privatautonom" zu handeln. Ist er dazu nicht in der Lage, so erhält er von Gesetzes wegen einen „Vertreter", der seine Angelegenheiten für ihn wahrnimmt. Die von der Rechtsordnung anerkannte Fähigkeit, Rechtsgeschäfte vorzunehmen, „privatautonom" zu handeln, bezeichnet man als *Geschäftsfähigkeit* (vgl. § 104). Der eben deshalb als *„formal"* zu bezeichnende Personenbegriff des BGB enthält als notwendiges Attribut nur die Rechtsfähigkeit, nicht auch die Geschäftsfähigkeit und auch nicht die Verschuldensfähigkeit (im Sinne der §§ 827, 828). Der Begriff ist daher inhaltlich ärmer als der ihm zugrunde liegende ethische Personenbegriff. Er enthält von allen Prädikaten, die diesem zukommen, nur noch ein einziges: die Rechtsfähigkeit.[13]

Die Formalisierung des Personenbegriffs ermöglicht es der Rechtsordnung, ihn auch auf Gebilde anzuwenden, die keine Personen im ethischen Sinne sind, denen aber die Rechtsordnung „Rechtsfähigkeit" beilegt. Es handelt sich bei ihnen um die sogeannten **„juristischen Personen"**, die als solche, gleich wie die „natürlichen Personen", Rechte und Pflichten haben, in Rechtsverhältnissen zu anderen stehen können. „Juristische Personen" sind entweder auf die Dauer angelegte *Personenvereinigungen* oder *sonstige Organisationen,* die um eines bestimmten Zweckes willen geschaffen sind, wie z. B. rechtlich selbständige Stiftungen. Juristische Personen, die Personengesamtheiten sind, können solche des öffentlichen Rechts – z. B. Staaten, Gemeinden, Gemeindeverbände, Kirchen – oder des Privatrechts – z. B. rechtsfähige Vereine oder Aktiengesellschaften – sein. Ihre Anerkennung als „juristische Personen" trägt ihrer Kontinuität im Wechsel der Mitglieder sowie der Besonderheit der von ihnen verfolgten Zwecke Rechnung. Sie ermöglicht es, den Rechtskreis der Vereinigung als solcher von den Rechtskreisen ihrer Mitglieder zu trennen und Rechtsbeziehungen zwischen der Gesamtheit und dem einzelnen Mitglied anzunehmen. Die „juristische Person" bedarf, um ihre Rechte wahrnehmen, ihre Pflichten erfüllen und „privatautonom" handeln zu können, natürlicher Personen als ihrer „Organe", deren Handlungen im Rechtskreis der juristischen Person dieser selbst zugerechnet werden. (Näheres unten § 9.)

---

[13] Zutreffend bemerkt *Rittner* (Rechtsperson und juristische Person, in: Freiheit und Verantwortung im Recht, Festschr. für *Meier-Hayoz,* 1982, S. 335) zur Entwicklung der Dogmatik im späteren 19. Jahrhundert: „Die Rechtsperson wird zum Rechtssubjekt reduziert, das am Ende lediglich dafür da ist, daß Rechte und Pflichten an es angeknüpft werden". Er läßt keinen Zweifel daran, daß mit einem solcher Art verkürzten, rein rechtstechnischen Personbegriff nicht auszukommen ist, denn „die Rechtsperson beruht auf fundamentalen, nämlich rechtsontologischen und rechtsethischen Grundlagen, über die weder der Gesetzgeber noch die Wissenschaft beliebig verfügen können".

IV. Der Vertrauensgrundsatz im BGB

Der ethische Personalismus, der von der Fähigkeit des Menschen zur Selbstbestimmung und Selbstverantwortung ausgeht und die Achtung der Personwürde eines jeden Menschen zum obersten sittlichen Gebot erhebt, würde jedoch nicht dazu ausreichen, eine Rechtsordnung und sei es auch nur eine Privatrechtsordnung zu begründen, wenn nicht eine sozial-ethische Komponente hinzuträte. Diese sozial-ethische Komponente ist im BGB das Vertrauensprinzip. Es beruht auf der Einsicht, daß ein friedliches und gedeihliches Zusammenleben von Menschen in einer noch so lockeren Gemeinschaft nicht möglich ist, ohne daß entgegengebrachtes Vertrauen wenigstens im allgemeinen nicht enttäuscht, sondern bestätigt wird, Vertrauen als Grundlage menschlicher Beziehungen daher möglich bleibt. Eine Gesellschaft, in der jeder jedem anderen mißtraute, würde einem latenten Kriegszustand zwischen allen gleichen, statt Frieden würde Unfrieden herrschen. Wo das Vertrauen verloren ist, ist die menschliche Kommunikation zutiefst gestört. Das Vertrauensprinzip ist daher, ebenso wie das Prinzip des Achtens, das der Selbstbestimmung (in seiner privatrechtlichen Ausprägung also die Privatautonomie) und das der Selbstbindung der Person im Versprechensakt, insbesondere im Vertrag, ein Prinzip richtigen Rechts.[14] Seine Ausgestaltung im einzelnen durch ein positives Recht läßt freilich viele Varianten zu, die hier nicht alle aufgezählt werden können.

Das Gebot, entgegengebrachtes und in Anspruch genommenes Vertrauen nicht zu enttäuschen, findet im BGB einen Ausdruck einmal in der Forderung, „Treu und Glauben“ zu wahren (§ 242). Die Anwendung dieses Grundsatzes haben Rechtsprechung und Lehre weit über den Bereich hinaus ausgedehnt, für den er im Gesetz ausgesprochen ist. Er gilt nicht nur in bereits bestehenden Schuldverhältnissen, sondern auch schon im Stadium beginnender Vertragsverhandlungen, sowie in rechtlichen Sonderverbindungen jeder Art. Jeder Beteiligte ist hiernach dazu verbunden, die ihm anvertrauten Interessen des anderen sorgsam zu behandeln, dessen berechtigte Erwartungen zu erfüllen, ihm die nötigen Auskünfte zu erteilen, sich „loyal“ zu verhalten. Unzulässig ist die Ausübung eines Rechts, wenn sie gegen „Treu und Glauben“ verstößt, etwa weil sie der berechtigten Erwartung des anderen widerspricht. Wer beispielsweise durch sein Verhalten den Eindruck erweckt, er werde von einem ihm zustehenden Kündigungsrecht oder der Einrede der Verjährung keinen Gebrauch machen, so daß der andere darauf vertraut und sich dementsprechend einrichtet, verliert das Kündigungsrecht oder die Verjährungseinrede durch „Verwirkung“.[15]

---

[14] Vgl. hierzu meine Schrift über „Richtiges Recht“, 1979, S. 80ff.

[15] Näheres darüber unten § 13 III a Ziff. 3 und b.

Das Vertrauensprinzip beherrscht neben dem Prinzip der Selbstbindung und im Verein mit ihm den rechtsgeschäftlichen Verkehr. Auf Zusagen, die in rechtsverbindlicher Weise gegeben sind, kann man vertrauen. Bei der Auslegung sogenannter empfangsbedürftiger Willenserklärungen[16] kommt es auf den Verständnishorizont desjenigen an, an den die Erklärung gerichtet ist. Auf den ihm der Sachlage nach verständlichen und von ihm verstandenen Sinn der Erklärung muß er vertrauen können. Will ihn der Erklärende nicht gelten lassen, da er seine Erklärung anders gemeint habe, so kann er sich zwar von seiner Erklärung lösen, muß dann aber dem Empfänger dessen „Vertrauensschaden" ersetzen.[17] Vertrauen kann man aber nicht nur auf rechtsgeschäftliche Willenserklärungen, sondern vielfach auch auf den bloßen Anschein des Vorliegens einer solchen Erklärung, sofern nur derjenige, der dafür einzustehen hat, diesen Anschein in zurechenbarer Weise durch sein Verhalten hervorgerufen hat.[18] Das Gesetz schützt ferner den „gutgläubigen" Erwerber einer Sache, der ohne grobe Fahrlässigkeit darauf vertraut, daß der im Besitz befindliche Veräußerer ihr Eigentümer (und daher zur Veräußerung befugt) sei (§ 932). Geschützt wird in vielen Fällen das Vertrauen darauf, daß derjenige, der sich durch den Besitz einer entsprechenden Urkunde legitimieren kann, zum Empfang einer Leistung berechtigt sei.[19] Bei dem Erwerb eines Rechts und bei bestimmten Leistungen kann man auf die Richtigkeit des Inhalts des Grundbuchs (§§ 892, 893) sowie auf den Inhalt eines Erbscheins (§§ 2366, 2367) unter gewissen Voraussetzungen vertrauen.

Der Schutz des Vertrauens auf den Anschein des Vorliegens einer Willenserklärung, auf bestimmte Urkunden und Register ist zwar nicht, wie die Forderung, „Treu und Glauben" zu wahren, rechtsethisch begründet, sondern ist eher ein rechtstechnisches Mittel zur Erhöhung der Sicherheit des rechtsgeschäftlichen Verkehrs. Insoweit tritt hier ein weiterer charakteristischer Grundsatz des BGB zutage: das Bestreben, den Umsatz von Waren und Leistungen aller Art zu erleichtern. Auf dieser Linie liegt auch die weitgehende Formfreiheit der Schuldverträge und die Schaffung umlauffähiger Wertpapiere. Darin erweist sich das BGB als das Kind einer Zeit, die bestrebt war, Hemmnisse des Handelsverkehrs nach Möglichkeit abzubauen. Der Sicherheit des Grundstücksverkehrs dient auch die Einrichtung des Grundbuchs. Welches immer die Motive im einzelnen waren, der Gedanke des Vertrauensschutzes, sei es, weil das dem Partner entgegengebrachte Vertrauen als solches schutzwürdig ist, sei es in Verbindung mit der Sicherheit des Rechtsverkehrs, begegnet im BGB an vielen Stellen, wenn auch in unterschiedlicher Ausprägung.

---

[16] Näheres unten § 19 II a.
[17] Dazu unten § 20 II c.
[18] Dazu unten § 33.
[19] Vgl. die §§ 370, 793 Abs. 1 Satz 2, 807, 808.

V. Das Prinzip der ausgleichenden Vertragsgerechtigkeit

Zu kurz gekommen ist im BGB, wenigstens auf den ersten Blick gesehen, das Prinzip der ausgleichenden Vertragsgerechtigkeit.[20] Es bezieht sich auf Austauschverträge („gegenseitige Verträge") und besagt vornehmlich, daß bei einem solchen Vertrag jeder Partner für seine eigene Leistung eine „angemessene", ihrem Wert entsprechende Gegenleistung bekommen solle *(„Objektives Äquivalenzprinzip").* Schlagwortartig zugespitzt, geht es um den „gerechten" Lohn, den „gerechten" Preis, das „gerechte" Entgelt für irgendeine Leistung überhaupt. Doch geht es bei der „ausgleichenden Vertragsgerechtigkeit" nicht allein um das „Äquivalenzprinzip" im engeren Sinne, die Forderung wenigstens annähernder Gleichwertigkeit von Leistung und Gegenleistung, sondern darüber hinaus auch um eine „gerechte" Verteilung der mit einem Vertrage verbundenen Lasten und Risiken.

Die Verfasser des BGB waren gegenüber dem objektiven Äquivalenzprinzip deshalb skeptisch, weil es in der Tat keine wirklich überzeugenden und zugleich praktikablen Kriterien gibt, nach denen sich bestimmen ließe, was jeweils der „gerechte Lohn" für eine ganz bestimmte Tätigkeit, der „gerechte Preis" für eine bestimmte Ware ist.[21] Bestenfalls lassen sich dafür Annäherungswerte angeben, wobei aber die Meinungen häufig schon darüber auseinandergehen werden, welche Faktoren in die Bewertung überhaupt einzubeziehen sind. (Z. B. Dauer, Schwierigkeitsgrad, gesellschaftliche „Nützlichkeit" einer Tätigkeit; Herstellungskosten, Absatzmöglichkeiten einer Ware, zuzubilligende Verdienstspanne und Risikozuschläge). Auch der, noch am leichtesten zu ermittelnde, Marktpreis braucht nicht immer ein „gerechter" Preis zu sein. Man meinte mit gutem Grund, wenn man dem Richter erlauben würde, Austauschverträge nur deshalb für ungültig zu erklären oder zu korrigieren, weil die vereinbarten Leistungen einander nicht gleichwertig seien, dann würde das zu einer unerträglichen Bevormundung der Vertragsparteien führen und letztlich die Privatautonomie aushöhlen. Deshalb begnügten sich die Verfasser des BGB mit der nur gewisse extreme Fälle erfassenden Wucherbestimmung des § 138 Abs. 2. Sie verlangt, außer einem „auffälligem Mißverhältnis" zwischen Leistung und Gegenleistung, noch ein weiteres, die Vorwerfbarkeit des Verhaltens des Wucherers begründendes Moment (die „Ausbeugung" einer Zwangslage, der Unerfahrenheit, Urteils- oder Willensschwäche des anderen). Das objektive „Mißverhältnis" allein sollte

---

[20] Zum folgenden vgl. insbesondere *Raiser,* Vertragsfunktion und Vertragsfreiheit, in Festschr. für den DJT, 1960, Bd. I, S. 101ff., besonders S. 129ff.; *Bydlinski,* Privatautonomie und objektive Grundlagen des verpflichtenden Rechtsgeschäfts, 1967, S. 103ff.; 151ff.

[21] Näheres über diese Problematik bei *Perelmann,* Über die Gerechtigkeit, 1967, S. 16ff.; *Engisch,* Auf der Suche nach der Gerechtigkeit, 1971, S. 162ff.; *meine* Schrift über Richtiges Recht, 1979, S. 70ff.

also das Geschäft noch nicht nichtig machen. Vielmehr beließ man es bei dem Prinzip der *subjektiven Äquivalenz,* demzufolge es lediglich darauf ankommt, daß jede Vertragspartei aufgrund *ihrer eigenen Einschätzung* in der Leistung des anderen ein ihr genügendes Äquivalent für ihre eigene Leistung erblickt. Geht man von diesem Prinzip aus, so hat das Recht nur die Aufgabe, dafür zu sorgen, daß sich jede Partei ihr Urteil frei von Irrtum und Zwang zu bilden vermag. Im übrigen vertraut man darauf, jeder werde seine Interessen bei einem Vertragsschluß selbst am besten wahrnehmen.[22]

Das Prinzip der objektiven Äquivalenz hat trotzdem in beschränktem Umfang Eingang in das Gesetz gebunden. Weicht die gekaufte Sache zum Nachteil des Käufers von der Beschaffenheit ab, die er erwarten durfte (§ 459), so kann er „Minderung", d. h. eine Herabsetzung des vereinbarten Kaufpreises in dem Verhältnis verlangen, in dem der objektive Wert der mangelhaften Sache hinter ihrem Wert im mangelfreien Zustande zurückbleibt (§§ 462, 472). Der Gedanke der objektiven Äquivalenz ist auch in der Bestimmung des § 315 enthalten, der zufolge dann, wenn die Bestimmung der Leistung, insbesondere der Gegenleistung (§ 316), *einem* Vertragsteil zusteht, dieser sie im Zweifel nach „billigem Ermessen" zu treffen hat. Die Rechtsprechung hat schließlich einer nachträglich eintretenden schweren Störung des von den Parteien angenommenen Äquivalenzverhältnisses im Rahmen der Lehre vom Fortfall der Geschäftsgrundlage Rechnung getragen.[23]

Von erheblich größerem Einfluß ist der Gedanke der ausgleichenden Vertragsgerechtigkeit in seiner weiteren Bedeutung einer gerechten Verteilung der mit einem Vertrage verbundenen Lasten und Risiken. In dieser Bedeutung beherrscht er in weitem Umfange das „dispositive" Gesetzesrecht,[24] das, wie wir wissen, überall da zur Anwendung kommt, wo es die Parteien unterlassen haben, Fragen, die sich bei der Durchführung des Vertrages ergeben können, selbst zu regeln. Welchen Einfluß hat es z. B. auf die Rechte und Pflichten der Parteien eines Kaufvertrags, wenn die von dem Verkäufer auf Wunsch des Käufers diesem übersandte Sache auf dem Transport beschädigt wird? Das Gesetz regelt diese Frage in § 447. Der Verkäufer, der dem Wunsche des Käufers nachkommt, ohne damit eine weitergehende Verpflichtung zu übernehmen, soll dadurch kein zusätzliches Risiko eingehen. Daß die Gefahr mit der Absendung auf den Käufer „übergeht", bedeutet, daß dieser nun auf jeden Fall den Kaufpreis zu zahlen hat. Ähnliche Bestimmungen finden sich im Gesetz in großer Zahl; will man in ihnen

---

[22] Wo die Möglichkeit dazu typischerweise nicht besteht, bedarf das Prinzip der Privatautonomie daher einer Einschränkung gemäß dem „Sozialprinzip"; dazu unten § 3 I u. II; *Schmidt-Salzer,* NJW 71, S. 5 u. 173 mit weiteren Hinweisen.

[23] Dazu vgl. Sch.R. I § 21 II.

[24] Das betont zutreffend *Manfred Wolf,* Rechtsgeschäftliche Entscheidungsfreiheit und vertraglicher Interessenausgleich, 1970, S. 35.

nicht bloß willkürliche Anordnungen des Gesetzgebers sehen, sondern nimmt man an, daß ihnen vernünftige Erwägungen zugrunde liegen – und das ist in der Regel zweifellos der Fall –, so können diese nur an dem Leitgedanken einer ausgleichenden Vertragsgerechtigkeit orientiert sein.

Die Vielgestaltigkeit der Lebensverhältnisse, um die es bei dem Abschluß von Verträgen gehen kann, der dabei im Spiele befindlichen Interessen und Risiken, haben es dem Gesetzgeber als ratsam erscheinen lassen, den Parteien bei der Gestaltung ihrer vertraglichen Beziehungen in weitem Maße Freiheit zu lassen. Das Gesetz drängt ihnen seine Regelung, die deshalb nur „dispositiv" ist, nicht auf. Es geht aber mit Recht davon aus, daß die Parteien selbst da, wo sie nichts Bestimmtes vereinbart haben, eine Regelung wünschen, die beiden gerecht wird, also jedem das gibt, was er unter Berücksichtigung auch der Interessen der anderen Partei erwarten kann. Wer sich auf den Boden der Rechtsordnung stellt – und das tun die Vertragsparteien, indem sie für ihre Abmachungen Rechtsschutz erwarten – unterstellt sich damit auch deren Maßstäben. Privatautonomie und „ausgleichende Vertragsgerechtigkeit" sollten daher nicht als gegensätzliche, sondern als einander ergänzende Prinzipien gesehen werden.[25] Das Vertragsrecht des BGB kann weder aus dem Prinzip der Privatautonomie – so zentral dieses auch ist –, noch aus dem Vertrauensprinzip, noch aus dem Prinzip der ausgleichenden Vertragsgerechtigkeit allein, sondern nur aus dem Zusammenspiel dieser Prinzipien verstanden werden.[26] Die nähere Art dieses „Zusammenspiels" ist freilich nicht immer leicht zu durchschauen; sie unterliegt auch im Fortgang der Zeit gewissen Veränderungen, von denen alsbald die Rede sein soll.[27]

---

[25] In vorbildlicher Weise geschieht das in der genannten Schrift von Manfred *Wolf*.

[26] *Bydlinski* aaO. S. 122 nennt vier solcher Prinzipien, die, „in sich der Abstufung fähig" und „in verschiedener Intensität", den Aufbau des Vertragsrechts bestimmten: das Prinzip der „willentlichen Selbstbestimmung des einzelnen", insbesondere in seiner Anwendung auf den Vertrag; den Gedanken der Verkehrssicherheit, der sich vor allem in der Forderung nach Vertrauensschutz auswirke; den „der inhaltlichen Äquivalenz der vertraglichen Leistungen und Rechtsstellungen", und „die ethische Kraft der Vertragstreue". Der zuletzt genannte Gesichtspunkt ist hier nicht mehr besonders hervorgehoben, da er schon im Vertragsgedanken enthalten ist und ebenso dem Vertrauensprinzip entspricht.

[27] Gerade weil das Pendel – nachdem man 25 Jahre lang die „Privatautonomie" als das dominierende Prinzip herausgestellt hat – zur Zeit einmal wieder offenbar nach der anderen Seite hin ausschlägt, sei hier betont, daß eine *allein* auf Gesetz und Richterspruch beruhende, den einzelnen aufgedrungene „Vertragsgerechtigkeit" ebenso utopisch ist, wie die Meinung, die Vertragsfreiheit *allein* gewährleiste schon einen gerechten Interessenausgleich. Die Vertragsfreiheit bedarf der Vertragsgerechtigkeit als ihres Korrektivs, diese wiederum setzt Vertragsfreiheit voraus, andernfalls sie in Despotie umschlägt und damit den Rechtsgedanken ebenso preisgibt, wie diejenigen es tun, die auf Vertragsgerechtigkeit schlechthin glauben verzichten zu können.

§ 3. Die Fortbildung des Bürgerlichen Rechts bis zur Gegenwart

Literatur: *Badura,* Wirtschaftsverfassung und Wirtschaftsverwaltung, 1971; *Hönn,* Kompensation gestörter Vertragsparität, 1982; *Raiser,* Die Aufgabe des Privatrechts, 1977; *Ramm,* Einführung §§ 9–16; *Rebe,* Privatrecht und Wirtschaftsordnung, 1978; *Rinck,* Einwirkungen des Kartellrechts auf das allgemeine Privatrecht, Festschr. f. *Wieacker,* 1978, S. 476; *Rother,* Elemente und Grenzen des zivilrechtlichen Denkens, 1975; *Rüthers* § 2; *Schwab,* Einführung in das Zivilrecht, Teil I Kap. 3; *Wieacker,* Das Sozialmodell der klassischen Privatrechtsgesetzbücher und die Entwicklung der modernen Gesellschaft, 1953; Privatrechtsgeschichte der Neuzeit, 2. Aufl. 1967, § 27.

I. Allgemeine Entwicklungstendenzen; die Ausgliederung des Arbeitsrechts

Das Privatrecht, so hatten wir gesagt, regelt die Beziehungen der einzelnen zueinander – als „Personen", damit als Subjekten von Rechten und Pflichten – auf der Grundlage ihrer Gleichberechtigung und Selbstbestimmung. Diese Beziehungen betreffen vornehmlich, wenn auch nicht ausschließlich, den Erwerb, insbesondere durch Tausch, von nicht streng an eine Person gebundenen (ihr „äußeren") Gütern sowie Leistungen, die eine Person, meist gegen Entgelt, einer anderen erbringt. Insoweit geht es um rechtliche Regeln für wirtschaftliches Handeln der Einzelpersonen. Es ist zunächst eine Frage der *allgemeinen Wirtschaftsverfassung* der betreffenden Gesellschaft, wie weit sie überhaupt wirtschaftliche Abläufe, wie den Warenumsatz, die Verwendung von Kapital (für den Konsum, für „Investitionen" oder Erneuerungen, oder für sonstige Zwecke) der Entscheidungsmacht der einzelnen Wirtschaftssubjekte überläßt, die dann auch das mit solchen Entscheidungen vielfach verbundene Risiko grundsätzlich zu tragen haben, oder wie weit solche Entscheidungen zentralen Behörden, meist einer staatlichen Bürokratie, vorbehalten werden. Das Privatrecht nimmt eine um so bedeutsamere Stellung innerhalb der rechtlichen Ordnung der Wirtschaft ein, je größer der Raum ist, den die Wirtschaftsverfassung für wirtschaftlich relevante Entscheidungen der einzelnen Wirtschaftssubjekte läßt. Die Verfasser des BGB gingen davon aus und konnten zu ihrer Zeit davon ausgehen, daß dieser Raum nahezu unbegrenzt sei. Auch die gegenwärtige Wirtschaftsverfassung der Bundesrepublik gewährt der Entscheidungsmacht der einzelnen Wirtschaftssubjekte und damit ihrer Selbstbestimmung einen breiten Raum, ohne auf staatliche Einwirkungen auf den Wirtschaftsablauf, etwa durch Subventionen, Maßnahmen der Geld- und Währungspolitik, ganz zu verzichten.[1] Die gesellschaftliche Bedeutung des Privatrechts ist vor dem Hintergrunde dieser Wirtschaftsverfassung zu sehen.

---

[1] Dazu im näheren die angegebene Schrift von *Badura;* zum Begriff der Wirtschaftsverfassung *Rebe* aaO. S. 28ff.

In den gesellschaftlichen Verhältnissen, denen die rechtliche Regelung Rechnung zu tragen hat, haben sich freilich seit der Zeit, in der das BGB entstand, bedeutsame Änderungen vollzogen. Das Deutsche Reich des letzten Drittels des vorigen Jahrhunderts war zwar schon ein Industriestaat, jedoch lebte ein weitaus größerer Teil der Bevölkerung als heute noch auf dem Lande oder in kleinen Städten. Der gewerbliche Kleinbetrieb, das Handwerk, und, abgesehen von dem Großgrundbesitz in den östlichen Provinzen, der bäuerliche Kleinbetrieb stellten die überwiegende Wirtschaftsform dar. Hier sorgte der einzelne oder die Familie für sich selbst; man erwartete keine Hilfe vom Staat oder von halbstaatlichen Organisationen. Das nötigte den ,,sorgsamen Familienvater" dazu, Rücklagen zu machen für das Alter, für Krankheitsfälle, für die Ausbildung der Kinder. Der Grundbesitz des Bauern, des Handwerkers oder Kleingewerbetreibenden bildete die Grundlage seiner wirtschaftlichen Existenz; er wurde oft zugleich mit dem Beruf auf Kind und Kindeskinder vererbt. Für derartige Verhältnisse stellte das BGB die geeigneten rechtlichen Institute und Übertragungsformen zur Verfügung. Es waren dies vor allem das Privateigentum, seine freie Verfügbarkeit und Vererbbarkeit, die Belastbarkeit des Grundbesitzes als ein Mittel der Kreditbeschaffung, die nahezu unbegrenzte Vertragsfreiheit auf dem Gebiete des Schuldrechts, d.h. der Verkehrsgeschäfte, und ein hohes Maß an Rechtssicherheit u.a. durch einen weitgehenden Vertrauensschutz beim Erwerb beweglicher Sachen sowie durch das Grundbuchsystem. Diese Einrichtungen haben sich bis heute im ganzen bewährt; es ist kein Zufall, daß zu den Teilen des Gesetzbuchs, die die wenigsten Änderungen erfahren haben, das Sachenrecht, das Erbrecht und auch der Allgemeine Teil gehören. Bedeutender sind die Änderungen, die auf den Gebieten des Schuldrechts und im Familienrecht eingetreten sind.

Was die Verfasser des BGB nicht gesehen oder nicht hinreichend in ihre Überlegungen einbezogen hatten, war das Aufkommen einer neuen Sozialschicht, der Fabrikarbeiterschaft, deren Lage sich von der der anderen Bevölkerungsteile wesentlich unterschied. Kennzeichnend für diese Schicht war, daß sie, ohne den Rückhalt eigenen Grundbesitzes oder sonstigen Vermögens, darauf angewiesen war, Lohnarbeit zu verrichten, um ihren Lebensunterhalt zu bestreiten. Die Entstehung dieser Schicht hängt einerseits mit der wachsenden Industrialisierung und der Entstehung von Großbetrieben, andererseits mit der gewaltigen Vermehrung der Bevölkerung im 19. Jahrhundert zusammen, die ihrerseits eine Folge teils des steigenden Wohlstandes, teils und vor allem wohl der Fortschritte der medizinischen Wissenschaft war. Da ein wachsender Teil der Bevölkerung kein Auskommen mehr auf dem Lande und in den überlieferten Berufen fand, so suchte und fand er Arbeit und Erwerbsmöglichkeiten in der sich ausbreitenden Industrie. Es ist richtig, daß, wie der Sozialist Anton *Menger* 1890 betonte,[2] das

[2] In seiner Schrift: ,,Das Bürgerliche Recht und die besitzlosen Volksklassen", Neudruck der Wissenschaftlichen Buchgesellschaft 1968. Freilich ging die Kritik *Mengers* völlig an der Tatsache

BGB dieser Schicht wenig zu bieten hatte. Sie ermangelte ursprünglich jeder Art von sozialer Sicherheit, die ihr erstmalig in bescheidenem Umfang durch die Sozialgesetzgebung Bismarcks verschafft wurde. Dasjenige, dessen sie auf dem Felde des Privatrechts bedurfte, nämlich eine gewisse Sicherung des Arbeitsplatzes, Schutz gegenüber „willkürlichen“ Kündigungen, Sicherung des Unterhalts im Krankheitsfall, Schutz gegen unbillige und drückende Vertragsbedingungen sei es in Arbeitsverträgen, sei es in Miet- oder Kaufverträgen, gab ihr das BGB nicht. Mit der vom BGB so hoch eingeschätzten Vertragsfreiheit war ihr wenig gedient, weil ihre wirtschaftliche Lage ihr nicht erlaubte, davon wirklich Gebrauch zu machen. Vergeblich hatte der bedeutende Germanist *Otto v. Gierke* auf die soziale Aufgabe des Privatrechts hingewiesen.[3] Seine temperamentvolle Kritik am 1. Entwurf des BGB[4] verhallte fast ungehört. Nur in einigen wenigen Hinsichten – so in bezug auf den heutigen § 571 – hatte er Erfolg.

Das damals Versäumte hat die seitherige Entwicklung weitgehend nachgeholt. Sie ist bei uns im großen und ganzen bisher nicht in die Richtung einer Abkehr von den Grundsätzen des Privateigentums und der Vertragsfreiheit, sondern in die einer stärkeren Betonung der damit verbundenen sozialen Pflichten und Verantwortlichkeiten, des Vertrauensprinzips und eines Schutzes der sozial schwächeren Teile der Bevölkerung gegangen. Vorangegangen ist dabei lange Zeit die Rechtsprechung; erst in den letzten Jahren ist dem die Gesetzgebung – durch Änderungen des Abzahlungsgesetzes, unten II b, und durch das Gesetz zur Regelung des Rechts der Allgemeinen Geschäftsbedingungen, unten II c – gefolgt. Die Anknüpfung im Gesetz fand die Rechtsprechung in vielen Fällen in der „Generalklausel“ des § 242; aus ihr hat sie die Lehre von der Unzulässigkeit jeder „mißbräuchlichen“ Rechtsausübung (unten § 13 IV a, b) sowie eine Fülle ungeschriebener Schutz- und Loyalitätspflichten im Verhältnis der Vertragspartner und der Teilnehmer an anderen rechtlichen „Sonderverbindungen“ entwickelt. Franz *Wieacker* hat die Entwicklung treffend mit folgenden Sätzen gekennzeichnet:[5] „Unter Führung des Reichsgerichts hat die Rechtsprechung, von der Öffentlichkeit kaum beachtet, im letzten halben Jahrhundert die formale Freiheitsethik, die der deutschen Privatrechtsordnung zugrunde lag, in eine materiale Ethik sozialer Verantwortung zurückverwandelt; *zurück*verwandelt, weil sie damit, meist unbewußt, zu den ethischen Grundlagen des älteren europäischen

---

vorbei, daß die „besitzlosen Volksklassen“ doch nur einen Teil, und nicht einmal den größten Teil, der Bevölkerung ausmachten, und wird dem Gesetzeswerk im ganzen keinesfalls gerecht.

[3] *Otto v. Gierke,* Die soziale Aufgabe des Privatrechts, 1889.

[4] *Otto v. Gierke,* Der Entwurf eines Bürgerlichen Gesetzbuches und das Deutsche Recht, 1889. Hierzu und zu *Otto v. Gierke* überhaupt *Erik Wolf,* Große Rechtsdenker, 4. Aufl. 1963, S. 669 ff.

[5] In seiner Schrift: „Das Sozialmodell der klassischen Privatrechtsgesetzbücher und die Entwicklung der modernen Gesellschaft“, 1953, S. 18.

Gemein- und Naturrechts zurückkehrte." Der Bundesgerichtshof hat diese Tendenz verstärkt fortgeführt, wobei ihn sein Streben nach einem möglichst hohen Maß an „Fallgerechtigkeit" oft dazu veranlaßt hat, die ausgetretenen Bahnen zu verlassen und in der Auslegung des Gesetzes wie in der Weiterbildung seiner Regelung neuen Rechtsgedanken Raum zu geben. Dabei kann er sich vielfach auf die für unsere gesamte Rechtsordnung maßgebenden, ihr die Richtung weisenden Wertungen des Grundgesetzes stützen (unten § 4 III). Insgesamt unterscheidet sich so unser heutiges Verständnis des BGB und seine Anwendung in der Praxis, auch wo sein Text unverändert geblieben ist, beträchtlich von seinem Verständnis und seiner Anwendung in der ersten Zeit nach seinem Inkrafttreten. Kennzeichnend dafür ist einmal die stärkere Berücksichtigung der „ausgleichenden Vertragsgerechtigkeit" im Vertragsrecht und, im Zusammenhang damit, die gesteigerte Bedeutung des „dispositiven Rechts" (unten II c); zum anderen die stärkere Berücksichtigung „sozialer" Momente, etwa im Recht der Wohnungsmiete oder der Abzahlungskäufe. Zu den genannten Prinzipien der Privatautonomie, des Vertrauensschutzes und der ausgleichenden Vertragsgerechtigkeit ist ein weiteres hinzugetreten, das man als das *„Sozialprinzip"* im engeren Sinn bezeichnen kann. Es verlangt rechtlichen Schutz für diejenigen, die auf den Abschluß von Verträgen angewiesen, dabei aber infolge ihrer wirtschaftlichen Unterlegenheit oder mangelnden Geschäftserfahrung *typischerweise* nicht dazu in der Lage sind, ihre Interessen selbst hinreichend wahrzunehmen. Man hat heute immer mehr erkannt, daß allein die für jedermann bestehende *rechtliche Möglichkeit,* Verträge abzuschließen, nicht genügt, die Selbstbestimmung des einzelnen im Rahmen des allgemeinen Güter- und Leistungsaustauschs zu gewährleisten. Nur wo unter den jeweils in Betracht kommenden Vertragspartnern ein *annäherndes Gleichgewicht des Durchsetzungsvermögens* besteht, kann erwartet werden, daß jeder in dem Vertrage seinen Willen wiederfindet. Fehlt es an einem solchen Gleichgewicht, so muß die Rechtsordnung versuchen, zugunsten des typischerweise unterlegenen Teils einen gewissen Ausgleich zu schaffen und sie hat dies, wie unter II an einigen Beispielen gezeigt werden soll, in zunehmendem Maße getan.[6]

Es kann allerdings gefragt werden, ob die Entwicklung der gesellschaftlichen Verhältnisse heute sich nicht doch einem Punkte nähert, der eine Abkehr von den grundlegenden Prinzipien des Privatrechts anzeigt.[7] Die moderne Massengesellschaft, in der wir leben, gewährt dem einzelnen zwar – durch den Ausbau der

---

[6] Umfassend hierzu jetzt *Hönn* in der eingangs erwähnten Schrift. Unter „Vertragsparität" versteht er ein annäherndes Gleichgewicht im Durchsetzungsvermögen der potentiellen Vertragspartner. – Zur Vertragsfreiheit und ihren Einschränkungen Sch. R. Bd. I § 4.

[7] Dazu *Merz,* Privatautonomie heute – Grundsatz und Rechtswirklichkeit, 1970; *Raiser,* Die Zukunft des Privatrechts, 1971 (auch in: Die Aufgabe des Privatrechts, 1977, S. 208 ff.); *Medicus,* Rdz. 179 ff.

sozialen Leistungen, die Vermehrung der öffentlichen Dienste, des Angebots an Bildungs-, besser Ausbildungsmöglichkeiten, Chancengleichheit – ein gewisses Maß an Existenzsicherheit, zugleich erhöht sie aber seine Abhängigkeit vom Funktionieren der gesellschaftlichen Mechanismen, des staatlichen „Apparates", von den gesellschaftlichen Organisationen, die seine Interessen „verwalten", den „Rollenerwartungen", die „die Gesellschaft" oder eine Gruppe an ihn stellt.[8] Die Folge ist, trotz gleichzeitiger weitgehender Befreiung des Individuums von überkommenen Bindungen familiärer, kirchlicher und berufsständischer Art, eine *Einengung des Spielraums echter persönlicher Entscheidungen* und dem entsprechend das Schwinden der Bereitschaft zur Übernahme persönlicher Verantwortung und eines Risikos. Der einzelne erwartet heute die Sicherung seiner wirtschaftlichen Existenz oft weniger von seinen eigenen Anstrengungen und von der von ihm selbst getroffenen Vorsorge, als von den Leistungen eines Kollektivs, vom Staat und von den Trägern der Sozialversicherung. Die Bedeutung privatrechtlicher Regelungen tritt damit für viele hinter die des „Sozialrechts" zurück. Dem steht aber gegenüber eine breitere Streuung des Eigentums, etwa an Wohnungen und Hausgrundstücken, eine erstaunliche Stärke des Sparwillens, die ungebrochene Bereitschaft weiter Kreise der Bevölkerung, Vermögen zu bilden und Vermögensdispositionen zu treffen. Die „Privatautonomie", die Möglichkeit, vermögenswirksame Entscheidungen zu treffen, die rechtlich abgesichert sind, mit den eigenen Mitteln, zu denen auch die Arbeitskraft gehört, zu wirtschaften und seine eigenen Zwecke zu verfolgen, bleibt eine unverzichtbare Voraussetzung für die Entfaltung der Persönlichkeit des einzelnen. Sie zu erhalten und weiter auszubauen, ist eine auch gesellschaftspolitisch wichtige Aufgabe gerade angesichts der Zunahme mannigfacher gesellschaftlicher Abhängigkeiten, denen sich unter den angedeuteten Verhältnissen keiner zu entziehen vermag.

Das Privatrecht regelt nicht nur die rechtlichen Beziehungen, die sich aus dem Verhalten der einzelnen im Bereich der Deckung ihrer privaten Lebensbedürfnisse ergeben, sondern ebenso auch die Beziehungen der wirtschaftlichen Unternehmen untereinander wie mit ihren Kunden. Zur Zeit der Schaffung des BGB überwogen unter den Unternehmen bei weitem die kleineren und mittleren; unter ihnen herrschte weitgehend ein *Wettbewerb*. In einer „Marktwirtschaft", in der die Wirtschaftssubjekte ihre Entscheidungen über die herzustellenden Produkte, Investitionen und Preise nach den Gegebenheiten des Marktes und den Gewinnchancen ausrichten, die dieser ihnen bietet, gewährleistet vornehmlich der Wettbewerb die Effizienz der Wirtschaft im Hinblick auf die bestmögliche Versorgung aller. Denn er nötigt die Teilnehmer, wollen sie nicht schließlich den erfolgreicheren Konkurrenten unterliegen, ihre Leistungen zu verbessern und zu für die Abnehmer günstigeren Bedingungen als jene anzubieten. Der Wettbe-

---

[8] Dazu *Schmidlin* in seinem Gutachten für den 5. österreichischen Juristentag, 1973, Bd. I.

werb verhindert so Stagnation, bewirkt Neuerungen, eröffnet demjenigen bessere Erfolgschancen, der frühzeitig einen aufkommenden Bedarf entdeckt, Erfindungen macht, rationellere Produktions- oder Verkaufsmethoden anwendet. Er bewirkt freilich auch eine Auslese unter den Wettbewerbern, die für den einzelnen hart sein kann, gesamtwirtschaftlich aber so lange von Nutzen ist, als die Bedingungen des Wettbewerbs für alle wesentlich die gleichen sind.

An der Gleichheit der Wettbewerbsbedingungen fehlt es aber dort, wo einzelne Unternehmen oder Zusammenschlüsse von Unternehmen eine ,,marktbeherrschende" Stellung erlangen, die es ihnen ermöglicht, Konkurrenten, z. B. durch zeitweiliges Unterbieten der Preise, ganz vom Markt zu verdrängen und ihren Abnehmern ihre eigenen Bedingungen vorzuschreiben. Das ist in unserem Jahrhundert immer wieder geschehen, vornehmlich im Bereich der Großindustrie, der Energiewirtschaft und des Großhandels. Die Ursache dafür liegt teils in dem als ,,Motor" des privatwirtschaftlich orientierten Handelns dienenden Gewinnstreben, teils in dem für die Errichtung moderner Großanlagen erforderlichen immensen Kapitalbedarf, der in manchen Bereichen zur Schaffung von Großunternehmen geradezu nötigt. Damit wird aber der Wettbewerb gefährdet. Die Rechtsprechung hat zwar in § 138 BGB (dazu unten § 22 III Nr. 2) und in § 826 Schranken gegen die mißbräuchliche *Ausnutzung* einer Monopolstellung gesehen, aber keine Abhilfe gegen die *Bildung* von Monopolen und gegen Kartelle und andere Abmachungen gefunden, die geeignet sind, den Wettbewerb auf einem bestimmten Marktgebiet einzuschränken oder gar auszuschalten. Ist aber der Weg zu immer stärkerer Konzentration der Unternehmen erst einmal beschritten, so droht der dann unter ungleichen Bedingungen stattfindende Wettbewerb sich am Ende selbst zu zerstören.

Der Gesetzgeber hat sich deshalb in zunehmendem Maße, zuletzt durch das heute gültige *Gesetz gegen Wettbewerbsbeschränkungen* (GWB), bemüht, die Funktionsfähigkeit der auf dem Wettbewerb beruhenden Marktwirtschaft gegenüber den geschilderten Tendenzen zu erhalten oder wiederherzustellen.[9] Das Gesetz verbietet zu diesem Zweck grundsätzlich alle Verträge, die Unternehmen oder Vereinigungen von Unternehmen miteinander schließen, ,,soweit sie geeignet sind, die Erzeugung oder die Marktverhältnisse für den Verkehr mit Waren oder gewerblichen Leistungen durch Beschränkung des Wettbewerbs zu beeinflussen" (§ 1 GWB), sowie ein dem entsprechendes aufeinander abgestimmtes Verhalten (§ 25 Abs. 1). Bestimmt geartete Kartellabsprachen sind von dem Verbot des § 1 ausgenommen, bedürfen aber der Erlaubnis oder sind unwirksam, wenn die Kartellbehörde ihnen widerspricht. Die Erlaubnis kann widerrufen, oder an Bedingungen oder Auflagen geknüpft werden. Nichtig sind weiter Verträge, die einen Teil ,,in der Gestaltung von Preisen oder Vertragsbedingungen" bei Ver-

---

[9] Vgl. dazu *Badura* aaO. S. 67ff.; *Raiser* aaO. S. 227f., *Rebe* aaO. S. 77ff., 173f.; *Rinck* aaO.

trägen, die dieser mit Dritten schließt, beschränken (Preisbindungen, § 15). Gegenüber marktbeherrschenden Unternehmen (Definition in § 22 Abs. 1) räumt das Gesetz der Kartellbehörde gewisse Befugnisse für den Fall ein, daß sie ihre marktbeherrschende Stellung „mißbräuchlich ausnutzen" (§ 22 Abs. 4, 5). Ist zu erwarten, daß durch einen Zusammenschluß von Unternehmen eine marktbeherrschende Stellung entsteht oder verstärkt wird, so hat das Bundeskartellamt die Befugnis, den Zusammenschluß zu untersagen; der Bundesminister für Wirtschaft kann indessen den Zusammenschluß erlauben, wenn gesamtwirtschaftliche Interessen die Nachteile für den Wettbewerb aufwiegen und „durch das Ausmaß der Wettbewerbsbeschränkung die marktwirtschaftliche Ordnung nicht gefährdet wird (Einzelheiten in § 24 GWB). Hinzu kommen die Verhaltensgebote des § 26 GWB. Das Gesetz greift damit erheblich in die Vertragsfreiheit der Unternehmen ein; es verleiht überdies den Kartellbehörden und dem Bundeswirtschaftsminister bedeutende Einwirkungsmöglichkeiten. Sein Zweck ist jedoch in erster Linie die Erhaltung des Wettbewerbs, und zwar im gesamtwirtschaftlichen Interesse. Bedient es sich zu diesem Zwecke auch gewisser hoheitlicher Gestaltungsmittel, so dient es letzten Endes doch der Erhaltung der Funktionsfähigkeit des Privatrechts als des wichtigsten rechtlichen Gestaltungsmittels der wirtschaftlichen Beziehungen im Rahmen der Marktwirtschaft. So gesehen, bedeutet es keine Schwächung des Privatrechts, sondern sichert ihm vielmehr seine fortdauernde Bedeutung.

Nur auf einem Gebiet hat die angedeutete Entwicklung den Rahmen des BGB, wenn nicht überhaupt den des Privatrechts, gesprengt, auf dem des **Arbeitsrechts.** Auf diesem Gebiet war das Versagen des BGB offenkundig. Als Mittel für die Regelung eines Arbeitsverhältnisses kennt es nur den Dienstvertrag (§§ 611 ff.), den der einzelne Arbeitnehmer mit dem Arbeitgeber abschließt. Es hat sich gezeigt und war auch damals schon erkennbar, daß der einzelne Arbeitnehmer, weil er auf Verwertung seiner Arbeitskraft angewiesen ist, dem Arbeitgeber gegenüber wirtschaftlich in einer viel zu schwachen Position ist, um als einzelner beim Abschluß eines derartigen Vertrages seine Interessen mit Erfolg wahrnehmen zu können.[10] Die Arbeitnehmer haben sich deshalb zu Gewerkschaften zusammengeschlossen, die im Verhandlungswege, aber mit der Waffe des Streiks im Hintergrund, bessere Arbeitsbedingungen und Löhne durchzusetzen vermögen. Sie schließen zu diesem Zwecke mit den Arbeitgebern oder deren Verbänden Tarifverträge für bestimmte Gruppen von Arbeitnehmern ab, die nach der heutigen Rechtsordnung verbindliche Normen für alle ihnen unterfallenden Arbeitsverhältnisse enthalten. Diese Normen können durch Einzelarbeits-

---

[10] Zweifel an der damit angesprochenen „Ungleichgewichtsthese" – nicht aber an der Notwendigkeit kollektiv wirkender Vereinbarungen zur Gestaltung der Arbeitsbedingungen – äußert *Zöllner,* AcP 176, S. 229ff.

verträge nur zugunsten, nicht zuungunsten des Arbeitnehmers abgeändert werden. Zwar gelten für das einzelne Arbeitsverhältnis auch weiterhin die Bestimmungen der §§ 611 ff. des BGB; sie werden aber überlagert durch die Bestimmungen der Tarifverträge und durch zahlreiche gesetzliche Vorschriften zum Schutze der Arbeitnehmer. So genießen die Arbeitnehmer in größeren Betrieben einen gewissen Kündigungsschutz. Gesetzlich geregelt sind heute die Lohnfortzahlung im Krankheitsfall, der Urlaub der Arbeitnehmer, der Schutz werdender Mütter und vieles andere. Insgesamt hat sich das Arbeitsrecht damit zu einem selbständigen Rechtsgebiet entwickelt, in dem das Sozialprinzip von überragender Bedeutung ist. Neben dem Gesetz und dem Tarifvertrag kommt jedoch auch dem einzelnen Arbeitsvertrag nach wie vor eine wesentliche Bedeutung für die Arbeitsverhältnisse zu. Abgesehen davon, daß auch heute Arbeitsverträge vorkommen, die wenigstens zum Teil inhaltlich ausgehandelt sind, besteht für beide Seiten Abschlußfreiheit und weitgehend die Freiheit der Auswahl des Vertragspartners.[11] Diese ist für den Arbeitnehmer die unerläßliche Voraussetzung für die Realisierung seines Grundrechts auf freie Wahl des Berufs und des Ausbildungsplatzes (Art. 12 GG). Das Arbeitsrecht enthält daher auch heute einen weiten Bereich, in dem privatrechtliche Grundsätze gelten; als ganzes läßt es sich jedoch nicht mehr nur als ein Teil des Privatrechts verstehen und wohl auch nicht, ohne einen „Rest", in einen öffentlichrechtlichen und einen privatrechtlichen Teil aufspalten. Es trägt vielmehr ein durchaus eigenes Gepräge.[12]

II. Die Verstärkung der sozialen Komponente im Vertragsrecht

a) *Der Mieterschutz.* Zeitweilig schien auch das Recht der Wohnungsmiete eine ähnliche Entwicklung zu nehmen, wie das Arbeitsrecht. Den Anlaß zu tiefgreifenden Umgestaltungen bildete der außerordentliche Wohnungsmangel nach dem 1. und dann wieder nach dem 2. Weltkrieg, der durch die Kriegsereignisse und durch den Zustrom von Vertriebenen und Flüchtlingen verursacht worden war. Um ungerechtfertigte Preissteigerungen zu verhüten und um den vorhandenen, viel zu knappen Wohnraum einigermaßen gerecht unter die Menge der Wohnungssuchenden zu verteilen, sah sich der Gesetzgeber beide Male dazu genötigt, Mietpreiserhöhungen zu verbieten oder nur in bestimmten Grenzen zuzulassen, das Kündigungsrecht des Vermieters zu beseitigen und durch die

---

[11] *Zöllner,* aaO. S. 224 ff.; *Ders.,* Arbeitsrecht, 2. Aufl. 1979, § 11 III.

[12] Das hat zu der Frage Anlaß gegeben, ob heute nicht umgekehrt das Wirtschafts- und das Arbeitsrecht als „Sonderprivatrecht" im Begriffe seien, mit den ihnen eigenen Wertungen das allgemeine Privatrecht zu durchdringen und es schließlich aufzulösen. Dazu die überaus instruktiven Ausführungen von H. P. *Westermann* in AcP 178, 150.

Möglichkeit einer gerichtlichen Aufhebung des Mietverhältnisses nur bei Vorliegen bestimmter Gründe zu ersetzen und schließlich die Behörden dazu zu ermächtigen, Wohnungssuchende in Räume einzuweisen und deren Besitzer oder Eigentümer zum Abschluß eines Mietvertrages zu zwingen. Dadurch wurde sowohl der Grundsatz der Vertragsfreiheit, wie die freie Verfügungsmöglichkeit des Eigentümers hinsichtlich des Wohnraums beseitigt. So unumgänglich diese Maßnahmen auch angesichts eines allgemeinen Notstandes waren, so mußten sie sich doch auf die Dauer nachteilig auf den privaten Wohnungsbau auswirken. Besonders die zwangsweise Belegung von Räumen durch Einweisung seitens der Behörden führte zu vielen Unzuträglichkeiten. Das Sonderrecht der Wohnungsmiete wurde daher seit Beginn der 60iger Jahre allmählich abgebaut; zugleich wurde jedoch das Wohnmietrecht des BGB im Sinne eines stärkeren Mietschutzes reformiert. Maßgebend für das Recht der Wohnungsmiete ist nunmehr wieder das, in einzelnen Bestimmungen mehrfach geänderte, BGB.

Das ursprüngliche Mietrecht des BGB enthielt, mit Ausnahme des § 571, keine Vorschriften speziell zum Schutze der Mieter von Wohnraum. Nicht nur für die Miete beweglicher Sachen, sondern auch für die Miete von Räumen und Wohnräumen galt im weitesten Umfang der Grundsatz der Vertragsfreiheit; d. h. Mieter und Vermieter konnten die Bedingungen des Mietvertrages, die Höhe des Mietzinses, Nebenpflichten des Mieters, Kündigungsfristen usw. frei vereinbaren. Dies geschah vielfach zum Nachteil der in Zeiten des Wohnungsmangels in sehr viel ungünstigerer Position befindlichen Mieter. Dem Gebrauchsrecht des Mieters waren verhältnismäßig enge Grenzen gezogen.[13] Das gesetzliche Kündigungsrecht des Vermieters im Falle des Todes des Mieters (§ 569) nahm keine Rücksicht auf das Interesse der Familienangehörigen des Mieters, die gemeinsame Familienwohnung weiter zu benutzen.

Die in das Gesetz aufgenommenen Änderungen des Wohnmietrechts betreffen vornehmlich das Kündigungsrecht des Vermieters. Nach § 564b Abs. 1 kann der Vermieter von Wohnraum das Mietverhältnis nur kündigen, ,,wenn er ein berechtigtes Interesse an der Beendigung des Mietverhältnisses hat.“ Darüber, wann ein solches ,,berechtigtes Interesse“ des Vermieters vorliegt, trifft § 564b Abs. 2 einige nähere Bestimmungen. Auch wenn die Kündigung danach zulässig ist, gibt das Gesetz dem Mieter das Recht, der Kündigung des Vermieters zu widersprechen und von ihm die Fortsetzung des Mietverhältnisses zu verlangen, ,,wenn die vertragsmäßige Beendigung des Mietverhältnisses für den Mieter oder seine Familie eine Härte bedeuten würde, die auch unter Würdigung der berechtigten Interessen des Vermieters nicht zu rechtfertigen ist“ (§ 556a). Die Fortsetzung kann so lange verlangt werden, ,,wie dies unter Berücksichtigung

---

[13] Grundsätzliches Verbot der Untermiete; vgl. § 549 Abs. 1, jetzt für Wohnraum eingeschränkt durch § 549 Abs. 2.

aller Umstände angemessen ist" – eventuell jedoch nur unter einer „angemessenen Änderung" der Vertragsbedingungen. Das Kündigungsrecht des Vermieters – nicht auch das des Mieters – ist also weitgehend eingeschränkt; zudem ist die Durchsetzung auch einer berechtigten Kündigung übermäßig erschwert. Die Kündigungsfristen, die auf jeden Fall einzuhalten sind, sofern nicht ein „wichtiger Grund" zu einer fristlosen Kündigung vorliegt, betragen bei Mietverhältnissen über Wohnraum je nach der bisherigen Dauer der Mietzeit 3 Monate bis zu einem Jahr (§ 565 Abs. 2). Der Schutz, den der Mieter danach gegenüber Kündigungen genießt, wird dadurch verstärkt, daß das Gesetz zur Regelung der Miethöhe – Art. 3 des 2. Gesetzes über den Kündigungsschutz für Mietverhältnisse über Wohnraum vom 18. 12. 1974 – die Kündigung eines Mietverhältnisses über Wohnraum zum Zweck der Mieterhöhung ausschließt. Dem Vermieter ist die Durchsetzung von Erhöhungen der einmal vereinbarten Miete *in beliebiger Höhe* verwehrt. Er kann jedoch unter bestimmten Voraussetzungen eine Erhöhung des Mietzinses bis zur Höhe der sogenannten „örtlichen Vergleichsmiete" verlangen. Will der Mieter dem nicht nachkommen, so kann er seinerseits verhältnismäßig kurzfristig kündigen. Der Vermieter kann ferner eine Erhöhung der Miete in den Fällen der §§ 3 bis 5 des Gesetzes – z. B. wenn er bauliche Verbesserungen vorgenommen hat – verlangen. Der Mieter genießt hiernach nicht nur einen weitgehenden Kündigungs-, sondern auch einen allerdings eingeschränkten Preisschutz. Das Kündigungsrecht des Vermieters im Falle des Todes des Mieters ist dahin eingeschränkt, daß der Ehegatte des Mieters sowie andere Familienangehörige, die mit ihm in der Wohnung einen gemeinsamen Hausstand geführt haben, das Recht haben, in das Mietverhältnis einzutreten (§ 569a). Die Vorschriften zum Schutze des Mieters und seiner Familienangehörigen können zu deren Ungunsten durch den Mietvertrag oder durch eine besondere Vereinbarung nicht abgeändert werden. Sie sind insoweit also „zwingend".

b) *Der Käuferschutz.* Auf dem Gebiete des Kaufrechts besteht ein Bedürfnis, die Käufer zu schützen, hauptsächlich dann, wenn es sich um Abzahlungskäufe handelt. Dies hat der Gesetzgeber schon vor dem Inkrafttreten des BGB erkannt und einen solchen Schutz durch das Gesetz betreffend die Abzahlungsgeschäfte vom 16. 5. 1894 geschaffen. Abzahlungskäufe bringen für die den Verlockungen des reichhaltigen Angebots von Konsumwaren ausgesetzten Käufer die Gefahr mit sich, daß sie, um alsbald in den Besitz der begehrten Gegenstände zu gelangen, Zahlungspflichten auf sich nehmen, die ihre wirtschaftlichen Kräfte auf die Dauer übersteigen. Die Verkäufer suchen sich für den Fall des Ausbleibens der Ratenzahlungen durch Vertragsbedingungen zu sichern, die sich für den säumigen Käufer überaus nachteilig auswirken. Das Abzahlungsgesetz verpflichtet den Verkäufer, im Falle, daß er wegen Nichterfüllung der dem Käufer obliegenden Verpflichtungen von dem Kaufvertrag zurücktritt, dem Käufer die von diesem bereits geleisteten Zahlungen zurückzuerstatten. Der Käufer hat allerdings eine

Vergütung für die zwischenzeitliche Gebrauchsüberlassung zu zahlen und für schuldhaft von ihm verursachte Beschädigungen der Kaufsache Ersatz zu leisten. Der Käuferschutz ist im Jahre 1970 vor allem im Hinblick darauf erweitert worden, daß die Käufer sich häufig darüber nicht im klaren sind, um wieviel die von ihnen insgesamt zu zahlenden Beträge den Preis übersteigen, den sie zu bezahlen hätten, wenn sie die Ware sofort bezahlten. Um ihnen dies deutlich zu machen, verlangt das Gesetz nunmehr, daß der Käufer eine Urkunde unterschreibt, die die entsprechenden Angaben enthält. Weiterhin hat der Käufer heute ein auf eine Woche befristetes Widerrufsrecht; der Kaufvertrag wird erst wirksam, wenn es der Käufer nicht fristgerecht ausübt. Er hat also die Möglichkeit, sich von einem übereilt eingegangenen Vertrag wieder zu lösen. Darin liegt freilich eine Einschränkung nicht nur der Privatautonomie, sondern auch der Bindung an den geschlossenen Vertrag. Das verträgt sich nur schwer mit dem sonst gern beschworenen Leitbild des „mündigen Bürgers", von dem auch die Verfasser des BGB ausgegangen sind. Der Gesetzgeber traut es dem mündigen Bürger doch nicht unter allen Umständen zu, lockenden Angeboten gleich zu widerstehen, wenn sie bei nüchterner Betrachtung für ihn unvorteilhaft sind. Deshalb verschafft er ihm noch eine nachträgliche Bedenkzeit. Das Abzahlungsgesetz findet dann keine Anwendung, wenn der Käufer ein in das Handelsregister eingetragener Kaufmann ist. Aus dieser Bestimmung wird deutlich, daß das Gesetz vorwiegend solche Käuferschichten schützen will, denen es häufig an der erforderlichen geschäftlichen Erfahrung oder Gewandtheit fehlt, um die ihnen aus solchen Verträgen drohenden Nachteile voll zu durchschauen. Das Gesetz fügte sich heute in den weiteren Rahmen des Verbraucherschutzes ein,[14] dem auch die Kontrolle des Inhalts allgemeiner Geschäftsbedingungen (unten c) – die freilich hierüber noch hinausgeht – und die durch Gesetz vom 21. 3. 1974 erfolgte Einschränkung der Zulässigkeit einer Gerichtsstandsvereinbarung durch Nichtkaufleute (§ 38 ZPO) zuzuordnen sind.

Es ist kennzeichnend, daß der Gesetzgeber des BGB die Bestimmungen des Abzahlungsgesetzes nicht in das BGB übernommen hat. Sie konnten so als eine Sonderregelung erscheinen, die die allgemeine Regelung des Kaufrechts im BGB unberührt ließ. In der Tat handelt es sich, in Anbetracht der heutigen weiten Verbreitung der Abzahlungskäufe, um eine sehr bedeutsame Modifikation des Kaufrechts. In neuerer Zeit hat diese Modifikation an Bedeutung noch dadurch gewonnen, daß der BGH die Bestimmungen des Abzahlungsgesetzes auch auf den sogenannten finanzierten Ratenkauf angewandt hat, bei dem der Käufer die Ratenzahlungen nicht an den Verkäufer, sondern ein an Finanzierungsinstitut zu leisten hat, das seinerseits die Kaufsumme an den Verkäufer ausgezahlt hat. Diese Art des Ratenkaufs bringt für die Käufer zusätzliche Gefahren mit sich, die einen

---

[14] Vgl. *Reich*, Abzahlungsrecht und Verbraucherschutz, JZ 75, 550.

weitergehenden Schutz der Käufer erforderlich machen. Im näheren ist dazu auf die Darstellung des Schuldrechts zu verweisen.[15]

c) *Richterliche Kontrolle allgemeiner Geschäftsbedingungen.* Die zuletzt erwähnte Rechtsprechung zum finanzierten Ratenkauf gehört auch in den weiteren Zusammenhang der vom BGH entwickelten Gültigkeitskontrolle allgemeiner Geschäftsbedingungen am Maßstab der ausgleichenden Vertragsgerechtigkeit.[16] ,,Allgemeine Geschäftsbedingungen" sind vorformulierte Vertragsbedingungen, die ein Unternehmen (oder eine Mehrzahl von Unternehmen) den von ihm mit seinen Kunden (Abnehmern, Auftraggebern, Fahrgästen usw.) abgeschlossenen Verträgen (Kaufverträgen, Lieferverträgen, Beförderungsverträgen) in gleicher Weise zugrunde legt. Sie werden dadurch zum Vertragsinhalt und damit rechtswirksam, daß der Kunde sie, sei es ausdrücklich, sei es nur durch Nichtwiderspruch trotz Hinweis und Möglichkeit der Kenntnisnahme, akzeptiert.[17] Da die betreffenden Unternehmen meist nur zu diesen ihren allgemeinen Geschäftsbedingungen abzuschließen bereit sind, bleibt dem Kunden faktisch nichts anderes übrig, als sie zu akzeptieren, will er nicht auf die Geschäftsverbindung überhaupt verzichten. Er akzeptiert sie deshalb zumeist pauschal, oft ohne sie im einzelnen zur Kenntnis genommen, ihre Tragweite erfaßt zu haben. Der, meist aussichtslose, Versuch, eine Änderung zu erreichen, wird von ihm in der Regel gar nicht erst unternommen. Die Bedingungen regeln manchmal nur einzelne Punkte, wie Zahlungsfristen, Gerichtsstand, bei Ratenkäufen den Eigentumsvorbehalt des Verkäufers, manchmal aber stellen sie – so die allgemeinen Geschäftsbedingungen der Banken, der Versicherungsunternehmen, der Spediteure und mancher Beförderungsunternehmen – ein umfangreiches Klauselwerk dar, dessen Tragweite selbst ein geschäftlich erfahrener Kunde nur schwer zu erkennen vermag. Die für den jeweils in Betracht kommenden Vertragstypus oder für Schuldverträge allgemein geltenden dispositiven Gesetzesnormen werden hierdurch zum Teil ergänzt, zum Teil aber auch abgeändert oder ausgeschlossen, und zwar nicht selten zum Nachteil der Kunden. Tritt dann in der Abwicklung des Vertragsverhältnisses irgendeine Störung ein, muß der Kunde nicht selten zu seiner Überraschung feststellen, daß die ihm für einen solchen Fall durch dispositive Gesetzesvorschriften gewährten Rechte durch die diesen Vorschriften vorgehenden Geschäftsbedingungen wesentlich eingeschränkt oder sogar ausgeschlossen sind.

Die Privatautonomie vermag, wie schon bemerkt wurde, nur dann zu solchen rechtlichen Regelungen unter Vertragsparteien zu führen, die im großen und ganzen den Interessen beider gerecht werden, wenn beim Abschluß von Verträgen jeder Vertragspartner gleicherweise die Möglichkeit hat, seine Vorstellungen

---

[15] Vgl. Sch.R. II § 63 I.

[16] Aus der langen Reihe der Entscheidungen seien hier genannt: BGHZ 22, 90; 38, 183; 41, 151; 54, 106; 60, 243; 62, 83 und 323; 63, 238 und 256; 65, 364.

[17] Vgl. jetzt den § 2 des AGB-Gesetzes.

zur Geltung zu bringen, seine Interessen wahrzunehmen.[18] Dies ist regelmäßig dann der Fall, wenn die wesentlichen Vertragsbedingungen von den Parteien ausgehandelt werden, und wenn unter den Parteien nicht etwa ein wirtschaftliches Ungleichgewicht in einem solchen Ausmaß besteht, daß die eine Partei, die auf die Leistungen der anderen angewiesen ist, faktisch genötigt ist, deren Bedingungen in vollem Umfang zu akzeptieren. Von diesem Bilde eines unter prinzipiell Gleichen frei ausgehandelten Individualvertrages ist das BGB ausgegangen. Heute überwiegt in der sozialen Wirklichkeit der inhaltsgleiche Massenvertrag: Waren oder Dienstleistungen gleicher Art werden von einem Unternehmer, sei er Hersteller, Lieferant oder Zwischenhändler, massenweise zu gleichen Bedingungen angeboten, über die im Einzelfall nicht mehr verhandelt wird. Diese Bedingungen, die „allgemeinen Geschäftsbedingungen" des Anbieters, werden Vertragsinhalt, ohne Gegenstand von Verhandlungen gewesen zu sein. Meist hat der Partner des Verwenders der allgemeinen Geschäftsbedingungen faktisch keine Möglichkeit, auf ihren Inhalt Einfluß zu nehmen; schlimmer noch, er ist oft gar nicht in der Lage, ihre rechtliche Bedeutung und ihre Tragweite voll zu verstehen. Seine pauschale Zustimmung ist mangels wirklicher Kenntnis ihres Inhalts mehr oder weniger fiktiv. Daher besteht hier im besonderen Maße die Gefahr, daß der Verwender, der die Bedingungen einseitig festlegt, seine Gestaltungsmacht zum Nachteil seiner Geschäftspartner mißbraucht. Um einen solchen Mißbrauch der Gestaltungsmacht handelt es sich, wenn die Bedingungen den Kunden in der Weise benachteiligen, daß die Regelung als offenbar unbillig, als mit dem Gedanken ausgleichender Vertragsgerechtigkeit unvereinbar angesehen werden muß. Was noch im Rahmen „ausgleichender Vertragsgerechtigkeit" liegend angesehen werden kann, dafür vermag das dispositive Gesetzesrecht einige Kriterien zu liefern. Eine Abweichung von ihm kann gerechtfertigt sein, wo ein besonderes Risiko vorliegt, das zu übernehmen dem Verwender in einem derartigen Fall nicht wohl zuzumuten ist. (So das Risiko dem Verkäufer nicht bekannter Mängel beim Verkauf gebrauchter Wagen.) Der Ausschluß einzelner gesetzlicher Befugnisse ist unbedenklich, wenn dem Kunden dafür andere, seinem Interesse genügende eingeräumt werden. (So z. B. ein Nachbesserungsrecht statt der gesetzlichen Gewährleistungsansprüche.) Wo weder das eine noch das andere der Fall ist, da muß gefragt werden, ob die durch „allgemeine Geschäftsbedingungen" getroffene Regelung rechtliche Gültigkeit beanspruchen kann.

Die Rechtsprechung hat lange Zeit die Gültigkeit auch grob unbilliger Geschäftsbedingungen bejaht, sofern sie nicht gerade gesetz- oder sittenwidrig (§§ 134, 138) waren. Seit den fünfziger Jahren hat sich hier jedoch, im Schrifttum

---

[18] Hierzu *Manfred Wolf,* Rechtsgeschäftliche Entscheidungsfreiheit und vertraglicher Interessenausgleich, 1970, S. 59ff., 101ff.; zu den allgemeinen Geschäftsbedingungen S. 14ff., 230ff.

schon seit längerem vorbereitet,[19] ein bedeutsamer Wandel vollzogen. Der BGH hat mehr und mehr die allgemeinen Geschäftsbedingungen einer *Inhaltskontrolle* unter dem leitenden Gesichtspunkt der *Vertragsgerechtigkeit* unterworfen; er hat daher solchen Klauseln die rechtliche Anerkennung versagt, ,,die die ausgewogene Regelung des dispositiven Rechts über den Ausgleich widerstreitender Interessen der Vertragspartner verdrängen, ohne daß in anderer Weise ein angemessener Schutz der Kunden gesichert ist".[20] Damit hat er dem dispositiven Recht eine Funktion zuerkannt, die über die eines bloßen Lückenbüßers weit hinausgeht. Es dient nunmehr für Verträge solcher Art gleichsam als Muster einer ausgewogenen und angemessenen Regelung. Das Gesetz gestattet den Parteien zwar, von diesem Muster abzuweichen. Geschieht das in einem echt ausgehandelten Einzelvertrage, so kann angenommen werden, daß dabei jede Partei ihre Interessen selbst hinreichend wahrgenommen hat. Bei allgemeinen Geschäftsbedingungen trifft diese Annahme in den meisten Fällen jedoch nicht zu. Deshalb darf hier nur insoweit von dem Muster abgewichen werden, als die sich danach ergebende Regelung im ganzen immer noch als angemessen gelten kann. Soweit danach einzelnen Bedingungen die Gültigkeit zu versagen ist, gilt an ihrer Stelle, wenn dadurch eine Regelungslücke im Vertrage entsteht, wieder das dispositive Recht. Diese Grundsätze, die die Rechtsprechung in Verbindung mit dem Schrifttum entwickelt hat, sind durch das Gesetz zur Regelung des Rechts der Allgemeinen Geschäftsbedingungen vom 9. 12. 1976 kodifiziert und weiterentwickelt worden.[21] Damit hat eine Entwicklung ihren vorläufigen Abschluß gefunden, die dem vom Gesetzgeber des BGB vernachlässigten Prinzip der Vertragsgerechtigkeit seine Bedeutung in dem Maße wiedergegeben hat, wie das mit dem richtig verstandenen Prinzip der Privatautonomie in Einklang steht.

III. Der Ausbau der Gefährdungshaftung

Das BGB hat eine Verpflichtung zum Schadensersatz grundsätzlich nur an ein *schuldhaftes* Verhalten geknüpft (dazu vgl. oben § 2 II c). Wer sich in einer von der Rechtsordnung nicht mißbilligten Weise verhält, soll von einer Ersatzpflicht für Schäden, die anderen infolge seines Verhaltens entstehen, frei bleiben. Der Schaden verbleibt dann demjenigen, an dessen Güter er eingetreten ist. Diese Regelung hat sich angesichts der besonderen Schadensrisiken, die mit dem Betriebe

[19] Grundlegend war die Schrift von *L. Raiser,* Das Recht der Allgemeinen Geschäftsbedingungen", 1935. Vgl. weiter *Schmidt-Salzer,* Das Recht der Allgemeinen Geschäftsbedingungen, 1971; rechtspolitisch *Löwe* in Festschr. f. *K. Larenz,* 1973, S. 373 (mit vielen Nachweisen).

[20] Vgl. BGHZ 60, 243, 245; 65, 364; 71, 167.

[21] Es wird in § 29a dargestellt.

der modernen Verkehrsmittel und bestimmter technischer Anlagen oder der Verwendung bestimmter hoch gefährlicher Stoffe fast unvermeidbar verbunden sind, als zu eng erwiesen. Es ist, wenn sich ein solches Schadensrisiko verwirklicht, nicht als gerecht einzusehen, daß derjenige den Schaden endgültig und allein tragen soll, der von dem Schadensereignis zufällig betroffen wurde. Sozial gerechter erscheint es, den Schaden ganz oder zum Teil demjenigen aufzuerlegen, der die Gefahrenquelle geschaffen hat oder sie aufrecht erhält und den Nutzen von ihr hat. Seine Belastung mit der Pflicht zum Schadensersatz, die er durch die Eingehung einer Haftpflichtversicherung in wirtschaftlich für ihn erträglichen Grenzen halten kann, erscheint dann gleichsam als der Preis dafür, daß die Rechtsordnung ihm einen derartigen, mit besonderen Gefahren verbundenen Betrieb, die ständige Nutzung eines Kraftfahrzeugs usw. gestattet. Das ist der Kerngedanke der modernen Gefährdungshaftung.

Eine erste Verwirklichung hat dieser Gedanke bereits vor der Entstehung des BGB im § 1 des Reichshaftpflichtgesetzes im Jahre 1871 gefunden, der eine Haftung der Eisenbahnunternehmer für alle Personen- (nicht auch Sach-) schäden anordnete, die jemand „bei dem Betrieb einer Eisenbahn" erleidet. Diese Bestimmung ist heute noch in Kraft und inzwischen durch ein Gesetz über die Haftung der Eisenbahnen für Sachschäden ergänzt worden. Auf ein Verschulden eines Bediensteten der Bahn kommt es für die Haftung nicht an. Es genügt ein ursächlicher Zusammenhang mit dem Betriebe der Bahn. Die Verfasser des BGB haben nicht gesehen, daß es sich hier um ein gegenüber dem Verschuldensprinzip selbständiges Haftungsprinzip handelte. Sie erblickten in der Haftung der Eisenbahn eine eng umgrenzte Ausnahme und hielten ihrerseits an dem Verschuldensprinzip fest.[22] Bald nach dem Inkrafttreten des BGB wurden aber in anderen Gesetzen weitere Fälle einer Gefährdungshaftung angeordnet, so zunächst für Kraftfahrzeuge, dann für Luftfahrzeuge, für Anlagen zur Erzeugung und Fortleitung elektrischer Energie und für Atomenergieanlagen. Mit einer weiteren Ausdehnung der Gefährdungshaftung ist zu rechnen. Es ist im technischen Zeitalter unentbehrlich, die Schäden auszugleichen, die weniger auf dem Versagen einzelner Menschen, als auf einem Versagen technischer Einrichtungen oder den Gefahren des heutigen Luft-, Bahn- und Straßenverkehrs beruhen. Dabei kommt der Abdeckung dieser Schäden entweder durch eine gesetzlich vorgeschriebene Haftpflichtversicherung oder – das wäre die Alternative – durch eine allgemeine Unfallversicherung, zu deren Kosten die „Nutznießer" in erster Linie heranzuziehen wären, eine wachsende Bedeutung zu.

---

[22] Der einzige im BGB geregelte Fall einer Gefährdungshaftung, die Haftung des Tierhalters gemäß § 833 Satz 1, hat historisch andere Gründe als die moderne Gefährdungshaftung und mit ihr im Grunde wenig zu tun.

IV. Die soziale Bindung des Eigentums

Das Eigentum im Sinne des BGB war zwar niemals ein völlig ,,schrankenloses" Recht. Den Schöpfern des Gesetzes lag indessen der Gedanke noch fern, der Eigentümer von Grund und Boden solle sein Recht nicht nach freiem Belieben, sondern nur in einer Weise ausüben dürfen, die sich mit den elementaren Bedürfnissen der Gemeinschaft verträgt, wie sie sich aus dem Zusammenleben auf engem Raum ergeben. Stichworte wie: Raumplanung, Landschaftsplanung, Städteplanung, Natur- und Landschaftsschutz, Verhütung der Umweltverschmutzung waren damals noch unbekannt. Die Verfasser des BGB haben zwar berücksichtigt, daß der Eigentümer eines Grundstücks gewisse Beeinträchtigungen seines Gebrauchs hinzunehmen hat, die auf der Benutzung der Nachbargrundstücke beruhen (§ 906). Im übrigen überließen sie die unvermeidbaren Einschränkungen etwa des Gebrauchs des Grundeigentums dem öffentlichen Recht. Die aus ihm sich ergebenden Beschränkungen der Bebauung oder einer gewerblichen Nutzung erschienen ihnen gewissermaßen als Randberichtigungen, die den Kern der Institution, die Zuweisung einer Sache zum ausschließlichen Willens- und Herrschaftsbereich des Eigentümers, nicht berührten.

Schon die Weimarer Reichsverfassung hat den Gedanken einer ,,sozialen Bindung" des Eigentums zu einem Rechtsgrundsatz vom Verfassungsrang erhoben. Darin drückt sich ein gewandeltes Verständnis vornehmlich des Grundeigentums und des Eigentums an Produktionsgütern aus. Das Eigentum an solchen Gütern bedeutet zugleich wirtschaftliche Macht, und solche Macht verpflichtet ihren Inhaber zu einem Gebrauch, der dem Allgemeininteresse nicht zuwiderläuft. Das Grundgesetz sagt in Art. 14 Abs. 2: ,,Eigentum verpflichtet. Sein Gebrauch soll zugleich dem Wohl der Allgemeinheit dienen." Darin liegt, mit den Worten des Bundesverfassungsgerichts,[23] ,,die Absage an eine Eigentumsordnung, in der das Individualinteresse den unbedingten Vorrang vor den Interessen der Gemeinschaft hat". Freilich darf nicht übersehen werden, daß das Grundgesetz das Eigentum als Rechtsinstitut in Art. 14 Abs. 1 Satz 1 garantiert. Es sieht in ihm ,,ein Elementargrundrecht, das in einem inneren Zusammenhang mit der Garantie der persönlichen Freiheit steht. Ihm kommt im Gesamtgefüge der Grundrechte die Aufgabe zu, dem Träger des Grundrechts einen Freiheitsraum im vermögensrechtlichen Bereich sicherzustellen und ihm damit eine eigenverantwortliche Gestaltung des Lebens zu ermöglichen".[24] Aber das Grundgesetz garantiert das Eigentum nur innerhalb der Schranken, die durch die Gesamtheit der Gesetze festgelegt werden, die seinen Inhalt im näheren regeln (Art. 14 Abs. 1 Satz 2

---

[23] BVerfGE 21, S. 73, 83.
[24] BVerfGE 24, S. 367, 389; 42, 64, 76f.

GG). Solche Gesetze müssen mit den Worten des Bundesverfassungsgerichts,[25] „beiden Elementen des im Grundgesetz angelegten Verhältnisses von verfassungsrechtlich garantierter Rechtsstellung und dem Gebot einer sozialgerechten Eigentumsordnung in gleicher Weise Rechnung tragen". Kern der verfassungsmäßig garantierten Rechtsstellung ist zwar die „Privatnützigkeit des Eigentums" und die „grundsätzliche Verfügungsbefugnis des Eigentümers".[26] Das schließt aber nicht aus, einzelne Nutzungsarten oder Verfügungsmöglichkeiten von der generellen Befugnis auszunehmen, wenn dies im öffentlichen Interesse liegt. So hat das Wasserhaushaltsgesetz dem Grundeigentümer die Verfügung über das Grundwasser grundsätzlich entzogen, die ihm nach dem bisherigen Wasserrecht in manchen Ländern zustand und die insoweit als Inhalt seines Grundeigentums gemäß § 905 BGB angesehen wurde. Das Bundesverfassungsgericht hat darin eine zulässige Inhaltsbestimmung des Eigentums gesehen.[27] Aus der verfassungsmäßigen Garantie des Grundeigentums lasse sich nicht ein Anspruch auf Einräumung gerade derjenigen Nutzungsmöglichkeit herleiten, die dem Eigentümer den größtmöglichen wirtschaftlichen Vorteil verspricht.

Von der näheren Bestimmung des Eigentumsinhalts durch ein Gesetz ist die *Enteignung* zu unterscheiden. Sie ist „der staatliche Zugriff auf das Eigentum des Einzelnen", darauf gerichtet, ihm eine Rechtsposition zu nehmen, die sonst durch Art. 14 Abs. 1 gewährleistet ist.[28] Eine Enteignung ist nach Art. 14 Abs. 3 GG nur „zum Wohle der Allgemeinheit" zulässig und darf nur durch ein Gesetz oder auf Grund eines Gesetzes erfolgen, das „Art und Ausmaß der Entschädigung regelt".

Eigentumsbindungen verschiedener Art finden sich heute unter anderem im Bundesbaugesetz, im Grundstücksverkehrsgesetz und in zahlreichen anderen Gesetzen des Bundes und der Länder.[29] Nur vor dem Hintergrund aller dieser Bestimmungen, nicht aber allein aus dem allzu abstrakt gefaßten § 903 BGB, läßt sich ermessen, welchen Inhalt das Eigentum an Grundstücken wirklich hat. Darüber hinaus ist das Eigentum an Produktionsgütern bedeutenden Umfanges heute, wie schon bemerkt wurde, eingebunden in die Wirtschaftsverfassung. In ihr ist freilich, gemäß der Grundrechtsgarantie, das Eigentum als die rechtliche Form der Güterzuordnung ein tragendes Element.[30] Aber es handelt sich dabei um ein Eigentum, dessen „verfassungsrechtlich geschützte Privatnützigkeit" in weiten Bereichen „auf einen Ausschnitt eines umfassend gedachten Eigentumsrechts

---

[25] BVerfGE 52, 1, 29.
[26] BVerfGE 52, 1, 30; 58, 300, 345.
[27] BVerfGE 58, 300, 345.
[28] BVerfGE 52, 1, 27.
[29] Dazu eingehend *Baur*, Lehrbuch des Sachenrechts; 26.
[30] Vgl. *Badura*, Eigentum im Verfassungsrecht der Gegenwart, Verhandlungen des 49. Deutschen Juristentages, Bd. II, Teil T, 1972, S. 6.

zurückgedrängt" ist[31] und dessen rechtliche Gestalt durch das öffentliche Recht nicht weniger als durch das Zivilrecht bestimmt wird.[32] Je nach dem Gegenstand, um den es sich handelt, und der im weitesten Sinne „sozialen" Funktion derartiger Gegenstände ist der Inhalt des Eigentums, der Umfang der Macht, die es dem Berechtigten verleiht, heute sehr unterschiedlich.

V. Die Umgestaltung des Familienrechts

Eine grundlegende Neugestaltung hat das BGB nur auf dem Gebiete des Familienrechts erfahren. Das ist nicht verwunderlich, weil sich auf diesem Gebiet die stärksten Wandlungen sowohl in der sozialen Wirklichkeit wie im allgemeinen Bewußtsein vollzogen haben. Das den Schöpfern des BGB vor Augen stehende Leitbild der Familie, das der damaligen Wirklichkeit noch weithin entsprach, war das der überwiegend patriarchalisch strukturierten Kleinfamilie, in der der Ehemann als „Familienoberhaupt" sowohl gegenüber der Ehefrau, wie gegenüber den minderjährigen Kindern das Recht der letzten Entscheidung in allen das gemeinsame Leben betreffenden Angelegenheiten besaß. Die Frau, die in dem ihr vom Gesetz zugewiesenen „häuslichen Wirkungskreis" weithin ihr Genügen fand, wurde vom Gesetz nicht für fähig gehalten, ihr Vermögen selbständig zu verwalten; die Verwaltung ihres Vermögens oblag dem Manne, falls die Ehegatten nicht durch einen Ehevertrag die Gütertrennung vereinbart hatten. Auch hinsichtlich der Erziehung der Kinder hatte der Mann die stärkere Stellung; ihm allein kam die „gesetzliche Vertretung" der Kinder zu. Dieses Leitbild stimmte immer weniger mit der Wirklichkeit überein, je mehr Frauen sich im Berufs- und Erwerbsleben in gleicher Weise wie die Männer betätigten, die gleiche Ausbildung wie sie erhielten, sich vor gleiche Aufgaben gestellt sahen. Die Forderung nach Gleichberechtigung der Frauen mit den Männern war längst erhoben und hatte sich auf Teilgebieten wie dem des politischen Wahlrechts auch bereits durchgesetzt, als sie durch Art. 3 Abs. 2 GG zu einem Rechtsprinzip von Verfassungsrang erhoben wurde. Da das bis dahin geltende Recht dem in vieler Hinsicht widersprach, sein sofortiges Außerkrafttreten aber ein Rechtschaos befürchten ließ, bestimmte das Grundgesetz in Art. 117 Abs. 1, es solle bis zu seiner Anpassung an Art. 3 Abs. 2 GG in Kraft bleiben, jedoch längstens bis zum 31. 3. 1953. In der Tat dauerte es bis zum 18. 6. 1957, bis der Gesetzgeber die Anpassung durch das Gesetz über die Gleichberechtigung von Mann und Frau auf dem Gebiete des Bürgerlichen Rechts vollzog, durch das zahlreiche Vorschriften des BGB geändert wurden. In der Zwischenzeit, in der das dem Gleichheitsgrund-

---

[31] So *Badura* aaO. S. 9.

[32] „Bei der Bestimmung der Rechtsstellung des Grundstückseigentümers nach Art. 14 Abs. 1 Satz 2 GG wirken bürgerlichen Recht und öffentlich-rechtliche Gesetze gleichrangig zusammen". So das BVerfG; BVerfGE 58, 300, dritter Leitsatz. Vgl. auch *Badura* aaO. S. 9.

satz entgegenstehende Recht bereits aufgehoben war, behalf sich die Rechtsprechung, so gut sie eben konnte.

Im Mittelpunkt des geänderten Familienrechts steht auch heute die **Ehe** als eine ihrem Grundgedanken nach auf Lebensdauer angelegte, wenn auch scheidbare Lebensgemeinschaft eines Mannes und einer Frau. In dieser Lebensgemeinschaft, deren Eingehung allein auf dem freien Willen der beiden Partner beruht, sind beide gleichberechtigt; das frühere Entscheidungsrecht des Ehemannes in den gemeinsamen Angelegenheiten ist fortgefallen. Jeder Ehegatte ist berechtigt, erwerbstätig zu sein; dabei hat er „auf die Belange des anderen Ehegatten und der Familie die gebotene Rücksicht zu nehmen" (§ 1356 Abs. 2). Auch die Führung des gemeinsamen Haushalts ist nicht mehr allein die Sache der Frau; die Ehegatten „regeln die Haushaltsführung im gegenseitigen Einvernehmen". Sie *können* sie einem von ihnen – sei es der Frau, sei es dem Manne – überlassen; ist das geschehen, so leitet der betreffende Ehegatte den Haushalt in eigener Verantwortung (§ 1356 Abs. 1). Die Ehegatten führen einen gemeinsamen Familiennamen; dazu können sie bei der Eheschließung nunmehr sowohl den Geburtsnamen des Mannes wie den der Frau bestimmen (§ 1355). Beseitigt ist der frühere gesetzliche Güterstand der Verwaltung des Frauenvermögens durch den Ehemann; gesetzlicher Güterstand ist heute die Zugewinngemeinschaft. In ihr verwaltet jeder Ehegatte sein eigenes Vermögen grundsätzlich selbständig. Nach Beendigung der Ehe wird der von beiden Ehegatten während der Ehe erzielte Zugewinn unter ihnen ausgeglichen. Maßgebend ist der Gedanke, daß vielfach die Frau durch ihre Tätigkeit im Haushalt oder durch ihre Mitwirkung im Geschäft oder Betrieb des Mannes dazu beiträgt, daß dieser Vermögen erwerben oder sein Vermögen vermehren kann. Die Ehegatten können durch einen Vertrag („Ehevertrag", § 1408) den gesetzlichen Güterstand ausschließen – dann tritt (volle) Gütertrennung ein (§ 1414) – oder Gütergemeinschaft (§ 1415) vereinbaren.

Mehrfach geändert worden ist das Recht der **Ehescheidung.** Es beruhte ursprünglich auf dem Verschuldensgrundsatz; d. h. nur derjenige Ehegatte konnte die Scheidung begehren, dem der andere dazu durch eine schuldhafte Eheverfehlung Anlaß gegeben hatte. Das Ehegesetz von 1938 nahm sowohl das Recht der Eheschließung, wie das der Ehescheidung aus dem BGB heraus. Neben den Scheidungsgründen wegen Verschuldens enthielt es mehrere weitere Scheidungsgründe, darunter den einer dreijährigen Trennung der häuslichen Gemeinschaft und unheilbaren Zerrüttung der Ehe. Es stellte so neben das Verschuldensprinzip das Zerrüttungsprinzip. Allerdings sollte dem Scheidungsbegehren nicht stattgegeben werden, wenn der die Scheidung begehrende Ehegatte die Zerrüttung ganz oder überwiegend verschuldet hatte und der andere der Scheidung widersprach. Auch blieb das Verschulden weiterhin maßgeblich für die Scheidungsfolgen (Unterhaltspflicht und Sorge für die Kinder). Das Ehegesetz von 1938 wurde nach dem Kriege durch ein Gesetz des Kontrollrats, das Ehegesetz von 1946, ersetzt. Dieses hob einige spezifisch nationalsozialistische Bestimmungen des Gesetzes von 1938 auf, übernahm es aber im übrigen. Es gilt heute noch für das Recht der Eheschließung. Das Recht der Ehescheidung dagegen wurde durch das 1. Gesetz zur Reform des Ehe- und Familienrechts vom 14. 6. 1976 mit Wirkung vom 1. 7. 1977 wieder in das BGB eingefügt und zugleich umgestaltet. Das Verschulden spielt nunmehr weder für die Zulässigkeit, noch für die Folgen der Scheidung eine Rolle. Einziger Scheidungsgrund ist das Scheitern der Ehe (§ 1565). ,,Gescheitert" ist eine Ehe dann, ,,wenn die Lebensgemeinschaft der Ehegatten nicht mehr besteht und nicht erwartet werden kann, daß die Ehegatten sie wiederherstellen". Daß die Ehe gescheitert ist, wird unter bestimmten Voraussetzungen – einjähriges Getrenntleben und beiderseitiges Einverständnis, sonst dreijähriges Getrenntleben – unwiderlegbar vermutet (§ 1566; Einschränkung § 1568). Liegen weder die Voraussetzungen des ersten noch die des zweiten Absatzes des § 1566 vor, so müssen konkrete Umstände dargetan werden, aus denen sich ein Scheitern der Ehe ergibt. Haben aber die Ehegatten noch nicht ein Jahr getrennt gelebt, so kann die Ehe, auch wenn sie gescheitert ist, nur unter den erschwerten Voraussetzungen des § 1565 Abs. 2 geschieden werden. Damit hat das Gesetz einem möglicherweise allzu unbedachten, voreiligen Scheidungsbegehren einen Riegel vorgeschoben.[32] Insgesamt kann man sagen, daß das ursprünglich dem BGB zugrundeliegende Verschuldensprinzip nunmehr dem Gedanken gewichen ist, daß die nur noch formale Aufrechterhaltung (endgültig) gescheiterter Ehen nicht Aufgabe der Rechtsordnung sein kann. Hinsichtlich der Scheidungsfolgen (§§ 1569ff., 1671) muß auf die Darstellungen des Familienrechts[33] verwiesen werden.

Der Grundsatz der Gleichberechtigung von Mann und Frau bestimmt heute auch das **Rechtsverhältnis der Eltern zu den Kindern.** Für eheliche Kinder haben, so lange sie minderjährig sind, die Eltern gemeinsam das Recht und die Pflicht der ,,elterlichen Sorge",[34] die sie ,,in eigener Verantwortung und im gegenseitigen Einvernehmen zum Wohle des Kindes auszuüben" haben (vgl. die §§ 1626, 1627 in der Fassung des Gesetzes zur Neuregelung des Rechts der elterlichen Sorge). Im Falle von Meinungsverschiedenheiten müssen sie versuchen, sich zu einigen (vgl. die §§ 1627 Satz 2 und, für den Fall, daß sie sich nicht zu einigen vermögen, 1628). Während die gesetzliche Vertretung des Kindes früher dem Vater allein zustand, sind heute beide Elternteile ,,gesetzliche Vertreter". Sie

---

[32] Vgl. *Palandt/Diederichsen* 34a zu § 1565.

[33] Vgl. etwa *Beitzke*, Familienrecht, § 20; *Gernhuber*, Lehrb. des Familienrechts, 3. Aufl. §§ 28–30, 56.

[34] Bis zu dem Gesetz zur Neuregelung des Rechts der elterlichen Sorge sprach das Gesetz von der ,,elterlichen Gewalt". Diese definierte es als ,,das Recht und die Pflicht, für die Person und das Vermögen des Kindes zu sorgen". Sie war also nichts anderes als das Recht (und die Pflicht) der Eltern, für das Kind zu sorgen.

vertreten in der Regel das Kind gemeinschaftlich (§ 1629 Abs. 1, Satz 2). Im Verhältnis der Eltern zum Kinde betont das Gesetz (in der Neufassung durch das Gesetz zur Neuregelung des Rechts der elterlichen Sorge) die Pflicht der Eltern, „bei der Pflege und Erziehung die wachsende Fähigkeit und das wachsende Bedürfnis des Kindes zu selbständigem verantwortungsbewußten Handeln" und in Angelegenheiten der Ausbildung und des Berufes „die Eignung und Neigung des Kindes" zu berücksichtigen (§§ 1626 Abs. 2, 1631a Abs. 1). Schließlich hat das Grundgesetz (in Art. 6 Abs. 4) dem Gesetzgeber die Aufgabe gestellt, „den unehelichen Kindern die gleichen Bedingungen für ihre leibliche und seelische Entwicklung und ihre Stellung in der Gesellschaft zu schaffen wie den ehelichen Kindern". Durch das Gesetz über die rechtliche Stellung der nichtehelichen Kinder vom 19. 8. 1969 ist er diesem Auftrag nachgekommen. Beseitigt ist vor allem die Diskriminierung des unehelichen Kindes im Verhältnis zu seinem Vater, die darin lag, daß es nach dem BGB mit ihm nicht als verwandt galt. Das nichteheliche Kind hat heute gegenüber seinem Vater Unterhaltsansprüche in ähnlichem Umfang wie ein eheliches Kind (vgl. die §§ 1615a ff.) und im Falle seines Todes ein Erbrecht (§§ 1934a ff.). Die elterliche Sorge für das minderjährige Kind steht aber nach wie vor allein seiner Mutter zu (vgl. § 1705). Der Vater hat die Befugnis zum persönlichen Umgang mit dem Kinde nur in den Grenzen des § 1711.

Eine einschneidende Änderung des Personen- und Familienrechts des BGB bedeutet schließlich die mit dem 1. 1. 1975 in Kraft getretene **Herabsetzung des Volljährigkeitsalters** vom 21. auf das 18. Lebensjahr.[35] Sie gibt dem Jugendlichen, der das 18. Lebensjahr vollendet, zwar eine größere Freiheit, beraubt ihn aber auch des Schutzes vor allem in vermögensrechtlicher Hinsicht, der darin liegt, daß die von einem Minderjährigen vorgenommenen, ihm nicht nur rechtlich vorteilhaften Geschäfte für (und gegen) ihn nur wirksam sind, wenn seine gesetzlichen Vertreter dem Geschäft zustimmen. Es bleibt abzuwarten, ob die frühere Volljährigkeit sich für manche Jugendliche nicht als ein „Danaergeschenk" erweist.

Die Zeit seit dem Inkrafttreten des BGB war eine Zeit mehrfacher politischer Umwälzungen, eines tiefgehenden Wandels der sozialen Verhältnisse und der Lebensbedingungen des größten Teiles der Bevölkerung, eines rasanten Fortschritts der Technik, der zahlreiche neue, zum Teil noch unbewältigte soziale und rechtliche Probleme aufgeworfen hat, eine Zeit, in der sich auch die Anschauungen der Menschen über das, was gut und erstrebenswert sei, vielfach gewandelt haben. Gemessen an diesen Veränderungen hat sich das BGB, sehen wir vom Familienrecht ab, als verhältnismäßig stabil erwiesen. Das liegt nicht zum wenigsten daran, daß es, vornehmlich auf dem Gebiet des Vertragsrechts und des Schadensersatzrechts, von vornherein Raum für neue Entwicklungen

---

[35] Durch das Gesetz zur Neuregelung des Volljährigkeitsalters vom 31. 7. 1974 (BGBl. I S. 1713).

gelassen hat, und daß die Rechtsprechung es verstanden hat, diesen Raum für eine richterliche Fortbildung des Rechts zu nutzen. Sie bedient sich dabei, ebenso wie die Rechtswissenschaft, bestimmter Methoden, deren Kenntnis für das Verständnis der Entwicklung unerläßlich ist.

§ 4. Auslegung und richterliche Fortbildung des Gesetzes. Der Einfluß des Grundgesetzes

Literatur: *Alexy,* Theorie der juristischen Argumentation, 1978; *Bartholomeyczik,* Die Kunst der Gesetzesauslegung, 4. Aufl. 1967; *Bydlinski,* Juristische Methodenlehre und Rechtsbegriff, 1982; *Canaris,* Die Feststellung von Lücken im Gesetz, 2. Aufl. 1983; Systemdenken und Systembegriff in der Jurisprudenz, 2. Aufl. 1983; *Coing,* Juristische Methodenlehre, 1972; Grundzüge der Rechtsphilosophie, 3. Aufl. 1976; *Engisch,* Logische Studien zur Gesetzesanwendung, 2. Aufl. 1960; Die Idee der Konkretisierung in Recht und Rechtswissenschaft unserer Zeit, 2. Aufl. 1968; Einführung in das juristische Denken, 7. Aufl. 1977; *Esser,* Grundsatz und Norm in der richterlichen Fortbildung des Privatrechts, 2. Aufl. 1964; Wertung, Konstruktion und Argument im Zivilurteil, 1965; Vorverständnis und Methodenwahl in der Rechtsfindung, 1970; *Fikentscher,* Methoden des Rechts Bd. III (Mitteleuropäischer Rechtskreis), 1976; Bd. IV (Dogmatischer Teil), 1977; *Germann,* Probleme und Methoden der Rechtsfindung, 1965; *Göldner,* Verfassungsprinzip und Privatrechtsnorm in der verfassungskonformen Auslegung und Rechtsfortbildung, 1969; *Hassold,* Strukturen der Gesetzesauslegung, in Festschr. f. Karl Larenz zum 80. Geburtstag, 1983, S. 211 ff.; *Arthur Kaufmann,* Analogie und Natur der Sache, 1965; *Kaufmann/Hassemer,* Grundprobleme der zeitgenössischen Rechtsphilosophie und Rechtstheorie, 1971; dies., Einführung in die Rechtsphilosophie und Rechtstheorie der Gegenwart, 1977; *Klug,* Juristische Logik, 3. Aufl. 1966; *Koch/Rüssmann,* Juristische Begründungslehre, 1982; *Kriele,* Theorie der Rechtsgewinnung, 2. Aufl. 1976; *Larenz,* Methodenlehre der Rechtswissenschaft, 5. Aufl. 1983; verkürzte Studienausgabe 1983; *Leenen,* Typus und Rechtsfindung, 1971; *Mayer-Maly,* Rechtswissenschaft, 2. Aufl. 1981; *Friedrich Müller,* Juristische Methodik, 1971; Juristische Methodik und politisches System, 1976; Fallanalysen zur juristischen Methodik, 1974; *Pawlowski,* Methodenlehre für Juristen, 1981; *Viehweg,* Topik und Jurisprudenz, 5. Aufl. 1974; *Wank,* Grenzen richterlicher Rechtsfortbildung, 1976; *Wieacker,* Zur rechtstheoretischen Präzisierung des § 242 BGB, 1956; Gesetz und Richterkunst, 1968; *Zippelius,* Einführung in die juristische Methodenlehre, 3. Aufl. 1980; Auslegung als Legitimationsproblem, in Festschr. f. Karl Larenz zum 80. Geburtstag, 1983, S. 739 ff.

I. Wandlungen der juristischen Methode seit Inkrafttreten des BGB

Gewandelt hat sich im Laufe unseres Jahrhunderts auch die juristische Methode, genauer die Methode der Anwendung der Rechtsnormen auf den zu entscheidenden „Fall“, der (im Zuge derselben erforderlichen) Gesetzesauslegung und der richterlichen Rechtsfortbildung auf dem Gebiete des Privatrechts. Vereinfachend läßt sich dieser Wandel in den Stichworten: Begriffsjurisprudenz, Interessenjurisprudenz, Wertungsjurisprudenz zum Ausdruck bringen. In den letzten Jahrzehnten hat sich darüber hinaus eine lebhafte Diskussion entwickelt, in deren Verlauf es vor allem um die Frage nach der Erreichung gerechter Fallentscheidungen und um die Möglichkeit der Heranziehung auch außergesetzlicher Wertungsmaßstäbe geht. Darauf kann hier nur verwiesen werden.[1] Etwas darüber sollte aber auch der angehende Jurist schon wissen; deshalb nur Folgendes.

Die **„Begriffsjurisprudenz"** geht zurück auf die gemeinrechtliche Dogmatik des 19. Jahrhunderts, die ihrerseits durch die Naturrechtssysteme des 17. und 18. Jahrhunderts beeinflußt war. Sie überschätzte, was die polemisch gemeinte Bezeichnung zum Ausdruck bringen soll, die Bedeutung des Allgemeinbegriffs und des aus der Über- und Unterordnung derartiger Begriffe gebildeten formallogischen Systems für die Rechtsfindung und für das Verständnis der Rechtssätze. Nach ihrer Meinung erschöpft sich der Prozeß der Normanwendung im wesentlichen in der Unterordnung (Subsumtion) eines Lebensvorgangs unter einen juristischen Begriff, und zwar mittels der in diesem Vorgang wiedererkannten allgemeinen Merkmale, durch die insgesamt dieser Begriff vollständig bestimmt (definiert) ist. Der einzelne juristische Begriff stellt sich ihr als die Spezifikation eines allgemeinen juristischen Begriffs dar, bis hin zu den allgemeinsten Begriffen des Privatrechtssystems, wie dem der Person (im juristischen Sinn), des subjektiven Rechts, des Rechtsgeschäfts. Das niemals voll erreichte Ideal dieser rechtswissenschaftlichen Grundkonzeption war die Ausarbeitung eines geschlossenen Systems juristischer Begriffe, in dem jeder Begriff, abgesehen von den höchsten Begriffen, durch Hinzufügung eines spezifischen Merkmals aus dem nächsthöheren Begriff sollte abgeleitet werden können. Mit Hilfe dieses lückenlosen Systems immer weiter verästelter Rechtsbegriffe hielt man es für möglich, alle rechtlich bedeutsamen Lebensvorgänge genau zu erfassen und rechtlich zu qualifizieren. Wir wissen heute, daß einer solchen totalen Verbegrifflichung der rechtlich bedeutsamen Lebensvorgänge sowohl die Natur der Sprache, deren sich der Gesetzgeber bedienen muß, wie die Komplexität der Lebensvorgänge und ihr ständiger Wechsel entgegenstehen, daß gerade die allgemeinsten Begriffe des Systems, wenn sie sich auf die Angabe weniger, sehr weit gefaßter Merkmale beschränken, immer inhaltloser und damit nichtssagender werden, daher das nicht zu leisten vermögen, was sie leisten sollen. Dennoch darf die gedankliche Leistung der „Begriffsjurisprudenz" nicht unterschätzt werden. Die Systematik des BGB, die einen hohen Grad von Übersichtlichkeit gewährleistet und damit das Auffinden der jeweils in Betracht kommenden Normen erleichtert, wäre ohne sie nicht möglich gewesen.

Der „Begriffsjurisprudenz" trat schon im ersten Jahrzehnt nach dem Inkrafttreten des BGB die **„Interessenjurisprudenz"** gegenüber, deren Hauptvertreter *Philipp Heck* war.[2] Er betonte, daß jeder rechtlichen Regelung bestimmte Interes-

---

[1] Eine Übersicht über diese Diskussion findet der Leser in *meiner* Methodenlehre der Rechtswissenschaft, 5. Aufl. S. 117ff. Zur Einführung geeignet die Schriften von *Coing* und *Zippelius* sowie die Einführung in das juristische Denken von *Engisch*.

[2] Hauptschriften: Gesetzesauslegung und Interessenjurisprudenz, AcP 112, S. 1; Das Problem der Rechtsgewinnung, 1912; Begriffsbildung und Interessenjurisprudenz, 1932.

sen zugrunde lägen, die der Gesetzgeber fördern oder miteinander ausgleichen wollte, und daß das richtige Verständnis der Norm nur aus der Erkenntnis dieser Interessen und der Bedeutung, die ihnen der Gesetzgeber einräumen wollte, gewonnen werden könne. In jedem Rechtsstreit – und es ist bezeichnend für die „Interessenjurisprudenz", daß sie sich am Rechtsstreit gleichsam als am Probefall der Norm orientiert –, gehe es um einen Interessenkonflikt. Diesen Interessenkonflikt habe der Richter stets so zu entscheiden, wie es der im Gesetz zum Ausdruck gelangten Interessenbewegung durch den Gesetzgeber entspricht. Damit wurde, das ist das Verdienst der Interessenjurisprudenz, der Blick über den Wortlaut und die begriffliche Fassung des Gesetzes hinaus auf die ihm zugrunde liegenden Wertungen und auf die dahinter stehenden allgemeinen Wertmaßstäbe gelenkt. Verwirrend war, daß *Heck* diese Wertmaßstäbe selbst, an denen die vielfältigen und häufig einander widerstreitenden Interessen gemessen werden, wiederum als „Interessen" bezeichnete; unbefriedigend die vorwiegend rein negative Einstellung gegenüber Begriff und System. Diese negative Einstellung führte zu einer Art Zweispurigkeit des juristischen Denkens, das sich einmal weiterhin auf der Ebene rein begrifflicher Erörterungen, anderseits auf der der Interessenforschung und Interessenabwägung vollzog, ohne daß die Resultate zur Deckung gelangten. Darunter mußte die Glaubwürdigkeit der juristischen Methode überhaupt leiden.

Die etwa seit 1950 zum Durchbruch gelangte **„Wertungsjurisprudenz"**[3] knüpft an die „Interessenjurisprudenz" an, hat sie aber durch einige wesentliche Einsichten ergänzt. Eine dieser Einsichten ist die, daß die von der Begriffsjurisprudenz so hoch geschätzten juristischen Begriffe ihrerseits auf Grund ihnen vorausliegender, am Rechtsgedanken selbst oder an anderen Grundwerten orientierter Wertungen gebildet sind. Wir haben bereits gesehen, daß nicht wenige der Grundbegriffe unseres Privatrechts erst verständlich werden, wenn man sie auf die im ethischen Personalismus hervorgehobenen Werte bezieht. Freilich treten die zugrunde liegenden Werte in der Definition des Begriffs nicht oder nur unvollkommen zutage. Die Definition beruht aber auf einer Auswahl der in sie aufgenommenen Merkmale, die ihrerseits durch Wertungen bedingt ist. Die Begriffe müssen die Bezugnahme auf die zugrunde liegenden Wertungen und Rechtsprinzipien bewahren; der Begriff des Rechtsgeschäfts ist also z. B. an dem Prinzip der Privatautonomie, der des Vertrages an diesem Prinzip und dem der Selbstbindung zu orientieren. An die Stelle des „geschlossenen" Systems einander über- und untergeordneter Begriffe tritt das „offene" System leitender Prinzipien und konkretisierungsbedürftiger Wertmaßstäbe, ihr „Zusammenspiel", ihre Verschränkung und häufig ihre wechselseitige Begrenzung, die wiederum

---

[3] Dazu *meine* Methodenlehre der Rechtswissenschaft, 5. Aufl. S. 117ff.; *Pawlowski* aaO. S. 60ff.; *Bydlinski* aaO. S. 123ff.

zusätzlicher Wertungsgesichtspunkte bedarf.[4] Aufgabe der Rechtswissenschaft ist es, solche Gesichtspunkte, sowie das Zusammenspiel der Prinzipien aufzudekken und damit den Prozeß der Rechtsfindung durchsichtiger zu machen.

Die „Wertungsjurisprudenz" betont, daß alle Tätigkeit sowohl des Gesetzgebers, wie des Rechtsanwenders, insbesondere des Richters, letztlich wertender Natur ist. Hier droht indessen ein Mißverständnis. Werturteile, so meint man, seien einer rationalen Begründung nicht fähig, sie seien notwendig „subjektiv". Vom Richter aber verlangen wir das Gegenteil solcher Subjektivität, nämlich ein „objektives", rational begründetes und nachprüfbares Urteil. Dies ist aber am ehesten gewährleistet, wenn er nicht „wertet", sondern lediglich unter genau definierte Begriffe subsumiert. Daher die verbreitete Vorstellung, alle Rechtsanwendung sei wertungsfreie „Subsumtion".

Eine einfache Überlegung zeigt, daß diese Vorstellung nicht zutrifft. In der Tat bedient sich der moderne Gesetzgeber, wie auch das BGB, neben feststehenden Begriffen häufig sogenannter *unbestimmter, ausfüllungsbedürftiger Maßstäbe* (wie z. B. „Treu und Glauben", „wichtiger Grund", „unverhältnismäßig", „unzumutbar"), deren Anwendung eine Wertung von Fall zu Fall verlangt. Trotzdem darf der Richter auch hier nicht einfach seinem Rechtsgefühl oder einer vorgefaßten Meinung folgen, sondern muß sein Urteil so weit als möglich an überprüfbaren Kriterien ausrichten. Er richtet sich dann nach schon entschiedenen Fällen, denen der zu beurteilende ähnlich ist, sowie nach leitenden Gesichtspunkten, die die Rechtswissenschaft als für die Beurteilung relevant erkannt hat. In dem ständigen Prozeß ihrer „Konkretisierung" durch Rechtsprechung und Rechtswissenschaft gewinnen diese Maßstäbe mehr und mehr an inhaltlicher Bestimmtheit, ohne daß sich ihr Inhalt doch jemals in eine einfache Definition zusammenziehen ließe, unter die der Sachverhalt nur subsumiert zu werden brauchte. Auf eine solche Definition verzichtet das Gesetz auch dort, wo es auf einen im Leben in ähnlicher Weise wiederkehrenden *„Typus"* verweist. Ein solcher Typus kann sich in unterschiedlicher Weise darstellen; seine Merkmale können jeweils in schwächerem oder stärkerem Grade ausgeprägt sein. Die Konkretisierung vollzieht sich hier in der Form der Zuordnung der zu beurteilenden Einzelerscheinung zum Typus, oder aber der Versagung dieser Zuordnung.[5] Durch die bewußte Handhabung der für die Konkretisierung ausfüllungsbedürftiger Maßstäbe und für die typologische Zuordnung ausgebildeten Methoden sollte es gelingen, die richterliche Wertung wenigstens für die große Mehrzahl der Fälle, die eben „typische" Fälle sind, zu objektivieren. Dazu bedarf es eines „wertorien-

---

[4] Vgl. dazu *Canaris,* Systemdenken und Systembegriff in der Jurisprudenz; *meine* Methodenlehre der Rechtswissenschaft, 5. Aufl. S. 458ff.

[5] Über den nahen Zusammenhang typologischen und wertenden Denkens im Bereich der Rechtswissenschaft vgl. *Leenen* aaO. S. 42ff., 62ff.; über den Unterschied typologischer Zuordnung zur logischen Subsumtion ebenda S. 183 und *meine* Methodenlehre der Rechtswissenschaft, 5. Aufl. S. 212ff.

tierten" Denkens, wobei die Wertmaßstäbe dem Juristen, wenn auch vielfach nur in der Form allgemeiner Leitgedanken, konkretisierungsbedürftiger Prinzipien und ihres aus dem Gesamtzusammenhang der Normen zu erschließenden Zusammenspiels, in der Rechtsordnung vorgegeben sind.

Wo der Gesetzgeber selbst seine Wertung in die Form streng begrifflich gefaßter Regeln gegossen hat, da endet zwar die Tätigkeit des Richters mit der logisch gebotenen Subsumtion des von ihm festgestellten Sachverhalts unter die begrifflichen Merkmale des Tatbestandes der Norm. Allein auch dann bedarf es zunächst der näheren Kennzeichnung des zu subsumierenden Sachverhalts, wobei die rechtlich (möglicherweise) bedeutsamen von den rechtlich unerheblichen Elementen zu sondern und sprachlich in zutreffender Weise darzustellen sind. Erst dann kann mit der Subsumtion begonnen werden. „Subsumiert" werden kann ja nicht eigentlich ein Geschehenes als solches, sondern nur ein bereits in Worte Gefaßtes, Ausgesagtes, der zutreffend geschilderte Sachverhalt. Seine Herstellung geschieht bereits im Blick auf die möglicherweise auf ihn anwendbaren Rechtsnormen;[6] sie macht einen wesentlichen Teil der Tätigkeit des praktischen Juristen aus. Zum anderen aber bedürfen, eben weil sich der Gesetzgeber der Umgangssprache bedient, die von ihm verwandten Ausdrücke, Begriffe und Satzverbindungen immer wieder der Auslegung. Sie hat daher der Subsumtion eines Sachverhalts unter die Norm, selbst wo eine solche im logisch strengen Sinne möglich ist, stets vorauszugehen.

II. Kriterien der Gesetzesauslegung und der richterlichen Rechtsfortbildung

Gesetze, wie auch andere Rechtstexte (z. B. Gerichtsurteile, Verträge), bedürfen, wenn sie verstanden und angewandt werden sollen, der Auslegung. Ein Grund dafür ist der, daß die Gesetze sich zumeist der Umgangssprache bedienen. Die meisten Ausdrücke der Umgangssprache und, im geringeren Maße, auch der Juristensprache weisen eine gewisse Schwankungsbreite und Variationsmöglichkeit auf. Die jeweils gemeinte Bedeutung wechselt je nach dem Satz- und Bedeutungszusammenhang, in dem der Ausdruck gebraucht wird, dem Sachzusammenhang, um den es geht, den begleitenden Umständen einer Rede, dem Empfängerkreis. Das ist bei Gesetzen, die sprachliche Äußerungen sind, nicht anders. Spricht man z. B. von „Kindern", so können damit Personen einer bestimmten Altersgruppe – im Gegensatz zu „Erwachsenen" –, es können aber auch die unmittelbaren Abkömmlinge bestimmter Eltern gemeint sein. Was den Ausdruck im ersten Sinne anlangt, so kennt die Umgangssprache keine feste Begrenzung des „Kindesalters". Es handelt sich hierbei nicht um einen Begriff, sondern um einen „Typus". Die Rechtsordnung braucht aber um der Sicherheit des

---

[6] Dazu *meine* Methodenlehre der Rechtswissenschaft, 5. Aufl. S. 266ff.

Rechtsverkehrs willen feste Altersgrenzen. Sie spricht daher nicht von „Kindern“ und „Erwachsenen“, sondern von „Minderjährigen“ und „Volljährigen“, wobei sie diese Begriffe durch eine feste Altersgrenze (§ 2) definiert. Auch der Ausdruck „Kinder“ im Sinne der unmittelbaren Abkömmlinge eines Elternpaares ist nicht völlig eindeutig. Es können unter diesem Ausdruck nach der Umgangssprache unter Umständen auch Schwiegerkinder, Adoptivkinder, Pflegekinder mitverstanden werden. Was gemeint ist, wenn der Ausdruck in diesem zweiten Sinne in einem Gesetz (z. B. über Kinderzuschläge) gebraucht wird, ist, wenn das Gesetz ihn nicht definiert hat, im Wege der Auslegung zu ermitteln. Dabei wird es vor allem darauf ankommen, welchen Personenkreis der Gesetzgeber erkennbar hat begünstigen wollen, welche Auslegung dem Gesetzeszweck am besten entspricht.

Ein und derselbe Ausdruck kann in verschiedenen Gesetzen, ja sogar an verschiedenen Stellen desselben Gesetzes verschieden auszulegen sein. Es kommt auf den jeweiligen Bedeutungszusammenhang, in dem er gebraucht wird, sowie auf den Sinn und Zweck der Regelung an, zu der er gehört. Selbst spezifisch juristische Begriffe, wie „Fahrlässigkeit“, „Anspruch“, „Einrede“, „höhere Gewalt“, können in verschiedenen Gesetzen oder auf verschiedenen Rechtsgebieten (z. B. dem Bürgerlichen Recht und dem Strafrecht, dem materiellen Zivilrecht und dem Prozeßrecht) unterschiedliche Bedeutung haben. Diese kann sich aus der Verschiedenheit der Funktion ergeben, die der betreffende Begriff im Zusammenhang der jeweiligen Regelung erfüllt, oder aus den verschiedenen Zwecken dieser Regelung.

Die meisten im Gesetz gebrauchten Begriffe haben zwar einen sicheren Bedeutungskern, aber eine „Randzone“, innerhalb derer wieder nur die Auslegung ermitteln kann, wo die Grenze seines Anwendungsbereichs zu ziehen ist. In vielen Fällen, in denen das Gesetz scheinbar einen Begriff definiert, handelt es sich um die (durch die Auslegung weiter zu verdeutlichende) Umschreibung eines Typus;[7] so etwa beim „Tierhalter“ (§ 833) oder beim „Besitzdiener“ (§ 855). Die Auslegung hat aber nicht nur den Sinn eines einzelnen Ausdrucks aufzuhellen, sondern vielfach auch den eines Regelungskomplexes, den Zusammenhang, in dem verschiedene Regeln zueinander stehen. Dabei kann es auch um die Beseitigung eines Widerspruchs, um den Vorrang einer Norm vor einer anderen, um das Ineinandergreifen verschiedener Regelungen gehen. Denn die Rechtsordnung besteht nicht nur aus einer Summe einzelner Rechtssätze, sondern stellt einen durchgehenden Regelungszusammenhang dar, innerhalb dessen die einzelne Regelung ihre besondere Bedeutung hat. Die Hermeneutik, d. h. die Lehre vom Verstehen, kennt den Grundsatz der wechselseitigen Erhellung der Bedeutung einzelner Ausdrücke oder Sätze und des gesamtes Textes, innerhalb

[7] *Leenen* aaO. S. 34ff., 88ff.

dessen sie stehen (sog. ,,hermeneutischer Zirkel"). Dieser Grundsatz hat auch für die Auslegung von Gesetzen Geltung. Er besagt, daß jede Norm nicht nur als isolierte Einzelanordnung, sondern als Teil einer umfassenderen Regelung und letztlich der gesamten Rechtsordnung verstanden werden muß.[8]

Auslegungskriterien[9] sind der Wortsinn, der Bedeutungszusammenhang des Textes, die Normvorstellungen des Gesetzgebers und der an der Gesetzgebung beteiligten Personen, die Regelungszwecke und schließlich die der Regelung zugrunde liegenden allgemeinen Rechtspinzipien sowie Grundsätze von Verfassungsrang. Von dem *Wortsinn* ist auszugehen, da das Gesetz der in Worte gefaßte vernünftige Wille des Gesetzgebers ist. Er ergibt sich aus dem allgemeinen Sprachgebrauch, dem Sprachgebrauch der Juristen, soweit die Fassung des Gesetzes auf ihm beruht, oder aus einem besonderen Sprachgebrauch gerade dieses Gesetzes, sofern ein solcher, was gerade für das BGB manchmal zutrifft, festgestellt werden kann. Jedoch läßt der Wortsinn meist verschiedene Bedeutungsvarianten zu. Er gibt daher zumeist nicht mehr her als einen ersten Hinweis und einen Rahmen für die weiteren Bemühungen. Aus der Menge der nach dem Wortsinn möglichen, d. h. durch ihn noch gedeckten Bedeutungen gilt es, diejenige herauszufinden, die als die maßgebliche anzusehen ist. Dazu bedarf es weiteren Kriterien. Man spricht von einer systematischen, historischen und teleologischen Auslegung. Zunächst vermag nicht selten der *Bedeutungszusammenhang*, in dem die betreffende Vorschrift steht, einen weiteren Aufschluß darüber zu geben, wie sie des näheren zu verstehen ist. So steht der § 847, der unter bestimmten Voraussetzungen einen Anspruch auf Schmerzensgeld gewährt, in dem Abschnitt über unerlaubte Handlungen, nicht, wie der § 253, im allgemeinen Teil des Schuldrechts. Daraus ist zu schließen, daß er nur für solche Ansprüche gilt, die auf die §§ 823ff. gegründet werden können, also z. B. nicht für vertragliche Ersatzansprüche. Die *Vorstellungen der an der Gesetzgebung beteiligten Personen*, die sich häufig aus den Vorentwürfen und den ihnen beigegebenen Begründungen, aus Sitzungsprotokollen der Ausschüsse und aus den Parlamentsverhandlungen ermitteln lassen,[10] sind vor allem bedeutsam für die Erkenntnis der Gesetzeszwecke und der vom Gesetzgeber getroffenen grundsätzlichen Entscheidungen. Für die Beantwortung von Einzelfragen geben sie meist nicht viel her, da diese in ihrer Fülle vom Gesetzgeber nicht alle bedacht sein können, er ihre Beantwortung nicht selten auch bewußt der Lehre und Rechtsprechung überlassen hat. Ausschlaggebend sind die *teleologischen Kriterien*, insbesondere die Zwek-

---

[8] Hierzu *meine* Methodenlehre der Rechtswissenschaft 5. Aufl. S. 197ff., 310ff.; *meine* Abhandlung über die Sinnfrage in der Rechtswissenschaft, in der Festschr. f. Franz *Wieacker*, 1978, S. 411.

[9] Vgl. zum folgenden im näheren *meine* Methodenlehre der Rechtswissenschaft S. 305ff.; *Bydlinski* aaO. S. 437ff. *Zippelius*, aaO S. 50ff.

[10] Für das BGB sind am wichtigsten die ,,Motive" der 1. und die ,,Protokolle" der 2. Kommission; vgl. oben § 1 II.

ke der gesetzlichen Regelung und das im Gesetz zum Ausdruck gekommene Rangverhältnis der Zwecke. Unter mehreren, dem Wortsinn und dem Bedeutungszusammenhang nach möglichen Deutungen ist derjenigen der Vorzug zu geben, bei der der Zweck der Norm am ehesten erreicht, falls mehrere Gesetzeszwecke in Betracht kommen, dem Rangverhältnis der Zwecke und der ihm zugrundeliegenden Wertung am besten entsprochen wird. Ein Beispiel für eine Auslegung, die zwar vom Wortsinn ausgeht, da dieser allein aber keine hinreichend genaue Bestimmung ermöglicht, auf den Regelungszweck zurückgreift und von ihm aus die Reichweite der Regel einzugrenzen sucht, bietet etwa die des Ausdrucks „Zugehen" in § 130 Abs. 1 (unten § 21 II b). Vielfach beruht eine Regelung auch auf einem *allgemeinen Rechtsprinzip,* das, ist es einmal erkannt, eine nähere Präzisierung ihres Inhalts, ihrer Tragweite erlaubt. Der Rückgang auf die einer Regelung zugrundeliegenden Rechtsprinzipien dient vor allem dazu, Wertungswidersprüche soweit als möglich zu vermeiden. Sie ergeben sich dann, wenn Sachverhalte, die im Hinblick auf den Grundgedanken oder das Prinzip einer Norm gleich zu bewerten sind, rechtlich verschieden behandelt oder Unterschiede, die vom Prinzip aus gesehen bedeutsam sind, außer Acht gelassen werden. Derartige Wertungswidersprüche widerstreiten der Grundforderung der Gerechtigkeit, „Gleiches gleich" und „Ungleiches ungleich" zu behandeln. Das Ergebnis der Auslegung muß schließlich mit den in der Verfassung enthaltenen Rechtsgrundsätzen vereinbar sein. Der Vorrang des Verfassungsrechts vor den einfachen Gesetzen verlangt, sie *„verfassungskonform"* auszulegen. (Darüber weiteres unter III.)

Unter den angegebenen Auslegungskriterien besteht zwar kein festes Rangverhältnis, ihre Anwendung im Einzelfall ist aber auch nicht „beliebig", wie das mitunter behauptet wird, sondern hängt von ihrem jeweiligen sachlichen Gewicht ab und ist vom Auslegenden jeweils zu begründen.[11] Soweit der mögliche Wortsinn und der Bedeutungszusammenhang hinsichtlich der Reichweite der Norm noch verschiedene Möglichkeiten offen lassen, kommt es entscheidend auf die erkennbaren Zwecke der Regelung, damit auf die Absicht des historischen Gesetzgebers an. Bleibt auch diese zweifelhaft, oder kann sie wegen eines inzwischen eingetretenen grundlegenden Wandels der Verhältnisse oder auch im Gesamtgefüge der Rechtsordnung heute nicht mehr als maßgeblich angesehen werden, so ist auf die „objektiv-teleologischen" Kriterien zurückzugreifen. Zu ihnen gehören die dem Gesetzgeber vorgegebenen Strukturen des geregelten Sachbereichs und die unserer Rechtsordnung zugrundeliegenden rechtsethischen Prinzipien, deren Konkretisierung in neueren Gesetzen und in der Rechtsprechung. Die Gerichte werden regelmäßig diejenige Auslegung vorziehen, die eine im Rahmen

[11] Vgl. *meine* Methodenlehre der Rechtswissenschaft S. 328ff.; *Alexy* aaO. S. 299ff.; *Bydlinski* aaO. S. 553ff.; *Hassold* aaO. S. 221ff.; *Koch/Rüssmann* aaO. S. 181ff.; *Lange/Köhler* § 3 II 1 d und e; *Zippelius* aaO. (Festschrift 1983) S. 747f.

der geltenden Rechtsordnung, unter Berücksichtigung der in ihr zum Ausdruck gelangten Wertungen, „gerechte", d. h. eine der Sachlage angemessene und „ausgewogene" Entscheidung ermöglicht. Sie dürfen dabei jedoch nicht ihre eigenen Wertungen an die Stelle derjenigen des Gesetzgebers setzen. Das ergibt sich aus der verfassungsmäßigen Verteilung der Kompetenz zwischen der Gesetzgebung nach der Justiz (vgl. Art. 20 Abs. 3, 97 Abs. 1 GG). Eine Grenze der Auslegung (im engeren Sinn) bildet zudem nach der ganz überwiegenden Auffassung der nach dem allgemeinen Sprachgebrauch oder dem besonderen Sprachgebrauch des Gesetzes (noch) mögliche Wortsinn des Gesetzes.

Indessen sind die Gerichte, um ihrer Aufgabe zu genügen, nicht selten genötigt, über den Gesetzestext, d. h. den möglichen Wortsinn, hinauszugehen. Das ist immer der Fall, wenn das Gesetz eine **„Lücke"** aufweist. Daß eine solche vorliegt, bedarf wiederum der Begründung. Sie liegt dann vor, wenn das Gesetz eine Bestimmung vermissen läßt, die es nach dem Zweck der Regelung, nach dem ihr zugrunde liegenden „Plan" des Gesetzgebers enthalten sollte.[12] Eine Lücke kann auch in dem Fehlen einer einschränkenden Bestimmung bestehen, wenn eine solche Einschränkung durch den Zweck der betreffenden Norm oder den einer anderen, ebenso gewichtigen, gefordert wird. Die Frage, ob eine ausfüllungsbedürftige Gesetzeslücke vorliegt, ist in allen Fällen auf Grund der dem Gesetz selbst innewohnenden Leitgedanken und Regelungszwecke, nicht nach den subjektiven Erwartungen des Beurteilers zu entscheiden. Läßt das Gesetz einen Sachverhalt ungeregelt, der nach seinem Regelungsplan einer Regelung bedürftig ist, dann kann die Lücke häufig im Wege der *„Analogie"* geschlossen werden.[13] Sie besteht darin, daß die für einen ähnlichen Sachverhalt im Gesetz enthaltene Regel auf den nicht geregelten Sachverhalt entsprechend angewandt wird (Einzelanalogie), oder daß aus mehreren, im Gesetz für ähnliche Sachverhalte übereinstimmend gegebenen Regeln ein allgemeiner Grundsatz abgeleitet wird, der auch auf den nicht geregelten Sachverhalt angewandt werden kann (Gesamtanalogie). Ob zwei Sachverhalte einander „ähnlich" sind, entscheidet sich danach, ob sie in den für die rechtliche Wertung maßgeblichen Hinsichten übereinstimmen oder nicht. Bedarf endlich eine Regel einer Einschränkung, die der Gesetzgeber zu machen unterlassen hat, so kann diese gewonnen werden im Wege einer *„teleologischen Reduktion"*, d. h. einer Zurückführung des Anwendungsbereichs der Regel auf den durch ihren Zweck geforderten und gerechtfertigten Umfang.[14] Beispiele sowohl für zulässige Analogien, wie für teleologische

---

[12] Zum Lückenbegriff vgl. *Engisch,* Einführung S. 141 ff.; *Canaris,* Die Feststellung von Lücken im Gesetz, S. 161 ff.; *Bydlinski* aaO. S. 473; *meine* Methodenlehre der Rechtswissenschaft, 5. Aufl. S. 354 f. Gegen den Lückenbegriff *Koch/Rüssmann* aaO. S. 254; kritisch auch *Pawlowski,* Rdn. 616 ff.

[13] Dazu *meine* Methodenlehre der Rechtswissenschaft, 5. Aufl. S. 365 ff.; *Bydlinski* aaO. S. 475 ff.

[14] Im näheren hierzu *meine* Methodenlehre der Rechtswissenschaft, 5. Aufl. S. 375 ff.; *Bydlinski* aaO. S. 480.

Reduktionen einzelner Gesetzesregeln werden uns im Verlauf der Darstellung mehrfach begegnen.

Bei den vorstehend nur angedeuteten Methoden der Lückenausfüllung, durch die die Rechtsprechung das Gesetzesrecht fortbildet, handelt es sich um ähnliche gedankliche Operationen, wie wir sie auch bei der teleologischen Gesetzesauslegung und bei der Konkretisierung allgemeiner Wertungsmaßstäbe und Prinzipien vornehmen. Die erstmalige (oder eine veränderte) Auslegung einer Rechtsnorm durch die Rechtsprechung ist, ebenso wie jede Konkretisierung eines ausfüllungsbedürftigen Maßstabes, insofern bereits eine „Rechtsfortbildung", als sie der künftigen Rechtsprechung den Weg weist und somit beispielgebend wirkt. Umgekehrt ist die Rechtsfortbildung durch Lückenausfüllung im Grunde nichts anderes als eine Auslegung nicht nur der einzelnen Norm, sondern der gesetzlichen Regelung im ganzen, über die Grenzen des möglichen Wortsinns hinaus. Ist einmal eine bestimmte Auslegung oder Rechtsfortbildung von der Rechtsprechung allgemein anerkannt, so daß jeder Rechtskundige fortan mit ihr rechnet, so ist sie, wiewohl ohne formelle Gesetzeskraft, zum Bestandteil des faktisch geltenden, von den Gerichten angewandten Rechts geworden.[15] Freilich können die Gerichte, auf Grund besserer Einsichten oder um einem Wandel der Lebensverhältnisse oder der Rechtsordnung im ganzen Rechnung zu tragen, von ihrer früher angenommenen Auslegung wieder abweichen. Da aber die Kontinuität der Rechtsprechung von großer Bedeutung für die Sicherheit des Rechtsverkehrs ist, tun sie das nur in seltenen Fällen. „Gebunden", etwa in dem Sinne, wie an Gesetze, sind sie aber an ihre frühere Auslegung nicht.

Von der Lückenausfüllung, die sich immer noch an den Grundwertungen und Regelungszwecken des Gesetzes selbst orientiert, daher als „gesetzesimmanente Rechtsfortbildung" bezeichnet werden kann, ist eine „gesetzesübersteigende Rechtsfortbildung" zu unterscheiden,[16] zu der sich die Gerichte mitunter mit Rücksicht auf ein unabweisbares Bedürfnis des Rechtsverkehrs (Sicherungsübereignung, Anwartschaftsrechte), die „Natur der Sache" (nichtrechtsfähiger Verein) oder ein vorrangiges rechtsethisches Prinzip, wie dasjenige von „Treu und Glauben", oder ein Verfassungsprinzip veranlaßt gesehen haben. Kennzeichnend für sie ist, daß das Gesetz nach seinem ursprünglichen Plan hier nicht lückenhaft war, die Teleologie des Gesetzes hier eine solche „Fortbildung" nicht erforderte, ja ihr vielleicht sogar entgegenstand. Zulässig ist solche gesetzesübersteigende Rechtsfortbildung erst dann, wenn alle anderen Methoden versagen, alsbaldige Abhilfe durch den Gesetzgeber nicht zu erwarten ist, und nur insoweit, als sie sich im Rahmen der Grundwertungen der Rechtsordnung hält und mit spezifisch rechtlichen Erwägungen in überzeugender Weise begründet werden kann. Sie

---

[15] Zur Frage, ob die Rechtsprechung eine „Rechtsquelle" ist, vgl. oben § 1c.

[16] Dazu *meine* Methodenlehre der Rechtswissenschaft, 5. Aufl. S. 397ff.; *Lange/Köhler* § 3 II 3.

kann nur ein letzter Notbehelf zwecks Vermeidung sachlich offenbar unangemessener, anders aber nicht zu vermeidender Ergebnisse sein.

III. Die Bedeutung des Grundgesetzes für die Auslegung und Fortbildung des Privatrechts

Bei der Auslegung und der Fortbildung des Privatrechts kommt dem Grundgesetz für die Bundesrepublik Deutschland hervorragende Bedeutung zu. Das Grundgesetz hat sich nicht darauf beschränkt, die Organisation des Bundesstaates zu regeln, sondern enthält vor allem in seinem Grundrechtsteil, aber auch in anderen Abschnitten, so besonders in dem über die Rechtsprechung, *allgemeine Rechtsgrundsätze,* die als unmittelbar geltendes Recht die Gerichte binden. Soweit es sich um Grundrechte handelt, ist auch der Gesetzgeber an sie gebunden (vgl. Art. 1 Abs. 3, 19 Abs. 1 und 2, 79 Abs. 3 GG). Einfache Gesetze, die zu einem Grundsatz von Verfassungsrang in Widerspruch stehen, sind ungültig. Bevor es diese Konsequenz zieht, prüft jedoch das Bundesverfassungsgericht, ob das betreffende Gesetz nicht in einer Weise („verfassungskonform")[17] ausgelegt werden kann, die diese Konsequenz vermeidet. Zwar muß auch eine solche Auslegung, um „Auslegung" zu bleiben, sich im Rahmen des möglichen Wortsinns halten und darf das gesetzgeberische Ziel nicht in sein Gegenteil verkehren.[18] Ist eine verfassungskonforme Auslegung hiernach aber möglich, so hat diese den Vorrang vor jeder anderen, nicht mit der Verfassung zu vereinigenden, auch wenn eine solche ebenfalls möglich und nach den sonstigen Auslegungskriterien, insbesondere den historischen, sogar vorzuziehen wäre. Die „Verfassungskonformität" hat insoweit den Vorrang vor allen anderen Auslegungskriterien. Die Gerichte haben demgemäß eine frühere Auslegung, die mit den Verfassungsgrundsätzen nicht im Einklang steht, zu berichtigen. Ebenso dürfen Gesetzeslükken nur in Übereinstimmung mit den verfassungsmäßigen Rechtsgrundsätzen ausgefüllt werden. Diese bestimmen daher in erheblichem Maße auch die richterliche Rechtsfortbildung des Privatrechts. Wo es schließlich im einzelnen Fall für die Konkretisierung eines ausfüllungsbedürftigen Maßstabes oder die nähere Umgrenzung etwa des „allgemeinen Persönlichkeitsrechts" auf eine wertende Abwägung verschiedener, verfassungsmäßig geschützter Rechtsgüter ankommt, ist diese an der „Werthöhe" dieser Güter im System des Grundgesetzes zu orientieren.[19]

Das Grundgesetz enthält in Art. 1 Abs. 1 das unbedingte Gebot, die *Würde des Menschen* zu achten. In Art. 2 spricht es jedem das Recht zu, seine Persönlichkeit

---

[17] Vgl. BVerfGE 8, 28, 34; 54, 277, 297ff.

[18] BVerfGE 59, 360, 387.

[19] Daraus ergibt sich zugleich eine gewisse Kompetenz des Bundesverfassungsgerichts zur Nachprüfung zivilrechtlicher Entscheidungen. Über den Umfang dieser Kompetenz vgl. die divergierenden Äußerungen der Richter in der „Mephisto"-Entsch., BVerfGE 20, 173, auf S. 196f. (Mehrheitsvotum) und S. 200ff. (Minderheitsvotum).

innerhalb gewisser Schranken frei zu entfalten. Beide Grundsätze stimmen mit den Aussagen des ethischen Personalismus überein, der, wie wir gesehen haben, die geistige Grundlage des BGB bildete. Die betonte Heraushebung der Personwürde und des Persönlichkeitswertes im Grundgesetz hat die Rechtsprechung dazu bestimmt, das im BGB nicht enthaltene *„allgemeine Persönlichkeitsrecht"* im Wege einer rechtsethisch gebotenen Rechtsfortbildung als Bestandteil der geltenden Privatrechtsordnung anzuerkennen.[20] Darüber hinaus wird man entsprechend den besonderen Freiheitsrechten der Art. 4 Abs. 1, Art. 5 und 9 GG im Bereich des Privatrechts *besondere Persönlichkeitsrechte* annehmen müssen, die ihre jeweilige Grenze auch an spezifisch privatrechtlichen Bindungen, etwa an der Treue- oder Diskretionspflicht aus einem bestehenden Privatrechtsverhältnis (wie Gesellschaft, Auftrag, Dienstverhältnis) finden können.[21] Ob im übrigen die Grundrechte und insbesondere der Gleichheitsgrundsatz in seiner Ausprägung durch Art. 3 Abs. 2 und 3 GG *unmittelbar* auch für die privatrechtlichen Beziehungen gelten – so die Lehre von der sog. „Drittwirkung" oder „absoluten Wirkung" der Grundrechte[22] – oder ob sie, um diese Beziehungen zu gestalten, noch einer „Transformation" bedürfen, die durch privatrechtliche Normen, vor allem durch die „Generalklauseln" der §§ 138, 242, 826 und durch deren Auslegung geleistet wird, ist streitig.

Die Grundrechte sind ursprünglich konzipiert worden, um dem einzelnen einen Freiheitsraum gegenüber dem übermächtigen Staat zu sichern. Wo dieser Freiheitsraum heute durch andere Gruppen oder Mächte gefährdet wird, muß ihn die Rechtsordnung auch diesen gegenüber sichern. Das kann aber, soweit es sich dabei um die Ausnutzung privatrechtlicher Machtlagen und Befugnisse handelt, nur mit Mitteln und in den Denkformen des Privatrechts geschehen. Beispielsweise hat man Verträge, in denen der eine Teil dem anderen unter Ausnutzung seiner wirtschaftlichen Übermacht Bedingungen auferlegt, die diesen von ihm völlig abhängig machen, stets als „Knebelungsverträge" nach § 138 Abs. 1 für nichtig gehalten.[23] Art. 2 GG mag dazu veranlassen, an Verträge, die die wirtschaftliche Bewegungsfreiheit des einen Vertragspartners oder etwa seine Freiheit der Niederlassung an einem bestimmten Ort (Art. 11 GG) oder der

---

[20] Vgl. unten § 8 II sowie Sch.R. II, § 72 III a.

[21] Vgl. Sch.R. II, § 72 III aE. (S. 556f.).

[22] Hierfür u. a.: *Nipperdey,* Grundrechte und Privatrecht, 1961; *Enn./N.* § 15 II 4c; *Leisner,* Grundrechte und Privatrecht, 1960, S. 285ff. Kritsch dazu *Raiser,* Grundgesetz und Privatrechtsordnung (Verhandlungen des 46. Deutschen Juristentages 1966, Bd. II Teil B) S. 27ff.; *Flume* § 1 X b; *Schmidt-Salzer,* Vertragsfreiheit und Verfassungsrecht, NJW 70, 8; *Otto,* Personale Freiheit und soziale Bindung, 1978, S. 140f.; *Lehmann/Hübner* S. 70ff.; *Pawlowski* aaO. S. 82. Für die Geltung der Grundrechte auch in privatrechtlichen Beziehungen, und zwar vermöge der Bindung des (Privatrechts-) Gesetzgebers und des (Zivil-) Richters gemäß Art. 1 Abs. 3 GG, *Schwabe,* ArchöffR 100, 442ff. M. E. ergibt sich daraus aber nur eine mittelbare Wirkung, eben über eine verfassungskonforme gesetzliche Ausgestaltung und richterliche Auslegung der Privatrechtsnormen.

[23] Vgl. dazu näher unten § 22 III b.

Berufsausübung (Art. 12 Abs. 1 Satz 2 GG) übermäßig einschränken, einen strengen Maßstab anzulegen. Die Nichtigkeitsfolge ergibt sich in derartigen Fällen jedoch stets aus § 138 BGB. Das Grundgesetz selbst sagt darüber nichts aus. In den Maßstab der „guten Sitten" sind jedoch heute die Wertsetzungen des Grundgesetzes eingegangen. Sie entfalten insoweit eine mittelbare Wirkung im Privatrecht über die §§ 138, 826.

Auf die Bedeutung der *Gleichberechtigung der Geschlechter* (Art. 3 Abs. 2 und 3 GG) für das Familienrecht wurde bereits hingewiesen. Im Vertragsrecht ist hingegen bezüglich des Art. 3 Abs. 2 und 3 GG, soweit die Vertragsfreiheit in Frage steht, eine gewisse Zurückhaltung geboten. *Einschränkungen der Abschlußfreiheit,* speziell der Freiheit der Auswahl des Vertragspartners, können aus dem Gleichheitsgrundsatz allein nicht hergeleitet werden.[24] Zusätzliche Momente müssen hinzukommen, wenn eine Verpflichtung zum Vertragsabschluß begründet sein soll. Wünscht etwa eine Zimmervermieterin ihr Zimmer nur an eine Frau zu vermieten, so kann der deshalb von ihr abgewiesene männliche Mietbewerber nicht verlangen, daß sie mit ihm abschließt, weil ihre Weigerung gegen das Unterscheidungsverbot des Art. 3 Abs. 3 GG verstoße. Eine konkrete Abschlußpflicht kann sich hier wieder nur aus einer Privatrechtsnorm, nämlich aus § 826 BGB ergeben, dann wenn die Verweigerung des Vertragsabschlusses nach den gesamten Umständen des Einzelfalls eine sittenwidrige Schädigung des anderen darstellen würde.[25] Sittenwidrig kann insbesondere die Diskriminierung bestimmter Personengruppen sein. Als eine „sittenwidrige Diskriminierung" ist es z. B. anzusehen, wenn bestimmte gleichartige Leistungen öffentlich angeboten, dann aber Angehörige bestimmter Personengruppen durch Verweigerung des Vertragsschlusses von ihnen ausgeschlossen werden; insbesondere dann, wenn dies öffentlich – z. B. durch einen Aushang im Lokal – geschieht, oder wenn es sich um Leistungen handelt, die sich der Betroffene nicht ohne weiteres anderweit beschaffen kann.[26] Grundsätzlich muß es jedoch im Bereich des „privaten" Geschäftsverkehrs dem einzelnen überlassen bleiben, ob und mit wem er vertragliche Beziehungen aufnehmen will. Es darf nicht darauf ankommen, ob die Verweigerung eines Vertragsschlusses „unvernünftig", ob sie etwa vom Standpunkt eines „normal denkenden" Verkehrsteilnehmers aus gerechtfertigt ist oder nicht. Denn käme es darauf an, so besäße der einzelne in Wahrheit keine Entscheidungsfreiheit, seine „Privatautonomie" wäre ein leerer Schein. Die als „Wahlfreiheit" verstandene Freiheit – um diese geht es hier – umfaßt auch die Freiheit, etwas (nach Meinung der anderen) Unvernünftiges zu tun. Eine Pflicht zum Vertragsabschluß, und zwar mit „jedermann" unter für alle gleichen Bedin-

[24] Vgl. Götz *Hueck,* Der Grundsatz der gleichmäßigen Behandlung im Privatrecht, 1958, S. 100ff. sowie *Flume* aaO.

[25] Vgl. Sch.R. I § 4 Ib.

[26] Vgl. Sch.R. Bd. I, § 4; *Otto,* aaO. S. 145ff.

gungen, besteht jedoch für bestimmte Unternehmen, die eine öffentliche Versorgungsaufgabe erfüllen und eine monopolartige Stellung haben (z. B. Beförderungsunternehmen, Elektrizitätswerke).[27] Auch hier beruht die Einschränkung der Abschlußfreiheit derartiger Unternehmen nicht allein auf Art. 3 GG, sondern auf zusätzlichen Gesichtspunkten, insbesondere auf ihrer Versorgungsaufgabe und ihrer Monopolstellung. Eine Abschlußpflicht kann sich ferner daraus ergeben, daß marktbeherrschende Unternehmen und Vereinigungen von Unternehmen gemäß § 26 Abs. 2 GWB ein anderes Unternehmen in einem Geschäftsverkehr, der anderen gleichartigen Unternehmen zugänglich ist, nicht unterschiedlich behandeln dürfen. Dieses Gebot dient wiederum der Erhaltung des Wettbewerbs und damit der Funktionsfähigkeit des Marktes. Erst in Verbindung mit dieser Zielsetzung kommt hier die Gleichbehandlung – in diesem Fall der meist schwächeren Geschäftspartner – zum Zuge. Die Vertragsfreiheit und mithin die Abschlußfreiheit findet ihrerseits eine Bestärkung durch Art. 2 Abs. 1 GG.[28] Sie kann freilich, wie wir schon gesehen haben, Einschränkungen unterliegen, die vornehmlich ihren Mißbrauch durch einen wirtschaftlich überlegenen Partner verhindern wollen und die durch das Sozialstaatsprinzip gerechtfertigt sind.[29] Solche Einschränkungen bedürfen jedoch, soweit sie sich nicht wiederum aus den genannten Generalklauseln ergeben, einer gesetzlichen Regelung.

Auf dem Gebiete des Erbrechts ist einer der wichtigsten Grundsätze des geltenden Privatrechts der der *Testierfreiheit*. Nach diesem Grundsatz kann jedermann über sein Vermögen für den Fall seines Todes im Wege einer einseitigen Verfügung (Testament) oder eines Erbvertrages frei verfügen, vorbehaltlich der vom Gesetz bestimmten nahen Angehörigen eingeräumten, ihnen nur unter engen Voraussetzungen entziehbaren Pflichtteilsansprüche. Die Testierfreiheit ist, als Grundbestandteil unseres Erbrechts, in den überkommenen Grenzen und nach Maßgabe ihrer näheren gesetzlichen Regelung, durch das Grundgesetz (Art. 14 Abs. 1) gewährleistet.[30] Darf hiernach der Erblasser seinen (oder seine) Erben frei auswählen, so muß er auch unter mehreren ihm nahe stehenden Personen die eine bevorzugen, die andere zurücksetzen dürfen. Damit wäre ein Gebot, sie alle gleich zu behandeln, nicht vereinbar. Mit Recht hat daher der BGH gerade mit Bezug auf die Testierfreiheit gesagt,[31] eine „schrankenlose Anwendung des Gleichbehandlungsgrundsatzes" würde sie aushöhlen; daher könnten „allenfalls bestimmte Verstöße gegen Art. 3 GG, die aus besonderen Gründen als anstößig empfunden werden", zur Sittenwidrigkeit einer Verfügung von Todes wegen und damit zu ihrer Nichtigkeit nach § 138 führen.

---

[27] Vgl. Sch.R. I § 4 I a.
[28] Vgl. Sch.R. I § 4 IV.
[29] Vgl. BVerfGE 8, 274, 329. Skeptisch Manfred *Wolf,* Rechtsgeschäftliche Entscheidungsfreiheit und vertraglicher Interessenausgleich, S. 5 b.
[30] So auch BGHZ 70, 313, 324 f.; *Brox,* Erbrecht, 6. Aufl. 1979, Rdn. 24.
[31] BGHZ 70, 313, 325.

Die in der Verfassung enthaltenen Rechtsgrundsätze, wie etwa das Sozialstaatsprinzip und das Rechtsstaatsprinzip (Art. 28 Abs. 1 Satz 1 GG), sind weithin ausfüllungsbedürftige Maßstäbe. Ihre Konkretisierung obliegt in erster Linie dem einfachen Gesetzgeber; den Gerichten nur insoweit, als dieser dafür Raum gelassen hat. Die verfassungsmäßige Bindung der Richter an das Gesetz (Art. 97 Abs. 1 GG) bedingt den „Konkretisierungsprimat" des Gesetzgebers.[32] Soweit der Gesetzgeber eine nähere Regelung getroffen hat und diese sich in dem durch die Verfassungsgrundsätze vorgezeichneten Rahmen hält, hat der Richter sie also zu beachten und darf er sie nicht durch eine von ihm vorgezogene andersartige Konkretisierung der Grundsätze überspielen. Für eine unmittelbare Konkretisierung der Verfassungsgrundsätze durch die Rechtsprechung ist daher nur insoweit Raum, als der Gesetzgeber von seinem Konkretisierungsvorrecht keinen Gebrauch gemacht hat, also insbesondere dann, wenn das einfache Gesetzesrecht Lücken aufweist, sowie in dem Fall, daß die gesetzliche Regelung nicht verfassungskonform ausgelegt werden kann und ihr daher – was bei nachkonstitutionellem Recht nur durch das Bundesverfassungsgericht geschehen kann[33] – die Geltung zu versagen ist.

Das Grundgesetz hat die geltende Privatrechtsordnung nicht durch einige wenige, der näheren Ausführung bedürftige Grundsätze ersetzen, sondern sie als Ganzes und in ihren entscheidenden Grundlagen vielmehr anerkennen und bestätigen, zugleich aber auch an seinen eigenen Wertungsmaßstäben ausrichten, in die Gesamtrechtsordnung integrieren wollen.[34] Dafür sprechen neben der betonten Herausstellung des Wertes der menschlichen Persönlichkeit und der zu ihrer Entfaltung unerläßlichen Freiheit in den Artikeln 1 und 2 insbesondere die Garantie des Eigentums und des Erbrechts in Art. 14 Abs. 1, die Anerkennung der Ehe und Familie sowie des Rechts und der Pflicht der Eltern zur Pflege und Erziehung ihrer Kinder in Art. 6 Abs. 1 und 2 und die Anerkennung des Rechts, Vereine und Gesellschaften zu bilden, in Art. 9 Abs. 1 GG. Hier wird auf Institute und Normen des Privatrechts Bezug genommen, die dem Verfassungsgesetzgeber in ihrem herkömmlichen Verständnis vor Augen gestanden haben. Das schließt gewiß ihre Weiterentwicklung nicht aus, die in mehrfacher Hinsicht vom Grundgesetz selbst gefordert wird. Die Bedeutung des Grundgesetzes für die Privatrechtsordnung ist daher eine doppelte: das Grundgesetz hat die Privatrechtsordnung in ihren wesentlichen Grundlagen bestätigt, zugleich aber bestimmt es die Richtung seiner Fortentwicklung in mannigfacher Hinsicht. Es bleibt weiterhin maßgebende Richtschnur sowohl für die einfache Gesetzgebung wie für die Rechtsprechung auch auf privatrechtlichem Gebiet.

---

[32] Vgl. dazu *Göldner* aaO. S. 202, 234.
[33] Vgl. dazu Art. 100 GG und BVerfGE 2, S. 124, 128ff.
[34] Vgl. *Raiser* aaO. S. 19; *Ramm* I S. 134.

Erstes Kapitel. Die Personen

A. Natürliche Personen

§ 5. Die Rechtsfähigkeit des Menschen

Literatur: *Deynet,* Die Rechtsstellung des Nasciturus und der noch nicht erzeugten Person im deutschen, französischen, englischen und schottischen Recht, 1960; *Fabricius,* Relativität der Rechtsfähigkeit, 1963; *Geilen,* Das Leben des Menschen in den Grenzen des Rechts, FamRZ 1968, S. 121; *Hölder,* Natürliche und juristische Personen, 1905; *Husserl,* Rechtssubjekt und Rechtsperson, AcP 127, 129 = Recht und Welt, 1964, S. 1; *Schönfeld,* Rechtsperson und Rechtsgut im Lichte des Reichsgerichts, RG-Festschrift II, S. 191; *Westermann,* Person und Persönlichkeit als Wert im Zivilrecht, 1957; *Wolf/Naujoks,* Anfang und Ende der Rechtsfähigkeit des Menschen, 1955.

I. Der Begriff der Rechtsfähigkeit

Unter der **Rechtsfähigkeit** versteht das Gesetz die Fähigkeit einer Person, Subjekt von Rechtsverhältnissen, daher Inhaber von Rechten und Adressat von Rechtspflichten zu sein.[1] Die Rechtsfähigkeit kommt jedem Menschen zu, *weil* er seinem Wesen nach Person im ethischen Sinn ist (oben § 2 Abs. 1). Als solche steht er im „rechtlichen Grundverhältnis" zu allen anderen, d. h. er hat das Recht auf Achtung seiner Personwürde und die Pflicht, jeden anderen als Person zu achten. Von der *Rechts*fähigkeit unterscheiden wir die Fähigkeit des Menschen, rechtswirksam zu *handeln,* insbesondere die Fähigkeit, durch Rechtsgeschäfte Rechtsfolgen für sich selbst und für andere herbeizuführen (die Geschäftsfähigkeit) und die Fähigkeit, sich durch eigene Handlungen verantwortlich zu machen (die Deliktsfähigkeit). Der Mensch, der zur vollen Ausbildung seines Wesens

---

[1] Die Rechtsfähigkeit wird meist definiert als „die Eigenschaft einer Person, Träger von Rechten und Pflichten sein zu können" (so *Enn./N.* § 83 I; *Lange/Köhler* § 21 II 1; *Brox,* Rdn. 226, 655; *Medicus,* AT Rdz 1039). Grundsätzlich abweichend bestimmt *Fabricius* den Begriff der Rechtsfähigkeit; ihm folgt *Gitter* in MünchKomm. 5 zu § 1. Indem er davon ausgeht, daß die Rechtsfähigkeit mit der Handlungsfähigkeit auf das engste zusammenhängt, bestimmt er schließlich die Rechtsfähigkeit als „die Fähigkeit eines Menschen oder einer als Rechtssubjekt anerkannten sozialen Einheit, sich rechtlich wirksam zu verhalten, sei es auch durch einen Boten, Vertreter oder ein Organ" (S. 44). Diese Definition halte ich schon deshalb nicht für glücklich, weil sie sogleich die Problematik des Handelns durch einen Boten, einen Stellvertreter oder ein Organ in sich aufnimmt. Richtig ist zwar, daß nur die Person handeln kann, und daß deshalb die Rechtsfähigkeit, wie im Text gesagt, nicht als die einzige rechtliche Fähigkeit der Person angesehen werden darf, sondern nur als eine unter mehreren. Der innere Zusammenhang zwischen Rechtsfähigkeit und Handlungsfähigkeit darf nicht übersehen werden. Eine nicht handlungsfähige Person ist eine nicht voll entwickelte oder in ihrem Können eingeschränkte Person und bedarf eben deshalb eines gesetzlichen Vertreters. Sie ist aber rechtsfähig in der im Text genannten Bedeutung. Insoweit ist an der h. L. festzuhalten.

gelangt ist, ist sowohl rechtsfähig, wie handlungsfähig, wie für seine Handlungen verantwortlich. Es gibt aber Menschen, deren Fähigkeit, die Folgen ihres Handelns zu überblicken, ihre Verantwortung zu erkennen und ihr Verhalten danach einzurichten, noch nicht oder noch nicht hinreichend entwickelt ist – Kleinkinder, Jugendliche – oder infolge einer krankhaften Störung ihrer Geistestätigkeit eingeschränkt oder aufgehoben ist. Auch ihnen kommt eine „Personwürde" zu, sie haben ein Recht auf Achtung, auf Leben, auf einen persönlichen Lebensbereich; ihnen fehlt aber die zum Person-Sein im vollen Sinne hinzugehörende Fähigkeit der Selbstbestimmung und Verantwortung. Das Gesetz betrachtet sie zu Recht als Personen und erkennt ihnen die „Rechtsfähigkeit" in dem bezeichneten engeren Sinne, unbeschadet der ihnen noch fehlenden oder nur eingeschränkt zukommenden rechtlichen Handlungsfähigkeit, zu. Geschäftsfähigkeit und rechtliche Verantwortlichkeit sind also keine *notwendigen* Prädikate des juristischen Personbegriffs (oben § 2 III). Sie können aber nur einer Person zukommen, und wo die für sie unerläßlichen Voraussetzungen erfüllt sind, da kommen sie ihr auch aus sachlicher Notwendigkeit zu.

Die Personhaftigkeit des Menschen und mit ihr seine Rechtsfähigkeit ist dem positiven Recht vorgegeben.[2] Grundsätzlich ist auch die Handlungsfähigkeit ein der Person *ihrem Wesen nach* zukommendes Attribut. Sowenig wie die Rechtsfähigkeit ist die rechtliche Handlungsfähigkeit in ihren Erscheinungsformen als Geschäftsfähigkeit und als Deliktsfähigkeit einfach in das Belieben einer positiven Rechtsordnung gestellt. Ebensowenig ist sie in das Belieben jeweils der betreffenden Person gestellt; es gibt daher keinen rechtswirksamen Verzicht auf die Rechts- oder die Handlungsfähigkeit.[3] Nur weil die rechtliche Handlungsfähigkeit an ein bestimmtes Maß von tatsächlicher Einsichtsfähigkeit und Fähigkeit der Steuerung des Verhaltens geknüpft sein muß und es sich bei diesen Fähigkeiten, wie insbesondere die Entwicklung des Jugendlichen zeigt, um graduelle Unterschiede und um kontinuierliche Übergänge handelt, bedarf es einer näheren Bestimmung, von welcher Grenze an die zur Vornahme von Rechtsgeschäften oder zu verantwortlich machenden Handlungen erforderliche Einsicht als gegeben anzusehen ist. Insoweit, aber auch nur insoweit, unterliegen die Ge-

---

[2] Das betont mit Recht entgegen der h. L., die die Rechtsfähigkeit des Menschen, ja sogar seine rechtliche Qualifikation als Person, von einer positivrechtlichen Setzung abhängig sein läßt, Ernst *Wolf* (*Wolf/Naujoks,* Anfang und Ende der Rechtsfähigkeit des Menschen S. 50ff.). Man darf dagegen nicht einwenden, daß lange Zeit das positive Recht bestimmten Menschen – den Sklaven – die Personalqualität absprach; denn dies beruhte auf einer Verkennung allgemeingültiger ethischer Grundsachverhalte, an denen auch das „positive" Recht letztlich nichts ändern kann.

[3] Das betont mit Recht *Weitnauer,* Festschr. f. Fr. *Weber,* 1975, S. 429. Es bedarf dazu aber nicht, wie *Weitnauer* meint, eines „Aufhängers" im Gesetz. Der § 137, den *Weitnauer* hierfür bemüht, ist dafür schon deshalb ungeeignet, weil er nur die Verfügungsbefugnis über ein bestimmtes Recht, nicht die Fähigkeit, zu verfügen, allgemein, und noch weniger die Verpflichtungsfähigkeit meint. Für den Positivisten, nach dessen Meinung es keine dem Gesetzgeber vorgegebenen rechtlichen Kategorien gibt, bleibt nur der § 138 BGB.

schäftsfähigkeit und die rechtliche Verantwortlichkeit einer Person der näheren Bestimmung des positiven Rechts. Das gleiche gilt, wie wir sehen werden, für die Rechtsfähigkeit hinsichtlich ihres Beginns.

Daß Kinder und Geisteskranke unerachtet der ihnen fehlenden Handlungsfähigkeit „Personen" (wenn auch noch keine bereits voll entwickelten oder aber in ihrer Entwicklung gestörte Personen), als solche von ihrer Geburt an „rechtsfähig" sind, bedeutet zunächst nur, daß sie Rechte und Pflichten haben *können*. Es folgt daraus aber auch, daß sie diejenigen Rechte, die der Person als solcher wesensmäßig zukommen, nämlich das Recht auf Achtung, auf Unverletzbarkeit ihres Lebens, ihrer Gesundheit usw., *tatsächlich haben*. Diese Rechte stehen nicht zur Disposition des positiven Rechts. Darüber hinaus haben Kinder und Geisteskranke nach positivem Recht regelmäßig auch weitere Rechte, z. B. Unterhaltsansprüche gegenüber ihren Eltern. Sie können diese – oder andere Personen – beerben, also Vermögen erwerben; sie sind dann zugleich Zurechnungssubjekt der damit verbundenen Verpflichtungen. Da sie aber, in Ermangelung der Geschäftsfähigkeit, ihre rechtlichen Angelegenheiten nicht selbst wahrzunehmen vermögen, bedürfen sie anderer Personen, die das an ihrer Stelle, in ihrem Interesse tun. Das Gesetz bezeichnet diese anderen Personen als „gesetzliche Vertreter". Es sorgt dafür, daß eine minderjährige oder aus einem anderen Grund nicht voll geschäftsfähige Person einen oder mehrere gesetzliche Vertreter hat, die rechtlich dazu in der Lage sind, für den Vertretenen Verträge abzuschließen, dadurch für ihn Rechte zu erwerben und ihn zu verpflichten, sowie die Verpflichtungen an seiner Stelle zu erfüllen.

Gegen die Rechtsfähigkeit rechtlich handlungsunfähiger Personen hat man eingewandt, man könne nicht Rechte jemandem zuschreiben, der nicht in der Lage sei, sie auszuüben und einen Willen hinsichtlich des Gegenstandes dieser Rechte zu betätigen.[4] „Beruht das Wesen des (subjektiven) Privatrechts", sagt *Hölder,*[5] „auf der dem Willen des Berechtigten zukommenden Bedeutung, so kann Subjekt eines solchen nicht in derselben Weise wie ein anderer sein, wessen Wille von Rechts wegen keine Bedeutung hat." Der handlungsunfähige Mensch sei „nicht Subjekt eigener, sondern Objekt fremder rechtlicher Macht".[6] Hinter diesem Einwand steht die Vorstellung, daß jedes (subjektive) Recht eine dem Berechtigten eingeräumte „Willensmacht" sei, daß es ein Handeln-Dürfen oder Handeln-Können bezeichne. Allein diese Auffassung ist zu eng. Daß jemand „berechtigt"

---

[4] Auf diese Problematik gehen im neueren Schrifttum nur *Pawlowski I* S. 52ff. und *Medicus,* AT Rdz. 1041 ein. *Pawlowski* kommt zu anderen Antworten als der Text, weil er das subjektive Recht im wesentlichen als Entscheidungskompetenz versteht (S. 147). Diese steht aber, ist der Rechtsinhaber handlungsfähig, in der Tat nicht ihm, sondern seinem Vertreter zu. Auf diese Weise ist daher die Frage, was das „Haben" von Rechten bedeutet, die auszuüben der Inhaber rechtlich nicht in der Lage ist, m. E. nicht lösbar.

[5] *Hölder,* Natürliche und juristische Personen S. 123.

[6] aaO. 128.

ist, bedeutet nichts anderes, als daß ihm von Rechts wegen etwas zukommt oder gebührt (vgl. unten § 13 I). Es bereitet keine Schwierigkeit, daß auch dem Handlungsunfähigen Achtung, Unverletzbarkeit seiner Person „gebührt“. Ebenso kann ihm die Leistung eines anderen gebühren, die dieser ihm erbringen soll. Handelt es sich um die Herrschaft über eine Sache (Eigentum), so kann er diese freilich nicht, oder nur in beschränktem Maße, selbst ausüben. Das gleiche gilt von Gestaltungsrechten. Daß die Rechtsordnung ihm auch derartige Rechte zuweist, ist in der Tat nur unter der Voraussetzung sinnvoll, daß sie zugleich dafür sorgt, daß ein anderer, als sein Vertreter, sie *für ihn* ausübt,[7] und zwar so, wie es seinem Interesse entspricht. Das, was ihm zugewiesen ist, sind die Vorteile, die die Ausübung gewährt; bei einem Vermögensrecht sein wirtschaftlicher Wert, die Fülle der Möglichkeiten, die der Gegenstand bietet, mag deren Ausnutzung auch nicht durch ihn, sondern nur für ihn durch einen anderen möglich sein.

Der Umfang der Rechtsfähigkeit aller Menschen ist, abgesehen von der gleich zu erörternden Teilrechtsfähigkeit des bereits Erzeugten, aber noch nicht Geborenen, auf dem Gebiete des Privatrechts gleich. Jeder Mensch ist also grundsätzlich zur Innehabung aller Privatrechte fähig, die nach unserer Rechtsordnung möglich sind. Dagegen ist der Umfang der Rechtsfähigkeit der „juristischen Personen“ im Vergleich zu derjenigen des Menschen beschränkt: sie können z. B. keine Familienrechte haben und die Grundrechte der Verfassung gelten für sie, und zwar auch nur für inländische juristische Personen, nur, „soweit sie ihrem Wesen nach auf diese anwendbar sind“ (Art. 19 Abs. 3 GG). Im öffentlichen Recht sind manche Rechte, wie z. B. das Wahlrecht, den Staatsbürgern vorbehalten.

An die *Rechtsfähigkeit* knüpft sich nach dem Zivilprozeßrecht die *Parteifähigkeit.* Sie bedeutet die Fähigkeit, in einem Rechtsstreit die rechtliche Stellung einer Partei, sei es die des Klägers oder des Beklagten, einzunehmen. Nicht bedeutet sie die Fähigkeit, selbst prozeßwirksame Handlungen vorzunehmen; diese Fähigkeit, die der Geschäftsfähigkeit zu vergleichen ist, bezeichnen wir vielmehr als „Prozeßfähigkeit“. Parteifähig ist, wer rechtsfähig ist (§ 50 Abs. 1 ZPO), also jeder Mensch und jede „juristische Person“. Darüber hinaus sind einige Vereinigungen, die das materielle Recht nicht als rechtsfähig anerkennt, nämlich die OHG (§ 124 Abs. 1 HGB) und für die Stellung als Beklagter auch der nichtrechtsfähige Verein (§ 50 Abs. 2 ZPO), parteifähig.

II. Beginn und Ende der Rechtsfähigkeit

Den Beginn der Rechtsfähigkeit des Menschen knüpft § 1 BGB an den Zeitpunkt der Vollendung der Geburt. Die Rechtsfähigkeit des Menschen endet mit

---

[7] Vgl. dazu auch G. *Husserl,* aaO. S. 47.

seinem Tode, was im Gesetz zwar nicht ausdrücklich gesagt ist, aber aus § 1922 Abs. 1 geschlossen werden muß.[8]

Ernst *Wolf*[9] hält die Regel des § 1 für unanwendbar, weil sie erstens naturrechtswidrig und zweitens durch die im Gesetz zugelassenen Ausnahmen in ihr Gegenteil verkehrt sei. Nach dem Naturrecht beginne die Rechtsfähigkeit des Menschen bereits mit der Zeugung, weil in diesem Augenblick bereits ein neues menschliches Lebewesen zur Entstehung gelange.[10] Die Rechtsfähigkeit des sogenannten nasciturus sei auch unabhängig davon, ob er später lebend geboren werde oder nicht. Denn der menschliche Embryo sei darauf angelegt, ein Mensch zu werden; als werdender Mensch sei er zugleich eine werdende Person, nicht anders als der Säugling, der auch noch keine voll entwickelte Person sei. Die Regelung des § 1 entspreche nicht „dem realen Existieren des von der Vollendung der Zeugung bis zur Geburt in der Mutter lebenden Menschen." Es gehe nicht an, in der Geburt einen so bedeutsamen Abschnitt der Entwicklung des werdenden Menschen zu sehen, daß nur der lebend geborene Mensch rechtsfähig sein könne. Diesen Ausführungen kann nicht zugestimmt werden. Sicherlich ist der menschliche Embryo ein „werdender Mensch" und bedarf als solcher des Schutzes der Rechtsordnung sowie der Fürsorge für seine künftigen Rechte. Deshalb braucht man ihn aber noch nicht schon vor der Geburt und unabhängig davon, ob er lebend geboren wird, als voll existent im Sinne des Personbegriffs und damit als rechtsfähig anzusehen. Ihm fehlen noch das Selbstbewußtsein, der Wille (das Vermögen, sich zu entscheiden), die Fähigkeit, die (auch nur nächsten) Folgen seines Seins zu erkennen, also gerade die Elemente, die für den Aufbau der Person entscheidend sind. Die Entstehung eines Menschen als eines zugleich personhaften lebendigen Organismus ist ein kontinuierlicher Vorgang, der sich von der Befruchtung bis zur Geburt und darüber hinaus in kaum merklichen Übergängen vollzieht. Die Rechtsordnung bedarf eines möglichst eindeutig bestimmbaren Zeitpunktes, von dem ab eine Person, mithin ein Rechtssubjekt, vorhanden ist. Mag auch der Aufbau eines menschlichen Organismus im Augenblick der Zeugung beginnen, so ist es doch nicht willkürlich, den Beginn des Aufbaus der menschlichen *Person,* also von Bewußtsein, Selbstbewußtsein, Willen und Vernunft, erst im Zeitpunkt der Geburt anzusetzen. Gegen den Zeitpunkt der Zeugung als Beginn der Rechtsfähigkeit sprechen erhebliche Schwierigkeiten der genauen Feststellung und des Beweises. Ist auch die Rechtsfähigkeit des Menschen grundsätzlich dem positiven Recht vorgegeben, so obliegt diesem doch die Bestimmung des Zeitpunkts ihres Beginns, soweit dafür, eben weil es sich beim Werden des Menschen um einen kontinuierlichen Vorgang handelt, der sich über einen längeren Zeitraum erstreckt, verschiedene Zeitpunkte in Betracht kommen. Zuzugeben ist lediglich, daß die Festsetzung eines früheren Zeitpunkts für den Beginn der Rechtsfähigkeit möglich wäre; § 1 bleibt aber innerhalb des Gestaltungsspielraums jedes Gesetzgebers.

Von dem Gedanken ausgehend, daß die Rechtsfähigkeit des Menschen an die Entstehung eines selbständig, d. h. unabhängig vom Leben der Mutter existierenden menschlichen Organismus anknüpft, versteht die h. L. unter der „Vollendung der Geburt" den vollendeten Austritt des Kindes aus dem Mutterleib.[11] Hat das Kind hiernach auch nur einen Augenblick gelebt, so hat es Rechtsfähigkeit erlangt, auch wenn es alsbald gestorben ist. Dies kann von Bedeutung für die Erbfolge sein.

---

[8] Die Frage, von welchem Augenblick an der Mensch im medizinischen und im rechtlichen Sinne als (endgültig) „tot" zu betrachten sei, ist neuerdings, infolge der Möglichkeiten der Medizin, einzelne Lebensfunktionen über den früher als maßgebend betrachteten Todeszeitpunkt hinaus zu verlängern, zweifelhaft geworden; vgl. dazu *Geilen* aaO. Sie ist von großer Bedeutung für die Frage der Rechtswidrigkeit etwa von Transplantationen; im Zusammenhang mit dem Ende der Rechtsfähigkeit hat sie bisher keine Rolle gespielt.

[9] *Wolf/Naujoks,* aaO. S. 83ff.; *Wolf,* Lehrbuch S. 183ff.

[10] Von diesem Zeitpunkt an existiere „ein neuer Mensch".

[11] Vgl. *v. Tuhr* § 22 I; *Enn./N.* § 84 III; *Lehmann/Hübner* § 56 II 1 und die Kommentare zu § 1.

Erbe eines Verstorbenen kann nach § 1923 Abs. 1 nur sein, wer „zur Zeit des Erbfalls lebt", d. h. wer lebend geboren und bis zu diesem Zeitpunkt nicht verstorben ist. Stirbt die Mutter während der Geburt, wird das Kind aber lebend geboren, und hat es die Mutter nur noch kurze Zeit überlebt, so hat es seine Mutter beerbt und wird seinerseits, wenn es keine Geschwister hat, von dem noch lebenden Vater beerbt. Dieser erhält auf diese Weise, auf dem Umweg über das Kind, die gesamte Erbschaft seiner Frau (vgl. § 1925 Abs. 3 Satz 2). Wäre das Kind dagegen tot geboren, so hätte es die Mutter nicht beerben können; lebten die Eltern der Mutter, so würde die Erbschaft nur zur Hälfte an ihren Ehemann, zur anderen Hälfte an die Eltern fallen (§ 1931). Ebenso wäre es, wenn das Kind vor der Mutter verstorben wäre.

Wenn das Gesetz den Grundsatz streng durchführen würde, daß das Kind im Mutterleib noch nicht rechtsfähig ist, dann könnte das Kind, mit Rücksicht auf den Grundsatz des § 1923 Abs. 1, seinen Vater auch dann nicht beerben, wenn dieser noch vor der Geburt des Kindes stirbt, das Kind aber lebend geboren wird. Um dieses sicherlich unangemessene Ergebnis zu vermeiden, bedient sich das Gesetz einer Fiktion: nach § 1923 Abs. 2 ist es für die Erbfolge, wenn nur das Kind schon zur Zeit des Erbfalls erzeugt war und später lebend geboren wurde, so anzusehen, als sei es vor dem Erbfall geboren. Das bedeutet, daß dann die Erbschaft gemäß § 1922 Abs. 2 bereits mit dem Erbfall auf den in diesem Augenblick noch nicht geborenen, wenn auch schon erzeugten „nasciturus" übergeht. Man kann, wenn man sich von der vom Gesetz gewählten Fiktionsform befreit, sagen, daß in diesem Fall, entgegen dem Grundsatz des § 1, schon der nasciturus als rechtsfähig behandelt wird.[12] Das Gesetz erkennt ihm der Sache, wenn auch nicht den Worten nach für den Fall des späteren Lebendgeburt eine auf das Erbrecht beschränkte Teilrechtsfähigkeit zu.[13]

Auch noch einige andere Vorschriften, denen zufolge bestimmte Ansprüche schon vor der Geburt erworben werden können, lassen eine beschränkte Rechtsfähigkeit des nasciturus erkennen;[14] so die §§ 844 Abs. 2 Satz 2, 2178 (i. Verb. m. § 2176) sowie § 331 Abs. 2. Der „Leibesfrucht" kann ferner zur Wahrung ihrer gegenwärtigen und künftigen Rechte ein Pfleger bestellt werden (§ 1912). Diese Vorschriften sind nach herrschender Ansicht[15] einer analogen Anwendung fähig. Sie stellen jedoch im Verhältnis zu § 1 lediglich eine begrenzte Ausnahmeregelung dar.

Viel diskutiert hat man in neuerer Zeit die Frage, ob ein Mensch, wenn er lebend geboren ist, Schadensersatz wegen solcher Schäden verlangen kann, die ihm **im vorgeburtlichen Stadium** oder bereits bei oder vor der Zeugung durch die unerlaubte Handlung eines Dritten oder auch durch das Verhalten eines Elternteils zugefügt worden sind.[16] Der BGH hat einem Kind einen Schadenser-

---

[12] So ausdrücklich das Schweizerische Zivilgesetzbuch in Art. 31 Abs. 2.

[13] Von einer beschränkten Rechtsfähigkeit sprechen *Enn./N.* § 84 II 3, von Teilrechtsfähigkeit *Fabricius* aaO. S. 111 ff. Der Auffassung von *Fabricius,* hierdurch werde § 1 überhaupt nicht berührt, vermag ich allerdings nicht zu folgen. Er unterstellt, § 1 beziehe sich nur auf den Eintritt der Vollrechtsfähigkeit und besage daher nichts über eine Teilrechtsfähigkeit. Aber § 1 meint – sonst wäre die Fiktionsform des § 1923 Abs. 2 unverständlich – im Grundsatz jede Art von Rechtsfähigkeit.

[14] Vgl. *Wolf/Naujoks* aaO. S. 191 ff.

[15] *Enn./N.* § 84 Anm. 9; *Lehmann/Hübner* § 56 III 2 a.

[16] Vgl. hierzu *Wolf/Naujoks* aaO. S. 164 ff.; *Fabricius* aaO. S. 7 ff.; *Stoll,* Festschrift für *Nipperdey,* 1965, Bd. 1 S. 739; *Selb,* Schädigung des Menschen vor Geburt – ein Problem der Rechtsfähigkeit?,

satzanspruch zuerkannt,[17] das dadurch geschädigt war, daß seine spätere Mutter vor der Erzeugung des Kindes eine Blutübertragung von einem lueskranken Mann erhalten hatte, durch die sie selbst mit Lues infiziert worden war, was wiederum die Übertragung der Krankheit schon im vorgeburtlichen Stadium auf das Kind zur Folge hatte. Ebenso hat er den Schadensersatzanspruch eines Kindes bejaht, das im vorgeburtlichen Stadium infolge einer Verletzung der Mutter mit einem Gesundheitsschaden geboren worden war.[18] Manche[19] sind der Meinung, ein Ersatzanspruch des Kindes setze voraus, daß es bereits im Augenblick der Schädigung rechtsfähig gewesen sei. § 823 Abs. 1 erfordere nämlich die Verletzung des subjektiven Rechts oder doch eines der dort genannten Rechtsgüter eines anderen und setze damit ein Rechtssubjekt als ,,Verletzten" voraus. *Pawlowski* nimmt, analog der Regelung der §§ 1923 Abs. 2 und 844 Abs. 2 Satz 2, eine Teilrechtsfähigkeit des nasciturus hinsichtlich solcher Schadensersatzansprüche an, die sich aus einer ihm zwischen Zeugung und Geburt zugefügten Schädigung ergeben.[20] Es ist jedoch *Selb* zuzustimmen, daß die Frage der Verletzbarkeit des noch Ungeborenen unabhängig ist von der seiner Rechtsfähigkeit.[21] Auch wenn man daran festhält, daß das Kind erst mit der Geburt die Rechtsfähigkeit erlangt, als Person im Rechtssinn existent wird, ändert das nichts daran, daß seine biologische Existenz eine weiter zurückliegende ,,Vorgeschichte" hat. Die Frage, wann ,,menschliches Leben" beginnt und von wann ab es vom Recht geschützt wird, ist eine ganz andere Frage als die, von welchem Augenblick an der Mensch *als individuelle Person* existiert, rechtsfähig ist. Beeinträchtigungen, die der biologische Organismus im vorgeburtlichen Stadium erleidet, können sich in einer Fehlgestaltung oder Funktionsuntüchtigkeit des entwickelten Organismus nach der Geburt fortsetzen. Man kann in solchen Fällen sehr wohl sagen, daß der Mensch durch die vorgeburtliche Einwirkung an seiner Gesundheit geschädigt sei. § 1 stünde dem nur entgegen, wenn er besagte, nicht nur die Rechtsfähigkeit des Menschen, sondern auch sein Dasein als ein natürliches Lebewesen begänne erst mit der Geburt – was naturwissenschaftlich unrichtig wäre und daher auch nicht vom Gesetzgeber bestimmt werden kann. Die ,,natürliche" Verletzung menschlichen Lebens im vorgeburtlichen Stadium kann freilich einen Schadensersatzanspruch erst dann begründen, wenn ein Rechtsträger für ihn vorhanden ist, also mit der Geburt als dem Beginn der Rechtsfähigkeit.[22] Wäh-

---

AcP 166, 76; *Rheinstein,* Rechtswidrige Erzeugung menschlichen Lebens – ein neuer Grund deliktischer Haftung? Festschr. f. F. v. *Hippel,* 1967, S. 373. Weitere Literatur bei *Selb.*

[17] BGHZ 8, 243.

[18] BGHZ 58, 48.

[19] So *Ernst Wolf* und *Stoll.* Über die gleiche Problematik im amerikanischen Recht *Rheinstein* aaO.

[20] *Pawlowski I* S. 61. Ebenso *Gitter* in MünchKomm. 27ff. zu § 1.

[21] *Selb* aaO S. 106ff.

[22] So auch der BGH; BGHZ 58, 48, 51: ,,Auch steht außer Frage, daß der Ersatzanspruch, gleich wie man ihn begrifflich ableitet, erst mit der Vollendung der Geburt entsteht".

rend normalerweise der Schadensersatzanspruch sogleich mit der Verletzung entsteht, ist hier seine Entstehung zeitlich hinausgeschoben und davon abhängig, daß das Kind lebend zur Welt kommt. Das ist aber nichts ungewöhnliches. Einer Vorverlegung der Rechtsfähigkeit auf einen früheren Zeitpunkt als den der Geburt auch für derartige Schadensersatzansprüche bedürfte es nur dann, wenn die Ansprüche als bereits im Zeitpunkt der Schadenszufügung entstanden gedacht werden müßten, wofür aber keine Notwendigkeit besteht.

III. Beweisfragen. Die Todeserklärung wegen Verschollenheit

Geburt und Tod eines Menschen sind Tatsachen, die für die Entstehung und Endigung von Privatrechtsverhältnissen von größter Bedeutung sind. Mit der Geburt erwirbt das Kind in der Regel Unterhaltsansprüche gegenüber seinen Eltern; es kann erben und auf andere Weise, z. B. durch Schenkung, Eigentum erwerben; es hat ein Persönlichkeitsrecht und es kann Schadensersatzansprüche – wie wir gesehen haben, auch schon wegen einer vorgeburtlichen Schädigung – haben. Mit dem Tode endet die Rechtsfähigkeit; das Vermögen des Verstorbenen geht in diesem Augenblick auf seinen Erben über (§ 1922 Abs. 1). Der Erbe tritt zugleich in die vermögensrechtlichen Verbindlichkeiten des Erblassers ein (§ 1967 Abs. 1). Eine bestehende Ehe wird durch den Tod aufgelöst; stand dem Verstorbenen zusammen mit seinem Ehegatten gemäß § 1626 die elterliche Sorge über minderjährige Kinder zu, so steht sie nunmehr dem überlebenden Ehegatten allein zu (§ 1681 Abs. 1 Satz 1); im Falle, daß der andere nicht mehr lebt, endet die elterliche Sorge und erhalten die Kinder einen Vormund (§ 1773 Abs. 1). Wie alle rechtlich erheblichen Tatsachen bedarf auch die Geburt und der Tod eines Menschen, und, wenn es darauf ankommt, der genaue Zeitpunkt der Geburt oder des Todes des Beweises, wenn jemand Rechte daraus für sich herleiten will. In Anbetracht der vielen rechtlichen Folgen, die sich an die Geburt eines Menschen, an seine Abstammung von bestimmten Eltern, an die Heirat und an den Tod anknüpfen, erleichtert die Rechtsordnung den Beweis dieser Tatsachen und Vorgänge durch deren Eintragung in öffentliche Bücher, die **Personenstandsbücher,** deren Führung dem Standesbeamten obliegt. Dieser führt ein Heiratsbuch, ein Familienbuch, ein Geburtenbuch und ein Sterbebuch (§ 1 PStG). Die Eintragungen in diesen Büchern „beweisen bei ordnungsgemäßer Führung Eheschließung, Geburt und Tod und die darüber gemachten näheren Angaben" (§ 60 PStG). Zwar ist der Nachweis der Unrichtigkeit einer Beurkundung zulässig; den Beweis hat aber dann derjenige zu führen, der die Unrichtigkeit behauptet. Auf Grund der Eintragungen werden von dem Standesbeamten Geburtsscheine sowie Geburts-, Heirats- und Sterbeurkunden ausgestellt, die dieselbe Beweiskraft haben wie die Eintragungen in den Personenstandsbüchern (§ 66 PStG).

Der Tod eines Menschen kann ungewiß sein, wenn längere Zeit von ihm keine

Nachricht eingegangen ist und Grund zu der Annahme besteht, er sei nicht mehr am Leben. Ferner kann, auch wenn der Tod gewiß ist, doch der genaue Zeitpunkt des Todes ungewiß sein. Der Zeitpunkt des Todes kann aber, wie wir gesehen haben, von sehr erheblicher Bedeutung vor allem in erbrechtlicher Hinsicht sein. Um in solchen Fällen der Ungewißheit eine klare Rechtslage zu schaffen, gibt das Gesetz die Möglichkeit, einen Verschollenen durch einen Gerichtsbeschluß für tot erklären zu lassen. Die **Todeserklärung** enthält nicht nur die gerichtliche Feststellung des Todes, sondern auch die des angenommenen Todeszeitpunkts. Ferner kennt das Gesetz ein Verfahren zur Feststellung nur der Todeszeit, wenn der Tod eines Menschen als solcher zweifellos und nur der Zeitpunkt ungewiß ist. Beide Verfahren sind jetzt geregelt in dem Verschollenheitsgesetz vom 15. 1. 1951, dessen Bestimmungen an die Stelle der früheren §§ 13 bis 20 BGB getreten sind.

Die Todeserklärung begründet die *Vermutung,* daß der Verschollene in dem im Beschluß des Gerichts festgestellten Zeitpunkt gestorben sei (§ 9 Abs. 1 VerschG). Entsprechend begründet der Beschluß, der im Verfahren zur Feststellung der Todeszeit ergeht, die Vermutung, daß der Tod in dem darin festgestellten Zeitpunkt eingetreten sei (§ 44 Abs. 2 VerschG). Wie alle gesetzlichen Vermutungen können auch diese durch den *Nachweis ihrer Unrichtigkeit* widerlegt werden. Die *Beweislast* trägt aber derjenige, der behauptet, daß der für tot Erklärte am Leben sei oder daß sein Tod zu einem anderen als dem in dem Beschluß festgestellten Zeitpunkt eingetreten sei. Kehrt der für tot Erklärte eines Tages zurück, so steht nunmehr fest, daß er nicht verstorben ist und daher auch seine Rechte nicht verloren hat. Sein Vermögen ist nicht auf den vermeintlichen Erben übergegangen, sondern steht nach wie vor ihm zu. Die Todeserklärung hat eben nicht den Verlust der Rechtsfähigkeit und damit den Übergang seines Vermögens auf den Erben bewirkt, sondern nur die Beweislast verändert.[23]

Das gilt uneingeschränkt allerdings nur für die vermögensrechtliche Stellung des für tot Erklärten. Verschiedene familienrechtliche Stellungen, wie die elterliche Sorge und das Amt eines Vormundes, enden, wenn ihr Inhaber für tot erklärt wird. Die Ehe des für tot Erklärten besteht zwar trotz der Todeserklärung fort, wird aber aufgelöst, wenn der andere Ehegatte – was ihm auf Grund der durch die Todeserklärung begründeten Todesvermutung möglich ist – eine neue Ehe eingeht (§ 38 Abs. 2 EheG). Der andere Ehegatte – nicht aber der jetzt zurückgekehrte! – kann die Aufhebung der neuen Ehe im Wege der Aufhebungsklage verlangen, wenn er bei der neuen Eheschließung nicht gewußt hat, daß der für tot Erklärte die Todeserklärung überlebt hat (§ 39 EheG).

Der Todeserklärung muß ein *Aufgebotsverfahren* vorausgehen, das den Zweck hat, den Verschollenen sowie diejenigen Personen, die über ihn etwa Auskunft geben können, zu veranlassen, sich zu melden. Das Verfahren findet nur auf

---

[23] Nicht zutreffend ist die Formulierung bei *Enn./N.* § 87 III, durch die Führung des Gegenbeweises würden die Wirkungen der Todeserklärung „grundsätzlich rückwirkend beseitigt". Materielle Wirkungen der Todeserklärung sind vielmehr, von den im Text genannten Ausnahmefällen abgesehen, nicht eingetreten. Das wird durch die Führung des Gegenbeweises nunmehr klargestellt.

Antrag statt; antragsberechtigt sind der Staatsanwalt, der gesetzliche Vertreter des Verschollenen, sein Ehegatte, seine Abkömmlinge und seine Eltern „sowie jeder andere, der ein rechtliches Interesse an der Todeserklärung hat" (§ 16 VerschG). Ein „rechtliches Interesse" ist dann gegeben, wenn für den Betreffenden Rechtsfolgen von der Feststellung des Todes des Verschollenen abhängen.[24] Der Antragsteller hat vor der Einleitung des Verfahrens das Vorliegen der gesetzlichen Voraussetzungen glaubhaft zu machen. Die erste Voraussetzung ist, daß der für tot zu Erklärende verschollen ist. „Verschollen" ist nach der gesetzlichen Definition (§ 1 VerschG), „wessen Aufenthalt während längerer Zeit unbekannt ist, ohne daß Nachrichten darüber vorliegen, ob er in dieser Zeit noch gelebt hat oder gestorben ist, sofern nach den Umständen hierdurch ernstliche Zweifel an seinem Fortleben begründet werden". Als zweite Voraussetzung verlangt das Gesetz, daß eine bestimmte Frist verstrichen ist. Im näheren unterscheidet es fünf verschiedene Tatbestände, davon einen „allgmeinen" (§ 3 VerschG) und vier „besondere", nämlich die der Kriegsverschollenheit (§ 4 VerschG), der Seeverschollenheit (§ 5 VerschG), der Luftverschollenheit (§ 6 VerschG) und der allgemeinen Gefahrverschollenheit (§ 7 VerschG). Für den Tatbestand der allgemeinen Verschollenheit beträgt die Frist, nach deren Ablauf die Todeserklärung frühestens erfolgen kann, 10 Jahre seit dem Ende des Jahres, in dem der Verschollene nach den vorhandenen Nachrichten noch gelebt hat. Die Frist beträgt nur 5 Jahre, wenn er zur Zeit der Todeserklärung das achtzigste Lebensjahr vollendet haben würde. Bei den besonderen Tatbeständen ist die Frist mit Rücksicht auf die hier jeweils vorliegende spezifische Gefahr erheblich kürzer bemessen. Die Länge der Fristen und ihr jeweiliger Beginn sind dem Gesetz zu entnehmen.

Als *Zeitpunkt des Todes* ist in dem nach Abschluß des Aufgebotsverfahrens ergehenden gerichtlichen Beschluß derjenige festzustellen, der „nach dem Ergebnis der Ermittlungen der wahrscheinlichste ist" (§ 9 Abs. 2 VerschG). Läßt sich ein solcher Zeitpunkt nicht angeben, so ist der in § 9 Abs. 3 VerschG für den jeweiligen Verschollenheitstatbestand festgelegte Zeitpunkt als Todeszeitpunkt festzustellen. Für die Verschollenheitsfälle, die im Zusammenhang mit den Ereignissen des letzten Weltkriegs stehen, gelten die Sondervorschriften des Art. 2 des Gesetzes zur Änderung von Vorschriften des Verschollenheitsrechts vom 15. 1. 1951. Daraus sei hervorgehoben, daß, wenn kein Antrag gestellt wird, Ermittlungen über den Zeitpunkt des Todes anzustellen, oder ein Zeitpunkt, der als der wahrscheinlichste anzusehen ist, nicht angegeben werden kann, als Zeitpunkt des Todes das Ende des Jahres 1945 festzustellen ist. Hat der Verschollene diesen Zeitpunkt überlebt, so ist als Zeitpunkt des Todes in der Regel das Ende des dritten Jahres festzustellen, in dem er nach den vorhandenen Nachrichten noch gelebt hat.

---

[24] Der BGH faßt den Begriff „rechtliches Interesse" vorhältnismäßig eng. Dieser erfaßt nicht jedes „berechtigte Interesse", sondern nur ein solches Interesse, das „sich unmittelbar aus der Rechtsordnung ergibt" (BGHZ 4, 323, 325). An seiner ursprünglichen Ansicht, ein rechtliches Interesse könne nur dann angenommen werden, wenn „schon zu Lebzeiten des Verschollenen begründete Rechtsbeziehungen des Antragstellers durch den Tod des Verchollenen gestaltet werden" (BGHZ 4, 323, 326; 44, 83, 86), hat der BGH später nicht in vollem Umfange festgehalten (BGHZ 82, 83). Es kann unter Umständen auch eine Rechtsbeziehung genügen, die erst nach dem Eintritt der Verschollenheit und dem mutmaßlichen Todeszeitpunkt entstanden ist.

Auch die Feststellung eines bestimmten Todeszeitpunkts begründet nur eine *Vermutung* dafür, daß der für tot Erklärte in diesem Zeitpunkt verstorben sei. Diese Vermutung schließt zugleich die Vermutung ein, daß der Verschollene bis zu diesem Zeitpunkt gelebt habe. Ferner stellt das Gesetz die Vermutung auf, daß ein Verschollener, solange er nicht für tot erklärt ist, bis zu dem Zeitpunkt weiter lebe oder gelebt habe, der in der Todeserklärung, falls kein anderer Todeszeitpunkt als der wahrscheinlichste angegeben werden kann, festzustellen ist (§ 10 VerschG, Lebensvermutung). Wer behauptet, der Verschollene sei vor diesem Zeitpunkt verstorben, muß das, um damit in einem Rechtsstreit durchzudringen, beweisen. Unabhängig davon, ob jemand für tot erklärt ist oder ob sein Tod feststeht, gilt nach § 11 VerschG die sogenannte Kommorientenvermutung. § 11 lautet in seiner heutigen Fassung: ,,Kann nicht bewiesen werden, daß von mehreren gestorbenen oder für tot erklärten Menschen der eine den anderen überlebt hat, so wird vermutet, daß sie gleichzeitig gestorben sind.“ Das BGB hatte ursprünglich für diese Vermutung weiterhin verlangt, daß die mehreren ,,in einer gemeinsamen Gefahr umgekommen sind“. Nach der nunmehrigen Fassung des Gesetzes genügt es, daß jeder von ihnen bei einem anderen Ereignis sein Leben verloren hat, wenn die verschiedenen Ereignisse nur zeitlich zusammenfallen und der genaue Zeitpunkt des Todes auch nur des einen von ihnen nicht festzustellen ist. Ist beispielsweise A bei einem Flugzeugabsturz ums Leben gekommen, der sich an einem bestimmten Tage um 11.43 Uhr ereignete, B dagegen bei einem Erdbeben, das an demselben Tage stattfand und von 11.30 Uhr bis 11.55 Uhr dauerte, ohne daß festgestellt werden könnte, wann im Verlauf dieses Erdbebens B sein Leben verloren hat, dann gilt für A und B die Vermutung, daß sie gleichzeitig gestorben sind. Das hat zur Folge, daß, da keiner den anderen überlebt hat, keiner den anderen beerbt haben kann.[25]

§ 6. Die Geschäftsfähigkeit und die Deliktsfähigkeit

Literatur: *Brandt,* Verkehrssicherheit und Geschäftsunfähigkeit, 1936; *Breit,* Die Geschäftsfähigkeit, 1903; *Eisser,* Entmündigungsgründe nach deutschem Recht, AcP 146, 219; *Gebauer,* Die Lehre von der Teilgeschäftsunfähigkeit und ihre Folgen, AcP 153, 332; *Lindacher,* Überlegungen zu § 110 BGB, in Festschr. f. *Bosch,* 1976, S. 533; *Mayer-Maly,* Die Grundlagen der Aufstellung von Alters-

[25] Ist von verschiedenen Gerichten für die Verschollenen gemäß § 9 Abs. 2 oder 3 oder § 44 Abs. 1 jeweils ein verschiedener Todeszeitpunkt festgestellt und handelt es sich nun um die Frage, ob der eine den anderen beerbt hat, dann geht nach Meinung des BGH die Vermutung des § 11 derjenigen der §§ 9 Abs. 1 und 44 Abs. 2 VerschG vor – so BGHZ 62, 112. Anderer Meinung *Enn./N.* § 85 III 2. *Schultze-v. Lasaulx* bei *Soergel* 4 zu § 11 VerschG folgt dagegen nunmehr dem BGH. Beide Ansichten können im Einzelfall zu einem mißlichen Ergebnis führen; der BGH begründet seine Auffassung damit, sie diene der Rechtssicherheit und schließe willkürliche Manipulationen aus. Um die Vermutung des § 11 zu widerlegen, sei der volle Beweis des Überlebens notwendig, die Berufung auf eine der anderen Vermutungen reiche dazu nicht aus.

grenzen durch das Recht, FamRZ 70, 617; *M. Rümelin,* Die Geisteskranken im Rechtsgeschäftsverkehr, 1912; *Schwab,* Gedanken zur Reform des Minderjährigenrechts und des Mündigkeitsalters, JZ 70, 745.

I. Die für die Geschäftsfähigkeit bedeutsamen Umstände

Die zweite rechtlich bedeutsame „Fähigkeit" der Person ist die Geschäftsfähigkeit. Darunter versteht man die von der Rechtsordnung anerkannte Fähigkeit einer Person, Rechtsgeschäfte, d. h. solche Handlungen, die darauf abzielen, Rechtsfolgen für diese Person selbst oder für eine andere, von ihr vertretene Person herbeizuführen, vorzunehmen. Die Rechtsordnung erkennt die Geschäftsfähigkeit nur solchen Personen zu, bei denen sie ein gewisses Mindestmaß an Urteilsvermögen voraussetzen zu können glaubt. Bei Kindern und Jugendlichen knüpft das Gesetz an das Erreichen eines bestimmten Lebensalters an, da hierin ein leicht feststellbares und sicheres Kriterium liegt. Die Geschäftsfähigkeit fehlt Geisteskranken; sie fehlt oder kann eingeschränkt sein bei Personen, die aus einem bestimmten Grunde entmündigt worden sind.

a) **Altersstufen und geistige Gesundheit.** Das Gesetz unterscheidet hinsichtlich der Geschäftsfähigkeit drei Altersstufen:

1. Minderjährige, die noch nicht das 7. Lebensjahr vollendet haben. Sie sind geschäftsunfähig (§ 104 Nr. 1).

2. Minderjährige, die das 7. Lebensjahr vollendet haben. Sie sind „in der Geschäftsfähigkeit beschränkt" (§ 106).

3. Volljährige. Sie sind, sofern sie nicht geisteskrank oder entmündigt sind, voll geschäftsfähig. Sie sind damit nach den Vorschriften der Prozeßordnung (§ 52 ZPO) auch prozeßfähig.

Volljährig wurde der Mensch nach der bis zum 31. 12. 1974 geltenden ursprünglichen Regelung des BGB mit der Vollendung des 21. Lebensjahres (§ 2). Seit dem 1. 1. 1975 tritt die Volljährigkeit bereits mit der Vollendung des 18. Lebensjahres ein.[1] Der Volljährige ist „mündig", d. h. er kann seine rechtlichen Angelegenheiten selbst wahrnehmen, Rechtsgeschäfte aller Art selbständig vornehmen.

Für einige Rechtsgeschäfte hat das Gesetz den Zeitpunkt der Mündigkeit vorverlegt. Die Fähigkeit, ein Testament zu errichten, die sogenannte Testierfähigkeit, beginnt mit der Vollendung des 16. Lebensjahres (§ 2229 Abs. 1). Ein Minderjähriger, der testierfähig ist, bedarf zur Errichtung eines Testaments nicht der Zustimmung seiner gesetzlichen Vertreter (§ 2229 Abs. 2). Er kann das Testament allerdings nur in öffentlicher Form errichten (vgl. § 2247 Abs. 4). Ein Minderjähriger soll eine Ehe nicht eingehen; hiervon kann das Vormundschaftsgericht Befreiung erteilen, wenn der Antragsteller das 16. Lebensjahr vollendet hat und sein künftiger Ehegatte volljährig ist (§ 1 EheG idF des Gesetzes zur Neuregelung des Volljährigkeitsalters Art. 2).

---

[1] Nach dem Gesetz zur Neuregelung des Volljährigkeitsalters vom 31. 7. 1974, Art. 1 Nr. 1.

Ohne Rücksicht auf das Alter ist geschäftsunfähig, wer sich „in einem die freie Willensbestimmung ausschließenden Zustande krankhafter Störung der Geistestätigkeit befindet, sofern nicht der Zustand seiner Natur nach ein vorübergehender ist“ (§ 104 Nr. 2). Ein Zustand krankhafter Störung der Geistestätigkeit liegt vor, wenn infolge einer psychischen Erkrankung, abnormer seelischer Veranlagung oder Schädigung der Gehirnzellen das Urteilsvermögen oder die Willensbildung so erheblich gestört sind, daß mit einer normalen Urteilsbildung oder Motivation nicht gerechnet werden kann. Unter „freier Willensbestimmung“ wird man, vom Zweck der Bestimmung ausgehend, die Fähigkeit zu verstehen haben, „die Bedeutung einer abgegebenen Willenserklärung zu erkennen und nach dieser Erkenntnis zu handeln“.[2] „Seiner Natur nach vorübergehend“ ist ein Zustand, der erfahrungsgemäß bald wieder abklingt, wie etwa hochgradiges Fieber, völlige Trunkenheit oder andere Rauschzustände. Ein solcher nur vorübergehender Zustand hat also noch keine Geschäftsunfähigkeit zur Folge; doch sind Willenserklärungen, die in einem solchen Zustand abgegeben werden, nach § 105 Abs. 2 ebenfalls nichtig.[3] Psychische Erkrankungen, die heilbar sind, deren Heilung aber eine Behandlung von einiger Dauer erfordert, sind nicht lediglich „vorübergehender Natur“ im Sinne dieser Bestimmung.

Befindet sich derjenige, der ein Rechtsgeschäft vornimmt, zur Zeit der Vornahme in einem Zustand der in § 104 Nr. 2 beschriebenen Art, so kommt es nicht darauf an, ob sein Zustand von Einfluß gerade auf die Vornahme dieses Rechtsgeschäfts gewesen ist.[4] Vielmehr sind alle Geschäfte ohne weiteres nichtig, die er vornimmt, solange dieser Zustand andauert. Wenn aber der krankhafte Zustand zeitliche Unterbrechungen erfährt, während derer Urteilsvermögen und Motivationsvermögen wieder normal sind, dann ist während dieser Zwischenzeiten auch die Geschäftsfähigkeit wieder vorhanden.[5] Umstritten ist die Frage, ob das Gesetz eine teilweise Geschäftsunfähigkeit, d. h. eine Geschäftsunfähigkeit nur für einen bestimmten Kreis von Angelegenheiten, kennt. Es handelt sich hierbei um solche Fälle, in denen der Betreffende hinsichtlich bestimmter Vorgänge oder eines bestimmten Lebensbereichs unter dem Einfluß einer Zwangsvorstellung zu normalem Handeln unfähig ist, auf allen anderen Lebensgebieten aber normal reagiert und handelt. Einige Autoren[6] sind der Meinung, in derartigen Fällen liege der in § 104 Nr. 2 beschriebene Zustand nicht vor; der Betreffen-

---

[2] So, mit überzeugender Begründung, *Gebauer,* AcP 153, 357.

[3] Dagegen schadet es der Wirksamkeit einer Willenserklärung unter Abwesenden, die *gegenüber* einem Geschäftsfähigen abzugeben ist, nicht, wenn sie ihm in einem Zeitpunkt zugeht, in dem er sich in einem vorübergehenden Zustand der in § 105 Abs. 2 bezeichneten Art befindet. Er ist in der Lage, nach dem Aufhören dieses Zustandes von der ihm zugegangenen Erklärung Kenntnis zu nehmen.

[4] WarnR 28 Nr. 167; *Gebauer* aaO. S. 355.

[5] H. L.; vgl. *v. Tuhr* § 25 zu Anm. 11; *Enn./N.* § 92 II 1 d; *Erman/Brox* 4 zu § 104.

[6] So *v. Tuhr* § 25 zu Anm. 16; *Enn./N.* § 92 Anm. 11; *Pawlowski I* S. 108.

de sei geschäftsfähig, jedoch seien seine unter dem Einfluß der Zwangsvorstellung vorgenommenen Rechtsgeschäfte nach § 105 Abs. 2 nichtig. Dagegen nehmen andere[7] und die Rechtsprechung[8] an, daß derartige Personen, weil es sich um einen Dauerzustand krankhafter Art handelt, auf dem Lebensgebiet, auf dem sich ihre Zwangsvorstellung auswirkt, geschäftsunfähig, auf allen übrigen Gebieten aber geschäftsfähig seien. Dem ist zuzustimmen. Der Wortlaut des Gesetzes steht dem nicht entgegen, da § 104 Nr. 2 nicht sagt, die „freie Willensbestimmung" müsse nach jeder Richtung hin ausgeschlossen sein. Auf der anderen Seite wäre es unbillig, den unter einer bestimmten Zwangsvorstellung Stehenden auch hinsichtlich aller der Geschäfte, die auf einem von der Zwangsvorstellung nicht berührten Gebiet liegen, für geschäftsunfähig zu halten. Durch die Teilgeschäftsunfähigkeit wird einerseits dem Schutzbedürfnis desjenigen, der auf bestimmten Lebensgebieten nicht normal reagiert, Rechnung getragen, andererseits aber seine Handlungsfähigkeit und damit seine Möglichkeit der Selbstbestimmung nicht in einem weiteren Maß eingeschränkt, als es in seinem eigenen Interesse erforderlich ist. Dagegen hat es der BGH mit Recht abgelehnt, die Geschäftsfähigkeit einer an „leichtem bis mittlerem Schwachsinn" leidenden Person *je nach dem Schwierigkeitsgrad des betreffenden Rechtsgeschäfts* zu differenzieren.[9] Eine solche „relative Geschäftsunfähigkeit" würde ein sehr großes Maß an Rechtsunsicherheit zur Folge haben. Der Schutzgedanke des § 104 Nr. 2 darf nicht auf Kosten der Rechtssicherheit so weit ausgedehnt werden, daß jeder sich auf ihn berufen kann, dessen geistige Fähigkeiten gerade für dieses bestimmte Geschäft nicht ausreichen.

b) **Die Entmündigung.** Die Geschäftsfähigkeit kann durch einen staatlichen Akt – die Entmündigung – entweder entzogen oder beschränkt werden, wenn es an dem tatsächlichen Vermögen der Selbstbestimmung fehlt und wenn dies in einem gerichtlichen Verfahren festgestellt ist, das der Schwere des Eingriffs in die Persönlichkeit des Betroffenen entsprechend mit allen erdenklichen Sicherungen für ihn ausgestattet ist. Da es sich bei der Geschäftsfähigkeit um die Möglichkeit der Ausübung eines Grundvermögens der voll entwickelten Person handelt, nämlich ihres Vermögens, ihrer eigenen Willensbestimmung gemäß am Rechtsverkehr teilzunehmen, darf sie nur unter genau geregelten, eng gefaßten Voraussetzungen und in einem Verfahren entzogen oder beschränkt werden, das streng rechtsstaatlichen Anforderungen genügt. Nur so lassen sich willkürliche Entscheidungen vermeiden, die hier in besonderem Maße unerträglich wären.[10]

---

[7] So vor allem *Gebauer* aaO. S. 332ff.; ferner *Oertmann* 3f γ zu § 104; *Eisser,* AcP 146, 293; *Flume* § 13, 4; *MünchKomm/Gitter* 13, *Palandt/Heinrichs* 3 zu § 104.

[8] RG JW 38, 1591; RGZ 162, 223, 229; BGHZ 18, 184; 30, 112, 117f.

[9] BGH, NJW 70, 1680. Dafür aber *Flume* S. 186ff.

[10] Zur Problematik der Entmündigung, vornehmlich unter dem Gesichtspunkt des Gleichheitssatzes, *Pawlowski I* S. 100ff. Verfassungsrechtlich ergibt sich die Problematik m. E. mehr noch aus

Die Entmündigung ist nur aus einem der in § 6 genannten Gründe, nämlich wegen Geisteskrankheit, Geistesschwäche, Verschwendung, sowie Trunksucht oder Rauschgiftsucht zulässig. Die Rauschgiftsucht ist der Trunksucht erst durch das Gesetz zur Änderung des Volljährigkeitsalters (Art. 1 Nr. 3) gleichgestellt worden. Zur Zeit der Schaffung des BGB war sie in Deutschland so wenig verbreitet, daß der damalige Gesetzgeber noch glaubte, er brauche sie nicht zu berücksichtigen. Spätestens mit der Herabsetzung des Volljährigkeitsalters wurde es unumgänglich, auch eine Entmündigung wegen Rauschgiftsucht vorzusehen. Nur die Entmündigung wegen Geisteskrankheit führt zum völligen Verlust der Geschäftsfähigkeit (§ 104 Nr. 3). Eine Entmündigung aus einem der drei anderen Gründe hat dagegen nur zur Folge, daß der Entmündigte die Stellung eines beschränkt Geschäftsfähigen erhält, also einem Minderjährigen über 7 Jahren gleichsteht (§ 114). In allen Fällen erhält ein Volljähriger, wenn er entmündigt wird, einen Vormund (§ 1896). Möglich ist auch die Entmündigung eines Minderjährigen, der in der Geschäftsfähigkeit beschränkt ist, sei es um ihm auch die beschränkte Geschäftsfähigkeit zu entziehen, sei es vorsorglich schon vor der Erreichung der Volljährigkeit.[11]

Im einzelnen fordert das Gesetz als Voraussetzung einer Entmündigung:

1. Im Falle der Entmündigung *wegen Geisteskrankheit oder wegen Geistesschwäche,* daß der zu Entmündigende infolge derselben „seine Angelegenheiten nicht zu besorgen vermag";

2. im Falle der Entmündigung *wegen Verschwendung,* daß der zu Entmündigende durch seine Verschwendung „sich oder seine Familie der Gefahr des Notstandes aussetzt";

3. im Falle der Entmündigung *wegen Trunksucht oder Rauschgiftsucht,* daß er deswegen entweder seine Angelegenheiten nicht zu besorgen vermag oder sich oder seine Familie der Gefahr des Notstandes aussetzt oder die Sicherheit anderer gefährdet.

Der Unterschied zwischen „Geisteskrankheit" und „Geistesschwäche" ist nach h. L. nur als ein gradueller Unterschied zu verstehen.[12] Wegen Geisteskrankheit ist zu entmündigen, wer infolge geistiger Störungen seine Angelegenheiten, von einzelnen abgesehen, nicht zu besorgen imstande ist, anders ausgedrückt, wessen Fähigkeit zur Wahrnehmung seiner Angelegenheiten hinter der eines Kindes, das das 7. Lebensjahr vollendet hat, zurückbleibt. Wegen Geistesschwäche ist zu entmündigen, wer trotz leichterer Störung seiner Geistestätigkeit

---

Art. 2 GG. Man wird die grundlegenden Regeln über die Geschäftsfähigkeit und ihre Einschränkung aus sachlich gebotenen Gründen zur „verfassungsmäßigen Ordnung" rechnen müssen. Vgl. dazu *Leibholz/Rinck,* 5. Aufl., II A zu Art. 2 GG.

[11] *Enn./N.* § 93 III.

[12] Vgl. *Enn./N.* § 93 I 1; *Medicus,* AT Rdz. 541; *MünchKomm/Gitter* 13 zu § 6.

seine Angelegenheiten immerhin noch in dem Maße selbst wahrzunehmen vermag wie ein Minderjähriger über 7 Jahren. „Verschwendung" liegt vor, wenn jemand ständig über seine Verhältnisse lebt, d. h. wenn er für seine Lebensführung, für eine Liebhaberei oder selbst für altruistische, an sich billigenswerte Zwecke so viel Geld ausgibt, daß das, was übrigbleibt, nicht für seinen eigenen Unterhalt und einen angemessenen Unterhalt seiner unterhaltsberechtigten Familie ausreicht. Eine einmalige über die Einkommens- und Vermögensverhältnisse des Betreffenden hinausgehende Ausgabe genügt nicht; vielmehr muß ein „Hang" zu solchen Ausgaben bestehen, aus dem sich die Gefahr von Wiederholungen ergibt. Auch „Trunksucht" erfordert einen mindestens zeitweilig auftretenden unwiderstehlichen Hang zum Genuß alkoholischer Getränke.

Eine Entmündigung wegen Geisteskrankheit oder wegen Geistesschwäche läßt das Gesetz nur dann zu, wenn sie durch das eigene Interesse des zu Entmündigenden gefordert wird, weil er seine Angelegenheiten nicht zu besorgen vermag. Die Entmündigung wegen Verschwendung sowie wegen Trunksucht oder Rauschgiftsucht ist auch dann zulässig, wenn sie durch das Interesse unterhaltsberechtigter Familienangehöriger gefordert wird; die Entmündigung wegen Trunksucht oder Rauschgiftsucht außerdem, wenn der Süchtige die Sicherheit anderer gefährdet. Von dem letzten Fall abgesehen, scheiden polizeiliche Gesichtspunkte für die Entmündigung aus.[13]

Das Entmündigungsverfahren ist in der ZPO (§§ 645ff.) geregelt. Es setzt zunächst einen Antrag voraus, den nur bestimmte Personen zu stellen berechtigt sind. Zuständig ist das Amtsgericht, bei dem der Entmündigende seinen allgemeinen Gerichtsstand (§ 13 ZPO) hat. Das Gericht hat in dem Verfahren von sich aus alle zur Feststellung der Tatsachen, von denen die Entmündigung abhängt, erforderlichen Ermittlungen vorzunehmen und Beweise aufzunehmen (Untersuchungsgrundsatz; vgl. die §§ 653 Abs. 1 und 680 Abs. 3 ZPO).

Im übrigen ist zu unterscheiden zwischen dem Verfahren der Entmündigung wegen Geisteskrankheit oder Geistesschwäche einerseits und dem der Entmündigung wegen Verschwendung, Trunksucht oder Rauschgiftsucht andererseits. Die beiden Verfahrensarten unterscheiden sich hauptsächlich dadurch, daß in dem ersten Verfahren mit Rücksicht auf das dabei häufig vorliegende öffentliche Interesse der Staatsanwalt mitwirkt und auch befugt ist, den Entmündigungsantrag zu stellen. Mit Rücksicht auf die Schwere des Eingriffs für den Betroffenen, besonders dann, wenn die Entmündigung wegen Geisteskrankheit erfolgt, ist hier die Anhörung eines oder mehrerer Sachverständiger sowie die persönliche Vernehmung des zu Entmündigenden durch einen Richter unter Zuziehung eines oder mehrerer Sachverständiger zwingend vorgeschrieben. Die Vernehmung durch den Richter darf nur unter besonderen Umständen unterbleiben (§ 654 Abs. 3 ZPO). Mit Zustimmung des Antragstellers kann das Gericht anordnen, daß der zu Entmündigende zur Beobachtung seines Geisteszustandes auf die Dauer von höchstens sechs Wochen in eine Heilanstalt verbracht wird. Gegen diese Anordnung steht ihm selbst, dem Staatsanwalt und allen sonstigen Antragsberechtigten das

---

[13] Dagegen läßt das schweizerische Recht (Art. 369 ZGB) eine Entmündigung auch wegen Geisteskrankheit oder Geistesschwäche dann zu, wenn die Sicherheit anderer gefährdet wird. Kritisch zu dieser Regelung, im Anschluß an *Rabel,* Rhein. Zschr. Bd. 4, S. 145f., *Gmür,* Das Schweizerische Zivilgesetzbuch verglichen mit dem Deutschen BGB, S. 99. Sie verfolge „polizeiliche Zwecke mit privatrechtlichen Mitteln" und sei „auch in ihren tatsächlichen Auswirkungen nicht durchweg erfreulich".

Rechtsmittel der sofortigen Beschwerde zu. Gegen den Beschluß, durch den die Entmündigung abgelehnt wird, steht dem Antragsteller und dem Staatsanwalt die sofortige Beschwerde zu. In dem Verfahren der Entmündigung wegen Verschwendung oder wegen Trunksucht oder Rauschgiftsucht findet eine Mitwirkung der Staatsanwaltschaft nicht statt (§ 680 Abs. 4 ZPO). Die Anhörung von Sachverständigen und die persönliche Vernehmung des zu Entmündigenden sind nicht vorgeschrieben.

Der die Entmündigung aussprechende Beschluß wird mit seiner Zustellung an den Entmündigten, in den Fällen des § 661 Abs. 1 ZPO an den oder die sorgeberechtigten gesetzlichen Vertreter, wirksam (§§ 661, 683 Abs. 2 ZPO). Der Entmündigte kann den Beschluß innerhalb eines Monats nach näherer Maßgabe der §§ 664, 684 ZPO mit der sogenannten *Anfechtungsklage* anfechten. Zuständig für die Klage ist das Landgericht. Der Entmündigte ist für diese Klage trotz der bereits eingetretenen Wirksamkeit des Entmündigungsbeschlusses prozeßfähig. Die Klage kann nur darauf gestützt werden, daß eine der zur Entmündigung erforderlichen Tatsachen zur Zeit des Erlasses des Beschlusses nicht vorgelegen habe oder daß das Entmündigungsverfahren unzulässig gewesen sei. Wird die Anfechtungsklage für begründet erachtet, so hebt das Gericht den die Entmündigung aussprechenden Beschluß auf. Die Aufhebung des Beschlusses tritt mit der Rechtskraft des Urteils ein (§ 672 ZPO). Sie hat insofern rückwirkende Kraft, als es hinsichtlich der von oder gegenüber dem Entmündigten in der Zwischenzeit vorgenommenen Rechtsgeschäfte nunmehr so angesehen wird, als sei die Entmündigung nicht erfolgt (§ 115 Abs. 1 Satz 1). Dagegen behalten die in der Zwischenzeit von oder gegenüber dem gesetzlichen Vertreter des Entmündigten vorgenommenen Rechtsgeschäfte trotz der Aufhebung der Entmündigung ihre Gültigkeit (§ 115 Abs. 1 Satz 2).

Von der Aufhebung des die Entmündigung aussprechenden Beschlusses auf eine Anfechtungsklage hin ist die spätere *Wiederaufhebung der Entmündigung* zu unterscheiden, die die Wirksamkeit der Entmündigung bis zu ihrer Wiederhaufhebung unberührt läßt. Eine Entmündigung ist wieder aufzuheben, wenn ihr Grund weggefallen ist (§ 6 Abs. 2). Die Wiederaufhebung erfolgt auf Antrag des Entmündigten oder des oder der sorgeberechtigten gesetzlichen Vertreter, in den Fällen der Entmündigung wegen Geisteskrankheit und Geistesschwäche auch des Staatsanwalts (§§ 675, 685 ZPO), und zwar durch Beschluß des Amtsgerichts. Gegen dessen ablehnenden Beschluß ist die Klage beim Landgericht zulässig (§ 686 ZPO). Dem Antrag auf Wiederaufhebung der Entmündigung oder der Klage ist stattzugeben, wenn die Tatsachen, auf die die Entmündigung gestützt war – also z. B. die Geisteskrankheit oder der Hang zur Verschwendung, die Trunksucht – jetzt nicht mehr bestehen.

Ist der Antrag auf Entmündigung gestellt, so kann der zu Entmündigende bis zum Abschluß des Entmündigungsverfahrens unter *vorläufige* Vormundschaft gestellt werden, sofern das Vormundschaftsgericht das zur Abwendung einer erheblichen Gefährdung seiner Person oder seines Vermögens für erforderlich erachtet (§ 1906; über ihre Beendigung vgl. § 1908). Der unter vorläufige Vormundschaft Gestellte ist in seiner Geschäftsfähigkeit so wie ein Minderjähriger über 7 Jahre beschränkt (§ 114). Im Falle der Ablehnung oder Zurücknahme des Antrags auf Entmündigung oder der Aufhebung der Entmündigung infolge einer Anfechtungsklage ist es hinsichtlich der von dem Betroffenen in der Zwischenzeit vorgenommenen Rechtsgeschäfte wiederum so anzusehen, als sei er in der Zwischenzeit unbeschränkt geschäftsfähig gewesen; die in dieser Zeit von dem für ihn bestellten Vormund vorgenommenen Rechtsgeschäfte bleiben gleichwohl wirksam (§ 115 Abs. 2.).

II. Die Bedeutung der Geschäftsunfähigkeit

Wer nach dem Gesagten geschäftsunfähig ist, kann in keiner Weise selbst am Rechtsverkehr teilnehmen. Die Willenserklärung eines Geschäftsunfähigen ist nichtig (§ 105 Abs. 1), d. h. die Rechtsordnung versagt ihr den mit ihr erstrebten Erfolg. Auch die *gegenüber* einem Geschäftsunfähigen mündlich abgegebene Erklärung – z. B. eine ihm gegenüber ausgesprochene Kündigung – ist nichtig; eine an ihn gerichtete schriftliche Erklärung wird erst in dem Augenblick wirksam, in dem das Schriftstück dem gesetzlichen Vertreter zugeht (§ 131 Abs. 1). Steht die Vertretung des Kindes den Eltern gemeinsam zu, so genügt die Abgabe gegenüber einem Elternteil (§ 1629 Satz 2).

Der Geschäftsunfähige kann, anders als der nur beschränkt Geschäftsfähige, auch nicht mit Zustimmung seiner gesetzlichen Vertreter ein Rechtsgeschäft wirksam vornehmen. Dagegen treffen ihn die Folgen solcher Rechtsgeschäfte, die diese in seinem Namen vorgenommen haben. Er wird aus diesen Rechtsgeschäften sowohl berechtigt wie verpflichtet; darüber hinaus muß er sich nach § 278 Abs. 1 ein Verschulden seiner gesetzlichen Vertreter bei der Erfüllung einer ihn treffenden Verbindlichkeit zurechnen lassen.

Wer mit einem Geschäftsunfähigen einen Vertrag schließt oder ihm gegenüber eine Erklärung abgibt, wird nicht geschützt, auch wenn er nicht wußte und den Umständen nach nicht damit zu rechnen brauchte, daß der andere geschäftsunfähig war. Dieser Fall kann zwar nicht bei einem Kind unter 7 Jahren, wohl aber bei einem Geisteskranken oder bei einem wegen Geisteskrankheit Entmündigten eintreten, der sich bei dem fraglichen Geschäft ganz normal gegeben hat. Die Nichtigkeit der von und gegenüber einem Geschäftsunfähigen abgegebenen Erklärung soll diesen vor nachteiligen Folgen seiner eigenen Handlungen schützen; der Schutz der Geschäftsfähigen geht nach der Wertung des Gesetzes dem Verkehrsschutz vor.[14]

III. Die beschränkte Geschäftsfähigkeit

Auch der beschränkt Geschäftsfähige hat in der Regel einen oder mehrere gesetzliche Vertreter, die an seiner Stelle, mit Wirkung für ihn, Rechtsgeschäfte

---

[14] Vgl. RGZ 120, 170, 174; *Enn./N.* § 150 Anm. 5; *Medicus* Rdz. 540, 546.

vornehmen können. Er ist aber in beschränktem Maße auch selbst dazu fähig, Rechtsgeschäfte wirksam vorzunehmen.

a) **Gültige Geschäfte des beschränkt Geschäftsfähigen.** Ein Rechtsgeschäft, das eine in der Geschäftsfähigkeit beschränkte Person vornimmt, ist von Anfang an gültig:

1. wenn es ihr lediglich einen rechtlichen Vorteil bringt (zustimmungsfreie Geschäfte; § 107);

2. wenn ihr gesetzlicher Vertreter[15] eingewilligt, d.h. dem Geschäft im voraus zugestimmt hat (§ 107);

Ein Vertrag, den ein beschränkt Geschäftsfähiger ohne die erforderliche Einwilligung des gesetzlichen Vertreters[15] vorgenommen hat, kann dadurch nachträglich wirksam werden, daß dieser ihn genehmigt (§ 108 Abs. 1). Handelt es sich um einen Schuldvertrag, so wird dieser auch dadurch wirksam, daß der beschränkt Geschäftsfähige ,,die vertragsmäßige Leistung mit Mitteln bewirkt, die ihm zu diesem Zwecke oder zur freien Verfügung von dem Vertreter[15] oder mit dessen Zustimmung von einem Dritten überlassen worden sind" (§ 110).

1. Zustimmungsfreie Geschäfte. Die h.L. legt die Worte ,,nicht lediglich einen rechtlichen Vorteil erlangt" in § 107 eng aus. Ist mit dem Geschäft für den Minderjährigen (oder den nach § 114 einem Minderjährigen, der das 7. Lebensjahr vollendet hat, Gleichgestellten) nur *irgendein* rechtlicher Nachteil verbunden, so ist es nicht zustimmungsfrei. Darauf, ob die Vorteile etwa im einzelnen Fall die sich aus dem Geschäft ergebenden Nachteile überwiegen, kommt es nicht an. Diese enge Auslegung rechtfertigt sich aus dem Gedanken, daß die Abwägung der Vorteile und der Nachteile und die Entscheidung darüber, ob der Abschluß des Geschäfts im recht verstandenen Interesse des Minderjährigen liegt, grundsätzlich von dem gesetzlichen Vertreter (bei ehelichen Kindern von den Eltern als den gesetzlichen Vertretern) getroffen werden soll. Bei dieser Entscheidung können nicht nur wirtschaftliche, sondern auch pädagogische Gründe eine Rolle spielen; auch deshalb darf sie nicht dem Minderjährigen überlassen bleiben. Wird beispielsweise einem 16jährigen ein gebrauchtes Motorrad zu einem Preise angeboten, der den Kauf als wirtschaftlich sehr günstig erscheinen läßt, so ist es doch die Frage, ob der Besitz eines Motorrades für diesen Jugendlichen hinsichtlich seiner gesamten Entwicklung von Vorteil ist und ob die dafür aufzuwendenden Mittel nicht etwa für eine andere Anschaffung besser verwendet wären. Ein gegenseitiger Vertrag bringt niemals allein einen rechtlichen Vorteil, weil er immer zu einer Gegenleistung verpflichtet. Der Verpflichtung steht zwar ein sie häufig überwiegender Vorteil gegenüber; die Verpflichtung selbst ist aber stets

---

[15] Im Falle, daß es sich um ein eheliches Kind handelt, sind beide Elternteile zusammen als ,,der gesetzliche Vertreter" im Sinne dieser Bestimmungen anzusehen.

ein rechtlicher Nachteil, der das Geschäft zustimmungsbedürftig macht. Zu den wenigen Geschäften, durch die der beschränkt Geschäftsfähige lediglich einen rechtlichen Vorteil erlangt, gehören: die Annahme einer Schenkung, falls diese nicht mit einer Auflage verbunden ist, die Annahme eines Antrags auf Abschluß eines Erlaßvertrages (§ 397 Abs. 1), wenn dem beschränkt Geschäftsfähigen eine Schuld erlassen werden soll, die Annahme eines mit keiner Belastung verbundenen Vermächtnisses,[16] die Aneignung einer herrenlosen Sache (§ 958 Abs. 1). Durch Übertragung seitens eines anderen kann der beschränkt Geschäftsfähige zustimmungsfrei Eigentum erwerben, da der Übertragungsakt nach dem im BGB durchgeführten Abstraktionsgrundsatz (vgl. dazu unten § 18 II d) für sich allein betrachtet werden muß und, so gesehen, regelmäßig dem Erwerber in der Tat lediglich einen rechtlichen Vorteil bringt.

Geschieht die Übereignung *zwecks Erfüllung einer Schuld gegenüber dem Minderjährigen,* so wird der Schuldner trotzdem nicht von seiner Verpflichtung frei, so lange die Leistung nicht an den gesetzlichen Vertreter gelangt ist, es sei denn, dieser habe der Empfangnahme der Leistung durch den Minderjährigen zugestimmt.[17] Der Schuldner bleibt also verpflichtet; hinsichtlich des Geleisteten hat er den Bereicherungsanspruch aus § 812, dem aber gegebenenfalls der Einwand aus § 818 Abs. 3 entgegensteht. Zwar bedarf es nach richtiger Ansicht für den Eintritt der Erfüllungswirkung (§ 362) in der Regel keines Erfüllungsvertrages;[18] § 107 ist nicht unmittelbar anwendbar. Aber dem beschränkt Geschäftsfähigen fehlt für die Entgegennahme der Leistung die *Empfangszuständigkeit* (unten § 12 II e); sie kommt statt seiner dem gesetzlichen Vertreter zu. Nur so wird der beschränkt Geschäftsfähige optimal geschützt:[19] verlöre er seine Forderung, so könnten dadurch Dispositionen, die der Vertreter in seinem Interesse treffen wollte, durchkreuzt werden; zum mindesten dann, wenn dieser von der Leistung an den Minderjährigen selbst nichts weiß. Wer also an den Minderjährigen eine Schuld von DM 100,– bezahlt, ohne daß der gesetzliche Vertreter hiermit einverstanden wäre, handelt auf eigenes Risiko, er muß noch einmal zahlen, wenn der Minderjährige das Geld verjubelt hat (§ 818 Abs. 3) und der gesetzliche Vertreter nunmehr von ihm die Zahlung verlangt.

Zweifelhaft ist der Eigentumserwerb des Minderjährigen, auch im Falle einer Schenkung, beim Erwerb eines Grundstücks, und zwar wegen der mit dem Eigentum am Grundstück regelmäßig verbundenen öffentlich-rechtlichen Pflichten (Grundsteuer, Abgaben). Die h. L. bejaht hier dennoch die Zustimmungsfreiheit;[20] die Begründung hierfür fällt ihr jedoch nicht leicht. Sie kann nicht darin gefunden werden, daß diese Pflichten auf dem Gesetz beruhen oder öffentlich-rechtlicher Art sind – das ändert nichts daran, daß sie einen rechtlichen Nachteil darstellen –, sondern nur darin, daß derartige Abgaben in der Regel so bemessen

---

[16] Nicht jedoch die Annahme einer Erbschaft, weil mit dieser die Haftung für die Nachlaßverbindlichkeiten verbunden ist. Ebensowenig die Entgegennahme der schenkweisen Bestellung eines Nießbrauchs; BGH, WM 71, 500. Anders jedoch RGZ 148, 324. Vgl. auch BGH, BB 70, 321.

[17] H. L.; so *Flume* S. 193; *Brox* Rdn. 240; *Lange/Köhler* § 49 II 1 c u. alle Kommentare (z. T. zu § 362). A. A. aber *Harder,* JuS 77, 149; 78, 84.

[18] Vgl. SchR. I § 18, I.

[19] So auch *Wacke,* JuS 78, 80; *Medicus,* Rdz 566.

[20] *Flume* § 13 7 b; ebenso die meisten Kommentare. Der BGH hat die Frage bisher offen gelassen, vgl. BGHZ 15, 168; 78, 28, 31. *Gegen* die hL aber jetzt *Köhler,* JZ 83, 225: sie berücksichtige zu wenig das Sorgerecht der Eltern.

sind, daß sie aus den laufenden Erträgen gedeckt werden können, daher lediglich den Wert des zugewandten Grundstückseigentums mindern. Mit *Stürner*[21] wird man den Grundsatz, daß *jeder* rechtliche Nachteil das Geschäft zustimmungsbedürftig macht, dahin einschränken müssen, daß hierbei solche Nachteile außer Betracht bleiben, die *nur* eine Minderung des Vorteils darstellen und für das sonstige Vermögen (oder den künftigen Erwerb) des Minderjährigen ungefährlich sind. Auch *dingliche Lasten,* wie z. B. Hypotheken, hindern die Zustimmungsfreiheit sowohl der Annahme der Grundstücksschenkung wie des dinglichen Erwerbsakts nicht.[22] Denn auch sie mindern nur den Wert des Erlangten, begründen aber keine Verpflichtung, die der Erwerber aus seinem sonst vorhandenen Vermögen erfüllen müßte und sind insofern für ihn ungefährlich.[23] Außer Betracht bleiben auch Bereicherungsansprüche, denen der Minderjährige hinsichtlich des Erlangten ausgesetzt sein könnte.[24] Von den geschäftsähnlichen Handlungen, auf die die Vorschriften über die Geschäftsfähigkeit entsprechend anzuwenden sind (unten § 26), sind zustimmungsfrei die Mahnung und die Mängelrüge. Durch die Mahnung wird der Schuldner in Verzug gesetzt (§ 284 Abs. 1), wodurch sich die Rechtslage des Gläubigers nur verbessert; die Mängelrüge dient der Erhaltung von Mängelansprüchen. Rechtliche Nachteile sind mit diesen Handlungen nicht verbunden.

Es gibt jedoch Geschäfte, bei denen die Frage, ob sie demjenigen, der sie vornimmt, lediglich einen rechtlichen Vorteil oder auch einen rechtlichen Nachteil bringen, nicht gestellt werden kann, weil sie überhaupt nicht für ihn selbst, sondern für einen anderen wirken. Das sind einmal diejenigen Geschäfte, die jemand als Vertreter eines anderen, in dessen Namen, vornimmt. § 165 bestimmt, daß es für die Wirksamkeit einer von oder gegenüber einem Vertreter abgegebenen Willenserklärung nicht von Bedeutung ist, daß dieser in der Geschäftsfähigkeit beschränkt ist. Ein Minderjähriger kann also, sofern er eine entsprechende Vertretungsmacht hat, wirksam als Vertreter eines anderen für diesen Rechtsgeschäfte vornehmen. Dasselbe muß gelten, wenn ein beschränkt Geschäftsfähiger als Nichtberechtigter, jedoch mit Einwilligung des Berechtigten (§ 185 Abs. 1) oder zugunsten eines gutgläubigen Erwerbers (§ 932) und daher wirksam, über eine fremde Sache verfügt. Die Verfügung berührt in diesen Fällen nicht *sein* Vermögen, sondern allein das des Berechtigten. Für den Minder-

---

[21] In AcP 173, 402; ferner JZ 76, 67. Ihm folgend *Staudinger/Dilcher* 15ff. zu § 107.

[22] Vgl. BayObLG, NJW 67, 1912. Eine Übersicht über das Schriftum bei *Gitter/Schmitt,* JuS 82, 253. Anders ist es, wenn mit dem Erwerb persönliche, auch aus dem sonstigen Vermögen zu erfüllende Verpflichtungen zu erfüllen sind; so etwa beim *Erwerb einer Eigentumswohnung.* Über das dann entstehende Sonderproblem der Anwendbarkeit des § 181, zweiter Halbsatz s. unten § 30 II a; OLG Celle, NJW 76, 2214. BGHZ 78, 28; *Gitter/Schmitt* aaO; *Jauernig, JuS 82, 576; Medicus,* Rdz. 565.

[23] Anders nur die Reallast, § 1108.

[24] Vgl. *Stürner* aaO. S. 424f., 448.

jährigen handelt es sich zwar nicht um ein für ihn vorteilhaftes, aber um ein „neutrales" oder „indifferentes" Geschäft, aus dem ihm weder ein rechtlicher Vorteil noch ein rechtlicher Nachteil entsteht. Nach durchaus h. L. kann er solche Geschäfte auch ohne Zustimmung des gesetzlichen Vertreters vornehmen, da er selbst insoweit nicht schutzbedürftig ist.[25]

2. Die Einwilligung der gesetzlichen Vertreter. Rechtsgeschäfte, zu deren gültiger Vornahme der Minderjährige der Zustimmung des gesetzlichen Vertreters (ein minderjähriges eheliches Kind beider Elternteile als gesetzlicher Vertreter) bedarf, sind nach § 107 dann voll wirksam, wenn die Zustimmung bei der Vornahme des Geschäfts vorliegt. Das Gesetz bezeichnet die im voraus erteilte Zustimmung als „Einwilligung" (§ 183), im Gegensatz zur nachträglichen Zustimmung, der „Genehmigung" (§ 184 Abs. 1). Einwilligung und Genehmigung können sowohl dem Minderjährigen selbst gegenüber, wie dem Vertragsgegner oder dem gegenüber erklärt werden, dem gegenüber das Rechtsgeschäft vorzunehmen ist (§ 182 Abs. 1). Die Einwilligung kann sich auf ein ganz bestimmtes Rechtsgeschäft – z. B. auf den Kauf dieses, vielleicht besonders preisgünstigen Fahrrades –, sie kann sich auf den Abschluß eines derartigen Geschäfts – z. B. den Kauf irgendeines Fahrrades – oder auf den Abschluß einer Vielzahl von Rechtsgeschäften beziehen, sofern nur der Umkreis der gestatteten Geschäfte durch ihren Zweck oder durch bestimmte Weisungen begrenzt und dadurch übersehbar ist. Man spricht in diesen Fällen von einer **„generellen Einwilligung"**. Eine solche liegt z. B. vor, wenn die Eltern dem Minderjährigen erlauben, eine Reise zu machen und ihn mit den dafür benötigten Mitteln ausstatten: Sie willigen dann im voraus in diejenigen Rechtsgeschäfte, z. B. Beförderungsverträge, Übernachtungsverträge, ein, die der Minderjährige zum Zwecke der Durchführung der Reise abschließen wird und die sich in dem ihm gesetzten Rahmen halten. Der ihm eingeräumte Spielraum muß jedoch begrenzt und übersehbar bleiben, da andernfalls der Schutzzweck des Gesetzes vereitelt werden würde; wie weit er reicht, ist im Einzelfall im Wege einer ergänzenden Auslegung der Einwilligung zu ermitteln. Es kommt dabei auf den Zweck, zu dem die Mittel überlassen wurden, die Höhe der Mittel und gegebenenfalls auf die besonderen Umstände an – so z. B., falls der Minderjährige ein teures Hotel aufgesucht hat, das seine Reisekasse über Gebühr strapaziert, ob er eine andere Übernachtungsmöglichkeit hatte. Der Spielraum mag im Einzelfall sehr weit sein; eine in

---

[25] Vgl. v. *Tuhr* Bd. II, § 59 zu Anm. 49; *Enn./N.* § 151 II 1; *Flume* § 13, 7b; *Oertmann* 3e, *Soergel/Hefermehl* 5, *Staudinger/Dilcher* 20, *MünchKomm/Gitter* 20, *Palandt/Heinrichs* 2, *Ermann/Brox* 8 zu § 107. Der Minderjährige, der ohne Zustimmung des Berechtigten über ein fremdes Recht wirksam verfügt, ist zwar hinsichtlich des von ihm durch die Verfügung Erlangten Bereicherungsansprüchen, unter Umständen auch Deliktsansprüchen des Berechtigten ausgesetzt. Insoweit ist er jedoch durch andere Vorschriften hinreichend geschützt. Für eine Verneinung des gutgläubigen Erwerbs im Falle unberechtigter Verfügung durch einen Minderjährigen *Medicus* Rdz. 568, BürgR Rdz 542.

ihrem Umfang völlig unbegrenzte Einwilligung in alle von dem Minderjährigen vorgenommenen Geschäfte wäre gesetzwidrig und daher nichtig.[26] Der gesetzliche Vertreter kann die von ihm erteilte Einwilligung bis zur Vornahme des Rechtsgeschäfts widerrufen (§ 183); er kann sie durch eine entsprechende Erklärung, wenn auch nur mit Wirkung für die Zukunft, einschränken.

Die Einwilligung hat nur zur Folge, daß das von dem Minderjährigen vorgenommene Rechtsgeschäft für diesen selbst wirksam wird, so daß *er* daraus berechtigt und verpflichtet wird. Dagegen bedeutet sie nicht, daß der gesetzliche Vertreter selbst dem Geschäftsgegner des Minderjährigen gegenüber verpflichtet würde, und zwar selbst dann nicht, wenn die Einwilligung diesem gegenüber erklärt worden ist. Will sich der Vertragsgegner die Möglichkeit eröffnen, sich wegen seiner Ansprüche aus dem Vertrage nicht nur an den Minderjährigen selbst, sondern auch an dessen gesetzlichen Vertreter zu halten, dann muß er diesen dazu veranlassen, für die Verpflichtungen des Minderjährigen eine Bürgschaft zu übernehmen oder sich neben diesem – als Gesamtschuldner – selbst zu verpflichten.

Zu manchen Rechtsgeschäften bedürfen der oder die gesetzlichen Vertreter, wenn sie sie für den Minderjährigen vornehmen, der Genehmigung des Vormundschaftsgerichts, zu anderen bedarf ein Vormund der des Gegenvormundes (vgl. die §§ 1643, 1812, 1821, 1822). Nimmt der Minderjährige selbst ein derartiges Geschäft mit Einwilligung seines gesetzlichen Vertreters vor, so ist es doch nur wirksam, wenn die Genehmigung des Vormundschaftsgerichts (in den Fällen des § 1812 des Gegenvormundes) erteilt ist.[27]

3. Die Bewirkung der vertragsmäßigen Leistung durch freie Mittel. Ein von einem Minderjährigen ohne Einwilligung seines gesetzlichen Vertreters geschlossener Schuldvertrag gilt dann – gegebenenfalls rückwirkend – als von Anfang an gültig, wenn der Minderjährige die ihm obliegende Leistung mit Mitteln bewirkt, die ihm zu diesem Zweck oder zu freier Verfügung entweder von dem gesetzlichen Vertreter oder mit dessen Zustimmung von einem Dritten überlassen worden sind (§ 110; sogenannter Taschengeldparagraph). Der Grundgedanke dieser Bestimmung ist, daß der Minderjährige, der seinerseits den Vertrag, und zwar mit Mitteln, die ihm zu diesem Zweck oder zu freier Verfügung überlassen waren, erfüllt hat, nun auch in den Genuß der vertraglichen Gegenansprüche sowie auch etwaiger sonstiger Vertragsansprüche, wie z. B. Mängelansprüche

---

[26] Vgl. v. *Tuhr* Bd. II, § 59 Anm. 79; *Flume* S. 194; *Soergel/Hefermehl* 9, *MünchKomm/Gitter* 30 zu § 107. Gegen die Zulässigkeit eines „Generalkonsenses" überhaupt *Ramm* III S. 774, 957. Daher gewinnt nach seiner Meinung § 110 eine weit größere Bedeutung, als ihm nach der hier vertretenen hL zukommt. Für diese sprechen vorwiegend praktische Gründe.

[27] Vgl. v. *Tuhr* Bd. II, § 59 zu Anm. 66; *Staudinger/Dilcher* 1 zu § 107. Fehlt es an der erforderlichen Genehmigung des Gegenvormundes oder des Vormundschaftsgerichts, dann sind die §§ 1829 ff. anzuwenden; vgl. *Predari*, Gruchots Beiträge 52, 17.

oder Schadensersatzansprüche, gelangen soll. Daher wird der Vertrag nach § 110 so lange nicht wirksam, wie der Minderjährige seine eigene vertragsgemäße Leistung noch nicht oder nicht vollständig[28] erbracht hat, es sei denn, der Abschluß des Vertrages falle unter die Geschäfte, für die der gesetzliche Vertreter eine generelle Einwilligung erteilt hat. Im Falle, daß der Vertrag unter eine generell erteilte Einwilligung fällt, ist er schon nach § 107 wirksam; des § 110 bedarf es in diesem Falle nicht. Das wird häufig übersehen. § 110 ist nicht, wie es die h. L. annimmt, lediglich ein besonderer Anwendungsfall des § 107;[29] er hat neben diesem sein eigenes Anwendungsgebiet. Nach ihm richtet sich die Wirksamkeit des von dem Minderjährigen geschlossenen Vertrages dann, wenn in der Überlassung eines Taschengeldes oder sonstiger Mittel an ihn zur freien Verfügung nicht schon die generelle Einwilligung in die Vornahme eines Rechtsgeschäfts gerade dieser Art gefunden werden kann. Kauft sich z. B. ein Minderjähriger, der monatlich DM 20.– Taschengeld erhält, einen teuren Fotoapparat für DM 400.–, wobei er DM 40.–, die er erspart hat, anzahlt und monatliche Raten von DM 20.– vereinbart, so kann nicht angenommen werden, daß sich die mit der Überlassung des Taschengeldes verbundene generelle Einwilligung der Eltern zum Abschluß von Kaufverträgen über Sachen geringeren Wertes auch auf einen Ratenkauf bezieht, durch den sich der Minderjährige hinsichtlich seines gesamten Taschengeldes für 18 Monate bindet. Der Ratenkaufvertrag ist daher nicht von vornherein, als durch die generelle Einwilligung der Eltern gedeckt, wirksam, sondern vielmehr nach § 108 „schwebend unwirksam". Gelingt es jedoch dem Minderjährigen, die Ratenzahlungen durchzuhalten, so ist der Vertrag mit der Zahlung der letzten Rate gemäß § 110 als von Anfang an wirksam anzusehen. Hatte der Minderjährige bei dem Kauf des Apparates von dem Verkäufer eine zweijährige Garantie erhalten und stellt sich vor Ablauf dieser Frist an dem Apparat ein Mangel heraus, der unter die Garantie fällt, so stehen ihm, sobald er die letzte Rate gezahlt hat, die Rechte aus der Garantie zu, auch wenn die Eltern nicht bereit sind, den Kaufvertrag zu genehmigen. Denn das Wirksamwerden des Vertrages auf Grund des § 110 ist unabhängig von ihrer Genehmigung.

---

[28] Im Falle, daß der Minderjährige erst teilweise leistet, nimmt die h. L., so *v. Tuhr* Bd. II, § 59 zu Anm. 121 und *Enn./N.* § 152 Anm. 15, an, daß der Vertrag teilweise wirksam wird, soweit Leistung und Gegenleistung teilbar sind. Das ist aber in dem wichtigsten Fall, dem des Abzahlungskaufs, gerade nicht der Fall. Wie hier *Erman/Brox* 2 zu § 110.

[29] So aber *Brox*, Rdn. 244; *Erman/Brox* 1, *Soergel/Hefermehl* 1, *MünchKomm/Gitter* 3, *Palandt/Heinrichs* 1 zu § 110. Nach *Lindacher* aaO. S. 545f. hat § 110 im Verhältnis zu den §§ 107, 108 nur eine Klarstellungsfunktion. Die generelle Einwilligung des Vertreters in Geschäfte bestimmter Art oder zu einem bestimmten Zweck sei nämlich in aller Regel dahin zu verstehen, daß sie nur Bargeschäfte umfasse, deren Wirksamkeit von der Erfüllung mit den zu diesem Zweck oder zur freien Verfügung überlassenen Mitteln abhängig sein solle; nichts anderes besage § 110. Diese Auffassung, die dem § 110 seine selbständige Bedeutung nimmt, ist m. E. abzulehnen. Zutreffend *v. Tuhr* Bd. II, S. 352, *Lehmann/Hübner* S. 190.

Dem Fall, daß der Minderjährige mit Mitteln erfüllt, die ihm zur freien Verfügung überlassen waren, ist der Fall gleichzustellen, daß er den von ihm geschlossenen Dienst- oder Werkvertrag durch seine eigene Arbeitsleistung erfüllt, sofern es sich lediglich um eine gelegentliche Tätigkeit handelt und ihm die Eltern eine solche Tätigkeit nicht geradezu verboten hatten. Denn auch in einem solchen Fall trifft der Gedanke zu, daß es im Interesse des Minderjährigen liegt, der seine eigene Leistung bereits erbracht hat, nunmehr auch die Gegenansprüche aus dem Vertrag zu erwerben.[30] Zu beachten ist indessen, daß, wenn der Minderjährige infolgedessen auch den Lohnanspruch erwirbt, dies nicht etwa bedeutet, daß er über den empfangenen Lohn frei verfügen könnte. Vielmehr bedarf er zu Verfügungen über den erlangten Lohn wiederum der Einwilligung der Eltern oder des Vormundes. Eine solche Einwilligung kann auch darin liegen, daß sie ihm den erworbenen Lohn zur freien Verfügung belassen. Ob der Minderjährige über Gegenstände, die er mit seinem Taschengeld erworben hat – im obigen Beispiel also über den Fotoapparat – wiederum frei verfügen kann, hängt davon ab, ob in der Überlassung des Taschengeldes eine dahingehende Einwilligung der Eltern gelegen ist oder nicht. Bei Gegenständen von geringem Wert dürfte die Frage zu bejahen sein, bei einem hochwertigen Gegenstande aber nicht.

b) Nichtige und schwebend unwirksame (genehmigungsfähige) Geschäfte des beschränkt Geschäftsfähigen. Nimmt der wegen Minderjährigkeit oder aus einem anderen Grunde in der Geschäftsfähigkeit Beschränkte ein Rechtsgeschäft, zu dem er nach § 107 der Einwilligung des gesetzlichen Vertreters bedarf, ohne diese Einwilligung vor, so ist zu unterscheiden, ob es sich um einen Vertrag oder um ein einseitiges Rechtsgeschäft handelt. Ein *einseitiges Rechtsgeschäft,* z. B. eine von dem Minderjährigen ausgesprochene Kündigung, ist nichtig; es kann auch nicht dadurch wirksam werden, daß es der gesetzliche Vertreter genehmigt (§ 111 Satz 1). Der andere Teil, der ein einseitiges Rechtsgeschäft, wenn es gültig ist, hinnehmen muß, soll nicht der Ungewißheit darüber ausgesetzt sein, ob das Rechtsgeschäft gültig ist oder nicht. Um ihn vor solcher Ungewißheit zu schützen, bestimmt das Gesetz weiter, daß selbst dann, wenn der gesetzliche Vertreter seine Einwilligung dem Minderjährigen gegenüber erklärt hatte, ohne jedoch den anderen hiervon in Kenntnis zu setzen, dieser das Rechtsgeschäft ,,unverzüg-

---

[30] Vgl. *v. Tuhr* Bd. II, § 59 zu Anm. 122; *Enn./N.* § 152 II 3b; *Oertmann* 7, *Soergel/Hefermehl* 6 zu § 110. Die Frage ist praktisch von geringer Bedeutung aus folgendem Grunde: Weigert sich der Vertragsgegner, den vereinbarten Dienst- oder Werklohn zu zahlen, so kann ihn der Minderjährige, da er prozeßunfähig ist, nicht selbst verklagen. Klagt aber sein gesetzlicher Vertreter für ihn den Lohn ein, so wird darin regelmäßig die Genehmigung des Vertrages zu erblicken sein. Handelt es sich nicht nur um eine gelegentliche Tätigkeit, sondern um ein länger andauerndes Arbeitsverhältnis, so wird man im Falle der Verweigerung der Zustimmung die Regeln über die Abwicklung des ,,faktischen" Arbeitsverhältnisses anwenden müssen, wenn diese dem Minderjährigen günstiger sind; vgl. *Canaris,* BB 67, 165 (169). Wegen des Fehlens eines praktischen Bedürfnisses *gegen* die Analogie *MünchKomm/Gitter* 15 zu § 110.

lich" zurückweisen kann, wenn ihm der Minderjährige nicht die Einwilligung des gesetzlichen Vertreters in schriftlicher Form vorlegt (§ 111 Satz 2 und 3). „Unverzüglich" bedeutet nicht „sofort", sondern „ohne schuldhaftes Zögern" (§ 121 Abs. 1 Satz 1). Durch die unverzügliche Zurückweisung des ihm gegenüber vorgenommenen einseitigen Rechtsgeschäfts kann also der andere Teil, wenn der Minderjährige nicht die schriftliche Einwilligung seines gesetzlichen Vertreters vorlegt, das Rechtsgeschäft unwirksam machen.

Handelt es sich bei dem von dem Minderjährigen ohne die erforderliche Einwilligung vorgenommenen Rechtsgeschäft dagegen um einen *Vertrag,* so hängt dessen Wirksamkeit davon ab, ob ihn der gesetzliche Vertreter oder, falls der Minderjährige inzwischen geschäftsfähig geworden ist, der beschränkt Geschäftsfähige selbst, nachträglich genehmigt (§ 108 Abs. 1 und 3). Die Genehmigung kann nicht mehr erteilt werden, wenn sie einmal verweigert worden ist. Bis zur Entscheidung über die Genehmigung oder ihre Verweigerung ist die Wirksamkeit des Vertrages in der Schwebe; er ist, wie man sagt, „schwebend unwirksam". (Vgl. dazu unten § 23 VI.) Mit der Verweigerung der Genehmigung wird der Vertrag endgültig unwirksam, mit ihrer Erteilung dagegen wirksam, und zwar so, daß er als bereits vom Zeitpunkt des Vertragsabschlusses an wirksam anzusehen ist (§ 184 Abs. 1).

Durch die gesetzliche Regelung wird die Entscheidung über das Wirksamwerden des Vertrages in die Hände des gesetzlichen Vertreters gelegt. Der andere Vertragsteil, der sich auf das Geschäft eingelassen hat, ist seinerseits bis zur Verweigerung der Genehmigung grundsätzlich gebunden. Er muß es hinnehmen, daß bis zur Erklärung des gesetzlichen Vertreters nunmehr ein Zustand der Ungewißheit besteht. Während dieses Zustandes muß er seine eigene Leistung bereithalten, da er sie ja im Falle der Genehmigung des Vertrages schuldet; anderseits kann er noch nicht mit der Durchführung des Vertrages rechnen. Das Gesetz gibt ihm aber die Möglichkeit, das Ende dieses für ihn lästigen Schwebezustandes dadurch herbeizuführen, daß er den gesetzlichen Vertreter dazu auffordert, sich über die Genehmigung zu erklären. Eine solche Aufforderung hat nach dem Gesetz (§ 108 Abs. 2) eine doppelte Wirkung: Die Erklärung über die Genehmigung kann jetzt nur noch dem Vertragsgegner, nicht mehr dem Minderjährigen gegenüber erfolgen, ja eine vorher diesem gegenüber erklärte Genehmigung oder Verweigerung der Genehmigung[31] wird unwirksam. Ferner kann die

---

[31] Eine dem Minderjährigen gegenüber erklärte Einwilligung bleibt dagegen wirksam. Der andere Vertragsteil hat also, anders als im Falle des § 111, keine Möglichkeit, sich darüber Gewißheit zu verschaffen, ob eine von dem Minderjährigen behauptete Einwilligung diesem erteilt ist oder nicht. Unterläßt es der gesetzliche Vertreter jedoch schuldhaft, dem anderen auf dessen Anfrage darüber Auskunft zu geben, ob er eingewilligt hat, so kann darin eine culpa in contrahendo gelegen sein, die ihn selbst ersatzpflichtig macht. Vgl. dazu *v. Tuhr* Bd. II, § 59 zu Anm. 102; *Enn./N.* § 152 Anm. 12; *Flume* § 13, 7c, cc; *Soergel/Hefermehl* 8, *MünchKomm/Gitter* 28, *Staudinger/Dilcher* 5 zu § 108. Für eine analoge Anwendung der für die Genehmigung getroffenen Bestimmung auf die Einwilligung treten

Genehmigung nur noch bis zum Ablauf von zwei Wochen, nachdem der Vertreter die Aufforderung empfangen hat, erklärt werden; wird sie innerhalb dieser Frist nicht erklärt, so „gilt" sie als verweigert, ihre Erteilung ist nunmehr ausgeschlossen.

Hat der andere Teil bei Abschluß des Vertrages mit dem Minderjährigen dessen Minderjährigkeit nicht gekannt oder hat der Minderjährige ihm gegenüber der Wahrheit zuwider die Einwilligung seines Vertreters behauptet, ohne daß deren Fehlen dem Geschäftsgegner bekannt war, dann kann dieser seine eigene Vertragserklärung bis zur Erteilung der Genehmigung widerrufen (§ 109). Der Widerruf, der sowohl dem gesetzlichen Vertreter wie auch dem Minderjährigen selbst gegenüber erklärt werden kann, zerstört die Bindung des Vertragsgegners an seine Erklärung und bewirkt damit die endgültige Unwirksamkeit des Vertrages.

Die wenig durchsichtige Fassung des § 109 erklärt sich aus dem Bestreben des Gesetzes, durch die Aufeinanderfolge von (scheinbarer) Regel und Ausnahme die Beweislast zu regeln. Der Vertragsgegner, der seine Erklärung widerrufen hat und sich gegenüber der Erfüllungsklage oder der Schadensersatzklage des gesetzlichen Vertreters auf sein Recht zum Widerruf beruft, braucht hiernach zunächst nur zu beweisen, daß er rechtzeitig, also noch vor der Erteilung der Genehmigung, den Widerruf dem gesetzlichen Vertreter oder dem Minderjährigen gegenüber erklärt hat. Demgegenüber kann der gesetzliche Vertreter, der den Widerruf nicht gelten lassen will, einwenden und muß in diesem Fall seinerseits beweisen, daß der Vertragsgegner die Minderjährigkeit gekannt habe. Dieser muß dann, um mit seinem Widerruf doch durchzudringen, beweisen, daß der Minderjährige der Wahrheit zuwider die Einwilligung des Vertreters behauptet habe. Dagegen stünde dem Vertreter dann noch die Möglichkeit offen zu beweisen, daß dem anderen aber das Fehlen der Einwilligung und damit die Unwahrheit der Behauptung des Minderjährigen bei dem Abschluß des Vertrages bekannt gewesen sei.

c) Fälle erweiterter Geschäftsfähigkeit eines Minderjährigen. Häufig besteht ein Bedürfnis dafür, einem Minderjährigen, der das dafür erforderliche Urteilsvermögen besitzt, auf einem beschränkten Lebensgebiet bereits eine größere Selbständigkeit einzuräumen. Eine Möglichkeit hierzu bietet, wie wir gesehen haben, die Erteilung einer generellen Einwilligung in die Vornahme aller solcher Geschäfte, deren Abschluß durch einen bestimmten Zweck, wie eine Reise oder einen Studienaufenthalt, gefordert wird. Weitergehende Möglichkeiten eröffnet das Gesetz in den §§ 112 und 113.

Nach § 112 kann der gesetzliche Vertreter (können die Eltern als gesetzliche Vertreter) einen Minderjährigen mit Genehmigung des Vormundschaftsgerichts **zum selbständigen Betrieb eines Erwerbsgeschäfts** ermächtigen. In diesem Fall ist der Minderjährige für alle diejenigen Rechtsgeschäfte unbeschränkt geschäftsfähig, die der Betrieb dieses Geschäfts mit sich bringt. Er bedarf also für diese

---

Erman/Brox 7, *Palandt/Heinrichs* 3 zu § 108 ein; dagegen spricht aber, daß ein Antrag, die Einwilligung der Genehmigung zu § 108 Abs. 2 gleichzustellen, von der 2. Gesetzgebungskommission abgelehnt wurde (*Mugdan* Bd. I S. 677). Die ungleiche Behandlung ist vom Gesetzgeber gewollt; es liegt daher keine Gesetzeslücke vor, die durch Analogie auszufüllen wäre.

Geschäfte nicht der Zustimmung seines gesetzlichen Vertreters. Ausgenommen sind jedoch solche Rechtsgeschäfte, zu denen der Vertreter der Genehmigung des Vormundschaftsgerichts bedarf. Die einmal wirksam erteilte Ermächtigung kann nur mit Genehmigung des Vormundschaftsgerichtes wieder zurückgenommen werden.

Praktisch noch wichtiger ist der Fall des § 113. Der gesetzliche Vertreter kann hiernach den Minderjährigen, und zwar ohne hierfür der Zustimmung des Vormundschaftsgerichts zu bedürfen, dazu ermächtigen, ein **Dienst- oder Arbeitsverhältnis** einzugehen. Auf Grund dieser Ermächtigung ist der Minderjährige für alle solche Rechtsgeschäfte unbeschränkt geschäftsfähig, „welche die Eingehung oder Aufhebung eines Dienst- oder Arbeitsverhältnisses der gestatteten Art oder die Erfüllung der sich aus einem solchen Verhältnis ergebenden Verpflichtungen betreffen".[32] Ausgenommen sind wiederum Verträge, zu denen der gesetzliche Vertreter der Genehmigung des Vormundschaftsgerichts bedarf (vgl. z. B. § 1822 Nr. 6 und 7). Der Minderjährige kann hiernach den Arbeitsvertrag selbständig abschließen, in Änderungen einwilligen, den Lohn verlangen und mit befreiender Wirkung für den Arbeitgeber entgegennehmen, das Arbeitsverhältnis kündigen. Dagegen kann er nicht schon auf Grund der Ermächtigung über den empfangenen Arbeitslohn frei verfügen.[33] Soweit ihm aber die Eltern oder der Vormund den Lohn zur Bestreitung seiner eigenen Lebensbedürfnisse belassen, liegt darin entweder die generelle Einwilligung in die Vornahme aller solcher Geschäfte, die den Rahmen des üblichen nicht überschreiten, oder doch die Voraussetzung für die Anwendung des § 110.

Die für einen Einzelfall erteilte Ermächtigung gilt im Zweifel (Auslegungsregel!) „als allgemeine Ermächtigung zur Eingehung von Verhältnissen derselben Art" (§ 113 Abs. 4). Der Minderjährige kann also, ohne dafür der Zustimmung seines gesetzlichen Vertreters zu bedürfen, seine Arbeitsstelle wechseln. Die Ermächtigung kann von dem Vertreter jederzeit zurückgenommen oder eingeschränkt werden (§ 113 Abs. 2); der Vertreter kann sie daher auch noch nachträglich auf dieses bestimmte Arbeitsverhältnis beschränken oder einzelne Handlungen, wie z. B. eine Kündigung, von ihr ausnehmen. Ist der gesetzliche Vertreter ein Vormund und verweigert dieser die Ermächtigung, so kann sie auf Antrag des Minderjährigen durch das Vormundschaftsgericht ersetzt werden; das Vormundschaftsgericht soll sie ersetzen, wenn das im Interesse des Minderjährigen liegt (§ 113 Abs. 3).

Da die Ermächtigung in den beiden Fällen der §§ 112, 113 zur Folge hat, daß der Minderjährige für den genannten Kreis von Geschäften „unbeschränkt geschäftsfähig" wird, so wird er insoweit auch prozeßfähig. Das ist besonders wichtig für den Minderjährigen, der ermächtigt ist, ein Dienst- oder Arbeitsver-

---

[32] Es mag sein, daß die Vorschrift aus dem alten Gesinderecht in das BGB gelangt ist und dort vorwiegend dem Interesse der Arbeitgeber diente, jugendliche Arbeitskräfte einzustellen. (So *Gefaeller,* Entstehung und Bedeutung der Arbeitsmündigkeit, 1968). Heute entspricht sie der selbständigen Stellung der im Erwerbsleben stehenden Jugendlichen. Deren Schutz gegen Übervorteilung in Arbeitsverträgen leistet heute, wie *Gefaeller* darlegt, das Arbeitsrecht.

[33] HL; vgl. *Flume* § 13 8; *MünchKomm/Gitter* 29, *Palandt/Heinrichs* 4 zu § 113.

hältnis einzugehen: Er kann seinen Lohn vor dem Arbeitsgericht selbständig einklagen und, wenn er von dem Arbeitgeber verklagt wird, den Prozeß selbst führen. Die h. L. nimmt an, daß, soweit die erweiterte Geschäftsfähigkeit des Minderjährigen reicht, der gesetzliche Vertreter seinerseits zur Vertretung des Minderjährigen nicht mehr befugt ist.[34] Das ist folgerichtig, weil die Vertretungsmacht des gesetzlichen Vertreters nur dazu dienen soll, die fehlende Handlungsfähigkeit des Vertretenen zu ersetzen. Soweit diese besteht, entfällt das Bedürfnis für eine gesetzliche Vertretung des Minderjährigen. Da freilich der gesetzliche Vertreter im Falle des § 113 die erteilte Ermächtigung jederzeit zurücknehmen kann, so kann er auf diese Weise auch seine eigene Vertretungsmacht zurückerlangen. Nach der Rücknahme der Ermächtigung kann er also selbst, im Namen des Minderjährigen, das von diesem eingegangene Arbeitsverhältnis kündigen und einen Arbeitsvertrag für ihn abschließen. In einer von ihm ausgesprochenen Kündigung oder seinem sonstigen Eingreifen in das Arbeitsverhältnis wird regelmäßig eine Rücknahme oder doch eine entsprechende Einschränkung der Ermächtigung gemäß § 113 Abs. 2 zu sehen sein. Auf Lehrverträge findet § 113, wegen des überwiegend pädagogischen Zwecks dieser Verträge, nach h. L. überhaupt keine Anwendung.[35] Hier muß den gesetzlichen Vertretern die Möglichkeit im vollen Umfang verbleiben, ihren Einfluß geltend zu machen.

IV. Die Deliktsfähigkeit

Die Deliktsfähigkeit oder Verschuldungsfähigkeit, d. h. die Fähigkeit, sich durch eigenes schuldhaftes Handeln verantwortlich zu machen, ist in den §§ 827 und 828, also nicht im Allgemeinen Teil des Gesetzes, sondern in dem Abschnitt über „Unerlaubte Handlungen" geregelt. Auf Vertragsverletzungen finden diese Vorschriften ebenfalls Anwendung (§ 276 Abs. 1 Satz 3). Das Gesetz unterscheidet auch hier wieder verschiedene Stufen. Die *volle* Deliktsfähigkeit tritt nunmehr gleichzeitig mit der unbeschränkten Geschäftsfähigkeit, nämlich mit der Vollendung des 18. Lebensjahres ein. Kinder unter 7 Jahren sind deliktsunfähig (§ 828 Abs. 1). Bei Kindern und bei Jugendlichen, die das 7., aber noch nicht das 18. Lebensjahr vollendet haben, kommt es darauf an, ob sie im Einzelfall bei der Begehung der eine Ersatzpflicht begründenden Handlung „die zur Erkenntnis der Verantwortlichkeit erforderliche Einsicht" hatten (§ 828 Abs. 2). Mit „Einsicht" ist hier die allgemeine geistige Fähigkeit gemeint, das Unerlaubte eines derartigen Tuns und die daraus sich ergebende eigene Verantwortlichkeit zu

[34] *v. Tuhr* Bd. II, § 59 zu Anm. 144; *Enn./N.* § 151 III 4c, *Flume* § 13 8 (für § 112); *Medicus* Rdz 583; *Palandt/Heinrichs* 1 zu § 112, 4 zu § 113.

[35] *Enn./N.* § 151 Anm. 17; *Staudinger/Dilcher* 4, *Palandt/Heinrichs* 2, *Soergel/Hefermehl* 2, *Erman/Brox* 5 zu § 113; *Hueck/Nipperdey*, Lehrb. d. Arbeitsrechts, Bd. 1, 7. Aufl., S. 176.

erkennen. Von der Frage, ob diese Fähigkeit vorhanden ist, zu trennen ist die Frage, ob im konkreten Fall ein Schuldvorwurf begründet ist. Bei der Beantwortung dieser zweiten Frage kommt es, wenn Fahrlässigkeit in Frage steht, darauf an, ob der Jugendliche die im Verkehr erforderliche und von einem Angehörigen seiner Altersgruppe regelmäßig aufzubringende Sorgfalt beobachtet hat.[36] Fehlt es bereits an der Deliktsfähigkeit, so braucht die Frage, ob im konkreten Fall die zu fordernde Sorgfalt beobachtet ist, gar nicht erst geprüft zu werden. Ist aber die Deliktsfähigkeit zu bejahen, weil der Jugendliche nach seiner geistigen Entwicklung im allgemeinen die zur Erkenntnis seiner Verantwortlichkeit erforderliche Einsichtsfähigkeit hat, so kann es doch im konkreten Fall an der Fahrlässigkeit fehlen, weil dasjenige Maß an Sorgfalt, das unter den gegebenen Umständen erforderlich war, um den schädlichen Erfolg zu vermeiden, von ihm nicht verlangt werden kann.

Nicht deliktsfähig ist ferner, wer sich im Augenblick der Handlung „im Zustande der Bewußtlosigkeit oder in einem die freie Willensbestimmung ausschließenden Zustande krankhafter Störung der Geistestätigkeit" befand (§ 827). In dem ersten der beiden Fälle liegt richtiger Ansicht nach nicht einmal eine menschliche Handlung vor. Ob der Zustand krankhafter Störung der Geistestätigkeit seiner Natur nach ein vorübergehender ist oder nicht, spielt hier, anders als bei der Geschäftsfähigkeit, keine Rolle. Die Verantwortlichkeit für Fahrlässigkeit bleibt dagegen bestehen, wenn sich der Schädiger durch geistige Getränke oder ähnliche Mittel selbst in einen vorübergehenden Zustand der genannten Art versetzt hat. Der Schuldvorwurf gründet sich dann darauf, daß er dadurch, daß er sich in diesen Zustand versetzte, eine Gefährdung für andere geschaffen hat. Daher entfällt die Verantwortlichkeit, wenn er ohne Verschulden in diesen Zustand geraten ist.

§ 7. Name, Wohnsitz und Staatsangehörigkeit

Literatur: *Raschauer,* Namensrecht. Eine systematische Darstellung des geltenden österreichischen und des geltenden deutschen Rechts, 1978.

I. Der Name

Der Name eines Menschen dient seiner Individualisierung im allgemeinen Verkehr und so auch im Rechtsverkehr. Jedermann hat ein Recht auf den Gebrauch des ihm zustehenden Namens und auf Unterlassung eines Mißbrauchs seines

[36] Das ergibt sich aus dem sogenannten objektiven Fahrlässigkeitsmaßstab der heute herrschenden Lehre; vgl. Sch. R. I § 20 III. Zur Problematik des Verhältnisses der an die Einsichtsfähigkeit jeweils anzulegenden Maßstäbe vgl. Sch. R. I § 20 VI aE.

Namens. Das Namensrecht (§ 12) ist ein Persönlichkeitsrecht; es wird daher im nächsten Paragraphen dargestellt.

Der Name eines Menschen setzt sich bei uns aus dem Familiennamen und dem oder den Vornamen zusammen. Adelsprädikate sind seit der Weimarer Reichsverfassung Teile des Familiennamens. Der **Familienname** ist entweder der Geburtsname oder der Ehename. Der Geburtsname wird von jedermann mit der Geburt erworben; er richtet sich nach der Abstammung. Ein eheliches Kind erhält als seinen Geburtsnamen den Ehenamen seiner Eltern (§ 1616), ein nichteheliches in der Regel den Familiennamen der Mutter (§ 1617). Der Ehemann der Mutter oder der Vater des Kindes können ihm mit Einwilligung des Kindes und der Mutter ihren Namen erteilen (§ 1618). Bis zum Inkrafttreten des 1. Gesetzes zur Reform des Ehe- und Familienrechts am 1. 7. 1976 erhielten eheliche Kinder stets den Namen des Vaters. Diese Regelung stieß auf wachsende Bedenken wegen des Gleichheitsgrundsatzes. Der jetzt maßgebende ,,Ehename der Eltern" ist deren ,,gemeinsamer Familienname", den sie bei der Eheschließung gemeinschaftlich annehmen (§ 1355 Abs. 1). Während früher die Ehefrau mit der Eheschließung ihren bisherigen Familiennamen verlor und den des Mannes erhielt, können jetzt die Ehegatten bei der Eheschließung durch Erklärung gegenüber dem Standesbeamten *den Geburtsnamen des Mannes oder den der Frau* als ihren gemeinsamen Ehenamen bestimmen. Nur wenn sie keine Bestimmung treffen, ist der Geburtsname des Mannes automatisch der Ehename (§ 1355 Abs. 2). Derjenige Ehegatte, dessen Geburtsname nicht Ehename wird, kann durch Erklärung gegenüber dem Standesbeamten, die auch nach der Eheschließung noch möglich ist, dem Ehenamen seinen Geburtsnamen oder den bisher geführten Namen voranstellen (§ 1355 Abs. 3).[1] Der so entstandene Doppelname gilt nur für ihn persönlich; er hat also keine Bedeutung für den Geburtsnamen der Kinder. Der verwitwete oder geschiedene Ehegatte behält grundsätzlich seinen bisherigen Ehenamen, kann aber statt dessen seinen Geburtsnamen oder den Namen wieder annehmen, den er zur Zeit der Eheschließung geführt hatte (§ 1355 Abs. 4). Im näheren muß hier auf die Darstellungen des Familienrechts verwiesen werden.

Den oder die **Vornamen** erhält das Kind durch Verleihung seitens derjenigen, denen die Sorge für die Person zusteht, d.h. bei einem ehelichen Kind in der Regel der Eltern (§ 1626 Abs. 1 Satz 2), bei einem nichtehelichen Kind der Mut-

[1] Nach dem Wortlaut des Gesetzes hat die zum zweiten Mal heiratende Ehefrau hierbei die Wahl zwischen ihrem Geburtsnamen und ihrem zuletzt geführten Namen aus ihrer ersten Ehe. AA. *Palandt/Diederichsen* 3b zu § 1355: nur der zur Zeit der 2. Eheschließung von ihr *tatsächlich geführte* Name käme in Betracht; es handle sich im Gegensatz zu Abs. II Satz 1 nicht um eine Wahlmöglichkeit. Dies folgert *Diederichsen* aus der ratio legis, die dahin gehe, dem Ehegatten nach der Eheschließung die Beibehaltung seines bisherigen Namens, unter dem er vielleicht bekannt geworden ist, nicht aber die Reaktivierung eines bereits abgelegten Namens zu ermöglichen. Dagegen *Gernhuber,* Lehrb. des Familienrechts, 3. Aufl. S. 152, Anm. 10.

ter (§ 1705). Die Vornamen sind dem Standesbeamten binnen einer Frist von einem Monat nach der Geburt des Kindes anzuzeigen und werden von ihm im Geburtenbuch vermerkt (§ 22 PStG). Eine nachträgliche Änderung des Vor- und des Familiennamens bedarf der Zustimmung der Verwaltungsbehörde. Diese setzt voraus, daß „ein wichtiger Grund die Änderung rechtfertigt". Das Nähere ist geregelt in dem mehrfach geänderten Gesetz über die Änderung von Familiennamen und Vornamen vom 5. 1. 1938.

Im kaufmännischen Verkehr ist von besonderer Bedeutung die **Firma,** das ist der Name, unter dem ein Kaufmann im Handelsverkehr seine Geschäfte betreibt (vgl. § 17 Abs. 1 HGB). Grundsätzlich ist die Firma eines Einzelkaufmanns sein Familienname „mit mindestens einem ausgeschriebenen Vornamen"; jedoch sind Zusätze, die zur Unterscheidung der Person oder des Geschäfts dienen, zulässig, sofern sie nicht geeignet sind, eine Täuschung über die Art oder den Umfang des Geschäfts oder die Verhältnisse des Geschäftsinhabers herbeizuführen (§ 18 HGB). Im Falle einer Namensänderung des Geschäftsinhabers (wichtig im Falle der Verheiratung, wenn der bisherige Familienname des Geschäftsinhabers nicht der Ehename wird) kann die bisherige Firma ohne Änderung fortgeführt werden (§ 21 HGB). Im Falle der Übernahme eines bestehenden Handelsgeschäfts durch einen Nachfolger oder einen Pächter darf die bisherige Firma mit oder ohne Hinzufügung eines das Nachfolgeverhältnis andeutenden Zusatzes fortgeführt werden, wenn der bisherige Geschäftsinhaber oder dessen Erben in die Fortführung der Firma ausdrücklich eingewilligt haben (§ 22 HGB). Die Einzelheiten des Firmenrechts gehören in die Darstellungen des Handelsrechts.

Von dem „bürgerlichen Namen", d. h. dem ihr nach dem Gesetz zustehenden Namen einer Person, wie auch von der Firma ist ein **„Deckname"** zu unterscheiden, unter dem jemand z. B. als Schauspieler, Schriftsteller, bildender Künstler usw. in der Öffentlichkeit auftritt und sich nicht selten „einen Namen macht". Das Auftreten in der Öffentlichkeit unter einem selbstgewählten Decknamen ist erlaubt; jedoch ist bei Namensunterschriften in Erklärungen gegenüber einer Behörde der nach dem Gesetz zustehende Name zu verwenden, und nur unter diesem Namen kann jemand eine Ehe eingehen, im Grundbuch eingetragen werden, klagen und verklagt werden.[2] Lediglich ein Kaufmann kann, soweit es sich um Geschäftsangelegenheiten handelt, auch unter seiner Firma klagen und verklagt werden (§ 17 Abs. 2 HGB). Dagegen hängt die Gültigkeit eines Rechtsgeschäfts für denjenigen, der es vornimmt, nicht davon ab, ob er dabei unter seinem bürgerlichen Namen oder einem von ihm angenommenen, sei es selbst ad hoc von ihm erfundenen Namen, auftritt. (Über den Fall des „Handelns unter fremdem Namen" vgl. unten § 30 II b a. E.)

II. Der Wohnsitz

Neben dem Namen dient der Rechtsordnung in mancher Hinsicht auch der Wohnsitz einer Person als Individualisierungsmerkmal und als Anknüpfungs-

[2] Nach *Stein/Jonas/Pohle,* ZPO, Bem. III 1 zu § 253, soll jede Bezeichnung in der Klageschrift genügen, die „Zweifel hinsichtlich der Identität und der Stellung als Partei ausschließt". Das wird aber bei einem Decknamen nur ausnahmsweise der Fall sein.

punkt für rechtliche Beziehungen. So wird nach § 13 ZPO der allgemeine Gerichtsstand einer Person, d. h. das Gericht, das für alle gegen diese Person zu erhebenden Klagen zuständig ist (§ 12 ZPO), durch ihren Wohnsitz bestimmt. Schuldverhältnisse sind, sofern nichts anderes bestimmt oder aus den Umständen zu entnehmen ist, an dem Ort zu erfüllen, an dem der Schuldner zur Zeit der Entstehung des Schuldverhältnisses seinen Wohnsitz hatte (§ 269 Abs. 1). Handelt es sich um eine Geldschuld, so hat der Schuldner das Geld auf seine Gefahr und seine Kosten dem Gläubiger an dessen Wohnsitz zu übermitteln (§ 270 Abs. 1). Zuständig für die Eheschließung ist derjenige Standesbeamte, in dessen Bezirk einer der Verlobten seinen Wohnsitz oder seinen gewöhnlichen Aufenthalt hat (§ 15 EheG). Ebenso ist der Wohnsitz und nach ihm der Aufenthaltsort von Bedeutung für die örtliche Zuständigkeit des Vormundschaftsgerichts (§ 36 FGG) und des Nachlaßgerichts (§ 73 FGG). Der Wohnsitz kann ferner als Anknüpfungspunkt im internationalen und interlokalen Privatrecht von Bedeutung sein (vgl. Art. 8, 24 Abs. 2, 25 EGBGB).

Wie schon einige der angeführten Bestimmungen erkennen lassen, ist der Wohnsitz einer Person weder mit deren *jeweiligem* Aufenthaltsort noch auch immer mit ihrem „*gewöhnlichen* Aufenthaltsort" identisch. Ihren Wohnsitz hat eine Person dort, wo sie nach der Auffassung der Rechtsordnung den dauernden Mittelpunkt ihrer Lebensbeziehungen hat, an dem Ort, an den sie nach kürzerer oder längerer Abwesenheit zurückzukehren pflegt, weil sie hier eine Wohnung oder eine dauernde Bleibe hat, an dem sie daher in der Regel irgendwie erreichbar ist. Möglich ist, daß eine Person gleichzeitig an mehreren Orten einen Wohnsitz hat (§ 7 Abs. 2); das ist der Fall, wenn sie an mehreren Orten eine Wohnung hat und sich abwechselnd an dem einen oder anderen Orte aufhält, ohne daß nur einer von ihnen deutlich den Schwerpunkt ihrer Lebensbeziehungen darstellte. Wochenend- oder Fereienwohnungen, in denen sich der Inhaber jeweils nur für kürzere Zeit aufhält, begründen noch keinen zweiten Wohnsitz. Ein mehrfacher Wohnsitz liegt nur vor, wenn „mehrere Orte gleichmäßig der Mittel- oder der Schwerpunkt der gesamten Lebensverhältnisse einer Person sind".[3]

Der Wohnsitz wird regelmäßig durch einen Willensakt begründet, nämlich dadurch, daß sich jemand an einem Ort „ständig niederläßt" (§ 7 Abs. 1). Erforderlich hierfür ist eine Handlung, wie etwa das Beziehen einer Wohnung oder die Eröffnung eines Geschäfts, die mit dem Willen vorgenommen wird, dadurch die Voraussetzung dafür zu schaffen, um an diesem Ort nicht nur für eine von vornherein begrenzte Zeit, sondern für „dauernd" zu verbleiben, an ihm eine ständige Tätigkeit zu entfalten oder von ihm aus seine Angelegenheiten wahrzunehmen. Der Wille, sich „ständig" niederzulassen, fehlt in der Regel dem Studenten beim Beziehen einer Wohnung am Hochschulort, denn er gedenkt meist

[3] So der BGH, LM Nr. 3 zu § 7 BGB.

nur für einen übersehbaren Zeitraum, etwa bis zum Examen, an diesem Orte zu bleiben. Er fehlt ebenso der Kellnerin, die in einem Kurort für eine Saison tätig ist, erst recht dem Kurgast, selbst wenn es sich um eine Kur von längerer Dauer handelt, dem Strafgefangenen,[4] der, selbst wenn das Urteil auf „lebenslänglich“ lautet, doch die Hoffnung hat, eines Tages entlassen zu werden. Dagegen wird die Begründung eines Wohnsitzes nicht dadurch ausgeschlossen, daß der Beamte damit rechnet, nach einiger Zeit versetzt zu werden, der Angestellte die Absicht hat, bei passender Gelegenheit seine Stellung zu wechseln, auch wenn dies einen Ortswechsel erforderlich macht. Denn in diesen Fällen hat er doch den Willen, bis zum Eintritt eines noch ungewissen Ereignisses an dem jetzigen Ort zu verbleiben. Der Wohnsitz wird aufgehoben, „wenn die Niederlassung mit dem Willen aufgehoben wird, sie aufzugeben“ (§ 7 Abs. 3). Das kann gleichzeitig mit der Begründung eines neuen Wohnsitzes, aber auch ohne das geschehen.

Die Begründung und ebenso die Aufhebung des Wohnsitzes gemäß § 7 ist kein Rechtsgeschäft, da der Wille, den das Gesetz hierfür erfordert, nur auf die Herstellung oder die Aufhebung einer tatsächlichen Beziehung, nicht auf die Begründung irgendwelcher Rechtsfolgen gerichtet zu sein braucht. Selbst wenn derjenige, der einen Wohnsitz begründet, die vom Gesetz daran geknüpften Rechtsfolgen oder einige dieser Folgen nicht herbeiführen will und deshalb etwa die polizeiliche Anmeldung unterläßt, in der irrigen Meinung, dadurch den Eintritt dieser Rechtsfolgen verhindern zu können, treten sie, als gesetzliche Folgen seines tatsächlichen Verhaltens, ein. Die Begründung und die Aufhebung des Wohnsitzes sind daher „Realakte“ (unten § 26), für deren Vornahme das Gesetz aber, entgegen der sonst für solche Akte geltende Regeln, ausdrücklich Geschäftsfähigkeit verlangt (§ 8 Abs. 1). Wer geschäftsunfähig oder in der Geschäftsfähigkeit beschränkt ist, bedarf zur Begründung oder Aufhebung eines Wohnsitzes der Zustimmung seines gesetzlichen Vertreters. Jedoch kann ein Minderjähriger, der verheiratet ist oder war, selbständig einen Wohnsitz begründen oder aufheben (§ 8 Abs. 2 idF des Gesetzes zur Neuregelung der Volljährigkeitsalters Art. 1 Nr. 4).

Einen gesetzlichen Wohnsitz, dessen Begründung unabhängig vom Willen ist, haben nach dem Gesetz heute noch Berufssoldaten, und zwar regelmäßig am Standort der Truppe (§ 9 Abs. 1). Der gesetzliche Wohnsitz gilt nicht für Soldaten, die nur auf Grund ihrer Wehrpflicht Wehrdienst leisten, weil sie sich nur vorübergehend bei der Truppe aufhalten, und nicht für Soldaten, die, weil sie geschäftsunfähig oder in der Geschäftsfähigkeit beschränkt sind, nicht selbständig einen Wohnsitz begründen können (§ 9 Abs. 2). Weiter teilt ein minderjähriges eheliches Kind nach § 11 Satz 1 kraft Gesetzes den Wohnsitz seiner Eltern, sofern beiden, was nach § 1626 Abs. 2 die Regel ist, die Sorge für die Person des

[4] Vgl. *Oertmann* 3b zu § 7.

Kindes zusteht. Steht die Personensorge nur einem Elternteil zu, so teilt es dessen Wohnsitz; steht sie keinem Elternteil zu, so den des dann Sorgeberechtigten. Das Gesetz geht davon aus, daß beide Elternteile den gleichen Wohnsitz haben. Ist das nicht der Fall, haben sich die Eltern insbesondere nach der Geburt des Kindes getrennt und sind beide sorgeberechtigt, so teilt das Kind nach der Auffassung des BGH[5] den Wohnsitz beider Elternteile, erhält also einen doppelten Wohnsitz. Im Schrifttum ist diese Auffassung umstritten;[6] gegen sie wird eingewandt, es stehe keinem Elternteil allein zu, durch einseitige Änderung seines Wohnsitzes dem Kinde einen neuen Wohnsitz zu geben, auch wenn das Kind bei dem anderen Elternteil und damit an seinem bisherigen Wohnort verbleibt. Ein nichteheliches Kind teilt den Wohnsitz der Mutter. Das Kind behält in allen Fällen den Wohnsitz auch nach Erreichung der Volljährigkeit so lange, bis es ihn – regelmäßig durch die Begründung eines eigenen Wohnsitzes – rechtsgültig aufhebt (§ 11 Satz 3).

III. Die Staatsangehörigkeit

Die Staatsangehörigkeit spielt im Privatrecht nur eine geringe Rolle, da grundsätzlich Ausländer wie Inländer Privatrechte jeder Art erwerben und unter den gleichen Bedingungen Rechtsgeschäfte vornehmen können. Hinsichtlich des Erwerbs von Grundbesitz durch Ausländer läßt allerdings Art. 88 EGBGB landesgesetzliche Beschränkungen zu. Um so größer ist die Bedeutung der Staatsangehörigkeit im internationalen Privatrecht (vgl. oben § 1 III c). Nach deutschem internationalen Privatrecht ist die Staatsangehörigkeit einer Person unter anderem maßgebend für ihre Geschäftsfähigkeit, für die persönlichen Voraussetzungen einer Eheschließung, für die persönlichen Rechtsbeziehungen deutscher Ehegatten zueinander, für das eheliche Güterrecht, für die Ehescheidung, für das Rechtsverhältnis zwischen Eltern und ehelichen Kindern sowie andere familienrechtliche Beziehungen und für die Erbfolge (vgl. die Art. 7, 13 ff., 19 ff., 24, 25 EGBGB). Die Hauptbedeutung der Staatsangehörigkeit liegt jedoch auf dem Gebiet des öffentlichen Rechts, das auch die Voraussetzungen ihres Erwerbs und ihres Verlustes regelt. Hervorzuheben ist, daß nach Art. 16 Abs. 1 Satz 1 GG die deutsche Staatsangehörigkeit nicht entzogen werden darf. Man kann nur auf seinen Antrag aus der deutschen Staatsangehörigkeit entlassen werden. Maßgebend ist heute wieder das Reichs- und Staatsangehörigkeitsgesetz vom 22. 7. 1913, das häufig geändert worden ist.[7] Danach wird die deutsche Staatsangehö-

---

[5] BGHZ 48, 228. Vgl. ferner die Entsch. des OLG Karlsruhe, FamRZ 68, 94.

[6] Vgl. etwa *Lange/Köhler* § 23 III 2; *Beitzke,* Familienrecht § 25 III 2; *Gernhuber,* Familienrecht § 46 III 1; sowie die Kommentare zu § 11.

[7] Vgl. dazu *Palandt-Heldrich* 7 a vor Art. 7 EGBGB.

rigkeit grundsätzlich erworben durch die Geburt als eheliches Kind eines deutschen Vaters oder – seit dem Änderungsgesetz vom 20. 12. 1974 –[8] einer deutschen Mutter oder als uneheliches Kind einer deutschen Mutter. Es gilt also das „ius sanguinis", das Recht der Abstammung, nicht, wie in vielen Ländern, das „ius soli", d. h. das Recht des Geburtsortes.

§ 8. Der Persönlichkeitsschutz

Literatur: *v. Caemmerer,* Der privatrechtliche Persönlichkeitsschutz nach deutschem Recht, Festschr. f. Fritz *v. Hippel,* 1967, S. 27; *Heldrich,* Der Persönlichkeitsschutz Verstorbener, Festschr. f. Heinrich *Lange,* 1970, S. 163; *Helle,* Der Schutz der persönlichen Ehre und des wirtschaftlichen Rufes im Privatrecht, 2. Aufl. 1969; *Hubmann,* Das Persönlichkeitsrecht, 2. Aufl. 1967 (zur 1. Aufl. *Reinhardt* AcP 153, 548); *Larenz,* Das „allgemeine Persönlichkeitsrecht" im Recht der unerlaubten Handlungen, NJW 55, 521; *Leßmann,* Persönlichkeitsschutz juristischer Personen, AcP 170, 266; *Müllereisert,* Die Ehre im deutschen Privatrecht, 1931; *Reinhardt,* Das Persönlichkeitsrecht in der geltenden Rechtsordnung, 1931; *Scheyhing,* Zur Geschichte des Persönlichkeitsrechts im 19. Jahrhundert, AcP 158, 503; *Schlechtriem,* Inhalt und systematischer Standort des allgemeinen Persönlichkeitsrechts, DRiZ 75, 65; *Schwerdtner,* Das Persönlichkeitsrecht in der deutschen Zivilrechtsordnung, 1977.

I. Das Namensrecht und andere besondere Persönlichkeitsrechte

Das Gesetz bestimmt in § 12: „Wird das Recht zum Gebrauch eines Namens dem Berechtigten von einem anderen bestritten oder wird das Interesse des Berechtigten dadurch verletzt, daß ein anderer unbefugt den gleichen Namen gebraucht, so kann der Berechtigte von dem anderen Beseitigung der Beeinträchtigung verlangen. Sind weitere Beeinträchtigungen zu besorgen, so kann er auf Unterlassung klagen." Ausdrücklich ist hier die Rede von einem „Recht zum Gebrauch eines Namens". Dieses Recht besteht gegenüber jedermann, ist also ein sogenanntes „absolutes Recht", und richtet sich, wie sich aus dem Gesetzestext unmittelbar ergibt, auf Anerkennung („nicht bestreiten") und Unterlassung einer Verletzung durch unbefugten Namensgebrauch. Da der Name kein der Person äußerliches Gut ist, das, wie eine Sache, von Hand zu Hand gehen könnte, sondern ein Zeichen, ein Symbol, das die Person gerade in ihrer Individualität kennzeichnet, so ist er ein der Person selbst zugehöriges ideelles Gut, ein Persönlichkeitsgut. Das Namensrecht ist daher seiner Art nach ein Persönlichkeitsrecht, d. h. ein Recht auf Anerkennung, auf Nichtverletzung der Person in ihrem unmittelbaren Dasein und ihrem eigensten, persönlichen Lebensbereich. Es ist der

---

[8] Bis dahin entschied über den Erwerb der deutschen Staatsangehörigkeit bei einem ehelichen Kind nur die Staatsangehörigkeit des Vaters. Diese Regelung erklärte das BVerfG – BVerfGE 37, 217 – für mit dem Grundgesetz unvereinbar.

Prototyp der Persönlichkeitsrechte im geltenden Recht, zugleich das einzige, das das BGB ausdrücklich anerkennt.

Das Namensrecht bezieht sich zwar in erster Linie auf den bürgerlichen Namen, also den einer Person gesetzlich zustehenden Namen. Die Rechtsprechung erstreckt es auch auf die *Firma,* d. h. auf den Namen, unter dem ein Kaufmann – einerlei ob ein Einzelkaufmann, eine Personal- oder Kapitalgesellschaft – ,,im Handel seine Geschäfte betreibt" (§ 17 Abs. 1 HGB).[1] Darüber hinaus schafft § 37 Abs. 2 HGB einen besonderen Schutz des Firmenrechts. Rechtsprechung und Lehre erkennen ferner ein Namensrecht auch an einem Decknamen, insbesondere einem Künstlernamen oder Schriftstellernamen, an, wenn die betreffende Person unter diesem Namen in der Öffentlichkeit, sei es auch nur in einem Teil der Öffentlichkeit, bekannt geworden ist.[2] Auch hinsichtlich anderer Kennzeichnungen einer bestimmten Persönlichkeit, wie z. B. eines Familienwappens, einer in der Öffentlichkeit bekannt gewordenen Namensabkürzung, wird in Analogie zum Namen ein entsprechender Schutz gewährt.[3] Obgleich § 12 im Abschnitt über ,,Natürliche Personen" steht, gewährt die Rechtsprechung den Schutz des Namensrechts auch den Juristischen Personen und sogar nichtrechtsfähigen Vereinen (unten § 10 VI); mit Recht, da auch hier ein berechtigtes Interesse am Schutz des Namens gegeben ist, unter dem die rechtlich als Einheit verfaßte Personengesamtheit im Verkehr als solche auftritt und bekannt ist. Das gilt in besonderem Maße von solchen Vereinigungen, die unter ihrem Namen die Öffentlichkeit ansprechen und um Unterstützung für ihre Ziele werben, wie den politischen Parteien.[4]

Auf Grund seines Namensrechts kann der Berechtigte im Wege der Klage Beseitigung einer bestehenden Beeinträchtigung[5] und, bei Wiederholungsgefahr, Unterlassung in zwei Fällen verlangen:

---

[1] *Soergel/Heinrichs* 142, *MünchKomm/Schwerdtner* 15ff. zu § 12; BGHZ 14, 155, 159; anders aber *Fabricius,* JR 72, 15. *Fabricius* gründet seine abweichende Ansicht einmal auf den Wortlaut der Bestimmung – ein ,,Recht" zum Gebrauch eines ,,Namens" ergebe sich nur aus den Bestimmungen über den Familiennamen, wie §§ 1616, 1617, 1355 –, zum anderen auf die Entstehungsgeschichte. Doch dürfte es sich bei der weiten Auslegung des § 12 um eine Rechtsfortbildung handeln, die im großen und ganzen einem unabweisbaren Bedürfnis entspricht und gewohnheitsrechtliche Geltung erlangt hat.

[2] Vgl. die Angaben bei *Enn/N.* § 100 Anm. 63; *MünchKomm/Schwerdtner* 10ff. zu § 12. A. A. auch hier wieder *Fabricius* (vorige Anm.).

[3] Vgl. *MünchKomm/Schwerdtner* 48f. zu § 12. Ein Verein ,,Gesellschaft zur Weserklause" genießt Namensschutz gegenüber einer Gastwirtschaft in der gleichen Stadt, die sich die Bezeichnung ,,Weserklause" zulegte, da der Namensbestandteil ,,Weserklause" den Vereinsnamen in seiner Eigenart charakterisiert; so der BGH, NJW 70, 1270.

[4] Zum Namensschutz politischer Parteien OLG Karlsruhe, NJW 72, 1810; BGHZ 79, 265; *Schlüter,* JuS 75, 558.

[5] Zur Abgrenzung des Beseitigungsanspruchs von einem Anspruch auf Schadensersatz – der im Gegensatz zu jenem ein Verschulden voraussetzt – Sch. R. II, S. 76; *Schlüter* aaO S. 563f.

1. wenn ihm das Recht zum Gebrauch seines Namens von einem anderen bestritten wird. Die Bestreitung wird meist wörtlich, gegenüber dem Berechtigten selbst oder gegenüber einem Dritten, erfolgen; erfolgt sie in einer Druckschrift, so ist jede Verbreitung (oder Weiterverbreitung) der Druckschrift eine Beeinträchtigung;

2. wenn sein Interesse dadurch verletzt wird, daß ein anderer unbefugt den gleichen Namen gebraucht. ,,Unbefugt" ist der Namensgebrauch nicht, wenn der andere den gleichen bürgerlichen Namen führt oder wenn er unter diesem Decknamen schon früher als der Kläger bekannt geworden ist. Ein Gebrauch des Namens liegt nicht nur darin, daß jemand diesen Namen als den ihm angeblich zustehenden führt, sondern auch darin, daß er eine andere Person Dritten gegenüber mit diesem Namen bezeichnet.[6] Ferner kann ein Gebrauch des Namens auch darin liegen, daß ein anderer den Namen zur Bezeichnung einer Ware oder sonst zu Reklamezwecken verwendet.[7] Eine Verletzung des Namensrechts sieht der BGH darin allerdings nur dann, wenn der Eindruck erweckt wird, dem Namensträger seien die angepriesenen Waren oder Leistungen irgendwie zuzurechnen. Ist das nicht der Fall, kann gleichwohl eine Verletzung des ,,allgemeinen Persönlichkeitsrechts" (vgl. unten II) vorliegen. Auch wenn jemand unter dem Namen eines anderen Meinungsäußerungen oder Absichtserklärungen an andere Personen oder an die Öffentlichkeit richtet, sodaß die Adressaten sie als solche des Namensträgers auffassen und dadurch dessen Interesse, sich selbst darzustellen, verletzt wird, kann darin ein Namensmißbrauch gelegen sein.[8]

Die Rechtsprechung hat früher als ,,unbefugten Namensgebrauch" auch die Verwendung des Namens einer lebenden Person zur Bezeichnung einer Romanfigur oder einer Rolle in einem Theaterstück angesehen, wenn dadurch für den Leser oder den Zuschauer eine Beziehung zu der betreffenden Person hergestellt wurde.[9] Indessen liegt die Beeinträchtigung hier nicht in dem Namensgebrauch als solchen – auch wenn die Romanfigur mit einem anderen Namen bezeichnet wird, aber alle Umstände auf diese bestimmte Person hinweisen, liegt es nicht anders –, sondern in der Preisgabe von Vorgängen aus dem privaten Lebensbereich dieser Person, in der Zeichnung des auf sie gemünzten Charakterbildes, also in dem Einbruch in die Privatsphäre.[10] Nach der Anerkennung eines allgemeinen Persönlichkeitsrechts, durch das auch die Privatsphäre angemessenen Schutz erfährt, sollte man diese Fälle nicht mehr unter die des unbefugten Namensgebrauchs einreihen.

Das Namensrecht ist ein ,,sonstiges Recht" im Sinne des § 823 Abs. 1. Wenn daher dem Berechtigten durch die Verletzung seines Namensrechts ein Vermö-

---

[6] So auch *Enn./N.* § 100 Anm. 13; *MünchKomm/Schwerdtner* 102 zu § 12; anders RGZ 108, 230; *Palandt/Heinrichs* 4a aa zu § 12.

[7] Vgl. RGZ 54, 42 (44); 74, 308 (310); 100, 182 (186); BGH LM Nr. 32 zu § 12 BGB, BGHZ 30, 7; 81, 75, 78. Einschränkend – nur, ,,wenn die Gefahr einer Zuordnungsverwirrung ausgelöst wird" – *MünchKomm/Schwerdtner* 101 zu § 12.

[8] Vgl. *Schlüter* aaO S. 561f. Allerdings geht es hier weniger um die Kennzeichnungs-, als um die ,,Darstellungsfunktion" des Namens (*Pawlowski* I S. 124ff.). Beide lassen sich aber nicht trennen.

[9] Vgl. *Enn./N.* 100 Anm. 12 (mit Nachw.).

[10] So zutreffend *Bussmann*, Gutachten für den 42. DJT S. 24; *MünchKomm/Schwerdtner* 103 zu § 12.

gensschaden zugefügt wird, dann kann er von dem Schädiger auch Schadensersatz verlangen, falls dieser schuldhaft (vorsätzlich oder fahrlässig) gehandelt hat. Ein Vermögensschaden kann einmal daraus entstehen, daß durch den unbefugten Gebrauch des gleichen Namens, der gleichen Firma, im geschäftlichen Verkehr Verwechslungen hervorgerufen werden, die einen Rückgang des Umsatzes oder der Verdienstmöglichkeiten des Berechtigten zur Folge haben; ferner dadurch, daß dem Berechtigten Einnahmen entgangen sind, die er durch die Gestattung einer Benutzung seines Namens etwa zu einem Werbezweck hätte erzielen können. In der Ersparnis der üblicherweise für eine solche Gestattung zu zahlenden Vergütung kann ferner eine ungerechtfertigte Bereicherung des Benutzers liegen, deren Herausgabe der Berechtigte nach § 812, mit der so genannten „Eingriffskondiktion", verlangen kann.

Ein weiteres „besonderes" Persönlichkeitsrecht ist das in §§ 22ff. KunstUrhG geregelte **Recht am eigenen Bild.** Es umfaßt die Befugnis, die Verbreitung oder die öffentliche Zurschaustellung des eigenen Bildes, sofern der Abgebildete nicht darin eingewilligt hat, zu untersagen. Dieses Recht unterliegt jedoch erheblichen Einschränkungen, vor allem, soweit es sich um „Bildnisse aus dem Bereich der Zeitgeschichte" handelt. Es steht bis zum Ablauf von zehn Jahren nach dem Tode des Abgebildeten noch seinen Angehörigen zu. Auch dieses Recht ist ein „sonstiges Recht" im Sinne des § 823 Abs. 1.

Im übrigen nennt § 823 Abs. 1 vier „Lebensgüter", die für den Fall ihrer Verletzung einem subjektiven Recht gleichgestellt werden, nämlich **das Leben, den Körper, die Gesundheit und die Freiheit.** Die Rechtsprechung gewährt auch hier im Falle einer drohenden Beeinträchtigung die Unterlassungsklage sowie bei einer fortdauernden Beeinträchtigung den Beseitigungsanspruch.[11] Es unterliegt keinem Bedenken, hiernach von einem Recht auf Nichtverletzung des Lebens, des Körpers, der Gesundheit und der Freiheit zu sprechen und diese Rechte den anerkannten Persönlichkeitsrechten an die Seite zu stellen. Dies um so weniger, als auch das Grundgesetz in Art. 2 Abs. 2, wenn auch ersichtlich in erster Linie im Hinblick auf die Staatsgewalt, von einem „Recht auf Leben und körperliche Unversehrtheit" spricht und die Freiheit der Person als „unverletzlich" bezeichnet. Die **Ehre** ist im § 823 Abs. 1 nicht ausdrücklich genannt und wurde daher früher nur mittelbar durch § 823 Abs. 2 in Verbindung mit den strafrechtlichen Vorschriften über Beleidigung, üble Nachrede usw. geschützt. Heute ist das Recht an der Ehre als ein aus dem „allgemeinen Persönlichkeitsrecht" abgeleitetes besonderes Persönlichkeitsrecht anerkannt.[12] Es unterliegt freilich, wie dieses, Begrenzungen, die sich vor allem aus § 193 StGB – Wahrnehmung berechtigter Interessen – ergeben. Für ein Recht an der Ehre spricht die zentrale Bedeutung

---

[11] Vgl. Sch. R. Bd. II, § 72 Ib.
[12] Näheres darüber Sch. R. Bd. II, § 72 IIIa unter Nr. 6.

der Ehre für die Persönlichkeit sowie der Umstand, daß das Grundgesetz in Art. 5 Abs. 2 ausdrücklich von dem ,,Recht der persönlichen Ehre" spricht.

II. Das allgemeine Persönlichkeitsrecht

Der Schutz der menschlichen Persönlichkeit in dem ihr eigentümlichen Bereich, wie er sich aus den angeführten besonderen Persönlichkeitsrechten (mit Einschluß der strafrechtlichen Vorschriften zum Schutz der Ehre) ergibt, wurde nach dem 2. Weltkrieg allgemein als unzulänglich empfunden. Man war, nach den Erfahrungen mit der Diktatur, empfindlich geworden gegen jede Art von Mißachtung der Menschenwürde und der Persönlichkeit; zugleich erkannte man, daß sich die Möglichkeiten zu Handlungen, die eine solche Mißachtung darstellen, nicht nur von seiten des Staates, sondern auch von seiten anderer Verbände oder von Privatpersonen, durch die Entwicklung der modernen Technik (z. B. Tonbänder, Abhörgeräte, Kleinkameras) vervielfältigt hatten. Um den von solchen Handlungen Betroffenen zivilrechtlich einen umfassenden Schutz zu gewähren, hat die Rechtsprechung nicht auf das Eingreifen des Gesetzgebers gewartet, sondern von sich aus die als solche empfundene Lücke ausgefüllt, indem sie unter Berufung auf die Art. 1 und 2 des Grundgesetzes, die die menschliche Würde und die Entfaltung der Persönlichkeit als oberste Rechtswerte herausstellen, ein sogenanntes ,,allgemeines Persönlichkeitsrecht" als im geltenden Recht begründet anerkannt hat, das den ,,sonstigen Rechten" im Sinne des § 823 Abs. 1 gleichzustellen sei.[13]

Unter dem ,,allgemeinen Persönlichkeitsrecht" ist das Recht auf Achtung, auf Nichtverletzung der Person in allen ihren schutzwürdigen unmittelbaren Äußerungen (wie dem von ihr gesprochenen oder geschriebenen Wort) und in ihrer der Neugier und der Zudringlichkeit anderer entzogenen Privatsphäre und Geheimspähre zu verstehen, ohne daß damit schon eine eindeutige und zweifelsfreie Umgrenzung gegeben wäre.[14] Sie ist auch kaum möglich. Die Grenzen des allge-

[13] Grundlegend waren vor allem die Entscheidungen BGHZ 13, 334; 24, 72; 26, 349; 31, 308. Von Bedeutung waren ferner die Verhandlungen des 42. DJT (Bürgerlich-rechtliche Abteilung); aus dem Schrifttum *Enn./N.* § 101 I; *Hubmann* aaO.; *MünchKomm/Schwerdtner* Rdz. 152ff., 185ff.

[14] Seine Weite und relative Unbestimmtheit macht die Problematik des ,,allgemeinen Persönlichkeitsrechts" aus. Zu weit geht aber Ernst *Wolf,* wenn er deshalb schlicht ,,das Nichtexistieren eines allgemeinen Persönlichkeitsrechts" behauptet (S. 144ff.). Ein absolutes subjektives Recht, so sagt er, könne nur ,,in bezug auf einen jeweils einzelnen Rechtsgegenstand existieren". Ein absolutes Recht auf mehrere Rechtsgegenstände, wie Name, Bildnis, Tonbandaufnahme, könne es nicht geben. *Wolf* nimmt daher *mehrere* Persönlichkeitsrechte mit verschiedenen Rechtsgegenständen an. Diese Rechte seien ,,natürliche absolute Rechte des Menschen als Person". Aber auch solche Rechte bedürfen der näheren Umgrenzung. Sie kann wiederum nur in einem Konkretisierungsprozeß, durch Fallvergleichung und Güterabwägung, gewonnen werden, wie er in der Rechtsprechung zum ,,allgemeinen Persönlichkeitsrecht" ebenfalls stattfindet. *Wolfs* Meinung, diese Rechte seien schon ,,durch ihren erfahrbaren Gegenstand objektiv bedingt", geht m. E. an der Weise, wie es in der Rechtsprechung allmählich zur Ausbildung weiterer derartiger Rechte oder zur näheren Umgrenzung der schon anerkannten kommt, vorbei.

meinen Persönlichkeitsrechts ergeben sich einmal aus dem gleichen Recht aller anderen, ferner aus einem berechtigten Interesse der Öffentlichkeit an Unterrichtung, das wahrzunehmen die Presse und andere Publikationsmittel berufen sind, unter Umständen auch aus einem höher zu wertenden Interesse der Rechtspflege,[15] überhaupt aus der Wahrnehmung berechtigter Interessen. Unter den Rechten anderer, die bei der Beantwortung der Frage, ob eine Beeinträchtigung der Persönlichkeitssphäre, etwa der Ehre, des Lebens- und Charakterbildes eines anderen, eine „Verletzung" seines Persönlichkeitsrechts ist, sind das Grundrecht der freien Meinungsäußerung (Art. 5 GG), das freilich selbst nicht schrankenlos ist, sowie die Freiheit der Kunst (Art. 5 Abs. 3 GG)[16] von besonderer Bedeutung. Daß die Grenzen eines solchen Rechts nur schwer zu ziehen und offenbar davon abhängig sind, welches der miteinander kollidierenden Güter oder Interessen im Einzelfall höher zu bewerten ist, ist der Grund dafür, daß der Gesetzgeber des BGB ein solches Recht in das Gesetz nicht aufgenommen hatte. Dagegen kennt es der Sache nach das schweizerische Zivilgesetzbuch, das in seinem Art. 28 Abs. 1 bestimmt: „Wer in seinen persönlichen Verhältnissen unbefugterweise verletzt wird, kann auf Beseitigung der Störung klagen." Was hier unter „persönlichen Verhältnissen" zu verstehen ist, wann sie „verletzt" sind und wann eine Verletzung „unbefugt" ist, bleibt im Gesetz ebenso offen, wie es der Umfang des „allgemeinen Persönlichkeitsrechts" ist. In dem einen wie in dem anderen Fall handelt es sich um eine Generalklausel, deren nähere Ausfüllung nur durch die Rechtsprechung erfolgen kann.[17] Im näheren wird auf die Darstellung im Schuldrecht verwiesen.[18]

Die Rechtsprechung hat im weiteren Verlauf den Schutz der menschlichen Persönlichkeit sogar auch über ihren Tod hinaus ausgedehnt **(postmortaler Persönlichkeitsschutz).**[19] Die schutzwürdigen Werte der Persönlichkeit, so hat der BGH ausgeführt, überdauerten die Rechtsfähigkeit einer Person; die Achtung vor der Person des Verstorbenen gebiete auch jetzt noch, herabsetzende und entstellende Äußerungen zu unterlassen. Den nächsten Angehörigen des Verstorbenen gibt er daher das Recht, Unterlassung oder Widerruf zu verlangen. Dem steht nicht entgegen, daß die Rechtsfähigkeit eines Menschen mit seinem Tode endet und daß das allgemeine Persönlichkeitsrecht, weil streng an die Person

[15] Dieses ist gegen das Interesse des Betroffenen, nicht genannt und öffentlich abgebildet zu werden, abzuwägen; so in den Fällen der bekannten Fernsehsendung „Aktenzeichen XY – ungelöst". Dazu OLG *Frankfurt,* JZ 71, 331; *Neumann-Duesberg,* JZ 70, 564; JZ 71, 305.

[16] Vgl. BGHZ 50, 133 („Mephisto"), BVerfGE 30, 173. (Ebenfalls „Mephisto" – lesenswert!).

[17] Vgl. *Gmür,* Das Schweizerische Zivilgesetzbuch verglichen mit dem Deutschen BGB S. 58.

[18] Sch. R. Bd. II § 72 III a.

[19] Vgl. BGHZ 15, 249, 259; 50, 133 („Mephisto"); dazu *Heldrich* aaO.; *Palandt/Keidel* 3a mm zu § 1922; *MünchKomm/Schwerdtner* 190 ff. zu § 12. Ablehnend gegenüber einem „allgemeinen postmortalen Persönlichkeitsrecht" *Schwerdtner,* Das Persönlichkeitsrecht S. 104 ff.; im *MünchKomm.* befürwortet er „einen postmortalen Persönlichkeitsschutz in vorsichtiger Analogie zu § 22 KunstUrhG". Dieser Weg dürfte in der Tat vorzuziehen sein.

gebunden, weder übertragbar noch vererblich ist (vgl. unten § 13 II 1). Die Angehörigen üben ein *ihnen* zustehendes Recht aus, das ihnen im Interesse des Verstorbenen, wie auch in ihrem eigenen Interesse verliehen ist.

Über das Verhältnis des „allgemeinen Persönlichkeitsrechts" zu den vorhin genannten „besonderen Persönlichkeitsrechten" ist folgendes zu sagen: Das allgemeine Persönlichkeitsrecht liegt als das jedermann als Person zuzuerkennende Recht auf Achtung allen besonderen Persönlichkeitsrechten, die als Abspaltungen von ihm angesehen werden können, zugrunde und geht ihnen daher, rechtslogisch gesehen, vor. In der Rechtsanwendung gehen die besonderen Persönlichkeitsrechte insofern vor, als es immer dann, wenn schon ein besonderes Persönlichkeitsrecht verletzt ist, des Rückgangs auf das allgemeine Persönlichkeitsrecht mit seinen schwer bestimmbaren Grenzen nicht bedarf. Der Inhalt der besonderen Persönlichkeitsrechte ist im Verhältnis zum „allgemeinen Persönlichkeitsrecht" verhältnismäßig eindeutig bestimmt oder doch zu bestimmen. Was z. B. eine „Körperverletzung" ist, läßt sich leicht sagen; ob eine solche vorliegt, wird selten zweifelhaft sein. Um sie als „rechtswidrig" zu qualifizieren, bedarf es nicht der Güterabwägung in jedem Einzelfall, die für die Feststellung einer rechtswidrigen Verletzung des allgemeinen Persönlichkeitsrechts unerläßlich ist. Die Heraushebung und schärfere Abgrenzung von besonderen Persönlichkeitsrechten erleichtert also die Rechtsanwendung und erhöht die Rechtssicherheit. Sie dürfte aber niemals in dem Umfang möglich sein, daß durch sie alle schutzwürdigen Äußerungen und Daseinsbereiche der menschlichen Persönlichkeit voll erfaßt würden. Denn diese und die sich aus ihnen ergebenden Konfliktsmöglichkeiten sind letztlich unübersehbar. Deshalb bedient sich die Rechtsprechung des „allgemeinen Persönlichkeitsrechts," dessen Umfang nicht im voraus festgelegt ist, als Auffangtatbestandes. Ist in einem Einzelfall kein besonderes Persönlichkeitsrecht verletzt, so bleibt zu prüfen, ob etwa eine Verletzung des allgemeinen Persönlichkeitsrechts vorliegt, was nur unter Berücksichtigung der besonderen Fallgestaltung und der beteiligten Interessen geschehen kann. So hat der BGH in einigen Fällen, in denen der Name eines völlig Unbeteiligten in einer Werbeanzeige genannt oder einer Werbezwecken dienenden Abbildung zu sehen war, er eine Verletzung des Namensrechts jedoch ablehnte, eine Verletzung des allgemeinen Persönlichkeitsrechts angenommen.[20]

Besonders geregelt ist der Schutz der menschlichen Persönlichkeit gegen Beeinträchtigungen ihrer schutzwürdigen Belange durch die Speicherung oder Weitergabe personbezogener Daten, und zwar durch das **Bundesdatenschutzgesetz** vom 27. 1. 1977 und durch entsprechende Landesgesetze. Nach dem Bundesdatenschutzgesetz (§ 3) ist die Verarbeitung personenbezogener Daten nur zulässig, soweit dieses oder ein anderes Gesetz sie erlaubt, oder der Betroffene in sie

---

[20] BGHZ 30, 7; 81, 75 (lesenswerte Entscheidungen!).

eingewilligt hat. Jedermann hat, nach näherer Maßgabe des Gesetzes, ein Recht auf Auskunft über die zu einer Person gespeicherten Daten, unter Umständen auf deren Berichtigung, Sperrung oder Löschung (§ 4). Diese Rechte können als gesetzliche Konkretisierungen des allgemeinen Persönlichkeitsrechts angesehen werden, die für diesen Bereich eine abschließende Regelung darstellen.

B. Juristische Personen

§ 9. Vereinigungen und juristische Personen des Privatrechts im allgemeinen

Literatur: *Binder,* Das Problem der juristischen Persönlichkeit, 1907; *Brecher,* Subjekt und Verband, Festschr. f. *Hueck,* 1959, S. 233; *Buchda,* Geschichte und Kritik der modernen Gesamthandslehre, 1936; *Coing,* Das Privatrecht und die Probleme der Ordnung des Verbandswesens, in Festschr. f. *Flume,* 1978, Bd. I S. 429; *Fabricius,* Relativität der Rechtsfähigkeit, 1963; *Flume,* Savigny und die Lehre von der juristischen Person, Festschr. f. Franz *Wieacker,* 1978, S. 340; Allgemeiner Teil, Bd. I, Die Personengesellschaft, 1977; O. *v. Gierke,* Das deutsche Genossenschaftsrecht, 4 Bde., 1868–1913; Die Genossenschaftstheorie und die deutsche Rechtsprechung, Berlin 1887 (Neudruck 1963); Das Wesen der menschlichen Verbände, 1902; *Haff,* Grundlagen einer Körperschaftslehre, 1915; *Hölder,* Natürliche und juristische Personen, 1905; Das Problem der juristischen Persönlichkeit, JherJb. 53, 40; *John,* Die organisierte Rechtsperson, 1977; *Nass,* Person, Persönlichkeit und juristische Person, 1964; *Ostheim,* Zur Rechtsfähigkeit von Verbänden im österreichischen bürgerlichen Recht, 1967; *Ott,* Recht und Realität der Unternehmenskorporation, 1977; *Rhode,* Juristische Person und Treuhand, 1932 (dazu *Schönfeld,* AcP 136, 331 u. 346); *Rittner,* Die werdende juristische Person, 1973; Rechtsperson und juristische Person, in: Festschr. f. *Meier-Hayoz,* 1982, S. 331; *Schönfeld,* Rechtsperson und Rechtsgut im Lichte des Reichsgerichts, RG-Festschr. Bd. 2, S. 191; *Serick,* Rechtsform und Realität juristischer Personen, 1955 (dazu *Müller-Freienfels,* AcP 156, 522), 2. Aufl. 1980; *Wieacker,* Zur Theorie der juristischen Person des Privatrechts, Festschr. f. E. R. *Huber,* 1973, S. 339; H. J. *Wolff,* Organschaft und juristische Person, Bd. 1: Juristische Person und Staatsperson, 1933.

Angaben zur Bruchteilsgemeinschaft und zur Gesamthand unten zu II Nr. 5 und Nr. 6.

I. Begriff und Arten der ,,juristischen Personen"

Neben den Menschen als ,,natürlichen Personen", denen die Rechtsfähigkeit um ihres Personseins willen, daher notwendig, zukommt, erkennt die Rechtsordnung auch sogenannte ,,juristische Personen" als rechtsfähig, als mögliche Inhaber von Rechten und Adressaten von Pflichten an. ,,Juristische Personen" sind entweder *Personenvereinigungen,* die einen vom Wechsel der Mitglieder unabhängigen Bestand haben, oder zur Verfolgung eines bestimmten Zwecks geschaffene, mit einem diesem Zweck gewidmeten Vermögen ausgestattete *Organisationen,* die ebenso wie jene auf eine gewisse Dauer angelegt und durch die Einsetzung von ,,Organen" dazu befähigt sind, im Rechtsverkehr als selbständige Einheiten aufzutreten, insbesondere selbst Rechte zu erwerben und Verpflichtungen einzugehen. Die Anerkennung einer Vereinigung oder Organisation als ,,juristischer Person" ist an bestimmte Voraussetzungen geknüpft.

Man unterscheidet die juristischen Personen des Privatrechts und die des öffentlichen Rechts. Juristische Personen des öffentlichen Rechts sind vor allem der Staat (Bund, Länder) und die dem Staat eingegliederten, aber mit dem Recht der Selbstverwaltung ausgestatteten Gebietskörperschaften (Gemeinden, Gemeindeverbände, Kreise), ferner sonstige Körperschaften, Anstalten und Stiftungen des öffentlichen Rechts. Die heute herrschende Lehre unterscheidet die juristischen Personen des Privatrechts von denen des öffentlichen Rechts danach, daß die ersten auf einem privatrechtlichen Gründungsakt (Gründungsvertrag, Stiftungsgeschäft), die letzteren meist auf einem Hoheitsakt, insbesondere einem Gesetz, beruhen oder nachträglich durch ein Gesetz als Träger öffentlicher Aufgaben anerkannt worden sind.[1] Soweit es sich um Verbände handelt, beruht die Zugehörigkeit des einzelnen bei privatrechtlichen Vereinigungen auf einem privatrechtlichen Willensakt (der Teilnahme an der Gründung oder der Beitrittserklärung), bei den Körperschaften des öffentlichen Rechts dagegen auf einem vom Gesetz bestimmten Tatbestand, der meist unabhängig ist vom Willen des Betroffenen. Juristische Personen des öffentlichen Rechts, und nur diese, können (nicht: müssen) über hoheitliche Zwangsmittel verfügen. Begrifflich wesentlich ist die Verfügungsgmöglichkeit über Zwangsmittel für den Staat.

Unter den juristischen Personen sowohl des Privatrechts wie des öffentlichen Rechts sind die *Vereinigungen,* denen es wesentlich ist, daß sie Mitglieder haben, von den *Anstalten* und *Stiftungen* zu unterscheiden, die lediglich ,,Organe", Sachwalter für die Durchführung der ihnen gesetzten Aufgaben, haben. Vereinigungen, die auf eine gewisse Dauer angelegt sind, nach außen als Einheit auftreten und rechtsfähig sind, bezeichnet man als *,,Körperschaften"*.

Von den juristischen Personen des Privatrechts sind im BGB lediglich die Vereine und die Stiftungen geregelt. Die in aller Regel auf die Erzielung eines Gewinns durch eine wirtschaftliche Tätigkeit gerichteten Handelsgesellschaften waren ursprünglich im HGB geregelt; später wurden die AG und die GmbH aus ihm herausgenommen und in selbständigen Gesetzen geregelt. Von vornherein in einem Sondergesetz geregelt war die eingetragene Genossenschaft. OHG und KG, die auch heute noch im HGB geregelt sind, sind keine juristischen Personen, diesen aber in ihrer gesamten Struktur weitgehend angenähert. Da hier überall, außer den Interessen der Beteiligten – unter denen oft wieder die einer Minder-

---

[1] *v. Tuhr* Bd. I, § 31 zu Anm. 7; *Enn./N.* § 104 I. Wenn *Lehmann/Hübner* § 60 II 1 a als entscheidend ansehen, daß den juristischen Personen des öffentlichen Rechts staatliche Aufgaben zuerteilt oder daß sie in den staatlichen Organismus eingegliedert seien, dann ist das vor allem mit Rücksicht auf die Kirchen, die auch Körperschaften des öffentlichen Rechts, aber nicht in den staatlichen Organismus eingegliedert sind, zu eng.

heit schutzbedürftig sind – Interessen Dritter, vornehmlich der Gläubiger, berührt sind, besteht *Typenzwang.*

Der zur Zeit der Entstehung des BGB mit Erbitterung geführte Streit über die „Rechtsnatur" der juristischen Person – ob sie eine nur gedachte, „fiktive" Person[2] oder, aufgrund der (soziologischen) Realität der Verbände und Organisationen, eine „wirkliche und volle Person gleich der Einzelperson" *(Gierke)* oder schließlich nur die rechtliche Verselbständigung eines bestimmten Zwecken gewidmeten Sondervermögens (Theorie des Zweckvermögens[3]) sei – ist abgeklungen. Keine der einander entgegengesetzten Positionen läßt sich voll halten. Die Fiktionstheorie geht davon aus, Rechtsperson in der ursprünglichen Bedeutung des Ausdrucks sei nur der Mensch; sie sieht in der „juristischen Person" das Ergebnis eines juristischen Kunstgriffs, einer Gleichsetzung des Ungleichen, gibt aber keine Antwort auf die Frage, was sachlich dahinter steht, inwiefern und inwieweit die Gleichsetzung von der Sache her gerechtfertigt ist. *Gierkes* Theorie der „realen Verbandspersönlichkeit" setzt sich allzu leicht über den Unterschied hinweg, der nun einmal zwischen dem Menschen, als Person, und den Gebilden der rechtlich geordneten sozialen Welt besteht, denen Rechtsfähigkeit beigelegt wird. Sie sieht in der „juristischen Person" gleichsam den in eine neue Dimension gesteigerten Menschen, hält ihre Gleichsetzung mit der menschlichen Person, statt nur für einen Kunstgriff, für einen realen Sachverhalt. Dem gegenüber gilt es zu erkennen, daß es sich überhaupt nicht um eine Gleichsetzung, sondern nur um eine (begrenzte) *Analogie* handeln kann. Diese ist aber mehr als ein bloßer „Kunstgriff"; sie wird durch die Sache nahe gelegt. Wesentliches Kennzeichen der juristischen Person als solcher ist die Trennung ihrer eigenen Rechtssphäre von derjenigen ihrer Mitglieder wie auch der Personen, die als ihre Organe fungieren.[4] Indem sie als solche Rechte und Pflichten haben kann, „Rechtssubjekt" ist, steht die juristische Person insoweit zwar der natürlichen Person gleich. Sie ist jedoch Person nicht im ursprünglichen – ethischen – Sinne des Wortes, sondern nur in dem formalisierten Sinne des juristischen Personbegriffs (oben § 2 III), der nichts anderes als die Rechtsfähigkeit meint.[5] Der Ver-

---

[2] Als den Hauptvertreter der Fiktionstheorie sieht man gemeinhin *Savigny* an. Hierzu aber *Flume* in Festschr. f. *Wieacker.*

[3] Dafür jetzt wieder *Wiedemann,* WM, Sonderbeilage Nr. 4/1975 S. 8. Danach wird „durch Verleihung der Rechtsfähigkeit ein organisiertes Sondervermögen selbständiger Träger von Rechten und Pflichten". Da das Vermögen i. S. des BGB die Gesamtheit der einer Person zuständigen Vermögensrechte ist (unten § 17 I), hieße das, daß die Gesamtheit der das Sondervermögen bildenden Rechte sich selbst zuständig wäre. Auf diese Weise ist die Frage nach dem Vermögensträger und nach dem Zurechnungssubjekt der Handlungen der Organe m. E. nicht befriedigend zu beantworten.

[4] Dies betont auch *Wieacker,* aaO. S. 345, 353, 358. Vgl. auch *Soergel/Schultze v. Lasaulx* 3 vor § 21.

[5] Nach Ernst *Wolf* (S. 650ff.) gibt es keine „juristische Personen", da nur der Mensch „ein Lebewesen mit der Anlage zur Entschließungsfähigkeit", d. h. Person sei. Daran könnten auch gesetzliche Regelungen nichts ändern. Das ist richtig, doch verkennt *Wolf,* daß das BGB mit einem formalisierten Personbegriff operiert, der von allen anderen Inhalten des Personbegriffs als nur der Rechtsfähig-

gleich mit dem Menschen geht fehl. Die ,,juristische Person", einerlei, ob es sich dabei um eine auf Dauer angelegte Vereinigung von Menschen, einen Verband, oder um eine Anstalt oder Stiftung handelt, ist kein natürlicher Organismus,[6] hat kein eigenes Bewußtsein und daher keinen Willen im psychologischen Sinn, ist aber, vermöge der durch Rechtsnormen gesicherten Möglichkeit der Bildung eines vom Willen der einzelnen Mitglieder verschiedenen ,,Gesamtwillens" und seiner Betätigung durch für die juristische Person handelnde Einzelpersonen (,,Organe"), ein *realer Faktor* im sozialen Bereich, hat einen eigenen Wirkungskreis. Dieser ihr durch ihre rechtliche Organisation, die Zuordnung eines eigenen Vermögens und die Bestellung von Einzelpersonen (oder ,,Kollegien"), die mit Wirkung für sie, als ihre ,,Organe", handeln, ermöglichte *eigene Wirkungkreis* rechtfertigt die Analogie. Doch ist diese Analogie, wie jede Analogie, begrenzt. So hat die juristische Person zwar einige Persönlichkeitsrechte, wie das Namensrecht und, soweit sie Mitglieder hat, die gerade in ihrer Verbundenheit, als eine Gemeinschaft, beleidigt werden können, auch ein Recht auf Wahrnehmung der Ehre dieser Gemeinschaft, aber sie hat keine eigene Personwürde, eben weil sie kein ethisches Subjekt ist, auch keine schutzwürdige Privatsphäre, kein ,,allgemeines Persönlichkeitsrecht".[7] Die Grundrechte gelten für sie nur, ,,soweit sie ihrem Wesen nach auf sie anwendbar sind" (Art. 19 Abs. 3 GG). Dies trifft auf Grundrechte überwiegend vermögensrechtlichen Charakters, wie etwa auf die Eigentumsgarantie, zu; bei dem Recht auf freie Entfaltung (Art. 2 Abs. 1 GG) aber nur so weit, wie das anerkannte Betätigungsfeld einer derartigen juristischen Person reicht. Ein Recht auf Freiheit der Berufswahl (Art. 12) kann ihr nicht zustehen, da die juristische Person als solche keinen Beruf auszuüben vermag. Familienrechtliche Rechtsstellungen sind für sie ausgeschlossen. Die Rechtsfähigkeit der juristischen Personen ist also stets nur eine Teilrechtsfähigkeit, nämlich Vermögensfähigkeit und, in Verbindung damit, die Fähigkeit der Teilnahme am rechtsgeschäftlichen Verkehr.

In vermögensrechtlicher Hinsicht allerdings sind die juristischen Personen den ,,natürlichen Personen", was den Umfang der Rechtsfähigkeit betrifft, grund-

---

keit abstrahiert. Der Grund für die Bildung dieses ,,abstrakten" Personenbegriffs (vgl. oben § 2 III) ist, daß die ,,Personifizierung" der Verbände (im Sinne ihrer Gleichstellung hinsichtlich der Rechtsfähigkeit) rechtstechnisch kaum zu entbehren ist, um der beabsichtigten Trennung der Rechtssphären in hinreichendem Maße Rechnung zu tragen. Man darf den solchermaßen formalisierten Personenbegriff nur nicht auch dort anwenden, wo es – beim einzelnen Menschen – auf den vollen Sinngehalt des (ethischen) Personbegriffs ankommt.

[6] Als solchen sieht sie die vornehmlich von Otto *v. Gierke* begründete Theorie der ,,realen Verbandspersönlichkeit". Ihr Gegenspieler, die Fiktionstheorie, abstrahiert dagegen zu sehr von dem realen Substrat. Ohne ein solches – in der Sphäre des sozialen Seins – wäre die Gleichstellung in der Tat willkürlich und nicht zu verstehen. – Überblick über die Theorien bei *Enn./N.*, § 103 Anm. 2; *Soergel/Schultze v. Lasaulx* 4ff. vor § 21.

[7] So auch *Enn./N.* § 101 IV mit weiteren Angaben; *Leßmann,* Persönlichkeitsschutz juristischer Personen, AcP 170, 266, 268ff.

sätzlich gleichgestellt. Sie sind zwar nicht dazu befähigt, im eigentlichen Sinne selbst zu handeln, jedoch gelangen sie zu ihrer Wirksamkeit durch das Handeln ihrer Organe, das der juristischen Person zugerechnet wird, soweit es innerhalb der satzungsmäßigen Kompetenz des betreffenden Organs liegt. Die von einem Organ im Rahmen der ihm zustehenden Vertretungsmacht für die juristische Person vorgenommenen Rechtsgeschäfte berechtigen und verpflichten die juristische Person selbst. Schädigt ein Organ einen Dritten durch eine von ihm im Rahmen seiner Verrichtungen vorgenommene Handlung, die nach einer gesetzlichen Vorschrift zum Schadensersatz verpflichtet, so hat die juristische Person (allein oder, bei Delikten, neben der handelnden Organperson) für diesen Schaden einzustehen. Auch insoweit wird das Handeln ihrer Organe im Wirkungsbereich der juristischen Person dieser selbst von der Rechtsordnung zugerechnet. (Dazu unten § 10 II d.) Dieser Grundsatz, der in § 31 für den rechtsfähigen Verein ausgesprochen und nach § 86 auf die privatrechtlichen Stiftungen, nach § 89 Abs. 1 auch auf den Fiskus sowie alle sonstigen Körperschaften, Anstalten und Stiftungen des öffentlichen Rechts anzuwenden ist, wird von der h. L. und der Rechtsprechung als ein allgemeiner Grundsatz des Körperschaftsrechts angesehen und demgemäß auch auf die juristischen Personen des Handelsrechts, darüber hinaus auch auf die OHG und KG und auf den nichtrechtsfähigen Verein[8] entsprechend angewandt. Damit die juristische Person, d.h. die Vereinigung oder Organisation, dazu in der Lage ist, durch ihre Organe einen einheitlichen Willen – der kein „Wille" im psychologischen Sinne, sondern das Ergebnis eines Integrationsprozesses und einer rechtlichen Zurechnung, als solches aber doch auch ein realer Faktor im Bereich der gesellschaftlich relevanten Aktionen, der sozialen Realität also ist[9] – zu bilden und zu bestätigen, ja überhaupt Organe zu haben und deren Wirkungskreis zu bestimmen, bedarf sie einer mit ihrem Gründungsakt zu schaffenden normativen Ordnung des Integrationsprozesses und des Organhandelns, einer „Satzung". Wir können danach die juristische Person des Privatrechts definieren als eine durch einen privatrechtlichen Akt geschaffene, auf Dauer angelegte Personenvereinigung oder Organisation, die als solche, als von der Summe ihrer jeweiligen Mitglieder und Sachwalter („Organe") unterschiedene Einheit,[10] selbst Rechte und Pflichten zu haben, durch Handlungen ihrer

[8] Dazu unten § 10 VI 4.

[9] A. A. *Wieacker* S. 370, 372. Gewiß bildet sich dieser „Gesamtwille" nur aus den „empirischen Einzelwillen der erforderlichen Zahl der Vereins- oder Vorstandsmitglieder"; er ist aber, als Produkt des Prozesses der Willensbildung innerhalb der Körperschaft oder eines Kollegialorgans mit diesen Einzelwillen nicht identisch. Er ist, von der Rechtsordnung gesehen, der „Wille der Körperschaft".

[10] Das, was sich im Wechsel der Mitglieder und Organe, als Einheit, erhält, ist sowohl ein gemeinsames oder objektiviertes Interesse – der Vereinszweck, der Stiftungszweck –, wie die durch die Organisation geschaffene Möglichkeit kontinuierlicher Interessenverfolgung, der eigene Wirkungskreis. Vgl. auch die Definition von *Ostheim* aaO. S. 23 („Organisationen zur Verfolgung einer durch sie geschaffenen Einheit von objektivierten menschlichen Interessen als der Rechtsordnung vorgegebene Bezugspunkte der Personifikation").

Organe, die ihr im Rechtssinn als ihre Handlungen zugerechnet werden, eine eigene Wirksamkeit zu entfalten und am Rechtsverkehr teilzunehmen vermag.

II. Typen der privatrechtlichen Vereinigungen und der gemeinschaftlichen Rechtszuständigkeit

Nach Art. 9 Abs. 1 GG haben alle Deutschen das Recht, Vereine und Gesellschaften zu bilden. Verboten sind lediglich Vereinigungen, „deren Zwecke oder deren Tätigkeit den Strafgesetzen zuwiderlaufen oder die sich gegen die verfassungsmäßige Ordnung oder den Gedanken der Völkerverständigung richten". Das damit jedem deutschen Staatsbürger in den angegebenen Grenzen gewährleistete Grundrecht der Vereinigungsfreiheit richtet sich in erster Linie gegen die Staatsgewalt. Sie darf Vereine und Gesellschaften aus keinen anderen als den angegebenen Gründen verbieten und es dem einzelnen nicht verwehren, einen danach erlaubten Verein zusammen mit anderen zu gründen, ihm beizutreten oder ihm anzugehören. Das öffentliche Recht darf hiernach keine Bestimmungen mehr enthalten, die die Gründung von Vereinen von einer Erlaubnis der Verwaltungsbehörde abhängig machen oder die Auflösung eines Vereins aus anderen als den im GG genannten Gründen zulassen. Dagegen ist die unmittelbare Bedeutung der Vorschrift für das Privatrecht gering.[11] Privatrechtlich gesehen ist die Möglichkeit der Vereinsgründung und des Vereinsbeitritts ein Ausfluß der „Privatautonomie"; es handelt sich beide Male um Rechtsgeschäfte, die grundsätzlich erlaubt sind. Auch die „Vereinsautonomie", d. h. die dem Verein gegebene Möglichkeit, seine inneren Verhältnisse im Rahmen der Rechtsordnung durch seine Satzung und durch Mehrheitsbeschlüsse selbst zu regeln, ist eine besondere Erscheinungsform der „Privatautonomie".

Das Privatrecht beschränkt zwar nicht die Freiheit des einzelnen, Gesellschaftsverträge abzuschließen, sich an der Gründung eines Vereins zu beteiligen oder einem solchen beizutreten, wohl aber beschränkt es die möglichen Vereinigungsarten und Organisationsformen. Auf dem Gebiete des Gesellschafts- und des Vereinsrechts besteht, wie schon erwähnt wurde, *Typenzwang*. Daran hat auch das Grundgesetz nichts geändert; die Einhaltung bestimmter Vorschriften bei der Bildung und für die Verfassung der gesetzlich zugelassenen Gesellschafts- und Vereinstypen stellt nach allgemeiner Auffassung keine unzulässige Beschränkung der Vereinigungsfreiheit dar.[12] Sie ist unerläßlich, teils im Interesse anderer Verkehrsteilnehmer, die mit solchen Vereinigungen geschäftliche Beziehungen auf-

---

[11] Das geben selbst die Anhänger der „Drittwirkungslehre" zu; so *Leisner,* Grundrechte und Privatrecht S. 387f. *Ramm* III S. 722 sieht in der Vereinigungsfreiheit ein „sonstiges Recht" i. S. des § 823 Abs. 1.

[12] Vgl. *Enn./N.* § 106 I.

nehmen und dabei wissen müssen, wer ihnen aus den abgeschlossenen Geschäften haftet – ob die Vereinigung selbst, als „juristische Person", ob ihre Mitglieder oder die Personen, die für sie gehandelt haben –, teils im Interesse der Mitglieder selbst, so der jeweiligen Minderheit und der von der unmittelbaren Führung der Geschäfte Ausgeschlossenen. Insbesondere bei den auf wirtschaftliche Unternehmungen gerichteten Handelsgesellschaften ist eine zwingende gesetzliche Regelung der zugelassenen Organisationsformen, der notwendigen Organe und ihrer Kompetenzen, der Rechte einer Minderheit sowie der Haftung für die Verbindlichkeiten aus Gründen der Rechtssicherheit und zum Zwecke der Verhütung von Mißbräuchen unumgänglich. Im folgenden geben wir einen Überblick über die Haupttypen zugelassener privatrechtlicher Vereinigungen.

Unter den privatrechtlichen Vereinigungen kann man einmal solche mit und ohne eigene Rechtsfähigkeit unterscheiden, ferner solche, deren Zweck ausschließlich auf dem Gebiete des wirtschaftlichen Erwerbsstrebens liegt, und solche, bei denen dies nicht der Fall ist; unter den wirtschaftlichen Vereinigungen wiederum solche, bei denen der persönliche Zusammenschluß, und solche, bei denen die kapitalmäßige Beteiligung überwiegt. Bei solchen Vereinigungen, denen die eigene Rechtsfähigkeit fehlt, denen aber trotzdem ein dem gemeinschaftlichen Zweck gewidmetes Vermögen zugeordnet ist, fragt es sich, wem dieses Vermögen zusteht. Da die Vereiniung als solche hier in Ermangelung der Rechtsfähigkeit nicht das Subjekt dieser Rechte sein kann, so können sie nur allen Mitgliedern gemeinschaftlich zustehen. Das Gesetz kennt, wie wir sehen werden, mehrere Formen gemeinschaftlicher Rechtszuständigkeit, die wir als „Gemeinschaft nach Bruchteilen" („schlichte Rechtsgemeinschaft") und als „Gemeinschaft zur gesamten Hand" unterscheiden.

1. Eine Vereinigung ohne eigene Rechtsfähigkeit und auf streng persönlicher Grundlage, ohne „körperschaftliche Verfassung", ist die **Gesellschaft des bürgerlichen Rechts** (§§ 705ff.).[13] Sie erfordert nichts anderes als einen auch formlos möglichen Vertrag, durch den die Gesellschafter sich wechselseitig verpflichten, die Erreichung eines gemeinsamen Zwecks in einer bestimmten Weise, insbesondere durch die Leistung von Beiträgen, zu fördern. *Typologisch* ist sie diejenige Form des Zusammenschlusses mehrerer Personen, bei der jeder Teilnehmer zu jedem anderen in eine nähere Beziehung tritt, so daß die Person des einzelnen Gesellschafters für den Zusammenschluß von wesentlicher Bedeutung ist.[14] Da die Führung der Geschäfte in der Regel allen gemeinschaftlich zusteht (§ 709 Abs. 1), hängt der Erfolg oder Mißerfolg wesentlich von der Geschicklichkeit und Zuverlässigkeit eines jeden und vom guten Einvernehmen aller Gesellschafter ab. Sofern im Gesellschaftsvertrage nichts anderes vereinbart ist, wird die Gesellschaft, eben weil sie eine Verbindung gerade dieser bestimmten Gesell-

[13] Näheres über sie Sch. R. II § 60. Dort auch Literaturangaben.
[14] Vgl. dazu *Flume,* Die Personengesellschaft, S. 95f., 103ff.

schafter untereinander ist, durch die Kündigung seitens eines von ihnen, ferner durch den Tod eines Gesellschafters oder durch die Eröffnung des Konkurses über sein Vermögen auch unter den übrigen aufgelöst (§§ 723 bis 728, 736). Regelmäßig, wenn auch nicht notwendig, besteht ein dem Gesellschaftszweck gewidmetes Gesellschaftsvermögen (§ 718); dieses steht allen Gesellschaftern gemeinschaftlich nach dem Gesamthandsprinzip (unten 6) zu. Da die für Rechnung der Gesellschaft eingegangenen Verbindlichkeiten solche aller Gesellschafter sind, die dafür nicht nur mit dem Gesellschaftsvermögen, sondern auch einzeln, jeder mit seinem gesamten eigenen Vermögen, und zwar als Gesamtschuldner, d. h. in voller Höhe der Schuld, einstehen (vgl. §§ 421, 427), so kann sich der Gläubiger nach seinem Belieben an jeden der Gesellschafter halten. Er kann jeden einzelnen verklagen und in dessen Vermögen vollstrecken; er kann auch alle zusammen (als ,,Streitgenossen") verklagen und, nach Erzielung eines Urteils gegen alle, in das Gesellschaftsvermögen vollstrecken (§ 736 ZPO). Auf diese Weise genießt die Gesellschaft soviel Kredit wie alle ihre Gesellschafter. Möglich ist, daß einzelne Gesellschafter nach dem Gesellschaftsvertrag von der Geschäftsführung ausgeschlossen sind (§ 710); eine Änderung des Gesellschaftsvertrages, insbesondere eine Erhöhung der vereinbarten Beiträge bedarf grundsätzlich der Zustimmung aller Gesellschafter. Jeder von ihnen hat zudem ein Kündigungsrecht gemäß §§ 723, 724.

2. Von dem Normaltypus der bürgerlich-rechtlichen Gesellschaft, der freilich durch die Bestimmungen des Gesellschaftsvertrages erheblich modifiziert werden kann, unterscheidet sich der **nichtrechtsfähige Verein,** auf den nach § 54 Satz 1 die Vorschriften über die Gesellschaft Anwendung finden sollen, dadurch, daß er typischerweise, nicht anders als ein rechtsfähiger Verein, auf einen dauernden Bestand, unabhängig vom Wechsel der Mitglieder, angelegt ist. (Über ihn unten § 10 VI.) Die individuelle Persönlichkeit des einzelnen Mitgliedes ist hier für den Fortbestand der Vereinigung nicht wesentlich. Austritt oder Tod eines Mitgliedes berühren ihn grundsätzlich nicht, solange nur überhaupt Mitglieder vorhanden sind. Die Persönlichkeit des einzelnen Mitgliedes tritt hinter dem sachlichen Vereinszweck und der Organisation als solcher zurück. Der Verein führt einen eigenen Namen, unter dem seine Vertreter nach außen hin aufzutreten pflegen; die einzelnen Mitglieder werden dabei in der Regel nicht genannt. Wer dem Verein Kredit gibt, tut dies nicht im Vertrauen auf die Leistungsfähigkeit einzelner Mitglieder, sondern auf das Ansehen, die zahlenmäßige Stärke und das dadurch bedingte Leistungsvermögen des Vereins. Zwar sind die Verbindlichkeiten des nichtrechtsfähigen Vereins, da dieser mangels Rechtsfähigkeit keine eigenen Verbindlichkeiten haben kann, solche der einzelnen Mitglieder; doch haften diese, wie heute allgemein angenommen wird, dem Vereinsgläubiger nicht mit ihrem ganzen Vermögen, sondern nur mit dem Vereinsvermögen. (Näheres darüber unten § 10 VI 3.) Das Vereinsvermögen steht zwar den Mit-

gliedern gemeinschaftlich „zur gesamten Hand“ zu, doch ergeben sich gerade hieraus bedeutende Schwierigkeiten. Die Vorschriften über die Gesellschaft passen eben auf den nichtrechtsfähigen Verein nicht. Von den typischen Merkmalen einer Körperschaft fehlt ihr nur eines: die Rechtsfähigkeit. Was der nichtrechtsfähige Verein mit der Gesellschaft des bürgerlichen Rechts gemeinsam hat, ist nicht viel mehr als das Negativum, daß beide keine juristischen Personen sind. Typologisch steht er dem rechtsfähigen Verein näher als der Gesellschaft. Er hat, wie jener, in der Regel eine Satzung, die seine Verfassung, den Prozeß der Willensbildung, die Bestellung, Abberufung und die Aufgaben des „Vorstandes“ regelt, und der Vorstand selbst ist „Organ“ des Vereins, nicht nur, wie der geschäftsführende Gesellschafter, Vertreter der übrigen Gesellschafter.

3. Führt von der Gesellschaft des bürgerlichen Rechts die eine Typenreihe[15] über den nichtrechtsfähigen Verein zum rechtsfähigen Verein, so eine andere über die OHG zu den rechtsfähigen Handelsgesellschaften. Die **OHG** unterscheidet sich von der Gesellschaft des bürgerlichen Rechts in anderer Weise als der nichtrechtsfähige Verein, ist aber, wie dieser, jedenfalls nach der Vorstellung des Gesetzgebers keine „juristische Person“. Eine OHG ist eine Gesellschaft, „deren Zweck auf den Betrieb eines Handelsgewerbes unter gemeinschaftlicher Firma gerichtet ist, wenn bei keinem der Gesellschafter die Haftung gegenüber den Gesellschaftsgläubigern beschränkt ist“ (§ 105 Abs. 1 HGB). Auch auf die OHG finden die Vorschriften über die Gesellschaft des bürgerlichen Rechts grundsätzlich Anwendung (§ 105 Abs. 2 HGB). Doch gelten zahlreiche Abweichungen. Mit der bürgerlich-rechtlichen Gesellschaft hat die OHG vor allem das gemeinsam, daß sie, im Gegensatz zu den Vereinen, eine Vereinigung auf rein persönlicher Grundlage ist; die Persönlichkeit des einzelnen Gesellschafters ist auch hier sowohl für die übrigen wie für den Kredit der Gesellschaft nach außen von ausschlaggebender Bedeutung. Im Rechtsverkehr tritt die OHG dagegen unter dem ihr eigenen Namen, ihrer Firma, auf. Sie kann, anders als die bürgerlich-rechtliche Gesellschaft, aber auch als der nichtrechtsfähige Verein, „unter ihrer Firma Rechte erwerben und Verbindlichkeiten eingehen, Eigentum und andere dingliche Rechte an Grundstücken erwerben, vor Gericht klagen und verklagt werden“ (§ 124 Abs. 1 HGB). Das klingt nun allerdings so, als sei die OHG „juristische Person“. Nach der h. L. ist das jedoch nicht der Fall: § 124 HGB regelt nach ihr nicht die Rechtszuständigkeit, sondern nur das einheitliche Auftreten der Gesellschafter im Rechtsverkehr und im Prozeß.[16] Die Rechte sollen

---

[15] Über den methodologischen Wert von Typenreihen vgl. *meine* Methodenlehre der Rechtswissenschaft 5. Aufl. S. 451 ff. Vgl. auch die Typenreihe der Vereinigungen (mit und ohne Rechtsfähigkeit) bei *Medicus* Rdz. 1097. Sie beginnt am entgegengesetzten Ende, bei der AG, und endet bei der Gesellschaft des BGB.

[16] *Hueck,* Gesellschaftsrecht § 13 III 2 und 16 I; Das Recht der OHG, 4. Aufl., § 3 IV; *Lehmann/Dietz,* Gesellschaftsrecht § 18 II 3. Eine eingehende Darstellung der verschiedenen Auffassungen gibt

auch hier der Gesamtheit der Gesellschafter „zur gesamten Hand" zustehen, die Verbindlichkeiten solche der Gesellschafter gerade in ihrer Verbundenheit sein. Doch ist das nicht unbestritten. Man wird mindestens sagen müssen, daß die OHG dadurch, daß ihr eigener Rechtskreis von dem ihrer Mitglieder weit stärker als bei der Gesellschaft des bürgerlichen Rechts abgesondert ist, einer juristischen Person stark angenähert ist.[17] Daran ändert auch die persönliche Haftung der Gesellschafter für die Gesellschaftsschulden (§ 128 HGB) nichts.

Lediglich eine Abart der OHG ist die KG. Bei ihr gibt es neben einem oder mehreren persönlich haftenden Gesellschaftern einen oder mehrere Kommanditisten, die nur mit einer Kapitaleinlage an der Gesellschaft beteiligt, von der Geschäftsführung aber ausgeschlossen sind und über ihre Einlage hinaus den Gesellschaftsgläubigern nicht haften. Soweit sich nicht aus der Sonderstellung der Kommanditisten etwas anderes ergibt, finden die Vorschriften über die OHG – und über diese auch die für die Gesellschaft des bürgerlichen Rechts – Anwendung (§ 161 HGB). Als Sondertypus der OHG stellt die KG, die wenigstens ein Mitglied hat, das nur mit einer Kapitaleinlage beteiligt ist, den Übergang zum Typus der Kapitalgesellschaften her.

4. Haupttypen der rechtsfähigen Vereinigungen sind einerseits der **rechtsfähige Verein,** der im BGB geregelt ist, anderseits die AG und die GmbH sowie die eingetragene Genossenschaft. Während die zuletzt genannten Formen, ebenso wie die der OHG, den auf den Betrieb eines Unternehmens oder doch auf wirtschaftliche Zwecke gerichteten Zusammenschlüssen offen stehen, handelt es sich bei den Vereinen im Sinne des BGB in der Regel um sogenannte „Idealvereine". Von ihnen wird im § 10 die Rede sein. AG und GmbH sind **„Kapitalgesellschaften"**, d. h. die Mitgliedschaft ist an die Innehabung eines – regelmäßig veräußerlichen – Anteils am Gesellschaftskapital geknüpft. Sie ist dadurch – bei der AG in noch weit stärkerem Maße als bei der GmbH – entpersönlicht. Am stärksten ist dies bei der AG dann der Fall, wenn die Aktien, d. h. die auf einen ziffernmäßigen Betrag lautenden Anteilscheine, in denen sich das Mitgliedschaftsrecht verkörpert, nicht auf den Namen des Berechtigten, sondern auf den jeweiligen Inhaber ausgestellt sind. Die jeweiligen Mitglieder bleiben dann, solange sie nicht zwecks Ausübung ihres Stimmrechts in der Hauptversammlung persönlich hervortreten – was nur bei Großaktionären der Fall zu sein pflegt – gleichsam anonym. (Daher lautet die Bezeichnung für die AG im französischen Recht société anonyme.) Die einzelnen Gesellschafter (Aktionäre) haften den Gläubigern der AG für deren Verbindlichkeiten nicht. Es haftet ihnen vielmehr die AG als juristische Person allein. Die AG ist typologisch gesehen nicht eine Gesellschaft, sondern ein (rechtsfähiger) Verein, freilich mit starken Besonderheiten: sie ist angelegt auf

---

Fabricius, Relativität der Rechtsfähigkeit S. 163ff. Er selbst kommt zu dem Ergebnis, die OHG habe eine „Doppelnatur"; sie sei überall dort als juristische Person anzusehen, wo lediglich Rechte der Gesellschaft in Frage stehen, während bei den Pflichten neben der Zuständigkeit der Gesellschaft eine solche der Gesellschafter begründet sei.

[17] Vgl. auch BGHZ 10, 91, 100, wo die OHG als ein „eigenes Rechtssubjekt" bezeichnet wird, dem eigene Ansprüche zustehen und eigene Verpflichtungen obliegen.

dauernden Bestand, hat Organe und eine Satzung, aus der sich unter anderem die Firma, der Gegenstand des Unternehmens, die Höhe des Grundkapitals, die Nennbeträge und die Zahl der Aktien sowie die Zusammensetzung des Vorstands ergeben müssen (§ 23 AktG). Die von dem zuständigen Organ (dem Vorstand) im Rahmen seiner Vertretungsmacht im Namen der AG abgeschlossenen Geschäfte berechtigen und verpflichten die AG allein, nicht die einzelnen Aktionäre und auch nicht die handelnden Personen selbst.

Auch die GmbH ist eine rechtsfähige Vereinigung auf kapitalmäßiger Grundlage. Sie hat ein „Stammkapital", auf das jeder Gesellschafter eine „Einlage" zu leisten hat. Entsprechend seiner Einlage erwirbt jeder Gesellschafter einen Geschäftsanteil, der veräußerlich und vererblich ist. Jedoch kann der Gesellschaftsvertrag die Abtretung eines Geschäftsanteils von der Genehmigung der Gesellschaft abhängig machen (§ 15 Abs. 5 GmbHG). Üblich, wenn auch nicht notwendig, ist, daß die Geschäftsführung durch die Gesellschafter selbst oder durch einen oder einige von ihnen erfolgt. In der Regel besteht die GmbH aus einer kleineren Zahl von Gesellschaftern, unter denen ein persönliches Vertrauensverhältnis besteht. Insofern steht sie, wenigstens nach ihrer typischen Erscheinungsform, der OHG näher als der AG. Sie unterscheidet sich von der OHG aber wesentlich dadurch, daß die Gesellschafter nicht persönlich für die Schulden der Gesellschaft haften (deshalb Gesellschaft „mit beschränkter Haftung"), die Gesellschaftsgläubiger sich vielmehr, sofern die Gesellschafter ihre Einlage geleistet haben, nur an das Gesellschaftsvermögen halten können (§ 13 Abs. 2 GmbHG). Dem einzelnen Gesellschafter kann aber im Gesellschaftsvertrag eine Nachschußpflicht (d. h. eine Pflicht zu einer über den Betrag seiner Stammeinlage hinausgehenden weiteren Einzahlung in das Gesellschaftsvermögen) auferlegt werden (§ 26 GmbHG). Im Vergleich zur AG ist also das persönliche Engagement des einzelnen Gesellschafters hier stärker, wenn auch nicht so stark wie bei der OHG. Daher unterliegen die Gesellschafter einer GmbH, wie der BGH mehrfach anerkannt hat,[18] der *gesellschaftsrechtlichen Treupflicht* nicht nur in ihrem Verhältnis zur Gesellschaft als Körperschaft, sondern auch in ihrem Verhältnis untereinander, als Mitgesellschafter. Die eingetragenen Genossenschaften schließlich sind „Gesellschaften von nicht geschlossener Mitgliederzahl, welche die Förderung des Erwerbs oder der Wirtschaft ihrer Mitglieder mittels gemeinschaftlichen Geschäftsbetriebes bezwecken" (§ 1 GenG). Sie sind rechtsfähige Körperschaften und haben als solche die Struktur eines Vereins; die Genossen haften aber für die Verbindlichkeiten der Genossenschaft persönlich entweder unbeschränkt oder bis zu einem bestimmten Höchstbetrag (Genossenschaften mit unbeschränkter und mit beschränkter Haftpflicht, § 2 GenG). Die „Haftpflicht" besteht nicht unmittelbar gegenüber den Gläubigern der Genossenschaft, sondern gegenüber

[18] BGHZ 9, 157, 163; 65, 15, 18f.

der Genossenschaft selbst, und zwar erst dann, wenn über ihr Vermögen der Konkurs eröffnet ist, ist also in Wahrheit eine Nachschußpflicht.

5. Bei den Vereinigungen, denen die Rechtsfähigkeit fehlt – das sind also die Gesellschaften des bürgerlichen Rechts, der nichtrechtsfähige Verein und, jedenfalls nach der h. L., auch die OHG und die KG –, erhebt sich weiter die Frage, wem die das Vermögen des Vereins oder der Gesellschaft bildenden Rechte zustehen. Das BGB kennt zwei verschiedene Arten gemeinschaftlicher Rechtszuständigkeit: die einfache Rechtsgemeinschaft,[19] die aus der römischrechtlichen communio incidens hervorgegangen ist (§§ 741 ff.), und die deutschrechtliche „Gesamthandsgemeinschaft".[20]

Die **einfache Rechtsgemeinschaft** oder Gemeinschaft nach Bruchteilen[21] ist vom Gesetzgeber ursprünglich wohl nur für die nicht gerade häufigen Fälle gedacht gewesen, in denen ein Recht, meist das Eigentum an einer bestimmten Sache, mehreren ohne einen darauf gerichteten Willensakt, auf Grund eines gesetzlichen Erwerbstatbestandes, gemeinsam anfällt. Solche Tatbestände sind z. B. die Verbindung mehrerer bis dahin selbständiger beweglicher Sachen, die verschiedenen Eigentümern gehören, zu einer einheitlichen Sache, wenn keine der bisher selbständigen Sachen als die Hauptsache anzusehen ist (§ 947); ferner die untrennbare Vermischung beweglicher Sachen miteinander (§ 948) und der Schatzfund (§ 984). In diesen Fällen ist die Rechtsgemeinschaft eine zufällige und ihrem Wesen nach vorübergehend. So erklärt es sich, daß jeder Teilhaber jederzeit die Aufhebung der Gemeinschaft (§ 749 Abs. 1) und damit in der Regel der Teilung in Natur (§ 752) verlangen kann. Doch hat das Gesetz die Möglichkeit vorgesehen, dieses Recht durch Vereinbarung für immer oder auf Zeit auszuschließen (§ 749 Abs. 2). Dadurch und durch ihre Ausgestaltung zu einer Verwaltungsgemeinschaft (§§ 744 ff.) hat das BGB die einfache Rechtsgemeinschaft des provisorischen Charakters ihres Vorbildes, der römischrechtlichen communio incidens, entkleidet und die Möglichkeit geschaffen, daß ihr die Beteiligten Dauer verleihen. Eine derartige Rechtsgemeinschaft kann daher, was heute nicht mehr bestritten wird, auch durch Vereinbarung geschaffen werden. Kennzeichnend für diese Art der gemeinschaftlichen Rechtszuständigkeit ist, daß jeder Teilhaber einen nach Bruchteilen des Wertes des gemeinschaftlichen Gegenstandes berechneten Anteil an ihm hat, über den er gesondert verfügen kann (§ 747 Satz 1). Über den gemeinschaftlichen Gegenstand im ganzen können dagegen nur alle Teilnehmer gemeinschaftlich verfügen (§ 747 Satz 2). Jeder von ihnen ist an der Verwaltung des gemeinschaftlichen Gegenstandes gleichermaßen betei-

---

[19] Vgl. dazu Sch. R. Bd. II § 61 I d und IV.

[20] Vgl. dazu Sch. R. Bd. II § 60.

[21] Literatur: *Engländer,* Die regelmäßige Rechtsgemeinschaft, 1914; *Larenz,* Zur Lehre von der Rechtsgemeinschaft, JherJb. 83, 108; *Saenger,* Gemeinschaft und Rechtsteilung, 1913; *Würdinger,* Theorie der schlichten Interessengemeinschaft, 1934.

ligt; für Beschlüsse gilt das Mehrheitsprinzip, wobei das Gewicht der Stimmen nach der Größe der Anteile zu berechnen ist (§§ 744, 745). Jeder Teilhaber ist den anderen gegenüber verpflichtet, die Lasten des gemeinschaftlichen Gegenstandes sowie die Kosten der Erhaltung und Verwaltung im Verhältnis seines Anteils mit zu tragen (§ 748).

Eine einfache Rechtsgemeinschaft auf Grund einer Vereinbarung besteht nicht selten unter Eheleuten, die, ohne Gütergemeinschaft vereinbart zu haben und ohne eine Gesellschaft zu bilden, einzelne Gegenstände, insbesondere ein Gründstück, gemeinsam erwerben. Zu größerer Bedeutung ist die einfache Rechtsgemeinschaft durch die Zulassung und Regelung des *Wohnungseigentums* gelangt. Unter dem Wohnungseigentum versteht das Gesetz „das Sondereigentum an einer Wohnung in Verbindung mit dem Miteigentumsanteil an dem gemeinschaftlichen Eigentum, zu dem es gehört" (§ 1 Abs. 2 WEG). Während die einzelne Wohnung im Sondereigentum des Wohnungseigentümers steht, gehören das Grundstück sowie die Teile, Anlagen und Einrichtungen des Gebäudes, die nicht im Sondereigentum stehen, den beteiligten Wohungseigentümern gemeinschaftlich (§ 1 Abs. 4 WEG). Das Wohnungseigentum des einzelnen setzt also immer das Miteigentum aller Eigentümer einer auf diesem Grundstück gelegenen Wohnung an dem Grundstück selbst und den gemeinschaftlichen Teilen des Hauses voraus. Auf dieses Miteigentum der sämtlichen Wohnungseigentümer finden, soweit das Gesetz nicht ein anderes bestimmt, die Vorschriften über die einfache Rechtsgemeinschaft Anwendung (§ 10 Abs. 1 WEG). Ausgeschlossen ist jedoch das Recht, die Aufhebung der Gemeinschaft zu verlangen (§ 11 WEG). Der Wohnungseigentümer kann über das Sondereigentum an seiner Wohnung nur zusammen mit dem Miteigentumsanteil, zu dem es gehört, verfügen (§ 6 Abs. 1 WEG). Er ist grundsätzlich in der Verfügung frei; jedoch kann mit dinglicher Wirkung, als „Inhalt des Sondereigentums", vereinbart werden, daß ein Wohnungseigentümer zur Veräußerung der Zustimmung der anderen oder eines Dritten bedarf. Die Zustimmung darf jedoch nur aus einem wichtigen Grunde versagt werden (§ 12 WEG).

6. Die Form der **Gesamthandsgemeinschaft** hat das Gesetz gewählt für die eheliche Gütergemeinschaft, die Erbengemeinschaft, als Regelfall auch für die Gesellschaft des bürgerlichen Rechts und, nach der Auffassung der h. L., die die Rechtsfähigkeit der OHG verneint, für die OHG und die KG. Das Verständnis dieser Art der gemeinsamen Berechtigung hat von jeher große Schwierigkeiten bereitet. Grundlegend waren die Arbeiten Otto v. *Gierkes,* an die neuerdings *Flume* wieder anknüpft. Die Fülle der unterschiedlichen Meinungen ist fast unabsehbar,[22] auf sie alle einzugehen, würde den Rahmen dieses Buches sprengen. Die folgenden kurzen Bemerkungen können nur einen ersten Hinweis geben.

Auszugehen ist davon, daß die Gesamthandsgemeinschaft, sehen wir zunächst einmal von dem Grenzfall der Erbengemeinschaft ab, eine personenrechtliche

---

[22] Zur Gesamthand vgl. außer der eingangs und der zur einfachen Rechtsgemeinschaft genannten Literatur noch *Bartholomeyczik,* Das Gesamthandsprinzip beim gesetzlichen Vorkaufsrecht der Miterben, in Festschrift f. *Nipperdey,* 1965, Bd. I S. 145; *Beuthien,* Die Haftung von Personengesellschaften, DB 1975, S. 725 und 773; J. *Blomeyer,* Die Rechtsnatur der Gesamthand, JR 71, 397; *Flume,* Gesellschaft und Gesamthand, ZHR 136, 177; Schuld und Haftung bei der Gesellschaft des Bürgerlichen Rechts, Festschr. f. H. *Westermann,* 1974, S. 119; Die Gesamthand als Besitzer, Festschr. f. *Hengeler,* 1972, S. 76; Allgemeiner Teil Bd. I, Die Personengesellschaft, 1977; *Schünemann,* Grundprobleme der Gesamthandsgesellschaft, 1975; *Schultze-Osterloh,* Das Prinzip der gesamthänderischen Bindung, 1972; *Wiedemann,* Juristische Person und Gesamthand als Sondervermögen, WM, Sonderbeilage 4/1975, sowie alle Darstellungen des Gesellschaftsrechts.

wie eine vermögensrechtliche Komponente aufweist. Sie ist *die vermögensrechtliche Organisationsweise einer Personengemeinschaft,* die nicht die Gestalt einer juristischen Person, einer Körperschaft, hat. In vermögensrechtlicher Hinsicht bedeutet sie die Zuordnung eines Vermögens und der es bildenden Rechte zu einer Mehrheit von Personen, die untereinander rechtlich verbunden sind, gerade ,,in ihrer Verbundenheit".[23] Rechtszuständig – das unterscheidet sie von der Körperschaft – ist nicht sie als selbständiges Rechts- und Pflichtsubjekt, damit als Einheit gedachte Gesamtheit, sondern sind alle gemeinschaftlich. Ihr wesentlichster Unterschied zur einfachen Rechtsgemeinschaft besteht darin, daß hier kein Teilhaber über seinen Anteil an einem gemeinschaftlichen Gegenstand gesondert verfügen kann. Ob ihm überhaupt ein solcher Anteil zusteht, ist bestritten; jedoch ist die Vorstellung eines solchen Anteils eine gedankliche Hilfsvorstellung, die schwerlich zu entbehren ist.[24] Die gemeinsame Zuständigkeit der Gesamthänder bezieht sich in erster Linie auf ein bestimmtes Sondervermögen; sie ergreift die einzelnen Gegenstände, die in ihrer Gesamtheit dieses Vermögen bilden, vermöge ihrer Zugehörigkeit zu diesem Vermögen. Das gemeinsame Sondervermögen, also das Gesellschaftsvermögen, das eheliche Gesamtgut oder der Nachlaß, ist von dem übrigen Vermögen der Teilhaber deutlich getrennt; es steht ihnen ungeteilt allen gemeinschaftlich, als miteinander Verbundenen (denn das heißt: gemeinschaftlich), zu. Der Anteil des einzelnen Gesamthänders an den einzelnen zu dem Gesamthandsvermögen gehörenden Gegenständen, wenn man einen solchen Anteil annimmt, ist abhängig von seinem Anteil an dem Sondervermögen im ganzen, und dieser wieder in den meisten Fällen von seiner Stellung als Mitglied der personenrechtlichen Gemeinschaft (der Gesellschaft oder der ehelichen Gemeinschaft). Daher kann der einzelne Gesamthänder über seinen Anteil an dem Vermögen im ganzen sowenig verfügen wie über seinen Anteil an dem einzelnen Gegenstand (vgl. §§ 719 Abs. 1, 1419 Abs. 1).

Etwas anderes gilt nur für die Erbengemeinschaft; der Miterbe kann zwar nicht über seinen Anteil an einem einzelnen Nachlaßgegenstand, wohl aber über seinen Anteil an dem Nachlaß im ganzen verfügen (§ 2033). Darin liegt eine nicht unerhebliche Abschwächung des Gesamthandsprinzips. Der Grund dafür liegt

---

[23] *Flume* – ZHR 136, 177 ff., Die Personengesellschaft, S. 54 ff. – sagt: ,,als Gruppe". Er verbindet damit aber die Vorstellung, ,,die Gruppe" sei, als ,,Organisationseinheit der in der Gesamtheit verbundenen Personen", das Rechtssubjekt. Folglich meint er, hinsichtlich der Rechtszuständigkeit ständen die Gesamthandsgemeinschaft und die juristische Person einander gleich (S. 93). Damit verschiebt er jedoch die Gewichte so, daß der Unterschied zur Körperschaft nicht mehr so deutlich ist, wie ihn jedenfalls der Gesetzgeber des BGB gesehen hat. Insoweit vermag ich deshalb *Flume* nicht zu folgen; vgl. dazu auch SchR. II § 60 IV.

[24] *Blomeyer* aaO. sieht das ,,Nebeneinander von Anteils- und Einheitsbetrachtung" sogar als das ,,eigentliche Charakteristikum der Gesamthand" an. Er betont mit Recht, daß Verfügungen über den Anteil am Gesamthandsvermögen (bei der Erbengemeinschaft) bis zu einem gewissen Grade ,,hindurchwirken" müssen auch auf das Anteilsrecht am einzelnen Gegenstand.

darin, daß es sich bei der Erbengemeinschaft nicht um eine auf Dauer angelegte Personengemeinschaft, sondern um eine zur baldigen Auflösung bestimmte Verbindung handelt, die auf dem „zufälligen" Umstand beruht, daß den Miterben ein Vermögenskomplex, die Erbschaft, und zwar jedem zu einem bestimmten Bruchteil ihres Wertes, zugefallen ist. Über diesen Bruchteil kann jeder, wie der Gemeinschafter im Falle der einfachen Rechtsgemeinschaft über seinen Anteil an dem gemeinsamen Gegenstande, verfügen; wie ein solcher in der Regel jeder Zeit die Aufhebung der Gemeinschaft, so kann jeder Miterbe jeder Zeit die Auseinandersetzung verlangen (§ 2042). Typologisch weist die Erbengemeinschaft somit, neben Zügen der Gesamthand, auch einige der einfachen Rechtsgemeinschaft auf, steht sie zwischen beiden. Umgekehrt ist der Gedanke der Einheit der in der Gemeinschaft Verbundenen, wie dargelegt, bei der OHG durch die Möglichkeit einheitlichen Auftretens unter dem Firmennamen und der einheitlichen Prozeßführung so weit verstärkt, daß man hier von einer Annäherung an die juristischen Personen sprechen kann. Steht bei der Gesamthand der Gedanke im Vordergrund, daß die Rechte den mehreren Gemeinschaftern, wenn auch in ihrer Verbundenheit, gemeinsam zustehen, so bei den Körperschaften, die juristische Personen sind, der Gedanke, daß deren jeweilige Mitglieder in ihrer Verbundenheit eine Einheit darstellen, die als solche zu einem von ihnen allen abgelösten, neuen Rechtssubjekt verselbständigt ist.

Bei den verschiedenen Arten der Rechtsgemeinschaften handelt es sich also darum, daß ein Recht als mehreren Rechtssubjekten gemeinsam zustehend gedacht wird, nicht als einem einzigen, sei dieses nun eine „natürliche Person" oder eine „juristische Person". Daß eine solche Zuordnung eines einzigen Rechts an mehrere Subjekte gedanklich möglich sei, wird manchmal bestritten; so von *Fabricius*.[25] Wo ein Recht mehreren Rechtssubjekten zustehe, meint er, da müßten logischerweise diese mehreren Subjekte als eine Einheit, als *ein* Rechtssubjekt gedacht werden. Sowohl die Gesamthandsgemeinschaft wie die einfache Rechtsgemeinschaft sind daher nach der Meinung von *Fabricius* „teilrechtsfähig". Dem kann nicht gefolgt werden, weil es nicht die Auffassung des Gesetzes ist, und weil auch die logischen Bedenken von *Fabricius* nicht als begründet anerkannt werden können.[26] Das

---

[25] In seinem Buch: Relativität der Rechtsfähigkeit S. 117ff.

[26] *Fabricius* meint, logischerweise könne das subjektive Recht, weil es *eines* sei, auch nur *einem* Subjekt und nicht einer Mehrheit von Subjekten zugeordnet werden. Wo Einheit sei, könne keine Vielheit sein (S. 134). *Fabricius* übersieht jedoch, daß es außer der Einheit im Sinne der Einzahl, die allerdings die Mehrzahl ausschließt, auch die Einheit im Sinne der Übereinstimmung, die Einheit *in* der Vielheit gibt, die „übergreifende Einheit", in der die Vielheit nicht vernichtet, sondern als „Moment" des Begriffs aufbewahrt ist. Von dieser Art ist beispielsweise die Einheit einer künstlerischen Komposition, die Einheit eines Dialogs, aus dem Bereich der Natur die Einheit des Organismus. Die „Einheit in der Verbundenheit" der Teilhaber ist nicht Einzahl, wie die der juristischen Person, sondern Einheit in der Vielheit. – Daß eine Mehrheit von Berechtigten in bezug auf dasselbe Recht denkbar sei, wird zwar ganz überwiegend angenommen; vgl. v. *Tuhr* Bd. I § 3 I, *Enn./N.* § 76. Doch gehen die Meinungen darüber auseinander, wie die Beziehung des Rechts zu der Mehrzahl der Berechtigten im näheren zu denken sei. Hierzu bedarf es m. E. allerdings der Vorstellung einer (qualitativen) Aufgliederung des Rechtsinhalts. Das Recht ist nicht – auch nicht bei der Gemeinschaft „nach Bruchteilen" – in lediglich quantitativ unterschiedene Teile zerlegt, sondern in Anteile aufgegliedert, die sich auch qualitativ von dem normalen Rechtsinhalt unterscheiden, ihm in ihrer wechsel-

Gesetz ordnet die Befugnisse, die den Inhalt des betreffenden Rechts ausmachen, den mehreren Berechtigten als rechtlich in bestimmter Weise Verbundenen *zusammen* zu. Sie können von ihnen entweder nur gemeinsam, im Zusammenwirken aller, oder von jedem einzelnen in solcher Weise ausgeübt werden, daß dadurch die der übrigen nicht beeinträchtigt werden (vgl. § 743 Abs. 2). Dem einzelnen Teilhaber können ferner durch Vereinbarung aller einzelne Befugnisse, so beim Miteigentum das Gebrauchsrecht, hinsichtlich der ganzen Sache oder eines abgegrenzten Teils der Sache zur alleinigen Ausübung überlassen werden. Einerlei, in welcher Weise die einzelnen Befugnisse unter den Teilhabern aufgeteilt sind, ist zu Verfügungen über das Recht im ganzen doch stets das Zusammenwirken aller erforderlich. Der Aufgliederung des Rechtsinhalts in Teilbefugnisse der einzelnen Teilhaber steht die Einheit des Rechts als Verfügungsgegenstand gegenüber, der auf der Subjektseite das Erfordernis des Zusammenwirkens aller zu der Verfügung entspricht.[27]

§ 10. Der Verein

Literatur: *Boehmer,* Grundlagen der bürgerlichen Rechtsordnung, Bd. II/2, S. 167ff.; *Flume,* Die Problematik der werdenden Juristischen Person, Festschr. f. *Gessler,* 1971, S. 3; O. v. *Gierke,* Vereine ohne Rechtsfähigkeit nach dem neuen Rechte, Festschr. f. *Dernburg,* 2. Aufl. 1902; *Habscheid,* Der nichtrechtsfähige Verein zwischen juristischer Person und Gesellschaft, AcP 155, 375; *Hannelore Hemmerich,* Möglichkeiten und Grenzen wirtschaftlicher Betätigung von Idealvereinen, 1982; *Martinek,* Repräsentantenhaftung, Die Organhaftung nach § 31 BGB als allgemeines Prinzip der Haftung von Personenverbänden für ihre Repräsentanten, 1979; *Mummenhoff,* Gründungssysteme und Rechtsfähigkeit, 1979 (dazu K. *Schmidt,* ZHR 1983, 43); *Neubecker,* Vereine ohne Rechtsfähigkeit, Teil 1, 1908; *Karsten Schmidt,* Der bürgerlichrechtliche Verein mit wirtschaftlicher Tätigkeit, zu § 182, 1; *H. Schumann,* Zur Haftung der nichtrechtsfähigen Vereine, 1956; *H. Stoll,* Gegenwärtige Lage der Vereine ohne Rechtsfähigkeit, RG-Festschr. II, S. 49; *Wendel,* Der eingetragene Verein, 1952. Vgl. ferner die Literatur zu § 9.

I. Gründung und Erlangung der Rechtsfähigkeit

Die Entstehung eines rechtsfähigen Vereins vollzieht sich in zwei Stufen: der Verein muß zunächst als solcher, als Personenverband, gegründet werden und im Anschluß daran muß ihm die Rechtsfähigkeit durch einen staatlichen Akt zuerkannt werden. Die Entstehung eines nichtrechtsfähigen Vereins erfordert lediglich seine Gründung.

a) **Die Gründung des Vereins.** Vorschriften über die Gründung eines Vereins enthält das Gesetz nicht. Daraus, daß es sich um einen privatrechtlichen Verein handelt, und aus den gesetzlichen Bestimmungen über die Verfassung eines solchen Vereins lassen sich jedoch die Erfordernisse der Vereinsgründung ableiten.

---

seitigen Verbindung und Ergänzung aber entsprechen. Vgl. dazu *meine* Abhandlung „Zur Lehre von der Rechtsgemeinschaft", JherJb. 83, 108ff. sowie *Bartholomeyczik* aaO., besonders S. 174f.

[27] Anders Ernst *Wolf* S. 636. Nach ihm ist ein gemeinschaftliches subjektives Recht „ungeachtet seiner sprachlich nicht vermeidbaren Bezeichnung als ‚gemeinschaftliches Recht' nicht *ein* Recht", sondern es sind „mehrere vollständig oder teilweise inhaltgleiche, inhaltlich miteinander verbundene, einheitlich auszuübende subjektive Rechte der einzelnen Teilhaber". Bei dieser Auffassung ist es jedoch schwer zu verstehen, daß die Teilhaber über die *mehreren* Rechte, die jeweils einem von ihnen zustehen, nur gemeinsam sollen verfügen können.

Ein Verein – ob nun ein rechtsfähiger oder ein nichtrechtsfähiger – entsteht durch den freiwilligen Zusammenschluß von Personen zu einem bestimmten Zweck, und zwar durch einen Zusammenschluß in der Art, daß durch ihn eine Organisation geschaffen wird, die einen dauernden Bestand des Vereins, unabhängig von der Individualität der ihm jeweils angehörenden Mitglieder, verbürgt.

1. Erstes Erfordernis ist also ein *„Zusammenschluß" von Personen.* Dieser erfolgt dadurch, daß sie, jeder gegenüber den anderen, Erklärungen abgeben, die auf die Gründung eines Vereins mit der für ihn von den Gründen vorgesehenen Organisation abzielen, und durch die sie zugleich dem zu gründenden Verein als seine ersten Mitglieder beitreten. Es steht nichts im Wege, diesen Vorgang als einen Vertrag, den Gründungsvertrag,[1] zu bezeichnen. Obwohl in ihm die Gründer, sofern sie gleichzeitig dem Verein beitreten, wenigstens mittelbar auch bestimmte Verpflichtungen übernehmen, handelt es sich bei diesem Vertrag doch nicht um einen Schuldvertrag, sondern um einen auf die Schaffung eines die Zugehörigkeit gerade dieser Mitglieder überdauernden Verbandes gerichteten *personen-* oder *sozialrechtlichen* Vertrag. Man kann ihn, um dadurch zum Ausdruck zu bringen, daß die mit ihm angestrebte Rechtsfolge nicht nur eine rechtliche Bindung der Vertragschließenden selbst, sondern die Schaffung einer dauerhaften Personenvereinigung und des für sie unerläßlichen organisatorischen Rahmens ist, als einen „Konstitutivakt" bezeichnen.[2] Dagegen empfiehlt sich seine Bezeichnung als „Gesamtakt" nicht, weil unter diesem Ausdruck sehr Verschiedenes verstanden werden kann.[3] Als Vertrag ist der Gründungsvertrag ein mehrseitiges Rechtsgeschäft, das übereinstimmende Willenserklärungen aller Beteiligten erfordert und alle Beteiligten bindet. Da die Vereinsgründung ein Rechtsgeschäft ist, durch das die Gründer in ihrer Eigenschaft als erste Mitglieder auch Pflichten übernehmen, das ihnen also nicht nur rechtlichen Vorteil bringt, ist die Erklärung eines Mitgründers nur dann gültig, wenn er entweder voll geschäftsfähig ist oder, sofern er in der Geschäftsfähigkeit beschränkt ist, der oder die gesetzlichen

[1] Er ist zu unterscheiden von einem Gründungs*vor*vertrag, durch den sich die Vertragschließenden nur erst wechselseitig dazu verpflichten, zur Gründung eines Vereins zusammenzuwirken. Vgl. zu ihm *Flume,* Festschr. f. Gessler S. 17ff.

[2] Das schließt nicht, wie *Gierke* (Deutsches Privatrecht § 63 I 2) meint, seine Einordnung als Vertrag aus. Wie hier v. *Tuhr* Bd. I § 34 I; ähnlich *Soergel/Schultze*-v. *Lasaulx* 10 zu § 25 („ein auf die Schaffung einer Organisation oder die Begründung eines sozialen Gemeinschaftsgebildes gerichteter Vertrag eigener Art"). Auch der Gesellschaftsvertrag ist bereits bis zu einem gewissen Grade ein Konstitutivakt, wenn auch das Gesetz ihn noch als einen rein schuldrechtlichen Vertrag ansieht. Vgl. dazu Sch. R. II § 60 I e.

[3] Vgl. dazu *Enn./N.* § 106 Anm. 12; *Flume* § 32, 3a. E. Der Ausdruck „Gesamtakt" stammt von *Kuntze* (in Festgabe der Leipziger Juristenfakultät für Otto *Müller,* 1892). *Kuntze* faßt unter dieser Bezeichnung so unterschiedliche Vorgänge zusammen wie die Vornahme eines Rechtsgeschäfts durch mehrere Gesamtvertreter, die Verfügung mehrerer Miteigentümer über ihr gemeinschaftliches Eigentum und die Gründung einer Körperschaft.

Vertreter zugestimmt haben. Auch die Vorschriften über sogenannte Willensmängel finden grundsätzlich Anwendung. Die Nichtigkeit der Erklärung eines Mitgründers berührt aber in der Regel die Gültigkeit des Gründungsvertrages im ganzen nicht, da, anders als bei einem Gesellschaftsvertrage, die Person des einzelnen Mitgliedes und daher des einzelnen Mitgründers für die übrigen nicht von wesentlicher Bedeutung ist. Darüber hinaus will ein Teil der Lehre im Anschluß an eine seit langem gefestigte Rechtsprechung hinsichtlich der Kapitalgesellschaften, der OHG und auch der Gesellschaft des bürgerlichen Rechts die Berufung eines Mitgründers auf die Nichtigkeit seiner Erklärung und die Anfechtung der Erklärung dann ausschließen, wenn der Verein seine Tätigkeit nach außen aufgenommen hat; der betreffende Mitgründer soll dann lediglich seine Mitgliedschaft mit sofortiger Wirkung aufkündigen können.[4] Die ältere Lehre, die dies für Vereine mit nicht wirtschaftlicher Zielsetzung ablehnte,[5] hat mit Recht darauf hingewiesen, daß der Schutz des Verkehrs bei derartigen Vereinen weniger dringlich sei als der des Mitgründers, dessen Erklärung aus irgendeinem Grunde mangelhaft ist. Eindeutig ist, daß der Mitgründer, der durch die Täuschung seitens eines der übrigen oder aller anderen zur Mitwirkung veranlaßt wurde, seine Erklärung gemäß § 123 muß anfechten und die von ihm etwa schon geleisteten Beiträge muß zurückfordern können. Auch sonst dürfte die Anfechtung der Erklärung des Mitgründers zulässig sein. Allerdings darf dadurch, daß seine Anfechtungserklärung gemäß § 142 Abs. 1 zurückwirkt, weder die Gültigkeit des Gründungsvertrages noch der inzwischen unter seiner Mitwirkung gefaßten Vereinsbeschlüsse in Frage gestellt werden. Insofern sind hier der ,,Rückwirkung" der Anfechtung Grenzen zu ziehen.[6]

2. Die *Schaffung einer körperschaftlichen Organisation* verlangt vor allem die Aufstellung einer **Satzung,** die die Verfassung des Vereins im Rahmen der gesetzlichen Bestimmungen in einer für die Mitglieder verbindlichen Weise festlegt (§ 25). Zur Verfassung des Vereins gehören, neben der Bestimmung seines Zwecks und seines Namens, vornehmlich solche Bestimmungen, die die Willensbildung innerhalb des Vereins und ein Handeln im Namen des Vereins nach außen ermöglichen. Die Satzung wird in der Regel von den Gründern im Gründungsvertrag festgelegt und durch seinen Abschluß in Geltung gesetzt. Sie hat den Charakter einer normartigen rechtlichen Regelung, deren Geltung auf diejenigen beschränkt ist, die sich ihr durch ihren Beitritt zum Verein freiwillig unterstellt haben.[7] Für die Satzung enthält das Gesetz, soweit es sich um einen Verein

[4] So *Enn./N.* § 106 II; *Lehmann/Hübner* § 61 II 1 b. Dagegen aber *Lange/Köhler* § 25 II 2; *Soergel/Schultze* - v. *Lasaulx* 52 vor § 29.

[5] v. *Tuhr* Bd. I § 34 zu Anm. 18a; *Oertmann* 5 a. E. vor § 21.

[6] Hierzu im näheren *SoergelSchultze* - v. *Lasaulx* 19 zu § 25.

[7] Über die rechtliche Natur der Satzung vgl. oben § 1 I c. Mit dem ,,normartigen" Charakter ist gemeint, daß sie sich – im Unterschied zu einer rein vertraglichen Regelung – an eine unbestimmte Vielzahl von Personen richtet und für eine Vielzahl künftiger Situationen Geltung beansprucht.

handelt, der die Rechtsfähigkeit durch Eintragung in das Vereinsregister erlangen soll, einige zwingende Vorschriften (§ 57 Abs. 1). Die Satzung muß den Zweck, den Namen und den Sitz des Vereins angeben und zum Ausdruck bringen, daß der Verein eingetragen werden und dadurch die Rechtsfähigkeit erlangen soll. Von diesen Erfordernissen wird man die beiden zuerst genannten auch für die Entstehung eines nichtrechtsfähigen Vereins für unerläßlich halten müssen. Die Notwendigkeit der Vereinbarung eines bestimmten Vereinszwecks ergibt sich schon aus der in § 54 Satz 1 vorgeschriebenen entsprechenden Anwendung der Vorschriften über die Gesellschaft (vgl. § 705). Durch den Namen wird der Verein als eine von den jeweiligen Mitgliedern unabhängige Vereinigung im Verkehr individualisiert. Für solche Vereine, die die Rechtsfähigkeit durch Eintragung erlangen sollen, verlangt das Gesetz, daß ihr Name sich von den Namen der an demselben Ort bestehenden eingetragenen Vereine deutlich unterscheidet (§ 57 Abs. 2). Hierbei handelt es sich allerdings nur um eine „Sollvorschrift". Weiterhin soll die Satzung eines derartigen Vereins nach § 58 Bestimmungen enthalten:

1. über den Eintritt und Austritt der Mitglieder;
2. darüber, ob und welche Beiträge von den Mitgliedern zu leisten sind;
3. über die Bildung des Vorstandes;
4. über die Voraussetzungen, unter denen die Mitgliederversammlung zu berufen ist, über die Form der Berufung und über die Beurkundung der Beschlüsse.

Es ist zweckmäßig, wenn auch nicht vorgeschrieben, daß die Satzung eines nichtrechtsfähigen Vereins ebenfalls derartige Bestimmungen enthält. Weiter können in der Satzung Bestimmungen getroffen werden z. B. über die Rechte der Mitglieder auf die Benutzung von Vereinseinrichtungen, über die Bestellung besonderer Organe oder Vertreter für spezielle Angelegenheiten (vgl. § 30), über die Verteilung der Geschäfte unter die einzelnen Mitglieder des Vorstandes, die Einrichtung einer Geschäftsstelle, die Bildung von Ortsgruppen oder Sektionen, endlich über die Auflösung des Vereins und den Anfall des Vereinsvermögens nach der Auflösung (vgl. § 45).

Mit dem Abschluß des Gründungsvertrages und der Inkraftsetzung der Satzung ist der Verein entstanden. Damit er nach außen handlungsfähig wird, müssen nunmehr die Gründer und ersten Mitglieder in Übereinstimmung mit der von ihnen erlassenen Satzung einen Vorstand wählen. Dieser vertritt den Verein, d. h., solange er noch nicht die Rechtsfähigkeit erlangt hat, die Gesamtheit der in ihm zusammengeschlossenen Mitglieder. Seine nächste Aufgabe ist, soll der Verein die Rechtsfähigkeit erlangen, die hierfür erforderlichen Schritte zu tun.

b) **Die Erlangung der Rechtsfähigkeit.** Hinsichtlich der Erlangung der Rechtsfähigkeit unterscheidet das BGB zwei Arten von Vereinen: die wirtschaftlichen Vereine und die sogenannten Idealvereine. Die wirtschaftlichen Vereine erlangen, falls für sie keine der in anderen Gesetzen vorgesehenen Rechtsformen von Vereinigungen (wie etwa die einer AG oder GmbH) in Betracht kommt, auf die sie das Gesetz in erster Linie verweist, die Rechtsfähigkeit durch staatliche Verleihung (§ 22, sog. ,,Konzessionssystem"), die Idealvereine dagegen, sofern sie nur die im Gesetz genannten Voraussetzungen erfüllen, durch ihre Eintragung in das bei den Amtsgerichten geführte Vereinsregister (§ 21; sog. ,,System der Normativbestimmungen"). Da auch die staatlichen Behörden, die über die Verleihung befinden, diese nicht willkürlich vornehmen oder versagen dürfen, wenn ihnen dabei auch ein erheblicher Ermessenspielraum verbleibt, ist der Unterschied dieser Systeme in sachlicher Hinsicht heute nur mehr gradueller Art; er wird sich in dem Maße verringern, in dem sich bindende Richtlinien auch für den Ermessungsgebrauch der Behörden herausbilden werden.[8] Es bleiben die verschiedenen Zuständigkeiten: hier der Registerrichter und die Überprüfung seiner Entscheidung durch die ordentlichen Gerichte, dort eine Verwaltungsbehörde und die Verwaltungsgerichte.

Die beiden Arten der Vereine werden vom Gesetz danach unterschieden, ob ,,der Zweck des Vereins auf einen wirtschaftlichen Geschäftsbetrieb gerichtet ist" oder nicht. Man ist sich heute darüber klar, daß diese Formulierung wenig aussagekräftig ist. Denn ein ,,wirtschaftlicher Geschäftsbetrieb" ist als solcher niemals Zweck, sondern immer nur Mittel. Nach einer älteren Lehre[9] soll es darauf ankommen, ob der Zweck des Vereins, und zwar sein Hauptzweck, darauf gerichtet ist, mittels eines wirtschaftlichen Geschäftsbetriebes, d. h. einer nach außen gerichteten, planmäßigen und dauernden entgeltlichen Tätigkeit, wirtschaftliche Vorteile zu erzielen, die dem Verein selbst oder in irgendeiner Form den Mitgliedern zufließen sollen. Insbesondere das Streben, einen Gewinn zu erzielen, gilt nach dieser Ansicht als das Kennzeichen einer ,,wirtschaftlichen" Tätigkeit. Neuere Lehren sehen es dagegen als entscheidend an, ob der Verein eine unternehmerische Tätigkeit ausübt.[10] Sie verzichten dabei auf einen einheitlichen Begriff zugunsten einer Typenbildung. Eine unternehmerische Tätigkeit liege einmal dann vor, wenn der Verein an einem äußeren (oder auch ,,inneren") Markt ,,planmässig und dauerhaft Leistungen gegen Entgelt anbietet".[11] Auf eine Gewinnabsicht komme es hierbei nicht an. Sie liege ferner dann vor, wenn es sich bei der Tätigkeit des Vereins um ,,ausgelagerte Teilfunktionen der an ihm beteiligten Unternehmen" handelt. Einen Fall dieser Art hat der BGH entschieden.[12]

---

[8] Vgl. dann *KarstenSchmidt* aaO. S. 5ff; 32ff.

[9] So RGZ 154, 343; v. *Tuhr* Bd. I S. 468ff; *Enn./N.* § 107, II, 1 u. 2.

[10] *MünchKomm/Reuter* 10ff., zu §§ 21, 22; *Hemmerich* aaO. S. 63f., *Lange/Köhler* § 25 III 2; vor allem *Karsten/Schmidt* aaO. durchweg, auch NJW 83, 544.

[11] So *Karsten/Schmidt* aaO. S. 16. Ähnlich *Lange/Köhler* aaO.

[12] BGHZ 45, 395.

Es ging um einen Verein von Taxiunternehmern, der eine Geschäftsstelle zur Entgegennahme von Taxibestellungen und eine Funkzentrale betrieb. Der BGH ging noch von der älteren Lehre aus, verzichtete hier aber auf das Merkmal der Entgeltlichkeit der Dritten angebotenen Leistungen (nämlich: der Vermittlung von Taxibestellungen) und kam so zur Bejahung des wirtschaftlichen Charakters des Vereins.

Eine so beschriebene unternehmerische Tätigkeit des Vereins bleibt jedoch außer Betracht, wenn sie im Rahmen der – auf „ideelle" Zwecke gerichteten – Gesamttätigkeit des Vereins von nur untergeordneter Bedeutung ist (sog. *„Nebenzweckprivileg"*).[13] Indessen kann eine solche Tätigkeit einen großen Umfang erreichen und damit erhebliche Gefahren für die Gläubiger des Vereins, denen nur das vielleicht geringfügige Vereinsvermögen haftet, eventuell auch für die Mitglieder mit sich bringen. Um diesen Gefahren vorzubeugen, hat der Gesetzgeber bei den von ihm zugelassenen rechtsfähigen Handelsgesellschaften (AG, GmbH, eingetr. Genossenschaften) bestimmte Vorschriften getroffen, die er bei den „Idealvereinen" für entbehrlich gehalten hat, eben weil bei ihnen, wie er meinte, eine Betätigung auf wirtschaftliche Gebiet allenfalls nur eine unbedeutende Rolle spiele. Durch die Einführung des „Konzessionssystems" für die wirtschaftlichen Vereine wollte er verhindern, daß die im Interesse der Gläubiger oder auch einer Minderheit von Gesellschaftern gegebenen Vorschriften für die genannten Erwerbsgesellschaften dadurch umgangen würden, daß die Gründer die Form eines rechtsfähigen Vereins wählen. Heute gibt es Vereine, deren wirtschaftliche Betätigung, obgleich nur „Nebenzweck", einen sehr bedeutenden Umfang hat. Das trifft etwa für manche Fußballvereine, auch für einige Automobilklubs und große karitative Vereine zu.[14] Es wird deshalb über eine Einschränkung des Nebenzweckprivilegs, sei es schon de lege lata, sei es im Wege der Gesetzgebung, diskutiert. Hierfür fehlt es aber vorläufig an einem brauchbaren Maßstab.[15]

Ist ein Verein ein „wirtschaftlicher" und erstrebt er als solcher, statt die Form einer Handelsgesellschaft zu wählen, die staatliche Konzession, so hat die Behörde zu prüfen, ob ihm eine andere Rechtsform genügt, wenn nicht, ob die Satzung hinreichende Sicherheit in den genannten Richtungen bietet. Hinsichtlich der Verleihung oder ihrer Versagung besteht zwar ein Ermessen der Verwaltungsbehörde, das aber nicht willkürlich ausgeübt werden darf. Die Zahl der wirtschaftlichen Vereine, die die Rechtsfähigkeit durch Verleihung erworben haben, ist gering.

---

[13] Dazu *Heckelmann,* AcP 179, 9; *Münch/Komm/Reuter* 14, *Seorgel/Schultze* -v. *Lasaulx* 17 zu § 21, *Karsten/Schmidt* aaO. S. 18f; 26ff.; *Medicus* Rdz. 1112.

[14] Nähere Angaben dazu bei *Hemmerich* aaO. S. 14ff.

[15] Vgl. dazu auch *Karsten Schmidt* NJW 83, 543, 546.

Zu den nichtwirtschaftlichen, den sogenannten **Idealvereinen,** gehören z. B. Vereine, deren Zielsetzung auf dem Gebiete der Bildung, des Sports, der Geselligkeit, der Wohltätigkeit, aber auch der Politik, der Kommunalpolitik oder der Sozialpolitik liegen. Eine große Rolle spielen solche Vereine, die sich die Wahrung der Interessen einer bestimmten Berufsgruppe oder einer durch die gleiche Interessenlage gekennzeichneten gesellschaftlichen Gruppe (z. B. Mieter oder Vermieter Grundstücksbesitzer, Einzelhändler oder Verbraucher) zur Aufgabe machen. Auch Gewerkschaften und Arbeitgeberverbände sowie politische Parteien[16] haben zumeist die Form eines (in der Regel nichtrechtsfähigen) Vereins. Der Ausdruck „Idealverein" paßt für Vereine, deren Zweck in erster Linie die Wahrung der wirtschaftlichen Interessen ihrer Mitglieder, die Erlangung und Ausübung wirtschaftlicher (und dadurch bis zu einem gewissen Grade auch politischer) Macht ist – wie Unternehmerverbände und Gewerkschaften – nur schlecht.[17] Man darf ihn deshalb nicht allzuwörtlich nehmen. Soweit derartige Verbände legitimerweise an der Gestaltung der Arbeitsbedingungen und darüber hinaus der gesamten Sozialordnung mitwirken, reicht ihre Wirksamkeit – man denke etwa an den Abschluß von Tarifverträgen – über den Bereich des Privatrechts weit hinaus. Ihre innere Organisation richtet sich bis jetzt gleichwohl allein nach dem Vereinsrecht des BGB. Es ist fraglich, ob dieses auf die Dauer für solche Verbände ausreicht, die gewissermaßen öffentliche Funktionen wahrnehmen. Auf die sich daraus ergebenden Probleme (Stichwort: Verbandsdemokratie) einer Reform des Verbandsrechts unter Einbeziehung verfassungsrechtlicher und gesellschaftspolitischer Aspekte[18] kann an dieser Stelle nicht weiter eingegangen werden. Der Hinweis muß genügen, daß hier eine der Nahtstellen liegt, an denen sich die Verklammerung privatrechtlicher Normen mit der Sozialordnung und der politischen Verfassung künftig voraussichtlich stärker bemerkbar machen wird als bisher.[19]

Die sogenannten Idealvereine erlangen die Rechtsfähigkeit nach dem System der Normativbestimmungen; dieses bedeutet, daß die Vereine, um die Rechtsfähigkeit zu erlangen, nur bestimmte gesetzlich festgelegte Voraussetzungen erfüllen müssen, bei deren Vorliegen sie einen mit Rechtsmitteln verfolgbaren Anspruch auf die Vornahme desjenigen Aktes, an den die Rechtsfähigkeit geknüpft ist, nämlich der Eintragung in das Vereinsregister, haben. Die Eintragung steht

---

[16] Für sie gelten die Sonderbestimmungen des Gesetzes über die politischen Parteien vom 24. 7. 1967 (BGBl. I S. 773).

[17] Darauf weist mit Recht hin: *Sernetz,* Die Rechtsnachfolge in die Verbandsmitgliedschaft insbesondere beim Unternehmerwechsel, 1973, S. 21.

[18] Dazu *Teubner,* Ziele und Methoden der verbandsrechtlichen Reformdiskussion, in Ztschr. f. Unternehmens- und Gesellschaftsrecht, 1975, S. 459; *Ott,* Recht und Realität der Unternehmenskorporation, 1977; MünchKomm/*Reuter* 43ff. vor § 21.

[19] Um eine weitere derartige Nahtstelle dürfte es sich bei der Aufnahmepflicht von Verbänden, die eine Monopolstellung haben (unten III b), handeln.

also nicht etwa im Ermessen des Gerichts. Sie erfolgt nur auf Antrag, den der Vorstand zu stellen hat (§ 59 Abs. 1); zuständig ist das Amtsgericht, in dessen Bezirk der Verein seinen Sitz hat (§ 55 Abs. 1). Der „Sitz" des Vereins ist der Ort, der als solcher in der Satzung angegeben ist; in Ermangelung einer Bestimmung in der Satzung der Ort, an dem die Verwaltung geführt wird (§ 24). Die Voraussetzungen, die ein Verein erfüllen muß, um die Rechtsfähigkeit durch Eintragung in das Vereinsregister zu erlangen, sind folgende: es muß sich um einen Verein handeln, dessen Zweck nicht auf einen wirtschaftlichen Geschäftsbetrieb gerichtet ist (§ 21); er muß eine Satzung haben, die die bereits erwähnten, zwingend vorgeschriebenen Angaben enthält (§ 57 Abs. 1); weiter muß er einen Vorstand haben, der den Verein zu vertreten in der Lage ist und den Antrag auf Eintragung stellt. Die Satzung *soll* die bereits ebenfalls erwähnten Bestimmungen enthalten (§ 58); die Zahl der Vereinsmitglieder soll mindestens sieben betragen (§ 56); die Urschrift der Satzung soll von mindestens sieben Mitgliedern unterzeichnet sein und den Tag ihrer Errichtung angeben (§ 59 Abs. 3). Der Anmeldung beim Registergericht sind die Satzung in Urschrift und Abschrift sowie eine Abschrift der Urkunden über die Bestellung des Vorstandes beizufügen (§ 59 Abs. 2). Schließlich darf der Zweck des Vereins nicht sittenwidrig sein und der Verein nicht gegen Art. 9 Abs. 2 GG verstoßen.

Ist eine der genannten Voraussetzungen nicht erfüllt, so ist die Anmeldung von dem Registergericht unter Angabe der Gründe zurückzuweisen (§ 60). Gegen die Zurückweisung findet das Rechtsmittel der sofortigen Beschwerde statt (§ 160a FGG; über die Beschwerde im allgemeinen und die sofortige Beschwerde §§ 19, 20 FGG). Hat das Amtsgericht keine Bedenken, so läßt es die Anmeldung zu und teilt sie der zuständigen Verwaltungsbehörde mit. Diese kann gegen die Eintragung Einspruch erheben, wenn der Verein nach dem öffentlichen Vereinsrecht unerlaubt ist oder verboten werden kann (§ 61). Dies ist heute nur noch dann der Fall, wenn der Zweck oder die Tätigkeit des Vereins den Strafgesetzen zuwiderläuft oder sich gegen die verfassungsmäßige Ordnung oder gegen den Gedanken der Völkerverständigung richtet (Art. 9 Abs. 2 GG). Das Amtsgericht hat den Einspruch dem Vorstande mitzuteilen (§ 62). Das Amtsgericht darf die Eintragung erst vornehmen, wenn der erhobene Einspruch seine Wirksamkeit verloren hat. Das ist der Fall, wenn nicht die nach den Bestimmungen des Vereinsgesetzes dafür zuständige Behörde binnen eines Monats ein Verbot des Vereins ausgesprochen hat oder wenn das ausgesprochene Verbot von ihr zurückgenommen ist oder wenn es (auf eine Klage vor den Verwaltungsgerichten oder, nach Erschöpfung des Verwaltungsrechtsweges, auf eine Verfassungsbeschwerde hin) unanfechtbar aufgehoben worden ist (§ 63 Abs. 2). Erhebt die Verwaltungsbehörde keinen Einspruch, so darf die Eintragung doch erst erfolgen, wenn sie dies dem Amtsgericht mitgeteilt hat oder wenn seit der Mitteilung der Anmeldung an die Verwaltungsbehörde sechs Wochen verstrichen sind und diese bis dahin keinen Einspruch erhoben hat (§ 63 Abs. 1). Die Bestimmungen der §§ 61 bis 63 sind nicht anwendbar auf politische Parteien.[20]

Mit der Eintragung erlangt der Verein die Rechtsfähigkeit. Damit dies kundbar ist, erhält sein Name nun den Zusatz e. V. (§ 65). Einzutragen sind der Name und der Sitz des Vereins, der Tag der Errichtung der Satzung und die Mitglieder des

[20] § 37 Ges. über die politischen Parteien vom 24. 7. 1967.

Vorstandes; ferner solche Bestimmungen der Satzung, die den Umfang der Vertretungsmacht des Vorstandes beschränken oder die Beschlußfassung des Vorstandes anders regeln, als das in § 28 vorgesehen ist (§ 64). Spätere Änderungen der Satzung sowie jede Änderung des Vorstandes sind von dem Vorstand zur Eintragung anzumelden. Eine Änderung der Satzung wird erst mit ihrer Eintragung wirksam (vgl. die §§ 67, 71). Die erstmalige Eintragung des Vereins hat das Amtsgericht in dem für seine Bekanntmachungen bestimmten Blatt zu veröffentlichen (§ 66).

Durch die Eintragung in dem Register sollen Dritte, die mit dem Verein in geschäftliche Beziehungen treten, in die Lage versetzt werden, sich über die für sie wesentlichen Rechtsverhältnisse des Vereins, insbesondere über die für den Verein vertretungsberechtigten Vorstandsmitglieder zu unterrichten. Sie werden in beschränktem Umfang geschützt. Wird nämlich zwischen einem Dritten und einem bisherigen Mitglied des Vorstandes ein Rechtsgeschäft vorgenommen, bei dem dieses den Verein vertritt, so kann die Änderung des Vorstandes dem Dritten nur entgegengesetzt werden, wenn sie zur Zeit der Vornahme des Rechtsgeschäfts im Vereinsregister eingetragen oder ihm bekannt war (§ 68 Satz 1). Der Dritte wird also in seinem Vertrauen darauf geschützt, daß nicht im Register eingetragene, ihm auch nicht auf andere Weise bekannt gewordene *Änderungen des Vorstandes* nicht eingetreten sind (sogenannte **„negative Publizität" des Registers:** „Dem Schweigen des Registers kann man trauen"). Selbst wenn die Änderung eingetragen war, braucht der Dritte sie nicht gegen sich gelten zu lassen, wenn er sie nicht kannte und seine Unkenntnis – das Unterlassen der Einsichtnahme in das Register – nicht auf Fahrlässigkeit beruht (§ 68 Satz 2). Das gleiche gilt hinsichtlich solcher Bestimmungen der Satzung, durch die der Umfang der Vertretungsmacht des Vorstandes beschränkt oder die Beschlußfassung des Vorstandes abweichend von § 28 Abs. 1 geregelt wird (§ 70). Dagegen kann man nicht darauf vertrauen, daß eine im Register eingetragene Bestellung einer bestimmten Person zum Vorstand oder Mitglied des Vorstandes gültig ist. (Das Register genießt also keine „positive Publizität"; sein Inhalt gilt nicht, wie der des Grundbuchs, zugunsten des gutgläubigen Geschäftsgegners als richtig.) Die Einsicht in das Vereinsregister ist jedermann gestattet; von den Eintragungen kann eine beglaubigte Abschrift verlangt werden (§ 79).

c) **Der Verein im Übergangsstadium.** Bis zur Eintragung des Vereins kann einige Zeit vergehen. In der Zwischenzeit besteht der Verein als ein nichtrechtsfähiger, einerlei, ob er seine satzungsgemäße Tätigkeit erst nach Erlangung der Rechtsfähigkeit aufnimmt oder bereits vorher. Man bezeichnet den Verein im Übergangsstadium im Hinblick auf den demnächstigen rechtsfähigen Verein auch als „Vorverein". Der Vorverein, also der zunächst bestehende nichtrechtsfähige Verein, und der mit der Eintragung entstandene rechtsfähige Verein sind richtiger Ansicht nach identisch.[21] Es handelt sich um dieselbe durch den Gründungsvertrag konstituierte, auf Dauer angelegte Personenvereinigung, die durch den gleichen Namen (abgesehen von dem späteren Zusatz e. V.) individualisiert wird. Verschieden ist lediglich die Art der Zuständigkeit der für dieses Gebilde begründeten Rechte und Pflichten; solange der Verein ein nichtrechtsfähiger ist, stehen sie der Gesamtheit der Mitglieder in ihrer Verbundenheit zu, wenn er die Rechtsfähigkeit erlangt hat, ihm als Rechtssubjekt selbst. Geändert hat sich die Art und Weise der Zuordnung der Rechte und Pflichten; geblieben ist das reale Sozialgebilde, dem die Zuordnung gilt. Es bedarf daher keiner Übertragung der bisher den Mitgliedern in ihrer Verbundenheit zustehenden Rechte auf den rechtsfähigen Verein; sind die Mitglieder in ihrer Verbindung zu einem nichtrechtsfähigen Verein als Berechtigte im Grundbuch eingetragen, so wird dieses insoweit unrichtig, das eingetragene Recht steht nun nicht mehr den Mitgliedern, sondern dem Verein selbst zu. Ebenso sind die von dem bisher nichtrechtsfähigen Verein eingegangenen Verbindlichkeiten nach Erlangung der Rechtsfähigkeit nicht mehr solche der Mitglieder, sondern solche des rechtsfähigen Vereins. Das gilt auch, wenn ein als nichtrechtsfähig gegründeter Verein erst später beschließt, die Rechtsfähigkeit zu erwerben. Da er sich dadurch als rechtlich verfaßter Verband nicht auflöst, sondern sich nur eine andere Organisationsform gibt, handelt es sich vorher wie nachher um denselben Personenverband.

II. Die Vereinsorgane

Ein Verein, eine Körperschaft überhaupt, muß notwendig Organe haben, da er nur durch sie als rechtlich verfaßte Gesamtheit zur Bildung eines einheitlichen „Gesamtwillens" und zu seiner Betätigung, damit insbesondere auch zur Teilnahme am Rechtsverkehr, in der Lage ist (vgl. oben § 9 I). Nach dem Gesetz muß jeder rechtsfähige Verein notwendig zwei Organe haben: die Mitgliederversammlung und den Vorstand. Die Mitgliederversammlung dient vor allem der Willensbildung innerhalb des Vereins; ihr kommt, soweit in der Satzung nichts anderes vorgesehen ist, die **letzte Entscheidung** in allen Vereinsangelegenheiten zu (§ 32 Abs. 1 Satz 1). Ihr obliegt auch die Bestellung (§ 27 Abs. 1) und die

---

[21] So die überwiegende Lehre: *Lehmann/Hübner* § 61 II 1 c; *Lange/Köhler* § 28 VI; *Medicus* Rdz. 1113; *Oertmann,* Vorbem. I „Vereine" Ziff. 6 vor § 21; *Staudinger/Coing* Rdn. 34, *Palandt/Heinrichs* 2b, *Erman/Westermann* 4, MünchKomm/*Reuter* 40ff. zu § 21; RGZ 85, 256, 259. Dagegen aber v. *Tuhr* Bd. I § 40 zu Anm. 72; *Enn./N.* § 107 VII; grundsätzlich auch *Soergel/Schultze-* v. *Lasaulx* 65ff. vor § 21. *Flume* aaO. S. 23 spricht zunächst nur von „Entsprechung", gleich darauf aber von „Gleichsetzung des Idealvereins im Gründungsstadium zur juristischen Person", dürfte also doch wohl den Anhängern der Identitätstheorie zuzuzählen sein. Eingehend zu dieser Frage *Büttner,* Identität und Kontinuität bei der Gründung juristischer Personen, 1967. Er kommt, mit abweichender Begründung, zu den gleichen Ergebnissen wie die herrschende „Identitätstheorie".

Abberufung des Vorstandes (§ 27 Abs. 2). Sie ist somit das **oberste Organ** des Vereins.[22] Der Vorstand vertritt den Verein nach außen und führt die laufenden Geschäfte. Der Verein kann auf Grund seiner Satzung weitere Organe haben.

a) **Die Mitgliederversammlung.** Da der Verein ein Personenverband ist, in dem sich eine Vielzahl wechselnder Mitglieder zu einem einheitlichen Ganzen, einer Körperschaft, verbunden hat, so nehmen grundsätzlich alle Mitglieder an der Entscheidung über die den Verein betreffenden Angelegenheiten teil. Sie treten zu diesem Zweck in einer Versammlung zusammen, die nach bestimmten Regeln verfährt. Die Mitgliederversammlung faßt ihre Beschlüsse mit der Mehrheit der erschienenen[23] Mitglieder. Zur Gültigkeit eines Beschlusses ist erforderlich, daß der Gegenstand bei der Berufung der Mitgliederversammlung bezeichnet worden war (§ 32 Abs. 1 Satz 2 und 3). Jedes Mitglied hat grundsätzlich eine Stimme, die Satzung kann jedoch bestimmten Mitgliedern oder Gruppen von Mitgliedern ein mehrfaches Stimmrecht verleihen. Ein Mitglied ist nicht stimmberechtigt, wenn die Beschlußfassung die Vornahme eines Rechtsgeschäfts mit ihm selbst oder einen Rechtsstreit zwischen dem Verein und ihm betrifft (§ 34). Auch ohne den Zusammentritt der Mitglieder zu einer Versammlung können Beschlüsse gefaßt werden, wenn alle Mitglieder ihre Zustimmung schriftlich erklären (§ 32 Abs. 2).

Die Berufung der Mitgliederversammlung und ihre Leitung obliegt normalerweise dem Vorstand. Die Mitgliederversammlung ist in den durch die Satzung bestimmten Fällen und – zwingend (vgl. § 40) – immer dann zu berufen, wenn „das Interesse des Vereins es erfordert" (§ 36). Sie ist ferner dann zu berufen, wenn der in der Satzung bestimmte Teil, in Ermangelung einer entsprechenden Bestimmung der Satzung der zehnte Teil der Mitglieder, die Einberufung schriftlich unter Angabe des Zwecks und der Gründe verlangt; wird dem Verlangen nicht entsprochen, so kann das Amtsgericht die betreffenden Mitglieder zu Berufung der Versammlung ermächtigen (§ 37, zwingend).[24] Diese Bestimmungen sollen verhindern, daß ein allzu selbstherrlicher Vorstand den Willen eines bedeutenden Teils der Mitglieder einfach ignoriert.

Zur Änderung der Satzung ist, sofern diese selbst nichts anderes bestimmt (§ 40), eine Mehrheit von drei Vierteln der erschienenen Mitglieder und zur Änderung des Vereinszwecks sogar die Zustimmung aller Mitglieder erforderlich; die Zustimmung der in der Versammlung nicht erschienenen Mitglieder

---

[22] v. *Tuhr* Bd. I § 36 III; *Enn./N.* § 111 I.

[23] Die h. L. faßt dies mit Recht dahin auf, daß die Mehrheit der erschienenen und mit „ja" oder „nein" stimmenden Mitglieder gemeint sei, so daß diejenigen, die sich der Stimme enthalten, bei der Berechnung der Mehrheit nicht mitzuzählen sind. Vgl. *Enn.-/N.* § 111 Anm. 8; *Lehmann/Hübner* § 61 III 2c; Medicus Rdz. 1125; *Soergel/Schultze*-v. *Lasaulx* 26, MünchKomm/*Reuter* 17 zu § 32; so auch jetzt BGHZ; 83, 35; anders aber *Staudinger/Coing* 13, *Erman/Westermann* 2, *Palandt/Heinrichs* 1b zu § 32.

[24] Über die entsprechende Anwendung auf nichtrechtsfähige Vereine vgl. *Soergel/Schultze*-v. *Lasaulx* 5 zu § 37.

muß in diesem Fall schriftlich erfolgen (§ 33 Abs. 1). Wirksam wird die Satzungsänderung bei einem eingetragenen Verein erst mit ihrer Eintragung in das Vereinsregister (§ 71 Abs. 1 Satz 1). Bei einem wirtschaftlichen Verein, der die Rechtsfähigkeit durch Verleihung erworben hat, ist zur Gültigkeit der Satzungsänderung die staatliche Genehmigung erforderlich (§ 33 Abs. 2).

Die Hauptaufgabe der Mitgliederversammlung ist die Regelung der Vereinsangelegenheiten im Innenverhältnis, also im Verhältnis des Vereins zu seinen Mitgliedern, sowie die Einsetzung und Überwachung der übrigen Vereinsorgane, insbesondere, wie bereits bemerkt, die des Vorstandes.[25] Die Satzung kann einem anderen Organ, etwa einem Aufsichtsrat, diese Aufgaben übertragen (§ 40); in diesem Fall obliegt der Mitgliederversammlung aber die Bestellung und Abberufung dieses Organs. Die Mitgliederversammlung kann dem Vorstand und anderen Organen, im Rahmen der Satzung und der gesetzlichen Bestimmungen, bindende Weisungen für deren Verhalten erteilen; sie kann Auskünfte und periodische Rechnungslegung verlangen, soweit nicht die Entgegennahme und die Prüfung der Rechnung nach der Satzung einem anderen Organ zugewiesen ist (vgl. § 27 Abs. 3 und die dort in Bezug genommenen §§ 665, 666). Sie kann ferner die Prüfung der Rechnung einem oder einigen von ihr bestellten Prüfern übertragen, die ihr dann über das Ergebnis zu berichten haben.

Die Beschlüsse der Mitgliederversammlung sind, soweit sie ein Tätigwerden nach außen, gegenüber dritten Personen, oder auch gegenüber den einzelnen Mitgliedern (z. B. die Einziehung der beschlossenen Beiträge) erforderlich machen, durch den Vorstand oder, wenn das in die Kompetenz eines anderen Vereinsorgans fällt, durch dieses auszuführen. Die Mitgliederversammlung selbst ist im allgemeinen zu schwerfällig, um ihrerseits Dritten gegenüber handeln zu können. Grundsätzlich ist die Vertretung des Vereins im rechtsgeschäftlichen Verkehr und vor Gericht Sache des Vorstandes (§ 26 Abs. 2). Wenn daraus aber im Schrifttum der Schluß gezogen wird, die Mitgliederversammlung sei zur Vertretung des Vereins überhaupt nicht in der Lage,[26] so geht das zu weit. Es wäre z. B. denkbar, daß die Mitgliederversammlung ein Rechtsgeschäft mit einem anwesenden Mitglied auf der Stelle vornimmt, indem sie einen von diesem der Versammlung gemachten Vertragsantrag in seiner Gegenwart annimmt.[27] Die Erklärung gegenüber dem anwesenden Geschäftsgegner liegt in diesem Fall in der Mitteilung des Abstimmungsergebnisses durch den in ihrem Auftrag han-

---

[25] Daher ist ein Streit zweier Mitglieder eines Vereinsorgans über ihre satzungsgemäßen Befugnisse oder die Satzungsmäßigkeit des Verfahrens des Organs von der Mitgliederversammlung zu entscheiden; vgl. BGHZ 49, 396.

[26] So *v. Tuhr* Bd. I § 36 zu Anm. 29. Daß die Vertretungsmacht des Vorstandes, wenn die Satzung nichts anderes bestimmt, nach § 26 eine ausschließende sei, wie *Oertmann* 4a zu § 26 meint, sagt das Gesetz nicht.

[27] So auch *Erman/Westermann* 1 zu § 32.

delnden Leiter der Versammlung. Es ist kein Grund ersichtlich, warum es in einem derartigen Falle noch der Abgabe einer Erklärung durch den Vorstand bedürfen sollte, um das Geschäft wirksam werden zu lassen. Allerdings ist die Mitgliederversammlung zur Abgabe von Erklärungen gegenüber einem Abwesenden, einer Behörde, vor einem Gericht oder Notar nicht imstande. Selbst wenn alle anwesenden Mitglieder die von der Versammlung beschlossene schriftliche Erklärung unterzeichnet hätten, vermöchte ein nicht in der Versammlung anwesender Dritter nicht zu erkennen, ob die Versammlung ordnungsgemäß berufen, der Beschluß ordnungsgemäß gefaßt war. Für die Vornahme eines Rechtsgeschäfts mit einem Außenstehenden wird man daher in der Tat die Mitgliederversammlung nicht als zuständig erachten können.

b) **Der Vorstand.** Der Vorstand ist dasjenige Vereinsorgan, dem grundsätzlich die Vertretung des Vereins gegenüber Dritten im rechtsgeschäftlichen Verkehr, gegenüber Behörden und vor Gericht obliegt; er ist notwendiges, vom Gesetz zwingend vorgeschriebenes Organ (§ 26 Abs. 1 Satz 1) und hat „die Stellung eines gesetzlichen Vertreters" (§ 26 Abs. 2 Satz 1). Das bedeutet, daß alle im Namen des rechtsfähigen Vereins von ihm abgegebenen Willenserklärungen den Verein selbst, nicht die Vorstandsmitglieder persönlich, berechtigen und verpflichten (vgl. § 164 Abs. 1), daß also z. B. dann, wenn der Vorstand für den Verein Räume anmietet, der Verein als solcher, nicht der Vorstand oder das einzelne Vorstandsmitglied als „Mieter" anzusehen ist. Die Vertretungsmacht des Vorstandes ist jedoch nicht unbeschränkt. Nach jetzt h. L.,[28] der zuzustimmen ist, umfaßt sie nicht solche Geschäfte, deren Vornahme, für Dritte offensichtlich,[29] außerhalb des durch den Vereinzweck gezogenen Rahmens liegt. Der Vorstand eines Vereins zur Unterstützung notleidender Künstler kann also aus dem Vereinsvermögen unentgeltliche Zuwendungen wohl an Künstler und etwa noch an deren in Not geratene Angehörige oder Hinterbliebene, nicht aber an andere Personen machen, die zu dem Personenkreis, der durch den Zweck des Vereins begünstigt wird, in keiner Beziehung stehen. Ferner kann der Umfang der Vertretungsmacht des Vorstandes durch die Satzung beschränkt werden (§ 26 Abs. 2 Satz 2). Die Vertretungsmacht des Vorstandes kann insbesondere ausgeschlossen werden für gewagte Geschäfte wie z. B. die Übernahme einer Bürgschaft, die Eingehung von Wechselverbindlichkeiten, den An- und den Verkauf von Aktien usw. Die Vertretungsmacht des Vorstandes zur Vornahme bestimmter Geschäfte kann durch die Satzung an die vorherige Zustimmung der

---

[28] Vgl. *v. Tuhr* Bd. I § 37 zu Anm. 34; *Enn./N.* § 109 II; *Oertmann* 4a, *Soergel/Schultze-v. Lasaulx* 22, *Erman/Westermann, Palandt/Heinrichs* 2 zu § 26; *Lange/Köhler* § 26 II 2a bb.

[29] Die Beschränkung der Vertretungsmacht ergibt sich objektiv aus dem in der Satzung festgelegten Vereinszweck, muß aber, um Dritten gegenüber wirksam zu sein, für diese zweifelsfrei erkennbar sein.

Mitgliederversammlung gebunden werden. Satzungsbestimmungen, die den Umfang der Vertretungsmacht des Vorstandes beschränken, sind nach § 64 Satz 2 in das Vereinsregister einzutragen. Sie können einem Dritten nur dann entgegengesetzt werden, wenn sie eingetragen sind oder wenn dieser sie bei der Vornahme des Rechtsgeschäfts kennt (§ 70 in Verbdg. mit § 68).

Der Vorstand kann eine einzelne Person sein oder aus mehreren Personen bestehen (§ 26 Abs. 1 Satz 2). Besteht er aus mehreren Personen, so ,,erfolgt die Beschlußfassung nach den für die Beschlüsse der Mitglieder des Vereins geltenden Vorschriften der §§ 32, 34“ (§ 28 Abs. 1). Es entscheidet also, sofern die Satzung nichts anderes bestimmt, die Mehrheit der Stimmen der zu der ordnungsgemäß einberufenen Vorstandssitzung erschienenen Vorstandsmitglieder. Abweichende Regelungen der Satzung sind in das Vereinsregister einzutragen (§ 64). Auch für sie gilt wiederum die Regel des § 68 (vgl. § 70). Die Satzung kann jedem Vorstandsmitglied Einzelvertretungsmacht einräumen; in diesem Fall hängt dessen Vertretungsmacht im Einzelfall nicht von einer vorgängigen Beschlußfassung durch den Gesamtvorstand ab.[30] Die Beschlußfassung betrifft nur die Willensbildung des Vorstandes als eines nach außen einheitlich handelnden Kollegiums und damit des durch ihn repräsentierten Vereins. Sie hat daher lediglich interne Bedeutung, noch keine unmittelbare Wirkung gegenüber Dritten. Um eine solche herbeizuführen, muß der Vorstand diesen gegenüber in Vertretung des Vereins entsprechende Erklärungen abgeben. Es fehlt im Gesetz eine Bestimmung darüber, in welcher Weise dies, falls die Satzung keine Einzelvertretungsmacht vorsieht, zu geschehen hat: ob nur alle Vorstandsmitglieder zusammen für den Verein ein Rechtsgeschäft vorzunehmen vermögen (Gesamtvertretung), oder jedes Mitglied des Vorstandes allein (Einzelvertretung), oder ob mehrere, sei es eine bestimmte Zahl, sei es die Mehrheit aller oder der an der Beschlußfassung beteiligten Vorstandsmitglieder, zusammenwirken müssen. Das Gesetz sagt nur, daß, wenn eine Willenserklärung *gegenüber* dem Verein abzugeben ist – z. B. wenn der Vermieter der vom Verein gemieteten Räume das Mietverhältnis kündigen will –, die Abgabe der Erklärung gegenüber *einem* Vorstandsmitglied genügt (§ 28 Abs. 2). Diese Bestimmung ist zwingend; dagegen kann die Satzung hinsichtlich der aktiven Vertretung, d. h. der Vertretung bei der *Abgabe* einer Erklärung für den Verein, jede denkbare Bestimmung treffen. Schweigt sie, so nimmt die h. L. an, daß dann der Grundsatz des § 28 Abs. 1 auch für das Handeln des Vorstandes Dritten gegenüber gelte; es müßten also so viele Vorstandsmitglieder bei der Erklärung zusammenwirken, wie der Mehrheit der bei der Beschlußfassung anwesenden Vorstandsmitglieder entspricht.[31] Das

---

[30] Vgl. BGHZ 69, 250.

[31] So *Enn./N. § 109 Anm. 19; Oertmann* 1 b ß, *Soergel/Schultze-v. Lasaulx* 15, *Palandt/Heinrichs* 2 zu § 26.

ist jedoch, worauf v. *Tuhr* mit Recht hingewiesen hat,[32] unpraktisch, weil der Dritte, dem gegenüber das Rechtsgeschäft wirksam sein soll, nicht zu erkennen vermag, wie viele Vorstandsmitglieder zu dem fraglichen Beschluß mitgewirkt haben und wie groß daher die zur Gültigkeit der Erklärung erforderliche Zahl der bei ihrer Abgabe mitwirkenden Vorstandsmitglieder ist. Es ist daher die Meinung v. *Tuhrs* vorzuziehen, daß bei Schweigen der Satzung die Mitwirkung der Mehrzahl der vorhandenen Vorstandsmitglieder, deren Zahl der Dritte aus dem Vereinsregister zu ersehen vermag, erforderlich und genügend ist. Die umständliche Abgabe der Erklärung durch mehrere Vorstandsmitglieder kann dadurch ersetzt werden, daß der Vorstand im Einzelfalle beschließt, ein Vorstandsmitglied zur Vornahme dieses Rechtsgeschäfts zu bevollmächtigen. Allerdings ist dann bei einem einseitigen Rechtsgeschäft § 174 anzuwenden: Der andere Teil kann es zurückweisen, wenn das bevollmächtigte Vorstandsmitglied ihm seine Vollmacht nicht durch eine von der Mehrheit der Vorstandsmitglieder unterschriebene Urkunde nachweist.

Von der Vertretung des Vereins gegenüber Dritten durch den Vorstand ist dessen Geschäftsführung zu unterscheiden. Sie umfaßt jede Art von Tätigkeit, die der Vorstand im Interesse des Vereins ausübt, mag sie nun nach außen wirken oder nicht.[33] Auf die Geschäftsführung des Vorstandes finden die für den Auftrag geltenden Vorschriften der §§ 664 bis 670 entsprechende Anwendung. Die Vorstandsmitglieder sind danach dem Verein gegenüber zur ordnungsgemäßen Besorgung der ihnen obliegenden Angelegenheiten verpflichtet; sie haften dem Verein auf Schadensersatz, wenn sie dieser Verpflichtung schuldhaft zuwiderhandeln und der Verein dadurch einen Schaden erleidet. Sie sind an Weisungen der Mitgliederversammlung gebunden; so haben sie, wie schon erwähnt, dieser oder einem von der Satzung vorgesehenen Aufsichtsrat Auskunft zu geben und Rechenschaft abzulegen. Für Aufwendungen, die sie den Umständen nach für erforderlich halten dürfen, können sie Ersatz verlangen; dagegen steht ihnen ein Anspruch auf Vergütung für ihre Tätigkeit nach dem Gesetz nicht zu. Eine Vergütung kann aber durch die Satzung bestimmt oder, wenn die Satzung dies

---

[32] *v. Tuhr* Bd. I § 37 Anm. 52. Wenn demgegenüber darauf hingewiesen wird, daß die in § 68 Satz 2 vorgeschriebene Eintragung einer von § 28 Abs. 1 abweichenden Regelung der Beschlußfassung in das Vereinsregister sinnlos wäre, wenn nicht die gleiche Regelung auch für die Vornahme des Rechtsgeschäfts gegenüber dem Dritten gelte, so ist darauf zu sagen, daß die Eintragung in das Register aus dem von *v. Tuhr* genannten Grunde den Dritten nicht zu schützen vermag. Der Gesetzgeber hat die Frage offenbar nicht durchdacht. Unter diesen Umständen wird man, da es sich um eine Lücke des Gesetzes handelt, diese so ausfüllen müssen, daß die Zwecke des Gesetzes, nämlich einerseits das Mehrheitserfordernis zu wahren, anderseits dem Dritten die Möglichkeit zu geben, sich aus dem Vereinsregister zu unterrichten, nach Möglichkeit erreicht werden. Das ist dann der Fall, wenn man dem Vorschlag *v. Tuhrs* folgt.

[33] Zur Unterscheidung von Geschäftsführung und Vertretung bei der Gesellschaft vgl. Sch.R. Bd. II § 60 III.

zuläßt, mit den einzelnen Vorstandsmitgliedern vertraglich vereinbart werden (vgl. § 27 Abs. 2 Satz 1).

Die Bestellung zum Vorstand erfolgt, wenn in der Satzung nichts anderes bestimmt ist (§ 40), durch die Mitgliederversammlung (§ 27 Abs. 1). Sie ist ein Vertrauensakt. Dem entspricht es, daß die Mitglieder des Vorstandes ihre Aufgaben im Zweifel persönlich wahrzunehmen haben, deren Ausführung also nicht einem Dritten übertragen dürfen (vgl. § 664). Allerdings ist es ihnen nicht verwehrt, sich dabei eines oder mehrerer Gehilfen zu bedienen. Dem geforderten Vertrauen entspricht es ferner, daß, wenn dieses nicht mehr vorhanden ist, der Vorstand oder ein einzelnes Vorstandsmitglied jederzeit durch die Mitgliederversammlung abberufen werden kann (§ 27 Abs. 2 Satz 1). Durch die Abberufung verliert das Vorstandsmitglied die Befugnis, in den Angelegenheiten des Vereins tätig zu werden, insbesondere auch die Vertretungsmacht; dagegen bleibt ein etwa zwischen ihm und dem Verein geschlossener Anstellungsvertrag, aus dem es eine Vergütung beanspruchen kann, grundsätzlich unberührt. Es kann nur durch Ablauf der vorgesehenen Zeit oder durch eine ordnungsgemäße Kündigung beendet werden. Die Widerruflichkeit der Bestellung zum Vorstand kann durch die Satzung auf den Fall beschränkt werden, daß hierfür ein „wichtiger Grund" vorliegt; ein solcher ist insbesondere eine grobe Pflichtverletzung sowie „Unfähigkeit zur ordnungsgemäßen Geschäftsführung" (§ 27 Abs. 2 Satz 2). In derartigen Fällen ist auch der Anstellungsvertrag wegen „wichtigen Grundes" ohne Einhaltung einer Kündigungsfrist kündbar (§ 626).

Ist der Verein, z. B. wegen Abberufung oder Tod aller Vorstandsmitglieder, zeitweilig ohne Vorstand oder, da es an der erforderlichen Zahl der Vorstandsmitglieder fehlt, ohne handlungsfähigen Vorstand, so kann auf Antrag eines Beteiligten das Amtsgericht bis zur Behebung des Mangels die erforderliche Zahl von „Notvertretern" bestellen, wenn ein „dringender Fall" vorliegt (§ 29).[34] Um einen solchen Fall handelt es sich, wenn eine Erklärung gegenüber dem Verein vorgenommen werden soll und kein einziger Vertreter vorhanden ist, demgegenüber sie abgegeben werden könnte, oder wenn zur Ausführung eines Beschlusses der Mitgliederversammlung ein Rechtsgeschäft vorgenommen werden muß, das keinen Aufschub duldet. „Beteiligter" ist im zweiten Fall jedes Vereinsmitglied.

c) **Sonstige Organe.** Durch die Satzung können weitere Vereinsorgane vorgesehen werden. Es kann sich hierbei um solche Organe handeln, deren Tätigkeit sich darauf beschränkt, bei der inneren Ordnung der Vereinsangelegenheiten mitzuwirken, z. B. um ein Kontrollorgan, das lediglich die Tätigkeit des Vorstandes überwachen und der Mitgliederversammlung Bericht erstatten soll. Meist aber wird es sich um Organe handeln, die innerhalb eines ihnen durch die Satzung zugewiesenen bestimmten Wirkungskreises auch nach außen für den Verein handeln sollen. Das Gesetz bezeichnet sie als „besondere Vertreter" (§ 30

---

[34] Für die entsprechende Anwendung des § 29 auf nichtrechtsfähige Vereine, auch auf politische Parteien, das LG Berlin, NJW 70, 1047.

Satz 1). So kann ein Verein etwa einen „besonderen Vertreter“ haben für die Herausgabe der Vereinszeitschrift, für Kontakte zur Presse, für die Leitung einer Jugendgruppe, einer Sportabteilung und anderes mehr. Soweit die ihm zugewiesene Tätigkeit den Abschluß von Rechtsgeschäften für den Verein erforderlich macht, hat der „besondere Vertreter“ im Zweifel Vertretungsmacht für „alle Rechtsgeschäfte, die der ihm zugewiesene Geschäftskreis gewöhnlich mit sich bringt“ (§ 30 Satz 2). Jedoch ist es für die Stellung als „besonderer Vertreter“ nicht erforderlich, daß die diesem zugewiesene Aufgabe überhaupt den Abschluß von Rechtsgeschäften mit sich bringt. Die Rechtsprechung sieht vielmehr die Hauptbedeutung der Stellung als „besonderer Vertreter“ in der sich aus § 31 ergebenden Haftung des Vereins für schädigende Handlungen solcher Vertreter.

d) **Die Haftung des Vereins für Handlungen seiner Organe.** Schon oben (§ 9 I a. E.) wurde erwähnt, daß der Verein nach § 31 für den Schaden verantwortlich ist, den ein Vereinsorgan in Ausführung der ihm zustehenden Verrichtungen einem Dritten durch eine Handlung zufügt, die nach allgemeinen Grundsätzen zum Schadensersatz verpflichtet. Es wurde dabei darauf hingewiesen, daß diese Vorschrift nach § 86 auch für die selbständige Stiftung und nach § 89 für den Fiskus, d. h. für den Staat, soweit er als Privatrechtssubjekt, als Teilnehmer am privaten Rechtsverkehr auftritt, sowie für die Körperschaften, die Stiftungen und die Anstalten des öffentlichen Rechts entsprechend gilt, und daß sie als ein allgemeiner Grundsatz des Körperschaftsrechts, auf alle übrigen juristischen Personen und darüber hinaus auf die OHG und den nichtrechtsfähigen Verein entsprechend angewandt wird.[35] Ihr Grundgedanke ist, daß die Handlungen, die ein Organ im Rahmen der ihm übertragenen Aufgabe, also in seiner Eigenschaft „als“ Organ der Körperschaft (oder der sonstigen juristischen Person) vornimmt, dieser selbst zuzurechnen sind. Derartige Handlungen dienen in der Regel der Verwirklichung der Zwecke dieser Körperschaft oder Anstalt, sollen ihr zugute kommen. Dann aber ist es angebracht, die Körperschaft oder Anstalt auch für die rechtlichen Folgen solcher Handlungen in der gleichen Weise haften zu lassen, wie wenn es ihre eigenen wären. Wer also durch eine derartige Handlung in seinen Rechten verletzt und dadurch geschädigt wird, kann, wenn das Organ dabei schuldhaft gehandelt hat, Schadensersatz gemäß § 823 Abs. 1 nicht nur von dem handelnden Organ persönlich, sondern auch von der juristischen Person verlangen, für die es gehandelt hat. Dies ist für den Geschädigten bei privatrechtlichen Vereinen dann, wenn sie über ein entsprechendes Vermögen verfügen, vor allem aber beim Fiskus und bei anderen Körperschaften und Anstalten des öffentlichen Rechts von erheblicher Bedeutung, weil er dadurch einen

[35] Zum nichtrechtsfähigen Verein vgl. unten VI, 4; zu der noch sehr umstrittenen Frage einer analogen Anwendung auch auf die als Gesamthandsgemeinschaft, nicht jedoch als juristische Person, organisierte Gesellschaft des Bürgerlichen Rechts vgl. Sch. R. II, § 60 IV; *Martinek* aaO. S. 107ff.; *Medicus*. Bürgerl. Recht Rdz. 795; *MünchKomm/Reuter* 6ff. zu § 31.

zahlungsfähigen Schuldner erhält. Es wird dadurch erreicht, daß er in der Vollstreckung auf das Vermögen der Körperschaft zugreifen kann. Der sogenannte „Entlastungsbeweis" gemäß § 831 Abs. 1 Satz 2 nützt der Körperschaft, soweit es sich um ein Organ handelt, daher nicht.

§ 31 verlangt eine Handlung des Vorstandes, eines Mitgliedes des Vorstandes oder eines anderen „verfassungsmäßig berufenen" Vertreters. Die Rechtsprechung hat den Begriff des verfassungsmäßig berufenen Vertreters weit ausgelegt.[36] Zwar hat sie zunächst, im Einklang mit dem Gesetzeswortlaut, an der Forderung festgehalten,[37] daß die Stellung des „besonderen Vertreters" in der Satzung oder, bei einer öffentlichrechtlichen Körperschaft, wenn sie keine Satzung hat, in einem Organisationsgesetz oder in allgemeinen Verwaltungsvorschriften vorgesehen und näher umschrieben sei; ferner müsse seine Aufgabe von dem Vertreter in eigener Verantwortung, also relativ selbständig, wahrzunehmen sein. Sie brauche jedoch nicht den Abschluß von Rechtsgeschäften mit sich zu bringen, und auch eine gewisse Weisungsgebundenheit des Vertreters schade nicht, wenn es sich nur um eine leitende Tätigkeit handelt. Später hat die Rechtsprechung jedoch das Erfordernis, daß die Stellung in der Satzung vorgesehen sei, fallengelassen. Nach dem BGH soll es nunmehr genügen,[38] „daß dem Vertreter durch die allgemeine Betriebsregelung und Handhabung bedeutsame, wesensmäßige Funktionen der juristischen Person zur selbständigen, eigenverantwortlichen Erfüllung zugewiesen sind, daß er also die juristische Person auf diese Weise repräsentiert". Statt auf die Verankerung in der Satzung, stellt er also auf die Bedeutsamkeit der Funktion für die Wahrnehmung der satzungsgemäßen Aufgaben und auf eine gewisse Selbständigkeit des Vertreters ab. Nicht erforderlich sei, daß der „besondere Vertreter" mit rechtsgeschäftlicher Vertretungsmacht ausgestattet, also auch „Vertreter" im Sinne der §§ 164ff. ist.

So wurden als „verfassungsmäßig berufene Vertreter" anerkannt der Filialleiter einer Auskunftei, der leitende Arzt eines Krankenhauses, soweit er im medizinischen Bereich, in dem er keinen Weisungen unterliegt, tätig wird, die Mitglieder des Direktoriums einer Bank, auch wenn deren Präsident ihnen gegenüber weisungsberechtigt ist.[39]

„In Ausführung der zustehenden Verrichtungen" ist die Handlung begangen, wenn sie im Zusammenhang mit einer in den Wirkungsbereich des Organs fallenden Tätigkeit vorgenommen wurde. Das ist der Fall bei unsorgfältiger Ausführung einer solchen Tätigkeit. (Beispiel: Der Vorstand eines Sportvereins unterläßt es, bei der Durchführung einer Sportveranstaltung die notwendigen Absperrungsmaßnahmen durchzuführen, um eine Überfüllung der Tribüne zu

---

[36] Dazu *Martinek* aaO. S. 134ff.

[37] Vgl. die Entscheidung RGZ 157, 228, 236.

[38] BGHZ 49, 19, 21.

[39] BGHZ 49, 19; 77, 74, 79; LM Nr. 17 zu § 31 BGB; OLG Köln, NJW 72, 1950. Bedenken gegen die Rspr. äußern *Soergel/Schultze-v. Lasaulx* 11 zu § 30; *Martinek* aaO. S. 143ff.

verhindern.) Es ist ferner der Fall, wenn der Vertreter den Geschäftsgegner täuscht, um ihn zum Abschluß eines Geschäfts mit dem Verein zu bewegen, oder wenn er eine den Verein treffende Verpflichtung, deren Erfüllung in seinen Aufgabenbereich fällt, schuldhaft verletzt. Es ist dagegen nicht der Fall, wenn er die ihm durch seine Tätigkeit für den Verein gegebene Gelegenheit dazu benutzt, eine nur seinen eigenen Nutzen bezweckende Handlung vorzunehmen, die außerhalb der ihm übertragenen Aufgaben liegt. So haftet der Verein nicht, wenn der Vertreter bei Gelegenheit einer von ihm für den Verein geführten Vertragsverhandlung den Geschäftspartner bestiehlt oder wenn er die durch seine Tätigkeit als Vereinsorgan erlangten Kenntnisse dazu benutzt, um jemanden zu erpressen.

Die Rechtsprechung hat eine den Verein oder die sonstige juristische Person gemäß § 31 ersatzpflichtig machende Unterlassung eines Organs vielfach schon darin gesehen, daß die Mitgliederversammlung oder das für die Schaffung der Organisationsnormen zuständige Organ es versäumt hätten, für besonders verantwortungsvolle, einer selbständigen Leitung bedürftige Tätigkeitsbereiche „besondere Vertreter" zu bestellen, für die, wenn sie bestellt worden wären, die Haftung gemäß den §§ 30, 31 gegeben wäre. Sie spricht in solchen Fällen von einem „Organisationsmangel", den die juristische Person gemäß § 31 zu vertreten hat.[40] Sie legt damit – entgegen dem Gesetz – den Körperschaften eine *Rechtspflicht* zur Bestellung „besonderer Vertreter" für alle Angelegenheiten von einiger Wichtigkeit auf, die der Vorstand allein nicht zu übersehen und zu kontrollieren vermag. Das ist schwerlich zu halten.[41] Durch die nunmehr vom BGH vorgenommene, sehr weite Auslegung des Terminus „verfassungsmäßig berufener Vertreter" – bei der es sich in Wahrheit um eine den Wortsinn übersteigende Analogie handelt[42] – ist das Bedürfnis nach einer derartigen Konstruktion weitgehend entfallen. Sie sollte daher aufgegeben werden.[43]

III. Die Mitgliedschaft

a) **Rechte und Pflichten der Mitglieder.** Aus der Mitgliedschaft in einem Verein ergeben sich für das Mitglied Rechte und Pflichten gegenüber dem Verein, die ihre Grundlage in der Satzung und, in Ermangelung entsprechender

---

[40] Vgl. RGZ 157, 228, 235 m. weiteren Nachweisen; BGHZ 24, 200, 213; *Enn./N.* § 110 I 4; *Medicus* Rdz. 1140; Sch. R. II, § 73 VI.

[41] Vgl. *Landwehr,* AcP 164, 482; MünchKomm/*Reuter* 2, 3 zu § 31; *Martinek* aaO. S. 163ff.

[42] So auch *Staudinger/Coing* 27, *Soergel/Schultze-v. Lasaulx* 22 zu § 31; *Martinek* aaO. S. 183ff. *Martinek* befürwortet eine *analoge* Anwendung der Organhaftung auf alle solche „Repräsentanten", die, wenn auch ohne Verankerung in der Satzung, „einen wichtigen Tätigkeitsbereich eigenverantwortlich und selbständig wahrnehmen" (S. 209). Dabei bedürfte freilich der Begriff des „Repräsentanten" noch einer weiteren Klärung.

[43] Zustimmend *MünchKomm/Reuter* 3 zu § 31.

Satzungsbestimmungen, im Gesetz haben. Nach § 58 Nr. 2 soll die Satzung eines zur Eintragung angemeldeten Vereins Bestimmungen darüber enthalten, ob und welche Beiträge von den Mitgliedern zu leisten sind. Die Festsetzung der Beiträge kann der Mitgliederversammlung überlassen werden. Grundsätzlich müssen die Beiträge für alle Mitglieder gleich bemessen sein; sollen Unterschiede gemacht werden, so müssen sie aus der Satzung ersichtlich sein. Unterschiede können nachträglich nur durch eine Satzungsänderung und nur, wenn sachliche Gründe dafür vorliegen, beschlossen werden. Das gleiche gilt, wenigstens im Grundsatz, von den Rechten der Mitglieder. Denn für Körperschaften wie auch für nichtrechtsfähige Vereine gilt im Verhältnis zu ihren Mitgliedern der **Grundsatz der Gleichbehandlung** im Sinne eines Willkürverbots. Er schließt jedoch sachgerechte Differenzierungen nicht aus.[44] Darüber hinaus können einzelnen Mitgliedern oder Gruppen von Mitgliedern durch die Satzung sogenannte ,,Sonderrechte"[45] eingeräumt werden. Ist das geschehen, so können sie nicht ohne deren Zustimmung wieder beseitigt oder beeinträchtigt werden (§ 35).

Unter den aus der Mitgliedschaft sich ergebenden Rechten[46] lassen sich unschwer zwei Gruppen sondern. Bei der ersten Gruppe handelt es sich um Rechte auf Teilnahme an der Willensbildung des Vereins. Hierzu gehört vor allem das Recht auf Anwesenheit in der Mitgliederversammlung und das Stimmrecht, ferner das passive Wahlrecht hinsichtlich der Vereinsämter. Derartige Rechte, man nennt sie ,,Organschaftsrechte", sind nicht primär eigennützige, dem Vorteil des Mitgliedes dienende Rechte, sondern Rechte, die von ihm zugleich im Interesse des Vereins auszuüben sind. Ihre Ausübung, so etwa die Teilnahme an der Mitgliederversammlung oder die Übernahme eines Vereinsamtes, kann zur Pflicht gemacht werden. Ihrer Struktur nach sind derartige Rechte keine

---

[44] Das ist heute allgemein anerkannt. Vgl. dazu eingehend Götz *Hueck,* Der Grundsatz der gleichmäßigen Behandlung im Privatrecht, 1958, S. 173ff., speziell zum Vereinsrecht S. 213f. Wer einem Verein beitritt, muß aus der Satzung ersehen können, ob und welche Differenzierungen zwischen den einzelnen Mitgliedern oder Gruppen von Mitgliedern bestehen. Neue Differenzierungen dürfen daher nur durch eine Satzungsänderung und nur dann geschaffen werden, wenn darin keine ,,willkürliche" Zurücksetzung einzelner Mitglieder oder Gruppen von Mitgliedern liegt. Unter dieser Voraussetzung kann auch ein Verein, der unterschiedlich berechtigte Mitgliedergruppen hat, durch einen satzungsändernden Beschluß die Voraussetzungen für die Zugehörigkeit zu einer Gruppe verschärfen und diejenigen Mitglieder, die diese Voraussetzungen nicht erfüllen, in eine andere Gruppe ,,herabstufen". So der BGH , WM 71, 538.

[45] Zu diesem Begriff vgl. *v. Tuhr* Bd. I § 38 VI; *Enn./N.* § 112 IV 1; *Soergel/Schultze-v. Lasaulx* 8ff. zu § 35.

[46] Die Mitgliedschaft als Teilhaber an einer Personenvereinigung ist in erster Linie ein Rechtsverhältnis (vgl. unten § 12) zwischen dem Mitglied und dem Verein als Rechtssubjekt oder rechtlich verfaßter Personengesamtheit, das, wie jedes Rechtsverhältnis, Rechte und Pflichten einschließt. Ob man sie darüber hinaus selbst wieder als ein subjektives Recht des Mitglieds bezeichnen will – so Marcus *Lutter.* Theorie der Mitgliedschaft, AcP 180, 84; vgl. S. 101f. –, ist eine Frage der Terminologie. Sie ist jedenfalls eine ,,Rechtsposition", die ihrem Inhaber nicht willkürlich genommen werden darf.

Forderungen, kraft deren der Berechtigte eine Leistung verlangen könnte, sondern bilden eine eigene Kategorie von Rechten, die Rechte auf Mitwirkung (unten § 13 I Nr. 6). Sie finden sich nicht nur bei den Körperschaften, sondern auch bei der Gesellschaft und bei der einfachen Rechtsgemeinschaft. Bei der zweiten Gruppe, den sogenannten ,,Genußrechten", handelt es sich dagegen um eigennützige Rechte des Mitgliedes. Hierzu gehören etwa das Recht auf den Gebrauch der Vereinseinrichtungen (z. B. des Sportplatzes, der Geräte usw. eines Sportvereins), das Recht auf Teilnahme an den Vereinsveranstaltungen, auf Vergünstigungen oder auf die Inanspruchnahme bestimmter Dienste, die der Verein satzungsgemäß seinen Mitgliedern gewährt (z. B. fachliche Beratung oder Rechtsberatung), auf den Bezug der Vereinszeitschrift und ähnliches mehr. Diese Rechte haben vielfach bestimmte Leistungen zum Inhalt, die das Mitglied von dem Verein verlangen kann; sie gleichen in ihrer Struktur insoweit den Forderungsrechten. Doch sind sie keine selbständigen Forderungen, die als solche gesondert übertragen werden könnten, sondern von Ausnahmefällen (etwa einem rechtskräftig festgestellten Anspruch auf Auszahlung eines Gewinnanteils) abgesehen, unselbständige Befugnisse, die von der Mitgliedschaft untrennbar sind. Sie können für die Zukunft durch Beschluß der Mitgliederversammlung oder, falls sie in der Satzung festgelegt sind, durch eine Satzungsänderung aufgehoben oder eingeschränkt werden. Insoweit unterliegen sie der sogenannten ,,Vereinsautonomie",[47] der Selbstbestimmung des Vereins hinsichtlich der Regelung seiner Organisation und der Rechtsverhältnisse seiner Mitglieder, der sich das Mitglied durch seinen freiwilligen Beitritt unterworfen hat.[48]

Von den Mitgliedschaftsrechten, die den Mitgliedern auf Grund ihrer Zugehörigkeit zum Verein zustehen, streng zu unterscheiden sind alle sonstigen Rechte, die ein Vereinsmitglied auf Grund irgendeines anderen Tatbestandes, z. B. eines von ihm als Einzelperson mit dem Verein abgeschlossenen Vertrages, einer ihm

---

[47] Der Ausdruck ,,Vereinsautonomie" ist mehrdeutig; vgl. dazu *v. Tuhr* Bd. I § 35 III; *Staudinger/Coing* 35ff. vor §§ 21ff. Hier wird er in dem Sinne verstanden, daß der Verein seine eigene Organisation und die Rechtsverhältnisse seiner Mitglieder zu ihm im Rahmen der gesetzlichen Bestimmungen, soweit diese ,,zwingend" sind, der allgemeinen Grenzen der ,,Privatautonomie" und der allgemeinen Grundsätze des Körperschaftsrechts in einer für alle Mitglieder (solange sie ihm angehören) verbindlichen Weise selbst regeln kann. Zu den ,,allgemeinen Grundsätzen des Körperschaftsrechts" rechne ich den Grundsatz der Gleichbehandlung (vgl. G. *Hueck* aaO. S. 169ff.), das Verbot diskriminierender Unterschiede (Art. 3 GG halte ich auf Körperschaften unmittelbar für anwendbar), sowie die Organhaftung.

[48] *Lutter* aaO. S. 96f. bezeichnet den ,,Gedanken an eine Art Unterordnung des Mitglieds unter den Verband mit dem Stichwort etwa einer Vereins- oder Verbandsautonomie ,,als klar verfehlt". Das ist mir unverständlich. Der Gedanke der ,,Verbandsautonomie" betont in erster Linie die Selbstbestimmung des Verbandes bei der Ordnung seiner Angelegenheiten gegenüber staatlicher Bevormundung: sie ist ein Stück der Privatautonomie der im Verband vereinigten Mitglieder. Die ,,Art Unterordnung" der einzelnen Mitglieder unter den gehörig gebildeten Verbandswillen ergibt sich aus der Geltung des Mehrheitsprinzips, die *Lutter* wohl nicht bestreiten will. Dem Mitglied, das sich den Beschlüssen nicht fügen will, bleibt das Recht zum Austritt, das ihm nicht genommen werden darf.

gegenüber von einem satzungsmäßigen Vertreter des Vereins begangenen Vertragsverletzung oder unerlaubten Handlung oder aus dem Gesichtspunkt einer ungerechtfertigten Bereicherung gegen den Verein haben kann. Derartige Rechte sind nicht anders zu behandeln als entsprechende Rechte eines Außenstehenden; sie können insbesondere nicht durch einseitige Maßnahmen des Vereins beeinträchtigt werden und sind unabhängig von der Mitgliedschaft im Verein.

b) **Erwerb und Verlust der Mitgliedschaft.** Die Mitgliedschaft in einem Verein, d. h. die Rechts- und Pflichtstellung eines Vereinsmitgliedes, wird erworben durch die Beteiligung an dem Gründungsvertrag oder durch Beitritt. Sie beruht immer auf einem freiwilligen Akt, der, weil er auf die Begründung eines Rechtsverhältnisses abzielt, ein Rechtsgeschäft ist. Der Beitritt zu einem Verein ist nur mit Zustimmung des zuständigen Vereinsorgans möglich und erfordert daher einen Vertrag.[49] Allerdings braucht die Zustimmung dem Beitretenden gegenüber nicht erklärt zu werden, sondern kann auch gemäß § 151 durch eine Handlung erfolgen, die den Willen des zuständigen Organs, den Beitritt anzunehmen, in anderer Weise erkennen läßt, z. B. durch die Eintragung des Beitretenden in die Mitgliederliste oder durch die Annahme des Vereinsbeitrags. Daß die Regeln über Verträge und nicht die über einseitige Rechtsgeschäfte anzuwenden sind, hat zur Folge, daß die Beitrittserklärung eines in der Geschäftsfähigkeit Beschränkten nicht nichtig, sondern nur ,,schwebend unwirksam" ist, also von dem gesetzlichen Vertreter genehmigt werden kann.

Die Mitgliedschaft und die aus ihr sich ergebenden Rechte sind, da es sich bei der Zugehörigkeit zu einem Verein um ein personenrechtliches Verhältnis handelt, bei dem das Vertrauensmoment eine besondere Rolle spielt, in der Regel weder übertragbar noch pfändbar noch vererblich.[50] Dies war jedenfalls die Auffassung der Gesetzesverfasser, die dabei vornehmlich an solche ,,Idealvereine" wie Geselligkeits- und Sportvereine gedacht haben dürften. Nicht einmal die Ausübung der Mitgliedschaftsrechte kann einem anderen überlassen werden (§ 38). Indessen kann die Satzung etwas anderes bestimmen; es handelt sich um nachgiebige Vorschriften (§ 40).[51] Ein Bedürfnis, die Übertragung und die Vererblichkeit der Mitgliedschaft zuzulassen, kann sich vornehmlich bei Vereinen

---

[49] A. A. (für den Fall, daß die Aufnahme neuer Mitglieder nicht durch den Vorstand, sondern durch die Mitgliederversammlung erfolgt) *v. Tuhr* Bd. I § 38 zu Anm. 11. Wie hier *Enn./N.* § 112 zu Anm. 5; *Staudinger/Coing* Rdn. 3 zu § 58.

[50] Dies gilt jedoch nur für den (rechtsfähigen oder auch nichtrechtsfähigen) Idealverein. Dagegen wird man bei einem wirtschaftlichen Verein, der die Rechtsfähigkeit nach § 22 erlangt hat, die Grundsätze anwenden müssen, die sich hinsichtlich der Übertragbarkeit der Mitgliedschaft in einer Personenhandelsgesellschaft herausgebildet haben. Über diese Grundsätze vgl. *Wiedemann,* Die Übertragung und Vererbung von Mitgliedschaftsrechten bei Handelsgesellschaften, 1965, sowie BGHZ 44, 229.

[51] Über die Pfändbarkeit der Mitgliedschaft im Falle ihrer Übertragbarkeit vgl. § 857 ZPO; *v. Tuhr* Bd. I § 38 Anm. 31.

von Unternehmern für den Fall des Übergangs des Unternehmens ergeben.[52] Ist sie zulässig, so fordert die Übertragung der Mitgliedschaft außer einem Vertrage zwischen dem ausscheidenden und dem an seiner Stelle eintretenden Mitglied die Zustimmung des Vereins.[53]

Die Satzung kann die Aufnahme von Mitgliedern von bestimmten Voraussetzungen, etwa von einem bestimmten Mindestalter, der Ausübung eines bestimmten Berufs oder dergleichen abhängig machen. Ein subjektives Recht auf Aufnahme in einen bestimmten Verein besteht im allgemeinen nicht, weil grundsätzlich auch für den Verein die Vertragsfreiheit gilt; in besonderen Fällen kann aber die Ablehnung einer bestimmten Person von der Rechtsordnung nicht hingenommen werden, weil sie diskriminierend ist oder deren wirtschaftliche Betätigungsmöglichkeit ohne sachlichen Grund erschwert oder vereitelt. Um einen Fall dieser Art handelt es sich in § 27 Abs. 1 GWB. Danach kann die Kartellbehörde unter bestimmten Voraussetzungen die Aufnahme eines Unternehmens in eine Wirtschafts- oder Berufsvereinigung anordnen, wenn sie von dieser abgelehnt wird. Im übrigen nimmt die Rechtsprechung seit langem eine **Aufnahmepflicht** aufgrund des § 826 an, wenn die Verweigerung der Aufnahme als „sittenwidrig“ anzusehen ist.[54] Das ist nach dem BGH der Fall, wenn der Verein eine *Monopolstellung* innehat und wenn die Ablehnung der Aufnahme, auch wenn sie von der Satzung gedeckt ist, zu einer – im Verhältnis zu bereits aufgenommenen Mitgliedern – *sachlich nicht gerechtfertigten ungleichen Behandlung und unbilligen Benachteiligung* eines die Aufnahme beantragenden Bewerbers führt.[55] Die betreffende Satzungsbestimmung tritt hinter diesem Grundsatz zurück. Aus § 826 allein läßt sich das schwerlich herleiten. Es handelt sich um eine gesetzesübersteigende richterliche Rechtsfortbildung,[56] die ihre Rechtfertigung in einer über den rein „privaten“ Bereich hinausgehenden, den „sozialen“ Bereich mit gestaltenden Funktion des betreffenden Vereins, der daraus und aus seiner „Monopolstellung“ sich ergebenden Angewiesenheit des Bewerbers auf die Mitgliedschaft in diesem Verein, seinem dadurch begründeten Schutzbedürfnis, und in dem Gleichheitsgrundsatz findet.[57] Dabei sind nach dem BGH die Interessen des Bewerbers an der Aufnahme und die des Vereins an der Geltung der satzungsmäßi-

---

[52] Dazu *Sernetz,* Die Rechtsnachfolge in die Verbandsmitgliedschaft insbesondere beim Unternehmerwechsel, 1973, S. 23ff., 26, 103ff. Zur ergänzenden Auslegung einer Satzung in derartigen Fällen S. 159ff.

[53] *Sernetz* aaO. S. 58ff.

[54] Vgl. dazu *Enn./N.* § 112 II 1–3; *Erman/Westermann* 4 zu § 38; *Medicus,* Rdn. 1114; BGHZ 21, 1; 29, 344; BGH, NJW 69, 316. Zurückhaltend BGH, NJW 80, 136 (Aufnahme in einen Anwaltverein).

[55] BGHZ 63, 282, 285.

[56] Dazu *meine* Methodenlehre der Rechtswissenschaft, 5. Aufl. S. 397ff. Gestützt wird sie vor allem auch durch die parallele Wertung in § 27 GWB; vgl. dazu BGHZ 29, 344.

[57] Vgl. im näheren *Birk,* JZ 52, 343; *Nicklisch,* JZ 76, 105; MünchKomm/*Reuter* 111, 112 vor § 21; *Palandt/Heinrichs* 3d zu § 25.

gen Aufnahmebeschränkung im Einzelfall gegeneinander abzuwägen, wobei er die Aufnahmebeschränkung darauf prüft, ob sie einen sachlich gerechtfertigten Grund hat und, wenn ja, ob der mit ihr verfolgte Zweck nicht auf andere Weise erreicht werden kann.

Endigungsgründe für die Mitgliedschaft sind der Tod eines Mitglieds, sein Austritt und, soweit zulässig, sein Ausschluß aus dem Verein. Die Mitglieder sind grundsätzlich zum **Austritt** aus dem Verein berechtigt (§ 39 Abs. 1); dieses Recht kann ihnen durch die Satzung nicht genommen werden (§ 40). Die dauernde Versagung der Austrittsmöglichkeit wäre eine übermäßige Beschränkung der persönlichen Freiheit und würde dem Prinzip der Freiwilligkeit widerstreiten, auf dem die privatrechtlichen Zusammenschlüsse beruhen. Der Austritt aus dem Verein ist insbesondere die einzige Möglichkeit für das Mitglied, sich den Folgen einer von ihm nicht gebilligten Satzungsänderung oder eines von ihm nicht gebilligten Beschlusses der Mitgliederversammlung, z. B. einer Beitragserhöhung, für die Zukunft zu entziehen.[58] Sie ist daher das unentbehrliche Korrelat zu der grundsätzlichen Unterwerfung des Mitgliedes unter die Satzungsgewalt des Vereins.

Die Satzung kann indessen bestimmen, daß der Austritt nur am Schlusse eines Geschäftsjahres oder nach Ablauf einer Kündigungsfrist zulässig ist, die höchstens zwei Jahre betragen darf (§ 39 Abs. 2). Ist das geschehen, so ist das Mitglied bis zum Ablauf der Frist noch zur Erfüllung der sich aus der Mitgliedschaft ergebenden Pflichten verbunden. Der Austritt muß jedoch nach den für Dauerrechtsverhältnisse allgemein geltenden Grundsätzen dann ohne Rücksichtnahme auf einen Termin und ohne Einhaltung einer Frist möglich sein, wenn ein „wichtiger Grund" dafür vorliegt.[59] Ein solcher könnte z. B. in der ungerechtfertigten Ausschließung des Mitgliedes von den Vereinsveranstaltungen oder in beleidigenden Äußerungen des Vorstandes liegen. Der Austritt ist, im Gegensatz zum Beitritt, einseitiges Rechtsgeschäft; er erfolgt, falls die Satzung keine Form vorgeschrieben hat, durch einfache Erklärung gegenüber einem Mitglied des Vorstandes (vgl. § 28 Abs. 2).

Der **Ausschluß** eines Mitgliedes aus dem Verein ist in der Regel dann zulässig, wenn er in der Satzung vorgesehen ist und ein satzungsgemäßer Ausschlußgrund vorliegt. In Ermangelung besonderer, in der Satzung angegebener Ausschlußgründe wird man einen „wichtigen Grund" verlangen müssen. Liegt ein solcher vor, dann ist der Ausschluß auch dann zulässig, wenn die Satzung darüber keine Bestimmung enthält. Zuständig für den Ausschluß ist, falls die Satzung nichts anderes bestimmt, die Mitgliederversammlung als das oberste Vereinsorgan. Der Ausschluß beendet das Rechtsverhältnis der Mitgliedschaft durch einseitigen Gestaltungsakt des Vereins. Er erfüllt insoweit die Funktion der Kündigung. Indessen trägt er regelmäßig, da er mit dem Vorwurf eines vereinsschädlichen oder sonst zu mißbilligenden Verhaltens verbunden zu sein pflegt, zugleich den Charakter einer **Vereinsstrafe.** Damit stellt sich für ihn dieselbe Problematik wie für diese.

---

[58] Zur Zahlung von Sonderbeiträgen, die erst nach dem Wirksamwerden des Austritts fällig werden, ist der Ausgeschiedene nicht verpflichtet; BGHZ 48, 207.

[59] *Enn./N.* § 112 zu Anm. 26; *Soergel/Schultze-v. Lasaulx* 5 zu § 39.

IV. Zulässigkeit und Grenzen einer Vereinsstrafgewalt[60]

Es ist in der Rechtsprechung und ganz überwiegend auch im Schrifttum seit langem anerkannt,[61] daß ein Verein befugt ist, wenn er sich das in seiner Satzung vorbehalten hat, gegen ein Mitglied eine „Strafe" zu verhängen, die z. B. in einer förmlichen Rüge, einer Geldbuße, dem zeitweiligen Ausschluß von Vereinsämtern oder bestimmten Vereinsveranstaltungen oder in dem Ausschluß aus dem Verein bestehen kann. Begründet wird dies vom BGH damit, daß „dem Verein eine selbständige Strafgewalt zukommt, die der Staat gelten läßt und der sich die Mitglieder im Rahmen der Satzung unterwerfen". Während des RG ursprünglich mit großer Schärfe den Grundsatz vertrat, eine sachliche Nachprüfung des die Strafe aussprechenden Beschlusses sei den Gerichten verwehrt, weil sie einen Eingriff in die Selbstverwaltung des Vereins bedeute, seiner ihm vom Staat gewährten „Autonomie" zuwiderlaufen würde, und sich daher im wesentlichen auf die Nachprüfung der Ordnungsmäßigkeit des Verfahrens beschränkte, wurde dieser Grundsatz mit der Zeit gelockert. Heute prüfen die Gerichte nicht nur nach, ob die Verhängung der Strafe eine hinreichende Grundlage in der Satzung hat, ob das in der Satzung vorgeschriebene Verfahren eingehalten und dem Bestraften rechtliches Gehör gegeben worden ist, sondern auch, ob die getroffene Entscheidung „offenbar unbillig" oder gesetz- oder sittenwidrig (§ 826) ist.[62] Gesetzeswidrig wäre sie z. B. dann, wenn „sie den Boden des Privatrechts verlassen und eine Anmaßung öffentlicher Strafgewalt darstellen würde".[63] Es ist jedoch gerade das Problem, wann das der Fall ist. Verstößt die Anerkennung einer „selbständigen Strafgewalt der Vereine" nicht gegen das Strafverhängungsmonopol des Staates und gegen Art. 92 GG, nach dem die „rechtsprechende Gewalt" (nur) von den dort angeführten staatlichen Gerichten ausgeübt wird? Diese Frage bejaht *Flume*.[64] Er verneint jede „Vereinsstrafgewalt" und sieht in den sogenannten Vereinsstrafen nur gewöhnliche Vertragsstrafen,[65] die der vollen

---

[60] *Beuthien,* Die richterliche Kontrolle von Vereinsstrafen u. Vertragsstrafen, BB 68, Beilage 12; *Flume,* Die Vereinsstrafe, Festschr. f. *Böttiche*r, 1969, S. 101; *Meyer-Cording,* Die Vereinsstrafe, 1957; *Wiedemann,* Richterliche Kontrolle privater Vereinsmacht, JZ 68, 219; *Larenz,* Zur Rechtmäßigkeit einer „Vereinsstrafe", Gedächtnisschrift f. Rolf *Dietz,* 1973, S. 45; Harm Peter *Westermann,* Die Verbandsstrafgewalt und das allgemeine Recht, 1972; ders. in JZ 72, 537.

[61] Aus der Rechtspr. RGZ 49, 150; 140, 23; BGHZ 13, 5, 11; 21, 370, 375; 47, 381.

[62] Vgl. BGHZ 21; 370, 47, 381; BGH, LM 11 zu § 25, 3/4 zu § 39 BGB.

[63] BGHZ 21, 370, 374.

[64] *Flume* aaO. S. 108ff.; *Reuter* in MünchKomm 124ff. vor § 21 differenziert: Nur Vereinen „mit schlichter Kommunikationsfunktion" – als Beispiel nennt er „religiöse Sekten" – billigt er eine eigene Disziplinargewalt – zur Durchsetzung von ihnen aufgestellter Verhaltensnormen – zu. Vereinen „mit Repräsentationsfunktionen" – das sind solche, die irgendein „gesellschaftliches Interesse repräsentieren" (Nr. 114) – will er sie dagegen, insoweit *Flume* folgend, versagen. Die Unterscheidung scheint mir aber kaum praktikabel zu sein.

[65] Zur Vertragsstrafe (§§ 339ff.) vgl. Sch. R. I § 24 II.

richterlichen Nachprüfung gemäß § 315 Abs. 3 und der Herabsetzung durch die Gerichte gemäß § 343 unterliegen. Der Ausschluß aus dem Verein sei nicht als „Strafe", sondern nur als Kündigung des Mitgliedschaftsverhältnisses aus „wichtigem Grunde" zulässig. Dem ist jedoch nicht zuzustimmen.

Vereinsstrafen spielen in der Lebenswirklichkeit eine große Rolle. Sie dienen dem Verein regelmäßig dazu, das von seinen Mitgliedern geforderte Verhalten – z. B. die Einhaltung der Spielregeln bei einem Sportverein – zu erzwingen oder sich von solchen Mitgliedern zu trennen, die sich ihren Vereinspflichten dauernd entziehen, das Ansehen des Vereins schädigen oder dem Vereinszweck zuwiderhandeln. Wie die Erfahrung zeigt, kommen die Vereine ohne eine Möglichkeit, solche Maßnahmen zu treffen, nicht aus. Es handelt sich bei den Vereinsstrafen auch nicht lediglich um Vertragsstrafen im Sinne der §§ 339ff. Diese werden typischerweise bereits im Vertrage für einen bestimmten Fall und in bestimmter Höhe festgelegt. Daß die Höhe in das Ermessen des Gläubigers gestellt wird, ist zwar nach § 315 möglich, aber untypisch. Die Vereinsstrafe dagegen wird typischerweise von dem dafür zuständigen Vereinsorgan auf Grund eines justizähnlichen Verfahrens von Fall zu Fall „verhängt". Von den beiden Funktionen der Vertragsstrafe – indirekter Erfüllungszwang und pauschalierter Schadensersatz – kommt für die Vereinsstrafe nur die erste in Betracht. Ein Erfüllungszwang entfällt bei der „Strafe" des Ausschlusses aus dem Verein. Hier geht es um die Wirkung auf andere Mitglieder oder um das Ansehen des Vereins in der Öffentlichkeit. Im Unterschied zur Vertragsstrafe bringt die Vereinsstrafe ferner typischerweise eine **Mißbilligung** zum Ausdruck.[66] Sie ist die Reaktion einer sozialen Gruppe auf ein Verhalten eines ihrer Mitglieder, das mit den Gruppenanforderungen im Widerspruch steht. Das alles rückt sie in die Nähe der „Strafe".

Die Vereinsstrafe ist jedoch nicht Kriminal-, sondern **Disziplinarstrafe.** Sie ist nicht Reaktion auf das Unrecht als solches, sondern auf die Störung der besonderen Ordnung einer engeren sozialen Gruppe und der von ihr an ihre Mitglieder gestellten Anforderungen.[67] Art. 92 GG bezieht sich auf die Wahrnehmung einer bloßen Disziplinargewalt nicht. Die Rede von einer „selbständigen Strafgewalt" der Vereine ist freilich mißverständlich. Sie legt die Vermutung nahe, es handle sich um eine der staatlichen vergleichbare originäre Verbandsgewalt, deren Ausübung einer staatlichen Kontrolle nicht unterliege. Dem ist nicht so. Es handelt sich um eine begrenzte, privatautonom begründete Rechtsmacht, die den Vereinen gewohnheitsrechtlich zugebilligt wird, so weit sie sie sich in ihrer Satzung zugelegt haben. Ihr Umfang wird durch den rein disziplinären Zweck begrenzt. Es dürfen also vor allem keine Kriminalstrafen verhängt werden; die „Strafe", richtiger: Disziplinarmaßnahme, darf nicht außer Verhältnis zu ihrem legitimen

[66] Vgl. *Meyer-Cording* aaO. S. 61ff.; *Soergel/Schultze-v. Lasaulx* 25 zu § 25.

[67] Zum Unterschied von Kriminalstrafe und Disziplinarstrafe vgl. BVerfGE 21, 378, 384; 29, 125, 144.

Zweck – Wahrung der Vereinsordnung – stehen. Durch ihren Beitritt zum Verein haben sich die Mitglieder dieser so begrenzten satzungsgemäßen Disziplinargewalt unterworfen.

Damit ist jedoch nicht gesagt, daß die Gerichte die sachliche Angemessenheit der von einem dafür zuständigen Vereinsorgan in dem dafür vorgesehenen Verfahren verhängten Maßnahme nicht im vollen Umfang sollten nachprüfen dürfen. Das Recht des Vereins, im Rahmen seiner „Autonomie" über seine Mitglieder eine gewisse Disziplinargewalt auszuüben, bedeutet **keine Exemtion von der staatlichen Gerichtsbarkeit.** Die gerichtliche Nachprüfung der ergangenen Strafmaßnahmen bezweckt auch keine Einmischung in die inneren Angelegenheiten des Vereins – so sah es das ausgehende 19. Jahrhundert und die anfängliche Rechtsprechung des RG –, sondern den in einem Rechtsstaat unverzichtbaren Schutz des einzelnen gegen willkürliche Machtausübung durch die Verbände. Es muß dabei beachtet werden, daß Geldbußen, Ehrenstrafen und der Ausschluß etwa aus einem Berufsverein schwerwiegende Folgen sowohl für das Vermögen, wie für das Ansehen, das berufliche Fortkommen und in extremen Fällen sogar für die wirtschaftliche Existenz des Betroffenen haben können. Die gerichtliche Nachprüfung ist auch nicht nur auf Fälle zu beschränken, in denen die Strafe den Betroffenen besonders hart trifft.[68] Ebensowenig berechtigt ist die vom BGH immer noch aufrechterhaltene[69] Beschränkung auf solche Fälle, in denen die Strafe „offenbar unbillig" oder sittenwidrig ist. Sie sollte von der Rechtsprechung aufgegeben werden.[70] Rechtsstaatlichen Grundsätzen entspricht nur die volle richterliche Nachprüfung des Strafbeschlusses darauf hin, ob er **rechtmäßig** ist. Er ist es nur, wenn dabei rechtsstaatlichen Mindestanforderungen, die für jedes derartige Verfahren unverzichtbar sind, genügt ist. Dazu gehört in formeller Hinsicht die Einhaltung des vorgesehenen Verfahrens, die Gewährung rechtlichen Gehörs und eine Begründung,[71] in sachlicher Hinsicht, daß der Betroffene die ihm zur Last gelegte Handlung wirklich begangen hat, daß sie einen in der Satzung festgelegten Strafgrund – oder einen „wichtigen Grund" zum Ausschluß aus dem Verein – darstellt, daß eine derartige Strafe ihrer Art nach als Disziplinarstrafe zulässig und satzungsgemäß und daß sie, nach Art und Höhe, „angemessen", nicht unverhältnismäßig ist.[72] Dabei sind auch die Auswirkungen zu berücksichtigen, die der Ausschluß (oder die Ehrenstrafe) auf die berufliche Stellung des Betroffenen oder auf sein Ansehen in der Öffentlichkeit zwangs-

---

[68] Gegen eine solche Beschränkung auch der BGH; BGHZ 47, 381, 385.

[69] BGHZ 75, 158, 159.

[70] So auch *Beuthien* aaO. Für die Rechtsprechung *Palandt/Heinrichs* 4 f zu § 25; gegen sie *Medicus,* Rdz. 1124. Differenzierend wiederum *MünchKomm/Reuter* 120ff.

[71] Eine solche fordert zutreffend RGZ 147, 11.

[72] Dabei ist auch der Grundsatz der Gleichbehandlung zu beachten, der willkürliche Differenzierungen unter den Mitgliedern verbietet. So auch der BGH; BGHZ 47, 381, 385f.

läufig hat.[73] Ist die Folge der Verlust der beruflichen oder der wirtschaftlichen Existenz, so wird man eine schwerwiegende, in der Regel kriminelle Verfehlung verlangen müssen. Eine gezielte Herabsetzung des Betroffenen oder vermeidbare Bloßstellung ist nicht zulässig. Nur bei der Beurteilung von Fragen wie der, ob ein bestimmtes Verhalten dem „Ehrenkodex" des Vereins zuwiderläuft, den Vereinsfrieden erheblich stört, den Zielen des Vereins abträglich ist, sollte den zuständigen Vereinsorganen – bis zur Grenze eines offenbaren Mißbrauchs ihres Ermessens – ein gewisser Beurteilungsspielraum gelassen werden.

V. Verlust der Rechtsfähigkeit und Auflösung des Vereins

Das Gesetz unterscheidet zwar zwischen der Auflösung des Vereins als solchem und dem Verlust oder der Entziehung der Rechtsfähigkeit; es ordnet aber für beide Fälle dieselben Rechtsfolgen, nämlich den Anfall des Vereinsvermögens an die in der Satzung bestimmten Personen (§ 45 Abs. 1) und, wenn der Anfallberechtigte nicht der Fiskus ist, die Liquidation (§ 47) an. Wenn daher der Verein im Falle des Verlustes oder der Entziehung nur der Rechtsfähigkeit auch als nichtrechtsfähiger Verein weiterzubestehen vermag, sofern das in der Satzung bestimmt ist oder von der Mitgliederversammlung beschlossen wird, so ändert das doch nichts daran, daß der bisherige Vermögensträger fortgefallen ist; der nichtrechtsfähige Verein, als der der bisherige Verein fortbesteht, tritt in vermögensrechtlicher Hinsicht nicht ohne weiteres an die Stelle des bisher rechtsfähigen Vereins, sondern ist allenfalls Anfallberechtigter. Der Fortbestand des Vereins als nunmehr nicht rechtsfähigem hat also nur die Bedeutung, daß es keiner Neugründung bedarf und die bestehenden Mitgliedschaften erhalten bleiben. Der bisherige (rechtsfähige) und der fortbestehende (nunmehr nichtrechtsfähige) Verein sind nur in organisatorischer, nicht in vermögensrechtlicher Hinsicht identisch.[74]

Der Verein als solcher endet:

1. mit dem Fortfall aller Mitglieder;

2. mit dem Eintritt eines in der Satzung bestimmten Endtermins oder einer auflösenden Bedingung;

---

[73] Vgl. BGHZ 13, 5, 12.

[74] Die Ansichten hierüber gehen im Schrifttum weit auseinander. Nach *Lehmann/Hübner* § 61 V 3 läßt „die bloße Entziehung der Rechtsfähigkeit die Personenvereinigung als nichtrechtsfähigen Verein bestehen". Nach *v. Tuhr* Bd. I § 39 II 4 kann der Verein nach Verlust der Rechtsfähigkeit nicht weiterbestehen, sondern nur neu gegründet werden. Nach *Enn/N.* § 113 II 5 ist der Verein, wenn ihm die Rechtsfähigkeit entzogen wird, damit grundsätzlich auch aufgelöst. Zwar könnten die Mitglieder beschließen, daß der Verein als nichtrechtsfähiger fortbestehen soll, doch bestehe dann in Wahrheit nicht der alte Verein fort, sondern es entstehe ein neues, wesentlich verschiedenes Gebilde. Vgl. ferner *Staudinger/Coing* Rdn. 14f., MünchKomm/*Reuter* 1 zu § 41.

3. durch einen Auflösungsbeschluß der Mitgliederversammlung, für den es, falls nicht die Satzung etwas anderes bestimmt, einer Mehrheit von drei Vierteln der erschienenen Mitglieder bedarf (§ 41);

4. durch Auflösung seitens der nach dem öffentlichen Recht zuständigen Behörde, wenn eine der Voraussetzungen des Art. 9 Abs. 2 GG gegeben ist.

Der Verein verliert, abgesehen von den vorgenannten Fällen, die Rechtsfähigkeit:

1. durch Eröffnung des Konkurses (§ 42);

2. durch Entziehung seitens der zuständigen Verwaltungsbehörde, die in drei Fällen möglich ist (vgl. § 43);

3. Durch Entziehung seitens des zuständigen Amtsgerichts, falls – sofern es sich um einen Idealverein handelt, der die Rechtsfähigkeit durch Eintragung in das Vereinsregister erworben hat – die Zahl der Vereinsmitglieder unter drei herabsinkt (§ 73).

Die Auflösung des Vereins und die Entziehung der Rechtsfähigkeit sind, wenn es sich um einen eingetragenen Verein handelt, in das Vereinsregister einzutragen (§ 74). Im Falle der Konkurseröffnung wird diese eingetragen (§ 75). Für die Abwicklung kommt es darauf an, wem das Vermögen des Vereins anfällt. Grundsätzlich fällt es an die in der Satzung bestimmten Personen (§ 45 Abs. 1). Die Satzung kann die Bestimmung des oder der Anfallberechtigten der Mitgliederversammlung oder einem anderen Vereinsorgan zuweisen. Auch ohne eine solche Bestimmung in der Satzung kann die Mitgliederversammlung eines Idealvereins das Vermögen einer öffentlichen Stiftung oder Anstalt zuweisen (§ 45 Abs. 2 Satz 2). Fehlt es an einer Bestimmung des Anfallberechtigten, so fällt das Vereinsvermögen, wenn der Verein ausschließlich den Interessen seiner Mitglieder diente, an die zur Zeit der Auflösung oder der Entziehung der Rechtsfähigkeit vorhandenen Mitglieder zu gleichen Teilen, andernfalls an den Fiskus (§ 45 Abs. 3). Fällt es an den Fiskus, so finden die erbrechtlichen Vorschriften entsprechende Anwendung; es findet also eine „Gesamtnachfolge" statt. Der Fiskus hat das Vermögen „tunlichst" in einer den Zwecken des Vereins entsprechenden Weise zu verwenden (§ 46). Er haftet gemäß § 1967 Abs. 1 für die Verbindlichkeiten des Vereins, mit der Möglichkeit der Beschränkung seiner Haftung auf das Vereinsvermögen gemäß den erbrechtlichen Vorschriften. Der Fiskus kann, anders als ein Privater, die ihm kraft Gesetzes angefallene Erbschaft nicht ausschlagen (§ 1942 Abs. 2).

Wenn das Vereinsvermögen nicht an den Fiskus fällt, dann muß eine Liquidation stattfinden (§ 47). Ziel der Liquidation ist die vollständige Bereinigung aller Schulden vor der Aushändigung des verbleibenden Überschusses an den oder die Anfallberechtigten. Diese haben bis dahin lediglich einen schuldrechtlichen Anspruch; es findet also keine Gesamtnachfolge statt.[75] Das Wort „Anfall des Vermögens" hat somit eine verschiedene Bedeutung, je nachdem, ob Anfallberechtigter der Fiskus ist – dann unmittelbarer Übergang des Vermögens auf ihn, Gesamtnachfolge –, oder nicht. Die Durchführung der Liquidation erfolgt entweder durch den Vorstand oder durch eigens zu diesem Zweck von dem Verein

---

[75] So die heute durchaus herrschende Lehre; *v. Tuhr* Bd. I § 39 zu Anm. 35; *Enn./N.* § 114 I 6; *Lehmann/Hübner* § 61 VI 4b; *Staudinger/Coing* Rdn. 3 (zu a), *Soergel/Schultze-v. Lasaulx* 2, Münch-Komm/*Reuter* 3 zu § 45.

bestellte Liquidatoren (§ 48).[76] Diese haben die laufenden Geschäfte zu beenden, die Auflösung des Vereins oder die Entziehung der Rechtsfähigkeit öffentlich bekannt zu machen und dabei die Gläubiger des Vereins aufzufordern, sich zu melden, bekannte Gläubiger zur Anmeldung ihrer Forderungen durch eine besondere Mitteilung aufzufordern, das Vermögen, soweit erforderlich, in Geld umzusetzen, die Gläubiger zu befriedigen und endlich den Überschuß an den oder die Anfallberechtigten auszuhändigen. Die Aushändigung darf nicht früher als ein Jahr nach der Bekanntmachung der Auflösung des Vereins oder der Entziehung der Rechtsfähigkeit geschehen (vgl. die §§ 49 bis 52). Bis zur Beendigung der Liquidation[77] gilt der Verein, soweit es der Liquidationszweck erfordert, als fortbestehend (§ 49 Abs. 2); er ist zu diesem Zweck weiterhin als Rechtssubjekt und damit als Subjekt der ihm zustehenden Rechte und als Schuldner seiner Verbindlichkeiten anzusehen. Die Liquidatoren haben die rechtliche Stellung des Vorstandes und dementsprechende Vertretungsmacht (§ 48 Abs. 2).[78]

Die Liquidatoren haften den Vereinsgläubigern persönlich, wenn diese dadurch einen Schaden erleiden, daß die Liquidatoren die ihnen gesetzlich obliegenden Pflichten schuldhaft verletzen, insbesondere vor der Befriedigung aller Gläubiger das Vermögen den Anfallberechtigten aushändigen (§ 53). Handelt es sich um einen eingetragenen Verein, so sind die Liquidatoren in das Vereinsregister einzutragen (§ 76).

VI. Der nichtrechtsfähige Verein

Wie bereits oben (§ 9 II Nr. 2) erwähnt wurde, sind auf den nichtrechtsfähigen Verein grundsätzlich die Vorschriften über die Gesellschaft anzuwenden (§ 54 Satz 1). Ebenso wurde bereits dargelegt, daß und inwiefern sich der nichtrechtsfähige Verein durch seine Struktur als ein vom Wechsel der Mitglieder unabhängiger Verband von der Gesellschaft des bürgerlichen Rechts unterscheidet. Die Bestimmung des § 54 Satz 1 ist daher, wie heute allgemein anerkannt wird, nicht sachgemäß. Der nichtrechtsfähige Verein steht seiner ganzen Struktur nach einem rechtsfähigen Verein um vieles näher als der Gesellschaft des bürgerlichen Rechts, die typischerweise ein mehr oder minder lockerer Zusammenschluß be-

---

[76] Wenn der Verein keine Mitglieder mehr hat, die Liquidatoren bestellen könnten, erfolgt die Abwicklung durch einen nach § 1913 vom Gericht zu bestellenden Pfleger; BGHZ 19, 51, 57; BAG, DB 67, 813.

[77] Darüber, wann die Liquidation als beendet anzusehen ist, vgl. BGH, JZ 79, 566, und die diese Entsch. mit Recht kritisierende Anm. zu ihr von *Theil,* JZ 79, 567.

[78] Str. ist, ob ihre Vertretungsmacht auf die Vornahme solcher Geschäfte beschränkt ist, die (im Einzelfall) dem Liquidationszweck dienen, oder ob sie darüber hinaus – aus Gründen des Verkehrsschutzes – auch solche Geschäfte umfaßt, die der Geschäftsgegner als im Rahmen des Liquidationszwecks liegend ansehen durfte. Die zweite Ansicht verdient den Vorzug; der Gesetzeswortlaut steht ihr nicht entgegen, das Prinzip des Vertrauensschutzes wird so gewahrt. Vgl. dazu Karsten *Schmidt,* AcP 174, 55.

stimmter Personen ist, für den die Persönlichkeit jedes einzelnen Gesellschafters von wesentlicher Bedeutung ist. Wenn der Gesetzgeber des BGB sich über diesen Strukturunterschied hinweggesetzt und den nichtrechtsfähigen Verein den Vorschriften über die Gesellschaft unterstellt hat, dann deshalb, um dadurch die Vereine zu veranlassen, den Erwerb der Rechtsfähigkeit durch ihre Eintragung in das Vereinsregister anzustreben. Dadurch wollte er, was nach den damaligen Gesetzen zulässig war, eine behördliche Kontrolle aller solchen Vereine ermöglichen, die einen politischen, sozialpolitischen oder religiösen Zweck verfolgten. Die Erwartung des Gesetzgebers, die meisten nichtwirtschaftlichen Vereine würden, um den Nachteilen ihrer Unterwerfung unter das Gesellschaftsrecht zu entgehen, die Rechtsfähigkeit anstreben, hat sich nicht erfüllt. Die von ihm erstrebte behördliche Kontrolle der politischen oder sozialpolitischen Vereine ist schon in der Weimarer Zeit fortgefallen. Rechtsprechung und Lehre haben sich seit langem darum bemüht, die nichtrechtsfähigen Vereine von den Fesseln, die ihrer Entwicklung durch den § 54 Satz 1 auferlegt wurden, soweit als möglich zu befreien. Dieses Bestreben wird bis zu einem gewissen Grade dadurch erleichtert, daß die meisten der gesellschaftsrechtlichen Vorschriften dispositives Recht sind und daher durch die Satzung, die als Inhalt des Gesellschaftsvertrages (§ 705) zu gelten hat, ausgeschlossen und durch für den Verein passendere Bestimmungen ersetzt werden können. Die Rechtsprechung hat in weitem Umfange angenommen, daß alle die Vorschriften des Gesellschaftsrechts, die zu dem Strukturtypus des nichtrechtsfähigen Vereins im Widerspruch stehen, durch die Vereinssatzung „stillschweigend" ausgeschlossen worden seien. Sie wendet stattdessen die für rechtsfähige Vereine geltenden Vorschriften des Gesetzes mit Ausnahme derer, die eben die Rechtsfähigkeit voraussetzen, analog an.

So werden regelmäßig durch die Satzung entweder ausdrücklich ausgeschlossen oder doch, wenn nur der Vereinscharakter deutlich ist, als mit einem solchen nicht vereinbar und daher sinngemäß ausgeschlossen angesehen die Bestimmungen der §§ 723, 727, 728, nach denen die Gesellschaft durch die Kündigung eines einzelnen Gesellschafters, den Tod eines Gesellschafters oder die Eröffnung des Konkurses aufgelöst wird; stattdessen wird als „stillschweigend" vereinbart angesehen, daß die Gesellschaft (d. h. der Verein) in diesen Fällen unter den übrigen Mitgliedern fortbesteht (§ 736). Die Mitglieder des Vorstandes, die als „geschäftsführende Gesellschafter" (§ 710) angesehen werden, haben entgegen § 708 für normale Sorgfalt einzustehen. Auch das wird damit begründet, die Beschränkung der Haftung der Vorstandsmitglieder und der sonstigen Vereinsvertreter gemäß § 708 sei „mit dem körperschaftlichen, von dem Wechsel der Mitglieder unabhängigen Wesen" des nichtrechtsfähigen Vereins unvereinbar und daher „vertragsmäßig als ausgeschlossen anzusehen".[79] Ein Anspruch auf Gewinnverteilung (§ 721) entfällt jedenfalls bei nichtwirtschaftlichen Vereinen; ebenso ein Anspruch auf Auszahlung des fiktiven Auseinandersetzungsguthabens im Falle des Austritts gemäß § 738.[80] Für die Beschlußfassung in der Mitgliederversammlung und im Vorstand gilt entgegen § 709 Abs. 1 das Mehrheitsprinzip; es wird wiederum unterstellt, daß dieses gemäß §§ 709 Abs. 2, 710 Satz 2 im „Gesellschaftsvertrage" vereinbart sei. Der fiktive Charakter der angenommenen

---

[79] RGZ 143, 212, 214.
[80] RGZ 113, 125, 135.

Vereinbarung ist deutlich; in Wahrheit entscheidet die Rechtsprechung hier gemäß der „Natur der Sache".[81]

Es bleiben jedoch eine Anzahl von Fragen übrig, die mit Hilfe der für die Gesellschaft geltenden Vorschriften auch bei deren möglicher Anpassung an die Struktur des nichtrechtsfähigen Vereins keine dieser angemessene Regelung finden können. Lehre und Rechtsprechung haben hier, um sachwidrige Ergebnisse zu vermeiden, auf verschiedenen, nicht immer zweifelsfreien Wegen nach Abhilfe gesucht und insgesamt im Laufe der Zeit die Rechtslage der nichtrechtsfähigen Vereine immer mehr derjenigen der rechtsfähigen angenähert – ein Vorgang, der in der Rechtsprechung auch heute noch nicht abgeschlossen ist. Die wichtigsten dieser Fragen sollen im folgenden etwas näher beleuchtet werden.

1. **Das Namensrecht.** Der nichtrechtsfähige Verein tritt nach außen, nicht anders als ein rechtsfähiger, unter seinem eigenen Namen auf, der im Verkehr seine Individualität und seine Kontinuität im Wechsel seiner Mitglieder kennzeichnet. Das RG hat schon frühzeitig[82] daraus die Folgerung gezogen, daß dem nichtrechtsfähigen Verein gemäß § 12 auch das *Recht* zum Gebrauch seines Namens zustehe. Eine Vereinigung einer wechselnden Vielheit von Personen könne nach außen hin nur dann als eine diesen Wechsel überdauernde Einheit in die Erscheinung treten, wenn „ihr eine Bezeichnung beigelegt ist, die in erkennbarer Weise die Mitglieder zu einem Ganzen zusammenschließt und zugleich geeignet ist, den Verein von seinesgleichen ständig zu unterscheiden". Sei demnach ein solcher Name für das Dasein des Vereins notwendig und auch in verschiedenen Gesetzesbestimmungen, wie z. B. in § 54 Satz 2, vorausgesetzt, dann müsse dem Verein auch der Schutz seines Namens gemäß § 12 gewährt werden. Freilich sah das RG, da der nichtrechtsfähige Verein eben kein Rechtssubjekt ist, das Namensrecht wie alle übrigen Rechte des Vereins als der Gesamtheit der jeweiligen Mitglieder zustehend an. Es zog daraus in der gleichen Entscheidung die Folgerung, da das Namensrecht allen Mitgliedern zusammen zustehe, könnten auch nur alle gemeinsam es durch Erhebung einer Unterlassungsklage gerichtlich geltend machen. Beteilige sich, so führte das RG aus, auch nur *ein* Mitglied an der Klage nicht, so seien die übrigen Mitglieder nicht als zur Klageerhebung befugt anzusehen, „weil dann nicht der durch die Gesamtheit der Mitglieder gebildete Verein als klagend anzusehen ist". Der Widerspruch zu den vorangegangenen Ausführungen, in denen die Gewährung des Namensrechts gerade mit der Notwendigkeit begründet wurde, die Einheit und die Kontinuität des Vereins im Wechsel seiner Mitglieder zum Ausdruck zu bringen, ist evident. Mit der Frage, wer zur klageweisen Geltendmachung des dem Verein zuerkannten Namens-

[81] Vgl. dazu *meine* Abhandlung in Festschr. f. *Nikisch,* 1958, S. 281 ff.; meine Methodenlehre, 5. Aufl. S. 403 f.

[82] RGZ 78, 101, 102 f.

rechts zuständig sei, ist zugleich ein weiteres Problem, das der aktiven Parteifähigkeit des Vereins, berührt, auf das unter Nr. 5 zurückzukommen ist.

2. **Die Vermögenszuständigkeit.** In Ermangelung der Rechtsfähigkeit kann der Verein nicht selbst Subjekt der ihm zugeordneten Vermögensrechte sein, vielmehr können diese nur den jeweiligen Mitgliedern in ihrer Zusammenfassung, zur „gesamten Hand", zustehen. Gemäß der in § 54 Satz 1 ausgesprochenen Verweisung sind die §§ 718, 719 anzuwenden. Danach wird aus den Beiträgen der Vereinsmitglieder und den durch die Geschäftsführung des Vorstandes für den Verein erworbenen Gegenständen das Vereinsvermögen als gemeinschaftliches Vermögen der Vereinsmitglieder gebildet. Das einzelne Vereinsmitglied kann weder über seinen Anteil an diesem Vermögen im ganzen noch über seinen Anteil an den einzelnen dazu gehörenden Gegenständen verfügen; es ist auch nicht berechtigt, Teilung zu verlangen. Über einen zum Vereinsvermögen gehörenden Gegenstand können nur alle Vereinsmitglieder gemeinschaftlich verfügen, wobei sich diese durch den Vorstand, der die Stellung der geschäftsführenden Gesellschafter (§ 710) hat, vertreten lassen können (§ 714). Schwierigkeiten ergeben sich, wenn es sich um den Erwerb eines Grundstücks oder des Rechts an einem Grundstück handelt. Das RG stand auf dem Standpunkt,[83] der auch von dem überwiegenden Teil der Lehre heute noch eingenommen wird,[84] daß dem Erfordernis der Eintragung des Berechtigten im Grundbuch durch die Eintragung des Vereins unter seinem Namen nicht genügt werde, da der Verein als solcher kein Rechtssubjekt und daher nicht „der Berechtigte" sei. Zur Bezeichnung aller Vereinsmitglieder sei der *Vereinsname* nicht hinreichend. Die summarische Eintragung „der jeweiligen Mitglieder des Vereins X" sei zu unbestimmt, da sie nicht erkennen lasse, wer diese jeweiligen Mitglieder und damit die Berechtigten sind. Vielmehr müßten sämtliche im Augenblick der Eintragung vorhandenen Mitglieder namentlich und unter Angabe des für die Gemeinschaft maßgeblichen Rechtsverhältnisses (§ 47 GBO), d. h. des Bestehens einer Gesamthand, eingetragen werden. Jeder Mitgliederwechsel würde damit das Grundbuch sofort unrichtig machen. Eine Eintragung aller (derzeitigen) Mitglieder ist praktisch in vielen Fällen überhaupt nicht realisierbar. Bei großen Vereinen, die, wie etwa eine Gewerkschaft, Hunderttausende von Mitgliedern haben, von denen täglich einige neu eintreten oder ausscheiden, ist es nicht einmal möglich, genau festzustellen, welche Personen gerade im Zeitpunkt der Eintragung dem Verein als Mitglieder angehören; das Grundbuch würde völlig unübersichtlich werden. Infolgedessen können sich derartige Vereine, wenn sie nicht die Rechtsfähigkeit erwerben wollen, nur so helfen, daß einzelne Personen als Treuhänder oder eine

---

[83] RGZ 127, 309, 312.

[84] *Enn./N.* § 116 IV 5c; *Lehmann/Hübner* § 61 VII 7a; *Medicus* Rdz. 1149; *Brox* Rdn. 724; *Palandt/Heinrichs* 2 A c zu § 54.

zu diesem Zweck gegründete Kapitalgesellschaft, deren sämtliche Anteile sich im Besitz des Vereins befinden, nach außen als Inhaber der Grundstücksrechte fungieren. Von einem Teil des Schrifttums wird demgegenüber die Eintragung des Vereins als solchen[85] oder aber der „jeweiligen Mitglieder des Vereins" unter dem Vereinsnamen für genügend erachtet.[86] Hiergegen besteht freilich das Bedenken, daß bei einem nichtrechtsfähigen Verein, anders als bei einem eingetragenen Verein, nicht einmal der Vorstand aus einem öffentlichen Register ersichtlich ist, so daß sich weder aus dem Grundbuch allein noch aus ihm in Verbindung mit einem anderen Register feststellen ließe, wer denn nun verfügungsberechtigt ist. *Habscheid* hat vorgeschlagen, auch für nichtrechtsfähige Vereine einen Registerzwang einzuführen.[87] Doch würde das wohl auf eine so weitgehende Gleichstellung der nichtrechtsfähigen mit den rechtsfähigen Vereinen hinauslaufen, daß der Unterschied überhaupt fragwürdig würde. Als sinnvoller erscheint es doch wohl zu verlangen, daß ein Verein, der unter seinem Namen Grundstücke oder Grundstücksrechte erwerben will, die Rechtsfähigkeit erwerben sollte, zumal damit für ihn heute keine schwerwiegenden Auflagen oder Kontrollen verbunden sind.

3. **Die Schuldenhaftung.** Sowenig der nichtrechtsfähige Verein als solcher, mangels Rechtsfähigkeit, Subjekt von Rechten sein kann, sowenig kann er eigene Verbindlichkeiten haben, selbst Schuldner sein. Schulden „der Gesellschaft" sind Schulden der Gesellschafter gerade als solcher, für die sie mit dem ihnen gemeinsam zustehenden Gesellschaftsvermögen haften.[88] Bei einer Gesellschaft des bürgerlichen Rechts werden die Gesellschafter aus den in ihrer aller Namen von den geschäftsführenden Gesellschaftern geschlossenen Rechtsgeschäften regelmäßig auch persönlich, und zwar als Gesamtschuldner, d. h. jeder in voller Höhe der Schuld, verpflichtet (vgl. die §§ 714, 164 Abs. 1, 421, 427), haften also mit ihrem eigenen gesamten Vermögen. Für den nichtrechtsfähigen Verein gilt nach § 54 Satz 1 im Prinzip das gleiche. Zusätzlich bestimmt § 54 Satz 2, daß aus einem Rechtsgeschäft, das „im Namen eines solchen Vereins einem Dritten gegenüber vorgenommen wird", auch der Handelnde persönlich haftet; wenn mehrere gemeinschaftlich gehandelt haben, haften sie als Gesamtschuldner.[89] „Handelnder" im Sinne dieser Vorschrift ist, wer das Geschäft für den Verein abschließt, die

[85] Diese halten diejenigen ohne weiteres für zulässig, die die Gesamthandsgemeinschaft und daher schon die Gesellschaft für rechtsfähig ansehen; so *Flume,* Die Personengesellschaft S. 70; Münch Komm/*Reuter* 8 zu § 54.

[86] So *Stoll,* RG-Festschrift Bd. 2, S. 77; *Boehmer,* Grundlagen der bürgerlichen Rechtsordnung, Bd. II/2 S. 175ff.; *Staudinger/Coing* 80 aE, *Soergel/Schultze-v. Lasaulx* 33 zu § 54.

[87] AcP 155, 375 (416f).

[88] Vgl. Sch. R. II, II § 60 IV c. A. A. sind wiederum diejenigen, die, wie *Flume,* die Gesamthandsgemeinschaft als Rechtssubjekt ansehen.

[89] § 54 Satz 2 ist nicht anwendbar auf politische Parteien (Ges. über die politischen Parteien vom 24. 7. 67, § 37).

erforderlichen Willenserklärungen im Namen des Vereins abgibt, gleichgültig, ob es sich um ein Mitglied des Vorstandes, einen „besonderen Vertreter" im Sinne des § 30, einen für dieses Geschäft Bevollmächtigten handelt oder ob ihm die behauptete Vertretungsmacht fehlt (h. L.). Die Gesetzesverfasser glaubten, derjenige, der sich auf ein Geschäft mit einem nichtrechtsfähigen Verein einlasse, bedürfe einer solchen Sicherung, da ihm dessen Verhältnisse undurchsichtig seien und es an Vorschriften zum Schutze der Gläubiger beim nichtrechtsfähigen Verein fehle.[90] Diese Begründung überzeugt heute nicht mehr.[91] Auf der anderen Seite bringt die Regel des § 54 Satz 2 für die für einen nichtrechtsfähigen Verein Handelnden ein mitunter beträchtliches Risiko mit sich. Sie ist daher rechtspolitisch nicht unbedenklich, aber dessen ungeachtet geltendes Recht.[92]

Die aus dem Gesellschaftsrecht gemäß § 54 Satz 1 sich ergebende Haftung aller Vereinsmitglieder ist, mindestens bei den sogenannten „Idealvereinen", sachlich insoweit unangemessen, als sie über die Haftung der Mitglieder mit dem ihnen gemeinschaftlich zustehenden Vereinsvermögen hinausgeht. Wer nämlich einem derartigen Verein beitritt, hat regelmäßig nicht den Willen, ein weiteres finanzielles Risiko einzugehen als das sich aus seiner Beitragsverpflichtung ergebende; es würde kaum jemand einem Idealverein beitreten, wenn er für dessen Schulden persönlich mit seinem gesamten Vermögen einzustehen hätte. Die unbeschränkte Haftung der Vereinsmitglieder für die Vereinsschulden würde, wenn sie praktiziert würde, ein kaum überwindbares Hindernis für die Gründung eines solchen Vereins und für die Gewinnung neuer Mitglieder darstellen. Rechtsprechung und Lehre haben deshalb sehr bald nach Möglichkeiten gesucht, die Haftung der Mitglieder für die Vereinsschulden, auch wenn diese Schulden aller Mitglieder sind, auf das Vereinsvermögen zu beschränken.[93] Man hat die Haftungsbeschränkung wenigstens für die durch ein Rechtsgeschäft für den Verein begründeten Schulden dadurch zu erreichen versucht, daß man teils eine in der Satzung „stillschweigend" enthaltene Beschränkung der Vertretungsmacht des Vorstandes dahin angenommen hat, daß er die Mitglieder nur mit der Maßgabe ihrer solchermaßen beschränkten Haftung verpflichten könnte; teils hat man eine derartige Haftungsbeschränkung als „stillschweigend vereinbarten" Inhalt aller zwischen

[90] Vgl. *Mugdan* Bd. I S. 641 (Protokolle). Gegen eine solche Haftungsbeschränkung aber *Pawlowski* I S. 66f.

[91] Dazu eingehend *Kertess,* Die Haftung des für einen nichtrechtsfähigen Verein Handelnden, Göttinger Diss. 1982, S. 12ff.

[92] *Kertess* aaO. S. 73ff., 98ff. will dem schon de lege lata durch eine teleologische Reduktion des § 54 Satz 2 Rechnung tragen. Er sieht die Haftung des Handelnden nur dort als gerechtfertigt an, wo zwischen ihm und dem Geschäftspartner eine persönliche Vertrauensbeziehung wirksam geworden ist. Demgemäß soll als „Handelnder" nur angesehen werden, wer, über die Rolle als Vertreter hinaus, „sich als eigene Person aktiv in die Geschäftsverhandlungen einschaltet und persönlich im Vertrauen wirkt" (S. 111).

[93] Gegen eine Haftungsbeschränkung bei nicht rechtsgeschäftlich begründeten Schulden *Pawlowski* I S. 66f.

dem Vorstand und den Vertragskontrahenten geschlossenen Verträge angenommen[94] Alle derartigen Annahmen sind offenbar rein fiktiv; sie stellen lediglich Scheinbegründungen dar. Im neueren Schrifttum wird daher die beschränkte Haftung der Mitglieder damit begründet, daß eine unbeschränkte Haftung der Mitglieder mit „der körperschaftlichen Organisation des nichtrechtsfähigen Vereins und der Bildung eines vom Vermögen der Mitglieder losgelösten selbständigen Vereinsvermögens" nicht vereinbar sei.[95] Auch diese Begründung ist jedoch nicht ganz überzeugend. Ein vom Vermögen der einzelnen Gesellschafter losgelöstes Gesellschaftsvermögen wird auch bei der typischen Gesellschaft des bürgerlichen Rechts, die nur zwischen bestimmten Personen besteht, gebildet, ohne daß bei dieser von einer Haftungsbeschränkung die Rede sein könnte. Richtig ist, daß der nichtrechtsfähige Verein im Gegensatz zur Gesellschaft des bürgerlichen Rechts eine Struktur aufweist, die ihn in die Nähe der Körperschaften rückt. Indessen zeigt die eingetragene Genossenschaft, daß auch die Struktur einer Körperschaft mit einer unbeschränkten Haftung ihrer Mitglieder in Form einer Nachschußpflicht nicht unvereinbar ist. Die h. L. will zudem die Haftungsbeschränkung nur bei Idealvereinen bejahen, verneint sie dagegen bei solchen nichtrechtsfähigen Vereinen, deren Zweck auf eine wirtschaftliche Betätigung gerichtet ist.[96] Das zeigt aber, daß die körperschaftliche Struktur nicht das ausschlaggebende Moment sein kann. Entscheidend ist vielmehr die Erwägung, daß das Interesse der Gläubiger bei nichtwirtschaftlichen Vereinen, die in der Regel keine umfangreichen Geschäfte betreiben, die unbeschränkte Haftung aller Mitglieder nicht erfordert und andererseits eine derartige Haftung den Erwartungen derjenigen, die einem nichtrechtsfähigen Idealverein beitreten, in solcher Weise widerstreiten würde, daß sie ihnen gegenüber als grob unbillig erscheinen müßte. Sie ist daher auch ohne ausdrückliche Regelung in der Satzung als mit dem typischen Zweck eines derartigen Vereins und seiner sich daraus ergebenden Grundstruktur unvereinbar anzusehen. Das gilt auch für die nicht rechtsgeschäftlich begründete Schulden der Gesamtheit der Vereinsmitglieder. Das Recht der bürgerlichrechtlichen Gesellschaft ist insoweit nur mit den entsprechenden Modifikationen auf den nichtrechtsfähigen Verein anwendbar; da im übrigen bei einem Idealverein im Verkehr niemand mit einer unbeschränkten Haftung der Mitglieder rechnet, kann man insoweit von einem entgegenstehenden Gewohnheitsrecht sprechen.

4. **Die Organhaftung.** Während die ältere Lehre und Rechtsprechung ganz überwiegend die analoge Anwendung des § 31 auf nichtrechtsfähige Vereine

---

[94] v. *Tuhr* Bd. I § 40 III; *Enn./N.* § 116 zu Anm. 56, 57; *Boehmer* aaO. S. 177ff.; *Pawlowski* I S. 65; *Lange/Köhler* § 27 II 3a; *Flume,* Die Personengesellschaft, S. 330; *Staudinger/Coing* 52, *Soergel/Schultze-v. Lasaulx* 36 zu § 54.

[95] So *Enn./N.* § 116 IV 6b. Ähnlich *Staudinger/Coing* Rdn. 35b zu § 54; *Boehmer* aaO. S. 179.

[96] *Enn./N.* und *Boehmer* aaO.; *Soergel/Schultze-v. Lasaulx* 38 zu § 54.

ablehnte,[97] weil sie in der Haftung der Körperschaft für die Handlungen ihrer Organe eine Folgerung aus ihrer Rechtsfähigkeit erblickte, bejaht die neuere Lehre die Analogie fast einhellig, und zwar mit der Maßgabe, daß die daraus sich ergebende Verbindlichkeit sämtlicher Vereinsmitglieder wiederum eine Haftung nur des Vereinsvermögens begründet.[98] Dem ist zuzustimmen. Auch der Vorstand eines nichtrechtsfähigen Vereins ist Organ des Vereins als eines nach Art einer Körperschaft organisierten Personenverbandes, der als solcher vom Wechsel seiner Mitglieder unabhängig ist und unter seinem Namen im Rechtsverkehr als Einheit auftritt. Der Vorstand handelt seiner Absicht und dem Verständnis des Verkehrs nach für „den Verein", nicht für die einzelnen Mitglieder als Einzelpersonen. Auch der nichtrechtsfähige Verein hat ferner in aller Regel eine Satzung, aus der sich die Kompetenzen des Vorstandes und sonstiger „verfassungsmäßig berufener Vertreter" ergeben. Somit liegen alle Voraussetzungen für die analoge Anwendung des § 31 vor. Die Beschränkung der Haftung auf das Vereinsvermögen folgt daraus, daß § 31 auch bei einem rechtsfähigen Verein dem durch eine Handlung des Organs Geschädigten nur den Zugriff auf das Vereinsvermögen, nicht auf das sonstige Vermögen der Mitglieder eröffnet. Seine *analoge* Anwendung auf den nichtrechtsfähigen Verein muß daher dazu führen, daß hier zwar die Mitglieder Schuldner der Ersatzverbindlichkeit sind, aber nur in ihrer Eigenschaft als Vereinsmitglieder, und daher auch nur mit dem ihnen gemeinsam zustehenden Vereinsvermögen, nicht mit ihrem sonstigen Vermögen haften.

5. **Die Parteifähigkeit.** In einem Rechtsstreit kann grundsätzlich nur derjenige Partei sein, d. h. die Stellung des Klägers oder des Beklagten einnehmen, der rechtsfähig ist (§ 50 Abs. 1 ZPO). Danach könnte der nichtrechtsfähige Verein als solcher weder Kläger noch Beklagter sein. Will er selbst klagen, so müßte die Klage im Namen aller seiner Mitglieder, soll er verklagt werden, so müßte sie gegen alle derzeitigen Mitglieder erhoben werden. Das Gesetz hat jedoch, um den Vereinsgläubigern die Rechtsverfolgung zu erleichtern, dem nichtrechtsfähigen Verein passive Parteifähigkeit beigelegt (§ 50 Abs. 2 ZPO). Der Verein kann also unter seinem Namen verklagt werden und hat dann im Rechtsstreit „die

---

[97] So v. *Tuhr* Bd. I § 40 zu Anm. 47 und die älteren Auflagen von *Enneccerus;* RGZ 143, 212 (214).

[98] *Enn./N.* § 116 IV 7 (seit der 15. Auflage); *Stoll* aaO. S. 64; *Boehmer* aaO. S. 182; *Habscheid* aaO. S. 409; *Staudinger/Coing* 71, *Soergel/Schultze-v. Lasaulx* 40, *Erman/Westermann* 13 zu § 54; MünchKomm/*Reuter* 11 zu § 54; *Lehmann/Hübner* § 61 VII 5a, *Medicus* Rdn. 1157; *Brox* Rdn. 726. *Martinek* (aaO. S. 44ff.) hält zwar eine Analogie für methodisch unzulässig, da für den Gesetzgeber allein die Rechtsfähigkeit ausschlaggebend gewesen sei und es zu dieser „keine Analogie" gebe. Er selbst sieht aber in der Organhaftung „ein allgemeines verbandsrechtliches Haftungsprinzip" (S. 90, 128), das nicht nur auf den nichtrechtsfähigen Verein, sondern auch auf alle sonstigen Gesamthandsgemeinschaften, insbesondere auch auf die BGB-Gesellschaft, Anwendung finden müsse. Im Wege einer gesetzesübersteigenden richterlichen Rechtsfortbildung (S. 95) finde es, wenn auch „noch latent, nämlich als Gesetzesanwendung per analogiam § 31 BGB getarnt" (!), und ohne daß schon alle Konsequenzen gezogen würden, immer mehr Anerkennung.

Stellung eines rechtsfähigen Vereins"; er ist also Prozeßpartei und wird durch seinen Vorstand vertreten (§ 26 Abs. 2 Satz 1). Aus einem Urteil, das gegen den Verein ergangen ist, kann der Gläubiger in das Vereinsvermögen vollstrecken (§ 735 ZPO), ohne sich darum kümmern zu müssen, wer die Vereinsmitglieder sind, denen das Vermögen „zur gesamten Hand" zusteht. Er kann außerdem dann in das Vereinsvermögen vollstrecken, wenn er ein Urteil gegen alle Mitglieder – die dann freilich in der Klageschrift alle namentlich angegeben werden müssen – erzielt hat (§ 736 ZPO). Es liegt auf der Hand, daß der erste Weg für den Gläubiger weit einfacher, ja bei Vereinen mit einer großen Mitgliederzahl der allein gangbare ist.

Wenn das Gesetz dem nichtrechtsfähigen Verein auch die passive Parteifähigkeit zuerkennt, so hat es ihm doch die aktive Parteifähigkeit versagt.[99] Allerdings ist anerkannt, daß der Verein, wenn er verklagt worden ist, in diesem Verfahren auch in einer aktiven Rolle auftreten kann; er kann z. B. eine Widerklage erheben und die zulässigen Rechtsmittel einlegen. Die passive Parteifähigkeit zieht also für das betreffende Verfahren eine beschränkte aktive Parteifähigkeit nach sich. Wenn ihm im übrigen die aktive Parteifähigkeit verwehrt ist, so bedeutet das, daß alle seine Mitglieder als Kläger auftreten und demgemäß in der Klageschrift angegeben werden müßten (vgl. § 253 Abs. 2 Nr. 1 ZPO). Das ist aus den dargelegten Gründen bei Vereinen mit einer großen Mitgliederzahl praktisch undurchführbar. Man hat deshalb auch hier, ebenso wie bei der Eintragung im Grundbuch, die Auffassung vertreten, es genüge, wenn der Vorstand unter dem Vereinsnamen als zusammenfassender Bezeichnung für die Gesamtheit der Mitglieder die Klage erhebe.[100] Allein dann wäre nicht ersichtlich, welche Einzelpersonen deshalb, weil sie in Wahrheit „Partei" sind, z. B. nicht als Zeugen vernommen werden könnten. Ein anderer Ausweg besteht darin, den Vorstand durch die Satzung als ermächtigt anzusehen, die den Vereinsmitgliedern in ihrer Gesamtheit zustehenden Rechte auf Grund einer sogenannten Prozeßstandschaft im eigenen Namen gerichtlich geltend zu machen.[101] „Partei" wären in diesem Fall lediglich die Vorstandsmitglieder, die in ihrem eigenen Namen fremde Rechte, nämlich die Rechte der Vereinsmitglieder als „Gesamthandsgemeinschaft", geltend zu machen befugt wären. Auch hiergegen bestehen gewisse Bedenken, vor allem dann, wenn es sich um nicht übertragbare Rechte handelt, wie etwa das Namensrecht. Der BGH erkennt daher nunmehr **Gewerkschaften,** die als nichtrechtsfähige Vereine organisiert sind, für Klagen jeder Art aktive Parteifähigkeit zu.[102] Zur Begründung hat er auf die Entwicklung der Rechtsprechung und der

---

[99] Anders, wenn es sich um eine politische Partei handelt; § 3 des Gesetzes über politische Parteien.

[100] So *Stoll* aaO. S. 76 und *Boehmer* S. 185; auch *Habscheid* aaO. S. 415.

[101] So *Enn./N.* § 116 IV 8c.

[102] BGHZ 42, 210, 216; 50, 325 (beide lesenswert!) Kritisch hierzu *Medicus* Rdz. 1147; zustimmend und für weitergehende Folgerungen dagegen *MünchKomm/Reuter* 6, *Palandt/Heinrichs* 2 Aa zu § 54.

Lehre Bezug genommen, die den nichtrechtsfähigen Verein entgegen dem Willen des historischen Gesetzgebers immer stärker an den rechtsfähigen Verein angenähert hat – so schon frühzeitig durch die Anerkennung des Namensrechts, dann durch die Bejahung einer Bindung des Vereinsvermögens „an die vom Wechsel der Mitglieder unabhängige Korporation als solche" und die Anwendung des § 31. Diese Wandlung der Rechtsstellung des nichtrechtsfähigen Vereins im materiellen Recht, so hat der BGH gemeint, müsse auch zu Folgerungen für das Verfahrensrecht führen; sie rechtfertige die Anerkennung einer beschränkten aktiven Parteifähigkeit zum mindesten dann, wenn es sich um eine Gewerkschaft handle. Sollten die Gewerkschaften hierdurch gegenüber anderen nichtrechtsfähigen Idealvereinen bevorzugt werden, so wäre dies deshalb gerechtfertigt, weil die Gewerkschaften Träger öffentlicher Funktionen seien und eben deshalb eine Sonderstellung einnähmen, die sie über die sonstigen privaten Vereine hinaushebe. Es ist zweifelhaft, ob der BGH bei der Beschränkung der aktiven Parteifähigkeit auf Gewerkschaften stehen bleiben kann, da die entscheidenden Erwägungen jedenfalls für alle nichtrechtsfähigen Vereine mit einer nicht mehr ohne weiteres übersehbaren Mitgliederzahl zutreffen.[103] Es ist auch hier „Natur der Sache", die sich gegenüber einer verfehlten Gesetzesregelung immer mehr durchsetzt.

§ 11. Die rechtsfähige Stiftung

Literatur: *Liermann,* Handbuch des Stiftungsrechts, 1. Bd., 1963; *Strickroth,* Stiftungsrecht, 1977.

Neben den rechtsfähigen Vereinen regelt das BGB als eine weitere Art der juristischen Personen die rechtsfähigen Stiftungen. Sie sind keine Personenvereinigungen, sondern Organisationen, die dazu geschaffen sind, einen bestimmten Zweck mit Hilfe eines dafür bestimmten Vermögens dauernd zu fördern. Die wesentlichen Momente einer solchen Stiftung sind also der Stiftungszweck, d. h. eine der Stiftung von dem Stifter gesetzte Daueraufgabe, um derentwillen sie besteht, ferner eine Organisation, die es ermöglicht, daß die Aufgaben der Stiftung ständig durch dazu bestellte Organe wahrgenommen werden, und endlich die Bereitstellung von Mitteln in Gestalt eines der Stiftung als solcher zugewandten Vermögens. Wenn die Rechtsordnung der Stiftung Rechtsfähigkeit beilegt und sie damit wie eine Person, als Rechtssubjekt, behandelt, so beruht das wiederum auf einer Analogie, die dadurch gerechtfertigt ist, daß der in der Verfassung der Stiftung objektivierte Wille des Stifters durch die Tätigkeit der ihn ausführenden Organe immer wieder aktualisiert wird und man somit auch hier,

[103] Die Frage, ob die volle Parteifähigkeit für alle nichtrechtsfähigen Vereine zu bejahen sei, hat der BGH am Ende der Entscheidung BGHZ 50, 325 ausdrücklich unentschieden gelassen.

wie bei einem Verbande, von einer Wirkenseinheit im Sinne einer soziologischen Realität sprechen kann.

Von der selbständigen, nämlich rechtsfähigen Stiftung zu unterscheiden ist die unselbständige Stiftung. Unter ihr versteht man die Übertragung bestimmter Vermögenswerte an eine bestehende natürliche oder juristische Person mit der Bestimmung, diese Werte als ein von dem übrigen Vermögen des Empfängers wirtschaftlich getrenntes Sondervermögen zu verwalten und für einen bestimmten Zweck zu verwenden. So erhalten beispielsweise die Universitäten in ihrer Eigenschaft als Korporationen nicht selten Kapitalzuwendungen, meist in Form von Vermächtnissen, mit der Bestimmung, aus den Erträgen dieses Kapitals sei es bestimmte Forschungsvorhaben oder andere wissenschaftliche Unternehmen zu unterstützen, sei es Stipendien zu vergeben, oder zu ähnlichen Zwecken. Die zugewandten Vermögenswerte gehen dann in das Eigentum derjenigen Person über, die sie als Treuhänder zu verwalten und die Erträgnisse in der angegebenen Weise zu verwenden hat. Auf solche unselbständigen Stiftungen sind die Vorschriften der §§ 525ff. (über die Schenkung unter einer Auflage), wenn sie auf einer Erbeinsetzung oder auf einem Vermächtnis beruhen, die §§ 1940, 2192ff. anzuwenden. Will dagegen der Stifter das Kapital nicht einer bestehenden natürlichen oder juristischen Person zuwenden, etwa weil er fürchtet, diese werde es nicht in seinem Sinn verwenden, oder weil ihm für den von ihm beabsichtigten Zweck keine vorhandene Organisation als geeignet erscheint, so muß er eben eine neue Organisation schaffen, die sich allein dem von ihm bestimmten Zweck zu widmen hat und als eine „juristische Person" selbst Vermögensträger ist. Das kann er durch die Errichtung einer selbständigen Stiftung erreichen.

Die Errichtung einer selbständigen Stiftung erfordert einen Gründungsakt des Stifters, das sogenannte „Stiftungsgeschäft", und die staatliche Genehmigung der Stiftung (§ 80). Für die (selbständigen) Stiftungen gilt also das Konzessionssystem, und zwar unabhängig davon, ob der Zweck der Stiftung einen „wirtschaftlichen Geschäftsbetrieb" von nicht ganz geringem Umfang erforderlich macht oder nicht.[1] Mit der Genehmigung durch die Behörde ist die Stiftung als Rechtssubjekt entstanden. Handlungsfähig wird sie, wie der Verein, durch die Bestellung eines Vorstandes, der ihr einziges notwendiges Organ ist (vgl. § 86 in Verb. m. § 26). Da die Stiftung keine Mitglieder hat, kann es auch keine Mitgliederversammlung geben. Die notwendige Kontrolle des Vorstandes wird durch die staatliche Aufsicht gewährleistet.[2] Die staatliche Behörde ist, wenn die Erfül-

[1] Zu Reformbestrebungen vgl. die Verhandlungen des 44. Deutschen Juristentags, Bürgerlichrechtl. Abtlg., 1962; Vorschläge zur Reform des Stiftungsrechts der Studienkommission des Dt. Juristentags, 1968; MünchKomm/*Reuter* 33ff. vor § 80.

[2] Die Staatsaufsicht ist durch Landesgesetze geregelt. Über den Zweck und den Umfang der Staatsaufsicht im allgemeinen vgl. *Soergel/Neuhoff* 79ff. *vor* § 80, über die in Betracht kommenden Ländergesetze ders., 16ff. zu § 85.

lung des Stiftungszwecks unmöglich wird oder das gemeine Wohl gefährdet, befugt, der Stiftung eine andere Zweckbestimmung zu geben oder sie aufzuheben; bei der Umwandlung des Zwecks hat sie die Absicht des Stifters tunlichts zu berücksichtigen (§ 87).

Das Stiftungsgeschäft kann „unter Lebenden" oder in einer Verfügung von Todes wegen vorgenommen werden. Das Stiftungsgeschäft unter Lebenden bedarf der Schriftform (§ 81 Abs. 1). Da es auf die Schaffung einer mit Rechtsfähigkeit ausgestatteten Organisation gerichtet ist, ist es ebenso wie die Vereinsgründung ein Konstitutivakt. Zugleich aber ist es in der Regel auch ein verpflichtendes Rechtsgeschäft, weil es für den Stifter die Verpflichtung begründet, im Falle der Genehmigung der Stiftung durch die Behörde der Stiftung das in dem Stiftungsgeschäft zugesicherte Vermögen zu übertragen (§ 82 Satz 1). Bis zur Erteilung der Genehmigung ist der Stifter noch zum Widerruf berechtigt (§ 81 Abs. 2 Satz 1). Der Widerruf ist an sich so wenig wie das Stiftungsgeschäft selbst eine „empfangsbedürftige" Willenserklärung. Ist aber die Genehmigung bei der zuständigen Behörde bereits nachgesucht worden, so kann der Widerruf nur noch ihr gegenüber erklärt werden (§ 81 Abs. 2 Satz 2). Nach dem Tode des Stifters ist der Erbe nur dann noch zum Widerruf berechtigt, wenn der Stifter weder das Gesuch um Genehmigung bei der zuständigen Behörde eingereicht, noch, im Falle notarieller Beurkundung des Stifungsgeschäfts, den Notar mit der Einreichung des Gesuchs beauftragt hatte (§ 81 Abs. 2 Satz 3).

Besteht das Stiftungsgeschäft in einer Verfügung von Todes wegen (d.h. einem Testament oder einem Erbvertrag[3]), so bedarf es der hierfür vorgesehenen Form. Das Gesuch um die staatliche Genehmigung ist nach dem Tode des Stifters von dem Erben, dem Testamentsvollstrecker oder dem Nachlaßgericht an die zuständige Behörde zu richten (§ 83). Wird die Stiftung genehmigt, so gilt sie für die Zuwendungen des Stifters als schon vor dessen Tode entstanden (§ 84). Das Gesetz bedient sich dieser Fiktion, um es zu ermöglichen, daß die Stiftung trotz des § 1923 Abs. 1 den Stifter beerbt. Hat sie also der Stifter zum Erben eingesetzt, dann geht sein Vermögen mit seinem Tode auf die als schon zu diesem Zeitpunkt bestehend angenommene Stiftung über. Hat er ihr lediglich ein Vermächtnis zugewandt, so entsteht der Anspruch gegen den oder die Erben auf die Erfüllung des Vermächtnisses ebenfalls in diesem Zeitpunkt. § 84 gilt auch dann, wenn der Stifter die Stiftung durch Rechtsgeschäft unter Lebenden errichtet hat, sie aber erst nach seinem Tode genehmigt wird.

---

[3] Haben Ehegatten in einem Erbvertrag gemeinsam eine Stiftung mit der Bestimmung errichtet, diese solle „unmittelbar nach dem Tode des zuerst Versterbenden entstehen", so enthält der Vertrag sowohl ein (bedingtes) Stiftungsgeschäft jedes von beiden unter Lebenden wie von Todes wegen, bedingt das eine durch sein Überleben, das andere dadurch, daß er zuerst verstirbt; so BGHZ 70, 313, 321f. Der Überlebende hat der Stiftung die ihr von ihm zugesicherten Vermögensstücke zu übertragen.

Bis zur Entscheidung der Behörde über die nachgesuchte Genehmigung besteht ein Schwebezustand, der m. E. demjenigen ähnlich ist, der bei einem aufschiebend bedingten Rechtsgeschäft entsteht. Allerdings kann der Stifter bei seinen Lebzeiten noch den Widerruf erklären. Unterläßt er dies aber, so muß er, falls die Genehmigung erteilt wird, in analoger Anwendung des § 160 Schadensersatz leisten, wenn die Erfüllung der von ihm im Stiftungsgeschäft gemachten Zusagen in der Zwischenzeit durch sein Verschulden vereitelt oder beeinträchtigt wird.[4] Allerdings hat er, in entsprechender Anwendung des § 521, nur für Vorsatz und grobe Fahrlässigkeit, nicht aber auch für leichte Fahrlässigkeit einzustehen.[5]

Die Verfassung der Stiftung wird, neben dem Bundesrecht und dem hier in § 85 ausdrücklich zugelassenen Landesrecht, durch das Stiftungsgeschäft bestimmt.[6] Dieses muß den Zweck der Stiftung angeben, die Organisation der Stiftung, vor allem die Art und Weise der Bildung des Vorstandes, regeln und in der Regel eine Vermögenszuwendung an die Stifung[7] enthalten. Die Bildung des Vorstandes kann z. B. in der Weise geschehen, daß der Stifter selbst die ersten Vorstandsmitglieder bestellt und den Vorstand ermächtigt, sich jeweils durch Zuwahl zu ergänzen; oder in der Weise, daß ein anderes Gremium, z. B. der Senat der Universität oder der Rat einer Stadt, den Vorstand bestellen soll, oder in der Weise, daß der jeweilige Inhaber eines bestimmten Amtes, z. B. der Rektor der Universität, der Oberbürgermeister oder der erste Bürgermeister der Stadt, der Leiter einer Schule usw. der Vorstand ist. Im Gesetz besonders erwähnt ist der Fall, daß die Verwaltung der Stiftung von einer öffentlichen Behörde geführt werden soll (§ 86). Durch das Stiftungsgeschäft kann bestimmten begünstigten Personen (den sogenannten „Destinatären") ein klagbares Recht gegen die Stiftung auf bestimmte Leistungen eingeräumt werden. Diese Möglichkeit ergibt sich aus einer Analogie des Vertrages zugunsten Dritter (§ 328). Die unmittelbare Einräumung eines klagbaren Rechts an Dritte kann dann aber nicht angenommen werden, wenn der Kreis der Begünstigten nur allgemein umschrieben ist, wenn also das zuständige Organ der Stiftung eine Auswahl vornehmen muß.

Im Falle der Aufhebung der Stiftung oder ihres Erlöschens aus einem anderen Grunde, etwa wegen Ablaufs der vorbestimmten Zeit oder der Eröffnung des Konkurses (§ 86 i. Verb. m. § 42), gelten die Vorschriften über die Folgen der Auflösung eines rechtsfähigen Vereins entsprechend (§ 88).

---

[4] So *v. Tuhr* Bd. I § 41 zu Anm. 78; anders *Enn./N.* § 118 zu Anm. 7; *Staudinger/Coing* Rdn. 3, zweifelnd *Oertmann* 2a zu § 82.

[5] Über die entsprechende Anwendung der Schenkungsregeln vgl. *v. Tuhr* Bd. I § 41 zu Anm. 44ff.; *Enn./N.* § 118 Anm. 8; *Staudinger/Coing* 4, *Soergel/Neuhoff* 2 zu § 82.

[6] Zur Möglichkeit der nachträglichen Änderung der Verfassung vgl. die Entsch. des BGH in JZ 76, 715.

[7] Eine solche Zusage wird von der h. L. nicht unter allen Umständen für notwendig gehalten, da die Stiftung auch von dritter Seite, wenn sie einmal errichtet ist, Zuwendungen erhalten könne. Doch ist es zweifelhaft, ob die Behörde eine auf so unsicherer Grundlage errichtete Stiftung genehmigen wird. Vgl. *v. Tuhr* Bd. I § 41 Anm. 20; *Enn./N.* § 117 Anm. 10.

Zweites Kapitel. Rechtsverhältnisse und subjektive Rechte

§ 12. Rechtsverhältnisse

Literatur: *Achterberg,* Rechtsverhältnisse als Strukturelemente der Rechtsordnung, Rechtstheorie 1978, S. 385; *v. Gierke,* Dauernde Schuldverhältnisse, JherJb. 65, 355; *Husserl,* Recht und Zeit, 1955; *Reimer Schmidt,* Die Obliegenheiten, 1953; *H. L. Schreiber,* Der Begriff der Rechtspflicht, 1966. – S. auch die Angaben zu § 13.

I. Die Struktur des Rechtsverhältnisses

Ist der erste Grundbegriff des Privatrechts die Person als das „Rechtssubjekt", als Inhaber von Rechten und Adressat von Pflichten, so ist der zweite Grundbegriff das Rechtsverhältnis.[1] Es stellt sich in der Regel von der Seite des einen aus als sein „Recht", von der des anderen aus gesehen als eine Pflicht oder doch als eine rechtliche Gebundenheit dar. In ihrer Struktur gleichen alle Rechtsverhältnisse insoweit dem von uns als **„rechtliches Grundverhältnis"** bezeichneten Verhältnis wechselseitigen Achtens (oben § 2 I), das bereits die dem Rechtsverhältnis wesentlichen Elemente des (subjektiven) **Rechts** (auf Achtung der Personenwürde) und der ihm korrespondierenden **Pflicht** (zu achten, d. h. nicht zu verletzen) enthält und daher dazu geeignet ist, gleichsam als **Modellvorstellung** für alle Rechtsverhältnisse zu dienen. Im näheren müssen wir zwei verschiedene Arten von Rechtsverhältnissen unterscheiden, für die es noch an passenden Bezeichnungen fehlt. Es gibt Rechtsverhältnisse, an denen nur einige individuell bestimmte Personen, meist nur zwei, beteiligt sind; so vor allem die Schuldverhältnisse. In diesem Fall richtet sich das Recht des einen gerade gegen den anderen oder gegen mehrere bestimmte andere Personen. Es können die Beteiligten auch wechselseitig berechtigt sein. Derartige Rechtsverhältnisse stellen eine

---

[1] *v. Tuhr* Bd. I § 1 I bezeichnete als den „zentralen Begriff des Privatrechts" den des subjektiven Rechts. Rechtsverhältnisse des Privatrechts enthalten in der Tat immer mindestens ein subjektives Recht. Sie erschöpfen sich aber nicht darin. Dem Fortschritt der Zivilrechtsdogmatik seit dem Erscheinen des inzwischen „klassisch" gewordenen Werkes *v. Tuhrs,* insbesondere der Erkenntnis des Schuldverhältnisses als eines „Organismus" oder „Gefüges", der Übertragbarkeit der Rechtsstellung im Schuldverhältnis durch eine „Vertragsübernahme", der Sozialbindung des Eigentums, des Charakters der persönlichen Familienrechte als „Pflichtrechte" sowie der Differenzierung von „Rechtspflichten", „Obliegenheiten" und „sonstigen Gebundenheiten" entspricht es m. E., den Begriff des Rechtsverhältnisses in den Mittelpunkt zu stellen, das seinerseits sowohl subjektive Rechte, wie nicht zu selbständigen Rechten entwickelte Befugnisse, Rechtspflichten und Obliegenheiten als seine Elemente in sich befassen kann. *v. Tuhr* selbst hat den Begriff des subjektiven Rechts stellenweise so weit gefaßt, daß er sich ihm gleichsam unter der Hand zu dem des Rechtsverhältnisses erweitert (so besonders deutlich in § 5 II).

rechtliche Sonderbeziehung, bildlich gesprochen, ein rechtliches ,,Band", gerade nur zwischen den an ihnen Beteiligten dar. Dritte, die außerhalb dieser Beziehung stehen, werden von ihr nicht berührt. Es gibt aber auch Rechtsverhältnisse, die, wie das Persönlichkeitsrecht oder das Eigentum, einer Person ein Recht im Verhältnis zu allen anderen gewähren. Der ,,Kern" solcher Rechtsverhältnisse ist ein Dürfen, wir können auch sagen, ein Freiraum, den die Rechtsordnung einer bestimmten Person gewährleistet, indem sie alle anderen davon ausschließt.[2] Alle anderen haben dann die Pflicht, dieses Recht zu achten, es nicht zu verletzen. Diese Pflicht ist zunächst nur von sehr allgemeiner Art; sie gibt dem Berechtigten noch keine konkreten Befugnisse gegen eine bestimmte Person. Erst wenn jemand diese Pflicht verletzt oder zu verletzen droht, ergeben sich gegen ihn für den Berechtigten bestimmte ,,Ansprüche", so auf Beseitigung einer Beeinträchtigung, auf Unterlassung weiterer Eingriffe, unter Umständen auf Schadensersatz. Es entsteht dadurch ein besonderes rechtliches Band, ein Schuldverhältnis gerade unter diesen Personen, also ein Rechtsverhältnis in dem zuerst genannten Sinne. Immer aber besteht ein Rechtsverhältnis nur als eine rechtlich gestaltete Beziehung unter *Personen,*[3] sei es unter zwei oder mehreren bestimmten Personen, sei es auch nur zwischen einer Person und allen übrigen Personen, denen es untersagt ist, deren Berechtigung zu mißachten.

Eine verbreitete Auffassung betrachtet das Eigentum als ein Rechtsverhältnis nicht zwischen Personen, sondern zwischen einer Person und einer Sache.[4] Sie setzt dabei jedoch die Beziehung zu anderen Personen, die in der auch von ihr anerkannten Ausschlußfunktion des Eigentums liegt, stillschweigend voraus. Richtig ist, daß das Eigentumsrecht dem Eigentümer die unmittelbare Herrschaft über eine Sache zuweist und damit auch eine Beziehung der Person zur Sache herstellt. Die ,,Zuweisung" der Sache ist aber immer eine solche im Verhältnis zu anderen Personen. Der ,,positiven" Funktion des Eigentumsrechts, der Zuweisung einer umfassenden Sachherrschaft an den Eigentümer, entspricht notwendig die ,,negative", der Ausschluß aller anderen von jeder Einwirkung auf diese Sache. Diese beiden, in § 903 hervorgehobenen Seiten des Eigentums dürfen nicht auseinandergerissen, sondern müssen zusammen gesehen werden. Daß der Eigentümer allein dazu berechtigt ist, innerhalb der Schranken der Rechtsordnung mit der Sache nach seinem Willen zu verfahren, auf sie einzuwirken, bedeutet notwendig zugleich, daß alle anderen dazu verpflichtet sind, sich solcher Einwirkungen zu enthalten, die Alleinherrschaft des Eigentümers nicht zu beeinträchtigen. Dem ,,Dürfen" des einen entspricht ein ,,Nichtdürfen" aller anderen. Daher ist auch das Eigentum, wiewohl es eine Beziehung der Person zur Sache einschließt, ein Rechtsverhältnis unter Personen, wenn auch nicht, wie ein Schuldverhältnis oder ein familienrechtliches Verhältnis, zwischen individuell bestimmten Personen, sondern zunächst nur zwischen dem Eigentümer und allen anderen, die nur möglicherweise in den ihm durch sein Recht gewährleisteten Bereich eindringen können. Dieses gleichsam latente Rechts-

---

[2] Ich gebe *Medicus* Rdnr. 54 zu, daß das Bild eines ,,rechtlichen Bandes" für Rechtsverhältnisse nach Art des Eigentums nicht paßt. Nur Rechtsverhältnisse der ersten Art läßt *Wolf* S. 155ff. als solche gelten. Es ist m. E. jedoch unumgänglich, auch das Eigentum als ein rechtliches Verhältnis zu begreifen, dessen ,,Kern" zwar ein subjektives Recht ist, das darüber hinaus aber auch noch andere Rechtsbeziehungen umfassen kann; dazu *Sontis* in Festschr. f. *Larenz,* 1973, S. 996ff.

[3] So auch *Achterberg* aaO S. 394f. Den Begriff des Rechtsverhältnisses bestimmt er als ,,die rechtsnormgestaltete Beziehung zwischen zwei oder mehreren Subjekten". Dabei gehe es um ,,die Verteilung zumindest von Pflichten, im allgemeinen aber auch von Rechten".

[4] So *v. Tuhr* Bd. I § 5 I 1; *Enn./N.* § 71 I 3.

verhältnis ,,zu allen" konkretisiert sich zu einem bestimmten Rechtsverhältnis – das unsere Rechtsordnung dann als einen ,,Anspruch" des Eigentümers kennzeichnet – zu einem bestimmten anderen, wenn dieser den Eigentümer in seinem ausschließlichen Recht verletzt. Die Konkretisierung des allgemeinen Rechtsverhältnisses, das das Eigentum darstellt, zu einem Rechtsverhältnis zu einem bestimmten anderen kann schon dadurch erfolgen, daß dieser andere dem Eigentümer dessen Recht bestreitet. In diesem Fall kann nämlich der Eigentümer gegen ihn auf Feststellung seines Eigentums klagen (§ 256 ZPO). So wie das objektive Recht als ein Verhältnis unter Personen als solchen begriffen werden muß, so kann auch das subjektive Recht nur als eine rechtliche Beziehung unter Personen begriffen werden. Auch das Eigentum ist, als Rechtsverhältnis, ein Verhältnis des Eigentümers zu anderen Personen, dessen Eigenart gerade darin besteht, daß diesem *im Verhältnis zu allen anderen* eine bestimmte Sache zu seiner ausschließlichen Verfügung zugewiesen ist.[5]

Rechtsverhältnisse schließen immer Rechte zum mindesten einer Person und ihnen korrespondierende Pflichten oder sonstige Gebundenheiten entweder eines oder einiger anderer, oder aber aller in sich. Hinzukommen können weitere rechtliche Bindungen und Zuständigkeiten (unten II). Die ,,Gebundenheit" ist primär *normativer* Art; sie wirkt sich *faktisch* in der Regel dahin aus, daß der ,,Gebundene" (= Verpflichtete) mit Nachteilen zu rechnen hat, wenn er seiner Gebundenheit zuwider handelt. Da das Rechtsverhältnis als ein Inbegriff von Rechten und Pflichten, also von normativen Beziehungen, der Seinsebene des rechtlich Geltenden angehört, ist es falsch, es als ein vom Recht bestimmtes ,,Lebensverhältnis" zu bezeichnen.[6] Das ,,Lebensverhältnis" zwischen dem Vermieter A und seinem Mieter B kann sich auf die notwendigsten Kontakte beschränken, ,,freundlich", ,,kühl" oder ,,gespannt" sein – das unter ihnen bestehende Rechtsverhältnis ,,Miete" bestimmt sich nicht nach derartigen Prädikaten, sondern ausschließlich nach normativen Gesichtspunkten. Sein Inhalt wird geregelt durch das Gesetz und durch den Mietvertrag. Das schließt nicht aus, daß das ihnen entsprechende Lebensverhältnis – z. B. ein nachhaltig gestörtes Vertrauensverhältnis zwischen den Vertragspartnern – Rückwirkungen auf das Rechtsverhältnis ausübt, z. B. einen von ihnen zu einer Kündigung berechtigt. Zwischen den Rechtsverhältnissen und den ihnen entsprechenden Lebensverhältnissen gibt es Wechselwirkungen, ohne daß sie deshalb zusammenfallen.

Sind also alle Rechtsverhältnisse rechtliche Beziehungen zwischen Personen als Rechtssubjekten, deren wesentliche Elemente Rechte und ihnen korrespondierende Pflichten oder rechtliche Gebundenheiten sind, so ist weiter zu sagen, daß sie einen zeitlichen Beginn und ein zeitliches Ende haben. Rechtsverhältnisse bestehen zwar nicht im Raum, wohl aber *in der Zeit.* Sie sind weder körperliche

---

[5] Zutreffend sagt *Hubmann,* Das Persönlichkeitsrecht S. 120: ,,Daher ist es z. B. ungenau, das Wesen des Eigentums in der Herrschaftsmacht über eine Sache zu sehen; es ist vielmehr das gegen jedermann wirkende Recht auf Achtung der eigenen Beziehung zur Sache, es ist ein Verhältnis von Person zu Person in bezug auf eine Sache."

[6] So aber *Enn./N.* § 71 I; *Lehmann/Hübner* § 10 II 1. Daß das ,,Rechtsverhältnis" kein ,,Lebensverhältnis" ist, sondern ein Verhältnis eben des Rechts, eine Geltungsbeziehung, zeigt sich u. a. darin, daß man von der Übertragung eines Rechtsverhältnisses, seinem Übergang auf den Erben usw. spricht.

„Dinge" noch etwa psychische Vorgänge; ich bin Eigentümer meiner Sachen, Schuldner meiner Verbindlichkeiten, auch wenn sich im Augenblick niemand dessen bewußt ist, ich mein Recht weder ausübe noch ein anderer es verletzt. Für das „Bestehen" eines Rechtsverhältnisses genügt es, daß es jederzeit bewußt werden *kann,* und zwar als ein *geltendes,* für mich und für andere *maßgebliches.*

Das Dasein der Rechtsverhältnisse in der Zeit hat indessen unterschiedliche Bedeutung.[7] Nehmen wir z. B. einen Kaufvertrag. Er wird zu einer bestimmten Zeit geschlossen; der Vertrag als Vorgang, als Geschehnis hat lediglich eine Zeitstelle. Von dem Vertrag als geschehendem Akt unterscheiden wir das dadurch begründete Rechtsverhältnis, also die rechtliche Beziehung zwischen dem Käufer und dem Verkäufer. Sie ist, wie sich aus § 433 ergibt, ein Schuldverhältnis: Der Verkäufer wird dazu verpflichtet, dem Käufer die Kaufsache zu übergeben und zu übereignen, der Käufer dazu, den vereinbarten Kaufpreis zu zahlen. Grundsätzlich kann jeder von beiden die ihm geschuldete Leistung sofort verlangen (§ 271 Abs. 1). Geschieht das und erfüllt jeder den Vertrag auf der Stelle, so sind damit die beiderseitigen Verpflichtungen „erloschen" (§ 362 Abs. 1). Das bedeutet, daß sie, kaum entstanden, bereits ihr Ende gefunden haben. Es kann aber auch sein, daß der Verkäufer erst später liefern, der Käufer erst zu einem späteren Zeitpunkt zahlen soll. Dann bestehen die beiderseitigen Verpflichtungen so lange fort, bis sie erfüllt werden oder bis ein anderer Erlöschensgrund eintritt. Die Forderung ist ihrem Sinne nach auf ein Ziel hin gerichtet, mit dessen Erreichung sie überflüssig wird, hinwegfällt. Dieses Ziel ist die vom Schuldner zu erbringende Leistung. Solange das Ziel nicht erreicht, die Leistung nicht erbracht ist, besteht die Forderung und die ihr korrespondierende Verpflichtung des Schuldners – von Ausnahmefällen, die ihre Beendigung zur Folge haben können, abgesehen – fort. Sie „besteht" als ein Anspruch, der einmal erfüllt werden *soll.* Das „einmal" kann sofort oder später sein; immer ist die Forderung auf die Erfüllung hin angelegt, in der sie ihr vorbestimmtes zeitliches Endziel findet. Daher ist ihr Bestehen in der Zeit nicht Selbstzweck, sondern nur Mittel zum Zweck; sie besteht so lange, bis eben ihr Zweck erreicht ist.

Von ganz anderer Art ist die Zeitstruktur des Eigentums. Zwar beginnt das Eigentum einer bestimmten Person an einer bestimmten Sache ebenfalls in einem bestimmten Zeitmoment, und es endet auch in einem Zeitmoment, spätestens mit dem Tode dieser Person oder dem Untergang der Sache. Allein es ist nicht darauf angelegt, wie eine Forderung durch Erfüllung sein Ende zu finden. Es weist nicht über sich hinaus auf ein Ziel, das dadurch erreicht werden soll und mit dessen Erreichen es seinen Sinn verliert, sondern sein Sinn erfüllt sich gerade in seinem Bestehen in der Zeit. Ihm ist daher, sehen wir von den beiden extre-

---

[7] Die folgenden Ausführungen gründen sich weitgehend auf die Untersuchungen von G. *Husserl,* Recht und Zeit, insbesondere S. 30ff.

men Fällen des Todes des Eigentümers und des Untergangs der Sache ab, kein zeitliches Ende vorherbestimmt. Es ist nach seiner „Natur" nicht als vorübergehend, sondern als dauernd gedacht. Dasselbe gilt von den Persönlichkeitsrechten und von der Ehe als Rechtsverhältnis.

In der Mitte zwischen einem Kaufvertrag und dem Eigentum stehen die sogenannten „Dauerschuldverhältnisse", z. B. ein Mietverhältnis, ein Pachtverhältnis, eine Gesellschaft des bürgerlichen Rechts, ein Arbeitsverhältnis. Ihnen ist eigentümlich, daß die Beteiligten nicht einmalige Leistungen erbringen sollen, sondern Leistungen, die während eines bestimmten Zeitraums fortgesetzt oder wiederholt werden sollen. Solange das Rechtsverhältnis besteht, entstehen daher die Leistungspflichten immer neu; sie werden fortdauernd erfüllt und wachsen gleichsam fortdauernd nach. Solange das Mietverhältnis andauert, besteht das Gebrauchsrecht des Mieters und entsteht seine Verpflichtung zur Zahlung des Mietzinses für jeden Zeitabschnitt neu. Dennoch sind auch die Dauerschuldverhältnisse, als Schuldverhältnisse, auf ein Ende hin angelegt. Sie sind von vornherein als nur „zeitweilige" gedacht und finden ihr Ende mit dem Ablauf der für sie bestimmten Zeit, durch Vereinbarung oder durch einen einseitigen Endigungsakt, die Kündigung.

Eine der Forderung ähnliche Zeitstruktur haben die Gestaltungsrechte. Sie sind von Anfang an auf die durch sie ermöglichte Rechtsgestaltung als ihren Endzweck hin angelegt. Ein Gestaltungsrecht, wie etwa das Kündigungsrecht, ein Anfechtungsrecht, ein Wahlrecht endet daher einmal dann, wenn es ausgeübt wird – es wird durch seine Ausübung gleichsam verbraucht. Es endet ebenso, wenn es innerhalb der dafür bestimmten Frist nicht ausgeübt wird. Auch ein Pfandrecht findet sein zweckbestimmtes Ende, wenn es ausgeübt und die Pfandsache verwertet wird; ebenso, wenn der Gläubiger für seine Forderung auf andere Weise befriedigt wird.[8] Das Pfandrecht hat, da es zur Sicherung einer Forderung dient, auch deren Zeitstruktur.

Ein Rechtsverhältnis des Privatrechts enthält als eines seiner Elemente stets (mindestens) *ein* „subjektives Recht". Es kann in einem einzigen subjektiven Recht und der ihm entsprechenden Pflicht bestehen, es kann eine Mehrheit von Rechten, Pflichten und sonstigen Rechtsbeziehungen enthalten, die untereinander in einem bestimmten Zusammenhang stehen. Das Eigentum betrachten wir zwar als ein einheitliches Recht, nicht nur als eine Summe von einzelnen Befugnissen. Indessen können mit dem Eigentum auch Pflichten verbunden sein. Auch das Eigentum ist in Wahrheit ein komplexes Rechtsverhältnis.[9] Komplexe

---

[8] Daß die Hypothek in diesem Fall nicht erlischt, sondern zur Eigentümergrundschuld wird (vgl. § 1163 Abs. 1 Satz 2), hat nur rechtstechnische Gründe und kann in diesem Zusammenhang außer Betracht bleiben.

[9] Vgl. *Raiser,* ZBernJV 1961, S. 49; *Wolff/Raiser,* Sachenrecht § 51 II 3 a. E.; *Sontis,* Festschr. f. *K. Larenz,* 1973, S. 981, 997.

Rechtsverhältnisse sind vor allem die Schuldverhältnisse und familienrechtliche Verhältnisse. Ein Schuldverhältnis enthält nicht nur Leistungspflichten und ihnen entsprechende Forderungen, sondern auch ihrer Sicherung dienende Hilfspflichten und Befugnisse, Gestaltungsrechte und Zuständigkeiten. Der Mieter z. B. ist nicht nur zur Zahlung des Mietzinses verpflichtet, er hat auch hinsichtlich der Sache eine Obhutspflicht, ist verpflichtet, mit der Sache sorgsam umzugehen und sie nach Beendigung des Mietverhältnisses dem Vermieter zurückzugeben. Auf der anderen Seite hat er nicht nur ein Besitz- und Gebrauchsrecht, sondern kann von dem Vermieter auch die Unterhaltung der Sache verlangen, unter gewissen Voraussetzungen kündigen usw. Zwischen diesen Rechten und Pflichten bestehen gewisse Abhängigkeiten. So ist der Mieter zur Zahlung des Mietzinses nicht verpflichtet, wenn und solange ihm der vertragsmäßige Gebrauch der Mietsache von dem Vermieter nicht gewährt wird; er hat in diesem Fall ein Recht zu sofortiger Kündigung. Der Vermieter hat ein Recht zur fristlosen Kündigung bei Zahlungsverzug des Mieters, wenn dieser ein bestimmtes Ausmaß erreicht. Allgemein begründen in einem Schuldverhältnis schuldhafte Pflichtverletzungen des einen Teils für den anderen Schadensersatzansprüche, unter Umständen ein Rücktritts- oder Kündigungsrecht. Die meisten Rechtsverhältnisse bestehen so nicht aus einer einzigen Beziehung, sondern aus einem Komplex einander zugeordneter Rechtsbeziehungen; sie stellen ein Ganzes, ein „Gefüge“ dar, dessen einzelne Elemente subjektive Rechte, Befugnisse, Pflichten und Gebundenheiten mannigfacher Art sind.

Das BGB spricht im allgemeinen nur von Rechten und Pflichten; das Rechtsverhältnis hat es vernachlässigt. Zwar spricht es von Schuldverhältnissen; so, außer in der Überschrift zum zweiten Buch und zu verschiedenen seiner Abschnitte, in den §§ 241, 305, 362, 364, 366, 397. Doch meint es in allen diesen Bestimmungen nur die einzelne Leistungsbeziehung, die sich von seiten des Gläubigers als Forderung, von seiten des Schuldners als seine Leistungspflicht darstellt. Offensichtlich das ganze Rechtsverhältnis und nicht nur die einzelne Forderung meint das Gesetz, wenn es von der Kündigung des Mietverhältnisses, des Auftrags, der Gesellschaft spricht. Gemäß § 256 ZPO kann auf Feststellung des Bestehens oder Nichtbestehens eines Rechtsverhältnisses geklagt werden, wenn der Kläger an der alsbaldigen richterlichen Feststellung ein rechtliches Interesse hat. Der Ausdruck „Rechtsverhältnis“ wird hier in einem sehr weiten Sinne verstanden, so daß er jede privatrechtliche Beziehung umfaßt. Ein „Rechtsverhältnis“ in diesem Sinne ist sowohl das Eigentum wie jedes andere dingliche Recht, ein Schuldverhältnis als Ganzes wie die einzelne darin eingeschlossene Forderung, ein Gestaltungsrecht, ein familienrechtliches Verhältnis, die Mitgliedschaft in einer Gesellschaft, einem Verein, aber auch eine einzelne daraus hervorgehende Befugnis, die Pflicht zur Vornahme oder zur Unterlassung bestimmter Handlungen. Da die einzelnen Elemente des Rechtsverhältnisses von der gleichen Struktur wie das Rechtsverhältnis sind, so steht grundsätzlich nichts im Wege, sie ihrerseits wiederum als Rechtsverhältnisse anzusehen.[10] Indessen besteht zweifellos ein Bedürfnis dafür, die Rechtsverhältnisse als komplexe Gebilde, die eine Fülle von Einzelbeziehungen in sich befassen, auch terminologisch von den einzelnen Rechten und ihnen entsprechenden Pflichten zu unterscheiden. Der Ausdruck „Rechtsverhältnis" soll daher im folgenden ausschließlich im ersten Sinn verwandt werden.

II. Die Elemente der Rechtsverhältnisse

a) **Einzelrechte und Befugnisse.** Die wichtigsten Elemente der Rechtsverhältnisse sind die subjektiven Rechte, denen notwendig Pflichten, Beschränkungen oder rechtliche Gebundenheiten eines anderen (oder aller anderen) entsprechen. Von den subjektiven Rechten soll ausführlich erst im nächsten Paragraphen die Rede sein. Hier sei nur soviel bemerkt, daß wir nicht jede im Rahmen eines umfassenderen Rechtsverhältnisses bestehende Befugnis zur Vornahme bestimmter Handlungen als „subjektives Recht" bezeichnen, sondern nur solche Befugnisse, denen eine relativ selbständige Bedeutung zukommt. Subjektive Rechte sind oft, jedoch nicht notwendig, übertragbar; ihre Verletzung begründet Abwehr- und (oder) Schadensersatzansprüche.

Ein einzelnes subjektives Recht kann wiederum verschiedene Befugnisse in sich schließen. Diese erscheinen so lange nicht selbst als „subjektive Rechte", als sie nicht aus ihm ausgeschieden und selbständig übertragen werden. Der Eigentümer ist z. B., ohne daß sich sein Recht darin erschöpfte, befugt, seine Sache zu besitzen, zu gebrauchen, zu verbrauchen, sie umzugestalten oder zu vernichten. Er kann einzelne dieser Befugnisse auf Zeit aus seinem Eigentum aussondern und einem anderen übertragen, indem er diesem ein sogenanntes beschränktes dingliches Recht, z. B. einen Nießbrauch, bestellt.[11] Er kann ferner einzelne Befugnisse, auch die Befugnis zur Verfügung über sein Eigentumsrecht, einem anderen zur Ausübung überlassen. Auch die Forderung enthält neben dem Kernrecht,

---

[10] Hier kommen wieder diejenigen in beträchtliche Schwierigkeit, die das Rechtsverhältnis als ein, wenn auch vom Recht geregeltes, „Lebensverhältnis" ansehen. *Enn./N.* § 71, I, 4 unterscheiden „einfache und zusammengesetzte Rechtsverhältnisse". Als „einfaches Rechtsverhältnis" sehen sie die einzelne Forderung, als zusammengesetztes das gesamte Schuldverhältnis, z. B. das Mietverhältnis, an. Wer aber wollte wohl auch das einzelne Forderungsrecht oder Gestaltungsrecht, z. B. ein Kündigungsrecht, als „Lebensverhältnis" bezeichnen? Hier zweifelt niemand daran, daß es sich um eine dem normativ-rechtlichen Bereich angehörende Beziehung handelt.

[11] Hiergegen wendet sich *Sontis,* Festschr. f. *K. Larenz,* 1973, S. 992ff. Das beschränkte dingliche Recht sei nicht ein Teilstück des Eigentums, sondern kollidiere mit ihm. Die Frage kann hier nicht vertieft werden.

dem Recht auf die Leistung, weitere Befugnisse wie die, mit ihr aufzurechnen, sie abzutreten oder zu verpfänden. Sie können im Einzelfall fehlen, ohne daß das Recht dadurch seinen Charakter verliert. Die mit der Forderung regelmäßig gegebene Möglichkeit, sie einzuklagen und so mit Hilfe der Rechtsordnung zu realisieren, kann man als Klagebefugnis bezeichnen. Die Klagebefugnis ist kein selbständiges subjektives Recht – sie darf insbesondere nicht mit einem subjektiven öffentlichen Recht gegen den Staat auf Gewährung von Rechtsschutz verwechselt werden –, sondern mit dem Forderungsrecht verbunden, setzt dieses voraus.

Die meisten Gestaltungsrechte sind nur *unselbständige Befugnisse* im Rahmen eines Rechtsverhältnisses, aus dem sie nicht gelöst werden können. Selbständige Rechte, über die gesondert verfügt werden kann, sind jedoch die *Optionsrechte.* Nicht immer läßt sich mit voller Sicherheit sagen, ob es sich um ein „subjektives Recht" oder um eine bloße „Befugnis" handelt. Es kommt auf die selbständige Übertragbarkeit, aber auch auf das mehr oder minder große Gewicht an, das ihnen beigelegt wird. Gestaltungsrechte und Anwartschaftsrechte haben sich erst in den letzten Jahrzehnten von bloßen Befugnissen oder „Rechtslagen" zu subjektiven Rechten entwickelt.

b) **Erwerbsaussichten.** Mit einem Rechtsverhältnis ist häufig für einen Beteiligten die Aussicht auf den künftigen Erwerb eines Rechts verbunden, ohne daß sich diese Aussicht bereits zu einem selbständigen Erwerbsrecht oder Anwartschaftsrecht verdichtet zu haben braucht. So erwirbt nach § 953 der Eigentümer einer Sache deren Erzeugnisse und sonstige Bestandteile, wenn sie von der Sache getrennt werden, falls nicht das Erwerbsrecht eines anderen vorgeht. Solange die Erzeugnisse und die sonstigen Bestandteile der Sache von ihr noch nicht getrennt sind, gehören sie als deren Teile ohnehin ihrem Eigentümer. Wenn sie aber getrennt werden, werden sie selbständige bewegliche Sachen, an denen nunmehr ein gesondertes Eigentumsrecht möglich ist. Daß dieses im Grundsatz dem Eigentümer der „Muttersache" zusteht, und zwar ohne daß dazu eine Aneignungshandlung nötig wäre, ist eine Auswirkung des Eigentums. Das Eigentum an der Muttersache setzt sich an den abgetrennten Teilen als nunmehr an ihnen bestehendes besonderes Eigentumsrecht fort. Die dem Eigentümer nach § 953 zustehende Erwerbsaussicht gehört zum Inhalt seines Eigentumsrechts. Der Eigentümer kann sie einem anderen übertragen, indem er diesem ein ihn zum Erwerb der Erzeugnisse oder bestimmter Bestandteile berechtigendes beschränktes dingliches Nutzungsrecht einräumt (§ 954). Er kann ferner einem anderen, durch eine sogenannte Aneignungsgestattung gemäß § 956, ein nur „obligatorisch", d.h. nur gegen diesen Eigentümer wirkendes Anfallsrecht einräumen, das den Anwartschaftsrechten nahesteht. Darin kann man eine Übertragung der dem Eigentümer zustehenden Erwerbsaussicht zur zeitweiligen Ausübung sehen.

Eine nicht zu einem Anwartschaftsrecht verdichtete Erwerbsaussicht ergibt sich aus dem gesetzlichen Schuldverhältnis zwischen dem Finder und dem Eigentümer einer verlorenen Sache (§§ 965ff.). Der Finder hat die Aussicht, nach Ablauf eines Jahres seit der Anzeige des Fundes bei der Polizeibehörde das Eigentum an der gefundenen Sache zu erwerben, wenn ihm nicht vorher ein Empfangsberechtigter bekannt geworden ist oder ein solcher sein Recht bei der Polizeibehörde angemeldet hat (§ 973). Wie die genannten Einschränkungen zeigen, ist die Erwerbsaussicht des Finders unsicher. Deshalb zählt man sie nicht zu den Anwartschaftsrechten. Sie ist aber immerhin mit dem Fund entstanden und gehört somit zum Inhalt des durch den Tatbestand des Fundes begründeten Rechtsverhältnisses.

Mit Dauerschuldverhältnissen wie einem Mietverhältnis oder einem Arbeitsverhältnis ist die Aussicht darauf verbunden, regelmäßig wiederkehrende Ansprüche auf den Mietzins oder den Arbeitslohn jeweils für einen bestimmten Zeitabschnitt in Zukunft zu erwerben. Der Erwerb hängt jedoch nicht nur von der Fortdauer des betreffenden Rechtsverhältnisses, sondern auch davon ab, daß die Gegenleistung für den betreffenden Zeitabschnitt auch erbracht, also der Gebrauch der Mietsache gewährt, die Arbeit geleistet wird. Der künftige Erwerb ist also ebenfalls noch unsicher. Indessen ist mit der Begründung des Rechtsverhältnisses bereits der Grund für ihn gelegt. Die ,,künftigen Forderungen" können, soweit sie abtretbar sind, im voraus abgetreten,[12] es können Sicherungen für sie bestellt werden. Zwar wird die Forderungsabtretung als solche erst wirksam, wenn die Forderung entsteht, jedoch liegt in ihr eine Übertragung der bereits gegenwärtigen Erwerbsaussicht. Das kann z. B. für die Frage von Bedeutung sein, wer zuständig ist, im Falle des § 259 ZPO die Klage auf künftige Leistung zu erheben.

Erst dann, wenn eine Erwerbsaussicht durch die Rechtsordnung gegen Beeinträchtigungen weitgehend geschützt wird und eine solche wirtschaftliche Bedeutung hat, daß das Bedürfnis hervortritt, über sie wie über ein bestehendes subjektives Recht zu verfügen, sprechen wir von ,,Anwartschaftsrechten" (vgl. unten § 13 I Nr. 9).

c) **Rechtspflichten und sonstige Gebundenheiten.** Den subjektiven Rechten des einen entsprechen Rechtspflichten oder sonstige rechtliche Gebundenheiten des anderen oder, wenn es sich um ein sogenanntes ,,absolutes Recht" handelt, aller anderen. Unter einer Rechtspflicht verstehen wir ein bestimmtes ,,Sollen", das die Rechtsordnung als Normenordnung auferlegt. Das ,,Sollen", die ,,Pflicht" sind, wie bereits in § 2 II b dargelegt wurde, ursprünglich ethische Begriffe. Als solche bedeuten sie eine Anforderung, die derjenige, an den sie sich

---

[12] Über die Abtretung künftiger Forderungen und der darin liegenden Erwerbsaussicht Schr. R. I § 34 III.

richtet, in seinem eigenen Bewußtsein als eine Nötigung, als einen Anruf empfindet, dem er sich nicht ohne Minderung seiner Selbstachtung und der Achtung der anderen entziehen kann. Auch das Recht wendet sich, indem es Pflichten auferlegt, in erster Linie an die Einsicht und den guten Willen des Normadressaten, verlangt jedoch die Befolgung seiner Gebote ohne Rücksicht darauf, ob der Adressat sie in seinem Bewußtsein als verpflichtend empfindet und billigt. Insofern ist rechtliches Sollen ein „heteronomes Sollen" im Gegensatz zur „autonomen" moralischen Pflicht. Darüber hinaus verbindet die Rechtsordnung mit ihrer Normanforderung meistens, wenn auch nicht notwendig und immer, die Androhung irgendeiner „Sanktion", sei es einer Schadensersatzpflicht oder unmittelbaren Zwangs.

Rechtspflichten können auf ein bestimmtes Tun oder auf das Unterlassen bestimmter Handlungen gerichtet sein. Ein „Unterlassen schlechthin" gibt es nicht. Wohl aber kann man verpflichtet sein, die Vornahme bestimmter, als möglich vorgestellter Handlungen zu unterlassen, und man kann sich in diesem Sinne auch selbst zu einem Unterlassen verpflichten (§ 241 Satz 2). Das „Tun", zu dem jemand rechtlich verpflichtet ist, kann in der Vornahme einer rein tatsächlichen Handlung – z. B. in der Leistung von Diensten –, in der Herbeiführung eines bestimmten tatsächlichen Erfolgs – z. B. in der Herstellung eines Werks – oder in der Herbeiführung eines Rechtserfolgs, z. B. in der Übereignung einer bestimmten Sache, der Übertragung eines bestimmten Rechts oder der Einräumung eines Rechts, bestehen. Derartige Pflichten ergeben sich regelmäßig aus einem Schuldverhältnis und stellen dann die Kehrseite des Forderungsrechts dar. Unterlassungspflichten, und zwar „für alle", ergeben sich vornehmlich aus den sogenannten absoluten Rechten, insbesondere den Persönlichkeitsrechten und Sachenrechten: alle anderen sind verpflichtet, Eingriffe in den durch das Recht geschützten Bereich zu unterlassen, den Berechtigten in dem, was ihm zukommt, nicht zu verletzen.

Rechtspflichten bestehen indessen nicht nur in Entsprechung subjektiver Rechte eines anderen, sondern können sich auch aus Normen ergeben, die ein bestimmtes Verhalten zur Pflicht macht, ohne einem anderen darauf ein subjektives Recht zu geben. So gibt es zahlreiche Vorschriften, die ein bestimmtes Verhalten gebieten oder verbieten, um die bloße Gefährdung anderer oder eine Beeinträchtigung wichtiger öffentlicher Interessen, z. B. eines Interesses der Rechtspflege oder des Verkehrs, zu verhindern. Die Einhaltung derartiger Vorschriften wird oft durch die Verhängung von Strafen, Ordnungsstrafen oder sonstigen Rechtsnachteilen (wie die Entziehung des Führerscheins, der Rücknahme einer erteilten Erlaubnis), aber auch durch die Zuerkennung eines Schadensersatzanspruchs an denjenigen, der im Zusammenhang mit der Verletzung einer derartigen Vorschrift geschädigt wird, gesichert. Während die Rechtspflicht, sofern sie nicht ausdrücklich in einem Gesetz ausgesprochen ist, oft aus einer Strafvorschrift erschlossen werden kann, ergibt sich die Schadensersatzpflicht in diesen Fällen aus § 823 Abs. 2. Es ist nicht an dem, daß jeder Teilnehmer am Straßenverkehr gegen jeden anderen ein im Wege der Leistungsklage verfolgbares subjektives Recht auf Einhaltung der Straßenverkehrsvorschriften hätte, wohl aber hat er einen Schadensersatzanspruch, wenn er dadurch geschädigt wird, daß ein anderer schuldhaft diese Vorschriften verletzt hat. Das gleiche gilt von den Vorschriften zum Schutze der Reinerhaltung der Gewässer, des Schutzes vor Seuchen, der Verhütung von Betriebsunfällen und ähnlichen Vorschriften mehr. Der einzelne, der sich wegen der Mißachtung einer derartigen Vorschrift durch einen anderen gefährdet glaubt, kann versuchen, die zuständige Behörde zum Eingreifen zu veranlassen, aber erst die geschehene Verletzung seiner Person oder seiner Rechtsgüter gibt ihm ein subjektives Recht auf Schadensersatz und damit die Möglichkeit einer Zivilklage. Allerdings gewährt ihm die Rechtsprechung bei drohenden Eingriffen in seine privatrechtlich geschützten Güter schon vorher die sogenannte „vorbeugende Unterlassungsklage". Es muß dann aber ein Eingriff in eines seiner Rechtsgüter, der geeignet wäre, eine Schadensersatzpflicht zu begründen, als bevorstehend anzusehen sein. Ist das der Fall, so hat er er, so wie im Falle drohender Verletzung eines „absoluten" Rechts, gegen den potentiellen Verletzer einen Unterlassungsanspruch.[13]

In manchen Fällen entspricht dem subjektiven Recht des einen nicht eine Rechtspflicht des oder aller anderen, sondern eine sonstige rechtliche Gebundenheit. Hier sind zunächst die Gestaltungsrechte zu nennen. Derjenige, gegen den sich ein solches Recht richtet, also z. B. bei einem Rücktrittsrecht oder Kündigungsrecht der Vertragsgegner, hat die durch den Berechtigten in Ausübung seines Gestaltungsrechts herbeigeführte Rechtsänderung hinzunehmen, er muß sie gelten lassen. Seine „Gebundenheit" besteht darin, daß ihm der andere Teil eine Gestaltung des Rechtsverhältnisses, in den erwähnten Fällen seine Auflösung, aufnötigen kann, die er selbst vielleicht nicht wünscht. Es fehlt unserer Sprache ein passender Ausdruck, der diese Art der Gebundenheit treffend kennzeichnete. In anderer Weise „gebunden" hat sich der Eigentümer, der einem anderen ein beschränktes dingliches Recht an seiner Sache eingeräumt hat. Er ist dadurch genötigt, Handlungen des anderen zu dulden, die er sonst als Eigentümer nicht hinzunehmen brauchte. Hat er ein Pfandrecht bestellt, so ist er unter gewissen Umständen rechtlich genötigt, die Veräußerung der Pfandsache durch den Pfandgläubiger hinzunehmen, durch die ihm sein Eigentum verlorengeht. Man spricht hier wohl von einer *Pflicht,* zu dulden; allein es handelt sich um mehr

---

[13] Dazu *Wolfram Henckel,* Vorbeugender Rechtsschutz im Zivilrecht, AcP 174, 97; zum Unterlassungsanspruch S. 121ff., 127, 138f. *Henckel* spricht von einem „Schutzanspruch", dessen Funktion darin besteht, „daß man dem Gefährdeten die Möglichkeit gibt, schon vor der Pflichtverletzung die Einhaltung der Pflicht zu fordern und durchzusetzen".

als um eine bloße Unterlassungspflicht. Der Eigentümer ist nicht nur verpflichtet, bestimmte Handlungen, etwa die Erhebung einer Klage zwecks Verhinderung der Versteigerung, zu unterlassen, vielmehr *kann* er den Berechtigten nicht hindern, muß er die von diesem rechtmäßig getroffene Verfügung über sein Eigentum hinnehmen, sie gelten lassen. Daß er die Vollstreckung zu dulden hat, heißt nicht, daß er verpflichtet wäre, Gegenmaßnahmen zu unterlassen, sondern daß solchen Gegenmaßnahmen der rechtliche Erfolg versagt bleibt, weil sein Recht hinter das des Pfandgläubigers zurücktritt.

Mit Recht sagt *v. Tuhr:*[14] ,,Von Duldungspflicht kann man begrifflich nur da sprechen, wo jemand verpflichtet ist, einen Widerspruch oder Widerstand, zu dem er an sich berechtigt ist, nicht auszuüben: eine Handlung, die man von vornherein nicht verhindern kann oder darf, kann man nicht dulden." Um eine echte Duldungspflicht würde es sich z. B. dann handeln, wenn ein Grundstückseigentümer einem anderen erlauben würde, einen über sein Grundstück führenden Weg zu benutzen, ohne ihm aber ein darauf gerichtetes dingliches Recht (eine Dienstbarkeit) einzuräumen. Er hätte sich dann lediglich dazu verpflichtet, gegen die Benutzung nichts zu unternehmen, den anderen nicht zu hindern, also zu einer Unterlassung. Räumt er ihm aber ein dingliches Recht auf Benutzung seines Grundstücks ein, so beschränkt er sein Eigentumsrecht; er ist nicht nur verpflichtet, Gegenmaßnahmen zu unterlassen, sondern zu solchen nicht mehr berechtigt.

d) **Obliegenheiten.** Von den Rechtspflichten sind die Obliegenheiten zu unterscheiden, das sind Verhaltensanforderungen, denen nachzukommen meist im eigenen Interesse desjenigen liegt, dem sie auferlegt sind. Man kann sie mit Reimer *Schmidt*[15] als Pflichten geringerer Intentsität oder mit *Enneccerus/Nipperdey*[16] als Lasten ansehen, die ,,einem Rechtssubjekt auch im Interesse eines anderen auferlegt sind, ohne daß dieser aber ein dementsprechendes Verhalten von dem Belasteten fordern kann". Charakteristisch für sie ist, daß die Rechtsordnung hier von jedem Erfüllungszwang und auch von einer Schadensersatzpflicht im Falle der Nichterfüllung absieht und sich statt dessen mit schwächeren Sanktionen begnügt. Diese bestehen in der Regel in dem Verlust einer günstigen Rechtsposition oder in einem sonstigen Rechtsnachteil. Daraus ergibt sich, daß die Rechtsordnung die Obliegenheitsverletzung nicht in dem gleichen Maße mißbilligt wie die Verletzung einer Rechtspflicht. Sie fordert die Erfüllung einer ,,Obliegenheit" nicht, wie die einer Pflicht, kategorisch, sondern nur hypothetisch. Wenn der mit der Obliegenheit Belastete den und den Rechtsnachteil vermeiden will, dann hat er sich in der und der Weise zu verhalten; andernfalls muß er einen bestimmten Rechtsnachteil hinnehmen, ohne daß ihm aber der Vorwurf gemacht würde, sich pflichtwidrig verhalten zu haben.

Beispielsweise bestimmt § 377 HGB, daß bei einem beiderseitigen Handelskauf der Käufer die Ware unverzüglich nach ihrer Ablieferung durch den Verkäufer zu untersuchen, und wenn sich ein

---

[14] *V. Tuhr* Bd. I § 4 V zu Anm. 40.
[15] Reimer *Schmidt,* Die Obliegenheiten S. 104, 314 (unter Ziff. 10).
[16] *Enn./N.* § 74 IV.

Mangel zeigt, diesen dem Verkäufer unverzüglich anzuzeigen hat. Unterläßt er die Untersuchung oder die Anzeige, so verliert er seine Mängelansprüche, es sei denn, daß der Mangel bei der Untersuchung nicht erkennbar war. Ein Kaufmann wird schon im eigenen Interesse so verfahren, wie es das Gesetz von ihm erwartet, weil der Beweis, daß die Ware mangelhaft war, mit der Länge der verstrichenen Zeit immer schwieriger wird, und weil daher sein eigenes Interesse es erfordert, die Angelegenheit möglichst rasch zu klären. Verfährt er nicht so, dann muß er es hinnehmen, daß er seine Ansprüche wegen des Mangels verliert. Dem Verkäufer soll aus der Säumigkeit des Käufers, der sein eigenes Interesse nicht so, wie es von ihm erwartet werden kann, wahrnimmt, kein Nachteil erwachsen. Er braucht, wenn er von dem Käufer nicht innerhalb kurzer Frist eine Beanstandung erhält, nicht mehr damit zu rechnen, daß eine solche noch erhoben wird, es sei denn, daß es sich um unerkennbare Mängel handle. Der Verkäufer hat aber keinen Anspruch gegen den Käufer auf die Vornahme der Untersuchung. Er bedarf eines solchen Anspruchs nicht, weil sein Interesse hinreichend dadurch gewahrt ist, daß der Käufer, der seine Obliegenheit zur Untersuchung und unverzüglichen Rüge nicht erfüllt, seine Rechte verliert. Der Käufer schädigt infolgedessen durch seine Nachlässigkeit nicht den Verkäufer, sondern nur sich selbst. Ähnlich liegt es im Falle des § 254 Abs. 1. Es besteht keine eigentliche Rechtspflicht, sich selbst vor Schaden zu bewahren. Wer infolge seiner eigenen Nachlässigkeit zu Schaden kommt, hat selbst den Nachteil. Wird nun jemand durch einen anderen in einer Weise, die diesen für die Folgen verantwortlich macht, an seiner Person oder seinen sonstigen Rechtsgütern geschädigt und hat zur Entstehung des Schadens die eigene Sorglosigkeit des Geschädigten mitgewirkt, dann muß er sich mit Rücksicht auf seine eigene Nachlässigkeit einen darauf entfallenden Schadensanteil anrechnen lassen. Er hat zwar nicht eine dem Schädiger gegenüber bestehende Rechtspflicht, wohl aber die ihn treffende ,,Obliegenheit" verletzt, in der gehörigen Weise auf sich selbst und seine Rechtsgüter achtzugeben. Man kann von jedem Menschen erwarten, daß er dies tut. Tut er es nicht, dann muß er unter Umständen den Nachteil in Kauf nehmen, daß sein Schadensersatzanspruch gegen einen anderen, der ihn verletzt hat, ganz oder zum Teil entfällt. Ist die Obliegenheit zur Untersuchung der gekauften Ware und zu unverzüglicher Mängelrüge eine solche, die in dem Kaufverhältnis begründet ist, die daher den Käufer gerade gegenüber dem Verkäufer trifft, so ist die Obliegenheit, im Verkehr auf seine eigenen Güter achtzugeben, eine jedermann treffende Obliegenheit, die im Verhältnis zu jedem beliebigen Schädiger von Bedeutung werden kann. Zahlreiche Obliegenheiten, so etwa zur alsbaldigen Anzeige von Schadensfällen oder gefahrerhöhenden Umständen, finden sich vor allem in Versicherungsverträgen. Der Begriff ,,Obliegenheit" ist aus dem Versicherungsrecht durch Reimer *Schmidt* in das allgemeine bürgerliche Recht übertragen worden.

e) **Zuständigkeiten.** In einem Rechtsverhältnis können endlich Zuständigkeiten zur Entgegennahme von Erklärungen oder Leistungen anderer Beteiligter begründet sein. Von besonderer Bedeutung ist im Schuldverhältnis die Empfangszuständigkeit für die Leistung, die grundsätzlich beim Gläubiger liegt, ausnahmsweise aber auch für einen anderen begründet sein kann.[17] Der Gläubiger kann z. B. einen anderen zur Empfangnahme der Leistung ermächtigen. Die Empfangszuständigkeit des Gläubigers kann anderseits eingeschränkt sein; sie ist immer dann eingeschränkt, wenn seine Verfügungsmacht eingeschränkt ist. Aus dem Schuldverhältnis ergibt sich ferner, wer der richtige Adressat für bestimmte Erklärungen ist, z. B. für die Kündigung, die Mahnung, eine Fristsetzung (vgl. §§ 326, 542 Abs. 1 Satz 2, 634), eine Mitteilung (vgl. §§ 409, 415 Abs. 1 Satz 2, 416, 478, 510, 545).

---

[17] Vgl. Sch.R. I § 18 I. Zur Empfangszuständigkeit (in einem weiteren Sinne, als sie hier verstanden wird) *Müller/Laube,* Die Empfangszuständigkeit im Zivilrecht, 1978.

III. Die Rechtsstellung im Rechtsverhältnis und ihr Übergang

Ein Rechtsverhältnis kann, wie mehrfach ausgeführt, entweder zwischen mehreren bestimmten Personen bestehen (Rechtsverhältnisse vom Typus „Schuldverhältnis") oder aber zwischen einer bestimmten Person und „allen anderen" (Rechtsverhältnisse vom Typus „Eigentum"). Rechtsverhältnisse vom Typus eines beschränkten dinglichen Rechts an einer Sache (z. B. Pfandrecht) bestehen primär zwischen dem Berechtigten und dem Eigentümer der Sache, darüber hinaus aber, insofern das dingliche Recht Schutz gegenüber jedermann genießt, auch im Verhältnis des Berechtigten zu allen anderen. Die Gesamtheit der Rechtsfolgen, nämlich der subjektiven Rechte, Erwerbsaussichten, Pflichten, sonstigen Gebundenheiten, Obliegenheiten und Zuständigkeiten, die sich aus dem Rechtsverhältnis für einen der an ihm Beteiligten ergeben, machen seine Rechtsstellung in diesem Rechtsverhältnis aus. Im Falle des Eigentums sehen wir diese Rechtsstellung als mit dem Eigentumsrecht identisch an. Das ist jedoch nur dann möglich, wenn man die mit ihm möglicherweise verbundenen Pflichten, Obliegenheiten oder Zuständigkeiten als gegenüber dem Kern dieser Rechtsstellung, eben dem Eigentumsrecht, nur von untergeordneter Bedeutung betrachtet. Für das Eigentum, zum mindesten für das an beweglichen Sachen, ist das unbedenklich. Dagegen ist die Rechtsstellung in einem Schuldverhältnis, etwa als Käufer oder Verkäufer, Mieter oder Vermieter, Gesellschafter, oder auch die Stellung als Nießbraucher, Pfandgläubiger usw. in demselben Maße komplex wie das betreffende Rechtsverhältnis. Sie erschöpft sich regelmäßig nicht in der Innehabung des Rechts, das diesem Rechtsverhältnis vielleicht sein bestimmendes Gepräge gibt, sondern umfaßt darüber hinaus eine Fülle von weiteren Rechtsbeziehungen.

Die Rechtsstellung des Eigentümers geht mit der Übertragung des Eigentumsrechts grundsätzlich ihrem ganzen Inhalt nach auf den Rechtsnachfolger über. Auf ihn gehen insbesondere die auf der Sache ruhenden öffentlichen Lasten und die etwa mit dem Eigentum an dieser Sache verbundenen Beschränkungen über. Dasselbe gilt vom Übergang etwa eines Pfandrechts. Das mit ihm verbundene gesetzliche Schuldverhältnis zwischen dem Pfandgläubiger und dem Verpfänder geht auf den neuen Pfandgläubiger über, sobald dieser den Besitz an der Pfandsache erlangt (§ 1251 Abs. 2). Auch die mit dem Recht aus einem Wertpapier (Inhaberpapier, Orderpapier) etwa verbundenen Nebenrechte und Zuständigkeiten gehen ohne weiteres auf den neuen Berechtigten über. Ein besonderes Problem der Nachfolge in die gesamte Rechtsstellung aus dem Schuldverhältnis entsteht in diesen Fällen nicht.

Anders ist es indessen bei einem Schuldverhältnis, das eine Mehrzahl von Forderungen und ihnen entsprechenden Leistungspflichten umfaßt; so insbesondere bei Schuldverhältnissen aus gegenseitigen Verträgen und bei allen Dauerschuldverhältnissen. Hier geht mit der Abtretung einer einzelnen Forderung keineswegs das gesamte Schuldverhältnis über. Mag der Verkäufer seinen Anspruch auf den Kaufpreis abtreten, so bleiben ihm doch die Verkäuferpflichten, nicht nur die Erfüllungspflicht, sondern auch die Gewährleistungspflicht, sowie die damit verbundenen Zuständigkeiten. Zwar kennt das Gesetz auch eine Übernahme einzelner Leistungspflichten (§§ 414ff.), die aber wiederum von der Übernahme des ganzen Schuldverhältnisses – der Vertragsübernahme – zu unterscheiden ist. Die Abtretung der einzelnen Forderung und die Übernahme einer einzelnen Schuld läßt die Rechtsstellung als Teilhaber an diesem Rechtsverhältnis, als Käufer oder Verkäufer, Mieter oder Vermieter usw. unberührt. Ob und in welcher Weise diese gesamte Rechtsstellung übertragen werden kann, ein Übergang des ganzen Rechtsverhältnisses auf eine andere Person möglich ist, war bis vor nicht langer Zeit streitig.

Unstreitig geht die gesamte Rechtsstellung, auch die aus einem Schuldverhältnis, soweit es sich um vermögensrechtliche Beziehungen handelt, mit dem Tode eines Menschen auf den oder die Erben über. Das ist eine Folge des Prinzips der Universalsukzession, d.h. des Übergangs des Vermögens des Erblassers „als Ganzen" (§ 1922 Abs. 1), und der vom Gesetz angeordneten Haftung des Erben für die Nachlaßverbindlichkeiten, zu denen die vom Erblasser herrührenden Schulden gehören (§ 1967). Nicht nur die Rechte und Pflichten gehen auf den Erben über, sondern auch die mit dem Rechtsverhältnis sonst verbundenen Erwerbsaussichten, Zuständigkeiten usw. Der Erbe setzt die gesamte Rechtsstellung des Erblassers, so wie sie bei dessen Tode war, in vermögensrechtlicher Hinsicht fort.[18]

Aber auch unter Lebenden kann die Rechtsstellung in einem Schuldverhältnis mit allen sich aus ihr ergebenden Folgen auf einen anderen übergehen, und zwar einmal auf Grund einzelner gesetzlicher Bestimmungen, vor allem des § 571 und des § 613a, zum anderen, wie heute durchweg anerkannt wird,[19] auf Grund eines Übernahmevertrages, der, da es sich regelmäßig um Vertragsverhältnisse handelt, als Vertragsübernahme bezeichnet wird. Ihm muß außer demjenigen, der seine Rechtsstellung im Vertragsverhältnis übertragen will, und demjenigen, der sie übernimmt, auch der andere Vertragsteil zustimmen. Beispielsweise tritt nicht selten jemand als Mieter oder Pächter in ein bestehendes langfristiges Miet- oder Pachtverhältnis ein. Er setzt dann die Rechtsstellung des bisherigen Mieters oder Pächters fort, was wiederum für den Zeitpunkt der Endigung von Bedeutung sein kann. Der Vermieter ist regelmäßig nicht verpflichtet, seine Zustimmung zu geben; er wird sie unter Umständen davon abhängig machen, daß der

---

[18] Vgl. *Kipp/Coing*, Erbrecht § 91 II 2 und III; *Lange/Kuchinke*, Lehrbuch des Erbrechts, 2. Aufl. § 5 III 3.

bisherige Mieter, der vorzeitig aus dem Mietverhältnis ausscheiden will, für die Verpflichtungen des neuen Mieters eine Bürgschaft leistet oder Sicherheit stellt. Ein gesetzliches Recht zum Eintritt in ein Mietverhältnis über Wohnraum haben im Falle des Todes des Mieters sein Ehegatte und solche Familienangehörige, die mit ihm einen gemeinsamen Hausstand geführt hatten (§ 569a Abs. 1 und 2).

Bei Personalgesellschaften (Gesellschaften des bürgerlichen Rechts, OHG, KG) war früher streitig, ob die Mitgliedschaft in einer solchen Gesellschaft mit den aus ihr sich ergebenden Rechten und Pflichten übertragen werden könne, oder ob nur das Ausscheiden eines Gesellschafters und der Eintritt eines neuen (durch Vertrag mit allen übrigen) möglich sei. Die heute herrschende Lehre bejaht die Möglichkeit einer Übertragung der Mitgliedschaft durch Vertrag zwischen dem ausscheidenden und dem eintretenden Gesellschafter mit Zustimmung der übrigen Gesellschafter.[20]

Nach alledem läßt sich die Auffassung *v. Tuhrs,*[21] Rechtsverhältnisse gingen in der Regel nur von Todes wegen über und könnten unter Lebenden nicht von den Personen gelöst werden, unter denen sie entstanden sind, heute nicht mehr aufrechterhalten. Nur familienrechtliche und sonst höchstpersönliche Rechtsstellungen können, ebenso wie die darin begründeten subjektiven Rechte, nicht übertragen werden. Das Rechtsverhältnis, das mit einem dinglichen Recht verbunden ist, geht mit diesem Recht über; die Rechtsstellung in einem vertraglichen Schuldverhältnis „als" Vertragspartei (Mieter oder Vermieter, Pächter oder Verpächter) ist grundsätzlich, wenn auch nur mit Zustimmung der anderen Vertragspartei, auch durch Rechtsgeschäft unter Lebenden übertragbar.

§ 13. Subjektive Rechte

Literatur: Zu I: *Aicher,* Das Eigentum als subjektives Recht, 1975; *Bucher,* Das subjektive Recht als Normsetzungsbefugnis, 1965; *Coing* in: *Coing, Lawson, Grönefors,* Das subjektive Recht und der Rechtsschutz der Persönlichkeit, 1959; *Kasper,* Das subjektive Recht – Begriffsbildung und Bedeutungsmehrheit, 1967; *Larenz,* Zur Struktur subjektiver Rechte, in: Beiträge zur Europäischen Rechtsgeschichte und zum geltenden Zivilrecht, Festgabe für *Sontis,* 1977; *Raiser,* Der Stand der Lehre vom subjektiven Recht im deutschen Zivilrecht, ZBernJV 1961, S. 121; *Schapp,* Das subjektive Recht im Prozeß der Rechtsgewinnung, 1977; *Jürgen Schmidt,* Aktionsberechtigung und Vermögensberechtigung, 1969; Nochmals: Zur formalen Struktur der subjektiven Rechte, Rechtstheorie 79, 71; *Thon,* Rechtsnorm und subjektives Recht, 1878, Neudruck 1964.

Zu IV: *Hager,* Schickane und Rechtsmißbrauch, 1913; *Merz,* Vom Schikaneverbot zum Rechtsmißbrauch, Ztschr. f. Rechtsvergleichung, 1977, S. 162; *Siber,* Schranken der privaten Rechte, 1926; *Siebert,* Verwirkung und Unzulässigkeit der Rechtsausübung, 1934; Vom Wesen des Rechtsmißbrauch, 1935. Vgl. ferner die Angaben zu § 12.

---

[19] Vgl. Sch.R. I § 5 III; eingehend *Pieper,* Vertragsübernahme und Vertragsbeitritt, 1963.

[20] Vgl. dazu Sch. R. II § 60 VI. Über die Übertragbarkeit des Rechtsverhältnisses der Mitgliedschaft in einem nichtrechtsfähigen Verein („Idealverein") vgl. oben § 10 III b.

[21] *v. Tuhr* Bd. I § 12 II.

I. Der Begriff des ,,subjektiven Rechts"

Der Begriff ,,subjektives Recht" ist einer der Grundbegriffe des Privatrechts, ohne den dieses schwerlich auszukommen vermag. Besteht darüber weitgehend Einigkeit,[1] so besteht doch über seinen Inhalt keineswegs ein Einvernehmen. Das liegt zum Teil daran, daß man lange Zeit nach einer *Definition* gesucht hat, die auf alle Arten subjektiver Rechte in gleicher Weise zutreffen sollte. Sie mußte deshalb notwendigerweise einen solchen Abstraktionsgrad erreichen, daß sie nichtssagend wurde. Deshalb haben sich in jüngerer Zeit einige Autoren um einen *rein formalen* Begriff bemüht, [2] der nur etwas über die normlogische Struktur, nichts aber über den Inhalt, den (rechtsethischen oder teleologischen) *Sinn* des ,,subjektiven Rechts" aussagen soll. Gerade danach aber fragen wir, wenn wir wissen wollen, *warum* wir überhaupt ,,subjektive Rechte" annehmen, welches die Funktion dieses Begriffs im Sinnganzen der Privatrechtsordnung ist. Wer so fragt, darf aber die Antwort nicht in der Form einer Definition erwarten,[3] sondern nur in der eines ,,offenen Begriffs" oder ,,Rahmenbegriffs", der der Ausfüllung im Blick auf die verschiedenen Arten oder Typen ,,subjektiver Rechte" bedarf, die wir im geltenden Recht erkennen.

Die gängige Defintion des subjektiven Rechts lautet, es sei eine dem einzelnen zwecks Befriedigung seiner Bedürfnisse durch die Rechtsordnung verliehene ,,Willensmacht" oder ,,Rechtsmacht", ,,ein festes, der Person zugeeignetes Machtverhältnis".[4] Obwohl ,,Machtverhältnis" auf einen Sachverhalt der Sozialsphäre, nicht der normativen Sphäre, hindeutet, läßt doch der Ausdruck ,,Rechtsmacht" keinen Zweifel daran, daß hier nicht in erster Linie an die mit manchen Rechten, etwa dem Eigentum an Produktionsgütern oder hohen Geldforderungen, verbundene wirtschaftliche Macht, sondern an einen normativen Sachverhalt, nämlich an eine dem Berechtigten von der Rechtsordnung erteilte *Ermächtigung,* ein Handeln-Dürfen oder ein ,,rechtliches Können" gedacht ist. Die Definition soll ja auch auf Persönlichkeitsrechte und auf das Eigentum an Verbrauchsgütern zutreffen, das gewiß keine wirtschaftliche ,,Macht" darstellt. In der Tat hat der Eigentümer die ,,Rechtsmacht", in Bezug auf seine Sache beliebig handeln zu dürfen, während andere das nicht dürfen. Dem Eigentümer, ihm allein, ist in Bezug auf seine Sache von der Rechtsordnung ein Handlungsspielraum vorbehalten, der eben deshalb allen anderen verschlossen ist.[5] Rechte

---

[1] Vgl. *Raiser* aaO.; *Medicus* Rdz. 72.

[2] Hier sind die Schriften von *Bucher, Aicher* und teilweise von Jürgen *Schmidt* zu nennen.

[3] Skeptisch gegen eine solche besonders *Kasper* aaO.

[4] *Enn./N.* § 72 I.

[5] *J. Schmidt,* aaO. S. 17, spricht deshalb von zwei Normen, einer erlaubenden (,,Freiheitsermächtigung") und einer untersagenden (,,Generalverbot"). Beide zusammen ergäben das subjektive Recht.

dieser Art kann man als *Herrschaftsrechte* bezeichnen; sie erlauben dem Berechtigten eine regelmäßig begrenzte Herrschaft über einen bestimmten Gegenstand. Auf sie trifft die Bezeichnung „Rechtsmacht", wenn man darunter ein dem Berechtigten, ihm allein, vorbehaltenes Dürfen versteht, am ehesten zu.

In einem anderen Sinne kann man von einer „Rechtsmacht" bei den *Gestaltungsrechten* sprechen. Sie ermächtigen den Berechtigten dazu, Privatrechtsverhältnisse seinem Willen gemäß „einseitig" zu gestalten. Als *Rechte* sehen wir sie an, weil grundsätzlich im Privatrecht nur *beide* Beteiligte – durch einen Vertrag – ein Rechtsverhältnis untereinander begründen, aufheben oder ändern können. Um dies einseitig zu können, bedarf der Betreffende daher einer Ermächtigung, die in der Einräumung eines Gestaltungsrechts liegt. Es liegt auf der Hand, daß die dem Berechtigten damit gegebene „Rechtsmacht" von anderer Art ist, als die, die ein Herrschaftsrecht gewährt.

Aufgrund eines *Forderungsrechts* kann der Gläubiger eine bestimmte Leistung von seinem Schuldner verlangen (§ 241). Daß er sie verlangen *kann,* bedeutet zunächst, daß er sie *berechtigterweise* verlangt, und berechtigt ist sein Verlangen, weil und soweit ihm die Leistung des Schuldners rechtens *gebührt.* Spricht man hier von einer „Rechtsmacht" des Gläubigers, so denkt man in erster Linie an seine Befugnis, die Leistung einzuklagen und den Schuldner mit Hilfe der Rechtsordnung zu ihr zu nötigen. Wiederum erscheint der Ausdruck „Rechtsmacht" hier in einer anderen Bedeutung. Vor allem aber ist zu sagen, daß die Möglichkeit, mit Erfolg zu klagen, die materielle Berechtigung bereits voraussetzt, die mit der Klagebefugnis daher nicht zusammenfallen kann. Wer allgemein die Klagebefugnis für das ausschlaggebende Kriterium der „subjektiven Rechte" hält,[6] verkennt, daß die Gewährung des Gerichtsschutzes nicht der Zweck des subjektiven Rechts, sondern nur das Mittel dazu ist, dem Berechtigten das zu verschaffen, was ihm auf Grund seines Rechts gebührt.

Die meisten Forderungen werden freiwillig erfüllt; die Klage ist nur ein letztes Mittel. Derjenige, der endlich das ersehnte Eigenheim erworben hat und sich als Eigentümer sieht, denkt in der Regel daran, es bewohnen, nach seinen Bedürfnissen und seinem Geschmack umgestalten, vielleicht auch wieder einmal veräußern zu können – nicht aber daran, gegen den Nachbarn, sollte er stören, eine Klage gemäß § 1004 erheben zu können.

Der Ausdruck „Rechtsmacht" paßt schließlich nicht für die *Persönlichkeitsrechte.* Sie sichern dem Berechtigten eine unantastbare Eigensphäre, in die ohne seinen Willen einzudringen anderen verboten ist. Damit wird ihm keine „Macht" über seine Person eingeräumt, wenigstens keine, die er nicht ohnehin hätte; es wird ihm gesichert, was ihm als Person zukommt: Achtung seiner Personwürde durch alle anderen, Unverletzbarkeit seiner körperlichen und geistig-moralischen Existenz.

---

[6] So *Lehmann/Hübner* § 10 II. Auf das gleiche laufen die Ausführungen von *Aicher* hinaus. Dazu *Kasper* aaO. S. 129ff.; *Schapp* aaO. S. 92f.

Ausdrücke wie „Willensmacht" oder „Rechtsmacht" eignen sich deshalb nicht zu einer Definition des subjektiven Rechts, weil sie mehrdeutig sind und ihnen je nach der Art des betreffenden Rechts ein verschiedener Sinn untergelegt wird.[7] Auf Rudolf *v. Ihering* geht die Formel zurück, subjektives Recht sei ein „rechtlich geschütztes Interesse". Diese Formulierung betont einmal, daß das subjektive Recht der Wahrnehmung irgendwelcher Interessen des Berechtigten dient; es selbst ist freilich nicht dieses Interesse, sondern nur die rechtliche Form, in der es geltend gemacht werden kann. Zum anderen betont sie wiederum sehr stark den Gesichtspunkt des Rechtsschutzes. Nun können aber Interessen einzelner sehr wohl auch auf andere Weise durch die Rechtsordnung geschützt werden als gerade durch die Einräumung eines „subjektiven Rechts", z. B. durch die Androhung von Strafen oder Ordnungsstrafen für denjenigen, der sie beeinträchtigt. Es fragt sich, auf welche Weise der Rechtsschutz gewährt wird. Sieht man es als ausschlaggebend für ein subjektives Recht an, daß der Berechtigte es selbst in der Hand hat, sich ihn zu verschaffen, indem er klagt, so ist man wieder bei der Gleichstellung von subjektivem Recht und Klagebefugnis. So bedeutsam diese auch ist, der *Sinn* dessen, was wir meinen, wenn wir sagen, jemand habe hierauf ein (subjektives) Recht, er sei berechtigt, sich so zu verhalten oder dies zu verlangen, ist damit nicht getroffen.

Nicht überzeugend ist auch die These *Buchers,*[8] das subjektive Recht sei seiner formalen Struktur nach stets eine Normsetzungsbefugnis. *Bucher* versteht unter „Normen" Verhaltensvorschriften; sie sind für den, an den sie gerichtet sind, rechtlich verbindlich, wenn derjenige, der sie erläßt, hierzu durch eine andere Rechtsnorm ermächtigt ist. „Norm" kann nach *Bucher* auch ein an eine Einzelperson gerichteter, „individueller" Befehl sein. Das subjektive Recht als „Normsetzungsbefugnis" bedeutet, daß der Berechtigte dazu ermächtigt ist, solche Befehle zu erlassen. Daraus ergibt sich nach *Bucher* für das Forderungsrecht, daß der Gläubiger dazu ermächtigt ist, den Schuldner dadurch, daß er ihn in Anspruch nimmt, zu der geforderten Leistung zu verpflichten. Die tatsächliche Inanspruchnahme ist die „Normsetzung", zu der den Gläubiger sein Forderungsrecht ermächtigt. Vorher, sagt *Bucher*[9] ausdrücklich, sei der Schuldner zur Erfüllung nicht verpflichtet; es bestehe nur „ein Bereich potentieller Pflichten". Mit dem geltenden Schuldrecht ist das unvereinbar. Aber schon *Buchers* Prämisse, die „Imperativentheorie", ist, was hier nicht ausgeführt werden kann, unhaltbar.[10]

Daß jemand ein „subjektives Recht" hat, bedeutet sinngemäß, daß ihm *etwas rechtens zukommt oder gebührt.* Dies ist freilich keine Definition, sondern erst ein Rahmenbegriff; das „etwas", das jemand zukommt, kann von sehr unterschiedlicher Art sein. Es kann „Achtung", Nichtverletzung der Person als solcher, ein dem Berechtigten, ihm allein, vorbehaltener, gegenstandsbezogener Handlungs-

---

[7] Treffend die Kritik von *Kasper* aaO. S. 177.

[8] *Bucher* aaO S. 55ff. Zustimmend anscheinend *Pawlowski* I S. 145 (zu Anm. 7); kritisch *Aicher* aaO. S. 41ff.; *Kasper* aaO 149f.

[9] S. 57f., 61ff.

[10] Zu *Bucher* und zu den von ähnlichen Voraussetzungen ausgehenden Ausführungen *Aichers* vgl. *meinen* Beitrag in der Festgabe für *Sontis,* zur Imperativentheorie *meine* Methodenlehre der Rechtswissenschaft, 5. Aufl. 1983, S. 243ff., Festschr. f. *Engisch,* 1969, S. 150ff.; neuestens *J. Schmidt* in Rechtstheorie 79, 71; *Bydlinski,* Juristische Methodenlehre und Rechtsbegriff, 1982, S. 197f.

spielraum, die Leistung eines anderen, seines „Schuldners", und, wie wir sehen werden, noch einiges andere sein. Daraus ergeben sich verschiedene Arten, Typen subjektiver Rechte. Daß jemandem etwas rechtens „gebührt", ist, wie unser „Grundmodell" (vgl. § 12 I) zeigt, eine nicht weiter ableitbare Grundkategorie der normativen Sphäre, ebenso fundamental, wie die dem entsprechende Kategorie der Pflicht oder des Sollens.[11]

Das, worauf sich das subjektive Recht richtet, das dem Berechtigten jeweils Gebührende, muß ferner *etwas in hinreichender Weise Bestimmtes* sein. Er muß in Bezug auf eine bestimmte Sache andere von deren Benutzung ausschließen und über sie verfügen können oder von einer bestimmten Person (dem „Schuldner") eine bestimmte Leistung rechtens verlangen können. Alles tun zu dürfen, was nicht durch das Recht verboten ist, ist zwar eine zutreffende Aussage, aus ihr ergibt sich aber in Ermangelung der für ein solches zu fordernden gegenständlichen Bestimmtheit noch kein „subjektives Recht". Auch so allgemeine rechtliche „Fähigkeiten", wie die Rechts- oder die Handlungsfähigkeit, zählen wir nicht zu den subjektiven Rechten. Zwar kommen auch sie der Person, aber unterschiedslos jeder, zu; sie liegen, ebenso wie die Privatautonomie, den Rechtsverhältnissen und ihren Elementen, den subjektiven Rechten oder doch der Verfügung über diese, voraus, bedingen diese.

Der Inhalt eines subjektiven Rechts ergibt sich entweder aus dem Gesetz, oder, soweit die Privatautonomie reicht, aus der Parteivereinbarung. Allgemeine Grenzen aller subjektiven Rechte ergeben sich aus dem Schikaneverbot und aus „Treu und Glauben" (unten IV). Das Gesetz enthält Vorschriften über den Erwerb, die Übertragung und den Fortfall subjektiver Rechte (unten V). Übertragbarkeit und Vererblichkeit sind aber keine notwendigen Attribute eines subjektiven Rechts. Sie fehlen den Persönlichkeitsrechten; die Übertragbarkeit einer Forderung kann ausgeschlossen werden; Gestaltungsrechte sind entweder nicht oder nur zusammen mit der Stellung des Berechtigten in dem betreffenden Rechtsverhältnis übertragbar. Wo ein subjektives Recht für sich allein übertragbar ist, da wird es ein Gegenstand des Rechtsverkehrs. Als Gegenstand einer rechtsgeschäftlichen Verfügung ist es ein „Rechtsgegenstand zweiter Ordnung" (unten § 16 IV). Mit solcher Vergegenständlichung geht die Ablösbarkeit des subjektiven Rechts von der Person des jeweils Berechtigten einher. Doch setzt es immer irgendeinen Berechtigten voraus. Die Vorstellung eines „subjektlosen Rechts" ist dem BGB fremd.[12]

---

[11] Sie kann daher nicht wieder, wie die Anhänger der „Imperativentheorie" meinen, auf diese zurückgeführt werden.

[12] Sie ist allerdings in einigen Fällen, in denen der Fortbestand eines Rechts trotz *zeitweiligen* Fehlens eines Berechtigten angenommen wird, nicht zu vermeiden. Dazu *v. Tuhr* Bd. I § 2 VII; *Enn./N.* § 75 II.

Im folgenden geben wir einen Überblick über die wichtigsten Arten subjektiver Rechte, wobei es sich wiederum nicht um Definitionen, sondern nur um Typenbeschreibungen handeln kann.

II. Typen subjektiver Rechte

1. **Persönlichkeitsrechte.** Sie sind, wie bereits dargelegt wurde, ihrer allgemeinen Struktur nach *Rechte auf Achtung,* d. h. auf Anerkennung und Nichtverletzung der Person in der ihr eigentümlichen „Würde" und in ihrer leiblich-seelischen Existenz, ihrem Dasein und Sosein. Das durch sie geschützte „Gut" ist, ganz allgemein gesagt, das Selbstsein der Person. Dazu gehört, daß die Person nicht lediglich als Werkzeug oder Mittel betrachtet werden darf; dazu gehört die Anerkennung dessen, was sie in ihrer Individualität kennzeichnet, sowie eines ihr allein eigenen Daseinsbereichs, in dem sie lediglich für sich selbst zu sein vermag. Das positive Recht kennt, wie wir (oben § 8 I) gesehen haben, an besonderen Persönlichkeitsrechten das Namensrecht und das Recht am eigenen Bild. Jedermann hat ferner ein Recht auf Nichtverletzung seines Lebens, seines Körpers, seiner Gesundheit und seiner körperlichen Bewegungsfreiheit (§ 823 Abs. 1) sowie ein Recht auf Achtung seiner Ehre. Darüber hinaus erkennt die Rechtsprechung heute, wie ebenfalls (§ 8 II) dargelegt wurde, ein sogenanntes „allgemeines Persönlichkeitsrecht" an, das u. a. den Schutz mündlicher und brieflicher Äußerungen, sowie der sogenannten Intimsphäre umfaßt. Durch seine generalklauselartige Weite, die eine genaue Begrenzung unmöglich macht, fällt es freilich aus dem sonst für subjektive Rechte zu fordernden Rahmen heraus.[13] Es kann erwartet werden, daß sich aus ihm mit fortschreitender „Konkretisierung" durch die Rechtsprechung weitere besondere Persönlichkeitsrechte entwickeln werden. Die besonderen Persönlichkeitsrechte haben zum Inhalt jeweils ein besonderes Persönlichkeitsgut. Da es hierbei aber letztlich doch immer um die Person selbst geht, so sind diese Rechte doch nichts anderes als nähere Bestimmungen, „Konkretisierungen" des *allgemeinen* Persönlichkeitsrechts. Sie sind, wie dieses, an die Person gebunden, nicht übertragbar und nicht vererblich. Das schließt nicht aus, daß die Rechtsordnung auch der Persönlichkeit des Verstorbenen noch einen gewissen Schutz gewährt (sog. *postmortaler Persönlichkeitsschutz,* vgl. oben § 8 II). Die Angehörigen nehmen in solchen Fällen das schon zu seinen Lebzeiten begründete Interesse des Verstorbenen aus eigenem Rechte wahr; nicht aber ist das Recht, wie ein Vermögensrecht, auf sie als „Rechtsnachfolger" übergegangen.

2. **Persönliche Familienrechte.** Den Persönlichkeitsrechten nahe stehen die persönlichen Familienrechte, d. h. diejenigen Familienrechte, die keinen vermö-

---

[13] Vgl. dazu oben § 8 II.

gensrechtlichen Charakter haben, nämlich die elterliche Sorge, das ihr nachgebildete Recht des Vormundes, und das, im einzelnen freilich noch sehr umstrittene, Recht eines jeden Ehegatten auf Achtung der ehelichen Lebensgemeinschaft gegenüber dem anderen und gegenüber Dritten. Was zunächst das Sorgerecht betrifft, so schließt es zwar das Recht ein, die Erziehung und den Aufenthalt des Kindes zu bestimmen und seine Herausgabe von jedem zu verlangen, der es den sorgeberechtigten Eltern widerrechtlich vorenthält (vgl. §§ 1631, 1632). Es ist dennoch kein Herrschaftsrecht,[14] da das Kind nicht wie eine Sache der eigennützigen Herrschafts- und Verfügungsgewalt der Sorgeberechtigten unterworfen ist, sondern ihnen gerade im Hinblick auf deren Erziehungsmacht mit einem eigenen Anspruch auf Achtung und Entwicklung seiner Persönlichkeit gegenübersteht. Das war bereits nach dem ursprünglichen Gesetzestext so und wird jetzt durch die §§ 1626 Abs. 2, 1631 Abs. 2 und 1631a – eingefügt durch das Gesetz zur Neuregelung des Rechts der elterlichen Sorge – unterstrichen (vgl. unten IV vor a). Das Recht der Eltern und des Vormundes trägt nicht eigennützigen, sondern fürsorglichen Charakter; es in der rechten Weise, nämlich zum Besten des Kindes auszuüben, ist Pflicht. Man hat es daher treffend als „Pflichtrecht" bezeichnet.[15] Schwierigkeiten bereitet die Einordnung des Rechts auf Achtung der ehelichen Lebensgemeinschaft. Ob ein derartiges subjektives Recht überhaupt anzuerkennen sei, ist zweifelhaft.[16] Für seine Anerkennung spricht doch wohl, daß die ungestörte Fortsetzung der ehelichen Lebensgemeinschaft für jeden Ehegatten ein „Gut" ist, dessen Schutz ihm durch die Rechtsordnung im gewissen Umfang zu sichern ist. Sicher handelt es sich dabei nicht um ein Herrschaftsrecht, da kein Ehegatte der Herrschaft des anderen unterworfen ist. Das Recht auf Achtung der ehelichen Lebensbeziehung richtet sich sowohl gegen den anderen Ehegatten wie gegen Dritte, die es verletzen können. Es unterscheidet sich von den Persönlichkeitsrechten dadurch, daß das geschützte Gut eben die eheliche Beziehung zu einer anderen Person ist. Mit Recht bemerkt *Gernhuber,*[17] daß die Eigenart des Eheschutzes den Rückgriff auf das allgemeine Persönlichkeitsrecht grundsätzlich ausschließe. So wird man die „persönlichen Familienrechte" am besten als einen eigenen Typus subjektiver Rechte ansehen, die den Persönlichkeitsrechten nahestehen, sich von ihnen aber dadurch unterscheiden, daß sie sich auf das personenrechtliche Verhältnis zu einer anderen Person beziehen. Mit den Persönlichkeitsrechten haben sie gemeinsam, daß sie streng an die Person gebunden sind, nicht übertragbar und nicht vererblich sind. Ein Verzicht auf die elterliche Sorge ist schon deshalb nicht möglich, weil sie zugleich Pflicht

---

[14] Ebenso *Gernhuber,* Lehrbuch des Familienrechts, 3. Aufl. § 2 II 4.
[15] So *Gernhuber* aaO. § 3 II 6 und § 49 III 2.
[16] Vgl. dazu *Gernhuber* aaO. § 17 sowie Sch.R. II § 72 I a a. E.
[17] *Gernhuber* aaO. § 17 I 3.

ist; der Verzicht auf die Achtung der ehelichen Lebensbeziehung wäre sittenwidrig und daher nichtig. Die Ausübung der elterlichen Sorge kann jedoch im begrenzten Umfang einem anderen überlassen werden.[18]

3. **Herrschaftsrechte an Sachen.** Prototyp der Sachenrechte ist das Eigentum.[19] Es ist das Recht auf eine dauernde und umfassende ausschließliche Sachherrschaft, durch das alle anderen von der Einwirkung auf diese Sache ausgeschlossen werden. Die Zuweisung einer Sache an eine Person zu Eigentum bedeutet, daß ihr Wille hinsichtlich dieser Sache von der Rechtsordnung grundsätzlich als maßgeblich anerkannt wird. Insofern kann man hier von einer rechtlich anerkannten „Willensmacht" des Eigentümers, des näheren von einem ihm von der Rechtsordnung vorbehaltenen gegenstandsbezogenen Handlungsspielraum sprechen. Der Eigentümer darf als solcher grundsätzlich alle Handlungen vornehmen, die an oder mit der Sache möglich sind („nach Belieben mit ihr verfahren"). Das Eigentum auch im Sinne des BGB ist jedoch, wie früher (§§ 2 II d und 3 IV) bereits dargelegt wurde, kein schrankenloses Recht. Das kommt bereits in den Worten des Gesetzestextes zum Ausdruck, „soweit nicht das Gesetz oder Rechte Dritter entgegenstehen". Es unterliegt Beschränkungen, die sich auch aus der ihm innewohnenden „sozialen Bindung" ergeben können. Immerhin ermöglicht es dem Eigentümer nicht nur bestimmte einzelne Einwirkungen auf die Sache, sondern eine grundsätzlich alle möglichen Einwirkungen umfassende, zeitlich unbegrenzte Sachherrschaft. Die so genannten „beschränkten" dinglichen Rechte dagegen gewähren dem Berechtigten nur eine inhaltlich und meist auch zeitlich in bestimmter Weise begrenzte Einwirkungsbefugnis auf die Sache oder eine Verfügungsbefugnis hinsichtlich des Rechts.[20] Diese geht dann der Sachherrschaft des Eigentümers, dessen Recht eben dadurch beschränkt wird, vor. Von den dinglichen Nutzungsrechten gewährt der Nießbrauch dem Berechtigten die volle, aber zeitlich beschränkte Nutzung der Sache; die sonstigen Dienstbarkeiten gewähren ein inhaltlich beschränktes Nutzungsrecht. Die Verwertungsrechte (Hypothek, Grundschuld, Pfandrecht) gewähren in erster Linie eine Verfügungsmacht über das Eigentum; eine unmittelbare Sachherrschaft, nämlich ein Recht zum Besitz, gewährt nur das Pfandrecht an beweglichen Sachen. Zu den Herrschaftsrechten an Sachen müssen auch die auf einem Schuld-

---

[18] *Gernhuber* aaO. § 49 II 2. Zur Übertragung von Angelegenheiten der elterlichen Sorge durch das Vormundschaftsgericht (auf Antrag der Eltern) auf eine Pflegeperson – mit der Folge, daß diese insoweit die Rechte und Pflichten eines Pflegers erhält – vgl. jetzt § 1630 Abs. 3.

[19] Zum Eigentumsbegriff vgl. außer dem vor I genannten Schrittum: *Sontis,* Strukturelle Betrachtungen zum Eigentumsbegriff, in Festschr. f. *K. Larenz,* 1973, S. 981; *Georgiades,* Eigentumsbegriff und Eigentumsverhältnis, und *Raiser,* Funktionsteilung des Eigentums, beide in: Beiträge zur Europäischen Rechtsgeschichte und zum geltenden Zivilrecht, Festschr. f. *Sontis,* 1977.

[20] Es handelt sich bei ihnen nach der überwiegenden Auffassung um aus dem Eigentum als dem „umfassendsten" Herrschaftsrecht ausgegliederte und zu subjektiven Rechten verselbständigte Teilbefugnisse, die, wenn das beschränkte Recht erlischt, wieder in das Eigentum zurückfallen. Vgl. dazu *Wolff/Raiser,* Sachenrecht § 2 II. AA. *Sontis,* Festschr. f. *K. Larenz,* 1973, S. 994f.

verhältnis beruhenden Besitz- und Gebrauchsrechte des Mieters, Pächters, Entleihers gerechnet werden,[21] obgleich sie keine „Sachenrechte“ im Sinne des BGB sind. Als solche werden sie nicht angesehen, weil sie nicht, wie die eigentlichen Sachenrechte, eine Sache einer Person im Verhältnis zu jedermann, sondern nur im Verhältnis zu demjenigen zuordnen, der sich durch den Schuldvertrag gebunden hat. Sie sind daher „relative Herrschaftsrechte“ (vgl. unten III). Weil sie das BGB, trotz ihrer Struktur als Herrschaftsrechte und gewisser sachenrechtlicher Wirkungen, nicht zu dem Kreis der im 3. Buch näher geregelten Sachenrechte zählt, können sie, wenn sie sich auf ein Grundstück beziehen, doch nicht in das Grundbuch eingetragen werden.

Die Sachenrechte haben, anders als die Persönlichkeitsrechte, aber auch als die Forderungen, Mitwirkungsrechte und Gestaltungsrechte, ein der Person gegenüber äußerliches, in Raum und Zeit existierendes „Objekt“. Gleichwohl handelt es sich auch bei ihnen um Rechtsverhältnisse unter Personen (oben § 12 I). Die Objektsbezogenheit dient der Eingrenzung des eingeräumten Handlungsspielraums: der Eigentümer kann „mit seiner Sache“ nach Belieben verfahren, der Nießbraucher alle solche Handlungen vornehmen, die sich als Nutzung dieser Sache darstellen. Die Person kann ferner in der Regel die ihr zukommende Herrschaft über ein Objekt willentlich aufgeben oder auf einen anderen übertragen. Die Sachenrechte sind, von einzelnen Ausnahmen abgesehen, übertragbar, verzichtbar und vererblich. In der Übertragbarkeit eines Rechts liegt die Vorstellung eingeschlossen, daß es trotz dieses Wechsels in der Person des Berechtigten dasselbe bleibt. Ein Herrschaftsrecht bleibt trotz des Wechsels des berechtigten Subjekts dasselbe, wenn sein Inhalt und das Objekt identisch bleiben. Dagegen geht das Herrschaftsrecht notwendig unter, wenn das Objekt untergeht, auf das es sich bezieht. Der Nießbrauch ist grundsätzlich nicht übertragbar und nicht vererblich, weil ihm das Gesetz eine zeitliche Grenze setzen will.

4. **Immaterialgüterrechte.** Zu ihnen gehören in erster Linie die Urheber- und Patentrechte. Sie sind Herrschaftsrechte an unkörperlichen Gütern wie Geisteswerken und Erfindungen, und zwar zeitlich begrenzte Rechte zur ausschließlichen Nutzung oder Verwertung eines derartigen Gutes. Da es sich bei diesen Gütern um solche handelt, die eine unmittelbare Äußerung der Persönlichkeit ihres Urhebers oder Schöpfers darstellen, so haben diese Rechte einen persönlichkeitsrechtlichen Einschlag, der sie von den Herrschaftsrechten an Sachen unterscheidet. Das gilt jedenfalls für die Urheberrechte.[22] Sie schützen nicht nur das wirtschaftliche Interesse des Urhebers an der Verwertung, sondern auch seine ideellen Interessen, die z. B. dahin gehen, selbst über die Veröffentlichung seines

[21] Vgl. *Diederichsen,* Das Recht zum Besitz aus Schuldverhältnissen S. 57ff.; zum Besitzrecht des Mieters Sch.R. II § 48 IV; von „Herrschaftsrechten aus schuldrechtlichen Verträgen“ spricht zutreffend *Pawlowski* I S. 154f.

[22] Vgl. Eugen *Ulmer,* Urheber- und Verlagsrecht, 3. Aufl. 1980, S. 11ff., 110ff., 118.

Werkes zu bestimmen, als Urheber genannt zu werden und Entstellungen seines Werkes zu verhindern. Sie vereinigen so in sich typische Züge der Herrschaftsrechte an Sachen mit denen der Persönlichkeitsrechte. Während die im Urheberrecht beschlossenen Nutzungsbefugnisse beschränkt übertragbar sind, verbleibt das „Urheberpersönlichkeitsrecht" auch dann dem Urheber, wenn er alle Nutzungsrechte übertragen hat. Die Immaterialgüterrechte haben, wie die Sachenrechte, ein von der Person unterschiedenes Objekt, das indessen kein körperlicher, sondern ein unkörperlicher Gegenstand ist. Auch wo das Werk, das den Gegenstand des Urheberrechts bildet, in einer bestimmten Sache verkörpert ist, wie z. B. ein Gemälde, ein Werk der bildenden Kunst, bezieht sich das Urheberrecht nicht auf die Sache als solche, sondern auf die geistige Schöpfung, die sie darstellt. Das Urheberrecht überlagert dann gleichsam das an der Sache als solcher bestehende Eigentum.[23] Das Urheberrecht ist zwar unter Lebenden nicht übertragbar, aber vererblich (§§ 28, 29 UrhG). Das Patentrecht dagegen ist nicht nur vererblich, sondern auch übertragbar (§ 9 PatG). In seiner Übertragbarkeit kommt zum Ausdruck, daß den auch hier nicht ganz fehlenden persönlichkeitsrechtlichen Bestandteilen ein geringeres Gewicht zukommt als beim Urheberrecht. Sowohl übertragbar wie vererblich ist auch das Gebrauchsmusterrecht (§ 13 GebrMG).

5. **Forderungen.** Sie sind Rechte gegen eine bestimmte Person auf eine von ihr dem Berechtigten zu erbringende Leistung. Eigentümlich ist ihnen also einmal die Richtung gegen einen bestimmten Verpflichteten, den Schuldner, und zum anderen die Richtung auf ein Ziel, die zu erbringende Leistung. Mit der Erbringung der Leistung hat die Forderung ihr Ziel erreicht; sie erlischt (§ 362). Die Forderung ist kein Herrschaftsrecht, da sie weder die Person des Schuldners noch seine Leistungshandlung noch den Leistungsgegenstand der unmittelbaren Herrschaft des Gläubigers unterwirft.[24] Der Schuldner ist nicht „Objekt" einer willkürlichen Bestimmung durch den Gläubiger, sondern *verpflichtet,* die vertraglich bestimmte oder vom Gesetz geforderte Leistung zu erbringen. Daß der Gläubiger die Möglichkeit hat, sich die ihm gebührende Leitung nötigenfalls im Wege der Klage und der Zwangsvollstreckung, durch Vermittlung also der staatlichen Rechtspflegeorgane, zu verschaffen, bedeutet kein Recht zur unmittelbaren Einwirkung auf den Schuldner; dieser unterliegt einem rechtlichen Zwang nur dann, wenn er sich nicht so verhält, wie er rechtens soll. Der Gläubiger kann dem Schuldner auch keine Befehle erteilen (anders *Bucher*); was der Schuldner zu leisten hat, ist ihm durch das Gesetz oder durch einen Vertrag, dem er zugestimmt hat, bestimmt. Daß der Gläubiger berechtigt ist, von dem Schuldner die Leistung zu fordern (§ 241 Satz 1), bedeutet, daß sie ihm rechtens gebührt, und

---

[23] Vgl. *Ulmer,* aaO. S. 13.
[24] Vgl. Sch.R. I § 2 II.

daß der Schuldner pflichtwidrig handelt und rechtlichen Sanktionen ausgesetzt ist, wenn er nicht leistet. In rechtstatsächlicher Hinsicht bedeutet die Forderung die gesicherte Aussicht auf die Leistung. Diese reale Aussicht hat regelmäßig einen bereits gegenwärtigen Vermögenswert. Der Gläubiger kann diesen gegenwärtigen Vermögenswert dadurch realisieren, daß er die Forderung verkauft oder verpfändet. Die Forderung ist in der Regel übertragbar (§ 398) und vererblich. Ausnahmen bestehen im Interesse des Schuldners (vgl. §§ 399, 400) sowie bei der stärker an die Person des Gläubigers gebundenen Forderung auf ein Schmerzensgeld (§ 847 Abs. 1 Satz 2; § 1300 Abs. 2). Von der gleichen Struktur wie die Forderungen sind alle „Ansprüche" (unten § 14).

6. **Mitwirkungsrechte.** Bei ihnen handelt es sich um Rechte auf Mitwirkung an der Willensbildung sowie auf Teilnahme an der Tätigkeit einer Gesellschaft, eines Vereins oder einer Körperschaft, die aus der Stellung „als" Gesellschafter oder Mitglied folgen und von dieser regelmäßig nicht getrennt werden können (vgl. oben § 10 III a). Ihre Struktur nach sind sie weder Herrschaftsrechte noch Forderungen; die Teilnahme an einer Mitgliederversammlung und an der Abstimmung, die Mitwirkung bei der Führung der Geschäfte einer Gesellschaft sind keine Leistung der übrigen an den Mitwirkenden. *v. Tuhr*[25] spricht von „einer den Gestaltungsrechten verwandten Befugnis eines Menschen, durch seinen rechtsgeschäftlichen Willen in der Sphäre eines anderen Rechtssubjekts Wirkungen herbeizuführen oder an der Herbeiführung solcher Wirkungen sich zu beteiligen". In der Tat stehen die Mitwirkungsrechte den Gestaltungsrechten sehr nahe. Sie unterscheiden sich von ihnen dadurch, daß sie nicht rein eigennützige Rechte, sondern „Organschaftsrechte" sind, und daß sie nicht die alleinige Gestaltung eines Rechtsverhältnisses durch den Berechtigten, sondern eben nur seine Mitwirkung bei der Bildung eines gemeinsamen Willens ermöglichen. Sie unterliegen Schranken, die sich aus der Treuepflicht des Mitgliedes gegenüber den anderen Gesellschaftern, dem Verein oder der Körperschaft ergeben. Man kann zweifeln, ob man die Rechte auf Teilnahme und auf Mitwirkung überhaupt als subjektive Rechte und nicht vielmehr als unselbständige Befugnisse, die mit der Mitgliedschaft in einer Gesellschaft oder einer Köperschaft verbunden sind, bezeichnen soll. Doch spricht z. B. das Aktiengesetz (§§ 134ff.) von dem „Stimmrecht" in der Hauptversammlung. Das Recht des Gesellschafters auf Teilnahme an der Geschäftsführung hat ein solches Gewicht, daß ihm die Bezeichnung als „subjektives Recht" kaum vorenthalten werden kann. Auch die Gestaltungsrechte sind meistens an die Rechtsstellung in einem Schuldverhältnis gebunden, insofern unselbständige Befugnisse; dennoch hat sich ihre Bezeichnung als „Rechte" allgemein durchgesetzt. Die Rechte auf Teilnahme und Mitwirkung stehen aber an Bedeutung den Gestaltungsrechten kaum nach.

---

[25] *v. Tuhr* Bd. I § 38 zu Anm. 49.

7. **Gestaltungsrechte.** Unter einem Gestaltungsrecht[26] verstehen wir das einer bestimmten Person zustehende Recht, durch einseitigen Gestaltungsakt, meist eine empfangsbedürftige Willenserklärung, ein Rechtsverhältnis zwischen ihr und einer anderen Person entweder zustandezubringen oder inhaltlich näher zu bestimmen, es zu ändern oder aufzuheben. Das Gestaltungsrecht verleiht dem Berechtigten eine rechtliche „Macht", die in der Möglichkeit besteht, allein nach seinem Willen Rechtsfolgen herbeizuführen, zu deren Herbeiführung, weil dadurch der Rechtskreis eines anderen betroffen wird, es normalerweise der Zustimmung dieses anderen bedarf.[27] Ihm entspricht auf der Seite des anderen, des „Gestaltungsgegners", eine Gebundenheit, derzufolge dieser die Gestaltung und den in ihr liegenden Einbruch in seinen eigenen Rechtskreis hinnehmen, sie gelten lassen muß.[28] Das Gestaltungsrecht und die ihm entsprechende Gebundenheit können sich aus dem Gesetz, sie können sich daraus ergeben, daß der eine dem anderen in einem Vertrage ein Gestaltungsrecht eingeräumt und sich dadurch dessen einseitiger Bestimmung unterworfen hat. Gestaltungsrechte, die auf die Begründung eines Rechtsverhältnisses zu einer anderen Person durch einseitigen Akt gerichtet sind, sind die *Optionsrechte* (über sie vgl. unten § 27 I c), insbesondere das Vorkaufs- und das Wiederkaufsrecht. Ein Recht, den Inhalt eines Schuldverhältnisses näher zu bestimmen, ist das *Wahlrecht* bei einem Wahlschuldverhältnis (§ 262). Weiter gehört hierher die vertragliche Bestimmung der Leistung, insbesondere des Umfangs der Gegenleistung, durch einen Vertragspartner (§§ 315, 316) oder einen Dritten (§ 317), sowie die vom Gesetz in bestimmten Fällen eingeräumte Befugnis, zwischen mehreren Rechtsbehelfen, wie z. B. zwischen Rücktritt und Schadensersatz (§§ 325, 326) oder Wandelung und Minderung (§§ 462, 634 Abs. 1 Satz 3), zu wählen. Von besonderer Bedeutung sind jedoch diejenigen Gestaltungsrechte, die auf die *Aufhebung* eines Rechtsverhältnisses gerichtet sind. Zu unterscheiden ist die Beendigung eines Dauerschuldverhältnisses für die Zukunft durch Kündigung und die Aufhebung eines auf einmalige oder mehrmalige Leistungen gerichteten Schuldverhältnisse oder seine

---

[26] Der Begriff wurde geprägt durch *Seckel* in der Festgabe f. *Koch*, 1903, S. 205 ff. Vgl. dazu auch *Dölle* in Verhandlg. des 42. DJT, Bd. II, Teil B. S. 11 f.

[27] Dieses Moment hebt mit Recht *Bötticher* in Festschrift für *Dölle* Bd. 1, S. 45 ff. u. in seiner Schrift „Gestaltungsrechte und Unterwerfung im Privatrecht", 1964, hervor. Er spricht von einem Einbruch in das materielle Vertrags- und Mitwirkungsprinzip, der in der Zuerkennung eines Gestaltungsrechts gelegen ist.

[28] *Bötticher* und, ihm folgend, *Söllner*, Einseitige Leistungsbestimmung im Arbeitsverhältnis (S. 40), sprechen von einem „Unterworfensein" des Gestaltungsgegners unter den Willen des Gestaltungsberechtigten. Ich ziehe den Ausdruck „Gebundenheit" vor, um den Gedanken an ein soziales Abhängigkeitsverhältnis fern zu halten. Es handelt sich um eine normative, nicht um eine soziologische Kategorie. Vgl. auch *meinen* Beitrag in der Festschrift für *Sontis*. Gestaltungsrechte sind Normsetzungsbefugnisse, aber nicht im Sinne *Buchers*, weil derjenige, der ein solches Recht ausübt, damit dem Gestaltungsgegner nicht ein Verhalten vorschreibt, sondern bestimmt, was, auch für diesen verbindlich, gilt. „Normsetzung" bedeutet, richtig verstanden, Geltungsanordnung.

Umwandlung in ein Rückgewährschuldverhältnis durch Rücktritt. Auf die Beseitigung der Rechtsfolgen einer Willenserklärung auch für die Vergangenheit zielt die Anfechtung (§ 142). Ihre Wirksamkeit entfalten diese Akte nur aufgrund eines entsprechenden Kündigungs-, Rücktritts- oder Anfechtungsrechts. Alle diese Rechte sind „Gestaltungsrechte". Ein Gestaltungsrecht, das auf die Vernichtung der Rechtsfolgen eines Rechtsgeschäfts abzielt, ist ferner das Widerrufsrecht des Schenkers wegen groben Undanks (§ 530).

Die Ausübung der Gestaltungsrechte und damit die Vornahme der rechtlichen Gestaltung, zu der sie die rechtliche Macht erteilen, erfolgt in aller Regel durch eine Erklärung gegenüber dem jeweiligen Gestaltungsgegner (vgl. die §§ 143 Abs. 1, 263, 315 Abs. 2, 318 Abs. 1, 349, 497 Abs. 1, 505 Abs. 1, 531 Abs. 1). In manchen Fällen kann der Berechtigte die Gestaltung nicht selbst vornehmen, sondern ist nur dazu befugt, im Wege der Erhebung einer *Gestaltungsklage* eine richterliche Gestaltung herbeizuführen. Das gilt insbesondere für die Anfechtung der Ehelichkeit eines Kindes nach den §§ 1593ff. und für die Aufhebung einer Ehe gemäß den §§ 28ff. EheG. Der Berechtigte hat in diesen Fällen lediglich ein „Gestaltungsklagerecht". Es kann zu den Gestaltungsrechten im weiteren Sinn gezählt werden, weil die – endgültig erst vom Gericht vorzunehmende – Gestaltung von einem Willensakt des Berechtigten, eben der Klageerhebung, abhängig ist und weil der Gestaltungsgegner auch hier, falls das Gestaltungsklagerecht besteht, die dann durch das Gericht erfolgende Gestaltung hinnehmen muß.[29] Die Einschaltung des Gerichts in diesen Fällen hat in der Regel den Sinn, daß wegen der Schwere des Eingriffs in die Rechtsstellung des anderen Teiles oder auch wegen des öffentlichen Interesses an einer eindeutigen, leicht erkennbaren Rechtslage die Gestaltung nur auf Grund vorangegangener richterlicher Nachprüfung der vom Gesetz geforderten Voraussetzungen möglich sein soll.

Die Gestaltungsrechte mit Einschluß der Gestaltungsklagerechte sind in der Regel nicht selbständig übertragbar, sondern an die Person oder an die Rechtsstellung in dem betreffenden Rechtsverhältnis gebunden, auf das sie sich beziehen. Sie gehen mit dem Übergang dieses Rechtsverhältnisses auf den Nachfolger über. Optionsrechte können selbständig übertragbar sein; für das Vorkaufsrecht gilt § 514. Das Anfechtungsrecht ist nicht übertragbar, aber regelmäßig vererblich (vgl. unten § 23 V b).

8. **Aneignungsrechte.** Eine weitere Gruppe, die eine gewisse Ähnlichkeit mit den Gestaltungsrechten aufweist, bilden die Aneignungsrechte. Ein dingliches Aneignungsrecht an einer herrenlosen, d. h. in niemandes Eigentum stehenden Sache gewährt dem Berechtigten die ausschließliche Befugnis, sich diese Sache durch eine darauf gerichtete Handlung anzueignen. Grundsätzlich kann an herrenlosen beweglichen Sachen jedermann dadurch Eigentum erwerben, daß er sie

[29] Vgl. *Bötticher* aaO. S. 54ff.

in Eigenbesitz nimmt (§ 958 Abs. 1). Er erwirbt jedoch das Eigentum nicht, wenn an der Sache ein ausschließliches Aneignungsrecht eines anderen besteht (§ 958 Abs. 2). Daraus geht hervor, daß die Hauptbedeutung der Aneignungsrechte in dem *Ausschluß aller anderen* besteht. Insoweit lassen sie sich den Herrschaftsrechten vergleichen. Zu den Aneignungsrechten gehören das des Jagdberechtigten, des Fischereiberechtigten, ferner das im Bergwerkseigentum gelegene Aneignungsrecht des Berechtigten an bergrechtlichen Mineralien und das ausschließliche Aneignungsrecht des Fiskus an einem von dem bisherigen Eigentümer aufgegebenen Grundstück gemäß § 928 Abs. 2. Die meisten rechnen diese Aneignungsrechte zu den Gestaltungsrechten.[30] Nach *Wolff/Raiser*[31] ist das Aneignungsrecht „ein eigenartiges dingliches Recht an herrenloser Sache". *Westermann*[32] meint, das Aneignungsrecht stehe seiner Natur nach dem dinglichen Recht nahe; es ordne zwar nicht die Sache dem Berechtigten zu, denn dafür sei die Sache zu unbestimmt und nicht genügend beherrschbar, wohl aber habe der Aneignungsberechtigte ein absolut wirkendes Recht, alle Dritten von der Sache auszuschließen. In der Tat ist es die wesentliche Funktion des Aneignungsrechts, die Aneignung dem Berechtigten allein vorzubehalten, alle anderen von ihr auszuschließen. Nicht besteht seine Funktion darin, dem Berechtigten die einseitige Gestaltung eines Rechtsverhältnisses zu einem anderen zu ermöglichen. Die Aneignungsrechte können daher typologisch weder zu den Gestaltungsrechten noch zu den Herrschaftsrechten an Sachen gerechnet werden; sie beziehen sich zwar auf Sachen und stehen deshalb und wegen ihrer „absoluten" Wirkung den dinglichen Rechten nahe, bilden aber doch eine von den Sachenrechten (= Herrschaftsrechten an Sachen) deutlich unterschiedene Gruppe.

Anders verhält es sich mit dem Aneignungsrecht hinsichtlich der Erzeugnisse und sonstigen Bestandteile einer Sache, das durch eine sogenannte „Aneignungsgestattung" gemäß § 956 Abs. 1 dann begründet wird, wenn dem Gestattungsempfänger der Besitz der Muttersache nicht überlassen ist. Der Gestattungsempfänger ist in diesem Fall berechtigt, sich solche Sachen durch ihre Trennung anzueignen, die bis dahin im Eigentum eines anderen, nämlich des Eigentümers der Muttersache stehen und ohne dessen Gestattung mit der Trennung von der Muttersache ihm anfallen würden (§ 953). Der Sinn dieses Aneignungsrechts ist nicht der Ausschluß aller übrigen von der Aneignung, der sich vielmehr bereits aus dem Eigentum des Gestattenden ergibt; es hat vielmehr eine Gebundenheit des Gestattenden selbst zur Folge, die dahin geht, daß er die Aneignung durch Besitzergreifung dulden und den dadurch eintretenden Wechsel der Eigentumsla-

---

[30] So *v. Tuhr* Bd. I § 8 I; *Enn./N.* § 73 I 3a und § 79 II; *Wolff/Raiser,* Sachenrecht § 2 III 3a. Ausdrücklich gegen die Einordnung des Aneignungsrechts unter die Gestaltungsrechte dagegen *Wolff/Raiser* § 79 Anm. 11.

[31] *Wolff/Raiser,* Sachenrecht § 79 II 2.

[32] *Westermann,* Sachenrecht § 58 III 2.

ge hinnehmen, gelten lassen muß. Dieses Aneignungsrecht ist daher den Gestaltungsrechten zuzuzählen. Hat dagegen der Eigentümer dem Gestattungsempfänger den Besitz der Muttersache überlassen, so fällt diesem das Eigentum an den betreffenden Erzeugnissen oder sonstigen Bestandteilen auch ohne sein Zutun mit der Trennung von der Muttersache zu. Es handelt sich daher in diesem Fall nicht um ein Aneignungsrecht, sondern um ein Erwerbs- oder Anfallsrecht.[33]

9. **Anfalls- und Anwartschaftsrechte.** Als ,,Anfallsrechte" können solche Rechte bezeichnet werden, denen zufolge dem Berechtigten ein Recht, ohne daß es dazu noch einer darauf gerichteten eigenen Handlung des Berechtigten bedürfte, beim Eintritt bestimmter Voraussetzungen anfällt. Ein solches Recht ist das eben erwähnte Recht des Empfängers einer Aneignungsgestattung, dem der Besitz der Muttersache überlassen[34] ist. Auch die sogenannten Anwartschaftsrechte sind in ihrem Kern nichts anderes als Anfallsrechte. Unter einer ,,Anwartschaft" verstehen wir eine rechtlich bereits mehr oder weniger gesicherte Aussicht auf den Anfall eines subjektiven Rechts, insbesondere einer Forderung oder eines dinglichen Rechts, die darauf beruht, daß der normale Erwerbstatbestand eines solchen Rechts schon teilweise verwirklicht ist und seine Vollendung mit einiger Wahrscheinlichkeit erwartet werden kann. Indessen ist nicht jede derartige Anwartschaft schon ein ,,Anwartschaftsrecht". Von einem solchen sprechen wir erst dort, wo die Aussicht einen solchen Grad von Festigkeit erlangt hat, daß sie im Verkehr als eine bereits gegenwärtige Vermögensposition angesehen wird und daher das Bedürfnis hervortritt, sie wie ein subjektives Recht zu übertragen, zu verpfänden und zu pfänden. Wann das der Fall ist, kann nicht allgemein gesagt werden. Das Gesetz kennt einen allgemeinen Begriff des Anwartschaftsrechts nicht, vielmehr ist dieser erst von der Wissenschaft entwickelt worden.[35] Allgemein als solches anerkannt ist das Anwartschaftsrecht desjenigen, dem ein Recht, insbesondere das Eigentum, unter einer aufschiebenden Bedingung eingeräumt oder übertragen worden ist, darunter als der praktisch wichtigste Fall das Anwartschaftsrecht des Vorbehaltskäufers. (vgl. hierzu unten § 25 III c). Ebenfalls anerkannt ist das Anwartschaftsrecht desjenigen, an den ein Grundstück aufgelassen ist, wenn auch die zu seiner Eintragung in das Grundbuch erforderliche Eintragsbewilligung erteilt, die Eintragung beim Grundbuchamt beantragt, aber noch nicht erfolgt ist.[36] Da die formgerecht erklärte Auflassung (§ 925) ,,bindend", d.h. unwiderruflich ist (§ 873 Abs. 2), so vermag der Veräußerer, wenn der Eintragungsantrag von dem Erwerber gestellt ist, den Eigentumserwerb des Erwerbers nicht mehr zu hindern; der Übergang des Eigentums hängt nur noch

---

[33] So auch *v. Tuhr* Bd. I § 8 Anm. 6.

[34] Vgl. *v. Tuhr* Bd. I § 8 Anm. 6; *Wolff/Raiser,* Sachenrecht § 77 Anm. 26; *Westermann,* Sachenrecht § 57 III 2b.

[35] Dazu *Raiser,* Dingliche Anwartschaften, S. 2ff.

[36] Vgl. BGHZ 45, 186, 190f.; *Westermann,* Sachenrecht § 76 I 5 und die dort angegebene Literatur.

von der Eintragung ab. Das zwischenzeitlich bestehende Anwartschaftsrecht des Erwerbers hält die h. L. für übertragbar und pfändbar.[37] Als weiteres Beispiel eines anerkannten Anwartschaftsrechts ist die nach dem Erbfall bestehende Aussicht des eingesetzten Nacherben auf den Anfall der Erbschaft bei Eintritt des Nacherbfalls zu nennen.[38] Auch hier ist der Charakter eines Anfallrechts deutlich: dem Nacherben fällt die Erbschaft mit dem Nacherbfall ohne weiteres an. Seine Aussicht auf diesen Erwerb ist durch gesetzliche Vorschriften, die eine Verfügungsbeschränkung des Vorerben enthalten (vgl. die §§ 2112ff.), sowie durch andere Vorschriften gesichert und grundsätzlich auch vererblich (§ 2108 Abs. 2). Sie hat daher den Charakter eines subjektiven Rechts. Dagegen ist die bloße Aussicht, einen noch Lebenden als Testamentserbe oder als gesetzlicher Erbe zu beerben, noch ungesichert und zu schwach, um sie den Anwartschaftsrechten zuzählen zu können.

Die h. L. sieht in dem Anwartschaftsrecht eine „Vorstufe", eine noch nicht voll entwickelte Erscheinungsform desjenigen Rechts, dessen Erwerb durch es vorbereitet wird.[39] Sie versucht auf diese Weise, über den sich aus den gesetzlichen Vorschriften ergebenden Erwerbsschutz des Anwärters hinaus das Anwartschaftsrecht mit gegenwärtigen Teilbefugnissen des künftigen Rechts aufzufüllen. Man spricht von „Vorwirkungen" dieses Rechts oder von einer Teilung des Rechtsinhalts zwischen dem noch Berechtigten und dem Anwärter.[40] Aus derartigen Formulierungen dürfen jedoch keine Schlüsse hinsichtlich des Inhalts oder der Reichweite des Rechts gezogen werden. Ist insoweit auch noch vieles ungeklärt und umstritten, so kann als gesichert gelten, daß das Anwartschaftsrecht grundsätzlich nach denselben Regeln übertragen werden kann, nach denen das Vollrecht übertragen wird, dessen Erwerb es vorbereitet.[41]

Doch gilt dies nicht ausnahmslos. Zwar wird die Anwartschaft auf das Eigentum an einer beweglichen Sache nach den Regeln der §§ 929ff., also durch Einigung über den Übergang des Anwartschaftsrechs und Übergabe der Sache oder Vereinbarung eines Besitzmittlungsverhältnisses, übertragen, das Anwartschaftsrecht auf eine Forderung gemäß § 398 durch einfachen Abtretungsvertrag. Dagegen genügt zur Übertragung der Eigentumsanwartschaft auf ein Grundstück aus der erfolgten Auflassung und Eintragungsbewilligung ein Vertrag, der der Form der Auflassung bedarf;[42] eine Eintragung im Grundbuch entfällt, weil das Anwartschaftsrecht nicht eintragungsfähig ist. Zur Übertragung des Anwartschaftsrechts des Nacherben bedarf es eines notariell beurkundeten Vertrages.[43] Für die Frage, nach welchen Vorschriften die Pfändung eines Anwartschaftsrechts auf das Eigentum zu erfolgen habe, ob nach den Vorschriften über die Pfändung einer beweglichen Sache

---

[37] Vgl. *Baur,* Lehrbuch des Sachenrechts, § 19 B I c; *Wolff/Raiser,* Sachenrecht § 38 III 1 und § 61 II; *Raiser,* Dingliche Anwartschaften, S. 15, 22, 34.

[38] Sie wird als Anwartschaftsrecht bezeichnet von *v. Tuhr* Bd. I § 19 III Ziff. 3; *Kipp/Coing,* Erbrecht § 50 I; *Raiser,* Dingliche Anwartschaften S. 12.

[39] So *v. Tuhr* Bd. I § 9; *Enn./N.* § 82 II 4.

[40] So *Raiser,* Dingliche Anwartschaften S. 69ff.

[41] *v. Tuhr* Bd. I § 12 IV; *Enn./N.* § 82 zu Anm. 15; *Raiser,* Dingliche Anwartschaften S. 22ff.

[42] *Raiser,* Dingliche Anwartschaften S. 22.

[43] *Kipp/Coing,* Erbrecht § 50 I 3b.

oder eines Rechts oder als sogenannte „Doppelpfändung" nach beiden Vorschriften, gehen die Meinungen noch weit auseinander.[44] Zweifelhaft ist auch, ob das Anwartschaftsrecht als „sonstiges Recht" im Sinne des § 823 Abs. 1 gegen Dritte geschützt ist.[45]

Ist es schon schwierig, ein Kriterium anzugeben, nach dem sich die Anwartschaftsrechte von den einfachen Anwartschaften, d. h. den in den bestehenden Rechtsverhältnissen zwar vorbereiteten, aber noch mehr oder weniger ungesicherten Erwerbsaussichten (wie z. B. der des Finders auf den Erwerb des Eigentums) unterscheiden lassen, so ist es noch schwieriger, Regeln aufzustellen, die für alle Anwartschaftsrechte gelten. Folgt man der Lehre, die im Falle des Anwartschaftsrechts des Vorbehaltskäufers das Eigentum als zwischen diesem und dem Verkäufer geteilt ansieht,[46] dann wäre dieses Anwartschaftsrecht nicht nur ein Erwerbsrecht, sondern den Herrschaftsrechten zuzuzählen. Bei dem Anwartschaftsrecht des Auflassungsempfängers und demjenigen des Nacherben kann m. E. davon, daß es bereits eine unmittelbare Sachherrschaft gewähre, keine Rede sein; es handelt sich bei diesen Rechten um reine Anfallsrechte. Die Frage, ob ein Anwartschaftsrecht gegeben sei, stellt sich immer dort, wo sich der Erwerb eines Rechts in mehreren, zeitlich auseinanderliegenden Stufen vollzieht; mit der Kennzeichnung als „Anwartschaftsrecht" ist über den Inhalt der jeweils erlangten Rechtsposition noch nicht allzuviel gesagt.

10. **Rechte an Rechten.** Das Gesetz spricht mehrfach von Rechten an Rechten, nämlich von einem Nießbrauch an Rechten (§ 1068) und einem Pfandrecht an Rechten (§§ 1273ff.). Es handelt sich in dem einen Fall um ein Nutzungsrecht, in dem anderen um ein Verwertungsrecht an einem Rechte, z. B. an einer Forderung oder an einem Patentrecht. Gegenstand eines Nießbrauchs oder eines Pfandrechts an einem Rechte können grundsätzlich alle übertragbaren Rechte sein (vgl. §§ 1069 Abs. 2, 1274 Abs. 2). Kein möglicher Gegenstand eines solchen Rechtes ist jedoch das Eigentum; Rechte am Eigentum sind die beschränkten dinglichen Rechte, die infolge der im Rechtsschrifttum häufig anzutreffenden Gleichsetzung des Eigentums an der Sache mit der Sache selbst allgemein auch dann als Herrschaftsrechte an der Sache betrachtet werden, wenn sie, wie z. B. eine Hypothek, keine unmittelbare Sachherrschaft, sondern nur die Möglichkeit zu einer Einwirkung auf das Eigentum gewähren. Mit den „Rechten an Rechten" sind also lediglich Rechte an einem anderen Recht als dem Eigentumsrecht gemeint. Dem Nießbraucher eines Rechtes kommen die Erträgnisse des Rechts (Zinsen, Dividenden, Lizenzgebühren) zu. Der Inhaber eines Pfandrechts an einem Recht ist berechtigt, bei Vorliegen bestimmter Voraussetzungen das ihm

---

[44] Einen eingehenden Überblick über den Meinungsstand geben *Georgiades,* Die Eigentumsanwartschaft beim Vorbehaltskauf, S. 72ff. und 135ff.; *Sponer,* Das Anwartschaftsrecht und seine Pfändung S. 145ff.

[45] Hierzu vgl. unten § 25 III c.

[46] Diese Auffassung vertritt *Raiser.* Vgl. dazu Sch.R. II § 43 II c.

verpfändete Recht im Wege der Zwangsvollstreckung zu verwerten (§ 1277). Der Pfandgläubiger einer Forderung ist, wenn er Befriedigung verlangen kann, zur Einziehung der Forderung berechtigt; vorher kann er nur verlangen, daß der Schuldner der ihm verpfändeten Forderung an ihn und an den Gläubiger der verpfändeten Forderung gemeinschaftlich leistet (§§ 1281, 1282). Man versteht die Rechte an Rechten am besten so, daß man in ihnen verselbständigte und auf den Berechtigten übertragene Abspaltungen des zugrunde liegenden Rechts sieht, derart, daß die Befugnisse, die dieses gewährt, nunmehr in bestimmter Weise zwischen dem Rechtsinhaber und dem an dem Rechte Berechtigten aufgeteilt sind.[47] Daraus ergibt sich, daß die Rechte an Rechten jeweils von derselben Struktur sind wie das Recht, an dem sie bestehen. Sie haben forderungsähnlichen Charakter, wenn das belastete Recht eine Forderung, dinglichen, wenn es ein dingliches Recht ist.[48]

11. **Gegenrechte.** Unter „Gegenrechten" sollen solche Rechte verstanden werden, die es dem Berechtigten ermöglichen, ein gegen ihn gerichtetes Recht eines anderen gewissermaßen zu neutralisieren, ihm seine Wirkung oder doch einen Teil seiner Wirkung zu nehmen. In Betracht kommen hier vor allem die vom Gesetz meist als „Leistungsverweigerungsrechte" bezeichneten Einreden, von denen näher im nächsten Paragraphen im Zusammenhang mit den Ansprüchen die Rede sein soll. Sie haben zwar einige Ähnlichkeit mit den Gestaltungsrechten, da sie, ebenso wie diese, es dem Berechtigten ermöglichen, eine Änderung der Rechtslage herbeizuführen, nämlich dem Anspruch, gegen den sie sich richten, die Durchsetzbarkeit zu nehmen. Indessen bestehen doch auch einige Unterschiede, die es rechtfertigen, sie hier als eine besondere Gruppe anzuführen. Ein Gegenrecht gegen ein Gestaltungsrecht, das selbst wieder ein Gestaltungsrecht ist, ist das Recht, ein einseitiges (gestaltendes) Rechtsgeschäft eines anderen durch seine unverzügliche Zurückweisung unwirksam zu machen (Zurückweisungsrecht, §§ 111 Satz 2, 174; vgl. oben § 6 III b).

Nicht erwähnt wurden in der vorstehenden Aufzählung die **Ansprüche,** die im nächsten Paragraphen behandelt werden sollen. Sie haben die gleiche Struktur wie die Forderungen, die daher in unserer Gruppierung stellvertretend für alle Ansprüche stehen können. Es handelt sich bei den angeführten Gruppen um offene Typen[49] subjektiver Rechte, die nicht nach einzelnen Begriffsmerkmalen,

---

[47] Vgl. *v. Tuhr* Bd. I § 6 VI; *Baur,* Sachenrecht § 60 I; *Wolff/Raiser,* Sachenrecht § 120 I; *Westermann,* Sachenrecht § 136 I 2.

[48] Einschränkend *Canaris,* Festschr. f. *Flume* 1978, S. 375; da das Pfandrecht an einer Forderung diese dem Pfandgläubiger mit absoluter Wirkung zuordne, sei es ein dingliches Recht, obwohl es „im übrigen" mit der Forderung deren schuldrechtlichen Charakter teile. Die „absolute Wirkung" betrifft auch hier m. E. nur die *Zuständigkeit* der den Inhalt des Pfandrechts ausmachenden Befugnisse, nicht diese – als allein gegen den Schuldner gerichtete – selbst.

[49] Zum Typus vgl. *meine* Methodenlehre der Rechtswissenschaft, 5. Aufl. S. 443 ff., zur „Offenheit" des Typus als einer spezifischen Denkform *Leenen,* Typus und Rechtsfindung, 1971, S. 34 ff.

sondern nach der jeweiligen *Gesamtstruktur* des Typus unterschieden sind. Daher finden sich Übergänge und Zwischenformen; ein Typus kann Elemente eines anderen in sich aufnehmen. So sind die Immaterialgüterrechte zwar Herrschaftsrecht an unkörperlichen Gegenständen, weisen aber zugleich ein persönlichkeitsrechtliches Moment auf. Die Aneignungsrechte haben mit den Herrschaftsrechten die Ausschlußfunktion gemeinsam, sind aber keine Herrschaftsrechte, weil die positive Zuordnung fehlt; sie stehen den Gestaltungsrechten nahe. Nicht alle angeführten Typen subjektiver Rechte haben das gleiche innere Gewicht. Einige von ihnen, so die Persönlichkeitsrechte, die persönlichen Familienrechte, die Herrschaftsrechte an Sachen und die vornehmlich in vertraglichen Schuldverhältnissen begründeten Forderungen, lassen sich aus den in der Einleitung (§ 2) dargelegten geistigen Grundlagen unseres Privatrechts – als nähere Ausgestaltungen des „rechtlichen Grundverhältnisses" – verstehen. Andere, so die Immaterialgüterrechte, stellen Verbindungen dieser Grundtypen, andere wieder, wie die Aneignungs- und die Anwartschaftsrechte, Vorstufen anderer Rechte dar. Wieder andere, so die Gestaltungsrechte, die noch zu besprechenden Ansprüche aus absoluten Rechten und die Gegenrechte, erfüllen lediglich Hilfsfunktionen; sie sind Ergebnisse einer verfeinerten Rechtstechnik. Manche bezeichnen sie deshalb als „sekundäre Rechte".[50]

Eine Einteilung der subjektiven Rechte nach einem formallogischen Gesichtspunkt, die in der Systematik des BGB eine große Rolle spielt, ist die in „absolute", d.h. gegenüber jedermann wirksame, und „relative", nur gegen eine bestimmte Person gerichtete Rechte. Diese Einteilung kreuzt sich mit der Unterscheidung der aufgeführten Typen subjektiver Rechte.

III. Allwirksame (absolute) und relative Rechte

Es gibt Rechte, die dem Berechtigten ein bestimmtes Gut *im Verhältnis zu allen anderen* zuordnen, so daß jeder andere dazu verpflichtet ist, ihm dieses Gut zu lassen und es nicht zu beeinträchtigen. Wir nennen derartige Rechte allwirksame oder absolute Rechte. Zu ihnen gehören die Persönlichkeitsrechte und die persönlichen Familienrechte,[51] die Sachenrechte und die Immaterialgüterrechte, die Aneignungsrechte, die Rechte an dinglichen Rechten und die dinglichen Anwartschaftsrechte. Ihnen gegenüber stehen die „relativen" Rechte, das sind Rechte, die sich *gerade gegen eine bestimmte Person* richten, dieser eine Pflicht oder eine bestimmte Gebundenheit auferlegen. Zu ihnen gehören die Forderungsrechte,

---

[50] Diesen Ausdruck gebrauchen, jedoch unter Beschränkung auf Gestaltungsrechte und Machtbefugnisse wie Vertretungsmacht und Verfügungsmacht, *v. Tuhr* Bd. I § 7, für Ansprüche und Gestaltungsrechte als „Werkzeuge der Rechtstechnik" *Raiser,* ZBernJV 1961, S. 126ff.

[51] Zur Wirkung des elterlichen Sorgerechts Dritten gegenüber vgl. § 1632 Abs. 1 und 2, zur Wirkung des Rechts auf Achtung der ehelichen Lebensbeziehung Dritten gegenüber oben II 2.

überhaupt alle „Ansprüche", ferner die Gestaltungsrechte mit Einschluß der Gestaltungsklagerechte und die Gegenrechte (Einreden) gegen Ansprüche. Anwartschaftsrechte und Rechte an Rechten sind relative Rechte, wenn das Recht, auf dessen Erwerb sie gerichtet sind oder an dem sie bestehen, ein relatives Recht ist; andernfalls sind sie absolute Rechte. Freilich sind auch die Forderungsrechte insoweit von jedermann zu beachten, als nicht das geforderte Tun oder Unterlassen, die Erbringung der kraft ihrer geschuldeten Leistung, sondern lediglich die Rechtszuständigkeit in Frage steht. Zwar ist nur der Schuldner und kein Dritter zur Leistung verpflichtet und kann diese Verpflichtung daher auch nur von dem Schuldner, nicht von einem Dritten verletzt werden. Dritte können aber in die Rechtszuständigkeit des Gläubigers dadurch eingreifen, daß sie die Leistung des Schuldners mit der Rechtsfolge in Empfang nehmen, daß dieser von seiner Verpflichtung frei wird. Die darin liegende Verletzung der Rechtszuständigkeit des Gläubigers ist widerrechtlich.[52]

Die Unterscheidung der absoluten und der relativen Rechte ist hauptsächlich für den Schutz dieser Rechte von Bedeutung. Wird der Inhaber eines absoluten Rechts von einem anderen in der Ausübung seines Rechts gestört oder sonst in seinem Recht beeinträchtigt, so kann er von dem Störer regelmäßig im Wege der Klage die Beseitigung der bestehenden Beeinträchtigung und bei Wiederholungsgefahr Unterlassung weiterer Störungen verlangen. (vgl. die §§ 12, 1004, 1065, 1227, die der analogen Anwendung auf alle absoluten Rechte fähig sind.) Bei schuldhafter Verletzung eines absoluten Rechts hat der Berechtigte einen Schadensersatzanspruch gemäß § 823 Abs. 1. Unter den „sonstigen Rechten" im Sinne dieser Bestimmung versteht die h. L. nämlich alle absoluten Rechte und grundsätzlich *nur* solche Rechte.[53] Die Verletzung des Forderungsrechts durch den Schuldner ist im allgemeinen Teil des Schuldrechts (§§ 276ff., 325ff.) geregelt. Bei den Gestaltungsrechten und den Einreden ist eine Verletzung durch denjenigen, gegen den sie sich richten, nicht wohl denkbar, weil sich ihre Wirkung in der durch ihre Ausübung ipso iure herbeigeführten Änderung der Rechtslage erschöpft. Es kommen daher weder Unterlassungs- noch Schadensersatzansprüche in Betracht. Dagegen kann ihre Bestreitung unter Umständen eine Feststellungsklage rechtfertigen.

Ein wichtiger Unterschied zwischen den absoluten Herrschaftsrechten und den nur relativen Forderungsrechten ergibt sich ferner im Konkurs. Wer an einem nur dem äußeren Anschein nach zur Konkursmasse gehörenden Gegenstand ein

---

[52] Mit Recht bemerkt *v. Tuhr* Bd. I § 11 II 2, daß in diesem Fall die Forderung durch Dritte verletzbar sei. Für eine Anwendung des § 823 Abs. 1 besteht nach seiner Meinung aber kein Bedürfnis. Mag aber das Bedürfnis nach einem solchen – zusätzlichen – Schutz auch gering sein, weil meist andere Rechtsbehelfe bestehen, so sollte der widerrechtliche Eingriff in die Rechtszuständigkeit doch der Verletzung eines (absoluten) Rechts grundsätzlich gleich erachtet werden. Vgl. dazu Sch.R. II § 72 I a.

[53] Vgl. Sch.R. II § 72 I a.

absolutes Recht hat, kann ihn aus der Konkursmasse aussondern oder, falls es sich um ein dingliches Verwertungsrecht handelt, abgesonderte Befriedigung aus diesem Gegenstand verlangen. Wer dagegen nur ein Forderungsrecht hat, ist, falls es sich nicht gerade um Rückgabeansprüche (etwa aus Miete, Leihe, Verwahrung) handelt, von gewissen bevorzugten Forderungen abgesehen auf die anteilsmäßige Befriedigung aus der zur Verteilung übrigbleibenden Masse angewiesen. Der Grund dafür liegt darin, daß die Forderung, auch wenn sie auf die Leistung einer bestimmten Sache gerichtet ist, wie etwa die Lieferforderung aus einem Kaufvertrag, diese Sache selbst noch nicht der Herrschaft des Gläubigers unterwirft, dieser vielmehr nur erst ihre Verschaffung von dem Schuldner verlangen kann. Der Gläubiger einer solchen Forderung steht daher allen anderen Gläubigern, die etwas von dem Schuldner zu bekommen haben, insbesondere den Geldgläubigern, im Konkursverfahren gleich.

Es gibt jedoch Fälle, in denen ein gegen eine bestimmte Person gerichtetes, also ein „relatives" Recht mehr oder weniger auch Dritten gegenüber Schutz genießt, insoweit einem „absoluten Rechte" angenähert ist. Man spricht von einer **„Verdinglichung obligatorischer Rechte"**[54] wobei „Verdinglichung" das für die „dinglichen Rechte", insbesondere der Sachenrechte, neben ihrer Struktur als Herrschaftsrechte kennzeichnende Moment der „Absolutheit" oder Allwirksamkeit meint. Eine Forderung, die sich auf die Einräumung oder Aufhebung eines (dinglichen) Rechts – z. B. des Eigentums oder einer Hypothek – an einem Grundstück richtet, kann durch die Eintragung einer *Vormerkung* im Grundbuch (§ 883) in der Weise gesichert werden, daß der Eigentümer des Grundstücks keine wirksamen Verfügungen mehr treffen kann, die ihre Verwirklichung vereiteln oder beeinträchtigen würden, und daß dies auch nicht durch Maßnahmen der Zwangsvollstreckung (gegen den Eigentümer) geschehen kann. Im Konkurse des Eigentümers muß der Konkursverwalter die gesicherte Forderung erfüllen. Die so gesicherte Forderung bleibt zwar eine Forderung; die Vormerkung gewährt noch keine unmittelbaren Einwirkungsbefugnisse auf die Sache. Das solchermaßen gesicherte Recht wird man aber als ein „sonstiges Recht" im Sinne des § 823 Abs. 1 ansehen müssen,[55] wodurch es einen weitergehenden Schutz gegenüber Dritten genießt. Die *Rechte zum Besitz aus einem Schuldverhältnis* sind ihrer Struktur nach, wie erwähnt, Herrschaftsrechte, nicht Forderungen. Da sie ihre Grundlage aber in einem Schuldverhältnis haben und grundsätzlich nur gegenüber demjenigen zu einer beschränkten Sachherrschaft berechtigen, der sie im Schuldvertrag eingeräumt hat, sind sie „relative Rechte zum Besitz".[56] Sie

---

[54] Hierzu *Dulckeit,* Die Verdinglichung obligatorischer Rechte, 1951 (vgl. dazu Sch. R. I, § 2 II, S. 15 Anm. 2); *Canaris,* Die Verdinglichung obligatorischer Rechte, in Festschr. f. *Flume,* 1978, S. 371. Vgl. auch *Baur,* Sachenrecht § 6 II 1.

[55] *Canaris* aaO. S. 384f.

[56] *Diederichsen,* Das Recht zum Besitz aus Schuldverhältnissen, 1965, S. 87ff.

erfahren jedoch, sofern der Berechtigte im Besitz der Sache ist, wiederum eine gewisse ,,Verdinglichung" dadurch, daß der Berechtigte in bestimmten Grenzen sein Recht auch gegenüber dem Rechtsnachfolger des Eigentümers, der sich ihm gegenüber schuldrechtlich gebunden hat, durchsetzen kann (vgl. die §§ 571, 986 Abs. 2).[57] Auch das nur ,,relative" Recht zum Besitz ist ein ,,sonstiges Recht" im Sinne des § 823 Abs. 1 und daher gegen Beeinträchtigungen des Besitzes durch Dritte durch Schadensersatz- und auch durch Unterlassungsansprüche geschützt. Es fehlt dem Berechtigten jedoch, im Vergleich zu den dinglichen Rechten, ein gegenüber jedermann wirksamer Herausgabeanspruch. Demnach gibt es Rechte, die in einigen Hinsichten nur ,,relativ" in anderen aber ,,absolut" (gegen alle) wirken, die man insoweit als ,,Mischgebilde"[58] bezeichnen muß.

IV. Die Grenzen der subjektiven Rechte

Die Grenzen eines Rechts ergeben sich einmal aus seinem durch Gesetz oder Vereinbarung näher bestimmten Inhalt. So kann der Gläubiger einer Forderung im allgemeinen nicht mehr verlangen als die ihm geschuldete Leistung; darüber hinaus kann er von dem Schuldner ein dem Sinn des Schuldverhältnisses und redlicher Denkweise entsprechendes Verhalten erwarten. Sachenrechte, z. B. ein Nießbrauch, ein Pfandrecht oder eine Hypothek, gewähren dem Berechtigten die im Gesetz näher umschriebenen Befugnisse. Der Eigentümer kann mit seiner Sache zwar grundsätzlich nach Belieben verfahren (§ 903), das Eigentum an Grundstücken unterliegt aber nicht nur nachbarrechtlichen, sondern auch zahlreichen öffentlich-rechtlichen Beschränkungen; so hinsichtlich der Bebauung, mitunter auch der Nutzungsart und der Verfügung. Derartige Beschränkungen beruhen auf Gesetzen, durch die ,,Inhalt und Schranken" des Eigentums näher bestimmt werden (vgl. Art. 14 Abs. 1 GG). Grundsätzlich läßt sich kein Recht denken, das nicht irgendwie begrenzt wäre. So findet das allgemeine Persönlichkeitsrecht seine Grenze an dem gleichen Recht jedes anderen, aber auch an sonstigen Grundrechten wie z. B. dem der freien Meinungsäußerung (Art. 5 GG), und an überwiegenden Interessen, z. B. der Rechtspflege. Die elterliche Personensorge ist, als subjektives Recht, begrenzt durch die Pflicht, sie zum Wohle des Kindes und seiner Entwicklung zu einer selbstverantwortlichen Persönlichkeit auszuüben. Ausdrücklich untersagt sind ,,entwürdigende Erziehungsmaßnahmen" (§ 1631 Abs. 2).[59] Leichte körperliche Züchtigungen als sofortige Reaktion auf ein schwerwiegendes Fehlverhalten des Kindes sind damit noch nicht

---

[57] *Canaris* aaO. S. 392; zum Schutz gegen Vollstreckungsmaßnahmen vgl. S. 396f.
[58] *Canaris* aaO. S. 372.
[59] Eingefügt durch das Gesetz zur Neuregelung des Rechts der elterlichen Sorge.

schlechthin ausgeschlossen,[60] doch ist dabei auf das Alter des Kindes, seine Gesundheit und die Entwicklung seines Ehrgefühls gebührend Rücksicht zu nehmen. Bei Überschreitung des danach gebotenen Maßes sind körperliche Züchtigungen pflichtwidrig und nicht mehr durch das Erziehungsrecht der Eltern, ihr Sorgerecht, gedeckt.

Subjektive Rechte können miteinander kollidieren. Ein und dieselbe Sache kann nicht zur gleichen Zeit im alleinigen Eigentum verschiedener Eigentümer stehen, weil das Eigentum ein Recht ist, das alle anderen von der Sachherrschaft ausschließt. Daher muß, wenn jemand auf Grund einer gesetzlichen Vorschrift wie der §§ 932, 937, 946ff. das Eigentum an einer Sache erwirbt, der bisherige Eigentümer ihm weichen. Ebensowenig können an derselben Sache zwei Nießbrauchsrechte bestehen. Mehrere Pfandrechte schließen sich nicht aus, jedoch besteht unter ihnen ein Rangverhältnis, demzufolge das eine bei der Verwertung der Pfandsache dem anderen vorgeht. Ebensowenig schließen sich zwei Forderungen auf dieselbe Leistung aus; es besteht unter ihnen auch kein Rangverhältnis. Jeder Gläubiger kann von dem Schuldner die Erfüllung verlangen; in der Vollstreckung hat derjenige den Vortritt, der zuerst kommt (Grundsatz der zeitlichen Priorität). Nicht die Forderung des einen wird durch die des anderen begrenzt, sondern allenfalls die tatsächliche Aussicht auf Befriedigung in der Zwangsvollstreckung vermindert.

Abgesehen von den Grenzen, die sich jeweils aus dem besonderen Inhalt eines Rechts ergeben, gibt es einige allgemeine Grenzen, die für alle subjektiven Rechte gelten. Solche Grenzen ergeben sich einmal aus den Vorschriften über Notwehr und Notstand, die in § 15 besprochen werden. Weiter ergeben sich solche Grenzen aus dem Rechtsgedanken selbst, aus dem Grundsatz von „Treu und Glauben". Auf sie ist im folgenden einzugehen.

a) **Schikaneverbot und andere Fälle unzulässiger Rechtsausübung.** Eine Handlung, die regelmäßig im Rahmen der Berechtigung liegt, daher als Ausübung eines Rechtes erscheint, ist unzulässig, wenn sie keinen anderen Zweck haben kann als den, einem anderen Schaden zuzufügen (§ 226; Schikaneverbot). Die Rechtsprechung ist hierbei nicht stehengeblieben, sondern hat auch solche grundsätzlich noch im Rahmen der Berechtigung liegenden Handlungen als „Rechtsmißbrauch" und daher als unzulässig angesehen, die im Einzelfall gegen die guten Sitten (§ 826) oder gegen das Gebot, „Treu und Glauben" zu wahren (§ 242), verstoßen.

1. Den Tatbestand der Schikane hat das Gesetz in § 226 so eng gefaßt, daß er, nimmt man ihn genau, nur sehr selten vorliegen wird.[61] Es genügt für die Erfül-

---

[60] Vgl. *Gernhuber,* Familienrecht 3. Aufl. § 49 VII 2 („im Rahmen der bestehenden sozialen Standards").

[61] Über einen Fall schikanöser Ausübung der Klagebefugnis vgl. OLG Frankfurt, NJW 79, 1613.

lung des gesetzlichen Tatbestandes nicht, daß der Handelnde nachweislich die Absicht hatte, durch eine derartige Ausübung seines Rechts einen anderen zu schädigen; das Gesetz verlangt in der übertriebenen Besorgnis, andernfalls die Grenzen zwischen dem nur moralisch und dem auch rechtlich mißbilligten Verhalten zu verwischen, daß die Handlung *überhaupt keinen anderen Zweck haben kann*. In der Tat werden sich, mag auch die Absicht der Schädigung noch so deutlich sein, doch in den meisten Fällen noch andere Zwecke als mitgewollt finden lassen. Wer, um seinen Nachbarn zu ärgern, sein Haus an der diesem zugewandten Seite mit einer Farbe streichen läßt, die dieser, wie er weiß, verabscheut, wird auch dann, wenn er diese Absicht zugibt, sagen können, außerdem gefalle ihm diese Farbe besonders gut. Wenn ihm das nicht widerlegt werden kann, ist die Anwendung des § 226 bereits ausgeschlossen.

In einer der wenigen Entscheidungen, in denen das RG den § 226 für anwendbar gehalten hat, einer Entscheidung, die immer wieder als Beispiel angeführt wird, war dies streng genommen nicht richtig.[62] Der Eigentümer eines Schloßgutes hatte seinem Sohn, mit dem er in Feindschaft lebte, den Besuch des im Schloßgarten gelegenen Grabes seiner Mutter untersagt. Er berief sich auf sein Verbietungsrecht als Eigentümer und machte geltend, daß er schwer herzleidend sei und deshalb den Anblick des Sohnes auf seinem Besitztum nicht ertragen könne. Das RG sah dennoch den völligen Ausschluß des Sohnes vom Besuch des Grabes seiner Mutter als Schikane und damit als eine unzulässige Ausübung des Eigentums an, da dieser Ausschluß keinen anderen Zweck haben könne als den, dem Sohn einen Schaden zuzufügen. Diese Begründung ist angesichts des unwiderlegten Vorbringens des Vaters schwer verständlich. Richtigerweise hätte das RG nicht einen Fall des § 226, sondern eine sittenwidrige Rechtsausübung annehmen sollen. Der völlige Ausschluß des Sohnes vom Besuche des Grabes seiner Mutter war zweifellos sittenwidrig.

2. Eine Handlung verpflichtet nach § 826 zum Schadensersatz, wenn sie einen anderen in sittenwidriger Weise schädigt und wenn der Vorsatz des Handelnden auf eine Schädigung gerichtet ist. Rechtsprechung und Lehre haben schon bald erkannt, daß dies auch dann zutrifft, wenn sich die Handlung ihrer allgemeinen Natur nach als Ausübung eines Rechts darstellt, und haben daher in § 826 eine Grenze zulässiger Rechtsausübung gesehen.[63] Zweifelhaft ist, ob der Schädigungsvorsatz nur für die Schadensersatzpflicht[64] oder auch dafür erforderlich ist, um die Rechtsausübung im Einzelfall zu einer unzulässigen zu machen. Die Rechtsausübung muß, sollen privatrechtliche Abwehr- oder Schadensersatzansprüche begründet sein, gerade gegenüber einem bestimmten anderen unzulässig sein. Das ist sie wegen „Sittenwidrigkeit" nur dann, wenn sie eine erkennbare Richtung gegen diesen anderen hat, wenn die Beeinträchtigung der Persönlichkeitssphäre oder der Rechtsgüter des anderen von dem Handelnden gewollt oder wenigstens in Kauf genommen war. Ob grobe Fahrlässigkeit hinsichtlich der Unkenntnis der schädigenden Auswirkung genügt, mag zweifelhaft sein; jedenfalls läßt sich auf ein subjektives Moment nicht ganz verzichten.

---

[62] RGZ 72, 251.
[63] *Enn./N.* § 239 IV 2; *Soergel/Knopp* 5 zu § 226.
[64] Dafür *Siebert,* Verwirkung und Unzulässigkeit der Rechtsausübung S. 108ff.

An dem erforderlichen subjektiven Moment fehlte es nicht in dem erwähnten Fall des Verbots an den Sohn, das Grab seiner Mutter zu besuchen. Auch wenn es ein Hauptzweck und Beweggrund des Schloßherrn war, jedes Zusammentreffen mit dem ihm verhaßten Sohn zu vermeiden, da es seiner Gesundheit schädlich war, so mußte er doch erkennen, daß das Verbot jedes Besuchs, nicht nur zu bestimmten Zeiten oder an bestimmten Tagen, moralisch gesehen zu weit ging.

3. Die wichtigste Schranke zulässiger Rechtsausübung ergibt sich aus § 242, aus dem Grundsatz der Wahrung von „Treu und Glauben". Zwar bezieht sich dieser Grundsatz nach dem Wortlaut des § 242 nur auf die Erfüllung der sich aus einem Schuldverhältnis ergebenden Pflichten, er gilt aber nach heute unbestrittener Auffassung für jede bestehende rechtliche Sonderverbindung und begründet im Rahmen einer solchen nicht nur Pflichten, sondern begrenzt auch die Ausübung der Rechte.[65] Wo immer zwischen bestimmten Personen ein rechtliches Band besteht, da sind sie gehalten, sich so zu verhalten, wie man es von einem redlich Denkenden erwarten darf. Das gilt auch hinsichtlich der Ausübung der ihnen in diesem Rechtsverhältnis zustehenden Rechte. Wann eine Rechtsausübung im einzelnen gegen Treu und Glauben verstößt und deshalb unzulässig ist, läßt sich nicht erschöpfend angeben, weil es sich bei „Treu und Glauben" um eine Generalklausel handelt, die der Ausfüllung und ständigen Fortbildung durch die Rechtsprechung bedarf. Es genügt nicht, daß die Ausübung eines zweifelsfrei gegebenen Rechts den anderen Teil „hart" trifft, ihn, weil er nicht darauf vorbereitet war, in Schwierigkeiten bringt (z. B. die fristgerechte Kündigung eines Darlehens zu einem für den Schuldner besonders ungünstigen Zeitpunkt), daß der Berechtigte ohne erkennbaren Nachteil mit der Ausübung im Interesse des anderen auch noch hätte warten können. Vielmehr müssen schon Umstände vorliegen, die die Ausübung – zu diesem Zweck oder in diesem Zeitpunkt – als ein rechtsethisch wenigstens objektiv zu mißbilligendes Vorgehen erscheinen lassen. Für ein derartiges Vorgehen lassen sich einige typische Fallgruppen bilden:

Gegen Treu und Glauben verstößt, wer ein Recht geltend macht, das er sich durch eigenes treuwidriges oder vertragswidriges Verhalten verschafft hat;[66]

gegen Treu und Glauben handelt, wer ein Recht, insbesondere ein Gestaltungsrecht (z. B. ein Vorkaufsrecht) oder ein Gestaltungsklagerecht (z. B. das Ehescheidungsrecht) im Widerspruch zu dem Zweck, zu dem es ihm die Rechtsordnung gibt, ausübt, um dadurch etwas zu erreichen, worauf er keinen Anspruch hat;[67]

gegen Treu und Glauben verstößt, wer sich durch die Ausübung seines Rechts zu seinem eigenen bisherigen Verhalten, auf das der andere vertraut, in Wider-

---

[65] Vgl. Sch. R. I § 10 I u. II b und die Kommentare zu § 242; ferner *Enn./N.* § 239 IV 1.
[66] Vgl. RGZ 157, 363; BGHZ 9, 94; 13, 346.
[67] Vgl. BGHZ 5, 186; 29, 113.

spruch setzt („venire contra factum proprium", widersprüchliches Verhalten);[68]

gegen Treu und Glauben verstößt insbesondere, wer mit der Geltendmachung seines Rechts so lange wartet, daß der andere Teil den Umständen nach damit rechnen kann und tatsächlich damit gerechnet hat, er werde es nicht mehr ausüben – Verwirkung durch längere Nichtausübung.

Von diesen Fallgruppen, die bei weitem nicht alle denkbaren Fälle erschöpfen,[69] sollen die Fälle der Verwirkung noch etwas näher betrachtet werden. Dagegen können die Fälle des Einwandes der „gegenwärtigen Arglist" gegen ein bestimmtes Vorbringen im Prozeß hier ausgeschieden werden, da sie keine Begrenzung der materiellen Berechtigung darstellen, sondern sich aus der Forderung ergeben, „Treu und Glauben" auch im Prozeß zu wahren.[70]

b) **Die Verwirkung von Rechten.** Ansprüche sowie Gestaltungsrechte und Gegenrechte (Einreden) können verwirkt werden, wenn der Berechtigte mit der Ausübung oder Geltendmachung so lange zögert, daß bei demjenigen, gegen den sich das Recht richtet, berechtigterweise der Eindruck entsteht, der andere werde sein Recht nicht mehr ausüben, insbesondere wenn der andere daraufhin Vermögensdispositionen getroffen oder Gegenmaßnahmen, die er sonst zur Abwendung ihm drohender Rechtsnachteile ergriffen hätte, unterlassen hat.[71] Das gilt insbesondere dann, wenn der Berechtigte den Eindruck, er werde sein Recht nicht mehr geltend machen, durch positive Handlungen oder Erklärungen verstärkt hat – in diesem Fall ist die Verwirkung eine Folge des „widersprüchlichen Verhaltens". Aber auch die bloße Untätigkeit genügt unter Umständen zur Herbeiführung einer Verwirkung, wenn der andere aus dieser Untätigkeit die Überzeugung gewinnen konnte und gewonnen hat, er brauche mit einer Inanspruchnahme nicht mehr zu rechnen, und wenn er sich darauf eingerichtet hat. Besonders bedeutsam ist die Möglichkeit der Verwirkung von *Gestaltungsrechten,* da diese nicht, wie die Forderungen und alle anderen Ansprüche, der Verjährung unterliegen.

Da bei der Verwirkung der entscheidende Gesichtspunkt nicht der Zeitablauf als solcher und auch nicht allein die Untätigkeit des Berechtigten, sondern das durch seine Untätigkeit oder durch positives Tun hervorgerufene Vertrauen des Verpflichteten oder des Gestaltungsgegners darauf ist, der Berechtigte werde sein

---

[68] Vgl. RGZ 150, 232, 240 ff.; BGHZ 47, 184, 189; *Riezler,* Venire contra factum proprium, 1912; *Merz* aaO. S. 171.

[69] Weitere Fälle z. B. BGHZ 11, 16, 27; 12, 154; 13, 67; 34, 80. Eine eingehende Kasuistik der Mißbrauchsfälle findet sich bei *Soergel/Knopp* 166 ff. zu § 242; MünchKomm/*Roth* 255 ff. zu § 242.

[70] Vgl. dazu Sch. R. I § 10 II h. Um einen Fall der exceptio doli, nicht des Rechtsmißbrauchs, handelt es sich z. B. in BGHZ 3, 94, 103.

[71] Vgl. *Siebert,* Verwirkung und Unzulässigkeit der Rechtsausübung S. 172 ff.; *Soergel/Siebert/Knopp* 281 ff. zu § 242. Aus der Rechtsprechung RGZ 155, 148; OGHZ 1, 279; BGHZ 1, 31; 5, 189; 25, 47; BGH NJW 59, 1629.

Recht nicht mehr ausüben, so kann der Zeitraum, der verstrichen sein muß, bis die Verwirkung eintritt, von unterschiedlicher Länge sein. Bei einem Recht zu fristloser Kündigung wird man im allgemeinen mit seiner Ausübung, mindestens aber mit einem ausdrücklichen Vorbehalt der Ausübung, innerhalb kurzer Zeit,[72] bei rein vermögensrechtlichen Ansprüchen, etwa aus einer Erbauseinandersetzung oder wegen ungerechtfertigter Bereicherung, dagegen mit einem sehr viel längeren Zeitraum rechnen müssen. Bei Ansprüchen, die einer kürzeren als der normalen 30jährigen Verjährungsfrist unterliegen, sowie bei Gestaltungsrechten, für die – wie im Falle des § 626 Abs. 2 – eine relativ kurze Ausschlußfrist besteht, ist für eine Verwirkung nur unter besonders gravierenden Umständen Raum.[73]

Lehrreich ist der Hotelpachtfall.[74] Ein Hotel war für zwanzig Jahre verpachtet; der Pachtzins sollte nach dem Umsatz berechnet werden, jedoch mindestens 2500 DM monatlich betragen. Der Pächter hatte mehrere Jahre lang den nach dem Umsatz berechneten Pachtzins bezahlt, der immer unter 2500 DM gelegen war; der Verpächter hatte dies nicht beanstandet. Dann verlangte der Verpächter für die ganze zurückliegende Zeit den Unterschiedsbetrag. Ansprüche auf Rückstände von Pachtzinsen verjähren nach § 197 in vier Jahren. Für die letzten vier Jahre war also der Anspruch noch nicht verjährt. Der BGH sah ihn für die Jahre, über die unter den Parteien bereits abgerechnet war, als verwirkt an, da der Pächter für diese Jahre mit einer Nachforderung nicht mehr habe zu rechnen brauchen.

Allgemein wird betont,[75] daß an die Voraussetzungen für eine Verwirkung „strenge Anforderungen" zu stellen seien. Dem Gläubiger einer Geldforderung darf es nicht zum Nachteil gereichen, wenn er mit einer Mahnung oder gar Klageerhebung längere Zeit wartet, sei es aus Rücksicht auf den Schuldner, aus „Kulanz", oder auch nur aus eigener Bequemlichkeit. Im allgemeinen muß der Schuldner mit der Geltendmachung der Forderung noch rechnen, solange sie nicht verjährt ist. Es müssen also zusätzliche Momente zu der bloßen Untätigkeit des Gläubigers hinzukommen, um eine Verwirkung zu rechtfertigen.

Die Verwirkung eines Rechts hat nicht zur Folge, daß eine *bestimmte* Ausübung, weil mißbräuchlich, unzulässig wäre, sondern sie macht in der Regel *jede* Ausübung des Rechts fortan unzulässig. Das aber kann nur heißen, daß das Recht, wenn es verwirkt ist, untergeht. Denn ein Recht, dessen Ausübung schlechthin und für alle Zeit unzulässig ist, das also zu nichts mehr berechtigt, wäre ein hölzernes Eisen. Ist die Forderung, wie z. B. im Hotelpachtfall, verwirkt, so ist der Schuldner zur Leistung nicht mehr verpflichtet, braucht sie nicht

---

[72] Für die fristlose Kündigung eines Dienst- oder Arbeitsverhältnisses aus einem „wichtigen Grunde" (§ 626 Abs. 1) besteht jetzt eine Ausschlußfrist von 2 Wochen (§ 626 Abs. 2). Für eine Verwirkung des Kündigungsrechts noch vor Ablauf dieser Frist ist normalerweise kein Raum; wohl aber für einen Verzicht. Vgl. *Palandt/Putzo* 2c zu § 626.

[73] So auch der BGH, BB 69, 332; MünchKomm/*Roth* 349 zu § 242.

[74] BGH LM Nr. 22 zu § 242 (Cc) = JZ 65, 682.

[75] So von *Enn./N.* § 228 zu Anm. 35; *Lehmann/Hübner* § 47 a. E.; *Soergel/Siebert/Knopp* 293, 294, MünchKomm/*Roth* 344 zu § 242.

mehr zu erbringen. Die Verwirkung schränkt also nicht nur die zulässige Rechtsausübung und damit den Umfang des Rechts ein, sondern ist ein Endigungsgrund.[76] Die Rechtsfolge der Verwirkung ist vom Gericht auch dann zu beachten, wenn sich der Beklagte nicht auf sie beruft.[77]

V. Erwerb, Übertragung und Endigung der Rechte

a) **Originärer und derivativer Rechtserwerb.** Hinsichtlich des Erwerbs subjektiver Rechte unterscheidet man zwischen „originärem" und „derivativem" Erwerb. Die Unterscheidung ist von Bedeutung hinsichtlich der Voraussetzungen, die vorliegen müssen, damit der Erwerb eintritt. Als originär kann man den Erwerb eines Rechts dann bezeichnen, wenn er unabhängig davon eintritt, ob das Recht im Zeitpunkt des Erwerbs einem anderen zustand, als derivativ (abgeleitet) dann, wenn sich die Berechtigung des Erwerbers außer auf den Erwerbsvorgang selbst auf die Berechtigung eines Rechtsvorgängers gründet. Originär ist danach der Erwerb durch Aneignung einer bis dahin in niemandes Eigentum stehenden Sache, der Erwerb des Eigentums durch Ersitzung (§ 937), durch Verbindung, Vermischung, Verarbeitung (§§ 946 bis 950), durch Fund (§ 973) und Schatzfund (§ 984), der Erwerb eines Urheberrechts durch die Schaffung eines urheberrechtsfähigen Werkes, einer Forderung und eines Gestaltungsrechts durch den Abschluß eines Schuldvertrages oder auf Grund eines Sachverhalts, der kraft Gesetzes die Entstehung eines solchen Rechts zur Folge hat, der Erwerb der Mitgliedschaft durch die Teilnahme an der Gründung eines Vereins oder einer Gesellschaft oder durch den Beitritt zu einem Verein. Derivativ ist der Erwerb eines Rechts auf Grund der Veräußerung des Rechts durch seinen bisherigen Inhaber, auf Grund einer Vertragsübernahme, sowie der Erwerb des Erben. In diesen Fällen gründet der Erwerber, als „Rechtsnachfolger", *seine* Berechtigung auf die seines Vorgängers in Verbindung mit dem Sachverhalt, der den Übergang zur Folge hat (also dem rechtsgeschäftlichen Übertragungsakt oder dem Anfall der Erbschaft). Der Erwerb des Rechts ist daher abhängig davon, daß es dem Rechtsvorgänger zustand: Wenn E sein Eigentum an dieser Sache darauf gründet, daß der frühere Eigentümer, A, es ihm übertragen habe, muß er (sofern

---

[76] Ebenso *Lange/Köhler* § 16 V 1 („rechtsvernichtende Einwendung"). Anders jedoch *Siebert,* Verwirkung und Unzulässigkeit der Rechtsausübung S. 175, 254. Die Verwirkung, meint er, sei kein Endigungsgrund, sondern nur ein von Amts wegen zu beachtendes Hindernis der Rechtsausübung. Dem folgen *Enn./N.* § 288 IV 4; *Pawlowski* I S. 165. *Siebert* gibt indessen zu, daß es sich um ein *dauerndes* Ausübungshindernis handelt. Ein solches steht aber einem Fortfall des Rechts wenigstens im Ergebnis gleich.

[77] H. L. Für die Tatsachen, aus denen sie sich ergibt, trägt aber diejenige Partei die Behauptungs- und Beweislast, der die Verwirkung zustatten kommt. So für die Mißbrauchsfälle allgemein BGHZ 29, 113, 119.

nicht ein Fall sogenannten gutgläubigen Erwerbs vom Nichtberechtigten vorliegt) außer einem gültigen Übertragungsakt dartun, daß A zur Zeit der Vornahme dieses Akts Eigentümer der Sache war. Wenn er sein Eigentum darauf gründet, daß er der Erbe des B sei, muß er außer seinem Erbrecht dartun, daß die Sache zur Zeit des Erbfalls dem B gehörte. Dagegen bedarf es eines solchen Nachweises der Berechtigung des Rechtsvorgängers in den Fällen originären Erwerbs nicht.

Während bei einem derivativen Erwerb normalerweise das Recht des Erwerbers als mit dem seines Rechtsvorgängers identisch erscheint und daher mit diesem inhaltsgleich ist, handelt es sich bei einem originären Erwerb in der Regel um die Neuentstehung eines Rechts. Doch ist dies nicht immer so. Ein bestehendes Recht kann auch auf einen anderen übergehen, ohne daß dessen Erwerb von der Berechtigung des bisherigen Inhabers abhängig zu sein brauchte.[78] In den Fällen des Eigentumserwerbs durch Ersitzung und des Erwerbs eines Gutgläubigen vom Nichtberechtigten (§§ 892, 932) hat der Eigentumserwerb des Neuerwerbers zugleich den Verlust des Eigentums bei dem bisherigen Eigentümer zur Folge, da, wie schon bemerkt, nicht zwei Personen gleichzeitig Alleineigentümer derselben Sache sein können. *v. Tuhr*[79] bezeichnet diesen Vorgang treffend als „Rechtsverdrängung". Der bisherige Eigentümer wird aus seiner Stellung als Eigentümer dadurch verdrängt, daß ein anderer auf Grund eines Tatbestandes, an den das Gesetz den Eigentumserwerb knüpft, Eigentümer der Sache wird. Es handelt sich richtiger Ansicht nach auch im Falle des Erwerbs aufgrund der Verfügung eines Nichtberechtigten trotz des Übergangs des Eigentums von dem bisherigen Eigentümer auf den Erwerber um originären Erwerb: Der Erwerber gründet sein Eigentum nicht auf die Berechtigung des verdrängten Eigentümers als dessen Rechtsnachfolger, sondern allein auf den gesetzlichen Erwerbstatbestand, also im Falle des § 932 auf die nach § 929 erfolgte Veräußerung durch den Nichtberechtigten und seinen guten Glauben an dessen Eigentum. Er rückt zwar in die Rechtsstellung des bisherigen Eigentümers ein, aber ohne seine Rechtsstellung von der seines Vorgängers abzuleiten, daher nicht als dessen „Rechtsnachfolger".[80]

---

[78] Die Begriffe „Rechtsübergang" (= Wechsel des berechtigten Subjekts bei Identität des Rechtsinhalts) und „Rechtsnachfolge" (= von der Berechtigung eines Vorgängers abgeleiteter Erwerb) decken sich also nicht. Wohl ist jede Rechtsnachfolge ein Rechtsübergang, aber nicht jeder Rechtsübergang notwendig eine Rechtsnachfolge. So zutreffend *Süss,* AcP 151, 1 (9).

[79] *v. Tuhr* Bd. II § 44 II. Nicht haltbar ist allerdings die Vorstellung *v. Tuhrs*, daß das bisherige Recht unterginge und ein neues gleichen Inhalts an seine Stelle trete; dazu *Süss* aaO.

[80] So auch *Enn./N.* § 141 III und *Wolff/Raiser* § 45 Anm. 38, 69 Anm. 28. Dagegen nehmen *v. Tuhr* Bd. II § 44 zu Anm. 101 und *Süss* aaO. S. 12 derivativen Erwerb an, weil ein gültiges Verfügungsgeschäft des Veräußerers vorliegen müsse. Allein für die Frage, ob der Erwerb eines Rechts originär oder von der Berechtigung des bisherigen Rechtsinhabers abgeleitet ist, kommt es nicht darauf an, ob der Erwerbstatbestand einen gültigen Übertragungsakt verlangt, sondern nur darauf, ob die Berech-

Auch ein derivativer Erwerb kann anderseits die Neuentstehung eines Rechts zur Folge haben, dann nämlich, wenn das neu entstehende Recht durch die Aussonderung und Verselbständigung von Teilbefugnissen aus dem Inhalt des Rechts des Vorgängers gebildet wird. Man spricht hier von einer „konstitutiven" (im Gegensatz zur „translativen") Rechtsnachfolge.[81] Der Hauptfall ist die Bestellung eines beschränkten dinglichen Rechts an einer Sache durch deren Eigentümer. Indem sich der Eigentümer dadurch bestimmter in seinem Eigentum gelegener Herrschafts- oder Verfügungsbefugnisse, sei es auf Zeit oder unter gewissen Bedingungen (wie der des Eintritts der Pfandreife), zugunsten eines anderen begibt, räumt er diesem ein inhaltlich und meist auch zeitlich beschränktes Herrschaftsrecht an seiner Sache ein, das sich als eine Abspaltung aus seinem Eigentum darstellt. Daß es sich hierbei trotz der Neubegründung eines Rechts, eben des beschränkten dinglichen Rechts, um einen abgeleiteten, derivativen Rechtserwerb handelt, zeigt sich darin, daß zum Tatbestand des Rechtserwerbs in der Regel das Eigentum des Bestellers gehört. Allerdings kann dieses wiederum in manchen Fällen durch den guten Glauben des Erwerbers in Verbindung mit der Übergabe der Sache (§§ 1032 Satz 2, 1207 in Verb. m. § 932) oder mit dem Inhalt des Grundbuchs (§ 892) ersetzt werden; in diesen Fällen handelt es sich, ebenso wie bei dem Eigentumserwerb des Gutgläubigen vom Nichteigentümer, um originären Rechtserwerb. Der Eigentümer, dessen Eigentum dadurch ohne sein Zutun belastet wird, erleidet auch hier einen Rechtsverlust durch „Rechtsverdrängung."

b) **Einzel- und Gesamtnachfolge.** Die Rechtsnachfolge kann eine Einzelnachfolge (Singularsukzession) oder Gesamtnachfolge (Universalsukzession) sein, je nachdem ob sich der Tatbestand, auf dem sie beruht, auf ein einzelnes Recht oder auf einen Komplex von Rechten, insbesondere auf das Vermögen einer Person als Ganzes bezieht. Hauptfall der Gesamtnachfolge ist die Erbfolge (vgl. in § 1922 Abs. 1 die Worte: „deren Vermögen als Ganzes"). Andere Fällle sind der Übergang des Vermögens des Ehemanns und des Vermögens der Ehefrau auf die neuentstehende eheliche Gesamthandsgemeinschaft im Falle der Vereinbarung der Gütergemeinschaft durch einen Ehevertrag (§ 1416; beachte besonders Abs. 2!); der Anfall des Vermögens eines aufgelösten Vereins an den Fiskus (§ 46); der Zuwachs des Anteils eines ausscheidenden Gesellschafters am Gesell-

---

tigung eines bestimmten Rechtsvorgängers Tatbestandserfordernis ist. Das ist hier nicht der Fall. Daran ändert auch die inhaltliche Gleichheit des von B erworbenen und des eben dadurch dem E verlorenen Eigentumsrechts nichts. B ist auch nicht etwa Rechtsnachfolger des verfügenden nicht berechtigten A, obwohl dieser im Ergebnis wirksam verfügt hat, weil A überhaupt nicht Eigentümer war, daher auch nicht Rechtsvorgänger des B sein kann, und er ist nicht Rechtsnachfolger des E, wiewohl er dessen Rechtsstellung fortsetzt, weil dessen bisherige Berechtigung für den Eigentumserwerb des B nicht erforderlich ist. Vgl. hierzu auch *Hübner,* Der Rechtsverlust im Mobilarsachenrecht, 1955, S. 44ff.

[81] *v. Tuhr* Bd. II § 45. Dagegen *Sontis,* Festschr. f. *K. Larenz,* 1973, S. 994.

schaftsvermögen an die übrigen Gesellschafter (§ 738 Satz 1) und dementsprechend der Erwerb eines entsprechenden Anteils durch einen neu eintretenden Gesellschafter unter Verminderung der Anteile der bisherigen Gesellschafter; die Verschmelzung von Aktiengesellschaften (§ 346 Abs. 3 AktG). In diesen Fällen bedarf es keiner Übertragung der einzelnen zu dem Gesamtkomplex gehörenden Rechte oder Rechtsanteile; der Übergang vollzieht sich uno actu durch ein und denselben Vorgang. Das ist besonders dann wichtig, wenn unter den übergehenden Rechten auch solche an Grundstücken sind. Es bedarf dann zu ihrem Übergang ausnahmsweise keiner Eintragung im Grundbuch; das Grundbuch wird also unrichtig. Eine Rechtsnachfolge unter Lebenden ist, von den wenigen eben genannten Fällen abgesehen, nur im Wege der Einzelnachfolge möglich. Es muß also, auch wenn eine Mehrheit von Rechten übertragen werden soll, jedes Recht nach den für Rechte dieser Art bestehenden Vorschriften gesondert übertragen werden. Sollen Grundstücke oder beschränkte dingliche Rechte an solchen übertragen werden, so bedarf es dazu der sachenrechtlichen Einigung (im Falle der Eigentumsübertragung der Auflassung) und der Eintragung des Erwerbers im Grundbuch (§ 873 Abs. 1); sollen bewegliche Sachen übereignet werden, bedarf es der Einigung über den Eigentumsübergang und der Übergabe oder eines Ersatzmittels der Übergabe (§§ 929 bis 931); sollen Forderungen übertragen werden, so müssen sie abgetreten werden (§ 398) und so fort. Selbst der Nießbrauch, also ein umfassendes dingliches Nutzungsrecht, an einem Vermögen als einer Wirtschaftseinheit kann nur in der Weise bestellt werden, daß er an jedem einzelnen der dazu gehörenden Rechte (nach den gleichen Vorschriften, die für die Übertragung eines derartigen Rechts gelten) bestellt wird (§ 1085). Dadurch, daß die Rechtsnachfolge unter Lebenden regelmäßig nur im Wege der Einzelnachfolge vor sich gehen kann, soll erreicht werden, daß Eigentum und sonstige Rechte an einem Grundstück nur gemäß § 873, also durch Einigung und Eintragung, übertragen werden können und das Grundbuch daher in der Regel richtig bleibt. Die gesetzlichen Vorschriften über die Übertragung der Rechte sind zwingend; die Vertragspartner können daher nicht wirksam eine Universalnachfolge vereinbaren, wo sie vom Gesetz nicht vorgesehen ist.

c) **Endigungsgründe.** In den Fällen der Rechtsnachfolge verliert der bisherige Inhaber das Recht, ohne daß dieses unterginge; es findet lediglich ein Subjektswechsel statt. Das Recht selbst kann auf mannigfache Weise enden. Mit Willen des Berechtigten endigt es, wenn dieser auf sein Recht **verzichtet.** Persönlichkeitsrechte und familienrechtliche Pflichtrechte sind grundsätzlich unverzichtbar. Allerdings kann der einzelne über bestimmte Persönlichkeitsgüter, auf die sich sein Persönlichkeitsrecht erstreckt, in den Grenzen vor allem der „guten Sitten" zugunsten eines anderen verfügen: Er kann einem anderen einen Eingriff in seine körperliche Integrität, die Benutzung seines Namens, die Veröffentlichung seines Bildes oder eines Briefes gestatten. Solche einzelnen Gestattungen, zu deren

Erteilung man sich auch verpflichten kann, schränken allerdings von Fall zu Fall den Umfang des betreffenden Persönlichkeitsrechts mit relativer Wirkung gegenüber dem Gestattungsempfänger ein.[82] Sie sind aber entweder zeitlich begrenzt, oder mindestens aus „wichtigem Grunde" widerruflich, lassen also das Persönlichkeitsrecht nach seiner Substanz bestehen. Vermögensrechte dagegen sind durchweg verzichtbar; eine Ausnahme macht das Recht auf den Unterhalt für die Zukunft (§ 1614 Abs. 1). Der Verzicht auf das Recht erfolgt in den meisten Fällen durch ein einseitiges Rechtsgeschäft, sei es durch eine rechtsgeschäftliche Willensbetätigung, wie die Aufgabe des Eigentums an einer beweglichen Sache (§ 959), sei es durch eine Erklärung gegenüber dem dadurch Begünstigten oder gegenüber einer Behörde, und, wenn es sich um ein Recht an einem Grundstück handelt, die hinzukommende Eintragung im Grundbuch (§§ 875 Abs. 1, 928 Abs. 1, 1168 Abs. 2). Der Verzicht auf eine Forderung ist jedoch nur im Wege eines Erlaßvertrages (§ 397), also nicht einseitig, sondern nur mit Zustimmung des Gläubigers möglich.

Unvererbliche Rechte erlöschen mit dem Tode des Berechtigten. Dazu gehören grundsätzlich die Persönlichkeitsrechte,[83] von den Vermögensrechten der Nießbrauch (§ 1061) und die beschränkte persönliche Dienstbarkeit (§ 1090 Abs. 2), sowie das Recht auf eine Leibrente (§ 759 Abs. 1). Nicht vererblich ist in der Regel auch der Anspruch auf eine Entschädigung in Geld wegen eines Schadens, der kein Vermögensschaden ist (§§ 847 Abs. 1 Satz 2, 1300 Abs. 2). Nicht vererblich ist der Anspruch auf Dienstleistungen *höchstpersönlicher* Art. Der Anspruch auf die Ausführung eines übernommenen Auftrags ist im Zweifel vererblich (§ 672), erlischt aber durch den Tod des Beauftragten (§ 673). *Unterhaltsansprüche* erlöschen grundsätzlich mit dem Tode sowohl des Berechtigten wie des Verpflichteten (§ 1615).

Gestaltungsrechte werden durch ihre Ausübung gleichsam verbraucht und erlöschen daher mit ihrer Ausübung. Die meisten dieser Rechte können nur innerhalb einer bestimmten Frist ausgeübt werden; sie erlöschen durch Nichtausübung innerhalb dieser Frist. Beispielsweise kann das Anfechtungsrecht wegen Irrtums nur „unverzüglich" nach der Entdeckung des Irrtums, längstens 30 Jahre nach der Abgabe der Willenserklärung ausgeübt werden (§ 121), das Vorkaufsrecht nur innerhalb der in § 510 bestimmten Frist. Man bezeichnet derartige Fristen als **Ausschlußfristen,** weil mit ihrem Ablauf der Berechtigte mit seinem Recht ausgeschlossen ist.

Forderungen und alle anderen Ansprüche haben ein Ziel, auf das hin sie gerichtet sind, mit dessen Erreichung sie ihr vorbestimmtes Ende finden. Sie erlöschen daher mit ihrer **Erfüllung** (§ 362). Weitere Endigungsgründe einer Forderung

[82] Die gestattete Handlung ist nicht widerrechtlich; sie stellt keine Verletzung des Persönlichkeitsrechts dar.

[83] Zum „postmortalen Persönlichkeitsschutz" vgl. oben § 8 II sowie § 13 I Nr. 1 a. E.

sind die Annahme einer Leistung an Erfüllungs Statt (§ 364), die wirksame erklärte Aufrechnung (§ 389), die Hinterlegung unter Verzicht auf die Rücknahme (§ 378), der Erlaßvertrag (§ 397) und die Vereinigung von Forderung und Verbindlichkeit in einer Person. Ein Endigungsgrund ist auch die Unmöglichkeit der Leistung, falls der Schuldner sie nicht zu vertreten hat (§ 275). Hat der Schuldner sie zu vertreten, so wandelt sich die Forderung auf die ursprüngliche Leistung in eine solche auf Schadensersatz um (§ 280).

Herrschaftsrechte enden mit dem Untergang des Objekts, auf das sie sich beziehen – sie werden damit „gegenstandslos". Mit der Vernichtung einer Sache endet also das an ihr bestehende Eigentum und enden auch alle an ihr bestehenden beschränkten dinglichen Rechte. Die Forderung hat in diesem Sinne kein Objekt; die Unmöglichkeit der geschuldeten Leistung hat, wie bemerkt, nicht notwendig den Untergang der Forderung, sondern häufig ihre Umwandlung in eine Schadensersatzforderung zur Folge. Das Urheberrecht endet ferner durch Zeitablauf, heute regelmäßig 70 Jahre nach dem Tode des Urhebers (§ 64 UrhG). Die Verwirkung wurde bereits als Endigungsgrund von Ansprüchen und Gestaltungsrechten genannt. Kein Endigungsgrund ist die Verjährung; sie begründet nur ein Gegenrecht.

Nicht immer, wenn ein Recht erlischt, fallen die Befugnisse, die seinen Inhalt bildeten, einfach fort. Wenn es sich um ein Recht handelt, das im Wege einer konstitutiven Rechtsnachfolge, durch Absonderung und Verselbständigung einzelner Befugnisse aus einem „Mutterrecht" begründet war – also etwa um ein beschränktes dingliches Recht oder um ein Recht an einem Recht, – dann fallen mit dem Ende dieses Rechts die Befugnisse, die aus dem Ursprungsrecht abgesondert waren, diesem wieder zu; dieses stellt sich gleichsam in seinem früheren Umfang wieder her. Endet z. B. das Nießbrauchsrecht, sei es durch Zeitablauf, sei es mit dem Tode des Nießbrauchers, so steht das Recht auf die Nutzung nun wieder dem Eigentümer zu. Verzichtet A, dem B eine Forderung gegen C verpfändet hatte, auf sein Pfandrecht an der Forderung, oder erlischt dieses, weil A von B befriedigt worden ist, so entfallen alle Beschränkungen, denen das Forderungsrecht des B infolge seiner Verpfändung bis dahin unterlag; B hat wieder alle Befugnisse, die ihm seine Forderung gewährt.

§ 14. Ansprüche und Einreden

Literatur: *Rudolf Bruns,* Der materiellrechtliche Anspruch und der Zivilprozeß, Festschr. f. *Ekelöf,* Stockholm 1972, S. 161 ff.; *Dietz,* Anspruchskonkurrenz bei Vertragsverletzung und Delikt, 1934; *Eichler,* Die Konkurrenz der vertraglichen und deliktischen Haftung im deutschen Recht, AcP 162, 401; *Georgiades,* Die Anspruchskonkurrenz im Zivilrecht und Zivilprozeßrecht, 1967; *Hellwig,* Anspruch und Klagrecht, 1900 (dazu *Hölder* ZZP 29, 50); Wolfram *Henckel,* Vorbeugender Rechtsschutz im Zivilrecht, AcP 174, S. 97; *Hölder,* Über Ansprüche und Einreden, AcP 93, 1; Über das Klagrecht, JherJb. 46, 265; *Jahr,* Die Einrede des bürgerlichen Rechts, JuS 64, 125 ff., 218 ff., 293 ff.; *Kleinfeller,*

Der Begriff ,,Anspruch", AcP 137, 129; *Langheineken,* Anspruch und Einrede, 1903; *Lent,* Die Gesetzeskonkurrenz im bürgerlichen Recht und Zivilprozeß, 2 Bde., 1912/16; Zur Lehre vom Streitgegenstand, ZZP 65, 315; *Nikisch,* Der Streitgegenstand im Zivilprozeß, 1935; Zur Lehre vom Streitgegenstand im Zivilprozeß, AcP 154, 269; *Rimmelspacher,* Materieller Anspruch und Streitgegenstandsproblem im Zivilprozeß, 1970; *Schlosser,* Selbständige peremptorische Einrede und Gestaltungsrecht im deutschen Zivilrecht, JuS 66, 257; *Windscheid,* Die Actio des römischen Civilrechts vom Standpunkt des heutigen Rechts, 1856.

I. Der Anspruchsbegriff und seine Funktion im Rechtssystem

Das BGB bezeichnet in § 194 Abs. 1 das Recht, von einem anderen ein Tun oder Unterlassen zu verlangen, als ,,Anspruch". Es bestimmt, daß ein solches Recht der Verjährung unterliegt. Von ,,Ansprüchen" spricht das Gesetz, außer im Zusammenhang mit der Verjährung, z. B. in den §§ 819 Abs. 1, 847 Abs. 1 Satz 2, 863, 870, 883, 888, 931, 986 Abs. 2, 1001 ff., 1004 Abs. 2, 1005, 1007 Abs. 3, 2023, 2029, 2039. Wie sich schon hieraus ergibt, können ,,Ansprüche" ihren Grund sowohl in einem Schuldverhältnis wie in einem sachenrechtlichen, einem familienrechtlichen oder einem erbrechtlichen Verhältnis haben. Es handelt sich bei dem ,,Anspruch" um einen rechtstechnischen Begriff, der in den verschiedensten Zusammenhängen Verwendung findet. Die Frage ist, welches im näheren der Inhalt dieses Begriffs ist und worin seine Funktion im Rahmen des gesetzlichen Systems besteht.

Was die erste Frage betrifft, so muß auffallen, daß die Definition des Anspruchsbegriffs nahezu wörtlich mit der übereinstimmt, die das Gesetz in § 241 vom Schuldverhältnis gibt. Wenn in § 194 davon die Rede ist, der Anspruchsberechtigte könne von einem anderen ein Tun oder ein Unterlassen verlangen, während es in § 241 heißt, der Gläubiger könne von dem Schuldner eine Leistung fordern, dann stellt doch der zweite Satz des § 241 sogleich klar, daß die ,,Leistung" in einem Tun oder in einem Unterlassen bestehen kann. Hieraus muß geschlossen werden, daß die ,,Forderung", also das Recht des Gläubigers auf die Leistung, nichts anderes als ein ,,Anspruch" ist.[1] Daß sie jedoch nicht die einzig mögliche Art von Ansprüchen ist, ergibt sich bereits aus § 194 Abs. 2, wo von Ansprüchen aus einem familienrechtlichen Verhältnis die Rede ist. Von großer Bedeutung sind ferner die sogenannten ,,dinglichen" Ansprüche, die dem Eigentümer einer Sache oder einem sonst dinglich an ihr Berechtigten unter gewissen Voraussetzungen zustehen. Hierher gehören der Herausgabeanspruch des Eigentümers gegen einen ihm gegenüber nicht zum Besitz berechtigten Besitzer (§§ 985, 986), die Abwehransprüche des Eigentümers (§ 1004), und die entspre-

[1] Dagegen rechnet *v. Tuhr* Bd. I § 15 II die mit dem Recht auf die Leistung verbundenen Nebenbefugnisse, wie die Aufrechnungsbefugnis, zwar zum Inhalt der Forderung, aber nicht zu dem des Anspruchs. Wie hier *Enn./N.* § 222 Anm. 19 und die dort Genannten; *Georgiades* aaO. S. 133 f.; *Medicus* Rdz. 75.

chenden Ansprüche des Nießbrauchers (§ 1065) und des Pfandgläubigers (§ 1227). Abwehransprüche können sich ferner aus Persönlichkeitsrechten ergeben (vgl. hinsichtlich des Namensrechts § 12), aus Immaterialgüterrechten und auch aus dem Besitz (§§ 861 ff.). Sehen wir von den Besitzschutzansprüchen ab, die den Besitz als tatsächlichen Zustand gegen eigenmächtige Eingriffe schützen wollen, dann dienen die Abwehransprüche wie auch die dinglichen Herausgabeansprüche der Herstellung oder der Aufrechterhaltung des Zustandes, der dem ihnen zugrunde liegenden Recht entspricht. Der Inhaber eines Herrschaftsrechts oder eines Persönlichkeitsrechts bedarf nach der Auffassung unseres Gesetzes solcher Ansprüche, um sein Recht gegenüber demjenigen gerichtlich durchzusetzen, der ihn in der Ausübung seines Rechts stört oder einen seinem Recht widersprechenden Zustand aufrechterhält. Damit tritt aber die wichtigste Funktion des Anspruchsbegriffs in den Blick: er bezeichnet sowohl die sachliche (materielle) Berechtigung wie die Möglichkeit klageweiser Geltendmachung und Durchsetzung eines bestimmten Verlangens einer bestimmten Person gegenüber einer anderen. Der Anspruchsbegriff des BGB ist also, wenngleich er in erster Linie eine materiellrechtliche Position bezeichnet, zugleich ,,auf den Prozeß zugeschnitten".[2] Bezeichnend ist, daß das Gesetz an einigen Stellen (§ 12 Satz 2, § 1004 Abs. 1 Satz 2) statt von einem Anspruch auf Unterlassung davon spricht, der Berechtigte könne auf Unterlassung klagen. Damit, daß er klagen ,,kann", ist gemeint, daß seiner Klage, wenn er die gesetzlichen Anspruchsvoraussetzungen zu beweisen vermag, vom Gericht stattzugeben ist. Es handelt sich also nicht nur um die prozessuale Zulässigkeit einer solchen Klage, sondern um die Berechtigung des Klagebegehrens und damit zugleich um seine Erfolgsaussicht.

Der Anspruchsbegriff, der dem BGB zugrunde liegt, wurde von *Windscheid* konzipiert, um mit seiner Hilfe die ,,actio", das Klagerecht des römischen und des älteren gemeinen Rechts, das von den Möglichkeiten des Prozesses her gesehen war,[3] in das materielle Privatrecht zu verlegen und in ihm aufgehen zu lassen. *Windscheid* wollte damit der neueren Auffassung Rechnung tragen, daß das subjektive Privatrecht das primäre, die Möglichkeit seiner klageweisen Durchsetzung das sekundäre ist, der Prozeß die Aufgabe hat, das vorprozessual gegebene materielle Recht, wenn es verletzt oder bestritten wird, außer Zweifel zu stellen und zu verwirklichen.[4] Wenn der Anspruch in dem von den Verfassern des BGB gemeinten Sinn die Möglichkeit seiner Durchsetzung gerade mittels einer Leistungsklage einschließt, so darf diese sich aus der materiellen Berechtigung ergebende Möglichkeit nicht mit einem subjektiven öffentlichen Recht gegen den Staat auf Gewährung von Rechtsschutz oder einem Recht auf ein dem Anspruch entsprechendes Urteil – dem sogenannten Rechtsschutzan-

---

[2] Vgl. *Bruns* aaO. S. 166.

[3] Zur Geschichte des aktionenrechtlichen Denkens vgl. den so betitelten Aufsatz von *Horst Kaufmann* in JZ 64, 482; *Georgiades* aaO. S. 24ff.

[4] Diese Auffassung hat sich heute allgemein durchgesetzt, obgleich es ihr niemals an Gegnern gefehlt hat. Eine gegenteilige Auffassung hat vor allem *J. Binder* in seinem Buch ,,Prozeß und Recht" (1927) vertreten. Danach ist die Möglichkeit des Rechtsschutzes, das Klagerecht, das erste, die materielle Berechtigung, das ,,wirkliche" subjektive Recht dagegen durch den Ausgang des Prozesses bedingt. Dagegen spricht, daß subjektive Rechte in den meisten Fällen, auch ohne daß es zum Prozeß kommt, respektiert werden, normativ *und* faktisch ,,gelten".

spruch[5] – verwechselt werden. Daß die Gerichte dazu verpflichtet sind, unter den gesetzlich festgelegten Voraussetzungen tätig zu werden und dem, der sie anruft, das ihm nach Gesetz und Recht Zustehende zuteil werden zu lassen, ist *eine*, daß das Verlangen einer Prozeßpartei nach einem ihr günstigen Urteil gemäß dem materiellen Recht berechtigt ist, eine *andere* Sache. Um mit einer Leistungsklage durchzudringen und danach vollstrecken zu können, muß der Kläger sein prozessuales Begehren als durch einen materiellrechtlichen Anspruch gerechtfertigt dartun. Hat er einen solchen Anspruch, so steht ihm damit wenigstens grundsätzlich ohne weiteres die Möglichkeit offen, diesen Anspruch im Wege der Erhebung einer Leistungsklage durchzusetzen.[6] Diese Möglichkeit ist im Begriff des Anspruchs, des „Verlangenkönnens", mitgedacht. Insofern kann man sagen, daß die „actio" des römischen Rechts im heutigen Anspruchsbegriff aufgegangen ist. Dieser unterscheidet sich aber von ihr, jedenfalls nach der von den Verfassern des BGB übernommenen Konzeption *Windscheids,* dadurch, daß er, weil er die materielle Berechtigung bezeichnet, auch außergerichtlich (z. B. durch Aufrechnung) durchgesetzt, freiwillig erfüllt und in vielen Fällen auch abgetreten und erlassen werden kann. Mit der Verlagerung des Akzents von der vorwiegend prozessualen Betrachtung des aktionenrechtlichen Denkens auf eine primäre materiellrechtliche Betrachtungsweise hängt es zusammen, daß das BGB die Anspruchsverjährung als ein materiellrechtliches Institut geregelt hat, obgleich ihre praktische Bedeutung erst im Prozeß sichtbar wird.

Neben seiner ersten und wichtigsten Funktion, alle diejenigen Rechte durch einen einheitlichen Begriff zu kennzeichnen, die wenigstens grundsätzlich mittels einer auf die Verurteilung des Verpflichteten zu einem bestimmten Tun oder Unterlassen gerichteten Leistungsklage gerichtlich verfolgt und durchgesetzt werden können, erfüllt der Anspruchsbegriff im Gesetzessystem noch eine zweite Funktion.[7] Da das Gesetz, abgesehen von der Verjährung, keine allgemeinen Regeln etwa über die Folgen der Nichterfüllung von Ansprüchen, der Verzögerung der Erfüllung oder des Bestehens einer „Einrede" aufgestellt, diese Fragen aber für die eine Hauptgruppe der Ansprüche, nämlich für die Forderungen, im allgemeinen Teil des Schuldrechts eingehend geregelt hat, so ist eine analoge Anwendung dieser Vorschriften auf andere Ansprüche wenigstens insoweit möglich und geboten, als dem nicht etwa deren besondere Eigenart oder eine spezielle gesetzliche Regelung entgegensteht.[8]

Unter den Ansprüchen sind die selbständigen und die unselbständigen zu unterscheiden. Die selbständigen Ansprüche tragen ihren Sinn in sich selbst, sie sind nicht auf ein anderes, ihnen vorausliegendes Recht, dem sie dienen, bezogen, sondern stehen für sich allein. Sie stellen einen selbständigen wirtschaftlichen Wert dar und sind den subjektiven Rechten zuzuzählen. Zu ihnen gehören die Forderungen und von den familienrechtlichen Ansprüchen die Unterhaltsansprüche. Sie sind in der Regel selbständig übertragbar. Unselbständige Ansprüche

---

[5] Hierzu *Rosenberg/Schwab,* Zivilprozeßrecht, § 3.

[6] Es ist bestritten, ob es „klaglose Ansprüche" gibt. (Vgl. *Enn./N.* § 222 II 5; Sch. R. § 2 III.) Grundsätzlich sind alle Ansprüche einklagbar; nicht mehr im Wege der Klage durchsetzbar sind verjährte Ansprüche und solche, denen eine andere dauernde Einrede entgegensteht, sobald die Einrede geltend gemacht ist.

[7] Dazu *Georgiades* S. 139f.

[8] Vgl. v. *Tuhr* Bd. I § 15 IX; *Enn./N.* § 223 III; ferner *Baur,* Sachenrecht § 11 C I 3a für den Eigentumsanspruch, *Gernhuber,* Familienrecht § 2 IV 1, für familienrechtliche Ansprüche.

dagegen dienen der Verwirklichung eines anderen, und zwar eines absoluten Rechts,[9] also eines Persönlichkeitsrechts, eines persönlichen Familienrechts, eines Herrschaftsrechts oder eines Immaterialgüterrechts; sie haben eine dienende Funktion. Das soll an den Ansprüchen des Eigentümers näher dargelegt werden.

Solange der Eigentümer in der ihm allein zustehenden Sachherrschaft von niemandem gestört, sein Besitz, Gebrauch und Genuß der Sache von niemandem beeinträchtigt wird, bedarf er keines Anspruchs gegen einen bestimmten anderen. Sein Eigentumsrecht befindet sich gleichsam im Ruhezustande: die tatsächliche Lage und die nach dem Recht bestehende Lage stimmen überein. Das Eigentumsrecht als Herrschaftsrecht ist auch nicht etwa im Hinblick auf seine Ausschlußfunktion, schon ein „Anspruch", denn diese Ausschlußfunktion betrifft *alle* anderen; ihr fehlt, solange niemand ihr zuwiderhandelt, die für einen Anspruch kennzeichnende Richtung gegen eine bestimmte Person. Das ändert sich in dem Augenblick, in dem ein anderer, ohne dazu berechtigt zu sein, in den Herrschaftsbereich des Eigentümers eingreift und dadurch sein Recht beeinträchtigt, sei es, daß er dem Eigentümer den Besitz der Sache entzieht oder vorenthält, sei es, daß er ihn im Gebrauch der Sache stört oder selbst auf die Sache einwirkt. Nunmehr gewinnt das Recht des Eigentümers eine besondere Richtung gerade gegen den unberechtigten Besitzer oder gegen den Störer als gegen denjenigen, der „der Ausübung des absoluten Rechts hindernd im Wege steht."[10] Der Eigentümer kann daher jetzt von dem Besitzer die Herausgabe der Sache und von dem Störer die Beseitigung einer auf ihn zurückgehenden fortdauernden Beeinträchtigung sowie die Unterlassung weiterer Störungen verlangen; sein Eigentumsrecht verdichtet sich zu einem bestimmten Verlangen gegen eine bestimmte Person und damit zu einem „Anspruch". Sinn und Zweck dieser Ansprüche ist allein die Herstellung oder – im Falle des Unterlassungsanspruchs – die Wahrung des dem Eigentumsrecht entsprechenden Zustandes. Sie stehen daher dem Eigentümer als solchem zu und richten sich gegen denjenigen, der, als Besitzer oder als Störer, in der Lage ist, den dem Recht entsprechenden Zustand wiederherzustellen. Im Falle der Vorenthaltung des Besitzes richtet sich der Herausgabeanspruch gegen den jeweiligen Besitzer. Wenn daher der erste Besitzer den Besitz einem zweiten überträgt, dann entfällt die Herausgabepflicht des ersten Besitzers; möglich ist nur, daß an ihre Stelle eine Schadensersatzpflicht tritt. Dagegen entsteht gegen den zweiten Besitzer ein neuer Herausgabeanspruch. Wird der Eigentümer in der

---

[9] Nach *Henckel* a. a. O. § 127ff., 138f. können Ansprüche, und zwar in Gestalt eines Anspruchs auf Unterlassung pflichtwidriger Handlungen, auch dem Schutze einer nur durch Verbote gesicherten, nicht zu einem subjektiven Recht verdichteten Rechtsposition dienen. *Henckel* bezeichnet sie als „Schutzansprüche". Sie entstehen erst im Falle einer Gefährdung des geschützten Gutes durch eine drohende Verletzung des Verbots und richten sich gegen denjenigen, der das Verbot zu verletzen droht.

[10] So *v. Tuhr* Bd. I § 15 III unter b.

Ausübung seines Rechts von mehreren gestört, so stehen ihm Abwehransprüche gemäß § 1004 gegen jeden der Störer zu.

Das Eigentum als absolutes Herrschaftsrecht und die jeweils seiner Durchsetzung gegenüber einem bestimmten Besitzer oder Störer dienenden Ansprüche sind demnach scharf voneinander zu unterscheiden. Nur die *Ansprüche* aus dem Eigentum verjähren, nicht aber das Eigentum selbst als Herrschaftsrecht. Ist dem Eigentümer E eine Sache gestohlen worden und befindet sie sich seit 30 Jahren im Besitz des X, der, weil er nicht gutgläubig ist, das Eigentum an ihr auch nicht durch Ersitzung erlangt hat (vgl. § 937 Abs. 2), dann ist mit Ablauf der Verjährungsfrist des § 195 doch der Herausgabeanspruch des E gegen X nunmehr verjährt. X kann dem Anspruch des E die Einrede der Verjährung entgegensetzen und dadurch seine Durchsetzung hindern. Mit der Verjährung des Herausgabeanspruchs ist aber nicht etwa das Eigentumsrecht des E erloschen. Zwar ist es gegen X jetzt nicht mehr durchsetzbar, wenn dieser sich auf die Verjährung beruft. Da aber der Herausgabeanspruch des Eigentümers sich nach § 985 gegen den *jeweiligen Besitzer* richtet, so erlischt der gegen X gerichtete Herausgabeanspruch in dem Augenblick, in dem dieser, gleich aus welchem Grunde, den Besitz verliert. Gegen einen neuen Besitzer entsteht mit dessen Besitzerlangung ein *neuer Herausgabeanspruch.*[11] Zwar kommt die während der Besitzzeit des X verstrichene Verjährungszeit auch einem Rechtsnachfolger des X zustatten (§ 221). War die Frist vorher abgelaufen, so ist nun auch der neue Herausgabeanspruch verjährt. Gelangt die Sache aber in den Besitz des Y, ohne daß dieser Rechtsnachfolger des X wäre, so kann Y dem gegen ihn in dem Augenblick seines Besitzerwerbs neu entstehenden Herausgabeanspruch des E die Verjährung des früheren Herausgabeanspruchs oder die vorher schon verstrichene Verjährungszeit nicht entgegensetzen. Der neue Anspruch gegen Y verjährt wiederum erst in 30 Jahren nach seiner Entstehung. Das gilt, entgegen der Meinung des BGH,[12] auch für den Beseitigungsanspruch gemäß § 1004. Er richtet sich ebenfalls gegen den jeweiligen ,,Störer" und entsteht daher, wenn dieser wechselt, neu. Dabei ist aber wieder § 221 zu beachten.

Da die unselbständigen Ansprüche lediglich den Sinn haben, die Verwirklichung des einem absoluten Recht entsprechenden Zustandes gegenüber demjenigen zu ermöglichen, der den gegenteiligen Zustand aufrechterhält oder als ,,Störer" für ihn verantwortlich ist, so wäre ihre Trennung von dem ihnen zugrunde liegenden absoluten Recht sinnwidrig. Sie sind daher nicht selbständig übertragbar und gehen anderseits mit dem Übergang des absoluten Rechts ohne weiteres auf den neuen Rechtsinhaber über. Hinsichtlich der Übertragbarkeit des Eigentumsanspruchs ist dies allerdings nicht unbestritten.[13] Anders steht es hinsichtlich der mit dem Herausgabeanspruch gemäß § 985 verbundenen oder an seine Stelle tretenden Sekundäransprüche auf Herausgabe von Nutzungen und auf Schadensersatz (§§ 987ff.). Sie sind selbständig abtretbar, weil sie gegenüber dem Herausgabeanspruch verselbständigt sind und nicht der Herstellung des dem Eigentum entsprechenden Zustandes, sondern einem davon zu unterscheidenden Interesse des Eigentümers dienen.

---

[11] Vgl. *v. Tuhr* Bd. III, S. 520 zu Anm. 84.

[12] BGHZ 60, 235, 240. Für die Entstehung eines neuen Beseitigungsanspruchs auch *Baur,* JZ 73, 560 (Ende des vorletzten Absatzes).

[13] Für seine selbständige Abtretbarkeit *Enn./N.* § 222 Anm. 14 und die dort Genannten. Die Behauptung, die Abtretbarkeit sei h. L., ist jedoch in Anbetracht der gegenteiligen Stellungnahme aller Lehrbücher des Sachenrechts heute nicht mehr zutreffend. Wie hier: *Wolff/Raiser,* Sachenrecht 84 IV 3; *Westermann,* Sachenrecht § 30 I 3; *Baur,* Sachenrecht § 11 C I 3a; *Lent/Schwab,* Sachenrecht § 44 V; ferner *v. Tuhr* Bd. I § 15 IX zu Anm. 108; *Enn./Lehmann,* Schuldrecht § 1 II 2; *Henckel* aaO. S. 129.

II. Die Einrede als Gegenrecht gegen den Anspruch

Im Zusammenhang mit dem Anspruchsbegriff des BGB steht sein Begriff der „Einrede". Das Gesetz versteht darunter ein „Gegenrecht" vornehmlich gegen Ansprüche; es bezeichnet dieses Gegenrecht zumeist als ein Recht, die geschuldete Leistung oder die Erfüllung der Verpflichtung oder die Befriedigung des Gläubigers zu verweigern (vgl. §§ 222 Abs. 1, 273 Abs. 1, 320 Abs. 1, 478 Abs. 1, 519 Abs. 1, 526 Satz 1, 633 Abs. 2 Satz 2, 770 Abs. 1, 771, 821, 853, 1973, 2014, 2015, 2083, 2318 Abs. 1). Zwar spricht das Gesetz auch von Einreden gegen eine Hypothek und gegen ein Pfandrecht (§ 1137 Abs. 1, §§ 1157, 1169, 1211, 1254), also gegen Rechte, die keine Ansprüche sind; doch hängt dies damit zusammen, daß Hypothek und Pfandrecht der Sicherung einer Forderung dienen und daher vom Gesetz teilweise wie Rechte behandelt werden, „kraft deren eine Leistung gefordert werden kann" (vgl. § 952 Abs. 2). In der Regel aber versteht das Gesetz unter einer Einrede ein Gegenrecht gegen einen Anspruch; ein Gegenrecht, das darauf gerichtet ist, die Durchsetzung des Anspruchs entweder dauernd oder zeitweilig zu hindern oder abzuschwächen. Das Gesetz sieht den Anspruch selbst dann, wenn ihm eine dauernde Einrede entgegensteht, mit deren Hilfe der Anspruchsgegner seine Durchsetzung für immer verhindern kann, noch als bestehend an; der Anspruch kann daher immer noch freiwillig erfüllt werden.[14] Unterläßt es der Einredeberechtigte, von seinem Gegenrecht Gebrauch zu machen, so kann der Anspruch auch gerichtlich durchgesetzt werden. Denn das Gericht darf das Gegenrecht nur berücksichtigen, wenn es entweder schon vorprozessual geltend gemacht worden ist und diese Tatsache im Prozeß zur Sprache gebracht wird oder wenn der Berechtigte es im Prozeß ausübt.[15] Das Gegenrecht entfällt, wenn der Einredeberechtigte darauf verzichtet.[16] In diesem Fall kann also der Anspruch, gegen den es sich richtete, uneingeschränkt durchgesetzt werden. Die Konstruktion eines „Gegenrechts" (an Stelle des Erlöschens oder der ipso iure eintretenden Einschränkung des Anspruchs) hat den Sinn, daß es das Gesetz der Entschließung des Einredeberechtigten überlassen will, ob er den Anspruch trotz des Einredetatbestandes erfüllen, sich für den Fall, daß er besteht, verurteilen lassen, oder ob er von der ihm mit seinem Gegenrecht gebotenen Möglichkeit Gebrauch machen will.[17]

---

[14] Auch das zur Erfüllung eines Anspruchs, dem eine dauernde Einrede entgegensteht, Geleistete kann nicht (gemäß § 813 Abs. 1) zurückgefordert werden, wenn der Leistende in Kenntnis seiner Einrede geleistet hat (§ 814 analog).

[15] H. L., *Enn./N.* § 226 III 2; *Brox* Rdn. 613; *Medicus* Rdn. 98; anders jedoch *Schlosser* aaO.

[16] Hierfür genügt eine einseitige Erklärung (h. L.). Das bloße „Fallenlassen" der Einrede im Prozeß ist aber nach Meinung des BGH noch nicht notwendig ein „endgültiger" Verzicht auf das Gegenrecht; BGHZ 22, 267.

[17] Die hiergegen von *Schlosser* aaO. S. 264f. vorgebrachten Bedenken sind de lege ferenda überzeugend, reichen aber m. E. nicht dazu aus, die vom Gesetzgeber des BGB zweifellos gewollte Abhän-

Zu unterscheiden sind drei Arten von Einreden: die dauernden, die zeitweiligen (aufschiebenden) und die anspruchsbeschränkenden Einreden. Die beiden ersten Arten von Einreden verhindern, wenn sie geltend gemacht werden, die gerichtliche Durchsetzung des Anspruchs für immer oder auf Zeit: die Leistungsklage des Anspruchsberechtigten ist als unbegründet oder als zur Zeit unbegründet abzuweisen. Zu den dauernden Einreden gehört die der Verjährung, die in mancher Hinsicht jedoch eine Sonderstellung einnimmt, ferner die Einrede, die Schuld, deren Erfüllung verlangt wird, sei ohne rechtlichen Grund eingegangen (§ 821), und die Einrede, der Gläubiger habe seine Forderung durch eine unerlaubte Handlung erlangt (§ 853). Zeitweilige Einreden sind z. B. die der Stundung,[18] die dem Schenker zustehende Einrede des Notbedarfs (§ 519), die dem Bürgen nach § 770 zustehenden Einreden und die Einrede der Vorausklage (§ 771). Anspruchsbeschränkende Einreden hindern zwar nicht die gerichtliche Durchsetzung des Anspruchs, führen aber entweder nur zu einer Verurteilung zur Leistung Zug um Zug gegen Empfang einer dem Einredeberechtigten gebührenden Leistung – so die Einrede des Zurückbehaltungsrechts (§§ 273, 274) und, sofern man in ihr eine echte Einrede sieht,[19] die des nicht erfüllten gegenseitigen Vertrages (§ 320) – oder zu einer Verurteilung unter dem Vorbehalt einer beschränkten Haftung – so die dem Erben gemäß den §§ 2014, 2015 zustehenden Einreden (§ 305 ZPO), die überdies nur zeitweilige Einreden sind.

Forderungen, denen eine dauernde Einrede entgegensteht, werden in mancher Hinsicht ebenso behandelt, wie wenn sie nicht bestünden. Das zur Erfüllung einer solchen Forderung – ausgenommen indessen einer verjährten Forderung – Geleistete kann, sofern die Leistung in Unkenntnis des Bestehens der Einrede erfolgte, zurückgefordert werden (§§ 813 Abs. 1, 814). War für eine Forderung eine Hypothek oder ein Pfandrecht bestellt, so kann, wenn der Hypothek oder dem Pfandrecht eine dauernde Einrede (mit Ausnahme der der Verjährung der Forderung) entgegensteht, der Eigentümer des Grundstücks oder der Pfandsache von dem Gläubiger den Verzicht auf die Hypothek (§ 1169) oder die Rückgabe des Pfandes (§ 1254), mit der das Pfandrecht erlischt (§ 1253 Abs. 1), verlangen. Eine nur aufschiebende Einrede hemmt, von den in § 202 Abs. 2 genannten Einreden abgesehen, den Lauf der Verjährung (§ 202 Abs. 1). Schließlich kann mit einer Forderung, der eine Einrede gleich welcher Art entgegensteht, nicht aufgerechnet werden (§ 390).

Wenn auch die zuletzt genannten Wirkungen der Einrede auf dem Gebiete des materiellen Rechts liegen, so entfaltet sie ihre Hauptwirkung doch im Prozeß, indem sie es hier dem Beklagten ermöglicht, seine Verurteilung zur Leistung zu

---

gigkeit der Hauptwirkung der Einrede von ihrer Geltendmachung durch den Schuldner de lege lata in Frage zu stellen. Vgl. dazu auch *Medicus* Rdn. 96f.

[18] Vgl. jedoch zur Problematik der Stundung unten unter III b.

[19] Vgl. darüber Sch. R. I §§ 15 u. 23 I c a. E.

verhindern oder abzuschwächen. Die Beziehung auf den Prozeß ist aus dem Begriff der „Einrede" im Sinne des BGB ebensowenig fortzudenken wie aus dem Anspruchsbegriff. Da nicht das Vorliegen des Einredetatbestandes, sondern nur die (außerprozessuale oder prozessuale) *Geltendmachung* der Einrede, d. h. die Ausübung seines Gegenrechts, die Wirkung im Prozeß herbeiführt, so muß der Einredeberechtigte, wenn er erreichen will, daß das Gericht seine Einrede im Urteil berücksichtigt, sein Gegenrecht entweder im Prozeß ausüben oder dafür Sorge tragen, daß eine schon vorher, außerprozessual, erfolgte Ausübung seines Gegenrechts zur Kenntnis des Gerichts gelangt. Anderenfalls wird er trotz des dem Gericht erkennbaren Vorliegens des Einredetatbestandes, falls nur der Anspruch des Kläger begründet ist, zur Leistung verurteilt.[20]

Die dargestellte Rechtslage legt es nahe, in der Einrede ein Gestaltungsrecht zu sehen, durch dessen Ausübung der Berechtigte es vermag, dem gegen ihn gerichteten Anspruch die Eigenschaft der Durchsetzbarkeit oder der uneingeschränkten Durchsetzbarkeit zu nehmen, ihn gleichsam zu neutralisieren, sowie die genannten materiellrechtlichen Wirkungen herbeizuführen. Das ist in der Tat die h. L.[21] Von den eigentlichen Gestaltungsrechten unterscheidet sich die Einrede jedoch einmal dadurch, daß schon ihr Bestehen, also der Einredetatbestand, nicht erst ihre Geltendmachung, einige materiellrechtliche Rechtsfolgen nach sich zieht.[22] So kann mit einer Forderung, der eine Einrede entgegensteht, eben deshalb nicht aufgerechnet werden.[23] Ferner muß es möglich sein, daß der Einredeberechtigte, der sich zunächst außerprozessual auf den Einredetatbestand berufen hat, im Prozeß dennoch erklärt, er verzichte jetzt auf seine Einrede, mit der Folge, daß diese dann vom Gericht nicht zu beachten ist. Sieht man in der Einrede mit *Jahr* nichts anderes als ein normales Gestaltungsrecht, dann müßte man annehmen, daß dieses mit der außerprozessualen Ausübung verbraucht sei; ein nachträglicher Verzicht auf die Einrede wäre nicht mehr möglich. Möglich wäre in diesem Fall lediglich eine Wiederherstellung der früheren Rechtslage durch einen Vertrag der Beteiligten.[24] Dies entspricht aber nicht der Sachlage, wie sie der Gesetzgeber gesehen hat. Wenn der Schuldner, der *vor* dem Prozeß geäußert hat, die Forderung sei doch verjährt, im Prozeß ausdrücklich erklärt, er wolle die Verjährung nicht geltend machen, dann liegt darin für eine unbefangene Auffassung nicht das Angebot zu einem Vertrag mit dem Gläubiger über die Beseitigung der Folgen seiner früheren Ausübung der Verjährungseinrede, sondern erst die endgültige Entscheidung über die Aus-

---

[20] Das ist vor allem bedeutsam im Versäumnisverfahren. Den anwesenden Beklagten wird der Richter auf Grund seines Fragerechts (§ 139 ZPO) danach fragen, ob er von seinem Einrederecht Gebrauch machen wolle oder nicht.

[21] *v. Tuhr* Bd. I § 17 III; *Enn./N.* § 73 I 3c. Am konsequentesten hat diese Auffassung durchgeführt *Jahr* in JuS 1964 S. 125ff., 218ff., 293ff.

[22] Das bestreitet *Jahr* aaO. Wie hier *Lehmann/Hübner* § 14 II 5; auch *Schlosser* S. 259.

[23] A. A. *Jahr* aaO. S. 298. Gegen die Auffassung *Jahrs* spricht m. E. nicht nur der Wortlaut des § 390, sondern auch, daß, folgt man ihr, die beiderseitigen Forderungen durch die Aufrechnung als erloschen angesehen werden müßten, solange nicht der Aufrechnungsgegner diese Rechtsfolge durch seinen Widerspruch, der die Geltendmachung seiner Einrede darstellen würde, rückwirkend beseitigt. Zu einer solchen Konstruktion besteht jedoch keine Nötigung.

[24] *Jahr* (aaO. S. 222) erkennt richtig, daß ein Verzicht auf das bereits ausgeübte Gestaltungsrecht nicht möglich ist. Er verlangt zwar nicht eine Neubegründung des Anspruchs – dieser ist ja durch die Geltendmachung der Einrede nicht erloschen, sondern hat nur seine Durchsetzbarkeit verloren –, wohl aber eine „Rückänderung", die nur durch einen Änderungsvertrag gemäß § 305 möglich sei. Für die Möglichkeit eines einseitigen Verzichts auf die Geltendmachung der Einrede auch noch nach ihrer Ausübung und damit für eine „Rücknahme" der bereits eingetretenen Gestaltungswirkung *v. Tuhr* Bd. I § 17 zu Anm. 27.

übung oder die Nichtausübung seines Gegenrechts. Dieses ist durch die außerprozessuale Erklärung noch nicht endgültig verbraucht. Wenn die heute h. L. die Beachtung auch einer außerprozessualen Geltendmachung der Einrede im Prozeß verlangt,[25] so kann dies doch nur in dem Sinne richtig sein, daß aus ihr auf den Willen der Geltendmachung auch im Prozeß geschlossen werden kann. Die „Einrede" ist vom Gesetz wesentlich als ein Mittel gedacht, *den Prozeß* zu gestalten; die letzte Entscheidung über ihre Ausübung oder Nichtausübung muß daher bis zur mündlichen Verhandlung im Prozeß offen bleiben. Daraus ergibt sich auch keine Unsicherheit im materiellen Recht, da die materiellen Rechtswirkungen, wie bemerkt, weitgehend schon an das Bestehen des Einrederechts, also an den Einredetatbestand anknüpfen.

Um Mißverständnisse zu verhüten, muß hier bemerkt werden, daß sowohl der Begriff des Anspruchs wie der der Einrede von der ZPO in einem von dem des BGB abweichenden Sinne gebraucht werden. „Anspruch" im Sinne der ZPO ist meistens, wenn auch nicht überall, die in dem Begehren des Klägers gelegene Rechtsbehauptung. Diese geht nur bei der Leistungsklage notwendig dahin, der Kläger habe auf die verlangte Leistung einen Anspruch im Sinne des materiellen Rechts. Bei der Feststellungsklage braucht es sich dagegen nicht gerade um einen Anspruch im Sinne des BGB zu handeln, da Gegenstand einer solchen Klage jedes Recht oder Rechtsverhältnis zu sein vermag. Trotzdem spricht die ZPO auch hier von einem mit der Klage erhobenen Anspruch und meint damit den Streitgegenstand. Der Anspruchsbegriff der ZPO ist demnach weiter als der des BGB. Unter „Einreden" versteht die ZPO alle *Tatsachenbehauptungen* (nicht: Rechte), die geeignet sind, sei es das Vorliegen einer Prozeßvoraussetzung, sei es das von dem Kläger behauptete materielle Recht in Frage zu stellen. Nicht dazu gehören solche Tatsachenbehauptungen, die sich lediglich als Bestreitung der vom Kläger behaupteten klagebegründenden Tatsachen (etwa in Form einer Gegendarstellung) darstellen. Es kann sich bei den besser als „Einwendungen" zu bezeichnenden Einreden im Sinne der ZPO entweder um solche Tatsachen handeln, die, wenn sie vorliegen, zur Folge haben, daß das von dem Kläger behauptete Recht nicht entstanden ist (*rechtshindernde* Einwendungen; z. B. die Behauptung, der Kaufvertrag, auf den der Kläger seinen Anspruch stützt, sei nichtig, da der Beklagte beim Abschluß geschäftsunfähig gewesen sei); oder um Tatsachen, die, wenn sie vorliegen, zur Folge haben, daß das vom Kläger behauptete Recht, nachdem es einmal entstanden war, wieder untergegangen ist (*rechtsvernichtende* Einwendungen; z. B. die Behauptung, der Beklagte habe die streitige Forderung erfüllt); oder endlich um solche Tatsachen, die ein *Einrederecht* im Sinne des BGB begründen. In der Anführung solcher Tatsachen im Prozeß, die geeignet sind, eine Einrede im Sinne des BGB zu begründen, wird man in der Regel zugleich den Willen des Beklagten erblicken können, sein Einrederecht auszuüben.[26]

---

[25] Nachweise bei *Jahr* aaO. S. 295 Anm. 86. Die Geltendmachung der Einrede gerade im Prozeß verlangt dagegen *Nikisch,* Zivilprozeßrecht S. 321.

[26] Im Zweifelsfall wird der Richter von seinem Fragerecht gemäß § 139 ZPO Gebrauch machen.

III. Die Verjährung der Ansprüche

a) **Verjährungsfristen.** Ansprüche unterliegen, wie bereits erwähnt, der Verjährung (§ 194 Abs. 1). Das gilt, mit einigen Ausnahmen, für *alle* Ansprüche. Nicht der Verjährung unterliegen Ansprüche aus familienrechtlichen Verhältnissen, soweit sie auf Herstellung des dem Verhältnis entsprechenden Zustandes für die Zukunft gerichtet sind (§ 194 Abs. 2), der Anspruch auf Aufhebung einer Rechtsgemeinschaft (§ 758), Ansprüche aus Rechten, die im Grundbuch eingetragen sind (§ 902),[27] der Anspruch auf Berichtigung des Grundbuchs (§ 898), die in § 924 genannten nachbarrechtlichen Ansprüche und der Auseinandersetzungsanspruch eines Miterben (§ 2042 Abs. 2 in Verbindung mit § 758). Andere Rechte als Ansprüche, insbesondere Persönlichkeitsrechte, Herrschaftsrechte, Mitwirkungsrechte und Gestaltungsrechte, verjähren nicht; wohl aber die aus einem Persönlichkeitsrecht oder einem Herrschaftsrecht hervorgehenden, der Herstellung des dem Recht entsprechenden Zustandes dienenden unselbständigen Ansprüche auf Herausgabe, Beseitigung einer Beeinträchtigung und Unterlassung von Störungen (vgl. oben I). Einige Rechte, so vor allem Gestaltungsrechte, unterliegen einer sogenannten Ausschlußfrist, mit deren Ablauf sie erlöschen (vgl. oben § 13 V c); Ansprüche und Gestaltungsrechte können durch längere Nichtausübung verwirkt werden (oben § 13 IV). Sowohl von einer Ausschlußfrist, wie von der Verwirkung eines Rechts unterscheidet sich die Anspruchsverjährung nach ihren Voraussetzungen und nach ihren Wirkungen. Die Verjährung ist kein Erlöschensgrund, sondern begründet nur für den Verpflichteten eine Einrede.

Sinn und Zweck der Verjährung sind nicht unproblematisch.[28] Gewöhnlich sagt man, die Verjährung solle den einzelnen davor schützen, daß er wegen länger zurückliegender Vorgänge noch in Anspruch genommen wird, die er nicht mehr aufzuklären imstande ist, weil ihm die Beweismittel für etwa begründete Einwendungen abhanden gekommen sind, Zeugen nicht mehr am Leben oder nicht mehr auffindbar sind. *Pawlowski*[29] weist auf die Friedensfunktion des Rechts hin. Auch das öffentliche Interesse an der Entlastung der Gerichte von Prozessen wird angeführt, die einen nur schwer oder gar nicht mehr aufklärbaren Sachverhalt betreffen, deren Ausgang daher doch mehr oder weniger von Zufälligkeiten abhängen müßte. Es bestehe eine erfahrungsgemäße Wahrscheinlichkeit dafür, meint *v. Tuhr,*[30] „daß ein Anspruch, der aus weit zurückliegendem Entstehungsgrund erhoben wird, ent-

---

[27] Der BGH – BGHZ 60, 235 – rechnet hierher nicht den Beseitigungsanspruch aus § 1004, obgleich es sich auch bei ihm um einen Anspruch aus einem im Grundbuch eingetragenen Recht, nämlich aus dem Eigentum, handelt. Er begründet dies damit, daß es nicht „dem Sinn und Zweck des § 902 Abs. 1 Satz 1" entspreche, ihn auf den Beseitigungsanspruch anzuwenden, vornehmlich deshalb, weil dieser nicht aus dem Grundbuch zu ersehen sei. Methodisch handelt es sich um eine teleologische Reduktion.

[28] Zu Fragen der Verjährung allgemein *Spiro,* Die Begrenzung privater Rechte durch Verjährungs-, Verwirkungs- und Fatalfristen, Bd. I, Die Verjährung der Forderungen, Bern 1975 (zum schweizerischen, deutschen und oesterreichischen Recht).

[29] *Pawlowski* I S. 163f.

[30] *v. Tuhr* Bd. III § 91 I.

weder nie entstanden oder bereits erloschen ist. Sollte er aber doch bestehen, so hat der Berechtigte den Nachteil der Verjährung seiner Nachlässigkeit in der Wahrung seines Rechts zuzuschreiben". Das ist allerdings ein Pauschalurteil, das keineswegs immer zutrifft. Vor allem in den Fällen, in denen das Gesetz, um die Abwicklung der Umsatzgeschäfte zu beschleunigen, kurze Verjährungsfristen angeordnet hat, wie etwa für die Mängelansprüche des Käufers und des Bestellers beim Werkvertrag, braucht die nicht fristgerechte Geltendmachung des Anspruchs keineswegs auf einer Nachlässigkeit des Berechtigten zu beruhen. Sie beruht hier häufig darauf, daß er vorher noch gar nicht zur Geltendmachung imstande war, weil sich der Mangel der Kaufsache oder des hergestellten Werks erst später herausgestellt hat, oder daß er seinen Schuldner nicht bedrängen wollte, ihm zu sehr vertraute. Die kurze Verjährungsfrist soll der kurzfristigen Abwicklung massenhaft getätigter Geschäfte dienen. Der Verkäufer oder Werkunternehmer soll davor bewahrt werden, daß er noch längere Zeit nach der Abwicklung eines Geschäfts mit nicht mehr von ihm erwarteten Mängelansprüchen überzogen wird, die eine Rückabwicklung des Geschäfts oder beträchtliche finanzielle Einbußen für ihn zur Folge haben können und damit seine weiteren Dispositionen in Frage stellen oder erschweren. Nur bei einer langen Verjährungsfrist trifft die von *v. Tuhr* geäußerte Vermutung wohl für die Mehrzahl der Fälle zu. Trotzdem kann auch hier die Geltendmachung der Verjährungseinrede in Einzelfällen zu einem Ergebnis führen, das der materiellen Gerechtigkeit nicht entspricht. Der Gesetzgeber hat dies, um der ,,Rechtsicherheit" willen, in Kauf genommen. Auf die eingetretene Verjährung kann sich nicht nur derjenige berufen, der glaubt oder doch für wahrscheinlich hält, daß er nicht schuldet, sondern im allgemeinen auch derjenige, der sehr wohl weiß, daß die Schuld besteht, in der ihm gegebenen Verjährungseinrede aber ein bequemes Mittel sieht, sich seiner Verpflichtung zu entziehen. Nur in besonders krassen Fällen hilft der Einwand unzulässiger Rechtsausübung gegenüber der Geltendmachung der Verjährungseinrede (vgl. unten unter c).

Den Eintritt der Verjährung knüpft das Gesetz an das Verstreichen einer genau festgelegten Zeit, die es für einzelne Arten von Ansprüchen verschieden bestimmt. Die regelmäßige Verjährungsfrist beträgt 30 Jahre (§ 195). Sie gilt z. B. für den Herausgabeanspruch und die Abwehransprüche des Eigentümers gemäß den §§ 985, 1004, für manche schuldrechtliche Ansprüche auf Erfüllung und auf Schadensersatz wegen Nichterfüllung, z. B. den Anspruch auf Rückgabe der Leihsache, Rückzahlung eines Darlehens, den Anspruch des Auftraggebers, auch eines Kommittenten, auf Herausgabe des vom Beauftragten (Kommissionär) Erlangten (§§ 667, 675),[31] den Anspruch eines Gesellschafters auf Auszahlung seines Gewinnanteils gemäß § 721,[32] den Anspruch des Käufers auf die Verschaffung von Besitz und Eigentum, den des Verkäufers, mit Ausnahme jedoch der Fälle des § 196 Abs. 1 Nr. 1 und 2, auf den Kaufpreis,[33] sowie in der Regel für Ansprüche aus ungerechtfertigter Bereicherung.[34] Jedoch gelten für viele und

---

[31] BGHZ 79, 89.

[32] BGHZ 80, 357. Zweifelhaft, wenn die Gewinnverteilung gemäß § 721 Abs. 2 jährlich, also ,,regelmäßig wiederkehrend" (§ 197) erfolgt.

[33] Hat sich indessen der Verkäufer eines Grundstückanteils, der Kaufmann ist, zugleich zur Herstellung einer Eigentumswohnung verpflichtet, so verjährt sein Vergütungsanspruch einheitlich nach § 196 Abs. 1 Nr. 1 in 2 Jahren, da der Bau der Wohnung, die Werkleistung also, hier dem gesamten Vertrag seine Prägung gibt; so BGHZ 72, 229.

[34] Verlangt jemand Vergütung wegen geleisteter Arbeit und gründet er diesen Anspruch etwa deshalb, weil ein gültiger Arbeits- oder Dienstvertrag nicht zustande gekommen war, gemäß der §§ 812 Abs. 1 und 818 Abs. 2 auf rechtsgrundlose Bereicherung, dann wendet die Rechtspr. auf diesen Anspruch die für Lohnansprüche gemäß § 196 Nr. 9 geltende zweijährige Verjährungsfrist an; BGHZ 48, 125. Dagegen wendet sie die dreißigjährige Frist auf den Bereicherungsanspruch des Arbeitgebers wegen versehentlicher Lohnüberzahlung an; BAG, JZ 73, 27.

gerade die häufigsten, praktisch wichtigsten Ansprüche kürzere Fristen, so daß die „Regel" des § 195, was die Häufigkeit ihrer Anwendung betrifft, eher die Ausnahme darstellt. Weit kürzere Verjährungsfristen gelten für zahlreiche schuldrechtliche Ansprüche aus Geschäften zumeist des täglichen Lebens, die vorwiegend den Warenumsatz oder Dienstleistungen betreffen; so für die Vergütungsansprüche derjenigen, die als Kaufleute, Fabrikanten oder Handwerker Waren geliefert oder Arbeiten ausgeführt haben, für Beförderungsentgelte, für Lohn- und Gehaltsansprüche der Arbeiter und Angestellten sowie die Gebührenforderungen von Ärzten und Rechtsanwälten.[35] Diese Ansprüche verjähren in der Regel in zwei, einige von ihnen unter bestimmten Voraussetzungen in vier Jahren. Das Gesetz enthält in § 196 einen umfangreichen Katalog solcher kurzfristig verjährenden Ansprüche, auf den hier verwiesen werden muß. Die Rechtsprechung wendet diese kurzen Fristen, soweit sie für den Erfüllungsanspruch gelten, auch auf solche Schadensersatzansprüche – aus „positiver Vertragsverletzung" und aus „culpa in contrahendo" – an, die einen Ersatz gerade für das Ausbleiben der Erfüllung oder das Scheitern des Vertrages darstellen.[36] Es bleiben für die regelmäßige Frist vornehmlich die Schadensersatzansprüche aus positiver Vertragsverletzung oder aus culpa in contrahendo wegen der Verletzung einer vertraglichen oder vorvertraglichen Schutzpflicht. Weiter wendet der BGH die Fristen des § 196 entsprechend an auf die Abwicklungsansprüche aus § 2 AbzG.[37]

Eine vierjährige Verjährungsfrist gilt sodann für Ansprüche auf Rückstände von Zinsen, von Miet- und Pachtzinsen sowie von „Renten, Auszugsleistungen, Besoldungen, Wartegeldern, Ruhegehalten, Unterhaltsbeiträgen und allen anderen regelmäßig wiederkehrenden Leistungen" (§ 197). Weitere, zum Teil noch erheblich kürzere Verjährungsfristen finden sich an verschiedenen Stellen des Gesetzes. So verjähren die Ansprüche des Käufers wegen eines Sachmangels bei beweglichen Sachen in sechs Monaten, bei Grundstücken in einem Jahr von der Ablieferung oder der Übergabe an (§ 477 Abs. 1). Ebenso kurze Verjährungsfristen gelten für die Ansprüche des Bestellers wegen eines Mangels des Werkes beim Werkvertrag (§ 638) sowie für die Ansprüche eines Vermieters oder Verleihers wegen Veränderungen oder Verschlechterung der vermieteten oder verliehenen Sache und für Verwendungsansprüche des Mieters oder Entleihers (§§ 558, 606). Für Ansprüche aus unerlaubten Handlungen gilt eine doppelte Frist: sie verjähren in drei Jahren von dem Zeitpunkt an, in dem der Verletzte von

---

[35] Auch die Honorarforderungen der Architekten ordnet der BGH jetzt, entgegen seiner früheren Rechtsprechung (BGHZ 45, 223), generell unter die Ziff. 7 des § 196 ein: BGHZ 59, 163; 60, 98.

[36] BGHZ 49, 77; 57, 191, 195ff. Das gleiche gilt für Ansprüche auf Ersatz des Vertrauensschadens gemäß §§ 122, 179 Abs. 2. Dagegen bleibt es bei der dreißigjährigen Frist, wenn auch für den Erfüllungsanspruch keine kürzere Frist gilt; so (für den Automatenaufstellungsvertrag) BGHZ 71, 80.

[37] BGHZ 58, 121.

dem Schaden und der Person des Ersatzpflichtigen Kenntnis erlangt, also den Anspruch geltend machen kann, ohne Rücksicht darauf in 30 Jahren von der Begehung der Handlung an (§ 852 Abs. 1). Die gleichen Fristen gelten auch für die Schadensersatzansprüche aus dem Straßenverkehrsgesetz (§ 14 StVG) und aus dem Haftpflichtgesetz (§ 8 HaftpflG).

Unterschiedlich geregelt ist auch der *Beginn* der Verjährungsfrist. Grundsätzlich beginnt sie mit der Entstehung des Anspruchs; handelt es sich um einen Unterlassungsanspruch, mit der Zuwiderhandlung (§ 198). Eine Forderung ist im allgemeinen dann „entstanden", wenn der vom Gesetz zu ihrer Entstehung verlangte Tatbestand verwirklicht ist, auch wenn der Gläubiger die Leistung in diesem Zeitpunkt noch nicht verlangen kann, also die „Fälligkeit" der Forderung hinausgeschoben ist (§ 271 Abs. 2; vgl. dazu unten § 25 V). Es wäre aber unzweckmäßig, den Lauf der Verjährungsfrist bereits beginnen zu lassen, bevor der Gläubiger noch vom Schuldner die Leistung verlangen und also mit Aussicht auf Erfolg sie einklagen kann. Man würde dem Gläubiger dann unter Umständen die Rechtsverfolgung ganz abschneiden. Das Gesetz hat zwischen der Entstehung und der Fälligkeit einer Forderung nicht klar unterschieden; es wird daher fast allgemein angenommen, daß § 198 die entstandene *und fällige* Forderung meint.[38] Im Falle, daß die Wirksamkeit eines Vertrages von einer Genehmigung, z. B. der des gesetzlichen Vertreters, abhängt und die Genehmigung erst nach längerer Zeit erteilt wird, beginnt die Verjährung der vertraglichen Ansprüche, unerachtet der grundsätzlichen „Rückwirkung" der Genehmigung (§ 184 Abs. 1), erst im Zeitpunkt der Erteilung der Genehmigung, weil vorher eine Geltendmachung dieser Ansprüche noch nicht möglich war.[39] Besondere Bestimmungen gelten für den Fall, daß die Entstehung eines Anspruchs oder seine Fälligkeit von einer Kündigung (§ 199) oder einer Anfechtung (§ 200) abhängt. In diesen Fällen beginnt die Verjährung mit dem Zeitpunkt, von welchem an die Kündigung oder die Anfechtung zulässig ist, weil die Entstehung des Anspruchs dann vom Berechtigten abhängt. Hat aber der Verpflichtete die Leistung erst dann zu bewirken, wenn seit der Kündigung eine bestimmte Frist verstrichen ist, so wird der Beginn der Verjährung um die Dauer dieser Frist hinausgeschoben (§ 199 Satz 2). In dieser Bestimmung kann man eine Bestätigung dafür sehen, daß nicht nur die Entstehung, sondern auch die Fälligkeit des Anspruchs für den Beginn der Verjährung zu berücksichtigen ist.

---

[38] So *v. Tuhr* Bd. III § 91 IV; *Enn./N.* § 232 I 1; *Lehmann/Hübner* § 45 II 2b; *Medicus* Rdz. 108; *Soergel/Augustin* 1; MünchKomm/*v. Feldmann* 1; *Palandt/Heinrichs* 1, *Erman/Hefermehl* 1 zu § 198. *Jahr* (JuS 1964, S. 294) nimmt zwar nicht eine Hinausschiebung des Beginns der Verjährung, wohl aber ihre Hemmung bis zum Eintritt der Fälligkeit an.

[39] RGZ 65, 245, 248. Das RG geht davon aus, die Verjährung eines Anspruchs erfordere, daß er geltend gemacht werden könne und trotzdem nicht geltend gemacht worden sei. Vgl. auch BGHZ 15, 80, 84 für den Fall eines zurückwirkenden Gesetzes.

In Fällen der zwei- und der vierjährigen Verjährungsfrist (§§ 196, 197) beginnt die Verjährung erst mit dem Ablauf des Jahres, in das der nach den §§ 198 bis 200 für ihren Beginn maßgebliche Zeitpunkt fällt (§ 201 Satz 1). Daher verjährt die Forderung eines Kaufmanns für eine Warenlieferung (§ 196 Abs. 1 Nr. 1) aus einem am 15. 1. 1983 geschlossenen Kaufvertrag erst mit Ablauf des 31. 12. 1985. Sollte aber der Kaufpreis erst nach Ablauf eines Jahres, also am 15. 1. 1984 verlangt werden können, so beginnt die Verjährungsfrist erst mit dem Ende des Jahres 1984 zu laufen, endet also mit dem Ablauf des 31. 12. 1986 (§ 201 Satz 2).

Im Falle eines dinglichen Herausgabeanspruchs kommt, wenn die Sache im Wege der Rechtsnachfolge in den Besitz eines Dritten gelangt, die während des Besitzes des Rechtsvorgängers verstrichene Verjährungszeit dem Nachfolger zustatten (§ 221). Dieser Bestimmung bedurfte es deshalb, weil, wie schon erwähnt, gegenüber dem neuen Besitzer ein neuer Herausgabeanspruch zur Entstehung gelangt. Der Zweck der Verjährung erfordert, daß nicht bei jedem Besitzwechsel die Frist von 30 Jahren erneut zu laufen beginnt, die seit der Entstehung des ersten Herausgabeanspruchs verstrichenen Besitzzeiten vielmehr zusammengerechnet werden.

Zugleich mit dem Hauptanspruch verjähren auch die Ansprüche auf die von ihm abhängigen Nebenleistungen, z. B. auf Darlehenszinsen oder Verzugszinsen, auch wenn die für diese Ansprüche geltende besondere Verjährungsfrist (§ 197) noch nicht abgelaufen ist (§ 224). Durch Vertrag kann die Verjährung weder ausgeschlossen noch erschwert, vor allem die Verjährungsfrist nicht verlängert werden. Dies würde mit dem Zweck der Verjährung nicht vereinbar sein. Wirksam ist dagegen eine Vereinbarung, durch die die Verjährung erleichtert, insbesondere die Verjährungsfrist verkürzt wird (§ 225).

b) **Hemmung, Ablaufshemmung, Unterbrechung der Verjährung.** Aus bestimmten Gründen kann die Verjährung zeitweilig „gehemmt“ sein. Die **Hemmung** bedeutet, daß der Zeitraum, während dessen die Verjährung gehemmt ist, in die Verjährungsfrist nicht eingerechnet wird (§ 205). Der Ablauf der Frist wird also um die Zeitdauer der Hemmung verlängert. Wäre die Verjährungsfrist ohne die Hemmung am 31. 12. 1976 abgelaufen, war aber die Verjährung sechs Monate lang gehemmt, so läuft die Frist am 30. 6. 1977 ab. Die Verjährung ist gehemmt:

1. Solange die Leistung gestundet oder der Verpflichtete aus einem anderen Grunde vorübergehend zur Verweigerung der Leistung berechtigt ist (§ 202 Abs. 1); dies gilt nicht für die in § 202 Abs. 2 genannten aufschiebenden oder anspruchsbeschränkenden Einreden;

2. solange der Berechtigte „durch Stillstand der Rechtspflege“ oder „in anderer Weise durch höhere Gewalt“ innerhalb der letzten sechs Monate der Verjährungsfrist an der Rechtsverfolgung verhindert wurde (§ 203).

3. Schließlich ist die Verjährung von Ansprüchen zwischen Ehegatten so lange gehemmt, wie die Ehe besteht, die Verjährung von Ansprüchen zwischen Eltern

und Kindern, solange die Kinder minderjährig sind, und von Ansprüchen zwischen dem Vormund und dem Mündel während der Dauer des Vormundschaftsverhältnisses (§ 204).

Zu diesen Tatbeständen ist zu bemerken: Es fällt auf, daß das Gesetz in § 202 die Stundung als einen Fall behandelt, in dem der Verpflichtete nur zur Verweigerung der Leistung berechtigt ist, ihm also eine Einrede, ein Gegenrecht gegen den fälligen Anspruch zusteht. In den meisten Fällen wird die Vereinbarung, die Leistung solle erst in einem späteren Zeitpunkt verlangt werden können, nicht nur die Einräumung eines Gegenrechts, sondern eine Hinausschiebung der Fälligkeit der Forderung bedeuten. Daß die Forderung fällig ist, ist, wenn die Leistungsklage erhoben wird, eine klagebegründende Tatsache, die daher vom Kläger zu behaupten und im Bestreitungsfall zu beweisen ist. Daß ihm eine Einrede zustehe, hat dagegen der Beklagte zu beweisen; überdies muß er sein Gegenrecht geltend machen. Vereinbaren die Parteien, der Kaufpreis solle erst in vier Wochen zu zahlen sein, so wollen sie damit in der Regel sagen, daß der Verkäufer ihn vorher nicht solle verlangen können, der Käufer vorher nicht zu zahlen brauche. Nur in Ausnahmefällen werden sie nicht die Hinausschiebung der Fälligkeit, sondern lediglich die Einräumung eines Gegenrechts im Auge haben.[40] Ist aber die Fälligkeit hinausgeschoben, dann ist die Verjährung nicht nur bis zu deren Eintritt gehemmt, vielmehr kann sie nach dem früher Gesagten vor dem Eintritt der Fälligkeit nicht beginnen. Nimmt man allerdings an, das Gesetz habe in § 198 die Fälligkeit absichtlich nicht erwähnt, dann muß man annehmen, daß der Lauf der Verjährung bis zum Eintritt der Fälligkeit wenigstens gehemmt sei.[41] Indessen meint § 202 offenbar nur Fälle eines zeitweiligen „Leistungsverweigerungsrechts". Von einer „Stundung" im Sinne lediglich der Einräumung einer verzögerlichen Einrede wird man eher dann sprechen können, wenn der Gläubiger dem Schuldner nachträglich, nach Eintritt oder im Hinblick auf den bevorstehenden Eintritt der Fälligkeit, einen Aufschub gewährt. Die Gewährung ändert dann nichts an der Fälligkeit – und damit an dem Beginn der Verjährungsfrist –, sondern begründet nur eine zeitweilige Gebundenheit des Gläubigers dahin, mit der Geltendmachung seiner – „an sich" fälligen – Forderung zu warten. Im Zweifel wird man jedoch eine echte Hinausschiebung der Fälligkeit und nicht lediglich die Einräumung eines Leistungsverweigerungsrechts annehmen müssen, so daß für eine „Stundung" im Sinne des § 202 nur ein geringes Anwendungsgebiet verbleibt.

„Höhere Gewalt" im Sinne des § 203 Abs. 2 ist jedes dem Einfluß des Anspruchsberechtigten entzogene Ereignis, das ihm die Rechtsverfolgung auch bei den äußersten, ihm zumutbaren Anstrengungen unmöglich macht, wie z. B. eine

---

[40] Einige solcher Fälle führt *v. Tuhr* Bd. I § 17 VI an.
[41] So *Jahr* aaO. S. 294.

schwere Erkrankung oder ein Unfall oder eine nicht voraussehbare Unterbrechung der Verkehrsverbindungen.[42] Im Gegensatz zu der Auslegung, die der Begriff „höhere Gewalt" im Haftpflichtrecht erfahren hat, ist es nicht erforderlich, daß es sich um ein „von außen kommendes" Ereignis handelt.[43] Auch ein geringes Verschulden des Anspruchsberechtigten schließt die Annahme höherer Gewalt aus; dabei muß sich der Berechtigte nach der Ansicht des BGH ein Verschulden auch seines Prozeßvertreters zurechnen lassen.[44]

Unter **„Ablaufshemmung"** versteht man den Fall, daß der Ablauf einer Verjährungsfrist wegen eines bestimmten Hindernisses der Rechtsverfolgung hinausgeschoben wird. Die Verjährung endet in diesen Fällen nicht vor dem Ablauf von sechs Monaten nach dem Zeitpunkt, in dem das Hindernis fortgefallen ist.[45] Das Hindernis wirkt sich daher nicht aus, wenn es früher als sechs Monate vor dem normalen Ablauf der Frist bereits fortgefallen ist. Fälle der Ablaufshemmung enthalten die §§ 206, 207 und 2031 Abs. 1. Nach § 206 ist beispielsweise die Vollendung der Verjährung eines Anspruchs einer geschäftsunfähigen oder in der Geschäftsfähigkeit beschränkten Person gehemmt, wenn sie (in irgendeinem Zeitpunkt während der letzten 6 Monate der Frist) ohne gesetzlichen Vertreter ist.

Die **„Unterbrechung" der Verjährung** bedeutet, daß die bisher verstrichene Verjährungsfrist bedeutungslos wird und nach dem Wegfall der Unterbrechung eine neue Frist (sei es von gleicher Länge oder von 30 Jahren) zu laufen beginnt (§ 217).[46] Die wichtigsten Fälle der Unterbrechung sind die formlose Anerkennung[47] des Anspruchs durch den Verpflichteten (§ 208) und die Klagerhebung (§ 209 Abs. 1) sowie die ihr gleichgestellten, meist auf die Einleitung eines gerichtlichen Verfahrens gerichteten Handlungen (§§ 209 Abs. 2, 210).[48] Will also

---

[42] Als einen Fall „höherer Gewalt" sieht der BGH auch den Umstand an, daß der Berechtigte unvermögend dazu ist, die sofort fälligen Prozeßkosten zu tragen. Im Falle, daß er noch vor Ablauf der Verjährungsfrist das Gesuch um Bewilligung der Prozeßkostenhilfe einreicht, ist deren weiterer Ablauf so lange gehemmt, bis er „bei angemessener Sachbehandlung in der Lage ist, die Klage zu erheben". So BGHZ 70, 235, 239.

[43] Vgl. *v. Tuhr* Bd. III § 91 zu Anm. 120; *Enn./N.* § 234 II 2; BGHZ 17, 199, 201.

[44] BGHZ 17, 199, 205; 81, 353, 356f.; anders jedoch RGZ 158, 357, 360f.

[45] Ist aber die Verjährungsfrist kürzer als 6 Monate, so tritt die kürzere Verjährungsfrist an die Stelle der Sechs-Monate-Frist.

[46] § 201 findet in diesem Fall keine Anwendung; so RGZ 65, 268, 128, 80; *Palandt/Heinrichs* 1 zu § 201.

[47] „Schlüssiges Verhalten" genügt; vgl. BGH LM Nr. 3 zu § 208 BGB. Das Gesetz selbst nennt Abschlagszahlung, Zinszahlung und Sicherheitsleistung als Beispiele. Jede Handlung genügt, die erkennen läßt, daß der Schuldner um seine Verpflichtung weiß. Ein nur bedingtes Anerkenntnis genügt jedoch nicht; BGH, NJW 69, 1108. Nach BGHZ 58, 103 soll auch die Erklärung der Aufrechnung mit einer eigenen – aber bestrittenen – Forderung gegen die – unbestrittene – des Gläubigers nicht als Anerkenntnis der letzteren anzusehen sein; das überzeugt nicht.

[48] Ist zu der Zeit, zu der die Verjährungsfrist gemäß § 201 erst zu laufen beginnt, ein Rechtsstreit bereits anhängig, so ist die Verjährung mit dem Beginn der Laufzeit unterbrochen; so BGHZ 52, 47.

der Berechtigte den sonst drohenden Ablauf der Verjährungsfrist verhindern, so muß er entweder den Verpflichteten zu irgendeiner Art der Anerkennung seiner Verpflichtung bewegen oder, wenn dieses Bemühen erfolglos bleibt, noch vor Ablauf der Frist die Klage erheben oder einen entsprechenden Schritt tun. Die bloße Mahnung oder auch die *Androhung* gerichtlicher Schritte genügt hierfür nicht.

Die Unterbrechung der Verjährung durch Klagerhebung gilt als nicht erfolgt, wenn die Klage zurückgenommen oder durch ein nicht in der Sache entscheidendes Urteil rechtskräftig abgewiesen wird. Erhebt der Berechtigte in einem solchen Fall innerhalb von sechs Monaten eine neue Klage, so gilt die Verjährung jedoch als durch die Erhebung der ersten Klage unterbrochen (§ 212). Im übrigen dauert die Unterbrechung durch die Erhebung der Klage so lange fort, bis der Prozeß rechtskräftig entschieden oder auf andere Weise (z. B. durch einen Vergleich der Parteien) erledigt ist (§ 211 Abs. 1). Gerät der Prozeß infolge einer Vereinbarung der Parteien oder dadurch, daß er nicht betrieben wird, in Stillstand, so endet die Unterbrechung mit der letzten Prozeßhandlung einer Partei oder des Gerichts. Die danach beginnende neue Verjährung wird wiederum unterbrochen, wenn eine der Parteien den Prozeß weiter betreibt (§ 211 Abs. 2).[49] Hinsichtlich der der Klagerhebung gleichgestellten Handlungen, durch die die Verjährung gemäß § 209 Abs. 2 unterbrochen wird, gelten ähnliche Regeln, die in den §§ 212a bis 216 enthalten sind.

Ist der Anspruch durch ein rechtskräftiges Urteil festgestellt, so beträgt die neu beginnende Verjährungsfrist 30 Jahre, auch wenn der Anspruch an sich einer kürzeren Verjährung unterliegt (§ 218 Abs. 1). Das gilt nicht, soweit sich die Feststellung des Urteils auf regelmäßig wiederkehrende, erst künftig fällig werdende Leisungen – z. B. Renten, Miet- und Pachtzinsen – bezieht. Für diese bewendet es bei der für derartige Ansprüche gemäß § 197 geltenden vierjährigen Verjährungsfrist, wobei die Frist für jeden einzelnen Anspruch mit seiner Entstehung oder Fälligkeit beginnt (§ 218 Abs. 2). Ist ein Anspruch auf dauerndes Unterlassen bestimmter Handlungen durch ein entsprechendes Urteil festgestellt, so beginnt eine neue Verjährungsfrist allenfalls mit der ersten Zuwiderhandlung nach dem Urteil.[50] Solange sich der Verpflichtete dem Urteil gemäß verhält, hat der Berechtigte keinen Anlaß, erneut gegen ihn vorzugehen; sein Anspruch ist solange befriedigt. Die Verjährung eines Anspruchs ist im allgemeinen die Folge einer Untätigkeit des Gläubigers; solange dieser aber nicht tätig zu werden braucht, um die Verwirklichung seines Anspruchs zu erreichen, wäre eine Verjährung unangebracht.

c) **Der verjährte Anspruch.** Ist der Anspruch verjährt, so „ist der Verpflichtete berechtigt, die Leistung zu verweigern“ (§ 222 Abs. 1). Die Verjährung stellt also keinen Erlöschensgrund dar, sondern gibt dem Verpflichteten nur eine „Einrede“.

Die Einrede der Verjährung ist eine dauernde. Nach dem oben (unter II) Gesagten ist zu unterscheiden zwischen den Rechtsfolgen des Bestehens eines Einre-

---

[49] Zum „Weiterbetreiben“ genügt „jede zur Förderung des Prozesses bestimmte und nach objektiven Maßstäben geeignet erscheinende Handlung einer Partei“, auch wenn sie tatsächlich keinen Fortgang des Prozesses bewirkt; BGH, JZ 79, 229.

[50] So BGHZ 59, 73.

derechts (dem Einredetatbestand) und den Folgen der Ausübung der Einrede. Die Rechtsfolgen des Bestehens der Verjährungseinrede gehen nicht so weit wie die des Bestehens anderer dauernder Einreden. Sie beschränken sich auf das Hindernis der Aufrechenbarkeit der verjährten Forderung in den Grenzen, die sich aus § 390 Satz 2 ergeben. Die verjährte Forderung kann erfüllt und das zu ihrer Erfüllung Geleistete kann auch dann nicht gemäß § 813 Abs. 1 Satz 1 zurückgefordert werden, wenn die Leistung in Unkenntnis der Verjährung erfolgt war. Das ergibt sich aus § 222 Abs. 2.[51] Auch ein vertragsmäßiges (schuldbegründendes) Anerkenntnis sowie eine Sicherheitsleistung können nicht als rechtsgrundlos zurückgefordert werden, weil die ihnen zugrunde liegende Forderung bereits verjährt war. Die zur Sicherung des verjährten Anspruchs bestellten Hypotheken und Pfandrechte bleiben unberührt. Der Gläubiger kann weiterhin seine Befriedigung wegen der verjährten Forderung aus dem Pfandgegenstand suchen (§ 223 Abs. 1). Ebenso bleiben Sicherungsübereignungen und Sicherungsabtretungen weiterhin wirksam (§ 223 Abs. 2).[52] Diese Bestimmungen gelten lediglich nicht für Ansprüche auf Rückstände von Zinsen und anderen wiederkehrenden Leistungen (§ 223 Abs. 3). Von diesen Ausnahmen abgesehen, gibt also die Verjährung dem Schuldner der verjährten Forderung im allgemeinen nur die Möglichkeit, ihre Durchsetzung im Prozeß durch die Geltendmachung seiner Einrede zu verhindern. Hat der Schuldner die Verjährungseinrede, nach unserer Auffassung endgültig erst im Prozeß, geltend gemacht, so ist der Anspruch des Gläubigers dadurch zu einem gerichtlich nicht mehr durchsetzbaren, in diesem Sinne ,,klaglosen" geworden, dem das Gericht, unerachtet dessen, daß er materiell-rechtlich als bestehend angesehen wird, nicht mehr stattgeben darf.

Als Gegenrecht unterliegt die Verjährungseinrede den früher (§ 13 VI a) besprochenen allgemeinen Schranken der Rechtsausübung, insbesondere auch denen, die sich aus dem Grundsatz von Treu und Glauben ergeben. Das ist bei der Verjährungseinrede deshalb von besonderer Bedeutung, weil sich grundsätzlich auch derjenige auf sie berufen kann, der weiß, daß er verpflichtet ist, dem anderen also etwas vorenthält, was dieser ,,an sich", gäbe es das Institut der Verjäh-

---

[51] Vgl. § 813 Abs. 1 Satz 2.

[52] Die heute herrsch. Lehre nimmt an, daß in Analogie hierzu der Verkäufer, der sich bis zur vollständigen Bezahlung des Kaufpreises das Eigentum an der Kaufsache vorbehalten hat, nach der Vollendung der Verjährung seines Kaufpreisanspruchs und der Geltendmachung der Verjährung durch den Käufer nunmehr von diesem die Herausgabe der Sache mit dem Eigentumsanspruch (§ 985) verlangen kann, weil hierdurch das Recht des Käufers zum Besitz, damit der Einwand aus § 986, entfallen ist. Dafür BGHZ 34, 191; 70, 96; zustimmend *Dilcher,* JuS 79, 331; *Staudinger/Dilcher* 12, *Palandt/Heinrichs* 1 b zu § 223; *Medicus* Rdz. 123. Vgl. auch Sch.R. Bd. II § 43 II b. Zweifelhaft ist, ob der Käufer, macht der Verkäufer von seinem Rückforderungsrecht Gebrauch, seinerseits Rückzahlung geleisteter Anzahlungen verlangen kann, wenn ja, ob und welche Abzüge er sich gefallen lassen muß. Man wird wohl in diesem Fall die Sachlage ebenso ansehen müssen, wie wenn der Verkäufer vom Kaufvertrage zurückgetreten wäre.

rung nicht, zu bekommen hat. Die Geltendmachung der Verjährungseinrede in Kenntnis des Bestehens der Verpflichtung ist für sich allein noch keine unzulässige Rechtsausübung, weil die Rechtsordnung sie erlaubt. Sie kann aber eine unzulässige Rechtsausübung sein, wenn der Verpflichtete zuvor den Anschein erweckt hatte, er werde sein Gegenrecht nicht geltend machen, und wenn er dadurch, absichtlich oder unabsichtlich, den Berechtigten von der rechtzeitigen Erhebung einer Klage zwecks Unterbrechung der Verjährung abgehalten hatte. Die Geltendmachung der Verjährung, also die Ausübung des Gegenrechts, steht in solchen Fällen zu dem eigenen früheren Verhalten des Schuldners im Widerspruch, sie verstößt daher gegen Treu und Glauben.

Es ist, damit der Einwand unzulässiger Rechtsausübung gegenüber der Verjährungseinrede durchgreift, nicht erforderlich, daß der Verpflichtete ausdrücklich erklärt hat, er wolle sich auf die Verjährung nicht berufen. Vielmehr genügt es, wenn der Berechtigte „nach dem Verhalten des Schuldners der Auffassung sein durfte, seine Ansprüche würden befriedigt oder jedenfalls nur mit sachlichen Einwendungen bekämpft werden, und wenn er deshalb davon abgesehen hat, den Anspruch vor Ablauf der Verjährungsfrist geltend zu machen".[53] Das kann z. B. der Fall sein, wenn der Verpflichtete den Berechtigten bittet, noch so lange zu warten, bis der Sachverhalt voll geklärt sei, oder wenn er, ohne den Anspruch des Berechtigten anzuerkennen, ausweichend Stellung nimmt, dabei jedoch seine grundsätzliche Bereitschaft erkennen läßt, ihn zu erfüllen, falls er bestünde. In solchen Fällen sieht der Berechtigte von einer Klage ab in der sicheren Erwartung, auf gütlichem Wege zum Ziel zu kommen, und rechnet nicht damit, daß sich der andere Teil, wenn die dafür nötige Zeit abgelaufen ist, hinter der Verjährung verschanzen werde. Der Einwand der unzulässigen Rechtsausübung steht jedoch der Geltendmachung der Verjährungseinrede nicht dauernd entgegen, sondern nur bis zum Ablauf einer angemessenen Frist, innerhalb derer vom Berechtigten erwartet werden kann, daß er nunmehr die Klage erheben würde. Nach Ablauf auch dieser zusätzlichen Frist verstößt es nicht mehr gegen Treu und Glauben, wenn der Verpflichtete die Verjährung geltend macht.

IV. Anspruchskonkurrenz und Mehrheit der Anspruchsgrundlagen[54]

Dieselben Lebenssachverhalte oder doch solche, die sich weitgehend decken, können die Tatbestände verschiedener anspruchsbegründender Normen erfüllen. Es fragt sich dann, ob nur die eine Norm zur Anwendung kommt oder beide; im letzteren Fall, ob mehrere Ansprüche entstehen oder, bei Inhaltsgleichheit, nur ein einziger, der im Gesetz mehrfach begründet ist. Wir unterscheiden folgende Fälle:

1. Die eine Anspruchsnorm *verdrängt* die andere, so daß nur die erste zur Anwendung kommt. Das ist vor allem dann der Fall, wenn die erste Norm, die verdrängende, gegenüber der zweiten „lex specialis" ist, d. h., wenn der in ihr geregelte Fall ein Unterfall des Tatbestandes der zweiten Norm ist. Der Gesetz-

[53] So der BGH, VersR 65, 100. Vgl. auch BGHZ 9, 1, 5; 71, 86, 96; RGZ 115, 135, 137; 144, 378, 381; 153, 101, 111; BAG AP Nr. 2 zu § 196 BGB.

[54] Schrifttumsangaben dazu am Beginn dieses Paragraphen, ferner *Schlechtriem,* Vertragsordnung und außervertragliche Haftung, 1972. Vgl. auch *meine* Methodenlehre der Rechtswissenschaft, 5. Aufl. S. 255 ff. und SchR. II § 75 VI.

geber hat dann aus dem Kreis der durch die zweite Norm erfaßten Fälle eine engere Gruppe ausgesondert, die er anders als die übrigen hat regeln wollen. Die spezielle Regelung verdrängt für ihren Anwendungsbereich die allgemeinere. Es kann sein, daß die generelle Norm einen Anspruch begründet, die spezielle ihn aber für ihren engeren Bereich ausschließt oder an weitere Voraussetzungen knüpft – so z. B. die Norm des §8 33 Satz 2 im Verhältnis zu der des § 833 Satz 1 –, oder daß die generelle Norm einen Anspruch bestimmter Art im allgemeinen versagt, die spezielle ihn aber für bestimmte Fälle doch gewährt – so § 847 im Verhältnis zu § 253. Ferner kann sich die Verdrängung der einen Norm durch eine andere, ohne daß diese im Verhältnis zu jener lex specialis wäre, aus dem Zweck der verdrängenden Norm ergeben. So schließt nach durchaus herrschender Auffassung[55] § 839 für seinen Anwendungsbereich die Anwendung der übrigen Deliktstatbestände, vor allem also des § 823, aus. Zwar ist § 839 nicht lex specialis im Verhältnis zu den anderen Deliktstatbeständen, denn keineswegs braucht jede Amtspflichtverletzung schon eine unerlaubte Handlung im Sinne des § 823 Abs. 1 oder Abs. 2 darzustellen. Ist das aber der Fall, so fordert es der Zweck des § 839, die Amtspflichtverletzung nur nach dieser Bestimmung (und gegebenenfalls nach Art. 34 GG), nicht auch nach § 823 zu beurteilen. Daher verdrängt § 839 für seinen Anwendungsbereich die anderen Deliktstatbestände. Manche sprechen in solchen Fällen von „Gesetzeskonkurrenz".[56] Da dieser Ausdruck jedoch mehrdeutig ist und tatsächlich auch in anderem Sinne gebraucht wird,[57] so vermeiden wir ihn und sprechen statt dessen lieber von *normenverdrängender Konkurrenz.*

2. Mitunter stellt das Gesetz jemandem zwei oder mehrere Ansprüche oder einen Anspruch und ein Gestaltungsrecht *wahlweise* zur Verfügung, so daß er endgültig nur den einen oder den anderen Anspruch verwirklichen oder das Gestaltungsrecht ausüben kann, aber zwischen ihnen die Wahl hat. Die Rechtsfolgen des einen und die des anderen Anspruchs oder die der Ausübung des Gestaltungsrechts schließen sich in diesen Fällen aus, sie können also nicht nebeneinander verwirklicht werden; der Berechtigte hat aber zunächst beide Rechte. So kann in den Fällen der §§ 325, 326 der Gläubiger entweder Schadensersatz wegen Nichterfüllung verlangen oder vom Vertrage zurücktreten; er kann jedoch nach dem Willen des Gesetzes nicht beides miteinander verbinden. Der Käufer hat im Falle eines Sachmangels wahlweise das Recht, Wandelung oder Minderung zu verlangen (§ 462), dazu in einigen besonderen Fällen, wiederum wahlweise statt der anderen Möglichkeiten, einen Schadensersatzanspruch (§ 463). Man spricht

---

[55] Sch. R. II § 73 VII a.
[56] So vor allem *Dietz* aaO. S. 16 ff.; *v. Tuhr* Bd. I § 16 I 4.
[57] So von *Enn./N.* § 60 und von *Lehmann/Hübner* § 8 IV.

in solchen Fällen von *alternativer* oder von *elektiver Konkurrenz* oder, bezogen auf Ansprüche, von mehreren, alternativ gegebenen Ansprüchen.

3. Derselbe, oder doch im wesentlichen derselbe, Sachverhalt kann nach verschiedenen Normen verschiedene Ansprüche zur Folge haben, die auf verschiedene Leistungen gerichtet sind und daher nebeneinander verwirklicht werden können. So kann im Falle einer schuldhaften Körperverletzung der Schädiger dem Geschädigten außer zum Ersatz des diesem entstandenen Vermögensschadens auch zur Zahlung eines Schmerzensgeldes gemäß § 847 verpflichtet sein. Der Besitzer einer Sache, dem kein Recht zum Besitz gegenüber dem Eigentümer zur Seite steht, ist diesem nach § 985 zur Herausgabe der Sache und daneben, unter gewissen Voraussetzungen, zur Herausgabe von ihm gezogener Nutzungen (§§ 987ff.) verpflichtet. Der Beauftragte hat dem Auftraggeber das herauszugeben, was er aus der Geschäftsbesorgung erlangt hat (§ 667), sowie ihm Auskünfte zu geben und Rechenschaft abzulegen (§ 666). Die genannten Ansprüche stehen dem Berechtigten jeweils nebeneinander zu; sie stören einander nicht. Der Berechtigte kann jeden dieser Ansprüche, sofern er überhaupt abtretbar ist, gesondert abtreten oder erlassen, jeden für sich allein oder alle zusammen einklagen. Im letzteren Fall spricht man von ,,objektiver Klagenhäufung", besser ,,Anspruchshäufung" (§ 260 ZPO). Jeder der eingeklagten Ansprüche bildet im Prozeß einnen besonderen Streitgegenstand. Man spricht hier von ,,kumulativer Normenkonkurrenz" oder *Anspruchshäufung*.

4. Problematisch sind die Fälle, in denen ein im wesentlichen identischer Lebenssachverhalt unter verschiedene anspruchsbegründende Normen subsumiert werden kann, wenn die nach diesen verschiedenen Normen begründeten Ansprüche inhaltlich gleich sind. So kann z. B. eine Vertragsverletzung – etwa die Lieferung verdorbener Speisen durch einen Gastwirt oder durch einen Lebensmittelhändler an seinen Kunden – zugleich den Tatbestand einer unerlaubten Handlung, nämlich einer Gesundheitsbeschädigung (§ 823 Abs. 1), erfüllen. Der Anspruch des an seiner Gesundheit geschädigten Gastes oder Kunden ergibt sich dann sowohl aus den Bestimmungen über Vertragsverletzungen, wie aus § 823 Abs. 1. Die Ersatzpflicht eines Kraftfahrers, der schuldhaft einen anderen verletzt hat, kann sowohl nach § 7 StVG wie nach § 823 begründet sein, wenn auch nach der ersten Vorschrift nur bis zu der gesetzlichen Haftungshöchstsumme. Die Herausgabe der Mietsache nach dem Ablauf des Mietverhältnisses kann von dem Eigentümer und Vermieter sowohl auf Grund seines Eigentums (§ 985) wie des Rückgabeanspruchs aus dem Mietverhältnis (§ 556), ein Anspruch auf die Herausgabe dessen, was jemand durch eine Verfügung über ein fremdes Recht erlangt hat, sowohl nach § 816 Abs. 1 wie nach § 687 Abs. 2 und nach § 823 Abs. 1 begründet sein, wenn die weitergehenden Voraussetzungen der beiden zuletzt genannten Paragraphen gleichfalls vorliegen. Es liegt in allen diesen Fällen nach der ständigen Rechtsprechung und der im Schrifttum weit überwiegenden An-

sicht[58] keine normenverdrängende Konkurrenz vor; vielmehr kann sich der Berechtigte auf alle im einzelnen Fall zutreffenden Anspruchsnormen berufen und daher in der Regel die verschiedenen Vorteile, die sie ihm gewähren, miteinander kombinieren. So ist der auf ein Vertragsverhältnis gestützte Schadensersatzanspruch für den Gläubiger oft günstiger als der Deliktsanspruch im Hinblick auf die Beweislast und auf die Haftung für Erfüllungsgehilfen (§ 278); dagegen kann in anderer Hinsicht (§§ 844, 845) der Deliktsanspruch für ihn günstiger sein. In den Fällen der Konkurrenz einer Gefährdungshaftung mit der Deliktshaftung ist der Anspruch aus der Gefährdungshaftung für den Geschädigten wesentlich günstiger hinsichtlich der Beweisanforderungen, da er kein Verschulden des Schädigers verlangt, aber ungünstiger mit Rücksicht auf die Haftungshöchstsummen und die Verjährung. Die h. L. nimmt an, daß in diesen Fällen stets mehrere, voneinander unabhängige Ansprüche bestehen, die sich inhaltlich völlig oder doch in weitem Umfang miteinander decken. Sie bezeichnet dieses Verhältnis als **„Anspruchskonkurrenz“.**[59]

Die Fälle der Anspruchskonkurrenz unterscheiden sich von denen der Anspruchshäufung dadurch, daß, weil alle Ansprüche auf die gleiche Leistung gerichtet sind, diese Leistung nur einmal verlangt werden kann. Mit der Erfüllung des einen Anspruchs erlöschen daher, soweit sie sich inhaltlich decken, auch die übrigen.[60] Ersetzt der Schuldner, der dem Gläubiger sowohl aus Vertragsverletzung wie aus Delikt oder Gefährdungshaftung zum Ersatz desselben Schadens verpflichtet ist, den Schaden, so ist der Gläubiger im Hinblick auf alle diese Ansprüche befriedigt; infolgedessen erlöschen alle Ansprüche. Gibt der Mieter nach Beendigung der Miete die Mietsache dem Vermieter, der zugleich Eigentümer ist, zurück, so hat er damit sowohl seiner Rückgabepflicht gemäß § 556 wie seiner Herausgabepflicht gemäß § 985 Genüge getan. Beide Ansprüche sind daher, weil befriedigt, erloschen. Kennzeichen der Anspruchskonkurrenz ist also, daß der Gläubiger verschiedene Ansprüche auf dieselbe Leistung hat, deren Erfüllung aber nur einmal verlangen kann.

Die h. L. nimmt weiter an, daß in den Fällen der Anspruchskonkurrenz die mehreren auf dasselbe Ziel gerichteten Ansprüche bis zu ihrer Befriedigung selbständig nebeneinander bestehen. Der Gläubiger muß danach, wenn es ihm be-

---

[58] A. A. sind hinsichtlich des Verhältnisses von Vertrags- und Deliktsansprüchen v. *Tuhr* Bd. I § 16 zu Anm. 33, neuerdings wieder *Knetsch,* Das Verhältnis von Vertragsrecht und Deliktsrecht, 1975 (für Verdrängung der Deliktsnormen durch die Vertragsnormen), grundsätzlich auch *Schwark,* AcP 179, 57; hinsichtlich des Herausgabeanspruchs des Eigentümers und der schuldrechtlichen Rückgabeansprüche aus Miete, Leihe usw. (für die Verdrängung des ersten) *Raiser,* Festschrift für Martin *Wolff,* 1952, S. 123ff.; JZ 58, 684; 61, 529; *Wolff/Raiser,* Sachenrecht § 84 I 2. Ihm folgt *Baur,* Sachenrecht § 11 B I 2.

[59] Eingehend dazu *Dietz* aaO. S. 125ff.

[60] *Dietz* a. a. O. S. 164, *v. Tuhr* Bd. I § 16 zu Anm. 54; *Enn./N.* § 228 III 2; *Enn./Lehmann,* Schuldrecht § 232.

liebt, den einen Anspruch erlassen oder abtreten, den anderen aber behalten oder an einen anderen Zessionar abtreten können. Er muß, will man konsequent bleiben, die Ansprüche in verschiedenen Prozessen gesondert einklagen können; wird er mit dem einen abgewiesen, so muß es ihm immer noch freistehen, den anderen geltend zu machen. Diese Folgerungen sind teils mißlich, teils widersprechen sie dem heutigen Prozeßrecht. Mißlich wäre die Möglichkeit, den einen Anspruch abzutreten, den anderen nicht, weil sich dann der Schuldner, der die Leistung doch nur einmal schuldet, über seine Verpflichtung mit verschiedenen Gläubigern auseinanderzusetzen hätte. Davon, daß der Gläubiger jeden der Ansprüche gesondert einklagen könnte, kann nach dem heutigen Prozeßrecht nicht die Rede sein.[61] Denn der Kläger, der wegen des von ihm bei einem bestimmten Unfall erlittenen Schadens Ersatz begehrt, macht nach heutiger Auffassung nicht mehrere prozessuale Ansprüche geltend, sondern einen einzigen. Er gründet den von ihm behaupteten Anspruch auf den Unfall, dessen rechtliche Würdigung er dem Gericht überläßt. Er macht also nicht einen Anspruch „aus" unerlaubter Handlung, einen „aus" Gefährdungshaftung und einen „aus" Vertragsverletzung geltend, sondern „den" Schadensersatzanspruch, der ihm unter einem dieser rechtlichen Gesichtspunkte oder auch unter allen aus dem den Klaggrund bildenden Unfall entstanden ist. Der von ihm behauptete Schadensersatzanspruch bildet einen einzigen Streitgegenstand, über den das Gericht, und zwar grundsätzlich unter allen in Betracht kommenden rechtlichen Gesichtspunkten, im Urteil zu befinden hat. Wenn das Gericht zu der Auffassung gelangt, die Klage sei aus dem Gesichtspunkt der Vertragsverletzung nicht begründet, weil ein Vertragsverhältnis nicht bestanden habe, wohl aber aus dem der unerlaubten Handlung, dann weist es die Klage nicht etwa aus dem ersten Grunde ab, während es ihr aus dem zweiten Grunde stattgibt, sondern es entscheidet, anders als in den Fällen der Anspruchshäufung, nur einmal. Dabei genügt es für ein der Klage stattgebendes Urteil, daß das Verlangen des Klägers unter *einem* der in Betracht kommenden rechtlichen Gesichtspunkte begründet ist. Nur wenn es unter keinem begründet ist, kann die Klage als unbegründet abgewiesen werden. Der Kläger braucht nur die *Tatsachen* anzugeben, auf die er seine Klage stützt; einen bestimmten *rechtlichen* Grund, aus dem sein Verlangen gerechtfertigt sei, braucht er nicht anzugeben. Die rechtliche Würdigung ist vielmehr Sache des Gerichts. Der Kläger klagt somit nicht, wie im früheren Aktionenprozeß, „aus" einem bestimmten rechtlichen Klagegrund, etwa „aus" Vertrag oder „aus" unerlaubter Handlung, sondern lediglich auf die von ihm begehrte Leistung. Die Lehre von der „Anspruchskonkurrenz" hat sich noch nicht völlig von den Vorstellungen des früheren Aktionenprozesses gelöst;[62] sie steht insoweit im Widerspruch zum heutigen Prozeßdenken.

---

[61] Zum folgenden vor allem *Nikisch,* AcP 154 S. 281 ff.; *Georgiades* aaO. S. 120 ff., 239 ff.

[62] Dazu *Georgiades* aaO. S. 30 ff., 125 ff. Die Nachwirkung des aktionenrechtlichen Denkens zeigt

Mit der Lehre von der Anspruchskonkurrenz verträgt es sich endlich schlecht, daß viele ihrer Vertreter trotz der angeblichen Selbständigkeit der mehreren Ansprüche in einigen Fällen eine gegenseitige Beeinflussung annehmen. Der Vertragsschuldner haftet, ebenso wie der Deliktsschuldner, in der Regel bei jeder Art von Verschulden. In einigen Fällen läßt ihn das Gesetz aber nur für schwerere Verschuldensarten haften (vgl. die §§ 521, 599, 690, 708). In diesen Fällen haftet der Schuldner nach der heute überwiegenden Ansicht[63] dann, wenn seine Vertragsverletzung zugleich eine unerlaubte Handlung darstellt, auch unter diesem Gesichtspunkt nur für das gleiche Verschuldensmaß. Auch hinsichtlich der Verjährungsfristen hat die Rechtsprechung in den Fällen der §§ 558, 606 eine Angleichung vorgenommen. Sie läßt hier den Schadensersatzanspruch des Vermieters oder Verleihers auch dann in den kurzen Fristen dieser Bestimmungen verjähren, wenn er auch noch auf andere Vorschriften, insbesondere auf unerlaubte Handlung gestützt werden kann.[64] Man sollte daher, wenn das gleiche Verlangen sowohl nach den Vorschriften der Vertragshaftung wie nach denen der Deliktshaftung und (oder) der Gefährdungshaftung begründet ist, überhaupt beim Vorliegen mehrerer schuldrechtlicher Anspruchsgrundlagen, nicht von *mehreren Ansprüchen* und damit von Anspruchskonkurrenz, sondern von *einem einzigen, aber mehrfach begründeten* Anspruch, von einer **Mehrheit der Anspruchsgrundlagen** oder von **Anspruchsnormenkonkurrenz** sprechen.[65]

---

sich z. B. bei *v. Tuhr* deutlich, wenn er (Bd. I § 16 II 2) schreibt: „Konkurrierende Ansprüche sind in ihrer Ausübung völlig unabhängig voneinander. Es hängt vom Berechtigten ab, welchen von den mehreren ihm zur Verfügung stehenden Ansprüchen er erheben will." Nach heutiger Auffassung „erhebt" der Kläger mit der Klage nicht einen bestimmten materiellrechtlichen Anspruch, weder den aus Vertrag noch den aus Delikt, sondern er begehrt die Verurteilung des Beklagten zu einer Leistung, auf die er wegen des von ihm bezeichneten Vorgangs unter dem einen oder dem anderen rechtlichen Gesichtspunkt einen Anspruch zu haben behauptet. Anders ist es auch heute noch bei den im Text am Schluß erwähnten Ansprüchen, z. B. einem Wechselanspruch.

[63] So *Enn./Lehmann*, Schuldrecht § 232 1; *Leonhard*, Besonderes Schuldrecht § 348; *Heck*, Schuldrecht § 147 Ziff. 10b; BGH, NJW 54, 145. Allerdings bedürfen die genannten Bestimmungen, wie *Schlechtriem* aaO. S. 333, 442, gezeigt hat, ihrerseits einer erheblichen Einschränkung. Danach werden sie in den meisten Fällen, in denen die Vertragsverletzung zugleich eine unerlaubte Handlung darstellt, nicht anzuwenden sein; vgl. dazu Sch. R. II §§ 60 IIa, 75 VI.

[64] So RGZ 66, 363, 364f.; 75, 116, 119; 142, 258, 262; BGHZ 47, 53; 54, 264, 267; 61, 227. Weitere Nachweise bei *Georgiades* aaO. S. 88. Für den Fall, daß ein Schadensersatzanspruch sowohl auf § 635 (vom Unternehmer zu vertretender Mangel eines Werkes) wie auf § 823 (Eigentumsverletzung) gestützt werden kann, hat der BGH dagegen nicht die kürzere Verjährungsfrist des § 638, sondern, im Hinblick auf die zweite Anspruchsgrundlage, die längere Frist des § 852 für maßgeblich gehalten; BGHZ 55, 392.

[65] Diese Auffassung, die früher schon von *Siber*, Schuldrecht S. 493, vertreten wurde, ist eingehend von *Georgiades* begründet worden, der auch den Ausdruck „Anspruchsnormenkonkurrenz" geprägt hat. Gegen ihn *Schlechtriem* aaO. S. 57f. Wie hier ferner *Staudinger/Weber*, Einleitung vor § 241 Rdn. C 29; *Eicher*, AcP 162, 401, 417; *Esser*, Schuldrecht Bd. II, 4. Aufl. § 112 V Nr. 3; *Fikentscher*, Schuldrecht, § 102 V 1a. Von mehreren „Klagegrundlagen" zur Begründung eines Schadensersatzanspruches spricht auch der BGH, NJW 53, 977.

Der auf dieselbe Leistung gerichtete, mehrfach begründete schuldrechtliche Anspruch ist ein einziger Rechtsgegenstand zweiter Ordnung, über den nur einheitlich verfügt werden kann.[66] Er kann also nur einheitlich abgetreten und erlassen werden. Im Prozeß bildet er einen einzigen Streitgegenstand. Der mehrfach begründete, aber nur einmal zu erfüllende Anspruch, über den nur einheitlich verfügt werden kann, kann, von den Fällen des Bestehens eines besonderen Gerichtsstandes für lediglich eine der Anspruchsgrundlagen (§ 32 ZPO) abgesehen, nur einheitlich eingeklagt werden. Das die Klage abweisende rechtskräftige Urteil schließt in der Regel eine neue Klage, die, gestützt auf den gleichen Sachverhalt, nur anders rechtlich begründet wird, aus.

Es bleiben allerdings Fälle übrig, in denen sich die Annahme lediglich mehrfacher Begründung eines einheitlichen Anspruchs, trotz der Gleichheit der Leistung und obwohl diese nur einmal zu erbringen ist, mit Rücksicht auf die Verschiedenheit der Funktionen der Ansprüche verbietet. In diesen Fällen muß es bei der „Anspruchskonkurrenz" im Sinne der h. L. verbleiben.[67] So ist es die Funktion des dinglichen Anspruchs, das hinter ihm stehende dingliche Recht zu verwirklichen. Eine Anspruchsidentität zwischen dem dinglichen Herausgabeanspruch und einem schuldrechtlichen Rückgabeanspruch kann deshalb nicht angenommen werden. Der Eigentümer kann seinen schuldrechtlichen Rückgabeanspruch aus dem Mietverhältnis z. B. an einen neuen Mieter abtreten, ohne daß sein Herausgabeanspruch aus dem Eigentum davon berührt wird. Dieser folgt, wie wir gesehen haben, unter allen Umständen dem Eigentum und kann daher nicht gesondert von diesem übertragen werden. Ebenso ist es nicht möglich, zwischen dem dinglichen Herausgabeanspruch und der Besitzkondiktion gemäß § 812 eine Anspruchseinheit anzunehmen. Jeder dieser Ansprüche folgt seinen eigenen Regeln, sie decken sich auch inhaltlich nicht. Schließlich handelt es sich auch bei dem Anspruch aus einem abstrakten Schuldversprechen oder aus einem Wechsel und dem Anspruch aus dem zugrunde liegenden Schuldverhältnis nicht um einen einzigen Anspruch, sondern um zwei miteinander konkurrierende Ansprüche, da das Gesetz den ersten dieser Ansprüche gegenüber dem zweiten nun einmal verselbständigt und besonderen Regeln unterworfen hat.[68] Die Frage, ob es sich dann, wenn dieselbe Leistung auf Grund mehrerer Rechtsnormen gefordert werden kann, um einen einheitlichen, nur mehrfach begründeten Anspruch oder um mehrere selbständige Ansprüche, also um „Anspruchskonkurrenz" handelt, kann daher nicht für alle Fälle in gleicher Weise beantwortet werden.

---

[66] Vgl. dazu *Wolfram Henckel,* Parteilehre und Streitgegenstand im Zivilprozeß S. 262ff.
[67] So auch *Georgiades* S. 163ff., 219ff.
[68] Vgl. *Nikisch,* AcP 154, S. 283f.

§ 15. Zulässige Verteidigung und Selbsthilfe

Literatur: *Adomeit,* Wahrnehmung berechtigter Interessen und Notwehrrecht, JZ 70, 495; *Baumgarten,* Notstand und Notwehr, 1911; *Haas,* Notwehr und Nothilfe, 1978 (vorwiegend zum Strafrecht); *Felber,* Die Rechtswidrigkeit des Angriffes in den Notwehrbestimmungen, 1979; *H. A. Fischer,* Die Rechtswidrigkeit, 1911; *Kuhlenbeck,* Das Recht auf Selbsthilfe, 2. Aufl. 1907; *Münzberg,* Verhalten und Erfolg als Grundlagen der Rechtswidrigkeit und Haftung, 1966; *Oetker,* Über Notwehr und Notstand, 1903; Festschr. f. *v. Frank,* 1930, I. S. 359; *Titze,* Die Notstandsrechte, 1897; v. *Tuhr,* Der Notstand im Zivilrecht, 1888; *Dölle, Reichel, Goldschmidt, Kadecka* in Verh. d. 34. DJT, I. S. 124, 142; II. S. 426.

Zu den wichtigsten Aufgaben des Rechts gehört die Erhaltung und die Sicherung des *Rechtsfriedens,*[1] und dieser verlangt, daß jedermann auf die Anwendung von Gewalt gegen andere verzichtet und daher dort, wo er sich in seinen Rechten verletzt oder bedroht sieht, statt den Versuch zu machen, sein (wirkliches oder nur vermeintliches) Recht eigenmächtig durchzusetzen, die Organe der Rechtspflege anruft. Aber es gibt Situationen, in denen er auf diesem Wege keine rechtzeitige Hilfe zu erlangen vermöchte und ihm daher die Rechtsordnung nicht zumutet, untätig zu bleiben, insbesondere ein ihm gegenüber verübtes Unrecht widerstandslos über sich ergehen zu lassen. Liegt eine derartige Situation vor, so erlaubt die Rechtsordnung unter ganz bestimmten, näher bezeichneten Voraussetzungen Maßnahmen zur Abwehr eines Angriffs oder zur Durchsetzung eines Anspruchs, auch wenn diese, freilich nicht mehr als erforderlich, in fremde Rechtsgüter eingreifen. Das Gesetz unterscheidet zwei Fälle der erlaubten Verteidigung, die Notwehr und den Notstand, sowie einen Fall eines erlaubten aggressiven Vorgehens zum Zwecke der Anspruchssicherung, die erlaubte Selbsthilfe.

I. Die Notwehr

Notwehr ist „diejenige Verteidigung, welche erforderlich ist, um einen gegenwärtigen rechtswidrigen Angriff von sich oder einem anderen abzuwenden" (§ 227 Abs. 2). Die gesetzliche Definition der Notwehr im BGB stimmt mit der im StGB (§ 53 Abs. 2 der früheren, § 32 Abs. 2 der am 1. 1. 1975 in Kraft getretenen jetzigen Fassung) wörtlich überein.

Unter den Begriff der Notwehr fallen demnach nur solche Maßnahmen, die ausschließlich der *Verteidigung,* d. h. der Abwehr eines Angriffs dienen, daher nicht die angriffsweise Durchsetzung des eigenen Rechts und nicht die Vergeltung, also z. B. nicht die sofortige Erwiderung einer Beleidigung durch eine andere Beleidigung oder durch eine Tätlichkeit. Verteidigungsmaßnahmen sind nicht nur dem Angegriffenen selbst, sondern auch jedem Dritten erlaubt, der ihm zur Hilfe kommt (dem sogenannten Nothelfer).

[1] Zum Rechtsfrieden vgl. *meine* Schrift über Richtiges Recht, 1979, S. 33ff.

a) **Die Voraussetzungen der Notwehr.** Erste Voraussetzung der Notwehr ist ein bereits begonnener oder unmittelbar bevorstehender **Angriff.** Unter einem „Angriff" ist eine menschliche Handlung[2] zu verstehen, die, mag der Handelnde das beabsichtigen oder nicht, eine Richtung gegen die Person, das Eigentum oder ein sonstiges von der Rechtsordnung geschütztes Gut eines anderen, des Bedrohten, aufweist. „Angreifer" kann daher nur ein Mensch, nicht ein Tier oder eine leblose Sache sein, da diese nicht zu „handeln" vermögen. Nicht erforderlich ist, daß der Handelnde für sein Vorgehen etwa im Sinne der §§ 827, 828 subjektiv verantwortlich ist. Auch gegen einen Betrunkenen, bei dem immerhin noch ein Rest von Willensbestimmung vorhanden ist, ist Notwehr möglich. Dagegen kann man von einem „Angriff" dann nicht mehr reden, wenn es überhaupt an jeder Handlung fehlt; so wenn ein Kraftfahrer am Steuer seines Wagens plötzlich bewußtlos wird und der Wagen nunmehr steuerlos weiterfährt. Die Gefahr geht dann nicht mehr von einem handelnden Menschen, sondern von der mechanisch fortwirkenden Kraft des Wagens aus. Etwa mögliche Abwehrmaßnahmen sind nicht nach § 227, sondern nach § 228 zu beurteilen, wobei hinsichtlich eines mit ihnen unvermeidbar verbundenen Personenschadens eine analoge Anwendung dieser Bestimmung geboten ist.[3]

Der Angriff muß **rechtswidrig** sein. Er darf also nicht von der Rechtsordnung aus irgendeinem Grunde, z. B. weil er eine nach § 228 erlaubte Selbsthilfe darstellt, erlaubt sein. Von solchen besonderen Rechtfertigungsgründen abgesehen, ist rechtswidrig schon jeder bereits begonnene oder *unmittelbar bevorstehende* Eingriff in eines der in § 823 Abs. 1 genannten subjektiven Rechte oder „Rechtsgüter".[4] Dabei kommt es auf ein Verschulden des Eingreifenden, sei es auch nur auf einen objektiven Sorgfaltsverstoß, nicht an.[5] Das ergibt sich einmal aus dem insoweit unzweideutigen gesetzlichen Sprachgebrauch, darüber hinaus aus der Erwägung, daß es dem Angegriffenen, dem oft nur eine blitzschnelle Reaktion zu helfen vermag, nicht zuzumuten ist, sich erst von der Schuld des Angreifers zu

---

[2] So mit Recht *Münzberg*, Verhalten und Erfolg als Grundlagen der Rechtswidrigkeit und Haftung, 1966, S. 357.

[3] Vgl. *Münzberg* aaO. S. 355ff. und die dort (Anm. 725) Genannten. Nach *Enn./N.* § 240 II 2 soll Notwehr auch dann noch möglich sein, „wenn es an einer bewertbaren Handlung überhaupt mangelt, so z. B. wenn ein Kraftfahrer infolge einer Ohnmacht in eine Menschengruppe zu fahren droht". Aber „fährt" er dann überhaupt noch? Wenn „fahren" hier soviel meint wie „das Kraftfahrzeug führen", dann „fährt" er eben nicht mehr. Die Gefahr droht nicht von ihm, sondern von der mechanisch fortwirkenden Kraft des Fahrzeugs. Richtig *Münzberg* aaO. Anm. 734.

[4] Dazu im näheren Sch.R. II § 72 I c.

[5] Das ist im Zivilrecht ganz h. L.; vgl. *v. Tuhr* Bd. III S. 583; *Enn./N.* § 240 II 2; *Lehmann/Hübner* S. 121; *Lange/Köhler* § 18 II 2d; *E. Wolf* S. 612; *Soergel/Mormann* 8, *Palandt/Heinrichs* 1b, MünchKomm/*v. Feldmann* 5 zu § 227; anders aber *Pawlowski* II S. 461. Dagegen macht sich im Strafrecht neuerdings eine Tendenz bemerkbar, die dahin geht, auf Seiten des Angreifers ein Verschulden – so *Haas* aaO. S. 259f., auch *Hruschka*, Festschr. f. *Dreher*, 1977, S. 200ff. – oder wenigstens Rechtswidrigkeit nicht nur in einem erfolgsbezogenen Sinne, sondern in dem eines normwidrigen Verhaltens – so *Felber* aaO S. 138ff. – zu verlangen.

überzeugen. Handlungen, die erst durch das Hinzutreten weiterer Zwischenursachen, also mittelbar, für die Beeinträchtigung eines anderen ursächlich zu werden vermögen, sind richtiger Ansicht nach nicht schon wegen der mittelbaren Verursachung eines rechtswidrigen Erfolges, sondern nur wenn der Handelnde sich von vornherein gebotswidrig verhalten hat, rechtswidrig.[6] Sie stellen aber regelmäßig noch keinen „gegenwärtigen Angriff" dar. Strafbare Handlungen sind rechtswidrig, auch wenn sie sich, wie etwa eine Erpressung, gegen das Vermögen richten, das gegen Beeinträchtigungen im Zivilrecht nicht schlechthin, sondern nur nach § 823 Abs. 2 und daher nur insoweit geschützt ist, als diese in ganz bestimmter Weise erfolgen. Rechtswidrig ist auch die Beeinträchtigung des bloßen Besitzes durch „verbotene Eigenmacht" (§ 858). Der Besitzer hat ein erweitertes Notwehr- und Selbsthilferecht nach § 859.

„Angegriffener" kann auch eine juristische Person sein. Auch eine Nothilfe zugunsten des Staates, z. B. zur Verhinderung einer landesverräterischen Handlung oder eines Anschlags auf ein staatliches Gebäude, ist denkbar,[7] jedoch wohl nur dann als zulässig zu erachten, wenn ein rechtzeitiges Eingreifen der dafür in erster Linie zuständigen Staatsorgane nicht möglich ist. Denn diese sind in erster Linie dazu berufen zu entscheiden, ob und in welcher Weise hier ein Eingreifen nötig ist. Keinesfalls sind dem „Nothelfer" weitergehende Maßnahmen gestattet als solche, die auch die staatlichen Sicherheitsorgane zu treffen berechtigt wären.[8] Dagegen ist die bloße Verletzung der, sei es auch durch Strafvorschriften geschützten, öffentlichen Ordnung, wie z. B. das verbotene Ausstellen jugendgefährdender Schriften, kein Angriff gegen den Staat als Rechtssubjekt, als Inhaber rechtlich geschützter Güter. Mit Recht hat der BGH hier die Zulässigkeit einer „Nothilfe" abgelehnt.[9]

Der Angriff muß schließlich **„gegenwärtig"** sein. Das bedeutet: Er muß begonnen haben oder unmittelbar bevorstehen und darf nicht bereits beendet sein. Der Angriff des auf frischer Tat ertappten und sogleich verfolgten Diebes dauert nach überwiegender Ansicht[10] so lange fort, bis dieser seine Beute wenigstens

---

[6] Zu diesen Fällen vgl. *meinen* Beitrag in der Festschr. f. *Dölle* 1963, Bd. I S. 169; *Medicus* Rdz. 645, 646.

[7] H. L.; *Enn./N.* § 240 Anm. 3, *Staudinger/Coing* Rdn. 6, *Soergel/Fahse* 12, *Erman/Hefermehl* 14 zu § 227.

[8] Bedenklich daher RGZ 117, 138, 142, wo den Staatsorganen selbst eine über ihre gesetzlichen Befugnisse hinausreichende Notwehrbefugnis zugestanden wird.

[9] BGHZ 64, 178. Der BGH hat hierzu ausgeführt, gegen eine derartige Störung der öffentlichen Ordnung sei Notwehr nur zulässig, wenn „der Störer dadurch zugleich als solche geschützte Individualinteressen angreift". Er hat damit m. E. nicht sagen wollen, daß Nothilfe immer nur zugunsten des Individuums, nicht aber auch zugunsten des Staates oder anderer Körperschaften zulässig sei, wenn deren – auch sonst geschützte – Rechtsgüter angegriffen werden. Sollte er aber das gemeint haben, dann könnte dem nicht zugestimmt werden.

[10] *Enn./N.* § 240 Anm. 14; Ernst *Wolf* S. 613; *Welzel,* Das Deutsche Strafrecht, § 14 II 1b; *Bockelmann,* Strafrecht Allgemeiner Teil, 1973, 92; *Soergel/Fahse* 14, *Erman/Hefermehl* 8, MünchKomm/*v. Feldmann* 4, *Palandt/Heinrichs* 2c zu § 227 im Anschluß an RGZ 111, 370. Dagegen *Lehmann/Hübner* § 18 II 2aβ.

vorläufig in Sicherheit gebracht hat. Der Verfolger darf sie ihm daher, wenn nötig mit Gewalt, wieder abnehmen. Dagegen endet der Angriff des Diebes und damit die Notwehrsituation, wenn der Dieb die Beute fortwirft und nur noch sich selbst in Sicherheit zu bringen sucht. Ist der Angriff aufgegeben, so ist für weitere Verteidigung kein Raum. Ob man dem Dieb, der seine Beute vorläufig in Sicherheit gebracht hat, sie später, wenn man ihm mitsamt der Beute (z. B. dem gestohlenen Mantel) wieder begegnet, gewaltsam abnehmen darf, richtet sich nicht mehr nach § 227, sondern nach § 229 (unten III).

b) **Die Grenzen der Notwehr.** Nur diejenige Verteidigung ist als ,,Notwehr" zulässig, die ,,erforderlich" ist, um den Angriff abzuwehren. Was darüber hinausgeht, ist also unzulässig, nicht mehr durch ,,Notwehr" gedeckt. Die strikte Beachtung dieses Erfordernisses bietet allein dafür Gewähr, daß der Angreifer nicht einfach der Willkür des Angegriffenen oder des Nothelfers ausgeliefert ist. Grundsätzlich ist unter mehreren möglichen Mitteln der Verteidigung dasjenige zu wählen, das einerseits zwar Erfolg verspricht, anderseits den Angreifer aber am wenigsten schädigt. Gibt es ein erfolgversprechendes ,,milderes" Mittel, dann ist das schärfere nicht ,,erforderlich". Genügt ein energisches Auftreten, um weitere Belästigungen zu verhindern, so darf man nicht tätlich werden. Den unbewaffneten Dieb, der selbst keine Anstalten trifft, gewalttätig zu werden, darf man nicht zusammenschlagen oder niederschießen. Dagegen darf man sich gegenüber dem mit einer Waffe ausgerüsteten und damit drohenden Einbrecher oder Räuber auch einer Waffe bedienen. Auch dann darf man aber von ihr nur den Gebrauch machen, der zur Abwehr des Angriffs notwendig ist. Würde also zur Abwehr ein Schreckschuß genügen, so darf man nicht sogleich einen gezielten Schuß abgeben. Selbst zur Warnung darf man von einer Schußwaffe nur als ,,äußerstes Mittel", d. h. nur dann Gebrauch machen, wenn alle anderen Mittel keinen Erfolg versprechen.[11] Das Leben des Angreifers darf jedenfalls erst dann auf das Spiel gesetzt werden, wenn kein anderes Mittel zur Abwehr des Angriffs ausreicht. Dabei dürfte ein unmittelbar drohender oder schon begonnener Angriff gegen die Person erforderlich sein, ein Zugriff des Angreifers nur auf Sachgüter aber nicht genügen. Das verlangt die von unserer Rechtsordnung geforderte hohe Achtung vor dem menschlichen Leben.[12] Welches Maß an Verteidigung

---

[11] So der BGH, NJW 76, 41.

[12] Nach Art. 2 der durch Gesetz vom 17. 8. 1952 zum geltenden Recht in der Bundesrepublik erhobenen europäischen Menschenrechtskonvention ist die ,,absichtliche" Tötung eines anderen nur dann nicht rechtswidrig, wenn dieser Gewalt gegen einen Menschen anwendet und die Tötungshandlung der Verteidigung dagegen dient. Es ist sehr str., ob diese Bestimmung bedeutet, daß *jede* (auch nur bedingt) vorsätzlich begangene Tötung zur Abwehr lediglich eines Angriffs gegen Sachen – also z. B. die des unbewaffneten Diebes – rechtswidrig ist, oder ob die Bestimmung einschränkend zu interpretieren ist. M. E. vermag keine der vorgeschlagenen einschränkenden Interpretationen (oder Restriktionen) zu überzeugen. Wer aber dem Dieb entgegentritt, wird den Umständen nach häufig damit rechnen müssen, daß dieser im nächsten Augenblick gegen ihn gewalttätig werden wird; dann ist, wenn ihm kein anderes Mittel zur Verfügung stand, wenigstens ein Verschulden zu verneinen. In

jeweils zur Abwehr erforderlich ist, bestimmt sich im übrigen nach der objektiven Sachlage, nicht danach, wie der Angegriffene die Lage sieht.[13] Beurteilt er die Lage von seinem Standpunkt aus unrichtig, ohne daß ihm dabei aber Fahrlässigkeit vorzuwerfen wäre, und gebraucht er deshalb ein Mittel, das objektiv zur Abwehr des Angriffs nicht erforderlich war, so ist sein Handeln zwar nicht mehr durch Notwehr gerechtfertigt, doch fehlt es dann am Verschulden.

Die ,,Erforderlichkeit" der ergriffenen Maßnahme zum Zweck der Abwehr des Angriffs ist die einzige Grenze der Notwehr, die das Gesetz erwähnt. Der Gesetzgeber hatte die Vorstellung, daß man sich gegen einen rechtswidrigen Angriff immer solle wehren dürfen, also auch dann, wenn man sich ihm auf andere Weise, etwa durch Flucht oder einfaches Zurückweichen, entziehen könnte. Die Berechtigung einer Abwehrmaßnahme solle auch nicht davon abhängen, daß der dem Angegriffenen drohende Schaden im Verhältnis zu dem dem Angreifer zugefügten Schaden nicht unbeträchtlich sei. Der Gesetzgeber hat sich hierbei wohl vornehmlich solche Fälle vorgestellt, in denen den Angreifer ein erhebliches Maß an Verschulden trifft. In diesen Fällen ist es ein gesunder Grundsatz, daß das Recht nicht dem Unrecht zu weichen braucht.[14] Für diesen Grundsatz kann man insbesondere anführen, daß die kampflose Preisgabe des eigenen Rechts, als allgemeine Maxime gedacht, dem Recht schweren Schaden zufügen müßte. Das Notwehrrecht dient eben nicht nur dem Güterschutz, sondern auch der Verhinderung objektiven Unrechts; daher steht es nicht nur dem selbst Bedrohten, sondern auch jedem Dritten, einem ,,Nothelfer", zu. Wie jeder allgemeine Grundsatz darf indessen auch dieser nicht über ein vernünftiges Maß hinaus angewandt werden. Gegenüber dem vorsätzlichen Rechtsbrecher und auch gegenüber dem, der grob fahrlässig fremde Rechtsgüter unmittelbar verletzt, ist er am Platz. Er ist auch noch demjenigen gegenüber zu rechtfertigen, der, obzwar nicht schuldhaft, so doch objektiv rechtswidrig fremde Rechtsgüter be-

---

anderen Fällen wird man den Tötungsvorsatz verneinen können, so wenn der Angegriffene zwar eine Waffe gebraucht, sich aber bemüht hat, eine tödliche Wirkung zu vermeiden. – Zum Meinungsstand MünchKomm/*v. Feldmann* 1 zu § 227; *Krey*, JZ 79, 707ff; *Medicus* Rdz. 158. Zu einfach macht es sich m. E. *Ernst Wolf* S. 615. Er sieht in dem im Rahmen der Erforderlichkeit inhaltlich unbeschränkten Notwehrrecht ein ,,natürliches Recht", das weder durch eine völkerrechtliche Konvention, noch durch deren Inkraftsetzung als innerdeutsches Recht aufgehoben werden könne. Soweit dem die Europäische Menschenrechtskonvention widerspreche, sei sie ,,nicht in Kraft getreten".

[13] Das gilt nicht nur zu Ungunsten des Angegriffenen, sondern auch zu seinen Gunsten; vgl. die lehrreiche Entscheidung RGZ 84, 306. Nach *Bockelmann* aaO. S. 94 ist die Sachlage zugrunde zu legen, ,,die für den Angegriffenen im Augenblick des Angriffs gegeben und erkennbar war". Das wäre eine nicht unerhebliche Erweiterung der Notwehrlage zugunsten des Angegriffenen.

[14] Über diesen Grundsatz vgl. *Münzberg* S. 364ff. Mit Recht bemerkt er aaO. S. 367, daß der Verzicht auf Verhältnismäßigkeit bei vorsätzlichem Angriff auch heute ,,voll zu billigen", bei fahrlässigem ,,ebenfalls noch zu rechtfertigen" sei, bei schuldlosem Angriff aber ,,die Zweifel an der Gerechtigkeit dieser Lösung" beginnen. Seine eigene Lösung, nämlich die Annäherung der Rechtswidrigkeit an die Fahrlässigkeit, ist m. E. jedoch auch nicht geeignet, in allen Fällen eine befriedigende Lösung herbeizuführen.

droht, sofern es dabei um nicht unerhebliche Werte geht. Aber schon einem Betrunkenen, der Händel sucht, wird ein verständiger Mensch lieber ausweichen, wenn ihm das möglich ist, als ihn gewaltsam abzuwehren. Immerhin mag ein Zurückweichen hier in manchen Lagen unzumutbar sein. Gegen Kinder oder Jugendliche aber, die seine Obstbäume plündern, mit einer Schußwaffe vorzugehen, wenn er sie nicht anders zu vertreiben vermag, kann dem Gartenbesitzer, auch wenn er sie nur verletzt, gleichwohl nicht gestattet sein. Offensichtlich steht hier die Schwere der möglichen Folgen in keinem Verhältnis nicht nur zu dem dem Gartenbesitzer drohenden Schaden, sondern auch zu dem Unrechtsgehalt der Tat. Maß zu halten, ist ein elementares Gebot der Gerechtigkeit. Man mag die Unzulässigkeit der Notwehr in einem solchen Fall damit begründen, daß auch das Recht, Notwehr zu üben, nicht mißbraucht werden dürfe, daß insbesondere das Leben und die körperliche Unversehrtheit eines Menschen in der Rangordnung der Rechtswerte eienen soviel höheren Rang einnehmen als Vermögenswerte, daß sie auch zur Abwehr eines Angriffs, wenn hinter ihm kein verbrecherischer Wille steht, nicht leichthin aufs Spiel gesetzt werden dürfen, oder damit, daß ein derartiges Vorgehen nach den allgemein anerkannten ethischen Maßstäben „sittenwidrig" sei und deshalb nicht von der Rechtsordnung gebilligt werden könne.[15] Wenn es auch dem Willen des Gesetzgebers und dem klaren Wortsinn des Gesetzes zweifellos zuwider wäre, für die Zulässigkeit der Notwehr *allgemein* eine bestimmte Relation zwischen dem dem Angreifer zugefügten und dem durch ihn drohenden Schaden zu verlangen, so wird man doch die Grenze zulässiger Notwehr dort ansetzen müssen, wo sowohl der durch den Angriff drohenden Schaden wie das Verschulden des Angreifers geringfügig sind und der diesem durch eine solche Maßnahme zugefügte Schaden jedes vernünftigerweise zu vertretende Maß übersteigt. Mit dieser Einschränkung verbleibt man im Rahmen der dem Gesetz zu entnehmenden Wertungen und vermeidet „untragbare" Ergebnisse.

---

[15] Rechtsmißbrauch und Sittenwidrigkeit (§ 826) werden von *Enn./N.* § 240 II 4 sowie von *Erman/Hefermehl* 13 zu § 227 als Grenzen zulässiger Notwehr angeführt; auf die sich aus § 826 ergebende Schranke weist auch *v. Tuhr* Bd. III § 95 zu Anm. 43, auf Rechtsmißbrauch weisen *Medicus* Rdz. 157, *Lange/Köhler* § 18 II e, *Brox* Rdn. 647 Nr. 3, *Rüthers* Rdn. 96, *Soergel/Fahse* 38, MünchKomm/*v. Feldmann* 6 zu § 227 hin. Vgl. ferner *Deutsch,* Haftungsrecht Bd. I S. 217; *Palandt/Heinrichs* 3 o zu § 227; BGH, LM Nr. 3, 6 zu § 53 StGB. Für das Erfordernis der Verhältnismäßigkeit des dem Angreifer zugefügten Übels zu dem drohenden Nachteil für den Angegriffenen *Lehmann/Hübner* § 18 II b γ. *Staudinger/Dilcher* 21 zu § 227. In dieser Allgemeinheit ist das nicht zu halten. *Pawlowski II* S. 461 verlangt für die Zulässigkeit der Notwehr stets „eine bewußt pflichtwidrige Handlung eines schuldfähigen Verletzers". Nur wer von einem anderen bewußt in seinen Rechten verletzt werde, brauche dies nicht hinzunehmen, auch wenn der durch seine Verteidigung drohende Schaden erheblich höher sei als der ihm durch den Angriff drohende Schaden. Danach wäre gegen einen Betrunkenen, der, ohne zu wissen, was er tut, andere mit einem Messer bedroht, Notwehr nicht zulässig. Das halte ich für indiskutabel. Gegen jede derartige Beschränkung des Notwehrrechts dagegen *Ernst Wolf* S. 614 ff.

c) **Die Rechtsfolgen.** Eine im Rahmen zulässiger Notwehr vorgenommene Handlung ist nicht rechtswidrig. Sie ist es, darin liegt die praktische Bedeutung des Rechtssatzes, auch dann nicht, wenn sie es nach den allgemeinen Grundsätzen wäre, weil dadurch das Recht oder ein geschütztes Rechtsgut des Angreifers verletzt wird. Eine Schadensersatzpflicht gemäß den §§ 823ff. entfällt daher, soweit die Verletzung durch die Notwehr gedeckt ist, schon wegen fehlender Rechtswidrigkeit. Wenn der Angegriffene oder der Nothelfer dagegen infolge eines Irrtums, der ihm jedoch nicht zur Fahrlässigkeit[16] zugerechnet werden kann, die Grenzen der Notwehr überschreitet, sei es, daß er den in Wahrheit schon beendeten Angriff für noch fortdauernd, oder ein in Wahrheit nicht erforderliches Verteidigungsmittel für erforderlich hält, dann handelt er zwar widerrechtlich, so daß Notwehr gegen ihn zulässig ist, braucht aber, da es am Verschulden fehlt, keinen Schadensersatz zu leisten. Dasselbe gilt, wenn sich jemand überhaupt zu Unrecht angegriffen glaubt, also irrtümlich eine Lage einnimmt, die, wenn sie bestünde, Notwehr rechtfertigen würde („Putativnotwehr"). Seine vermeintliche Verteidigung stellt dann in Wahrheit einen rechtswidrigen Angriff dar; gegen sie ist Notwehr zulässig. Ob er aber Schadensersatz leisten muß, hängt davon ab, ob seine Annahme, angegriffen zu sein, den Umständen nach als auf Fahrlässigkeit beruhend anzusehen ist.[17]

Da die durch Notwehr gedeckte Verteidigungsmaßnahme rechtmäßig ist, darf sich der Angreifer, gegen den sie sich richtet, ihrer nicht seinerseits erwehren. Gegen Notwehr gibt es keine Gegennotwehr. Auch eine erforderliche Verteidigung kann aber immer nur gegenüber dem Angreifer rechtmäßig sein. Wird ein Dritter dadurch in Mitleidenschaft gezogen, so ist die Handlung ihm gegenüber rechtswidrig. Ob sie auch schuldhaft war und den Handelnden daher zum Schadensersatz verpflichtet, hängt wieder davon ab, ob er die in dieser Situation von ihm zu verlangende Sorgfalt und Umsicht hat walten lassen oder nicht.[18]

II. Notstand

Eingriffe in das Eigentum – nicht aber auch in andere Rechtsgüter, vor allem nicht in das Leben, den Körper und die Gesundheit eines Menschen – werden

[16] Vorsätzliches Handeln scheidet in diesen Fällen aus, weil nach der im Zivilrecht herrschenden Lehre (vgl. Sch.R. I § 20 II) zum Vorsatz das Bewußtsein der Rechtswidrigkeit gehört, das demjenigen fehlt, der in Notwehr zu handeln glaubt.

[17] Lehrreich RGZ 88, 118.

[18] So auch *Soergel/Fahse* 28, MünchKomm/*v. Feldmann,* 6 a. E. zu § 227. Der BGH hat jedoch in einem besonders gelegenen Fall angenommen, daß ein Gastwirt, der mit einem demnächstigen Angriff gegen seine Person rechnen mußte, bei der er in eine Notwehrsituation kommen werde, in der sich der Angreifer nur durch den Gebrauch einer Schußwaffe werde erwehren können, seinen Gästen gegenüber verpflichtet sei, den Eintritt dieser Lage durch sein Fernbleiben zu vermeiden, um sie nicht der Gefährdung auszusetzen; BGH, NJW 78, 2028. Er hat ihn wegen schuldhafter Verletzung *dieser* Pflicht für ersatzpflichtig gehalten.

vom BGB dann erlaubt, wenn sie in einer Notstandssituation zur Abwehr einer Gefahr vorgenommen werden, die einem anderen an seinen Rechtsgütern (gleich welchen) droht, und wenn bestimmte weitere Voraussetzungen vorliegen. Der Eingriff ist in diesen Fällen als eine Maßnahme zulässigen Selbstschutzes oder zulässiger Hilfe für den Bedrohten nicht rechtswidrig, sowenig wie eine durch Notwehr gebotene Verteidigungsmaßnahme. Im Gegensatz zur Notwehr, bei der es, als Verteidigung gegen eine menschliche Handlung, um die Abwehr des Unrechts geht, beruht hier die Wertung des Gesetzes auf dem Prinzip des überwiegenden Interesses: Das geringerwertige Gut – unter den weiteren Voraussetzungen des § 228 auch ein gleichwertiges – muß zurückstehen. Im näheren unterscheidet das Gesetz zwei Fälle, nämlich einmal den Verteidigungsnotstand (§228, ,,Sachwehr"), und zum anderen den agressiven Notstand (§ 904). Diese Fälle unterscheiden sich im wesentlichen dadurch, daß im ersten Fall die Gefahr, die abgewendet werden soll, gerade von der Sache droht, auf die zum Zwecke der Abwehr der Gefahr eingewirkt wird, die Sache also gewissermaßen als ,,Angreifer" erscheint, im zweiten Fall dagegen nicht. Unter den Verteidigungsnotstand fällt insbesondere auch die Abwehr eines Tierangriffs.

,,Notstand" ist ein Zustand drohender Gefahr für die Person oder die Rechtsgüter eines Menschen. Im Fall des § 228 geht diese Gefahr von einer fremden Sache aus. Beispiele hierfür sind, außer dem Angriff eines Tieres, der durch und durch morsche Baum, der auf die Glasbeete des Nachbarn oder auf einen Kinderspielplatz zu stürzen droht, oder der abgestellte Wagen, der sich infolge ungenügender Wirkung der Bremsen selbständig gemacht hat und die abfallende Straße hinunterrollt. Die Einwirkung auf die Sache muß zur Abwendung der Gefahr erforderlich sein und der durch sie dem Eigentümer zugefügte Schaden darf ,,nicht außer Verhältnis zu der Gefahr" stehen. Die Einwirkung ist also nicht erlaubt, wenn der Schaden, der abgewendet werden soll, im Verhältnis zu dem dem Eigentümer entstehenden Schaden gering ist. Man darf den wertvollen Hund des Nachbarn nicht töten, um zu verhindern, daß er geringen Schaden im Garten anrichtet; wohl aber, wenn er einen Menschen angreift und nicht anders abgewehrt werden kann. Da die Einwirkung unter den angegebenen Voraussetzungen rechtmäßig ist, darf sie der Eigentümer nicht hindern. Der Handelnde ist ihm aber zum Schadensersatz verpflichtet, wenn er die Gefahr verschuldet, z. B. das Tier gereizt oder selbst die Bremsen des abgestellten Wagens gelöst hatte (§ 228 Satz 2).

Droht die Gefahr nicht durch die fremde Sache, auf die eingewirkt wird, selbst, dann ist die zur Abwendung einer gegenwärtigen Gefahr vorgenommene und zu diesem Zweck notwendige Einwirkung rechtmäßig, wenn ,,der drohende Schaden gegenüber dem aus der Einwirkung dem Eigentümer entstehenden Schaden unverhältnismäßig groß ist" (§ 904 Satz 1). Man darf also z. B. bei Hochwassergefahr, um einen drohenden Dammbruch zu verhüten, der unermeßlichen Flurschaden anrichten würde, Steine, Bretter und sonstige Baumaterialien, die in der Nähe lagern, zur Befestigung des Dammes verwenden; man darf aber nicht, um seine eigene Wiese vor Überflutung zu bewahren, das Wasser durch einen Dammdurchstich auf die nicht unverhältnismäßig geringerwertige Wiese eines anderen ablenken. Der Eigentümer, der die Aufopferung seines Gutes oder doch seine Beeinträchtigung im Interesse des höherwertigen Gutes eines anderen (oder mehrerer anderer) dulden muß, kann, obgleich die Einwirkung rechtmäßig ist, Ersatz des ihm daraus entstehenden Schadens verlangen (§ 904 Satz 2). Der Schadensersatzanspruch findet seine Grundlage nicht etwa in einer ,,unerlaubten Handlung" des Handelnden, sondern in dem Gedanken, daß derjenige, der im überwiegenden Interesse eines anderen etwas von seinen Gütern aufopfern muß, dafür entschädigt werden soll. Es handelt sich um einen Ausgleich der beteiligten Interessen durch einen ,,Aufopferungsanspruch". Das ist von Bedeutung für die im Gesetz offen gebliebene Frage nach der Person des Verpflichteten. Richtiger Ansicht nach ist dies nicht der Handelnde, sondern derjenige, zu dessen Gunsten der Eigentümer die Einwirkung zu dulden hat.[19]

Mit Rücksicht auf die im § 904 Satz 2 angeordnete Ersatzpflicht ist es praktisch von erheblicher Bedeutung, ob die abzuwendende Gefahr gerade *durch* die Sache droht, auf die eingewirkt wurde, ob also ein Verteidigungsnotstand vorliegt, oder nicht. Denn im Falle des Verteidigungsnotstandes besteht eine solche Ersatzpflicht, sofern nicht der Handelnde die Gefahr verschuldet hatte, nicht. Die Frage ist leicht zu beantworten, wenn die Sache gleichsam aktiv ist, wie das angreifende Tier oder der herabrollende Wagen, oder demnächst aktiv zu werden droht, wie der morsche Baum. Die h. L. rechnet aber auch solche Fälle hierher, in denen die Sache nur das Medium bildet, das die Gefahr weiterleitet;[20] so den Fall, daß ein Haus brennt und die Flammen auf das Nachbarhaus überzugreifen drohen. Der Nachbar dürfe zwar, so meint man, ohne ersatzpflichtig zu werden, gemäß § 228 das brennende Haus einreißen, um das Übergreifen der Flammen zu verhindern. Stehe aber in der Reihe zwischen dem brennenden Haus und seinem Haus ein drittes Haus, das noch nicht Feuer gefangen hat, so dürfe er dieses Haus nur unter der Voraussetzung des § 904, also wenn dessen Wert unverhältnismäßig geringer ist als der des eigenen, niederreißen und habe überdies Schadensersatz zu leisten.[21] Dabei fragt es sich dann aber, ob bei der Bemessung des Wertes des dazwischen gelegenen Hauses der Umstand zu berücksichtigen ist, daß es der Brandgefahr ausgesetzt war. Diese Frage ist m. E. zu bejahen. Oder soll etwa der Nachbar mit dem Einreißen des Hauses so lange warten, bis es Feuer gefangen hat, und es dann vielleicht zu spät ist?

Der rechtfertigende Notstand im Sinne des § 34 StGB (neuer Fassung) schließt die Rechtswidrigkeit auch für die zivilrechtliche Beurteilung aus. Er liegt vor, wenn ,,bei Abwägung der widerstreitenden Interessen, namentlich der betroffenen Rechtsgüter und des Grades der ihnen drohenden Gefahr, das geschützte

[19] Vgl. dazu Sch.R. II § 78 Nr. 1. Nach *Lange/Köhler* § 18 III 3b sollen beide als Gesamtschuldner haften; der Handelnde soll im Innenverhältnis beim Begünstigten gemäß den §§ 683, 670 vollen Regreß nehmen können.

[20] Sehr weitgehend in dieser Richtung OGHZ 4, 99: in unsicherer Zeit könne schon durch das bloße Vorhandensein einer größeren Menge Tabakwaren oder Spirituosen auf einem Gutshof, da es einen Anreiz zu Plünderungen bietet, dem Besitzer des Gutshofs, der diese Waren für den Eigentümer aufbewahrt, eine Gefahr drohen.

[21] Vgl. *v. Tuhr* Bd. III § 95 III.

Interesse das beeinträchtigte wesentlich überwiegt", wenn die Gefahr für das bedrohte Rechtsgut nicht anders abwendbar und die – sonst rechtswidrige – Handlung „ein angemessenes Mittel ist, die Gefahr abzuwenden". § 904 Satz 2 bleibt unberührt. Wichtig ist vor allem, daß hiernach unter Umständen auch Eingriffe in andere Rechtsgüter als nur in das Eigentum gerechtfertigt sein können. Ob daneben künftig noch der sogenannte „übergesetzliche Notstand" von Bedeutung bleiben wird, muß offen bleiben. Er wurde bisher dann angenommen, wenn ein höherwertiges Rechtsgut, meist das Leben eines Menschen, nur dadurch gerettet werden kann, daß ein geringerwertiges Gut aufgeopfert wird, und wenn die Aufopferung des geringerwertigen Gutes das einzige Mittel zur Rettung des – nach der Wertung der Rechtsordnung – höherwertigen ist.[22] Diese Fälle dürfen doch wohl sämtlich durch den § 34 StGB erfaßt sein, so daß daneben für einen „übergesetzlichen Notstand" kein Raum mehr ist.[23]

III. Selbsthilfe

a) Voraussetzungen und Ausmaß erlaubter Selbsthilfe. Notwehr und Notstand rechtfertigen nur ein Vorgehen, das der Abwehr eines Angriffs oder doch der Abwehr einer unmittelbar bevorstehenden Gefahr dient. Sie rechtfertigen nicht ein angriffsweises Vorgehen gegen einen anderen zur Durchsetzung eines wenn auch berechtigten Verlangens, eines Anspruchs. Hierfür hat sich der einzelne der Hilfe des Gerichts und der Vollstreckungsorgane zu bedienen. Die generelle Zulassung der Selbsthilfe würde zur Aufhebung aller Rechtssicherheit, zu einer schweren Gefährdung der öffentlichen Ordnung, des Rechtsfriedens, und letztlich dazu führen, daß Macht vor Recht ginge. Immer wieder haben sich daher in der Geschichte Staaten oder einzelne Herrscher, die sich die Herstellung oder die Aufrechterhaltung des inneren Friedens, rechtlich geordneter Zustände zur Aufgabe setzten, darum bemüht, Erscheinungen wie die Fehde, die Blutrache und das heimliche Gericht zu unterdrücken und denjenigen, der sich in seinen Rechten verletzt glaubt, an ihre Gerichte zu verweisen. In einem rechtlich geordneten Gemeinwesen, das seinen Bürgern ausreichenden Rechtsschutz zur Verfügung stellt, kann dem einzelnen die eigenmächtige Durchsetzung seiner Ansprüche, auch wenn diese bestehen, nur ausnahmsweise, unter besonderen, eng begrenzten Voraussetzungen und in einem eng begrenzten Ausmaß gestattet sein. Das BGB regelt diese Voraussetzungen und die bei ihrem Vorliegen gestatteten Maßnahmen in § 229, die dabei einzuhaltenden Schranken in § 230. Die Selbsthilfe ist, wie sich aus diesen Vorschriften ergibt, regelmäßig nur zur vorläufigen Sicherung eines Anspruchs erlaubt; die endgültige Durchsetzung des Anspruchs bleibt auch dann dem gerichtlichen Verfahren überlassen.

---

[22] Zum übergesetzlichen Notstand vgl. *Enn./N.* § 241 V.

[23] So auch MünchKomm/*v. Feldmann* 1, *Staudinger/Dilcher* 3 zu § 228.

Die Voraussetzungen einer erlaubten Selbsthilfe sind:

1. ein Anspruch. Nicht notwendig ist, daß der Anspruch bereits fällig ist; selbst ein künftiger oder ein bedingter Anspruch genügt, wenn die Voraussetzungen des § 916 Abs. 2 ZPO vorliegen. Das Selbsthilferecht entfällt, wenn dem Verpflichteten eine dauernde Einrede zur Seite steht und er sie geltend macht, da dann auch eine gerichtliche Durchsetzung ausgeschlossen ist.

2. daß obrigkeitliche Hilfe, etwa die Feststellung der Personalien des Schädigers durch einen Polizeibeamten, eine einstweilige gerichtliche Verfügung, durch die dem Schuldner verboten wird, die geschuldete Sache zu veräußern oder in das Ausland zu verbringen, nicht rechtzeitig zu erlangen ist.

3. daß ohne sofortiges Eingreifen die Gefahr besteht, daß die Verwirklichung des Anspruchs vereitelt oder wesentlich erschwert werde.

Liegen diese drei Voraussetzungen vor, so darf der Berechtigte:

1. eine Sache wegnehmen, zerstören oder beschädigen. Er darf sie wegnehmen, um den Verpflichteten daran zu hindern, sie an einen unbekannten Ort oder an einen Ort außerhalb der Reichweite der deutschen Gerichte und Vollstreckungsbehörden zu verbringen, oder um ihn zu hindern, sich der Feststellung seiner Personalien durch die Flucht zu entziehen (z. B. Wegnahme des Fahrrades, des Autoschlüssels). Zu dem gleichen Zweck darf er die Sache beschädigen (z. B. die Reifen zerschneiden) oder sogar, wenn es nicht anders geht, zerstören;

2. einen Verpflichteten, der der Flucht verdächtig ist, festnehmen und seinen Widerstand gegen eine Handlung, die er zu dulden verpflichtet ist, mit Gewalt beseitigen. Eine dabei dem Verpflichteten zugefügte geringfügige Körperverletzung wird man, wenn sie sich nicht vermeiden ließ, noch für rechtmäßig erachten können; nicht aber eine schwere Körperverletzung oder gar Tötung.[24]

In allen Fällen sind folgende Schranken zu beachten (§ 230):

1. Die Selbsthilfe darf nicht weiter gehen als zur Abwendung der Gefahr erforderlich ist (Abs. 1). Unter mehreren möglichen und erfolgversprechenden Maßnahmen ist also nur diejenige erlaubt, die den Verpflichteten am wenigsten schädigt. Wenn der Zweck der Anspruchssicherung erreicht ist, z. B. sich der Verpflichtete über seine Person ausgewiesen oder ein ausreichendes Pfand gegeben hat, dürfen keine weiteren Maßnahmen gegen ihn ergriffen werden.

2. Im Falle der Wegnahme von Sachen (Abs. 2) ist entweder – was nur möglich ist, wenn der Berechtigte bereits einen Vollstreckungstitel hat – die Zwangsvoll-

[24] Nach *MünchKomm/v. Feldmann* 7 zu § 229 liegt die Grenze beim Mißbrauch; die Gewaltanwendung sei auf jeden Fall rechtswidrig, wenn der Verpflichtete dabei zu Tode kommt. Nach *Erman/Hefermehl* 8 zu § 229 soll dagegen nur die Gewaltanwendung als solche, nicht eine dabei zugefügte Körperverletzung rechtmäßig sein. Wäre das richtig, so wären die Rechte zur Festnahme und zur Beseitigung eines Widerstandes der Verpflichteten praktisch ziemlich wertlos.

streckung zu erwirken, oder, als eine gerichtliche Sicherungsmaßnahme, der dingliche Arrest (vgl. die §§ 916, 917, 928ff. ZPO).

3. Im Falle der Festnahme des Verpflichteten ist der persönliche Sicherheitsarrest zu beantragen; der Verpflichtete ist unverzüglich dem Gerichte vorzuführen (Abs. 3).

Wird der Arrestantrag verzögert oder vom Gericht abgelehnt, so hat der Berechtigte die weggenommenen Sachen unverzüglich zurückzugeben, den festgenommenen Verpflichteten unverzüglich freizulassen (Abs. 4). Die weitere Zurückhaltung oder Festhaltung wäre rechtswidrig. Etwas anderes muß jedoch gelten, wenn der Berechtigte gerade nur diejenige Sache weggenommen hat, auf deren Herausgabe sein Anspruch gerichtet ist, und wenn damit sein Anspruch befriedigt, der seinem Recht entsprechende Zustand hergestellt ist. Die Rückgabe der Sache würde den Berechtigten erneut der Gefahr der Vereitelung oder der wesentlichen Erschwerung einer Verwirklichung seines Anspruchs aussetzen. In diesem Fall muß daher, obgleich das Gesetz darüber schweigt, der Berechtigte die Sache behalten und es dem Gegner überlassen dürfen, gerichtliche Schritte zu ergreifen.[25]

Ein erweitertes Selbsthilferecht gibt das Gesetz dem Vermieter hinsichtlich solcher Gegenstände, die seinem Pfandrecht unterliegen, unter den Voraussetzungen des § 561 Abs. 1; dem Verpächter (§ 581 Abs. 2) und dem Gastwirt (§ 704) unter den gleichen Voraussetzungen und schließlich dem Besitzer einer Sache, wenn ihm der Besitz durch verbotene Eigenmacht weggenommen war (§ 859 Abs. 2 bis 4).

b) Die Risikohaftung des im entschuldbaren Irrtum Handelnden. Wer eine der nach § 229 zugelassenen Selbsthilfehandlungen in der irrigen Meinung vornimmt, die für die Rechtmäßigkeit seiner Handlung nach den §§ 229, 230 geforderten Voraussetzungen lägen vor, ist zum Schadensersatz verpflichtet, auch wenn sein Irrtum nicht auf Fahrlässigkeit beruht, also entschuldbar ist (§ 231). Ihn trifft dann zwar kein Schuldvorwurf, aber wegen der grundsätzlichen Bedenken gegen die Selbsthilfe bürdet ihm das Gesetz das Risiko auf, daß die Voraussetzungen erlaubter Selbsthilfe wirklich vorliegen. Es handelt sich weder um einen Anspruch aus unerlaubter Handlung, da ein Verschulden nicht vorausgesetzt ist, noch aus Gefährdungshaftung – im Gegensatz zu dieser liegt immerhin ein objektiv rechtswidriges Handeln vor, dagegen fehlt es an einer für diese charakteristischen spezifischen Sach- oder Betriebsgefahr –, sondern um eine gesetzliche Risikozurechnung.[26] Verschuldensfähigkeit ist nicht erforderlich;[27] hinsichtlich der Verjährungsfrist wird man jedoch § 852 analog anwenden können.[28]

---

[25] So auch *Erman/Hefermehl* 3 a E; *Palandt/Heinrichs* 2 zu § 230.

[26] Vgl. *meine* Abhandlung in JuS 65, 373, 375; *Deutsch,* Haftungsrecht Bd. I S. 221; *Staudinger/Dilcher* 3 zu § 231; BGH, NJW 77, 1818.

[27] H. L.; anders *Enn./N.* § 242 Anm. 17.

[28] So auch MünchKomm/v. *Feldmann* 1, *Palandt/Heinrichs* 1, *Erman/Hefermehl* 2 zu § 231, dagegen (Verjährung in 30 Jahren) *Soergel/Fahse* 3, *Staudinger/Dilcher* 4 zu § 231.

Drittes Kapitel. Die Rechtsgegenstände und das Vermögen

§ 16. Rechtsgegenstände

Literatur: *Brecher,* Das Unternehmen als Rechtsgegenstand, 1953; *Husserl,* Der Rechtsgegenstand, 1933; *Kirsten,* Der Bestandteilsbegriff des § 93 BGB unter Berücksichtigung der technischen Normung, 1933; *Michaelis,* Voraussetzungen und Auswirkungen der Bestandteilseigenschaft, Festschr. f. *Nipperdey,* 1965, I, S. 553; *Oertmann,* Zum Rechtsproblem der Sachgesamtheit, AcP 136, 88; *Siebert,* Zubehör des Unternehmens und Zubehör des Grundstücks, Festschr. f. *Gieseke,* 1958, S. 59; *Sohm,* Der Gegenstand, 1905; ArchBürgR 28, 173; JherJb 53, 373 (dazu *Binder,* ZHR 59, 1 u. ArchBürgR 34, 209).

I. Rechtsgegenstände im allgemeinen

Der Ausdruck ,,Objekt" oder ,,Gegenstand" bezeichnet in seiner allgemeinsten philosophischen Bedeutung das, was dem Menschen als erkennendem Subjekt ,,entgegensteht", worauf sich sein Bewußtsein als ein Vorfindliches, wie immer ihm im näheren Gegebenes, zu richten vermag. Es ist selbstverständlich, daß ein so weit gefaßter Gegenstandsbegriff dem Juristen wenig besagt. Bei weitem nicht alles, was in dieser Bedeutung ein ,,Gegenstand" zu sein vermag, ist auch ein *Rechts*gegenstand. Die Grundbedeutung des ,,Gegenstandes" als des dem Subjekt Entgegenstehenden ist aber insoweit auch im Begriff des Rechtsgegenstandes enthalten, als darunter ein von der Person selbst unterschiedenes ,,Etwas" verstanden wird, das ihr nach dem Rechte in irgendeiner Weise *verfügbar* ist, ihrer Willensbestimmung unterliegt.[1] Näher ist jedoch zu unterscheiden zwischen den Gegenständen eines Herrschafts- oder Nutzungsrechts, den Rechtsobjekten im engeren Sinne – ich nenne sie ,,Rechtsgegenstände erster Ordnung" –, und den Gegenständen, über die ein Rechtssubjekt durch Rechtsgeschäft verfügen kann – ich nenne sie ,,Rechtsgegenstände zweiter Ordnung". Wo das BGB den Ausdruck ,,Gegenstand" gebraucht, da geschieht dies meist im Zusammenhang mit einer rechtsgeschäftlichen Verfügung oder mit Verfügungsmacht, daher im Sinne des Rechtsgegenstandes zweiter Ordnung, des Verfü-

[1] Enger, nämlich als ,,Gegenstand eines absoluten Rechts oder einer absoluten Belastung", definiert *E. Wolf* (S. 164) den ,,Rechtsgegenstand". Die absoluten – wie auch andere – Rechte selbst begreift er danach nicht als Rechtsgegenstände, obgleich sie nach dem nicht zu beanstandenden Sprachgebrauch des BGB Gegenstände rechtlicher Verfügung und regelmäßig auch Vermögensgegenstände sind. Sie sind damit für das Recht ,,Gegenstände" in einem ganz spezifischen Sinn. Das rechtfertigt es m. E., sie ebenfalls als Rechtsgegenstände, jedoch im Unterschied zu den Objekten der Herrschaftsrechte als Rechtsgegenstände zweiter Ordnung zu kennzeichnen, wie das im Text geschieht.

gungsgegenstandes (vgl. §§ 135 Abs. 1, 161 Abs. 1, 185 Abs. 1, 719, 747 Satz 2, 816 Abs. 1, 1419 Abs. 1, 2040 Abs. 1, 2205 Satz 2). Dagegen versteht das Gesetz in § 90 unter ,,Gegenständen" Objekte eines Herrschaftsrechts.

Rechtsgegenstände *erster* Ordnung sind *Sachen* – das sind nach § 90 nur *körperliche* Gegenstände – und solche *unkörperlichen Gegenstände,* an denen ein Dritten gegenüber wirksames Herrschafts- oder Nutzungsrecht möglich ist, wie z. B. Geisteswerke und Erfindungen. Rechtsgegenstände *zweiter* Ordnung, also *Verfügungsgegenstände,* sind Rechte und Rechtsverhältnisse. Die Sache, die in jemandes Eigentum steht, ist sonach ein Rechtsgegenstand erster Ordnung, das an ihr bestehende Eigentum als Verfügungsgegenstand ein Rechtsgegenstand zweiter Ordnung. Falls ein Recht am Vermögen oder an einem Sondervermögen anzuerkennen wäre, über das einheitlich verfügt werden könnte, wäre dieses Recht, da das Vermögen seinerseits aus Rechten, also aus Rechtsgegenständen zweiter Ordnung besteht, ein Rechtsgegenstand dritter Ordnung. Wir werden indessen sehen, daß das Vermögen als solches kein einheitlicher Verfügungsgegenstand ist (unten § 17 I).

In einem anderen Sinne sprechen wir von dem Gegenstand einer geschuldeten Leistung. Damit meinen wir ein ,,Etwas", das der Schuldner durch seine Leistung dem Gläubiger verschaffen soll, z. B. den Besitz einer Sache, das Eigentum oder ein sonstiges Recht, eine Geldsumme oder irgendeinen durch ihn zu bewirkenden ,,Erfolg". Nicht alles, was in diesem weiten Sinne ,,Gegenstand" einer Leistung zu sein vermag, ist darum schon ein Rechtsgegenstand in dem angegebenen Sinn. Wenn ferner das Gesetz in § 32 Abs. 1 von dem ,,Gegenstand einer Beschlußfassung" spricht, so ist damit nichts weiter als die zu entscheidende Angelegenheit gemeint. Derartige Bedeutung des Wortes ,,Gegenstand" scheiden hier aus. ,,Rechtsgegenstände" in dem hier interessierenden Sinn sind allein Objekte von Herrschaftsrechten und Verfügungsgegenstände.

Rechtsgegenstände erster Ordnung können zwar auch einzelne verselbständigte, abgelöste und dadurch ,,vergegenständlichte" Äußerungen oder Darstellungen der Person sein, wie etwa ihr Bild, der Inhalt eines Privatbriefs, einer Mitteilung, ihre auf einem Stück Papier festgehaltene Handschrift, auf einem Tonband festgehaltene Stimme; dagegen ist die Persönlichkeit selbst kein Rechtsgegenstand.[2] Sie ist vielmehr schon nach dem Sprachsinn das allen Gegenständen vorausliegende Subjekt, dasjenige im Verhältnis zu dem sie ,,Gegenstände" sind. Möglicher Gegenstand eines Herrschaftsrechts ist daher weder die eigene Person

---

[2] So richtig *Brecher,* Das Unternehmen als Rechtsgegenstand, S. 23. Treffend bemerkt er, das ,,Ich" als solches, d. h. als aus sich wirksames Persönlichkeitszentrum, *könne,* das ,,Ich" als körperliche Erscheinung *dürfe* nicht zum Gegenstand werden, da es dadurch ,,aus seiner wesensmäßig unlösbaren Verbindung mit dem Seelischen gewaltsam herausgenommen würde". *E. Wolf,* bemerkt zutreffend (S. 169), ein Mensch könne kein Rechtsgegenstand sein, ,,weil er an einem rechtlichen Verhältnis nur entsprechend seiner Eigenschaft als Person ... nicht als bloßer Gegenstand von Entscheidungen anderer, beteiligt sein kann."

als solche, noch die fremde Person.[3] Das Persönlichkeitsrecht ist sinem Kern nach, wie wir gesehen haben, ein Recht auf Achtung, auf Nichtverletzung der Person in dem, was ihr als solcher zukommt; es ist kein Herrschaftsrecht. Das Forderungsrecht ist ein Recht an den Schuldner auf Leistung, nicht ein Herrschaftsrecht über seine Person oder seine Handlungen. Persönliche Familienrechte sind „Pflichtrechte" und unterscheiden sich dadurch wesentlich von den bloßen Herrschaftsrechten. Zwar hat die menschliche Person in ihrem Dasein eine räumlich-gegenständliche, nämlich eine leibliche Existenz. Daher ist sie auch in dieser ihrer leiblichen Existenz durch andere verletzbar. Aber der Körper des lebenden[4] Menschen ist dennoch kein Rechtsgegenstand, keine „Sache" im Rechtssinne,[5] eben weil er niemals bloßes Objekt, sondern die unmittelbare und gegenwärtige Erscheinung der Person selbst ist. Niemand kann daher einem anderen ein Herrschaftsrecht über seinen Körper einräumen, auch wenn er ihm bestimmte Eingriffe gestatten, die Widerrechtlichkeit eines solchen Eingriffs dadurch ausschließen kann. Das Recht auf körperliche Unversehrtheit ist ein Persönlichkeitsrecht, nicht ein Sachenrecht am eigenen Körper. Es ist daher auch nicht übertragbar.

II. Sachen

a) **Sachen als körperliche Rechtsgegenstände 1. Ordnung.** Nach § 90 sind „Sachen" im Sinne des Gesetzes nur körperliche, also raumausfüllende Gegenstände. Gemeint sind ferner lediglich *Rechts*gegenstände; daher ist nicht alles, was den Raum erfüllt, in diesem Sinne materieller Natur ist, auch eine „Sache" im Sinne der Rechtsordnung. Vielmehr scheiden aus dem rechtlichen Sachbegriff einmal alle solche Körper aus, die, weil sie menschlicher Beherrschung überhaupt oder, mangels Abgrenzbarkeit, der Beherrschung durch eine einzelne Person nicht zugänglich sind, keine Rechtsgegenstände sind, wie z. B. andere Sterne (wenigstens so lange, als der Mensch noch nicht seinen Fuß auf sie gesetzt hat), Meteore, die Lufthülle der Erde, Wolken, das Wasser der Meere und fließender Gewässer. Ferner scheiden auch solche Dinge aus, die mit den menschlichen Sinnen nicht mehr wahrgenommen werden können oder bei Berührung zerge-

---

[3] Anders jedoch die h. L., z. B. *Enn./N.* § 121 I zu Anm. 4; wie hier aber *Wolf* aaO.

[4] Es ist streitig, ob der menschliche Leichnam als eine „Sache im Rechtssinne" anzusehen ist und wenn ja, ob er im Eigentum des Erben oder eines anderen stehen kann (vgl. die Angaben in MünchKomm/*Holch* 31 zu § 90). Über den Leichnam können von den nächsten Angehörigen des Verstorbenen gewisse Verfügungen getroffen werden. Er dürfte daher den Rechtsgegenständen zuzuzählen sein, aber, da er immer noch zugleich „Rückstand" der menschlichen Person ist, nicht den Sachen. Er gehört nicht zum Nachlaß des Verstorbenen, und ist aus Gründen der Pietät dem allgemeinen Rechtsverkehr entzogen.

[5] So auch *Enn./N.* § 121 II 1; *Medicus*, Rdz. 1176; *Staudinger/Dilcher* 14 zu § 90.

hen, wie etwa Regentropfen, Schneeflocken, Staubkörner, Rußflocken. Der Mensch nimmt das Maß der Sachen von sich selbst. Der Mikro- und der Makrokosmos scheiden also aus dem Kreis der Rechtsgegenstände aus. Dagegen kommen als „Sachen“ nicht etwa nur feste Körper, sondern auch flüssige und gasförmige in Betracht, wenn sie in entsprechenden Behältern eingeschlossen und dadurch in abgesonderten Mengen der Beherrschung zugänglich sind, aufbewahrt, weitergegeben und verbraucht werden können, wie etwa Getränke in Fässern und Flaschen, Heizöl, Benzin und Gas in festen oder transportablen Behältnissen. Keine Sachen, weil – wenigstens nach der hierfür maßgeblichen Lebensanschauung – keine körperlichen Gegenstände, sind dagegen „Naturkräfte“, wie Elektrizität, Licht- und Schallwellen, Strahlen aller Art. Vom Menschen beherrschte Energien können allenfalls unkörperliche Rechtsgegenstände sein.

b) **Rechtlich bedeutsame Arten der Sachen.** Unter den danach als „Sachen im rechtlichen Sinn“ verbleibenden körperlichen Gegenständen finden sich solche der verschiedensten Art; nicht nur feste, flüssige und gasförmige, sondern auch belebte (Tiere, Pflanzen) und unbelebte, solche, die von Menschenhand geschaffen oder wenigstens umgestaltet worden sind, und solche, die durch natürliche Vorgänge entstanden, von der Natur so gebildet sind. Ebenso mannigfaltig wie ihre Form, Gestalt, Größe, chemischen und physikalischen Eigenschaften sind die möglichen Verwendungszwecke der Sachen; danach kann man z. B. unterscheiden Rohstoffe, Halb- und Fertigfabrikate, Produktionsmittel und Gebrauchsgüter. Die meisten dieser Unterscheidungen, seien sie nun von der natürlichen Beschaffenheit oder der Zweckbestimmung, der wirtschaftlichen Bedeutung der Sachen her genommen, sind für das Privatrecht im allgemeinen ohne Bedeutung. Von allgemeiner rechtlicher Bedeutung sind dagegen die folgenden Unterscheidungen:

1. **Bewegliche und unbewegliche Sachen.** Das Sachenrecht des BGB beruht weitgehend auf der unterschiedlichen Behandlung von beweglichen Sachen und von Grundstücken. Das Eigentum etwa an einer beweglichen Sache wird übertragen regelmäßig durch dinglichen Vertrag (Einigung) und Übergabe (§ 929); das an einem Grundstück durch dinglichen Vertrag (hier genannt: „Auflassung“) und Eintragung des Erwerbers im Grundbuch (§§ 873, 925). Durchaus verschiedenen Regeln unterliegen die Pfandrechte an beweglichen Sachen einerseits, die Grundpfandrechte (Hypotheken, Grund- und Rentenschulden) andererseits. Unser gesamtes Grundstücksrecht ist maßgeblich mitgeprägt durch das Grundbuchsystem. Dagegen knüpft das Gesetz bei beweglichen Sachen die Rechtsfolgen vielfach an die Änderung der Besitzlage. Auch im Schuldrecht ist der Unterschied von Bedeutung. Der Verkauf eines Grundstücks bedarf, anders als der einer beweglichen Sache, einer Form (§ 313). Zahlreiche Vorschriften des Mietrechts gelten nur für die Miete von Räumen, die als Grundstücksbestandteile

gelten (vgl. § 580), oder, enger noch, von Wohnräumen. Zu Verfügungen über Grundstücksrechte und zu anderen auf Grundstücke bezüglich Rechtsgeschäften bedürfen Eltern und Vormünder der vormundschaftsgerichtlichen Genehmigung (§§ 1643, 1821). Das sind nur einige der Vorschriften, denen zufolge Grundstücke und bewegliche Sachen im materiellen Recht verschieden behandelt werden. Auch im Prozeßrecht ist der Unterschied bedeutsam. Für Klagen, durch die das Eigentum oder ein beschränktes dingliches Recht an einem Grundstück oder das Fehlen eines solchen Rechts geltend gemacht wird, gilt der Gerichtsstand der „belegenen Sache" (§ 24 ZPO). Schließlich folgt die Zwangsvollstreckung in Grundstücke ganz anderen Regeln als diejenige in bewegliche Sachen.

Grundstücke sind räumlich abgegrenzte Teile der Erdoberfläche, die, soweit sie im Grundbuch verzeichnet sind, durch das Grundbuch, soweit das nicht der Fall ist, durch ihre Lage und natürlichen Grenzen individualisiert werden. Die Bestandteile eines Grundstücks (unten d) teilen dessen rechtliches Schicksal. Alle anderen als Rechtsgegenstände anzusehenden Sachen, die weder Grundstücke noch Grundstücksbestandteile sind, sind bewegliche Sachen. Dabei kommt es nicht darauf an, ob sie im wörtlichen Sinne „beweglich" sind oder nicht. Eine schwere Maschine, die nicht etwa aus einem der noch zu besprechenden Gründe zum Bestandteil eines Grundstücks geworden ist, ist eine „bewegliche Sache", auch wenn sie, ohne auseinandergenommen zu werden, nicht von der Stelle bewegt werden kann. Dagegen werden im Schiffsregister eingetragene Schiffe, obgleich sie „bewegliche Sachen" sind, in einigen Hinsichten, so besonders hinsichtlich der an ihnen bestellten Pfandrechte („Schiffshypotheken"), ähnlich wie Grundstücke behandelt (vgl. das Gesetz über Rechte an eingetragenen Schiffen und Schiffsbauwerken vom 15. 11. 1940 sowie die §§ 435 Abs. 2, 439 Abs. 2, 446 Abs. 2, 580a, 1287 Satz 2).[6]

2. **Vertretbare und nicht vertretbare Sachen.** Diese Unterscheidung betrifft nur bewegliche Sachen und ist am Handelsverkehr orientiert. Vertretbar sind solche Sachen, die „im Verkehr nach Zahl, Maß oder Gewicht bestimmt zu werden pflegen" (§ 91), wie z. B. Kohlen, Kartoffeln, Getreide, Ziegelsteine, auch Exemplare eines Buches, einer Zeitschrift, wie überhaupt serienmäßig hergestellte Waren,[7] solange sie neu sind. Unvertretbar sind z. B. Kunstgegenstände, soweit es sich um Originale und nicht um Reproduktionen handelt, Modellkleider, individuell gefertigte Möbel und Einrichtungsgegenstände, ferner alle schon gebrauchten Sachen (gebrauchte Möbel, Kraftfahrzeuge, Bücher usw.). Der Unterschied ist bedeutsam einmal dann, wenn wegen der Zerstörung eines solchen Gegenstandes Schadensersatz zu leisten ist. Ersatz durch „Naturalher-

---

[6] Vgl. dazu *Baur,* Sachenrecht § 31.
[7] Vgl. die Entsch. des BGH in WM 71, 1014.

stellung", nämlich durch Lieferung einer anderen gleichartigen Sache, ist im allgemeinen nur bei vertretbaren Sachen möglich.[8] Bei einer unvertretbaren Sache kommt nur Geldersatz in Betracht. Vertretbare Sachen können Gegenstand eines Darlehens (§ 607) sein. Von erheblicher Bedeutung ist der Unterschied ferner bei Werklieferungsvertrag (§ 651 Abs. 1 Satz 2). Das Gesetz ordnet auch die Geldzeichen (Scheine, Münzen) unter die „vertretbaren Sachen" ein. Bei einer Geldschuld kommt es indessen nicht darauf an, daß vertretbare Sachen zu liefern sind, sondern darauf, daß dem Gläubiger die Verfügung über eine bestimmte Summe Geldes zu verschaffen ist.[9]

3. **Verbrauchbare und nicht verbrauchbare Sachen.** Auch diese Einteilung bezieht sich nur auf bewegliche Sachen. Verbrauchbar sind solche bewegliche Sachen, „deren bestimmungsmäßiger Gebrauch in dem Verbrauch oder in der Veräußerung besteht", also z. B. Nahrungs- und Genußmittel sowie wiederum Geld, soweit es überhaupt als „Sache" in Betracht kommt. Als „verbrauchbar" gelten auch solche Sachen, die derzeitig zu einem Warenlager oder einem sonstigen Sachinbegriff gehören, „dessen bestimmungsmäßiger Gebrauch in der Veräußerung der einzelnen Sachen besteht" (§ 92). Der Umstand, daß der bestimmungsgemäße Gebrauch einer Sache zu einer mit der Zeit fortschreitenden Abnutzung führt, wie das etwa bei Kraftfahrzeugen, Maschinen, Möbeln, Kleidungsstücken, überhaupt den meisten Gebrauchsgegenständen der Fall ist, macht die Sache noch nicht zu einer verbrauchbaren. Eine solche ist sie nur dann, wenn der einzelne Gebrauchsakt in dem völligen oder teilweisen Verbrauch oder ihrer Veräußerung besteht. Da von verbrauchbaren Sachen kein anderer sinnvoller Gebrauch als ihr Verbrauch oder – so vor allem bei Geld – ihre Veräußerung gemacht werden kann, so ist es nicht möglich, sie *nach* dem ihnen gemäßen Gebrauch in unverändertem Zustand zurückzugeben. Sie sind daher nicht dazu geeignet, verliehen oder vermietet zu werden; sind sie vertretbar, so können sie jedoch den Gegenstand eines Darlehens bilden, da bei einem solchen nur Gegenstände *gleicher Art* zurückgegeben zu werden brauchen (§ 607 Abs. 1). Wird ein Nießbrauch an ihnen bestellt, so wird der Nießbraucher Eigentümer; nach Beendigung des Nießbrauchs hat er dem Besteller den Wert zu ersetzen (§ 1067).

c) **Sacheinheit und Sachmehrheit.** Wer ein Buch, einen Löffel oder einen Bleistift in die Hand nimmt, wird keinen Zweifel daran haben, daß dies *eine* (einzige) Sache ist. Wie aber ist es mit einer vollständigen Bücherreihe, einer ganzen Bibliothek: Handelt es sich auch hier jeweils um *eine* Sache, an der *ein einziges* Eigentumsrecht möglich wäre, das durch einen einzigen Akt übertragen werden könnte, oder handelt es sich um so viele einzelne Sachen und auch einzelne Eigentumsrechte, wie Bände in der Reihe oder in der Bibliothek vorhan-

---

[8] Vgl. Sch.R. I § 28 I a. E.

[9] Über Geld und Geldschulden vgl. Sch.R. I § 12 I bis III; neuestens Karsten *Schmidt,* Geldrecht (Sonderausgabe aus dem Kommentar von *Staudinger*), 1983.

den sind? Unsere Rechtsordnung kennt keine ,,Gesamtsache", die aus selbständigen Einzelsachen zusammengesetzt wäre, sondern nur Einzelsachen und Mehrheiten von solchen. An jeder Einzelsache besteht ein gesondertes Eigentum, dagegen ist eine Mehrheit von Sachen nicht selbst wieder Gegenstand eines an ihr bestehenden Herrschaftsrechts. Daher müssen wir fragen, wann es sich im Sinne der Rechtsordnung um eine einzige Sache und wann um eine Mehrheit von Sachen, wann andererseits um lediglich unselbständige Teile *einer* Sache handelt. Ist z. B. der in einem Keller liegende Kohlenhaufen eine einheitliche Sache, oder ist jedes einzelne Kohlestück eine selbständige Sache; ist ein Kartenspiel oder ein Legespiel eine einheitliche Sache, ein Paar Schuhe oder Handschuhe, eine Briefmarkensammlung, ein Kaffeeservice? Oder sind es so viele Sachen, wie äußerlich gesonderte Einzelstücke vorhanden sind?

Man muß sich von vornherein darüber klar sein, daß es sich bei der Frage, wann im Sinne der Rechtsordnung eine einzige Sache, wann eine Vielheit selbständiger Sachen vorliegt und was ein Teil einer einzigen Sache ist, nicht um eine Frage der Naturwissenschaft oder auch der ,,natürlichen" Ding-Erfahrung, sondern um eine spezifische Rechtsfrage handelt.[10] Das Recht folgt dabei in erster Linie, wenn auch nicht ausschließlich, der Verkehrsanschauung,[11] für die wiederum am wichtigsten die Eignung einer Sache für einen bestimmten Zweck oder Gebrauch ist. Maßgebend ist danach nicht so sehr der äußerliche Zusammenhang,[12] wiewohl auch dieser eine Rolle spielt, als der einheitliche Verwendungszweck oder die tatsächliche Verwendung, die eine Sache im Rahmen einer größeren Sacheinheit gefunden hat.[13]

So sind einzelne Balken, Bretter, Bausteine, Stahlträger, solange sie als Einzelstücke zu mannigfachen Zwecken verwendbar sind, Einzelsachen; haben sie aber durch ihren Einbau in ein Gebäude eine bestimmte Verwendung gefunden, so sind sie keine selbständigen Sachen mehr, sondern Teile des Gebäudes als neuer Gebrauchseinheit. Das Gebäude selbst ist auf Grund der Vorschrift des § 94 Abs. 1 in der Regel keine selbständige Einzelsache, sondern Bestandteil des Grundstücks, auf dem es steht. Ein Kraftwagen besteht aus vielen Teilen, wie z. B. dem Motor, der Karosserie, den Rädern, Reifen, Lenkrad, Beleuchtungskörpern, Kabeln usw., die vor ihrer Zusammenfügung als einzelne Stücke gehandelt werden und mannigfache Verwendung finden können, also selbständige Sachen sind. Mit ihrer Einfügung verlieren sie aber diese ihre Eigenschaft und sind nunmehr nur noch Teile der aus ihnen zusammengesetzten Sache, des Kraftfahrzeugs.[14] Wird ein Reifen abmontiert, der Motor ausgebaut, so wird er wieder eine selbständige Sache. Ein Buch, das in einer bestimmten Bibliothek steht, hat deshalb nicht aufgehört, eine selbständige Sache zu sein. Dies nicht nur deshalb, weil es an einer ,,festen" Verbindung mit den anderen Büchern fehlt, sondern vornehmlich deshalb, weil es nicht aufgehört hat, für sich allein benutzbar zu sein. Das gilt auch für den einzelnen Band

---

[10] Vgl. *Engisch,* Vom Weltbild des Juristen, S. 147ff.; *Brecher,* Das Unternehmen als Rechtsgegenstand, S. 35ff.; *Pawlowski I* S. 142f.

[11] Bedenken hiergegen äußert *Brecher* aaO. S. 49ff.

[12] *Enn./N.* § 121 II 3 meinen, bei beweglichen festen Körpern werde die Einheit der Sache im allgemeinen durch die Kohärenz bestimmt. Schlechthin entscheidend sei sie aber nicht.

[13] Zutreffend sagt *Engisch* aaO. S. 155: ,,Was für den Gebrauch eine Einheit bildet, wird eben deshalb im allgemeinen als *ein* Ding, *eine* Sache betrachtet."

[14] Vgl. auch BGHZ 18, 226, 228f.

eines mehrbändigen Werkes oder einer Reihe. Dagegen ist der nur irgendwie abgeteilte Kohlenhaufen *eine* Sache, nicht sind es die einzelnen zu ihm gehörenden Kohlestücke, obgleich ihr äußerlicher Zusammenhang nicht enger ist als der der in einer Reihe stehenden Bücher. Das einzelne Kohlestück hat für sich keinen meßbaren wirtschaftlichen Wert, ist als einzelnes „zu nichts brauchbar". Eine einzige Sache bilden auch die 52 Blätter eines Kartenspiels oder die Teile eines Legespiels, da sie nur alle zusammen sinnvoll gebraucht werden können. Auf die fehlende äußere Verbindung kommt es deshalb nicht an. In der Regel wird man auch ein Paar Schuhe oder Handschuhe nur als eine einzige Sache ansehen; doch kann hier ausnahmsweise auch anders zu entscheiden sein. Briefmarkensammlung und Kaffeeservice sind Sachmehrheiten.[15]

Ein sicheres Kriterium dafür, wann es sich um eine einzige Sache, wann um mehrere Sachen handelt, ergibt sich nur bei Grundstücken, und zwar aus dem Grundbuch. Ein selbständiges Grundstück ist ein räumlich abgegrenzter Teil der Erdoberfläche, der im Grundbuch als ein solches geführt wird.[16]

d) **Sachbestandteile.** Räumlich unterscheidbare Teile einer als Einheit zu betrachtenden Sache bezeichnet das Gesetz als Bestandteile derselben. Die Bestandteile einer Sache teilen, wenn nichts anderes bestimmt ist, das rechtliche Schicksal der ganzen Sache. Der Verkauf und die Übereignung einer bestimmten Sache umfaßt also ihre sämtlichen Bestandteile, wenn nicht einzelne ausdrücklich ausgenommen sind. Unter den Bestandteilen unterscheidet das Gesetz die sogenannten „wesentlichen" und die „unwesentlichen". Die Bezeichnung ist irreführend. Bei den **„wesentlichen" Bestandteilen** handelt es sich nicht um solche, die für das Wesen der Sache, sei es für ihre Identität, ihre Qualität oder Verwendbarkeit, von besonderer Bedeutung sind, sondern um solche, **deren Trennung** (von der übrigen Sache oder den danach verbleibenden Teilen) **unwirtschaftlich wäre.** Das Gesetz sucht zu vermeiden, daß unwirtschaftliche Trennungen aus rechtlichen Gründen vorgenommen werden müssen, indem es bestimmt, daß die sogenannten wesentlichen Bestandteile – solange sie nicht tatsächlich voneinander getrennt sind – nicht Gegenstand besonderer Rechte sein können (§ 93). Das bedeutet: Der „wesentliche" Bestandteil kann nicht im Eigentum einer anderen Person stehen als in dem des Eigentümers der ganzen Sache. Wäre es anders, so könnte der Eigentümer des wesentlichen Bestandteils jederzeit zwecks Herausgabe dessen Abtrennung verlangen, was zu einem Wertverlust führen müßte. Auch Pfandrechte oder dingliche Nutzungsrechte sind an einem wesentlichen Bestandteil allein nicht möglich. Wird eine bewegliche Sache mit einem Grundstück in solcher Weise verbunden, daß sie wesentlicher Bestandteil des Grundstücks wird, so fällt sie, auch wenn der Eigentumsübergang von den Beteiligten nicht beabsichtigt war, nunmehr in das Eigentum des Grundstückseigentümers

---

[15] Ebenso *MünchKomm/Holch* 38 zu § 90.

[16] Vgl. dazu *Baur,* Sachenrecht § 15 III; *Westermann,* Sachenrecht § 71 I. Nach RGZ 84, 270 ist ein selbständiges Grundstück „jeder gegen andere Teile räumlich abgegrenzte Teil der Erdoberfläche, der auf einem besonderen Grundbuchblatte für sich allein oder auf einem gemeinschaftlichen Grundbuchblatt unter einer besonderen Nummer im Verzeichnisse der Grundstücke gebucht ist".

(§ 946). Der bisherige Eigentümer kann nicht ihre Abtrennung, sondern nur einen Wertausgleich in Geld verlangen (§ 951 Abs. 1). Auch ein Eigentumsvorbehalt des Verkäufers einer beweglichen Sache vermag den Eigentumsübergang nach § 946 nicht zu hindern, da diese Bestimmung zwingend ist. Werden bewegliche Sachen verschiedener Eigentümer miteinander in solcher Weise verbunden, daß sie wesentliche Bestandteile einer einheitlichen Sache werden, oder werden sie untrennbar miteinander vermischt oder vermengt, so kommt es darauf an, ob eine der Sachen als „Hauptsache" anzusehen ist. Wenn ja, erwirbt ihr Eigentümer alleiniges Eigentum; andernfalls entsteht Miteigentum aller nach Bruchteilen (§§ 947, 948). Auch hier kann derjenige, der sein Eigentum verliert, nur Wertersatz, nicht Herausgabe des Teils, der ihm früher gehörte, und damit die Trennung verlangen.

Die Zweckmäßigkeit dieser Regelung leuchtet ein, wenn man sich vorstellt, daß versehentlich einige dem A gehörende Steine oder Balken in die Fundamente oder den Dachstuhl des Hauses des B eingebaut worden sind, und nun A auf Grund seines fortbestehenden Eigentums die Herausgabe dieser Steine oder Balken von B verlangen könnte. B könnte dadurch zu äußerst kostspieligen Maßnahmen gezwungen sein, die in keinem Verhältnis zu dem Nutzen des A stünden. Dem Interesse des A kann in der Regel dadurch volles Genüge geschehen, daß ihm der Wert seiner Steine oder Balken in Geld vergütet wird.

„Wesentliche", also *sonderrechtsunfähige* Bestandteile sind grundsätzlich solche, die nicht voneinander getrennt werden können, ohne daß der eine oder der andere zerstört oder in seinem Wesen verändert würde (§ 93). „In seinem Wesen verändert" ist der Bestandteil, wenn seine Brauchbarkeit und damit sein Wert infolge der Trennung nicht unerheblich gemindert wird.[17] Dabei kommt es nicht auf die Veränderung oder Wertminderung der ganzen Sache an – eine solche wird immer eintreten, wenn man einen nicht ganz unbedeutenden Teil von ihr abtrennt –, sondern darauf, ob der abgetrennte Bestandteil und die danach übrig bleibende Sache in ihrer Vereinzelung, sofern man die wirtschaftlichen Werte beider addiert, annähernd noch den gleichen Wert ergeben, den vorher die ganze Sache hatte.[18] Das ist bei leicht abnehmbaren Teilen, die im Verkehr als selbständige Sachen gehandelt werden und daher auch leicht ersetzbar und wieder ver-

---

[17] Vgl. dazu *Otte*, JuS 70, 156.

[18] Erhebliche Bedenken gegen diese, von ihm als „Teilbarkeitslehre" bezeichnete, Auffassung macht *Michaelis* in der Festschr. für *Nipperdey*, 1965, Bd. I S. 553ff. geltend. Ihm folgt weitgehend *Pinger*, JR 73, 464. M. E. ist um sie, angesichts des klaren, vom Gesetzgeber gewählten Wortlauts des § 93, de lege lata nicht herumzukommen. Ob die von *Michaelis* postulierte „Ganzheitslehre" de lege ferenda vorzuziehen ist, scheint mir zweifelhaft. Sie würde dazu führen, alle Bestandteile, die für die Funktionsfähigkeit einer Sache von Bedeutung sind, als sonderrechtsunfähig anzusehen und damit den Anwendungsbereich der §§ 946ff. erheblich auszudehnen. Dies mag dann als wünschenswert erscheinen, wenn man die bei *Michaelis* durchscheinende Skepsis gegen den Eigentumsvorbehalt teilt. Die Entwicklung in der Rechtsprechung ist jedoch, was *Michaelis* nicht verkennt, in die entgegengesetzte Richtung gegangen.

wendbar sind, der Fall.[19] So ist etwa ein Reifen im Sinne des Gesetzes kein „wesentlicher", sondern ein „unwesentlicher", d. h. also ein sonderrechtsfähiger Bestandteil eines Kraftfahrzeugs, worüber man sich nicht dadurch täuschen lassen darf, daß der Wagen ohne Reifen nicht fahrfähig ist. Ein Reifen ist eben leicht durch einen anderen zu ersetzen, und der Reifen für sich allein ist eine Handelsware, die durch die Trennung nicht nennenswert an Wert verliert.[20] Das hat zur Folge, daß ein an dem Reifen bestehender Eigentumsvorbehalt des Lieferanten nicht etwa durch die Verbindung des Reifens mit dem Wagen unwirksam wird, weil dessen Eigentümer gemäß § 947 Abs. 2 das Alleineigentum an der ganzen Sache erwirbt, sondern bestehen bleibt. Der Lieferant kann im Falle des Konkurses des Eigentümers „seinen" Reifen aussondern; er ist nicht auf den Geldanspruch aus § 951, der eine bloße Konkursforderung wäre, angewiesen. „Wesentliche" Bestandteile sind dagegen: die einzelnen Seiten eines Buches, Farbe und Leinwand bei einem Gemälde, auch die einzelnen Karten eines Kartenspiels. „Wesentlicher Bestandteil" eines Gebäudes ist schon nach § 93 alles das, was in solcher Weise in das Gebäude eingebaut oder mit ihm verbunden ist, daß es nicht ohne teilweise Beschädigung des Gebäudes oder des Bestandteils aus der Verbindung mit dem Gebäude gelöst werden kann. Daher können Maschinen wesentliche Bestandteile eines Gebäudes sein, wenn sie fest mit ihm verbunden sind, so daß ihr Ausbau nicht ohne teilweise Zerstörung und daher Wertminderung möglich ist. Für Bestandteile eines Gebäudes[21] gilt darüber hinaus die Sondervorschrift des § 94 Abs. 2. Nach ihr gehören zu den wesentlichen Bestandteilen des Gebäudes (und damit gemäß § 94 Abs. 1 in der Regel des Grundstücks), auch wenn die Voraussetzungen des § 93 nicht vorliegen, die *zur Herstellung des Gebäudes* eingefügten Sachen.

„Zur Herstellung des Gebäudes" eingefügt sind alle diejenigen Sachen, die mit dem Gebäude irgendwie verbunden worden sind, um es *für den Zweck, für den es erbaut wurde,* brauchbar, verwendbar (oder wieder verwendbar) zu machen. Dazu gehören nicht nur die Mauersteine und Dachziegel, Dachbalken, Treppenstufen, Fenster und Türen, sondern, je nach dem Verwendungszweck des

---

[19] Nach einigen Autoren soll es sich dennoch um wesentliche Bestandteile handeln, wenn die *Kosten der Trennung und Wiederzusammensetzung* den Wert des abgetrennten Bestandteils erheblich übersteigen, so *Lange/Köhler* § 31 III 4 a. E.; *Medicus* Rdz. 1189. Dafür spricht, daß die Trennung in diesem Fall ebenfalls unwirtschaftlich wäre.

[20] Dasselbe gilt vom Motor eines Kraftfahrzeugs, wenn er ohne Beschädigung und ohne besonderen Aufwand ausgebaut und in einem anderen Fahrzeug wieder verwendet werden kann (BGHZ 18, 226, 230; 61, 80). Anders dürfte nur dann zu entscheiden sein, wenn das Restfahrzeug sich in einem solchen Zustand befindet, daß der Einbau eines anderen Motors sich nicht mehr lohnen würde, so daß es nach dem Ausbau nicht mehr in der bisherigen Weise verwendungsfähig wäre, nur noch Schrottwert hätte (vom BGH offen gelassen). Vgl. ferner BGHZ 20, 154 (in Apparate eingebaute Meßinstrumente).

[21] Auf Schiffe, die im Schiffsregister eingetragen sind, ist diese Bestimmung entsprechend anzuwenden; so BGHZ 26, 225, 228f. Daher sieht der BGH den Schiffsmotor als wesentlichen Bestandteil an.

Gebäudes, auch Heizungsanlagen,[22] Fahrstühle, Klimaanlagen, Rohre und sanitäre Anlagen. Manche dieser Dinge sind „wesentliche Bestandteile" schon nach § 93; andere wären es jedoch nach dieser Bestimmung nicht, weil ihre Trennung nicht im Sinne dieser Bestimmung wertvermindernd wirkt. So sind Türen, Türschlösser, Heizkörper und selbst Dachziegel leicht auswechselbar; sie behalten auch nach der Trennung ihren vorherigen Wert. Sind sie aber einmal in ein bestimmtes Gebäude, um dieses verwendbar zu machen, eingefügt, so sind sie dennoch dessen wesentliche Bestandteile nach § 94 Abs. 2. Es kommt nach dieser Bestimmung nicht darauf an, ob die voneinander getrennten Teile nach ihrer Trennung wirtschaftlich zusammen noch den gleichen Wert ergeben wie vor der Trennung die ganze Sache, sondern darauf, ob durch die Trennung das Gebäude „unfertig" wird.[23] Dabei spielt es auch keine Rolle, ob es zur Fertigstellung des Gebäudes gerade dieses, vielleicht besonders wertvollen Einzelstücks – z. B. eines Mosaikfußbodens, einer kunstvoll geschnitzten Tür – bedurft hätte. Genug, daß dieses Einzelstück nun einmal für die Herstellung des Gebäudes verwendet worden ist. Auch eine „feste" Verbindung ist in diesem Fall nicht erforderlich; ein lockerer, leicht lösbarer Zusammenhang genügt.[24] Durch ihre Einfügung muß die Sache jedoch für die Anschauung des Verkehrs zu einem Teil des Hauses selbst geworden sein. Das ist bei Türen, Türschlössern, Heizkörpern sicher der Fall; nicht aber bei Beleuchtungskörpern, Wasch- und Küchenmaschinen.[25] Sie bleiben selbständige Sachen, es sei denn, ihre Entfernung wäre nicht ohne erhebliche Beschädigungen und damit ohne Wertminderung möglich. Maschinen können, außer nach § 93, nach § 94 Abs. 2 wesentliche Bestandteile eines Gebäudes sein, wenn das Gebäude gerade für diese spezielle Maschine errichtet wurde, also ohne sie seinen Verwendungszweck einbüßt.[26] Außerdem kann eine Maschine wesentlicher Bestandteil *des Grundstücks* nach § 94 Abs. 1 dann sein, wenn sie fest mit dem Boden verbunden ist. Solche Maschinen, auf die weder § 93 noch § 94 Abs. 1 oder Abs. 2 zutrifft, sind keine wesentlichen Bestandteile des Gebäudes oder des Grundstücks, auf dem sie sich befinden, sondern bleiben selbständige Sachen. Sie sind aber in der Regel „Zubehör" des Gebäudes nach § 98 Ziff. 1.

„Wesentliche Bestandteile" eines Grundstücks sind die mit dem Grund und Boden fest verbundenen Sachen, insbesondere Gebäude (und daher auch alle wesentlichen Bestandteile des Gebäudes[27]), ferner die Erzeugnisse des Grundstücks, d. h. die auf ihm gewachsenen Pflanzen und deren Früchte, solange sie mit dem Grundstück zusammenhängen. Samen wird mit dem Aussäen, eine Pflanze mit dem Einpflanzen wesentlicher Bestandteil des Grundstücks (§ 94 Abs. 1).

---

[22] Auch dann, wenn die Anlage nachträglich in das bis dahin auf andere Weise beheizte Haus eingebaut wird; BGH NJW 70, 895.

[23] Hier folgt also das Gesetz in der Tat der sog. Ganzheitsbetrachtung. Insoweit besteht, worauf *Michaelis* aaO. mit Recht aufmerksam macht, zwischen § 93, wie ihn die hL versteht, und § 94 keine volle Deckung. Das wirkt sich auch in der unterschiedlichen Einordnung des Kraftfahrzeug- und des Schiffsmotors durch den BGH aus.

[24] So auch der BGH, LM Nr. 16 zu § 94 BGB. Vgl. aber BGHZ 36, 46, 50: Mitbenutzung der Giebelmauer des Nachbarhauses nur als Verstärkung der Wärmeisolierung bedeutet noch keine „Einfügung" in das Gebäude.

[25] Gasherde werden in Norddeutschland als Wohnungsbestandteile angesehen; vgl. BGH LM Nr. 1 zu § 94 BGB.

[26] Vgl. dazu *Enn./N.* § 125 Anm. 31 und die dort angegebene Rechtsprechung.

[27] Im Falle des vom Eigentümer des Nachbargrundstücks gemäß § 912 zu duldenden oder eines von ihm gestatteten, daher rechtmäßigen *Überbaus* ist der auf dem Nachbargrundstück stehende Gebäudeteil nach § 94 Abs. 2 (Ganzheitsbetrachtung!) wesentlicher Bestandteil des ganzen Gebäudes und damit des Grundstücks, zu dem dieses gehört, also nicht des Nachbargrundstücks; vgl. BGHZ 27, 198; 62, 141; *Baur,* Sachenrecht § 25 III 2c. Im Falle des nicht zu duldenden Überbaus nimmt die Rechtsprechung dagegen die reale Teilung des Gebäudes unter den beiden Grundstückseigentümern („vertikale Teilung") an; so BGHZ 27, 204. Im Schrifttum ist das jedoch str.; vgl. *Palandt/Bassenge* 4b zu § 912.

Zu den mit dem Grund und Boden „fest" verbundenen Sachen gehören außer den Gebäuden etwa Mauern, ummauerte Brunnen, auf einem Betonsockel ruhende Pfeiler, Brücken; nicht aber einfache Bretterbuden, Marktstände, Zelte, Regentonnen, Stangen. Es kommt darauf an, ob die Entfernung vom Grundstück ohne erheblichen Arbeitsaufwand und ohne Beschädigung möglich ist oder nicht.

Teile eines Gebäudes können nach den §§ 93, 94 nicht im Eigentum verschiedener Eigentümer stehen, da sie nicht ohne Zerstörung voneinander getrennt werden können und das ganze Gebäude in der Regel (Ausnahme: § 95 Abs. 1 Satz 2) im Eigentum des Grundstückseigentümers steht. Abweichend hiervon kennt das Gesetz über das Wohnungseigentum und das Dauerwohnrecht vom 15. 3. 1951 ein Sondereigentum an Wohnungen und an zu anderen Zwecken dienenden Räumen, und zwar in Verbindung mit einem (ideellen) Miteigentumsanteil an dem betreffenden Grundstück und den nicht in Sondereigentum stehenden Gebäudeteilen.

Auch wenn die Voraussetzungen sei es des § 93, sei es des § 94 (Abs. 1 oder Abs. 2) vorliegen, gehören zu den Bestandteilen eines Grundstücks solche Sachen nicht, die „nur zu einem vorübergehenden Zweck mit dem Grund und Boden verbunden sind" (§ 95 Abs. 1 Satz 1). Ebenso gehören solche Sachen nicht zu den Bestandteilen eines Gebäudes, die nur zu einem vorübergehenden Zweck in das Gebäude eingefügt sind (§ 95 Abs. 2). Ferner wird ein Gebäude oder ein anderes „Werk" dann nicht Bestandteil des Grundstücks, wenn es in Ausübung eines beschränkten dinglichen Rechts an dem Grundstück – z. B. eines Erbbaurechts, eines Nießbrauchs oder einer Dienstbarkeit – von dem Berechtigten mit dem Grundstück verbunden worden ist (§ 95 Abs. 1 Satz 2). Da diese Gegenstände weder wesentliche noch auch nichtwesentliche[28] Bestandteile des Grundstücks werden, bleiben sie selbständige (in der Regel bewegliche)[29] Sachen. Sie gehen also nicht nach § 946 in das Eigentum des Grundstückseigentümers über, und Verfügungen über das Grundstückseigentum erfassen sie nicht mit. Auch schuldrechtliche Verträge, die der Eigentümer des Grundstücks im Hinblick auf dieses abschließt – z. B. Verkauf, Vermietung, Verpachtung –, beziehen sich im Zweifel nicht auf sie mit. Sie unterliegen nicht der Zwangsvollstreckung in das Grundstück; vielmehr ist eine Vollstreckung nur nach den Vorschriften über die Zwangsvollstreckung in bewegliche Sachen möglich. Wenn die h. L. in diesen Fällen von „Scheinbestandteilen" spricht, so ist dieser Ausdruck wenig glücklich. Der Bestandteilsbegriff ist, so wie der Sachbegriff des § 90 (Sache als Rechtsgegenstand), ein *Rechts*begriff, für dessen Bildung nur rechtliche Gesichtspunkte maßgebend gewesen sind; daß es dabei nicht oder doch nicht allein auf die

[28] Dafür, sie trotz des Gesetzeswortlauts als nichtwesentliche Bestandteile anzusehen, *Brecher,* Das Unternehmen als Rechtsgegenstand S. 66.

[29] H. L.; vgl. *Enn./N.* § 125 Anm. 47; *MünchKomm/Holch* 23f. zu § 95. Etwas anderes gilt nur für Gebäude, die auf Grund eines Erbbaurechts errichtet worden sind: sie gelten nach § 12 Erbbaurechts-VO als wesentliche Bestandteile des Erbbaurechts, auf das nach § 11 die Vorschriften über Grundstücke Anwendung finden.

sichtbare äußere Verbindung ankommt, wurde schon mehrfach betont. Ob es sich um selbständige Sachen oder um unselbständige Sachbestandteile handelt, ist keine Frage nur des Augenscheins, sondern eine Frage der rechtlichen Beurteilung; diese hat auch den § 95 mit einzubeziehen.

Nur zu einem vorübergehenden Zweck mit dem Grund und Boden verbunden und daher nicht dessen Bestandteile sind beispielsweise Baugerüste, auch wenn ihre Verbindung mit dem Boden eine gewisse Festigkeit hat; für die Dauer eines Baus errichtete Baracken, selbst wenn sie im Boden fest fundamentiert sind; Bauzäune. Selbst Gebäude und Bauwerke, die ein Mieter oder Pächter[30] auf dem gemieteten oder gepachteten Grundstück errichtet hat – etwa eine Fabrikhalle oder eine Scheune – können unter die Ausnahmebestimmung des § 95 Abs. 1 Satz 1 fallen,[31] wenn der Mieter oder Pächter die Absicht hatte, sie bei Beendigung des Miet- oder Pachtverhältnisses wieder abzubrechen und an einem anderen Orte aufzustellen. Nur zu einem vorübergehenden Zweck in ein Gebäude eingefügt sind ebenfalls solche von einem Mieter eingefügten Sachen, die dieser im Falle seines Fortzuges wieder mitzunehmen gedenkt, wie in der Regel Öfen, eingebaute Regale, Waschbecken, Jalousien. Die Absicht späterer Wegnahme wird dem Mieter im allgemeinen dann fehlen, wenn die von ihm mit der Mietsache verbundene Sache durch ihre Trennung von ihr mehr oder weniger zerstört und dadurch wertlos werden würde, wie das bei Tapeten, einem Farbanstrich und wohl auch bei einer Zwischenwand der Fall wäre. Entscheidend ist nach allgemeiner Ansicht die Willensrichtung desjenigen, der die Verbindung vornimmt, und zwar im Augenblick der Vornahme;[32] da er indessen in diesem Zeitpunkt oft selbst keine Vorstellung darüber haben wird, was er im Fall seines späteren Auszugs tun werde, so muß man ergänzend auf die Verkehrsanschauung, d. h. auf die mutmaßliche Absicht eines ,,verständigen Menschen" zurückgreifen.

Rechte, die mit dem Eigentum an einem Grundstück verbunden sind – das sind die sogenannten subjektiv-dinglichen Rechte, insbesondere Grunddienstbarkeiten, subjektiv-dingliche Vorkaufsrechte (§ 1094 Abs. 2) und Reallasten (§ 1105 Abs. 2) – ,,gelten als Bestandteile des Grundstücks" (§ 96). Regelmäßig können sie von dem Eigentum am Grundstück nicht getrennt werden, sind also, ebenso wie die ,,wesentlichen Bestandteile", sonderrechtsunfähig.[33] Das ergibt sich bei einer Grunddienstbarkeit schon aus ihrem Begriff; für die subjektiv-dinglichen Vorkaufsrechte und Reallasten ist es in den §§ 1103, 1110 gesagt. Durch die Fiktion, diese Rechte seien Bestandteile des Grundstücks, will der Gesetzgeber erreichen, daß die beschränkten dinglichen Rechte an dem Grundstück – z. B. ein Nießbrauch, eine Hypothek – auch diese Rechte mit ergreifen. Die subjektiv-dinglichen Rechte werden insoweit,[34] obgleich sie Rechtsgegenstände zweiter

---

[30] Da Mieter und Pächter kein dingliches Recht an der Miet- oder Pachtsache erwerben, ist § 95 Abs. 1 Satz 2 hier nicht anwendbar.

[31] Vgl. RGZ 55, 281, 284; BGHZ 10, 171, 175 f.

[32] Wird der zunächst als vorübergehend gedachte Zweck infolge einer späteren Änderung der Willensrichtung des Mieters oder Pächters zu einem dauernden, so soll die Sache nach *Enn./N.* § 125 Anm. 40 dadurch ihre bisherige Selbständigkeit verlieren und nunmehr wesentlicher Bestandteil werden. Dagegen, wohl mit Recht, BGHZ 23, 57; *Staudinger/Dilcher* 9, *Soergel/Baur* 2 zu § 95.

[33] Vgl. RGZ 93, 71, 73; *Enn./N.* § 125 Anm. 76. A. A. jedoch *Lehmann/Hobner* § 50 VI 1.

[34] Die Reichweite der Fiktion ist durch ihren Zweck begrenzt. Daher haftet z. B. der Verkäufer eines Grundstücks für das Fehlen einer von ihm zugesicherten Grunddienstbarkeit wie für einen Rechtsmangel, nicht wie für einen Sachmangel. Zutreffend heißt es in RGZ 93, 73, daß ,,das mit einem Grundstück verbundene Recht, insbesondere ein Dienstbarkeitsrecht, wiewohl es als Grundstücksbestandteil zu gelten hat, seinem wirklichen Wesen nach immer die Natur eines Rechts behält", und daß dieser Umstand für die Regelung der Mängelhaftung maßgebend bleiben müsse.

Ordnung sind, wie ein Rechtsgegenstand erster Ordnung, nämlich wie ein Grundstücksteil, behandelt.

e) **Sachzubehör.** Eine Sache kann, ohne Bestandteil einer anderen Sache zu sein (ohne also mit ihr zusammen eine Sacheinheit zu bilden), dem wirtschaftlichen Zweck einer anderen Sache dauernd zu dienen bestimmt sein und daher im Verhältnis zu ihr die wirtschaftliche Funktion eines Hilfsmittels haben. Das Gesetz spricht von „Zubehör". Der wirtschaftliche Zusammenhang ist hier zwar weniger eng, als wenn es sich um Bestandteile *einer* Sache handelt; das Gesetz trägt ihm aber, solange er besteht, durch eine Reihe von Bestimmungen Rechnung, deren Grundgedanke es ist, daß das Zubehör, wenn nichts anderes bestimmt ist, das rechtliche Schicksal der Hauptsache teilt.

Wann eine Sache „Zubehör" einer anderen ist, sagt das Gesetz in § 97. Es gibt indessen hier keine Begriffsbestimmung, sondern eine typologische Umschreibung,[35] die abstufbare Elemente enthält und in § 98 durch Beispiele verdeutlicht wird. Danach muß es sich um eine selbständige bewegliche Sache handeln – Grundstücke können nicht Zubehör eines anderen Grundstücks sein, weil das Grundbuch für jedes selbständige Grundstück eine gesonderte rechtliche Behandlung verlangt. Die Zubehörsache darf nicht Bestandteil – weder wesentlicher noch unwesentlicher – der Hauptsache sein, muß aber deren wirtschaftlichem Zwecke nicht nur vorübergehend zu dienen bestimmt sein. Sie muß zu ihr in einem dementsprechenden „räumlichen Verhältnis" stehen. Damit ist lediglich eine gewisse räumliche Nähe, nicht körperlicher Zusammenhang gemeint. Endlich darf die Verkehrsanschauung nicht ihrer Einordnung als Zubehör entgegenstehen. Eine nur vorübergehende Benutzung der einen Sache für den wirtschaftlichen Zweck einer anderen begründet die Zubehöreigenschaft noch nicht; eine vorübergehende Trennung oder räumliche Entfernung von der Hauptsache hebt sie noch nicht auf. Dagegen entfällt die Zubehöreigenschaft, wenn eine ihrer Voraussetzungen für die Dauer wegfällt.

Das Gesetz führt in § 98 eine Reihe von Gegenständen an, die als Zubehör anzusehen sind, nämlich:

1. bei einem Gebäude, das für einen gewerblichen Betrieb dauernd eingerichtet ist,[36] die zu dem Betrieb bestimmten Maschinen und sonstigen Gerätschaften – vorausgesetzt, daß sie nicht, weil zur Herstellung des Gebäudes eingefügt oder mit dem Grund und Boden fest verbunden oder nicht ohne Zerstörung oder Wertminderung von dem Gebäude trennbar, als wesentliche Bestandteile des Gebäudes oder doch des Grundstücks anzusehen sind. Zu den „Gerätschaften" zählen auch die für einen derartigen Betrieb erforderliche Einrichtung – wichtig z. B. bei einer Gastwirtschaft oder einem Hotel – und die ihm dienenden Fahrzeuge.[37]

---

[35] Zur Bedeutung des Typus als Mittel gesetzlicher Tatbestandsbildung vgl. *Leenen,* Typus und Rechtsfindung, 1971, S. 88ff.

[36] Darüber, wann das der Fall ist, vgl. BGHZ 62, 49.

[37] Vgl. die Angaben aus der Rechtspr. in *MünchKomm/Holch* 12 zu § 98. Nicht aber die Fahrzeuge eines Transportunternehmens, da diese selbst die „wesentliche Grundlage" des Betriebs bilden; so BGHZ 85, 234.

2. bei einem Landgut das zum Wirtschaftsbetrieb bestimmte Gerät und Vieh, ferner die zur Fortführung der Wirtschaft erforderlichen landwirtschaftlichen Erzeugnisse und der vorhandene, auf dem Gute gewonnene Dünger.

Die Aufzählung in § 98 ist nur beispielhaft, nicht als eine erschöpfende Regelung gedacht. Als weitere Beispiele für solche Sachen, die nach § 97 als Zubehör anzusehen sind, seien genannt: Die zu einem Photoapparat gehörende Tasche, der Schutzumschlag eines Buches, die Schlüssel zu einem Schrank, zu einer Wohnung, das Reserverad im Kofferraum eines Wagens, der zu einem Hause gehörende Heizöltank, soweit er nicht, weil in das Gebäude selbst eingefügt oder mit dem Grund und Boden fest verbunden, wesentlicher Bestandteil ist; das Inventar eines als solchen errichteten Hotelgebäudes, der Kohlenvorrat einer Fabrik.[38] Baumaterialien und Heizkörper, die zum Einbau in ein im Bau befindliches Gebäude bestimmt sind und bereits auf dem betreffenden Grundstück lagern, sind, solange sie noch nicht durch ihren Einbau oder die Montage zu wesentlichen Bestandteilen des Gebäudes und damit des Grundstücks geworden sind, bereits als „Zubehör" anzusehen, da sie dem wirtschaftlichen Zweck des zu errichtenden Gebäudes und mit ihm des Grundstücks zu dienen bestimmt sind und zu ihm in einem dem entsprechenden räumlichen Verhältnis stehen.[39] Sie können also zwar noch im Eigentum eines Dritten – etwa des Vorbehaltsverkäufers – stehen, teilen aber in wichtigen Hinsichten das rechtliche Schicksal des Grundstücks, so wenn dieses zwangsversteigert wird. Nicht von Zubehör läßt sich sprechen, wenn wirtschaftlich zusammengehörige Sachen eine gleichwertige Funktion haben, so daß keine von ihnen im Verhältnis zu der anderen als „Hauptsache" angesehen werden kann, wie etwa Messer und Gabel, Hammer und Zange, Zugmaschine und Anhänger. Das geforderte räumliche Verhältnis soll die Zubehöreigenschaft einigermaßen ersichtlich machen; an ihm würde es fehlen, wenn beispielsweise die Ersatzteile für eine Maschine nicht auf dem Grundstück, auf dem sich diese befindet, oder auf einem Nachbargrundstück, sondern in einem weit davon entfernten Lager aufbewahrt würden. Eine feste Grenze läßt sich hier schwerlich ziehen; auch die Verkehrsauffassung wird häufig unsicher sein.

Die wichtigsten Rechtssätze, die sich auf Zubehör beziehen, sind folgende:

1. Verpflichtet sich jemand dazu, eine Sache – sei es ein Grundstück oder eine bewegliche Sache – zu veräußern oder zu belasten, so erstreckt sich die Verpflichtung im Zweifel auch auf das Zubehör der Sache (§ 314). Die gleiche Auslegungsregel gilt für das dingliche Vorkaufsrecht an einem Grundstück (§ 1096 Satz 2).

2. Das Vermächtnis einer Sache erstreckt sich im Zweifel auf das zur Zeit des Erbfalls vorhandene Zubehör dieser Sache (§ 2164).

3. Im Falle der Übereignung eines Grundstücks erstreckt sich das dingliche Rechtsgeschäft – also die Auflassung – im Zweifel auch auf das Zubehör (§ 926 Abs. 1 Satz 2; Auslegungsregel!).

4. Soweit sich die Auflassung – nach der ausdrücklichen Erklärung der Parteien oder auf Grund der eben genannten Auslegungsregel – auf das Zubehör des Grundstücks mit erstreckt, geht das Eigentum an den zur Zeit des Erwerbs vorhandenen Zubehörstücken, soweit sie dem Veräußerer gehören, mit dem Eigentum an dem Grundstück auf den Erwerber über (§ 926 Abs. 1 Satz 1; zwin-

---

[38] Vgl. RGZ 77, 36 (lesenswerte Entscheidung!). Dagegen sind Rohstoffvorräte nicht dem Fabrikgrundstück, sondern nur dem Betrieb zu dienen bestimmt, weil sie wirtschaftlich im Verhältnis zum Grundstück einen diesem gleichwertigen Betriebsfaktor darstellen; vgl. RGZ 86, 326; *Enn./N.* § 126 I 3c; *Staudinger-Dilcher* 16 zu § 97.

[39] Vgl. BGHZ 58, 309 (lesenswert!); ferner LM Nr. 1 zu § 98.

gend).[40] Es bedarf also insoweit nicht der für die Übertragung des Eigentums an beweglichen Sachen in § 929 vorgeschriebenen Übergabe. Doch kommt es auf diese dann entscheidend an, wenn der Veräußerer nicht Eigentümer der vorhandenen Zubehörstücke ist, der Erwerber aber gutgläubig war (§ 926 Abs. 2).

5. Die Hypothek, also das dingliche Verwertungsrecht an einem Grundstück, und ebenso die Grundschuld (§ 1192), erstreckt sich auch auf das dem Eigentümer des Grundstücks gehörende Zubehör des Grundstücks (§ 1120; zwingend). Demgemäß unterliegt das Grundstückszubehör, obgleich es sich um bewegliche Sachen handelt, der Zwangsvollstreckung in Grundstücke (vgl. § 865 Abs. 1 ZPO), nicht aber der Zwangsvollstreckung in bewegliche Sachen (§ 865 Abs. 2 Satz 1 ZPO).

6. Im Falle der Zwangsversteigerung eines Grundstücks erwirbt der Ersteher durch den Zuschlag mit dem Eigentum an dem Grundstück (§ 90 Abs. 1 ZVG) „die Gegenstände, auf welche sich die Versteigerung erstreckt hat" (§ 90 Abs. 2 ZVG). Zu ihnen gehören Zubehörstücke, die sich im Besitz des Schuldners befinden, unter gewissen Voraussetzungen auch dann, wenn sie nicht diesem, sondern einem Dritten gehören (§ 55 Abs. 2 ZVG).

Da Zubehörstücke selbständige bewegliche Sachen sind und bleiben, sind sie nicht, wie wesentliche Bestandteile, sonderrechtsunfähig; sie können also im Eigentum eines anderen als dem des Eigentümers der Hauptsache stehen. Wird der von dem Eigentümer eines Fabrikgrundstücks für seinen Betrieb erworbene Lastwagen Zubehör des Grundstücks, so wird dadurch der Eigentumsvorbehalt des Verkäufers nicht unwirksam. Der Wagen verliert seine Zubehöreigenschaft, wenn ihn der Verkäufer auf Grund seines Eigentumsvorbehalts zurücknimmt und der Wagen damit vom Grundstück dauernd entfernt wird.

III. Unkörperliche Rechtsgegenstände 1. Ordnung

Gegenstände eines Herrschafts- oder Nutzungsrechts und in diesem Sinne Rechtsobjekte, Rechtsgegenstände erster Ordnung, können nicht nur körperliche Gegenstände, also Sachen, sondern auch gewisse unkörperliche Gegenstände sein, an denen die Rechtsordnung ein derartiges Recht anerkennt. Zu nennen sind hier in erster Linie die Werke der Literatur, der Wissenschaft und der Kunst, die gemäß §§ 1, 2 UrhG Gegenstand eines Urheberrechts zu sein vermögen. Gegenstand des Urheberrechts ist das **Geisteswerk,** also das literarische oder wissenschaftliche Werk, das Musikwerk, das Gemälde oder Werk der bildenden Kunst usw. als solches, nicht das sachliche Substrat – das geschriebene oder

---

[40] Ähnliche Bestimmungen finden sich in den §§ 1031, 1062, 1093 Abs. 1 Satz 2 sowie § 11 ErbbaurechtsVO.

gedruckte Exemplar, das Gemälde als ein Ding aus Holz, Leinwand und Farbe –, in dem es verkörpert ist.[41] Dieses ist in der Regel eine bewegliche Sache, die im Besitz und im Eigentum, sei es des Urhebers oder eines anderen, steht; jenes dagegen ein geistiges Gebilde, das durch seinen Inhalt – die darin ausgedrückten Gedanken, Empfindungen, Gefühlsregungen – und (oder) durch seine sprachliche oder künstlerische Form eine individuelle Schöpfung des menschlichen Geistes darstellt, die als solche von anderen nicht „besessen", sondern nur aufgenommen, verstanden, nachempfunden werden kann. Von wesentlicher Bedeutung ist dabei die Individualität, die Eigenartigkeit und Einzigkeit gerade dieses Geisteswerkes, in der ein schöpferischer Impuls, eine persönliche Leistung des Urhebers zum Ausdruck kommen.[42] Das Urheberrecht soll den Urheber „in seinen geistigen und persönlichen Beziehungen zum Werk und in der Nutzung des Werkes" schützen (§ 11 UrhG). Es gewährt ihm daher sowohl persönlichkeitsrechtliche Befugnisse wie die, über die Veröffentlichung seines Werkes selbst zu bestimmen und „eine Entstellung oder eine andere Beeinträchtigung seines Werkes zu verbieten, die geeignet ist, seine berechtigten geistigen oder persönlichen Interessen am Werk zu gefährden" (§ 14 UrhG), wie das ausschließliche Recht dazu, sein Werk etwa durch Vervielfältigung, Verbreitung oder öffentliche Ausstellung zu verwerten (§ 15 UrhG). Es hat insoweit den Charakter eines ausschließlichen (absoluten) Herrschafts- und Nutzungsrechts an dem Geisteswerk als einem in gewissen Grenzen verfügbaren und nutzbaren Objekt.

Den Geisteswerken, die Gegenstände eines Urheberrechts sind, kann man an die Seite stellen die Gegenstände der dem Urheberrecht verwandten Schutzrechte wie Lichtbilder, Filmwerke und Darbietungen ausübender Künstler (§§ 72ff. UrhG), gewerbliche Muster und Modelle (sogenannte Geschmacksmuster), an denen ebenfalls ein Urheberrecht besteht, sowie Erfindungen und Gebrauchsmuster als Gegenstände eines Patentrechts (vgl. § 6 PatG) oder Gebrauchsmusterrechts.[43] In allen diesen Fällen handelt es sich um unkörperliche Gegenstände, die Objekt eines Herrschafts- oder Nutzungsrechts, eines „Immaterialgüterrechts" zu sein vermögen.

Fraglich ist, ob auch das **gewerbliche Unternehmen** ein Rechtsgegenstand in dem hier gemeinten Sinne ist. Es könnte dann nur ein unkörperlicher Rechtsgegenstand 1. Ordnung sein.[44] Ein Unternehmen stellt eine organisatorische Ver-

---

[41] Vgl. *Ulmer*, Urheber- und Verlagsrecht, 3. Aufl. 1980, § 2 I II.

[42] Vgl. *Ulmer* aaO. § 19.

[43] Über den Unterschied dieser von ihm als „technische Schutzrechte" bezeichneten Rechte von dem Urheberrecht und den verwandten Rechten vgl. *Ulmer* aaO. § 4 I.

[44] Eine Übersicht über die mannigfachen Bemühungen um die Erfassung des Unternehmens als eines einheitlichen Rechtsgegenstandes gibt *Raisch* in seinem Buch „Geschichtliche Voraussetzungen, dogmatische Grundlagen und Sinnwandlung des Handelsrechts", 1965, S. 131ff. Sein eigenes Bemühen gilt, von seiner auf den Sinn des Handelsrechts gerichteten Fragestellung aus, weniger dem Begriff des Unternehmens als dem des Unternehmers.

bindung personeller und sachlicher Kräfte dar, darunter von im Eigentum des Unternehmensinhabers stehenden Sachen (Grundstücken, Gebäuden, Maschinen, Inventar, Rohstoff- und Warenvorräten), ihm zustehenden Rechten (Forderungen, Patentrechten usw.) sowie von sonstigen unkörperlichen Vermögenswerten, wie der Firma, dem Ruf, den geschäftlichen Erfahrungen und Beziehungen, der Kundschaft und anderem mehr, und zwar zum Zwecke der Entfaltung einer meist auf einen wirtschaftlichen Erfolg gerichteten planmäßigen Tätigkeit. Wie schon die Zusammenstellung unkörperlicher Werte mit Rechten verschiedenster Art und Rechtsgegenständen erster Ordnung (Sachen) zeigt, ist es nicht leicht, die gegenständlichen Bestandteile eines Unternehmens für die rechtliche Betrachtung auf einen gemeinsamen Nenner zu bringen. Dazu kommt aber, daß aus dem Unternehmen als einer sich nur in fortgesetzter Tätigkeit erhaltenen Funktionseinheit die personelle Komponente nicht fortgedacht werden kann. Das Unternehmen ist nicht wie ein Geisteswerk ein wenn auch von der Person des Urhebers geprägter, so doch von ihr ablösbarer Gegenstand, der sich als solcher über längere Zeit unverändert zu erhalten vermag; vielmehr besteht es nur vermöge der immer wieder in ihm zum Einsatz gelangenden menschlichen Tätigkeit. Es ist so, mit *Brecher*[45] zu sprechen, „vom Personalen her ein werdender Rechtsgegenstand, der nie fertig, nie ganz objektiviert, immer auf dem Wege ist, sich gegenständlich zu konstituieren und zu integrieren." So ist es denn nicht verwunderlich, daß es bisher noch nicht gelungen ist, den Begriff des Unternehmens als eines Rechtsgegenstandes sui generis befriedigend zu definieren.[46] Zwar ist das Unternehmen ohne Zweifel ein Wirtschaftsgut und als solches auch ein Gegenstand des Rechtsverkehrs; man kann es z. B. verkaufen oder verpachten. Es wirft, nicht anders als ein land- oder forstwirtschaftlich genutztes Grundstück, Erträge ab. Aber es ist kein Rechtsgegenstand in dem Sinn, daß es das Objekt eines an ihm bestehenden einheitlichen Herrschafts- und Nutzungsrechts wäre. Gäbe es ein solches Recht, so müßte auch eine einheitliche Verfügung über dieses Recht möglich sein; das ist aber unstreitig nicht der Fall.[47] Wer sich zur Übertragung eines Unternehmens verpflichtet hat, kann diese Verpflichtung nur dadurch erfüllen, daß er die einzelnen dazu gehörenden Rechte durch Vornahme der entsprechenden Verfügungsgeschäfte überträgt und die unkörperlichen Werte dem Erwerber zugänglich macht, z. B. durch Überlassung von Kundenlisten und Adressen, Plänen, Zeichnungen, Geschäftspapieren, Erteilung von Aus-

---

[45] Das Unternehmen als Rechtsgegenstand S. 129. Auch andere betonen die personale Seite des Unternehmens, sogar ihren Vorrang. So lesen wir bei *Rittner* (Marburger Gespräch über Eigentum – Gesellschaftsrecht – Mitbestimmung S. 54): „Die Einheit des Unternehmens ergibt sich also nicht aus der Objektivität der in ihm vorhandenen Produktionsfaktoren, sondern aus der Subjektivität der Planungs- und Entscheidungsgewalt." Die gegenständliche Seite stellt dagegen die Definition von Ernst *Wolf* S. 170 ganz in den Vordergrund.

[46] *Brecher* selbst verzichtet in klarer Erkenntnis dieser Lage auf eine Definition.

[47] *Enn./N.* § 133 III.

künften, Empfehlungsschreiben und ähnlichem mehr. Auch daß das gewerbliche Unternehmen als objektivierter Tätigkeitsbereich von der Rechtsprechung – durch die Annahme des sogenannten Rechts am eingerichteten und ausgeübten Gewerbebetrieb[48] – gegen „unmittelbare" Beeinträchtigungen gemäß § 823 Abs. 1 geschützt wird, bedeutet nicht, daß das Unternehmen wirklich ein tauglicher Gegenstand eines einheitlichen Herrschaftsrechts wäre. Das sogenannte Recht am Gewerbebetrieb erschöpft sich in der ihm von der Rechtsprechung durch die Subsumierung unter die „sonstigen Rechte" im Sinne des § 823 beigelegten Schutzfunktion; es gewährt aber keine unmittelbaren Herrschaftsbefugnisse, die dem Inhaber des Unternehmens nicht auf Grund aller zu dem Vermögenskomplex „Unternehmen" gehörenden Einzelrechte ohnehin zustünden, und es ist kein Verfügungsgegenstand.

IV. Rechtsgegenstände 2. Ordnung (Verfügungsgegenstände)

Der Ausdruck „Gegenstand" wird, wie bereits erwähnt, vom Gesetz meistens in dem Sinne gebraucht, daß darunter der Gegenstand einer rechtsgeschäftlichen Verfügung verstanden wird. Gegenstand einer rechtsgeschäftlichen Verfügung ist stets ein subjektives Recht oder ein Rechtsverhältnis.[49] Das ergibt sich daraus, daß das Gesetz unter einer „Verfügung", wie der Zusammenhang der Gesetzesbestimmungen erkennen läßt, ein solches Rechtsgeschäft versteht, durch das auf ein bestehendes Recht oder Rechtsverhältnis eingewirkt, es aufgehoben, übertragen, eingeschränkt („belastet") oder inhaltlich verändert wird.[50] Rechtsgeschäfte, durch die ein Rechtsverhältnis als Ganzes aufgehoben oder geändert wird – z. B. Kündigung, Rücktritt, Aufhebungs- und Änderungsvertrag –, kann man als Verfügungen über dieses Rechtsverhältnis bezeichnen. Im Leben spricht man vielfach von Verfügungen über eine Sache; man spricht z. B. von der Übertragung eines Grundstücks, wenn man die Übertragung des Eigentums, und von der Belastung eines Grundstücks, wenn man die Bestellung eines aus dem Eigentum abgeleiteten beschränkten dinglichen Rechts, eine Beschränkung des Eigentums also, meint. Auch das Gesetz bedient sich mitunter dieses Sprachgebrauchs. So spricht es in den §§ 883 Abs. 2, 1821 Abs. 1 Nr. 1 von Verfügungen über ein Grundstück. Dieser unscharfe Sprachgebrauch darf indessen nicht irreführen. Mit der Verfügung über eine Sache ist die Verfügung über das *Eigentum* an dieser

---

[48] Vgl. dazu Sch. R. II § 72 III b. Es handelt sich hierbei lediglich um den Versuch, der in einem gewerblichen Unternehmen objektivierten wirtschaftlichen Betätigung einen über den durch die Bestimmungen über den Wettbewerb gegebenen hinausreichenden Deliktsschutz zu gewähren. Grundsätzliche Bedenken hiergegen bei *Raiser,* JZ 61, 469 und ZBernJV 1961 S. 135 ff.

[49] Vgl. v. *Tuhr* Bd. II § 54 zu Anm. 36.

[50] Vgl. v. *Tuhr* Bd. II § 54 I; *Enn./N.* § 143 II; *Flume* § 11, 5; RGZ 90, 395 (398 f.).

Sache gemeint.[51] Da das Eigentum als das ,,Vollrecht" an der Sache dem Eigentümer die Summe der Nutzungs- und Verwertungsbefugnisse, die ihren wirtschaftlichen Wert ausmachen, zuordnet, so wird das Eigentum mit der Sache selbst vielfach identifiziert. Eine Sache zu ,,haben" und sie rechtens für dauernd, d. h. als Eigentümer, zu haben, erscheint einer nicht differenzierenden Betrachtung als gleichbedeutend. Der Jurist muß indessen unterscheiden; es ist etwas anderes, ob jemand eine Sache als Eigentümer, Nießbraucher, Mieter, Pächter, Verwahrer oder ohne Recht hat. Ihm erscheint daher z. B. an einem Kaufvertrag als wesentlich, daß der Verkäufer dem Käufer nicht nur den Besitz der Sache (das ,,Haben"), sondern darüber hinaus auch das Eigentum an ihr zu verschaffen hat. Dasjenige Rechtsgeschäft, durch das er das Eigentum verschafft, also das dingliche Erfüllungsgeschäft, ist die Verfügung über das Eigentum. Ebenso wird über das Eigentum, nicht eigentlich über die Sache selbst, verfügt, wenn der Eigentümer einem anderen ein sein Eigentumsrecht beschränkendes dingliches Recht, z. B. ein Pfandrecht, bestellt. Denn nicht die Sache wird dadurch verändert, sondern das an ihr bestehende Eigentumsrecht. Es ist daher auch ungenau, wenn gelegentlich gesagt wird, Gegenstand einer Verfügung seien Sachen und Rechte; es müßte heißen: das Eigentum und andere (übertragbare oder verzichtbare) Rechte.[52]

Läßt man sich von der allerdings naheliegenden, aber ungenauen Gleichsetzung der Sache und des Eigentums an ihr nicht täuschen, so ist evident, daß der Gegenstand einer Verfügung, das Recht, etwas anderes sein muß als der Rechtsgegenstand im Sinne des Objekts eines Herrschafts- oder Nutzungsrechts. Objekte von Herrschaftsrechten – also Sachen und Immaterialgüter – sind ,,Gegenstände" unabhängig davon, ob sie auch *Rechts*gegenstände sind. Von Sachen liegt dies auf der Hand; es gilt aber auch von Geisteswerken. Es hat literarische und wissenschaftliche Werke, die als solche auch heute noch uns zu ,,begegnen" vermögen, lange gegeben, bevor es ein Urheberrecht gab, und das Werk hört auch nicht auf, ein Gegenstand für menschliches Bewußtsein zu sein, wenn das Urheberrecht an ihm durch Zeitablauf erloschen ist. Dagegen sind die Gegenstände rechtsgeschäftlicher Verfügungen, eben die subjektiven Rechte und die Rechtsverhältnisse, außerhalb der Rechtsordnung nicht denkbar. Sie sind ,,Gegenstände" nur auf der Seinsebene des Rechts. Es empfiehlt sich daher, diese Art von Rechtsgegenständen von den Rechtsgegenständen, deren Gegenständlichkeit dem Recht vorgegeben ist, deutlich zu unterscheiden. Wir bezeichnen die auch außerrechtlich existierenden Gegenstände, die Objekte von Herrschaftsrechten sein können, sofern sie das sind, als Rechtsgegenstände erster Ordnung, und die Rechtsgegenstände, die nur für das Recht ,,Gegenstände" sind, als Rechtsgegen-

---

[51] v. *Tuhr* Bd. I § 18 zu Anm. 26 und 54 zu Anm. 37.
[52] v. *Tuhr* Bd. I § 18 zu Anm. 25a.

stände zweiter Ordnung. Eigentum und alle anderen Herrschaftsrechte sind Rechtsgegenstände zweiter Ordnung, die sich auf einen Rechtsgegenstand erster Ordnung als ihr Objekt beziehen. Durch Rechtsgeschäft „verfügt" wird immer über das Recht, also den Rechtsgegenstand zweiter Ordnung, nicht über das Objekt des Herrschaftsrechts. Daß Gegenstand der rechtsgeschäftlichen Verfügung das Recht und nicht dessen Objekt ist, ist vollends deutlich bei solchen Rechten, die, wie Forderungen und Optionsrechte, kein Objekt haben, auf das sie sich beziehen.

Überall da, wo das Gesetz von Gegenständen einer Verfügung oder von der Verfügung über Gegenstände spricht, sind mit den „Gegenständen" Rechte oder Rechtsverhältnisse, also Rechtsgegenstände zweiter Ordnung gemeint.

V. Früchte und Nutzungen

An verschiedenen Stellen spricht das Gesetz davon, daß jemand berechtigt sei, die Nutzungen einer Sache oder eines Rechts zu ziehen oder Früchte zu genießen; so der Nießbraucher (§§ 1030, 1068) und der Pächter (§ 581). Es regelt den Erwerb des Eigentums an „Erzeugnissen und sonstigen Bestandteilen" einer Sache nach deren Trennung von der Sache (§§ 953ff.). Bei der gemeinschaftlichen Zuständigkeit eines Rechts nach Bruchteilen gebührt jedem Teilnehmer ein seinem Anteil entsprechender Bruchteil der Früchte (§ 743 Abs. 1). Dem Käufer einer Sache gebühren von der Übergabe an ihre Nutzungen (§ 446 Abs. 1 Satz 2). Wer etwas ohne rechtlichen Grund erlangt und daher das Erlangte nach § 812 herauszugeben hat, hat auch die von ihm gezogenen Nutzungen des erlangten Gegenstandes herauszugeben (§ 818 Abs. 1). Zur Herausgabe von Nutzungen ist unter Umständen der Besitzer verpflichtet, der dem Eigentümer dessen Sache, weil er ihm gegenüber nicht zum Besitz berechtigt ist, herauszugeben hat (§§ 987, 990, 993); der sogenannte Erbschaftsbesitzer hat dem Erben unter anderem auch die von ihm gezogenen Nutzungen der Erbschaft herauszugeben (§ 2020). Was es unter „Früchten", was es unter „Nutzungen" versteht, sagt das Gesetz in den §§ 99 und 100.

Zu unterscheiden sind einmal die Früchte (und demgemäß dann auch die Nutzungen) einer Sache und die eines Rechts. Der Begriff „Nutzungen" ist umfassender als der der „Früchte". Nutzungen sind die Früchte einer Sache oder eines Rechts sowie die Gebrauchsvorteile (§ 100). Im einzelnen sind zu unterscheiden:

1. **Sachfrüchte.** Unter ihnen sind wieder zu unterscheiden die unmittelbaren oder natürlichen Früchte der Sache und ihre „mittelbaren" Früchte. **Unmittelbare Früchte einer Sache** sind „die Erzeugnisse der Sache und die sonstige Ausbeute, welche aus der Sache ihrer Bestimmung gemäß gewonnen wird" (§ 99 Abs. 1).

Erzeugnisse sind organische Hervorbringungen eines Tiers, z. B. die Wolle des Schafes, die Milch, aber auch das Kalb der Kuh, ferner Bodenerzeugnisse, also alles, was auf einem Grundstück wächst, einerlei ob es bei wirtschaftlicher Betrachtungsweise als Erträgnis des Grundstücks anzusehen ist oder nicht. Erträgnisse sind solche Produkte, die bei entsprechender Bewirtschaftung immer wieder gewonnen werden können, also z. B. das auf dem Grundstück gewachsene Getreide (Korn und Stroh), die Früchte der auf ihm stehenden Obstbäume und Sträucher, bei einem Wald das im Rahmen ordnungsgemäßer Bewirtschaftung geschlagene Holz. Früchte, die nicht Erträgnisse sind, vielmehr die Substanz der Sache schmälern, wären z. B. die Obstbäume selbst, soweit sie noch tragen, der Windbruch, das im Übermaß geschlagene Holz. Der Pächter hat nur ein Recht auf diejenigen Früchte, die ,,nach den Regeln einer ordnungsmäßigen Wirtschaft als Ertrag anzusehen sind" (§ 581); auf sie, und nur auf sie, bezieht sich die im Pachtvertrag enthaltene Aneignungsgestattung (§ 956). Der Nießbraucher erwirbt darüber hinaus das Eigentum an den ,,Übermaßfrüchten", hat jedoch bei Beendigung des Nießbrauchs deren Wert zu ersetzen (§ 1039). Bei der ,,sonstigen"Ausbeute, welche aus der Sache ihrer Bestimmung gemäß gewonnen wird, handelt es sich um Bestandteile, die einer Sache, meist einem Grundstück, ihrer wirtschaftlichen Nutzungsart gemäß entnommen werden, wie z. B. Steine, Kies, Sand, nicht bergrechtliche (also nur die dem Grundeigentümer gehörenden) Mineralien und sonstige Bodenbestandteile. Ein im Grundstück verborgener Schatz gehört nicht hierher, weil er aus dem Grundstück nicht ,,seiner Bestimmung gemäß" gewonnen wird (vgl. § 1040).

Mittelbare Früchte einer Sache sind ,,die Erträge, welche eine Sache vermöge eines Rechtsverhältnisses gewährt" (§ 99 Abs. 3). Zu denken ist hier vornehmlich an Miet- und Pachtzinsen. Sie sind, wirtschaftlich gesehen, zwar Erträge der Sache, aber Erträge, die die Sache vermöge des Miet- oder Pachtverhältnisses dem Vermieter oder Verpächter, in dem hier gemeinten Normalfall ihrem Eigentümer, einbringt, daher in der Terminologie des Gesetzes ,,mittelbare Früchte" der Sache. Während es sich bei den unmittelbaren oder natürlichen Früchten keineswegs nur um Erträge zu handeln braucht, das Gesetz hier vielmehr die wirtschaftlichen Gesichtspunkte mit der Vorstellung des organisch Gewachsenen vermengt, denkt es bei den mittelbaren Früchten rein wirtschaftlich, indem es sie auf die Erträge beschränkt. Der Kaufpreis ist keine mittelbare Frucht der Sache oder des Eigentums, weil er kein ,,Ertrag", sondern der Gegenwert für das Eigentum ist.

2. **Rechtsfrüchte.** Darunter versteht das Gesetz die Erträge, die ein Recht (außer dem Eigentum) seiner Bestimmung gemäß dem Berechtigten gewährt; so etwa bei einem Recht auf die Gewinnung von Bodenbestandteilen die gewonnenen Bestandteile (§ 99 Abs. 2). Auch hier sind wieder die *unmittelbaren Früchte des Rechts,* die zumeist natürliche Früchte der Sache sein werden, auf die sich das Recht bezieht, von den *mittelbaren Früchten* zu unterscheiden, die der Berechtigte vermöge eines Rechtsverhältnisses, das einem anderen die Ausübung seines Rechts ermöglicht, z. B. durch eine Unterverpachtung, erzielt (§ 99 Abs. 3). Die vom Pächter des landwirtschaftlichen Grundstücks gewonnenen Erzeugnisse, die vom Pächter eines Steinbruchs gewonnenen Steine sind die unmittelbaren Früchte seines Pachtrechts. Der durch ein Unterpachtverhältnis von ihm erzielte Pachtzins ist eine mittelbare Frucht seines Pachtrechts. Hier wird ganz deutlich, daß die sogenannten mittelbaren Sachfrüchte, also die Pachtzinsen, die der Eigentü-

mer des Grundstücks von dessen Hauptpächter erhält, im Unterschiede zu den Pachtzinsen, die der Hauptpächter vermöge des Unterpachtverhältnisses erzielt, mittelbare Früchte seines Eigentumsrechts sind. Pachtzinsen, die der Eigentümer erhält, sind nach der Terminologie des Gesetzes mittelbare Sachfrüchte, Pachtzinsen, die der Hauptpächter vom Unterpächter erhält, mittelbare Rechtsfrüchte, während die vom Pächter selbst oder vom Unterpächter geernteten natürlichen Früchte des Pachtlandes für diese Rechtsfrüchte, nämlich unmittelbare Früchte ihres Pachtrechts sind. Fürwahr eine verwirrende Terminologie!

Als Rechtsfrüchte, nämlich als ,,Früchte" der Darlehensforderung werden von vielen die Zinsforderungen bei einem verzinslichen Darlehen angesehen.[53] Wirtschaftlich gesehen sind sie der Ertrag des überlassenen *Kapitals,* den dieses mittels eines Rechtsverhältnisses, des Darlehensverhältnisses, abwirft. Sie sind mittelbare Früchte des Kapitals, also regelmäßig einer Geldsumme.

3. **Früchte eines Unternehmens.** Das Gesetz kennt nur Früchte einer Sache und Früchte eines Rechts, nicht Früchte – Nutzungen – eines Unternehmens als solchen. Ein Unternehmen wirft aber, wie wir gesehen haben, Erträge ab, ja es ist darauf angelegt, Erträge abzuwerfen. Das Unternehmen ist keine ,,Sache"; seine Erträge sind auch nicht die Früchte eines ,,Rechts", da es kein Recht am Unternehmen als solchen, über das verfügt werden könnte, gibt.[54] Aber es ist sachgemäß, die Vorschriften über Sachfrüchte auf die Erträgnisse eines Unternehmens analog anzuwenden.[55] Das zeigt schon der Vergleich eines Unternehmens etwa mit einem landwirtschaftlich genutzten Grundstück. Die Erträgnisse des Unternehmens sind unmittelbare Früchte des Unternehmens, wenn der Inhaber sie selbst erwirtschaftet; verpachtet er das Unternehmen, so sind die Pachtzinsen mittelbare Früchte des Unternehmens. Die Erträgnisse, die der Pächter erzielt, sind (unmittelbare) Rechtsfrüchte (nämlich seines Pachtrechts).

4. **Nutzungen.** Die Früchte und die Gebrauchsvorteile einer Sache oder eines Rechts zusammen bilden die ,,Nutzungen" (§ 100). Der Gebrauch einer Sache ist einerseits zu unterscheiden von ihrem Verbrauch, der stets mit ihrer völligen oder teilweisen Vernichtung einhergeht, anderseits von der Fruchtziehung. Der Mieter ist nur zum Gebrauch der Mietsache (§ 535), der Pächter darüber hinaus, wenn auch nur im Rahmen einer ordnungsgemäßen Wirtschaft, zum Genuß der Früchte berechtigt (§ 581 Abs. 1). Dem Nießbraucher kommen grundsätzlich alle Nutzungen der Sache zu (§ 1030). Wer Nutzungen herauszugeben oder ihren Wert zu ersetzen hat, hat die gezogenen Früchte, soweit möglich, in Natur herauszugeben, sonst ihren Wert zu erstatten und ferner den Wert der gehabten Gebrauchsvorteile zu vergüten.

---

[53] *Enn./N.* § 127 Anm. 14; *Soergel/Baur* 14, *Staudinger/Dilcher* 13 zu § 99.

[54] Unhaltbar daher die Meinung des BGH, daß die Erträgnisse eines Unternehmens den mittelbaren (?) Rechtsfrüchten ,,am nächsten" stünden; so BGHZ 7, 208, 218; BGH, LM Nr. 1 zu § 102 BGB.

[55] So zutreffend *Soergel/Baur* 3 zu § 99.

Ist jemand berechtigt, die Früchte einer Sache oder eines Rechts z. B. auf Grund eines Pachtvertrages oder als Nießbraucher bis zu einem bestimmten Zeitpunkt oder von einem bestimmten Zeitpunkt an zu beziehen, so können sich Zweifel darüber, wem sie gebühren, dann ergeben, wenn diese Früchte periodisch anfallen und wenn der Zeitpunkt des Wechsels der Berechtigung nicht gerade mit dem Ende einer solchen Periode zusammenfällt. Das Gesetz löst diese Zweifel, indem es in § 101 als Auslegungsregel bestimmt, daß es für die natürlichen Früchte einer Sache oder eines Rechts darauf ankommt, in wessen Berechtigungszeit sie von der ,,Muttersache" tatsächlich getrennt werden. Bei ,,mittelbaren" Früchten soll es zwar grundsätzlich darauf ankommen, wann sie fällig werden; für die wichtigsten Fälle, so für Miet- und Pachtzinsen sowie für Zinsen und Gewinnanteile, gilt indessen etwas anderes. Hier ist eine Aufteilung nach dem Verhältnis der Dauer der Berechtigung eines jeden vorzunehmen. Ist das verpachtete Grundstück verkauft und dem Käufer am 1. April übergeben worden (vgl. § 446 Abs. 1 Satz 2), der Pachtzins jährlich am 1. Oktober für das dann abgelaufene Pachtjahr zu entrichten, so gebührt der von dem Pächter erstmalig nach der Übergabe am 1. Oktober entrichtete Pachtzins im Verhältnis zwischen dem Verkäufer und dem Käufer jedem zur Hälfte. Eine ähnliche Bestimmung trifft § 103 für die Lasten. § 102 bestimmt, daß, wer zur Herausgabe von Früchten, die er gezogen hat, verpflichtet ist, in bestimmten Grenzen Ersatz der von ihm auf die Gewinnung der Früchte verwendeten Kosten[56] verlangen kann.

§ 17. Das Vermögen

I. Der Vermögensbegriff des BGB

Das BGB enthält in seinem Allgemeinen Teil weder eine Begriffsbestimmung noch irgendwelche allgemeinen Regeln über das Vermögen. Der Vermögensbegriff ist jedoch im BGB von erheblicher Bedeutung. Das zeigt allein schon der § 1922 Abs. 1: ,,Mit dem Tode einer Person geht deren Vermögen als Ganzes auf eine oder mehrere andere Personen über." Der Vermögensbegriff ist sodann von größter Bedeutung für die Zwangsvollstreckung. Unterschieden wird zwischen der Zwangsvollstreckung in das bewegliche Vermögen des Schuldners (§ 803 ZPO) und der in das unbewegliche Vermögen (§ 864 ZPO). Dem Konkursverfahren unterliegt ,,das gesamte, einer Zwangsvollstreckung unterliegende Vermögen des Gemeinschuldners, welches ihm zur Zeit der Eröffnung des Verfahrens gehört" (§ 1 Abs. 1 KO). Mit der Eröffnung des Verfahrens verliert der Gemeinschuldner die Befugnis, ,,sein zur Konkursmasse gehöriges Vermögen zu verwalten und über dasselbe zu verfügen" (§ 6 Abs. 1 KO). Es fragt sich nun, was unter dem ,,Vermögen" einer Person zu verstehen ist und insbesondere, ob der Inhaber eines Vermögens über dieses, wie es nach einigen der angeführten Bestimmungen den Anschein hat, als über einen einheitlichen Rechtsgegenstand verfügen kann.

Von einem Vermögen spricht das Gesetz immer in bezug auf eine bestimmte Person, der dieses Vermögen gehört oder zusteht. Grundsätzlich besteht das

[56] Sie umfassen auch den Wert der persönlichen Arbeitsleistung des Schuldners; so der BGH, LM Nr. 1 zu § 102 BGB.

Vermögen einer Person aus der Gesamtheit der ihr jeweils zustehenden geldwerten Rechte. Dies bedarf näherer Darlegung.

1. Das Vermögen ist eine Summe, eine Zusammenfassung von *Rechten,* und zwar im Hinblick auf eine bestimmte Person, der sie zustehen. Auch hier begegnet uns wieder die Gleichsetzung der Sache mit dem Eigentum an der Sache; so, wenn in einer Vermögensaufstellung nacheinander angeführt werden: Grundstücke, bewegliche Sachen, Forderungen und andere Vermögensrechte. Rechtlich gesehen sind Sachen, als Rechtsgegenstände erster Ordnung, nicht mit Rechten als Rechtsgegenständen zweiter Ordnung auf den gleichen Nenner zu bringen. Es müßte daher heißen: Eigentumsrechte an Grundstücken, Eigentumsrechte an beweglichen Sachen, Forderungen und sonstige Rechte. Mit Recht sagt *v. Tuhr:*[1] ,,Keine unmittelbaren Bestandteile des Vermögens sind die Objekte der zum Vermögen gehörenden Rechte; das Vermögen besteht aus dem Eigentum an den Sachen, die dem Berechtigten gehören, nicht aus den Sachen selbst, aus den Forderungen, nicht aus den Leistungsgegenständen, die vermöge der Forderung verlangt werden können." Über den Kreis der Rechte hinaus wird man zum Vermögen indessen auch Unternehmen rechnen müssen, weil sie als solche einen Geldwert haben, Gegenstände des Rechtsverkehrs und praktisch vererblich sind.

2. Zum Vermögen gehören nur, aber auch alle *geldwerten* Rechte; das sind Rechte, die unter normalen Verhältnissen gegen Geld veräußert oder nur gegen Geld erworben werden können oder, wie ein Nießbrauch, ihrer Bestimmung nach einen in einem Geldwert ausdrückbaren wirtschaftlichen Nutzen gewähren. Nicht dazu gehören reine Persönlichkeitsrechte und persönliche Familienrechte, wohl aber Immaterialgüterrechte, Sachenrechte, Forderungen, wenn sie, wie regelmäßig, einen Geldwert haben;[2] ferner die Mitgliedschaft in einer Kapitalgesellschaft, also Anteilsrechte an einer GmbH und Aktien,[3] sowie der Anteil an einem Gesamthandsvermögen (vgl. §§ 859, 860 ZPO).

3. *Nur* die *Rechte,* nicht auch die Verbindlichkeiten einer Person bilden ihr Vermögen im Sinne des privatrechtlichen (haftungsrechtlichen) Vermögensbe-

---

[1] *v. Tuhr* Bd. I § 18 II (S. 318).

[2] Eine Forderung kann auch dann einen Geldwert haben, wenn die Leistung, auf die sie gerichtet ist, der Befriedigung eines rein ideellen Interesses dient, wie z. B. eine Theatervorstellung, sofern eine solche Forderung in der Regel nur gegen Geld erworben werden kann und daher einen *Preis* hat. Das gilt auch dann, wenn die Forderung ausnahmsweise unübertragbar und daher kein Gegenstand der Vollstreckung ist. A. A. *v. Tuhr* § 18 zu Anm. 3b. *Enn./N.* (§ 78 II zu Anm. 5 u. 6) wenden gegen das Kriterium des Geldwertes u. a. ein, daß es Eigentum auch an Sachen ohne jeden Geldwert gebe und daß das Urheberrecht sich auch auf völlig wertlose Geistesprodukte beziehe. Ob ein Urheberrecht an einem völlig wertlosen Geistesprodukt zum Vermögen zu zählen ist, kann zweifelhaft sein; das Eigentum an einer völlig wertlosen Sache stellt m. E. einen Grenzfall dar, der kein sinnvolles Unterscheidungskriterium abgibt.

[3] Nicht aber die Mitgliedschaft in einem Idealverein, da sie nicht zu Geld gemacht werden kann und keinen möglichen Vollstreckungsgegenstand darstellt.

griffs. Der im BGB, aber auch im Vollstreckungs- und Konkursrecht zugrunde gelegte Vermögensbegriff umfaßt also, anders als ein rein wirtschaftlich gedachter Vermögensbegriff, nur die sogenannten „Aktiva", nicht auch die „Passiva". Das Vermögen im juristischen Sinne ist das „Bruttovermögen", nicht das „Nettovermögen", wenn man unter diesem die Differenz zwischen den Aktiven und den Passiven versteht.[4] Die Gleichsetzung des Vermögens mit dem Bruttovermögen ist im Kontext unseres Zivilrechts deshalb geboten, weil das Vermögen einer Person zivil- und haftungsrechtlich gleichsam als das vorhandene Reservoir erscheint, aus dem die Gläubiger des Vermögensinhabers, solange es ausreicht, schöpfen können, um sich für ihre Forderungen zu befriedigen. Solange noch Bruttovermögen vorhanden ist, können die Gläubiger auf Befriedigung hoffen, auch wenn das Nettovermögen gleich Null ist (d. h. Aktiva und Passiva sich die Waage halten).

Nicht zum Vermögen gehören alle diejenigen persönlichen Eigenschaften oder Fähigkeiten eines Menschen, mit deren Hilfe er Vermögen zu erwerben vermag, wie insbesondere seine Arbeitskraft, berufliche Kenntnisse und geschäftliche Erfahrungen. Der Konkursschuldner verliert durch die Eröffnung des Konkurses zwar die Verfügung über sein in diesem Augenblick vorhandenes Vermögen, nicht aber die Verfügung über seine Arbeitskraft und damit die Möglichkeit, neues Vermögen zu erwerben. Was er nach der Konkurseröffnung durch Verwertung seiner Arbeitskraft oder auf andere Weise neu erwirbt, ist „konkursfreies Vermögen". Nicht zum Vermögen gehört m. E., obgleich er auf den Erben übergeht (§ 857), der Besitz als solcher,[5] wohl aber ein, wenn auch zeitlich befristetes, Recht zum Besitz, weil es einen Vermögenswert darstellt. Der rechtlose Besitz ist dem Berechtigten herauszugeben und daher rechtlich ohne Wert. Bloße Erwerbsaussichten, die nicht zu einem Anwartschaftsrecht verdichtet sind, ein erst in Aussicht stehender Gewinn, der noch ungewiß ist, sind keine Vermögensbestandteile; wohl aber kann die Vereitelung einer bestehenden Gewinnaussicht, die Verhinderung eines zu erwartenden Erwerbes durch eine Beeinträchtigung der Erwerbsfähigkeit oder des beruflichen Fortkommens einen ersatzfähigen *Vermögensschaden* darstellen (vgl. die §§ 252, 842, 843). Der Begriff des Vermögens im schadensrechtlichen Sinne ist weiter als der des Vermögens in dem hier erörterten, vornehmlich haftungsrechtlichen, Sinne. Ein Vermögensschaden kann auch in der Entstehung einer Verpflichtung oder in der Nötigung zu einer Vermögensaufwendung (Heilungskosten, vermehrte Bedürfnisse infolge einer Kör-

[4] Vgl. *Enn./N.* § 131 II 4.

[5] A. A. *v. Tuhr* Bd. I § 18 Anm. 15; *Enn./N.* § 131 II 1. Rechnete das Gesetz den Besitz als solchen schon zum Vermögen, so bedürfte es des § 857 nicht; er würde dann schon nach § 1922 auf den Erben übergehen. Daß der bloße Besitz nicht zum Vermögen gehört, zeigt sich vor allem im Konkurs. Eine Sache gehört nicht schon deshalb zur Konkursmasse, weil sie sich bei der Konkurseröffnung in dem Besitze des Gemeinschuldners befindet; vielmehr hat sie der Konkursverwalter demjenigen herauszugeben, der im Verhältnis zum Gemeinschuldner das bessere Recht zum Besitz hat.

perverletzung) liegen. „Vermögensschaden" im Sinne des BGB ist ein Schaden, der sich grundsätzlich *in Geld* berechnen läßt.[6]

Die Hauptfrage, die nunmehr zu stellen ist, ist die, ob das Vermögen in dem dargelegten Sinn ein Verfügungsgegenstand ist, ob man also über alle zu ihm gehörenden Rechte durch einen einheitlichen Akt verfügen kann. Wäre diese Frage zu bejahen, so müßte man, um den Gegenstand einer solchen „Gesamtverfügung" als einheitlichen Verfügungsgegenstand zu kennzeichnen, ein den einzelnen Rechten, die in ihrer Gesamtheit das Vermögen bilden, übergeordnetes, sie in sich aufnehmendes Recht am Vermögen als Ganzen annehmen, das dann ein Rechtsgegenstand dritter Ordnung wäre. Ein solches einheitliches Recht am Vermögen als Ganzes kennt das Gesetz indessen trotz einiger Formulierungen, die dafür zu sprechen scheinen, nicht.[7] Wenn nach § 1922 das Vermögen „als Ganzes" auf den oder die Erben übergeht, dann bedeutet das nur, daß alle das Vermögen bildenden Rechte ipso iure übergehen, ohne daß es dafür gesonderter Übertragungsakte bedürfte.[8] Ebenso ist es im Falle der Vereinbarung der ehelichen Gütergemeinschaft (vgl. § 1416 Abs. 2). Im übrigen gilt für Verfügungen unter Lebenden der Grundsatz der Einzelnachfolge. Die Übertragung des gesamten Vermögens und ebenso die Bestellung eines Nießbrauchs an diesem kann danach nicht durch einen einheitlichen Akt, sondern nur so vor sich gehen, daß alle einzelnen zu dem Vermögen gehörenden Gegenstände, d. h. Rechte, nach den für die Übertragung solcher Rechte geltenden Vorschriften übertragen oder mit dem Nießbrauch belastet werden. Das ist für die Bestellung des Nießbrauchs in § 1085 Satz 1 ausdrücklich gesagt. Ebensowenig gibt es eine Verpfändung des Vermögens im ganzen. Nur *einzelne* bewegliche Sachen oder Rechte können verpfändet, nur *einzelne* Grundstücke mit einem Grundpfandrecht belastet werden. Allerdings kann ein *Miterbe* über seinen *Anteil* an dem Nachlaß, d. h. an einem Sondervermögen, gemäß § 2033 Abs. 1 einheitlich verfügen. Man wird daher seinen Anteil an dem Nachlaß in der Tat als Verfügungsgegenstand, als einen Rechtsgegenstand dritter Ordnung betrachten können. Der *Alleinerbe* kann die Erbschaft durch einen schuldrechtlichen Vertrag zwar verkaufen, diesen Vertrag aber wiederum nur durch die Übertragung der einzelnen zur Erbschaft gehörenden Rechte erfüllen.

Das Vermögen ist also im Sinne des BGB nur eine zusammenfassende Bezeichnung für sämtliche einer Person zustehenden Vermögensrechte. Es ist kein einheitlicher Verfügungsgegenstand. Das ist keine logische Notwendigkeit, da sich ein Rechtsgegenstand dritter Ordnung als Verfügungsgegenstand sehr wohl denken ließe. In der grundsätzlichen Entscheidung für die Singularsukzession, die

---

[6] Vgl. dazu Sch. R. I § 27 II b u. 29 I.

[7] Vgl. *v. Tuhr* Bd. I § 18 VI; *Enn./N.* § 131 IV; *Lange/Köhler* § 30 IV; *Lehmann/Hübner* S. 91; *Brox* Rdn. 740.

[8] Vgl. *Lange/Kuchinke*, Lehrb. des Erbrechts, 2. Aufl. § 5 III 1.

rechtsgeschäftliche Nachfolge unter Lebenden nur in einzelne Rechte oder Rechtsverhältnisse, ist vor allem die Rücksicht auf das Grundbuchsystem zu sehen. Dieses kann nur funktionieren, wenn das Eigentum an einem Grundstück nur übergehen oder mit einem beschränkten dinglichen Recht belastet werden kann, falls diese Rechtsänderung im Grundbuch, und zwar auf dem Grundbuchblatt des betreffenden Grundstücks, eingetragen wird. Wo eine Gesamtnachfolge in ein Vermögen oder Sondervermögen möglich ist, da kann, wenn zu diesem Vermögen Eigentum oder ein anderes Recht an einem Grundstück gehört, weil dann die Eintragung nicht Voraussetzung des Rechtsübergangs ist, das Grundbuch unrichtig werden. Dem wirkt das Gesetz entgegen, indem es die Gesamtnachfolge auf wenige Fälle beschränkt, in denen der Vermögensübergang auf einem gesetzlichen Nachfolgetatbestand beruht.

II. Das Vermögen als Haftungsobjekt

Das gesamte Vermögen einer Person unterliegt in seinem jeweiligen Bestande grundsätzlich der Zwangsvollstreckung zugunsten der Gläubiger des Vermögensinhabers, mag sich auch die Zwangsvollstreckung auf verschiedene Weise vollziehen, je nachdem ob es sich um Grundstücke, bewegliche Sachen, Forderungen oder andere Vermögensrechte handelt. Der Gläubiger einer Geldforderung kann jeden Vermögensgegenstand seines Schuldners, ausgenommen gewisse unpfändbare Gegenstände, im Wege der Zwangsvollstreckung für sich verwerten, um dadurch Befriedigung für seine Forderung zu erlangen. Voraussetzung dafür ist, daß der betreffende Vermögensgegenstand beim Beginn der Vollstreckung zum Vermögen des Schuldners gehört. Was also vorher, durch Veräußerung oder Verzicht, aus ihm ausgeschieden ist, unterliegt grundsätzlich der Vollstreckung nicht mehr; auf das, was der Schuldner neu erwirbt, kann dagegen die Vollstreckung sogleich gerichtet werden. Jeder Gläubiger des Vermögensinhabers kann, solange nicht das Konkursverfahren eröffnet ist, aus jedem beliebigen Vermögensgegenstand des Schuldners seine Befriedigung suchen; im Verhältnis der Gläubiger untereinander gilt bis zur Eröffnung des Konkurses der Grundsatz der zeitlichen Priorität. Hat allerdings ein Gläubiger an einem bestimmten Gegenstande ein spezielles Verwertungsrecht (z. B. ein Pfandrecht oder eine Hypothek), so kann er verlangen, vor allen anderen Gläubigern aus diesem Gegenstand befriedigt zu werden.

Man bezeichnet die Unterwerfung des Vermögens einer Person unter die Zwangsvollstreckung zugunsten der Gläubiger des Vermögensinhabers als die **Vermögenshaftung,** die daraus sich für die Gläubiger ergebende Möglichkeit, sich durch die Verwertung entsprechender Vermögensgegenstände Befriedigung zu verschaffen, als die, grundsätzlich mit jeder Forderung verbundene, **Zugriffs-**

möglichkeit. Mit „*unbeschränkter Vermögenshaftung*" meint man, daß grundsätzlich das gesamte Vermögen einer Person, nicht nur ein Teil ihres Vermögens, den Gläubigern haftet; mit (gegenständlich)[9] *beschränkter Haftung* demgemäß, daß nur ein Teil des Vermögens oder bestimmte Vermögensgegenstände dem Zugriff des Gläubigers unterliegen. Wenn auch die unbeschränkte Vermögenshaftung die Regel ist, so ist doch die Möglichkeit, die Haftung für eine Schuld durch Vertrag mit dem Gläubiger auf bestimmte Vermögensgegenstände oder auf ein Sondervermögen zu beschränken, zu bejahen;[10] eine derartige Beschränkung der Haftung wird allgemein für die Schulden eines nichtrechtsfähigen Vereins, d. h. der Vereinsmitglieder in ihrer Gesamtheit, angenommen (vgl. oben § 10 V 3). Der wichtigste Fall einer im Gesetz geregelten Beschränkung der Vermögenshaftung ist die beschränkte Haftung des Erben. Unter gewissen Voraussetzungen haftet er den Nachlaßgläubigern für die sogenannten Nachlaßverbindlichkeiten nur mit den Gegenständen, die den Nachlaß bilden, nicht mit seinem gesamten übrigen Vermögen.

Der Umkreis der dem Zugriff der Gläubiger unterliegenden Gegenstände deckt sich allerdings nicht genau mit dem des Vermögens des Schuldners. Gewisse Vermögensgegenstände sind unpfändbar, sie unterliegen nicht der Haftung. Auf der anderen Seite haften dem Gläubiger auch solche Gegenstände, die der Schuldner durch eine Rechtshandlung aus seinem Vermögen vorher fortgegeben hatte, wenn sie der Gläubigeranfechtung gemäß dem Anfechtungsgesetz vom 21. 7. 1879 (vgl. unten § 23 V a a. E.) oder gemäß §§ 29ff. KO unterliegen.

Da das Vermögen den Gläubigern, und zwar *allen* Gläubigern, nur in seinem jeweiligen Bestande haftet, können diese sowohl dadurch gefährdet werden, daß das Vermögen ihres Schuldners sich vermindert, wie dadurch, daß sich seine Verbindlichkeiten vermehren. Weder das eine noch das andere vermögen sie zu verhindern. Der Schuldner ist, solange nicht das Konkursverfahren über sein Vermögen eröffnet ist, in der Verfügung über sein Vermögen frei und kann auch durch Eingehung neuer Schulden sein Vermögen dem Zugriff weiterer Gläubiger aussetzen. Wenn aber das Vermögen als Ganzes auf einen neuen Inhaber übergeht, dann läßt das Gesetz regelmäßig auch die bis dahin entstandenen Schulden des bisherigen Vermögensinhabers auf den neuen Inhaber übergehen, jedoch vielfach mit der Maßgabe, daß er die Haftung für diese Schulden auf den Bestand des übernommenen Vermögens beschränken kann. Das gilt für den Erben, es gilt aber auch in anderen Fällen. Vereinbaren Ehegatten Gütergemeinschaft, so werden die bis dahin entstandenen Schulden des einen und des anderen

---

[9] Die gegenständlich beschränkte Haftung ist zu unterscheiden von der summenmäßig beschränkten Haftung. Darunter versteht man eine Beschränkung nicht nur der Vermögenshaftung, sondern der Schuld auf eine bestimmte Höchstsumme. Der Ausdruck „Haftung" wird in diesem Fall in dem weiteren Sinne von „Verantwortlichkeit" verwendet. Zum Verhältnis der „Schuld" (im Sinne des Leistensollens, der Verpflichtung) zur Vermögenshaftung vgl. Sch. R. I § 2 IV.

[10] Ebenso *v. Tuhr* Bd. I § ;– zu Anm. 48.

Ehegatten zu Schulden der ehelichen ,,Gesamthand", für die das nunmehr gemeinschaftliche Vermögen, das ,,Gesamtgut", haftet (§ 1437 Abs. 1). Verpflichtet sich jemand durch Vertrag, einem anderen sein Vermögen zu übertragen, so können seine Gläubiger, unerachtet der Fortdauer seiner eigenen Haftung, von dem Abschluß des Vertrages an auch von dem Übernehmer die Erfüllung ihrer zur Zeit des Vertragsschlusses bestehenden Ansprüche verlangen (§ 419 Abs. 1). Derjenige, der das Vermögen übernimmt, wird damit kraft Gesetzes zum Schuldner der bis dahin entstandenen Verbindlichkeiten des bisherigen Vermögensinhabers.[11] Er haftet für diese Schulden jedoch nur mit dem Bestand des übernommenen Vermögens und den ihm aus dem Vertrage gegenüber dem bisherigen Inhaber zustehenden Ansprüchen. Er kann, ebenso wie ein Erbe, der beschränkt haftet, die Befriedigung der Gläubiger insoweit verweigern, als die Gegenstände, mit denen er haftet, hierfür nicht ausreichen (§ 419 Abs. 2 i. Verb. m. § 1990). Diese Regelung ist zwingend (§ 419 Abs. 3). Das Gesetz will verhüten, daß den Gläubigern dadurch, daß der Vermögensinhaber sein ganzes Vermögen auf Grund eines schuldrechtlichen Vertrages unter Lebenden, z. B. einer vorweggenommenen Erbfolge, einem anderen überträgt, ihr bisheriges Haftungsobjekt völlig entzogen wird. Auf der anderen Seite brauchen sie aber durch den Vermögensübergang auch nicht besser gestellt zu werden, als sie vorher standen; daher die Beschränkung der Haftung des Übernehmers auf den Bestand des von ihm übernommenen Vermögens.

Der Zusammenhang von Vermögen und Schulden zeigt sich endlich in den Fällen, in denen das Gesetz eine Liquidation (d. h. eine Vermögensabwicklung) verlangt. Das ist z. B. der Fall bei der Auflösung eines rechtsfähigen Vereins, falls sein Vermögen nicht dem Fiskus anfällt (§ 47; oben § 10 IV), bei der Auflösung einer AG (§§ 264ff. AktG) und einer GmbH (§§ 66ff. GmbHG). Im Falle der Auflösung einer Gesellschaft des bürgerlichen Rechts findet unter den Gesellschaftern hinsichtlich des Gesellschaftsvermögens eine Auseinandersetzung statt (§§ 730ff.). In allen diesen Fällen ist vorgeschrieben, daß aus dem Vermögen, das den Gegenstand der Liquidation oder der Auseinandersetzung bildet, zunächst die Schulden zu berichtigen sind, für die dieses Vermögen haftet. Erst wenn das geschehen ist, darf der verbleibende Überschuß unter die Berechtigten verteilt und an sie ausgehändigt werden.

III. Sondervermögen

a) **Mehrere Vermögen desselben Inhabers.** Grundsätzlich hat eine Person nur *ein* Vermögen, das durch *alle* ihr zustehenden vermögenswerten Rechte gebildet

[11] Es handelt sich um einen gesetzlichen kumulativen Schuldübergang; vgl. Sch. R. I § 35 II.

wird. Ausnahmsweise kann eine Sonderung verschiedener Vermögensmassen desselben Inhabers eintreten; neben einem Hauptvermögen oder Regelvermögen, für das die gewöhnlichen Bestimmungen gelten, hat er dann ein oder mehrere Sondervermögen, für die teilweise abweichende Vorschriften gelten. Die Sonderung der Vermögensmassen kann von Bedeutung sein für die Verwaltung des Vermögens, die Verfügungsmacht des Vermögensinhabers, den Anfall der Nutzungen und die Schuldenhaftung.

Die Gründe, die zur Bildung eines Sondervermögens führen, können sehr verschieden sein.

1. Häufig bezweckt die Sonderung, das Sondervermögen vorwiegend oder ausschließlich zur Befriedigung der Gläubiger oder einer bestimmten Gruppe von Gläubigern des Inhabers zu reservieren und die Befriedigung derselben durchzuführen. Dem Zwecke gleichmäßiger Befriedigung *aller* vorhandenen Gläubiger dient das Konkursverfahren – hier wird das bei der Eröffnung des Verfahrens vorhandene Vermögen des Gemeinschuldners, soweit es der Zwangsvollstreckung unterliegt, die ,,Konkursmasse" (§ 1 KO), von dem übrigen, dem ,,konkursfreien" Vermögen, in das vor allem der spätere Erwerb fällt, getrennt. Der Konkursschuldner verliert die Verfügungsmacht über die zur Konkursmasse gehörenden Gegenstände, die auf den Konkursverwalter übergeht. Dieser hat das Konkursvermögen zu verwalten und im Interesse aller Gläubiger zu verwerten. Dem Zwecke der Befriedigung gerade der *Nachlaßgläubiger* dienen die Nachlaßverwaltung (§§ 1975, 1985) und der Nachlaßkonkurs (§ 1980). Nachlaßverwaltung und Nachlaßkonkurs sind zugleich Mittel der Beschränkung der Haftung des Erben für die Nachlaßverbindlichkeiten auf den Nachlaß als Sondervermögen (§ 1975).

2. In anderen Fällen soll durch die Sonderung der Vermögensmassen eine bestimmte Verwendung des Sondervermögens oder seine Erhaltung für einen Nachfolger erreicht werden. So im Falle der Testamentsvollstreckung: Der Testamentsvollstrecker hat den Nachlaß, der insoweit von dem übrigen Vermögen des Erben gesondert wird, zu verwalten, um die letztwilligen Verfügungen des Erblassers durchzuführen (vgl. §§ 2203, 2205). Ferner im Falle der Einsetzung eines Nacherben: der Nachlaß bleibt hier von dem übrigen Vermögen des Vorerben getrennt, um ihn als Sondervermögen für den Nacherben zu erhalten (vgl. die §§ 2100, 2130).

3. Im Falle der Vereinbarung einer ehelichen Gütergemeinschaft behält jeder Ehegatte neben dem Vermögen, das gemeinschaftliche Vermögen beider Ehegatten (Gesamtgut) wird, sowohl ein ,,Sondergut" wie ,,Vorbehaltsgut" (§§ 1417, 1418). Jeder Ehegatte verwaltet sein eigenes Sondergut und sein Vorbehaltsgut selbständig; der Unterschied zwischen beiden liegt darin, daß die Nutzungen des Sondergutes dem Gesamtgut, die des Vorbehaltsgutes dagegen wie-

der dem Vorbehaltsgut zugute kommen. Ein noch nicht volljähriges eheliches Kind, dessen Vermögen von seinen Eltern als Inhabern der „elterlichen Sorge" verwaltet wird, kann ein Sondervermögen haben, das nicht der Verwaltung seiner Eltern, sondern eines hierfür eigens bestellten Pflegers untersteht (§§ 1638, 1909).

Entsprechend der Verschiedenheit der Zwecke der Vermögenssonderung ergeben sich in den einzelnen Fällen verschiedene Rechtsfolgen. Ist dem Vermögensinhaber die Verwaltung des Sondervermögens und die Verfügung über die dazu gehörenden Gegenstände entzogen, dann wird die dadurch eingetretene Beschränkung seiner Verfügungsmacht, soweit Grundstücke zu dem Sondervermögen gehören, im Grundbuch eingetragen. Fehlt es an der Eintragung, so werden Dritte, die die Beschränkung der Verfügungsmacht nicht kennen, beim Erwerb eines Rechts an dem Grundstück regelmäßig geschützt (vgl. § 892 Abs. 1 Satz 2, § 7 KO, § 1984 Abs. 1 Satz 2). Sie können also darauf vertrauen, daß die Verfügungsmacht des Eigentümers des Grundstücks nicht beschränkt ist. Für Erwerber einer beweglichen Sache besteht ein derartiger Schutz nur in den Fällen der §§ 2113 Abs. 3, 2211 Abs. 2 (in Verb. m. § 932).

Eine völlige Sonderung der *Schulden,* für die die eine und die andere Vermögensmasse haftet, tritt nur in einigen Fällen der Vermögenssonderung ein – so vor allem bei der Nachlaßverwaltung und dem Nachlaßkonkurs, falls nicht der Erbe im Sinne des § 1994 „unbeschränkt" haftet. Im Konkursfall haftet die Konkursmasse allein den Gläubigern, die „einen zur Zeit der Eröffnung des Verfahrens begründeten Vermögensanspruch an den Gemeinschuldner haben" (§ 3 Abs. 1 KO), das konkursfreie Vermögen dagegen, solange das Konkursverfahren und damit die Sonderung der Vermögen andauert, nur den Gläubigern, die erst nach der Eröffnung des Verfahrens einen Anspruch gegen den Gemeinschuldner erworben haben (§ 14 KO). Der Nachlaß in der Hand eines Vorerben und der von einem Testamentsvollstrecker verwaltete Nachlaß haften unbeschränkt nur den Nachlaßgläubigern (§§ 2115, 2214), ohne daß diese deshalb auch schon ihrerseits von dem Zugriff auf das übrige Vermögen des Vorerben oder des Erben ausgeschlossen wären.

In manchen Fällen ordnet das Gesetz an, daß dasjenige, was auf Grund eines zu dem Sondervermögen gehörenden Rechts (z. B. einer dazu gehörenden Forderung) oder als Ersatz für die Zerstörung, Entziehung oder Beschädigung eines dazu gehörenden Gegenstandes oder auch durch Rechtsgeschäft mit Mitteln des Sondervermögens erworben wurde, wieder in dieses Sondervermögen fällt. Man spricht in diesen Fällen (vgl. §§ 718 Abs. 2, 1418 Abs. 2 Nr. 3, 1473 Abs. 1, 1638 Abs. 2, 1646, 2041, 2111)[12] von *„dinglicher Surrogation".*[13] Doch bestehen

---

[12] Über die entsprechende Anwendung dieser Regeln auf die Nachlaßverwaltung und die Testamentsvollstreckung vgl. *v. Tuhr* § 19 Anm. 13.

[13] Von „dinglicher Surrogation" spricht man auch in anderen Fällen, in denen sich die bisherige

hier im einzelnen wieder manche Unterschiede.[14] Ebenso unterschiedlich ist die Regelung hinsichtlich der *Nutzungen*. Im Falle der Nacherbschaft bleiben sie dem Vorerben (§ 2111), in anderen Fällen dagegen fallen sie in das betreffende Sondervermögen. Der Konkursverwalter kann einzelne Vermögensgegenstände aus der Konkursmasse freigeben, wodurch sie „konkursfreies Vermögen" werden. Der Testamentsvollstrecker soll Nachlaßgegenstände, deren er zur Erfüllung seiner Aufgabe nicht bedarf, dem Erben auf dessen Verlangen zur freien Verfügung überlassen. Sie scheiden damit aus seiner Verwaltung aus und unterliegen nunmehr der des Erben (§ 2217). Möglich sind auch Rechtsgeschäfte zwischen dem Verwalter des Sondervermögens und dem Vermögensinhaber, die sich auf Gegenstände des Sondervermögens beziehen. Ebenso können zwischen den verschiedenen Vermögensmassen rechtliche Beziehungen begründet sein.

b) **Gemeinschaftliches Vermögen mehrerer Inhaber.** Ein Sondervermögen kann auch dadurch entstehen, daß ein Vermögen mehreren Personen gemeinschaftlich zusteht. Es ist dann von dem Eigenvermögen jedes einzelnen von ihnen getrennt. Jeder hat außer seinem allgemeinen Vermögen einen *Anteil* an dem gemeinsamen Sondervermögen. In Betracht kommen hier die bereits oben (§ 9 II Ziff. 6) behandelten Fälle einer Vermögensgemeinschaft „zur gesamten Hand": die Gesellschaft und die OHG sowie die KG, die eheliche Gütergemeinschaft und die Erbengemeinschaft. Bei der einfachen Rechtsgemeinschaft (Gemeinschaft nach Bruchteilen) dagegen gibt es kein gemeinschaftliches Vermögen, sondern nur einzelne Rechtsgegenstände zweiter Ordnung (Rechte), die mehreren Personen in der Weise gemeinschaftlich zustehen, daß jeder über seinen Anteil daran selbständig verfügen kann.

Über die Gesamthandsgemeinschaft ist das Wesentliche bereits gesagt. Auch hier gilt, daß die „Surrogate" eines zum gemeinschaftlichen Vermögen gehörenden Gegenstandes regelmäßig wieder in dieses Vermögen fallen (vgl. die §§ 718, 2041).[15] Für die Verwaltung und für die Schuldenhaftung bestehen unterschiedliche Regelungen, die nur im Zusammenhang der einzelnen Gemeinschaften dargestellt werden können. In der Regel können über die zu dem gemeinschaftlichen Vermögen gehörenden Gegenstände, d. h. Rechte, nur alle Gemeinschaftsmitglieder gemeinsam verfügen; etwas anderes gilt nur für das eheliche

---

Rechtslage eines Gegenstandes kraft Gesetzes an einem anderen Gegenstand fortsetzt, der aufgrund eines bestimmten Tatbestandes an seine Stelle tritt. *Strauch*, Mehrheitlicher Rechtsersatz, 1972, wendet sich gegen diesen Ausdruck (S. 150f.). Er spricht von „mehrheitlichem Rechtsersatz", weil er den Kern des Vorgangs darin erblickt, daß für die untergegangene Teilzuständigkeit an einem Recht eine gleichartige an einem anderen begründet werde.

[14] Vgl. auch *Enn./N.* § 132 II 3.

[15] Für die eheliche Gütergemeinschaft ergibt sich dies schon dadurch, daß grundsätzlich alles in das Gesamtgut fällt, was einer der Ehegatten während der Gütergemeinschaft erwirbt (§ 1416 Abs. 1 Satz 2). Wird die Gütergemeinschaft aufgehoben, so gilt bis zur Auseinandersetzung „dingliche Surrogation" auf Grund des § 1473.

Gesamtgut in dem Falle, daß es von einem der Ehegatten verwaltet wird (§§ 1421, 1422). Eine Verfügung des einzelnen Gesamthänders über seinen Anteil an einem gemeinschaftlichen Gegenstand ist ausgeschlossen. Soll daher ein Gegenstand aus dem Vermögen eines der Gesamthänder in das der Gesamthand übertragen werden oder umgekehrt, so bedarf es hierzu eines Rechtsgeschäfts zwischen dem einzelnen Gesamthänder auf der einen Seite und der Gesamtheit aller, mit Einschluß des betreffenden Gesamthänders, auf der anderen Seite. Daher muß beispielsweise ein Grundstück, das ein Gesellschafter in das Gesellschaftsvermögen einbringt, von ihm an die zur Gesellschaft verbundene Gesamtheit der Gesellschafter aufgelassen werden; soll ein Nachlaßgegenstand einem der Miterben allein überlassen werden, so muß er ihm von der Gesamtheit der Miterben übertragen werden. Der betreffende Gesellschafter oder Miterbe wirkt bei solchen Rechtsgeschäften auf beiden Seiten mit: auf der einen Seite als Einzelperson, auf der anderen Seite in seiner Eigenschaft als Mitglied der Gesamthand.[16] Eine Verfügung des einzelnen Gesamthänders über seinen Anteil an dem Sondervermögen im ganzen ist nur im Falle der Erbengemeinschaft (§ 2033) möglich, in den anderen Fällen dagegen (§ 719, 1419) ausgeschlossen.

---

[16] Vgl. hierzu *v. Tuhr* Bd. I § 20 V.

Viertes Kapitel. Rechtsgeschäfte

A. Rechtsgeschäfte im allgemeinen

§ 18. Begriff und Arten des Rechtsgeschäfts

Literatur: *Flume,* Rechtsgeschäft und Privatautonomie, Festschr. DJT, Bd. I, 1960; Das Rechtsgeschäft und das rechtlich relevante Verhalten, AcP 161, 52; Allgemeiner Teil des Bürgerlichen Rechts, 2. Band, Das Rechtsgeschäft, 3. Aufl. 1979 (zit. *Flume*); *Himmelschein,* Beiträge zur Lehre vom Rechtsgeschäft, 1930; *Isay,* Die Willenserklärung im Tatbestand des Rechtsgeschäfts nach dem BGB, 1899; *Kegel,* Verpflichtung und Verfügung, in Internat. Recht u. Wirtschaftsordnung, Festschr. f. *F. A. Mann,* 1977, S. 586; *P. Klein,* Rechtshandlungen im engeren Sinne, 1912; *Löwisch,* Das Rechtsgeschäft, 2. Aufl. 1975; *Manigk,* Zum Begriff des Rechtsgeschäfts, DJZ 1902, 279; Willenserklärung und Willensgeschäft, 1907; Das rechtswirksame Verhalten (1939); *Oertmann,* Entgeltliche Rechtsgeschäfte, 1912; *K. Schneider,* Die Bedeutung der ausdrücklichen Willenserklärung und ihr Gegensatz zur Willensbetätigung, ArchBürgR 42, 273; *v. Tuhr,* Zum Begriff der Verfügung nach dem BGB, AcP 117, 193; *Zitelmann,* Das Rechtsgeschäft im Entwurf eines BGB, 1889. Weitere Angaben zu § 19.

I. Der Tatbestand des Rechtsgeschäfts

Unter einem „Rechtsgeschäft" versteht das BGB eine Handlung – oder auch eine Mehrzahl zusammenhängender Handlungen sei es einer, sei es mehrerer Personen –, deren Zweck es ist, eine privatrechtliche Rechtsfolge, also eine Änderung in den rechtlichen Beziehungen einzelner, herbeizuführen. Mittels des Rechtsgeschäfts gestalten die einzelnen ihre rechtlichen Beziehungen zu anderen selbst – das Rechtsgeschäft ist das Mittel zur Verwirklichung der vom BGB grundsätzlich vorausgesetzten „Privatautonomie" (vgl. oben § 2 II e).

Wenn wir sagen, daß das Rechtsgeschäft den Zweck habe, einen Rechtserfolg herbeizuführen, so meinen wir damit, daß die Rechtsfolge nicht nur deshalb eintritt, weil die Rechtsordnung sie daran knüpft – die Anerkennung durch die Rechtsordnung muß allerdings stets hinzukommen –, sondern in erster Linie deshalb, weil derjenige, der das Rechtsgeschäft vornimmt, die Rechtsfolge gerade durch die Vornahme des Rechtsgeschäfts *herbeiführen will.* Das Rechtsgeschäft ist also in den Regelfällen, von denen auszugehen ist, ein finaler, auf die Herbeiführung eines bestimmten Rechtserfolgs zweckhaft gerichteter Akt.[1]

---

[1] Das betont zutreffend *Flume* § 1, 2; auch schon *Manigk,* Das rechtswirksame Verhalten, S. 34, 68 u. öfter. Vgl. auch *Wieacker,* JZ 67, 385 (386). Unrichtig ist allerdings die Meinung von *Flume* (§ 2, 1), der Begriff des Rechtsgeschäfts sei lediglich ein Abstraktionsbegriff, gebildet (durch Weglassen der Besonderheiten) aus der Gesamtheit „aller in der Rechtsordnung formierten Aktstypen". Um zu bestimmten Aktstypen zu gelangen, muß ich den Begriff des Rechtsgeschäfts als eines auf eine Rechtsfolge sinnhaft gerichteten personalen Akts schon haben; der Begriff des Rechtsgeschäfts ist ein apriorischer rechtlicher Sinnbegriff, nicht anders als der Vertragsbegriff.

Dem steht nicht entgegen, daß der Handelnde den *Rechts*erfolg – also z. B. die Übereignung einer Sache, die Eingehung einer Verpflichtung oder die Verpflichtung seines Partners – in der Regel nur um eines weiteren, *wirtschaftlichen* Erfolges willen bezweckt. Wer eine Sache kauft, will letztlich die Möglichkeit der ungehinderten Verfügung über diese Sache erlangen. Er weiß aber, daß er dies nur dadurch erreichen kann, daß er sich dem Verkäufer gegenüber zur Zahlung des Kaufpreises verpflichtet. Die Rechtsfolgen des Kaufvertrages sind die Verpflichtung des Käufers zur Zahlung des Kaufpreises und die des Verkäufers zur Übergabe und Übereignung der Sache (§ 433). Wer eine Sache *kauft,* will, um des von ihm erstrebten weiteren wirtschaftlichen Zwecks willen, auch diese Rechtsfolgen; sie sind, wenn er sagt, „ich kaufe", von ihm mit dieser seiner Erklärung bezweckt.

Die Handlung, durch die sich der Wille, einen bestimmten Rechtserfolg herbeizuführen, verwirklicht, ist in aller Regel die „Erklärung" dieses Willens, eine *„Willenserklärung".* Der Handelnde gibt, meist gegenüber einem bestimmten „Empfänger", mitunter auch gegenüber der Öffentlichkeit, zu erkennen, daß die Rechtsfolge nach seinem Willen *eintreten soll,* und führt sie eben dadurch gemäß der Rechtsordnung herbei. Es kann sich dabei um eine mündliche oder um eine schriftliche Äußerung, um die Verwendung gebräuchlicher Zeichen oder einer zwischen diesen Personen besonders vereinbarten Zeichensprache handeln. Entscheidend ist, daß der auf die Herbeiführung der Rechtsfolge gerichtete Wille in einer Weise, die wenigstens dem, für den die Erklärung bestimmt ist, verständlich ist, zum Ausdruck kommt. Ob ich also im Laden sage: Ich möchte diese Sache kaufen, oder ob ich nur auf sie zeige und das Geld hinlege, beide Male erkläre ich dem Verkäufer meinen Willen, mit ihm über diese Sache einen Kaufvertrag abzuschließen, und binde mich eben dadurch ihm gegenüber entsprechend. Im übrigen wird die Problematik der Willenserklärung erst im nächsten Paragraphen dargestellt, auf den an dieser Stelle des näheren verwiesen werden muß.

In den meisten Fällen genügt zum Eintritt der Rechtsfolge nicht die darauf gerichtete Erklärung nur *einer* Person, sondern es bedarf dazu der übereinstimmenden Erklärungen mehrerer Personen, die sich an das von ihnen Erklärte gemeinsam binden, eines *Vertrages.* In diesem Fall bezeichnen wir als „das Rechtsgeschäft" nicht die einzelne Willenserklärung, also etwa die des Käufers und die des Verkäufers, jede für sich allein, sondern das aus beiden Erklärungen zusammengesetzte wechselbezügliche Handeln beider Vertragspartner. Denn nur durch dieses zusammenstimmende Verhalten beider, eben den Vertrag, wird die Rechtsfolge herbeigeführt. Der Vertrag ist auch mehr als nur die Summe zweier Willenserklärungen; da diese sinngemäß aufeinander bezogen sind, ist er ein *sinnhaft Ganzes.*

Neben den Erklärungen der Beteiligten verlangt das Gesetz für den Eintritt der

Rechtsfolge in vielen Fällen von ihnen noch weitere Akte, insbesondere bestimmte weitere **Vollzugsakte.** So erfordert die Übereignung einer beweglichen Sache nach § 929 außer der „Einigung" der Parteien über den Eigentumsübergang noch die *Übergabe* der Sache an den Erwerber. Die Übergabe einer Sache ist eine Handlung, die für sich allein nicht dazu bestimmt ist, eine Rechtsfolge durch die Verlautbarung des entsprechenden Willens herbeizuführen. Sie ist daher keine „Willenserklärung", sondern in der Regel ein sogenannter „Realakt". Aber in Verbindung mit der Einigung über den Eigentumsübergang ist sie *Bestandteil des Rechtsgeschäfts,* durch den dieser herbeigeführt wird. Sie kann ferner nach den Umständen auch dazu dienen, den Willen, zu übereignen, zum Ausdruck zu bringen; dann ist sie zugleich auch selbst eine „Willenserklärung" („schlüssiges Verhalten"; vgl. unten § 19 IV b). Das ist vor allem der Fall, wenn sie, ohne weitere Erklärung, „wortlos", in Ausführung eines vorangegangenen (schuldrechtlichen) Vertrages erfolgt. Bei formbedürftigen Geschäften wird vielfach die Mitwirkung einer dritten Person, z. B. des Standesbeamten bei der Eheschließung oder des beurkundenden Notars bei der notariellen Beurkundung eines Vertrages, verlangt. Fehlt es an dieser Mitwirkung, so liegt entweder ein Rechtsgeschäft, das die erstrebte Wirkung haben könnte, nach dem Gesetz überhaupt nicht vor (so bei der Eheschließung), oder das Rechtsgeschäft ist wegen Formmangels nichtig.

Von den Fällen, in denen das Rechtsgeschäft außer den Willenserklärungen der Parteien eine bestimmte Modalität ihres Handelns (eine Form) oder einen von ihnen vorzunehmenden Vollzugsakt verlangt, sind diejenigen zu unterscheiden, in denen das Rechtsgeschäft eines *außerhalb des eigentlichen Geschäftsaktes selbst* liegenden *weiteren* Erfordernisses bedarf, um *wirksam* zu werden. Wir sprechen in solchen Fällen von einer **Wirksamkeitsvoraussetzung.** Diese kann ihrerseits ein anderes Rechtsgeschäft, etwa die Zustimmungserklärung eines Dritten, oder ein behördlicher Akt, wie z. B. die Genehmigung des Vormundschaftsgerichts oder eine andere behördliche Genehmigung, eine Eintragung im Grundbuch, oder ein Naturereignis, wie der Tod des Testators (hinsichtlich des Wirksamwerdens eines Testaments) sein. Auch die Parteien können, durch Vereinbarung einer „Bedingung", die Wirksamkeit eines Rechtsgeschäfts von einem außerhalb seiner selbst liegenden Umstand abhängig machen. Im einzelnen gehen die Meinungen darüber, was noch als Bestandteil des Rechtsgeschäfts selbst, was als außerhalb seiner liegende Wirksamkeitsvoraussetzung anzusehen ist, auseinander. So sehen manche die in § 873 vorgeschriebene Eintragung in das Grundbuch bei Grundstücksgeschäften noch als Bestandteil des Rechtsgeschäfts, nicht als eine zu ihm hinzukommende Wirksamkeitsvoraussetzung an.[2] Praktische Folgen erge-

---

[2] So *Enn./N.* § 146 II 2; *Wolff/Raiser,* Sachenrecht § 38 II 2; *Flume* § 2, 3c. *Dilcher* (bei *Staudinger,* 12 Einl. zu §§ 104ff.) spricht von einem „Doppeltatbestand", um, wie er sagt, „eine unnötige Ausweitung des Rechtsgeschäftsbegriffs zu vermeiden." Zur Problematik der Unterscheidung vgl. *Thiele,*

ben sich aus dieser Meinungsverschiedenheit nicht. Insbesondere ist es nicht zweifelhaft, daß ein Rechtsgeschäft erst in dem Augenblick wirksam wird, in dem nicht nur der rechtsgeschäftliche Akt selbst, sondern auch alle seine Wirksamkeitsbedingungen vorliegen. Denn der von dem oder den rechtsgeschäftlich Handelnden vorgenommene Akt und seine „Wirksamkeitsvoraussetzungen“ *zusammen* bilden den „Tatbestand“, an den das Gesetz die Rechtsfolge knüpft. Die Unterscheidung hat lediglich den Sinn, innerhalb dieses Gesamttatbestandes das finale Handeln der Parteien als seinen „Sinneskern“ deutlicher in die Erscheinung treten zu lassen, indem mittels ihrer alles das abgesondert wird, was zu ihm noch hinzukommen muß, damit die beabsichtigte Rechtsfolge in Geltung tritt.

Enthält nach dem bisher Gesagten das Rechtsgeschäft, allein oder neben anderen Bestandteilen, wie einem weiteren Vollzugsakt, mindestens *eine* auf den Eintritt der Rechtsfolge gerichtete Willens*erklärung,* wenn nicht, wie bei Verträgen, deren zwei, so gibt es doch auch einige Rechtsgeschäfte, die nicht in einer Willenserklärung oder mehreren solchen Erklärungen, sondern in einer einfachen[3] *Willensbetätigung* bestehen. Unter einer einfachen rechtsgeschäftlichen Willensbetätigung (im Gegensatz zur Willenserklärung) verstehen wir eine Handlung, die nicht – auch nicht nach der Auffassung eines „Adressaten“ – darauf gerichtet ist, eine Rechtsfolge durch Verlautbarung des Rechtsfolgewillens in Geltung zu setzen, sondern die bezweckt, die vom Handelnden gewollte Rechtsfolge in der Weise herbeizuführen, daß der ihr entsprechende tatsächliche Zustand hergestellt wird. Sie ist also reiner Vollzugs-, nicht aber Erklärungsakt. Dahin gehört vor allem die Aneignung einer bisher niemand gehörenden beweglichen Sache (§ 958) und die Aufgabe des Eigentums an einer beweglichen Sache (§ 959). Wer eine Sache, um sich ihrer zu entledigen, auf den Müllhaufen wirft, bezweckt nach dem typischen Sinn dieser Handlung damit nicht, einem anderen seinen Willen, das Eigentum aufzugeben, kundzutun. Er will aber mit der Sache nichts mehr zu tun haben, daher auch das rechtliche Band zu ihr lösen, das Eigentum an ihr aufgeben. Zu diesem Zwecke begibt er sich der dem Eigentümer zukommenden und den wesentlichen Inhalt des Eigentumsrechts ausmachenden Sachherrschaft. Weil er den Willen hat, nicht nur die tatsächliche Herrschaft über die Sache, sondern auch das Eigentum an ihr aufzugeben, und diesen Willen durch eine entsprechende Handlung verwirklicht, handelt es sich um ein

---

Die Zustimmungen in der Lehre vom Rechtsgeschäft, 1960, S. 88ff. Er weist mit Recht darauf hin, daß sie nicht nach den Kategorien „Grund“ – oder „Ursache“ – und „bloße Bedingung“ vollzogen werden kann. Völlig abweichend bezeichneten *Lehmann/Hübner* § 24 III die Willenserklärung und alle sonstigen Wirksamkeitsvoraussetzungen, d.h. den Gesamttatbestand, der vorliegen muß, damit die von den Parteien intendierten Rechtsfolgen eintreten, als „Rechtsgeschäft“. Dagegen auch *Thiele* in MünchKomm 27 vor § 182.

[3] Da auch die Willenserklärung eine, und zwar zweckgerichtete, Betätigung eines rechtsgeschäftlichen Willens ist, so wäre genauer zu sagen: Willensbetätigung ohne Erklärungscharakter, d.h. ohne Kundgabesinn.

Rechtsgeschäft, nämlich um eine Handlung, die auf eine bestimmte Rechtsfolge abzielt. Es handelt sich aber nicht um eine „Willenserklärung", weil der so Handelnde nichts erklärt und auch erkennbar niemandem etwas erklären will. Dies wird freilich von denjenigen bestritten, die den Begriff der Willenserklärung so weit fassen, daß jede „Äußerung" eines rechtsgeschäftlichen Willens, gleich ob sie zur Kenntnisnahme durch andere bestimmt ist oder nicht, darunter fällt.[4] Eine so weite Fassung des Begriffs der Willenserklärung, die es nicht gestattet, zwischen Willenserklärungen und einfachen Willensbetätigungen zu differenzieren, ist aber nicht zweckmäßig, da sich, wenn es sich auch beide Male um rechtsgeschäfte handelt, doch einige Unterschiede in der rechtlichen Behandlung ergeben. So kommt es bei einer rechtsgeschäftlichen Willensbetätigung, da sie nicht zur Kenntnisnahme durch einen anderen bestimmt ist, nicht auf einen „Zugang" (§ 130) an; die Auslegung hat nur nach dem tatsächlichen Willen des Handelnden zu fragen; eine Anfechtung wegen Erklärungsirrtums (§ 119 Abs. 1) scheidet deshalb aus.[5] Einen Hauptfall der rechtsgeschäftlichen Willensbetätigungen stellen die später (unten § 28 I) zu besprechenden „Annahmehandlungen" (§ 151) dar.

Zusammenfassend ist zu sagen, daß das Rechtsgeschäft eine Handlung oder eine Mehrheit zusammenhängender Handlungen ist, von denen mindestens *eine* Handlung eine auf die Herbeiführung einer bestimmten Rechtsfolge gerichtete Willens*erklärung* oder Willens*betätigung* ist. Dabei verstehen wir unter einer Willens*erklärung* eine Handlung, die dazu bestimmt ist, anderen – oder einem bestimmten anderen – einen bestimmten Rechtsfolgewillen des Handelnden kundzutun, unter einer einfachen Willensbetätigung eine Handlung ohne Kundgabesinn, die aber gleichfalls dazu bestimmt ist, einen Rechtserfolg herbeizuführen. Die Willenserklärung ist zugleich Willenskundgabe und Vollzug des auf die Herbeiführung der Rechtsfolge gerichteten Willens, die einfache Willensbetätigung dagegen reine Vollzugshandlung.

---

[4] So *Enn./N.* § 145 II A 3 zu Anm. 16; *Lange/Köhler* § 36 II 5. Wie hier *v. Tuhr* Bd. II § 61 I 2; *Lehmann/Hübner* § 24 IV 2. *Flume* § 5 6 will zwar die Willensbetätigungen dem Begriff der Willenserklärung unterordnen, betont jedoch, daß ihre Besonderheit, daß sie „rechtsgeschäftliche Gestaltungsakte ohne Kundgabesinn" sind, beachtet werden müsse. Die Unterscheidung geht zurück auf *Manigk* (zuletzt „Rechtswirksames Verhalten" S. 341 ff.). Der von ihm für die einfachen Willensbetätigungen gebrauchte Ausdruck „Willensgeschäfte" hat sich nicht eingebürgert; ihn hat neuerdings aber *Fabricius* in JuS 66, 9 wieder aufgenommen.

[5] In Frage kommt lediglich eine Anfechtung wegen Eigenschaftsirrtums (§ 119 Abs. 2 analog) oder analog § 123, gegenüber derjenigen, der aus der Willensbetätigung einen rechtlichen Vorteil erlangt (z. B. die aufgegebene Sache sich seinerseits angeeignet) hat. „Angefochten", d. h. im Wege einer sog. Anfechtungserklärung rückgängig gemacht wird weder die Willensbetätigung als vorgenommene Handlung – das wäre unmöglich –, noch eine darin liegende in Wahrheit nicht angesprochene „Erklärung", sondern die Rechtsfolge. Wer Anfechtungsgegner ist, ergibt sich aus § 143 Abs. 4, wobei allerdings das Wort „unmittelbar" weit ausgelegt werden muß. Vgl. hierzu *MünchKomm/Mayer-Maly* 21 zu § 143.

II. Arten der Rechtsgeschäfte

Unter den Rechtsgeschäften unterscheiden wir:

1. Nach der Zahl der daran beteiligten Personen und der Art ihrer Beteiligung einseitige und mehrseitige Rechtsgeschäfte; unter den letzteren wieder Verträge und Beschlüsse.

2. Nach dem Gegenstand der intendierten Regelung schuldrechtliche, sachenrechtliche, familienrechtliche und erbrechtliche Rechtsgeschäfte.

3. Nach der Art der intendierten Rechtsfolge vornehmlich Verpflichtungs- und Verfügungsgeschäfte; ferner Erwerbsgeschäfte sowie personenrechtliche Rechtsgeschäfte, die auf dem Gebiete des Vereins- und Gesellschaftsrechts, wie z. B. Gründungsverträge, oder auf dem des Familienrechts liegen können.

Weiter kann man unterscheiden formfreie und formbedürftige, unbedingte und bedingte, sofort wirksame und erst von einem späteren Zeitpunkt an wirksame (befristete) Geschäfte, Rechtsgeschäfte unter Lebenden und von Todes wegen, schließlich unter den Geschäften, die eine Zuwendung enthalten, kausale und abstrakte sowie entgeltliche und unentgeltliche Geschäfte. Einige dieser Unterscheidungen bedürfen der Erläuterung.

a) **Einseitige und mehrseitige Rechtsgeschäfte; Verträge und Beschlüsse.** Einseitige Rechtsgeschäfte sind solche, die grundsätzlich *von einer Person allein* wirksam (d. h. so, daß der Rechtserfolg eintritt) vorgenommen werden können. Zum Teil handelt es sich dabei um Rechtsgeschäfte, durch die *nur* der Rechtskreis dieser Person unmittelbar berührt wird; so die Aneignung einer herrenlosen Sache oder die Eigentumsaufgabe. Zum Teil handelt es sich um Rechtsgeschäfte, durch die zwar auch der Rechtskreis einer anderen Person berührt, dieser Person aber lediglich eine Befugnis, eine „Rechtsmacht" oder eine ihr günstige Rechtsposition zugewandt wird; so die Erteilung einer Vollmacht, die Verfügungsermächtigung, auch das Testament, die Ausschlagung einer Erbschaft.[6] In diesen Fällen unterliegt die Zulässigkeit des einseitigen Rechtsgeschäfts keinen Bedenken. Soweit dagegen durch das Rechtsgeschäft der Rechtskreis einer anderen Person in einer Weise berührt wird, die für diese nachteilig sein kann – wie das bei der Kündigung, der Anfechtung, dem Rücktritt von einem Vertrag, der näheren Bestimmung oder Änderung eines Schuldverhältnisses der Fall ist –, bedarf der Handelnde dazu einer speziellen Rechtsmacht, die sich entweder aus einem zuvor geschlossenen Vertrage oder unmittelbar aus dem Gesetz ergeben kann. Im ersten Fall hat sich derjenige, dessen Rechtskreis nachteilig berührt wird, selbst der einseitigen Bestimmung durch den anderen unterworfen, indem

[6] Infolge der Ausschlagung fällt die Erbschaft dem Nächstberufenen zu.

er ihm das Gestaltungsrecht (z. B. ein Kündigungsrecht oder ein Rücktrittsrecht, ein Wahlrecht, ein Optionsrecht) einräumte; im letzteren Fall hat das Gesetz die Interessen der Beteiligten entsprechend gewertet. Für einseitige Rechtsgeschäfte gelten einige besondere Bestimmungen (vgl. §§ 111, 174, 180, 1367, 1831).

Verträge sind Rechtsgeschäfte, an deren Zustandekommen notwendigerweise *mehrere* Personen, in der Regel zwei, in der Art beteiligt sind, daß die von beiden (oder von allen) beabsichtigten Rechtsfolgen durch deren *übereinstimmende Erklärungen* herbeigeführt werden. Ein Schuldvertrag begründet Rechtsfolgen im allgemeinen nur unter den Vertragschließenden; doch gibt es hiervon Ausnahmen, so den „berechtigenden Vertrag zugunsten eines Dritten" und den Vertrag „mit Schutzwirkung für Dritte".[7] Der dingliche Vertrag wirkt insofern mittelbar gegenüber allen, als die darin getroffene Zuweisung ein von der Rechtsordnung anerkannter Erwerbsgrund und daher auch von jedem Dritten zu beachten ist. Die Eheschließung ist ein familienrechtlicher Vertrag, der die Partner zur ehelichen Lebensgemeinschaft verpflichtet (§ 1353), darüber hinaus rechtliche Wirkungen, z. B. hinsichtlich ihres Namens und des „Güterstandes" (§ 1363), hat, die auch gegenüber Dritten von Bedeutung sein können.

Von den Verträgen zu sondern sind die *Beschlüsse.*[8] Es handelt sich bei ihnen um die – einstimmig oder durch die Mehrheit der Stimmen zustande gekommenen – in Worte gefaßten Ergebnisse der Willensbildung einer Personenvereinigung, einer Gesellschaft, einer Körperschaft oder des aus mehreren Personen bestehenden Organs einer Körperschaft, z. B. des Vorstandes eines Vereins. Durch sie werden vornehmlich die inneren Verhältnisse dieser Vereinigung geregelt, Verhaltensregeln für die Mitglieder aufgestellt oder Weisungen an diejenigen erteilt, die die Beschlüsse nach der Satzung auszuführen haben. Sie sind, soweit sie sich in dem Rahmen der Satzung halten und nicht gegen zwingende Rechtsnormen verstoßen, bindend nicht nur für die an der Beschlußfassung beteiligten Personen, gleich, ob sie zugestimmt haben oder überstimmt worden sind (falls nicht ausnahmsweise Einstimmigkeit erfordert wird), sondern für alle Mitglieder dieser Vereinigung oder Körperschaft. Dagegen regeln sie nicht die Verhältnisse der Vereinigung, d. h. der Gesamtheit der Mitglieder oder der juristischen Person, zu dritten Personen; um diese zu regeln, bedarf es eines im Namen aller Mitglieder oder der Körperschaft als solcher dem Dritten gegenüber vorgenommenen Rechtsgeschäfts. Der Unterschied zwischen Beschluß und Vertrag liegt darin, daß der Beschluß – gemäß dem Gesellschaftsvertrag oder der Satzung der Körperschaft –, falls er in der vorgesehenen Weise gefaßt ist, auch diejenigen Mitglieder bindet, die ihm nicht zugestimmt haben, sowie darin, daß er nicht die Beziehungen der an der Beschlußfassung beteiligten Personen als

---

[7] Vgl. Sch.R. I § 17.

[8] Vgl. *v. Tuhr* Bd. II § 53 IV; *Lange/Köhler* § 34 II 2; *Brox* Rdn. 100; *Medicus* Rdz. 205.

Einzelperson zueinander, sondern den ihnen gemeinsamen Rechtskreis oder den Rechtskreis der durch sie vertretenen Körperschaft gestalten will.

b) **Schuldrechtliche, sachenrechtliche, familien- und erbrechtliche Geschäfte.** Die Unterscheidung der schuldrechtlichen und der sachenrechtlichen Geschäfte hängt aufs engste mit derjenigen der Verpflichtungs- und der Verfügungsgeschäfte zusammen, die im nächsten Abschnitt (unter c) erörtert wird. Schuldrechtliche Geschäfte sind solche, die sich auf die Begründung, Änderung, weitere Ausgestaltung oder Beendigung eines Schuldverhältnisses, sachenrechtliche solche, die sich auf die Begründung, Änderung, Übertragung oder Aufhebung eines dinglichen Rechts richten. Beispiele für schuldrechtliche Verträge sind der Kaufvertrag, der Mietvertrag, der Dienstvertrag, der Werkvertrag, das Darlehen; Hauptbeispiel eines sachenrechtlichen (dinglichen) Vertrages ist die Übertragung des Eigentums (§§ 925, 929 ff.). Ein einseitiges Rechtsgeschäft, dessen Wirkung auf dem Gebiete des Schuldrechts liegt, ist etwa die Auslobung (§ 657), ferner die Kündigung eines Dauerschuldverhältnisses, z. B. eines Mietverhältnisses, sowie die Ausübung einer Wahlbefugnis (§ 263). Einseitige Rechtsgeschäfte auf dem Gebiete des Sachenrechts sind z. B. der Verzicht auf das Eigentum an einem Grundstück (§ 928), die Aufgabe des Eigentums an einer beweglichen Sache (§ 959) und der Verzicht auf eine Hypothek (§ 1168 Abs. 2). Während schuldrechtliche Verträge grundsätzlich beliebigen Inhalts geschlossen werden können, gilt im Sachenrecht der sog. ,,Typenzwang", d. h. es können nur solche Sachenrechte begründet werden, die einem vom Gesetz zugelassenen Rechtstypus entsprechen.

Zu den Rechtsgeschäften, deren Wirkung auf dem Gebiete des Familienrechts liegt, gehören vor allem die Eheschließung, ferner Verträge, die die vermögensrechtlichen Verhältnisse der Ehegatten regeln (Eheverträge), das Anerkenntnis der Vaterschaft eines nichtehelichen Kindes (§§ 1600 a ff.) und dessen ,,Einbenennung" (§ 1618). Ob das Verlöbnis (§ 1297) überhaupt ein Rechtsgeschäft[9] oder nicht vielmehr nur ein tatsächlicher Akt der Herstellung eines wechselseitigen Einvernehmens ist, der nur eine moralische Bindung begründet, an den das Gesetz als Rechtsfolge eine Art der Vertrauenshaftung knüpft,[10] ist bestritten und kann hier offen bleiben. Alle genannten familienrechtlichen Geschäfte sind mit Ausnahme der Verlobung (falls diese überhaupt ein Rechtsgeschäft ist) wegen ihrer überragenden Bedeutung für die Beteiligten, und weil durch sie meist auch öffentliche Interessen oder doch Interessen Dritter berührt werden können,

---

[9] So die h. L., die einen (familienrechtlichen) Vertrag annimmt, durch den ein Dauerrechtsverhältnis begründet werde, das eine, wenngleich nicht erzwingbare, Rechtspflicht zur Eheschließung zum Inhalt habe; vgl. *Gernhuber,* Familienrecht, 3. Aufl. § 8 I bis III; *Beitzke,* Festschr. f. *Ficker,* 1967, S. 78; Familienrecht. § 5 I, II; *Palandt/Diederichsen* 1 vor § 1297.

[10] So *Canaris,* AcP 165, S. 1 ff., der damit die Schwächen der älteren ,,Tatsächlichkeitstheorie" jedenfalls überwunden hat.

formbedürftig. Personenrechtliche Rechtsgeschäfte, die auf eine Änderung des Personenstandes zielen,[11] können in der Regel nicht unter einer Bedingung und häufig nur persönlich, nicht durch Stellvertreter, vorgenommen werden. Die inhaltliche Ausgestaltung der Familienrechtsverhältnisse (Ehe, Kindesverhältnis) ist der Parteidisposition entzogen. Soweit, wie auf dem Gebiete des ehelichen Güterrechts, die Parteien eine gewisse Dispositionsfreiheit haben, ist diese nur eine beschränkte. Andere als die im Gesetz vorgesehenen familienrechtlichen Geschäfte sind nicht möglich. Es besteht also, ebenso wie auf dem Gebiete des Sachenrechts, ,,Typenzwang".

Unter den erbrechtlichen Geschäften sind die wichtigsten die sogenannten **Verfügungen von Todes wegen.** Es sind das Bestimmungen, die eine Person hinsichtlich des rechtlichen Schicksals ihres Vermögens nach ihrem Tode trifft. Solche Bestimmungen können durch einseitiges Rechtsgeschäft (Testament) oder in einem ,,Erbvertrag" getroffen werden. Beide, das Testament und der Erbvertrag, sind formbedürftig. Es können nur solche Verfügungen von Todes wegen getroffen werden, die das Gesetz vorsieht; es besteht also wiederum ,,Typenzwang". Erbrechtliche Geschäfte, die nicht in einer Verfügung von Todes wegen bestehen, sind z. B. die Annahme und die Ausschlagung einer Erbschaft oder eines Vermächtnisses. Der Erbauseinandersetzungsvertrag, durch den mehrere Miterben die Verteilung des Nachlasses unter sich regeln, ist, obgleich er einen erbrechtlichen Tatbestand zur Voraussetzung hat, in der Regel ein schuldrechtlicher Vertrag, da er Ansprüche und Verpflichtungen der Miterben untereinander begründet, seine Wirkung daher auf dem Gebiete des Schuldrechts liegt.

c) **Verpflichtungs-, Verfügungs- und Erwerbsgeschäfte. Verpflichtungsgeschäfte** sind solche Rechtsgeschäfte, durch die eine Person sich einer (oder mehreren) anderen gegenüber zu einem bestimmten Tun oder Unterlassen verpflichtet. Ihre primäre Rechtsfolge ist also die Begründung einer Leistungspflicht und damit eines ,,Schuldverhältnisses" (§ 241). Der Verpflichtete, der ,,Schuldner", soll sich dem anderen, dem ,,Gläubiger", gegenüber gemäß der eingegangenen Verpflichtung verhalten, insbesondere ihm die versprochene Leistung erbringen. Daraus entsteht zugleich für den Gläubiger das Recht, die Leistung zu verlangen, ein ,,Forderungsrecht". Zur rechtsgeschäftlichen Begründung eines Schuldverhältnisses und ebenso zur Änderung des Inhalts eines solchen bedarf es in der Regel eines Vertrages zwischen den Beteiligten, eines Schuldvertrages (§ 305). Nur ausnahmsweise genügt hierzu ein einseitiges Rechtsgeschäft; so bei der Auslobung (§ 657). Schuldverhältnisse können einseitig verpflichtende sein, also nur den einen Teil zu einer Leistung verpflichten (Beispiel: das Schenkungsversprechen), oder beide Teile verpflichten; unter den beide Teile verpflichtenden Schuldverhältnissen sind die wichtigsten die ,,gegenseitigen Verträge", bei de-

[11] Zu ihnen *Beitzke* in Festschr. f. *Flume*, 1978, Bd. I S. 317.

nen die Verpflichtungen der beiden Teile oder wenigstens einige von ihnen in einem Austauschverhältnis stehen, so daß die eine die ,,Gegenleistung" für die andere darstellt. Zu beachten ist, daß ein Schuldvertrag jeweils nur für denjenigen, der eine Verpflichtung eingeht, ein Verpflichtungs-, für den anderen dagegen, der dadurch ein Forderungsrecht erwirbt, ein ,,Erwerbsgeschäft" ist. Ein gegenseitiger Vertrag ist für jeden Teil sowohl ein Verpflichtungs- wie ein Erwerbsgeschäft.

Unter **Verfügungsgeschäften** versteht man solche Rechtsgeschäfte, die *unmittelbar* darauf gerichtet sind, auf ein bestehendes Recht einzuwirken, es zu verändern, zu übertragen, zu belasten oder aufzuheben.[12] Gegenstand einer Verfügung ist also stets ein Recht oder ein Rechtsverhältnis (vgl. oben § 15 IV). Eine Verfügung, und zwar des Eigentümers über sein Eigentumsrecht, ist z. B. die Übereignung einer Sache, aber auch die Belastung des Eigentums mit einem beschränkten dinglichen Recht zugunsten eines Dritten, wie etwa die Bestellung eines Nießbrauchs, einer Hypothek oder eines Pfandrechts. Durch die Bestellung eines beschränkten dinglichen Rechts begibt sich der Eigentümer eines Teils seiner Eigentumsbefugnisse, indem er gleichartige oder ähnliche Befugnisse dem anderen überträgt. Eine Verfügung des Gläubigers über sein Forderungsrecht liegt in dem Erlaß der Forderung (§ 397), ihrer Abtretung (§ 398) und in der Kündigung, falls die Fälligkeit der Forderung davon abhängt. Verfügt wird also in allen Fällen über ein Recht oder, etwa bei der Kündigung eines Dauerschuldverhältnisses, über ein Rechtsverhältnis (vgl. oben § 16 IV). Die Befugnis, über das Recht zu verfügen, ist Bestandteil dieses Rechts, die Verfügung selbst daher ein Akt der Rechtsausübung. Geschieht sie, wie regelmäßig, durch einen Vertrag, so ist dieser nur auf seiten des Rechtsinhabers eine Verfügung, auf der Seite des anderen entweder – so bei der Übertragung des Eigentums und bei der Einräumung eines beschränkten dinglichen Rechts – ein Erwerbsgeschäft oder, im Falle des Erlaßvertrages, ein ihn von seiner Verpflichtung befreiendes Geschäft.

Die praktische Bedeutung des Verfügungsbegriffs liegt zunächst darin, daß eine Verfügung, um wirksam zu sein, voraussetzt, daß der Verfügende über dieses Recht zu verfügen *berechtigt* war, daß ihm insoweit *,,Verfügungsmacht"* zustand. Entscheidend für das Vorliegen dieser Voraussetzung ist nicht der Zeitpunkt der *Vornahme* des Geschäfts, sondern der Zeitpunkt, in dem es *wirksam* werden soll. Verfügungsberechtigt ist, wie schon bemerkt wurde, grundsätzlich der Inhaber des Rechts, also der Eigentümer hinsichtlich seines Eigentumsrechts, der Gläubiger hinsichtlich seiner Forderung. In bestimmten Fällen wird dem Rechtsinhaber aber von der Rechtsordnung die Befugnis, über einzelne seiner Rechte oder über alle zu verfügen, entzogen; so dem Konkursschuldner mit der

---

[12] H. L.; vgl. auch RGZ 90, 399; *v. Tuhr* Bd. II S. 238ff. Zur historischen Herkunft des Verfügungsbegriffs *Wilhelm,* Begriff und Theorie der Verfügung, in: *Coing/Wilhelm,* Wissenschaft und Kodifikation des Privatrechts im 19. Jahrhundert, Bd. II, 1977, S. 213.

Eröffnung des Konkurses. Die Verfügungsmacht wird dann vom Gesetz einem anderen zuerkannt; im Falle des Konkurses z. B. dem Konkursverwalter. Dem Erben ist, falls der Erblasser einen Testamentsvollstrecker eingesetzt hat, grundsätzlich die Befugnis genommen, über Nachlaßgegenstände zu verfügen; diese Befugnis steht statt dessen dem Testamentsvollstrecker zu (§§ 2205, 2211). Besonders wichtig sind ferner die Verfügungsbeschränkungen, die sich aus einem von einem Gericht erlassenen Veräußerungsverbot ergeben. (Darüber unten § 23 IV). Der Rechtsinhaber kann auf Grund seiner eigenen Verfügungsmacht (also nur, solange ihm selbst diese zusteht) einen anderen dazu *ermächtigen,* im eigenen Namen, aber mit Wirkung für den Rechtsinhaber über das Recht zu verfügen. Die Ermächtigung erfolgt durch einseitiges Rechtsgeschäft, das, wenn es der Verfügung vorausgeht, vom Gesetz als „Einwilligung" (§ 185 Abs. 1, vgl. unten § 24) bezeichnet wird. Der Unterschied zur Stellvertretung liegt darin, daß der Stellvertreter, wie später darzulegen ist, im Namen des von ihm Vertretenen, also in fremdem Namen handelt, während der gemäß § 185 Abs. 1 zu einer Verfügung Ermächtigte im eigenen Namen handelt, so daß es für den Geschäftspartner nicht erkennbar zu sein braucht, daß er nicht über sein eigenes Recht, sondern über ein fremdes Recht verfügt.

Wer über ein bestimmtes Recht verfügungsberechtigt ist, kann sich der ihm zustehenden Verfügungsmacht nicht durch Rechtsgeschäft mit einem anderen begeben (§ 137 Satz 1). Durch diese Vorschrift wird verhindert, daß ein grundsätzlich veräußerungsfähiges Recht durch Rechtsgeschäft dem Verkehr entzogen wird.[13] Die Vorschrift dient damit sowohl der Mobilität der Güter wie der Sicherheit des Rechtsverkehrs. Mittelbar schützt sie auch die Freiheit der wirtschaftlichen Betätigung des Rechtsinhabers, etwa eines Grundstückseigentümers.[14] In allen diesen Hinsichten entspricht sie den wirtschaftlichen Forderungen des Liberalismus, wie sie sich im 19. Jahrhundert mehr und mehr durchgesetzt hatten. Ausnahmen macht das BGB in § 399, zweite Alternative – die generelle Übertragbarkeit von Forderungen ist ja, da sie das Interesse des Schuldners berührt, keineswegs eine Selbstverständlichkeit –, und das Gesetz über das Wohnungseigentum in den §§ 12 und 35. Auch wenn der Rechtsinhaber einem anderen Verfügungsmacht erteilt, bleibt er daneben weiter selbst verfügungsberechtigt. Er kann sich seiner Verfügungsmacht nicht entäußern. Möglich ist aber, sich durch Vertrag mit einem anderen diesem gegenüber dazu zu verpflichten,

[13] Dies soll auch nicht durch eine letztwillige Anordnung des Erblassers, durch die er den Testamentsvollstrecker gemäß § 2208 Abs. 1 von der Verfügung über bestimmte Nachlaßgegenstände ausschließt oder ihm eine bestimmte Verfügung untersagt, geschehen können; so BGHZ 40, 115, 117f.; 56, 275, 278ff.

[14] Vgl. dazu *Liebs,* AcP 175, 1. § 137 bezieht sich auf die Verfügungsmacht über ein bestimmtes Recht, nicht auf die Möglichkeit, zu verfügen, als Bestandteil der rechtlichen Handlungsfähigkeit. Daß diese nicht verzichtbar oder durch Rechtsgeschäft beschränkbar ist, war den Verfassern des BGB selbstverständlich. Vgl. oben § 5 I.

von seiner Verfügungsmacht keinen Gebrauch zu machen (§ 137 Satz 2). Wer sich einem anderen verpflichtet hat, über sein Recht nicht zu verfügen, kann ihm schadensersatzpflichtig sein, wenn er dennoch verfügt und dadurch der andere einen Vermögensschaden erleidet. Die Verfügung selbst ist jedoch wirksam.

Zweifelhaft ist, ob Gegenstand einer Verfügung nur ein einzelnes Recht oder auch ein Rechtsverhältnis, insbesondere ein Schuldverhältnis als Ganzes sein kann.[15] Der Änderungsvertrag (§ 305), die vertragliche Aufhebung eines Schuldverhältnisses, der Rücktritt, die Kündigung zwecks Beendigung eines Dauerschuldverhältnisses und die Vertragsübernahme müssen als Verfügungen über das Schuldverhältnis im ganzen betrachtet werden. Man muß sich jedoch über folgendes klar sein: Die Verfügungsmacht über ein Schuldverhältnis im ganzen steht grundsätzlich nur den an dem Schuldverhältnis Beteiligten gemeinsam zu, soweit nicht einem von ihnen ein entsprechendes Gestaltungsrecht durch das Gesetz oder den Vertrag eingeräumt worden ist. Die Verfügungsmacht ist hier also nicht schon Bestandteil des einzelnen Forderungsrechts, sondern sie folgt aus der Stellung als Teilnehmer an dem Schuldverhältnis im ganzen oder aber aus einem besonderen Gestaltungsrecht.

Der Unterscheidung der Verpflichtungs- und der Verfügungsgeschäfte kommt, auch abgesehen davon, daß zur Verfügung über ein Recht eine entsprechende Verfügungsmacht notwendig ist, nach der Systematik des Gesetzes erhebliche Bedeutung zu. Die wichtigsten Verfügungsgeschäfte sind diejenigen, durch die ein Recht übertragen wird.[16] Sie haben den Charakter einer Zuweisung: Ihre Rechtsfolge ist eine Änderung der Zuständigkeit des betreffenden Rechts, und damit eine von jedermann zu beachtende Änderung der Güterzuordnung. Derartige Verfügungen wirken also gegenüber jedermann, „absolut".[17] Dagegen begründet das Verpflichtungsgeschäft eine Verpflichtung nur gegenüber einer anderen Person oder gegenüber bestimmten anderen Personen; es wirkt daher nur „relativ". Eine Person kann beliebig viele Verpflichtungen eingehen, auch wenn sie nicht alle zu erfüllen vermag. Sie kann dagegen ein Recht nur einmal wirksam übertragen, denn wenn sie sich durch die Übertragung ihres Rechts begeben hat, steht ihr nunmehr auch die Verfügungsmacht darüber nicht mehr zu. Man kann dieselbe Sache mehrmals wirksam verkaufen; der Verkäufer ist dann jedem der Käufer gegenüber zur Übergabe und zur Übereignung der Sache verpflichtet, wenngleich er diese Verpflichtung nur einmal zu erfüllen

[15] Nur auf das einzelne subjektive Recht beziehen den Verfügungsbegriff *Enn./N.* § 143 II; *Flume* § 11, 5b. Auch *Medicus* Rdn. 208 spricht nur von Verfügungen über Rechte. Dagegen spricht *v. Tuhr* Bd. II § 54 Anm. 23 ausdrücklich auch von Verfügungen über Schuldverhältnisse. Als solche nennt er: Aufhebung durch Vertrag, Rücktritt, Kündigung, Widerruf der Schenkung, Anfechtung. Als mögliche Gegenstände einer Verfügung nennt er „alle Rechtsverhältnisse oder Rechte, welche durch den Willen der Beteiligten abgeändert werden können." Eingehend *Thiele,* Die Zustimmungen in der Lehre vom Rechtsgeschäft, 1966, S. 39ff.

[16] Dazu gehört auch die Bestellung eines beschränkten dinglichen Rechts. Dieses wird nämlich dadurch begründet, daß bestimmte im Eigentum enthaltene Befugnisse verselbständigt und dem Berechtigten übertragen werden; man spricht hier von einer „konstitutiven Rechtsübertragung" (vgl. oben § 13 IV a).

[17] Das gilt auch von der Übertragung einer Forderung. Die Zuständigkeit einer Forderung, ihre Inhaberschaft, ist eine von jedermann zu achtende Rechtsstellung. Ausnahmen von der Regel, daß eine Änderung der Rechtszuständigkeit von jedermann zu beachten ist, ergeben sich in den Fällen einer nur relativ wirksamen Verfügungsbeschränkung (unten § 23 IV).

vermag. Hat er die Sache dagegen einmal erst übereignet, dann hat er sein Eigentum an ihr und damit auch die Verfügungsmacht verloren. Er kann also durch eine erneute Übergabe und Übereignung einem Dritten nicht mehr das Eigentum verschaffen, es sei denn, es kämen zugunsten des Dritten die Vorschriften über den gutgläubigen Erwerb von einem Nichtberechtigten (§§ 932, 892) zur Anwendung. Grundsätzlich schließt eine frühere Verfügung, sobald sie wirksam geworden ist, die Wirksamkeit einer späteren Verfügung, die zu ihr im Widerspruch steht, aus.

Die Einteilung der Rechtsgeschäfte in Verpflichtungs- und Verfügungsgeschäfte ist jedoch nicht erschöpfend;[18] sie ist auch nicht so zu verstehen, als könne ein Geschäft entweder *nur* das eine *oder* das andere sein. Elemente eines Verpflichtungs- und eines Verfügungsgeschäfts können sich in ein und demselben Rechtsgeschäft finden; so bei der sogenannten befreienden Schuldübernahme,[19] ferner in einem Schuldabänderungsvertrag und einem Vergleich. Die Ausübung eines Gestaltungsrechts ist nicht auch eine Verfügung über dieses Recht.[20] Zweifelhaft und bestritten ist, ob die Zustimmung zu der Verfügung eines anderen, sei es die Zustimmung des gesetzlichen Vertreters, Testamentsvollstreckers usw. zu einer Verfügung des Rechtsinhabers, sei es die Zustimmung des Rechtsinhabers zu der Verfügung eines Nichtberechtigten gemäß § 185 Abs. 1, ihrerseits auch eine Verfügung ist. Die Frage ist im Zusammenhang mit der Zustimmung zu erörtern (unten § 24). Keine Verfügung, aber ihr gleich zu behandeln, ist die Ermächtigung des Gläubigers einer Forderung an einen Dritten, die Leistung in Empfang zu nehmen, die Begründung einer „Empfangszuständigkeit".[21]

Neben den Verpflichtungs- und den Verfügungsgeschäften sind vor allem die **Erwerbsgeschäfte** zu nennen, das sind diejenigen Rechtsgeschäfte, durch die jemand ein Recht erwirbt. Davon, daß die Verpflichtungsverträge sowie diejenigen Verfügungen, durch die einem anderen ein Recht bestellt oder übertragen wird, auf seiten des Begünstigten, der dadurch eine Forderung oder das ihm übertragene Recht erwirbt, Erwerbsgeschäfte sind, war schon die Rede. Ein reines Erwerbsgeschäft ist die Aneignung einer herrenlosen Sache.

d) **Kausale und abstrakte Geschäfte;[22] Zuwendungen.** Die Verpflichtungsgeschäfte dienen häufig der Vorbereitung einer Übertragung von Vermögensrechten, insbesondere des Eigentums; so der Kaufvertrag und der Tauschvertrag

---

[18] Das betont mit Recht *Flume* § 11, 1.

[19] Sch.R. I § 35 I a.

[20] Zwar wird es durch seine Ausübung verbraucht und so zum Erlöschen gebracht. Das Erlöschen des Gestaltungsrechts ist aber nur eine Nebenfolge seiner Ausübung, nicht der unmittelbar bezweckte Rechtserfolg. Anders *v. Tuhr* Bd. II § 54 zu Anm. 53; gegen ihn mit Recht *Flume* § 11, 5 d.

[21] Sch.R. I § 18 I u. II; vgl. oben § 12 II e.

[22] Zur Herausbildung des Abstraktionsgrundsatzes in der deutschen Rechtswissenschaft des 19. Jahrhunderts vgl. die Beiträge von *Kiefner, Ranieri, Luig* u. *Müller-Freienfels* in: *Coing/Wilhelm*, Wissenschaft und Kodifikation des Privatrechts im 19. Jahrhundert, Bd. II, 1977.

sowie das Schenkungsversprechen. Die Übertragung selbst erfolgt erst durch die Verfügung über das betreffende Vermögensrecht; falls es sich um die Übertragung des Eigentums handelt, also durch einen dinglichen Vertrag. Lebensmäßig gehören aber beide Geschäfte, das Verpflichtungsgeschäft und das Verfügungsgeschäft, also z. B. der Kaufvertrag und die Übereignung der Kaufsache, zusammen. Unser Gesetz zerlegt diesen nach der Vorstellung des Lebens einheitlichen Akt in zwei, genauer sogar in drei Rechtsgeschäfte: Durch den Kaufvertrag *verpflichten* sich die Vertragschließenden nur erst gegenseitig, der eine zur Übergabe und Übereignung der Kaufsache, der andere zur Zahlung des Kaufpreises (vgl. § 433). Die Übereignung der Kaufsache erfolgt in Erfüllung der eingegangenen Verpflichtung durch einen zweiten, einen dinglichen Vertrag, der die Verfügung des Verkäufers über sein Eigentum enthält (vgl. die §§ 873 Abs. 1, 925, 929 ff.). Die Zahlung des Kaufpreises, sofern sie durch Barzahlung, d. h. durch die Übereignung von Geldzeichen geschieht, erfolgt ebenfalls durch deren Übergabe und einen dinglichen Vertrag. Es ist offenkundig, daß diese drei Akte nach dem ihnen innewohnenden Sinn zusammengehören: Erst wenn alle drei vorgenommen sind, ist das Geschäft, so wie die Parteien es sich vorstellten, abgewickelt, der von ihnen erstrebte wirtschaftliche Erfolg erreicht. Daß das Gesetz trotzdem diese Zerlegung vornimmt, hat sowohl Vorteile wie Nachteile, die hier nicht alle erörtert werden können. Das Gesetz ist bei dieser Zerlegung so weit gegangen, daß es grundsätzlich die Wirksamkeit der dinglichen Erfüllungsgeschäfte unabhängig sein läßt von derjenigen des schuldrechtlichen Grundgeschäfts, dessen Durchführung sie dienen. Das bedeutet, daß auch dann, wenn der Kaufvertrag aus irgendeinem Grunde nichtig ist, die nach den Vorschriften des Sachenrechts vorgenommene Übereignung regelmäßig, d. h. soweit sie nicht ihrerseits einen Mangel aufweist, der ihre Nichtigkeit zur Folge hat,[23] gültig ist. Mängel des schuldrechtlichen Grundgeschäfts lassen das dingliche Rechtsgeschäft, das seinem Vollzuge dient, im Prinzip unberührt. Die somit streng durchgeführte Loslösung des dinglichen Geschäfts von dem ihm zugrunde liegenden Verpflichtungsgeschäft, also z. B. der Übereignung von dem Kaufvertrag, bezeichnet man als den *„abstrakten Charakter“* des dinglichen Geschäfts. Sie ist eine Eigentümlichkeit des deutschen BGB, die die meisten anderen Rechtsordnungen nicht kennen. Historisch geht sie auf die gemeinrechtliche Wissenschaft des 19. Jahrhunderts, insbesondere auf die Lehre von *Savigny* zurück. Ihr rechtspolitischer Wert war und ist lebhaft umstritten;[24] daran, daß sie geltendes Recht ist, ist aber nicht zu zweifeln.

---

[23] Häufig leiden das schuldrechtliche Grundgeschäft und das gleichzeitig oder wenig später vorgenommene dingliche Erfüllungsgeschäft an dem gleichen Mangel, z. B. an dem Fehlen der Geschäftsfähigkeit oder an dem Fortwirken einer vom Geschäftsgegner begangenen Täuschung. Über solche Fälle einer „Fehleridentität“ *Medicus* Rdn. 231 ff.

[24] Dazu Sch. R. II § 39 II; ferner *Rother,* AcP 169, 1, mit weiteren Angaben. Gegen den abstrakten Charakter der Verfügungsgeschäfte – nicht nur der Übereignung – wendet sich *Kegel* aaO. S. 78 ff.

Der Hauptvorteil, den sich die Verfasser des BGB von der Zerlegung des lebensmäßig einheitlichen Vorganges in mehrere Rechtsgeschäfte und darüber hinaus von dem abstrakten Charakter des dinglichen Geschäfts versprochen haben, besteht darin, daß ein zweiter Erwerber, der die Sache von dem ersten Erwerber seinerseits erwirbt, ebenso wie ein Gläubiger des ersten Erwerbers, der sie bei ihm pfänden lassen will, sich nicht darum zu kümmern braucht, ob der erste Erwerber das Eigentum auf Grund eines gültigen Kaufvertrages oder sonst eines von der Rechtsordnung anerkannten rechtlichen Grundes erworben hat. Genug, daß dessen Eigentumserwerb auf einem gültigen dinglichen Vertrag beruht. Mängel des Kaufvertrages oder des sonst dem dinglichen Erwerbsakt zugrunde liegenden Rechtsgeschäfts zwischen dem ersten Veräußerer und dem ersten Erwerber können einem zweiten Erwerber nicht entgegengehalten werden.[25] Insoweit dient also der abstrakte Charakter des dinglichen Geschäfts der Sicherheit des Rechtsverkehrs. Der sinnhaften Zusammengehörigkeit des Verfügungsgeschäfts mit dem Grundgeschäft, zu dessen Ausführung es vorgenommen wird, trägt das Gesetz indessen dadurch Rechnung, daß es bei Fehlen oder Ungültigkeit des Grundgeschäfts demjenigen, der durch die gültige Verfügung ein Recht erlangt hat, die Verpflichtung auferlegt, das Erlangte zurückzuerstatten. Maßgebend sind hierfür die Vorschriften über die ungerechtfertigte Bereicherung (§§ 812ff.). Diese Vorschriften sind, wie *Flume*[26] zutreffend ausführt, „das notwendige Korrelat zu der Institution des abstrakten Verfügungsgeschäfts“. Da aber der auf Rückerstattung des Erlangten gerichtete Bereicherungsanspruch als schuldrechtlicher Anspruch sich nur gegen den Bereicherungsschuldner, das ist gerade gegen denjenigen richtet, der ohne rechtlichen Grund ein Recht erlangt hat,[27] so berührt er dessen Gläubiger und einen etwaigen Zweiterwerber nicht. Insoweit bleibt es bei dem mit dem Abstraktionsgrundsatz erstrebten Schutz des Zweiterwerbers. Fraglich ist nur, ob er dessen wirklich bedarf, da ihm die Möglichkeit des gutgläubigen Erwerbs vom Nichtberechtigten (§ 932) bereits hinreichend schützt. Die praktische Bedeutung des Abstraktionsgrundsatzes ist jedenfalls geringer, als es zunächst den Anschein hat.[28]

Nicht nur dingliche Rechtsgeschäfte, sondern auch andere *Verfügungen,* wie z. B. die Abtretung einer Forderung, sind in der Regel „abstrakt“, d. h. sie gelten unabhängig von der Geltung des Grundgeschäfts, auf das sie sinnhaft bezogen sind. Dagegen sind *verpflichtende* Verträge in der Regel *„kausal“.* Das soll besagen, daß sie eine „causa“, einen rechtlichen Zweck der Verpflichtung, der zugleich den damit verfolgten wirtschaftlichen Zweck erkennen läßt, in sich schlie-

[25] Treffend *Pawlowski* II S. 295: „Das Abstraktionsprinzip begrenzt also die Auswirkung von Fehlern vertraglicher Vereinbarungen.“

[26] § 12 I 2.

[27] Ausgenommen im Falle des § 822.

[28] Vgl. dazu auch *Medicus* Rdz. 227ff.

ßen. Sie sind daher ihrem wirtschaftlichen Sinne nach aus sich allein heraus verständlich, bedürfen nicht, um wirtschaftlich verständlich zu sein, eines außerhalb ihrer selbst, in einem anderen Geschäft oder Rechtsverhältnis gelegenen Zweckgrundes. Prototyp der kausalen Verpflichtungsgeschäfte sind die „gegenseitigen Verträge", wie z. B. Kauf, Tausch, Miete, Werkverträge. Bei ihnen geht jeder deshalb eine Verpflichtung ein, um dadurch den anderen zu einer Gegenleistung zu verpflichten. Der aus dem Geschäft selbst sich ergebende Zweck der Verpflichtung des einen ist also die Verpflichtung des anderen. Der Verkäufer will dadurch, daß er sich zu Übereignung der Sache an den Käufer verpflichtet, diesen zur Zahlung des Kaufpreises verpflichten, und umgekehrt. Die Verpflichtung des anderen ist ein über seine eigene Verpflichtung hinausgehender, gleichwohl von jedem nach dem Inhalt des Geschäfts eindeutig bezweckter *weiterer Rechtserfolg.* Es empfiehlt sich, als „causa" oder rechtlichen Grund einer Verpflichtung nicht etwa den wirtschaftlichen Zweck des Geschäfts anzusehen, der ein weitergehender sein kann, sondern den mit dem Geschäft seinem Inhalt nach über die eigene Verpflichtung hinaus von jedem bezweckten weiteren Rechtserfolg.[29] Bei einem Darlehen z. B. liegt dieser weitere Rechtserfolg, den der Darlehensnehmer mit seiner Verpflichtung zur Rückzahlung und gegebenenfalls zur Verzinsung herbeiführen will, in der zeitweiligen Überlassung des Kapitals an ihn, bei einer Bürgschaft in dem Sicherungszweck. Fraglich ist, worin er bei unentgeltlichen Geschäften wie Schenkung, Leihe, unentgeltlicher Verwahrung liegt. Das Gesetz verlangt für die Schenkung Vereinbarung der Unentgeltlichkeit (§ 516). Schwerlich ist die Unentgeltlichkeit, d. h. das Nichtgewolltsein einer Gegenverpflichtung, schon ein weiterer „Rechtserfolg". Vielmehr vereinbaren die Parteien hier gerade, daß ein über den unmittelbaren Erfolg des Schenkungsversprechens hinausgehender weiterer Rechtserfolg *nicht* eintreten soll. Diese Vereinbarung ersetzt den bei Verpflichtungsgeschäften normalerweise zu erwartenden Rechtsgrund in Gestalt eines weiteren Rechtserfolgs und gilt hier daher selbst als Rechtsgrund, als eine „causa". Nicht zu folgen ist der Ansicht *Flumes,*[30] daß bei der Schenkung das *Motiv* des Schenkers, sein subjektiver Beweggrund (wie etwa der, sich dem anderen erkenntlich zu zeigen, ihm eine Freude zu machen oder die Höflichkeit zu wahren), falls er nur miterklärt ist, als Teil der „causa" anzusehen sei. Vielmehr ist an der sonst gerade von *Flume*[31] betonten Scheidung von „causa" und Motiv auch hier festzuhalten.

---

[29] So sagt *Flume* § 12 I 5, causa, d. h. Rechtsgrund für die Verpflichtung eines jeden sei beim Kaufvertrag, daß er die Forderung auf die Gegenleistung erhält. „Aus welchem weiteren Grunde der Verkäufer oder Käufer das Geschäft abschließen, ist nicht Gegenstand der rechtsgeschäftlichen Regelung des Kaufvertrages, wie er üblicherweise abgeschlossen wird." *Lehmann/Hübner* § 25 III 1 c sagen, causa sei der typische, mit einer Zuwendung verfolgte Verkehrszweck, der mittelbar mit ihr erstrebte Rechtserfolg.

[30] § 12 II 4 c.

[31] § 12 I 5.

Nicht immer ist jedoch das Verpflichtungsgeschäft „kausal". Es ist nach unserer Rechtsordnung vielmehr auch möglich, sich ohne Rücksicht auf den erstrebten weiteren Rechtserfolg, losgelöst von der Vereinbarung über einen solchen, also „abstrakt", zu verpflichten. Zwar fehlt es auch hier meist nicht an einem erstrebten weiteren Rechtserfolg, dieser ist aber nicht Inhalt des Verpflichtungsgeschäfts, das daher verschiedenen Zwecken dienen kann. Abstrakte Verpflichtungsgeschäfte sind das selbständig verpflichtende Schuldversprechen (§ 780) und das ihm gleich stehende „konstitutive Schuldanerkenntnis" (§ 781).[32] Abstrakte, von ihrer „causa" losgelöste Verpflichtungen sind ferner die des Ausstellers eines Wechselakzepts und die des Ausstellers einer Schuldverschreibung auf den Inhaber (§ 793). Abstrakte Verpflichtungsgeschäfte können nur in einer vom Gesetz zugelassenen Art vorgenommen werden; sie sind regelmäßig formbedürftig.

Die Frage, ob ein Geschäft „abstrakt" oder „kausal" sei, taucht in der Regel nur bei solchen Geschäften auf, durch die einem der Beteiligten eine *„Zuwendung"* gemacht wird. Es sind das solche Geschäfte, durch die der eine dem anderen sei es ein Recht, sei es einen sonstigen vermögensrechtlichen Vorteil, wie die Befreiung von einer Verbindlichkeit, zuwendet. Das kann durch eine ihn begünstigende Verfügung, aber auch durch ein Verpflichtungsgeschäft, durch das für ihn ein Forderungsrecht begründet wird, geschehen. Zuwendungen werden durch einen rechtsverbindlichen Akt im allgemeinen nicht um ihrer selbst willen, sondern um eines weiteren, damit bezweckten Rechtserfolges willen, oder aber vereinbarungsgemäß als unentgeltliche vorgenommen. Sie sind daher nur im Hinblick auf diesen weiteren bezweckten Rechtserfolg oder auf die Vereinbarung der Unentgeltlichkeit wirtschaftlich verständlich. Nur bei ihnen taucht die Frage auf, ob sie die „causa" in sich aufnehmen oder ob sie losgelöst von ihr, als „abstrakte" Geschäfte, wirksam sind.

Andere Rechtsgeschäfte als Zuwendungsgeschäfte bedürfen, um als soziale Akte sinnvoll zu sein, nicht eines über den nächsten, unmittelbar bezeichneten Rechtserfolg hinausgehenden *weiteren* Rechtserfolgs; sie sind auch ohne einen solchen aus sich heraus verständlich. So die Gründungsverträge, die Beitrittserklärungen zu einem Verein oder einer Körperschaft, letztwillige Verfügungen, Erklärungen, durch die ein Gestaltungsrecht, z. B. ein Kündigungsrecht, ausgeübt wird. Bei ihnen fragen wir nicht nach einer „causa"; wir fragen daher auch nicht, ob sie „abstrakt" oder „kausal" seien.

e) **Entgeltliche und unentgeltliche Geschäfte.** Die Einteilung der Rechtsgeschäfte in entgeltliche und unentgeltliche bezieht sich sinnvollerweise wiederum nur auf Zuwendungen. Verpflichtungsgeschäfte enthalten eine Zuwendung, weil und soweit durch die Verpflichtung des einen dem anderen ein Recht, eine

---

[32] Vgl. Sch. R. II § 65 I.

Forderung zugewandt wird. Sie sind *entgeltlich,* wenn nach dem Inhalt des Geschäfts der Verpflichtung des einen die Verpflichtung des anderen zu einer Gegenleistung gegenübersteht, die nach der Einschätzung der Parteien einen Gegenwert, ein Äquivalent, darstellt. Verpflichtungsgeschäfte sind demnach unentgeltlich, wenn es nach dem Geschäftsinhalt gewordenen Willen der Parteien an einer Gegenleistung fehlt. Die Verknüpfung von Leistung und Gegenleistung kann in der Weise erfolgen, daß jeder sich dem anderen zu einer Gegenleistung verpflichtet – durch einen ,,gegenseitigen Vertrag" (§§ 320ff.) –, oder in der Weise, daß einer sich dem anderen unter der Bedingung zu einer Leistung verpflichtet, daß er eine Gegenleistung erhält.

Die Vereinbarung darüber, ob eine Verpflichtung als eine entgeltliche oder unentgeltliche eingegangen wird, betrifft die ,,causa" des Rechtsgeschäfts. Streng genommen bezieht sich die Einteilung in entgeltliche und unentgeltliche Geschäfte daher nur auf ,,kausale" Geschäfte. Abstrakte Geschäfte sind gewissermaßen neutral, da sie von der Vereinbarung über die causa gelöst sind. Es handelt sich bei ihnen, wie wir wissen, in der Hauptsache um Verfügungen. Diese können zur Erfüllung eines entgeltlichen oder eines unentgeltlichen Verpflichtungsgeschäfts vorgenommen werden. Das Gesetz spricht jedoch an verschiedenen Stellen von unentgeltlichen Verfügungen (§§ 816 Abs. 1 Satz 2, 2113 Abs. 2, 2205 Satz 3 und sonst) und von der unentgeltlichen Erlangung des Besitzes (§ 988), allgemein von einer ,,unentgeltlichen Zuwendung" in § 822. Das ist so zu verstehen, daß eine *Verfügung* dann unentgeltlich ist, wenn sie auf Grund, in Erfüllung oder in Ausführung eines ,,kausalen" Rechtsgeschäfts vorgenommen wird, das seinerseits ein unentgeltliches Geschäft ist. Man muß also, um zu entscheiden, ob eine Verfügung entgeltlich oder unentgeltlich vorgenommen ist, auf das ihr zugrunde liegende kausale Geschäft zurückgreifen.[33] Demnach geschieht die Übereignung einer Sache entgeltlich, wenn sie in Erfüllung eines Kaufvertrages, unentgeltlich, wenn sie schenkungshalber oder in Erfüllung eines Schenkungsversprechens vorgenommen wird.[34] Nicht haltbar ist die Meinung, die zur Erfüllung einer Schuld gemachte Leistung sei stets entgeltlich, weil ihr als Vorteil die Befreiung von der Schuld gegenüberstehe.[35] Das Freiwerden von der Schuld ist die gesetzliche Folge der Erfüllung (§ 362), aber keine dem Schuldner erbrachte oder zu erbringende Gegenleistung. Der Besitz ist unentgeltlich dann erlangt, wenn er in Ausführung eines unentgeltlichen Geschäfts übertragen wurde. Streitig ist, ob der unentgeltlichen Verfügung in § 816 Abs. 1 Satz 2 die rechtsgrundlos vorgenommene Verfügung, der unentgeltlichen Erlangung des Besitzes in § 988 die ohne Rechtsgrund erfolgte Besitzerlangung gleichzustellen

---

[33] So auch *v. Tuhr* Bd. III, § 74 zu Anm. 10.
[34] So im Ergebnis auch *v. Tuhr* Bd. III, § 74 III.
[35] So aber *v. Tuhr* aaO.; RGZ 125, 380, 383.

sind. Die Frage ist richtiger Ansicht nach zu verneinen.[36] Der ohne rechtlichen Grund erlangte Erwerb ist nicht schon deshalb, weil tatsächlich ein Entgelt nicht gegeben worden ist oder das gegebene Entgelt als rechtsgrundlos zurückgefordert werden kann, ein ,,unentgeltlicher". Vielmehr kommt es hierfür darauf an, ob das ihm zugrunde liegende *kausale* Geschäft von den Parteien als entgeltlich oder unentgeltlich vereinbart war.

Die meisten kausalen Schuldverträge, die als typische Verträge im Gesetz eine nähere Regelung erfahren haben, sind entgeltliche Rechtsgeschäfte, so Kauf, Tausch, Miete, Pacht, Dienst- und Werkvertrag. Unentgeltliche Geschäfte sind die Schenkung, die Leihe, die unentgeltliche Verwahrung, der Auftrag. Ein Darlehen kann entgeltlich oder unentgeltlich sein, je nachdem, ob für die zweitweilige Überlassung des Kapitals eine Gegenleistung in Gestalt eines Zinses vereinbart worden ist oder nicht. Für unentgeltliche Geschäfte, insbesondere für Schenkungen, gelten einige besondere Vorschriften. Bei den meisten, aber nicht bei allen unentgeltlichen Geschäften ist der Maßstab der geforderten Sorgfalt für denjenigen, der unentgeltlich eine Zuwendung macht oder für einen anderen unentgeltlich tätig wird, vom Gesetz gemildert (vgl. die §§ 521, 599, 690). Gesetzlichen Vertretern sowie Verwaltern fremden Vermögens ist vielfach untersagt, zu Lasten des ihnen anvertrauten Vermögens Schenkungen zu machen (vgl. die §§ 1641, 1804, 2205 Satz 3). Hat ein Schuldner sein Vermögen durch unentgeltliche Verfügungen vermindert und dadurch die Aussichten seiner Gläubiger auf Befriedigung aus seinem Vermögen verschlechtert, so können diese innerhalb einer gewissen Zeit die von dem Schuldner vorgenommenen Verfügungen als ihnen gegenüber unwirksam anfechten und das von dem Schuldner Veräußerte von dem Empfänger zum Zwecke ihrer Befriedigung herausverlangen (vgl. § 3 Nr. 3 und 4, § 7 AnfG). Im Konkursfall steht unter ähnlichen Voraussetzungen dem Konkursverwalter ein Anfechtungsrecht zu (§ 32 KO). Der unentgeltliche Erwerb von einem Nichtberechtigten wird vom Gesetz in geringerem Maße geschützt als ein entgeltlicher Erwerb (vgl. § 816 Abs. 1 Satz 2). Schenkungen unterliegen unter gewissen Voraussetzungen einer Rückforderung oder dem Widerruf (vgl. §§ 528, 530). Das Gesetz steht also Schenkungen und unentgeltlichen Verfügungen mit einer gewissen Skepsis gegenüber. Es wertet häufig bestimmte Interessen des Schenkers oder desjenigen, aus dessen Vermögen eine Schenkung gemacht wird, oder auch seiner Gläubiger höher als das des Beschenkten an der Beständigkeit der Schenkung.[37] Darin kommt der Gedanke zum Ausdruck, daß ein unentgeltlicher Erwerb in geringerem Maße den Schutz der Rechtsordnung verdient als ein solcher, für den eine Gegenleistung gegeben oder versprochen wurde. Privilegiert gegenüber gewöhnlichen Schenkungen ist indessen die Aus-

[36] Sch.R. II § 69 IV c.
[37] Vgl. *v. Tuhr* Bd. III, § 75 III.

stattung, d.h. dasjenige, „was einem Kinde mit Rücksicht auf seine Verheiratung oder auf die Erlangung einer vollständigen Lebensstellung zur Begründung oder Erhaltung der Wirtschaft oder der Lebensstellung von dem Vater oder der Mutter zugewendet wird" (§ 1624).[38] Keine Schenkung ist eine über das geschuldete Maß hinaus, also freiwillig geleistete Vergütung für eine Arbeitsleistung, z. B. eine freiwillige Gratifikation.[39]

§ 19. Die Willenserklärung; ihre Auslegung

Literatur: *Bernard,* Formbedürftigte Rechtsgeschäfte, 1979; *Bailas,* Das Problem der Vertragschließung und der vertragsbegründende Akt, 1962; *Bickel,* Die Methoden der Auslegung rechtsgeschäftlicher Erklärungen, 1976; *Binder,* Wille und Willenserklärung im Tatbestand des Rechtsgeschäfts, ArchRWPhil V, 266; *Brandner,* Die Umstände des einzelnen Falles bei der Auslegung und Beurteilung von allgemeinen Geschäftsbedingungen, AcP 162, 237; *Brose,* Grundsätzliches zur Willenserklärung, AcP 130, 180; *Bydlinski,* Privatautonomie und objektive Grundlagen verpflichtender Rechtsgeschäfte, 1967; *Danz,* Die Auslegung der Rechtsgeschäfte, 3. Aufl. 1911; *Fabricius,* Stillschweigen als Willenserklärung, JuS 66, 1ff., 50ff.; *Hanau,* Objektive Elemente im Tatbestand der Willenserklärung, AcP 165, 220; *Hübner,* Zurechnung statt Fiktion einer Willenserklärung, Festschr. für *Nipperdey,* 1965, Bd. I, S. 373; *Jacobi,* Theorie der Willenserklärung, 1910; Ernst A. *Kramer,* Grundfragen der vertraglichen Einigung, 1972; *Krause,* Schweigen im Rechtsverkehr, 1933; *Larenz,* Die Methode der Auslegung des Rechtsgeschäfts, 1930, Neudruck mit Nachwort 1966; *F. Leonhard,* Die Auslegung der Rechtsgeschäfte, AcP 120, 14; *Lüderitz,* Auslegung von Rechtsgeschäften, 1966; *Manigk,* Irrtum und Auslegung, 1918; Die Methode der Auslegung des Rechtsgeschäfts, ArchRW-Phil XXVI, Heft 3; Die Revisibilität der Auslegung von Willenserklärungen, RG-Festschrift, 1929, Bd. VI, 94; *Oertmann,* Rechtsordnung und Verkehrssitte, 1914; *H. M. Pawlowski,* Rechtsgeschäftliche Folgen nichtiger Willenserklärungen, 1966; *L. Raiser,* Das Recht der Allgemeinen Geschäftsbedingungen, 1935, Neudruck 1961; *Rhode,* Die Willenserklärung und der Pflichtgedanke im Rechtsverkehr, 1937; *Sonnenberger,* Verkehrssitten im Schuldvertrag, 1969; *Titze,* Die Lehre vom Mißverständnis, 1910; *Wieacker,* Die Methode der Auslegung des Rechtsgeschäfts, JZ 67, 385; *Wieling,* Die Bedeutung der Regel „falsa demonstratio non nocet" im Vertragsrecht, AcP 172, 297; Manfred *Wolf,* Rechtsgeschäftliche Entscheidungsfreiheit und vertraglicher Interessenausgleich, 1970. Vgl. ferner die zu § 18 angegebene Literatur.

I. Die Willenserklärung als Geltungserklärung und als Akt sozialer Kommunikation

Zu Beginn des vorigen Paragraphen hatten wir darauf hingewiesen, daß Rechtsgeschäfte in der Regel, von den rechtsgeschäftlichen Willensbetätigungen abgesehen, als ihr Kernstück eine Willenserklärung oder, wie etwa Verträge mehrere, ihrem Sinne nach aufeinander bezogene *Willenserklärungen* enthalten. Es handelt sich bei ihnen um zur Kenntnisnahme durch andere bestimmte Äußerungen, durch die der Erklärende zu erkennen gibt, daß eine bestimmte Rechtsfolge – oder ein Komplex von Rechtsfolgen – nach seinem Willen eintreten, gelten solle. Soweit die Rechtsordnung eine derartige Willenserklärung als rechtswirk-

[38] Vgl. *Gernhuber,* Familienrecht, § 38 I, der in der Ausstattung eine „Art eigene causa" sieht.
[39] Zur Gratifikation Sch. R. Bd. II, § 47 I.

sam anerkennt, wird die in ihr bezeichnete Rechtsfolge gerade durch die Erklärung – ihre Abgabe und, wie wir sehen werden (§ 21 II), ihren Zugang – herbeigeführt.

Die Willenserklärung setzt zunächst, als ,,Handlung" oder als ein ihr gleichzusetzendes willentliches Verhalten, ein *vom Willen beherrschbares Tun oder Unterlassen* voraus. Keine Handlung und daher auch keine Willenserklärung ist also eine Äußerung, die jemand im Schlafe, in der Narkose oder in einem ähnlichen, jede bewußte Lenkung seines Verhaltens ausschließenden Zustand tut. Das Erheben der Hand kann – beispielsweise bei einer Beschlußfassung im Wege der Abstimmung – ebenso wie eine Kopfbewegung die Bedeutung einer Willenserklärung haben, aber nur dann, wenn es sich um ein vom Willen gesteuertes Tun, nicht wenn es sich lediglich um eine rein mechanische Reflexbewegung handelt. Keine Handlungen und daher auch keine Willenserklärungen sind ferner solche Körperbewegungen, die jemand nicht gemäß seinem eigenen Willensentschluß, sondern unter einem auf ihn ausgeübten unmittelbaren körperlichen Zwang (sog. *vis absoluta*) ausführt; so wenn ein anderer ihm die Hand führt. Dieser Fall darf indessen nicht mit dem verwechselt werden, daß jemand unter einem psychologischen Zwang, etwa aus Furcht vor einem ihm sonst angedrohten Übel etwas erklärt. In diesem Falle ist zwar die Freiheit seiner Willensbestimmung beeinträchtigt, weshalb er seine Erklärung unter Umständen anfechten kann (§ 123), es liegt aber doch noch ein Willensverhalten, also eine Handlung vor.

Von anderen rechtserheblichen Handlungen, auch von rechtsgeschäftlichen Willensbetätigungen, unterscheidet sich die Willenserklärung grundlegend dadurch, daß sie einen bestimmten *Aussagewert* hat. Man hat lange Zeit diesen ihren Aussagewert darin gesehen, daß sie den auf den Eintritt der Rechtsfolge gerichteten Willen des Erklärenden verlautbare, daß sie *Mitteilung* dieses Willens – als einer unabhängig von der Erklärung vorhandenen seelischen Tatsache – sei.[1] Sieht man es so, dann hat die Erklärung offenbar nur die Bedeutung eines Beweisanzeichens. Täuscht dieses, läßt sich beweisen, daß der Erklärende einen derartigen Rechtsfolgewillen nicht gehabt hat, hält man aber gleichwohl im Geltungsbereich der Privatautonomie den – unabhängig von der Erklärung gedachten – Willen für den alleinigen Grund des Eintritts der Rechtsfolge, wie das die im 19. Jahrhundert vorherrschende ,,Willenstheorie" tat, so müßte in allen derar-

---

[1] So sagt *Savigny* (System III, 258), ,,eigentlich" müsse ,,der Wille an sich als das einzig (!) Wichtige und Wirksame gedacht werden"; nur weil er ,,ein inneres, unsichtbares Ereignis" sei, bedürfe es eines Zeichens, woran er durch andere erkannt werden könne. Zur Irrtumslehre *Savignys* vgl. *Peter Haupt,* Die Entwicklung der Lehre vom Irrtum beim Rechtsgeschäft seit der Rezeption, 1941, S. 40ff.; *Luig,* Savignys Irrtumslehre, in: Jus Commune, Bd. VIII, 1979, S. 36. Wie *Luig* gezeigt hat, ist *Savignys* Irrtumslehre aber keineswegs als konsequent willenstheoretisch zu verstehen, enthält vielmehr Elemente der ,,Willenstheorie" und einer an der Erklärung orientierten Auffassung in eigenartiger Mischung. Zur ,,Willenstheorie" der Spätpandektistik *Wunner,* Contractus, 1964; *Ernst A. Kramer* aaO. S. 119ff.

tigen Fällen die Erklärung ohne die in ihr bezeichnete Wirkung bleiben. So ist es aber nach der Regelung des BGB nicht. Es berücksichtigt in weit höherem Maße, als dies einer „willenstheoretischen" Auffassung möglich wäre, die Bedeutung der Erklärung, auf deren erkennbaren Inhalt sich der Empfänger regelmäßig verläßt.

In Wahrheit ist die rechtsgeschäftliche Willenserklärung nicht nur eine *Mitteilung,* sondern *Geltungserklärung,* und als solche in den Regelfällen auch schon *Verwirklichung* des in ihr sich zur Geltung bringenden Rechtsfolgewillens.[2] Der nur innerlich gebliebene Wille vermag nichts zu bewirken. Teile ich einem anderen lediglich mit, ich wolle (jetzt) dies oder jenes, so bin ich dadurch nicht gehindert, alsbald anderes zu wollen. Sage ich dagegen, ich *verpflichte* mich dazu, dies oder jenes zu tun, so hat diese Erklärung den Sinn der Endgültigkeit. Der Erklärende begibt sich – sofern er sich nicht den Widerruf vorbehält – der Möglichkeit, sich auf eine Änderung seines Willens zu berufen; er hat sich durch die Erklärung „gebunden". So gesehen, ist die Willenserklärung – nicht anders als ein Gesetz oder ein rechtskräftig gewordenes Urteil – ein *bestimmender Akt.*[3] Er dient nicht nur der Verlautbarung einer außerhalb seiner selbst bestehenden Tatsache (des „inneren Willens"), sondern unmittelbar der Herbeiführung der in ihm bezeichneten Rechtsfolge, indem er besagt, diese solle (hiermit und von nun an) „gelten".

Ist dem so, dann ist die Erklärung nicht nur ein Beweisanzeichen für das Vorhandensein eines ihr entsprechenden Rechtsfolgewillens, sondern ihrerseits der unmittelbare Grund für den Eintritt der Rechtsfolge. Damit stimmt überein, daß nach § 116 Satz 1 eine Willenserklärung nicht deshalb nichtig ist, weil der Erklärende sich insgeheim vorbehält, das Erklärte, also die Rechtsfolge, nicht zu wollen. Nicht gesagt ist damit schon, daß der „innere", möglicherweise in der Erklärung nur mangelhaft oder unrichtig zum Ausdruck gebrachte Rechtsfolgewille des Erklärenden ohne *jede* Bedeutung sei. Die Problematik der Willenserklärung ergibt sich vielmehr gerade daraus, daß die Erklärung *für andere,* insbesondere für den mit der Erklärung Angesprochenen, etwas anderes besagen kann, als *der Erklärende* mit ihr sagen wollte und gesagt zu haben glaubt. Er kann sich beispielsweise im Ausdruck vergriffen, über die Bedeutung des gebrauchten Ausdrucks geirrt, sich mißverständlich oder unklar ausgedrückt haben. In solchen Fällen fragt es sich, welche Bedeutung rechtens maßgeblich ist. Ist es dieje-

---

[2] Das habe ich in meiner Schrift über die Methode der Auslegung des Rechtsgeschäfts S. 34ff. näher dargelegt. Im Grundsatz jetzt ebenso *Enn./N.* § 145 II A 2; *Flume* § 4 7; *Pawlowski* II, S. 206; *Staudinger/Dilcher* 10, 31; *Soergel/Hefermehl* 7 vor § 116. Vgl. ferner *Dulckeit,* Festschr. f. *Fritz Schulz,* 1951, S. 158; *Bailas* aaO. S. 75f.; *Pawlowski,* Rechtsgeschäftliche Folgen, S. 211ff., 250f.

[3] Dazu *Reinach,* Die apriorischen Grundlagen des Bürgerlichen Rechts (Neudruck 1953), und *meine* Ausführungen in: Phänomenologie, Rechtsphilosophie, Jurisprudenz, Festschr. f. *Gerhart Husserl,* 1969, S. 132ff.

nige, die der Erklärende mit seinen Worten verbunden hat, diejenige, die der Empfänger verstanden hat, oder eine dritte, wie immer zu ermittelnde?

Hier nun tritt die *Doppelfunktion* der Willenserklärung[4] in den Blick. Sie ist einmal, als *bestimmender Akt,* Mittel der Selbstbestimmung, Verwirklichung des Rechtsfolgewillens des Erklärenden. So gesehen, ist der regelmäßig hinter ihr stehende Wille von entscheidender Bedeutung. Zugleich aber ist sie, als eine Aussage, die dazu bestimmt ist, von anderen zur Kenntnis genommen zu werden, ein Akt zwischenmenschlicher, *sozialer Kommunikation.* Als solcher hat sie einen Bezug auch auf denjenigen, der durch sie angesprochen wird. Dieser verläßt sich in der Regel auf den Inhalt der Erklärung, so wie er ihn verstanden hat und vielleicht auch verstehen mußte. Damit gewinnt der *Aussagegehalt der Erklärung* selbständige Bedeutung. A kündigt sein Mietverhältnis mit B am 15. 4. „zum nächstgesetzlichen Termin". Dieser wäre nach § 565 Abs. 2 Satz 1 – da später als am 3. Werktag des April gekündigt wurde – der Ablauf des Monats Juli. A glaubte, es sei das Ende des Monats Juni; zu diesem Zeitpunkt wollte er das Mietverhältnis beenden. Er hätte dies auch gekonnt, weil er nach dem Vertrage eine kürzere als die gesetzliche Kündigungsfrist hatte. B indessen verläßt sich auf das, was A ihm gesagt hat. Er unterläßt es, die Wohnung schon ab 1. Juli anderweit zu vermieten und verlangt von A die Miete noch für den Monat Juli. Sein Vertrauen auf die Erklärung des A, so wie B sie allein verstehen konnte und verstanden hat, verdient Schutz.

Was aber rechtfertigt es, das Vertrauen des Erklärungsempfängers auf den Inhalt der Erklärung, so wie *er* ihn verstanden hat und verstehen mußte, *zu Lasten* des Erklärenden zu schützen, der seine Erklärung anders gemeint hatte? Die Antwort ergibt sich aus dem Gedanken der *Verantwortung des Erklärenden* für die ihm zurechenbare Bedeutung seiner Erklärung.[5] Wie es im sozialen Raum kein Handeln ohne Verantwortung gibt, so trifft auch den, der einem anderen gegenüber eine Geltungserklärung abgibt, eine Verantwortung für die von ihm gewählten Ausdrucksmittel. Ihm obliegt es, sie so zu wählen, daß sie der Angesprochene, sofern er die gehörige Aufmerksamkeit zeigt, in dem gemeinten Sinne versteht. Drückt er sich fehlerhaft aus, und versteht ihn der Angesprochene deshalb anders, als er es gemeint hatte, so muß er die Erklärung zunächst in dem Sinne gelten lassen, in dem sie zu verstehen war.

Auch damit ist über die Lösung des BGB noch nicht alles gesagt. Es berücksichtigt die Abweichung des objektiven Aussagegehalts der Erklärung vom Willensinhalt des Erklärenden in anderer Weise. Zwar gilt die Erklärung in Fällen wie dem als Beispiel genannten zunächst so, wie sie verstanden wurde (also die Kündigung zum Ende des Juli). Aber der Erklärende kann sie nach § 119 Abs. 1

---

[4] Dazu *Bydlinski,* JZ 75, 1.

[5] Dazu *meine* Methode der Auslegung, S. 70ff.; *Flume* § 4 8; *Manfred Wolf* aaO. S. 75ff.; *E. A. Kramer* aaO. S. 151; *Canaris,* Systemdenken und Systembegriff, 1969, S. 55.

anfechten, weil er ,,über ihren Inhalt im Irrtum war". Ficht er sie an, so gilt sie deshalb doch nicht in dem Sinne, den er gemeint hatte, sondern ist nichtig (§ 142). Er müßte also erneut kündigen. In anderen Fällen kann sich der Erklärende zwar von der mit der Erklärung etwa eingegangenen Verpflichtung durch die Anfechtung wieder lösen, hat dann aber dem anderen dessen ,,Vertrauensschaden" zu ersetzen (§ 122). Insoweit bleibt es auch hier bei seiner Verantwortung. Dies alles ist im folgenden weiter auszuführen.

II. Die Auslegung der Willenserklärung

a) **Die Auslegung empfangsbedürftiger Erklärungen.** Es liegt im Wesen der Sprache als eines sich wandelnden, anpassungsfähigen Ausdrucksmittels, daß die Bedeutung eines Ausdrucks je nach dem Zusammenhang, in dem er gebraucht wird, nach der Situation, auf die er bezogen ist, und nach der besonderen Ausdrucksweise des Sprechenden oder des Lebenskreises, dem er angehört, verschieden sein kann. So ist es auch möglich, daß der Sprechende selbst ihn in einem anderen Sinn gemeint hat, als ihn der Vernehmende versteht.

Jemand bestellt beispielsweise in einem Hotel telegraphisch ,,zwei Zimmer mit drei Betten" für eine bestimmte Nacht. Er meint ein Zimmer mit zwei Betten und eines mit einem Bett, also insgesamt 3 Betten. Der Hotelwirt versteht aber zwei Zimmer mit jeweils drei, also insgesamt 6 Betten. Er reserviert für den Gast seine zwei größten Doppelzimmer und läßt in jedes ein drittes Bett hineinstellen. Bis der Gast am späten Abend eintrifft, hat er, da inzwischen alles besetzt ist, verschiedene andere Gäste abgewiesen. Der Gast will nur den Preis für drei Betten bezahlen, da er nicht mehr bestellt habe; der Wirt berechnet ihm 6 Betten, da er auf Grund des Telegramms so viele reserviert habe.

Ist es zweifelhaft, wie eine Erklärung zu verstehen ist, so bedarf sie der Auslegung. Unter ,,Auslegung" einer Gedankenäußerung verstehen wir ganz allgemein die Ermittlung des ihr zukommenden Sinnes. Es kann sich dabei um eine Gesetzesbestimmung, um eine rechtsgeschäftliche Willenserklärung, aber auch um eine einfache Mitteilung, um eine wissenschaftliche oder literarische Aussage handeln. Das Ziel der Auslegung ist in diesen Fällen aber nicht immer dasselbe. In vielen Fällen wird es dem Interpreten darum gehen, zu erkennen, was *der Urheber selbst* hat sagen wollen, welchen Sinn *er* mit seiner Äußerung verbunden hat. In dieser Weise wird z. B. der Historiker Briefe und sonstige Aufzeichnungen zu interpretieren suchen, die ihm Aufschluß über die Vorstellungen und die Absichten des Verfassers geben sollen. Dem Interpreten eines philosophischen, oft auch eines literarischen Werkes wird es dagegen vornehmlich um die Verdeutlichung der darin ausgesprochenen Gedanken, um den *sachlichen Gehalt* des Werkes zu tun sein. Ein und dasselbe Werk, z. B. *Goethes* Faust, kann sowohl darauf hin befragt werden, was es über die Vorstellungswelt, die Gedanken und Empfindungen seines Urhebers aussagt, wie darauf hin, was es dem nachdenklichen Betrachter, läßt er nur das Werk sprechen, zu sagen vermag. Auch bei der

Auslegung einer Gesetzesregel kann man fragen, wie die Verfasser des Gesetzes sie gemeint haben, oder wie sie im Gesamtzusammenhang dieser Regelung, nach deren Zweck und Sinn, vernünftigerweise zu verstehen ist.[6] Bei der Auslegung einer rechtsgeschäftlichen Willenserklärung stellt sich nicht nur die Frage, wie der Erklärende sie gemeint hatte, sondern ebenso die Frage, wie sie unabhängig davon, etwa mit Rücksicht auf die Verständnismöglichkeit anderer oder eines bestimmten anderen, an den sie gerichtet war, ,,objektiv" zu verstehen ist. Worauf soll es für die rechtliche Beurteilung ankommen?

In unserem Beispiel handelt es sich bei der Zimmerbestellung um eine sog. ,,empfangsbedürftige" Erklärung, d. h. um eine Erklärung, die an eine bestimmte Person (den Hotelwirt) gerichtet ist. Nur von der Auslegung solcher Erklärungen – das sind bei weitem die Mehrzahl – soll im folgenden zunächst die Rede sein. Im Beispiel hat der Wirt die Bestellung des Gastes anders verstanden, als dieser sie gemeint hatte. Weder die vom Gast gemeinte noch die vom Wirt tatsächlich verstandene Bedeutung ist ohne weiteres rechtlich maßgeblich. Wäre die rechtlich maßgebliche Bedeutung einer Willenserklärung immer die vom Erklärenden selbst gemeinte, so wäre der vom Gesetz in § 119 Abs. 1 geregelte Fall des Inhaltsirrtums nicht denkbar. Die Erklärung hätte dann ja stets den Inhalt, den ihr der Erklärende selbst beigelegt hat. Die Regelung, die das Gesetz in § 119 Abs. 1 getroffen hat, zeigt aber, daß das nicht der Auffassung des Gesetzes entspricht. Wäre anderseits immer die Bedeutung maßgeblich, die der Empfänger tatsächlich verstanden hat, so könnte das für den Erklärenden vielfach höchst unbillig sein. Nicht nur der Erklärende kann sich über den Sinn der von ihm gebrauchten Ausdrücke irren, auch der Empfänger kann die an sich eindeutige, nicht mißzuverstehende Erklärung dennoch mißverstehen. Sein tatsächliches Verständnis, das ebensowohl auch ein Mißverständnis sein kann, ist daher sowenig stets maßgeblich wie dasjenige des Erklärenden. Vielmehr muß das Ziel der Auslegung einer empfangsbedürftigen Willenserklärung, über deren Bedeutung der Erklärende und der Empfänger verschiedener Meinung sind, die Ermittlung einer objektiven, normativen Bedeutung sein, die beide gelten lassen müssen.

Anders ist es nur, wenn beide die Erklärung, mag sie ,,an sich" auch mehrdeutig sein, tatsächlich in dem gleichen Sinne verstanden haben. Nehmen wir an, im Beispiel hätte der Wirt die Bestellung des Gastes so verstanden und ausgeführt, wie sie von diesem gemeint war. Dann wäre offenbar alles ,,in Ordnung" gewesen. Die Rechtsordnung hat keinen Anlaß, den Beteiligten eine andere Bedeutung der Erklärung aufzunötigen, als die, die sie beide gemeint haben. Bei einer empfangsbedürftigen Erklärung ist also die vom Erklärenden und vom Empfän-

[6] Zur Gesetzesauslegung vgl. oben § 4 II; *meine* ,,Methodenlehre der Rechtswissenschaft" 5. Aufl. S. 301 ff.

ger **übereinstimmend gemeinte Bedeutung** die maßgebliche, denn auf diese Weise wird man den Intentionen beider am besten gerecht. Dabei kommt es auf den *allgemein* verständlichen Wortsinn der Erklärung nicht an. Das gilt nicht nur dann, wenn der Wortlaut der Erklärung, wie in unserem Beispiel, mehrdeutig ist, sondern auch dann, wenn er objektiv eindeutig ist, der andere aber trotzdem zweifelsfrei erkannt hat, was jener meinte. In einem vom RG entschiedenen Fall[7] hatte der Kläger vom Beklagten ,,Haakjöringsköd" gekauft. ,,Haakjöringsköd" ist der norwegische Ausdruck für Haifischfleisch. Beide Parteien meinten jedoch Walfischfleisch und irrten lediglich über die Bedeutung des von ihnen verwendeten Ausdrucks. Das RG entschied, daß unerachtet der falschen Bezeichnung Walfischfleisch verkauft sei. Daß die vom Erklärenden gemeinte Bedeutung dann, wenn der Empfänger die Erklärung in dem gleichen Sinne verstanden hat, trotz einer mehrdeutigen oder unrichtigen Bezeichnung maßgebend ist, besagt der schon im gemeinen Recht anerkannte Satz: ,,falsa demonstratio non nocet".[8] Er gilt grundsätzlich für alle empfangsbedürftigen Erklärungen, für die formbedürftigen Geschäfte jedoch nur mit Einschränkungen.[9] Vollständig ist dieser Satz so zu formulieren: Die objektive Mehrdeutigkeit oder sogar Unrichtigkeit einer Bezeichnung schadet dann nicht, wenn der Empfänger sie in der vom Erklärenden gemeinten Bedeutung verstanden hat. Erst wenn also der Erklärungsempfänger die Erklärung anders verstand, als sie vom Erklärenden gemeint war, oder wenn er sich zum mindesten über den vom Erklärenden gemeinten Sinn im Zweifel war, ist nunmehr zu ermitteln, welche Bedeutung der Erklärung nach einem *objektiven* und *normativen Maßstab* zukommt. Dieser normative Maßstab hat sowohl die Verständnismöglichkeit des Empfängers zu berücksichtigen, wie das Interesse des Erklärenden daran, daß die Erklärung in dem von ihm gemeinten Sinne aufgefaßt wird und zur Geltung gelangt. Hierbei muß jedoch davon ausgegangen werden, daß es grundsätzlich Sache des Erklärenden ist, sich so deutlich auszudrücken, daß der Empfänger das Gemeinte normalerweise verstehen kann.

Für die **normative Erklärungsbedeutung** kommt es daher zunächst einmal auf den allgemeinen Sprachgebrauch, die verkehrsübliche Bedeutung eines Ausdrucks, das Verständnis eines durchschnittlichen Verkehrsteilnehmers an. Dabei kann indessen nicht stehengeblieben werden. Vielmehr geht der verkehrsüblichen Bedeutung im Einzelfall diejenige Bedeutung vor, die der Empfänger bei hinreichender Aufmerksamkeit auf Grund aller *ihm* erkennbaren Umstände als

[7] RGZ 99, 147; vgl. auch BGHZ 20, 109, 110. Nach *Wieling* a. a. O. S. 298 Anm. 4 bedarf es zur Entscheidung der Regel ,,falsa demonstratio non nocet" nicht, da die Erklärung jeder Partei hier aufgrund der Vorverhandlungen, für die andere erkennbar, den Sinn von Walfischfleisch hatte. In diesem Fall führen die genannte Regel und die Auslegung nach der dem Empfänger erkennbaren Bedeutung zu dem gleichen Ergebnis. Das braucht aber nicht so zu sein.

[8] Vgl. dazu *meine* ,,Methode der Auslegung des Rechtsgeschäfts" S. 78ff.; *Flume* § 16, 2a.

[9] Dazu sogleich unten unter b) und § 20 I a. E.

die vom Erklärenden gemeinte erkennen *mußte*. Denn nur auf die in *dieser* Bedeutung verstandene Erklärung durfte er vertrauen; auf seine eigene Unaufmerksamkeit kann er sich nicht berufen.

Es wird heute im Schrifttum und in der Rechtsprechung einhellig anerkannt, daß die Auslegung empfangsbedürftiger Erklärungen **mit Rücksicht auf die Verständnismöglichkeit des Empfängers der Erklärung** zu erfolgen hat.[10] Dieser hat seinerseits sich in den Grenzen der zumutbaren Sorgfalt zu bemühen, die Meinung des Erklärenden zu erkennen. Wenn sich hiernach die Erklärung immer noch als mehrdeutig herausstellt, ist sie mangels hinreichender Bestimmtheit unwirksam. Enthält sie aber neben einem zweifelhaften weiteren einen unzweifelhaften engeren Sinn, so ist sie wenigstens in dieser engeren Bedeutung wirksam.

In unserem Hotelbeispiel wird man sagen können, daß die Bestellung von Hotelzimmern mit drei Betten immerhin ungewöhnlich ist. Die Erklärung ist objektiv mehrdeutig. Der Gastwirt hätte sich das sagen müssen und die Erklärung daher nicht ohne weiteres in dem Sinne verstehen dürfen, in dem er sie verstanden hat. Vielmehr hätte er auch mit der Möglichkeit rechnen müssen, daß der Besteller nur insgesamt drei Betten haben wollte. Wenn er trotzdem sechs und nicht nur drei Betten reservierte, handelte er insoweit auf sein Risiko. In bezug auf drei Betten dagegen war die Bestellung wirksam, denn soviele waren bei jeder denkbaren Auslegung auf jeden Fall bestellt. Wenn der Gast gar nicht käme, müßte er also jedenfalls den Preis für drei Betten zahlen.

Der Grundsatz, daß die Auslegung empfangsbedürftiger Erklärungen die Verständnismöglichkeit des Empfängers zu berücksichtigen hat, ist von der Lehre und der Rechtsprechung entwickelt worden. Er ist dem Gesetz nicht unmittelbar zu entnehmen. Das Gesetz enthält über die Auslegung von Willenserklärungen nur eine einzige Vorschrift (§ 133), die lautet: ,,Bei der Auslegung einer Willenserklärung ist der wirkliche Wille zu erforschen und nicht an dem buchstäblichen Sinne des Ausdrucks zu haften.“ Daneben enthält es eine weitere Bestimmung über die Auslegung von Verträgen (§ 157). Sie lautet: ,,Verträge sind so auszulegen, wie Treu und Glauben mit Rücksicht auf die Verkehrssitte es erfordern.“ Es wird allgemein angenommen, daß die Vorschrift des § 157 nicht nur für die Auslegung des Vertrages als eines Sinnganzen (darüber unten § 29), sondern auch für die Auslegung der Erklärung jedes Vertragspartners und selbst für die Auslegung einseitiger, empfangsbedürftiger Willenserklärungen gilt.[11] Wenn § 133 den Auslegenden auf den ,,wirklichen Willen“ des Erklärenden hinweist, dann kann das nach dem Gesagten für *empfangsbedürftige* Erklärungen nur insoweit gelten, als der Empfänger den in der Erklärung ausgedrückten ,,wirklichen Wil-

---

[10] *Enn./N.* § 205 I 5; *v. Tuhr* Bd. II § 64 zu Anm. 29; *Lehmann/Hübner* § 30 VI 3a; *Flume* § 16, 3c; *Lange/Köhler* § 35 IV 3; *Medicus* Rdz. 323; *Brox* Rdz. 133f.; *Lüderitz* a.a.O. S. 283ff.; *Kramer* aaO. S. 144f.; *Bickel* a.a.O. S. 153; ferner alle Kommentare. Aus der Rechtsprechung vgl. RGZ 96, 273, 276; 119, 21, 25; 131, 343, 351; BGHZ 36, 30, 33.

[11] *Enn./N.* § 206 III; *Flume* § 16, 3a; *Medicus* Rdz. 320; *Staudinger/Dilcher* 7 zu §§ 133, 157; *Soergel/Hefermehl* 2 zu 133.

len", d.h. die vom Erklärenden gemeinte Bedeutung, erkannt hat. Hat er die Erklärung tatsächlich anders verstanden, als sie gemeint war, dann ist die Bedeutung maßgeblich, die *der Empfänger* verstehen konnte und mußte. Dabei ist freilich davon auszugehen, daß der Empfänger sich nicht einfach auf den wörtlichen Sinn der Erklärung verlassen darf, sondern seinerseits nach „Treu und Glauben" verpflichtet ist, unter Berücksichtigung aller *ihm* erkennbaren Umstände, die dafür von Bedeutung sein können, danach zu forschen, was der *Erklärende* gemeint hat.[12] Kommt er dieser Forderung nach, so verdient sein Vertrauen darauf, daß die Erklärung in der von ihm zu verstehenden Bedeutung „gilt", Schutz. Der Erklärende muß sie in dieser Bedeutung gelten lassen.

Darüber hinaus habe ich früher[13] verlangt, und verlangt nunmehr auch *Flume,*[14] die vom Empfänger zu verstehende Bedeutung müsse *dem Erklärenden selbst* ebenfalls in dem Sinne zurechenbar sein, daß er unter Berücksichtigung der *für ihn* erkennbaren Umstände damit rechnen konnte, der Empfänger werde seine Erklärung so verstehen.[15] Dem folgt jetzt *Medicus.*[16]

Grundsätzlich ist es nur dann gerechtfertigt, den Erklärenden für eine von ihm nicht gemeinte Bedeutung seiner Erklärung einstehen zu lassen, wenn ihm diese Bedeutung zurechenbar ist. Indessen dürfte ihm die Bedeutung, die der Empfänger bei gehöriger Sorgfalt verstehen mußte, in der Regel auch zurechenbar sein. Das gilt jedenfalls dann, wenn der Erklärende sich dessen bewußt war, einem anderen gegenüber eine Geltungserklärung abzugeben, wenn er also das sogenannte Erklärungsbewußtsein (unten III) hatte. Denn dann hatte er hinreichenden Anlaß, sich darum zu bemühen, sich in einer dem anderen verständlichen Weise auszudrücken; drückt er sich so aus, daß der andere etwas anderes verstehen *muß,* als er sagen wollte, dann wird er es an diesem Bemühen in aller Regel haben fehlen lassen. Daß das Verständnis des Empfängers maßgebend durch einen nur *ihm* erkennbaren Umstand bestimmt wird, den der Erklärende nicht in Betracht ziehen *konnte,* wird, wie auch *Flume* meint, „nur in seltenen Ausnahmefällen" zutreffen. Daß ein solcher Ausnahmefall vorliege, hat jedenfalls der zu beweisen, der dies behauptet.

Einen derartigen Ausnahmefall führt *Medicus* an.[17] Ein Gast hatte in einem Lokal Speisen aufgrund einer älteren Speisekarte dieses Lokals bestellt, die ein Dritter dort zuvor zurückgelassen hatte. Sie

---

[12] Dabei können sich hinsichtlich des Grades der von ihm aufzuwendenden Sorgfalt Differenzierungen ergeben, je nach der (scheinbaren) Deutlichkeit der Erklärung, nach Geschäftstypen und anderen Umständen. „Kriterien normativen Verständnisses" hat *Lüderitz,* Auslegung von Rechtsgeschäften S. 286ff., aufgezeigt.

[13] „Methode der Auslegung des Rechtsgeschäfts", S. 72ff.

[14] *Flume* § 16, 3c.

[15] Der Sache nach verlangt dies auch *Bickel* aaO. S. 153. Es dürften, so sagt er, bei der Auslegung empfangsbedürftiger Erklärungen nur solche Umstände berücksichtigt werden, die dem Empfänger, aber auch dem Erklärenden bekannt oder erkennbar waren.

[16] *Medicus* Rdz. 326.

[17] *Medicus* Rdz. 324ff.

wies erheblich niedrigere Preise auf als die jetzt gültigen Karten. Der Wirt konnte die Bestellung nur als eine zu seinen jetzt gültigen Preisen gemachte verstehen; dem Gast war diese Bedeutung seiner Erklärung aber nicht zurechenbar, weil er die von ihm vorgefundene Karte mangels einer Datumsangabe für die jetzt gültige halten mußte. Der Wirt wollte die Bestellung zu seinen jetzigen Preisen annehmen, der Gast aber mußte die Annahme auf die von ihm gemeinten Preise der alten Karte beziehen. *Medicus* meint, dem Wirt sei diese Bedeutung seiner Annahmeerklärung auch zurechenbar, weil er für die in seinem Lokal aufliegenden Karten verantwortlich sei. Der Vertrag sei daher mit dem beiden zurechenbaren Inhalt ihrer Erklärungen, also zu den auf der alten Karte angegebenen Preisen, zustande gekommen. Meiner Meinung nach ist dem Wirt die von dem Gast verstandene und allein zu verstehende Bedeutung seiner Annahmeerklärung nur dann zurechenbar, wenn auch *er* sie hätte erkennen, d. h. wenn er hätte bemerken können, daß sich die Bestellung des Gastes auf die ,,falsche" Karte bezog. Das ist nicht der Fall, wenn der Dritte sie eben erst zurückgelassen hatte und sie den jetzt gültigen täuschend ähnlich sah. In diesem Fall müßte man Dissens annehmen, mit der Folge eines Bereicherungsanspruchs des Wirtes.

b) **Gegenstand und Mittel der Auslegung; die Bedeutung der Verkehrssitte.** Gegenstand der Auslegung kann nach dem Gesagten nur die Erklärung, d. h. ein Verhalten sein, das den Sinn einer Geltungserklärung hat. Dabei ist es bereits eine Aufgabe der Auslegung zu ermitteln, ob ein bestimmtes Verhalten diesen Sinn hat oder nicht (vgl. unten III). Das als eine rechtsgeschäftliche Erklärung erkannte Verhalten, der Erklärungstatbestand, ist auf seine hier rechtlich maßgebliche Bedeutung hin zu befragen. Gegenstand der Auslegung ist also nicht, wie es bei *v. Tuhr* heißt,[18] der Wille als eine ,,Tatsache des inneren Seelenlebens", sondern die Erklärung als sinnhafter Akt.[19] Allerdings ist zunächst, um festzustellen, ob der Erklärende und der Empfänger die Erklärung in der gleichen Bedeutung gemeint haben, zu ermitteln, wie jeder von ihnen die Erklärung verstanden hat. Zu diesem Zweck hat der Richter alle Umstände zu berücksichtigen, die einen Schluß auf die tatsächliche Meinung des einen und des anderen zulassen. Die Feststellung, der Erklärende oder der Empfänger habe die Erklärung in diesem Sinne gemeint oder verstanden, wie auch die Feststellung des Erklärungstatbestandes ist die Feststellung einer *Tatsache*; im Prozeß Ergebnis der richterlichen Beweiswürdigung.[20] Nicht so die danach einsetzende Ermittlung derjenigen Bedeutung, die der Erklärung unabhängig von dem tatsächlichen Verständnis des einen oder des anderen *normativ* zukommt. Wohl bedarf es auch hierfür der Ermittlung von Tatsachen, etwa der Umstände, die dem Empfänger bekannt waren, aus denen *er* die vom Erklärenden gemeinte Bedeutung hätte entnehmen können. Aber der Schluß auf die danach als maßgeblich zu erachtende Erklärungsbedeutung ist nicht mehr Tatsachenfeststellung, sondern rechtliche Wertung, ein normatives Urteil. (Vgl. unten f.)

[18] *v. Tuhr* Bd. II, S. 534.

[19] Vgl. auch *Flume* § 16, 3b; *Sonnenberger* aaO. S. 147; *Staudinger/Dilcher* 1, 15 zu §§ 133 u. 157; *Lange/Köhler* § 35 II. AA (für formbedürftige Geschäfte); *Bernard* aaO. S. 24.

[20] Man kann dies, wenn man will, als die *erste Stufe* der Auslegung bezeichnen – so *Kramer* S. 133, 141 f. –, muß sich dann aber darüber klar sein, daß sich hiervon die zweite Stufe, die normative Auslegung, prinzipiell unterscheidet. Nur auf der ersten Stufe geht es um die Richtigkeit einer Tatsachenbehauptung, auf der zweiten um den Vollzug der rechtlich gebotenen Wertung.

„Gegenstand“ der Auslegung ist auch nicht etwa die Gesamtheit der Umstände, die zur Deutung einer Erklärung heranzuziehen sind, sondern nur die Erklärung selbst als ein Verhalten, dem ein Kundgabesinn zukommt.[21] Alle übrigen mitzuberücksichtigenden Umstände sind nicht Gegenstand, sondern nur Hilfsmittel der Auslegung.[22] Als solche kommen etwa in Betracht: Die Vorverhandlungen, die bisherige Gepflogenheit im Verkehr dieser Partner, wenn unter ihnen schon eine Geschäftsverbindung bestand, frühere Äußerungen des Erklärenden oder des Erklärungsempfängers, auf die sich die Erklärung erkennbar bezieht, ein dem Empfänger bekannter besonderer Sprachgebrauch des Erklärenden, ferner Ort, Zeit und Begleitumstände, sofern daraus – wie im Falle des Handaufhebens bei einer Versteigerung, des Hinzeigens auf die zum Verkauf ausgestellte Ware – ein Schluß auf den vom Erklärenden gemeinten Sinn gezogen werden kann. Alle diese Umstände sind vom Richter, wenn es sich um die normative Auslegung einer empfangsbedürftigen Erklärung handelt, nur insoweit zu berücksichtigen, als sie auch vom Erklärungsempfänger berücksichtigt werden konnten, also diesem bekannt waren oder doch bei einiger Aufmerksamkeit von ihm hätten erkannt werden können.

Daß zwischen der Erklärung als dem eigentlichen Gegenstand der Auslegung und den für die Auslegung nur als Hilfsmittel dienenden weiteren Umständen unterschieden werden muß, zeigt sich insbesondere bei **formbedürftigen Erklärungen.** Nur die Erklärung selbst bedarf der vorgeschriebenen Form; außerhalb der formgebundenen Erklärung liegende Umstände können aber hier wie sonst grundsätzlich als Mittel der Auslegung verwertet werden.[23] Die Frage ist jedoch, ob der Form auch dann genügt ist, wenn ohne Zuhilfenahme solcher Umstände die Erklärung keinen oder einen ganz anderen, als den von den Parteien gemeinten Sinn ergibt. Die Beantwortung dieser Frage ist kontrovers. Das RG hat in ständiger Rechtsprechung verlangt, daß im Falle der Schriftform „die wesentlichen Teile“ der Erklärung „in der Urkunde selbst zu erkennen sein müssen, weil sonst die urkundliche Form den Inhalt nicht deckt“.[24] Ein Pfandrecht etwa wird gekennzeichnet durch den Pfandgegenstand und die zu sichernde Forderung. Bei der Bestellung eines Pfandrechts an einer Grundschuld müsse also, so meinte das RG,[25] die durch die §§ 1291, 1274, 1154 vorgeschriebene schriftliche Verpfän-

---

[21] Dabei kann wieder erst durch Auslegung zu ermitteln sein, wie weit ein Verhalten zur Erklärung zu rechnen ist. Treffend sagt *Lüderitz* aaO. S. 25: „Auslegung ermittelt also nicht nur den Inhalt der rechtsgeschäftlichen Erklärung, sondern auch ihren Umfang – und damit den Gegenstand der Auslegung selbst.“

[22] So auch *Lange/Köhler* § 35 II.

[23] H. L.; vgl. *v. Tuhr* Bd. II § (› III; *Enn./N.* § 206 VI; *Oertmann* 6d zu § 133; *Soergel/Hefermehl* 217, MünchKomm/*Mayer-Maly* 30 zu § 133; *Lüderitz,* S. 179 zu Anm. 2. Aus der Rspr. RGZ 59, 217, 219; 67, 204, 214; 80, 395, 403; BGH MDR 64, 863.

[24] RGZ 79, 418, 422; 80, 400, 402; 136, 422, 424; 137, 305, 309.

[25] RGZ 136, 422, 424.

dungserklärung nicht nur die verpfändete Grundschuld selbst, sondern auch die durch ihre Verpfändung zu sichernde Forderung bezeichnen; nenne sie diese Forderung nicht, so sei dem Formerfordernis nicht genügt. Es würde danach auch nicht genügen, wenn die zu sichernde Forderung für die Parteien eindeutig sich aus anderen Umständen, etwa aus den Vorverhandlungen oder aus dem gleichzeitig gewährten Kredit, ergäbe. Dem ist jedoch nicht zuzustimmen. Es muß grundsätzlich darauf ankommen, ob *für die Geschäftsparteien,* auf Grund der *ihnen* bekannten Umstände, die Urkunde sowohl die Art wie den Gegenstand des Geschäfts eindeutig erkennen läßt. Wenn vielfach gefordert wird, der durch die Auslegung ermittelte Sinn der Erklärung müsse in der Urkunde selbst einen wenn auch unvollkommenen Ausdruck gefunden haben (Andeutungstheorie),[26] so wird man es doch im allgemeinen als genügend ansehen müssen, daß er *gerade für die Parteien* darin einen hinreichenden Ausdruck gefunden hat. Die tatsächlich übereinstimmende Meinung der Vertragschließenden über den Sinn des von ihnen in der Urkunde gebrauchten Ausdrucks oder der für sie aus den Umständen eindeutig erkennbare Sinn überwindet auch hier grundsätzlich den mehrdeutigen oder unvollständigen Wortlaut der Erklärung.[27]

Allerdings bedarf das Gesagte einer Einschränkung. Man wird nämlich den Zweck der Form[28] nicht außer acht lassen dürfen und danach differenzieren müssen.[29] Liegt dieser nicht nur im Schutz der Parteien vor Übereilung oder in der Beweissicherung, sondern wenigstens zugleich auch im Schutze Dritter, wie etwa bei der Vorschrift des § 566, oder in einem öffentlichen Interesse an Kundbarkeit, so wird man in der Tat verlangen müssen, daß die wesentlichen, d. h. die für den Geschäftstypus charakteristischen, Bestimmungen aus der Urkunde selbst, ohne Zuhilfenahme anderer, nicht allgemein bekannter Umstände, hinreichend ersichtlich sind. Die uneingeschränkte Anwendung des Satzes „falsa demonstratio non nocet" oder auch eine Auslegung allein nach der Verständnismöglichkeit der Parteien wäre mit dem Formzweck in diesen Fällen dann nicht zu vereinbaren, wenn die danach als maßgeblich zu erachtende Bedeutung für den zu schützenden Dritten nicht erkennbar ist.[30] Zur Klarstellung mehrdeutiger oder unklarer Ausdrücke hat das RG dennoch auch in solchen Fällen „alle Auslegungsbehelfe ohne Einschränkung" für zulässig erklärt.[31] Das ist mit Rücksicht

---

[26] Kritisch zur „Andeutungstheorie" *Häsemeyer,* Die gesetzliche Form der Rechtsgeschäfte, 1971, S. 127ff.

[27] Vgl. dazu *Flume* § 16, 2c; *Häsemeyer* (vorige Anm.) S. 270, 280f. A. A. aber *Wieling* aaO. S. 307ff.

[28] Eingehend dazu *Lüderitz* aaO. S. 194ff.

[29] Vgl. auch *Medicus* Rdz. 331.

[30] So auch *Mayer-Maly* in MünchKomm 30 zu § 133.

[31] RGZ 159, 272, 278. Es handelte sich um die Auslegung der Satzung einer GmbH. Weitergehend hat das RG auch den Satz „falsa demonstratio non nocet" bei formbedürftigen Verträgen uneingeschränkt für anwendbar erklärt; so RGZ 61, 264; 109, 334.

auf den Dritten mindestens bedenklich.[32] Der BGH ist dann auch im Falle eines Grundstückskaufvertrages hiervon abgerückt.[33] Keinen Bedenken unterliegt hingegen die Ergänzung einer unvollständigen Urkunde allein aus dem Zusammenhang des Textes selbst, wenn dieser bei verständiger Auffassung eine solche Deutung nahelegt.[34]

Unter den Mitteln der Auslegung nennt § 157 besonders die **„Verkehrssitte".** Das Gesetz versteht unter der Verkehrssitte eine im Verkehr, und zwar regelmäßig innerhalb eines bestimmten Kreises von Verkehrsteilnehmern, bestehende geschäftliche Übung oder sprachliche Gepflogenheit, deren sich die Angehörigen dieses Verkehrskreises regelmäßig zu bedienen pflegen und die daher grundsätzlich bei jedem von ihnen als bekannt vorausgesetzt werden kann. Die „Verkehrssitte" im Sinne des § 157 ist also keine mit dem Anspruch auf Befolgung auftretende Norm;[35] sie wird dazu auch nicht durch die Verweisung in § 157. Vielmehr ist sie ein sowohl bei der Ermittlung der tatsächlich gemeinten Bedeutung wie bei der normativen Auslegung einer Willenserklärung zu beachtender tatsächlicher Faktor. Ihre Beachtlichkeit ergibt sich daraus, daß nach allgemeiner Lebenserfahrung damit gerechnet werden kann, jeder werde einen Ausdruck, dem im Verkehr regelmäßig eine bestimmte Bedeutung beigelegt wird, in eben dieser Bedeutung brauchen und verstehen. Gehören beide Teile, der Erklärende und der Empfänger, demselben Verkehrskreis an, so kann der Empfänger, wenn keine besonderen Umstände vorliegen, die etwa dagegen sprechen, davon ausgehen, daß der Erklärende seine Worte in dem in diesem Kreise üblichen Sinne gemeint hat. Dieser Sinn ist dann rechtlich maßgeblich, auch wenn der Erklärende die Verkehrssitte nicht gekannt oder übersehen haben sollte. Er muß seine Erklärung dann, vorbehaltlich der Möglichkeit einer Anfechtung wegen Erklärungsirrtums, in dem der Verkehrssitte entsprechenden Sinn gelten lassen, auch wenn er sie nicht so gemeint hatte. Dabei ist vorausgesetzt, daß, wie das RG ausgeführt hat,[36] „tatsächlich eine Verkehrssitte bestand, d. h. eine Art der Geschäftsbehandlung, wie sie von sämtlichen an dem betreffenden Geschäftszweig beteiligten Kreisen, wenn auch in örtlicher Beschränkung, geübt wurde, und es

---

[32] Insoweit halte ich die Bedenken von *Wieling* für durchschlagend.

[33] BGHZ 74, 116. Zur Grenze der Auslegbarkeit von Testamenten unten im Text unter d.

[34] Vgl. RGZ 98, 103. Es handelte sich um die Angabe einer Zahlstelle auf einem Wechsel. Hierbei war der Wohnort desjenigen, der zahlen sollte, nicht angegeben. Das RG nahm an, daß der Vermerk auf dem Wechsel dahin auszulegen sei, daß der im Wechsel genannte Wohnort des Bezogenen auch als Wohnort dessen, der zahlen sollte, anzusehen sei.

[35] Wie weit ihr als „Sitte" eine gewisse moralische Verbindlichkeit im Sinne der „herrschenden Sozialmoral" zukommt, kann hier dahinstehen; die Grenze zwischen Sitte und Sozialmoral ist flüssig. Die Verkehrssitte im Sinne des § 157 umfaßt jedenfalls auch bloß tatsächliche Gepflogenheiten, mögen sie echten Gebotscharakter haben – normative Geltung beanspruchen – oder nicht. Vgl. dazu, z. T. unterschiedlich, *Sonnenberger* aaO. S. 61 ff., 107; *Flume* § 16 3d; *Mayer-Maly* in MünchKomm 17, 20 zu § 157.

[36] RGZ 114, 12.

sich nicht nur um die Anschauungen des Kreises handelte, dem die eine Geschäftspartei angehörte". Wie das RG in der gleichen Entscheidung ausgeführt hat, ist weiter erforderlich, daß die betreffende Verkehrssitte „sich mit der Sicherheit des Verkehrs verträgt und nicht als ein Mißbrauch erweist". Genügt sie dieser Anforderung nicht, so scheidet die Verkehrssitte als Mittel der Auslegung aus.

Was aber gilt, wenn die Beteiligten nicht demselben Verkehrskreis angehören und die Verkehrssitte nur in dem Kreise des einen Partners besteht? Hier wird man wieder von der Verständnismöglichkeit des Empfängers auszugehen haben.[37] Grundsätzlich ist daher die Erklärung im Sinne der in seinem Kreise allgemein geübten Verkehrssitte oder Sprachgewohnheit zu verstehen. Weiß er aber, daß der Erklärende diesem Kreis nicht angehört, oder hat er sonst Grund anzunehmen, dieser könne es anders gemeint haben, so hat er wieder unter Berücksichtigung aller ihm erkennbaren Umstände die Meinung des Erklärenden zu erforschen. Bei örtlich verschiedener Verkehrssitte soll es nach der Rechtsprechung im allgemeinen auf den Ort ankommen, an dem die Erklärung abgegeben ist.[39] Das würde bedeuten, daß der Empfänger, wenn er an einem anderen Ort wohnt als dem, an dem die Erklärung abgegeben worden ist, sich um die dort bestehende Verkehrssitte kümmern muß. Ob das in dieser Allgemeinheit richtig ist, kann bezweifelt werden. Denkbar ist ja auch, daß sich der Erklärende dem ihm bekannten Sprachgebrauch am Ort des Empfängers anpassen wollte und seine Ausdrücke gerade mit Rücksicht auf diesen gewählt hatte. Es dürfte auch hier, wenn nicht die Parteien übereinstimmend dasselbe gemeint haben, darauf ankommen, womit der Empfänger vernünftigerweise rechnen konnte.[39]

Da die Verkehrssitte nur *eines* unter anderen Auslegungsmitteln ist und keine Normqualität hat, so kann sie bei der Auslegung von Individualvereinbarungen – anders im typisierten Massenverkehr, insbesondere bei der Verwendung handelsüblicher Klauseln unter Kaufleuten oder in zum Umlauf bestimmten Wertpapieren – hinter andere Auslegungsmittel, wie z. B. einen von ihr abweichenden Sprachgebrauch oder frühere Äußerungen des Erklärenden, zurücktreten. Das ist selbstverständlich für die Ermittlung der vom Erklärenden tatsächlich gemeinten Bedeutung, gilt aber auch für die normative Auslegung, wenn der abweichende

---

[37] Abweichend meint *Flume* § 16, 3d, die Verkehrssitte dürfe nicht zuungunsten des Partners herangezogen werden, der nicht dem betreffenden Verkehrskreis angehört. Das halte ich in dieser Allgemeinheit nicht für zutreffend. Wer sich als Außenseiter in einem ihm sonst fremden Geschäftszweig, vielleicht nur einmal, betätigt, muß sich um die dort bestehenden Gebräuche kümmern. Tut er das nicht, so muß er damit rechnen, daß er wie ein Angehöriger dieses Geschäftszweigs angesehen wird und seine Erklärungen dementsprechend verstanden werden.

[38] RGZ 53, 59, 67; BGHZ 6, 127, 134.

[39] Zutreffend sagt *Lüderitz* (aaO. S. 302), die Verbindlichkeit von Verkehrssitten (im Zusammenhang mit der Auslegung) richte sich „nach demselben normativen Maßstab wie Ausdrucks- und Deutungsdiligenz schlechthin."

Sprachgebrauch oder die früheren Äußerungen des Erklärenden dem Empfänger bekannt waren.

c) **Erklärungen an einen unbestimmten Personenkreis.** Manche Erklärungen werden nicht an einen bestimmten Empfänger gerichtet, sondern richten sich an einen unbestimmten Personenkreis. Dazu gehören die Auslobung, Erklärungen auf einem zum Umlauf bestimmten Wertpapier, die Vollmachtsurkunde; ferner Erklärungen, die in einem zur Unterrichtung der Öffentlichkeit bestimmten Register, z. B. im Handelsregister, veröffentlicht werden. Ebenso richten sich die Satzungen und die Beschlüsse eines Vereins oder einer sonstigen Körperschaft nicht an eine bestimmte Person. Bei derartigen Erklärungen fällt die Rücksicht auf die Verständnismöglichkeit gerade des Empfängers fort; stattdessen ist bei ihrer Auslegung von der Verständnismöglichkeit eines durchschnittlichen Verkehrsteilnehmers oder eines Angehörigen gerade des angesprochenen Personenkreises auszugehen. Außer dem Text der Erklärung sowie Urkunden, auf die darin etwa Bezug genommen ist und die ihrerseits der Öffentlichkeit zugänglich sind, dürfen daher nur solche Umstände zur Auslegung herangezogen werden, die *jedermann*, oder doch jedem Angehörigen des angesprochenen Kreises, erkennbar sind. Bei der Auslegung börsengängiger Wertpapiere können auch solche außerhalb der Urkunde liegenden Umstände wie z. B. Erklärungen, die die Verwaltung der das Papier ausgebenden Gesellschaft bei der Ausgabe des Papiers öffentlich abgegeben hat, berücksichtigt werden, weil sie für die Bildung einer allgemeinen Verkehrsauffassung hinsichtlich dieses Papiers von Bedeutung sind. Die Auslegung der einzelnen Stücke eines solchen Papiers darf nur gleichmäßig erfolgen, so daß jedenfalls solche Umstände unberücksichtigt bleiben müssen, die gerade nur dem Inhaber eines bestimmten Stückes bekannt sind, die Bildung einer allgemeinen Verkehrsanschauung aber nicht beeinflussen können.[40] Bei örtlich verschiedenem Sprachgebrauch ist der Sprachgebrauch des Ortes maßgebend, an dem die Urkunde ausgestellt ist. Bei Erklärungen an die Öffentlichkeit in Form einer Zeitungsanzeige muß allerdings wohl der Sprachgebrauch des Verbreitungsgebiets der Zeitung maßgebend sein.

Ähnliche Grundsätze gelten auch für die Auslegung allgemeiner Geschäftsbedingungen, weil diese regelmäßig dazu bestimmt sind, gegenüber einer Vielzahl von Kunden ihres Verwenders in stets gleicher Weise zur Anwendung zu kommen. Näheres über die Auslegung allgemeiner Geschäftsbedingungen unten § 29a II.

d) **Auslegung letztwilliger Verfügungen.** Trifft jemand in einem Testament, also in einem einseitigen, nicht „empfangsbedürftigen" Rechtsgeschäft, eine letztwillige Verfügung, so gelten für die Auslegung andere Grundsätze als die bisher erörterten. Zwar bleibt es auch hier dabei, daß der Wille des Testators, um

---

[40] BGHZ 28, 259, 264.

Geltung zu erlangen, geäußert sein muß, und zwar in der vom Gesetz vorgeschriebenen Form. Ein nicht oder nicht in der vorgeschriebenen Form erklärter Wille ist auch hier nicht imstande, Rechtsfolgen herbeizuführen. Deshalb ist auch hier Gegenstand der Auslegung die formgerecht abgegebene Erklärung, nicht ein von ihr getrennt betrachteter „Wille an sich".[41] Aber die maßgebliche Bedeutung der Erklärung ist hier grundsätzlich diejenige, die der Testator selbst mit ihr verbunden hat, sofern sie sich nur irgendwie ermitteln läßt. Die Rücksicht auf den Verständnishorizont eines Empfängers als Kriterium einer normativen Auslegung ist hier nicht am Platz. Zwar ist auch das Testament dazu bestimmt, nach dem Tode des Testators von denen, die es angeht, zur Kenntnis genommen zu werden; es handelt sich also auch hier um eine Äußerung mit Kundgebungszweck. Aber das Testament hat nicht den Sinn, daß der Testator selbst eine Bindung eingeht und daß andere sich darauf sollen verlassen können. Bis zu seinem Tode kann er das Testament noch abändern oder widerrufen; er selbst ist noch in keiner Weise gebunden. Daher ist, wie *Flume*[42] mit Recht bemerkt, „für eine Selbstverantwortung des Testators bei einer Verfehlung in der Publikation seiner Anordnung kein Raum". Die Auslegung des Testaments richtet sich auf die „subjektive", nicht auf eine von ihr verschiedene objektive und normative Bedeutung. Es kommt daher weder auf die Verständnismöglichkeit eines bestimmten Empfängers noch des Personenkreises an, an den sich der Testator etwa wendet,[43] sondern grundsätzlich nur darauf, wie der Testator selbst seine Anordnung verstanden wissen wollte. Die maßgebende Gesetzesbestimmung ist hier zunächst wieder der § 133, während § 157 hier ausscheidet. Darüber hinaus bestimmt § 2084, daß einer mehrdeutigen Verfügung die Wirksamkeit nicht versagt werden darf, wenn sie bei einer der möglichen Auslegungen im Sinne des Erblassers „Erfolg" haben kann, d. h. seiner Absicht entspricht. Entscheidend ist, was der Testator in dem Testament hat *anordnen wollen*.[44] Um das zu ermitteln, sind *alle* Umstände zu berücksichtigen, aus denen ein Schluß auf seine Willensrichtung gezogen werden kann, nicht nur diejenigen, die bestimmten Personen erkennbar sind. So können zur Verdeutlichung oder zur Vervollständigung einer Anordnung frühere Entwürfe des Testators herangezogen werden, wenn sich ergibt, daß die endgültige Fassung des Testaments keine sachliche Änderung bedeuten sollte. Ebenso sind briefliche oder hinreichend bezeugte mündliche Erläuterungen des Testaments zu berücksichtigen, die der Erblasser

[41] So auch *MünchKomm/Leipold* 1 zu § 2084.

[42] § 16, 5.

[43] H. L.; vgl. *Dippel,* AcP 177, S. 355 ff., mit Nachweisen. Anders noch *meine* Methode der Auslegung des Rechtsgeschäfts S. 80. Dagegen zutreffend *Wieacker* JZ 67, 385 (389, zu Anm. 33); auch *Lüderitz* aaO. S. 98.

[44] Daher kommt es auf seine Absicht im Zeitpunkt der Abfassung des Testaments, nicht in einem späteren Zeitpunkt an. So auch RGZ 99, 82, 85; 142, 171, 175; *Kipp/Coing,* Erbrecht § 21 Anm. 19; *Lange/Kuchinke,* Lehrb. des Erbrechts, 2. Aufl. § 33 III 2 u. 5.

anderen Personen gegeben hat. Weiter sind zu berücksichtigen die Vorstellungen, von denen der Erblasser ausging, seine Motive, der von ihm verfolgte Zweck. Dem allgemeinen Wortsinn kommt dabei noch weniger als sonst entscheidende Bedeutung zu. Hat sich der Testator im Ausdruck vergriffen, läßt sich aber zweifelsfrei ermitteln, was er hat sagen wollen, so gilt der Ausdruck in der von ihm gemeinten Bedeutung, auch wenn sich diese mit dem allgemeinen Wortsinn nicht vereinbaren läßt.

Eine Schranke der „subjektiven" Auslegung ergibt sich indessen auch hier aus dem Erfordernis, daß der Rechtsfolgewille des Testators, um Geltung zu erlangen, *erklärt,* und zwar in der vom Gesetz verlangten *Form* erklärt sein muß. Was mit keinem Wort im Testament erwähnt, in ihm bei weitestgehender Berücksichtigung der Ausdrucksweise des Testators keinen Ausdruck gefunden hat, kann nicht, auch nicht im Wege der subjektiven Auslegung, Geltung erlangen. Das ist auch die Auffassung des BGH.[45] Nichts anderes kann in dem Fall gelten, daß der Testator etwa infolge einer Verwechslung der Personen oder Sachen eine *andere* Person oder Sache bezeichnet hat als die von ihm gemeinte. Gewiß wäre es unschädlich, wenn der Erblasser etwa nur den Namen falsch geschrieben oder es unterlassen hätte, den Träger eines häufig vorkommenden Namens durch die Hinzufügung unterscheidender Merkmale näher zu kennzeichnen. Die lediglich ungenaue, unvollständige oder teilweise unrichtige Bezeichnung könnte dann im Wege der Auslegung ergänzt oder berichtigt werden. Hat der Testator indessen im Testament eine Bezeichnung gebraucht, die, auch unter Berücksichtigung seines eigenen Sprachgebrauchs, eindeutig nur auf eine *andere* Person oder Sache als die von ihm gemeinte bezogen werden kann, dann ist nicht für eine Auslegung, sondern nur für eine Anfechtung wegen Irrtums über den Inhalt seiner Erklärung gemäß § 2078 Raum.[46] Anfechtungsberechtigt ist derjenige, dem „die Aufhebung der letztwilligen Verfügung unmittelbar zustatten kommen würde" (§ 2080 Abs. 1). Dadurch wird dann freilich nicht erreicht, daß statt der irrtümlich genannten die wirklich gemeinte Person eingesetzt ist, sondern die letztwillige Verfügung ist nichtig; im Fall, daß es sich um eine Erbeinsetzung handelte, tritt gesetzliche Erbfolge ein. Die Rechtsordnung kann, wenn sie aus guten Gründen für das Testament eine Form verlangt, dem Testator nicht jedes Risiko abnehmen, daß er seinen Willen in der vorgeschriebenen Form zum Ausdruck

---

[45] BGHZ 80, 242 und 246. „Ein Wille des Erblassers, für den sich im Testament kein Anhaltspunkt findet, ist nicht formgültig geäußert", heißt es in der ersten dieser beiden Entscheidungen.

[46] Vgl. hierzu auch den Fall RGZ 70, 391: Die Erblasserin hatte in ihrem Testament bestimmt, daß die gesetzliche Erbfolge eintreten solle, in der irrigen Meinung, damit die Nachkommen ihrer halbbürtigen Geschwister von der Erbfolge ausgeschlossen zu haben. Das RG ließ nur die Anfechtung wegen Irrtums, nicht eine berichtigende Auslegung des Testaments in dem von der Erblasserin gemeinten Sinne zu. Ähnlich lag es auch im Falle BGHZ 80, 246. Für die Berichtigung des Erklärten im Sinne des vom Erblasser Gewollten auch in derartigen Fällen *Lüderitz* aaO. S. 203.

gebracht hat. Zutreffend sagen *Lange/Kuchinke,*[47] die Auslegung könnte nicht „eine eindeutige Anordnung in ihr Gegenteil verwandeln". Das wäre keine Auslegung mehr, sondern der Ersatz der wirklich getroffenen Anordnung durch eine andere, nicht getroffene. Man wird daher doch wohl sagen müssen, daß die Möglichkeit, eine vom Erblasser gewählte ungenaue oder teilweise unrichtige Bezeichnung im Wege der Auslegung des Testaments richtigzustellen, dort ihr Ende findet, wo die Bezeichnung, auch unter Berücksichtigung eines besonderen Sprachgebrauchs des Erblassers, eindeutig etwas anderes besagt, als der Erblasser sagen wollte. Dann bleibt nur die Möglichkeit der Anfechtung gemäß § 2078.[48]

Dieselben Grundsätze, die für die Auslegung einer letztwilligen Verfügung gelten, gelten auch für die Entscheidung der Frage, ob eine briefliche Äußerung, vorausgesetzt, daß der Form des § 2247 genügt ist, *als eine letztwillige Verfügung anzusehen* ist oder nicht.[49] Es sind also alle Umstände zu berücksichtigen, aus denen ein Schluß darauf gezogen werden kann, ob der Briefschreiber im Augenblick der Abfassung des Briefes den Willen hatte, hiermit bereits eine letztwillige Verfügung, also eine Anordnung mit Geltungssinn, zu treffen, oder ob er dem Empfänger des Briefes lediglich seine bestehende Absicht mitteilen wollte, demnächst eine derartige Verfügung vorzunehmen.[50]

e) **Materiale Auslegungsregeln und ergänzendes Gesetzesrecht.** Die §§ 133 und 157 enthalten Anweisungen, wie die Auslegung einer Willenserklärung oder auch eines Vertrages im ganzen vorzunehmen ist. Ihnen treten die dargestellten, in der Rechtsprechung entwickelten Grundsätze zur Seite, die sich auf die Methode der Auslegung eines Rechtsgeschäfts, insbesondere die empfangsbedürftiger Willenserklärungen, beziehen. Es gibt im Gesetz aber auch eine Reihe von Vorschriften, die sich nicht auf die *Methode* der Auslegung beziehen, sondern für bestimmte Fälle ein bestimmtes *Ergebnis* der Auslegung als das „im Zweifel" zutreffende bezeichnen und den Richter somit anweisen, es als den maßgeblichen Inhalt der Erklärung anzusehen, falls nicht eindeutig eine andere Bedeutung im Einzelfall als die hier von beiden übereinstimmend gemeinte oder die vom Empfänger zu verstehende zu ersehen ist. Dadurch wird nicht nur unter Umständen die Beweislast verschoben, sondern vor allem verhindert, daß einer Erklärung die Wirksamkeit versagt werden muß, weil sie von den Beteiligten in verschiede-

---

[47] *Lange/Kuchinke,* Lehrbuch des Erbrechts, 2. Aufl. § 33 III 4. Dafür, einen eindeutigen Wortsinn als Schranke der Auslegung – nicht erst wegen der Formbedürftigkeit – anzusehen, *MünchKomm/Leipold* 10, 30 zu § 2084.

[48] *Flume* § 16, 5 schränkt die Bedeutung des § 2078 Abs. 1 allzusehr ein, wenn er meint, für eine Anfechtung wegen Erklärungsirrtums sei beim Testament nur dann Raum, wenn zwar feststehe, daß der letztwillig Verfügende sich in einem Irrtum über seine Erklärung befunden hat, sich aber nicht feststellen läßt, was er wirklich erklären wollte. Von seinem Standpunkt aus würde es folgerichtig in einem solchen Fall nicht einmal der Anfechtung bedürfen. Da die Auslegung erfolglos bliebe, müßte die Erklärung nichtig sein.

[49] Vgl. dazu die Entscheidung des BayObLG in MDR 63, 503.

[50] Der BGH wendet neben § 133 den § 2084 auch dann *entsprechend* an, wenn streitig ist, ob eine Erklärung als Rechtsgeschäft unter Lebenden oder als letztwillige Verfügung anzusehen ist, nicht aber, wenn es sich darum handelt, ob sie eine Geltungsanordnung oder nur einen unverbindlichen Wunsch enthält; so LM Nr. 13 zu § 2084 BGB.

ner Bedeutung gemeint und verstanden war und keine dieser Bedeutungen sich zweifelsfrei als die mit Rücksicht auf die Verständnismöglichkeit des Empfängers maßgebende erkennen läßt. Als maßgeblich ist dann die im Gesetz angegebene Bedeutung anzusehen. Im Unterschied zu den die Methode der Auslegung betreffenden, „formalen" Auslegungsregeln bezeichne ich diese Regeln, die ein bestimmtes Auslegungsergebnis als das in Zweifelsfällen anzunehmende bestimmen, als „materiale" Auslegungsregeln.[51]

Derartige materiale Auslegungsregeln enthalten vor allem die §§ 186ff. (unten § 34). Hat also z. B. jemand erklärt, er halte sich an das von ihm gemachte Angebot drei Tage gebunden, so ist, falls nicht die Umstände für den Empfänger eindeutig ergeben, daß er es anders gemeint hat, in die gesetzte Frist der Tag des Angebots selbst gemäß § 187 Abs. 1 nicht, der auf ihn folgende dritte Tag gemäß § 188 Abs. 1ff. voll einzurechnen, so daß das am Dienstagvormittag gemachte Angebot noch am Freitagnachmittag – regelmäßig bis zum Geschäftsschluß – angenommen werden kann. Weitere materiale Auslegungsregeln enthalten z. B. die §§ 314, 364 Abs. 2, 926 Abs. 1 Satz 2, 2066ff.

Die materialen Auslegungsregeln sind zu unterscheiden von den ergänzenden, meist dispositiven Normen des Gesetzes (oben § 1 V), die der Regelung solcher Fragen dienen, an die die Parteien entweder beim Vertragsschluß nicht gedacht, oder deren Regelung sie deshalb unterlassen haben, weil sie auf die gesetzliche Regelung vertrauen. Solche Normen sind beispielsweise die über die Haftung des Schuldners im allgemeinen (§§ 276ff.), die Haftung des Verkäufers für Sachmängel (§§ 459ff.), das Recht des Beauftragten auf Ersatz seiner Aufwendungen (§ 670) und viele andere. Wo das Gesetz eine solche Regelung getroffen hat, da führen wir die entsprechende Rechtsfolge nicht auf den erklärten Willen der Parteien und somit auf die Privatautonomie, sondern unmittelbar auf die gesetzliche Anordnung zurück. Dagegen führen wir die Rechtsfolge dort, wo eine materiale Auslegungsregel eingreift, immer noch auf die der Regel entsprechend ausgelegte Willenserklärung und also auf die Privatautonomie zurück. Das hat zur Folge, daß, wenn der Erklärende seine Worte tatsächlich anders gemeint hatte, als sie gemäß der Auslegungsregel zu verstehen sind, er sich in einem Irrtum über den Inhalt seiner Erklärung befunden hat und diese daher gemäß § 119 Abs. 1 anfechten kann. Beruht die Rechtsfolge dagegen nicht auf seiner Erklärung, sondern unmittelbar auf einer gesetzlichen Anordnung, so handelt es sich, wenn der Erklärende sie nicht gewollt hat, um einen sog. Rechtsfolgeirrtum (unten § 20 II a), nicht um einen Erklärungsirrtum; er kann seine Erklärung deshalb nicht anfechten.

Es ist nicht zu verkennen, daß das Gesetz denselben Erfolg, den es durch eine materiale Auslegungsregel erreicht, auch durch eine dispositive Norm hätte erreichen können und umgekehrt. § 127 Satz 1 sagt: „Die Vorschriften des § 126 gelten im Zweifel auch für die durch Rechtsgeschäft bestimmte schriftliche Form." Aus dieser Formulierung, insbesondere aus den Worten „im Zweifel",

[51] Zustimmend *Mayer-Maly* in MünchKomm 56 zu § 133.

wird geschlossen, daß es sich um eine Auslegungsregel handelt. Man könnte sich die Vorschrift aber auch so denken, daß sie lautete: „Ist durch Rechtsgeschäft schriftliche Form vereinbart, so ist, falls die Parteien nichts anderes bestimmt haben, § 126 entsprechend anzuwenden." Dann würde es sich um eine ergänzende dispositive Norm handeln. Es ergibt sich die Frage, welchen Sinn es hat, wenn das Gesetz bald die eine, bald die andere Form der Anordnung wählt. Eine materiale Auslegungsregel wird es im allgemeinen dann vorziehen, wenn es sich nur darum handelt, die von den Parteien gewollte und erklärte Rechtsfolge näher zu präzisieren, Unklarheiten oder Ungenauigkeiten zu beseitigen; eine ergänzende dispositive Norm dann, wenn darüber hinaus die von den Parteien getroffene Regelung durch eine zusätzliche Regelung ergänzt werden soll, die zwar dem typischen Vertragssinn entspricht, aber den Erklärungen der Parteien selbst nicht entnommen werden kann. Daß indessen beides ineinander übergeht, ohne daß immer eine scharfe Grenze gezogen werden könnte, zeigt gerade der angeführte Rechtssatz. Wenn nämlich die Parteien vereinbart haben, ein von ihnen beabsichtigter Vertrag solle schriftlich geschlossen werden, und hernach Meinungsverschiedenheiten darüber auftreten, ob zur Wahrung der Form etwa die eigenhändige Unterschrift eines jeden erforderlich sei oder der Firmenstempel genüge, dann kann man ebensogut sagen, die Vereinbarung der Schriftform sei ungenau und daher klärungsbedürftig, wie, sie sei unvollständig und daher ergänzungsbedürftig gewesen. Mit der Entscheidung für eine materiale Auslegungsregel an Stelle einer auch möglichen dispositiven Norm erweitert das Gesetz die Möglichkeit, eine Erklärung wegen eines Erklärungsirrtums anzufechten, mit der Entscheidung für eine dispositive Norm schränkt es diese Möglichkeit ein.

Das Problem, ob es sich um eine Auslegungsregel oder um eine dispositive Gesetzesnorm handelt, stellt sich besonders dort, wo das Gesetz an das Schweigen in einer bestimmten Situation die gleiche Rechtsfolge wie an eine Willenserklärung bestimmten Inhalts knüpft, oder wo es sagt, es solle eine bestimmte Rechtsfolge als „stillschweigend" vereinbart gelten. Dazu ist unter III Stellung zu nehmen.

f) **Beweislast und Revisibilität des Auslegungsergebnisses.** Im deutschen Zivilprozeß spielt die Unterscheidung der sog. Tat- und der Rechtsfrage eine große Rolle. Hinsichtlich der Tatsachen, die das Begehren des Klägers oder des Beklagten zu stützen geeignet sind, trifft jeweils den einen oder den anderen nach der im normalen Zivilprozeß geltenden „Verhandlungsmaxime" sowohl eine Behauptungs- wie eine Beweislast. Das Gericht darf grundsätzlich nur solche *Tatsachen* bei seinem Urteil berücksichtigen, die von einer Partei vorgebracht, in den Prozeß „eingeführt" sind, zu denen daher die andere Partei hat Stellung nehmen können. Die Partei bringt die ihr (wirklich oder vermeintlich) günstigen Tatsachen in der Form vor, daß sie ihr Vorliegen *behauptet.* Bestreitet sie die Gegenpartei, so ist regelmäßig die Partei, die die Behauptung aufgestellt hat, genötigt, sie zu beweisen; erbringt sie den Beweis für ihre Behauptung nicht, so wird diese als nicht zutreffend angesehen. Die *Rechtsfrage* dagegen, d.h. die Frage nach der rechtlichen Bedeutung der vorgebrachten Tatsachen und der Rechtsfolge, entscheidet das Gericht grundsätzlich von sich aus, ohne daß die Parteien genötigt wären, bestimmte Rechtssätze anzuführen oder darzulegen, warum sie auf ihren Fall anzuwenden seien („iura novit curia"). Es ist ihnen zwar unbenommen, derartige Ausführungen zu machen; der Richter hat aber unabhängig davon zu prüfen, welche Rechtssätze auf den von ihm festgestellten Sachverhalt anzuwenden sind und zu welchem Ergebnis ihre Anwendung führt. Die Partei hat insoweit weder eine Behauptungs- noch eine Beweislast.

Ob die Auslegung eines Rechtsgeschäfts eine Rechts- oder eine Tatfrage ist, kann zweifelhaft sein. Unzweifelhaft eine Tatfrage, die folglich unter die Behauptungs- und die Beweislast einer Partei fällt, ist die, ob die Parteien eine Willenserklärung *tatsächlich* im gleichen Sinne verstanden haben. Ebenso ist es eine Tatfrage, ob die Erklärung mit dem behaupteten Wortlaut abgegeben worden ist, was in den Vorverhandlungen besprochen worden ist, welche sonstigen Umstände, die für die Auslegung der Erklärung von Bedeutung sein können, vorgelegen haben, und ob sie dem Erklärungsempfänger bekannt waren. Zur Tatfrage gehört auch das Bestehen einer bestimmten Verkehrssitte, eines Handelsbrauchs, sowie die Zugehörigkeit des Erklärenden oder des Empfängers zu dem betreffenden Verkehrskreis. Die eigentlich normative Auslegung dagegen, d.h. die Entscheidung der Frage, ob eine bestimmte Bedeutung der Erklärung unter den festgestellten Umständen als die rechtlich maßgebliche anzusehen ist, ist eine Rechtsfrage.[52] Denn hierbei handelt es sich nicht mehr darum, ob in der Welt der tatsächlichen Begebenheiten – zu denen auch die sog. „inneren Tatsachen", wie die tatsächliche Meinung des Erklärenden und des Empfängers, gehören – etwas gewesen ist oder nicht gewesen ist, sondern darum, welche Bedeutung der Erklärung auf Grund der festgestellten Tatsachen gerade unter rechtlichen Gesichtspunkten beizumessen ist. Darüber kann kein Beweis geführt und erhoben werden; was nach rechtlichen Maßstäben normativ richtig ist, entscheidet im Zweifelsfall der Richter auf Grund der ihm vorbehaltenen „Rechtsanwendung". Dabei handelt es sich allerdings nicht einfach um die Subsumtion unter eine Gesetzesnorm, sondern um die Aufdeckung, Verdeutlichung des der Erklärung selbst – als eines auf die Herbeiführung von Rechtsfolgen gerichteten Akts – innewohnenden Sinnes.

Es ist in der Rechtsprechung sowohl des Reichsgerichts wie des BGH anerkannt worden, daß „der Richter die Auslegung von sich aus vorzunehmen hat

[52] Auch wenn es sich um Individualverträge handelt; so zutreffend *Raiser,* Das Recht der allgemeinen Geschäftsbedingungen, S. 274; *Schmidt-Salzer,* Allgemeine Geschäftsbedingungen, 1971, Rdn. 122, 123; *Mayer-Maly* in MünchKomm 47, 61, 62, 69; *Palandt/Heinrichs* 7b zu § 133.

und daß die Auslegung mit Beweislast und Beweisführung nichts zu tun hat".[53] Doch gilt dies, wie der BGH ebenfalls festgestellt hat, „nur für die Ausdeutung des objektiven Sinnes einer Erklärung nach Maßgabe der §§ 133, 157 BGB". Die Feststellung der für die Auslegung maßgeblichen *Tatsachen* erfolge dagegen nach Maßgabe der für die Behauptungs- und Beweislast geltenden Grundsätze. Bei der Auslegung eines Testaments ist die Ermittlung des tatsächlichen Geltungswillens des Testators eine tatsächliche Feststellung; die Frage aber, ob der Wille in solcher Weise in dem Testament zum Ausdruck gekommen ist, daß die Form als gewahrt angesehen werden kann, ist eine Rechtsfrage.

Daraus, daß die normative Auslegung Rechts- und nicht Tatfrage ist, hat die Rechtsprechung jedoch nicht die Folgerung gezogen, daß die Auslegung einer Willenserklärung insoweit *immer* mit der Revision angegriffen werden könne. Vielmehr steht sie auf dem Standpunkt, daß – abgesehen von der Auslegung allgemeiner Geschäftsbedingungen, die in mehr als einem Oberlandesgerichtsbezirk zur Anwendung kommen (unten § 29a II), der Satzung einer juristischen Person, ferner eines für den allgemeinen Verkehr bestimmten Wertpapiers und feststehender handelsüblicher Klauseln[54] – die Auslegung eines Rechtsgeschäfts grundsätzlich dem Richter der Tatsacheninstanz vorbehalten sei und in der Revisionsinstanz nur insoweit nachgeprüft werden könne, als die unrichtige Anwendung einer Gesetzesnorm, eines allgemeinen Denkgesetzes oder Erfahrungssatzes behauptet wird.[55] Dies kann freilich nicht damit begründet werden, die Auslegung individueller Erklärungen und Verträge sei, auch soweit es sich um Sinndeutung und um normative Auslegung handelt, lediglich eine „Tatfrage". Praktisch bedeutet die ständige Rechtsprechung vielmehr – und sie sollte dies offen sagen – die Einräumung eines gewissen Ermessensspielraums bei der Deutung einer Willenserklärung an den Richter der Tatsacheninstanz. Die Revision kann nur darauf gestützt werden, daß dieser Spielraum überschritten sei, dadurch, daß einer der angeführten Sätze nicht beachtet oder unrichtig angewendet, d. h. soviel wie: in seinem allgemeinen Sinngehalt verkannt worden sei. Das ist deshalb vertretbar, weil bei der Auslegung von Individualrechtsgeschäften die Feststellung der für die Auslegung erheblichen Tatsachen und ihre Auswertung im Sinne der einen oder der anderen Deutung der Erklärungen sich zwar theoretisch noch unterscheiden lassen, praktisch aber doch weitgehend ineinander übergehen.[56]

---

[53] RGZ 131, 343, 350; BGHZ 20, 109, 111.

[54] RGZ 81, 117; 144, 301, 304; 148, 42, 44; 154, 187, 190; 155, 133, 135; 159, 321, 326; 164, 140; BGHZ 1, 83, 85; 22, 109, 112.

[55] RGZ 105, 417, 419; 131, 343 (350); OGHZ 1, 133 (137); BGHZ 23, 263, 278. Gegen diese Rechtsprechung *Mayer-Maly* in MünchKomm 69 zu § 133; die Sinnermittlung als ein Akt rechtlicher Beurteilung sei stets revisibel. Es ist jedoch kaum anzunehmen, daß die Revisionsgerichte das übernehmen werden; vgl. dazu den folgenden Text.

[56] Dem Revisionsrichter fehlt hier in der Regel die für eine solche Beurteilung erforderliche Nähe zu den Tatsachen. Hierzu und zu der ähnlich liegenden Problematik der Anwendung unbestimmter

Wenn aber der Tatrichter die Auslegung, weil die Erklärung eindeutig sei, unterlassen oder überhaupt keine Erwägungen dazu angestellt hat, nimmt der BGH für sich in Anspruch, die Auslegung selbst vorzunehmen, falls nur die Tatsachen hinreichend geklärt sind.[57] Das wäre nicht möglich, wenn es sich nicht eben doch um eine Rechtsfrage handeln würde.

III. Erklärungsbewußtsein oder Zurechenbarkeit der Erklärungsbedeutung?

Wie bereits (oben IIb) bemerkt wurde, ist es nicht nur eine Frage der Auslegung, welche Bedeutung ein zweifelsfrei als Geltungserklärung anzusehendes Verhalten im näheren hat, sondern auch schon, ob ein bestimmtes Verhalten als eine Geltungserklärung anzusehen ist.[58] Auch hier wieder kann gefragt werden, ob derjenige, der sich in bestimmter Weise verhielt, mit seinem Verhalten selbst den Sinn einer Geltungserklärung verbunden hat, oder ob nur ein anderer, der sich dadurch angesprochen fühlte, es so aufgefaßt hat und, wenn ja, den Umständen nach so auffassen konnte und mußte. Während viele das Vorliegen einer rechtsgeschäftlichen Willenserklärung nur dann bejahen, wenn der Erklärende das sogenannte *Erklärungsbewußtsein* hatte,[59] d. h. sich dessen bewußt war, überhaupt eine rechtsgeschäftliche Erklärung abzugeben, begnügen sich andere[60] auch hier mit der *Zurechenbarkeit* der Bedeutung des Verhaltens *als* einer Willenserklärung, lassen also eine *normative* Auslegung auch hier entscheiden. Dem Erklärenden, der sich dieser Bedeutung nicht bewußt war, bleibt dann die Irrtumsanfechtung nach § 119 Abs. 1. Diese Auffassung verdient den Vorzug.

Die Problematik sei zunächst an einigen Beispielen verdeutlicht. Schulfall ist die ,,Trierer Weinversteigerung". Der Ortsfremde A betritt nichtsahnend eine Kellerwirtschaft, in der gerade eine Wein-

---

Rechtsbegriffe, die eine individualisierende Beurteilung verlangen, vgl. *meine* Methodenlehre der Rechtswissenschaft, 5. Aufl. 1983, S. 297; eingehend *Henke,* Die Tatfrage, 1966, S. 188ff., 258ff. Grundsätzlich an der Unterscheidbarkeit der Rechts- und der Tatfrage zweifelnd *Kuchinke,* Grenzen der Nachprüfbarkeit tatrichterlicher Würdigung und Feststellung in der Revisionsinstanz, 1964.

[57] LM § 133 (A) Nr. 2; BGHZ 15, 71, 74; 32, 60, 63; 37, 233, 243; *Flume* § 16, 6 stimmt dem mit dem Bemerken zu, diese teilweise Aufhebung des Unterschiedes von Tatsacheninstanz und Revisionsinstanz sei ,,der Natur der Sache gemäß".

[58] So auch *Kellmann,* JuS 71, 609, *Pawlowski* II S. 214; MünchKomm/*Mayer-Maly* 43 zu § 133.

[59] Dafür *Enn./N.* § 145 II A 4; *Lehmann/Hübner* § 34 III 1b; *Oertmann* 9 d ß vor § 104; *Fabricius,* JuS 66, 1; *Wieacker,* JZ 67, 385, 389; *Canaris,* Die Vertrauenshaftung im deutschen Privatrecht, S. 427f.; wohl auch der BGH (vgl. NJW 73, 1789). *v. Tuhr* Bd. II 61 I 1b begnügt sich mit dem Bewußtsein des Handelnden, ,,durch seine Handlung eine Mitteilung irgendwelchen Inhalts zu machen". Ernst *Wolf* S. 305 verlangt ,,Geschäftsbewußtheit". *Staudinger/Dilcher* 26, 80 vor § 116 verlangt zwar das Erklärungsbewußtsein, will aber die (scheinbare) Erklärung als ,,rechtlich relevantes Verhalten" zurechnen; damit die Rechtsfolge nicht eintrete, bedürfe es auch hier der Anfechtung analog § 119. Im praktischen Ergebnis stimmt er somit der Gegenmeinung zu.

[60] So *meine* Methode der Auslegung des Rechtsgeschäfts S. 82ff.; früher schon *Danz* S. 16; *Manigk,* Irrtum und Auslegung. Gegen das Erfordernis des Erklärungsbewußtseins ferner *Flume* § 23 1 (mit Ausnahme der Fälle des konkludenten Verhaltens); *Bydlinski* aaO. S. 162ff.; *Kramer* aaO. S. 119f. u. MünchKomm 78ff. zu § 119; *Soergel/Hefermehl* 13f. vor § 116; *Lange/Köhler* § 36 I 2c; *Pawlowski* II S. 214; *Medicus* Rdz. 607; *Palandt/Heinrichs* 4b vor § 116; *Erman/Brox* 3 vor, 24 zu § 116.

versteigerung stattfindet. Dabei bedeutet das Erheben der Hand die Abgabe eines Gebots. A entdeckt unter den Anwensenden einen Bekannten und winkt ihm zu. Der Versteigerer faßt dies als Gebotsabgabe auf und erteilt A den Zuschlag. – Nicht so fernliegend ist folgender Fall. In der Versammlung eines Vereins läuft eine Bestelliste für die Vereinszeitschrift um. Ferner werden die Anwesenden gebeten, ein Glückwunschschreiben an ein abwesendes Vereinsmitglied zu unterschreiben. A unterschreibt, ohne hinzusehen, ein Schriftstück, von dem er glaubt, es sei das Glückwunschschreiben. In Wahrheit war es die Bestelliste. A, der nicht daran dachte, sie zu bestellen, erhält die Zeitschrift nebst einer Zahlungsaufforderung. – In einem vom BGH entschiedenen Fall[61] hatte jemand, ohne hinzusehen, verschiedene Papiere unterzeichnet, von denen er wußte, daß einige rechtserhebliche Erklärungen, andere nur rechtlich bedeutungslose Mitteilungen oder Glückwünsche enthielten. Darunter befanden sich auch 2 Wechsel, von denen er nichts wußte. Der Fall läßt sich leicht dahin abwandeln, daß der Betreffende nicht wußte, daß sich unter den von ihm unterzeichneten Papieren überhaupt irgendwelche rechtlich bedeutsame befanden.

Weder im Fall der Trierer Weinversteigerung, noch in dem der umlaufenden Bestelliste ist sich der Handelnde dessen bewußt, daß sein Verhalten von einem anderen – dem Versteigerer, dem Verleger der Zeitschrift – als eine rechtsgeschäftliche Erklärung aufgefaßt werden könnte; ihm fehlt das Erklärungsbewußtsein. In dem vom BGH entschiedenen Fall hatte der Unterzeichner des Wechsels allenfalls das Bewußtsein, es könnte sich möglicherweise gerade auch bei seiner Unterschrift unter dieses Schriftstück um eine rechtsgeschäftliche Erklärung handeln.[62] Freilich hätte schon dies für ihn Anlaß genug sein können, aufzupassen. Wer indessen so argumentiert, stellt bereits auf die Zurechenbarkeit ab.

Diejenigen, die ein „Erklärungsbewußtsein“ verlangen, tun dies vornehmlich deshalb, weil sie meinen, es fehle andernfalls an einem Akt der Selbstbestimmung. Die Verantwortung für den vom Empfänger der Erklärung zu verstehenden Inhalts der Erklärung setze voraus, daß der Erklärende einen solchen Akt *bewußt* vorgenommen habe.[63] Fehle es bereits daran, so hafte derjenige, der dann nur scheinbar eine Geltungserklärung abgegeben habe, nicht aus Rechtsgeschäft, sondern allenfalls wegen der Setzung eines Vertrauenstatbestandes, analog den §§ 118, 122, auf Ersatz des Vertrauensschadens.[64] In der Tat handelt es sich im Falle des § 118 um einen Fall fehlenden Erklärungsbewußtseins. Die Frage ist jedoch, ob es sich in § 118 nicht nur um einen Sonderfall handelt[65] und ob nicht das in § 119 Abs. 1 enthaltene Prinzip der Verantwortung für die zurechenbare Bedeutung des Erklärten grundsätzlich auch bei fehlendem Erklärungsbewußtsein zu gelten hat. In dem entscheidenden Punkt, daß nämlich der Erklärende *die* Rechtsfolge, die er – vorbehaltlich einer Anfechtung – gelten lassen muß, nicht

[61] NJW 68, 2102.

[62] Nach Meinung des BGH genügte das, um – entgegen der Meinung des Berufungsgerichts – das Erklärungsbewußtsein hier zu bejahen. Ob es prinzipiell erforderlich sei, ließ der BGH, da es hier jedenfalls vorliege, unentschieden. Vgl. hierzu *Bydlinski*, JZ 75, 2.

[63] *Canaris* aaO. S. 428 zu und in Anm. 14 bis 16.

[64] So *Canaris* aaO. S. 548ff. Die analoge Anwendung des § 122 macht *Canaris* weiter abhängig von der Zurechenbarkeit der Erklärungsbedeutung; vgl. S. 550 zu Anm. 5h.

[65] Dazu *Flume* a. a. O.; *Medicus* Rdz. 607 u. Bürgerl. Recht Rdz. 130; MünchKomm/*Kramer* 9 zu § 118; *Lange/Köhler* § 36 I 2o.

gewollt hat, besteht, wie *Bydlinski* mit Recht bemerkt,[66] „zwischen dem, der rechtsgeschäftlich gar nichts will, und dem, der rechtsgeschäftlich etwas ganz anderes will, kein Unterschied". Für die Gleichbehandlung beider Fälle spricht, daß die Ermittlung der Bedeutung eines Verhaltens als einer rechtsgeschäftlichen Willenserklärung ebenso wie die der inhaltlichen Bedeutung einer als solcher unstreitigen Willenserklärung nur im Wege der Auslegung erfolgen kann. Soweit die Auslegung der Willenserklärung, mit Rücksicht auf das Vertrauensinteresse des von ihr Angesprochenen, eine objektive und normative ist, sollte dies auch für die Auslegung eines Verhaltens als einer (an einen anderen gerichteten) Willenserklärung gelten.

Die Bedeutung seines Verhaltens *als* einer Willenserklärung muß dem Erklärenden selbst, ebenso wie ihre inhaltliche Bedeutung aus der Sicht des Empfängers, zurechenbar sein (vgl. dazu oben IIa aE).[67] Zurechenbar ist sie ihm nur dann, wenn *er* hätte erkennen können, daß sein Verhalten von anderen so verstanden werden mußte. Es ginge zu weit, jemand das Risiko aufzubürden, daß sein Verhalten von anderen als eine Willenserklärung gedeutet wird, wenn er selbst mit dieser Deutung überhaupt nicht rechnen konnte, weil ihm die Situation, aus der sie sich eine ergibt, nicht bewußt war. So liegt es im Schulfall der Trierer Weinversteigerung, sofern wir annehmen, daß dem Fremden weder bekannt, noch für ihn, da mit den Gebräuchen einer solchen nicht vertraut, ohne weiteres erkennbar war, daß hier eine Weinversteigerung im Gange war. Wer dagegen ein Schriftstück unterzeichnet, der hat die Möglichkeit, dadurch, daß er nur einen Blick hineinwirft, zu erkennen, worum es sich handelt. Dies ist um so eher von ihm zu erwarten, wenn er weiß oder Grund hat, anzunehmen, daß sich unter den ihm vorgelegten Schriftstücken auch solche finden könnten, die eine rechtsgeschäftliche Willenserklärung enthalten. Was seine Unterschrift deckt, muß er sich dann als *seine Erklärung* zurechnen lassen.

Für die Frage, wann eine rechtsgeschäftliche Willenserklärung vorliegt, ergibt sich danach folgendes: erforderlich ist stets ein – vom Willen beherrschbares – Verhalten, das den Sinn einer Geltungserklärung (Rechtsfolgebestimmung) hat. Ob ein bestimmtes Verhalten diesen Sinn hat, ist im Wege der Auslegung zu ermitteln. In den Regelfällen ist sich der Erklärende dieses Sinnes seines Verhaltens selbst bewußt. Um eine von der Rechtsordnung als solche gewertete Willenserklärung handelt es sich jedoch auch dann, wenn nur ein anderer das Verhalten als eine an ihn gerichtete Geltungserklärung auffassen mußte und aufgefaßt hat, sofern dem Erklärenden diese Bedeutung seines Verhaltens zurechenbar war (Willenserklärung kraft Zurechnung). Die fehlende Selbstbestimmung wird in diesen Fällen, nicht anders als in den Fällen, in denen die Erklärung, statt in der

---

[66] .Bydlinski aaO. S. 163.

[67] Ebenso *Bydlinski,* JZ 75, S. 5; *Kramer* in MünchKomm 82 zu § 119; *Lange/Köhler* aaO.; im Ergebnis auch *Bickel* a. a. O. S. 129ff.

vom Erklärenden gemeinten, in der ihr aufgrund *normativer Auslegung* zukommenden Bedeutung gilt, durch das Verantwortungsprinzip ersetzt. Der Erklärende hat jedoch – insoweit bleibt das Prinzip der Selbstbestimmung auch hier noch gewahrt – die Möglichkeit der Irrtumsanfechtung (§ 119 Abs. 1); er hat dann, wenn er hiervon Gebrauch macht, dem Empfänger nur für dessen Vertrauensschaden (§ 122) einzustehen.

IV. Schweigen und sonstiges schlüssiges Verhalten als Willenserklärung

Den Sinn einer rechtsgeschäftlichen Erklärung kann unter bestimmten Umständen auch das Schweigen – als eine Form des Unterlassens – sowie jedes andere Verhalten haben, das nicht in dem Gebrauch bestimmter Worte oder Zeichen besteht. Irreführend ist es, in allen diesen Fällen, wie es mitunter geschieht, von ,,stillschweigenden Willenserklärungen" zu sprechen.

a) **Erklärung durch Schweigen in einer bestimmten Situation.** In der Regel vermag Schweigen, blosses Nichthandeln den Willen, eine Rechtsfolge in Geltung zu sezten, nicht zu verwirklichen. Es gibt aber Situationen, in denen das Schweigen ,,beredt" ist: Wer in einer solchen Situation schweigt, sich also passiv verhält, bringt eben damit zum Ausdruck, daß er eine bestimmte Rechtsfolge gelten lassen wolle.[68] Freilich bedarf es stets besonderer Umstände, die es erlauben, im Schweigen auf eine vorangegangene Erklärung, Aufforderung oder Mitteilung hin ein Erklärungsmittel zu sehen. Wenn beispielsweise bei einer Vereinssitzung der Vorstand diejenigen Mitglieder, die dem vorgeschlagenen Beschluß nicht zustimmen wollen, auffordert, die Hand zu erheben, und A darauf seine Hand nicht erhebt, also ,,schweigt", dann hat seine Passivität die Bedeutung einer Zustimmungserklärung. Wem ein Vertragsangebot zugeht, der braucht im allgemeinen nicht darauf zu antworten; sein Schweigen kann nicht als Erklärung der Annahme gedeutet werden. Haben aber A und B vereinbart, daß A dem B ein schriftliches Angebot unterbreiten, und daß dieses als von B angenommen gelten solle, wenn B es nicht innerhalb einer bestimmten Frist ablehne, dann muß B wiederum sein Schweigen als Zustimmung gelten lassen. Haben A und B mündlich über einen Vertrag gesprochen, übersendet darauf A dem B abredegemäß ein schriftliches Angebot und schreibt B zurück, er nehme das Angebot an, wobei er einen in dem Angebot enthaltenen nicht ganz eindeutigen Ausdruck in einem bestimmten Sinne verstehe, und schweigt A dann zu dieser Interpretation

[68] Vgl. *Flume* § 5 2; *Canaris,* Schweigen im Rechtsverkehr als Verpflichtungsgrund, Festschr. f. *Wilburg,* 1975, S. 77; MünchKomm/*Kramer* 25; *Palandt/Heinrichs* 3 6aa, *Jauernig* 4a bb vor § 116; *Lange/Köhler,* § 36 II 6a. Gegen die Möglichkeit des Erklärens durch Schweigen *Bickel* aaO. S. 131 ff. u. NJW 72, 607; *Medicus,* Rdz. 34b beschränkt die Fälle des ,,Schweigens mit Erklärungsbedeutung" im wesentlichen auf die Fälle der *vereinbarten* Bedeutung, so wohl auch *MünchKomm/Dilcher* 12 vor §§ 116ff.

des B, so muß sein Schweigen dahin verstanden werden, daß er mit ihr einverstanden sei. Denn *nur,* wenn dies nicht der Fall ist, wird B eine Antwort erwarten; A kann erkennen, daß sein Schweigen hier als Zeichen seines Einverständnisses gewertet werden muß. Für derartige ,,echte" stillschweigende Willenserklärungen, in denen das Schweigen den Sinn hat, einen bestimmten Rechtsfolgewillen zum Ausdruck zu bringen, gelten dieselben Regeln wie für andere Willenserklärungen auch. Die Frage, ob das Schweigen in dieser Situation überhaupt als eine Willenserklärung aufzufassen ist und wenn ja, was es besagt, ist also im Wege der Auslegung, regelmäßig mit Rücksicht auf die Verständnismöglichkeit des Angesprochenen, zu entscheiden. ,,Empfänger" oder ,,Angesprochener" ist hier derjenige, dem das Schweigen in dieser Situation etwas sagen soll oder kann. Ferner muß die Bedeutung des Schweigens *als* einer rechtsgeschäftlichen Erklärung dem Schweigenden entweder bewußt oder, in Ermangelung des Erklärungsbewußtseins, wenigstens zurechenbar sein. Ist das Schweigen hiernach als Willenserklärung bestimmten Inhalts aufzufassen und hat derjenige, der geschwiegen hat, es nicht so gemeint, dann liegt wieder ein Fall des Irrtums über den Inhalt der Erklärung vor, der den Erklärenden zur Anfechtung gemäß § 119 Abs. 1 berechtigt. Eine Erklärung durch Schweigen ist dort nicht möglich, wo das Gesetz eine bestimmte Form vorgeschrieben hat oder, durch ein Gesetz oder einen Vertrag, eine ausdrückliche Erklärung verlangt wird.

b) **Erklärung durch sonstiges „schlüssiges Verhalten".** In einem anderen Sinne wird der Ausdruck ,,stillschweigende Willenserklärung" gebraucht, wenn man damit eine Handlung oder eine wörtliche Äußerung bezeichnet, die einen bestimmten Rechtsfolgewillen zwar nicht unmittelbar zum Ausdruck bringt, wohl aber *mittelbar* dadurch, daß sie einen Schluß von dem unmittelbar Gesagten oder Bewirkten auf einen darin sich äußernden Rechtsfolgewillen zuläßt. Die Bezeichnung *,,stillschweigende* Willenserklärung" ist hier irreführend, da nicht das Schweigen, sondern eine positive Äußerung, die aber unmittelbar etwas anderes besagt, oder auch ein bloßer ,,Realakt" als Erklärung eines bestimmten Rechtsfolgewillens gedeutet wird. Viele sprechen hier daher weniger mißverständlich von einer ,,mittelbaren" oder ,,indirekten" Willenserklärung, oder von einer Erklärung mittels ,,schlüssigen" (,,konkludenten") Verhaltens.[69] Der Schluß, der hier gezogen wird, beruht meist auf der Annahme einer folgerichtigen und redlichen Denk- oder Handlungsweise desjenigen, dessen Rechtsfolgewille aus

---

[69] *Flume* § 5 3; *Enn./N.* § 153 II, *Medicus* Rdz. 334; *Lange/Köhler* § 36 II 4a, *MünchKomm/Kramer* 24, *Palandt/Heinrichs* 3a, *Jauernig* 4a aa vor § 116. *Hanau,* AcP 165, 220, bezeichnet als ,,stillschweigende Willenserklärungen" nur die Tatbestände, in denen die Erklärungswirkung dem bloßen Nichtstun entspricht, als ,,schlüssige Erklärungen" diejenigen Tatbestände, bei denen ,,der Geschäftswille nicht sprachlichen Äußerungen, sondern anders gearteten Handlungen entnommen wird". Allerdings behauptet er im weiteren Verlauf seiner Untersuchungen, ,,stillschweigende Willenserklärungen" gäbe es nicht.

seiner Äußerung oder seinem Verhalten erschlossen wird.[70] Als Beispiel wird im Schrifttum oft der Fall angeführt, daß ein Darlehensgeber für eine Zeit *nach* dem vereinbarten Rückzahlungstermin Zinsen annimmt; darin liege, so sagt man, die ,,stillschweigende" Verlängerung des Darlehens über den vereinbarten Rückzahlungstermin hinaus. In der Tat würde der Darlehensgeber inkonsequent handeln, wenn er, nachdem er die Zinsen für den späteren Zeitraum in Kenntnis der Umstände widerspruchslos angenommen hat, hinterher doch auf dem vereinbarten Rückzahlungstermin bestehen würde. Der Darlehensnehmer kann nach ,,Treu und Glauben", d. h. wenn er dem anderen eine folgerichtige und redliche Denkweise unterstellt, der Auffassung sein, daß der Darlehensgeber, sofern er die Zinszahlung annimmt, dann auch mit der Verlängerung des Darlehens mindestens bis zum Ende des Zeitraums, für den er die Zinsen empfangen hat, einverstanden ist und dies durch die widerspruchlose Annahme des Zinses zum Ausdruck bringt. Der praktisch wichtigste Fall einer Willenserklärung durch ,,schlüssiges Verhalten" ist die wortlose Übergabe der verkauften Sache an den Käufer. Im Regelfall – wenn nicht etwa ein Eigentumsvorbehalt vereinbart ist – bringt sie den Willen des Verkäufers, die Sache in Erfüllung des Kaufvertrags zu übereignen, ,,schlüssig" zum Ausdruck, und wird vom Käufer auch als Kundgabe dieses Willens verstanden. Die Übergabe, die als solche nur auf einen tatsächlichen Erfolg gerichtet, daher ,,Realakt" ist, wird hier zugleich zum Träger einer weitergehenden Bedeutung: sie hat einen sekundären Kundgabecharakter. Durch die Entgegennahme erklärt der Käufer seinerseits ,,schlüssig" die Annahme der Übereignungsofferte. In dem Vorzeigen der Ware an der Kasse des Selbstbedienungsladens liegt ,,schlüssig" die Abgabe des Kaufangebotes. Der sekundäre Kundgabecharakter ergibt sich hier deutlich aus dem ,,Vorzeigen".

Bei den mittelbaren Erklärungen durch ,,schlüssiges Verhalten" dient dieses zwar nicht in erster Linie der Verlautbarung eines Rechtsfolgewillens; es muß aber demjenigen gegenüber gezeigt werden, der Adressat der daraus zu entnehmenden Erklärung ist. Dieser muß in der Lage sein, es zur Kenntnis zu nehmen und entsprechend zu würdigen. Wenn der Gläubiger in der Absicht, seinem Schuldner die Schuld zu erlassen, vor dessen Augen wortlos den Schuldschein zerreißt, so *kann* darin ein Antrag zum Abschluß eines Erlaßvertrages gesehen werden; nicht aber, wenn er es in seiner Abwesenheit tut.

Für die mittelbaren Erklärungen durch ,,schlüssiges Verhalten" gelten wiederum keine anderen Regeln als für Willenserklärungen überhaupt. Sie sind also mit

[70] Daß die Parteien ,,folgerichtig" denken und ,,redlich" handeln, ist keine Erfahrungstatsache – vgl. auch *Lüderitz* aaO. S. 340ff. –, sondern eine Unterstellung, die die Rechtsordnung notwendig machen muß, weil sie eine Ordnung für das Zusammenleben vernünftiger und des Innewerdens von Normen fähiger Wesen ist. Richtig sagt *Pawlowski* (aaO. S. 232ff.), zu ermitteln sei nicht lediglich der ,,empirische", sondern der in der Erklärung (dem zu deutenden Verhalten) in die Erscheinung tretende ,,freie, vernünftige Wille des anderen" als ein Wille, der *rechtlich* denkt – allerdings gilt das nur, soweit nicht das ausdrücklich Erklärte dem entgegensteht.

Rücksicht auf die Verständnismöglichkeit des Empfängers, d.h. des in dieser Situation davon „Angesprochenen", auszulegen, und im Falle, daß der Erklärende es nicht so gemeint hatte, kann er wiederum anfechten, weil er sich über den Inhalt seiner Erklärung geirrt hatte (§ 119 Abs. 1). Die Anfechtung ist allerdings zu versagen, wenn sie, wie im Beispiel der Darlehenszinsen, mit Rücksicht auf den in der Annahme der Zinsen liegenden Vorteil gegen „Treu und Glauben" verstoßen würde. Fehlt dem sich „konkludent" Verhaltenden das Bewußtsein, es könne aus seinem Verhalten auf einen Rechtsfolgewillen geschlossen werden, dann ist die Deutung des Verhaltens als einer (mittelbaren) Willenserklärung ausgeschlossen, wenn dem Erklärenden diese Bedeutung nicht zurechenbar ist.

Bei der Annahme sowohl einer Erklärung durch Schweigen wie einer Erklärung durch sonstiges schlüssiges Verhalten ist größte Vorsicht geboten. Die Rechtsprechung hat häufig einen „stillschweigend" geschlossenen Vertrag, insbesondere über einen Haftungsverzicht oder die Übernahme einer Haftung, angenommen, um zu einem als billig empfundenen Ergebnis zu gelangen, wo in Wahrheit der Sachverhalt nicht den geringsten Anhalt dafür bot, das gezeigte Verhalten als eine Willenserklärung aufzufassen.[71] Wer sich von einem Bekannten in dessen Wagen mitnehmen läßt, bringt nicht schon dadurch „stillschweigend" zum Ausdruck, daß er auf alle Ansprüche im Fall eines von dem Fahrer verschuldeten Unfalls verzichten wolle. Anders wäre es z.B. dann, wenn der um Mitnahme Gebetene darauf hingewiesen hätte, er übernähme aber keine Haftung, und wenn daraufhin der andere, ohne etwas zu sagen, in den Wagen eingestiegen wäre. In diesem Falle müßte sein Schweigen auf den Hinweis des Fahrers, in Verbindung mit dem Antritt der Fahrt, allerdings als Haftungsverzicht gedeutet werden. Ohne daß aber entsprechende Erklärungen vorangegangen und ohne daß sonst in der Situation konkrete Anhaltspunkte gegeben sind, die darauf schließen lassen, daß hier ein bestimmter Rechtsfolgewillen zum Ausdruck kommen sollte, kann dem bloßen Einsteigen oder der Bitte um Mitnahme eine solche Bedeutung nicht beigelegt werden. Anderenfalls verläßt man den Boden der Realität und arbeitet mit Unterstellungen, die nur eine Scheinbegründung darstellen und daher nicht zu überzeugen vermögen. Mit wenigen Rechtsfiguren ist in der Tat soviel Mißbrauch getrieben worden, und wird noch getrieben, wie gerade mit der „stillschweigenden Willenserklärung".

c) **Schweigen an Erklärungs Statt (Normiertes Schweigen).** In einer Reihe von Fällen ordnet das Gesetz an, das Schweigen in einer bestimmten Lage solle als Erklärung bestimmten Inhalts „gelten". Es handelt sich bei diesen Vorschriften durchweg nicht um Auslegungsregeln, die lediglich besagen würden, das Schweigen in solcher Lage sei im Zweifel als Willenserklärung dieses Inhalts zu

[71] Dagegen schon Hans Detlev *Fischer,* Gefälligkeitsfahrt und vorvertragliche Haftung, 1938, S. 14ff., 12ff.; ferner *Stoll,* Handeln auf eigene Gefahr, 1961, S. 313ff. Fälle aus der Rechtsprechung bei *Lüderitz* aaO. S. 391.

verstehen, sondern um dispositive Gesetzesnormen, die eine Rechtsfolgeanordnung im Gewande der Fiktion einer Willenserklärung enthalten.[72] Das Schweigen ist nicht etwa nur im Zweifelsfall als eine Willenserklärung auszulegen, sondern es hat, unabhängig davon, wie es im einzelnen Fall gemeint war und zu verstehen ist, aufgrund der Anordnung des Gesetzes die Rechtsfolgen, die eine Willenserklärung entsprechenden Inhalts haben würde. Es handelt sich auch nicht etwa um eine „Willenserklärung kraft Zurechnung": weder ein Erklärungsbewußtsein wird verlangt, noch die Zurechenbarkeit der Bedeutung *als* einer Willenserklärung. Die Rechtsfolge ist allein an die *Tatsache* geknüpft, daß der Betreffende geschwiegen, nichts Gegenteiliges verlautbart oder sonst ein bestimmtes Verhalten gezeigt hat. Derjenige, der geschwiegen hat, kann daher in diesen Fällen die Rechtsfolgen nicht wieder durch eine Anfechtung wegen Irrtums deshalb beseitigen, weil er eine Erklärung dieses Inhalts nicht habe abgeben wollen. Statt von einer „stillschweigenden Willenserklärung" (Erklärung durch Schweigen) muß man hier davon sprechen, daß das Schweigen an Stelle einer – regelmäßig den Umständen nach zu erwartenden – Erklärung steht, von einem „Schweigen an Erklärung Statt" oder einem „Schweigen mit Erklärungswirkung".[73]

Die wichtigsten hierher gehörenden Fälle sind folgende: Gemäß §§ 108 Abs. 2 Satz 2 und 177 Abs. 2 Satz 2 gilt die Genehmigung als verweigert, wenn sie von demjenigen, der sie zu erteilen hat, auf eine an ihn gerichtete Aufforderung hin nicht innerhalb bestimmter Frist erklärt wird. Nach § 496 Satz 2 gilt bei einem Kauf auf Probe unter gewissen Voraussetzungen das Schweigen innerhalb bestimmter Frist als Billigung des Kaufs. Im Falle des § 416 Abs. 1 Satz 2 gilt eine Genehmigung, falls sie nicht fristgerecht verweigert wird, als erteilt. Gemäß §§ 612, 632 gilt, wenn jemand von einem anderen eine Dienstleistung oder die Herstellung eines Werkes begehrt und die betreffende Dienstleistung oder Werkleistung den Umständen nach nur gegen eine Vergütung erwartet werden kann, eine Vergütung als „stillschweigend vereinbart". Da immerhin in diesen Fällen eine Vereinbarung über die Inanspruchnahme der Dienst- oder Werkleistung vorausgesetzt ist, wird hier nicht ein Vertrag schlechthin, sondern nur die Vereinbarung über die Entgeltlichkeit der Leistung und damit allerdings ein für den Vertragstypus wesentliches Element fingiert. Nach § 568 gilt ein Mietverhältnis, wenn der Mieter nach Ablauf der Mietzeit den Gebrauch fortsetzt, als auf unbestimmte Zeit verlängert, sofern keiner der Vertragspartner seinen „entgegenste-

---

[72] Dazu *Esser,* Wert und Bedeutung der Rechtsfiktionen, 1940, S. 50ff. Die Fiktion einer Willenserklärung bestimmten Inhalts bedeutet nicht, daß das betreffende Verhalten – meist das Schweigen in einer bestimmten Situation – etwa aus der Sicht des Empfängers eine solche *sei,* sondern nur, daß es (kraft Gesetzes) die *gleiche Rechtsfolge* wie eine solche hat. Die Fiktion ist ein technisches Mittel der Rechtsfolgeanordnung. Sie bedeutet hier nichts anderes, als daß „eine gesetzliche Entscheidung an die Stelle der fehlenden Parteientscheidung gesetzt wird" (*Staudinger/Dilcher* 43 vor §§ 116ff.).

[73] *Lange/Köhler* § 36 II 6b aa; *Palandt/Heinrichs* 3b bb vor § 116.

henden Willen" dem anderen innerhalb einer Frist von zwei Wochen erklärt. Eine ähnliche Bestimmung findet sich in § 625 für den Dienstvertrag. Die Gründe für die gesetzliche Regelung sind unterschiedlich. In den Fällen der §§ 108 Abs. 2 und 177 Abs. 2 soll der Geschäftsgegner des Minderjährigen oder desjenigen, der ohne Vertretungsmacht zu haben, als Vertreter eines anderen aufgetreten ist, sich binnen bestimmter Frist endgültig darüber Gewißheit verschaffen können, ob der geschlossene Vertrag durch eine Genehmigung wirksam wird oder nicht. Die übrigen Fälle gehören in den Umkreis der später (unter § 33) darzustellenden Vertrauenshaftung. Ihnen ist gemeinsam, daß das Gesetz den einen Vertragsteil in seinem Vertrauen auf ein als „konkludent" anzusehendes Verhalten des anderen ohne Rücksicht darauf schützt, wie dieser es gemeint hatte und ob es ihm als eine Willenserklärung zurechenbar ist.

Zwar ist der Vertrauensschutz, wie wir gesehen haben, auch im Rahmen der Rechtsgeschäftslehre von Bedeutung, indem er in vielen Fällen eine *normative Auslegung* der Erklärung fordert und dazu führt, daß das fehlende Erklärungsbewußtsein durch die Zurechnung der Bedeutung eines Verhaltens *als* Willenserklärung ersetzt werden kann. Aber immer bleibt im Rahmen der Haftung „aus Rechtsgeschäft" das Korrektiv der Irrtumsanfechtung, durch die sich der Erklärende von der objektiv von ihm erklärten Rechtsfolge wieder lösen und seine Haftung auf das Vertrauensinteresse des Empfängers beschränken kann. In den genannten Fällen, in denen dieses Korrektiv nicht besteht, handelt es sich um einen über den Rahmen der Rechtsgeschäftslehre hinausgehenden Vertrauensschutz.

§ 20. Die mangelhafte Willenserklärung

Literatur: *A. Bär,* Scheingeschäfte, 1931; *Brauer,* Der Eigenschaftsirrtum, 1941; *Brox,* Die Einschränkung der Irrtumsanfechtung, 1960; *Flume,* Eigenschaftsirrtum und Kauf, 1948; *Goltz,* Motivirrtum und Geschäftsgrundlage im Schuldvertrag, 1973; *P. Haupt,* Die Entwicklung der Lehre vom Irrtum beim Rechtsgeschäft seit der Rezeption, 1941; *Henle,* Der Irrtum über die Rechtsfolgen, 1911; *Kallimopoulos,* Die Simulation im bürgerlichen Recht, 1966; *Karakatsanes,* Die Widerrechtlichkeit in § 123 BGB, 1974; *Krückmann,* Kalkulationsirrtum und ursprüngliche Sinn-, Zweck- und Gegenstandslosigkeit, AcP 128, 165; *Leist,* Die Einschränkung der Irrtums- und Täuschungsanfechtung in der Praxis, AcP 102, 215; *Lenel,* Der Irrtum über wesentliche Eigenschaften, AcP 123, 161; *R. Leonhard,* Der Irrtum als Ursache nichtiger Verträge, 2. Aufl. 1907; *Manigk,* Irrtum und Auslegung, 1918; *Michaelis,* Scheingeschäfte, verdecktes Geschäft und verkleidetes Geschäft im Gesetz und in der Rechtspraxis, Festschr. f. *Wieacker,* 1978, S. 444; *Oertmann,* Scheingeschäft und Kollusion, Recht 1923, 74; *Rothoeft,* System der Irrtumslehre als Methodenfrage der Rechtsvergleichung, 1968; *Schlossmann,* Der Irrtum über wesentliche Eigenschaften der Person und der Sache, 1903; *Schmidt-Rimpler,* Eigenschaftsirrtum und Erklärungsirrtum, Festschr. für *Lehmann,* 1956, S. 213; *Titze,* Die Lehre vom Mißverständnis, 1910; Der sog. Motivirrtum, Festschr. für *Heymann,* Bd. II, 1940; *v. Tuhr,* Irrtum über den Inhalt der Willenserklärung, LZ 1918, 126; *Ulmer,* Wirtschaftslenkung und Vertragserfüllung, AcP 174, 167; *K. Wolff,* Mentalreservation, JherJb. 81, 53; *Zitelmann,* Irrtum und Rechtsgeschäft, 1878. Vgl. ferner die zu § 19 angegebene Literatur, zur Geschäftsgrundlage unten zu III.

Eine Willenserklärung kann aus den verschiedensten Gründen „mangelhaft" sein. Der Mangel kann bereits im Stadium der der Erklärungshandlung vorausliegenden *Willensbildung* gelegen sein. Steht der Erklärende hierbei unter dem Einfluß einer ihm gegenüber begangenen Täuschung oder Drohung, so fehlt es an der für einen Akt der Selbstbestimmung zu verlangenden Möglichkeit unbeeinflußter Entschließung. Geht er bei seinem Entschluß von irrigen Voraussetzungen hinsichtlich der dafür bedeutsamen Umstände aus, so war sein Entschluß zwar nicht unfrei, aber fehlerhaft gebildet. Ein Mangel in der *Erklärungshandlung* liegt vor, wenn der Erklärende etwas anderes sagt, als er zu sagen glaubt, wenn er sich der normativ maßgeblichen Bedeutung oder der ihm zurechenbaren Bedeutung seines Verhaltens *als* einer Geltungserklärung nicht bewußt war. Das Gesetz regelt die Folgen mangelhafter Willensbildung oder Erklärung eines Rechtsfolgewillens in den §§ 116 bis 123.[1] Diese Bestimmungen umfassen sowohl Fälle mangelhafter Willensbildung, wie eines Fehlers im Stadium der Erklärung; die eine wie die anderen Fälle werden zumeist als solche von *Willensmängeln* bezeichnet. Die folgende Darstellung hält sich aus Gründen der Verständlichkeit an die Reihenfolge des Gesetzes, obgleich diese nicht eben als glücklich bezeichnet werden kann.

I. Geheimer Vorbehalt, Scherzerklärung, Scheingeschäft

a) **Geheimer Vorbehalt.** Eine Willenserklärung ist nach § 116 nicht deshalb nichtig, weil sich der Erklärende insgeheim vorbehält, das Erklärte nicht zu wollen. Sie ist jedoch nichtig, wenn sie einem anderen gegenüber abzugeben ist und dieser den Vorbehalt durchschaut. Der erste Satz sagt nur eine Selbstverständlichkeit. Wer durch seine Erklärung eine Rechtsfolge bewußterweise in Geltung setzt, kann nicht durch eine nicht geäußerte gegenteilige Absicht die Wirksamkeit des von ihm vorgenommenen Akts vereiteln. Weder ist hier der Entschluß, eine Erklärung dieses Inhalts abzugeben, auf fehlerhafte Weise zustande gekommen, noch die Erklärungshandlung als solche fehlerhaft. Der Erklärende erklärt ja, was er *erklären wollte.* Daß er ihre Rechtsfolge dennoch nicht will, macht die Erklärung nicht fehlerhaft. Der Vorbehalt ist „geheim", wenn er demjenigen nicht zur Kenntnis kommen soll, an den die Erklärung gerichtet ist. Die Mitteilung des Vorbehalts an einen unbeteiligten Dritten ändert also an seiner Unbeachtlichkeit nichts. Der Vorbehalt muß sich ferner auf das Erklärte, also auf die in der Erklärung bezeichnete Rechtsfolge selbst, beziehen. Die Bestimmung trifft daher nicht auf denjenigen zu, der zwar eine *Verpflichtung* eingehen will, dabei aber die Absicht hat, sie niemals zu *erfüllen.* Auf eine derartige

---

[1] Sonderregelungen gelten für die Eheschließung – vgl. die §§ 16ff., 28ff. EheG – und für die für die Annahme als Kind erforderlichen Anträge und Einwilligungen (§§ 1760, 1761).

Absicht kommt es selbstverständlich erst recht nicht an. Die praktische Bedeutung der Bestimmung ist gering. Jeder vernünftige Mensch weiß, daß er das, was er verbindlich erklärt hat, gelten lassen muß; Fälle, in denen sich jemand darauf beruft, er habe das Erklärte insgeheim nicht gewollt, sind daher sehr selten.

Daß die Erklärung nichtig ist, wenn der Empfänger den Vorbehalt erkennt, ist dagegen keineswegs selbstverständlich. Da der geheime Vorbehalt auf einen wenngleich grundsätzlich untauglichen Versuch hinausläuft, den Geschäftsgegner zu täuschen, ist nicht der Erklärende, sondern der Geschäftsgegner schutzwürdig.[2] Er sollte den Erklärenden, auch wenn er dessen Täuschungsabsicht durchschaut, beim Worte nehmen können. Daß das Gesetz anders entschieden hat, ist historisch, als eine Nachwirkung der „Willenstheorie", zu verstehen. Zwar muß der Geschäftsgegner einen von ihm durchschauten *Irrtum* des Erklärenden beachten und die Erklärung entweder in dem vom Erklärenden gemeinten Sinn gelten lassen, wenn er diesen zweifelsfrei erkennt, oder ihn um Aufklärung ersuchen. Hier aber handelt es sich nicht um einen *Irrtum* des Erklärenden, sondern um eine gewollte Irreführung des Gegners. Die Rücksicht auf den absichtlich unterdrückten „wahren Willen" des Erklärenden halte ich daher für rechtspolitisch verfehlt.[3] Die Bestimmung ist jedoch wiederum von sehr geringer praktischer Bedeutung. Kommt schon der geheime Vorbehalt nicht häufig vor, so wird es noch seltener sein, daß er vom Gegner durchschaut wird. Auch § 116 Satz 2 ist dann nicht anwendbar, wenn sich jemand zwar verpflichten will, aber insgeheim beabsichtigt, sich der Erfüllung der eingegangenen Verbindlichkeit auf jede nur mögliche Weise zu entziehen. Erkennt der andere Teil diese Absicht, vertraut er aber doch auf die Wirksamkeit des Erfüllungszwangs, so ist die eingegangene Verpflichtung nicht etwa nichtig, sondern gültig.

Das RG[4] hat § 116 Satz 2 in einem Fall „sinngemäß" angewandt, in dem der Erklärende seine Erklärung in einem anderen Sinn verstanden wissen wollte, als sie nach ihrem Wortlaut besagte, und dies dem Empfänger auch ausdrücklich gesagt hatte. Wenn schon, so meinte das RG, die unter einem geheimen Vorbehalt gemachte Willenserklärung nichtig sei, sofern der Empfänger den Vorbehalt erkannt hatte, dann müsse sie erst recht nichtig sein, wenn der Vorbehalt dem anderen ausdrücklich kundgetan worden sei. Allein im letzten Fall ist der Vorbehalt eben nicht mehr „geheim", sondern offen; daß der Gegner den Wortlaut der Erklärung dann in dem vom Erklärenden gemeinten Sinn zu berichtigen hat, ergibt sich aus den besprochenen Grundsätzen der Auslegung. Da in dem vom RG entschiedenen Fall jeder der beiden Vertragschließenden seine Erklärung ausdrücklich als in einem

---

[2] A. A. ist *Wieacker,* JZ 67, 385, 390. Er meint, in den typischen Fällen sei es der Geschäftsgegner, der eine erkannte gesellschaftliche oder moralische Zwangslage des Erklärenden listig ausnutze. Allein dann wäre wohl mit dem Einwand arglistigen Handelns zu helfen. § 116 Satz 2 ist freilich nicht in solchem Maße evident ungerecht, daß ihm, wie ich früher annahm, die Geltung deshalb zu versagen wäre.

[3] Ebenso *Soergel/Hefermehl* 2, MünchKomm/*Kramer* 12 zu § 116. *Lange/Köhler* § 56 II halten die Regel für „rechtspolitisch unbefriedigend"; *Dilcher* 8 zu § 116 nennt sie „überraschend", *Medicus* Rdz. 593 dagegen „doch wohl im ganzen einleuchtend". Für sie auch *Flume* § 20, 1. Er meint sogar, die Kritik an § 116 Satz 2 sei „ohne Sinn".

anderen Sinne gemeint gekennzeichnet hatte als die des anderen, so hätte das RG hier Dissens annehmen müssen.

b) **Nicht ernstlich gemeinte Erklärung.** Eine „nicht ernstlich gemeinte Willenserklärung, die in der Erwartung abgegeben wird, der Mangel der Ernstlichkeit werde nicht verkannt werden, ist nichtig" (§ 118). Der Erklärende hat in einem solchen Fall jedoch dem anderen, der auf die Gültigkeit seiner Erklärung vertraute, dessen Vertrauensschaden zu ersetzen (§ 122).

Anders als im Fall des § 116 will der Erklärende hier dem Empfänger nicht endgültig einen Geschäftswillen vortäuschen, den er nicht hat, sondern er will nur momentan, etwa zum Scherz oder auch aus Prahlerei, um den anderen zu verblüffen oder in Verlegenheit zu setzen, den Eindruck hervorrufen, als wolle er eine ernstgemeinte Erklärung abgeben, rechnet aber gleichzeitig damit, der andere werde alsbald die Nichternstlichkeit erkennen. Erkennt sie der andere wirklich, so ist schon nach den Grundsätzen der Auslegung empfangsbedürftiger Erklärungen eine Willenserklärung nicht vorhanden. Nimmt der andere aber die Erklärung für ernst, so gilt sie nicht, auch wenn er den Mangel der Ernstlichkeit den Umständen nach nicht erkennen konnte,[5] entsprechend seiner Verständnismöglichkeit, sondern ist nach § 118 nichtig. Das Schutzbedürfnis des Empfängers wird dadurch berücksichtigt, daß ihm das Gesetz gemäß § 122 den Anspruch auf Ersatz seines Vertrauensschadens gibt. Diesen Anspruch hat er jedoch nicht, wenn er den Mangel der Ernstlichkeit nur infolge von Fahrlässigkeit nicht erkannt hat (§ 122 Abs. 2).

Voraussetzung für eine Anwendung des § 118 ist ein Verhalten, das wenigstens bei flüchtigem Hinsehen als eine Willenserklärung aufgefaßt werden kann. Erklärungen, die jemand im Schauspiel auf der Bühne, zu Unterrichtszwecken auf dem Katheder oder im Rahmen eines Gesellschaftsspiels abgibt, die also ganz offenkundig nicht den Sinn haben, eine Rechtsfolge in Geltung zu setzen, sind keine Willenserklärungen; auf sie ist weder § 118 noch § 122 anwendbar.

Der Erklärende muß beweisen, wenn er seine Erklärung nicht gelten lassen will, daß sie von ihm nicht ernstlich gemeint war und daß er erwartete, der andere werde das erkennen. Er muß, um dies wenigstens glaubhaft zu machen, Umstände anführen, die eine solche Erwartung als möglich erscheinen lassen. Wenn er erkennt, daß der Gegner den Scherz für ernst genommen hat, dann ist er nach Treu und Glauben (§ 242) dazu verpflichtet, ihn unverzüglich aufzuklären. Unterläßt er dies, so wird zwar nicht, wie *Flume* meint,[6] aus der Scherzerklärung nachträglich der Tatbestand des nicht durchschauten geheimen Vorbehalts, aber er muß sich nunmehr auf Verlangen des Gegners so behandeln lassen, als wäre seine Erklärung von Anfang an gültig gewesen, weil die Berufung auf den Mangel der Ernstlichkeit jetzt arglistig wäre.

---

[5] Vgl. dazu *Flume* § 20 3 (zu Anm. 27).
[6] aaO. (S. 414). Ebenso MünchKomm/*Kramer* 7 zu § 118.

c) **Scheingeschäft.** Von praktisch größerer Bedeutung als die §§ 116 und 118 ist die Bestimmung des § 117, die sich auf das Scheingeschäft bezieht. Ein solches liegt dann vor, wenn sich der Erklärende und der Empfänger der Erklärung darüber einig sind, daß das Erklärte nicht gelten solle, wenn also die Parteien „einverständlich nur den äußeren Schein des Abschlusses eines Rechtsgeschäfts hervorrufen, dagegen die mit dem betreffenden Rechtsgeschäft verbundene Rechtswirkung nicht eintreten lassen wollen".[7] Hier fehlt dem Erklärenden jede Absicht, den Empfänger der Erklärung irrezuführen oder ihn, wie im Falle des § 118, doch vorübergehend in Zweifel oder Verwirrung zu versetzen; dagegen bezwecken beide Beteiligte hier zumeist die Täuschung eines Dritten, etwa eines Gläubigers oder der Steuerbehörde. Notwendig ist eine derartige Absicht jedoch nicht. Daß das Scheingeschäft nichtig ist, entspricht dem im Zusammenhang mit der Auslegung des Rechtsgeschäfts dargelegten Grundsatz, daß eine Erklärung, die von den Beteiligten übereinstimmend in dem *gleichen* Sinne aufgefaßt wird, ungeachtet ihrer sonst zu verstehenden Bedeutung in dem von den Beteiligten gemeinten Sinne gilt. Hier ist der übereinstimmend gemeinte Sinn der, daß das Erklärte in Wahrheit nicht gelten solle. Insofern bestätigt § 117 den oben (§ 19 IIa) erwähnten Grundsatz, daß das von den Parteien *übereinstimmend* Gewollte gegenüber der „objektiven" Bedeutung ihrer Erklärungen den Vorrang hat.[8] § 117 setzt eine „empfangsbedürftige" Willenserklärung und das Einverständnis der Empfängers damit, daß die Erklärung, so wie sie lautet, nicht gelten solle, voraus. Wird die Erklärung vor einem Dritten, z. B. einem Notar oder einer Behörde, abgegeben, so kommt es nicht darauf an, ob auch dieser weiß, daß sie nur zum Schein abgegeben wird.[9] Wenn auf Grund einer nur zum Schein vorgenommenen, daher nichtigen Auflassung (§ 925) der scheinbare Erwerber in das Grundbuch eingetragen wird, ist die Eintragung als behördlicher Akt gültig und hat daher die in den §§ 891 ff. bezeichneten Rechtsfolgen; das Grundbuch ist, weil die Auflassung als Scheinerklärung nichtig ist, unrichtig geworden. Dagegen ist eine nur zum Schein, jedoch formrichtig geschlossene Ehe gültig,[10] da das Gesetz die Nichtigkeits- und Aufhebungsgründe bei der Ehe erschöpfend geregelt hat, § 117 deshalb nicht anwendbar ist.[11]

Kein nach § 117 nichtiges Scheingeschäft liegt vor, wenn die Parteien die von ihnen gewollten Rechtsfolgen angeben, aber sie juristisch falsch klassifizieren; z. B. wenn sie einen Vertrag, der Elemente eines Kauf- und eines Werkvertrages enthält – wie der Vertrag über den Kauf eines Grundstücks und die Errichtung

---

[7] So der BGH, BGHZ 36, 84, 87.

[8] Vgl. *Michaelis* aaO. S. 446f.

[9] H. L.; vgl. *v. Tuhr* Bd. II § 66 zu Anm. 49; *Enn./N.* § 165 zu Anm. 15.

[10] Kritisch hierzu *Gernhuber,* Lehrb. d. Familienrechts § 3 10.

[11] Auch der frühere § 19 EheG, der die Vernichtbarkeit der sog. Namensehe anordnete, gilt seit dem 1. 1. 77 nicht mehr.

eines Eigenheims – etwa nur als Kaufvertrag bezeichnen. Die rechtliche Qualifikation des Vertrages ergibt sich aus seinem gesamten Inhalt, nicht aus der von den Parteien gewählten Bezeichnung.[12] Um kein Scheingeschäft handelt es sich auch, wenn die Beteiligten den Eintritt der Rechtsfolge wollen, nur nicht den regelmäßig damit verbundenen wirtschaftlichen oder sonstigen tatsächlichen Erfolg; insbesondere wenn dieser nach ihrer Absicht einem Dritten zukommen soll. Nicht selten schiebt jemand, der nach außen hin nicht in die Erscheinung treten will, mit oder ohne Wissen des anderen Teils einen sogenannten „Strohmann" vor, der zwar im eigenen Namen, also nicht als Stellvertreter, aber für Rechnung und im Interesse des im Hintergrund bleibenden wahren Geschäftsherrn das Geschäft abschließen soll. Jemand erwirbt beispielsweise durch einen „Strohmann" ein Aktienpaket, Geschäftsanteile einer GmbH oder Kunstwerke auf einer Versteigerung. Das Geschäft, das der Strohmann mit dem Verkäufer abschließt, ist auch dann, wenn der Geschäftsgegner weiß, wem das Geschäft zugute kommen soll, von beiden ernstlich gewollt und kein Scheingeschäft. Der „Strohmann" wird aus diesem Geschäft sowohl berechtigt wie verpflichtet; er ist nur seinem Auftraggeber gegenüber verpflichtet, diesem zu übertragen, was er aus dem Geschäft erlangt. Dagegen würde es sich um ein Scheingeschäft handeln, wenn nach dem Willen der Beteiligten der „Strohmann" überhaupt keine Rechte aus dem Geschäft erwerben und Pflichten übernehmen, das Geschäft vielmehr *unmittelbar* für den Geschäftsherrn wirken sollte. Dann wäre der „Strohmann" in Wahrheit gar nicht selbst Geschäftspartei, sondern direkter Stellvertreter.[13] Nicht um ein Scheingeschäft handelt es sich, wenn jemand einem anderen Vermögensgegenstände „zu treuen Händen" übereignet, so daß dieser nach außen zwar Eigentümer werden, im Innenverhältnis, d. h. zwischen den Beteiligten, aber verpflichtet sein soll, dessen Interesse wahrzunehmen und ihm das zu treuen Händen Überlassene nach einiger Zeit oder unter bestimmten Voraussetzungen wieder zurückzuerstatten.[14] Der „Treuhänder" soll zwar nicht wirtschaftlich, aber doch rechtlich die Stellung eines Eigentümers erhalten und damit zur Vornahme solcher Handlungen, die nur der Eigentümer vornehmen kann, ermächtigt sein, allerdings von der ihm eingeräumten Rechtsmacht nur den dem jeweiligen Zweck des Treuhandverhältnisses entsprechenden Gebrauch machen dürfen.[15] Dagegen handelt es sich wieder um ein Scheingeschäft, wenn der Erwerber

---

[12] Vgl. *Flume* § 20 2 a a. E.; MünchKomm/*Kramer* 17 zu § 117; *Michaelis* aaO. S. 459.

[13] Vgl. RGZ 69, 44 (47); zur Gründung einer Gesellschaft unter Mitwirkung eines Strohmannes vgl. BGHZ 21, 378.

[14] Vgl. *Soergel/Hefermehl* 10, *Staudinger/Coing* Rdn. 20 zu § 117; *v. Tuhr* § 66 II zu Anm. 61 ff.; *Enn./N.* § 148 II 1; *Flume* § 20 2 b; *Medicus* Rdz. 601.

[15] Daß er keinen anderen Gebrauch machen „darf", hat nach der h. L. nur die Bedeutung, daß er dem Treugeber gegenüber *schuldrechtlich* gebunden ist, ändert aber nichts daran, daß er *Eigentum* erlangt. Anders, wenn man, wie *Michaelis* (aaO. S. 456 ff.), im „Treuhandeigentum" einen, als solchen anerkannten, besonderen sachenrechtlichen Rechtstypus erblickt. Dann könnte man in der

auch nicht eine solche ,,treuhänderisch" gebundene Rechtsstellung erlangen, sondern die Erlangung der Rechtsstellung nur, um einen Dritten zu täuschen, vorgespiegelt werden soll.[16]

Da das Scheingeschäft häufig zur Täuschung Dritter benutzt wird, fragt es sich, ob diese geschützt werden. Die Nichtigkeit des Scheingeschäfts kann von jedem Dritten geltend gemacht werden. Hat also ein Schuldner, um Vermögensgegenstände seinen Gläubigern zu entziehen, diese zum Schein an einen Dritten veräußert, so kann der Gläubiger die Vollstreckung immer noch auf diese Gegenstände richten, sofern es ihm gelingt, den Scheincharakter der Veräußerung zu beweisen. Erwirbt jemand durch Rechtsgeschäft eine Sache von einem anderen, der sie seinerseits nur zum Schein, gemäß § 117 Abs. 1 in Wahrheit also nicht erworben hatte, so finden zugunsten des dritten Erwerbers die Vorschriften über den gutgläubigen Erwerb des Eigentums von einem Nichtberechtigten (§§ 892, 932) Anwendung. Im Falle der Abtretung einer Forderung wird der Erwerber gegenüber dem Einwand, die Eingehung der Schuld sei nur zum Schein erfolgt, wenigstens dann geschützt, wenn ihm die Forderung unter Vorlegung einer vom Schuldner über sie ausgestellten Urkunde abgetreten wird (§ 405). Der (Schein-)-Schuldner wird hier dem gutgläubigen Erwerber nicht aus einem Rechtsgeschäft – das Scheingeschäft bleibt nichtig – sondern infolge der Schaffung eines Vertrauenstatbestandes kraft Gesetzes verpflichtet; es handelt sich um einen Fall der Rechtsscheinhaftung (unten § 33 II).[17] Das RG hat in analoger Anwendung den Erwerber einer Briefhypothek geschützt, der die Hypothek von einem Scheinerwerber formgerecht erworben hatte, dem sie von dem Gläubiger mittels schriftlicher Abtretungserklärung, wenn auch nur zum Schein, abgetreten war.[18] In Betracht kommt ferner bei einverständlicher Täuschung eines Dritten, um diesen zu schädigen, ein Schadensersatzanspruch gemäß § 826.[19] Einen allgemeinen Schutz des gutgläubigen Dritten gegenüber einer Benachteiligung infolge eines von ihm für gültig gehaltenen Scheingeschäfts kennt das geltende Recht jedoch nicht.[20]

Erklärung, der Treuhänder solle Eigentümer werden, ein Scheingeschäft sehen; das wirklich gewollte Geschäft wäre die Begründung von Treuhandeigentum. *Michaelis* sieht jedoch in der Übereignung kein Scheingeschäft, sondern ein ,,verkleidetes Geschäft"; aus den Vereinbarungen der Parteien ginge hinreichend deutlich hervor, daß sie mit dem übertragenen Eigentum ,,Treuhandeigentum" meinten; es handle sich also nur um eine unrichtige rechtliche Qualifizierung der gewollten Rechtsfolgen, die unschädlich sei.

[16] So lag es in dem vom OGHZ 4, 105 entschiedenen Fall.

[17] Hierzu *Canaris,* Die Vertrauenshaftung im deutschen Privatrecht, 1971, S. 85ff.; *Michaelis* aaO. S. 449.

[18] RGZ 90, 273, 279.

[19] Vgl. RGZ 95, 160, 163.

[20] Für einen weitgehenden Schutz tritt *Flume* § 20 2c ein. Er meint, in der Abtretung eines Rechts nur zum Schein liege eine Ermächtigung für den Scheinerwerber, über das scheinbar erlangte Recht im eigenen Namen zu verfügen. Diese Ermächtigung sei ,,als Erklärung gegenüber dem Dritten kein Scheingeschäft, sondern eine Erklärung in Mentalreservation", die, da die Mentalreservation unbe-

Häufig werden die Parteien statt des nur zum Schein vorgenommenen Geschäfts ein anderes, dadurch verdecktes Rechtsgeschäft einverständlich wollen. Sie lassen etwa zum Schein einen Kaufvertrag beurkunden, wollen aber beide eine Schenkung vornehmen, oder sie sind sich einig, daß nicht der beurkundete Kaufpreis, sondern ein anderer Preis gelten solle. So lassen sie etwa bei einem Grundstückskauf einen niedrigeren als den von ihnen gewollten, mündlich vereinbarten Preis beurkunden, um Grunderwerbssteuer zu sparen oder die erforderliche Genehmigung zu erhalten. In einem solchen Falle „finden die für das verdeckte Rechtsgeschäft geltenden Vorschriften Anwendung" (§ 117 Abs. 2). Es fragt sich daher insbesondere, ob die für ein derartiges Geschäft vorgeschriebene Form gewahrt ist. Das wird von der h. L. verneint, wenn für ein derartiges Rechtsgeschäft etwa Schriftform oder Beurkundung vorgeschrieben ist, die Parteien sich aber über das wirklich Gewollte nur mündlich verständigt haben. Man pflegt dann zu sagen, der nur zum Schein vereinbarte Kaufvertrag oder die zum Schein getroffene Preisvereinbarung seien nach § 117 nichtig, das in Wahrheit gewollte, aber nur mündlich vereinbarte Schenkungsversprechen oder die nur mündliche Vereinbarung des wirklich gewollten Kaufpreises (bei einem Kaufvertrag über ein Grundstück) aber seien deshalb nichtig, weil insoweit die vom Gesetz vorgeschriebene Form (§§ 313, 518) nicht gewahrt sei.[21] Diese durchaus herrschende Auffassung steht allerdings, worauf *Flume*[22] hinweist, im Widerspruch zu der sonst auch bei formbedürftigen Geschäften grundsätzlich anerkannten Regel: „falsa demonstratio non nocet". Denn nach dieser Regel müßte bei beiderseitigem Einverständnis der Parteien das formrichtig vorgenommene Geschäft mit *dem* Inhalt gelten, den die Parteien übereinstimmend gewollt haben. Man wird trotzdem an der h. L. festhalten müssen, weil andernfalls die Formvorschriften zu leicht umgangen werden könnten. Die Regel: „falsa demonstratio non nocet" gilt demnach bei formbedürftigen Geschäften dann nicht, wenn die Parteien in der vorgeschriebenen Form absichtlich etwas anderes erklärt haben, als sie übereinstimmend gelten lassen wollten.

II. Der einseitige Irrtum

a) **Der Erklärungsirrtum.** Von einem Irrtum sprechen wir ganz allgemein dann, wenn sich jemand Vorstellungen über irgendwelche Dinge, Vorgänge

achtlich sei, gültig sei. Eine Erklärung gegenüber einem Dritten könnte aber höchstens dann vorliegen, wenn über die zum Schein vorgenommene Abtretung eine Urkunde ausgestellt wurde. In diesem Fall könnten dem Dritten, an den der Scheinerwerber das Recht unter Vorlegung der Urkunde abgetreten hatte, der Einwand der Simulation gemäß §§ 405, 413 nicht entgegengesetzt werden. Im übrigen kann aber wohl von einer Erklärung gegenüber einem Dritten, die dieser als eine Ermächtigung für den Scheinerwerber, über das Recht zu verfügen, auffassen könnte, nicht die Rede sein.

[21] Vgl. RGZ 104, 296, 298; 129, 150, 152; *Medicus* Rdz. 595.

[22] § 20 2a zu Anm. 7.

oder Zusammenhänge macht, die nicht zutreffen, wenn also das, was er sich vorstellt oder meint, mit der Wirklichkeit, diesen Ausdruck im weitesten Sinne verstanden – so daß auch Psychisches und Geltendes darunter fällt –, nicht übereinstimmt. Ein Irrtum kann bei der Abgabe einer rechtsgeschäftlichen Willenserklärung auf sehr verschiedene Weise vorkommen.

Der Irrtum kann sich einmal beziehen auf *die abgegebene Erklärung selbst:* Der Erklärende meint, etwas anderes zu erklären, als er wirklich erklärt; z. B. er verspricht sich oder verschreibt sich, ohne es zu bemerken, oder er verbindet mit dem von ihm gebrauchten Ausdruck einen anderen Sinn, als ihn der Empfänger versteht und verstehen kann. Sodann kann sich der Irrtum auf *den Geschäftsgegenstand* beziehen, auf seine Herkunft oder seine Beschaffenheit; so wenn jemand ein Bild in dem Glauben kauft, es sei von einem bestimmten Meister, während es in Wahrheit aus seiner Schule oder nur eine Kopie ist, ober wenn er einen Gegenstand kauft, von dem er glaubt, er sei aus Kupfer, während er in Wahrheit aus Messing ist. Weiter kann sich der Irrtum auf solche *Umstände* beziehen, die zwar nicht den Geschäftsgegenstand selbst betreffen, aber für den Entschluß des Erklärenden, das Geschäft abzuschließen, von Bedeutung sind. Rechtsgeschäfte werden in der Regel deshalb vorgenommen, um ein bestimmtes, meist wirtschaftliches Bedürfnis zu befriedigen; dieses kann in der Tat nicht vorhanden sein. Ein Kaufmann bestellt z. B. einen Posten einer bestimmten Ware nach, weil er glaubt, diese Ware sei ihm ausgegangen; in Wahrheit hat er noch einen ausreichenden Vorrat von ihr, der Lehrling hatte nur die letzte Sendung an einen falschen Platz gelegt. Oder es kauft sich jemand ein Auto, der nicht weiß, daß er infolge eines Sehfehlers fahruntauglich ist. Dies stellt sich erst hinterher heraus. Schließlich kann der Entschluß zur Vornahme eines Rechtsgeschäfts auch durch die *Erwartung eines künftigen Geschehensverlaufs* bestimmt sein, die sich nicht erfüllt. Der Autokäufer besteht z. B. die Fahrprüfung nicht. Jemand hatte ein Hochzeitsgeschenk für einen Freund gekauft; die Hochzeit findet nicht statt.

Es liegt auf der Hand, daß nicht alle diese Irrtümer und noch weniger die irrigen Erwartungen über den künftigen Geschehensverlauf dazu Anlaß geben können, die Geltung des Rechtsgeschäfts in Frage zu stellen. Das würde fast jedes Geschäft mit einem unerträglichen Unsicherheitsfaktor belasten. Vielmehr muß grundsätzlich jeder das Risiko selbst tragen, daß sich seine Erwartungen nicht erfüllen, aber auch das Risiko, daß seine Vorstellungen über solche Umstände, die für seinen Entschluß von Bedeutung sind, mit der Wirklichkeit nicht übereinstimmen. Das Risiko, daß seine Vorstellungen der Wirklichkeit nicht entsprechen, läuft jeder, der handelt; der Handelnde kann, da die menschliche Einsicht beschränkt ist, ihm grundsätzlich nicht entgehen. Daher wird ein Irrtum des Erklärenden über tatsächliche Umstände, die außerhalb der Erklärung liegen, mögen sie für seinen Entschluß noch so wichtig gewesen sein, vom BGB nur in sehr engen Grenzen berücksichtigt (unten b).

Anders steht es dagegen mit dem Irrtum, der sich auf die Erklärung selbst bezieht. Der Erklärende hat hier entweder *tatsächlich etwas anderes geäußert,* als er äußern wollte – so wenn er sich versprochen oder sich verschrieben und den Schreibfehler übersehen hat –, oder er muß seine Worte doch *in einer anderen Bedeutung* gelten lassen als in der von ihm gemeinten. In beiden Fällen entspricht der Eintritt der Rechtsfolge seinem Geltungswillen nicht, beruht diese nicht auf seiner Selbstbestimmung. Wenn das Gesetz sie dennoch eintreten läßt, so rechtfertigt sich dies aus dem Prinzip der Verantwortung, das, wie wir gesehen haben (oben § 19, I), das unerläßliche Korrelat der Privatautonomie ist. Das Gesetz trägt aber dem Fehlen des Geltungswillens und damit dem Mangel an Selbstbestimmung dadurch Rechnung, daß es dem Erklärenden gestattet, sich nachträglich von seiner Erklärung durch eine Anfechtung wieder zu lösen. Seine Verantwortung bleibt jedoch auch dann in der abgeschwächten Form der Verpflichtung zum Ersatz des „Vertrauensschadens" bestehen. Diese Regelung ergibt sich aus den §§ 119 Abs. 1 und 122.

§ 119 Abs. 1 BGB lautet: „Wer bei der Abgabe einer Willenserklärung über deren Inhalt im Irrtume war oder eine Erklärung dieses Inhalts überhaupt nicht abgeben wollte, kann die Erklärung anfechten, wenn anzunehmen ist, daß er sie bei Kenntnis der Sachlage und bei verständiger Würdigung des Falles nicht abgegeben haben würde." Die Folge einer zulässigen Anfechtung ist, daß das angefochtene Rechtsgeschäft als von Anfang an nichtig anzusehen ist (§ 142 Abs. 1). Solange es nicht angefochten ist, ist es gültig, die Rechtsfolge also eingetreten, und hierbei bleibt es, wenn die Anfechtung unterbleibt. Daß sie unterbleibt, ist umso eher möglich, als das Gesetz in § 121 Abs. 1 für ihre Vornahme eine kurze Frist gesetzt hat, nach deren Ablauf sie ausgeschlossen ist.

Das Gesetz unterscheidet in § 119 Abs. 1, ohne daran aber verschiedene Rechtsfolgen zu knüpfen, den Fall, daß jemand „bei der Abgabe einer Willenserklärung über deren Inhalt im Irrtume war", und den, daß er „eine Erklärung dieses Inhalts überhaupt nicht abgeben wollte". Im ersten Fall sprechen wir von einem „Inhaltsirrtum", einem Irrtum über den Inhalt, d. h. die Bedeutung der abgegebenen Erklärung,[23] im zweiten Fall von einer „Abirrung", einem Irrtum in der Erklärungshandlung, d. h. über die gebrauchten Worte oder Zeichen als solche. Als zusammenfassende Bezeichnung für beide Fälle benutzen wir den Ausdruck „Erklärungsirrtum".[24] Einige Autoren, so *Medicus* und *Lange/Köhler,* verwenden diesen Ausdruck nur zur Kennzeichnung des Irrtums in der Erklärungshandlung. Es fehlt dann ein passender Ausdruck, der beide Fälle des § 119 Abs. 1 umfaßt. Ein solcher ist erwünscht, weil das Gesetz beide Fälle gleich behandelt. Der Ausdruck „Erklärungsirrtum" paßt sprachlich für beide Fälle. Der Erklärende hat – schon wörtlich oder doch sinngemäß – etwas anderes erklärt, als er erklären wollte und erklärt zu haben glaubt. Er irrt sich über seine eigene Erklärung, so wie er sie abgegeben hat oder gelten lassen muß.

Da ein Inhaltsirrtum nur dann vorliegt, wenn die normativ maßgebliche Bedeutung von der vom Erklärenden selbst gemeinten abweicht, ist die Erklärung *vor* der Feststellung eines Inhaltsirrtums normativ auszulegen. Das Ergebnis der normativen Auslegung ist sodann mit der vom Erklärenden gemeinten Bedeutung zu vergleichen. Wenn der Erklärende und der Empfänger die Erklärung in

---

[23] *Goltz* aaO. S. 172 bezeichnet ihn deshalb als „Bedeutungsirrtum".
[24] So auch *Enn./N.* § 167 und *Flume* § 23.

dem gleichen, obwohl von der gewöhnlichen Bedeutung abweichenden Sinne verstanden haben, bedarf es weder einer normativen Auslegung, noch kommt dann eine Anfechtung wegen Erklärungsirrtums in Frage, vielmehr gilt die Erklärung nach dem Grundsatz „falsa demonstratio non nocet" (oben § 19, IIa; Fall „Haakjöringsköd") in dem von beiden übereinstimmend gemeinten Sinne. Zum Inhaltsirrtum ist nach dem oben (§ 19, III) Gesagten auch der Fall zu rechnen, daß jemand ohne Erklärungsbewußtsein ein Verhalten zeigt, das objektiv den Sinn einer rechtsgeschäftlichen Willenserklärung hat und ihm in dieser Bedeutung auch zurechenbar ist, der Fall also einer „Willenserklärung kraft Zurechnung". Für diejenigen, die für das Vorliegen einer Willenserklärung das Erklärungsbewußtsein verlangen, bedarf es hier allerdings einer Anfechtung nicht, da es nach dieser Auffassung schon am Tatbestand einer Willenserklärung fehlt. Mitunter wird gesagt,[25] wer ein Schriftstück unterschreibt, ohne es gelesen und ohne eine bestimmte Vorstellung von seinem Inhalt gehabt zu haben, könne nicht anfechten, weil ein Irrtum immer eine bestimmte, irrige Vorstellung verlange. In der Tat ist die Anfechtung zu versagen, wenn der Erklärende den Willen hatte, den Inhalt des Schriftstücks gelten zu lassen, wie immer er laute.[26] Meist wird er aber der Meinung sein, der Inhalt beziehe sich auf ein von ihm beabsichtigtes Rechtsgeschäft, dessen Einzelheiten ihn lediglich nicht interessieren. Bezieht er sich dann auf ein anderes Rechtsgeschäft oder enthält er Regelungen, die der Erklärende keinesfalls erwarten konnte, so hat er etwas erklärt, was er so nicht erklären wollte, und muß daher anfechten können.[27]

Die Anfechtung setzt in beiden Fällen, in dem des Inhaltsirrtums und in dem der Abirrung, weiter voraus, daß der Irrtum subjektiv und objektiv erheblich war. Er ist subjektiv erheblich, wenn anzunehmen ist, daß der Erklärende die Erklärung so, in dieser Gestalt oder mit dieser Bedeutung, wäre er sich derselben bewußt gewesen, nicht abgegeben hätte. Auch objektiv erheblich ist er, wenn dies „verständiger Würdigung" entspricht. Wenn die Abweichung der Erklärung oder ihres vom Empfänger zu verstehenden Sinnes von dem, was der Erklärende hatte sagen wollen, so geringfügig ist, daß sie mit Rücksicht auf die vom Erklärenden verfolgten Zweck, entweder schon nach seiner eigenen, zu mutmaßenden Wertung oder doch nach dem Urteil eines „verständigen Menschen" unerheblich ist, dann ist die Anfechtung ausgeschlossen.

Dem Erklärungsirrtum stellt das Gesetz in § 119 Abs. 2 den Irrtum über verkehrswesentliche Eigenschaften der Person oder der Sache gleich. Was unter einem solchen Irrtum zu verstehen ist, wird unter b) dargelegt. Andere Arten des Irrtums erwähnt das Gesetz nicht, woraus geschlossen wird, daß es sie, von

---

[25] So RGZ 77, 309, 312; BAG, NJW 71, 639 (nur „obiter dictum"); *Erman/Brox* 35 zu § 119; vgl. MünchKomm/*Kramer* 35ff. zu § 112.

[26] So richtig RGZ 88, 278, 282.

[27] Vgl. *Soergel/Hefermehl* 12, 13 zu § 119 a. E.

einzelnen Sonderregelungen abgesehen, unberücksichtigt lassen will. Es ist deshalb praktisch sehr wichtig, zu erkennen, ob eine bestimmte Unterart des Irrtums als ein Erklärungsirrtum, oder doch als ein Eigenschaftsirrtum im Sinne des § 119 Abs. 2 einzuordnen ist, oder nicht. Zweifelhaft sind besonders die Fälle des Identitätsirrtums, des Kalkulationsirrtums und des Rechtsfolgeirrtums. Sie sollen deshalb hier erörtert werden.

Um einen Erklärungsirrtum, nämlich um einen Inhaltsirrtum, handelt es sich in den Fällen des sog. **Identitätsirrtums.**[28] Ein solcher liegt vor, wenn die Person oder die Sache, die die Erklärung nennt oder auf die sie sich nach ihrem dem Empfänger verständlichen Sinn bezieht, eine andere ist als die vom Erklärenden gemeinte. Der Erklärende will beispielsweise den ihm bekannten Malermeister Müller mit den Malerarbeiten in seinem Hause beauftragen, übersieht, daß im Telefonbuch zwei Malermeister dieses Namens verzeichnet stehen, ruft den falschen an und erteilt diesem den Auftrag in der Meinung, er spreche mit dem ihm bekannten Malermeister Müller. Ihrem objektiven, dem Empfänger verständlichen Inhalt nach besagt seine Erklärung, daß er den Auftrag dem Malermeister, mit dem er am Telefon spricht, erteilt; in Wahrheit meint er aber, ihn einem anderen zu erteilen. Seine Erklärung hat daher einen anderen Inhalt als den, den er selbst mit ihr verband; es handelt sich um einen Inhaltsirrtum. Um einen Identitätsirrtum in der Form der „Irrung" würde es sich handeln, wenn ein Käufer im Laden versehentlich auf eine andere Sache zeigt, als die von ihm gemeinte und gewünschte.

Die Abgrenzung des Identitätsirrtums vom Eigenschaftsirrtum (§ 119 Abs. 2) bereitet mitunter Schwierigkeiten. *Titze,* der die Unterscheidung des Erklärungsirrtums vom Eigenschaftsirrtum für undurchführbar hält, erörtert folgenden Fall:[29] A bietet dem B brieflich sein Rennpferd „Nixe" zum Kauf an. B glaubt infolge einer Namensverwechslung, das Pferd „Nixe" sei eine bekannte Preisträgerin. Er nimmt aus diesem Grunde das Angebot an. In Wahrheit war die Preisträgerin ein anderes Pferd des A; das Pferd „Nixe" hatte noch nie einen Preis gewonnen. Hier ist m. E. folgendermaßen zu unterscheiden: War dem B das ihm unter dem Namen „Nixe" angebotene Pferd schon einmal vorgeführt worden, so daß er es in seiner Vorstellung als dieses ihm nach seinem Aussehen bekannte Pferd identifizierte, und glaubte er nur fälschlich, das ihm vorgeführte Pferd habe bereits eine Anzahl Preise gewonnen, so handelt es sich um einen Eigenschaftsirrtum. Er wollte in dem Augenblick, als er seine Erklärung abgab, das ihm vom Aussehen bekannte Pferd „Nixe" kaufen, wenn auch in der irrigen Vorstellung, dieses Pferd sei eine Preisträgerin. Anders wäre es, wenn B das Pferd noch nie gesehen hätte und sich unter dem Namen „Nixe" ein anderes Pferd als dasjenige, das diesen Namen trug, nämlich ein Pferd vorgestellt hätte, von dem er lediglich wußte, daß es bereits mehrere Preise gewonnen hatte, wenn also die vermeintliche Eigenschaft des ihm zum Kauf angebotenen Pferdes, Preisträgerin zu sein, für ihn dasjenige Merkmal gewesen wäre, nach dem allein er es identifizierte. Dann hätte er in der Tat ein anderes Pferd gemeint als das, das der Name bezeichnete. Sein Irrtum wäre ein Identitätsirrtum und zwar im näheren ein Inhaltsirrtum, ein Irrtum über die Bedeutung seiner Erklärung, gewesen. Beide Fälle liegen gewiß nahe beieinander, und deshalb ist es auch nicht

---

[28] Dazu *v. Tuhr* Bd. II § 67 Anm. 26; *Flume* § 23 IV b; *Medicus* Rdz. 763; *Pawlowski* II, S. 273; *Brox* Rdz. 380; MünchKomm/*Kramer* 63f. zu § 119.

[29] In seiner Schrift „Vom sogenannten Motivirrtum", S. 18.

unbegründet, daß das Gesetz den Irrtum über eine verkehrswesentliche Eigenschaft der Person oder der Sache dem Erklärungsirrtum gleich behandelt. Aber daß die beiden Fälle sehr nahe beieinanderliegen, schließt die grundsätzliche Unterscheidbarkeit des Erklärungsirrtums und des bloßen Eigenschaftsirrtums nicht, wie *Titze* meint, aus. Der Eigenschaftsirrtum ist, wie noch gezeigt werden wird (unten b), regelmäßig ein „Motivirrtum". Der Identitätsirrtum ist der Grenzfall, in dem der Eigenschaftsirrtum, weil er sich gerade auf diejenige Eigenschaft bezieht, durch die der Erklärende den Gegenstand identifiziert, zum Erklärungsirrtum wird.

Streitig ist auch die Einordnung des sog. **Kalkulationsirrtums.**[30] Man versteht darunter den Fall, daß der Erklärende sich entweder bei der Berechnung der von ihm genannten Summe oder hinsichtlich eines Umstandes, den er seiner Berechnung zugrunde legte, eines Rechnungsfaktors, geirrt hat. Hat er seine Berechnung dem anderen Teil nicht kundgetan, handelt es sich also nur um einen „internen" Kalkulationsirrtum, so ist dieser ein bloßer Motivirrtum (unten b) und daher grundsätzlich unbeachtlich. Das ist unbestritten. Das RG hat indessen angenommen, daß der Kalkulationsirrtum dann ein zur Anfechtung berechtigender Erklärungsirrtum sei, wenn die Berechnung oder ihre Grundlage dem anderen Teil mitgeteilt oder doch bei den Vertragsverhandlungen deutlich gemacht worden sei. Sie sei dann zum Inhalt der Erklärung selbst geworden.

Im „Altmetallfall"[31] hatte ein Händler sein gesamtes Altmetallager an einen Interessenten verkauft. Da ihm das Gewicht der vorhandenen Posten verschiedener Altmetalle unbekannt war, schätzten es die Parteien gemeinsam ab und einigten sich darauf unter Zugrundelegung der ihnen bekannten Tagespreise auf einen festen Gesamtpreis. Als sich herausstellte, daß die Menge des Hauptpostens (Brockeneisen) das Doppelte der von beiden geschätzten Menge betrug, focht der Verkäufer seine Erklärung wegen Irrtums an. Das RG hielt die Anfechtung für zulässig. Die Preisberechnung sei hier zum Inhalt der Erklärungen geworden, der Irrtum über einen für sie wesentlichen Faktor deshalb ein Erklärungsirrtum. Im „Silberfall"[32] hatte die Verkäuferin den Preis für die verkaufte Menge Silbers „1000 fein" auf der Basis des Preises für ein kg Silber „800 fein" der Käuferin vorgerechnet und sich hierbei verrechnet. Im „Rubelfall"[33] und in den „Börsenkursfällen"[34] gingen die Parteien bei der Berechnung des Markbetrages eines in Rubel ausgezahlten Darlehens oder des Gegenwertes für die verkauften Aktien übereinstimmend von einer falschen Vorstellung über den Kurswert des Rubels im Verhältnis zur Mark oder den Börsenkurs der betreffenden Aktien aus. Im „Grundschuldfall"[35] war der Käufer einer Grundschuld von einer unrichtigen Vorstellung über die Mieterträgnisse des mit der Grundschuld belasteten Grundstücks ausgegangen. Er hatte dem Verkäufer bei den Verhandlungen gesagt, daß die Höhe der Mieterträgnisse, aus der er den voraussichtlichen Erlös für das Grundstück im Falle einer Zwangsversteigerung und damit den Wert der Grundschuld sich errechnete, für seinen Kaufentschluß maßgebend sei. Auch hier hat das RG einen Erklärungsirrtum angenommen, weil der Mietertrag des Grundstücks als Grundlage der Berechnung des Käufers dem Verkäufer kenntlich gemacht worden sei.

Diese Rechtsprechung des RG ist im Schrifttum wiederholt kritisiert worden.[36] Nicht alles, was bei den Vertragsverhandlungen zur Sprache kommt, wird damit

[30] Dazu *Wieser*, NJW 72, 708.
[31] RGZ 90, 268.
[32] RGZ 101, 107.
[33] RGZ 105, 406.
[34] RGZ 94, 65; 97, 138; 101, 51; 116, 15.
[35] RGZ 149, 235.
[36] *Enn./N.* § 167 IV 4; *Flume* § 23, 4e; *Staudinger/Dilcher* 27ff., *Soergel/Hefermehl* 27ff. 58, MünchKomm/*Kramer* 71ff. zu § 119; *Medicus* Rdz. 757ff.; *Lange/Köhler* § 57 III 5; *Brox* Rdz. 378.

schon Inhalt der den Vertrag herbeiführenden Willenserklärungen. So kann es sein, daß der eine dem anderen nur deshalb seine Berechnung mitteilt, um ihn davon zu überzeugen, daß er es „nicht billiger machen könne", um sein Angebot als günstig erscheinen zu lassen. Der andere hat keinen Anlaß, darauf einzugehen. In einem solchen Fall einigen sich die Parteien nur über den Endpreis; die Berechnungsgrundlage gehört nicht zum Inhalt des Rechtsgeschäfts. Anders, wenn jemand ein Vertragsangebot macht, das verschiedene Leistungen zu einem jeweils angeführten Preise umfaßt, und nur die Endsumme infolge eines Fehlers bei der Addition der Einzelposten nicht stimmt. Dann bezog sich die Einigung der Parteien nicht nur auf die genannte Endsumme, sondern auch auf die Einzelposten; die Erklärungen sind in sich widersprüchlich. Es kommt dann darauf an, ob sich der Widerspruch im Wege der Auslegung beseitigen läßt. Das ist der Fall, wenn es dem Erklärungsempfänger zuzumuten war, nachzurechnen, insbesondere, wenn der Rechenfehler offenkundig war. Dann kann von ihm verlangt werden, die Endsumme entsprechend zu berichtigen; maßgebend sind allein die vereinbarten Einzelpreise. Ist das nicht der Fall, wird man den Empfänger in seinem Vertrauen auf den von ihm allein als maßgeblich betrachteten Endpreis schützen müssen. Dieser muß dann als der allein vereinbarte gelten; der Erklärende kann dann seine nicht so von ihm gemeinte Erklärung anfechten, muß aber den Vertrauensschaden ersetzen. Ist der genannte Endpreis höher als die Addition ergibt, so muß der Empfänger Berichtigung verlangen können. Nur wenn die Auslegung weder einen Vorrang für die Einzelpreise noch für den falsch berechneten Endpreis ergibt, der Widerspruch daher nicht behoben werden kann, eine normativ maßgebliche Erklärungsbedeutung nicht zu ermitteln ist, liegen keine wirksamen Willenserklärungen vor. Der Vertrag ist dann nicht zustandegekommen.

Die einzelnen Fälle liegen in Wahrheit sehr unterschiedlich. In einigen von ihnen führt schon die Auslegung der Erklärung zur Auflösung des in ihr enthaltenen Widerspruchs und damit zu einem angemessenen Ergebnis. So kann man im „Rubelfall" annehmen, daß die Parteien vereinbart hatten, das in Rubeln gegebene Darlehen solle nach dem derzeitigen Rubelkurs in Mark umgerechnet zurückgezahlt werden. Die auf der irrigen Annahme eines falschen Kurses beruhende Bezifferung des Markbetrages war dann lediglich eine unschädliche Falschbezeichnung. Im Silberfall war der Preis für ein Kilo Silber „1000 fein" durch die Relation zu dem Preise eines Kilos Silber „800 fein" vereinbart; die für den Käufer erkennbar falsch berechnete Endsumme war daher nicht maßgeblich, sondern mußte von ihm gemäß „Treu und Glauben" berichtigt werden.[37] In den Börsenkursfällen und im Altmetallfall ist dies zum mindesten zweifelhaft. Die Parteien hatten den Aktienkauf nicht zum derzeitigen Börsenkurs oder zu einem bestimmten Prozentsatz über oder unter diesem Kurs, sondern zu dem von ihnen ziffernmäßig festgelegten Kurs abgeschlossen. Ebenso hatten sie für den gesamten Altmetallvorrat einen bestimmten Preis fest vereinbart, wie immer sie ihn auch berechnet haben mochten. Ihr Irrtum bezog sich nicht auf den Inhalt der abgegebenen Erklärungen, denn sie wollten im Augenblick der Abgabe das erklären, was sie tatsächlich erklärten. Die unrichtige Vorstellung, die

[37] Vgl. hierzu *mein* Buch „Geschäftsgrundlage und Vertragserfüllung", 3. Aufl, S. 31. *Kramer* (in MünchKomm 76 zu § 119) nimmt hier dagegen Mehrdeutigkeit der Erklärung und daher versteckten Dissens an.

sie von dem letzten Börsenkurs oder von der tatsächlichen Menge des Vorrats hegten, beeinflußte lediglich ihre Willensbildung, also den Motivationsprozeß. Es handelte sich um einen beiderseitigen Irrtum im Motiv. Da aber beide sich in dem gleichen Irrtum befanden, beide gleichermaßen von einer nicht zutreffenden Annahme über einen Umstand ausgingen, den sie übereinstimmend als die Grundlage ihrer Abrede betrachteten, so handelt es sich in diesen Fällen um solche des Fehlens der subjektiven Geschäftsgrundlage (unten III).[38] Im Grundschuldfall endlich handelt es sich nur um einen einseitigen, daher unbeachtlichen Motivirrtum des Käufers. Dieser hatte dem Verkäufer nicht einmal mitgeteilt, von welchem Mietertrag des belasteten Grundstücks er ausging, sondern nur, daß dieser Mietertrag für seinen Kaufentschluß von Bedeutung sei. Für den Verkäufer der Grundschuld waren diese Überlegungen des Käufers ohne Belang. Sie verblieben durchaus im Vorfeld der von dem Käufer abgegebenen Erklärung, er kaufe die Grundschuld zu dem und dem bestimmten Preis; im Inhalt dieser Erklärung fanden sie keinen Ausdruck.

Die Rechtsprechung des RG zum Kalkulationsirrtum ist demnach verfehlt. Sie verkennt den Begriff des Erklärungsirrtums, zieht den Inhalt der Erklärung viel zu weit, verhindert dadurch die richtige Einordnung und eine sachgemäße Differenzierung der Fälle. Der BGH hat sie in erfreulicher Weise nicht übernommen, sich von ihr vielmehr vorsichtig, aber doch deutlich distanziert.[39]

Der Irrtum über die durch die Erklärung ausgelösten Rechtsfolgen **(Rechtsfolgenirrtum)** ist nur dann ein Erklärungsirrtum, wenn es sich gerade um *die* Rechtsfolgen handelt, auf deren Herbeiführung die Erklärung nach ihrem Inhalt unmittelbar gerichtet ist, also nicht auch dann, wenn es sich um weitere Rechtsfolgen handelt, die unabhängig vom Willen des Erklärenden durch die Rechtsordnung an das abgeschlossene Rechtsgeschäft geknüpft werden.[40] So wäre es ein Erklärungsirrtum, wenn ein Gastwirt seine Gastwirtschaft „nebst Zubehör" verkauft und dabei angenommen hätte, der Ausdruck „Zubehör" umfasse nur die fest eingebauten Gegenstände wie Wandschränke, Küchenvorrichtungen u. dgl., nicht aber das sonstige Mobiliar. Er hätte dann über die vom Empfänger zu verstehende Bedeutung seiner Erklärung geirrt, also etwas anderes erklärt, als er erkären wollte. Wenn dagegen ein Verkäufer glaubt, mangels einer gegebenen Zusage brauche er für keinerlei Mängel der Kaufsache einzustehen, dann ist dieser Irrtum kein Erklärungsirrtum, weil die Haftung des Verkäufers für Sachmängel (§§ 459ff.) nicht unmittelbar auf der Vereinbarung der Parteien, sondern auf einer sie ergänzenden, wenn auch dem typischen Sinn eines Kaufvertrages entsprechenden Gesetzesnorm beruht. Nicht alles, was vertragstypisch und deshalb entweder durch eine ergänzende Gesetzesnorm angeordnet oder dem geschlossenen Vertrag im Wege sog. ergänzender Vertragsauslegung (unten § 29 I)

---

[38] So auch *Kramer* in MünchKomm 77 zu § 119.

[39] BGH, LM Nr. 21 zu § 119 BGB.

[40] H.L. Das RG (RGZ 88, 284; 134, 195, 197f.) hat folgendermaßen unterschieden: Ein Irrtum über den Inhalt der Erklärung liege vor, wenn infolge Verkennung oder Unkenntnis seiner rechtlichen Bedeutung ein Rechtsgeschäft erklärt ist, das nicht die mit seiner Vornahme erstrebte, sondern eine davon wesentlich verschiedene Rechtswirkung, die nicht gewollt war, hervorbringt, nicht aber dann, wenn ein rechtsirrtumsfrei erklärtes und gewolltes Rechtsgeschäft außer der mit seiner Vornahme erstrebten Rechtswirkung noch andere, nicht erkannte und nicht gewollte Rechtswirkungen hervorbringt. *Medicus* Rdn. 751 hält das Problem für „noch nicht überzeugend gelöst".

zu entnehmen ist, darf deshalb schon zum Inhalt der Erklärung gerechnet werden, so daß ein Irrtum darüber zur Anfechtung führen könnte. Allerdings handelt es sich bei dieser Beschränkung der Anfechtbarkeit einer Erklärung wegen eines Irrtums über deren Rechtsfolgen nicht um eine zwingende logische Notwendigkeit, sondern um eine Wertung. Diese liegt darin begründet, daß, ließe man die Anfechtung wegen eines Irrtums über jede weitere Rechtsfolge zu, dies wiederum zu einer unerträglichen Unsicherheit im Rechtsverkehr führen würde.

Dem Erklärungsirrtum wird in § 120 der Fall gleichgestellt, daß eine Erklärung, die durch eine Mittelsperson, z. B. durch einen Boten oder durch ein durch die Post übertragendes Telegramm übermittelt wird, unrichtig, also nicht so, wie sie von dem Erklärenden dem Boten oder der Post aufgetragen war, übermittelt wird **(Unrichtige Übermittlung der Erklärung).** Bestellt z. B. jemand für einen Neubau telegrafisch drei Heizkessel und werden daraus, weil der das Telegramm aufnehmende Beamte sich versehen hat, in der dem Empfänger übermittelten Ausfertigung des Telegramms fünf, so gilt die Bestellung zwar für fünf Heizkessel, der Besteller kann diese Erklärung, da er sie so nicht hat abgeben wollen, aber anfechten. Allerdings muß er dann wieder dem Lieferanten, der vielleicht die fünf Kessel bereits abgesandt hat, dessen Vertrauensschaden, also die Kosten des vergeblichen Transports und des Rücktransports, ersetzen. Insofern trägt er das Risiko der von ihm gewählten Übermittlungsart.

§ 120 ist nur dann anwendbar, wenn die Erklärung dem Empfänger nicht in der ihr vom Erklärenden selbst gegebenen Gestalt zugeht, sondern in einer Reproduktion durch eine andere Person. Die telefonische Übermittlung gilt in diesem Sinne nicht als Reproduktion; es wird vielmehr, der natürlichen Anschauung entsprechend, so angesehen, als spräche der Erklärende unmittelbar zum Empfänger. § 119 ist hier daher unmittelbar anwendbar. Voraussetzung für die Anwendbarkeit des § 120 ist ferner, daß sich der Erklärende selbst der Mittelsperson oder der Anstalt (z. B. der Post) zur Übermittlung bedient hat. Kein Fall der unrichtigen Übermittlung liegt daher vor, wenn der *Empfänger* die richtig übermittelte Erklärung durch eine andere Person entgegennehmen läßt und diese sie nicht in dem richtigen Sinne an ihn weiterleitet. Das Risiko der unrichtigen Weiterleitung durch seine eigene Hilfsperson – seinen ,,Empfangsboten" – trägt der Empfänger. Die Erklärung gilt in dem der Hilfsperson des Empfängers richtig übermittelten Sinn. Nicht anwendbar ist § 120 ferner im Falle der *nur scheinbaren* Übermittlung einer fremden Erklärung. Um eine solche handelt es sich, wenn jemand eine mündliche Erklärung von einem anderen ausrichtet, ohne von diesem dazu ersucht zu sein, die Erklärung also nicht von *dem* abgegeben worden ist, von dem sie herzurühren scheint. Hier braucht derjenige, der fälschlich als Urheber der Erklärung angegeben wurde, die Erklärung nicht gelten zu lassen, ohne daß es hierfür einer Anfechtung bedarf. Er braucht dem Empfänger auch nicht dessen Vertrauensschaden zu ersetzen. § 120 ist ferner dann nicht anwendbar, wenn der Bote die Erklärung, die er übermitteln sollte, absichtlich verändert, also seinen Willen eigenmächtig an die Stelle desjenigen des Erklärenden setzt.[41] Es handelt sich dann nicht mehr um eine, wenn auch unrichtig übermittelte, Erklärung des Absenders, sondern um eine ihm von der zur Übermittlung verwandten Person nur untergeschobene Erklärung, die dem Absender, weil sie auf dem selbständigen Entschluß der Mittelsperson beruht, nicht mehr als von ihm herrührend (als die ,,seinige") zugerechnet werden

---

[41] H. L.: *Soergel/Hefermehl* 4, *Staudinger/Dilcher* 9, *Erman/Brox* 3, *Palandt/Heinrichs* 2 zu § 120; *Enn./N.* § 167 III 2; *Flume* § 23, 3; *Lange/Köhler* § 57 V 3; *Brox* Rdn. 369 a. E.; anders *v. Tuhr* Bd. II § 61 zu Anm. 61.

kann.[42] Allerdings hat er durch die Beauftragung der Mittelsperson dieser einen Anlaß dazu gegeben, in dieser Weise aufzutreten. Das mag allenfalls eine Vertrauenshaftung – auf das ,,negative Interesse" – analog § 122 rechtfertigen. Einer Anfechtung bedarf es in diesem Fall aber nicht. Dagegen muß § 120 auch dann angewandt werden, wenn die Übermittlungsperson den Inhalt der Erklärung aus Nachlässigkeit oder Vergeßlichkeit völlig verändert hat,[43] denn zwischen den Fällen einer nur leichten und einer ,,völligen" Veränderung läßt sich keine Grenze ziehen. Das Risiko der Nachlässigkeit oder Vergeßlichkeit der Übermittlungsperson trägt eben nach § 120 der Erklärende.

b) **Der Motivirrtum; insbesondere der Eigenschaftsirrtum.** Vom Erklärungsirrtum unterscheidet man herkömmlicherweise den Motivirrtum oder den Irrtum im Beweggrund. Während der Erklärungsirrtum zur Folge hat, daß der Erklärende etwas anderes erklärt als er erkären wollte und zu erklären meinte, daher den *Vollzug* des Willens beeinträchtigt, tritt der Motivirrtum bereits im Stadium der Willensbildung auf und beeinflußt damit den *Willensentschluß*. Der Irrtum besteht in der unrichtigen Vorstellung des Erklärenden von irgendwelchen Umständen, die für seinen Entschluß, eine Erklärung dieses Inhalts abzugeben, von Bedeutung sind. Hätte er die richtige Vorstellung gehabt, so wäre er zu einem anderen Entschluß gelangt. Allerdings kann sich ein Irrtum über tatsächliche Umstände auch in einem Erklärungsirrtum auswirken: weil A die falsche Vorstellung hat, ein ,,Martini" sei ein Weinbrand, bestellt er einen ,,Martini" und meint, einen Weinbrand bestellt zu haben; oder weil der Teilnehmer an einer Vereinssitzung den Vorsitzenden fälschlich dahin verstanden hat, wer *für* einen bestimmten Antrag sei, möge die Hand erheben, erhebt er sie, während der Vorsitzende in der Tat gesagt hatte, wer *gegen* den Antrag sei, möge die Hand erheben. In der Regel beeinflußt der Irrtum über tatsächliche Umstände aber nur den Entschluß, eine derartige Erklärung abzugeben. Die darauf abgegebene Erklärung selbst ist fehlerfrei, d. h. sie besagt eben das, was der Erklärende in diesem Augenblick tatsächlich sagen wollte.

Der bloße Motivirrtum ist grundsätzlich unbeachtlich, berechtigt also nicht zur Anfechtung. Von diesem Grundsatz macht das Gesetz indessen eine wichtige Ausnahme: der Irrtum über ,,solche Eigenschaften der Person oder der Sache, die im Verkehr als wesentlich angesehen werden", gilt nach § 119 Abs. 2 als Irrtum über den Inhalt der Erklärung. Daß er als Inhaltsirrtum ,,gilt", bedeutet, daß er rechtlich ebenso wie dieser zu behandeln ist; wegen eines derartigen Irrtums kann also der Erklärende seine Erklärung anfechten, wenn sein Irrtum sowohl subjektiv wie objektiv erheblich war, jedoch mit der Folge, daß er dann dem Erklärungsgegner dessen Vertrauensschaden zu ersetzen hat. Es ist streitig, ob der Irrtum über eine verkehrswesentliche Eigenschaft der Person oder der Sache seiner phänomenologischen Struktur nach in der Tat ein Erklärungsirrtum ist, so

---

[42] A. A. *Marburger,* AcP 173, 137. Ihm folgen *Kramer* in MünchKomm 3 zu § 120; *Medicus* Rdn. 748.

[43] A. A. *Enn./N.* § 167 III 2. Wie hier *v. Tuhr* Bd. II § 61 zu Anm. 59; *Flume* § 23, 2; *Soergel/Hefermehl* 5, *Staudinger/Dilcher* 8, *Erman/Brox* 3, *Palandt/Heinrichs* 2 zu § 120.

daß die Bestimmung nur die Bedeutung einer Klarstellung hätte, oder ob es sich der Sache nach um einen Motivirrtum handelt, der im Wege einer gesetzlichen Fiktion hinsichtlich der Rechtsfolgen dem Erklärungsirrtum gleichgestellt wird.[44] Wegen der rechtlichen Gleichbehandlung des Eigenschaftsirrtums mit dem Erklärungsirrtum kommt diesem Streit praktisch nur geringe Bedeutung zu. Indessen ist hier darauf einzugehen, weil die Tendenz, den Eigenschaftsirrtum als einen Fall des Erklärungsirrtums zu deklarieren, geeignet ist, in der Sache gelegene Unterschiede zu verdunkeln. Dabei ist die Frage, ob der Eigenschaftsirrtum tatsächlich ein Motivirrtum ist oder nicht, streng von der anderen Frage zu trennen, ob man seine rechtliche Sonderbehandlung gegenüber solchen Motivirrtümern, die sich nicht auf Eigenschaften gerade der Person oder der Sache beziehen, für eine glückliche Lösung hält oder nicht. Die Frage nach der strukturellen Beschaffenheit dieser Irrtumsart sollte nicht mit der vermengt werden, welchen Anwendungsbereich man für den der Vorschrift angemessenen erachtet.

Der Eigenschaftsirrtum ist allerdings ausnahmsweise dann ein Erklärungsirrtum, wenn der Erklärende den Gegenstand in seiner Vorstellung allein durch die fragliche Eigenschaft, über die er irrte, individualisiert und sich deshalb einen *anderen* Gegenstand vorgestellt hatte als den von ihm in seiner Erklärung bezeichneten; d. h. also in dem Grenzfall, in dem der Eigenschaftsirrtum zum Identitätsirrtum wird (dazu schon oben unter a). Doch werden solche Fälle selten sein. In der Regel individualisiert der Käufer, Verkäufer, Mieter usw. die Sache, um die es geht, durch die Verwendung der für eine solche Sache gebräuchlichen Bezeichnung, durch Hinzeigen, durch Bezugnahme auf Umstände, die ihre Individualisierung ermöglichen. Gewiß stellt er sich die Sache nicht ohne ihre Eigenschaften vor, und einige von diesen sind vielleicht für seinen Entschluß von besonderer Bedeutung. Aber sie dienen deshalb noch nicht zur Individualisierung der Sache in der Erklärung. Im Verkehr werden Personen und Sachen regelmäßig nicht durch die Fülle der ihnen zukommenden Eigenschaften, auch nicht durch einige von ihnen, sondern durch Namen, abkürzende Bezeichnungen, Vorzeigen oder Hinweisen gekennzeichnet. Nur wenn die in der Erklärung verwandte Kennzeichnung eine andere Person oder Sache bezeichnet als die gemeinte, handelt es sich um einen Erklärungsirrtum. In allen anderen Fällen ist dagegen der Eigenschaftsirrtum nur ein Motivirrtum. Kauft jemand im Laden einen Ring, den er für golden hält, während er in Wirklichkeit nur vergoldet ist (Beispiel von

[44] Die ältere Lehre sah im Eigenschaftsirrtum, im Anschluß an das Buch von *Zitelmann,* Irrtum und Rechtsgeschäft, zutreffend einen Unterfall des Motivirrtums. Repräsentativ hierfür *v. Tuhr* Bd. II § 67 II. Weiter folgen dieser Auffassung: *Lehmann/Hübner* § 34 III 1e; *Erman/Westermann* 2 und 8, *Palandt/Heinrichs* 6a zu § 119; Ernst *Wolf* S. 484; *Lange/Köhler* § 57 IV 1; *Brox,* Rdn. 370; *Beuthien/Hadding* (Kommentar) II 2 zu § 119. Für einen Fall des Erklärungsirrtums halten ihn hingegen: *Brauer,* Der Eigenschaftsirrtum (1941); *Raape* AcP 150, 493ff.; *Schmidt-Rimpler,* Festschr. f. *Lehmann* S. 213ff.; *Jauernig* 4 vor a zu § 119. Völlig anders *Flume* S. 476ff.; ihm folgend die in der übernächsten Anmerkung Genannten. (Dazu sogleich im Text).

Flume), und zwar in der Weise, daß er auf den Ring zeigt und sagt „ich nehme diesen", so hat er *den vor ihm liegenden Ring,* auf den er zeigte, im Augenblick der Abgabe seiner Erklärung gemeint und in der Tat kaufen wollen; der Inhalt seiner Erklärung stimmt mit dem, was er erklären wollte, überein. Gewiß wollte er diesen Ring nur so kaufen, wie er ihn sich vorstellte, als einen goldenen. Aber erklärt hat er, er kaufe diesen vor ihm liegenden Ring, der dadurch eindeutig individualisiert war. Was überdies in seiner Vorstellung war, ihm aber nicht zur Individualisierung des Gegenstandes in seiner Erklärung gedient hat, beeinflußt wohl seinen Entschluß, eine Erklärung dieses Inhalts abzugeben, nicht aber den Erklärungsvorgang als solchen. Der Irrtum über die Beschaffenheit des Ringes ist daher seiner kategorialen Struktur nach ein Motivirrtum. Ist der Ring freilich ausdrücklich „als ein goldener" verkauft worden, dann liegt ein Sachmangel vor, wenn er nicht aus Gold ist. In diesem Fall greifen die Vorschriften über Sachmängel beim Kauf (§§ 459ff.) ein, die nach ganz überwiegender Ansicht als eine „Sonderregelung" die Anfechtung wegen Eigenschaftsirrtums ausschließen.[45]

Nicht zu folgen ist der von *Flume*[46] begründeten Auffassung, nach der der Eigenschaftsirrtum als „geschäftlicher Eigenschaftsirrtum" nur dann beachtlich sein soll, wenn die Vorstellung des Erklärenden, die Person oder die Sache habe diese Eigenschaft, in seiner Erklärung einen Ausdruck gefunden hat, während er andernfalls als bloßer Motivirrtum unbeachtlich bleiben soll. Diese Auffassung würde den Anwendungsbereich des § 119 Abs. 2 ohne zwingenden Grund und entgegen der Absicht des Gesetzgebers stark einschränken. *Flume* gleicht dies freilich teilweise wieder dadurch aus, daß er alle die Eigenschaftsvorstellungen, die der Erklärende geäußert hat oder mit denen der Empfänger der Erklärung rechnen mußte, zum Inhalt der Erklärung zählt. Alles das soll Inhalt der Erklärung sein, was im Hinblick auf den bestimmten Geschäftstypen als bei einem solchen Vertrage gewöhnlich gemeint und daher als miterklärt anzusehen sei.[47] So sei, meint *Flume,* „Inhalt des Kaufvertrages, daß die Kaufsache als eine solche verkauft wird, die die gewöhnliche Beschaffenheit von Gegenständen dieser Art hat", und daß sie nicht mit Eigenschaften behaftet ist, für die der Verkäufer als „Fehler" einzustehen hat. Damit werden aber von *Flume* die Grenzen zwischen dem eigentlichen Erklärungsinhalt, dem durch „ergänzende Vertragsauslegung" gefundenen weiteren Vertragsinhalt und den einen Sachmangel betreffenden ergänzenden Gesetzesregeln verwischt. Wer eine individuelle Sache kauft, einigt sich mit dem Verkäufer regelmäßig über „diesen" Kaufgegenstand, den Preis,

---

[45] Vgl. dazu unten unter d a. E.

[46] In seiner Schrift „Eigenschaftsirrtum und Kauf" sowie Allg. Teil § 24 2a und 6. Ihm folgen *Enn./N.* § 168 I, *Staudinger/Dilcher* 47, teilweise auch *Soergel/Hefermehl* 33 zu § 119; *Goltz* aaO. S. 190ff., *Medicus* Rdz. 770 u. Bürgerl. Recht Rdn. 140. Kritisch dazu *Lange/Köhler* § 57 II 1; *Palandt/Heinrichs* 6b, *Ernst Wolf* S. 488f.

[47] So *Flume* § 24 2c.

über Liefer- und Zahlungsbedingungen und gegebenenfalls über vom Verkäufer zugesicherte Eigenschaften, kurz über alles, worüber sich zu einigen nach Meinung eines von ihnen nötig ist, nicht aber auch über alle diejenigen Eigenschaften der Kaufsache, die der Käufer erwartet und nach den Umständen erwarten kann.[48] Daß diese Eigenschaften vorhanden sind, ist, wenn der Verkäufer nicht für sie garantiert, nicht Inhalt der Erklärungen. *Flume* verkennt, daß der Eigenschaftsirrtum, auch wenn die Eigenschaftsvorstellung dem anderen Teil erkennbar, ja sogar, wenn sie ihm mitgeteilt ist, doch immer ein Irrtum bleibt, der nicht den Erklärungsvorgang, sondern schon den Entschluß zur Abgabe dieser Erklärung beeinflußt. Das kennzeichnet ihn als einen Motivirrtum. Der entscheidende Einwand gegen seine Lehre, auf den schon *Schmidt-Rimpler* hingewiesen hat,[49] ist der, daß das Gesetz in § 119 nun einmal eine Regelung *des Irrtums* vorgenommen hat und nicht, wie *Flume* meint, in § 119 Abs. 2 eine ganz andere Problematik, nämlich die der Nichtübereinstimmung von Rechtsgeschäft und Wirklichkeit, hat regeln wollen. Diese Problematik hat das Gesetz in anderen Bestimmungen, so in denen über die Unmöglichkeit der Leistung (§ 306) oder über das Fehlen einer zugesicherten Eigenschaft (§§ 459 Abs. 2, 463), vor Augen gehabt. Mag *Flumes* Vorschlag, den Eigenschaftsirrtum nur dann zu berücksichtigen, wenn die Eigenschaftsvorstellung in der Erklärung – in dem weiten Sinne, in dem *Flume* diese versteht – Ausdruck gefunden hat, auch rechtspolitisch einiges für sich haben, mit dem Gesetz, wie es ist, stimmt er nicht überein. Dieses verlangt für die Anfechtung wegen Eigenschaftsirrtums nun einmal nur, daß es sich um eine Eigenschaft handelt, die im Verkehr als wesentlich angesehen wird und daß der Irrtum subjektiv und objektiv erheblich war, nicht aber auch, daß die irrige Vorstellung dem Geschäftsgegner aus der Erklärung erkennbar gewesen sei.[50] Nicht vergessen werden darf auch, daß das Gesetz zum Ausgleich dafür, daß es der Irrtumsanfechtung einen verhältnismäßig breiten Raum gewährt, dem Anfechtenden die Verpflichtung zum Ersatz des Vertrauensschadens auferlegt. Der Geschäftsgegner ist damit, soweit er einen Vertrauensschaden erleidet, geschützt. Daß er demgegenüber in dem vom Gesetz deutlich umschriebenen Umfang der Anfechtung des Erklärenden ausgesetzt ist, auch wenn er dessen Irrtum nicht zu erkennen vermochte, muß hingenommen werden.

Den Unterschied der Meinungen mag folgendes Beispiel verdeutlichen: A wünscht, einen echten Barockleuchter zu erwerben. Er begibt sich zu diesem Zweck in ein Geschäft, in dem sowohl alte wie

---

[48] Vgl. auch das instruktive Beispiel bei *Lange/Köhler* § 57 IV 1, das den Irrtum über Eigenschaften der Person betrifft: man werde schwerlich sagen können, daß bei der Einstellung eines Arbeitnehmers sich die Willenserklärung des Arbeitgebers auch auf bestimmte von ihm erwartete Eigenschaften desselben, wie Zuverlässigkeit oder Gesundheit, bezöge; dennoch sei die Anfechtung zulässig, wenn die fehlende Eigenschaft für die vereinbarte Tätigkeit verkehrswesentlich sei.

[49] *Schmidt-Rimpler,* Festschr. f. *Lehmann* S. 227 ff.

[50] So ausdrücklich auch das RG, HRR 30, 593; anders allerdings, jedoch ohne jede Begründung, der BGH, BGHZ 16, 54, 57; wie hier auch *Erman/Westermann* 10 a. E. zu § 119.

auch nach alten Vorlagen gearbeitete neue Sachen zum Verkauf stehen. Unter den ausgestellten Leuchtern erwirbt er einen, den er für alt hält, der es aber in der Tat nicht ist. Da er der Meinung war, das Geschäft führe nur alte Sachen, hatte er keinen Anlaß gesehen, seine Absicht, unbedingt einen alten Leuchter zu erwerben, zum Ausdruck zu bringen. Somit handelte es sich nach *Flume* nur um einen ,,außergeschäftlichen" und daher unbeachtlichen Eigenschaftsirrtum.[51] A wäre also nach *Flume* nicht berechtigt, seine Kauferklärung anzufechten, wenn er hernach seinen Irrtum entdeckt. Dagegen scheint es mir zweifellos zu sein, daß ihm das Gesetz die Anfechtung gestattet,[52] da das Alter eines derartigen Gegenstandes eine im Verkehr als wesentlich angesehene Eigenschaft und der Irrtum auch sowohl subjektiv wie objektiv erheblich ist. Allerdings obliegt dem A der Beweis, daß es ihm im Augenblick des Kaufs gerade um einen alten Leuchter zu tun war, so daß er bei Kenntnis der Sachlage die Erklärung, diesen Leuchter zu kaufen, nicht abgegeben haben würde.

Anknüpfend an diese Beweisschwierigkeiten, schlägt *Pawlowski*[53] eine Einschränkung des § 119 Abs. 2 vor, die nicht so weit geht wie die von *Flume* angenommene. Nach *Pawlowski* soll der Erklärende seine Erklärung nur dann, aber auch immer dann wegen Eigenschaftsirrtums anfechten können, wenn er ,,nach den besonderen Umständen der Vertragsverhandlungen den Eindruck gewinnen konnte, daß der Vertragsgegenstand bestimmte Eigenschaften hatte". Im Beispielsfall wäre zu fragen, ob die Annahme des A, der von ihm gekaufte Leuchter sei alt, in Umständen wie der Höhe des Preises oder in bestimmten Stileigentümlichkeiten objektiv eine Stütze fand – dann könnte er anfechten – oder nicht. Dies ließe sich damit begründen, daß nur wenn solche Umstände vorhanden sind, der Irrtum des A stärker berücksichtigt zu werden verdient als das Vertrauen des Verkäufers auf die Unanfechtbarkeit des Geschäfts. Jedoch fällt es schwer, hierfür im Gesetz einen Anhalt zu finden, zumal dieses gerade nicht danach unterscheidet, ob der Irrtum bei der nötigen Sorgfalt vermeidbar, in diesem Sinne schuldhaft oder entschuldbar war. Die Anfechtung auf die Fälle des entschuldbaren Irrtums zu beschränken, entspricht nicht der erkennbaren Wertung des Gesetzes.

Kramer[54] sieht im Eigenschaftsirrtum richtig einen Motivirrtum, hält aber die Regelung des Motivirrtums im BGB für insgesamt verfehlt. Es handle sich beim Eigenschaftsirrtum lediglich um einen Ausschnitt aus dem Kreis der Fälle, in denen der Erklärende über solche *tatsächlichen Umstände* irrt, die für seinen Entschluß von Bedeutung sind. Das Kriterium dafür, ob ein solcher Irrtum zur Anfechtung berechtigt, müsse sein, ob er von dem Kontrahenten veranlaßt sei oder ihm hätte auffallen müssen – dann sei dieser im geringeren Maße schutzwürdig – oder nicht. Ob sich der Irrtum gerade auf eine Eigenschaft der Person oder des Geschäftsgegenstandes beziehe, sei dagegen gleichgültig. Dem kann jedenfalls de lege lata nicht zugestimmt werden. *Kramer* interpretiert hier nicht das Gesetz, sondern schiebt es zur Seite zugunsten einer Lösung, die nicht die vom Gesetzgeber gewählte ist. Er beruft sich hierfür einmal darauf, die Regelung des Gesetzes sei ,,außerordentlich dunkel" – sie läßt aber doch deutlich erkennen, daß es darauf ankommen soll, ob sich der Irrtum gerade auf eine Eigenschaft der Person oder der Sache bezieht. Zum zweiten beruft er sich auf die Rechtsvergleichung; diese ersetzt aber nicht die Interpretation. Auch eine Gesetzeslücke liegt nicht vor.

Unter **,,Eigenschaften" einer Person oder einer Sache** versteht die Rechtsprechung nicht nur solche Umstände, die ihre Beschaffenheit betreffen, also etwa bei einer Person: Alter, Geschlecht, berufliche Kenntnisse und Fähigkeiten, bei einer Sache: Gestalt, Qualität, Farbe, Geruch, chemische Zusammensetzung u. dgl., sondern bei einer Sache darüber hinaus auch solche tatsächlichen und rechtlichen Verhältnisse, die für die Brauchbarkeit oder den Wert der Sache von

---

[51] Vgl. sein Beispiel auf S. 462 oben und dazu seine Ausführungen auf S. 478.

[52] Es handelt sich im Beispiel auch nicht um einen *Sachmangel,* bei dessen Vorliegen die Anfechtung nach § 119 Abs. 2 durch die Gewährleistungsvorschriften beim Kauf ausgeschlossen wäre, weil der Leuchter nicht als ein alter oder neuer, sondern nur ,,als Leuchter" verkauft worden und als ein solcher fehlerlos ist.

[53] *Pawlowski* II S. 267, 268ff.

[54] *Kramer* in MünchKomm 98ff. zu § 119.

Bedeutung sind, sofern sie nur von einiger Dauer sind.[55] Als solche wurden z. B. angesehen: die Echtheit eines Gemäldes, das für seinen Wert maßgebende Alter eines Kunstwerks,[56] die Größe, Lage, Bebaubarkeit und die Ertragsfähigkeit eines Grundstücks. Es muß sich jedoch, wie die Rechtsprechung meint, um solche tatsächlichen oder rechtlichen Verhältnisse handeln, die „in der Sache selbst ihren Grund haben, von ihr ausgehen", die daher „den Gegenstand selbst kennzeichnen, nicht um Umstände, die nur mittelbar einen Einfluß auf die Bewertung auszuüben vermögen".[57] Als wesentliche Eigenschaften einer Person hat die Rechtsprechung auch solche Umstände angesehen, die nicht sie selbst, wohl aber ihre wirtschaftliche Lage kennzeichnen, selbst wenn sie nicht von Dauer sind; so etwa ihre derzeitige Vermögenslage, ihre Zahlungsfähigkeit oder ihre Kreditwürdigkeit. Nicht der unbestimmte und schwankende Wortsinn ist dafür maßgebend, was als eine „Eigenschaft" der Person oder der Sache anzusehen ist, sondern was im Verkehr bei Geschäften dieser Art als ein für die Bewertung wesentlicher oder erheblicher Umstand angesehen wird. So gesehen, stellen die Worte „die im Verkehr als wesentlich angesehen werden" eher eine Erläuterung des dem Gesetze vorschwebenden Bedeutungsgehalts des Wortes „Eigenschaft" als ein davon getrenntes Erfordernis dar. Anerkannt ist, daß es dafür, ob eine Eigenschaft als „verkehrswesentlich" anzusehen ist oder nicht, auf den typischen wirtschaftlichen Zweck eines derartigen Rechtsgeschäfts ankommt. So ist die Kreditwürdigkeit eine „wesentliche Eigenschaft" der Person gerade bei Kreditgeschäften, nicht aber bei einem Barkauf.[58] Vertrauenswürdigkeit, Zuverlässigkeit, Gewissenhaftigkeit oder Verschwiegenheit sind wesentliche Eigenschaften etwa bei einem Gesellschaftsvertrag, einem langfristigen Dienstvertrag, besonders wenn es sich um eine Vertrauensstellung handelt, bis zu einem gewissen Grade auch bei einem langfristigen Miet- oder Pachtvertrag, nicht aber bei kurzfristig erfüllbaren Umsatzgeschäften. Die Schwangerschaft einer Arbeitnehmerin kann als eine verkehrswesentliche Eigenschaft anzusehen sein, wenn sie ihre nur für kurze Zeit in Aussicht genommene Beschäftigung für einen erheblichen Teil dieser Zeit unmöglich machen würde; bei einem länger dauernden Arbeitsverhältnis und einer Verhinderung nur für eine verhältnismäßig kurze Zeit dagegen nicht.[59] Hier spielen ersichtlich auch soziale Erwägungen und der Gedanke der Zumutbarkeit in die Auslegung hinein.

Keine Eigenschaft einer Sache ist nach ständiger Rechtsprechung ihr üblicher

---

[55] So RGZ 59, 240, 243; 64, 266, 269; BGHZ 34, 32, 41. Nicht als eine Eigenschaft der Sache sieht der BGH aber in der zuletzt genannten Entscheidung das an der Sache bestehende Eigentum (einer bestimmten Person) an, da dieses „auf die Brauchbarkeit und den Wert der Sache" keinen Einfluß haben könne.

[56] Vgl. RGZ 124, 115.

[57] RGZ 149, 235, 238; BGHZ 16, 54, 57; BGH, JZ 78, 146; BGHZ 70, 47.

[58] Vgl. RGZ 105, 206 (208).

[59] Vgl. BAG NJW 63, 222.

Preis oder Marktpreis, bei einem Wertpapier, das an der Börse gehandelt wird, der jeweilige Börsenkurs.[60] Es kann nicht geleugnet werden, daß der aus dem üblichen Preis oder dem letzten Börsenkurs sich ergebende ,,gemeine Wert" wirtschaftlich gesehen eine höchst bedeutsame Eigenschaft der Sache ist, die auch im Verkehr als eine solche angesehen wird. Wenn gleichwohl der Irrtum über den objektiven Wert oder den gewöhnlich erzielbaren Preis der Sache nicht als ein zur Anfechtung berechtigender Eigenschaftsirrtum angesehen wird, so liegt der Grund dafür letztlich in dem vom BGB vorausgesetzten System der freien Preisbildung, in der Marktwirtschaft. Der Preis aller Güter ebenso wie der Börsenkurs eines an der Börse gehandelten Papiers ist in einem solchen System keine feststehende Größe, sondern bildet sich ständig neu nach dem wirtschaftlichen Gesetz von Angebot und Nachfrage. Jeder, der für eine bestimmte Ware einen bestimmten Preis bietet oder bewilligt, wirkt an dieser ständigen Neubildung der Preise zu seinem Teil mit. Der Marktpreis oder der ,,gemeine Wert" ist danach das Resultat der von den am Marktgeschehen Beteiligten immer erneut vorgenommenen Bewertungen. Folgerichtig muß jeder Beteiligte grundsätzlich das Risiko selbst tragen, daß seine eigene Bewertung von der der übrigen Marktteilnehmer abweicht, daß er also sich mit einem niedrigeren Verkaufspreis begnügt als dem, den er hätte erzielen können, oder als Käufer einen höheren Preis bewilligt als den, um den er die Ware hätte erlangen können. Wollte man die Anfechtung wegen einer solchen Fehleinschätzung der Preise zulassen, so würde das zumal dann, wenn die Preise stark in Bewegung sind, zu größter Unsicherheit im Geschäftsleben führen. Allerdings trifft diese Erwägung dann nicht zu, wenn es sich um irgendwie gebundene Preise handelt. Hier wäre es in der Tat erwägenswert, ob nicht doch im Falle des Irrtums über diesen Preis die Anfechtung wegen Eigenschaftsirrtums zuzulassen sei.

Das Wort **,,Sache"** in § 119 Abs. 2 versteht die Rechtsprechung, nachdem sie anfänglich einen engeren Standpunkt eingenommen hatte, seit langem nicht im Sinne des § 90, als ,,körperlicher Gegenstand", sondern in einem weiteren Sinn, als ,,Geschäftsgegenstand". Ist dieser also ein unkörperlicher Gegenstand, z. B. ein Unternehmen als Gesamtheit oder ein Recht, so ist eine Anfechtung wegen Eigenschaftsirrtums ebenfalls möglich.[61] Ist der Geschäftsgegenstand ein Recht, z. B. eine Hypothekenforderung oder eine Grundschuld, so sieht die Rechtsprechung eine Eigenschaft des Gegenstandes, auf den sich das Recht bezieht, also etwa des belasteten Grundstücks, auch dann nicht als eine Eigenschaft des Ge-

---

[60] RGZ 64, 266, 269; 116, 15, 17; BGHZ 16, 54, 57. Gegen diese Rechtsprechung *Enn./N.* § 168 II 3 a. E.; in der Begründung, aber nicht im Ergebnis, teilweise anders: *Flume* § 24 2d; *Ernst Wolf* S. 481; *Soergel/Hefermehl* 51 f. zu § 119. Für die hier angegebene Begründung *Kramer* in MünchKomm 112 zu § 119; vgl. auch *Lange/Köhler* § 57 IV 2a, *Brox* Rdn. 372. Methodologisch handelt es sich um eine teleologische Reduktion.

[61] RGZ 103, 21, 22; 149, 235, 238; RG JW 38, 2348; *Enn./N.* § 168 Anm. 18; *Flume* § 24 2e; *Lehmann/Hübner* § 34 III 1 e; *Staudinger/Dilcher* 60 zu § 119.

schäftsgegenstands selbst an, wenn sie für dessen wirtschaftliche Bewertung ausschlaggebend ist.[62] Der Erwerber der Grundschuld kann also nicht anfechten, wenn er über die Ertragsfähigkeit des belasteten Grundstücks geirrt hatte, obgleich dieser Umstand für die wirtschaftliche Bewertung der Grundschuld ebenso bedeutsam ist wie für die des Grundstücks selbst. Die Auslegung der Rechtsprechung trägt dem nicht hinreichend Rechnung; sie ist daher nicht zu billigen.[63]

Jeder andere Irrtum, der weder Erklärungsirrtum noch ein unter den Voraussetzungen des § 119 Abs. 2 beachtlicher Eigenschaftsirrtum ist, ist als **bloßer Motivirrtum** rechtlich bedeutungslos, berührt die Gültigkeit des Rechtsgeschäfts nicht, es sei denn, daß er auf einer arglistigen Täuschung beruht (§ 123). Das ergibt sich daraus, daß das Gesetz in § 119 die Fälle des rechtlich beachtlichen einseitigen Irrtums, von Sonderregelungen wie der der §§ 2078ff. abgesehen, erschöpfend geregelt hat und aus der Entstehungsgeschichte des Gesetzes. Es entspricht dem Bedürfnis nach der Sicherheit des rechtsgeschäftlichen Verkehrs, von dem § 119 die vom Gesetzgeber mit Rücksicht auf den Individualwillen für geboten erachteten Abstriche macht, über die nicht hinausgegangen werden darf. Der Käufer, der für einen Freund ein Hochzeitsgeschenk kauft, ohne zu wissen, daß die Verlobung bereits aufgelöst ist, kann also seine Kauferklärung ebensowenig anfechten wie der Kaufmann, der Waren nachbestellt hat, weil er irrtümlich meinte, sie seien ihm ausgegangen. Erst recht muß jeder das Risiko selbst tragen, daß sich seine für die Zukunft gehegten Erwartungen z. B. über die Entwicklung der Preise, die künftigen Absatz- oder Verwendungsmöglichkeiten, die Marktchancen, nicht erfüllen. Eine Ausnahme von der grundsätzlichen Unbeachtlichkeit eines jeden Motivirrtums, der nicht unter die Regelung des § 119 Abs. 2 fällt, wird jedoch, mit Rücksicht auf den Grundsatz von Treu und Glauben, in den Fällen des Fehlens oder nachträglichen Wegfalls der (subjektiven) Geschäftsgrundlage (unten III) gemacht.

c) **Die Irrtumsanfechtung und der Ersatz des Vertrauensschadens.** Ist eine Erklärung nach § 119 oder § 120 anfechtbar, so kann sich der Erklärende dadurch, daß er fristgerecht anficht, wieder von ihr lösen. Ob er aber von dieser Möglichkeit Gebrauch macht, liegt bei ihm. Das Anfechtungsrecht ist ein Gestaltungsrecht, das grundsätzlich dem zusteht, der die irrige Erklärung abgegeben hat.[64] Es erlischt, wenn die Anfechtung nicht „unverzüglich", d. h. ohne schuldhaftes Zögern erfolgt, nachdem der Anfechtungsberechtigte von dem Anfech-

---

[62] RGZ 149, 235, 238.

[63] Ebenso *Enn./N.* § 168 zu Anm. 20; *Flume* § 24 2d; MünchKomm/*Kramer* 87, 88 zu § 119.

[64] Vgl. unten § 23 Vb. Hat jedoch der Erklärende als direkter Stellvertreter eines anderen gehandelt, so steht das Anfechtungsrecht dem Vertretenen als demjenigen zu, den die Rechtsfolgen des Geschäfts treffen. Er muß die Entscheidung darüber haben, ob er die von dem Vertreter in seinem Namen abgegebene Erklärung trotz des diesem unterlaufenen Irrtums gegen sich gelten lassen will oder nicht. Ebenso *v. Tuhr* Bd. II § 57 Anm. 42; *Flume* § 31 3; *Staudinger/Dilcher* 18 zu § 166; *Palandt/Heinrichs* 3 zu § 143.

tungsgrund Kenntnis[65] erlangt hat (§ 121 Abs. 1 Satz 1; Ausschlußfrist). Dabei genügt, wenn es sich bei dem Erklärungsgegner um einen Abwesenden handelt, daß die Anfechtungserklärung an ihn unverzüglich abgesendet wird (§ 121 Abs. 1 Satz 2); auf den Zugang (§ 130) kommt es für die Rechtzeitigkeit der Anfechtung nicht an. Unabhängig vom Zeitpunkt der Erlangung der Kenntnis des Anfechtungsgrundes ist die Anfechtung aber dann ausgeschlossen, wenn seit der Abgabe der anfechtbaren Erklärung 30 Jahre verstrichen sind (§ 121 Abs. 2). Während diese Frist eine fest bestimmte ist, ist die erste Frist eine elastische: es kommt für sie darauf an, in welcher Zeit es dem Anfechtungsberechtigten möglich und, unter Berücksichtigung des Interesses des anderen Teils an alsbaldiger Aufklärung, zumutbar war, sich zu entscheiden und eine Erklärung abzugeben. Eine gewisse Überlegungsfrist ist ihm dafür vor allem dann zuzubilligen, wenn die Rechtslage zweifelhaft ist.[66] „Unverzüglich" heißt nicht „sofort", aber doch „sobald wie möglich und nach den Umständen zumutbar". Ist die Anfechtungsfrist verstrichen, ohne daß die Anfechtung erfolgt wäre, so ist das Anfechtungsrecht erloschen und die Erklärung damit unanfechtbar geworden. Das bedeutet, daß ihre Gültigkeit nun von dem Erklärenden nicht mehr in Frage gestellt werden kann.

Die Anfechtung erfolgt durch Erklärung gegenüber dem Anfechtungsgegner. (Darüber, wer der Anfechtungsgegner ist, vgl. unten § 23 V a.) Die Anfechtungserklärung bedarf im allgemeinen keiner Form. Es ist auch nicht erforderlich, daß der Anfechtende den Ausdruck „Anfechtung" gebraucht; vielmehr genügt jede Erklärung, durch die er zu erkennen gibt, daß er seine Erklärung nicht gelten lassen will.[67] Eine solche Erklärung kann auch mittelbar etwa in dem Verlangen gelegen sein, das bereits Geleistete zurückzuerstatten, oder in der Erhebung einer auf die Rückerstattung gerichteten Klage. Nur in einigen Fällen verlangt das Gesetz eine bestimmte Form und damit auch eine ausdrückliche Erklärung; so für die Anfechtung der Annahme oder der Ausschlagung einer Erbschaft (§ 1955 in Verb. mit § 1945 Abs. 1) sowie eines Erbvertrages (§ 2282 Abs. 3).

Die Folge der rechtzeitigen Anfechtung ist, daß das angefochtene Rechtsgeschäft nunmehr als von Anfang an nichtig anzusehen ist (§ 142 Abs. 1; vgl. unten § 23 V c). Bei einem Vertrage kann jeder Vertragsteil zwar nur seine eigene Erklärung anfechten; dadurch wird aber, weil seine Erklärung zum Zustandekommen des Vertrages notwendig war, der Vertrag als Ganzes hinfällig. Nicht das Rechtsgeschäft als tatsächlich vorgenommenes – als geschehener Akt – wird

---

[65] Der Anfechtungsberechtigte muß sich die Kenntnis seines mit der Wahrnehmung seiner Interessen in der betreffenden Angelegenheit betrauten Vertreters zurechnen lassen; so der BGH, LM Nr. 1 zu § 121 BGB; *Staudinger/Dilcher* 6 zu § 121.

[66] Vgl. RGZ 124, 115, 118; 152, 228, 232.

[67] RGZ 105, 207; 158, 166, 168.

ungeschehen gemacht – die Macht, Geschehenes ungeschehen zu machen, hat weder der Gesetzgeber noch ein einzelner –, sondern die Rechtsfolgen werden nunmehr als nicht eingetreten angesehen.

Der Anfechtende vermag durch die Anfechtung nur zu erreichen, daß das angefochtene Geschäft *nicht* gilt; er vermag nicht zu erreichen, daß stattdessen ein anderes Geschäft, etwa ein solches mit dem Inhalt, den er sich vorgestellt hatte, gilt. Wie aber, wenn im Falle eines Erklärungsirrtums der Anfechtungsgegner sich bereit erklärt, die Erklärung so gelten zu lassen, wie der Anfechtende sie *seiner eigenen Behauptung nach* gemeint hatte? Der Erklärende würde dann so gestellt werden, wie er stehen würde, wenn er von vornherein das von ihm Gemeinte auch erklärt hätte. Er wäre also durch seinen Irrtum nicht beschwert. Es würde daher „Treu und Glauben" widersprechen, wenn er sich hierauf nicht einließe, sondern auch jetzt noch auf der Nichtigkeit des Geschäfts bestünde. Obgleich das Gesetz hierüber schweigt, wird man dem Anfechtungsgegner daher das Recht geben müssen, dadurch, daß er unverzüglich sich bereit erklärt, die angefochtene Erklärung so gelten zu lassen, wie der Erklärende selbst sie verstanden hatte, die Nichtigkeitsfolge abzuwenden.[68]

Die Anfechtung der Erklärung wegen Irrtums oder unrichtiger Übermittlung belastet, wie schon hervorgehoben, den Anfechtenden mit der Verpflichtung, dem anderen dessen Vertrauensschaden zu ersetzen (§ 122). Diese Verpflichtung, die auch im Falle des § 118 besteht, gründet in der Verantwortlichkeit des Erklärenden für seine Erklärung, die in dieser abgeschwächten Form weiterbesteht. Sie setzt kein Verschulden des Anfechtenden voraus, ist vielmehr eine reine Vertrauens- oder Anscheinshaftung.[69] Die Ersatzpflicht tritt daher nicht ein, wenn der andere nicht auf die Erklärung vertraut hat oder vertrauen durfte, weil er den Grund der Nichtigkeit oder der Anfechtbarkeit kannte oder kennen mußte, d. h. nur infolge von Fahrlässigkeit nicht kannte. Darüber hinaus kann die Ersatzpflicht aufgrund des § 254 gemindert sein oder fortfallen, wenn der Anfechtungsgegner durch – obgleich schuldloses – Handeln den Irrtum des Erklärenden herbeigeführt hatte.[70] Handelte es sich freilich um einen Erklärungsirrtum und hat der Erklärungsempfänger erkannt oder mußte er doch erkennen, was der Erklärende meinte, dann ist die Erklärung in dem gemeinten Sinne zu verstehen;

[68] So mit unterschiedlichen Begründungen *v. Tuhr* Bd. II § 67 zu Anm. 135 und 136; *Lehmann/Hübner* § 34 III 2; *Flume* § 21, 6; *Pawlowski* II S. 275; *Medicus* Rdn. 781; MünchKomm/*Kramer* 133 zu § 119. Anders (je nach den Umständen des Einzelfalls) *Enn./N.* § 170 IV.

[69] Daher ist § 122 kein Fall der Haftung für ein Verschulden beim Vertragsschluß. Vgl. Sch. R. I, § 9, I.

[70] Das RG (RGZ 81, 395, 398) wollte in einem solchen Fall den Anspruch stets ganz versagen. Das führt zu einem unangemessenen Ergebnis, wenn der Irrtum durch den Geschäftsgegner nur *mitveranlaßt* ist, der Anfechtende seinerseits nachlässig gehandelt hat. § 254 ermöglicht hier eine den jeweiligen Umständen entsprechende Schadenszuweisung. Dafür zuerst *Enn./N.* § 171 II 5; ihm folgend *Soergel/Hefermehl* 6 zu § 122; BGH, NJW 69, 1380. AA. jedoch *Medicus* Rdn. 786.

sie ist also nicht anfechtbar, sondern in dem vom Erklärenden gemeinten Sinne, da dieser dann auch die normative Erklärungsbedeutung ist, gültig.[71] Handelt es sich um einen Eigenschaftsirrtum und hat der Geschäftspartner diesen erkannt, so wird er in der Regel nach dem Maßstab von „Treu und Glauben" dazu verpflichtet sein, den anderen auf seinen Irrtum aufmerksam zu machen. Unterläßt er dies und macht er sich stattdessen den Irrtum des anderen arglistig zunutze, so kann dieser nicht nur wegen Eigenschaftsirrtums, sondern auch wegen „arglistiger Täuschung" nach § 123 Abs. 1 anfechten. Er hat dann für die Anfechtung eine längere Frist und ist nicht zum Ersatz des Vertrauensschadens verpflichtet.

Der Anfechtende hat dem anderen nur den Schaden zu ersetzen, den dieser dadurch erlitten hat, daß er *auf die Gültigkeit der Erklärung* vertraute, den sog. **Vertrauensschaden** oder das **„negative Interesse"**. Das bedeutet, daß er ihn wirtschaftlich so zu stellen hat, wie dieser jetzt stehen würde, wenn er sich nicht auf die Gültigkeit der Erklärung, falls es sich um einen Vertrag handelt auf das Zustandekommen des Vertrages, eingestellt hätte. Er hätte dann vielleicht Aufwendungen zum Zwecke der Ausführung des Vertrages, so im Falle der Kündigung eines Mietverhältnisses zum Zwecke der Gewinnung eines neuen Mieters, unterlassen, oder er hätte ein ihm kurz darauf von dritter Seite gemachtes günstiges Kaufangebot angenommen, während er jetzt die Sache nur noch mit Verlust verkaufen kann. Die Aufwendungen können auch in der Eingehung einer Verbindlichkeit bestehen, so wenn der gekündigte Mieter eine neue Wohnung gemietet und sich dadurch zur Zahlung des Mietzinses verpflichtet hatte. Hatte der Gegner des Anfechtenden auf Grund des jetzt nichtig gewordenen Vertrages seinerseits schon an diesen geleistet, so stellt auch diese Leistung für ihn einen „Vertrauensschaden" dar. Zwar hat der Leistende in diesem Fall den Rückforderungsanspruch nach § 812, der aber dann nicht zum Ziele führt, wenn der Empfänger der Leistung jetzt nicht mehr bereichert ist (§ 818 Abs. 3). In diesem Fall hilft ihm der Anspruch auf den Ersatz seines Vertrauensschadens, der nicht dem Einwand der nicht mehr bestehenden Bereicherung ausgesetzt ist. Der Anfechtende trägt daher, worauf *Flume* mit Recht hingewiesen hat,[72] das Risiko des zufälligen Unterganges oder der zufälligen Verschlechterung des ihm geleisteten Gegenstandes.

Dagegen kann der Anfechtungsgegner nicht verlangen, daß ihn der Anfechtende so stellt, wie er stehen würde, wenn das angefochtene Geschäft gültig geblieben und zur Ausführung gelangt wäre, das sog. **positive** oder **Erfüllungsinteresse.** Er kann also z. B. nicht den Ersatz des Gewinns verlangen, den er im Falle der

---

[71] Vgl. oben § 19 II a; *Flume* § 16 3. Unrichtig (für den Fall, daß der Empfänger die vom Erklärenden gemeinte Bedeutung hätte erkennen müssen, aber tatsächlich nicht erkannt hat) der Leitsatz der Entscheidung BGH LM 6 zu § 119 BGB.

[72] *Flume* § 21 7. Vgl. dazu auch *v. Tuhr* Bd. II, § 67 Anm. 140a.

Ausführung des Vertrages etwa durch einen Weiterverkauf oder durch die ihm im Mietvertrage gestattete Abvermietung gemacht haben würde. Der Vertrauensschaden kann unter Umständen größer sein als das Erfüllungsinteresse; so wenn die Aufwendungen, die der Anfechtungsgegner zum Zwecke der Ausführung des Vertrages bereits gemacht hatte, größer sind, als sein mutmaßlicher Gewinn aus dem Geschäft gewesen wäre. In diesem Fall kann er den Ersatz seines Vertrauensschadens nur bis zur Höhe des Erfüllungsinteresses – das Gesetz sagt, des Interesses, das er „an der Gültigkeit der Erklärung hat" – verlangen. Dies deshalb, weil kein Grund besteht, ihn wegen der Anfechtung wirtschaftlich besser zu stellen, als er stehen würde, wenn das angefochtene Geschäft gültig geblieben wäre.

d) **Einschränkungen des Anwendungsbereichs der Irrtumsanfechtung.** Die Anfechtung, einerlei ob wegen Irrtums oder wegen rechtswidriger Drohung oder Täuschung (vgl. unten IV), ist wegen der vom Gesetz damit verbundenen Rückwirkung auf den Zeitpunkt der Vornahme des Geschäfts nur dann ein sachlich angemessener Rechtsbehelf, wenn das angefochtene Geschäft nur eine einzige oder doch eine übersehbare Zahl von Rechtsfolgen hat, wie das bei den meisten Umsatzverträgen und auch bei dinglichen Rechtsgeschäften der Fall ist. Sind bereits Leistungen auf Grund eines nunmehr angefochtenen Umsatzgeschäfts gemacht, so genügen für die Rückabwicklung die dann anwendbaren Vorschriften über die Herausgabe einer ungerechtfertigten Bereicherung (§§ 812ff.). Anders ist es aber, wenn das betreffende Rechtsgeschäft, wie z. B. ein Gesellschaftsvertrag, infolge einer länger dauernden Zusammenarbeit der Beteiligten mannigfache Vermögensbewegungen nach sich gezogen hat, oder, wie ein Arbeitsverhältnis, das durch einige Zeit hindurch faktisch bestanden hat, tief in die Lebensverhältnisse der Beteiligten oder eines von ihnen eingegriffen hat. Da das, was tatsächlich geschehen ist, nicht rückgängig gemacht werden kann, erscheint die rückwirkende Vernichtung der aus einem solchen Lebensverhältnis fortdauernd entstandenen Rechtsbeziehungen als wenig sachgemäß. Die Durchführung der aus der Rückwirkung sich ergebenden Konsequenzen führt teils zu erheblichen Abwicklungsschwierigkeiten, teils sogar zu groben Unbilligkeiten. Dazu kommt, daß, wenn es sich um die Begründung einer Gesellschaft oder einer Körperschaft handelt, vielfach dritte Personen, die mit ihr in Verkehr gestanden haben, auf die Rechtsbeständigkeit der Gesellschaft oder Körperschaft vertraut haben. Sie verdienen in diesem Vertrauen geschützt zu werden, wenn die Gesellschaft in das Handelsregister eingetragen war oder im Rechtsverkehr unter ihrem Namen als Einheit aufgetreten ist. Das gleiche gilt bei zum Umlauf bestimmten Wertpapieren in bezug auf denjenigen, der ein solches Papier durch Rechtsnachfolge von dem als berechtigt ausgewiesenen Besitzer erworben hat. Der Gesetzgeber hat diese Probleme nicht hinreichend bedacht, da er eben in erster Linie die Umsatzgeschäfte vor Augen hatte. Lediglich bei der Ehe hat er die Anfechtungsmöglichkeit, und dies auch erst nachträglich, beseitigt und durch eine nur für die Zukunft wirkende gerichtliche Aufhebung der Ehe ersetzt (§ 29 EheG). Für eine Reihe der übrigen Fälle haben die Rechtsprechung und die Lehre den Anwendungsbereich der Vorschriften über die Anfechtung wegen Irrtums oder wegen Täuschung und Drohung im Wege einer „teleologischen Reduktion“[73] erheblich eingeschränkt. Die Entwicklung dürfte auf diesem Gebiet noch nicht abgeschlossen sein.

So gilt heute im Arbeitsrecht der Grundsatz, daß ein Arbeitsvertrag nur so lange mit der Folge der rückwirkenden Vernichtung aller bereits eingetretenen Rechtsfolgen angefochten werden kann, als der Arbeitnehmer seine Stellung noch nicht angetreten hat, das Arbeitsverhältnis noch nicht in den „Erfüllungszustand“ eingetreten ist. Nach diesem Zeitpunkt kann das durch den Arbeitsvertrag begründete Arbeitsverhältnis wegen eines zur Anfechtung berechtigenden Abschlußmangels nicht rückwirkend vernichtet, sondern nur mit Wirkung für die Zukunft aufgelöst werden. Das bedeutet praktisch die Ersetzung des Anfechtungsrechts durch das Recht, fristlos zu kündigen, wobei sich aber die Voraussetzungen weiter nach denen der Anfechtung richten.[74]

Nach heute h. L. können Gründungs- und Beitrittserklärungen zu Kapitalgesellschaften wie AG und GmbH nicht angefochten werden, wenn die Gesellschaft in das Handelsregister eingetragen ist. Bei den Personalgesellschaften des Handelsrechts und der Gesellschaft des bürgerlichen Rechts tritt von dem Zeitpunkt an, in dem die Gesellschaft in das Handelsregister eingetragen ist oder faktisch ihre Tätigkeit aufgenommen hat, von gewissen Ausnahmefällen abgesehen, an die Stelle der rückwirkenden Anfechtung bei der OHG und KG die Auflösungsklage nach § 133 HGB, bei der Gesellschaft des bürgerlichen Rechts die fristlose Kündigung aus wichtigem Grunde. Die Rechtsprechung hatte es ursprünglich den Gesellschaftern nur im Verhältnis zu den Gläubigern der Gesellschaft verwehrt, sich auf die durch die Anfechtung herbeigeführte Nichtigkeit des Gesellschaftsvertrages zu berufen. Heute nimmt sie die Abwicklung auch unter den Gesellschaftern in solcher Weise vor, wie wenn das Gesellschaftsverhältnis bis zum Zeitpunkt der Geltendmachung des Abschlußmangels bestanden hätte.[75] Wegen der sich daraus im einzelnen ergebenden Fragen muß auf die Darstellungen des Gesellschaftsrechts verwiesen werden.[76]

---

[73] Vgl. dazu *meine* Methodenlehre der Rechtswissenschaft, 5. Aufl. S. 379f.

[74] Vgl. *Söllner,* Arbeitsrecht § 28 II 2; *Zöllner,* Arbeitsrecht § 11 II 1 b. Dem stehen aber im Schrifttum auch kritische Stimmen gegenüber, die auf eine stärkere Differenzierung dringen; so *Petra Kässer,* Der fehlerhafte Arbeitsvertrag, 1979; *Picker,* Die Anfechtung von Arbeitsverträgen, ZFA 1981, S. 1.

[75] Vgl. a) zu den Kapitalgesellschaften: RGZ 68, 309; 82, 375; 123, 102; BGHZ 13, 320 (Gründungsgesellschaft einer GmbH);

b) zu den Personalgesellschaften des Handelsrechts: RGZ 76, 439; 142, 98; 145, 155 (158); 165, 193; OGHZ 4, 241; BGHZ 3, 285; 8, 157 (166).

[76] Vgl. dazu Sch.R. II, § 60 VII.

Auf völlig anderen Erwägungen beruht der bereits erwähnte Ausschluß der Anfechtbarkeit wegen Eigenschaftsirrtums – nicht auch wegen eines Erklärungsirrtums oder wegen arglistiger Täuschung oder Drohung – beim Kaufvertrage dann, wenn das Fehlen der irrigerweise vom Käufer angenommenen Eigenschaft einen Mangel der Kaufsache im Sinne des § 459 darstellt. In diesem Falle schließen die Vorschriften über die Gewährleistung des Verkäufers für Sachmängel nach der ständigen Rechtsprechung und der im Schrifttum überwiegenden Auffassung die Anfechtung nach § 119 Abs. 2 aus.[77] Der Grund dafür ist, daß andernfalls die als abschließend anzusehende Regelung der Haftung des Verkäufers für Sachmängel wieder teilweise durchbrochen werden könnte. Diese Regelung verdrängt daher für ihren Anwendungsbereich den § 119 Abs. 2. Wenn nicht der Käufer, sondern der Verkäufer sich über eine verkehrswesentliche Eigenschaft der Kaufsache geirrt hatte, ist zu unterscheiden. Betraf sein Irrtum eine Eigenschaft der Sache, deren Vorhandensein (oder Fehlen) einen Mangel darstellt, für den er einzustehen hat, dann würde er sich durch eine Anfechtung seiner Haftung zu entziehen vermögen. Das würde wiederum der Regelung der §§ 459ff. widerstreiten und kann ihm daher nicht gestattet sein.[78] Irrte er dagegen über eine Eigenschaft, die keinen Mangel darstellt, sondern vielleicht einen Vorzug, und hätte er, wäre sie ihm bekannt gewesen, bei verständiger Würdigung den Verkauf nicht – nicht zu diesen Bedingungen – vorgenommen, dann kann er seine Erklärung gemäß § 119 Abs. 2 anfechten.

III. Der beiderseitige Irrtum über die subjektive Geschäftsgrundlage

Literatur: *Diesselhorst,* Die Geschäftsgrundlage in der neueren Rechtsentwicklung, in: Rechtswissenschaft und Rechtsentwicklung, Göttinger rechtswissenschaftl. Studien Bd. 111, 1980; *Fikentscher,* Die Geschäftsgrundlage als Frage des Vertragsrisikos, 1971; *Häsemeyer,* Geschäftsgrundlage und Vertragsgerechtigkeit, Festschr. f. *Weitnauer,* 1980, S. 67; *Köhler,* Wegfall der Geschäftsgrundlage, JA 1979, S. 498; *Larenz,* Geschäftsgrundlage und Vertragserfüllung, 3. Aufl. 1963; Ergänzende Vertragsauslegung und Rückgriff auf die Geschäftsgrundlage, in Beiheft zum VersR, 1983; *Littbarski,* Neuere Tendenzen zum Anwendungsbereich der Lehre von der Geschäftsgrundlage, JZ 81, S. 8; *Medicus,* Vertragsauslegung und Geschäftsgrundlage, Festschr. f. *Flume,* 1978, S. 629; *Nicklisch,* Ergänzende Vertragsauslegung und Geschäftsgrundlagenlehre, BB 1980, S. 949; *Oertmann,* Die Geschäftsgrundlage, 1921 (grundlegend); Doppelseitiger Irrtum beim Vertragsschluß, AcP 117, S. 275; *Schmidt-Rimpler,* Zum Problem der Geschäftsgrundlage, Festschr. f. *Nipperdey,* 1955, S. 1; *Stötter,* Versuch zur Präzisierung des Begriffs der mangelhaften Geschäftsgrundlage, AcP 166, S. 149; *Wieacker,* Gemeinsamer Irrtum der Vertragspartner und clausula rebus sic stantibus, Festschr. f. Wilburg, 1965, S. 229. Weitere Angaben in Sch. R. I § 21 vor II.

Von den Fällen eines nach § 119 Abs. 2 beachtlichen Eigenschaftsirrtums und der arglistigen Täuschung (unten IV) abgesehen, berührt die irrige Vorstellung einer Geschäftspartei über einen für ihren Entschluß bedeutsamen Umstand oder

[77] Vgl. Sch.R. II § 41 II.

[78] So *Flume,* Eigenschaftsirrtum und Kauf, 1948, S. 134; *Soergel/Hefermehl* 76, MünchKomm/*Kramer* 124 zu § 119

gar die irrige Erwartung über die zukünftige Entwicklung die Wirksamkeit ihrer Erklärung nicht. Um auf einige der oben gegebenen Beispiele zurückzukommen: Der Kaufmann, der Waren nachbestellt hat, weil er irrigerweise der Meinung war, daß ihm diese Waren ausgegangen seien, kann ebensowenig seine Bestellung anfechten wie der Käufer eines Hochzeitsgeschenks, der nicht weiß, daß die Verlobung bereits aufgelöst ist. Noch weniger kann derjenige anfechten, der Waren gekauft hat in der Erwartung, die Preise würden steigen, wenn er sich in dieser Erwartung getäuscht sieht und die Ware daher, statt mit dem erwarteten Gewinn, nur unter Verlust weiterverkaufen kann. Das Risiko einer Vermögensdisposition, bei der er mit einer bestimmten zukünftigen Entwicklung gerechnet hat, muß jeder selbst tragen.

Eine andere Beurteilung ist aber dann am Platze, wenn bei der Festsetzung des Vertragsinhalts die *beiden Parteien* übereinstimmend von der Annahme eines bestimmten Sachverhalts ausgegangen sind, an dem sie ihre Erwartungen oder Berechnungen orientiert haben, der für sie beide die Grundlage ihrer Bewertung gebildet hat. Solchen Fällen sind wir bereits bei der Erörterung des sog. „Kalkulationsirrtums" (oben II a) begegnet. Erinnert sei an den Altmetallfall und die Börsenkursfälle. Im Altmetallfall hatten die Parteien die Menge des den Kaufgegenstand bildenden Vorrats falsch eingeschätzt und auf Grund dieser ihrer Einschätzung den Preis vereinbart. In den Börsenkursfällen waren sie auf Grund eines Druckfehlers im Kurszettel bei der Vereinbarung des Kurses, zu dem die Aktien verkauft werden sollten, beide von der Vorstellung ausgegangen, der von ihnen vereinbarte Kurs liege in der Nähe des letzten Börsenkurses. In allen diesen Fällen erwies sich die Berechnungsgrundlage, von der *beide Parteien* ausgegangen waren, als unrichtig. Nicht nur die eine Partei irrte über einen Umstand, der für ihren Entschluß von Bedeutung war, sondern *beide* gingen bei ihren Überlegungen von einer nicht zutreffenden Vorstellung aus. In Frage kommt eine Anfechtung wegen eines Eigenschaftsirrtums. In den Börsenkursfällen kommt sie schon deshalb nicht in Betracht, weil der Börsenkurs ebenso wie der „gemeine Wert" einer Sache nicht als eine „wesentliche Eigenschaft" derselben gilt. Im Altmetallfall könnte man zwar die Menge des den Geschäftsgegenstand bildenden Vorrats als eine wesentliche Eigenschaft dieses Gegenstandes ansehen; indessen wäre es hier nicht angebracht, denjenigen, der deshalb seine Erklärung anfechten würde, mit der Verpflichtung zum Ersatz des Vertrauensschadens zu belasten, eben weil *beide* Teile sich in demselben Irrtum befunden haben. Das Risiko, daß beide sich in der gleichen Weise über einen Umstand irren, der für sie beide Grundlage ihres Geschäfts ist, muß beide gleichmäßig treffen. Das Gesetz hat diese Fälle in ihrer Besonderheit nicht gesehen und daher auch nicht geregelt. Der beiderseitige Irrtum über einen Umstand, der für beide die Geschäftsgrundlage bildet, unterscheidet sich von dem nur einseitigen Motivirrtum so wesentlich, daß er nach einer besonderen Regelung verlangt. Das Fehlen einer solchen Regelung ist eine

Gesetzeslücke. In diese Lücke ist die Lehre von der (subjektiven) Geschäftsgrundlage eingetreten.

Die Lehre von der Geschäftsgrundlage ist kurz nach dem 1. Weltkrieg und zwar im Hinblick auf die damalige Geldentwertung, mit der vor dem Kriege niemand gerechnet hatte, von *Oertmann*[79] entwickelt worden. Das RG hat sie alsbald übernommen, und in der Rechtsprechung nach dem 2. Weltkrieg hat sie erneut eine große Rolle gespielt. Dabei hat sie aber eine bedenkliche Ausweitung erfahren. Das Schrifttum hat sich darum bemüht, typische Fallgruppen herauszuarbeiten und gewisse Richtlinien aufzuzeigen.[80] Völlig abgelehnt wird sie von *Flume*[81] und, aus ganz anderen, in der ihm eigenen streng begrifflichen und deduktiven Denkweise gelegenen Gründen, von *Ernst Wolf*.[82] Während *Oertmann* die Geschäftsgrundlage „subjektiv", nämlich als eine bei beiden Parteien oder doch bei einer von ihnen vorhandene, von der anderen Partei wenigstens erkannte Vorstellung verstand, die die betreffende Partei zur Grundlage ihrer Überlegungen und ihres Entschlusses genommen hat, verstanden andere Autoren (*Krückmann, Locher*) die Geschäftsgrundlage „objektiv", nämlich als die Gesamtheit solcher außerhalb des Geschäfts liegender Umstände, deren Vorhandensein oder Fortdauer sinngemäß vorausgesetzt werden muß, damit das Geschäft im Hinblick auf den typischen oder den im Geschäftsinhalt zum Ausdruck gekommenen Geschäftszweck noch als eine sinnvolle Regelung zu bestehen vermag. Wenn das auch nicht unbestritten ist,[83] so hat sich doch die Auffassung sehr weitgehend durchgesetzt, daß sowohl die subjektive wie die objektive Geschäftsgrundlage unter bestimmten Voraussetzungen zu beachten sind und daß die Lehre von der subjektiven Geschäftsgrundlage in die Irrtumslehre einzuordnen ist,[84] während der Fortfall der objektiven Geschäftsgrundlage in den Zusammenhang der Leistungsstörungen gehört. An dieser Stelle ist daher nur die subjektive Geschäftsgrundlage zu erörtern.[85]

Ihren gesetzlichen Anknüpfungspunkt findet die Lehre von der Geschäftsgrundlage, in Ermangelung sonstiger Normen, nach ganz überwiegender Auffassung in dem Prinzip von „Treu und Glauben" (§§ 157, 242). Es widerspricht im allgemeinen redlicher Denkweise, den anderen an seiner Erklärung oder an dem geschlossenen Vertrage auch dann festzuhalten, wenn die von beiden Partnern angenommene Vertragsgrundlage nicht oder nicht mehr besteht und wenn derjenige, der jetzt die unveränderte Erfüllung des Vertrages verlangt, einen solchen Vertrag dem anderen, hätte er die Sachlage beim Vertragsschluß gekannt, redlicherweise nicht angesonnen hätte. Für die Fälle der subjektiven Geschäftsgrundlage kann man außerdem die Bestimmung über die Beachtlichkeit eines Irrtums über die Grundlage eines Vergleichs (§ 779) analog heranziehen. Die dort angeordnete Nichtigkeit ist jedoch keineswegs immer die angemessene Rechtsfolge; so dann nicht, wenn beide Parteien bereit sind, das Geschäft auf der

---

[79] In seinem Buch „Die Geschäftsgrundlage", 1921.

[80] Vgl. dazu *mein* Buch über „Geschäftsgrundlage und Vertragserfüllung", 3. Aufl. 1963 und Sch.R. I § 21 II sowie die Übersicht über die verschiedenen Lehren bei *Stötter,* AcP 166, 149, 154ff.

[81] Allg. Teil § 26 und Festschr. für den DJT, Bd. I, S. 207ff. Zu *Flume* vgl. weiter unten den Text.

[82] *Ernst Wolf* S. 493ff.

[83] So betrachtet *Schmidt-Rimpler* (Festschr. f. *Nikisch,* 1955, S. 1ff.) auch die Fälle der von mir sog. objektiven Geschäftsgrundlage als solche der subjektiven Geschäftsgrundlage.

[84] Vgl. *Wieacker,* Festschr. f. *Wilburg,* 1965, S. 241ff.; *Enn./N.* § 177; *Ulmer,* AcP 174, 179f., MünchKomm/*Kramer* 118ff. zu § 119; *Pawlowski* II, S. 279ff.; *Köhler,* JA 79, 498.

[85] Zur objektiven Geschäftsgrundlage vgl. Sch. R. I § 21 II.

nunmehr berichtigten Grundlage mit entsprechend geändertem Inhalt gelten zu lassen. In der Rechtsprechung hat sich die Tendenz durchgesetzt, das Geschäft nach Möglichkeit in Anpassung an die tatsächliche Sachlage aufrechtzuerhalten. Das ist aber gerade für die Fälle des gemeinsamen Irrtums über die Berechnungsgrundlage, z. B. die Börsenkursfälle und den Altmetallfall,[86] deshalb nicht unbedenklich, weil dadurch derjenige, zu dessen Nachteil die Anpassung erfolgt, zur Erfüllung eines Vertrages genötigt wird, den er vielleicht mit diesem Inhalt niemals geschlossen hätte.[87] Ihm muß deshalb die Wahl gelassen werden zwischen der Anpassung des Vertrages an die tatsächliche Sachlage und der Auflösung des Vertrages, die regelmäßig eine darauf gerichtete Erklärung (Rücktritt, bei Dauerschuldverhältnissen Kündigung) erfordert. Nichtigkeit kann nur dann angenommen werden, wenn der Umstand, über den sich beide geirrt haben, von solcher Art ist, daß angenommen werden muß, daß wenigstens die eine Partei bei seiner Kenntnis den Vertrag keinesfalls, auch nicht mit einem der Sachlage angepasten Inhalt, geschlossen hätte – in Fällen, die denen des § 779 sehr nahe kommen.

Eine subjektive Geschäftsgrundlage liegt nur dann vor, wenn sich die Parteien über den die Geschäftsgrundlage bildenden Umstand konkrete Vorstellungen gemacht haben.[88] Daß sie sich über bestimmte vorliegende Verhältnisse und deren Fortdauer, oder über ein später eingetretenes Ereignis *keinerlei* Gedanken oder Vorstellungen gemacht haben, genügt nicht. Nur dann sind diese Verhältnisse oder ist der Eintritt oder das Ausbleiben des Ereignisses die subjektive Geschäftsgrundlage geworden, wenn sie diese Verhältnisse oder den von ihnen erwarteten Eintritt oder Nichteintritt dieses Ereignisses bei ihrer Willensbildung vor Augen hatten, sich ihrer Bedeutung für die Gestaltung des Geschäfts bewußt gewesen sind. Haben dagegen die Parteien über einen Umstand, der, hätten sie ihn in Betracht gezogen, ihre Willensbildung beeinflußt hätte, keine Vorstellungen gehabt, dann kann dieser Umstand nicht die subjektive, sondern allenfalls

---

[86] Im Altmetallfall könnte die ,,Anpassung" in der Weise vorgenommen werden, daß der Verkäufer nur die Hälfte des vorhandenen Brockeneisens zu liefern, oder in der Weise, daß der Käufer einen entsprechend höheren Preis zu zahlen hätte. Im ersten Fall bekäme zwar der Käufer, was er erwartet hätte, der Verkäufer hätte aber vielleicht einen solchen Vertrag nicht geschlossen, weil er sein Lager räumen wollte. Im 2. Fall übersteigt der Preis das, was der Käufer zahlen wollte; vielleicht hat er für eine solche Menge auch keine Verwendung. Die sachgerechte Lösung könnte so aussehen: Der Käufer kann nur die halbe Menge des Brockeneisens verlangen, wenn er sich nicht dazu erbietet, den höheren Preis zu zahlen. Erbietet er sich hierzu, ist der Verkäufer gebunden; lehnt er das aber ab, hat der Verkäufer ein Rücktrittsrecht. Er wird dieses ausüben, wenn er einen anderen Abnehmer für den gesamten Vorrat hat. Ähnliche Lösungsvorschläge machen *Flume* S. 505 und *Medicus* aaO, S. 647. Anders *Diesselhorst* aaO, S. 161 (keine Anpassung, sondern Nichtigkeit des Vertrages); *Köhler* aaO, S. 505 (Teilung des Risikos, daher Lieferung von ¾ der vorhandenen Menge zu einem entsprechend erhöhten Preis).

[87] Vgl. dazu *Medicus* aaO; *Schmidt-Rimpler* S. 14.

[88] Vgl. *mein* Buch S. 29ff., 38.

eine objektive Geschäftsgrundlage bilden.[89] Dagegen halte ich es nicht für angebracht, mit *Wieacker*[90] die Beachtung einer subjektiven Geschäftsgrundlage auf den Fall des Irrtums über das *Vorhandensein* eines bestimmten, von den Parteien vorgestellten Umstandes zu beschränken, den Fall des Nichteintritts der beiderseitigen Erwartung zukünftiger Umstände aber auszuschließen. *Wieacker* ist der Meinung, in diesem Fall handle es sich nicht um einen Irrtum, sondern um ,,eine Enttäuschung menschlicher Lebensplanung für die Zukunft". Eine solche könne grundsätzlich von der Rechtsordnung nicht beachtet werden. Indessen liegen die beiden Fälle doch dann, wenn die Parteien sich einen *bestimmten Umstand* vorgestellt haben, dessen Vorhandensein *und* dessen Fortdauer auch für die Zukunft sie als sicher ansahen, nahe beieinander. So wenn die Parteien von einer bestimmten, vorhandenen Rechtsprechung ausgehen, mit ihrer Fortdauer auch in der Zukunft rechnen, darauf ihre Vereinbarung aufbauen, dann aber die Rechtsprechung sich gegen ihre Erwartung ändert. Gewiß muß das Risiko fehlgeschlagener Erwartungen regelmäßig von demjenigen getragen werden, der sie gehegt und sich davon bei seinem Entschluß hat bestimmen lassen. Das schließt aber nicht aus, daß ausnahmsweise auch die beiderseitige Erwartung eines als sicher angesehenen künftigen Umstandes oder der Fortdauer eines gegebenen Umstandes die von beiden vorausgesetzte Geschäftsgrundlage bilden kann.[91] Daß es dem Sprachgebrauch des Gesetzes nicht widerspricht, von ,,irrigen Erwartungen" zu sprechen, zeigt § 2078 Abs. 2. Hier ist unbestritten, daß der Umstand, auf den sich die ,,irrige Annahme oder Erwartung" des Erblassers bezieht, ein vergangener, gegenwärtiger oder zukünftiger sein kann.[92] Für die subjektive Geschäfts-

---

[89] Gegen die Unterscheidung einer subjektiven und einer objektiven Geschäftsgrundlage *Schmidt-Rimpler* aaO.; *Medicus,* Bürgerl. Recht Rdn. 165; *Fikentscher* aaO. S. 11, 42f.

[90] aaO. S. 238, 242. Ihm folgt insoweit *Stötter* aaO. S. 165f.; 175ff.; JZ 67, 147. Dagegen aber zutreffend *Pawlowski* II S. 282; wie hier auch MünchKomm/*Kramer* 118 zu § 119, Anm. 264.

[91] Vgl. auch die Entscheidungen BGHZ 25, 390; 47, 48, 51f.; NJW 67, 721; JZ 77, 177 = LM Nr. 83 zu § 242 (Bb) BGB. Im ersten Fall hatten sich die Parteien kurz nach der Währungsreform über die Höhe einer Enteignungsentschädigung geeinigt. Auf Grund der damaligen Rechtsprechung, derzufolge eine solche Entschädigung wie eine gewöhnliche Geldforderung im Verhältnis 10 zu 1 auf DM umzustellen war und mit deren Fortdauer sie rechneten, hatten sie den zugrunde gelegten RM-Betrag in diesem Verhältnis in DM umgerechnet. Später änderte sich die Rechtsprechung dahin, daß derartige Entschädigungen als sog. ,,Wertschulden" im Verhältnis 1 zu 1 umzustellen seien. Der BGH erblickte darin eine zu beachtende Änderung der Geschäftsgrundlage. Im zweiten Fall hatten die Parteien eines Grundstückskaufvertrags damit gerechnet, bestimmte Grundstücke würden in absehbarer Zeit bebaubar werden. Diese Erwartung erfüllte sich nicht. Der BGH erblickte darin ,,einen beiderseitigen Irrtum über die Geschäftsgrundlage". Im dritten Fall hatten die Parteien übereinstimmend angenommen, ein bei Vertragsschluß noch bestehendes Leistungshindernis werde in Kürze fortfallen. Diese Erwartung erwies sich als irrig. Der BGH nahm infolgedessen den Wegfall der Geschäftsgrundlage an. Im vierten Fall lag es ähnlich wie im zweiten. Die Parteien waren übereinstimmend davon ausgegangen, das verkaufte Grundstück werde demnächst Bauland werden. Im Vertrag war auf den in der Aufstellung befindlichen Bebauungsplan Bezug genommen; der vereinbarte Preis entsprach dem für Bauland. Wider Erwarten der Parteien nahm die Gemeinde dann davon Abstand, den zunächst von ihr beabsichtigten Bebauungsplan zu beschließen.

[92] Vgl. *Lange/Kuchinke,* Erbrecht § 35 III 2b und die Kommentare zu § 2078.

grundlage sollte man m. E. daran festhalten, daß der beiderseitige Irrtum sowohl einen gegenwärtigen, wie einen künftigen Umstand betreffen kann, mit dessen Eintritt – oder Nichteintritt – die Parteien gerechnet haben.

Als ,,subjektive Geschäftsgrundlage" muß daher angesehen werden:[93] eine bestimmte gemeinsame Vorstellung oder sichere Erwartung beider Vertragsparteien, von der sie sich beide beim Abschluß des Vertrages haben leiten lassen, und zwar in der Art, daß jede Partei bei Kenntnis der Unrichtigkeit dieser Vorstellung oder Erwartung den Vertrag nicht, oder doch nicht mit diesem Inhalt geschlossen hätte, oder zum mindesten ihn der Gegenpartei redlicherweise nicht angesonnen hätte. Dabei ist freilich immer zu prüfen, ob das Risiko der Unrichtigkeit dieser Vorstellung oder des Fehlschlags der Erwartung nicht nach dem Sinn der getroffenen Vereinbarung oder des betreffenden Vertragstypus nur die eine oder die andere Partei trifft, was vor allem bei spekulativen Geschäften, jedoch nicht nur bei diesen, der Fall sein kann.[94] Die Vorstellung oder Erwartung der Parteien wird sich zwar in der Regel auf – vermeintlich vorhandene oder künftige – *tatsächliche* Umstände beziehen, doch kann es sich auch um eine von den Parteien angenommene Rechtslage, insbesondere um den Fortbestand der im Augenblick des Vertragsschlusses geltenden gesetzlichen Regelung oder einer bestimmten Rechtsprechung, handeln.[95] Dem Fall, daß sich beide Teile von der gleichen irrigen Vorstellung oder Erwartung haben leiten lassen, dürfte der gleichzustellen sein, daß zwar nur die eine Partei sich davon hat leiten lassen, die andere aber diesen Irrtum, etwa durch eine unrichtige Auskunft, und zwar in Kenntnis der Bedeutung dieses Umstandes für den Entschluß der ersten Partei, wenn auch ohne Verschulden veranlaßt hat.[96]

Flume[97] hält die Lehre von der Geschäftsgrundlage für überflüssig. Er meint, sämtliche von der h. L. und der Rechtsprechung hierher gerechneten Fälle ließen sich, ohne daß man deshalb auf das Prinzip von ,,Treu und Glauben" zurückgreifen müßte, entweder aus der gesetzlichen Regelung der einzelnen Vertragstypen oder aus dem betreffenden Vertrage selbst lösen. Es handelt sich nach *Flume* wiederum, wie bei dem von ihm so genannten geschäftlichen Eigenschaftsirrtum, um das Verhältnis ,,von Rechtsgeschäft und Wirklichkeit". In den Fällen der subjektiven Geschäftsgrundlage komme es zunächst darauf an, ob die unrichtige Vorstellung der Parteien ,,in den Vertrag eingegangen" sei. In den Börsenkursfällen und im Altmetallfall (vgl. oben unter IIa) bejaht *Flume* dies, und zwar in den

---

[93] *Mein* Buch über die Geschäftsgrundlage S. 51, 184; ebenso *Köhler* aaO. S. 500.

[94] Vertragstypische Risiken, mit denen jeder rechnen muß, der einen solchen Vertrag schließt, dürfen nicht überwälzt werden. Hierzu BGH, LM Nr. 80 zu § 242 (Bb) BGB, unter 4; LM Nr. 87 zu § 242 (Bb) BGB; *Palandt/Heinrichs* 6 Bd zu § 242.

[95] Vgl. den schon erwähnten Fall BGHZ 25, 390 und BGHZ 58, 355, 362f. Im zweiten Fall sah der BGH eine Änderung der Rechtsprechung, die beide Parteien einem Vergleich zugrundegelegt hatten, mit Recht als Wegfall der Geschäftsgrundlage an. Um einen Irrtum über die Rechtslage ging es auch in BGHZ 62, 20, 24f. Zu dieser Entsch. vgl. *Schmiedel* in Festschr. f. *v. Caemmerer,* 1978, S. 231.

[96] Vgl. dazu die Entsch. des BGH, LM Nr. 5 zu § 96 BEG 1956 unter Ziff. 3. Der BGH ließ hier eine Irrtumsanfechtung nach § 119 Abs. 1 zu; das ist unhaltbar.

[97] Festschrift für den DJT, Bd. 1, S. 207ff.; Allg. Teil Bd. II § 26 7. Ihm folgt im Prinzip auch hier *Goltz* aaO. S. 167ff.

Börsenkursfällen selbst dann, wenn die Parteien nicht über den Börsenkurs gesprochen hatten, denn „jedermann weiß, daß Börsenpapiere, wenn nichts anderes ausgemacht wird, auf der Grundlage des Börsenkurses gehandelt werden".[98] Daher enthalten die Verträge nach *Flume* zwei einander widersprechende Preisvereinbarungen, die gleichrangig nebeneinanderstünden. Nach der einen Vereinbarung gilt der ziffernmäßig festgelegte Kurswert, z. B. von 341. Gingen die Parteien von der Vorstellung aus, der letzte Börsenkurs sei 340, so enthält der Vertrag nach *Flume* zugleich die Vereinbarung, der Preis betrage 1% über dem letzten Börsenkurs. War der letzte Börsenkurs in Wirklichkeit 430, so wäre nach *Flume* als Kaufpreis einmal 341, zum anderen aber 431 vereinbart worden. *Flume* meint nun, es dürfe in solchen Fällen keiner der Vertragspartner den anderen an der für diesen ungünstigeren Regelung festhalten, während andererseits jeder das Recht haben müsse, auf der Einhaltung des Vertrages zu den für den anderen günstigeren Bedingungen zu bestehen. Demnach brauchte der Verkäufer die Aktien nur zum Kurse von 431 zu liefern, der Käufer brauchte sie aber zu diesem Preise nicht abzunehmen. Er könnte aber ebensowenig die Lieferung zu dem vereinbarten Kurse von 341 verlangen, sondern müßte, wenn er auf der Lieferung bestände, den Kurswert von 431 als Kaufpreis gelten lassen. Dieses Ergebnis mag unter dem Gesichtspunkt von „Treu und Glauben", den *Flume* gerade für entbehrlich hält, billigenswert sein. Aus dem Vertrage kann es *Flume* nur dadurch begründen, daß er die unrichtige Berechnungsgrundlage, von der die Parteien bei ihrer Preisfestsetzung ausgegangen waren, zum Inhalt des Vertrages zählt und die ausdrücklich getroffene Preisvereinbarung dadurch relativiert. Damit wird aber der eigentliche Erklärungstatbestand von ihm besonders dann in einer kaum noch abzugrenzenden Weise ausgeweitet, wenn die Parteien bei den Verhandlungen über den Börsenkurs überhaupt nicht gesprochen hatten.[99] Noch deutlicher ist dies im Altmetallfall, den *Flume* auf die gleiche Weise lösen will. Die Parteien hatten in diesem Fall zwar die Menge des verkauften Vorrats ungefähr geschätzt und waren aufgrund dieser Schätzung sowie der Marktpreise zu dem von ihnen vereinbarten Endpreis gelangt. Inhalt ihrer Vereinbarung war aber allein dieser Endpreis: verkauft wurde zu diesem Preis der gesamte Vorrat, nicht eine bestimmte Menge bestimmter Metallsorten. Das Ergebnis ihrer Schätzung – die sich dann als falsch erwies – bestimmte zwar ihre weiteren Überlegungen, die sie zu dem vereinbarten Endpreis hinführten, vereinbart wurde aber nur der Endpreis, eine fest bestimmte Summe. Kaum durchführbar ist *Flumes* Lösung bei einem formbedürftigen Vertrag, z. B. bei einem Grundstücksveräußerungsvertrag. Gehen hier beide Parteien von in Wahrheit unzutreffenden Vorstellungen z. B. über die Eignung des Grundstücks als Bauland aus, die in dem notariellen Vertrag in keiner Weise Ausdruck gefunden haben, so würde wohl auch *Flume* sie nicht zum Inhalt des Vertrages rechnen können.

Auch wenn man einen nicht geringen Teil der angesprochenen Fälle auf einem anderen Wege, etwa dem der Vertragsauslegung oder einer am Vertrag und am dispositiven Recht orientierten Risikoverteilung, lösen kann, bleiben doch, wie die umfangreiche Judikatur zeigt, nicht wenige übrig, in denen das nicht ausreicht. Die Lehre vom Fehlen oder Fortfall der Geschäftsgrundlage will diese Lücke ausfüllen. Dabei ist allerdings die Herausarbeitung typischer Fallkonstellationen notwendig, in denen eine Lösung vom Vertrag – oder seine Anpassung an die tatsächlichen Verhältnisse – gemäß dem Prinzip von Treu und Glauben möglich sein muß. Eine dieser Fallkonstellationen ist die hier unter dem Stichwort der „subjektiven Geschäftsgrundlage" beschriebene; andere sind unter dem der „objektiven Geschäftsgrundlage" darzustellen.[100]

---

[98] *Flume* § 26 4b.

[99] Zutreffend bemerkt *Schmidt-Rimpler* aaO. S. 14, *vereinbarte* Rechtsfolge sei in diesen Fällen nur die Zahlung der fälschlich errechneten Geldsumme, keineswegs die des Kurswertes.

[100] Dazu Sch.R. I, § 21 II.

IV. Arglistige Täuschung und widerrechtliche Drohung

So wie das Gesetz dem Erklärenden unter gewissen Umständen gestattet, sich von seiner Erklärung loszusagen, wenn sie durch einen Irrtum beeinflußt war, so gestattet es ihm auch, sich von ihr loszusagen, wenn er sie unter dem Einfluß einer von dem Geschäftsgegner oder mit dessen Wissen von einem Dritten begangenen arglistigen Täuschung oder einer widerrechtlichen Drohung abgegeben hat (§ 123). Der Grund dafür ist, daß in diesen Fällen *die Freiheit seiner Willensentschließung* nicht vorhanden ist, die grundsätzlich von der Privatautonomie vorausgesetzt werden muß. Dabei besteht ein wesentlicher Unterschied zwischen beiden Fällen. In den Irrtumsfällen liegt die Quelle der Störung zumeist im Bereich des Erklärenden selbst: er hat sich vergriffen oder falsch ausgedrückt, seine Vorstellung von der Wirklichkeit war unrichtig. Kann er sich daher auch unter den besprochenen Voraussetzungen von seiner Erklärung wieder lösen, so doch nur um den Preis, daß er dem anderen dessen Vertrauensschaden ersetzen muß. In den Fällen der arglistigen Täuschung und der widerrechtlichen Drohung dagegen ist er selbst das Opfer einer vom Recht mißbilligten Handlungsweise seines Geschäftsgegners oder eines Dritten. Es besteht daher hier kein hinreichender Grund dafür, ihn mit der Verpflichtung zum Ersatz des Vertrauensschadens zu belasten. Während im Fall der arglistigen Täuschung die Anfechtung einer empfangsbedürftigen Erklärung nur dann zulässig ist, wenn die Täuschung gerade von dem Geschäftsgegner begangen wurde oder dieser sie wenigstens kannte oder kennen mußte, gilt diese Einschränkung nicht für die Anfechtung wegen Drohung. Die widerrechtliche Beeinflussung des Willens durch eine Drohung wird vom Gesetz in so starkem Maße mißbilligt, daß demgegenüber der Schutz des Geschäftsgegners, auch wenn dieser von der Drohung nichts wußte noch wissen konnte, zurücktritt. Freilich ist trotz der rechtlichen Mißbilligung der arglistigen Täuschung und der Drohung das unter ihrem Einfluß zustandegekommene Rechtsgeschäft *zunächst* gültig. Das Fehlen der Freiheit der Willensbestimmung wird vom Gesetz dadurch berücksichtigt, daß der Getäuschte oder Bedrohte nach der Entdeckung der Täuschung oder der Beendigung der Zwangslage selbst darüber entscheiden kann, ob er das Geschäft trotzdem weiterhin gelten lassen will oder nicht. Das Geschäft ist also nicht ohne weiteres nichtig, sondern wiederum nur anfechtbar. Dadurch ergeben sich gewisse Abgrenzungsschwierigkeiten gegenüber dem Tatbestand des § 138, der die Nichtigkeit des betreffenden Geschäfts zur Folge hat. Darauf ist später zurückzukommen. Auf dem Umweg über einen Schadensersatzanspruch kann häufig auch ohne Anfechtung ein gleiches Ergebnis erzielt werden; darüber unten unter c.

a) **Die Anfechtung wegen arglistiger Täuschung.** Seine Erklärung kann anfechten, wer zu ihrer Abgabe ,,durch arglistige Täuschung bestimmt worden ist." Die Täuschung besteht in der vorsätzlichen, also gewollten Erregung oder Aufrechterhaltung eines Irrtums, sei es durch die Vorspiegelung falscher oder durch das Verschweigen wahrer Tatsachen, um dadurch den Entschluß des Getäuschten zu beeinflussen. Durch ,,Verschweigen" kann eine Täuschung aber nur dann begangen werden, wenn eine Pflicht zum Reden bestand. Eine solche Pflicht besteht, wie das RG gesagt hat,[101] ,,wenn Treu und Glauben nach der Verkehrsauffassung das Reden erfordern, der andere Teil nach den Grundsätzen eines reellen Geschäftsverkehrs eine Aufklärung erwarten durfte". Nach dem BGH ,,besteht auch in Vertragsverhandlungen, in denen die Beteiligten entgegengesetzte Interessen verfolgen, die Pflicht, den anderen Teil über solche Umstände aufzuklären, die den Vertragszweck (des anderen) vereiteln können und daher für seinen Entschluß von wesentlicher Bedeutung sind, sofern er die Mitteilung nach der Verkehrsauffassung erwarten durfte".[102] Im näheren kommt es sowohl auf die Art der zwischen den Geschäftspartnern bestehenden Beziehungen wie auf das betreffende Geschäft an. Eine schon bestehende Vertrauensbeziehung kann eine weitergehende Aufklärungspflicht begründen; bei Geschäften mit spekulativem Charakter besteht andererseits eine Aufklärungspflicht jedenfalls nicht hinsichtlich solcher Umstände, deren Vorliegen oder Nichtvorliegen gerade zu dem normalen Risiko gehört, das mit einem solchen Geschäft verbunden ist. Wer, wenn auch unaufgefordert, bei den Geschäftsverhandlungen bestimmte Angaben, z. B. über seine Verdienstspanne, macht, muß bei der Wahrheit bleiben.[103] Der Verkäufer eines gebrauchten Kraftfahrzeuges ist jedenfalls dann dazu verpflichtet, einen früheren Unfall mitzuteilen, wenn ihn der Käufer danach fragt – und zwar auch dann, ,,wenn er nach seiner Auffassung nur zu einem sogenannten Blechschaden ohne weitere nachteilige Folgen geführt hat".[104]

Gleichgültig ist, worauf sich der Irrtum bezieht: ob auf eine Eigenschaft des Geschäftsgegenstandes, auf einen Umstand, der sonst dessen Bewertung zu beeinflussen vermag, wie z. B. den Marktpreis oder den Börsenkurs, oder auf sonstige Umstände, die für den Entschluß, das Geschäft vorzunehmen, tatsächlich von Einfluß gewesen sind. ,,Arglistig" ist die Täuschung, wenn sie zu dem Zweck vorgenommen wird, den Willen des Getäuschten zu beeinflussen, oder wenn doch zum mindesten das Bewußtsein vorhanden ist, daß er dadurch beein-

---

[101] RGZ 111, 233, 234. Der BGH neigt dazu, im Zusammenhang mit der Lehre vom Verschulden bei den Vertragsverhandlungen, solche Aufklärungspflichten im weiten Umfange anzunehmen. So hält er einen Verkäufer, der fachkundig ist, für verpflichtet, den Käufer auf die mangelnde Eignung des Kaufgegenstandes für seine Zwecke selbst dann hinzuweisen, wenn dieser sie ebenfalls hätte erkennen können; vgl. LM Nr. 42 zu § 123 BGB.

[102] BGH, LM Nr. 45 zu § 123 BGB.

[103] Vgl. BGH, NJW 64, 811 = LM Nr. 30a zu § 123 BGB.

[104] So der BGH, LM Nr. 35 zu § 123.

flußt werden könne.[105] Weiter ist Voraussetzung der Anfechtung, daß der Anfechtende durch den von dem anderen erregten oder aufrechterhaltenen Irrtum in der Tat beeinflußt worden ist.[106] Im Falle der Täuschung durch Verschweigen genügt hierfür hypothetische Kausalität, daß nämlich die unterlassene Aufklärung, wenn sie erfolgt wäre, den Getäuschten von dem Geschäft abgehalten haben würde.

Nicht erforderlich ist – im Gegensatz zum strafrechtlichen Betrugstatbestand –, daß der Getäuschte durch das Geschäft einen Vermögensschaden erlitten hat. Denn § 123 BGB schützt nicht das Vermögen, sondern die Entschließungsfreiheit.[107] Der Täuschende braucht daher auch nicht die Absicht zu haben, den anderen zu schädigen oder sich selbst einen Vermögensvorteil, auf den er keinen Anspruch hat, zu verschaffen.[108] Schließlich kommt es auch nicht darauf an, ob er deliktsfähig war oder nicht. Es genügt, daß er die mögliche Wirkung seiner Täuschungshandlung auf den Entschluß des Getäuschten zu erkennen vermochte.[109]

Eine empfangsbedürftige Erklärung ist im allgemeinen nur dann wegen Täuschung anfechtbar, wenn der Erklärungsgegner selbst, nicht auch dann, wenn ein Dritter die Täuschung begangen hat. Das Gesetz wertet das Vertrauen des Empfängers auf die Gültigkeit der Erklärung in diesem Falle höher als das Interesse des Getäuschten, von seiner Erklärung loszukommen. Ihm bleibt allenfalls die Irrtumsanfechtung nach § 119 Abs. 2, wenn dessen Voraussetzungen vorliegen. „Dritter" im Sinne dieser Bestimmung ist jedoch nicht, wer als Stellvertreter des Erklärungsempfängers oder doch als dessen „Abschlußgehilfe" an dem Geschäftsschluß mitgewirkt hat. Die von einem solchen begangene Täuschung muß der Erklärungsempfänger sich zurechnen lassen.[110] Ist die Täuschung von einem

---

[105] Wer sich dessen bewußt ist, daß „der andere ohne die Täuschung die Willenserklärung möglicherweise nicht oder nicht mit dem vereinbarten Inhalt abgegeben hätte", handelt, wenn er trotzdem die Täuschung begeht oder aufrechterhält, nach Meinung des BGH mit „bedingtem Vorsatz". Dieser genüge zur Annahme einer „Arglist". Vgl. BGH, LM Nr. 42 zu § 123 BGB unter 3d.

[106] Zum Kausalzusammenhang zwischen der Täuschung und dem Abschluß des Geschäfts vgl. die Entscheidung des BGH, LM Nr. 4 und 30a zu § 123 BGB.

[107] Vgl. RG, JW 1910, S. 704.

[108] Vgl. RG, JW 1912, S. 69; RGZ 111, 5 (7).

[109] *v. Tuhr* Bd. II § 68 zu Anm. 3.

[110] Beim sog. „finanzierten Kauf" (Sch.R. II § 63 I) muß sich das Finanzierungsinstitut die von dem Vertreter des Verkäufers begangene Täuschung zurechnen lassen, sofern dieser dem Käufer gegenüber auch als Vermittler des Darlehens tätig wurde; so der BGH, NJW 1978, S. 2144. Weiter muß sich nach der neueren Rechtsprechung der Erklärungsempfänger unter Umständen auch dann die von einem anderen begangene Täuschung zurechnen lassen, wenn dieser weder sein Vertreter noch von ihm mit der Führung von Vertragsverhandlungen für ihn beauftragt, aber interessemäßig mit ihm verbunden war; vgl. LM Nr. 29 u. 30 zu § 123 BGB. Mit Recht ist der BGH aber von der Ansicht, daß der Gläubiger, der seinen Schuldner veranlaßt, einen Bürgen beizubringen, sich die von dem Schuldner dem Bürgen gegenüber begangene Täuschung zurechnen lassen müsse, alsbald wieder abgerückt (LM Nr. 31 zu § 123 BGB). Der Schuldner, der einen anderen zur Übernahme einer Bürgschaft zu bewegen sucht, nimmt primär sein eigenes Interesse wahr und setzt seinen eigenen

Dritten begangen, so ist die Erklärung nur dann anfechtbar, wenn der Erklärungsempfänger die Täuschung und deren mögliche Ursächlichkeit für den Willensentschluß des Getäuschten kannte oder kennen mußte.[111] Hat ein anderer als der Erklärungsempfänger aus dem Rechtsgeschäft unmittelbar ein Recht erworben, wie etwa bei einem Lebensversicherungsvertrag zugunsten eines Dritten der Begünstigte, so ist die Erklärung ihm gegenüber anfechtbar, wenn *er* die Täuschung kannte oder erkennen mußte; selbstverständlich erst recht dann, wenn er sie selbst begangen hat.

Die nach § 123 zur Anfechtung berechtigende ,,arglistige Täuschung" durch den Geschäftsgegner ist ein Sonderfall der Erregung eines Motivirrtums. Ein solcher Irrtum kann auch dadurch erregt werden, daß der Geschäftsgegner oder sein Vertreter zwar unvorsätzlich, aber **fahrlässig** unrichtige Angaben über solche Umstände macht, die für den Entschluß des anderen bestimmend sind; z. B. über eine spezielle Verwendungsmöglichkeit des Kaufgegenstandes im Betrieb des Käufers, die Betriebskosten, die Verwendbarkeit des vorhandenen Fundaments für die anzuschaffende Maschine. In solchen Fällen kann eine Haftung wegen Sachmangels (nach Kaufrecht) oder, wo diese nicht in Betracht kommt, eine Anfechtung wegen Eigenschaftsirrtums (nach § 119 Abs. 2) in Betracht kommen. Die Rechtsprechung hilft dem solchermaßen in die Irre Geführten darüber hinaus durch einen Schadensersatzanspruch wegen Verschuldens beim Vertragsschluß,[112] der im Falle, daß, dieser den Vertrag nicht geschlossen hätte, wenn ihm richtige Angaben gemacht worden wären, auf Rückgängigmachung des Vertrages geht. Im Schrifttum ist das allerdings nicht unbestritten;[113] Unstimmigkeiten ergeben sich besonders hinsichtlich der Frist des § 124 auf der einen Seite und der für den Anspruch aus culpa in contrahendo geltenden Verjährungsfrist auf der anderen Seite. Anders, als die Anfechtung wegen eines Eigenschaftsirrtums, wird die nach § 123 durch die Vorschriften über Sachmängel beim Kauf nicht ausgeschlossen; wie weit Ansprüche wegen culpa in contrahendo dadurch ausgeschlossen werden, ist wiederum streitig.[114]

b) **Die Anfechtung wegen widerrechtlicher Drohung.** Seine Erklärung anfechten kann ferner, wer zu ihrer Abgabe *widerrechtlich* durch Drohung bestimmt worden ist. Unter einer ,,Drohung" ist die Ankündigung irgendeines Nachteils

---

Kredit oder seine eigene Beziehung zu dem Bürgen ein; er tritt diesem nicht als Vertrauensperson oder Interessenvertreter des Gläubigers entgegen. Im Verhältnis zum Gläubiger ist er ,,Dritter". Vgl. hierzu auch *Flume* § 29 3; *Medicus,* Bürgerl. Recht, Rdn. 149 a. E.

[111] Vgl. RGZ 134, 43, 53.

[112] Vgl. Sch. R. I, § 9 I Nr. 2.

[113] Dazu *Liebs,* ,,Fahrlässige Täuschung" und Formularvertrag, AcP 174, 26; *Medicus,* JuS 65, 209; zurückhaltender Bürgerl. Recht, Rdz. 150; Lehrb. Rdz. 811.

[114] Meiner Meinung nach nur, soweit es sich um den eigentlichen Mangelschaden, nicht, soweit es sich um einen Mangelfolgeschaden handelt. Dazu *meine* Ausführungen in der Festschr. f. *Ballerstedt,* 1975, S. 407ff.; SchR. II, § 41 II a. E.

für den Bedrohten zu verstehen, den herbeizuführen nach der Meinung des Bedrohten der Drohende in der Lage und für den Fall, daß der Bedrohte die gewünschte Erklärung nicht abgibt, auch entschlossen ist. Mit dieser Ankündigung muß der Drohende beabsichtigen, den Bedrohten zur Abgabe einer Willenserklärung zu veranlassen. Die Drohung bezweckt, den Bedrohten in eine psychische Zwangslage zu versetzen, so daß er der Meinung ist, nur noch zwischen zwei Übeln die Wahl zu haben, von denen ihm die Abgabe der gewünschten Erklärung nach der Absicht des Drohenden als das geringere Übel erscheint. Im Gegensatz zur arglistigen Täuschung ist es gleichgültig, von wem die Drohung ausgeht und ob der Geschäftsgegner von ihr weiß oder doch wissen muß. Die abgegebene Erklärung muß jedoch durch die Drohung nicht nur tatsächlich veranlaßt, sondern auch durch sie bezweckt worden sein,[115] denn nur dann hat sich der Erklärende mit ihr dem Willen des Drohenden gebeugt.

Droht ein Mieter seinem Vermieter mit Gewalttätigkeiten, falls dieser nicht in eine Herabsetzung des Mietzinses willige, und verkauft darauf der Vermieter das Haus, um allen Auseinandersetzungen mit dem „rabiaten Mieter" aus dem Wege zu gehen, so kann er, wenn hernach der Mieter auszieht, nicht den Verkauf des Hauses anfechten, weil er ihn nur unter dem Einfluß der Drohungen des Mieters getätigt habe. Zwar waren diese Drohungen für seinen Entschluß, zu verkaufen, kausal; der Wille des Mieters richtete sich jedoch nicht auf die Herbeiführung gerade dieses Entschlusses. Der Vermieter faßte ihn freiwillig, um der Alternative, vor die ihn der Mieter gestellt hatte – nämlich entweder in eine Herabsetzung des Mietzinses zu willigen oder den angedrohten Gewalttätigkeiten ausgesetzt zu sein – zu entgehen.

Die wichtigste Frage ist, wann eine Drohung, genauer: die Veranlassung einer bestimmten Willenserklärung durch eine Drohung, widerrechtlich ist. In der Regel sagt man, die Drohung sei widerrechtlich, wenn entweder das angedrohte Mittel für sich allein, oder der vom Drohenden erstrebte Zweck widerrechtlich oder das an sich zulässige Mittel kein angemessenes zur Erreichung gerade dieses Zweckes ist.[116] Es ist sicher nicht widerrechtlich, wenn ein Gläubiger seinem säumigen Schuldner für den Fall, daß dieser nicht alsbald leistet, mit der Erhebung einer Klage oder, falls er bereits einen vollstreckbaren Titel in Händen hat, mit Vollstreckungsmaßnahmen droht, denn diese Maßnahmen sind die ihm von der Rechtsordnung zur Verfügung gestellten Mittel, um sein Recht durchzusetzen. Ihre Androhung kann daher sowenig widerrechtlich sein wie ihre Durchführung.[117] Dagegen wäre es zweifellos widerrechtlich, wenn der Gläubiger dem Schuldner für den Fall, daß dieser nicht leiste, damit drohen würde, ihm die Fensterscheiben einzuwerfen oder, ohne daß die Voraussetzungen des § 229 vor-

---

[115] So zutreffend *Enn./N.* § 173 I 2; *Karakatsanes* aaO. S. 28ff.

[116] *Karakatsanes* aaO. S. 40ff.

[117] Ebenso wenig widerrechtlich ist die Einlegung eines Widerspruchs gegen einen Verwaltungsakt und die Ankündigung der verwaltungsgerichtlichen Klage für den Fall, daß er nicht zurückgenommen würde – trotz deren aufschiebender Wirkung und deren nachteiligen Folgen; so BGHZ 79, 131, 143f.

liegen, zur Selbsthilfe zu schreiten, weil die angedrohten Handlungen schon für sich allein genommen widerrechtlich sind. Schwierigkeiten bereiten dagegen die Fälle, in denen jemand mit einer nicht verbotenen Handlung – z. B. mit einer Strafanzeige oder einer Presseveröffentlichung – droht, um die Abgabe einer rechtsgeschäftlichen Erklärung zu erreichen, auf die er keinen Anspruch hat, oder wenn die angedrohte, an sich rechtmäßige Handlung nicht ein angemessenes Mittel zur Erreichung gerade dieses, von der Rechtsordnung nicht mißbilligten Erfolges ist.

A, der sich von B betrogen fühlt, droht dem B mit einer Strafanzeige wegen Betruges, falls B nicht sofort den angerichteten Schaden wiedergutmache. Oder er verlangt, da B hierzu nicht imstande ist, unter der angeführten Drohung von B ein schriftliches Schuldanerkenntnis im Sinne des § 781 und von dem Vater des B, auf dessen Empfehlung hin A die Geschäftsverbindung mit B aufgenommen hatte, die Übernahme einer Bürgschaft. Im dritten Fall droht A, der zufällig beobachtet hat, daß B ein Verkehrsdelikt beging, das ihm den Führerschein kosten kann, dem B mit einer Anzeige, falls B nicht als „Buße" eine bestimmte Summe für einen wohltätigen Zweck spende oder eine fällige Schuld gegenüber dem A zahle oder eine noch nicht fällige vorzeitig erfülle.

Im ersten Fall ist die Drohung zweifellos nicht widerrechtlich, sofern B den Betrug in der Tat begangen hat und die Schadensersatzforderung des A dem Grunde und der Höhe nach berechtigt ist. Wenn auch die Strafanzeige nicht, wie die Zivilklage, gerade das von der Rechtsordnung zur Verfügung gestellte Mittel ist, um den Ersatz des durch die strafbare Handlung angerichteten Schadens zu erzwingen, so ist der alsbaldige Ersatz dieses Schadens doch ein von der Rechtsordnung gebilligter und sogar gewünschter Erfolg. Die Drohung mit der ohne weiteres zulässigen Strafanzeige ist auch kein „unangemessenes" Mittel zur Herbeiführung dieses Erfolgs, da es sich bei Strafe und Schadensersatz beide Male um Reaktionen der Rechtsordnung auf das Unrecht handelt, zwischen denen somit ein „innerer" Zusammenhang besteht.[118] Auch im zweiten Fall ist die Drohung nicht widerrechtlich. Zwar hat A keinen Rechtsanspruch gegen B auf ein Schuldanerkenntnis und noch weniger einen solchen gegen den Vater des B auf die Übernahme einer Bürgschaft, aber das eine wie das andere Verlangen dient nur der Sicherung seiner Schadensersatzforderung und steht auch in einem inneren Zusammenhang mit der strafbaren Handlung des B, deren Anzeige er androht. Der BGH hat die Ansicht, die Drohung sei stets rechtswidrig, wenn der Drohende keinen Rechtsanspruch auf die von ihm verlangte Erklärung hat, ausdrücklich abgelehnt.[119] Es genügt, daß der mit ihr erstrebte Erfolg rechtlich nicht zu mißbilligen ist und die Drohung ein „angemessenes" Mittel darstellt. Das Verlangen der Übernahme einer Bürgschaft durch den Vater des B ist deshalb rechtlich nicht zu mißbilligen, weil dieser durch seine Empfehlung mittelbar zu der Entstehung des Schadens beigetragen hatte, A seiner Empfehlung vertraut

[118] Vgl. RGZ 110, 382, 385; 166, 40, 44.
[119] Vgl. BGHZ 25, 217, 219ff.; BGH, LM Nr. 28 zu § 123 BGB.

hatte. Das Verlangen, eine Bürgschaft zu übernehmen, erscheint angesichts dieses Umstandes ihm gegenüber nicht als unbillig.[120] Dagegen ist im dritten Fall, und zwar in allen seinen Varianten, die Drohung widerrechtlich, weil zwischen dem von B begangenen Verkehrsdelikt, mit dessen Anzeige A ihm droht, und dem von A erstrebten Erfolg – mag A selbst, wie in der zweiten Variante, auf diesen einen Anspruch haben – kein innerer, die Drohung gerade mit diesem Übel rechtfertigender Zusammenhang besteht.[121] Es ist, sagt der BGH,[122] zu prüfen, ob „der Drohende an der Erreichung des von ihm erstrebten Erfolgs ein berechtigtes Interesse hat und ob die Drohung nach der Auffassung aller billig und gerecht Denkenden ein angemessenes Mittel darstellt". Hierbei handelt es sich allerdings um eine Formel, die dem richterlichen Urteilsermessen im Einzelfall einen überaus weiten Spielraum läßt.[123]

Die Rechtswidrigkeit der Drohung genügt. Auf ein Verschulden des Drohenden und daher auf das Bewußtsein der Rechtswidrigkeit seiner Drohung kommt es nicht an. Denn die Anfechtbarkeit der Erklärung dient allein dem Schutz des Bedrohten, nämlich der Freiheit seiner Willensbestimmung; sie stellt keine Sanktion gegenüber dem Drohenden dar. Der BGH meint gleichwohl, daß eine Anfechtung dann ausgeschlossen sei, wenn sich der Drohende in einem unverschuldeten Irrtum über die Tatsachen befunden habe, die sein Verhalten als rechtswidrig erscheinen lassen, oder wenn er sich „bei zweifelhafter Rechtslage seinem Geschäftspartner gegenüber auf einen objektiv vertretbaren Rechtsstandpunkt stellt" und die sich daraus ergebenden Folgerungen androht, um einen nicht rechtswidrigen Zweck zu erreichen.[124] Diese Meinung wird im Schrifttum mit Recht ganz überwiegend abgelehnt.[125] *Karakatsanes* will differenzieren: bei der Drohung mit einer Klage soll die Anfechtung ausgeschlossen sein, wenn der Drohende *gutgläubig* angenommen hat, daß ihm der behauptete Anspruch zuste-

---

[120] Vgl. hierzu BGHZ 25, 217, 221. Gegen diese Entscheidung *Enn./N.* § 173 Anm. 22; zustimmend aber *Flume* § 28 2. Vgl. ferner BGH, JZ 63, 318 mit Anm. von *Lorenz*.

[121] Zweifelhaft ist dies höchstens bei der ersten Variante. Nach *Enn./N.* § 173 II 2b kann die Drohung mit einer Strafanzeige dann nicht widerrechtlich sein, wenn von dem Täter „eine angemessene Zahlung an die Armenkasse" verlangt wird. Doch ist dies sehr bedenklich, weil es demjenigen, der Zeuge einer Straftat geworden ist, zwar freisteht, sie anzuzeigen oder nicht, aber nicht, sich selbst durch die Bestimmung einer von dem Täter zu leistenden Buße zum Richter aufzuwerfen. Eine Ausnahme ist dagegen zu machen, wenn der Verletzte selbst, besonders im Fall einer Beleidigung, sich unter der Bedingung der Zahlung einer angemessenen Buße dazu bereit erklärt, von einer Strafanzeige oder Privatklage abzusehen.

[122] BGHZ 25, 217, 220.

[123] Der Versuch, die Formel durch die Bildung typischer Fallgruppen zu konkretisieren, unternimmt *Karakatsanes* aaO. S. 84ff. Er unterscheidet die Fallgruppen dabei nach der Art des angedrohten Übels (Strafanzeige, zivilrechtliche Klage, Kündigung).

[124] BGHZ 25, 217, 224; BGH, LM Nr. 28 zu § 123 BGB.

[125] *Enn./N.* § 173 Anm. 24; *Flume* § 28 3; *Medicus,* Rdz. 820; *Brox* Rdz. 421, MünchKomm/*Kramer* 39 zu § 123; *Lorenz* JZ 63, 318; *Soergel-Hefermehl* 45 zu § 123.

he.[126] Dies deshalb, weil er ja das Prozeßrisiko trage, die Drohung für den Bedrohten daher weniger schwer wiege. Dagegen käme es bei der Drohung mit einer Strafanzeige oder einer objektiv nicht gerechtfertigten Kündigung auf die Vorstellungen des Drohenden nicht an.[127] Nach der Meinung des Bundesarbeitsgerichts ist die Drohung mit fristloser Kündigung, die zu dem Zwecke ausgesprochen wird, den Arbeitnehmer zu einer einvernehmlichen Aufhebung des Arbeitsverhältnisses oder dazu zu veranlassen, selbst zu kündigen, schon dann nicht rechtswidrig,[128] wenn „ein verständiger Arbeitgeber eine außerordentliche Kündigung ernsthaft in Erwägung ziehen durfte" – auch wenn sich nachträglich herausstellt, daß er zu einer solchen Kündigung nicht berechtigt war. Auch diese Rechtsprechung ist umstritten.[129] Einmütigkeit besteht darüber, daß eine, wenn auch unverschuldete, falsche rechtliche Beurteilung der vom Drohenden richtig erkannten Tatsachen die Anfechtbarkeit nicht ausschließt.

c) **Anfechtungsfrist. Andere Rechtsbehelfe.** Für die Anfechtung wegen Täuschung und wegen Drohung setzt das Gesetz dem Anfechtungsberechtigten eine Frist von einem Jahr (§ 124 Abs. 1).[130] Diese Frist beginnt im Falle der arglistigen Täuschung mit der Entdeckung der Täuschung, im Falle der Drohung mit dem Aufhören der Zwangslage (§ 124 Abs. 2). Der Lauf der Frist ist gehemmt, solange der Anfechtungsberechtigte durch „höhere Gewalt" (z. B. durch Unterbrechung der Verkehrsverbindungen) an der Anfechtung verhindert ist; in gewissen Fällen wird ihr Ablauf hinausgeschoben (§ 124 Abs. 2 i. Verb. m. den §§ 203 Abs. 2, 206, 207). Unabhängig von der Entdeckung der Täuschung oder dem Aufhören der Zwangslage ist die Anfechtung jedoch dann ausgeschlossen, wenn seit der Abgabe der Erklärung dreißig Jahre verflossen sind (§ 124 Abs. 3). Die oben (unter II d) erwähnte Einschränkung der Anfechtbarkeit von Beitrittserklärungen zu Gesellschaften gilt auch für die Anfechtung nach § 123.[131]

Die Folge der Anfechtung ist, ebenso wie bei der Irrtumsanfechtung gemäß § 119, daß das angefochtene Rechtsgeschäft als von Anfang an nichtig anzusehen ist (§ 142). Bereits erbrachte Leistungen sind nach den Vorschriften über die Erstattung einer „ungerechtfertigten Bereicherung" (§§ 812 ff.) zurückzugewähren. Der Geschäftsgegner, der die Täuschung oder die Drohung selbst vorgenommen oder sie doch gekannt hat, haftet „nach den allgemeinen Vorschriften" (vgl. §§ 819 Abs. 1, 818 Abs. 4); ihm ist daher der Einwand des Wegfalls der Bereicherung (§ 818 Abs. 3) versagt.

---

[126] *Karakatsanes* S. 148 f.

[127] aaO. S. 139 f., 161 f.

[128] Vgl. AP Nr. 8, 16, 21 zu § 123 BGB; MünchKomm/*Kramer* 38 zu § 123 (zu Anm. 105).

[129] Kritisch *Karakatsanes* S. 157 ff.; *Kramer* in der Anm. zu AP Nr. 21 zu § 123 BGB.

[130] Nach Ablauf der Frist kann die Erfüllung grundsätzlich auch nicht mittels der Arglisteinrede (§ 242) verweigert werden; BGH, LM Nr. 2 zu § 124 BGB.

[131] BGHZ 63, 338, 344.

Unabhängig von der Anfechtung wegen Täuschung oder Drohung und daher auch noch nach Ablauf der einjährigen Frist kann der Getäuschte oder Bedrohte von demjenigen, der ihn getäuscht oder bedroht hat, Schadensersatz verlangen, wenn, was zumeist der Fall sein wird, die Täuschung ein strafbarer Betrug (§ 263 StGB), die Drohung eine strafbare Nötigung (§ 240 StGB) oder Erpressung (§ 253 StGB) darstellt und deshalb gegen ein „Schutzgesetz" (§ 823 Abs. 2) verstößt, oder wenn sie sich als eine vorsätzliche und sittenwidrige Schädigung darstellt (§ 826). Er kann dann verlangen, daß der Ersatzpflichtige den Zustand herstellt, der ohne die Täuschung oder die Drohung bestehen würde, d. h. die Rückgängigmachung des Geschäfts und den Ersatz seines Vertrauensschadens. Dagegen kann er nicht verlangen, so gestellt zu werden, wie er stehen würde, wenn die ihm vorgespiegelten Tatsachen wahr wären.[132] Auch wegen eines sog. „Verschuldens beim Vertragsschluß" kann ein Anspruch auf Ersatz des Vertrauensschadens begründet sein.

Weiter gehen die Rechte des Getäuschten bei einem Kaufvertrag dann, wenn der Verkäufer einen Fehler des Kaufgegenstandes arglistig verschwiegen oder eine günstige Eigenschaft arglistig vorgespiegelt hat. Dann kann der Käufer gemäß § 463 Satz 2 Schadensersatz wegen Nichterfüllung, also das sogenannte Erfüllungsinteresse, verlangen.[133] Will er diesen Anspruch geltend machen, so darf er zwar den Kaufvertrag nicht anfechten, weil es sich bei ihm um einen Anspruch aus dem Kaufvertrag handelt.[134] Ficht er jedoch wegen arglistiger Täuschung an und verlangt er gleichzeitig Schadensersatz wegen Nichterfüllung, so wird man seine Erklärung dahin auszulegen haben, daß er lediglich seinerseits die Erfüllung des Kaufvertrages ablehnt und darüber hinaus gemäß § 463 das Erfüllungsinteresse verlangt.

Bezieht sich die Täuschung auf eine Eigenschaft des Geschäftsgegenstands, die im Verkehr als wesentlich angesehen wird, so ist auch die Anfechtung wegen Eigenschaftsirrtums gemäß § 119 Abs. 2 möglich. Doch ist die Anfechtung wegen Täuschung günstiger wegen der längeren Anfechtungfrist und deshalb, weil sie für den Anfechtenden nicht mit der Verpflichtung zum Ersatz des Vertrauensschadens verbunden ist. *Nur* die Anfechtung wegen Irrtums kommt in Betracht, wenn die Täuschung nicht von dem Geschäftsgegner, sondern von einem Dritten begangen wurde und der Geschäftsgegner von ihr weder wußte noch wissen mußte.

Weil die Anfechtung wegen Täuschung für den Anfechtenden günstiger ist als die wegen eines Eigenschaftsirrtums, erhebt sich die Frage, ob er noch wegen der Täuschung anfechten kann, wenn er zunächst nur wegen seines Irrtums angefochten hat und erst später entdeckt, daß auch die Voraussetzungen der Anfech-

[132] Vgl. RGZ 103, 154, 159.
[133] Darüber im näheren Sch.R. II § 41 II c.
[134] A. A. *Flume* § 31 6.

tung wegen arglistiger Täuschung gegeben sind.[135] Zwar hat das Rechtsgeschäft infolge der ersten Anfechtung seine Gültigkeit bereits verloren, doch ist die zweite Anfechtung deshalb zuzulassen, um die dem Anfechtenden ungünstigen Nebenwirkungen der Irrtumsanfechtung wieder zu beseitigen. Auf Grund der zweiten Anfechtung bestimmen sich nämlich die Rechtsfolgen jetzt nur noch nach denen der Anfechtung wegen Täuschung, da bei einem Zusammentreffen beider Anfechtungsgründe die dem Anfechtenden günstigeren Rechtsfolgen eintreten.[136]

§ 21. Form, Abgabe und Zugang der Willenserklärungen

Literatur: *Bernard,* Formbedürftige Rechtsgeschäfte, 1979; *v. Blume,* Versäumnis des Empfanges von Willenserklärungen, JherJb 51, 1; *Dilcher,* Der Zugang von Willenserklärungen, AcP 154, 120; *Häsemeyer,* Die gesetzliche Form der Rechtsgeschäfte, 1971; Die Bedeutung der Form im Privatrecht, JuS 80, 1; *Heldrich,* Die Form des Vertrages, AcP 147, 89; *v. Hippel,* Formalismus und Rechtsdogmatik, 1935; *Holzhauer,* Die eigenhändige Unterschrift, 1973; *Kantorowicz,* Methodische Studien über den Zugangsbegriff; 1917; *H. Lehmann,* Die Unterschrift im Tatbestand der schriftlichen Willenserklärung, 1904; *Reichel,* Zur Behandlung formnichtiger Verpflichtungsgeschäfte, AcP 104, 1; *Schmidt-Salzer,* Rechtsprobleme der Schriftformklauseln, NJW 68, 1257; *Titze,* Der Zeitpunkt des Zugehens bei empfangsbedürftigen, schriftlichen Willenserklärungen, JherJb 47, 379.

I. Geschäftsformen

Auf frühen Stufen der Rechtsentwicklung konnten die einzelnen Rechtsfolgen nur durch die Vornahme ganz bestimmter *förmlicher Akte* herbeigeführt werden; dabei kam es auf den Gebrauch ganz bestimmter Worte oder Zeichen, auf die Vornahme an einem bestimmten Ort, vor Gericht oder vor Zeugen, an. Im Laufe der Zeit trat im römischen Recht eine gewisse Lockerung des Formzwangs ein. Einige verkehrstypische Geschäfte wie Kauf, Miete und Gesellschaftsvertrag, die sog. Konsensualverträge, wurden von ihm ausgenommen. Damit trat jedoch lediglich für diese Geschäfte der bestimmte Geschäftstypus an die Stelle der sonst weiterhin als erforderlich angesehenen Form. Für einige weitere Geschäftstypen, die sog. Realverträge, verlangte man als Voraussetzung der Klagbarkeit außer der Vereinbarung die Vornahme eines bestimmten Realakts. Auch das germanische Recht war ursprünglich in hohem Maße auf formgebundene Akte eingestellt. Erst mit Beginn der Neuzeit drang der Gedanke durch, daß Schuldverträge *jeder Art,* auch wenn sie „formlos", nur mündlich, geschlossen

---

[135] Es handelt sich um das Problem der fälschlich sog. Doppelwirkung. Vgl. hierzu *Kipp,* Festschr. f. *v. Martitz,* 1911, S. 211ff.; *Enn./N.* § 203 III 7; *Flume* § 31 6; *Peter* AcP 132, S. 1ff.; *Hubernagel,* AcP 137, 105ff.; *Zepos,* ARSP Bd. 27, 1934, S. 480ff.; *Husserl,* Recht und Welt, 1964, S. 217ff.

[136] Es besteht eine Rangfolge der Anfechtungsgründe: Der rangbessere, das ist der des § 123, überwindet den des § 119 als des rangschlechteren. So mit Recht *Husserl* aaO. S. 240.

wurden, eine klagbare Verbindlichkeit begründeten. Nunmehr erschien die Beachtung einer bestimmten Form nicht nur für einige wenige Geschäfte, sondern grundsätzlich für Geschäfte aller Art als entbehrlich. Damit änderte die Form, soweit eine solche jetzt noch verlangt wurde, ihre Bedeutung: erschien ihre genaue Beachtung ursprünglich als unerläßlich, weil man in ihr den eigentlichen Grund für das Entstehen einer rechtlichen Bindung sah, so sah man diesen nunmehr in dem geäußerten Willen der Geschäftsparteien. Die Form erschien daher jetzt nur noch als ein zusätzliches Erfordernis für die Gültigkeit eines Rechtsgeschäfts. Endgültig zum Durchbruch gelangte diese Auffassung wohl erst in der Naturrechtslehre des 17. Jahrhunderts,[1] aus der sie in das gemeine Recht übernommen wurde. Die Form wurde nun zu einem in den meisten, wenn auch nicht in allen Fällen entbehrlichen Element der auf die Herbeiführung der Rechtsfolge zielenden Willenserklärung; es drang das Prinzip der „Formfreiheit" durch. Von ihm geht auch das BGB aus.

Ausnahmen von diesem Prinzip bestehen heute einmal bei einer Reihe solcher Geschäfte, bei denen es besonders auf die Klarstellung ankommt, weil ihnen eine über den Tag hinausreichende, tiefgreifende Bedeutung für die Beteiligten selbst, zum Teil auch für Dritte, oder für den rechtlichen Status einer Person zukommt. Hierzu gehören vor allem die Eheschließung, der Ehevertrag (§ 1408), das Testament, der Erbvertrag. Für eine Anzahl von schuld- und sachenrechtlichen Geschäften hat das Gesetz eine bestimmte Form vornehmlich deshalb vorgeschrieben, um den Beteiligten dadurch die wirtschaftliche Bedeutung des Geschäfts oder das mit ihm verbundene Risiko vor Augen zu führen, um sie zu veranlassen, sich möglichst genau auszudrücken und um den späteren Beweis des Geschäfts zu erleichtern. Hierher gehören der Vertrag, durch den sich jemand zur Übereignung oder zum Erwerb eines Grundstücks verpflichtet (§ 313), und die Auflassung eines Grundstücks (§ 925); ferner die Verpflichtung, sein gegenwärtiges Vermögen oder einen Bruchteil desselben einem anderen zu übertragen (§ 311), das Schenkungsversprechen (§ 518), die Übernahme einer Bürgschaft (§ 766), das selbständig verpflichtende Schuldversprechen und Schuldanerkenntnis (§§ 780, 781), die Übertragung einer Hypothekenforderung (§ 1154). In einigen dieser Fälle kann der Mangel der Form dadurch „geheilt" werden, daß die eingegangene Verpflichtung erfüllt wird (§ 313 Satz 2, § 518 Abs. 2, § 766 Satz 2). Formmängel der Eheschließung werden, wenn die Eheschließung wenigstens vor einem Standesbeamten stattgefunden hat, durch fünfjähriges eheliches Zusammenleben geheilt (§ 17 Abs. 2 EheG). An diesen Bestimmungen zeigt sich deutlich, daß die Form selbst dort, wo sie vom Gesetzgeber für unerläßlich gehalten und deshalb angeordnet worden ist, von ihm nur als ein Mittel zum

[1] Hierzu *Hägerström,* Recht, Pflicht und bindende Kraft des Vertrags nach römischer und naturrechtlicher Anschauung, herausgegeben von *Olivecrona* 1965, S. 41 ff.; zur naturrechtlichen Vertragslehre *Wieacker,* Privatrechtsgeschichte der Neuzeit 2. Aufl. 1967, S. 293 ff.

Zweck betrachtet wird, auf das, wenn der Zweck auf andere Weise erreicht worden ist oder an Bedeutung verloren hat, verzichtet werden kann. Bei der Auslegung der Formvorschriften ist daher auf die jeweils vom Gesetzgeber verfolgten Zwecke besonderes Gewicht zu legen. Es ist zu fragen, ob der Gesetzgeber dabei mehr den Schutz *einer* Partei, etwa vor Übereilung, oder das Interesse beider Parteien an Beweissicherung, möglicherweise auch an rechtskundiger Beratung, oder auch ein öffentliches Interesse[2] oder ein Interesse Dritter an der Klarstellung und Kundbarkeit derartiger Rechtsverhältnisse im Auge gehabt hat.

Soweit das Gesetz für bestimmte Verträge – und nicht nur für die Erklärung *einer* Partei – eine bestimmte Form vorgeschrieben hat, unterliegt dem Formzwang der *gesamte Vertragsinhalt.* Hier taucht daher die Frage auf, was alles zum Inhalt *dieses* Vertrages gehört, wenn die Parteien z. B. im Zusammenhang mit einem Grundstückskauf (§ 313) formlos weitere Abreden getroffen haben, die über den typischen Mindestinhalt eines derartigen Vertrages hinausgehen. Grundsätzlich wird man alles das zum jeweiligen Vertragsinhalt rechnen und daher als formbedürftig ansehen müssen, was die *Parteien selbst* dazu rechneten.[3] Doch werden sich diese häufig keine Gedanken darüber gemacht haben. Dann wird man jedenfalls solche „Nebenabreden" zum Vertragsinhalt rechnen müssen, die für das von den Parteien gesehene Äquivalenzverhältnis von Bedeutung sind.

a) **Die einzelnen Arten der Geschäftsformen.** Das BGB kennt folgende Arten von Geschäftsformen: Die gesetzliche Schriftform, die Beglaubigung der Unterschrift, die notarielle Beurkundung, sowie besondere Formen für bestimmte Fälle (wie z. B. die Eheschließung).

1. Für die **Schriftform** verlangt das Gesetz in der Regel die eigenhändige Namensunterschrift des Ausstellers, d. h. desjenigen, der die Erklärung (im eigenen oder, als Vertreter eines anderen, im fremden Namen) abgibt, und daher zunächst die Herstellung einer Urkunde, die durch die Namensunterschrift abzuschließen ist. Die übrige Urkunde braucht, im Gegensatz zur Unterschrift, nicht von dem Erklärenden selbst geschrieben zu sein; er kann sie durch einen anderen, nach Diktat oder Bandaufnahme, herstellen lassen und sich auch eines vorgedruckten Formulars bedienen. Die Unterschrift dagegen muß von dem Erklärenden selbst und mit der Hand geleistet werden; Maschinenschrift, Stempel oder mechanische Vervielfältigung genügen nicht. Auch die Verwendung faksimilierter Unterschriften genügt, von wenigen Ausnahmevorschriften (z. B.

---

[2] Gemeint ist, wie der Satzzusammenhang ergibt: ein öffentliches Interesse (oder ein Interesse Dritter) *an der Klarstellung und Kundbarkeit derartiger Rechtsverhältnisse,* nicht: irgendein beliebiges öffentliches Interesse. (Mißverständlich das Zitat bei *Häsemeyer,* aaO. S. 168 Anm. 26).

[3] Eingehend dazu *Häsemeyer* S. 216ff., 267ff. Die Problematik, wann nur ein einziges Geschäft vorliegt, wann mehrere, obschon wirtschaftlich zusammengehörige, taucht ähnlich bei § 139 auf; dazu unten § 23 II a.

§ 793 Abs. 2 Satz 2) abgesehen, nicht.[4] Das kann im modernen Massenverkehr zu Schwierigkeiten führen. *Köhler*[5] hat darauf hingewiesen, daß durch die nachgebildete und vervielfältigte Unterschrift alle Funktionen der Schriftform, auch die „Echtheitsfunktion", ebenso wie durch eine eigenhändige Unterschrift erfüllt werden. Um die eindeutige Anordnung des Gesetzgebers ist aber nicht herumzukommen. Die eigenhändige Namensunterschrift kann durch ein notariell beglaubigtes Handzeichen des Erklärenden ersetzt werden (§ 126 Abs. 1). Eine telegraphische Übermittlung genügt zur Wahrung der gesetzlichen Schriftform selbst dann nicht, wenn wenigstens das Aufgabeformular vom Absender eigenhändig unterschrieben ist.[6]

Handelt es sich um einen Vertrag und schreibt das Gesetz die Schriftform für den ganzen Vertrag, nicht nur, wie bei der Bürgschaft (§ 766), für die Erklärung des einen Teils vor, dann müssen entweder beide Teile dieselbe Urkunde unterzeichnen, oder es müssen gleichlautende Urkunden hergestellt werden, von denen jede, und zwar jeweils die für die andere Partei bestimmte, von einer Partei unterzeichnet werden muß (§ 126 Abs. 2).[7] Eine erschwerte Schriftform gilt für das privatschriftliche Testament: hier genügt nicht die eigenhändige Unterschrift, vielmehr muß das gesamte Testament vom Erblasser selbst eigenhändig geschrieben sein (§ 2247 Abs. 1).

Die Urkunde muß äußerlich erkennbar ein Ganzes sein. Ergibt sich der gesamte Inhalt des Rechtsgeschäfts erst aus mehreren Urkunden zusammen, so ließ es das RG genügen, daß der unterschriebenen Haupturkunde Anlagen *beigefügt* wurden, auf die in dieser Bezug genommen war;[8] eine *feste Verbindung* der Schriftstücke untereinander verlangte es nicht. Weitergehend verlangt der BGH, daß die Schriftstücke äußerlich in solcher Weise miteinander verbunden werden, daß die Lösung ihrer Verbindung eine gewisse Gewaltanwendung nötig macht.[9] Die Unterschrift muß die Urkunde räumlich abschließen; nur was über oder vor der Unterschrift steht, wird durch sie gedeckt. Nachträgliche Zusätze, die unter der Unterschrift stehen, müssen daher erneut unterschrieben werden. Dagegen ist es nicht notwendig, daß die Unterschrift zeitlich zuletzt auf das Papier gesetzt wird; auch eine auf ein noch unausgefülltes Blatt gesetzte Blankounterschrift wahrt, wenn das Blankett später durch den Aussteller selbst oder eine von ihm dazu ermächtigte Person ausgefüllt wird, die Schriftform.[10] Als „Namensunter-

---

[4] H. L.; vgl. *Medicus* Rdz. 618; *Brox* Rdn. 257; *Staudinger/Dilcher* 18; *MünchKomm/Förschler* 21; *Palandt/Heinrichs* 3c zu § 126.

[5] *Köhler,* AcP 182, 147ff.

[6] H. L.; vgl. BGHZ 24, 297.

[7] Unter Abwesenden ist außerdem gemäß § 130 der Zugang der Schriftstücke an den Gegner erforderlich. Vgl. BGH, NJW 62, 1388.

[8] RGZ 107, 291, 294; 125, 156, 159; 136, 422, 425; 148, 349, 353.

[9] BGHZ 40, 255, 263. Einschränkend aber BGHZ 42, 333, 338.

[10] RGZ 57, 66, 67; 78, 26, 29; BGH, LM Nr. 1 zu § 126 BGB; *v. Tuhr* Bd. II § 63 zu Anm. 161; *Enn./N.* § 155 I 2c; *Flume* § 15 II 1d.

schrift" genügt die Angabe eines Decknamens, z. B. des Künstlernamens, wenn der Aussteller unter diesem Namen bekannt ist. Zweifelhaft ist, ob der Aussteller, wenn er auf Grund einer ihm zustehenden Vertretungsmacht eine Erklärung für den Vertretenen abgibt, mit seinem eigenen Namen – zweckmäßig unter Hinzufügung eines Zusatzes, aus dem hervorgeht, daß er als Vertreter handelt[11] – unterzeichnen muß, oder ob er auch mit dem Namen des Vertretenen unterzeichnen darf. Nach einer Plenarentscheidung des RG[12] ist auch das letztere zulässig. Ihr folgt die ganz herrschende Lehre. Dies ist bedauerlich.[13] Denn im Verkehr wird im allgemeinen damit gerechnet, daß der Name, der unter einer Urkunde steht, der des Ausstellers der Urkunde ist, und nur wenn dies der Fall ist, kann die Echtheit der Unterschrift durch Vergleich mit einer Schriftprobe, die von dem vermeintlichen Aussteller herrührt, nachgeprüft werden.

Die Schriftform ist geeignet, die Parteien dazu anzuhalten, sich möglichst klar und unmißverständlich auszudrücken. Sie vermag dadurch späteren Streitigkeiten vorzubeugen und demjenigen, der die Beweislast trägt, den Beweis zu erleichtern. Ferner bietet sie auch einen gewissen Schutz gegen Übereilung, da sich mancher, der mündlich etwas leicht dahinsagt, die Konsequenzen dann, wenn er es schriftlich geben soll, doch noch einmal überlegt. Die Funktion der Beweiserleichterung wird dadurch verstärkt, daß die Urkunde nach der Rechtsprechung die Vermutung der Richtigkeit und der Vollständigkeit für sich hat, so daß derjenige, der behauptet, sie gebe die getroffene Vereinbarung nicht richtig oder nicht vollständig wieder, dies zu beweisen hat.[14]

Das Gesetz schreibt die Schriftform unter anderem vor: für das Stiftungsgeschäft unter Lebenden (§ 81 Abs. 1); für einen Mietvertrag über ein Grundstück oder Räume, wenn er für längere Zeit gelten soll als ein Jahr (§ 566); für die Kündigung eines Mietverhältnisses über Wohnraum (§ 564a); für das Versprechen einer Leibrente (§ 761); für die Verpflichtungserklärung des Bürgen (§ 766); für das selbständig verpflichtende Schuldversprechen (§ 780) und das verpflichtende Schuldanerkenntnis (§ 781), für die Anweisung (§ 783) sowie deren Übertragung (§ 792), für die Schuldverschreibung auf den Inhaber (§ 793), für die Abtretung einer Hypothekenforderung (§ 1154); endlich eine verschärfte Schriftform für das privatrechtliche Testament (§ 2247). Die vorgeschriebene Schriftform wird durch die notarielle Beurkundung ersetzt (§ 126 Abs. 3).

2. **Beglaubigung der Unterschrift.** Hier kommt zur Schriftform hinzu, daß die Unterschrift des Erklärenden durch einen Notar mittels eines auf die Urkun-

---

[11] Fehlt es daran, muß wenigstens aus dem Inhalt des Schriftstücks hervorgehen, daß er die Erklärung für einen anderen und für wen er sie abgibt; vgl. RGZ 96, 286, 289; *Flume* § 15 II 1 c; *Staudinger/Dilcher* 21; *Palandt/Heinrichs* 3d zu § 126.

[12] RGZ 74, 69.

[13] Gegen sie, mit beachtlichen Gründen, *Holzhauer* aaO. S. 115ff., 210ff.; für sie, mit dem Argument, die Ermöglichung einer Echtheitsprüfung gehöre nicht zu den Aufgaben der Schriftform, *Häsemeyer* JuS 80, S. 2. Indessen haben die Gesetzesverfasser das Erfordernis der Eigenhändigkeit der Unterschrift gerade damit begründet, daß es der ,,Vereinfachung der Anerkennung der Echtheit" diene; vgl. *Mugdan* Bd. I, S. 454. Die Argumentation von *Häsemeyer* überzeugt mich daher nicht.

[14] RGZ 68, 15; 85, 322, 326; 96, 286, 289.

de gesetzten Vermerks beglaubigt wird (§ 129 Abs. 1; § 39 BeurkG). Der Notar bezeugt mittels des Vermerks und seiner Unterschrift, daß derjenige, der die Unterschrift unter den Text der Urkunde geleistet hat, mit dem identisch ist, der in dem Vermerk als Aussteller bezeichnet ist. Die Unterschrift soll daher nur von ihm beglaubigt werden, wenn sie in seiner Gegenwart vollzogen oder anerkannt wird (§ 40 Abs. 1 u. 3 BeurkG). Auf den über der Unterschrift stehenden Text der Urkunde bezieht sich die Beglaubigung nicht; der Notar braucht ihn „nur darauf zu prüfen, ob Gründe bestehen, seine Amtstätigkeit zu versagen" (§ 40 Abs. 2 BeurkG). Sogar eine Blankounterschrift darf beglaubigt werden, „wenn dargelegt wird, daß die Beglaubigung vor der Festlegung des Urkundeninhalts benötigt wird" (§ 40 Abs. 5 BeurkG).

Die öffentliche Beglaubigung, die wiederum durch die notarielle Beurkundung ersetzt wird (§ 129 Abs. 2), ist hauptsächlich vorgeschrieben für Erklärungen, die gegenüber einer Behörde abzugeben sind; insbesondere für solche, die die Grundlage für eine Eintragung in ein öffentliches Register bilden (z. B. §§ 77, 1560 Satz 2 BGB; § 29 GBO, § 12 Abs. 1 HGB). In einigen Fällen werden vom Gesetz an eine Erklärung dann weitergehende Rechtsfolgen geknüpft, wenn sie öffentlich beglaubigt ist (z. B. in § 1155). In diesen (vgl. § 1154 Abs. 1 Satz 2) und in einigen anderen Fällen (z. B. §§ 371 Satz 2, 403) gibt es einer Partei das Recht, von der anderen Partei eine öffentlich beglaubigte Erklärung zu verlangen.

3. **Notarielle Beurkundung.** Hier wird die gesamte Erklärung, nicht nur die Unterschrift, von einem Notar beurkundet. Der Notar bezeugt, daß die in der Urkunde genannte Person vor ihm eine Erklärung des beurkundeten Inhalts abgegeben hat. Über den gesamten Vorgang wird eine Niederschrift (§§ 8ff. BeurkG) aufgenommen. Diese muß die Bezeichung des Notars und der Beteiligten sowie deren Erklärungen enthalten. Sie muß in Gegenwart des Notars den Beteiligten vorgelesen, von ihnen genehmigt und eigenhändig unterschrieben werden. In ihr soll festgestellt werden, daß dies geschehen ist. Haben die Beteiligten die Niederschrift eigenhändig unterschrieben, so wird vermutet, daß sie ihnen vorgelesen und von ihnen genehmigt worden ist (§ 13 Abs. 1 BeurkG). Die Niederschrift ist von dem beurkundenden Notar eigenhändig zu unterschreiben.

Handelt es sich um einen Vertrag, so können die Erklärungen beider Vertragspartner gleichzeitig beurkundet werden; es genügt in der Regel jedoch, wenn zunächst die Erklärung der einen Partei, der Vertragsantrag, und später die Annahmeerklärung der anderen Partei von einem Notar – nicht notwendig von demselben – beurkundet wird (vgl. § 128 BGB). Für einige Fälle schreibt das Gesetz jedoch vor, daß die Erklärungen „bei gleichzeitiger Anwesenheit beider Teile" abgegeben werden müssen. Das gilt für die Auflassung (§ 925), für den Ehevertrag (§ 1410) und für den Erbvertrag (§ 2276).

Bei einem vor dem Gericht geschlossenen Vergleich wird die etwa vorgeschriebene notarielle Beurkundung durch die Aufnahme der abgegebenen Erklärungen in ein nach den Vorschriften der ZPO errichtetes Protokoll ersetzt (§ 127a). Die Bestimmung wurde im Jahre 1969 durch das BeurkundungsG neu eingefügt. Gleichzeitig wurde die bis dahin bestehende Möglichkeit, rechtsgeschäftliche Erklärungen auch von einem Gericht – zuständig war jedes Amtsgericht – beurkunden zu lassen, beseitigt.

Die Form der öffentlich beurkundeten Erklärung erfüllt in besonderem Maße sowohl den Zweck des Schutzes der Parteien oder einer Partei vor Übereilung wie den der Klarstellung und der Beweissicherung; darüber hinaus stellt sie eine rechtskundige Beratung der Parteien bei der Abfassung ihrer Erklärungen sicher. Der Notar soll die Beteiligten über die rechtliche Tragweite des Geschäfts belehren; er soll darauf achten, daß Irrtümer und Zweifel vermieden „sowie unerfahrene und ungewandte Beteiligte nicht benachteiligt werden" (§ 17 Abs. 1 BeurkG). Notarielle Beurkundung ist vorgeschrieben unter anderem für den Vertrag, durch den sich der eine Teil zur Veräußerung oder zum Erwerb eines Grundstücks verpflichtet (§ 313) und für das Schenkungsversprechen (§ 518), ferner für den Antrag an das Vormundschaftsgericht, einen anderen als Kind anzunehmen (§§ 1752 Abs. 2 Satz 2, 1768 Abs. 1 in Verb. m. 1767 Abs. 2) und für die hierfür erforderlichen Einwilligungen (§ 1750 Abs. 1 Satz 2).

4. **Besondere Formen für bestimmte Fälle.** Hier ist vor allem die Eheschließung zu nennen. Sie erfolgt gemäß § 11 EheG ausschließlich vor dem Standesbeamten, und zwar dadurch, daß die Verlobten vor ihm persönlich und bei gleichzeitiger Anwesenheit erklären, die Ehe miteinander eingehen zu wollen (§ 13 EheG). Der Standesbeamte soll die (vollzogene) Eheschließung sodann in das Familienbuch eintragen (§ 14 Abs. 2 EheG); die Eintragung ist jedoch zur Wahrung der Form nicht notwendig, kein konstitutives Element des Eheschließungsakts. Besondere Vorschriften gelten ferner für das öffentliche Testament (§ 2232; ferner §§ 27 ff. BeurkG), für das eigenhändige (privatschriftliche) Testament (§ 2247) und für die verschiedenen Formen eines „Nottestaments" (§§ 2249 ff.).

b) **Die Folgen des Formverstoßes.** Ist durch das Gesetz für ein Rechtsgeschäft bestimmter Art eine bestimmte Form vorgeschrieben, so ist das Rechtsgeschäft in der Regel nichtig, wenn die Form nicht gewahrt ist (§ 125 Satz 1). Dies gilt auch dann, wenn die Parteien sich im Prozeß nicht auf die Nichtigkeit berufen und wenn sie gewillt sind, den formlos geschlossenen Vertrag als gültig zu behandeln.[15] Denn die Vorschrift des § 125 Satz 1 steht nicht zur Disposition der Parteien. In einigen Fällen läßt das Gesetz jedoch, wie schon erwähnt, eine nachträgliche „Heilung" des Formmangels zu, wenn eine nicht formgerecht eingegangene und deshalb zunächst als nichtig anzusehende Verpflichtung später voll erfüllt worden ist (so in den §§ 313 Satz 2, 518 Abs. 2, 766 Satz 2). Es handelt sich um Fälle, bei denen der Gesetzgeber den Schutz der durch das Geschäft beschwerten Partei vor Übereilung als den Hauptzweck der Form angesehen hat. Dieser Zweck erscheint als erreicht, wenn die betreffende Partei später ihre Ver-

[15] Vgl. BGH, LM Nr. 29 zu § 125 BGB.

pflichtung erfüllt hat.[16] In einem Fall (§ 566 Satz 2) ist bei Nichtbeachtung der Form nicht der ganze Vertrag, sondern nur eine bestimmte Vertragsklausel unwirksam. Von diesem Fall abgesehen, ist aber das gesamte Rechtsgeschäft nichtig, wenn nicht der gesamte Inhalt des Geschäfts, wenigstens soweit er auch nur von einer Partei als wesentlich angesehen wurde, *formgerecht* erklärt ist. Nachträgliche Abreden, durch die die Verpflichtung desjenigen, der durch die Form geschützt werden soll, nicht erweitert, sondern lediglich eingeschränkt werden, bedürfen dagegen nach überwiegender Meinung der Form nicht, sind also formlos gültig.[17]

Die Vorschrift des § 125 Satz 1 ist „strikten Rechts". Das soll heißen, sie verträgt im allgemeinen keine Einschränkungen etwa mit der Begründung, „Treu und Glauben" (§ 242) geböten die Einlösung des gegebenen Versprechens („Ein Mann, ein Wort") auch dann, wenn die vorgeschriebene Form nicht eingehalten war. Denn die Nichtigkeit des unter Nichtbeachtung der zwingend vorgeschriebenen Form geschlossenen Geschäfts ist die einzige Möglichkeit, die Beachtung der Formvorschriften sicherzustellen, die, wollte die Rechtsordnung auf dieses Mittel verzichten, wie *Flume* zutreffend bemerkt,[18] nur noch die Bedeutung unverbindlicher Empfehlungen hätten. Bei der Eheschließung wird man schon deshalb keine Ausnahmen vom Formzwang zulassen können, weil hier das öffentliche Interesse an unbedingter Klarstellung vorrangig ist. Dasselbe muß für das öffentliche und das privatschriftliche Testament, den Erbvertrag,[19] sowie für die Auflassung gelten, zumal in allen diesen Fällen auch Interessen Dritter berührt werden können. Bei schuldrechtlichen Verträgen scheint es dagegen weniger bedenklich zu sein, eine formlos eingegangene Verpflichtung unter bestimmten Voraussetzungen auch dann einmal als gültig anzusehen, wenn das Gesetz für sie eine Form vorgeschrieben hat, da hier weder das öffentliche Interesse noch Interessen Dritter unbedingt die Einhaltung der Form verlangen. Ein Absehen vom Formzwang ist dann in der Tat berechtigt, wenn derjenige, der im Hinblick auf die Nichteinhaltung der Form die Erfüllung seines Versprechens verweigert, arglistig die Einhaltung der Form verhindert hatte. Der Grundsatz, daß niemand aus seinem eigenen arglistigen Handeln einen rechtlichen Vorteil soll ziehen dür-

---

[16] Ob diese Vorschriften einer analogen Anwendung fähig sind, ist streitig. Gegen eine Anwendung auf *alle* Schuldverträge, also gegen eine Gesamtanalogie, die h. L., z. B. *Enn./N.* § 154 III 2 zu Anm. 16; *Flume* § 15 III 3b und 4c; *Staudinger/Dilcher* 35, MünchKomm/*Förschler* 41 zu § 125; ebenso der BGH, FamRZ 67, 465 (dazu *Habscheid,* FamRZ 68, 13). Mit *Reichel,* AcP 104, 32 und *Siber,* JherJb. 70, 239 sollte man indessen eine Einzelanalogie dort bejahen, wo dem nicht etwa Interessen Dritter entgegen stehen; vgl. dazu auch *Lorenz,* AcP 156, 381, 397, 413; *Merz,* AcP 163, 325ff.; *Häsemeyer* aaO. S. 105ff., 259ff.; MünchKomm/*Förschler* 40 zu § 125.

[17] Vgl. *v. Tuhr* Bd. II § 63 IV; *Enn./N.* § 154 III 1b; *MünchKomm/Förschler* 17, *Palandt/Heinrichs* 2c, *Erman/Brox* 5 zu § 125; *Häsemeyer* S. 191.

[18] § 15 III 4c, aa.

[19] Anders freilich BGHZ 23, 249, 254ff. Diese Entscheidung ist im Schrifttum durchweg abgelehnt worden; vgl. *Flume* § 15 III 4b a. E.; *Kipp/Coing,* Erbrecht, § 19 III.

fen, hat hier den Vorrang. Dem ist der Fall an die Seite zu stellen, daß der eine Teil unter Ausnutzung seiner wirtschaftlichen Überlegenheit oder eines Abhängigkeitsverhältnisses den anderen davon abhält, auf der Einhaltung der Form zu bestehen, auch wenn er nicht von vornherein beabsichtigte, sich auf diese Weise eine „Hintertür“ offen zu halten. Die Rechtsprechung ist indessen über diese verhältnismäßig leicht zu begrenzenden Fallgruppen weit hinausgegangen; sie hat immer wieder versucht, den Formzwang aus dem Prinzip von „Treu und Glauben“, d. h. aus Billigkeitserwägungen *von Fall zu Fall* einzuschränken. Der BGH bejaht die Entstehung einer rechtlichen Bindung entgegen der Norm des § 125 dann, wenn die Nichtigkeit eines Vertrages zu einem im Hinblick auf Treu und Glauben „untragbaren, nicht etwa nur zu einem harten Ergebnis führen würde“. Diese Formel besagt indessen fast nichts; deshalb hat sie im Schrifttum vielfachen und berechtigten Widerspruch erfahren.[20] Eine nur auf fallweise anzustellende Billigkeitserwägungen gestützte Einschränkung des Formzwangs untergräbt die gerade hier für die Parteien unerläßliche Rechtssicherheit und verbürgt dennoch nicht die angestrebte Fallgerechtigkeit, weil sie willkürliche Ergebnisse nicht zu vermeiden vermag. Da das Problem seine Hauptbedeutung im Schuldrecht hat, wo es im Anschluß an § 242 erörtert zu werden pflegt, soll an dieser Stelle nicht näher darauf eingegangen werden.[21]

c) **Durch Rechtsgeschäft bestimmte Form.** Vereinbaren die Parteien, das von ihnen abgeschlossene Geschäft solle in einer – nicht ohnehin vom Gesetz vorgeschriebenen – Form (meist schriftlich) abgeschlossen werden, so kann eine solche Vereinbarung verschiedene Bedeutung haben. Es ist möglich, daß die Parteien die förmliche Vornahme des Geschäfts, über das sie sich bereits in allen Einzelheiten geeinigt haben, nur zum Zwecke der Beweissicherung, um „etwas in Händen zu haben“, vereinbaren, daß sie aber die rechtliche Gültigkeit des Geschäfts hiervon nicht abhängig machen wollen, es vielmehr auch unabhängig von dem förmlichen Abschluß als bereits rechtsverbindlich zustandegekommen betrachten.[22] Die Form hat in diesem Fall nur „deklaratorische“ Bedeutung; ihre Nichteinhaltung berührt die Gültigkeit des Geschäfts nicht. Es ist aber auch möglich, daß die Parteien wollen, daß das Geschäft nur gültig sein soll, wenn es in der vereinbarten Form abgeschlossen wird, die Form also „konstitutiv“ sein soll. Ihr Wille wird vor allem dann in diese Richtung gehen, wenn in einem Vertrage, z. B. einem Mietvertrage, vereinbart wird, daß einseitige rechtsgestaltende Erklärungen, wie etwa eine Kündigung oder die Ausübung eines Vor-

[20] Vgl. *Flume* § 15 III 4 und die dort in Anm. 61 u. 75 Genannten; *Medicus* Rdz. 630ff.; *Staudinger/Dilcher* 44ff.; *MünchKomm/Förschler* 59ff. zu § 125; grundsätzlich gegen jede Lockerung des Formerfordernisses *Häsemeyer* aaO. S. 228ff., 295f.; *Ernst Wolf* S. 318f.

[21] Siehe Sch.R. I § 10 III.

[22] So kann es liegen, wenn Kaufleute vereinbaren, die mündlich getroffene Vereinbarung, die sie als bindend betrachten, „der Ordnung halber“ sich noch schriftlich zu bestätigen; vgl. BGH, NJW 64, 1270.

kaufsrechts, in einer bestimmten Form vorgenommen werden sollen, da es ihnen dann vor allem darum zu tun sein wird, durch die Form die Eindeutigkeit und Endgültigkeit einer solchen Erklärung außer Frage zu stellen. Diesen Zweck erreichen sie aber nur, wenn die Form „konstitutive" Bedeutung hat, wenn also von ihrer Einhaltung die Gültigkeit der betreffenden Erklärung abhängt.

Das Gesetz bestimmt demgemäß in § 125 Satz 2, daß der Mangel einer durch Rechtsgeschäft bestimmten Form „im Zweifel" – Auslegungsregel! – gleichfalls die Nichtigkeit des Geschäfts, für das sie gelten soll, zur Folge hat. Daraus ergibt sich, daß in diesem Fall auch dann, wenn die Parteien sich bereits formlos über alle Punkte des abzuschließenden Vertrages geeinigt haben, dieser so lange noch nicht rechtswirksam ist, bis er in der vereinbarten Form niedergelegt ist. In Übereinstimmung damit bestimmt § 154 Abs. 2, daß, wenn eine Beurkundung des beabsichtigten Vertrages vereinbart worden ist, im Zweifel der Vertrag nicht als geschlossen anzusehen ist, solange nicht die Beurkundung erfolgt. Wird jedoch ein ohne Beachtung der vereinbarten Form geschlossener Vertrag von beiden Parteien voll erfüllt oder, bei einem Dauerverhältnis (wie Miete oder Pacht), dieses wenigstens in Vollzug gesetzt, so wird man darin in der Regel einen nachträglichen Verzicht beider Teile auf die Einhaltung der vereinbarten Form und zugleich eine Bestätigung des formlos geschlossenen Vertrages (§ 141) erblicken können, so daß dieser nunmehr als wirksam anzusehen ist.[23] Auch wenn die Parteien für einen erst abzuschließenden Vertrag oder für künftige Änderungen oder Ergänzungen eines abgeschlossenen Vertrages eine bestimmte Form vereinbart haben, können sie diese Vereinbarung doch jederzeit durch eine neue, und zwar auch durch eine formlose Abrede – endgültig oder auch nur: für das jetzt vorgenommene Geschäft – wieder aufheben.[24] Das kann auch durch „schlüssiges Verhalten" geschehen. Hierfür müssen allerdings konkrete Anhaltspunkte gegeben sein. Die bloße Tatsache des formlosen Abschlusses für sich allein genügt hierfür noch nicht. Die Gerichte sind jedoch hierbei im allgemeinen recht großzügig verfahren;[25] sie haben dadurch die Regel des § 125 Satz 2, soweit

---

[23] A. A. anscheinend das OLG Köln, MDR 63, 498.

[24] H. L.; vgl. MünchKomm/*Förschler* 83, *Staudinger/Dilcher* 10ff. zu § 125; *Medicus* Rdn. 641ff.; *Brox* Rdz. 272; *Lange/Köhler* § 44 V. Aus der Rechtspr. RGZ 95, 175; BGHZ 66, 378 (mit weiteren Nachweisen).

[25] Vgl. hierzu BGH, LM Nr. 20 zu § 125 BGB; BAG, AP Nr. 1 zu § 127 BGB mit Anm. von *Erman;* BGHZ 49, 364 = LM Nr. 28 zu § 123 BGB mit Anm. von *Fischer.* Zustimmend insbesondere *Flume* § 15 III 2. Fraglich ist indessen, ob die Aufhebung des vereinbarten Formzwangs sich allein schon daraus ergibt, daß die Parteien die Geltung der formlos geschlossenen Vereinbarung ernstlich gewollt und dies mit hinreichender Deutlichkeit erklärt haben, wie dies der BGH annimmt. Dagegen spricht nämlich, was *Erman* aaO. mit Recht betont, daß dann der vereinbarte Formzwang nahezu bedeutungslos sein würde, weil fast alle später formlos geschlossenen Vereinbarungen als gültig anzusehen wären. Zwar genügt zur Aufhebung des vereinbarten Formzwangs ein „schlüssiges Verhalten"; doch liegt ein solches in dem formlosen Abschluß nur, wenn beide Parteien sich der getroffenen Abrede bewußt waren, sich über sie bewußt hinweggesetzt haben. Wenn sie sich ihrer nicht bewußt waren, ist zu fragen, ob die formlose Vereinbarung im Wege *ergänzender Vertragsauslegung*

es sich bei dem Geschäft, für das eine Form vereinbart wurde, nicht um ein einseitiges Rechtsgeschäft, sondern um einen Vertrag handelt, praktisch in ihr Gegenteil verkehrt. Das ist nicht unbedenklich. Mit Recht hat aber der BGH die Nichtigkeit eines nur mündlich gemachten Angebots zur Aufhebung des Vertrages in einem Fall angenommen, in dem die Parteien in einem Individualvertrag nicht nur vereinbart hatten, Änderungen, Ergänzungen und die Aufhebung des Vertrages bedürften der Schriftform, sondern auch der Verzicht auf dieses Formerfordernis könne nur schriftlich erklärt werden.[26]

Für den Fall, daß die Parteien Schriftform vereinbart haben, bestimmt das Gesetz, daß im Zweifel für diese die Vorschriften des § 126 gelten (§ 127 Satz 1). Sofern indessen kein anderer Wille der Parteien anzunehmen ist, gelten einige Erleichterungen (§ 127 Satz 2). Danach genügt zur Wahrung der Form telegraphische Übermittlung, obwohl hier die eigenhändige Namensunterschrift fehlt. Bei einem Vertrage genügt Briefwechsel, ohne daß gleichlautende Urkunden angefertigt werden müßten. Indessen kann in einem solchen Fall jede Partei nachträglich eine dem § 126 entsprechende Beurkundung verlangen; diese hat hier aber nur noch deklaratorische Bedeutung. Weitergehend läßt der BGH[27] in dem Falle, daß ein Gesellschaftsvertrag für bestimmte Gesellschafterbeschlüsse die Schriftform verlangt, die Aufnahme des Beschlusses in das von dem Leiter der Gesellschafterversammlung unterschriebene Sitzungsprotokoll genügen; der Unterschrift der übrigen Teilnehmer bedarf es nicht.

II. Abgabe und Zugang der Erklärung

Die Erklärung eines rechtsgeschäftlichen Willens ist ein Vorgang, der sich in der Zeit abspielt. Es fragt sich einmal, wann dieser Vorgang in dem Sinne *beendet* ist, daß eine als solche fertige Erklärung vorliegt, und sodann, wann die Erklärung *wirksam* wird. Beides braucht nicht in demselben Zeitpunkt der Fall zu sein. Das Gesetz bezeichnet den Zeitpunkt, in dem eine fertige Willenserklärung vorliegt, als den der *Abgabe* der Erklärung (§ 130 Abs. 2). Von ihm unterscheidet es den Zeitpunkt, in dem sie wirksam wird (§ 130 Abs. 1). Der Zeitpunkt des Wirksamwerdens der Erklärung kann mit dem ihrer Abgabe zusammenfallen oder ihm nachfolgen.

a) **Die Abgabe der Erklärung.** Auf den Zeitpunkt der Abgabe der Erklärung

nach § 157 dahin ergänzt werden kann, daß sie die Aufhebung der Vereinbarung über die Form wenigstens für diesen Fall einschließt. Dafür kommt es darauf an, ob die Parteien, hätten sie an die frühere Vereinbarung gedacht, ihre Aufhebung – redliche Denkweise beider unterstellt – vereinbart hätten. Das wird zwar häufig der Fall sein; anders jedoch, wenn eine Partei, hätte sie die Formbedürftigkeit gekannt, vermutlich auf der Einhaltung der Form bestanden hätte, weil ihr erkennbares Interesse dies forderte. Hierzu *Böhm,* AcP 179, 425.

[26] BGHZ 66, 378. Der BGH hat eine solche Vereinbarung ausdrücklich zwar nur für Kaufleute für zulässig gehalten, doch ist ein Grund hierfür nicht einzusehen. So auch *Medicus* Rdz. 643.

[27] BGHZ 66, 82, 86f.

kommt es hinsichtlich des Vorliegens derjenigen Gültigkeitsvoraussetzungen an, die in der Person des Erklärenden gegeben sein müssen; also der Rechtsfähigkeit und der Geschäftsfähigkeit. Dagegen ist es auf die Wirksamkeit einer Erklärung, wenn diese erst in einem späteren Zeitpunkt eintritt, ohne Einfluß, daß der Erklärende nach der Abgabe der Erklärung gestorben oder geschäftsunfähig geworden ist (§ 130 Abs. 2). Auch für einen nach § 119 erheblichen Irrtum kommt es darauf an, ob er im Augenblick der Abgabe der Erklärung bestand. Entdeckt der Erklärende seinen Irrtum zwar erst nach der Abgabe, aber noch vor dem Zeitpunkt des Wirksamwerdens der Erklärung, so gilt die Erklärung, wenn sie wirksam wird, so wie sie abgegeben war, vorbehaltlich der Möglichkeit einer Anfechtung. Der Erklärende kann aber unter Umständen das Wirksamwerden der Erklärung noch durch einen gemäß § 130 Abs. 1 Satz 2 rechtzeitigen Widerruf verhindern. In diesem Fall bedarf es der Anfechtung nicht.[28] Aus diesen Wirkungen der „Abgabe" ist zu folgern, daß eine Erklärung dann abgegeben ist, wenn der Erklärende alles bei ihm Liegende getan hat, um seinen rechtsgeschäftlichen Willen in einer solchen Weise zu äußern, daß *an der Endgültigkeit dieses Willens* kein Zweifel mehr sein kann. Ist die Erklärung an einen anderen gerichtet, so gehört dazu, daß der Erklärende das nach den Umständen von ihm zu Erwartende getan hat, um sie dem Empfänger nahe zu bringen. Die Abgabe ist, wie *Flume* zutreffend sagt,[29] „das Ingeltungsetzen der Erklärung durch den Erklärenden, ungeachtet dessen, ob die Erklärung sogleich mit der Abgabe wirksam wird". Sie erfordert daher eine Handlung des Erklärenden, die von einem entsprechenden Willen getragen oder ihm doch als eine Geltungserklärung zurechenbar ist.

Im näheren ist zu unterscheiden: Handelt es sich um eine *mündliche* Erklärung unter Anwesenden, so ist sie abgegeben, wenn sie in Richtung auf den Empfänger so ausgesprochen ist, daß dieser sie vernehmen kann. (Darüber, ob es zu ihrer Wirksamkeit erforderlich ist, daß der Empfänger die Erklärung auch tatsächlich vernommen hat, vgl. unten unter c.) Das schriftliche Testament ist, da es an keinen bestimmten Empfänger gerichtet ist, schon fertiggestellt, wenn es niedergeschrieben und unterschrieben ist, unbeschadet dessen, daß es erst mit dem Tode des Testators wirksam wird und vorher von ihm jederzeit geändert oder widerrufen werden kann. Eine für die Öffentlichkeit bestimmte Erklärung ist abgegeben, wenn der Erklärende alles in seiner Macht Stehende getan hat, um sie der Öffentlichkeit zugänglich zu machen, also ein Zeitungsinserat z. B. dann, wenn es der Zeitung übergeben oder an sie abgesandt worden ist, nicht erst dann, wenn es erschienen ist.[30] Dagegen kann die Erklärung allerdings erst dann *wirk-*

---

[28] Unterläßt er den Widerruf, obwohl er sich dieser Möglichkeit bewußt war, so kann darin eine Bestätigung der irrtümlich abgegebenen Erklärung liegen. Vgl. dazu *Flume* § 14 2.

[29] § 14 2.

[30] Vgl. *Enn./N.* § 159 II.

sam werden, wenn die Ausgabe, in der das Inserat erschienen ist, an die Öffentlichkeit gelangt. Eine telegraphische Erklärung ist abgegeben, wenn auch noch nicht zugegangen, mit der Aufgabe des Telegramms bei der Post. Eine schriftliche Erklärung gegenüber einem Anwesenden – etwa bei einem schriftlichen Vertragsschluß – ist abgegeben, wenn das Schriftstück dem Empfänger übergeben wird, also nicht schon mit der Ausfertigung. Denn solange der Erklärende das Schriftstück noch zurückhalten kann, hat er seinen Willen noch nicht endgültig geäußert.[31] Dementsprechend genügt für die Abgabe einer brieflichen Erklärung nicht schon die Niederschrift des Briefes, der Schreiber muß auch noch die erforderlichen Schritte getan haben, um den Brief an den Empfänger gelangen zu lassen.[32] Hierfür genügt es, daß er den von ihm unterschriebenen Brief seiner Sekretärin übergibt, damit sie ihn adressiert und absendet, oder daß er den von ihm verschlossenen und adressierten Brief an einen Platz legt, von dem die dort liegenden Postsachen gewöhnlich durch Angestellte oder durch ein Familienmitglied mitgenommen werden, um sie in den Postkasten zu stecken. Es genügt also, daß der Absender den Brief soweit *auf den Weg gebracht hat,* daß er mit seiner weiteren Beförderung rechnen kann. Hat jemand einen Brief, der eine rechtsgeschäftliche Erklärung enthält, zwar geschrieben, verschlossen und adressiert, dann aber, weil er unschlüssig geworden war, unter anderen Papieren auf seinem Schreibtisch liegen gelassen, und findet ihn dann seine Ehefrau oder eine Angestellte beim Aufräumen und bringt ihn in der Meinung, die Absendung sei nur versehentlich unterlassen, zur Post, so ist die Erklärung von dem Schreiber des Briefes nicht abgegeben. Einer Anfechtung wegen Irrtums bedarf es in diesem Fall nicht. Man wird dem Empfänger, der auf die Gültigkeit der in dem Brief enthaltenen Erklärung vertraut hat, jedoch in analoger Anwendung des § 122 einen Anspruch auf Ersatz seines Vertrauensschadens geben müssen. Ein solcher Anspruch ist gerechtfertigt, weil derjenige, der einen Brief verschlossen und adressiert liegen läßt, den Anschein, der Brief sei von ihm auch auf den Weg gebracht worden und die darin enthaltene Erklärung also von ihm abgegeben, in zurechenbarer Weise selbst herbeigeführt hat.[33]

b) **Der Zugang als Zeitpunkt des Wirksamwerdens empfangsbedürftiger Erklärungen unter Abwesenden.** Eine Erklärung, die an einen *bestimmten Empfänger* zu richten ist, eine ,,empfangsbedürftige" Erklärung[34] also, wird, wenn sie nicht in seiner Anwesenheit abgegeben wird, also vor allem dann, wenn sie in

---

[31] RGZ 61, 414; *Erman/Westermann* 9 zu § 126; *Brox* Rdn. 149.

[32] *v. Tuhr* Bd. II § 61 III 1; *Enn./N.* § 159 I zu Anm. 3; *Flume* § 14 2; *Lange/Köhler* § 37 III 1; *Medicus* Rdn. 265; *Brox* Rdn. 150; BGHZ 13, 14 (beiläufig).

[33] Zustimmend *Canaris,* JZ 76, 134. Im Ergebnis wohl ebenso *Medicus* Rdz. 266.

[34] Eine solche Erklärung liegt nur vor, wenn sie mit dem Willen des Erklärenden auf den Weg zum Empfänger gebracht, nicht auch dann, wenn sie an einen Dritten gerichtet wird und von diesem, ohne daß der Erklärende damit rechnen konnte, an die für ihren Empfang zuständige Person weitergeleitet wird; so zutreffend der BGH, JZ 79, 527.

einem Brief oder Telegramm enthalten ist, aber auch wenn sie mündlich durch einen Boten ausgerichtet wird,[35] in dem Zeitpunkt wirksam, in dem sie dem Empfänger zugeht. Sie wird nicht wirksam, wenn diesem vorher oder gleichzeitig mit ihr ein Widerruf zugeht (§ 130 Abs. 1). Ist der Empfänger geschäftsunfähig, so wird die Erklärung erst wirksam, wenn sie seinem gesetzlichen Vertreter zugeht (§ 131 Abs. 1). Ist er in der Geschäftsfähigkeit beschränkt, so gilt das gleiche, sofern sie ihm nicht lediglich rechtlichen Vorteil bringt oder der Vertreter eingewilligt hat.

Daß die Erklärung wirksam wird, bedeutet in der Regel, daß die Rechtsfolge, auf die sie abzielt, nunmehr eintritt. Handelt es sich um die Annahme eines Vertragsangebots, so tritt der Vertrag als von den Parteien gemeinsam gesetzte Norm nunmehr in Geltung, es sei denn, es bedürfe hierzu noch weiterer Akte, wie der Eintragung im Grundbuch oder einer behördlichen Genehmigung. Ist das der Fall, tritt die Rechtsfolge erst ein, wenn *alle* Tatbestandselemente vorliegen. Wenn die Rechtsfolge nicht sofort, sondern nach der getroffenen Vereinbarung oder weil noch ein gesetzliches Erfordernis fehlt, erst später eintritt, hat der Zugang der Erklärung doch zum mindesten die Bedeutung, daß sie von diesem Augenblick an durch den Erklärenden nicht mehr widerrufen werden kann, in diesem Sinne also für ihn ,,bindend" geworden ist. (Eine Ausnahme hiervon enthält der § 873 Abs. 2.) Der Empfänger kann sich also, sofern ihm nicht spätestens zugleich mit der Erklärung ein Widerruf zugeht, vom Moment des Zugangs der Erklärung an in der Regel darauf verlassen, daß die Erklärung den Erklärenden bindet. Schließlich kommt es nach der im Schrifttum überwiegenden Ansicht[36] dann, wenn die Erklärung, um wirksam zu werden, innerhalb einer bestimmten Frist erfolgen muß, für die Wahrung der Frist auf den Zeitpunkt des Zugangs als den ihres Wirksamwerdens an. *Coing*[37] und *Flume*[38] wollen die Rechtzeitigkeit der Erklärung außer von ihrem Zugang ferner davon abhängig machen, daß ihre Kenntnisnahme durch den Empfänger innerhalb der zu wahrenden Frist erwartet werden kann. Die h. L. bedarf dieses zusätzlichen Erfordernisses für die Rechtzeitigkeit der Erklärung nicht, weil sie dieses Erfordernis schon in den Begriff des Zugangs aufnimmt. Zu beachten ist, daß in einigen Fällen das Gesetz es zur Wahrung einer Frist für genügend erklärt, daß die Erklärung fristgerecht *abgesandt* worden ist. (Vgl. die §§ 121 Abs. 1 Satz 2, 478

[35] Eine unter anderen von *Oertmann,* 4a γ und δ zu § 130, *v. Tuhr* Bd. II § 61 zu Anm. 202 und *Lehmann/Hübner* § 32 II 3 vertretene Meinung hält einen Zugang von unverkörperten Erklärungen nicht für möglich, § 130 Abs. 1 bei mündlicher Übermittlung einer Erklärung durch einen Boten daher nicht für anwendbar. Richtig ist, daß die Erfordernisse des Zugangs sich hier, da es sich um eine unverkörperte Erklärung handelt, nach denen des Wirksamwerdens von Erklärungen unter Anwesenden (unten c) bestimmen müssen; vgl. *Staudinger/Dilcher* 10 zu § 130.

[36] *v. Tuhr* Bd. II § 61 zu Anm. 242; *Enn./N.* § 158 Anm. 20; *Münch Komm/Förschler* zu § 130.

[37] bei *Staudinger,* 11. Aufl. Rdn. 4a zu § 130.

[38] § 14 3b.

Abs. 1.) Dagegen läßt § 149 erkennen, daß das Gesetz für die Rechtzeitigkeit der Annahme eines Vertragsangebots in der Regel den Zeitpunkt des Zugangs der Annahmeerklärung als maßgebend ansieht. Aus diesem Grunde empfiehlt es sich m. E. nicht, die Frage der Rechtzeitigkeit einer Erklärung von der, wann sie zugegangen ist, zu trennen.

Wann eine Erklärung ,,zugegangen" ist, ist im einzelnen wiederum streitig. Eine heute durchweg aufgegebene Auffassung, die in manchen Formulierungen, auch in der Rechtsprechung, noch nachwirkt, wollte auf die Besitzerlangung abstellen.[39] Dieser Auffassung steht auch die Formulierung *v. Tuhrs*[40] nahe, nach der ein Schriftstück dann zugegangen ist, wenn ,,es in ein solches räumliches Verhältnis zum Adressaten gekommen ist, daß es nach der Anschauung des Lebens und unter Voraussetzung normaler Verhältnisse vom Adressaten abhängt, Kenntnis vom Inhalt des Schriftstücks zu nehmen." Das ,,räumliche Verhältnis", meint *v. Tuhr,* sei in der Regel Besitz, doch sei dieser für den Zugang nicht immer erforderlich und andererseits nicht immer genügend. *Flume*[41] verlangt, daß die Erklärung in solcher Weise in den ,,Bereich" des Empfängers gelangt sei, daß diesem dadurch die Möglichkeit der Kenntnisnahme vermittelt wird. Wie seine Beispiele (Postschließfach, Wohn- oder Geschäftsräume) zeigen, denkt *Flume* bei dem ,,Bereich" ebenfalls an einen räumlichen Herrschaftsbereich des Empfängers. Andere, z. B. *Westermann,*[42] sprechen von der tatsächlichen Verfügungsgewalt des Empfängers, die etwa auch dann gegeben sein kann, wenn der ihm postlagernd gesandte Brief zur Abholung durch ihn bei der Post bereit liegt. Nach der überwiegenden Ansicht kommt es darauf an, daß die Erklärung dem Empfänger in der Art nahegebracht worden ist, daß er unter normalen Umständen von ihr Kenntnis nehmen kann und die Kenntnisnahme nach den von ihm selbst getroffenen Vorkehrungen[43] oder nach den Gepflogenheiten des Verkehrs auch erwartet werden kann.[44] Dieser Auffassung ist zuzu-

---

[39] So *Titze,* JherJb. 47, 379.

[40] *v. Tuhr* Bd. II § 61 zu Anm. 186.

[41] § 14 3b.

[42] *Erman/Westermann* 4 zu § 130.

[43] Auf die vom Empfänger getroffenen Vorkehrungen will *Dilcher,* AcP 159, 120 und bei *Staudinger* 22f. zu § 130 vornehmlich abstellen, um so eine möglichst exakte Bestimmung zu erreichen. Allein eine Erklärung kann gewiß auch zugehen, ohne daß der Empfänger dafür besondere Vorkehrungen getroffen hat; so wenn die Zimmerwirtin den Kündigungsbrief ihrem Mieter sichtbar auf den Tisch legt oder wenn der Überbringer des Briefes, weil er den Empfänger nicht zuhause antrifft und der Brief wegen seines großen Formats nicht in den Hausbriefkasten paßt, ihn unter der Wohnungstür hindurchschiebt, so daß er dem Empfänger beim Öffnen der Tür alsbald in das Auge fallen muß. Wenn freilich der Brief unter einen Teppich rutscht und deshalb nicht bemerkt wird – so die Abwandlung des Beispiels durch *Dilcher* –, muß er dem Empfänger nicht ,,alsbald in das Auge fallen" und ist ihm deshalb erst zugegangen, wenn er ihn bemerkt.

[44] Vgl. *Enn./N.* § 158 II 1; *Lehmann/Hübner* § 32 II 2; *Lange/Köhler* § 37 III 2a; *Brox* Rdn. 152, 153; *Medicus* Rdz. 274f.; *Palandt/Heinrichs* 3a zu § 130. Ähnlich auch die Rspr.; vgl. RGZ 50, 191, 194; 60, 334, 336; 144, 289, 292; 170, 285, 288. In BGHZ 67, 271, 275 klingt jedoch immer noch der Gedanke an, es komme auf das Hineingelangen in einen räumlich verstandenen ,,Machtbereich" an.

stimmen. Das Hineingelangen in den „räumlichen Herrschaftsbereich" des Empfängers erleichtert diesem zwar die Kenntnisnahme und kann daher als ein Indiz betrachtet werden, ist aber weder für sich allein zureichend noch unbedingt erforderlich. Es ist nicht zureichend, weil eine Kenntnisnahme häufig erst zu einem späteren Zeitpunkt – etwa dem des Beginns der normalen Geschäftszeit – erwartet werden kann.[45] Daß es nicht unbedingt erforderlich ist, zeigt die allgemein anerkannte Behandlung vom Empfänger „postlagernd" bestellter Sendungen. Man sollte daher auf einen räumlich verstandenen Herrschaftsbereich nicht abstellen, auch wenn der – keineswegs eindeutige – Wortsinn das nahelegen mag.

Entscheidend für die Auslegung des § 130 ist der Grundgedanke der Bestimmung. Der Gesetzgeber wollte das mit jeder an einen Abwesenden gerichteten Erklärung verbundene Risiko, daß sie diesem nicht oder verspätet zur Kenntnis gelangt, in angemessener Weise zwischen dem Absender und dem Empfänger verteilen. Der Absender soll das Risiko der von ihm zu bewirkenden Übermittlung an den Empfänger bis zu dem Zeitpunkt tragen, von dem ab normalerweise der Empfänger Kenntnis nehmen kann, dieser dagegen das Risiko, daß er aus Gründen, die in *seiner* Person (z. B. Krankheit, vorübergehende Abwesenheit) oder in *seinem* Geschäftsbetrieb liegen, entweder überhaupt nicht oder erst später, als dies unter normalen Umständen zu erwarten ist, von der Erklärung Kenntnis nimmt. Nicht auf die *tatsächliche* Kenntnisnahme durch den Empfänger oder seinen Beauftragten soll es ankommen, sondern nur auf die vom Absender zu bewirkende *abstrakte Möglichkeit* der Kenntnisnahme, wie sie unter normalen Umständen gegeben ist, mit deren Vorliegen der Absender rechnen konnte. Liegen auf der Seite des Empfängers besondere Umstände vor, die ihn an der Kenntnisnahme hindern, mit denen aber der Absender nicht rechnen konnte, so fallen diese in die Risikosphäre des Empfängers. Erst recht muß es dem Empfänger zur Last fallen, wenn er die unter den gegebenen Verhältnissen, also konkret vorliegende Möglichkeit der Kenntnisnahme aus Unachtsamkeit oder gar absichtlich nicht wahrnimmt oder wenn er eine längere Zeit verstreichen läßt, bevor er den ihm zugegangenen Brief liest.

Typische Fälle des Zugangs sind hiernach: die Übergabe des Schriftstücks in der Wohnung oder den Geschäftsräumen des Empfängers an ihn selbst oder an eine Person, die nach der Verkehrsauffassung als zur Entgegennahme für ihn ermächtigt anzusehen ist; die Einlegung der Post in den Hausbriefkasten des Empfängers oder in sein Postschließfach; die Niederlegung des Schriftstücks an einem Ort, an dem es dem Empfänger bei der Rückkehr in seine Räume alsbald in das Auge fallen muß (z. B. auf seinem Schreibtisch, wenn der Absender oder Überbringer Zutritt zu den Räumen des Empfängers hat). Wird ein Privatbrief an die dienstliche Anschrift des Empfängers gesandt, so ist er wohl noch nicht mit dem Eingang bei der Dienststelle, sondern erst dann zugegangen, wenn er auf seinen Schreibtisch oder in ein für ihn bestimmtes Fach gelegt wird. Ein Telegramm ist schon dann

---

[45] Gegen ein besonderes Erfordernis, daß die Kenntnisnahme unter den regelmäßigen Umständen vom Empfänger (zu diesem Zeitpunkt) auch erwartet werden konnte, Ernst *Wolf* S. 332. Doch sieht er das als in dem Erfordernis der (abstrakten) Möglichkeit der Kenntnisnahme schon enthalten an.

zugegangen, wenn es dem Empfänger von der Post mittels Fernsprechers zugesprochen wird.[46] Hat sich der Empfänger seine Post an ein bestimmtes Postamt postlagernd erbeten, dann ist sie ihm trotz Fehlens einer räumlichen Beziehung nach allgemeiner Ansicht[47] dann zugegangen, wenn sie bei dem Postamt zur Abholung bereitgelegt ist, weil ihm von diesem Augenblick an die Kenntnisnahme (abstrakt) möglich ist und die Verwirklichung dieser Möglichkeit von ihm allein abhängt, unter normalen Verhältnissen auch erwartet werden kann. Wenn der Postbote, der einen Einschreibebrief überbringt, eine Benachrichtigung hinterläßt, weil er den Empfänger nicht angetroffen hat, ist der Brief richtiger Ansicht nach in dem Zeitpunkt zugegangen, von dem ab er vom Empfänger oder einem Beauftragten vom Postamt abgeholt werden kann und dies unter der Annahme normaler Umstände – also „abstrakt" – auch zu erwarten ist.[48] Denn die Möglichkeit, von ihm Kenntnis zu nehmen, hängt von diesem Zeitpunkt ab wiederum nur noch vom Empfänger ab. Als maßgebenden Zeitpunkt wird man danach den *Beginn der Dienststunden des Postamts am nächsten Öffnungstag* nach der Niederlegung der Benachrichtigung ansehen müssen, denn vorher läßt sich auch unter den zu unterstellenden „normalen Verhältnissen" die Abholung kaum erwarten. Holt der Empfänger den Brief freilich noch am gleichen Tage ab, dann geht er ihm in dem Augenblick zu, in dem er ihm ausgehändigt wird.

Streitig ist die Frage, ob Briefe, insbesondere Geschäftsbriefe, stets schon in dem Augenblick zugegangen sind, in dem sie in den bei den Geschäftsräumen angebrachten Briefkasten oder das Postschließfach des Empfängers gelangen, oder erst in dem Augenblick, in dem nach den Gepflogenheiten des Geschäftsverkehrs mit der Leerung des Briefkastens oder des Schließfachs und daher mit dem Beginn der Durchsicht der Post gerechnet werden kann. Letzteres würde bedeuten, daß ein Brief, der außerhalb der normalen Geschäftszeit oder auch am Ende derselben in das Postschließfach gelangt, erst mit dem Beginn der üblichen Geschäftszeit des nächsten Geschäftstages zugegangen wäre. Wer auf die Erlangung des Besitzes oder auf das Hineingelangen in den räumlichen Herrschaftsbereich abstellt, muß den Zugang schon im Augenblick des Hineingelangens in den Briefkasten oder das Schließfach bejahen;[49] die h. L., der zu folgen ist, entscheidet sich dagegen, im Anschluß an eine Entscheidung des Reichsgerichts, für den Beginn der nächsten üblichen Geschäftszeit, weil vor diesem Zeitpunkt normalerweise nicht mit einer Kenntnisnahme gerechnet werden kann.[50] Ebenso ist ein Brief, der unbemerkt nachts in den Hausbriefkasten eingelegt wird, erst am nächsten Morgen zugegangen. Nur wenn der Empfänger tatsächlich schon früher Kenntnis nimmt, ist ihm die Erklärung damit auch zugegangen, sodaß ein später zugehender Widerruf ihre Wirksamkeit nicht

---

[46] RGZ 105, 255, 256. Auch daß es einem Familien- und Haushaltsmitglied des Empfängers zugesprochen wird, genügt.

[47] *v. Tuhr* Bd. II § 61 Anm. 194; *Enn./N.* § 158 Anm. 20; *Flume* § 14 3c; *Staudinger/Dilcher* 35 zu § 130; RGZ 144, 289, 292.

[48] Anders das BAG AP Nr. 4 zu § 130 BGB, dem ein Teil des Schrifttums – so *Palandt/Heinrichs* 3b, MünchKomm/*Förschler* 16 zu § 130 – folgt. So auch in einem ähnlichen Fall der BGH (BGHZ 67, 271, 275), aufgrund der Auffassung, es käme auf das Hineingelangen in den „Machtbereich" des Empfängers an. Danach geht der Brief in diesen Fällen erst mit der Aushändigung zu – ein Ergebnis, das das berechtigte Interesse des Absenders völlig außerachtläßt. Nach *Richardi* in der Anmerkung zu der genannten Entscheidung des BAG, *Flume* § 14 3c, *E. Wolf* S. 334 zu Anm. 115 genügt für den Zugang bereits die Hinterlegung der Benachrichtigung. Das trägt dem Interesse des Empfängers insofern zu wenig Rechnung, als von ihm, wie *Behn* in AcP 178, 505ff. überzeugend darlegt, auch unter „normalen Umständen" nicht erwartet werden kann, er werde den Brief noch am gleichen Tage abholen – man denke an den heute nicht seltenen Fall, daß sowohl der Empfänger wie seine Ehefrau berufstätig sind und beide erst kurz vor der Schließung des Postamtes nach Hause kommen. Zustimmend zu dem im Text Gesagten *Lange/Köhler* § 37 II 2a.

[49] So *Flume* aaO., der dafür aber die Frage der Rechtzeitigkeit von der des Zugangs trennt und so hinsichtlich der Rechtzeitigkeit der Erklärung zum gleichen Ergebnis wie die h. L. gelangt.

[50] RGZ 142, 404, 407f.; vgl. auch die Entsch. des BGH, LM Nr. 2 zu § 130 BGB. *Staudinger/Dilcher* 25, *Palandt/Heinrichs* 36 zu § 130; *Brox* Rdn. 153, *Lange/Köhler* § 37 III 2a, *Ernst Wolf* S. 337.

mehr verhindern kann.[51] Das verlangt das Interesse des Empfängers an der Gültigkeit der an ihn gerichteten, ihm nahe gebrachten Erklärung.

Wie aber, wenn der Empfänger nicht erst die Kenntnisnahme unterläßt, sondern bereits den Zugang verhindert oder doch durch Maßnahmen, mit denen der Absender nicht zu rechnen brauchte, erheblich verzögert oder erschwert? Verhindern könnte er den Zugang beispielsweise dadurch, daß er seine Wohnung aufgibt, ohne seine neue Anschrift bekanntzugeben oder bei der Post die Nachsendung zu beantragen; verzögern könnte er ihn dadurch, daß er in diesem Fall oder, wenn er verreist, einen Nachsendungsantrag stellt oder jemand beauftragt, ihm die Post nachzusenden. Zunächst ist zu sagen, daß, wenn der Empfänger die Annahme des ihm dargebotenen Schreibens ohne triftigen Grund – wie etwa den, daß es unfrankiert ist – verweigert, es ihm gleichwohl zugegangen ist, weil er tatsächlich in die Lage versetzt war, sich die Kenntnis zu verschaffen, und die Kenntnisnahme unter normalen Umständen auch von ihm erwartet werden konnte.[52] Auf die – hier von ihm verhinderte – Besitzerlangung kommt es eben nicht an. Im übrigen ist zu unterscheiden: Verhindert der Empfänger den rechtzeitigen Zugang einer von ihm erwarteten Erklärung, z. B. eines Mahn- oder Kündigungsschreibens, absichtlich, um dadurch zu verhindern, daß eine ihm nachteilige Rechtsfolge eintritt, so muß er sich schon nach dem in den §§ 162 und 815 (letzte Alternative) enthaltenen Rechtsgedanken so behandeln lassen, wie wenn der Zugang rechtzeitig erfolgt wäre.[53] Der Absender hat allerdings trotzdem für einen wenn auch nunmehr verspäteten Zugang zu sorgen; notfalls mag er sich hierzu des Weges des § 132 Abs. 2 bedienen. Unterläßt es der Empfänger aus bloßer Nachlässigkeit, Vorkehrungen für den rechtzeitigen Empfang der an ihn gerichteten Erklärungen zu treffen, etwa einen Nachsendungsantrag zu stellen, und geht sie ihm deshalb gar nicht oder verspätetet zu, so kann darin im Rahmen eines Vertragsverhältnisses eine sog. positive Vertragsverletzung, im Hinblick auf bereits im Gang befindliche Vertragsverhandlungen eine „culpa in contrahendo" liegen. Aus einer solchen Pflichtverletzung kann sich für den Empfänger die Verpflichtung ergeben, die Erklärung so gelten zu lassen, wie wenn sie ihm rechtzeitig zugegangen wäre.[54] Dann ist freilich ein Verschulden des Empfängers erforderlich, das vorliegen wird, wenn er mit dem Eingang solcher Erklärungen rechnen mußte. Aber auch dann, wenn der Empfänger sachdienliche Maßnahmen getroffen, z. B. einen Nachsendungsantrag gestellt hat, muß die trotzdem unvermeidliche, durch ihn bewirkte *Verzögerung des Zugangs* für die Frage der *Rechtzeitigkeit* der Erklärung außer Betracht gelassen werden, soweit

[51] So mit Recht *Medicus* Rdz. 276.

[52] Anders freilich RGZ 110, 34. Wie hier *v. Tuhr* Bd. II zu § 61 zu Anm. 89, *Enn./N.* § 158 zu Anm. 18, *E. Wolf* S. 335 zu Anm. 119.

[53] Vgl. RGZ 58, 406, 408; zustimmend *Medicus* Rdz. 282.

[54] So auch *Staudinger/Dilcher* 56f. zu § 130; dagegen aber *v. Tuhr* Bd. II, § 61 III 5; *Flume* § 14 3c.

nicht etwa der Absender mit der Verzögerung rechnen mußte und sie daher in die von ihm angenommene Übermittlungsdauer einrechnen konnte.[55] Dies muß aus dem dem § 130 zugrunde liegenden Gedanken der Risikoverteilung gefolgert werden, ohne daß man hierfür „Treu und Glauben" zu bemühen brauchte. Der verspätete Zugang muß also als noch rechtzeitig angesehen werden, wenn unter normalen Umständen der Zugang rechtzeitig erfolgt wäre. Zu beachten ist aber die Einschränkung, daß der Absender mit der Verzögerung nicht zu rechnen brauchte; wußte der Absender, daß der Empfänger verreist war und sich seine Post nachsenden ließ, so mußte er, wenn es sich bei dem Empfänger um einen Privatmann und nicht um den Inhaber einer Firma handelt, dessen Geschäftsbetrieb auch in seiner Abwesenheit weitergeht, mit der längeren Dauer der Beförderung rechnen und sein Schreiben daher entsprechend früher absenden.[56]

Der Zugang einer Willenserklärung kann auch dadurch herbeigeführt werden, daß der Erklärende sie durch Vermittlung eines Gerichtsvollziehers nach den Vorschriften der ZPO zustellen läßt (§ 132 Abs. 1). Der Erklärende sichert sich dadurch den Beweis des Zugangs, der ihm sonst obliegt und an den die Rechtsprechung strenge Anforderungen stellt.[57]

Wie bereits oben erwähnt, wird die Erklärung trotz rechtzeitigen Zugehens nicht wirksam, wenn dem Empfänger gleichzeitig mit ihr oder vorher ein Widerruf zugeht. Es kommt dabei nur auf das zeitliche Verhältnis *des Zugangs* beider Erklärungen, nicht auf die Reihenfolge an, in der der Empfänger tatsächlich von ihnen Kenntnis nimmt. Ist daher die erste briefliche Erklärung dem Empfänger mit der normalen Postzustellung um 9 Uhr zugegangen, hat er die Post aber bis 11 Uhr noch nicht gesehen und geht ihm jetzt ein die briefliche Erklärung widerrufendes Telegramm zu, das er sofort öffnet und liest, so bleibt die briefliche Erklärung dennoch wirksam, weil der Widerruf später als sie zugegangen ist.[58] Der Erklärungsempfänger kann allerdings den verspäteten Widerruf dennoch gelten lassen, da dies dem Absender nicht zum Nachteil gereicht, vielmehr dessen Willen entsprechen wird.

c) **Das Wirksamwerden von Erklärungen unter Anwesenden.** Das Gesetz

---

[55] Vgl. dazu *v. Tuhr* Bd. II § 61, Anm. 255b; *Enn./N.* § 158 II 3; *Brox* Rdn. 161.

[56] Im Ergebnis ebenso *Flume* § 14 3e.

[57] Vgl. BGHZ 24, 308 für den Nachweis des Zugangs eines eingeschriebenen Briefes; LM Nr. 7 zu § 130 BGB für den Nachweis des (rechtzeitigen) Zugangs eines gewöhnlichen Briefes; BGHZ 70, 232 (der Absender trägt auch die Beweislast für den Zeitpunkt des Zugangs). Zur Beweislast vgl. *Palandt/Heinrichs* 8 zu § 130; *Lange/Köhler* § 37 III 3.

[58] Nach dem Wortlaut des Gesetzes, der nur auf den Zeitpunkt des Zugangs abstellt, ist das zweifellos. Man kann jedoch einwenden, daß ein Vertrauen des Empfängers auf die Gültigkeit der ersten Erklärung in diesem Fall nicht begründet war und er deshalb wider „Treu und Glauben" verstoße, wenn er unter diesen Umständen den Widerruf unbeachtet läßt. Indessen wird man sagen müssen, daß das Gesetz das Risiko, daß sein Widerruf den Empfänger später als die Erklärung erreicht, nun einmal dem Absender zugewiesen hat. Vgl. hierzu *Staudinger/Dilcher* 60, MünchKomm/*Förschler* 32 zu § 130; *Lange/Köhler* § 37 III 5; *Medicus* Rdz. 300.

erwähnt in § 130 empfangsbedürftige Erklärungen, die in *Abwesenheit* des Empfängers abgegeben werden. Darüber, wenn eine Erklärung gegenüber einem *Anwesenden* – als solche ist auch die durch Fernsprecher dem Empfänger übermittelte Erklärung anzusehen (vgl. § 147 Abs. 1 Satz 2) – wirksam oder doch für den Erklärenden bindend wird, sagt das Gesetz nichts. Handelt es sich um eine in einem Schriftstück verkörperte Erklärung, so genügt wiederum der Zugang, der regelmäßig hier durch die Aushändigung des Schriftstücks erfolgen wird. Da der Erklärende, solange er das Schriftstück noch nicht aus der Hand gegeben hat, seinen Willensentschluß noch nicht endgültig geäußert hat,[59] fallen Abgabe und Zugang der Erklärung hier zusammen. Für die mündliche Erklärung unter Anwesenden kann im Prinzip nichts anderes gelten. Da es hier an jeder Verkörperung fehlt, ist ein späterer Zugang nicht mehr möglich. Streitig ist aber, ob es zu ihrer Wirksamkeit erforderlich ist, daß der Empfänger sie akustisch richtig vernommen, sie also in sein Bewußtsein aufgenommen hat.

Die mündliche Erklärung unterscheidet sich dadurch wesentlich von einer schriftlichen, daß sie, sobald sie ausgesprochen wird, auch schon vergangen ist. Wer ein Schriftstück nicht genau gelesen oder seinen Inhalt vergessen hat, kann es erneut lesen und sich den Inhalt dadurch wieder zum Bewußtsein bringen. Wer die an ihn gerichtete mündliche Erklärung, etwa infolge seiner Unaufmerksamkeit oder Schwerhörigkeit, überhaupt nicht oder doch lautlich nicht richtig aufgenommen hat, entbehrt dieser Möglichkeit. Das mündliche Wort hat Bestand nur im Bewußtsein dessen, der es vernommen hat und in seinem Gedächtnis bewahrt. Das spricht dafür, die mündliche Erklärung nur dann wirksam werden zu lassen, wenn sie so, wie sie abgegeben wurde, vom Empfänger lautlich zutreffend aufgenommen wurde. In der Tat steht die h. L., wenn sie auch nicht unbestritten ist, auf diesem Standpunkt. Für mündliche Erklärungen, so sagt sie, gelte nicht die Empfangstheorie, sondern die Vernehmungstheorie.[60]

Bedenken gegen die h. L. ergeben sich jedoch dann, wenn der Erklärende sich sprachlich hinreichend deutlich geäußert hat und den Umständen nach annehmen muß, der Empfänger habe seine Worte auch richtig vernommen, während dieser vielleicht gar nicht hingehört oder infolge Schwerhörigkeit nur einen Teil verstanden hat. Soll dem Erklärenden auch die *für ihn nicht erkennbare* Unaufmerksamkeit oder Schwerhörigkeit des Empfängers zum Nachteil gereichen? Gewiß, wenn er irgendwelchen Anlaß hat, daran zu zweifeln, ob der Empfänger seine Worte richtig aufgenommen hat, muß er sich darüber durch eine Frage vergewissern und nötigenfalls seine Erklärung wiederholen. Wenn aber zu solchen Zweifeln keinerlei Anlaß besteht, wenn etwa der Empfänger auf Befragen bestätigt

---

[59] Vgl. RGZ 61, 348 und oben unter a.

[60] *Enn./N.* § 158 II B 1; *Lehmann/Hübner* § 32 II 3, *Flume* § 14 3f.; *Oertmann* 4a β, *Staudinger/Dilcher* 14, *Soergel/Hefermehl* 21, MünchKomm/*Förschler* 24 zu § 130; *Medicus* Rdz. 289; *Lange/Köhler* § 37 III 2b.

hat, er habe alles richtig vernommen, soll dann die Erklärung, falls sie in der Tat von dem Empfänger nicht richtig aufgenommen wurde, als unwirksam angesehen werden? Richtiger dürfte es sein, den dem § 130 zugrunde liegenden Gedanken der Risikoverteilung auch hier, freilich mit Rücksicht auf die Andersartigkeit der mündlichen Erklärung nur in abgewandelter Weise, zur Geltung zu bringen. Danach wird man sagen müssen, daß der Erklärende allerdings grundsätzlich dafür zu sorgen hat, daß der Empfänger seine Worte vernimmt. Wenn Zweifel daran möglich sind, daß er sie (akustisch richtig) vernommen hat, muß sich der Erklärende vergewissern; unterläßt er dies, ist das sein Risiko. Es genügt also in der Regel nicht, daß der Empfänger die Erklärung bei der nötigen Aufmerksamkeit nur vernehmen konnte.[61] Wenn dies aber der Fall ist, und wenn es überdies den Umständen nach für den Erklärenden keinen Zweifel daran geben konnte, daß der Empfänger seine Worte richtig und vollständig vernommen habe, dann ist die Erklärung, auch wenn dies tatsächlich nicht der Fall war, wirksam.[62] Denn in einem solchen Fall hat der Erklärende alles getan, was man vernünftigerweise von ihm erwarten kann; der Mangel der Aufnahme seiner Worte durch den Empfänger beruht dann allein auf einem Umstand, der diesem zuzurechnen ist. Diese Auffassung könnte man als ,,abgeschwächte Vernehmungstheorie" bezeichnen. Nach ihr steht der *Anschein,* der Empfänger habe die Erklärung richtig vernommen, der tatsächlichen Vernehmung durch den Empfänger gleich, wenn für den Erklärenden kein Grund zum Zweifeln gegeben war.

§ 22. Anforderungen an den Inhalt eines gültigen Rechtsgeschäfts

Literatur: *Coing,* Allgemeine Rechtsgrundsätze in der Rechtsprechung des RG zum Begriff der ,,guten Sitten", NJW 47/48, 213; *H. A. Fischer,* Die Rechtswidrigkeit, 1911, S. 56ff.; *Langen,* Welche Bedeutung hat heutzutage der Ausdruck ,,gesetzliches Verbot" in § 134 BGB, Festschr. f. *R. Isay,* 1956, 321; *Larenz,* Grundsätzliches zu § 138 BGB, JurJb. Bd. VII, 1966, S. 98; *R. Leonhard,* Der Verstoß gegen die guten Sitten, Festschr. f. *Bekker,* 1907, S. 87; *Lindacher,* Grundsätzliches zu § 138 BGB (Zur Frage der Relevanz subjektiver Momente), AcP 173, 124; *Lotmar,* Der unmoralische Vertrag, 1896; *Mayer-Maly,* Das Bewußtsein der Sittenwidrigkeit, 1971; Renaissance der laesio enormis? in Festschr. f. *Karl Larenz* zum 80. Geburtstag, 1983, S. 395; *Pagenstecher,* Sittenwidrige Lieferungsbedingungen, 1943; *G. Paulus,* Probleme richterlicher Regelbildung – am Beispiel des Kreditsicherungsrechts, JurJb. Bd. VI, 1965, S. 134; *Rother,* Sittenwidriges Rechtsgeschäft und sexuelle Liberalisierung, AcP 172, 498; *Rühle,* Das Wucherverbot – effektiver Schutz des Verbrauchers vor überhöhten Preisen?, 1978; *Helmut Schmidt,* Die Lehre von der Sittenwidrigkeit der Rechtsgeschäfte in historischer Sicht, 1973; *Schricker,* Gesetzesverletzung und Sittenverstoß, 1970 (vorwiegend zum Wettbewerbsrecht); *K. Simitis,* Gute Sitten und ordre public, 1970; *Stammler,* Die Lehre von dem richtigen Rechte, 2. Aufl. 1926, S. 261ff.; *Teichmann,* Die Gesetzesumgehung, 1962; *Teubner,* Standards und Direktiven in Generalklauseln, 1971.

---

[61] So aber *v. Tuhr* Bd. II § 61 III 2 (S. 439); E. *Wolf* S. 338f.

[62] So auch *Lange/Köhler* § 37 III 2b; *Medicus* Rdz. 289; *Pawlowski* II, S. 184; *Brox* Rdn. 159.

I. Allgemeines. Zwingende Vorschriften

Die Rechtsordnung erkennt Rechtsgeschäfte, insbesondere Verträge, nur dann als rechtsgültig an, wenn bestimmte Mindestanforderungen sowohl hinsichtlich ihres Zustandekommens (z. B. Geschäftsfähigkeit der Beteiligten, Abwesenheit von „Willensmängeln"), des Erklärungsvorganges (Abgabe, Zugang der Erklärung, unter Umständen eine bestimmte Form) wie auch hinsichtlich ihres Inhalts erfüllt sind. Fehlt es an einer dieser Voraussetzungen, so ist das Geschäft nach positivem Recht entweder „nichtig", d. h. von vornherein ungültig, oder „schwebend unwirksam" oder anfechtbar.

Anforderungen an den Inhalt eines Rechtsgeschäfts bestehen nach unserer Rechtsordnung einmal insoweit, als auf bestimmten Gebieten des Privatrechts nur solche Rechtsgeschäfte gültig vorgenommen werden können, die nach ihrem Inhalt einem der im Gesetz geregelten *Geschäftstypen* entsprechen. Die Parteien haben dann lediglich die Auswahl unter diesen Typen und können im Wege der Vereinbarung die vom Gesetz für den betreffenden Geschäftstypus gegebenen Regeln entweder überhaupt nicht oder nur in einzelnen Beziehungen, aber nicht grundlegend, abändern. Ein derartiger „Typenzwang" besteht besonders auf den Gebieten des Sachenrechts, des Familienrechts und des Erbrechts.[1] Die meisten Bestimmungen des Sachenrechts, des Familien- und des Erbrechts sind daher „zwingend". (Vgl. dazu oben § 1 V). Dagegen besteht auf dem Gebiet der schuldrechtlichen Verträge grundsätzlich „Typenfreiheit". Die Masse der schuldrechtlichen Bestimmungen ist abdingbar, „dispositiv". Sie weichen einer etwas anderes bestimmenden Parteivereinbarung, der „lex-contractus". Die Freiheit der Parteien zur inhaltlichen Gestaltung der Rechtsverhältnisse findet aber auch hier ihre Grenze an den im Schuldrecht enthaltenen zwingenden Gesetzesbestimmungen, die sich vornehmlich im Recht des Abzahlungskaufs, des Dienstvertrages und der Raummiete finden, wo sie den sozial schwächeren Teil schützen sollen. Zu den zwingenden Regeln gehört auch der das ganze Schuldrecht beherrschende Grundsatz des § 242. Schließlich findet die Privatautonomie, und zwar auf dem Gesamtgebiet des bürgerlichen Rechts, ihre Grenze auch an den gesetzlichen Verboten, die sich auf die Vornahme eines Rechtsgeschäfts beziehen, und an den Geboten der „guten Sitten". Weitergehende Einschränkungen in bezug auf die Zulässigkeit ihres Inhalts gelten für allgemeine Geschäftsbedingungen (unten § 29 a).

II. Gesetzlich verbotene Geschäfte

§ 134 bestimmt: „Ein Rechtsgeschäft, das gegen ein gesetzliches Verbot verstößt, ist nichtig, wenn sich nicht aus dem Gesetz ein anderes ergibt". So einfach

---

[1] Zum Typenzwang im Sachenrecht vgl. *Baur,* Sachenrecht § 1 II 2; im Familienrecht *Gernhuber,* Familienrecht § 1 IV 2; im Erbrecht *Kipp-Coing,* Erbrecht § 20.

und klar diese Bestimmung gefaßt ist, so wenig besagt sie in der Tat, zieht man nur ihren Nachsatz hinreichend in Betracht. Im Grunde kommt es stets auf das einzelne Verbotsgesetz an, auf seinen Wortlaut und auf seinen durch Auslegung zu ermittelnden Sinn und Zweck.[2] § 134 spricht lediglich aus, daß ein verbotswidriges Geschäft dann nichtig ist, *wenn* dies der Sinn und der Zweck des Verbots verlangt. Die Bestimmung erleichtert es dem Richter allenfalls, die Nichtigkeit des Geschäfts anzunehmen, sofern er aus der Verbotsnorm nichts Gegenteiliges zu entnehmen vermag. Die Bestimmung sagt aber nichts darüber aus, wann dies der Fall sei. Somit ist doch jede Verbotsvorschrift darauf zu prüfen, welche Folge sie für den Fall ihrer Übertretung verlangt. Der Eindruck, der Verstoß gegen ein gesetzliches Verbot führe gleichsam automatisch zur Nichtigkeit des Rechtsgeschäfts, ist jedenfalls falsch.

Von einem gesetzlichen Verbot kann man sinnvollerweise nur dann sprechen, wenn die Rechtsordnung bestimmt geartete Rechtsgeschäfte mit Rücksicht auf deren Inhalt oder besondere Umstände untersagt, d. h. deren Vornahme zu verhindern sucht, weil sie sie für schädlich hält oder aus einem anderen Grunde mißbilligt. Nicht zu den gesetzlichen Verboten gehören daher die zwingenden Gesetzesnormen, die den Raum der Privatautonomie dadurch einengen, daß sie die Parteien auf bestimmte, näher geregelte Rechts- und Geschäftstypen beschränken oder ihre auf privatautonomer Gestaltung beruhenden Rechtsverhältnisse, insbesondere Vertragsverhältnisse, in einzelnen Beziehungen normieren. Nicht um gesetzliche Verbote handelt es sich ferner dann, wenn das Gesetz für bestimmte Fälle einer Person die Disposition über ihr Vermögen oder über ein bestimmtes Sondervermögen entzieht oder versagt, wie dem Gemeinschuldner im Falle des Konkurses (§§ 6, 7 KO) oder dem Erben in bestimmten Fällen (vgl. die §§ 1984, 2211). Hier geht es um die vermögensrechtliche Dispositionsfreiheit einer Person, nicht um die Verhinderung einzelner Rechtsgeschäfte ihres Inhalts wegen. Ebensowenig handelt es sich um „Verbote", wenn das Gesetz die Befugnisse der gesetzlichen Vertreter und der durch Gericht bestellten Vermögensverwalter (Konkursverwalter, Nachlaßverwalter) zu Verfügungen über das von ihnen verwaltete Vermögen begrenzt, ihre Verfügungsmacht also einschränkt. Schließlich liegt auch da kein gesetzliches Verbot vor, wo das Gesetz ein bestimmtes Recht, sei es generell, sei es unter bestimmten Voraussetzungen, für unübertragbar erklärt, wie in den Fällen der §§ 399, 400, 514, 847 Abs. 1 Satz 2, 1059 Satz 1. Denn in diesen Fällen geht es dem Gesetz nicht eigentlich darum zu verhindern, daß derartige Verfügungen vorgenommen werden, als vielmehr darum, die Möglichkeiten rechtsgeschäftlichen Handelns allgemein zu begrenzen, sie zu kanalisieren. Eben darum geht es auch beim „Typenzwang". Rechtsgeschäfte, die hiernach nicht vorgenommen werden *können,* vermögen ihrer Art

---

[2] So auch *Flume* § 17 1; *Medicus* Rdz. 646; BGHZ 85, 39, 43.

nach nicht die ihnen von den Parteien zugedachten Wirkungen zu entfalten; sie liegen von vornherein außerhalb des rechtlichen Vermögens der Privatpersonen.[3] Mit Recht bemerkt *Mayer-Maly,*[4] eine Anwendung des § 134 setze das grundsätzliche Bestehen rechtsgeschäftlicher Gestaltungsmöglichkeit voraus. Das wird nicht selten verkannt.

Wo wir von einem rechtlichen *Verbot* im eigentlichen Sinne sprechen, da meinen wir, daß die Vornahme eines Rechtsgeschäfts, das seiner allgemeinen Natur nach in unserer Rechtsordnung möglich ist, mit Rücksicht auf seinen Inhalt, auf einen von der Rechtsordnung mißbilligten Erfolg oder auch auf die besonderen Umstände, unter denen es vorgenommen wird, gerade für bestimmte Fälle untersagt wird. Daraus erklärt es sich, daß sich die meisten Verbote nicht im BGB, das vornehmlich den Rahmen absteckt, innerhalb dessen sich Privatautonomie im allgemeinen entfalten kann, sondern in Sondergesetzen finden, denen bestimmte wirtschafts- oder sozialpolitische Zwecke des Gesetzgebers zugrunde liegen.[5] Viele von ihnen sind als ,,Maßnahmegesetze" situationsbedingt, daher oft nur von kurzer Dauer. Zahlreiche Verbote fanden sich insbesondere in den Bewirtschaftungsvorschriften der Kriegs- und der ersten Nachkriegszeit.

Um echte Verbotsnormen handelt es sich vornehmlich dort, wo das Gesetz an die Vornahme eines Rechtsgeschäfts eine Strafe oder eine ähnliche Maßnahme, wie z. B. den Entzug einer Erlaubnis, knüpft, wo es sie also durch eine Sanktion zu verhindern sucht. Ein weiteres Indiz dafür, daß es sich um ein Verbot handelt, wenn auch nicht mehr, liegt in der Wortwahl des Gesetzes. Während es sich dort, wo das Gesetz sagt, jemand ,,könne" ein bestimmtes Rechtsgeschäft nicht vornehmen, eine bestimmte Rechtsfolge ,,könne" nicht vereinbart werden (wie z. B. in den §§ 181, 276 Abs. 2, 419 Abs. 3, 719 Abs. 1, 1419 Abs. 1, 1641 Satz 1 u. a.), regelmäßig nicht um Verbote, sondern um Beschränkungen des rechtsgeschäftlichen Könnens überhaupt, einer Verfügungs- oder Vertretungsmacht handelt, liegt da, wo das Gesetz die Ausdrücke ,,soll nicht" oder ,,darf nicht" gebraucht (z. B. in den §§ 51, 52 Abs. 2, 627 Abs. 2, 671 Abs. 2), in der Regel ein Verbot vor. Ist das der Fall, so ist nunmehr zu fragen, ob der Verstoß gegen das Verbot die Nichtigkeit des verbotswidrigen Geschäfts zur Folge hat oder nur eine mindere Sanktion. Dabei ist hinsichtlich der Worte, deren sich das Gesetz bedient, weiter zu unterscheiden: Der Ausdruck ,,soll nicht" oder ,,soll nur" hat im BGB die feststehende Bedeutung, daß ein dem Verbot zuwider vorgenommenes Rechtsgeschäft *nicht* nichtig, sondern gültig ist. Als Sanktion tritt hier meist nur

---

[3] Die Frage, ob sie nichtig oder trotz Verbotswidrigkeit gültig seien, läßt sich daher bei ihnen vernünftigerweise gar nicht stellen. So mit Recht *Flume* § 17 2. Vgl. ferner *v. Tuhr* Bd. II § 69 I; *Enn./N.* § 190 I 1; *Soergel/Hefermehl* 2 zu § 134; auch RGZ 136, 395, 399; BGHZ 40, 156 (160).

[4] Im MünchKomm 5 zu § 134.

[5] Eine gute, nach Sachgebieten geordnete Übersicht über Verbotsgesetze gibt *Mayer-Maly* in MünchKomm 58ff. zu § 134.

eine Schadensersatzpflicht für denjenigen ein, der schuldhaft zum Nachteil des Begünstigten gegen das Verbot verstößt. Man spricht von einer ,,Sollvorschrift", wenn man zum Ausdruck bringen will, daß ein Gebot oder Verbot, das sich auf die Vornahme eines Rechtsgeschäfts bezieht, im Falle seiner Nichtbeachtung die Gültigkeit des Rechtsgeschäfts nicht berührt. Dagegen tritt in einigen Fällen, in denen das Gesetz den Ausdruck ,,darf nicht" gebraucht, kraft ausdrücklicher gesetzlicher Vorschrift Nichtigkeit ein; so in den Fällen der §§ 795 Abs. 2, 1240 in Verbindung mit §§ 1242, 1243 Abs. 1. Sehr oft bewendet es aber auch in den Fällen, in denen das Gesetz davon spricht, jemand ,,dürfe" etwas nicht, bei einer Schadensersatzpflicht, ohne daß Nichtigkeit einträte. Der Ausdruck ,,darf nicht" sagt somit über die Folge eines Verstoßes nichts aus.

Sofern das Gesetz darüber keine ausdrückliche Anordnung getroffen hat, kommt es für die Folge der Verbotsübertretung darauf an, ob das Gesetz die Vornahme des Rechtsgeschäfts verboten hat, weil es die Rechtsfolge des Geschäfts verhindern will – dann ist die Folge der Verbotswidrigkeit die Nichtigkeit des Geschäfts –, oder ob es lediglich die äußeren Umstände der Vornahme, nicht aber den Inhalt des Geschäfts mißbilligt, in seiner Vornahme lediglich eine ,,Ordnungswidrigkeit" sieht. In den Fällen der letzteren Art fordert der Zweck der Verbotsnorm in der Regel nicht die Nichtigkeit des verbotswidrigen Geschäfts; es bewendet dann häufig bei einer anderen Sanktion, etwa bei einer Ordnungsstrafe oder einem gewerbepolizeilichen Einschreiten. So ist anerkannt, daß ein Kaufvertrag nicht deshalb nichtig ist, weil er in einem Laden nach der Zeit des gesetzlichen Ladenschlusses oder während der Sonntagsruhe abgeschlossen wird. Mißbilligt wird lediglich der Abschluß des Vertrages und seine Durchführung an diesem Ort und zu dieser Zeit, nicht aber das dadurch begründete Privatrechtsverhältnis.[6] Häufig sieht man den Grund dafür, daß das Rechtsgeschäft in solchen Fällen nicht nichtig ist, darin, daß die Vorschrift, die seine Vornahme verbietet, sich nur an die *eine* Partei – im Beispiel an den Ladenbesitzer – richte, nicht aber auch an die andere Partei.[7] Entscheidend ist jedoch, ob es der Zweck des Verbotes erfordert, daß das verbotswidrige Geschäft nichtig ist, oder

---

[6] Vgl. RGZ 60, 273, 276; nur nebenher gesagt; 103, 263, Vertrag mit Gastwirt nach Eintritt der Polizeistunde; *Enn./N.* § 190, Anm. 26–29; *Lehmann/Hübner* § 29 III 2c. Abweichend meint *Flume* § 17 4, aus derartigen Geschäften könne doch kein Erfüllungsanspruch auf die Vornahme der verbotenen Handlung entstehen. Allerdings ist die Erfüllung, wenn sie nur unter Übertretung eines Verbots möglich ist, unzumutbar; sie kann aus diesem Grunde verweigert werden. Aus dem gleichen Grunde kann, solange die Erfüllung nur unter Verletzung des Verbots möglich ist, Verzug nicht eintreten. Dagegen kann die Erfüllung in dem ersten Zeitpunkt, in dem sie ohne Verstoß gegen das Gebot möglich ist, verlangt werden, eben weil das Geschäft als solches nicht nichtig ist. Wird trotz des Verbots sofort erfüllt, so wird hierbei die vertragsmäßige Sorgfalt geschuldet; den Verkäufer trifft die gesetzliche Gewährleistung für Sachmängel. Die erbrachte Leistung ist nicht rechtsgrundlos; die Gegenleistung wird geschuldet.

[7] So z. B. BGH 46, 24, 26 mit Nachweisen. Kritisch dazu *Pawlowski* II S. 234; MünchKomm/*Mayer-Maly* 56 zu § 134.

ob die Erreichung des Verbotszwecks auf andere Weise gesichert werden kann. Wiederholt hat sich der BGH mit Verträgen befaßt, in denen sich der eine Teil verpflichtet hatte, dem anderen bestimmte Dienstleistungen zu erbringen, deren Erbringung ihm mangels der vom Gesetze dafür verlangten Voraussetzungen, etwa einer Gewerbeerlaubnis, untersagt war. Er hat einen Vertrag für nichtig erklärt,[8] durch den sich ein als solcher nicht zugelassener Rechtsberater einem anderen gegenüber zur Besorgung von Rechtsangelegenheiten verpflichtete, obgleich sich das Verbot der Tätigkeit als Rechtsberater nur an denjenigen wendet, der, ohne zugelassen zu sein, eine solche Tätigkeit ausübt, nicht aber zugleich an die andere Partei. Denn der Zweck des Verbotes, eine unsachgemäße Beratung und Vertretung der Rechtsuchenden zu verhüten, könne, so führte der BGH aus, nur dann erreicht werden, wenn der Erfüllungsanspruch des Auftraggebers und, so muß man hinzufügen, dessen eigene vertragliche Bindung hinfällig sind. Dagegen hat der BGH in mehreren anderen, ähnlich liegenden Fällen nur eine Ordnungswidrigkeit und deshalb die Gültigkeit des Vertrages angenommen.[9] Es ging in diesen Fällen allein um den Vergütungsanspruch desjenigen, der die ihm untersagte Leistung in vertragsgemäßer Weise erbracht hatte. Der BGH hielt es offenbar für zu hart, ihm nun das Entgelt für seine Tätigkeit zu versagen. In einem weiteren Fall[10] hat er einen Vergütungsanspruch sogar bejaht, obwohl er den Vertrag für nichtig hielt, sofern die Dienste nur in Unkenntnis des Verbots geleistet waren. Aber auch in Fällen, in denen der BGH die Gültigkeit des Vertrages bejahte, hätte er doch schwerlich den Erfüllungsanspruch auf Vornahme der untersagten Tätigkeit bejahen können. Daher waren die Verträge in Wahrheit zunächst gerade nicht gültig. Der BGH hätte daher, um den Anspruch auf die Vergütung zu bejahen, entweder eine nachträgliche „Heilung" des Gültigkeitsmangels annehmen oder aber, wie er es in der letzten Entscheidung getan hat, den Anspruch statt auf den Vertrag, allein auf Billigkeitserwägungen (§ 242) begründen müssen. Das eine wie das andere ist aber überaus zweifelhaft.

Mit der einfachen „Faustregel", Nichtigkeit nur, wenn sich das Verbot gegen *beide* Geschäftspartner richtet, ist jedenfalls nicht auszukommen. Das erkennt auch der BGH inzwischen an.[11] Anderseits ist auch ein Vertrag, mit dessen Abschluß *beide* Parteien z. B. gegen Bewirtschaftungsvorschriften verstoßen, nicht notwendig nichtig; er kann ausnahmsweise gültig sein, wenn sich die Zuwiderhandlung lediglich als eine „Ordnungswidrigkeit" darstellt.[12]

Mitunter erfordert der Zweck eines Verbots geradezu die Aufrechterhaltung eines Geschäfts, wenn nicht mit dem von den Parteien vereinbarten, so doch mit dem nach dem Gesetz zulässigen Inhalt.

---

[8] BGHZ 37, 258.

[9] BGHZ 46, 24; 78, 263; 78, 269.

[10] BGHZ 53, 152.

[11] So BGHZ 71, 358, 361; 78, 269, 265. Entscheidend, so heißt es jetzt, sei stets „der Sinn und Zweck der verletzten Verbotsnorm".

[12] BGH, LM Nr. 34 zu § 134 BGB = JZ 61, 227, m. Anm. von *Wieacker*.

Während des 1. Weltkrieges und in der Zeit der staatlichen Bewirtschaftung der meisten Güter und Leistungen vor dem 2. Weltkrieg, während desselben und bis zum Übergang zur freien Marktwirtschaft im Jahre 1948 war es verboten, für bestimmte Waren und Leistungen ein höheres Entgelt zu vereinbaren als das gesetzlich zulässige. Diese Verbote bezweckten indessen nicht, den Verkauf solcher Waren oder die Erbringung derartiger Leistungen zu verhindern, sie sollten vielmehr nur die aus der Verknappung vieler solcher Waren drohenden Preissteigerungen verhindern und die Preise und Entgelte auf dem vom Gesetzgeber für richtig gehaltenen Niveau fixieren. Soweit das im Interesse der gleichmäßigen Versorgung aller Bevölkerungskreise mit Nahrungsmitteln und anderen lebensnotwendigen Gütern geschah, wäre es dem Zweck der Vorschriften zuwidergelaufen, die unter Überschreitung der festgesetzten Höchstpreise zustande gekommenen Verträge für nichtig zu erklären, da dann der Anspruch des Verbrauchers auf die Erfüllung hinfällig geworden wäre. Deshalb hat sich schon das RG frühzeitig dafür entschieden, daß derartige Verträge nicht nichtig, sondern unter Herabsetzung des Preises auf den erlaubten Höchstpreis aufrechtzuerhalten seien.[13] Dieser Grundsatz galt nach der Rechtsprechung des RG allerdings nur für Kaufverträge über Gegenstände des allgemeinen Bedarfs, daher insbesondere nicht für Grundstückskäufe.[14]

Gesetzliche Verbote, die die Nichtigkeit des verbotswidrig vorgenommenen Geschäfts nach sich ziehen, sind z. B. das der Sachhehlerei (§ 259 StGB), der Beamtenbestechung (§§ 331 ff. StGB) und der Bestechung eines Angestellten zu Zwecken des Wettbewerbs (§ 12 UWG).[15] Dagegen ist das betrügerische Geschäft auch dann, wenn es sich auf seiten des Betrügers um einen strafbaren Betrug handelt, nicht nichtig, da das Gesetz für die Fälle der arglistigen Täuschung in § 123 lediglich die Anfechtbarkeit des Geschäfts angeordnet hat und diese Norm als Sonderregelung dem § 134 vorgeht.[16] Zahlreiche gesetzliche Verbote finden sich auf dem Gebiet des Arbeitsrechts.[17] Nichtig ist der Verpflichtungsvertrag, durch den sich jemand zur Vornahme einer jedermann verbotenen, insbesondere einer strafbaren Handlung oder zur Begünstigung einer solchen oder zur Zahlung einer Belohnung für ihre Vornahme verpflichtet,[18] weil der Zweck des Verbots seine Erstreckung auch auf derartige Verträge (mit der Wirkung der Versagung eines Erfüllungsanspruchs) verlangt. In diesen Fällen kann der Nichtigkeitsgrund des § 134 mit dem des § 138 zusammentreffen. Schließlich muß auch die Nichtigkeit eines Rechtsgeschäft angenommen werden, das so nur zu dem Zweck vorgenommen wird, um ein gesetzliches Verbot, dessen Übertretung Nichtigkeit zur Folge hat, durch die Verwendung einer sonst nicht verbotenen rechtlichen Gestaltungsform zu umgehen.[19] Ob eine Gesetzesumgehung vor-

[13] So RGZ 88, 250, 252; 89, 196, 198; 97, 82, 84; 98, 293.

[14] RGZ 166, 89, 95; 168, 91, 96.

[15] *Flume* § 17 3; *MünchKomm/Mayer-Maly* 61 zu § 134.

[16] Es kann aber, weil sittenwidrig, nach § 138 nichtig sein; vgl. *MünchKomm/Mayer-Maly* 28, *Staudinger/Dilcher* 43 zu § 123.

[17] Vgl. *MünchKomm/Mayer-Maly* 74 ff. zu § 134; zum Verbot der Schwarzarbeit BGHZ 85, 39 (lesenswert!).

[18] Vgl. *Oertmann* 2b γ zu § 134, *v. Tuhr* Bd. III § 69, Anm. 24–25. Die Nichtigkeit ergibt sich in diesen Fällen zumeist auch aus § 138. Auf Verschulden kann es gemäß dem unter III c Gesagten in diesen Fällen nicht ankommen.

[19] In vielen, ja in den meisten Fällen wird es der Annahme eines Umgehungsgeschäfts nicht bedürfen, da die Auslegung der Verbotsnorm nach deren Sinn und Zweck in Verbindung mit der des

liegt, ist wiederum aus dem Zweck des Verbotsgesetzes und dem von den Parteien mit dem Geschäft beabsichtigten Erfolg zu entnehmen. Beabsichtigen die Parteien, mit dem „an sich" nicht verbotenen Geschäft gerade den tatsächlichen Erfolg herbeizuführen, den zu verhindern das Verbotsgesetz bezweckt, dann handelt es sich um ein Umgehungsgeschäft.[20] Ist das der Fall, ist das Geschäft nichtig.

Wenn sich ein gesetzliches Verbot nach seinem Wortlaut nur gegen den Abschluß des schuldrechtlichen Vertrages – z. B. eines Kauf- oder Tauschvertrages – richtet, ist es eine Frage der Auslegung, ob es sich auch auf das zur Erfüllung vorgenommene dingliche Rechtsgeschäft bezieht.[21] Das ist zu bejahen, wenn das Verbot die Güterbewegung als solche verhindern will, die durch das schuldrechtliche Geschäft nur vorbereitet, durch das dingliche erst wirklich vollzogen wird.

Zu den gesetzlichen Verboten, auf die § 134 anwendbar ist, gehören auch die sog. „absoluten", d. h. gegenüber jedermann wirkenden Veräußerungsverbote – im Gegensatz zu den später (unten § 23 IV) zu besprechenden relativen Veräußerungsverboten, die nur die Unwirksamkeit der Verfügung gerade einer bestimmten Person gegenüber zur Folge haben. Die Fälle der grundsätzlichen Unübertragbarkeit eines Rechts ebenso wie die, in denen einer bestimmten Person durch Gesetz oder gerichtliche Anordnung die Verfügungsmacht über ihr gesamtes Vermögen oder über ein Sondervermögen entzogen wird, gehören indessen, wie bereits bemerkt, nicht zu den Verbotsfällen. Absolute Veräußerungsverbote fanden sich in den Bewirtschaftungsvorschriften, sind aber im übrigen nicht häufig.[22] Der BGH[23] rechnet hierher die Bestimmung des § 1365 Abs. 1 Satz 2.

Häufig macht das Gesetz die Wirksamkeit eines Geschäfts von seiner Genehmigung durch ein Gericht, z. B. durch das Vormundschaftsgericht (§§ 1821, 1822, 1643), den Gegenvormund (§ 1812) oder eine Behörde (z. B. § 2 Grundstückverkehrsgesetz) abhängig. In diesen Fällen handelt es sich weder um eine Verfügungsbeschränkung, die einer bestimmten Person auferlegt wäre, noch um ein gesetzliches Verbot, sondern um eine Einschränkung des Umfangs der gesetzli-

---

fraglichen Geschäfts ergeben wird, daß die Verbotsnorm, entgegen dem ersten Anschein, unmittelbar anwendbar oder doch ihre analoge Anwendung geboten ist. Jedoch braucht dies nicht immer der Fall zu sein – so anscheinend aber *Flume* § 17 5, *Medicus* Rdz. 660 –, vielmehr lassen sich auch Fälle denken, in denen die Verbotsnorm so gefaßt ist, daß dies nicht möglich ist. Dann kommt es darauf an, welchen tatsächlichen Erfolg die Parteien im konkreten Fall beabsichtigen. Hierzu *MünchKomm/Mayer-Maly* 11 ff. zu § 134, mit Nachw.; ferner *Staudinger/Dilcher* 11, *Palandt/Heinrichs* 4 zu § 134; *Lange/Köhler* § 53 IV.

[20] Aus der Rechtsprechung BGHZ 34, 200, 205; 70, 262, 267; 85, 39, 46.

[21] Vgl. BGHZ 11, 59, 62.

[22] Bei der hier zumeist genannten Vermögensbeschlagnahme gemäß §§ 290 ff., 443 StPO handelt es sich, wie sich aus § 292 Abs. 1 StPO ergibt, um eine Entziehung der Verfügungsmacht über das im Geltungsbereich der StPO befindliche Vermögen des Angeschuldigten. Vgl. auch *v. Tuhr* Bd. III § 69 zu Anm. 67 und 76.

[23] BGHZ 40, 218.

chen Vertretungsmacht, in dem zuletzt genannten Fall um eine Einschränkung des rechtsgeschäftlichen Könnens der einzelnen überhaupt, also der Privatautonomie. § 134 ist auf diese Fälle nicht anzuwenden. Soweit die Folgen des ohne die erforderliche Genehmigung vorgenommenen Abschlusses nicht im Gesetz ausdrücklich geregelt sind (vgl. die §§ 1829ff.), ist bei Verträgen im allgemeinen, solange die Genehmigung noch erteilt werden kann, schwebende Unwirksamkeit anzunehmen; wird die Genehmigung verweigert, so werden sie endgültig unwirksam.[24] Das nicht genehmigte Geschäft entbehrt der Wirksamkeit nicht, weil es verboten wäre, sondern weil es ohne Genehmigung nicht wirksam vorgenommen werden kann.

III. Sittenwidrige Geschäfte

a) **Allgemeines.** Nach § 138 Abs. 1 ist ein Rechtsgeschäft nichtig, wenn es „gegen die guten Sitten verstößt". Was unter den „guten Sitten" zu verstehen ist, ist im Schrifttum trotz vielfältiger Untersuchungen[25] nicht restlos geklärt. Das RG bediente sich zur Umschreibung häufig der Formel, es handle sich um das „Anstandsgefühl aller billig und gerecht Denkenden".[26] Diese Formel wird auch heute noch oft wiederholt.[27] Auch der BGH verwendet sie.[28] Ihr Mangel liegt darin, daß sie mit dem Hinweis auf die „billig und gerecht Denkenden" ein Kriterium einführt, das selbst wieder einer näheren Bestimmung bedarf, wenn damit etwas sachlich Bedeutsames ausgesagt sein soll. Denn: wer sind diejenigen, die „billig und gerecht" denken? Immerhin macht sie deutlich, daß ein Konsens vorliegen oder mindestens angestrebt werden muß, und zwar über das, was als „billig und gerecht" angesehen wird. Es kommt also nicht allein auf das Urteil des gerade entscheidenden Richters an.

Die ältere Lehre sah in § 138 lediglich eine Verweisung auf eine bestehende außerrechtliche Ordnung. Nach *v. Tuhr,* dessen Ansicht als repräsentativ für das ältere Schrifttum gelten kann, handelt es sich um eine Verweisung auf „die Vorschriften der Sittlichkeit (Moral)".[29] Dabei dachte er, wie seine weiteren Ausführungen zeigen, nicht an die Ethik im strengen Sinn, etwa das Sittengesetz im Sinne *Kants* oder an die christliche Ethik, die Gebote des Alten und des Neuen Testaments, sondern an die „herrschende Moral" der heutigen Gesellschaft. Die

---

[24] Vgl. Sch.R. I § 4 III.
[25] Einen guten Überblick über die verschiedenen Deutungen gibt *Teubner* aaO. S. 13ff.
[26] RGZ 80, 219, 221; 120, 142, 148.
[27] Eingehend zu ihr *Arzt,* Die Ansicht aller billig und gerecht Denkenden, Tübinger Diss. 1962. Einen beschränkten Aussagewert erkennt ihr *Mayer-Maly* in MünchKomm 14 zu § 138 zu. Sie mache wenigstens klar, „daß nicht einfach demoskopisch ermittelte Anschauungen entscheiden", und daß der Richter nicht nur „seine eigenen Anschauungen zum Maßstab machen" dürfe.
[28] BGHZ 10, 228, 232.
[29] *v. Tuhr* Bd. III § 70 zu Anm. 8 und 13.

Rechtsordnung, so meinte er, könne es sich nicht zum Ziele setzen, „das Ideal einer verfeinerten Moral durchzuführen", sondern müsse sich damit begnügen, „durch Versagung des Rechtsschutzes ein Minimum von sittlicher Handlungsweise im rechtlichen Verkehr zu erzwingen". Andere[30] sprechen von dem für ein geordnetes Zusammenleben unerläßlichen „ethischen Minimum", sowie davon, es sei lediglich ein „durchschnittlicher Maßstab" anzulegen. Auch *Enneccerus/Nipperdey* sprechen von den Mindestforderungen, die „die heute geübte Rechtsmoral des deutschen Volkes" für das Handeln der Rechtsgenossen aufstelle.[31] Das wird alsdann[32] dahin erläutert, daß der Verstoß gegen die „guten Sitten" auch den Verstoß gegen die „öffentliche Ordnung" („den ordre public") umfasse.

In dieser Erläuterung kommt eine Akzentverschiebung von einer außerrechtlichen Sittenordnung zu solchen Wertungsmaßstäben zum Ausdruck, die *der geltenden Rechtsordnung selbst* immanent sind. Noch deutlicher tritt diese Akzentverschiebung in dem Vorschlag von *Simitis*[33] hervor, den § 138 so anzuwenden, als ob er laute: „Ein Rechtsgeschäft, das gegen den ordre public oder die guten Sitten verstößt, ist nichtig", wobei der Ausdruck „gute Sitten" nur noch zur Bezeichnung „der vom Richter auf dem Gebiete des Geschlechts- und Familienlebens zu beachtenden Moralgebote" verwandt werden soll. Unter dem „ordre public" versteht *Simitis,* im Anschluß an den französischen Sprachgebrauch, „die Ordnung in der gegebenen Gesellschaft", wie sie vornehmlich in den Grundsätzen und Instituten der geltenden Rechtsordnung zum Ausdruck komme.[34] Ausgangspunkt für die Ermittlung des ordre public sei also das positive Recht selbst, dieses jedoch verstanden nicht nur als der Inbegriff der einzelnen Gesetzesbestimmungen, sondern als der Inbegriff der ihnen zugrunde liegenden allgemeinen Prinzipien und Rechtsinstitute, als Ordnungsgefüge.[35] Es besteht aber kein Anlaß, den Ausdruck „gute Sitten", der dem lateinischen „boni mores" entspricht, wie *Simitis* will, auf die moralischen Gebote auf dem Gebiet des Geschlechts- und Familienlebens zu beschränken, die Geschäftsmoral also davon auszunehmen. Gerade diese – also der Inbegriff dessen, was im Geschäftsverkehr als „anständig", „lauter", „loyal" oder auch nur als „korrekt" gilt – ist gemeint, wenn es um die Beurteilung von Rechtsgeschäften, insbesondere solchen des täglichen Lebens, geht. Gegen die Ersetzung der „guten Sitten" im herkömmlichen Sinn durch den ordre public wendet sich auch *Flume.*[36] Es gehe, so sagt er, bei der „öffentlichen Ordnung", soweit sie im Rahmen des § 138 von Bedeutung ist,

---

[30] So *Staudinger/Dilcher* 5, *Palandt/Heinrichs* 1 b aa zu § 138, *Lange/Köhler* § 54 I 2.
[31] *Enn./N.* § 191 I zu Anm. 5.
[32] In der Anm. 6 zu § 191.
[33] aaO. S. 168ff., 195ff.
[34] aaO. S. 79, 94ff., 172ff.
[35] aaO. S. 175.
[36] Vgl. *Flume* § 18 1; ähnlich *Medicus* Rdz. 683, *Staudinger/Dilcher* 9 zu § 138.

doch vornehmlich um die *sittlichen Werte,* welche durch die Rechtsprechung verwirklicht werden sollen.

Allerdings, meint *Flume,* sei in der Umschreibung der „guten Sitten" das Wort „Anstandsgefühl" für den heutigen Sprachgebrauch zu eng; man würde etwa sagen, ein Rechtsgeschäft sei nach § 138 nichtig, wenn es „die Werte negiere, deren Verwirklichung nach geltender Rechtsüberzeugung der Rechtsordnung aufgegeben sei". Die Bezugnahme auf die „guten Sitten" gebe den Maßstab für die Konkretisierung der leitenden Prinzipien unserer Rechtsordnung ab. Man solle es deshalb bei diesem Ausdruck belassen und ihn nicht um den Terminus „öffentliche Ordnung" erweitern.

Gegen die Verwendung des Ausdrucks „ordre public" zur Kennzeichnung der „guten Sitten" bestehen auch sprachliche Bedenken. Übersetzt man den Ausdruck „ordre public", was naheliegt, mit „öffentlicher Ordnung", so ist die Vorstellung nur schwer fernzuhalten, es handle sich dabei um die öffentliche Sicherheit und äußere Ordnung, um einen ethisch neutralen Begriff. Das ist aber sicher nicht gemeint.[37] Der Ausdruck „ordre public" ist gebräuchlich im internationalen Privatrecht; er dient dort zur Kennzeichnung der Grenzen der Anwendbarkeit eines ausländischen Gesetzes (Art. 30 EGBGB). Man sollte ihn auf diese Funktion beschränken und nicht auch zur Bestimmung der „guten Sitten" heranziehen. Vielmehr enthält § 138 eine Bezugnahme *sowohl* auf die der Rechtsordnung selbst immanenten *ethischen Werte und Prinzipien, wie auch* auf die Verhaltensgebote der heute *„herrschenden Moral".*[38]

Bei der „herrschenden Moral" handelt es sich nicht um die „Ethik im strengen Sinn", um individuell erfahrene Gewissensgebote, sondern um soziale Verhaltensanforderungen, die auf der gemeinsamen Überzeugung der Angehörigen eines Volkes oder einer Gesellschaftsgruppe über das moralisch Gebotene beruhen. Die Verfasser des BGB gingen davon aus und konnten zu ihrer Zeit davon ausgehen, daß in den weitesten Kreisen des Volkes übereinstimmende Auffassungen über das bestünden, was – nicht nur auf dem Gebiete des Geschlechtslebens und der Familienbeziehungen, sondern auch im Geschäftsleben, unter Kaufleuten, Handwerkern und deren Kunden, Mietern und Vermietern, Dienstherren und Dienstnehmern, überhaupt unter redlich denkenden Vertragspartnern – im moralischen Sinne „richtig", erlaubt oder unerlaubt sei. Der Inhalt der „herrschenden Moral" erschien ihnen daher nicht als sonderlich zweifelhaft, die Verweisung als hinreichend bestimmt und als geeignet, der Rechtsprechung als ein Richtmaß zu dienen. Heute dagegen läßt sich gerade auf dem sexuellen Gebiet von einer herrschenden „Moral" kaum noch sprechen. Vielmehr gehen die An-

---

[37] Vgl. auch die Abhandlung von *Meyer-Cording* über „Gute Sitten und ethischer Gehalt des Wettbewerbsrechts", JZ 64, 273.

[38] Vgl. dazu *meine* Abhandlung im Juristen-Jahrbuch Bd. VII, S. 98ff. Im Grundsatz ebenso *Mayer-Maly* in MünchKomm 13 zu § 138. Nur an der Wechselwirkung zwischen außerrechtlichen Wertungen und rechtsimmanenten Grundsätzen sei, so sagt er, die Eigenart des Maßstabes zu verstehen. – Für gänzlich verfehlt – „nur ein Leerwort" – hält den Begriff der „guten Sitten" dagegen *E. Wolf* S. 347ff. Die unumgängliche Schranke glaubt er, dem Begriff „Recht" entnehmen zu können.

sichten darüber, was auf diesem Gebiet moralisch einwandfrei, „bedenklich" oder „verwerflich" sei, so weit auseinander, daß mindestens für eine lange Übergangszeit von einer einheitlichen oder auch nur mehrheitlichen Überzeugung nicht mehr die Rede sein kann. Das nötigt den Juristen bei der Beurteilung derartiger Vorgänge nach dem Maßstab der „guten Sitten" zu großer Zurückhaltung.[39] Dagegen gibt es im Bereich der Geschäftsmoral auch heute noch einen breiten Konsens.[40] Wucherpreise, Ausbeutung des wirtschaftlich Schwächeren, rücksichtslose Ausnutzung einer allgemeinen Not- oder Mangellage zum eigenen Vorteil, bewußte Irreführung des künftigen Vertragspartners und andere „unlautere" Geschäftsmethoden werden allgemein mißbilligt. Es besteht auch weitgehende Übereinstimmung darüber, daß die Rechtsordnung sich zur Unterstützung derartiger Praktiken nicht hergeben darf. Die Heranziehung der vorherrschenden Vorstellungen über das, was im geschäftlichen Verkehr moralisch erlaubt oder aber zu mißbilligen ist, zur Konkretisierung der „guten Sitten" im Rahmen des § 138 ist so auch heute möglich und geboten.[41]

Neben der „herrschenden Moral" sind es die *der Rechtsordnung selbst immanenten* ethischen Prinzipien und Wertmaßstäbe,[42] auf die der § 138 verweist. Die Gerichte haben ihn von Anfang an so verstanden. So haben sie Verträge wegen Sittenwidrigkeit für nichtig erklärt, durch die die persönliche oder wirtschaftliche Freiheit eines Partners über das als „vertretbar" erscheinende Maß hinaus beschränkt wurde (unten unter b, Ziff. 2), oder durch die Ärzten oder Anwälten Beschränkungen oder finanzielle Belastungen auferlegt wurden, die nicht vereinbar seien mit der besonderen öffentlichen Aufgabe und Verantwortung dieser Berufe (unten b, Ziff. 7). Dabei ging es ihnen ersichtlich um rechtsethische Werte und Grundsätze. Auch bei der Bestimmung der Grenzen zulässiger Sicherungsverträge (unten b, Ziff. 4) geht es weniger um „moralische", als um rechtsgrundsätzliche Erwägungen. Es geht etwa um das Vertrauen der anderen Gläubiger, um ihren Schutz und damit um die Sicherheit des Kreditverkehrs. Damit ergibt sich, daß in der Bezugnahme auf den „ordre public" ein richtiger Kern enthalten ist. Neben den – in tatsächlichen Verhaltensweisen und kollektiven Wertvorstellungen – mehr oder weniger deutlich ausgeprägten Verhaltensanforderungen der jeweils akzeptierten Sozialmoral meint der Rechtsbegriff „gute

---

[39] Dazu *Rother* aaO. Ob seinen Vorschlägen überall zu folgen ist, mag dahinstehen. Er hat aber überzeugend nachgewiesen, daß die bisherige Rechtsprechung, die weitgehend noch der bei Inkrafttreten des BGB „herrschenden" Moral entsprach, heute einer Überprüfung bedarf.

[40] So auch *Mayer-Maly* in MünchKomm 13 zu § 138. Als Beispiele für solche gemeinsamen Wertvorstellungen führt er unter anderem „die allgemein bejahte Abwehr der Ausnutzung wirtschaftlicher Übermacht" und „die durchgehend anerkannte Notwendigkeit der Bewahrung wirtschaftlicher Entscheidungsfreiheit" an.

[41] Nicht zu folgen ist daher *Pawlowski* II S. 236f., der dies verneint.

[42] Über diese *meine* Schrift über „Richtiges Recht", 1979; über ihre Bedeutung im allgemeinen S. 23ff., über einzelne Prinzipien S. 45ff.

Sitten" auch solche Verhaltensanforderungen, die sich aus der Konkretisierung rechtsethischer Maßstäbe ergeben, die in der Rechtsordnung selbst ihre Ausprägung gefunden haben. Ergänzend mögen auch solche Prinzipien des geltenden Rechts herangezogen werden, die auf Zweckmäßigkeitsgesichtspunkten beruhen, sofern ihnen eine prägende Kraft für die Weiterbildung der Rechtsordnung zugeschrieben werden kann.[43] Wenn der Begriff somit auch Verschiedenes deckt – nämlich einerseits die „Standards" der herrschenden Sozialmoral, zum anderen rechtsethische Anforderungen, die bereits der geltenden Rechtsordnung zugrundeliegen, aus ihr entnommen werden können[44] – so liegt das verbindende Element doch darin, daß es sich beide Male um eine Verschränkung rechts- und sozialethischer Anforderungen handelt. Die Konkretisierung dieser Standards, wie der der Rechtsordnung immanenten Wertungsmaßstäbe obliegt im Hinblick auf den Einzelfall der Rechtsprechung. Sie hat ihre Entscheidungen an diesen Maßstäben auszurichten, auch wenn ihr in den von ihr vornehmlich zu beurteilenden Grenzfällen dabei häufig ein gewisser Beurteilungsspielraum verbleibt. Das aber ist bei der Anwendung sonstiger „unbestimmter", d. h. ausfüllungsbedürftiger Rechtsbegriffe oder Wertungsmaßstäbe nicht anders.[45] Der Beurteilungsspielraum verengt sich zudem im Fortgang der Rechtsprechung in dem Maße, in dem ihr eine wachsende Zahl vergleichbarer Fälle zur Verfügung steht.[46]

Im Verhältnis zur „herrschenden Moral" kommt den der Rechtsordnung immanenten rechtsethischen Prinzipien der Vorrang zu, weil die Gerichte an Gesetz „und Recht" (Art. 20 Abs. 3 GG) gebunden sind. Sie haben also die Maßstäbe der „herrschenden Moral" nur insoweit anzuwenden, als diese mit den Grundprinzipien unserer Rechtsordnung vereinbar sind, und sie haben sie auch im Einklang mit diesen auszulegen. Vor allem dann, wenn die „herrschende Moral" kein eindeutiges Urteil erlaubt, weil sie in dieser Frage unsicher, zwiespältig oder ungewiß ist, haben sich die Gerichte an den Wertungsmaßstäben der Rechtsordnung zu orientieren.[47] Daher ist § 138 auch eine der Vorschriften, durch deren Vermittlung die ethischen Wertmaßstäbe des Grundgesetzes Eingang in das Privatrecht finden.[48] Zu nennen sind hier insbesondere Art. 1 Abs. 1 GG (Vorrang der Menschenwürde), Art. 2 (freie Entfaltung), Art. 3 Abs. 3 (Verbot von Dis-

---

[43] Hierzu *Schricker* aaO. S. 223ff.

[44] Diesen Unterschied scharf herausgearbeitet zu haben und zwar unter dem Blickpunkt, wie weit empirische Sozialforschung dabei dem Richter zu helfen vermag, ist das Verdienst der Schrift von *Teubner*. Dabei sollte jedoch das die verschiedenen Bedeutungen verbindende Moment nicht aus dem Auge verloren werden.

[45] Zur Konkretisierung solcher Maßstäbe und zu dem verbleibenden Beurteilungsspielraum des Richters vgl. *meine* Methodenlehre der Rechtswissenschaft, 5. Aufl. 1983, S. 279ff.

[46] Daraus ergibt sich die große praktische Bedeutung von „Präjudizien".

[47] Vgl. hierzu *Pawlowski,* ARSP 1964, S. 503ff.

[48] Vgl. BVerfGE 7, 215.

kriminierungen), Art. 4 (Glaubens- und Gewissensfreiheit), Art. 5 (freie Meinungsäußerung), Art. 6 (Schutz von Ehe und Familie), Art. 9 (Vereinigungsfreiheit).

Dabei ist zu beachten, daß die „guten Sitten" in § 138 nur die Funktion eines *negativen,* die Privatautonomie der Parteien *begrenzenden* Faktors ausüben. Es geht keineswegs darum, daß die Rechtsordnung *positiv* ein moralisches Verhalten, sei es nun im Sinne der „herrschenden Moral" oder sogar der Anforderungen der strengen Ethik, erzwingen wollte, was sie nicht kann, sondern nur darum, daß sie Rechtsgeschäften, die gröblich gegen die in der Rechtsgemeinschaft ganz überwiegend anerkannte Sozialmoral oder gegen immanente rechtsethische Prinzipien der geltenden Rechtsordnung selbst, insbesondere solche von Verfassungsrang, verstoßen, die Anerkennung und damit die Durchsetzbarkeit versagt. In diesem Sinne kann man mit *v. Tuhr* von einem „ethischen Minimum" sprechen, das, bei Meidung der Nichtigkeit, im Geschäftsverkehr zu wahren ist. Es geht um nichts anderes als um die Verhütung eines Mißbrauchs der Privatautonomie, sei es im Verhältnis der Vertragspartner zueinander, sei es in ihrem Verhältnis zu Dritten, keineswegs um „die Sittlichkeit" als solche.

Mit *Flume* ist zwar davon auszugehen, daß es in § 138 um die Bewertung der von den Parteien im Rechtsgeschäft gesetzten Regelung, nicht, wie in § 826 und erst recht in Strafbestimmungen, um die Bewertung ihres Handelns als solchen geht. Indessen ergibt sich der Unwert der Regelung vielfach erst aus der von den Parteien mit ihr beabsichtigten oder doch für sie vorhersehbaren Auswirkung des Geschäfts auf Dritte, aus den von den Parteien damit verfolgten weiteren Zwekken oder aus der zu mißbilligenden Art des Vorgehens einer Partei. Ein Rechtsgeschäft, so sagt man meist, kann sittenwidrig sein entweder schon durch seinen Inhalt allein, oder durch die Verbindung seines Inhalts mit einem von den Parteien übereinstimmend verfolgten sittlich mißbilligenswerten Zweck, oder endlich durch das Vorgehen der einen Partei, dann nämlich, wenn sich dieses in nicht zu billigender Weise gegen die andere richtet, auf deren Ausbeutung, Knebelung oder Existenzvernichtung abzielt. Dagegen macht, wie auch das RG wiederholt betont hat,[49] von den zuletzt genannten Fällen abgesehen, ein sittenwidriges Motiv nur der *einen* Partei, sofern der *Inhalt* des Geschäfts für sich allein genommen neutral ist, dieses noch nicht zu einem sittenwidrigen, selbst wenn das Motiv der anderen Partei bekannt war. Die vom RG häufig verwendete Formel,[50] es käme auf den aus der Zusammenfassung von Inhalt, Beweggrund und Zweck sich ergebenden Gesamtcharakter des Geschäfts an, ist freilich noch zu unbestimmt. Sie bedarf der Konkretisierung durch Falltypen.

b) **Typische Fälle sittenwidriger Geschäfte.** Es handelt sich bei § 138 um eine

---

[49] RGZ 114, 338, 341; 143, 48, 51. Vgl. dazu *v. Tuhr* Bd. III § 70 zu Anm. 44–49.
[50] RGZ 80, 219, 221; 150, 1, 3.

sog. *Generalklausel,* deren Ausfüllung der Rechtsprechung aufgegeben ist. Auf Grund der Rechtsprechung lassen sich einige Fallgruppen bilden, die eine gewisse Orientierung ermöglichen. Dabei ist jedoch zu betonen, daß die Bildung solcher Fallgruppen weder erschöpfend sein kann, so daß etwa nur ein solches Geschäft sittenwidrig wäre, das sich einer von ihnen einordnen ließe, noch daß sich die dabei zugrundegelegten Gesichtspunkte ausschließen. Ein bestimmtes Rechtsgeschäft kann sowohl unter dem einen wie unter dem anderen Gesichtspunkt sittenwidrig sein.

1. *Verpflichtungsgeschäfte* können, ohne daß es dabei auf die Absichten und die Beweggründe der Parteien ankäme, *schon nach ihrem Inhalt* sittenwidrig sein. Das ist z. B. der Fall, wenn sich jemand zur Vornahme einer von der „herrschenden Moral" mißbilligten Handlung, etwa zur Begehung oder Unterstützung eines Verbrechens oder zur Herbeiführung eines sittlich anstößigen Erfolges verpflichtet. Die Rechtsprechung hat dies früher insbesondere auch dann angenommen, wenn die vertragliche Leistung des einen Teils dazu dienen sollte, den Betrieb eines Bordells zu ermöglichen. So ist vom RG für nichtig erklärt worden ein Vertrag, durch den sich jemand dazu verpflichtete, ein Bordell „mit allen Einrichtungen eines solchen" zu bauen;[51] ferner die Vermietung und noch in jüngster Zeit vom BGH die Verpachtung eines Bordells.[52] Im Jahre 1975 ist der BGH jedoch hiervon vorsichtig abgerückt.[53] Aufgrund der gewandelten Einstellung zu sexualen Fragen und der dieser entsprechenden Änderung des Sexualstrafrechts hält er Bordellpachtverträge jetzt nur noch dann für sittenwidrig, wenn ein überhöhter Pachtzins vereinbart ist, oder wenn der Pächter die Dirnen wirtschaftlich ausbeutet oder sie zu ihrer Betätigung anhält. Er hält aber daran fest, daß die Prostitution „in der öffentlichen Meinung und im Rechtssinne als sittenwidrig angesehen wird".[54] Das dürfte für den weit überwiegenden Teil der Bevölkerung, der nicht alles und jedes für käuflich hält, auch zutreffen. Daher muß der Vertrag zwischen der Dirne und ihrem „Kunden", über die geschlechtliche Hingabe gegen Geld, nach wie vor als sittenwidrig angesehen werden. Weiter ist wegen Sittenwidrigkeit nichtig die Verpflichtung zur Vornahme einer Handlung, die, wie die Eheschließung oder der Wechsel der Konfession, nach ethischen Maßstäben *nur aus freiem Entschluß* und nicht unter irgendeinem Zwang, sei es auch einem Rechtszwang, vorgenommen werden soll, sowie das Versprechen eines Vermögensvorteils für den Fall der Vornahme oder aber der Unterlassung einer solchen Handlung.[55] Wenn derartige Fälle im ganzen in der Rechtsprechung nicht sehr zahlreich sind, so dürfte das daran liegen, daß die Sittenwidrigkeit hier meistens so offen zutage tritt, daß eine Klage nur selten erhoben wird.

2. Häufiger sind die Fälle, in denen die Gerichte einen Vertrag oder einzelne Vertragsklauseln deshalb für nichtig erklärt haben, weil sie eine *übermäßige Beschränkung der persönlichen oder der wirtschaftlichen Freiheit,* der Freiheit der Berufsausübung oder der künstlerischen Betätigung des einen Teils zur Folge haben. Verträge, durch die die wirtschaftliche Freiheit eines Vertragsteils übermäßig eingeschränkt wird, so daß er praktisch dem anderen mehr oder weniger ausgeliefert ist, bezeichnet man als **„Knebelungsverträge".**[56] Als einen Knebelungsvertrag hat das RG z. B. eine *Sicherungsübereignung* angesehen, die praktisch *das ganze Vermögen* des Sicherungsgebers erfaßte, so daß diesem die Mittel zur Befriedigung anderer Gläubiger und damit zur Fortführung seines Geschäftsbetriebes

---

[51] RGZ 63, 367, 370. Zurückhaltender bereits RGZ 71, 192.

[52] RGZ 38, 199, 201; BGHZ 41, 341.

[53] BGHZ 63, 365. Kritisch zur früheren Rechtsprechung *Rother* aaO. S. 508ff.

[54] BGHZ 67, 119, 124. Zustimmend *Mayer-Maly* in MünchKomm 51, 52 zu § 138.

[55] Vgl. RGZ 58, 204 (Verpflichtung zu einer Geldzahlung für das Unterlassen einer Strafanzeige); 150, 385 (Verpflichtung zur Zahlung einer hohen Abfindung, um die Einwilligung des anderen Ehegatten in die von diesem nicht gewünschte Scheidung zu erkaufen).

[56] Beispiele solcher Verträge in RGZ 128, 251, 254, 257f.; 143, 48, 51; 147, 344, 347. Abgelehnt wurde ein „Knebelungsvertrag" unter anderen in den Entscheidungen RGZ 130, 143; 131, 213; 152, 251.

vollständig entzogen wurden.[57] Ein Gläubiger, so hat der BGH ausgeführt,[58] der bereits die ganze pfändbare Habe des Schuldners an sich gebracht hat, handle sittenwidrig, wenn er einen Auftrag dieses Schuldners in solcher Weise finanziere, daß diesem jegliche Freiheit für eigene wirtschaftliche und kaufmännische Entschließungen genommen wird. Dem Schuldner müsse, um die Nichtigkeit zu vermeiden, ,,so viel wirtschaftliche Bewegungsfreiheit eingeräumt bleiben, daß er in der Lage bleibt, in einem seinen Verhältnissen angemessenen Rahmen durch freiwillige Leistung auch andere Gläubiger zu befriedigen". *Ein Bierbezugsvertrag,* durch den sich ein Gastwirt auf lange Zeit dazu verpflichtet, sein Bier ausschließlich von einer bestimmten Brauerei zu beziehen, ist sittenwidrig, wenn sich aus der Abnahmeverpflichtung ,,eine übermäßige und unbillige Beschränkung des Gastwirts in seiner persönlichen Freiheit oder seinem Gewerbebetrieb ergibt". Dabei sind auch die ihm sonst noch auferlegten Verpflichtungen mit zu berücksichtigen.[59] Als äußerste zeitliche Grenze der Abnahmeverpflichtung sieht der BGH, wenn keine erschwerenden Bedingungen hinzukommen, einen Zeitraum vom 20 Jahren an.[60] Eine *Ankaufsverpflichtung* in einem Erbbaurechtsvertrag kann, muß aber nicht stets, wegen übermäßiger Einengung der wirtschaftlichen und persönlichen Bewegungsfreiheit sittenwidrig sein; dafür kommt es auf die Umstände des Einzelfalls an.[61] Hierbei könnten, so meint der BGH, insbesondere auch hinsichtlich der höchstzulässigen Dauer einer solchen Verpflichtung ,,Gesichtspunkte bedeutsam werden, wie sie die Rechtsprechung für langfristige Bierlieferungsverträge herausgearbeitet hat".

Fragt man sich, worin diese Bewertungen begründet sind, so wird man den Grund weniger in der tatsächlich ,,herrschenden Moral", als in einem Grundprinzip unserer Rechts- und Sozialordnung, nämlich in dem der freien Entfaltung des einzelnen und in der Freiheit des Wettbewerbs sehen. Dieses Prinzip läßt zwar weitgehende vertragliche Bindungen, aber nicht die vollständige Preisgabe der wirtschaftlichen Selbständigkeit zugunsten eines anderen zu. Man kann sich für die Geltung dieses Prinzips heute sicherlich auch auf Art. 2 GG berufen; es ist aber als ein unserer Privatrechtsordnung immanentes Prinzip auch früher von der Rechtsprechung anerkannt worden. So heißt es schon bei *v. Tuhr:*[62] ,,Eine Beschränkung der Freiheit ist mit jeder Verpflichtung verbunden, aber die Beschränkung darf nicht so weit ausgedehnt werden, daß sie zu einer Knechtung des Schuldners und einer Aufhebung seiner freien Lebensbetätigung führt oder ihn der schrankenlosen Willkür des Gläubigers unterwirft. Dieses Prinzip ist im Gesetz nicht ausgesprochen, liegt aber zahlreichen Rechtssätzen zugrunde". Es hat durch Art. 2 GG nur eine Bestätigung und Bekräftigung erfahren.

Auf dem gleichen Prinzip beruht die Unstatthaftigkeit von **Konkurrenzverboten,** die nach Umfang oder Dauer die Freiheit der wirtschaftlichen Betätigung, der Berufsausübung oder der künstlerischen oder der literarischen Betätigung eines Kontrahenten in unangemessener Weise einschränken. Nicht jedes Betätigungsverbot ist sittenwidrig und daher nichtig, sondern nur ein solches, das dem Verpflichteten entweder hinsichtlich des Umfangs der ihm untersagten Tätigkeit oder der Dauer seiner Geltung eine unangemessene Beschränkung auferlegt. Dabei hat die Rechtsprechung nicht nur das Interesse des Verpflichteten an einer ungehinderten Ausübung seines Berufs oder seiner Tätigkeit, sondern in manchen Fällen auch das öffentliche Interesse an der Freiheit der Ausübung bestimmter Berufe sowie daran berücksichtigt, daß die Ausübung dieser Berufe nicht in unangemessener Weise mit materiellen Interessen verquickt wird. So hat das RG Konkurrenzklauseln in Verträgen zwischen Ärzten oder zwischen Rechtsanwälten als sittenwidrig und nichtig erklärt, da diese Berufe ,,fundamentale, allgemeine öffentliche Zwecke" unter einer besonderen Verantwortung zu erfüllen hätten und die Ausübung dieser Berufe daher ,,kraft der ihnen innewohnenden sittlichen Würde" im öffentlichen Interesse von allen Beschränkungen im Privatinteresse und zum Privatnutzen eines anderen freibleiben müßte.[63] Der BGH hat jedoch ein Rückkehrverbot im Zusammenhang mit dem Praxis-

---

[57] Vgl. RGZ 130, 1, 3; 143, 48, 51. Als ausschlaggebend hat das RG aber in beiden Fällen den Gesichtspunkt der Täuschung der übrigen Gläubiger angesehen; vgl. dazu unten Ziff. 4.

[58] BGHZ 19, 12, 18.

[59] BGHZ 54, 145, 156f.

[60] BGH, NJW 72, 1459; vgl. auch BGH, NJW 79, 865.

[61] So BGHZ 68, 1.

[62] *v. Tuhr* Bd. III § 70 zu Anm. 84.

[63] RGZ 66, 143, 148, 150; 68, 186, 190; 90, 35; 161, 153, 155.

tausch zweier Ärzte „bei maßvoller örtlicher und zeitlicher Begrenzung", nämlich für einen Zeitraum von etwa zwei bis drei Jahren, für zulässig und dem Sinn eines solchen Vertrages entsprechend gehalten.[64] Ein Vertrag, in dem ein Künstler (Dirigent) sich verpflichtet hatte, für die Dauer von fünf Jahren sich in einem räumlich begrenzten Gebiet künsterlisch nicht zu betätigen, wurde vom RG als nicht sittenwidrig angesehen,[65] mit der Begründung, Künstler übten nicht, wie Ärzte und Anwälte, einen mit öffentlich-rechtlichen Pflichten und Rechten verbundenen, dem Wohle der Allgemeinheit dienenden Beruf aus. Die dem Künstler auferlegte Beschränkung seiner Betätigung sei in dem zu beurteilenden Fall nicht übermäßig, da ihm die Betätigung nur in einem verhältnismäßig eng begrenzten Gebiet und auch nur für die Dauer von fünf Jahren untersagt war und ihm während dieser Zeit ein genügend großer anderer Wirkungskreis verblieben sei. Es kann zweifelhaft sein, ob heute, mit Rücksicht auf die in Art. 5 Abs. 3 und Art. 12 Abs. 1 GG ausgesprochenen Wertungen, noch ebenso zu entscheiden wäre. Das BAG hat ein Wettbewerbsverbot für nichtig gehalten, das einem gewerblichen Arbeiter verwehrte, seine im Betrieb des Vertragspartners erworbenen beruflichen Kenntnisse als selbständiger Unternehmer auf immer, als Angestellter für die Dauer von fünf Jahren, zu verwerten, ohne daß er hierfür eine Gegenleistung erhielt.[66] Schließlich hat der BGH einen Vertrag, durch den sich ein Schriftsteller einem Verleger gegenüber verpflichtete, ihm ohne zeitliche Begrenzung alle seine künftigen Werke zuerst zum Verlag anzubieten, während dieser nicht verpflichtet war, sie zu übernehmen, wegen der darin liegenden übermäßigen Einengung der wirtschaftlichen und persönlichen Freiheit des Schriftstellers für nichtig erklärt.[67]

Ein zwischen geschiedenen Eheleuten vereinbartes **Wohnsitzverbot** hat der BGH wegen Verstoßes gegen die guten Sitten in Verbindung mit dem *Grundrecht der Freizügigkeit* (Art. 11 Abs. 1 GG) für nichtig erklärt.[68] Hier wird die Übernahme der rechtsethischen Wertungen des Grundgesetzes in den Maßstab der „guten Sitten" besonders deutlich.

3. *Sittenwidriges Vorgehen gegenüber der anderen Vertragspartei.* Während in den Fällen der übermäßigen Beschränkung der persönlichen oder der wirtschaftlichen Freiheit, der Freiheit der Berufsausübung oder der durch das Grundgesetz garantierten Freizügigkeit schon der Inhalt das Geschäft sittenwidrig macht,[69] hat die Rechtsprechung in anderen Fällen, in denen der eine Teil gegenüber dem anderen auffallend benachteiligt war, die Sittenwidrigkeit davon abhängig gemacht, daß die Handlungsweise desjenigen, der sich übermäßige Vorteile versprechen oder gewähren ließ, sittlich zu mißbilligen sei. Dabei hat ihr der in § 138 Abs. 2 geregelte Sonderfall des Wuchers insoweit zum Vorbild gedient, als sie zunächst ein „auffälliges Mißverhältnis" zwischen den Leistungen der beiden Parteien verlangt hat. Hierzu müsse als weiteres Moment ein vorwerfbares Handeln des begünstigten Teils kommen. Zu nennen sind hier vor allem die Fälle der sittenwidrigen **Ausnutzung einer Monopolstellung.** Das RG hat wiederholt ausgesprochen,[70] daß es sittenwidrig sei, wenn jemand ein ihm zukommendes Monopol dazu mißbrauche, dem allgemeinen Verkehr „unbillige und unverhältnismäßige Bedingungen" vorzuschreiben oder „unter Umkehrung der vom Gesetzgeber gewollten und vom Verkehr als billig empfundenen Rechtslage sich unverhältnismäßige Vorteile auszubedingen". Das Moment der Sittenwidrigkeit wurde hier nicht schon in den unbilligen, den anderen Teil unverhältnismäßig benachteiligenden Vertragsbedingungen allein, sondern erst in der Ausnutzung der wirtschaftlichen Machtstellung zu dem Zwecke, sich unverhältnismäßige Vorteile zu verschaffen, gesehen. Sind aber die „unbilligen und unverhältnismäßigen Bedingungen" nicht in einer individuell getroffenen Vereinbarung, sondern in den „Allgemeinen Geschäftsbedingungen" der durch sie begünstigten Partei enthalten, dann bedarf es in der Regel des Rückgriffs auf § 138 nicht. Solche Bedingungen sind vielmehr an den Maßstäben der §§ 9 bis 11 des AGB-Gesetzes zu messen.[71]

---

[64] BGHZ 16, 71, 80.

[65] RGZ 80, 219, 223ff.

[66] BAG, NJW 61, 748.

[67] BGHZ 22, 347, 354.

[68] BGH, NJW 72, 1414.

[69] Vgl. RGZ 99, 107, 109.

[70] RGZ 62, 264, 266; 79, 225, 229; 99, 107, 109; 102, 396; 103, 82; 115, 218; 143, 24, 28; BGHZ 19, 85, 94.

[71] Dazu unten § 29a III.

Dabei kommt es weder auf das Vorhandensein einer Monopolstellung, noch auf Vorwerfbarkeit an. Die Unwirksamkeit einer Klausel ergibt sich dann schon aus ihrem Inhalt allein, oder doch aus ihrem Inhalt in Verbindung mit dem übrigen Inhalt des Geschäfts. Der Grund für die unterschiedliche Behandlung, je nachdem, ob es sich um eine Individualvereinbarung oder um allgemeine Geschäftsbedingungen handelt, liegt darin, daß im Fall einer Individualvereinbarung die benachteiligte Partei im allgemeinen ihre Zustimmung eher hätte versagen können, als wenn es sich um allgemeine Geschäftsbedingungen handelte. Anders ist es aber, wenn sie sich dem wirtschaftlichen Übergewicht der Partei gebeugt hat, die ihr diese Bedingungen gestellt hat, vor allem, wenn diese Partei eine Monopolstellung hat und dies ausgenutzt hat.

Das RG hat die Frage, ob bei einem gegenseitigen Vertrage ein auffallendes **Mißverhältnis zwischen Leistung und Gegenleistung** *für sich allein* genüge, um ihn als sittenwidrig erscheinen zu lassen, im Hinblick auf die weitergehenden Voraussetzungen des § 138 Abs. 2 stets verneint.[72] Es müsse, so hat es gefordert, noch ein weiterer Umstand hinzukommen, um einen Vertrag, der nicht auch noch eines der übrigen Merkmale des wucherischen Geschäfts im Sinne des § 138 Abs. 2 aufweist, dennoch zu einem sittenwidrigen und daher nach § 138 Abs. 1 nichtigen zu machen. Einen solchen Umstand hat es z. B. in einer Entscheidung, die während des 1. Weltkrieges erging,[73] in einer verwerflichen Ausnutzung der kriegsbedingten Schwierigkeiten des Geld- und Arbeitsmarktes durch einen Vertragsteil gesehen. Der Auffassung des RG, daß das ,,auffallende Mißverhältnis" zwischen Leistung und Gegenleistung allein noch keine Sittenwidrigkeit begründet, ist zuzustimmen. Man denke etwa an einen ,,Freundschaftskauf" oder an den Fall, daß jemand für einen bestimmten Gegenstand einen unverhältnismäßig hohen Liebhaberpreis bietet. Solche Verträge brauchen in keiner Weise ,,sittenwidrig" zu sein. Daher ist aber der Ansicht des RG, das Mißverhältnis zwischen Leistung und Gegenleistung könne so groß sein, daß allein schon daraus auf eine verwerfliche Gesinnung des begünstigten Teils geschlossen werden könne,[74] nicht zu folgen. Ob das Mißverhältnis nur ,,auffallend" oder ,,besonders groß" ist, kann allenfalls *ein* Indiz neben anderen für die Sittenwidrigkeit des Geschäfts sein.[75] Um die Sittenwidrigkeit eines entgeltlichen Geschäfts wegen fehlender Äquivalenz auch ohne Vorliegen der weiteren Voraussetzungen des § 138 Abs. 2 nach § 138 Abs. 1 zu bejahen, müssen vielmehr weitere Tatumstände vorliegen, aus denen sich ein vorwerfbares Verhalten der einen Partei ergibt. Der BGH[76] sieht einen solchen Umstand vor allem darin, daß (bei einem Darlehensvertrag) ,,der Darlehensgeber die wirtschaftlich schwächere Lage des Darlehensnehmers bei der Festlegung der Darlehensbedingungen bewußt zu seinem Vorteil ausnutzt" oder sich ,,zumindest leichtfertig der Einsicht verschließt, daß sich der Darlehensnehmer nur aufgrund seiner wirtschaftlich schwächeren Lage auf die ihn beschwerenden Darlehensbedingungen einläßt". Es hat demgemäß einen Darlehensvertrag als sittenwidrig angesehen, in dem sich der Darlehensgeber, eine Teilzahlungsbank, nicht nur einen fast das Dreifache der damals für derartige Kredite durchschnittlich von den Banken verlangten Zinssatzes ausmachenden Zins hatte versprechen lassen, sondern überdies eine ,,unangemessene Häufung von übermäßigen Belastungen" für den Fall vorgesehen war, daß der Darlehensnehmer mit den von ihm aufzubringenden Raten in Zahlungsrückstand geriet. Durch alle diese Umstände zusammen, so folgerte der BGH, erhielt ,,der gesamte Vertrag ein sittenwidriges Gepräge". Dagegen lehnte es der BGH ausdrücklich ab, einen Kreditvertrag allein schon deshalb als sittenwidrig anzusehen, weil der vereinbarte Zins den zu der Zeit marktüblichen um einen genau bestimmten Satz, etwa um 100%, übersteigt. Vielmehr seien ,,Inhalt und Zweck des Darlehensgeschäfts und die gesamten sonstigen Geschäftsumstände zusammenfassend zu würdigen".

---

[72] RGZ 83, 97, 112; 93, 27, 29; 103, 35, 37; 150, 1; 161, 153, 162.

[73] RGZ 93, 27, 29.

[74] So RGZ 150, 1, 6.

[75] Anders aber *Hackl,* BB 77, 1412. Nach ihm soll schon ein ,,besonders großes" Mißverhältnis, ohne daß daraus auf eine verwerfliche Einstellung geschlossen werden müßte, genügen. Das ist, wie das Beispiel des ,,Freundschaftskaufs" zeigt, unhaltbar. Bedenklich auch BGH, NJW 79, 758 (bei ,,besonders großem Mißverhältnis" könne der Schluß auf bewußte oder grob fahrlässige Ausnutzung ,,zwingend" naheliegen).

[76] BGHZ 80, 153, 160 (lesenswert!). Zur (uneinheitlichen) Rechtsprechung über den Kreditwucher *Rühle* aaO. S. 43f.; ferner die Entsch. des OLG Nürnberg in NJW 79, 554.

Ein tadelnswertes Verhalten der einen Partei gegenüber der anderen kann ferner dann vorliegen, wenn sie um den Abschluß des Geschäfts zu erreichen, einem Angestellten oder Bevollmächtigten der Gegenpartei sogenannte **„Schmiergelder"** gezahlt hat. Das auf diese Weise zustandegekommene Geschäft ist nichtig, wenn sich der Angestellte oder Bevollmächtigte dadurch zum Abschluß hat bestimmen lassen, so daß das Geschäft als ganzes auf dem sittenwidrigen Vorgehen der einen Partei beruht.[77] Sittenwidrig und damit nichtig ist auch der Vertrag, durch den ein „Schmiergeld" versprochen wird.

4. *Sittenwidrige Schädigung Dritter;* insbesondere *Gläubigerbenachteiligung.*[78] Ein Vertrag kann sittenwidrig sein, wenn beide Teile die Schädigung eines Dritten bezwecken, oder wenn eine solche Schädigung von den Parteien wenigstens vorausgesehen und in Kauf genommen oder nur infolge grober Fahrlässigkeit nicht vorausgesehen war. In Frage kommen hier vor allem solche Verträge, durch die sich der eine Teil von dem anderen **übermäßige Sicherungen** einräumen läßt, wenn dadurch dem anderen die Mittel zur Befriedigung seiner sonstigen Gläubiger entzogen, diese dadurch also in vorhersehbarer Weise geschädigt werden, oder wenn die Gefahr besteht, daß künftige Kreditgeber über die Kreditwürdigkeit getäuscht werden. In diesem Zusammenhang geht es vor allem um die Problematik der Sicherungsübereignung, die als ein besitzloses und daher unsichtbares Pfand leicht zur Verschleierung der wirklichen Vermögenslage führen kann. Es geht hierbei um eine wirtschaftlich vernünftige Begrenzung dieses von der Rechtsprechung außerhalb der gesetzlich vorgesehenen Möglichkeiten nun einmal zugelassenen Rechtsinstituts, wobei sich die Gerichte des § 138 bedienen, um zu rechtspolitisch vertretbaren Ergebnissen zu gelangen.

Das RG hat eine *Sicherungsübereignung* beispielsweise dann für nichtig erklärt, wenn „die Schuldnerin mit Wissen des Gläubigers diesem annähernd alle greifbaren Vermögensstücke übereignete, während die Übereignung nach außen verdeckt blieb und die Schuldnerin kreditfähig erschien".[79] Für die Erfüllung des subjektiven Tatbestandes der Kredittäuschung reiche es hin, „wenn der Sicherungsnehmer die Vermögenslage des Schuldners so weit übersieht, daß er zum mindesten mit der Möglichkeit rechnet, andere Personen könnten über die Kreditwürdigkeit des Schuldners getäuscht werden"; unterlasse es der Gläubiger aus *grober Fahrlässigkeit,* sich die erforderliche Kenntnis von den Vermögensverhältnissen des Schuldners zu verschaffen, obwohl die ihm bekannten Umstände hierzu Anlaß gaben, so verstoße schon diese Unterlassung gegen die im redlichen Geschäftsverkehr herrschenden Anschauungen.[80] Auch der BGH hat ausgesprochen,[81] ein Rechtsgeschäft, das die Möglichkeit setze, daß Dritte getäuscht werden und dadurch Schaden erleiden, verstoße auch dann „gegen das Anstands- und Gerechtigkeitsgefühl aller ehrbaren Kaufleute", wenn die Vertragschließenden sich *grob fahrlässig* der Erkenntnis verschlossen hätten, daß eine Schädigung Dritter wahrscheinlich eintreten werde. Damit legt die Rechtsprechung demjenigen, der sich umfassende Sicherungen einräumen läßt, d. h. den Banken und sonstigen Kreditinstituten, eine weitgehende *Prüfungspflicht* hinsichtlich der Lage des Schuldners und der zu erwartenden Auswirkungen des geplanten Geschäfts auf diese Lage und damit auch auf die Aussichten anderer Gläubiger, Befriedigung zu erlangen, auf. Insbesondere dann, wenn mit dem zu sichernden Kredit eine Sanierung des Schuldners bezweckt wird, sei sorgfältigst zu prüfen, ob das Sanierungsvorhaben Aussicht auf Erfolg habe, sodaß eine Schädigung der anderen Gläubiger wahrscheinlich nicht eintreten werde, oder nicht. An diese Prüfung seien besonders strenge Anforderungen zu stellen, wenn der Gläubiger die Sanierung nur aus eigennützigen Beweggründen, etwa um dem Schuldner die Möglichkeit zu geben, ihm früher eingeräumte Kredite zurückzuzahlen, versuche. Eine gewisse Abschwächung der Prüfungspflicht des Kreditgebers hat der BGH jedoch in einem Fall vorgenommen, der die Finanzierung eines Bauvorhabens betraf.[82] Die

---

[77] RGZ 134, 43, 56; 136, 359 (mit weiteren Nachweisen); *Staudinger/Dilcher* 54 zu § 138.

[78] Dazu *Wüst,* Vom ungebundenen Individualgläubiger zum rücksichtsvollen Mitgläubiger, Festschr. f. *Wilburg,* 1965, S. 257; *Westermann,* Interessenkollisionen und ihre richterliche Wertung bei Sicherungsrechten an Fahrnis und Forderungen, 1954, S. 28ff.; *Paulus,* Probleme richterlicher Regelbildung am Beispiel des Kreditsicherungsrechts, im Juristen-Jahrbuch Bd. VI.

[79] RGZ 127, 337, 340. Vgl. auch RGZ 130, 1 und 143, 48.

[80] RGZ 143, 48, 52.

[81] BGHZ 10, 228, 233.

[82] BGHZ 20, 43, 51.

Bank sei grundsätzlich nicht verpflichtet, so meinte der BGH, zu prüfen, ob das Vorhaben wirtschaftlich tragbar sei und einen Gewinn abwerfen werde; sie müsse nur davon überzeugt sein, „daß der Unternehmer in der Lage sein wird, mit Hilfe des eingeräumten Kredits sein Geschäft fortzuführen und diejenigen zu befriedigen, die im Zusammenhang mit der Durchführung des Auftrags Forderungen gegen ihn erwerben".

Umstritten sind die Versuche der Rechtsprechung, mit Hilfe des § 138 zu einer Einschränkung der Wirksamkeit sog. *„Globalzessionen"*, die sich die Banken zur Sicherung von ihnen gewährter Kredite häufig ausbedingen, gegenüber dem „verlängerten Eigentumsvorbehalt" der Warenlieferanten zu gelangen.[83] Der BGH sieht die Vorausabtretung auch solcher Forderungen des Kreditnehmers gegen seine Abnehmer, die dieser, um künftig noch Waren zu erhalten und sein Geschäft weiter führen zu können, (im Wege des sogenannten „verlängerten Eigentumsvorbehalts") an seine Warenlieferanten abtreten muß, als sittenwidrig an. Hier von einer „verwerflichen Gesinnung" des die Abtretung verlangenden Kreditgebers zu sprechen, wie der BGH getan hat, geht viel zu weit; die Abtretung auch solcher Forderungen stellt jedoch, ohne daß es dabei auf ein Gesinnungsmoment ankäme, eine übermäßige Beschränkung der wirtschaftlichen Freiheit dar. Aus diesem Grunde kann sie sittenwidrig sein.

Die Beurteilung eines Rechtsgeschäfts wegen Sittenwidrigkeit entfällt jedoch, wenn es wegen Gläubigerbenachteiligung nach § 3 des Anfechtungsgesetzes oder den §§ 30ff. KO anfechtbar ist, da diese Bestimmungen dem § 138 BGB als Spezialregelungen vorgehen.[84]

Einen Vertrag, durch den ein Dritter in sittenwidriger Weise geschädigt ist, hat die Rechtsprechung ferner in solchen Fällen angenommen, in denen die Vertragspartner bezweckten, das *Vorkaufsrecht* eines Dritten zu umgehen.[85] Dagegen sieht sie Verträge, die eine *Steuerhinterziehung* bezwecken, nur dann als nichtig an, wenn die Steuerhinterziehung der „Hauptzweck" des Vertrages, nicht, wenn er nur ein nebenher verfolgter Zweck war.[86] Sittenwidrig und daher nichtig ist ein Vertrag, durch den der eine Teil zu einem *Vertragsbruch* gegenüber einem Dritten verleitet werden soll,[87] sowie ein Vertrag, durch den ein Dritter getäuscht werden soll.[88]

5. *Sittenwidriger Zweck beider Parteien.* Ein moralisch verwerfliches Motiv nur *einer* Vertragspartei macht einen Vertrag, dessen Inhalt sittlich neutral ist, noch nicht zu einem sittenwidrigen, selbst dann nicht, wenn es der anderen Partei bekannt ist.[89] Anders, wenn beide Teile mit dem Abschluß des Geschäfts einen rechtlich und moralisch mißbilligten Zweck verfolgen. So hat das RG ein Darlehen, das zu dem Zweck gegeben wurde, um mit dem Gelde einen Spielklub einzurichten, wegen dieses beiderseits gewollten Zwecks als sittenwidrig angesehen.[90] Weiter hat das RG einen Vertrag für nichtig erklärt, der nach dem übereinstimmenden Willen beider Parteien die Förderung des Schmuggels bezweckte.[91] Sowohl das RG wie der BGH haben einen Darlehensvertrag als sittenwidrig erachtet, wenn das Darlehen einem Spieler gegeben wurde, um ihm die Fortsetzung des Glücksspiels zu ermöglichen, und der Darlehensgeber, der selbst am Spiel beteiligt war, in gewinnsüchtiger Absicht gehandelt hatte.[92] Die Verwerflichkeit des Verhaltens des Darlehensgebers liegt hier in der Ausnutzung der Spielleidenschaft und damit einer, wenn nicht moralisch zu mißbilligenden, so doch vom Verstand nicht mehr voll kontrollierten Handlungsweise des Empfängers zum eigenen Vorteil des

---

[83] Dazu Sch.R. II § 43 IIe; BGHZ 30, 308; 32, 361; 72, 308; *Esser,* ZHR 135 (1971), 320; *Mayer-Maly* in MünchKomm 89ff. *Staudinger/Dilcher* 47 zu § 138; *Medicus* Rdz. 699 u. Bürgerl. Recht Rdz. 527.

[84] Vgl. RGZ 74, 224 (226); *v. Tuhr* Bd. III § 70 zu Anm. 6; *Westermann,* Interessenkollisionen S. 26; *Erman/Brox* 6 zu § 138.

[85] RGZ 88, 361, 366; 123, 265, 269; 125, 123, 126; einschränkend der BGH NJW 64, 540.

[86] BGHZ 14, 25, 31 mit Hinweisen auf die Rechtsprechung des RG.

[87] RGZ 81, 86, 92.

[88] Vgl. die Angaben in *MünchKomm/Mayer-Maly* 98 zu § 138.

[89] Vgl. *v. Tuhr* Bd. III S. 28ff.

[90] RG WarnR 22, Nr. 63.

[91] RGZ 70, 1; BGH, LM Nr. 1 zu § 762 BGB.

[92] RGZ 96, 282; RG, JW 26, 2169.

Gebers. Der beiden gemeinsame Zweck, dem Empfänger die Fortsetzung des Spiels zu ermöglichen, erscheint unter solchen Umständen als sittlich mißbilligenswert.

Einseitige Rechtsgeschäfte werden von der Rechtsprechung dann als nichtig angesehen, wenn nur das Motiv des Handelnden unsittlich war. Nach der Ansicht des BAG[93] ist eine Kündigung sittenwidrig, wenn sie auf einem verwerflichen Motiv, wie etwa Rachsucht, beruht. M. E. ist die Kündigung zwar nicht sittenwidrig, aber als eine schikanöse Rechtsausübung unzulässig und deshalb nichtig.

6. *Unentgeltliche und letztwillige Zuwendungen zu einem sittlich mißbilligten Zweck.* Eine unentgeltliche Zuwendung unter Lebenden ist nach der Rechtspechung sittenwidrig, wenn sie dazu dienen soll, entweder den anderen Teil zu einem unsittlichen Verhalten zu veranlassen oder ihn für ein solches zu belohnen.[94] In Betracht kommen hier insbesondere Belohnungen für ein ehebrecherisches Verhältnis, während man den außerehelichen Geschlechtsverkehr als solchen heute nicht mehr schon als „sittenwidrig" ansehen kann.[95] Das gleiche gilt von Zuwendungen in einer letztwilligen Verfügung. Sie sind nach der Rechtsprechung nichtig, „wenn sie gemacht sind, um die Fortsetzung des ehebrecherischen Verhältnisses zu fördern oder die Geliebte für die geschlechtliche Hingabe zu belohnen".[96] Doch wird dies selten das einzige oder auch nur das hauptsächliche Motiv sein. Schenkungen oder letztwillige Zuwendungen an die langjährige Lebensgefährtin, die den Zweck haben, ihre *Versorgung* zu sichern, können nicht als „Belohnung" angesehen werden und sind nicht sittenwidrig, sofern sie nicht in gröblicher Weise die Rücksichten außer acht lassen, die der Zuwendende nach den sittlichen Mindestanforderungen auf seine Ehefrau und seine nächsten Angehörigen zu nehmen verpflichtet ist.[97]

7. *Verstöße gegen die Familienordnung oder gegen das Berufsethos.* Rechtsgeschäfte können deshalb sittenwidrig sein, weil sie dem sittlichen Wesen der Ehe gröblich widersprechen. So hat das RG das *Verlöbnis* eines mit einer anderen Person Verlobten und eines Verheirateten für nichtig erklärt.[98] Als sittenwidrig hat noch das RG *Verträge zwischen Ehegatten* angesehen, die dazu dienen sollten, durch vorherige Vereinbarungen über die Unterhaltsleistungen des einen Teils den anderen zur Einwilligung in die Scheidung zu bewegen oder ihm doch diesen Entschluß zu erleichtern.[99] Heute sind Verträge über die Unterhaltspflicht nach der Scheidung ausdrücklich gestattet (§ 1585c); sie sind in der Regel nicht sittenwidrig, auch wenn sie der Erleichterung der Scheidung dienen. Doch wäre die Sittenwidrigkeit z. B. dann zu bejahen, wenn die Zustimmung, deren es nach § 1566 Abs. 1 zur Scheidung der Ehe bereits nach einjährigem Getrenntleben bedarf, durch eine das Maß des den Umständen nach angemessenen Unterhalts weit übersteigende Geldabfindung erkauft werden sollte.[100] Eine Vereinbarung, durch die sich die Parteien des Scheidungsprozesses gegenseitig dazu verpflichten, gegen das zu erwartende Urteil kein Rechtsmittel einzulegen oder auf Rechtsmittel zu verzichten, ist nicht stets, wohl aber dann nichtig, wenn die Parteien die Entscheidung des Gerichts mit unlauteren Mitteln beeinflussen und der Verzicht auf Rechtsmittel dazu dienen soll, ein auf solche Weise „erschlichenes" Scheidungsurteil unanfechtbar zu machen.[101]

Die Beachtung eines besonderen **Berufsethos** hat die Rechtsprechung vor allem von *Ärzten* und *Rechtsanwälten* verlangt. Von der unzulässigen Beschränkung der Berufsausübung durch Praxis- und Wettbewerbsverbote war bereits oben (in der 2. Fallgruppe) die Rede. Das RG hat anfänglich in recht rigoroser Weise Verträge über den Verkauf einer ärztlichen Praxis und besonders über den einer Anwaltspraxis als standes- und daher sittenwidrig erklärt, diesen Standpunkt aber später gemildert.[102]

---

[93] BAG, MDR 62, 337. Vgl. zur sittenwidrigen Kündigung *Hueck/Nipperdey,* Lehrb. d. Arbeitsrechts, 7. Aufl. § 56 IX 1.

[94] RGZ 111, 151; vgl. auch BGH LM Nr. 3 zu § 138 (Ce) BGB.

[95] Vgl. *Rother* aaO.

[96] So BGHZ 20, 71, 72; vgl. ferner OGHZ 1, 249; 3, 158; BGH, LM Nr. 15 zu § 138 (cd) BGB.

[97] Um einen solchen Fall handelt es sich anscheinend in der Entscheidung BGH LM Nr. 11 zu § 138 (Cd) BGB. Sorgsam abwägend BGHZ 53, 369, 374ff.; auch BGH, NJW 73, 1645.

[98] RGZ 105, 245; 170, 72, 76.

[99] RGZ 145, 152.

[100] Vgl. dazu *Palandt/Diederichsen* 3 zu § 1585c.

[101] BGHZ 28, 45, 50.

[102] RGZ 66, 139; 115, 172; 161, 153.

Der BGH sieht den Verkauf einer Anwaltspraxis nicht schon als solchen, sondern nur dann als sittenwidrig an, wenn ,,die Vertragsbedingungen die Gefahr begründen, daß der Übernehmer die Praxis in einer die Belange der Rechtspflege beeinträchtigenden Weise weiterführt".[103] Diese Gefahr sei besonders dann gegeben, wenn die Bedingungen für den Übernehmer der Praxis so drückend seien, daß er dazu gedrängt werde, die Praxis unter Verletzung seiner Standespflichten vorwiegend unter dem Gesichtspunkt des Gelderwerbs auszuüben. In Übereinstimmung mit der früheren Rechtsprechung erachtet der BGH die Vereinbarung eines ,,Erfolgshonorars" in Gestalt eines Streitanteils durch einen Rechtsanwalt oder einen zugelassenen Rechtsbeistand, auch in Entschädigungssachen, für unvereinbar mit den Aufgaben des Rechtsanwalts als eines ,,Organs der Rechtspflege" und daher für standes- und sittenwidrig.[104]

c) **Weitere Fragen der Anwendung des § 138 Abs. 1.** Grundsätzlich ist, da es sich bei den ,,guten Sitten" nicht um die die Gesinnung einbeziehende Ethik im strengen Sinn, sondern nur um die ,,herrschende Moral" und um die der Rechtsordnung immanenten ethischen Grundsätze handelt, ein lediglich ,,objektiver" Verstoß gegen die ,,guten Sitten" durchaus möglich.[105] Er muß immer dann genügen, wenn sich die Sittenwidrigkeit bereits aus dem Inhalt der Vereinbarung allein, ohne Rücksicht auf die Motive oder einen bestimmten Zweck, ergibt, wie etwa in den Fällen der ersten, zweiten und wohl auch der siebten Fallgruppe. Wo es dagegen wesentlich auf den Zweck einer Zuwendung (sechste Fallgruppe), auf den Zweck sei es der einen Partei (dritte Fallgruppe) oder beider Parteien (vierte, fünfte Fallgruppe) ankommt, da kommt es regelmäßig auch auf ,,subjektive" Momente an. Im allgemeinen genügt nach ständiger Rechtsprechung jedoch das Bewußtsein der Tatumstände, aus denen sich die Sittenwidrigkeit ergibt;[106] ,,Verschulden" und daher das Bewußtsein der Sittenwidrigkeit (als moralischer Qualifikation des Handelns) ist nicht erforderlich.[107] In den Fällen der Gläubigergefährdung durch Einräumung übermäßiger Sicherheiten läßt die Rechtsprechung, wie wir gesehen haben, im Hinblick auf die hier von ihr angenommene Prüfungspflicht des Kreditgebers ,,grobe Fahrlässigkeit" genügen. Nach *Lindacher*[108] soll auch in diesen Fällen der objektive Tatbestand, insbesondere das Übermaß der vereinbarten Sicherheit, ausreichen, ohne daß es darauf ankäme, ob der Sicherungsnehmer diese bei gehöriger Prüfung der Lage des Sicherungsgebers hätte erkennen können. Allerdings will *Lindacher* dem gutgläubigen Sicherungsnehmer, der das Übermaß nicht zu erkennen vermochte, einen Vertrauensschutz in der Weise zuteil werden lassen, daß dann die Sicherungsübereignung wenigstens teilweise, nämlich insoweit gültig bleibt, als die Sicherung objektiv das

---

[103] BGHZ 43, 46, 50.

[104] BGHZ 34, 64, 71 ff.; 39, 142.

[105] So auch, entgegen einer verbreiteten Auffassung, *Flume* § 18 3. Vgl. dazu im näheren *meine* Abhandlung im Juristen-Jahrbuch Bd. VII. Gegen die Einengung des § 138 durch subjektive Erfordernisse, vor allem bei Sicherungsgeschäften, *Esser* ZHR 135, S. 330 ff.; *Mayer-Maly* aaO. S. 25 ff., MünchKomm 109 zu § 138; *Lindacher* aaO. S. 126.

[106] Vgl. RGZ 97, 253, 255; 120, 144, 148; 150, 1, 3; BGH NJW 53, 299; BGH, BB 71, 1177.

[107] So auch *Staudinger/Dilcher* 15, *MünchKomm/Mayer-Maly* 108, *Palandt/Heinrichs* 1c zu § 138; *Medicus* Rdz. 689; *Lange/Köhler* § 54 II; anders nur *Enn./N.* § 191 II 2.

[108] Vgl. *Lindacher* aaO. S. 127.

gebotene Maß nicht übersteigt.[109] Die Frage nach der Bedeutung eines „subjektiven" Tatbestandes läßt sich demnach nicht für alle Fälle in der gleichen Weise beantworten.

Auch die Frage, für *welchen Zeitpunkt* die Sittenwidrigkeit eines Geschäfts zu beurteilen ist, erfordert eine differenzierende Antwort. Rechtsprechung[110] und ein Teil der Lehre[111] wollen grundsätzlich auf den Zeitpunkt des Abschlusses, bei Testamenten auf den der Errichtung des Testaments abstellen. Das ist nur dann unproblematisch, wenn zwischen dem Zeitpunkt des Abschlusses und dem des Wirksamwerdens kein längerer Zeitraum liegt. Testamente sollen erst mit dem Tode des Erblassers wirksam werden; ist der Inhalt des Testaments nach den zu dieser Zeit obwaltenden Verhältnissen oder den nunmehr maßgebenden Wertungen einwandfrei, so sollte ihm die Wirksamkeit nicht deshalb versagt werden, weil das zur Zeit seiner Errichtung anders war. War umgekehrt das Rechtsgeschäft nach den zur Zeit seiner Vornahme bestehenden Verhältnissen nicht sittenwidrig, während dies heute der Fall wäre, wird man es im allgemeinen mit der h. L. bei seiner Gültigkeit belassen können. Bei langfristigen Schuldverträgen sollte jedoch die weitere Erfüllung verweigert werden können, wenn mit Rücksicht auf die geänderten Verhältnisse oder heutigen Wertungsmaßstäbe der Vertrag heute sittenwidrig wäre und aus diesem Grunde das Verlangen weiterer Erfüllung dem Schuldner nicht zumutbar ist.

Streitig ist die Frage, wie weit nicht nur ein „kausales", den vertragstypischen Zweck in sich enthaltenes Geschäft, sondern auch das grundsätzlich „abstrakte" Verfügungsgeschäft wegen ihm anhaftender Sittenwidrigkeit nichtig sein kann. Sicher ist, daß das Verfügungsgeschäft, von den seltenen Fällen abgesehen, in denen die Parteien seine Wirksamkeit durch die Hinzufügung einer entsprechenden Bedingung von der des Grundgeschäfts abhängig gemacht haben, nicht allein schon deshalb nichtig ist, weil das Grundgeschäft nichtig ist. Es geht also um die Frage, ob gerade auch das Verfügungsgeschäft sittenwidrig und deshalb nichtig sein kann. Das Verfügungsgeschäft, z. B. die Übereignung einer Sache, die Abtretung einer Forderung, zielt seinem Inhalt nach lediglich darauf ab, eine Änderung der Güterzuordnung herbeizuführen. Diese Änderung ist als solche sittlich neutral, d. h. sie allein kann nicht Gegenstand sittlicher Bewertung sein.[112]

---

[109] aaO. S. 127f., 131, 133f. Die Verwirklichung dieses Prinzips denkt sich *Lindacher* so, daß „die Sicherungsübereignung als Übertragung von Bruchteilseigentum an allen von ihr erfaßten Gegenständen aufrechterhalten bliebe, und zwar eines Bruchteils in Höhe des Verhältnisses „des Wertes der objektiv gebotenen Gesamtsicherung zum Wert der erfolgten Gesamtsicherung".

[110] BGHZ 20, 71 (für das Testament).

[111] *Soergel/Hefermehl* 40, *Palandt/Heinrichs* 1d, *Staudinger/Dilcher* 18 (einschränkend aber 19) zu § 138; *Weimar,* MDR 68, 110; *Medicus* Rdz. 691 (anders für das Testament Rdz. 692). Kritisch aber *Flume* § 18 6; *Mayer-Maly,* JZ 81, 801 und in *MünchKomm* 111 zu § 138.

[112] Von dem sehr seltenen Fall abgesehen, daß die Wirkung des Verfügungsgeschäfts im Wege der Bedingung von der Vornahme einer sittenwidrigen Handlung abhängig gemacht ist. Ein Beispiel hierfür bei *Oertmann* 2a zu § 138.

Daher gibt es, im Gegensatz zu den Verpflichtungsgeschäften, keine Verfügungsgeschäfte, die allein schon ihres Inhalts wegen sittenwidrig wären.[113] Wenn hieraus aber nicht selten der Schluß gezogen wird,[114] das Verfügungsgeschäft könne, weil das Gesetz es vom Kausalgeschäft losgelöst hat, in der Regel nicht sittenwidrig sein, so wird dabei übersehen, daß die Sittenwidrigkeit eines Rechtsgeschäfts sich ja auch ergeben kann aus den sittenwidrigen Motiven beider Parteien oder sogar nur aus dem sittenwidrigen Zweck einer Partei, wenn sich das Vorgehen dieser Partei gerade gegen die andere richtet. In solchen Fällen kann die Erreichung des Zwecks gerade erst von der Vornahme des dinglichen Geschäfts abhängen, sodaß nur dann, wenn auch dieses nichtig ist, der von der Rechtsordnung mißbilligte Erfolg vermieden wird. Die ,,Abstraktheit" des Verfügungsgeschäfts bedeutet zunächst nur, daß seine Gültigkeit nicht abhängig ist von der des ihm zugrunde liegenden Kausalgeschäfts. Sie bedeutet nicht notwendig auch, daß das Erfüllungsgeschäft in jeder anderen Hinsicht nur isoliert, d.h. außer Zusammenhang mit den Zwecken gesehen werden dürfe, um derentwillen es vorgenommen wird. Ob der Abtraktionsgrundsatz so weit auszudehnen ist, ist vielmehr unter Berücksichtigung des mit seiner Hilfe vom Gesetzgeber verfolgten Zweckes zu entscheiden.

Der Abstraktionsgrundsatz bezweckt insofern den Schutz des Verkehrs, als der Erwerber einer Sache oder eines Rechts sich nicht darum soll zu kümmern brauchen, ob sein Veräußerer das Eigentum oder das Recht auf Grund eines gültigen Kausalgeschäfts erworben hatte oder nicht.[115] Genug, daß er das Eigentum oder das Recht vermöge eines als solchen gültigen Verfügungsgeschäfts erlangt hatte. Diese Erwägung hat auch dann einen guten Sinn, wenn das erste Kausalgeschäft sittenwidrig war. Hat beispielsweise A ein Bordellgrundstück zu einem mit Rücksicht auf die beabsichtigte Verwendung weit überhöhten Kaufpreis gekauft, so kann der Kaufvertrag deshalb nach § 138 nichtig sein. Veräußert A später das Grundstück an B, der um die bisherige Verwendung weiß, zum Abbruch des Hauses, dann ist der zweite Kaufvertrag sicher nicht sittenwidrig. Es wäre wenig sinnvoll, den Eigentumserwerb des B daran scheitern zu lassen, daß A wegen der Sittenwidrigkeit seines Erwerbs kein Eigentum erlangt hatte und B, der sich dies hätte sagen müssen, deshalb auch nicht gutgläubig (im Sinne des § 892) war. Vielmehr ist es in diesem Fall sinnvoll zu sagen, daß A trotz der Sittenwidrigkeit

---

[113] A. A. jedoch *Mölders,* Nichtigkeit von Grund- und Erfüllungsgeschäft (Diss. Münster 1959) S. 136ff. Er meint, die Übereignung sei immer dann sittenwidrig, wenn sie sich auf ein ,,unsittliches Geschäftsobjekt", wie z.B. ein zum Bordellbetrieb eingerichtetes Grundstück oder unzüchtige Abbildungen, beziehe. Ob es ,,unsittliche Objekte" gibt, kann zweifelhaft sein. Jedenfalls kommt es für § 138 nur auf die Unsittlichkeit des Rechtsgeschäfts an. Dies wird noch nicht dadurch ,,unsittlich", daß das Objekt, auf das es sich bezieht, sittlich anstößig ist.

[114] So *v. Tuhr* Bd. III § 70 zu Anm. 137ff.; *Enn./N.* § 191 II 3; *Lehmann/Hübner* § 29 IV 4; im Grundsatz auch *Medicus* Rdz. 712. Ebenso RGZ 75, 68, 74; 109, 201, 202, unter Zulassung von Ausnahmen; 111, 151, 153. Differenzierend jedoch *Flume* § 18 8c; *Staudinger/Dilcher* 112 zu § 138.

[115] Vgl. oben § 18 II d.

und der daraus sich ergebenden Nichtigkeit des ersten Kaufvertrages das Eigentum an dem Grundstück durch das inhaltlich sittlich neutrale Verfügungsgeschäft erlangt hatte und daher auch an B weiter übertragen konnte. Der Abstraktionsgrundsatz erfüllt hier den Zweck, um dessentwillen ihn das Gesetz aufgenommen hat. Anders ist es aber, wenn die Sittenwidrigkeit des Grundgeschäfts sich daraus ergibt, daß entweder Dritte geschädigt werden oder daß der eine Vertragsteil von dem anderen ausgebeutet wird. Dann kann es gerade der Schutz der Dritten oder des benachteiligten Vertragsteils erfordern, daß auch das Verfügungsgeschäft, durch das die Schädigung erst herbeigeführt oder vollendet wird, nichtig ist. In derartigen Fällen sollte der Abstraktionsgrundsatz hinter den Schutzzweck des § 138 zurücktreten. Sollen etwa die Gläubiger des A dadurch über dessen Kreditwürdigkeit getäuscht werden, daß A alle verwertbaren Vermögensgegenstände an B überträgt und beide dies verheimlichen, so wird der Schutz der Gläubiger am besten dadurch erreicht, daß wegen der Sittenwidrigkeit des von beiden Teilen gerade mit der Übertragung verfolgten Zwecks die Übertragungsakte selbst und nicht nur die ihnen zugrunde liegende Abrede zwischen A und B nichtig sind. Hat A sich in einem Knebelungsvertrag von B alle künftigen Forderungen des B aus dessen Geschäften sicherungshalber abtreten lassen, so daß B nicht mehr in der Lage ist, irgendwelche anderen Gläubiger zu befriedigen, so bleibt dem B seine wirtschaftliche Freiheit, um deren Sicherung es zu tun ist, nur dann gewahrt, wenn die Abtretungen selbst nichtig sind. Für den Sonderfall des wucherischen Geschäfts hat das Gesetz selbst in § 138 Abs. 2 die Nichtigkeit auch des vom Bewucherten vorgenommenen Erfüllungsgeschäfts durch die Worte „oder gewähren läßt" anerkannt (vgl. unten unter d). Bei Ausbeutungs- und Knebelungsverträgen im Sinne des § 138 Abs. 1 sollte ebenso entschieden werden.

Wir kommen damit zu folgendem Ergebnis: Das Verfügungsgeschäft ist nicht schon allein deshalb nichtig, weil das ihm zugrunde liegende Kausalgeschäft sittenwidrig und daher nichtig ist. Verfügungsgeschäfte können im allgemeinen nicht schon allein um ihres Inhalts willen sittenwidrig sein. Sie sind insoweit vielmehr „sittlich neutral". Die Nichtigkeit auch der Verfügungsgeschäfte ist aber dann geboten, wenn das gesamte Geschäft deshalb sittenwidrig ist, weil Dritte geschädigt werden, und sich deren Schädigung erst durch die Verfügungsgeschäfte ergibt; ferner dann, wenn sich das sittenwidrige Vorgehen der einen Partei gegen die andere Partei richtet und der sittenwidrige Erfolg dieses Vorgehens erst mit der Vornahme des dinglichen Geschäfts eintritt. Von diesen Fällen abgesehen, sollte an dem Abstraktionsgrundsatz im Interesse der Sicherheit des Rechtsverkehrs jedoch festgehalten werden.

Das RG ist darüber hinausgegangen. Es hat mehrfach gesagt,[116] das dingliche Erfüllungsgeschäft sei dann ebenfalls sittenwidrig, wenn „gerade mit dem dinglichen Rechtsvorgang unsittliche Zwecke

[116] So RGZ 81, 175; 109, 202; 145, 152, 154; RG WarnR 13, Nr. 129.

verfolgt werden oder in ihm die Unsittlichkeit begründet liegt". Diese Formulierung geht allerdings zu weit, denn wenn z. B. die eine Partei durch eine Leistung der anderen zu einem sittlich mißbilligten Verhalten bewogen werden soll, wird sie sich dazu fast immer erst durch die Erbringung der Leistung und nicht schon durch das Versprechen derselben bewegen lassen. Im Falle des Bordellkaufs wird nicht nur der Käufer, sondern auch der Verkäufer, weil anderenfalls der Käufer nicht zahlt, seinen unstittlichen Zweck, aus der Verwendung des Gebäudes einen überhöhten Gewinn zu erzielen, erst durch die Übereignung des Grundstücks erreichen. Es würden, wollte man diese Formel annehmen, kaum noch Fälle übrig bleiben, in denen nicht auch das Erfüllungsgeschäft nichtig wäre.[117] Damit wäre der Abstraktionsgrundsatz aber auch in den Fällen aufgegeben, in denen er zu einem sinnvollen Ergebnis führt. Mit Recht wendet sich daher auch *Flume* gegen diese Formel.[118] Bemerkenswert ist, daß in den Fällen einer wegen Gläubigergefährdung oder wegen Knebelung nichtigen Sicherungsübereignung und Sicherungsabtretung die Rechtsprechung wie selbstverständlich die Nichtigkeit nicht nur der Sicherungsabrede, sondern gerade auch der sicherungsweise erfolgten Übereignung oder Abtretung angenommen hat.[119] Das rechtfertigt sich, wie *Serick* richtig bemerkt hat,[120] aus der fiduziarischen Natur der Sicherungsübertragung, die nichts anderes bedeutet, als daß die Sicherungsabrede auch das Verfügungsgeschäft in seiner Wirkung modifiziert, insofern aber eine von der Praxis bereits zugelassene Durchbrechung des Abstraktionsgrundsatzes darstellt. Ist aber der Abstraktionsgrundsatz hier ohnehin nicht mehr streng durchgeführt, so muß umso mehr der Gesichtspunkt durchgreifen, daß der Schutz sei es der durch das Übermaß der Sicherung geschädigten Gläubiger, sei es des seiner wirtschaftlichen Bewegungsfreiheit beraubten Schuldners die Nichtigkeit auch der Verfügungsgeschäfte verlangt. An der bisherigen Rechtsprechung sollte daher insoweit festgehalten werden.[121]

d) **Das wucherische Geschäft gemäß § 138 Abs. 2.** Als einen Sonderfall des sittenwidrigen Rechtsgeschäfts hat das Gesetz in § 138 Abs. 2 das wucherische Geschäft tatbestandsmäßig näher umschrieben. Ein wucherisches und deshalb nichtiges Geschäft liegt nur dann und immer dann vor, wenn die besonderen Tatbestandsmerkmale des § 138 Abs. 2 im konkreten Fall erfüllt sind.

Erstes Merkmal eines wucherischen Geschäfts ist nach § 138 Abs. 2 ein den Umständen nach „*auffälliges Mißverhältnis*" zwischen der in einem gegenseitigen Vertrage vereinbarten Leistung des einen und der Gegenleistung des anderen Teils. Wann ein „auffälliges" Mißverhältnis vorliegt, kann nicht generell gesagt werden; der Gesetzgeber hat bewußt auf die Festlegung einer ganz bestimmten

---

[117] Folgerichtig gelangt *Mölders* aaO. S. 126 zu dem Ergebnis, § 138 Abs. 1 sei „in vollem Umfange auch auf abstrakte Erfüllungsgeschäfte anzuwenden".

[118] *Flume* § 18 8c (S. 387), vornehmlich zu der Entsch. RGZ 145, 152. Hier hatte ein Ehepartner dem anderen, um ihn zur Erhebung der Scheidungsklage zu veranlassen, ein Grundstück übereignet. Das RG sah diesen Zweck nach den damals herrschenden Anschauungen als sittenwidrig und, da er nur durch die Vornahme des dinglichen Geschäfts erreicht werden konnte, auch dieses als nichtig an. *Flume* hält es für „evident unrichtig", daß hier der Leistende, nachdem er seinen Zweck erreicht hat, das Grundstück mit dem Herausgabeanspruch des Eigentümers solle zurückverlangen können. Dieses in der Tat anstößige Ergebnis ließe sich allerdings auch dann, wenn man die Übereignung als nichtig ansieht, dadurch vermeiden, daß man mit einer neuerdings vordringenden Lehre in solchen Fällen den § 117 Satz 2 auch auf den Eigentumsanspruch (analog) anwendet. Dazu Sch.R. Bd. II, § 69 IIIb.

[119] Vgl. RGZ 127, 337, 340; BGHZ 7, 111, 114; 19, 12, 18.

[120] Eigentumsvorbehalt und Sicherungsübertragung, Bd. 1, 1963, § 4 II 6a.

[121] Bedenken gegen diese Rechtsprechung bei *Wolf/Raiser,* Sachenrecht, § 180 Anm. 24; *Baur,* Sachenrecht, § 57 V 5b.

Wertrelation verzichtet, wie sie etwa das spätrömische Recht in der sogenannten „laesio enormis" kannte. Ob z. B. ein Darlehenszins als wucherisch anzusehen ist oder nicht, das richtet sich nach den z. Zt. der Darlehensgewährung üblichen Zinssätzen, nach dem besonderen Risiko, das der Darlehensgeber etwa eingeht,[122] nach der allgemeinen Lage am Geldmarkt und nach den gewährten Sicherheiten. Ein Zinssatz von beispielsweise 10% kann in einer Zeit der Geldknappheit, oder wenn mit der Darlehensgewährung ein besonderes Risiko verbunden ist, gerechtfertigt, unter anderen Umständen aber auffallend überhöht sein. Ebenso ist, wenn es sich um einen Kaufvertrag handelt, von dem zur Zeit und am Ort des Vertragsschlusses für eine derartige Sache üblicherweise zu entrichtenden Preis auszugehen, dabei aber auch zu berücksichtigen, ob etwa der Verkäufer vorleistet, welches besondere Risiko er in diesem Fall eingeht, ob es sich um ein Spekulationsgeschäft handelt und anderes mehr. Von einem „auffälligen" Mißverhältnis wird man nur dann sprechen können, wenn das Mißverhältnis so groß ist, daß die Grenzen dessen, was sich nach den gesamten Umständen gerade noch rechtfertigen läßt, eindeutig überschritten sind.

Als zweites Merkmal fordert das Gesetz auf seiten des Bewucherten entweder das Vorliegen einer „Zwangslage" oder Unerfahrenheit, einen Mangel an Urteilsvermögen, oder eine „erhebliche Willensschwäche". Die Bestimmung wurde insoweit mit Wirkung ab 1. 9. 1976 teilweise neu gefaßt.[123] Statt „Zwangslage" hieß es früher „Notlage". Der Ausdruck „Zwangslage" soll nicht nur Fälle wirtschaftlicher, sondern jeder ernsthaften Bedrängnis erfassen, die dem Bewucherten das Eingehen auf dieses Geschäft noch als das kleinere Übel erscheinen läßt.[124] „Mangel an Urteilsvermögen" oder „erhebliche Willensschwäche" müssen gerade hinsichtlich des konkreten Geschäfts vorliegen. Dagegen bedeutet „Unerfahrenheit" einen Mangel an allgemeiner Lebenserfahrung oder doch an Erfahrung in geschäftlichen Dingen; mangelnde Erfahrung gerade in Geschäften der fraglichen Art genügt jedoch nicht.[125] Schließlich fordert das Gesetz, daß der Wucherer die Zwangslage, die Unerfahrenheit, den Mangel an Urteilsvermögen oder die erhebliche Willensschwäche des anderen „ausgebeutet" hat. „Ausbeutung" ist die bewußte Ausnutzung der gegebenen Situation; sie setzt daher Kenntnis von dieser wie auch von dem Mißverhältnis zwischen Leistung und

[122] Vgl. RGZ 86, 296.

[123] Durch das 1. Gesetz zur Bekämpfung der Wirtschaftskriminalität vom 29. 7. 1976.

[124] Bei *Fluchthilfeverträgen* dürfte z. B. eine „Zwangslage" regelmäßig gegeben sein. „Wucherisch" sind solche Verträge aber nur, wenn das vereinbarte Entgelt in einem „auffälligen Mißverhältnis" zu den Leistungen des Fluchthelfers, seinen Unkosten und seinem Risiko, steht. Der Vertrag zwischen dem Fluchtwilligen (oder einem Dritten) und dem Fluchthelfer ist weder grundsätzlich sittenwidrig, noch nichtig nach § 134, da die Gesetze der DDR, die die Ausreise generell verbieten und unter Strafe stellen, nach der vorrangigen Wertung des Grundgesetzes (Art. 11) hier nicht zu beachten sind. Vgl. *Liesegang,* JZ 77, 87; *Wengler,* JZ 78, 64; BGHZ 69, 295: BGH, JZ 68, 64; zu einzelnen Klauseln bei formularmäßiger Vertragsgestaltung BGHZ 69, 302 = JZ 78, 62.

[125] Vgl. *Soergel/Hefermehl* 70, *Ermann/Westermann* 13 zu § 138 (mit Nachweisen aus d. Rspr.).

Gegenleistung voraus.[126] Fehlt es an den hiernach erforderlichen Tatbestandserfordernissen, liegt aber immerhin ein „auffallendes Mißverhältnis" zwischen Leistung und Gegenleistung vor, so bleibt noch die Möglichkeit, daß das Geschäft nach seinem „Gesamtcharakter" sittenwidrig und deshalb nach § 138 Abs. 1 nichtig ist; dazu oben III b unter 3.

Liegen die Merkmale des Wuchers dagegen, soweit sie erforderlich sind, vor, so braucht nicht weiter geprüft zu werden, ob das Geschäft nach seinem „Gesamtcharakter", der sich aus seinem Inhalt, Beweggrund und Zweck ergibt, sittenwidrig ist; das Gesetz sieht es so an. Nichtig ist dann nicht nur das Verpflichtungsgeschäft, sondern auch das Erfüllungsgeschäft auf seiten des Bewucherten. Das schließt die h. L.[127] aus den Worten „oder gewähren läßt". Dadurch wird der Zweck des Gesetzes, den Bewucherten zu schützen, im weitesten Umfang erreicht. Dagegen wird es weder durch den Wortlaut noch durch den Zweck der Vorschrift gefordert, daß auch die Leistung des Wucherers an den Bewucherten nichtig ist; vielmehr ist es sinnvoll, den Wucherer auf den Bereicherungsanspruch zu beschränken.[128] Wie weit seinem Bereicherungsanspruch der § 817 Satz 2 entgegensteht, ist nicht an dieser Stelle, sondern erst im Zusammenhang des Bereicherungsrechts zu erörtern.[129]

§ 23. Arten der Unwirksamkeit eines Rechtsgeschäfts

Literatur: *André,* Einfache, zusammengesetzte, verbundene Rechtsgeschäfte, Festgabe f. *Enneccerus,* 1913; *Beer,* Die relative Unwirksamkeit, 1975; *Breyhan,* Abstrakte Übereignung und Parteiwille in der Rechtsprechung, 1929; *v. Esch,* Teilnichtige Rechtsgeschäfte, 1968; *O. Fischer,* Konversion unwirksamer Rechtsgeschäfte, Festschr. f. *Wach,* 1913, I S. 179; *Harder,* Die historische Entwicklung der Anfechtbarkeit von Willenserklärungen, AcP 173, 209; *B. Herzog,* Quantitative Teilnichtigkeit, Diss. Göttingen, 1926; *Heinz Hübner,* Zum Abbau von Nichtigkeitsvorschriften, Festschr. f. *Wieakker,* 1978, S. 399; *Jacobi,* Die fehlerhaften Rechtsgeschäfte, AcP 86, 51; *Kipp,* Über Doppelwirkungen im Recht, insbesondere über die Konkurrenz von Nichtigkeit und Anfechtbarkeit, Festgabe f. *v. Martitz,* 1911, S. 211 ff.; *Krampe,* Die Konversion des Rechtsgeschäfts, 1980; *Marcuse,* Die Wirkung der Ungültigkeit des Kausalgeschäfts auf das sachenrechtliche Erfüllungsgeschäft, GruchBeitr. 66, 159; *May,* Die Möglichkeit der Beseitigung des Abstraktionsprinzips bei den Verfügungsgeschäften des Fahrnisrechts, 1952; *Oertmann,* Das Problem der relativen Rechtzuständigkeit, JherJb. 66, 130 (insb. 248 ff.); *G. Paulus,* Schranken des Gläubigerschutzes aus relativer Unwirksamkeit, Festschr. f. *Nipperdey,* 1965, I, S. 909; *Pawlowski,* Rechtsgeschäftliche Folgen nichtiger Willenserklärungen, 1966; *Raape,* Das gesetzliche Veräußerungsverbot des BGB, 1908; *Riezler,* Anfechtung anfechtbarer Rechtsgeschäfte?, LZ 1928, 155; *Sandrock,* Subjektive und objektive Gestaltungsgeschäfte bei der Teilnichtigkeit von Rechtsgeschäften, AcP 159, 481; *Siller,* Die Konversion, AcP 138, 144; *Strohal,* Über relative Unwirksamkeit, 1911.

---

[126] Vgl. RGZ 86, 296, 300; HRR 28, Nr. 2080, 2259.

[127] RGZ 109, 201, 202; *v. Tuhr* § 70 zu Anm. 151; *Enn./N.* § 192 III; *Flume* § 18 7d; *Medicus* Rdz. 712.

[128] So auch *v. Tuhr* und *Flume* aaO.

[129] Vgl. dazu Sch.R. Bd. II, § 69 III b; *Medicus* Bürgerl. Recht Rdz. 699.

Ein Rechtsgeschäft ist „wirksam", wenn diejenigen Rechtsfolgen eintreten, auf die es abzielt. „Unwirksam" ist es, wenn die intendierten Rechtsfolgen nicht eintreten, weil ihnen die Rechtsordnung die Geltung versagt. Dies ist z. B. der Fall, wenn das Geschäft nicht in der vorgeschriebenen Form vorgenommen worden ist, wenn es gegen ein gesetzliches Verbot oder gegen die guten Sitten verstößt oder wenn es an einer sonstigen Voraussetzung der Wirksamkeit, wie etwa der Geschäftsfähigkeit eines Beteiligten, der Verfügungsmacht oder einer vorgeschriebenen behördlichen Genehmigung, fehlt. Ein Rechtsgeschäft, das grundsätzlich in *jeder* Beziehung unwirksam ist und *dauernd* unwirksam bleibt, bezeichnet das BGB als *„nichtig"*. Mitunter ist ein Geschäft nicht seinem ganzen Umfang nach, sondern nur *teilweise* nichtig. Das Gesetz kennt ferner Rechtsgeschäfte, die zwar zunächst unwirksam sind, jedoch nachträglich, durch eine Genehmigung, noch wirksam werden können. Man bezeichnet sie in der Regel als *„schwebend unwirksam"*. Zu ihnen gehören die nicht lediglich rechtlich vorteilhaften Verträge, die ein Minderjähriger ohne Einwilligung seiner gesetzlichen Vertreter abschließt (§ 108). Auf der anderen Seite gibt es Rechtsgeschäfte, die zunächst wirksam sind, aber ihre Wirksamkeit nachträglich, durch eine Anfechtung, rückwirkend wieder verlieren können. Man könnte sie als „schwebend wirksam" bezeichnen. Schließlich gibt es Fälle, in denen ein Rechtsgeschäft nur einer bestimmten Person oder bestimmten Personen gegenüber als unwirksam, sonst aber als wirksam angesehen wird (*„relative* Unwirksamkeit"). Das Gesetz kennt also Zwischenstufen zwischen der vollen Wirksamkeit (Gültigkeit) eines Rechtsgeschäfts auf der einen Seite und der vollen Unwirksamkeit (Nichtigkeit) auf der anderen Seite. Die verschiedenen Arten oder Grade der Unwirksamkeit (und demzufolge auch der Wirksamkeit) eines Rechtsgeschäfts sollen im folgenden dargestellt werden.

I. Nichtige Rechtsgeschäfte

Den stärksten Grad der Unwirksamkeit eines Rechtsgeschäfts stellt die „Nichtigkeit" dar. Die intendierten Rechtsfolgen des nichtigen Geschäfts treten im Grundsatz weder unter den Beteiligten noch in ihrem Verhältnis zu Dritten ein. Es bedarf keines besonderen Akts – sei es einer darauf gerichteten Willenserklärung, sei es einer Klage und eines gerichtlichen Urteils,[1] – um die Unwirksamkeit herbeizuführen. Auf die Nichtigkeit eines Rechtsgeschäfts kann sich jedermann ohne weiteres berufen; im Rechtsstreit ist sie, wenn sie sich nur aus den in den Prozeß eingeführten Tatsachen ergibt, vom Gericht zu beachten, auch ohne

[1] Die Nichtigkeit einer Ehe kann jedoch nur im Wege einer Klage geltend gemacht werden, §§ 23, 24 EheG. Da die Rechtsfolgen einer gültigen Ehe also trotz des Vorliegens eines Nichtigkeitsgrundes zunächst eintreten, handelt es sich bei der „nichtigen" Ehe in der Tat nur um eine vernichtbare Ehe.

daß sich eine Partei darauf beruft. In der Regel kann ein anfänglich nichtiges Rechtsgeschäft auch nicht nachträglich wirksam werden. Hiervon macht das Gesetz freilich in einigen Fällen (§§ 313 Satz 2, 518 Abs. 2, 766 Satz 2) eine Ausnahme. Wenn wir in diesen Fällen dennoch von „Nichtigkeit" und nicht, wie in den Fällen, in denen die Wirksamkeit eines Rechtsgeschäfts von einer Genehmigung abhängt, von „schwebender Unwirksamkeit" sprechen, so dürfte dieser Sprachgebrauch seinen Grund darin haben, daß mit der Genehmigung ein noch ausstehendes Wirksamkeitserfordernis (das der Zustimmung) lediglich nachgeholt wird, während in den angeführten Fällen der nachträglichen Heilung eines Formmangels die Form nicht nachgeholt wird, sondern nunmehr als entbehrlich erscheint.[2]

Die Bezeichnung des in jeder Hinsicht und dauernd unwirksamen Geschäfts als „nichtig" darf nicht zu der Meinung verführen, als sei ein solches Geschäft ein „Nullum", d. h. „nicht vorhanden".[3] Das Geschäft ist *als vorgenommener Akt,* als Geschehnis existent; ihm werden nur die Rechtsfolgen, *auf die es hinzielt,* versagt. Den geschehenen Akt als solchen kann die Rechtsordnung nicht ungeschehen machen. Daher kann seine Vornahme andere als die von den Parteien damit intendierten Rechtsfolgen haben, z. B. eine Schadensersatzpflicht (vgl. §§ 307, 309), eine Strafe oder eine Ordnungsstrafe – vor allem aber ein „Abwicklungsverhältnis" begründen.

Haben die Parteien auf Grund eines nichtigen Vertrages Leistungen ausgetauscht oder ein Dauerschuldverhältnis einige Zeit hindurch erfüllt, dann hat grundsätzlich eine „Abwicklung" stattzufinden, deren Ziel es ist, soweit als möglich eine Lage herzustellen, wie sie bestehen würde, wenn keine Erfüllungshandlungen vorgenommen wären. Dem dienen vornehmlich die Vorschriften über die Herausgabe einer „ungerechtfertigten Bereicherung" (§§ 812 ff.). Dabei kann jedoch nicht davon abgesehen werden, daß die geschehenen Leistungen eben durch den Austauschzweck miteinander verknüpft waren,[4] im Falle eines nichtigen Gesellschaftsvertrages, daß sich die Gesellschafter tatsächlich einige Zeit nach dem, obzwar nichtigen, Gesellschaftsvertrag gerichtet, sich als Gesellschafter verhalten haben. Dies kann, was heute der Sache nach allgemein anerkannt ist, dazu führen, daß die Gesellschaft *für den Zweck der Abwicklung,* soweit nicht der Zweck der Norm, auf der die Nichtigkeit beruht, etwas anderes verlangt, als gültig anzusehen ist. Hieraus hat *Pawlowski*[5] die Forderung abgeleitet, den Nichtigkeitsbegriff des BGB und der herrsch. Lehre, demzufolge *alle* von den Parteien intendierten Rechtsfolgen nicht eintreten, durch einen Nichtigkeitsbegriff zu ersetzen, demzufolge nur *einige* dieser Folgen nicht eintreten, andere aber aufrecht erhalten werden. Folgerichtig spricht er von „rechtsgeschäftlichen Folgen nichtiger Willenserklärungen". Es ist sicher richtig, daß das Rechtsgeschäft, eben weil es kein „Nullum", sondern etwas Geschehenes ist, für die weiteren rechtlichen Beziehungen der Parteien, insbesondere für das Abwicklungsverhältnis, von Bedeutung bleibt,

---

[2] Zu eng *v. Tuhr* Bd. II § 56 zu Anm. 84, der daraus, daß die Nichtigkeit eines Rechtsgeschäfts „begriffsmäßig" unheilbar sei, folgert, diejenigen Fälle der Unwirksamkeit, in denen das Gesetz eine nachträgliche Heilung des Mangels zuläßt, seien eben deshalb nicht dem Begriff der Nichtigkeit zu unterstellen.

[3] Richtig *Flume* § 30 I.

[4] Zur Rückabwicklung eines Austauschverhältnisses vgl. Sch. R. II § 70 III. (Saldotheorie), zur Abwicklung fehlerhaft begründeter Gesellschaften Sch. R. II § 60 VII.

[5] In seiner Schrift „Rechtsgeschäftliche Folgen nichtiger Willenserklärung"; vgl. besonders S. 1 ff., 19 ff., 39 ff.

daß es nicht einfach ,,fortgedacht" werden kann. Aber die nunmehr eintretenden Rechtsfolgen sind, wenn auch in ihrem Inhalt durch das vorgenommene Rechtsgeschäft mitbestimmt, nicht identisch mit den von den Parteien intendierten, denn sie zielen insgesamt auf die ,,Abwicklung", nicht aber auf (weitere) Erfüllung des intendierten Vertragsverhältnisses ab. Versteht man den Nichtigkeitsbegriff dahin, daß die von den Parteien intendierten Rechtsfolgen des nichtigen Geschäfts in ihrer Gesamtheit *nicht gelten,* dann bedeutet das nicht notwendig, daß das nichtige Geschäft von der Rechtsordnung überhaupt nicht beachtet würde; die unter Beachtung des Inhalts des nichtigen Rechtsgeschäfts eintretenden Rechtsfolgen (im Abwicklungsverhältnis) sind trotzdem m. E. keine ,,rechtsgeschäftlichen" Folgen des nichtigen Geschäfts, weil sie nicht die von den Parteien intendierten Folgen sind. Sie sind gesetzliche Folgen des Rechtsgeschäfts als eines tatsächlich (und mit diesem Inhalt) vorgenommenen Akts und der sich daran anschließenden Erfüllungshandlungen, aber nicht Rechtsfolgen, die durch das Rechtsgeschäft als finalem Akt in Geltung gesetzt sind.

Die Parteien können das aus irgendeinem Grunde nichtige Rechtsgeschäft in einem späteren Zeitpunkt *,,bestätigen".* Sie können ihm aber dadurch, auch wenn der Nichtigkeitsgrund inzwischen fortgefallen ist, nach der Regelung des Gesetzes keine Wirksamkeit schon vom Zeitpunkt seiner Vornahme an, sondern nur Wirksamkeit vom Zeitpunkt der Bestätigung an verschaffen. Die ,,Bestätigung" ist nämlich als ,,erneute Vornahme" zu beurteilen (§ 141 Abs. 1).[6] Das bedeutet, daß jetzt alle Wirksamkeitserfordernisse vorliegen müssen, und daß bei einem formbedürftigen Geschäft die Bestätigung, um wirksam zu sein, in der vorgeschriebenen Form erfolgen muß.[7] Von einer ,,Bestätigung" kann man nur dann sprechen, wenn sich der erklärte Wille der Parteien darauf richtet, daß das früher vorgenommene Geschäft gerade mit seinem ursprünglichen Inhalt gelten solle. Die Bestätigung kann, wenn das Geschäft nicht formbedürftig ist, auch durch ,,schlüssiges Verhalten" erfolgen.[8] Sie ist aber nicht einfach daraus zu entnehmen, daß die Parteien das Geschäft als gültig behandeln, weil sie sich seiner Nichtigkeit nicht bewußt sind. Der Wille, ein Geschäft im Sinne erneuter Vornahme zu ,,bestätigen", setzt, wenn auch nicht die Kenntnis der Nichtigkeit, so doch mindestens Zweifel an seiner Gültigkeit voraus.

Wenn die Parteien durch die Bestätigung auch nicht erreichen können, daß das von ihnen bestätigte Rechtsgeschäft schon vom Zeitpunkt seiner ersten Vornahme an wirksam wird – § 141 Abs. 1 ist insoweit zwingendes Recht –, so können sich die Parteien eines Vertrages doch dazu *verpflichten,* einander das zu gewähren, was jede von ihnen haben würde, wenn der Vertrag von Anfang an gültig gewesen wäre. Im Zweifel sind ihre bestätigenden Erklärungen dahin auszulegen, daß sie diese Verpflichtung eingehen wollen (§ 141 Abs. 2). Handelt es sich z. B. um einen Kaufvertrag und war die Sache dem Käufer schon beim Abschluß des Vertrages übergeben worden, so gebühren ihm danach im Verhältnis zum

---

[6] Mit Recht betont *Flume* § 30 6, daß es sich bei dieser Regelung um eine positive Entscheidung des Gesetzes, nicht um eine logisch zwingende Folgerung aus dem Begriff der Nichtigkeit handelt.

[7] Einschränkend hinsichtlich der Formbedürftigkeit *Medicus* Rdz. 532; rechtspolitische Bedenken äußert *Flume* aaO.

[8] RGZ 61, 264, 266; 104, 50, 54; 125, 3, 7; BGHZ 11, 95.

Verkäufer nunmehr von diesem Zeitpunkt an die Nutzungen und hat er von ihm an die Lasten der Sache zu tragen (vgl. § 446 Abs. 1 Satz 2), weil diese Regelung unter den Parteien gegolten hätte, wenn der Kaufvertrag von Anfang an gültig gewesen wäre. Dagegen geht das Eigentum an der Kaufsache, wenn der Nichtigkeitsgrund auch das dingliche Rechtsgeschäft (§ 929) betraf, erst im Zeitpunkt der Bestätigung auf den Käufer über. Denn das dingliche Rechtsgeschäft ist erst in diesem Zeitpunkt wirksam geworden. Daran vermag die nur obligatorische Rückbeziehung der Verpflichtungen aus dem Grundgeschäft, dem Kaufvertrag, nichts zu ändern. Infolgedessen kommt es für die Wirksamkeit des Eigentumsübergangs darauf an, daß der Verkäufer im Augenblick der Bestätigung die Verfügungsmacht über die Sache hatte. Wenn er in der Zwischenzeit einem Dritten ein dingliches Recht, z. B. ein Pfandrecht an der Sache, bestellt hatte, – wozu er dann in der Lage war, wenn er die Sache dem Käufer noch nicht übergeben hatte –, bleibt dieses wirksam; der Verkäufer kann im Zeitpunkt der Bestätigung das Eigentum dem Käufer nur noch als ein mit dem Pfandrecht des Dritten belastetes Eigentum übertragen. Auf Grund des Kaufvertrages ist er freilich dem Käufer gegenüber verpflichtet, ihm lastenfreies Eigentum zu verschaffen (§ 434); ist er dazu jetzt nicht mehr in der Lage, so haftet er ihm wegen des „Rechtsmangels“.[9]

II. Teilweise Nichtigkeit

Der Nichtigkeitsgrund kann nur einen Teil des Rechtsgeschäfts betreffen. Dann fragt es sich, ob das ganze Rechtsgeschäft nichtig ist, oder nur der betreffende Teil, so daß das Rechtsgeschäft im übrigen gültig ist. § 139 bestimmt: „Ist ein Teil eines Rechtsgeschäfts nichtig, so ist das ganze Rechtsgeschäft nichtig, wenn nicht anzunehmen ist, daß es auch ohne den nichtigen Teil vorgenommen sein würde.“ Die Anwendung dieser Bestimmung wirft eine Reihe von Fragen auf.

a) **Die Einheitlichkeit des Geschäfts.** Von einem „ganzen Rechtsgeschäft“ und von einem „Teil“ des Rechtsgeschäfts läßt sich nur dann sprechen, wenn es sich bei den Erklärungen einer Partei oder beider Parteien insgesamt um ein einheitliches Rechtsgeschäft und nicht um mehrere, selbständige Rechtsgeschäfte handelt. Ob das der Fall ist, kann zweifelhaft sein. Verkauft jemand ein Grundstück mitsamt den darauf lagernden Baumaterialien an einen Käufer, der auf dem Grundstück bauen will, so ist dies wirtschaftlich und auch rechtlich ein einheitlicher Kaufvertrag, der als ganzer der Form des § 313 bedarf. Verkauft er zunächst

---

[9] Vgl. Sch.R. II § 40 II b.

nur das Grundstück formgerecht durch einen notariellen Vertrag und einige Zeit später durch eine formlose Vereinbarung auch die Baumaterialien, so handelt es sich mindestens dem äußeren Hergang nach um zwei verschiedene Kaufverträge. Fraglich kann sein, ob nicht der spätere Verkauf der Baumaterialien mit dem Verkauf des Grundstücks wirtschaftlich so eng zusammenhängt, daß beide Verträge als ein einheitliches Rechtsgeschäft im Sinne des § 139 angesehen werden müssen. Das ist aber zu verneinen. Wenn auch der Verkauf der Baumaterialien von beiden Parteien vielleicht nur im Zusammenhang mit dem Verkauf des Grundstücks gewollt sein wird, so stellt doch jeder der beiden Verträge eine in sich abgeschlossene Regelung dar, die unabhängig von dem anderen Vertrag für sich allein Bestand haben kann. Allenfalls wird man die Gültigkeit des Grundstücksverkaufs als die ,,Geschäftsgrundlage" des nachfolgenden Verkaufs der Baumaterialien ansehen können. Für die Anwendbarkeit des § 139 ist in diesem Fall aber kein Raum. Meist wird gesagt, es komme darauf an, ob die Parteien das Geschäft als einheitliches ,,gewollt" hätten, ob nach *ihren Vorstellungen* die Vereinbarungen miteinander ,,stehen und fallen" sollten.[10] Ein derartiger Wille wird bei gleichzeitiger (oder nahezu gleichzeitiger) Vornahme beider Geschäfte häufig vorliegen, setzt aber voraus, daß sich die Parteien dessen bewußt waren, daß erst beide zusammen eine für sie akzeptable Regelung darstellen. Indessen häufig werden sie sich hierüber keine Gedanken gemacht haben, so daß ihren Äußerungen darüber auch nichts zu entnehmen ist. Nicht der Wille oder die Vorstellungen der Parteien vermögen dann das Kriterium für die Entscheidung der Frage zu bilden, dieses kann vielmehr nur dem Inhalt der getroffenen Vereinbarungen entnommen werden.[11] Es muß dann bei äußerer Trennung der Geschäfte darauf ankommen, ob die getroffenen Regelungen wirtschaftlich so eng miteinander verflochten sind, daß sie nur miteinander als sinnvolle Regelung zu bestehen vermögen.[12] Nicht erforderlich ist für die Annahme eines einheitlichen Geschäfts, daß die zu einer Geschäftseinheit zusammengefaßten Einzelgeschäfte dem gleichen Vertragstypus angehören. So kann die Vermietung von Geschäftsräumen mit dem gleichzeitigen Verkauf des Geschäftsinventars einen einheitlichen Vertrag bilden. Es genüge, so hat das RG einmal gesagt,[13] ,,auch eine wirtschaftliche Einheit, sofern die Vermögensverschiebung als ein zusammenhängender Gesamtvorgang gewollt ist und als tatsächliche und geschichtliche

---

[10] So der BGH, LM Nr. 34 und 46 zu § 139 BGB mit weiteren Angaben; NJW 76, 1931.

[11] So auch *Flume* § 32 2a. Ein einheitliches Rechtsgeschäft, sagt er, liege vor, wenn ,,der spätere Akt derart in einem Sinneszusammenhang mit dem vorhergehenden steht, daß beide Akte nach ihrem Inhalt eine Einheit darstellen". Nach *Mayer-Maly* in MünchKomm 7 zu § 139 ist vom ,,objektiven Sinnzusammenhang zwischen den einzelnen Abreden auszugehen"; die Bedeutung des Willens der Beteiligten liege darin, daß sie ,,an sich selbständige Geschäfte zu einer Einheit zusammenfassen können".

[12] So auch *Staudinger/Dilcher* 16 zu § 139.

[13] RGZ 78, 41, 43f.

Einheit aufgefaßt werden kann, mögen sich auch dessen einzelne Akte in verschiedenen rechtlichen Formen vollziehen".

Sehr streitig ist, ob auf dem Wege über die Annahme einer Geschäftseinheit im Sinne des § 139 der für Verfügungsgeschäfte regelmäßig geltende *Abstraktionsgrundsatz* (oben § 18 II d) überwunden werden kann. Von der wohl noch überwiegenden Lehre und grundsätzlich auch von der Rechtsprechung wird diese Möglichkeit bejaht, weil auch hier der Parteiwille entscheiden müsse.[14] Für die Auflassung wird dabei mit Rücksicht auf ihre Bedingungsfeindlichkeit meist eine Ausnahme gemacht. Da indessen das Grundgeschäft und das dingliche Erfüllungsgeschäft wirtschaftlich *stets* zueinander gehören und gerade bei den Geschäften des täglichen Lebens den Parteien das Bewußtsein ihrer Verschiedenheit meist fehlt, so würde man auf diesem Wege in den meisten Fällen dazu kommen, daß die Nichtigkeit des Grundgeschäfts auch die des Erfüllungsgeschäfts nach sich zieht, d. h. man würde den Abstraktionsgrundsatz praktisch beseitigen. Es muß aber als ausgeschlossen angesehen werden, daß das Gesetz, das das Erfüllungsgeschäft nun einmal eindeutig vom Grundgeschäft trennt, auf dem Umwege über § 139 die Möglichkeit eröffnet hätte, die von ihm getrennten Geschäfte doch wieder zu einer Einheit zusammenzufügen. *Flume*[15] hat recht, wenn er sagt: „Die Anwendung des § 139 zu dem Zweck, das Abstraktionsprinzip zu beseitigen, verstößt evident gegen das geltende Recht". Der Gesetzgeber des BGB hat sich für die Trennung des Erfüllungsgeschäfts vom Grundgeschäft und für den grundsätzlich „abstrakten" Charakter des dinglichen Geschäfts entschieden. Es geht nicht an, diese Entscheidung mit Hilfe des § 139, der dafür nicht bestimmt ist, wieder aus den Angeln zu heben. Diese Auffassung, die schon früher vertreten wurde, hat neuerdings im Schrifttum erheblich an Boden gewonnen.[16] Der Hinweis auf die Privatautonomie ist verfehlt, weil ihr durch das „Trennungsprinzip" vom Gesetz eine Schranke gezogen ist.[17] Die Parteien können allerdings die Gültigkeit des Kausalgeschäfts, wenn sie Zweifel an ihr haben, zur Bedingung der Wirksamkeit des Erfüllungsgeschäfts machen, soweit dieses seiner Art nach nicht, wie z. B. die Auflassung, bedingungsfeindlich ist. Das aber wird nur sehr selten geschehen. Beachtenswert ist der Vorschlag von *Flume,*[18] bei einem Bargeschäft das Erfüllungsgeschäft als durch die Vornahme der Gegenleistung bedingt anzusehen, da dies dem typischen Sinn eines Bargeschäfts entspreche.

b) **Die Teilbarkeit des Geschäfts.** Die zweite Voraussetzung der Anwendbarkeit des § 139 ist, daß das als einheitlich erkannte Rechtsgeschäft ohne Veränderung seines Gesamtcharakters in Teile zerlegt werden kann, und daß das, was von ihm nach Ausschaltung des nichtigen Teils noch übrig bleibt, für sich allein genommen immer noch ein Rechtsgeschäft ist, das als solches Bestand zu haben vermag. Das trifft z. B. nicht zu, wenn bei einem Vertrage, bei dem die Erklärung nur der einen Vertragspartei formbedürftig ist (z. B. bei einem Bürgschaftsvertrage, vgl. § 766), die Erklärung dieser Partei wegen Formmangels nichtig ist, denn die Erklärung der Gegenpartei (im Beispiel also die des Gläubigers, er nehme die angebotene Bürgschaft an) ist für sich kein Rechtsgeschäft, das als

---

[14] So *Enn./N.* § 202 IV 1; *Lehmann/Hübner* § 27 III 2; *Heck,* Sachenrecht § 30, 8; *Westermann* Sachenrecht § 4 IV 3; *Palandt/Heinrichs* 3b zu § 139.

[15] *Flume* § 12 III 4.

[16] Sie wird vertreten im älteren Schrifttum von *Lang,* Teilweise Nichtigkeit des Rechtsgeschäfts (1926); *Breyhan,* aaO. (durchweg), sowie von *Goldmann* und *Marcuse* in GruchBeitr. 56, 161 und 66, 159; im neueren Schrifttum, außer von *Flume* aaO., von *v. Esch* aaO. S. 48ff.; *Schlüter* JuS 69, 10; *Brox,* Rdn. 120; *Medicus* Rdz. 241, 504; *Staudinger/Dilcher* 19, 20, MünchKomm/*Mayer-Maly* 13, *Erman/Brox* 23, *Beuthien/Hadding* II 1b zu § 139; vgl. auch *Baur,* Sachenrecht § 5 IV 3c a. E.

[17] Vgl. *Flume* aaO.

[18] *Flume* aaO. Dagegen aber *v. Esch* aaO. S. 50.

solches Bestand zu haben vermöchte. Da ein Vertrag einander entsprechende Willenserklärungen beider Vetragsschließenden verlangt, so ist notwendig der Vertrag als Ganzes nichtig, wenn die Erklärung einer Vertragspartei ihrem ganzen Inhalt nach nichtig ist. Ebensowenig geht es an, bei einem gegenseitigen Vertrage die Leistungspflichten der beiden Teile in der Weise zu verselbständigen, daß im Falle der Nichtigkeit der einen die andere als einseitige Verpflichtung übrig bliebe. Dadurch würde der Vertrag seinen Charakter als Austauschvertrag verlieren, das Vertragsverhältnis nicht nur in einzelne Teile zerlegt, sondern in seiner Wesensart, seinem Gesamtcharakter verändert werden. Ein gegenseitiges Vertragsverhältnis kann ohne Veränderung seines Gesamtcharakters nur in solcher Weise in Teile zerlegt werden, von denen einer für sich allein Bestand haben kann, daß das von den Parteien gewollte Äquivalenzverhältnis zwischen Leistung und Gegenleistung gewahrt bleibt. Es geht also nicht an, nur die (quantitativ teilbare) Leistung des einen Teils in einen nichtigen und in einen gültigen Teil zu zerlegen, während die nicht teilbare Gegenleistung voll aufrechterhalten bleibt. Auch wenn die Sittenwidrigkeit gerade darauf beruht, daß zwischen der Leistung des einen und der Gegenleistung ein Mißverhältnis besteht, so geht es nach der Rechtsprechung doch nicht an, durch die Herabsetzung nur der teilbaren Leistung des Benachteiligten den Vertrag zu „korrigieren". Ist z. B. ein Kaufvertrag nach § 138 Abs. 2 wegen Wuchers nichtig, so kann er nicht dadurch „teilweise" aufrechterhalten werden, daß die Leistung des Bewucherten in einen der Höhe nach noch zulässigen und den darüber hinausgehenden, als nichtig betrachteten Teil zerlegt wird; vielmehr ist das wucherische Geschäft als ganzes nichtig.[19] Der BGH[20] begründet dies vornehmlich damit, daß § 138 eine Abschreckungsfunktion habe. Wäre es möglich, das wegen Wuchers nichtige Rechtsgeschäft durch Herabsetzung der erhöhten Leistung aufrechtzuerhalten, so verlöre das Geschäft für den Wucherer das Risiko, nichts zu erlangen; er würde dann ja auf jeden Fall wenigstens das bekommen, „was gerade noch vertretbar und damit sittengemäß ist".

Ein Rechtsgeschäft läßt sich einmal dann in Teile zerlegen, wenn die in ihm getroffenen Regelungen auch als selbständige möglich wären. Hat z. B. der Verpächter eines landwirtschaftlichen Anwesens dem Pächter für die Dauer der Pachtzeit ein Vorkaufsrecht eingeräumt, dann steht die Einräumung des Vorkaufsrechts offensichtlich in so nahem Zusammenhang mit der Verpachtung, daß es sich nicht nur äußerlich um ein einheitliches Geschäft handelt. Dennoch

---

[19] So auch *Flume* § 32 2d; *Krampe*, JZ 75, 575 (im Text zu den Anm. 12 u. 13); *Staudinger/Dilcher* 108, *Palandt/Heinrichs* 4b zu § 138; *Medicus* Rdz. 505; Bedenken hiergegen aber bei *Hübner* aaO. S. 408f.; vgl. auch MünchKomm/*Mayer-Maly* 19 zu § 139; eingehend *Rühle* (vor § 22) S. 60ff. Nach seiner Meinung bietet die Nichtigkeit des gesamten Vertrages dem Bewucherten keinen wirksamen Schutz; die „optimale Sanktion" wäre ein Wahlrecht des Bewucherten zwischen teilweiser und völliger Nichtigkeit (S. 64).

[20] Vgl. BGHZ 68, 204, 207. Ebenso *Lindacher* aaO. S. 125, 128ff.

könnte sowohl die Verpachtung des Grundstücks wie die Einräumung eines Vorkaufsrechts auch als eine selbständige Regelung bestehen. Ist daher die Einräumung des Vorkaufsrechts wegen Nichtbeachtung der dafür erforderlichen Form des § 313 nichtig, so ist die Frage, ob deshalb der ganze Pachtvertrag nichtig, oder ob die Verpachtung des Grundstücks ohne das Vorkaufsrecht aufrechtzuerhalten ist, nach § 139 zu beantworten. Wenn ferner an einem Vertrage auf der einen Seite mehrere Personen beteiligt sind, von denen jede sich der Gegenpartei gegenüber entweder zu einer Teilleistung oder als Gesamtschuldner verpflichtet hat, dann vermöchte, wenn die Verpflichtung eines der Teilnehmer etwa wegen seiner Geschäftsunfähigkeit nichtig ist, die Regelung unter den übrigen Teilnehmern doch allein zu bestehen; wiederum ist § 139 anwendbar.[21] Schließlich kann sich die Teilbarkeit eines Rechtsgeschäfts auch daraus ergeben, daß die Leistungen eines Teils, oder bei einem gegenseitigen Vertrage, die Leistungen beider Teile im gleichen Verhältnis, mengenmäßig, bei Dauerschuldverhältnissen auch der Zeitdauer nach, in verschiedene Teile zerlegt werden können.[22] So hat der BGH einen Bierbezugsvertrag, der eine mehr als 20jährige Bindung vorsah, nur insoweit (wegen Sittenwidrigkeit) nach § 138 BGB (vgl. oben § 22 IIIb unter 2) als nichtig angesehen, als die Bindung über 20 Jahre hinausgehen sollte, mit dieser zeitlichen Verkürzung aber seinem ganzen Inhalt nach aufrechterhalten.[23] Läßt sich dagegen bei einem Dauerschuldverhältnis die zeitliche Verkürzung nicht ohne Veränderung seines sonstigen Inhalts durchführen, weil die Höhe der einzelnen wiederkehrenden Leistungen durch die Dauer der ganzen Vertragszeit mitbestimmt wird, dann ist für eine zeitlich beschränkte Teilnichtigkeit und somit für die Anwendung des § 139 kein Raum.[24] Als eine *teilbare Zuwendung* hat der BGH die Einsetzung zum Alleinerben angesehen;[25] sie könne, wenn sie über das nach § 138 zulässige Maß hinausgehe, in Höhe eines Bruchteils (Einsetzung als Miterbe etwa zur Hälfte) aufrecht erhalten werden. Hier erhebt sich jedoch das Bedenken, ob zwischen der Stellung eines Alleinerben und der eines Miterben wirklich nur ein quantitativer Unterschied besteht.

c) **Der Maßstab des hypothetischen Parteiwillens.** § 139 bestimmt nun für die Fälle, in denen er nach dem Gesagten anwendbar ist, als Regel die Nichtigkeit des ganzen Geschäfts. Dagegen soll dieses ohne den nichtigen Teil gültig bleiben, „wenn anzunehmen ist, daß es auch ohne den nichtigen Teil vorgenommen sein würde“. Mitunter vereinbaren die Parteien, wenn sie Zweifel an der Gültigkeit

---

[21] So auch das RG; vgl. RGZ 59, 174, 175; 62, 184, 186f.; 99, 52; 114, 35, 38; 141, 104, 108.

[22] RGZ 82, 124; 114, 35 (39). Zur quantitativen Teilbarkeit *v. Esch* aaO. S. 56ff.

[23] BGH, NJW 72, 1459. Vgl. ferner LM Nr. 24 zu § 139 BGB (zu einem Mietvertrag, der nach § 1822 Nr. 5 der vormundschaftsgerichtlichen Genehmigung bedurft hätte, weil er über den dort genannten Zeitpunkt hinaus fortdauern sollte).

[24] Vgl. dazu BGHZ 28, 78, 83f. für einen Lebensversicherungsvertrag.

[25] BGHZ 52, 17.

einer einzelnen Vetragsbestimmung haben, für den Fall, daß sie nichtig sei, die Gültigkeit des Vertrages im übrigen. In einem solchen Fall bedarf es des § 139 nicht.[26] Haben dagegen die Parteien für diesen Fall nichts vereinbart, so ist zu fragen, was sie vereinbart hätten, wenn sie schon bei dem Abschluß des Geschäfts vor die Frage gestellt worden wären, ob sie dieses auch ohne den nichtigen Teil gelten lassen wollten. Ist anzunehmen, daß auch nur eine Partei dann die Geltung verneint hätte, so verbleibt es bei der Nichtigkeit des ganzen Geschäfts. Kann man dagegen annehmen, beide Parteien hätten die Geltung bejaht, dann ist das restliche Geschäft, ohne den nichtigen Teil, gültig. Man wird dies dann annehmen müssen, wenn durch das restliche Geschäft jede Partei ihr Interesse noch in solchem Maße gewahrt sehen kann, daß demgegenüber ihr Interesse gerade an dem nichtigen Teil nicht entscheidend ins Gewicht fällt. Ergeben die Vorverhandlungen, daß der Pächter des landwirtschaftlichen Anwesens, um das Vorkaufsrecht zu erhalten, dem Verpächter in anderen Hinsichten wesentliche Zugeständnisse gemacht hat, dann kann nicht angenommen werden, daß er den Vertrag mit seinem sonstigen Inhalt ohne das Vorkaufsrecht hätte gelten lassen wollen. Ergibt sich dagegen, daß er das Vorkaufsrecht zwar erstrebt, daß er aber in den Verhandlungen keinen entscheidenden Wert darauf gelegt hat und daß ihm vor allem darum zu tun war, gerade dieses Anwesen zu pachten, dann kann man annehmen, daß er, ebenso wie der Verpächter, den Pachtvertrag mit dem im übrigen gleichen Inhalt auch ohne die Einräumung des Vorkaufsrechts hätte gelten lassen wollen. In diesem Fall ist der Pachtvertrag trotz der Nichtigkeit des vereinbarten Vorkaufsrechts im übrigen gültig.

Es handelt sich bei der Ermittlung des ,,hypothetischen Parteiwillens" weder um Vertragsauslegung[27] noch um die Feststellung einer psychischen Tatsache, sondern um eine Ermittlung und abwägende Bewertung der für sie maßgebenden Interessen der Parteien,[28] bei der zunächst diejenigen Bewertungsmaßstäbe zugrunde zu legen sind, von denen die eine und die andere Partei beim Vertragsabschluß erkennbar ausgegangen ist. Es ist also z. B. zu fragen, ob eine Partei bei den Verhandlungen gerade auf diesen Punkt besonderen Wert gelegt hat, ob sie den Vetragsschluß von ihm hat abhängig machen wollen. Nur wenn solche Wertungen oder Präferenzen der Parteien nicht erkennbar sind, darf und muß der Richter die Interessen der Parteien nach objektiven, verkehrstypischen Maßstäben werten. Das ist gemeint, wenn gesagt wird, es sei davon auszugehen, daß die Parteien ,,ihre Interessen in vernünftiger Weise abgewogen und geregelt hätten".[29] Insofern ist aber der § 139 nicht nur, wie vielfach angenommen wird,

[26] § 139 ist nur eine dispositive Norm, die erst eingreift, wenn die Parteien für den durch sie geregelten Fall nichts bestimmt haben; vgl. *Mayer-Maly*, Festschr. f. *Flume* 1978, S. 623.

[27] Es geht nicht um den (rechtlich relevanten) Sinn der Erklärungen der Vertragspartner noch darum, was dem Vertragstext zu entnehmen ist. Anders *Enn./N.* § 202 IV 2 zu Anm. 48.

[28] Zutreffend *Flume* § 32 5.

[29] *v. Tuhr* Bd. II § 56 zu Anm. 34; ähnlich RGZ 118, 219, 222.

allein am Gedanken der Privatautonomie, sondern auch an dem Gedanken einer im Sinne der Parteien „richtigen" Regelung orientiert.[30] Er verlangt damit vom Richter in der Tat ähnliche Erwägungen,[31] wie dieser sie bei einer „ergänzenden Vertragsauslegung" (unten § 29 I) und bei der Anpassung eines Vertrags an die veränderte Geschäftsgrundlage anzustellen hat. Dagegen erlaubt § 139 dem Richter nicht eine richterliche Vertragskorrektur. Er hat nur darüber zu entscheiden, ob das restliche Geschäft ohne den nichtigen Teil gültig oder ungültig ist; nicht kann er den restlichen Teil an die Interessen der Parteien anpassen. So darf er z. B. nicht deshalb, weil der Pächter ohne die Einräumung des Vorkaufsrechts vermutlich nur zur Zahlung eines niedrigeren Pachtzinses bereit gewesen wäre, den Pachtvertrag unter Herabsetzung des Pachtzinses ohne das Vorkaufsrecht aufrechterhalten, sondern er muß in einem solchen Falle feststellen, daß der Vertrag nichtig ist. Dagegen hat die Rechtsprechung eine Vertragskorrektur tatsächlich in den gleich zu erörternden Fällen vorgenommen, in denen sie einen Vertrag nicht mit Rücksicht auf § 139, sondern aus anderen Gründen dadurch aufrechterhalten hat, daß sie an Stelle der nichtigen Teilabrede die gesetzliche Regelung gelten ließ; so insbesondere in den schon früher erwähnten Fällen eines Verstoßes gegen Preisvorschriften.

d) **Die Nichtanwendbarkeit des § 139 mit Rücksicht auf eine andere gesetzliche Regelung.** In manchen Fällen einer Teilnichtigkeit ist § 139 nicht anwendbar, weil eine andere gesetzliche Regelung vorgeht. Eine solche Regelung hat das Gesetz zur Regelung des Rechts der Allgemeinen Geschäftsbedingungen für seinen Anwendungsbereich in § 6 AGBG getroffen. (Dazu unten § 29a III d.) Weiter sind hier einige erbrechtliche Vorschriften (vgl. §§ 2085, 2195, 2279 Abs. 1) zu nennen. Diese Vorschriften stellen zwar auch auf den „hypothetischen Willen" des Erblassers ab, enthalten aber gegenüber § 139 eine Verschiebung der Beweislast. Sodann gibt es Vorschriften, die nur unter der Voraussetzung einen Sinn haben, daß trotz der vom Gesetz für unwirksam erklärten Vertragsklausel der übrige Vertragsinhalt wirksam bleibt, weil sie gerade die Aufrechterhaltung der Vertragshaftung bezwecken. Hierher gehören die §§ 443, 476, 540 und 637. Allgemein kann sich die Gültigkeit des übrigen Geschäftsinhalts, ohne Rücksicht auf den hypothetischen Parteiwillen, aus dem Zweck gerade derjenigen Norm ergeben, auf der die Nichtigkeit einer einzigen Klausel beruht. Bezweckt nämlich eine Verbotsnorm oder eine zwingende Vorschrift, gegen die die Vereinbarung verstößt, gerade den Schutz des einen Vertragsteils vor Ausbeutung, Übervorteilung oder Unsicherheit, so würde die Nichtigkeit des ganzen Vertrages gerade

---

[30] § 139 ist also nicht, wie *Sandrock* (AcP 159, 491) meint, lediglich ein Ausfluß des Prinzips der Privatautonomie, sondern verbindet in einer für das BGB durchaus bezeichnenden Weise die Rücksicht auf die Privatautonomie, nämlich auf die Wertungsgrundlagen, von denen die Parteien tatsächlich ausgingen, mit einer ergänzenden objektiven Wertung.

[31] So auch *v. Esch* aaO. S. 72ff.

diesem Schutzzweck zuwiderlaufen, da der Vertragsteil, der geschützt werden soll, dann auch aller Vorteile aus dem Vertrage verlustig ginge. Die Rechtsprechung hat daher in solchen Fällen mit Recht den Vertrag ohne die nichtige Klausel für gültig gehalten.[32] Es handelt sich hier, methodologisch gesehen, um eine „teleologische Reduktion" des § 139. In Betracht kommen insbesondere die nach gesetzlichen Vorschriften wie den §§ 74a, 90a HGB oder wegen Sittenwidrigkeit als unzulässig angesehenen Wettbewerbsverbote sowie Kündigungsvereinbarungen, die zwingenden gesetzlichen Vorschriften, wie dem § 89 HGB, zuwiderlaufen; ferner Abreden, durch die die Schutzvorschriften der §§ 617, 618 BGB oder des § 62 HGB aufgehoben oder beschränkt werden, Haftungsausschlüsse, die entgegen § 276 Abs. 2 BGB auch die Haftung für Vorsatz betreffen, und Verstöße gegen Preisvorschriften. In allen diesen Fällen kommt es, da der Vertrag mit einem teilweise anderen Inhalt und ohne Rücksicht auch auf einen hypothetischen Parteiwillen aufrechterhalten wird, in der Tat zu einer Vertragskorrektur.

e) **Einschränkung des § 139 mit Rücksicht auf „Treu und Glauben".** In einer Reihe von Fällen hat die Rechtsprechung endlich die Anwendung des § 139 mit Rücksicht auf das Prinzip von „Treu und Glauben" (§ 242) eingeschränkt. In Betracht kommen hier drei Fallgruppen.

Prototyp der ersten Fallgruppe ist der Bäckereifall.[33] In einem Pachtvertrag über eine Bäckerei war dem Pächter für die Zeit nach der Beendigung der Pacht ein beschränktes Wettbewerbsverbot auferlegt; ihm war ferner ein Vorkaufsrecht an dem Bäckereigrundstück eingeräumt. Die Einräumung des Vorkaufsrechts war wegen Formmangels nichtig. Das Pachtverhältnis war von beiden Teilen bis zum vorgesehenen Endtermin erfüllt, der Vorkaufsfall während dieser Zeit nicht eingetreten. Nach Beendigung der Pacht und Rückgabe der Bäckerei, die nun wieder von dem Verpächter betrieben wurde, eröffnete der bisherige Pächter ein Konkurrenzunternehmen. Als er von dem früheren Verpächter mit Rücksicht auf das in dem Pachtvertrage enthaltene Konkurrenzverbot auf Unterlassung verklagt wurde, berief er sich darauf, daß wegen der Nichtigkeit der Einräumung des Vorkaufsrechts gemäß § 139 der ganze Pachtvertrag, den er ohne das Vorkaufsrecht nicht geschlossen haben würde, nichtig sei; er sei daher auch nicht zur Einhaltung des vereinbarten Wettbewerbsverbots verpflichtet. Das RG hat gegen dieses Vorbringen dem Einwand der Arglist stattgegeben. Dem kann freilich insoweit nicht gefolgt werden, als es hier gar nicht darum geht, ob das Vorbringen des Beklagten *im Prozeß* arglistig und deshalb unstatthaft ist,[34] son-

[32] RGZ 146, 116, 119; BGHZ 18, 340, 349; 40, 235, 239. Weitere Beispiele bei *Staudinger/Dilcher* 32 zu § 139.

[33] RGZ 153, 59.

[34] Vgl. zum Einwand der Arglist im allgemeinen Sch.R. I § 10 IIh. Fehlerhaft in der Begründung insoweit auch die Entsch. des BGH, LM Nr. 36 zu § 139.

dern darum, daß § 139 hier nicht anwendbar ist, weil das Ergebnis bei einer derartigen Fallgestaltung dem Grundsatz von „Treu und Glauben" offenkundig widersprechen würde. Entscheidend ist, daß der Vertrag im wesentlichen von beiden Teilen voll erfüllt war und daß dem Pächter aus der Nichtigkeit der Bestellung des Vorkaufsrechts, da der Vorkaufsfall nicht eingetreten war, ein Nachteil überhaupt nicht entstanden war.[35] Die das Vorkaufsrecht betreffende Vertragsbestimmung hatte sich dadurch gleichsam erledigt. Dem Pächter, der seinerseits alle nur möglichen Vorteile des Pachtvertrages genossen hatte, nunmehr zu gestatten, seine das Pachtende überdauernde Verpflichtung nicht zu erfüllen, wäre in hohem Maße unbillig.

Prototyp der zweiten Fallgruppe ist der Fall der nichtigen Sicherungsabtretung.[36] Zur Erlangung eines Warenkredits hatte der Käufer (Kreditnehmer) einen Geschäftsanteil sicherungshalber abgetreten und ein Wechselakzept gegeben. Die Abtretung des Geschäftsanteils war nichtig. Daraus leitete der Käufer die Nichtigkeit auch des Kaufvertrages und aus dieser wiederum eine Einrede gegen die Wechselforderung her und verweigerte sowohl die Erfüllung der Kaufpreisschuld wie auch die Einlösung des Wechsels. Das RG wies seinen Einwand zurück, weil er mit „Treu und Glauben" nicht vereinbar sei. Hier dürfte der entscheidende Gesichtspunkt sein, daß der Vertrag von demjenigen, zu dessen alleinigem Vorteil die nichtige Bestimmung getroffen war, d.h. also von dem Verkäufer, voll erfüllt worden war, und daß es nun wiederum darum ging, daß der durch die Nichtigkeit in keiner Weise beschwerte Teil sie dazu benutzen wollte, um sich seiner Verpflichtung zur Gegenleistung zu entziehen.[37]

Anders gelagert sind die Fälle der dritten Gruppe. Hier geht es nicht nur um die Aufrechterhaltung des ganzen Vertrages ohne die nichtige Einzelbestimmung, sondern sogar um eine teilweise Beachtung der nichtigen Vertragsbestimmung selbst. Der Vertrag wird in diesen Fällen zunächst wieder deshalb aufrechterhalten, weil das im Interesse der Partei liegt, die durch die Norm geschützt werden soll, auf der die Nichtigkeit der einzelnen Vertragsabrede beruht. Zur Ausfüllung der durch die Teilnichtigkeit entstandenen Vertragslücke reicht aber das dispositive Gesetzesrecht nicht aus. Seine Anwendung würde die zu schützende Partei in einer anderen Hinsicht stärker benachteiligen als die vereinbarte, zu ihrem Schutze jedoch als nichtig angesehene Vertragsregelung. Prototyp ist der Fall des unstatthaften Erfolgshonorars eines Anwalts.[38] Ein Anwalt hatte sich für seine

---

[35] Den Umstand, daß der nichtige Teil des Vertrages „nicht relevant" wurde, sieht *Flume* (§ 327) hier als entscheidend an. Vgl. auch *Steindorff*, Festschr. f. *Hefermehl* 1971, S. 177, 184.

[36] RG, JW 16, 390. Vgl. zu dieser Fallgruppe auch RGZ 121, 80 und *Flume* § 32 8.

[37] Anders lag es in dem Fall RGZ 91, 359. Hier war der betreffende Vertrag keineswegs bereits voll erfüllt; derjenige, der sich auf die Nichtigkeit des Vertrages berief, hatte nichts erlangt, wofür er nun die Gegenleistung nicht erbringen wollte. Vgl. auch die Entscheidung des BGH LM Nr. 36 zu § 139 BGB.

[38] BGHZ 18, 340. Vgl. auch den vom RG entschiedenen ähnlichen Fall in SeuffA 77, 181.

Bemühungen ein auf einen festen Betrag begrenztes Erfolgshonorar versprechen lassen. Die Vereinbarung eines Erfolgshonorars war nach der damals geltenden Fassung der Gebührenordnung für Rechtsanwälte – und wäre heute wegen Sittenwidrigkeit – nichtig. Im Interesse des Mandanten sah der BGH nicht den ganzen Vertrag nach § 139 als nichtig an, sondern nur die unzulässige Honorarabrede. Der Anwalt hätte demnach gemäß § 612 Abs. 2 für seine dem Mandanten geleisteten Dienste, unabhängig von ihrem Erfolg, die „übliche Vergütung" beanspruchen können. Diese war aber bedeutend höher als das vereinbarte Erfolgshonorar, so daß der Mandant, dessen Schutz durch die Nichtigkeit der Vereinbarung eines Erfolgshonorars bezweckt wird, in diesem Fall schlechter gestellt würde, als wenn die Vereinbarung gültig wäre. Der BGH meinte, der Mandant müsse in seinem Vertrauen darauf geschützt werden, keinesfalls mehr als das vereinbarte Honorar zahlen zu müssen, und auch dieses nur im Falle des Erfolges. Es sei mit „Treu und Glauben" nicht zu vereinbaren, wenn der Anwalt aus der Nichtigkeit der Honorarabrede, die er als Anwalt hätte erkennen müssen, jetzt noch einen Vorteil zu ziehen suche. Der BGH begrenzte daher in diesem Fall die von dem Mandanten zu zahlende „übliche Vergütung" der Höhe nach auf den vereinbarten Betrag und meinte überdies, daß sie nur im Falle des Erfolgseintritts zu zahlen sei. Die Eigentümlichkeit dieses Falles liegt darin, daß hier nicht nur der Vertrag im ganzen, ohne die nichtige Teilvereinbarung, aufrechterhalten wird, sondern daß auch die nichtige Teilvereinbarung zugunsten der einen, der geschützten Partei, Gültigkeit behalten soll. Wäre im konkreten Fall die übliche Vergütung geringer gewesen als das vereinbarte Erfolgshonorar, so hätte nach der Auffassung des BGH der Anwalt auch bei Eintritt des Erfolgs nicht mehr als die übliche Vergütung verlangen können. Insoweit wäre also die Honorarvereinbarung nichtig und die dadurch entstandene Vertragslücke durch das dispositive Gesetzesrecht auszufüllen gewesen. Im umgekehrten Falle aber und beim Ausbleiben des Erfolgs soll der Anwalt doch nicht mehr zu verlangen berechtigt sein, als er nach der getroffenen Abrede hätte fordern können; das heißt, diese soll zugunsten des Mandanten gültig bleiben. Die Entscheidung ist zu billigen. Sie steht mit dem Grundgedanken des § 139 insofern im Einklang, als sie vermeidet, daß dem geschützten Teil, dem Mandanten, über die Teilnichtigkeit und die Ausfüllung der Vertragslücke durch dispositives Recht eine Regelung aufgedrängt wird, auf die er sich beim Vertragsschluß nicht eingelassen hätte. In allen Fällen, in denen der Vertrag entgegen § 139 ohne den nichtigen Teil aufrechterhalten und die dadurch entstandene Vertragslücke durch das Gesetzesrecht ausgefüllt wird, handelt es sich um eine Vertragskorrektur. Die Besonderheit der Entscheidung des letzten Falles liegt darin, daß hier der BGH den Vertrag nur zugunsten der einen Partei, des Mandanten, zu korrigieren bereit ist, nicht aber zu ihren Ungunsten, so daß insoweit die nichtige Vertragsbestimmung in der Tat aufrechterhalten wird.

III. Umdeutung nichtiger Rechtsgeschäfte (Konversion)

Ein nichtiges[39] Rechtsgeschäft kann ,,als ein anderes" aufrechterhalten werden, wenn es den Erfordernissen dieses anderen Rechtsgeschäfts entspricht, und wenn anzunehmen ist, daß dessen Geltung bei Kenntnis der Nichtigkeit gewollt sein würde (§ 140). Man spricht hier von einer Umdeutung des nichtigen Rechtsgeschäfts in ein anderes, gültiges, oder von ,,Konversion". Dadurch soll vermieden werden, daß Rechtsgeschäfte, die von den Parteien für gültig gehalten werden, auch dann ohne die von ihnen beabsichtigten, an sich von der Rechtsordnung nicht mißbilligten wirtschaftlichen Folgen bleiben, wenn diese oder doch annähernd gleichartige Folgen auf einem anderen Wege, durch ein Rechtsgeschäft anderer Art, dessen Gültigkeitsvoraussetzungen erfüllt sind, voll oder wenigstens zum Teil hätten erreicht werden können, und wenn anzunehmen ist, daß die Parteien, wenn sie sich über die rechtlichen Möglichkeiten klar gewesen wären, dieses andere Rechtsgeschäft vorgenommen hätte. Maßgebend ist auch hier, wie bei der Teilnichtigkeit gemäß § 139, der ,,hypothetische Parteiwille". Dieser kann nur so festgestellt werden, daß man sich die wirtschaftlichen Zwecke und die erkennbaren Interessenbewertungen der Parteien vergegenwärtigt und danach fragt, ob das ,,andere Geschäft" ein geeignetes Mittel darstellt, diese Zwecke zu verwirklichen, und ob seine Geltung der Interessenbewertung, von der die Parteien ausgingen, entspricht. Es handelt sich daher wiederum weder um Auslegung einer Willenserklärung[40] noch um die Feststellung eines empiri-

[39] Dem von vornherein nichtigen Rechtsgeschäft ist ein zunächst ,,schwebend unwirksames" Geschäft gleichzustellen, wenn es durch Verweigerung der Genehmigung endgültig unwirksam geworden ist. So auch der BGH, LM Nr. 5 zu § 140 BGB.

[40] Anders jedoch *Pawlowski* Bd. II, S. 238, vor allem aber *Krampe* aaO. S. 280ff. Für sie gibt es kein nichtiges und kein davon verschiedenes, *statt seiner* geltendes ,,anderes" Rechtsgeschäft, sondern nur das von den Parteien gewollte Rechtsgeschäft in den Grenzen seiner rechtlichen Zulässigkeit. Dem widerstreitet nicht nur der Wortsinn des Gesetzes, es werden auch die Möglichkeiten der Auslegung überschätzt. Lehrreich ist der Fall BGHZ 76, 16. Eine Gemeinde hatte ein Grundstück verkauft, das in einem Gelände lag, für das ein Bebauungsplan nur erst vorgesehen war. Der Preis entsprach dem von baureifem Gelände. In dem Vertrage hieß es, die Gemeinde werde das Gelände ,,entsprechend der allgemeinen Entwicklung zügig aufschließen und zur Bebauung freigeben". Der BGH erwog: Sollte die Klausel dahin auszulegen sein, daß die Gemeinde sich zur Aufstellung eines Bebauungsplans verpflichten wollte, so sei sie unwirksam und dann der Vertrag nach § 139 nichtig, da der Käufer ihn ohne sie nicht geschlossen haben würde. Indessen sei es nach den bisherigen Feststellungen nicht auszuschließen, daß ,,nach dem Sinngehalt der Vereinbarung" die Gemeinde lediglich das Risiko des Scheiterns der Bebauungsplanung in der vorgesehenen Weise und Zeit habe übernehmen sollen. Dann wäre die Klausel und mit ihr der Vertrag wirksam. Sollte aber die erneute tatrichterliche Prüfung ergeben, daß die Klausel von beiden Parteien im Sinne einer Verpflichtung der Gemeinde zum Erlaß eines Bebauungsplans gemeint war – dann könnte sie auch nur so ausgelegt werden –, bliebe noch die Möglichkeit einer Umdeutung des – dann nichtigen – Vertrages in einen Kaufvertrag mit der Übernahme des Risikos durch die Gemeinde. Hier wird m. E. ganz deutlich, daß die Umdeutung über die der Auslegung gesetzten Grenzen hinausführt. Anderer Meinung ist *Hager*, Gesetzes- und sittenkonforme Auslegung und Aufrechterhaltung von Rechtsgeschäften, 1983, S. 116f. u. 155. Er bemängelt an der Entsch. des BGH, daß dieser keinerlei Abgrenzungskriterien ,,für die beiden Vorgehensweisen nennt"; dazu hatte er aber keinen Anlaß.

schen Willens als einer psychologischen „Tatsache", sondern um eine Art nachträglicher Formulierungshilfe für die Parteien. Ihre wirtschaftlichen Absichten sollen dadurch auf eine von ihnen so zwar nicht gewollte, aber ihren eigenen Interessenwertungen entsprechende und rechtlich mögliche Weise zur Verwirklichung gebracht werden. Mit Recht hat jedoch der BGH gesagt,[41] daß die Umdeutung „nicht zu einer im Gegensatz zur Privatautonomie stehenden Bevormundung der Parteien führen darf, die sich einfach über die besondere Willensrichtung und über die besonderen Vorstellungen der Parteien hinwegsetzt". Es komme daher nicht allein auf den angestrebten wirtschaftlichen Erfolg, sondern auch darauf an, ob die Parteien der von ihnen gewählten Rechtsform ein besonderes Gewicht beigemessen haben. Im letzteren Fall sei die Umdeutung unzulässig.[42] Der Richter darf eben nicht seine eigenen oder die von ihm für zweckmäßig gehaltenen Wertungen an die Stelle derjenigen der Parteien setzen; er hat von der ihm erkennbaren subjektiven Wertungsgrundlage der Parteien auszugehen.

Aus dem Gesagten folgt zunächst, daß eine Umdeutung dann nicht in Frage kommt, wenn die mit dem Geschäft verfolgten Absichten der Partei selbst von der Rechtsordnung mißbilligt werden, also besonders dann nicht, wenn deren Zwecke sittenwidrig sind. Ergibt sich die Sittenwidrigkeit eines Geschäfts, wie im Falle eines wucherischen Geschäfts, aus einer vom Recht mißbilligten Übervorteilung des einen Vertragsteils durch den anderen, so würde eine Umdeutung in ein Geschäft, das „gerade noch vertretbar und damit sittengemäß ist", dem Zweck des § 138 widersprechen, von solchen Geschäften abzuschrecken. Der BGH lehnt daher eine Umdeutung auch derartiger Rechtsgeschäfte grundsätzlich ab.[43] Verstößt das Geschäft in der vereinbarten Weise gegen ein gesetzliches Verbot, so ist eine Umdeutung in ein anderes Geschäft nur dann zulässig, wenn der Zweck des Verbots diesem anderen Geschäft nicht entgegensteht.[44] In Betracht kommen daher hauptsächlich solche Rechtsgeschäfte, die wegen Formmangels nichtig sind, sowie solche, die gemäß zwingenden gesetzlichen Vorschriften, vornehmlich wegen des auf dem betreffenden Rechtsgebiet bestehenden Typenzwangs, nicht vorgenommen werden können. So wurde die nach § 1059 Satz 1 nicht zulässige Übertragung eines Nießbrauchs umgedeutet in eine

---

[41] BGHZ 19, 269, 273.

[42] Der BGH hat – in der Entsch. LM Nr. 8 zu § 140 BGB – die Umdeutung eines wegen Ausfalls einer in ihm vereinbarten Bedingung nicht wirksam gewordenen Grundstückskaufvertrages in einen Vertrag über die Bestellung einer Grunddienstbarkeit deshalb für unzulässig gehalten, weil die Parteien durch die Vereinbarung der Bedingung (nämlich: Zustimmung eines Dritten zur Grundstücksteilung) ihren Willen zu erkennen gegeben hätten, den angestrebten wirtschaftlichen Erfolg nur gerade im Wege eines Kaufs zu erreichen. Ob dieser Schluß zutrifft, läßt sich wegen des nur unzureichend mitgeteilten Sachverhalts nicht beurteilen.

[43] BGHZ 68, 204, 207. Vgl. dazu auch oben unter II b.

[44] Daß eine Umdeutung auch in den Fällen des § 134 grundsätzlich möglich sei, hat das RG in RGZ 125, 209, 212 ausgesprochen. Vgl. dazu auch BGHZ 26, 320, 328 f.

nach § 1059 Satz 2 zulässige Überlassung der Ausübung des Nießbrauchs;[45] die Bestellung eines nach dem BGB nicht zugelassenen Erbpachtrechts in einen gewöhnlichen Pachtvertrag;[46] die Bestellung eines dinglichen Vorkaufsrechts in ein schuldrechtliches Vorkaufsrecht;[47] eine wegen Formmangels nichtige Verpflichtung zur Übereignung eines Grundstücks in eine Verpflichtung zur Bestellung eines lebenslänglichen Nießbrauchs an dem Grundstück;[48] ein wegen Nichteinhaltung der vorgeschriebenen Form nichtiger Erbschaftsverkauf in einen Erbauseinandersetzungsvertrag;[49] eine wegen Formmangels nichtige Verpfändung einer Hypothek oder einer Grundschuld in die Einräumung eines schuldrechtlichen Zurückbehaltungsrechts am Hypotheken- oder Grundschuldbrief;[50] ein Gesellschaftsvertrag über die Gründung einer OHG in einen Vertrag über die Gründung einer Gesellschaft des bürgerlichen Rechts;[51] ein formungültiges Schenkungsversprechen auf den Todesfall in ein privatschriftliches Testament;[52] schließlich ein in Ermangelung der nach § 1365 BGB erforderlichen Zustimmung des Ehegatten zunächst schwebend unwirksamer, später nichtig gewordener Übergabevertrag unter Lebenden in einen Erbvertrag.[53] Wie diese Beispiele zeigen, spielt die Umdeutung in der Praxis der Gerichte eine nicht unerhebliche Rolle.

In einigen Entscheidungen wird gesagt, die Umdeutung setze voraus, daß die Bestandteile des als gültig angenommenen ,,anderen" Geschäfts in dem zunächst abgeschlossenen, aber nichtigen Geschäft enthalten seien.[54] Diese Auffassung hat sich vor allem *Flume*[55] zu eigen gemacht, der daraus die Folgerung zieht, das ,,andere Geschäft" müsse nicht nur dem hypothetischen Parteiwillen entsprechen, sondern als ein aus dem vorgenommenen Geschäft herauslösbarer Teil von den Parteien ,,wirklich vorgenommen" worden sein. Dem ist nicht zuzustimmen.[56] Es handelt sich bei der Konversion nicht lediglich, wie *Flume* meint, um ,,einen besonderen Fall der Teilnichtigkeit". Das RG hat einmal, wie wir glauben mit Recht, gesagt,[57] zur Anwendung des § 140 genüge es, ,,wenn der wirtschaftliche Erfolg, der durch das nichtige Rechtsgeschäft erzielt werden sollte, durch das andere Geschäft wenigstens so weit erreicht wird, daß anzunehmen ist, die

---

[45] RG WarnR. 10, Nr. 317.
[46] RG WarnR. 28, Nr. 120.
[47] RGZ 104, 122.
[48] RGZ 110, 391.
[49] RGZ 129, 122.
[50] RGZ 66, 24; 124, 28; OGHZ 4, 138, 146.
[51] BGHZ 19, 269.
[52] RG JW 10, 467.
[53] BGHZ 40, 218 (lesenswert!).
[54] So schon RGZ 121, 99, 106; BGHZ 19, 269, 275; 20, 363, 370; 26, 320, 329.
[55] *Flume* § 32 9c.
[56] Ebenso in MünchKomm/*Mayer-Maly* 15 zu § 140; *Medicus* Rdz. 519.
[57] RGZ 137, 171 (176).

Parteien hätten mangels Erzielung des vollen Erfolgs wenigstens die teilweise Verwirklichung ihrer Zwecke gewollt". Auf die volle oder wenigstens teilweise Erreichung des von den Parteien erstrebten wirtschaftlichen Erfolgs unter Beachtung der von ihnen vorgenommenen Interessenbewertung kommt es an, nicht darauf, daß das als gültig anzusehende Geschäft in dem nichtigen als dessen Teil schon vollständig enthalten war, nur aus ihm herausgelöst zu werden braucht. Zwar wird das häufig der Fall sein. So kann man in der Tat sagen, daß in der Übertragung eines Nießbrauchs zu vollem Recht die zeitlich begrenzte Überlassung zur Ausübung als die mindere Wirkung enthalten ist. Schwerlich aber trifft es zu, daß in der Gründung einer OHG die einer Gesellschaft des bürgerlichen Rechts oder in der Verpflichtung zur Übertragung des ganzen Vermögens unter Lebenden ein Erbvertrag enthalten sei. Wenn *Flume* folgerichtig diese Entscheidungen ablehnt, so engt er damit doch den Anwendungsbereich des § 140 über Gebühr ein. Nach richtiger Ansicht kann eine verspätete oder nicht formgerechte Kündigung, die von dem Empfänger gleichwohl „angenommen" wird, in einen Antrag zum Abschluß eines Aufhebungsvertrages umgedeutet werden.[58] Bei der völligen Andersartigkeit der einseitig gestaltend wirkenden Kündigung gegenüber einer Vertragsofferte kann man aber nicht sagen, daß in der Kündigung eine Vertragsofferte enthalten sei. Trotzdem kann und wird meistens die Umdeutung der Kündigung in eine Vertragsofferte dem hypothetischen Willen des Kündigenden und sogar dem wirklichen Willen des Empfängers entsprechen. Wenn das der Fall ist, sollte sie vorgenommen werden.

Die Grenzen zulässiger Umdeutung ergeben sich eben aus der Beachtung des hypothetischen Parteiwillens. Es darf bei einem Schuldvertrag keiner Partei eine weitergehende Verpflichtung auferlegt werden, als sie sie hat übernehmen wollen. Daher darf z. B. eine nichtige Pfandbestellung nicht in eine Sicherungsübereignung umgedeutet werden.[59] Mit Recht hat das RG betont,[60] daß eine Rücktrittserklärung gemäß § 326 nicht ohne weiteres in eine Anfechtungserklärung wegen Irrtums umgedeutet werden dürfe, weil diese für den Erklärenden die Verpflichtung zum Ersatz des Vertrauensschadens nach sich ziehen würde. Wie schon bemerkt, darf der Richter nicht seine eigene Interessenbewertung an die Stelle der erkennbaren Bewertung einer Partei setzen, auch wenn er diese für unverständig hält. Unter diesem Gesichtspunkt ist die Entscheidung des BGH über die Umdeutung der Errichtung einer OHG in die einer BGB-Gesellschaft[61] in der Tat bedenklich, weil im konkreten Fall der eine Vertragsteil nach seiner

---

[58] *v. Tuhr* Bd. II § 56 zu Anm. 71. Anders RGZ 143, 124.

[59] Vgl. *Enn./N.* § 202 Anm. 66; *Soergel/Hefermehl* 5 zu § 140.

[60] RGZ 105, 206, 208.

[61] BGHZ 19, 269. Kritisch zu dieser Entscheidung *Flume* § 32 9d. Vgl. zu ihr auch *Battes,* AcP 174, 444f. Abzulehnen ist die Entsch. des OLG Stuttgart, JZ 75, 572; dazu die Anm. von *Krampe,* JZ 75, 574.

Behauptung schon beim Vertragsschluß zu erkennen gegeben hatte, er lehne eine Gesellschaft des bürgerlichen Rechts entschieden ab. Der BGH durfte daher nicht einfach annehmen, daß er bei Kenntnis der Unmöglichkeit, den beabsichtigten Zweck in der Rechtsform einer OHG zu erreichen, sich doch auf die Begründung einer BGB-Gesellschaft eingelassen und nicht vielmehr von dem Vertrag überhaupt Abstand genommen hätte. Wenn es freilich an jeglichem Anhaltspunkt für eine besondere Wertung der Partei fehlt, ist von der Denkweise eines verständigen Menschen auszugehen, also eine objektive Interessenbewertung vorzunehmen.

Die Möglichkeit einer Konversion setzt im übrigen voraus, daß alle für ein Rechtsgeschäft überhaupt und der betreffenden Art bestehenden Gültigkeitsvoraussetzungen vorliegen, also z. B. Geschäftsfähigkeit, Verfügungsmacht, Zulässigkeit des Inhalts und Formerfordernisse.

IV. Relative Unwirksamkeit einer Verfügung

Unter „relativer Unwirksamkeit" einer Verfügung versteht das Gesetz, daß sie zwar grundsätzlich wirksam, aber im Verhältnis zu einer bestimmten Person insoweit unwirksam ist, als sie der Verwirklichung eines dieser Person dem Verfügenden gegenüber zustehenden Anspruchs oder einer von ihr ausgehenden Vollstreckungsmaßnahme entgegensteht. Das Gesetz bedient sich dieser Denkfigur vornehmlich in solchen Fällen, in denen einem Rechtsinhaber die Verfügung über sein Recht gerade im Interesse eines anderen verboten wird, dem dadurch die Möglichkeit künftigen Erwerbs (für den Fall, daß er auf diesen einen Anspruch hat) oder der Vollstreckung offengehalten werden soll. Der durch das Verbot Geschützte soll einerseits nicht die Gefahr laufen, daß die Durchsetzung seines Anspruchs oder die Zwangsvollstreckung deshalb scheitert, weil der Rechtsinhaber in der Zwischenzeit über sein Recht zugunsten eines Dritten wirksam verfügt hat; auf der anderen Seite soll aber die Verfügungsmacht des Rechtsinhabers nicht weiter, als es dieser Zweck erfordert, eingeschränkt werden. Da die Verfügung des Rechtsinhabers nur gegenüber dem durch das Verbot Geschützten und nur, soweit es dessen Zweck erfordert, nicht aber in allen anderen Hinsichten, insbesondere Dritten gegenüber, unwirksam ist, tritt ihr Erfolg zunächst einmal ein und bleibt er dann dauernd bestehen, wenn dem Geschützten der vermeintliche Anspruch nicht zusteht oder wenn die Vollstreckung nicht durchgeführt wird. § 135 schränkt insoweit den § 134, der die völlige Unwirksamkeit (gegenüber jedermann) der verbotswidrigen Verfügung anordnet, ein.

Nach § 135 Abs. 1 Satz 1 ist eine Verfügung über einen bestimmten Gegenstand, die gegen ein gesetzliches Veräußerungsverbot verstößt, das nur den Schutz bestimmter Personen bezweckt, nur diesen Personen gegenüber unwirksam. Nach § 136 steht einem solchen gesetzlichen Veräußerungsverbot ein Veräußerungsverbot gleich, das von einem Gericht oder von einer Behörde innerhalb ihrer Zuständigkeit erlassen wird. Statt von einem „Veräußerungsverbot" wäre richtiger von einem Verfügungsverbot zu sprechen, da nicht nur die Veräußerung eines Gegenstandes, sondern auch seine Verpfändung oder sonstige Belastung den Gegenstand eines derartigen Verbots bilden kann (vgl. § 938 Abs. 2 ZPO). Ob es allerdings, wie § 135 voraussetzt, unmittelbar auf einem Gesetz beruhende Verfügungsverbote, die nur den Schutz bestimmter Personen bezwecken, gibt, ist zu bezweifeln; überzeugende Beispiele für derartige gesetzliche Verbote lassen sich kaum finden. Überhaupt nicht zu den Verfügungs„verboten" zählen die gesetzlichen Beschränkungen der Verfügungsmacht, z. B. des Gemeinschuldners im Konkurse (vgl. oben § 22 II). Die Hauptbedeutung des § 135 liegt daher in seiner Verbindung mit dem § 136. Verfügungsverbote, die von einem Gericht erlassen werden und nur den Schutz bestimmter Personen bezwecken, ergeben sich besonders aus einstweiligen Anordnungen der Gerichte (§§ 935, 938 ZPO, § 106 Abs. 1 Satz 2 und 3 KO) sowie aus Maßnahmen der Zwangsvollstreckung (§ 829 Abs. 1 Satz 2 ZPO, auch §§ 803, 1019 ZPO, §§ 20, 23 ZVG).

In den Fällen der nur relativ wirkenden Verfügungsverbote ist die verbotswidrig erfolgte Verfügung nur gegenüber dem durch das Verbot Geschützten und zwar nur insoweit unwirksam, als es gerade um die Verwirklichung seines Anspruchs gegen den Verfügenden oder um seine Befriedigung in der Zwangsvollstreckung geht. Ihm gegenüber behält der Verfügende die rechtliche Macht, zwecks Befriedigung seines Anspruchs ihm das Recht, über das er anderweitig verfügt hatte, dennoch zu verschaffen, beziehungsweise bleibt seine Haftung bestehen. Daher muß der durch die verbotswidrige Verfügung Begünstigte dem durch das Verbot Geschützten weichen, wenn dieser seinen Anspruch gegen den Verfügenden (auf Verschaffung des Rechts, über das dieser „relativ unwirksam" verfügt hatte) mit Erfolg geltend macht oder vollstreckt. Freilich gilt dies nur mit einer Einschränkung: Die Vorschriften zugunsten derjenigen, die Rechte von einem Nichtberechtigten herleiten, finden zu seinen Gunsten entsprechende Anwendung (§ 135 Abs. 2). Das bedeutet: Soweit nach den gesetzlichen Vorschriften (§§ 892, 932, 1032 Satz 2, 1207) ein Rechtserwerb auch von einem Nichtberechtigten möglich ist, erwirbt der Begünstigte den Gegenstand der Verfügung mit Wirkung auch gegenüber dem durch das Verbot Geschützten, somit endgültig, wenn er nur hinsichtlich des Nichtbestehens eines Verfügungsverbots im Sinne der zur entsprechenden Anwendung gelangenden gesetzlichen Vorschrift gutgläubig ist.[62]

---

[62] Bei Grundstücken steht es der Kenntnis des Dritten gleich, wenn die Verfügungsbeschränkung aus dem Grundbuch ersichtlich ist (§ 892 Abs. 1 Satz 2). Relative Verfügungsbeschränkungen können daher in das Grundbuch eingetragen werden, auch wenn sie zu ihrer Wirksamkeit nicht der Eintragung bedürfen.

Nehmen wir an, A, der gegen S einen Anspruch auf Übereignung eines bestimmten Kraftwagens aus einem Kaufvertrage oder einen anderen Rechtsgrunde zu haben behauptet, habe beim Gericht eine einstweilige Verfügung (§§ 935, 938 Abs. 2 ZPO) erwirkt, durch die dem S die Veräußerung des Wagens verboten wird. Dennoch übergibt und übereignet S den Wagen dem D. Dieser wird Eigentümer, und zwar auch mit Wirkung gegenüber dem A, wenn er von dem Veräußerungsverbot nichts wußte, seine Unkenntnis auch nicht auf grober Fahrlässigkeit beruhte (§ 932 entsprechend). A hat in diesem Fall also das Nachsehen, auch wenn sich sein Anspruch gegen S in dem nachfolgenden Prozeß als begründet erweist. Er hat keinerlei Ansprüche gegen D, sondern kann nur von S Schadensersatz verlangen. Kannte D dagegen das Veräußerungsverbot oder mußte er es kennen, dann ist sein Eigentumserwerb gegenüber dem A, also relativ, unwirksam. Das bedeutet dem Gesagten nach, daß S, obwohl er sich seines Eigentums durch die Verfügung zugunsten des D begeben hatte, in der Lage geblieben ist, es in Erfüllung seiner Verpflichtung dem A zu verschaffen und damit dem D wieder zu entziehen. Der Eigentumserwerb des D ist von vornherein mit dieser ,,Schwäche" behaftet. Wie aber verschafft S jetzt das Eigentum dem A, da doch nicht mehr er, sondern D im Besitz der Sache ist? Nach der h. L. kann er es im Wege des § 931. Daß er einen Herausgabeanspruch gegen D habe, muß (in seinem Verhältnis zu A) unterstellt werden, weil anders der Zweck der relativen Unwirksamkeit, nämlich es dem S zu ermöglichen, seine Verpflichtung gegenüber A auch jetzt noch zu erfüllen, nicht erreichbar wäre. Hat A auf diese Weise das Eigentum erlangt, dann kann er gemäß § 985 die Herausgabe des Wagens von D verlangen. D kann dem A gegenüber nicht einwenden, daß er durch die Verfügung des S Eigentümer geworden sei, denn diese Verfügung ist dem A gegenüber unwirksam. Zu beachten ist, daß das Gesetz einen gutgläubigen Erwerb vom Nichtberechtigten nur bei Sachen, nicht auch bei Forderungen kennt. Beansprucht A von S die Abtretung einer dem S gegen Z zustehenden Forderung und hat das Gericht dem S verboten, über die Forderung zu verfügen, tritt aber S die Forderung dennoch an D ab, so ist der Erwerb des D dem A gegenüber ,,relativ" unwirksam, auch wenn D von dem gerichtlichen Verfügungsverbot nichts wußte noch wissen konnte. An einer Vorschrift, die gemäß § 135 Abs. 2 hier entsprechend angewandt werden könnte, fehlt es in diesem Fall.

Es wird meist so angesehen, als sei S in seinem Verhältnis zu A wegen der relativen Unwirksamkeit seiner Verfügung Eigentümer geblieben. Das läuft auf eine Spaltung der Eigentumszuständigkeit hinaus, die mißlich ist und überdies dem S mehr beläßt, als er nach dem Zweck des Instituts benötigt.[63] Hiernach genügt es, wenn S die Rechtsmacht behält, zwecks Erfüllung seiner Verpflichtung gegenüber A diesem jetzt das Eigentum durch eine neue Verfügung, die *der zugunsten des D vorgeht,* zu verschaffen. Die ,,relative Unwirksamkeit" der früheren Verfügung (zugunsten des D) bedeutet, daß sie der neuen Verfügung (zugunsten des A) gegenüber keinen Bestand hat.

,,Relativ unwirksam" ist auch die Verfügung, die ein Grundstückseigentümer über sein Grundstück trifft, wenn im Grundbuch eine Vormerkung zur Sicherung des Anspruchs eines anderen auf Einräumung eines Rechts an dem Grundstück eingetragen ist, soweit die Verfügung bei voller Wirksamkeit den gesicherten Anspruch vereiteln oder beeinträchtigen würde (§ 883 Abs. 1 und 2). Die Verfügung würde den Anspruch, falls es sich um einen Anspruch auf Übereig-

---

[63] Gegen die Spaltung der Eigentumszuständigkeit überzeugend *Flume* § 17 6d; *Beer* aaO. S. 132ff. *Beer* betont die alleinige Eigentümerstellung des Dritten, sieht dessen Eigentum aber als belastet an durch ein ,,Absicherungsrecht" des Geschützten, das sowohl dingliche wie schuldrechtliche Elemente enthalten soll. Ob es dieser Konstruktion bedarf, ist mir sehr zweifelhaft. Ihr folgt *Mayer-Maly* in MünchKomm 39 zu § 135.

nung des Grundstücks handelt, vereiteln, wenn sie in der Übertragung des Eigentums an einen Dritten bestünde; sie würde ihn beeinträchtigen, wenn es sich um eine Belastung des Grundstücks handeln würde. Auch hier ist die Verfügung aber insoweit wirksam, als es nicht um die Verwirklichung des durch die Vormerkung gesicherten Anspruchs geht. Dem durch die Vormerkung Geschützten gegenüber bleibt der Verpflichtete, weil seine Verfügung zugunsten des Dritten als unwirksam angesehen wird, weiterhin in der Lage, ihm das Eigentum an dem Grundstück, und zwar frei von der durch die unwirksame Verfügung vorgenommenen Belastung, zu verschaffen. Allerdings bedarf es hierzu jetzt noch der nach den Vorschriften des Grundbuchrechts erforderlichen Zustimmung des nunmehr im Grundbuch eingetragenen Dritten. Auf diese Zustimmung gibt das Gesetz dem durch die Vormerkung Geschützten einen Anspruch (§ 888 Abs. 1). Einen solchen Anspruch gibt es auch demjenigen, dessen Anspruch durch ein Veräußerungsverbot im Sinne der §§ 135, 136, also z. B. durch eine einstweilige gerichtliche Verfügung, gesichert ist (§ 888 Abs. 2).

In den Fällen der §§ 135, 136, 883 steht der rechtsgeschäftlichen Verfügung, die entgegen dem Verfügungsverbot ergeht, eine „Verfügung" gleich, die im Wege der Zwangsvollstreckung oder der Arrestvollziehung durch das Gericht oder den Gerichtsvollzieher erfolgt (§ 135 Abs. 1 Satz 2, § 883 Abs. 2 Satz 2). Danach sind dem durch das Verbot Geschützten gegenüber auch der Erwerb eines Pfändungspfandrechts (§§ 804, 930 ZPO) durch den die Vollstreckung oder die Arrestvollziehung betreibenden Gläubiger und wohl auch der Eigentumserwerb des Erstehers in der Zwangsversteigerung (§ 817 ZPO, § 90 ZVG) relativ unwirksam, falls nicht § 135 Abs. 2 eingreift.[64]

Dies wird von der heute herrschenden Lehre indessen nicht für den Eigentumserwerb des Erstehers in der Zwangsversteigerung anerkannt. Nach dieser Lehre erlangt nämlich der Ersteher das Eigentum durch einen Hoheitsakt, dessen Wirksamkeit unabhängig ist von privatrechtlichen Voraussetzungen wie dem Eigentum des Vollstreckungsschuldners oder auch dem Mangel seiner Verfügungsmacht.[65] Er erlangt es daher selbst dann, wenn er hinsichtlich derartiger Umstände, zu denen auch die Verfügungsbeschränkung auf Grund eines Veräußerungsverbots zählt, bösgläubig ist. Danach versagt der Schutz, den das Gesetz demjenigen gewähren will, zu dessen Gunsten ein relativ wirkendes Veräußerungsverbot erlassen ist, gegenüber einem Erwerb in der Zwangsversteigerung. Das entspricht aber nicht dem Schutzzweck des § 135; der h. L. ist daher nicht zu folgen.[66]

---

[64] Nach h. L. und Rechtspr. soll § 135 Abs. 2 auf den Fall des § 135 Abs. 1 Satz 2 nicht anwendbar sein, weil die entsprechend anwendbaren Vorschriften über den gutgläubigen Erwerb eines Rechts von einem Nichtberechtigten einen *rechtsgeschäftlichen* Erwerb erforderten. So z. B. *Stein-Jonas-Pohle,* ZPO, Bemerkung II zu § 772.; RGZ 156, 395; BGH, NJW 71, 799. Dem ist jedoch nicht zuzustimmen, weil sich der 2. Absatz des § 135 nach dem Zusammenhang auf beide Sätze des 1. Absatzes bezieht und damit das Erfordernis eines rechtsgeschäftlichen Erwerbs für die *entsprechende* Anwendung ausschaltet. Zustimmend *Mayer-Maly* in MünchKomm 53 zu § 135.

[65] Vgl. *Stein/Jonas/Pohle,* ZPO, IV 3a und c zu § 817 und II, letzter Absatz zu § 772; *Rosenberg/Schwab,* Lehrbuch des deutschen Zivilprozeßrechts, § 191 IV 3a; BGHZ 55, 20, 25.

[66] So auch *Paulus* in Festschrift für *Nipperdey,* 1965, Bd. 1, S. 918ff.; MünchKomm/*Mayer-Maly* 48 zu § 135.

Das RG hat in besonders gelagerten Fällen den Veräußerungsverboten, die zum Schutz einer bestimmten Person ergehen, ein entsprechendes Erwerbsverbot gleichgestellt.[67]

Ein Verkäufer, V, hatte ein Grundstück dem K ohne Einhaltung der vorgeschriebenen Form (§ 313) verkauft und bereits aufgelassen, außerdem ihm eine den Vorschriften der Grundbuchordnung entsprechende Eintragungsbewilligung ausgehändigt, so daß es zum Eigentumserwerb des K nur noch seiner Eintragung im Grundbuch (§ 873) bedurfte. Jetzt wurde V anderen Sinnes und wollte sich auf die Nichtigkeit des Kaufvertrages wegen des Formmangels berufen. Durch die Eintragung des K würde der Formmangel geheilt werden (§ 313 Satz 2). Nach der Meinung des RG kann V eine einstweilige Verfügung erwirken, durch die dem K verboten wird, den Antrag auf seine Eintragung im Grundbuch beim Grundbuchamt zu stellen, oder ihm auferlegt wird, den Antrag, wenn er ihn schon gestellt hatte, zurückzunehmen. Erfolgt die Eintragung des K dennoch, so soll sein Eigentumserwerb, analog der verbotswidrigen Verfügung, gegenüber V relativ unwirksam sein und daher im Verhältnis zu ihm weder den Übergang des Eigentums noch die Heilung des Formmangels des Kaufvertrages herbeiführen. Mit Recht wendet sich *Flume*[68] gegen diese Konstruktion. Ein der Verfügungsmacht entsprechendes ,,Erwerbsrecht" hinsichtlich eines bestimmten Gegenstandes ist unserer Rechtsordnung unbekannt.[69] Es ist auch wertungsmäßig keineswegs geboten, dem Verkäufer, der bereits alles ihm Obliegende getan hatte, um dem Käufer das Eigentum an dem Grundstück zu verschaffen, noch die Möglichkeit zu geben, den Eigentumserwerb des Käufers und die mit der Eintragung eintretende Heilung des Formmangels des Kaufvertrages jetzt noch zu verhindern, weil er inzwischen anderen Sinnes geworden war.

V. Anfechtbare Rechtsgeschäfte

Das anfechtbare Rechtsgeschäft ist zunächst gültig. Es bleibt gültig, wenn es nicht angefochten wird. Wenn es aber rechtzeitig und in der gehörigen Weise von demjenigen, der es vorgenommen hat oder – falls es von einem Vertreter vorgenommen wurde – für den es gelten soll, angefochten wird, dann ist es so anzusehen, als sei es von Anfang an nichtig gewesen (§ 142 Abs. 1). Die Rechtsfolgen fallen also hinweg, so als wären sie nie eingetreten. Ein anfechtbares Rechtsgeschäft ist daher, solange es noch angefochten werden kann, zwar vorläufig gültig, aber vernichtbar; durch die Anfechtung kann zwar nicht das Rechtsgeschäft als einmal vorgenommener Akt wieder beseitigt werden, wohl aber werden durch die Anfechtung die Rechtsfolgen wieder zunichtegemacht, die zunächst eingetreten waren.

a) **Die Anfechtung als einseitiges gestaltendes Rechtsgeschäft.** Die Anfech-

[67] RGZ 117, 287, 291; 120, 118; grundsätzlich zustimmend MünchKomm/*Mayer-Maly* 10 zu § 136.

[68] *Flume* § 17 6e.

[69] Vgl. dazu *Enn./N.* § 144 III 1 u. 4. Die Meinung, es handle sich bei dem Verbot, den Eintragungsantrag zu stellen, in Wahrheit um ein Verfügungsverbot, denn K verfüge durch die Stellung des Antrags über das Eigentumsrecht des V, ist schwerlich haltbar. Über das Eigentum des V hat dieser durch die Erklärung der Auflassung und die Erteilung der Eintragungsbewilligung schon selbst verfügt. Die Stellung des Antrags durch K ist nur eine verfahrensrechtliche Maßnahme, kein materiellrechtliches Rechtsgeschäft. Die Konstruktion läßt sich jedenfalls dann nicht durchführen, wenn K den Antrag bereits gestellt hat und nun verpflichtet werden soll, ihn zurückzunehmen.

tung erfolgt in der Regel durch eine Erklärung des Anfechtungsberechtigten gegenüber dem Anfechtungsgegner (§ 143 Abs. 1). Da durch die Anfechtung die bis dahin bestehende Rechtslage geändert wird, so ist diese Erklärung ein einseitiges gestaltendes Rechtsgeschäft. In den meisten Fällen genügt eine *formlose Anfechtungserklärung*. Formbedürftig sind vor allem die Anfechtung der Annahme oder der Ausschlagung einer Erbschaft (§ 1955 Satz 2 in Verb. m. § 1945) und die Anfechtung eines Erbvertrages (§ 2282 Abs. 3). In einigen Fällen erfolgt die Anfechtung wegen des Interesses der Allgemeinheit oder Dritter an der Klarstellung der Rechtslage abweichend von § 143 Abs. 1 nicht durch eine einfache Erklärung, sondern durch die *Erhebung einer Anfechtungsklage;* die Wirkung der Anfechtung tritt dann erst mit der Rechtskraft des die Nichtigkeit aussprechenden Urteils ein. Es handelt sich um die Anfechtung der Ehelichkeit eines dem Anschein nach ehelichen Kindes (§ 1599), um die Anfechtung des Erbschaftserwerbes wegen Erbunwürdigkeit (§§ 2340, 2342) und um die Anfechtung eines Beschlusses der Hauptversammlung einer AG (§ 243 AktG). Wegen bestimmter Mängel der Eheschließung, die bei anderen Rechtsgeschäften meist deren Anfechtbarkeit oder schwebende Unwirksamkeit zur Folge haben, kann die Aufhebung der Ehe im Wege der Aufhebungsklage verlangt werden (vgl. §§ 30ff. EheG). Die Ehe wird auf eine derartige Klage hin durch gerichtliches Urteil aufgehoben, jedoch nicht rückwirkend, so daß sie als von Anfang an nichtig anzusehen wäre, sondern erst mit Wirkung von der Rechtskraft des Urteils an. Die Eheaufhebung, die in ihren Wirkungen der Scheidung gleichsteht, stellt also eine schwächere Form der Vernichtbarkeit der Ehe dar.

Die Anfechtungserklärung ist, da sie gegenüber einer bestimmten Person, dem „Anfechtungsgegner“, abzugeben ist, „empfangsbedürftig“. Sie wird daher unter Abwesenden im Zeitpunkt ihres Zugangs wirksam (§ 130 Abs. 1). Für die Rechtzeitigkeit der Anfechtung wegen Irrtums genügt aber, mit Rücksicht auf die dafür vom Gesetz bestimmte kurze Frist, die Rechtzeitigkeit der Absendung der Erklärung (§ 121 Abs. 1 Satz 2). Wer „Anfechtungsgegner“ ist, bestimmt das Gesetz in § 143 Abs. 2 bis 4. Anfechtungsgegner ist bei einem Vertrage der andere Teil; im Fall des § 123 Abs. 2 Satz 2 der durch den Vertrag begünstigte Dritte. Bei einem einseitigen Rechtsgeschäft, das einem anderen gegenüber vorzunehmen war – so bei einer Kündigung oder Rücktrittserklärung –, ist dieser andere der Anfechtungsgegner. Ein einseitiges, nicht empfangsbedürftiges Rechtsgeschäft – z. B. eine Auslobung (§ 657) – kann demjenigen gegenüber angefochten werden, der daraus unmittelbar einen rechtlichen Vorteil erlangt hat. Die Anfechtung eines Vermächtnisses hat danach gegenüber dem Vermächtnisnehmer zu erfolgen, die Anfechtung anderer letztwilliger Verfügungen erfolgt dagegen gemäß § 2081 Abs. 1 durch Erklärung allein gegenüber dem Nachlaßgericht. Dieses soll die Erklärung demjenigen mitteilen, welchem die angefochtene Verfügung unmittelbar zustatten kommt (§ 2081 Abs. 2).

In einigen Fällen bestimmt das Gesetz, daß eine bestimmte Erklärung einem anderen oder einer Behörde gegenüber abzugeben ist; so in den §§ 875, 876, 880 Abs. 2 Satz 3, 1168 Abs. 2, 1183 Satz 2, 1726 Abs. 2. In diesen Fällen ist Anfechtungsgegner nur der andere, nicht die Behörde, selbst wenn die Erklärung dieser gegenüber abgegeben war (§ 143 Abs. 3 Satz 2). Eine Erklärung, die nur einer Behörde gegenüber abzugeben ist, wie z. B. die Aufgabe des Eigentums an einem Grundstück (§ 928 Abs. 1), kann nach § 143 Abs. 4 Satz 2 auch durch Erklärung gegenüber der Behörde angefochten werden; diese soll die Anfechtung demjenigen mitteilen, der durch das angefochtene Rechtsgeschäft „unmittelbar betroffen worden ist". In einigen Fällen (§§ 1955, 2081) kann jedoch die Anfechtung nach ausdrücklicher Vorschrift nur der Behörde gegenüber erfolgen.

Aus der Anfechtungserklärung muß zu entnehmen sein, daß der Erklärende das betreffende Rechtsgeschäft nicht gelten lassen will. Auf den Gebrauch bestimmter Worte kommt es dabei nicht an. Der Sinn der Erklärung ist nach den allgemein für die Auslegung empfangsbedürftiger Erklärungen geltenden Grundsätzen zu ermitteln. Soweit das Gesetz für die Anfechtung der Erklärung nicht ausnahmsweise eine Form verlangt, genügt auch ein „schlüssiges Verhalten". Nur muß dieses gerade dem Anfechtungsgegner gegenüber beobachtet werden, von ihm wahrgenommen und gedeutet werden können. Der Anfechtungsgegner muß wissen, woran er ist; daher kann die Anfechtung nicht unter einer Bedingung oder einem Vorbehalt erklärt werden. Streitig ist, ob die Anfechtung nur gültig ist, wenn der Anfechtende auch den Anfechtungsgrund zu erkennen gibt.[70] Das RG hat die Frage sowohl hinsichtlich des gesetzlichen Grundes (Irrtum, Täuschung) wie hinsichtlich der konkreten Tatsachen, auf die sie gestützt wird, verneint.[71] Dagegen meint der BGH[72] daß, *wenn* der Anfechtende bestimmte tatsächliche Gründe für seine Anfechtung angegeben habe, die spätere Angabe weiterer Gründe als „neue Anfechtungserklärung" zu werten sei, die nur wirksam sei, wenn sie noch fristgerecht erfolgt. Richtig dürfte folgendes sein: Die Anfechtungserklärung als solche erfordert weder die Angabe eines gesetzlichen Anfechtungsgrundes, noch die bestimmter Tatsachen, wenn sie nur unzweideutig erkennen läßt, der Anfechtende wolle seine Erklärung wegen eines Mangels nicht gelten lassen. Dies muß jedenfalls dann gelten, wenn die Tatsachen, auf die die Anfechtung gestützt wird, für den Anfechtungsgegner ohne weiteres ersichtlich sind. Der Anfechtungsgegner muß aber wegen der Verschiedenheit der Rechtsfolgen und der Fristen klar sehen, ob wegen Irrtums oder wegen Täuschung oder Drohung angefochten wird; man sollte ihm daher das Recht geben, den Anfechtenden hierüber zu einer Erklärung aufzufordern mit der Folge, daß, wenn dieser sich nicht erklärt, die Anfechtung ihre Wirksamkeit verliert.[73] Im Rahmen des einmal erklärten gesetzlichen Anfechtungsgrundes

[70] Vgl. *v. Tuhr* Bd. II § 53 zu Anm. 63; *Enn./N.* § 203 III 2; *Flume* § 31 2; *Staudinger/Dilcher* 4, *Soergel/Hefermehl* 2, MünchKomm/*Mayer-Maly* 9, 10, *Erman/Westermann* 2 zu § 143; *Lent*, AcP 152, 401; *Grunsky*, JuS 64, 97: *Medicus* Rdz. 724.

[71] RGZ 65, 86, 88.

[72] LM Nr. 4 zu § 143 BGB.

[73] Vgl. auch *Erman/Westermann* 2 zu § 143.

sollte dagegen das ,,Nachschieben" weiterer Tatsachen, die die erklärte Anfechtung zu rechtfertigen vermögen – nicht aber auch die eines weiteren gesetzlichen Anfechtungsgrundes –, statthaft sein. Der Anfechtungsgegner, der weiß, daß der andere seine Erklärung sei es wegen Irrtums, sei es wegen Täuschung oder Drohung nicht gelten lassen will, muß damit rechnen, daß dieser alle sein Verlangen rechtfertigenden Tatsachen, nicht nur die von ihm sogleich angegebenen, vorbringen wird; das gilt auch im Prozeß, wo einem nachträglichen Vorbringen nur durch die der Verhütung einer ,,Prozeßverschleppung" dienenden Vorschriften (vgl. § 296 ZPO) eine Grenze gesetzt ist.

Nichts mit der Anfechtung einer Willenserklärung zu tun hat die sogenannte Gläubigeranfechtung außerhalb des Konkurses nach dem Anfechtungsgesetz vom 21. 7. 1879 (,,actio Pauliana") und die Konkursanfechtung (§§ 29ff. KO). Hierbei handelt es sich darum, daß unter bestimmten Voraussetzungen Gegenstände, die der Vollstreckungsschuldner oder der Gemeinschuldner vor dem Beginn der Vollstreckung oder der Konkurseröffnung aus seinem Vermögen weggegeben hat, von dem die Vollstreckung betreibenden Gläubiger für die Vollstreckung, von dem Konkursverwalter für die durch ihn zu verwertende Konkursmasse in Anspruch genommen werden können. Die rechtliche Einordnung dieser ,,Anfechtung" ist streitig. Die herrschende Lehre nimmt einen schuldrechtlichen Anspruch auf Duldung der Zwangsvollstreckung oder auf Rückgewähr zur Konkursmasse an.[74] Richtiger dürfte es sein, von einem haftungsrechtlichen Tatbestand, nämlich von einer Fortdauer der Haftung der aus dem Vermögen des Schuldners weggegebenen Gegenstände für seine Schulden zu sprechen.[75] Bei der sogenannten ,,Anfechtung" handelt es sich um nichts anderes als um die Geltendmachung dieser fortdauernden Haftung. Einer Anfechtung im Sinne eines rechtsgestaltenden Akts bedarf es nicht. Es werden auch nicht, wie bei der Anfechtung einer Willenserklärung, die bereits eingetretenen Rechtsfolgen wieder beseitigt. Die materiellrechtliche Wirksamkeit der Rechtsgeschäfte, auf denen die Minderung des Vermögens des Schuldners beruht, bleibt unberührt.

b) **Das Anfechtungsrecht als Gestaltungsrecht.** Beim anfechtbaren Rechtsgeschäft ist, anders als beim nichtigen Geschäft, die Entscheidung darüber, ob es gelten soll oder nicht, dem Anfechtungsberechtigten anheimgestellt. Er hat ein Gestaltungsrecht. Dieses steht grundsätzlich demjenigen zu, der die anfechtbare Willenserklärung abgegeben hat; im Falle der Abgabe durch einen Stellvertreter demjenigen, für den die Erklärung abgegeben wurde und gegen den sie wirkt, also dem Vertretenen. Zur Anfechtung eines Testaments, das erst nach dem Tode des Testators angefochten werden kann, ist im allgemeinen derjenige berechtigt, ,,welchem die Aufhebung der letztwilligen Verfügung unmittelbar zustatten kommen würde" (§ 2080). Ein Sonderfall ist der des § 318 Abs. 2. Hier steht das Anfechtungsrecht nicht demjenigen zu, der die Erklärung abgegeben hatte, sondern dem, dessen Interesse sie berührt.

Das Anfechtungsrecht ist, weil es in den meisten Fällen die Freiheit der Entschließung desjenigen zu wahren bestimmt ist, dessen rechtsgeschäftliche Erklärung durch einen ,,Willensmangel" beeinflußt war, grundsätzlich an die Person

---

[74] Vgl. z. B. *Schönke/Baur,* Zwangsvollstreckungs-, Konkurs- und Vergleichsrecht, 10. Aufl., § 64 I 2c.

[75] So *Paulus,* AcP 155, 277ff.; auch schon *v. Tuhr* § 4 Anm. 53 u. § 11 zu Anm. 38.

des Erklärenden gebunden; es ist daher nicht übertragbar und nicht pfändbar.[76] Dagegen geht es auf den Erben über, der auch insoweit in die rechtliche Stellung des Erblassers einrückt, sofern die Wirkung der anfechtwbaren Erklärung auf dem Gebiete des Vermögensrechts liegt. Zweifelhaft ist, ob das Anfechtungsrecht mit übergeht, wenn es sich auf einen Vertrag bezieht und das Vertragsverhältnis als Ganzes – durch ,,Vertragsübernahme" oder gemäß § 571 – auf einen anderen übergeht. Das dürfte nach der Interessenlage zu bejahen sein; im Falle des § 571 allerdings ist auch der bisherige Vermieter noch an dem Mietverhältnis interessiert (vgl. § 571 Abs. 2), so daß hier einiges dafür spricht, jedem das Anfechtungsrecht zu gewähren.[77]

Das Anfechtungsrecht erlischt, falls es nicht vorher ausgeübt wurde, durch Zeitablauf, durch Verzicht des Anfechtungsberechtigten und durch Bestätigung des anfechtbaren Rechtsgeschäfts. Bis zu welchem Zeitpunkt das Anfechtungsrecht ausgeübt werden kann, hat das Gesetz im Zusammenhang mit den einzelnen Anfechtungsgründen geregelt. So muß die Anfechtung wegen Irrtums, wie wir gesehen haben, ,,unverzüglich", die wegen arglistiger Täuschung und rechtswidriger Drohung binnen eines Jahres erfolgen, widrigenfalls das Anfechtungsrecht erlischt. Der Verzicht muß dem Anfechtungsgegner gegenüber erklärt werden; eine formlose Erklärung genügt. Die Bestätigung des anfechtbaren Rechtsgeschäfts kommt in der Wirkung dem Verzicht auf das Anfechtungsrecht gleich. Sie bedarf nach ausdrücklicher gesetzlicher Vorschrift (§ 144 Abs. 2) nicht der für das Rechtsgeschäft etwa vorgeschriebenen Form. Das Gesetz sieht in ihr, anders als bei der Nichtigkeit (§ 141), nicht eine erneute Vornahme, sondern die Erklärung, das Rechtsgeschäft trotz des ihm anhaftenden Mangels gelten zu lassen. Daher setzt sie die Kenntnis der Anfechtbarkeit voraus. Schlüssiges Verhalten genügt. Nach überwiegender Ansicht soll nicht einmal eine an den Anfechtungsgegner gerichtete Erklärung nötig sein, sondern jedes Verhalten genügen, aus dem der Wille erschlossen werden kann, das Geschäft gelten zu lassen.[78] Es ist indessen zu fordern, daß ein solches Verhalten gerade dem Anfechtungs-

---

[76] Ebenso *v. Tuhr* Bd. II § 57 zu Anm. 59 u. 60; *Enn./N.* 203 III Anm. 13; MünchKomm/*Mayer-Maly* 8 zu § 142.

[77] Die Meinungen gehen weit auseinander. Nach *v. Tuhr* Bd. II § 57 zu Anm. 67 ,,dürfte es richtiger sein, die Anfechtungsbefugnis dem Urheber des Rechtsgeschäfts zu belassen". *Erman/Westermann* 1 zu § 143 nehmen Übergang auf den Vertragsnachfolger an, während *Flume* § 31 3 meint, im Falle des § 571 seien der Veräußerer und der Erwerber des Grundstücks nur gemeinsam zur Anfechtung berechtigt.

[78] Grundlegend ist die Entscheidung RGZ 68, 398, in der aber das RG deshalb doch keine Bestätigung annimmt, weil nicht festgestellt sei, daß die Anfechtungsberechtigte Kenntnis von dem Anfechtungsgrund gehabt habe. Nach *v. Tuhr* Bd. II § 57 zu Anm. 126 ist die Bestätigung ,,ein einseitiges Rechtsgeschäft, welches nicht nur durch Erklärung, sondern auch durch Betätigung des Willens vorgenommen werden kann". Als nicht empfangsbedürftig bezeichnen die Bestätigung ferner *Staudinger/Dilcher* 5, *Soergel/Hefermehl* 3, *Palandt/Heinrichs* 1, *Erman/Westermann* 2 zu § 144; ebenso *Flume* § 31 7. Wie hier aber *Mayer-Maly* in MünchKomm 5 zu § 144, auch *Medicus* Rdz. 534.

gegner gegenüber gezeigt werden muß, so daß *dieser* in der Lage ist, daraus den Schluß auf den entsprechenden Rechtsfolgewillen zu ziehen (vgl. oben § 19 IV b). Denn wenn der Anfechtungsgegner von einem solchen Verhalten nicht oder nur auf Umwegen Kenntnis erlangt, ist nicht einzusehen, wie er sich darauf sollte verlassen können. Nur die Rücksicht auf den Anfechtungsgegner, der sich auf die vom Anfechtungsberechtigten ausgesprochene Bestätigung verläßt, rechtfertigt den Verlust des Anfechtungsrechts. Gerade wenn man in der Bestätigung mit *Flume*[79] die Entscheidung des Anfechtungsberechtigten sieht, daß das Geschäft ungeachtet des ihm anhaftenden Mangels gelten solle, dann muß diese Entscheidung, soll der Anfechtungsberechtigte an ihr festgehalten werden, ihren Ausdruck in einem Verhalten gefunden haben, das auch der Anfechtungsgegner als eine Geltungserklärung dieses Inhalts verstehen kann. Der BGH hat sogar verlangt, bei der Prüfung der Frage, ob das der Fall ist, einen „strengen Maßstab" anzulegen.[80] Ein Verhalten dürfe „nur dann als stillschweigende Kundgabe eines Bestätigungswillens gewertet werden, wenn jede andere, den Umständen nach einigermaßen verständliche Bedeutung dieses Verhaltens ausscheidet".

c) **Die Rechtslage nach erfolgter Anfechtung.** Wenn das anfechtbare Rechtsgeschäft von dem Anfechtungsberechtigten rechtzeitig angefochten worden ist, dann steht es hinsichtlich der Rechtsfolgen nunmehr einem von Anfang an nichtigen gleich (§ 142 Abs. 1). Die Anfechtung beseitigt die Rechtsfolgen, die zunächst eingetreten waren, „rückwirkend"; d. h. die Rechtslage ist von nun an so zu beurteilen, als wären diese Rechtsfolgen nicht eingetreten.[81] Auch ein Teil eines Rechtsgeschäfts kann angefochten werden, wenn sich der Anfechtungsgrund nur auf diesen Teil bezieht und das, was übrig bleibt, noch ein Rechtsgeschäft ist; die Frage, ob der übrige Teil gültig bleibt, richtet sich dann nach § 139.[82] Ein angefochtenes und daher jetzt als nichtig anzusehendes Geschäft kann nicht nach § 140 in ein anderes Geschäft umgedeutet werden, da, ließe man dies zu, der Anfechtungsberechtigte das Rechtsgeschäft inhaltlich umgestalten könnte.[83]

Zu beachten ist wiederum, daß nicht immer dann, wenn ein schuldrechtlicher Vertrag anfechtbar ist, auch das dingliche Erfüllungsgeschäft angefochten werden kann. Es kommt darauf an, ob auch hinsichtlich des letzteren ein Anfechtungsgrund gegeben ist. Ist nur der obligatorische Vertrag anfechtbar und angefochten, so sind die bereits erbrachten Leistungen „rechtsgrundlos" und daher gemäß den §§ 812, 818 zurückzuerstatten. Dafür, ob der Empfänger nur auf die Herausgabe der noch bei ihm vorhandenen Bereicherung (§ 818 Abs. 3) oder

[79] *Flume* § 31 7.

[80] LM Nr. 1a zu § 144 BGB.

[81] Zur Bedeutung der sog. Rückwirkung vgl. *Esser,* Wert und Bedeutung der Rechtsfiktionen, S. 175.

[82] RGZ 146, 234, 239; *Flume* § 31 4.

[83] So richtig *Flume* § 32 9 zu Anm. 72 gegen die h. L.

aber ohne eine solche Beschränkung, so wie ein anderer Schuldner, haftet, kommt es nach § 819 Abs. 1 in Verbindung mit § 818 Abs. 4 darauf an, ob er „den Mangel des rechtlichen Grundes" bei dem Empfang der Leistung gekannt oder ihn doch später erfahren hat, oder ob das nicht der Fall ist. Der „Mangel des rechtlichen Grundes" besteht hier in der Anfechtbarkeit des Grundgeschäfts. § 142 Abs. 2 bestimmt nämlich, daß, wer die Anfechtbarkeit kannte oder kennen mußte, dann wenn die Anfechtung erfolgt, so behandelt wird, wie wenn er die Nichtigkeit des Rechtsgeschäfts gekannt hätte oder hätte kennen müssen. Kenntnis oder Kennenmüssen der die Anfechtbarkeit begründenden Tatsachen und damit irgendeiner Mangelhaftigkeit des Geschäfts muß genügen,[84] es kann nicht erwartet werden, daß ein Nichtjurist gerade die Rechtsfolge der Anfechtbarkeit kennt. Wollte man diese Kenntnis verlangen, so wäre die Bestimmung praktisch nahezu bedeutungslos.

Ist auch das dingliche Rechtsgeschäft (oder nur dieses) angefochten, so ist der Rechtsübergang, auf den es abzielte, nicht eingetreten. Im Falle einer vom Veräußerer angefochtenen Übereignung hat also der Erwerber infolge der „Rückwirkung" der Anfechtung nunmehr das Eigentum überhaupt nicht erlangt; dieses steht vielmehr immer noch dem Veräußerer zu. War der Erwerber in das Grundbuch eingetragen, so ist dieses durch die Anfechtung rückwirkend unrichtig geworden. Wenn aber der Erwerber über die Sache in der Zwischenzeit zugunsten eines Dritten weiter verfügt hatte, dann kann der Dritte das Eigentum nach den §§ 932 oder 892 erworben haben, falls er hinsichtlich des Eigentums des Verfügenden gutgläubig war. Auch hier greift wieder § 142 Abs. 2 ein: Der Dritterwerber ist nicht gutgläubig, wenn er die Gründe kannte oder, im Fall des § 932, nur infolge grober Fahrlässigkeit nicht kannte, aus denen sich die Anfechtbarkeit des Rechtserwerbs seines Veräußerers, d. h. des dinglichen Rechtsgeschäfts, durch das dieser sein (nur vorläufiges) Eigentum erwarb, ergab.

Angefochten werden kann auch ein einseitiges Rechtsgeschäft, z. B. eine Kündigung oder auch eine Anfechtungserklärung. Die infolge des angefochtenen Geschäfts zunächst eingetretene Änderung der Rechtslage ist dann als nicht eingetreten anzusehen. War die Rechtsfolge der jetzt angefochtenen Erklärung negativer Art, so ist die Folge der Anfechtung, als der Negation einer Negation, eine positive: Das infolge der nunmehr angefochtenen Kündigung zunächst beendete Mietverhältnis, der infolge der ersten Anfechtung nichtig gewordene Kaufvertrag werden jetzt in ihrer rechtlichen Geltung wiederhergestellt. In der Anfechtung einer Genehmigung wird regelmäßig zugleich die endgültige Verweigerung der Genehmigung zu erblicken sein; daher wird das durch die Genehmigung zunächst wirksam gewordene Geschäft jetzt nicht wieder zu einem schwebend unwirksamen, das noch genehmigt werden kann, sondern endgültig unwirksam.

---

[84] So auch Flume § 31 1 zu Anm. 3.

VI. Schwebend unwirksame Geschäfte

Das Gegenstück zu den zunächst wirksamen, aber wegen eines ihnen anhaftenden Mangels durch eine Anfechtung vernichtbaren Rechtsgeschäften sind die „schwebend unwirksamen" Geschäfte. Sie sind zwar vorerst nicht wirksam, weil es noch an einem außerhalb des eigentlichen Rechtsgeschäfts liegenden Wirksamkeitserfordernis fehlt,[85] können aber noch wirksam werden, wenn dieses nachgeholt wird. Allerdings sprechen wir von einem Schwebezustand nur dort, wo der spätere Eintritt des Wirksamkeitserfordernisses noch ungewiß ist, nicht dort, wo er gewiß ist, die Wirkung also nur zeitlich hinausgeschoben ist. Vorerst nur „schwebend" unwirksam sind vor allem die Verträge, die ein in der Geschäftsfähigkeit Beschränkter ohne die erforderliche Einwilligung seiner gesetzlichen Vertreter abschließt (oben § 6 IIIb); überhaupt alle Geschäfte, die zu ihrer Wirksamkeit der Zustimmung eines Dritten oder einer Behörde bedürfen, sofern diese auch nachträglich erteilt werden kann. Das „schwebend unwirksame" Geschäft wird endgültig wirksam, wenn das noch ausstehende Wirksamkeitserfordernis nachgeholt wird. Ist dies nicht mehr möglich, so geht die „schwebende" Unwirksamkeit in eine endgültige über.

Auch während des Schwebezustandes können bereits gewisse „Vorwirkungen" eintreten. So sind die Parteien eines Kaufvertrages, der zu seiner Wirksamkeit noch einer behördlichen Genehmigung bedarf, doch jetzt schon einander verpflichtet, alles Erforderliche zu tun, um diese Genehmigung herbeizuführen, und alles zu unterlassen, was die spätere Erfüllung des Vertrages verhindern müßte. In manchen, wenn auch nicht in allen Fällen sind die Parteien bereits in dem Sinne „gebunden", daß sie ihre Erklärungen in der Zwischenzeit bis zum Eintritt der Wirksamkeitsvoraussetzung nicht mehr widerrufen können. Im Falle, daß ein Minderjähriger ohne die erforderliche Einwilligung seines gesetzlichen Vertreters einen Vertrag geschlossen hat, ist bis zur Genehmigung des Vertrages der andere Teil, nicht aber der Minderjährige selbst, unter bestimmten Voraussetzungen zum Widerruf berechtigt (§ 109; oben § 6 IIIb).

Darüber, von welchem Zeitpunkt ab die Rechtsfolgen des zunächst schwebend unwirksamen Geschäfts gelten, wenn dieses nachträglich wirksam wird, läßt sich eine allgemeine Regel nicht aufstellen. Grundsätzlich treten die Rechtsfolgen eines Tatbestandes erst in dem Zeitpunkt ein, in dem der gesamte Tatbestand verwirklicht ist;[86] d. h. also, wenn es zunächst noch an einem Wirksamkeitserfordernis fehlt, erst dann, wenn dieses vorliegt. Handelt es sich bei dem Wirksam-

[85] Über Wirksamkeitserfordernisse im allgemeinen vgl. oben § 18 I.

[86] Vgl. *v. Tuhr* Bd. II § 43 IV und V. Das Verhältnis zwischen Tatbestand und Rechtsfolge ist allerdings nicht, wie *v. Tuhr* meint, ein kausales; die Rechtsfolge tritt auf Grund der in der Rechtsnorm enthaltenen Geltungsanordnung ein. Vgl. dazu *meine* Methodenlehre der Rechtswissenschaft, 5. Aufl. S. 241 f.

keitserfordernis aber um die Zustimmung eines Dritten, die noch nachträglich erteilt werden kann, wie in den Fällen der §§ 108, 177, 185 Abs. 2, so wird die Geltung der Rechtsfolgen auf den Zeitpunkt der Vornahme des Rechtsgeschäfts zurückbezogen (§ 184 Abs. 1). Dagegen wird ein Vertrag, den ein Vormund ohne die erforderliche Genehmigung des Vormundschaftsgerichts abschließt, falls diese nachträglich erteilt wird, erst dann wirksam, wenn die Erteilung der Genehmigung dem anderen Vertragsteil durch den Vormund mitgeteilt wird (vgl. § 1829 Abs. 1). Eine ,,Rückwirkung" ist hier nicht vorgesehen. Die behördliche Genehmigung zu einem privaten Rechtsgeschäft wirkt, wo sie vorgeschrieben ist, regelmäßig auf den Zeitpunkt der Vornahme des Rechtsgeschäfts zurück, sofern sich nicht aus dem Zweck des die Genehmigung vorschreibenden Gesetzes etwas anderes ergibt.

Rechtsgeschäfte, die auf Grund rechtsgeschäftlicher Bestimmung zunächst schwebend unwirksam sind, weil ihr Wirksamwerden vermöge des Parteiwillens von einem bei Abschluß des Geschäfts noch ungewissen künftigen Umstand abhängig ist, sind die bedingten Geschäfte. Von ihnen handelt der übernächste Paragraph.

§ 24. Zustimmungsbedürftige Geschäfte; Konvaleszenz

Literatur: *v. Blume,* Zustimmung kraft Rechtsbeteiligung und Zustimmung kraft Aufsichtsrechts, JherJb. 48, 417; *Doris,* Die rechtsgeschäftliche Ermächtigung bei Vornahme von Verfügungs-, Verpflichtungs- und Erwerbsgeschäften, 1974; *Hagen,* Zur Rechtsgrundabhängigkeit der Konvaleszenz, AcP 167, 481; *Ludewig,* Die Ermächtigung nach bürgerlichem Recht, 1922; *Raape,* Zustimmung und Verfügung, AcP 121, 257 (dazu *Isay,* AcP 122, 195; Replik *Raapes,* AcP 123, 194); *Thiele,* Die Zustimmungen in der Lehre vom Rechtsgeschäft, 1966.

Die Wirksamkeit eines Rechtsgeschäfts kann aus verschiedenen Gründen von der Zustimmung eines anderen abhängig sein.[1] Eine erste Gruppe bilden die Fälle, in denen die Zustimmung erforderlich ist, um das Geschäft *für den, der es vornimmt,* wirksam zu machen. So bedürfen die Geschäfte eines in der Geschäftsfähigkeit Beschränkten, die ihm nicht lediglich einen rechtlichen Vorteil bringen, nach § 107 der Zustimmung seiner gesetzlichen Vertreter. Diese bedürfen ihrerseits, wenn sie das Geschäft für den Geschäftsbeschränkten vornehmen oder dem von diesem vorgenommenen Geschäft zustimmen, in bestimmten Fällen der Zustimmung des Vormundschaftsgerichts (§§ 1643, 1821, 1822). Der Grund für die Zustimmungsbedürftigkeit liegt in diesen Fällen darin, daß den gesetzlichen Vertretern die Sorge für die Person und das Vermögen des beschränkt Geschäftsfähigen obliegt und sie hierbei vom Vormundschaftsgericht unterstützt werden sollen. Sie ist also letztlich im Interesse des beschränkt Geschäftsfähigen selbst

[1] Eine Gruppierung der Zustimmungsfälle nach Strukturtypen gibt *Thiele,* aaO. S. 143ff. und im MünchKomm 4ff. vor § 182.

angeordnet. Sodann bedarf ein Geschäft nicht selten deshalb der Zustimmung eines Dritten, weil es zugleich in dessen Rechtskreis eingreift (vgl. die §§ 415 Abs. 1, 876, 1071, 1183, 1255 Abs. 2, 1276, 1283 Abs. 1, 2291 Abs. 1 Satz 2). Hier liegt der Grund für die Zustimmungsbedürftigkeit darin, daß dadurch der Zustimmungsberechtigte in die Lage versetzt wird, sein eigenes Interesse wahrzunehmen. In manchen Fällen bedarf ein Ehegatte zur Vornahme eines Rechtsgeschäfts, das die Grundlagen der gemeinsamen Lebensführung zu berühren geeignet ist, der Zustimmung des anderen Ehegatten (§§ 1365, 1369, 1423ff., 1450ff., 1516f.). Dem verwandt sind die Fälle der §§ 1726, 1746ff., in denen es nicht um vermögensrechtliche, sondern um personenrechtliche Rechtsgeschäfte geht, durch die die persönlichen Interessen des Zustimmungsberechtigten stark berührt werden.

Diesen Fällen stehen diejenigen gegenüber, in denen die Zustimmung erforderlich ist, um das von einem anderen vorgenommene Geschäft, das entweder nach seiner Sachbezogenheit oder nach der Absicht dessen, der es vornimmt, ein Geschäft des Zustimmungsberechtigten ist, *für diesen selbst* wirksam werden zu lassen. Hierher gehört einmal der Fall der Stellvertretung, der besonders geregelt ist. Handelt jemand offen als Vertreter eines anderen, ohne die hierfür erforderliche Vertretungsmacht zu besitzen, so kann das Geschäft nachträglich für den Vertretenen dadurch wirksam werden, daß dieser es genehmigt (§§ 177, 180). Weiter gehört hierher der Fall, daß jemand als Nichtberechtigter über das Recht eines anderen verfügt, ohne in dessen Namen, als sein Vertreter, aufzutreten. Die Verfügung des Nichtberechtigten ist für den Berechtigten gleichwohl wirksam, wenn dieser vorher in sie eingewilligt hat (§ 185 Abs. 1) oder sie nachträglich genehmigt (§ 185 Abs. 2). Durch die Einwilligung des (verfügungsberechtigten) Rechtsinhabers in die künftige Verfügung eines Nichtberechtigten über sein Recht erhält dieser die Rechtsmacht, mit Wirkung für den Rechtsinhaber über dessen Recht verfügen zu können. Diese **Verfügungsermächtigung,** deren Zulässigkeit sich aus § 185 Abs. 1 ergibt, stellt einen Sonderfall der Einwilligung dar, weil der Empfänger der Einwilligung die rechtliche Macht erhält, im eigenen Namen über einen Gegenstand des Vermögens des Ermächtigenden zu verfügen, insoweit also, ohne doch „Stellvertreter" zu sein, mit unmittelbarer Wirkung für diesen rechtsgeschäftlich zu handeln.[2] Eine so begründete „Verfügungsmacht" steht deshalb in ihrer Wirkung der Vertretungsmacht (Vollmacht) nahe.

Das Gesetz unterscheidet die vorherige, d. h. die vor der Vornahme eines Rechtsgeschäfts erteilte Zustimmung als **„Einwilligung"** von der nachträglich erteilten Zustimmung, die es als **„Genehmigung"** bezeichnet. Die Zustimmung des Vormundschaftsgerichts, des Gegenvormundes und des Beistandes wird im-

---

[2] Vgl. *Doris* aaO. S. 18ff., 155f., 161ff.

mer „Genehmigung" genannt, einerlei, ob sie im voraus oder nachträglich erteilt wird. Das gleiche gilt von sonstigen behördlichen Zustimmungen zu einem Rechtsgeschäft. Liegt die erforderliche Zustimmung schon bei der Vornahme des Rechtsgeschäfts vor, so ist dieses, vorausgesetzt, daß ihm sonst kein Gültigkeitsmangel anhaftet, alsbald gültig. Dagegen entsteht, wenn die erforderliche Zustimmung im Augenblick der Vornahme des Rechtsgeschäfts noch nicht vorliegt, aber nachträglich erteilt werden kann, bis zur Entscheidung über die Erteilung oder die Nichterteilung der Genehmigung ein Schwebezustand. Das Geschäft ist zunächst „schwebend unwirksam" (oben § 23 VI).

Handelt es sich bei dem zustimmungsbedürftigen Geschäft um ein einseitiges Rechtsgeschäft, so kann die Zustimmung regelmäßig *nur* vorher, als Einwilligung, erfolgen.[3] Selbst wenn die Einwilligung erteilt ist, ist das Rechtsgeschäft in einigen Fällen dennoch unwirksam, wenn die Einwilligung nicht in schriftlicher Form erteilt und das Schriftstück dem Geschäftsgegner vorgelegt ist, und wenn dieser aus diesem Grunde das Rechtsgeschäft unverzüglich zurückweist, es sei denn, der Einwilligende habe ihn vorher von der Einwilligung in Kenntnis gesetzt (vgl. § 111 Satz 2 und 3 und § 182 Abs. 3). Dem liegt die Erwägung zugrunde, daß der Geschäftsgegner, der eine dem Erklärenden gegenüber nur mündlich erteilte Einwilligung nicht nachprüfen kann, andernfalls Gefahr laufen würde, sich auf das Rechtsgeschäft einzustellen, obgleich in Wahrheit eine Einwilligung nicht erteilt worden war und das Geschäft aus diesem Grunde nichtig ist.

Für beide Arten der Zustimmung, die vorherige (Einwilligung) und die nachträgliche (Genehmigung), gibt das Gesetz folgende gemeinsame Vorschriften (§ 182): Die Erteilung sowohl wie die Verweigerung der Zustimmung erfolgt regelmäßig durch empfangsbedürftige Willenserklärung des Zustimmungsberechtigten. Diese kann, wenn es sich bei dem zustimmungsbedürftigen Geschäft um einen Vertrag oder um ein einseitiges, aber empfangsbedürftiges Rechtsgeschäft handelt, sowohl demjenigen gegenüber, der das Geschäft vornimmt, wie dem Geschäftsgegner gegenüber erfolgen. Unter den Voraussetzungen der §§ 108 Abs. 2, 177 Abs. 2 kann die Zustimmung oder ihre Verweigerung nur noch dem Geschäftsgegner gegenüber erklärt werden. In einigen Fällen ist die Zustimmung einem anderen oder einer Behörde, etwa dem Grundbuchamt, gegenüber zu erklären (vgl. die §§ 876, 880 Abs. 2, 1183). Die in den §§ 1746ff. für die Annahme als Kind geforderten Einwilligungen (des Kindes oder seines gesetzlichen Vertreters, seiner Eltern oder seiner Mutter, eines Ehegatten) sind dem Vormundschaftsgericht gegenüber zu erklären und bedürfen der notariellen Beurkundung (§ 1750 Abs. 1 Satz 2). Grundsätzlich bedarf die Zustimmungserklärung nicht der für das zustimmungsbedürftige Geschäft vorgeschriebenen

[3] Das ist im Gesetz zwar nur für einzelne Fälle (§§ 111, 180, 1831) ausgesprochen, muß aber allgemein gelten. Der Geschäftsgegner muß wissen können, woran er ist. Vgl. RGZ 146, 314, 316; *v. Tuhr* Bd. III § 78 zu Anm. 87; *Enn./N.* § 204 III 1. A. A. aber *Flume* § 54 6c.

Form. Ausnahmen können sich aber aus dem Zweck der Formvorschrift ergeben.[4] In einer ganzen Reihe von Fällen hat das Gesetz für die Zustimmungserklärung eine bestimmte Form vorgeschrieben (vgl. die §§ 1516 Abs. 2 Satz 3, 1517 Abs. 1 Satz 2, 1730, 1750 Abs. 1 Satz 2, 2291 Abs. 2).

Für die *Einwilligung* bestimmt das Gesetz in § 183, daß sie bis zur Vornahme des Rechtsgeschäfts widerrufen werden kann, ,,soweit nicht aus dem ihrer Erteilung zugrundeliegenden Rechtsverhältnis sich ein anderes ergibt". In einigen Fällen ist die Einwilligung nach gesetzlicher Vorschrift unwiderruflich (§§ 876 Satz 3, 880 Abs. 2 Satz 3, 1071 Abs. 1 Satz 2, 1183 Satz 2, 1255 Abs. 2 Satz 2, 1276 Abs. 1 Satz 2, 1750 Abs. 2, 2291 Abs. 2). Der Widerruf kann im allgemeinen sowohl demjenigen gegenüber erklärt werden, dem die Einwilligung erteilt war, wie dem Geschäftsgegner gegenüber. Er ist aber nur wirksam, wenn die Erklärung des Widerrufs bis zur Vornahme des Rechtsgeschäfts zugegangen ist.[5] Da hiernach die dem Geschäftgegner gegenüber erklärte Einwilligung ohne dessen Wissen auch durch eine Erklärung gegenüber demjenigen, dem sie erteilt war, widerrufen werden kann, wäre der Geschäftsgegner erheblich gefährdet, wollte man nicht die für die Vollmacht geltenden Regeln der §§ 170 bis 173 entsprechend anwenden.[6]

Die *Genehmigung* wirkt, wie bereits in § 23 VI erwähnt wurde, auf den Zeitpunkt der Vornahme des Rechtsgeschäfts zurück, soweit nicht ein anderes bestimmt ist (§ 184 Abs. 1). Die ,,Rückwirkung" darf nicht wörtlich, im Sinne eines in die Vergangenheit wirkenden Kausalprozesses, verstanden werden, denn der Zeitablauf und mit ihm der in der Zeit ablaufende Kausalverlauf ist unumkehrbar; vielmehr gelten von nun an die Rechtsfolgen, die gelten würden, wenn das genehmigte Geschäft von Anfang an wirksam gewesen wäre. Dem dürfte der Gedanke zugrunde liegen, daß die Geschäftspartner das von der Genehmigung abhängige Vertragsverhältnis regelmäßig in dieser Weise haben vereinbaren wollen. Sie können aber auch etwas anderes vereinbaren, also die sogenannte Rückwirkung der Genehmigung ausschließen. Richtiger Ansicht nach hat die Rückwirkung keinen Einfluß auf den Beginn der Verjährungsfrist für die vertraglich begründeten Ansprüche. Da diese vor der Genehmigung noch nicht als aktuelle Ansprüche entstanden waren und daher noch nicht geltend gemacht werden konnten, würde die Rückbeziehung des Beginns der Verjährungsfrist auf den Zeitpunkt des Vertragsabschlusses den Zeitraum, innerhalb dessen die Geltendmachung des Anspruchs möglich war, in nicht gerechtfertigter Weise verkürzen.

---

[4] Ebenso wie bei der Vollmacht. Vgl. dazu unten §§ 31 II, 32 I; *Flume* § 54 6b; *Thiele* in MünchKomm 17ff. zu § 182. Der § 182 Abs. 2 bedarf insoweit, wie *Thiele* zutreffend bemerkt, einer teleologischen Reduktion.

[5] Unter ,,Vornahme" ist hier die Herstellung des vollen rechtsgeschäftlichen Tatbestandes zu verstehen. Vgl. BGHZ 14, 114, 119.

[6] So auch die h. L.; vgl. *Flume* § 55.

Die „Rückwirkung" ist daher insoweit im Wege der „teleologischen Reduktion" eine Schranke zu ziehen.[7] Kann eine Erklärung wirksam nur innerhalb einer bestimmten Frist abgegeben werden, so ist ihre Genehmigung nach Ablauf der Frist ausgeschlossen; die verspätete Genehmigung wirkt in diesem Fall nicht auf den Zeitpunkt der Vornahme des Rechtsgeschäfts zurück, sondern ist als solche, als Genehmigung, unwirksam.[8] Die einmal erteilte Genehmigung ist, anders als die Einwilligung, als unwiderruflich anzusehen. Das gleiche gilt grundsätzlich von der Erklärung ihrer Verweigerung.[9] Das Interesse des Geschäftspartners verlangt nämlich, daß er sich auf die durch die Genehmigung oder durch ihre Verweigerung geschaffene Rechtslage einstellen kann. In manchen Fällen kann deshalb, wie wir sahen, die Genehmigung und ihre Verweigerung nur noch ihm gegenüber erklärt werden. Eine Ausnahme ist nur dann zu machen, wenn die Partner des genehmigungsbedürftigen Geschäfts trotz der Verweigerung der Genehmigung übereinstimmend an dem Geschäft festhalten wollen und daraufhin der zur Genehmigung Berufene seine Entscheidung ändert, also die Genehmigung erteilt.[10]

Einwilligung, Genehmigung und Verweigerung der Genehmigung sind, für sich allein betrachtet, einseitige gestaltende Rechtsgeschäfte desjenigen, der sie vornimmt. Sie unterliegen den Vorschriften über Willenserklärungen, können also z. B. wegen Irrtum oder Täuschung angefochten werden.[11] Die Rechtsfolge, auf die sie abzielen, ist entweder die Wirksamkeit oder die endgültige Unwirksamkeit eines künftigen oder, im Falle der Genehmigung, eines schwebend unwirksamen Geschäfts. Ihren eigentlichen Sinn erhalten sie somit erst aus dem Geschäft, auf das sie sich, es billigend oder mißbilligend, beziehen. Sie teilen aber nicht notwendig dessen rechtliche Natur.[12] Die Zustimmung der gesetzlichen Vertreter zu einem von dem Minderjährigen geschlossenen Verpflichtungsvertrag ist selbst kein Verpflichtungsgeschäft, ihre Zustimmung zu einer von ihm

---

[7] So auch RGZ 65, 245, 248; *Enn./N.* § 204 Anm. 44; *v. Tuhr* § 43 V; *Staudinger/Dilcher* 9 zu § 184. Vgl. auch oben § 14 III. Das gleiche gilt für den Beginn der Frist für die Anfechtung durch einen Gläubiger nach dem Anfechtungsgesetz; so der BGH, NJW 79, 102.

[8] Vgl. BGHZ 32, 375, 382f.; BGH, NJW 73, 1789.

[9] So auch *Enn./N.* § 204 IV 1; *Staudinger/Dilcher* 3, *Palandt/Heinrichs* 1 d zu § 184. Aus der Rechtspr. RGZ 139, 118, 125ff.; BGHZ 13, 179, 187; BGHZ 40, 156, 164.

[10] So auch *Flume* § 56; *Münzel,* NJW 59, 601.

[11] Vgl. *Thiele* in MünchKomm 28 vor § 182.

[12] Es ist streitig, ob die Zustimmung zu einer Verfügung ihrerseits eine Verfügung ist – so RGZ 90, 395, 399f., *Enn./N.* § 143 Anm. 11 (mit weiteren Angaben) – oder nicht – so *Flume* §§ 11 5d u. 54 6f. Nach *v. Tuhr* Bd. II § 54 zu Anm. 65 ist die Einwilligung noch keine Verfügung, wohl aber die Genehmigung. Das kann, da Einwilligung und Genehmigung die gleiche Funktion haben (nämlich: ein anderes Rechtsgeschäft wirksam zu machen), schwerlich richtig sein. Zur gleichen Problematik bei der Vollmacht vgl. *Müller-Freienfels,* Die Vertretung beim Rechtsgeschäft, 1955, S. 253ff. Die Frage, ob (oder welche) Vorschriften über Verfügungen auf die Zustimmung zu einer Verfügung anzuwenden sind, ist unabhängig davon zu beantworten, ob die Zustimmung selbst als Verfügung zu klassifizieren ist; so auch *Flume* und *Thiele,* aaO. S. 290ff.

getroffenen Verfügung selbst keine Verfügung;[13] sie ist ein **ergänzendes Rechtsgeschäft,** dessen Sinn darin besteht, das von dem Minderjährigen vorzunehmende oder bereits vorgenommene Verpflichtungs- oder Verfügungsgeschäft für diesen wirksam zu machen. Die Verfügungsermächtigung hat überdies die unmittelbare Rechtsfolge, dem Ermächtigten – also dem Empfänger der Einwilligung – eine gewisse Rechtsmacht in bezug auf dessen Rechtskreis einzuräumen; darin vergleichbar der Vollmachtserteilung.[14] Ist aber die Zustimmung zu einer Verfügung als ,,ergänzendes Rechtsgeschäft" auch nicht selbst schon eine Verfügung, so schließt das doch nicht aus, daß einzelne Vorschriften über Verfügungen, eben weil sie darauf abzielt, eine Verfügung wirksam zu machen, auf sie anzuwenden sind. Nach § 185 Abs. 1 ist die Verfügung, die ein Nichtberechtigter über einen Gegenstand trifft, dann wirksam, wenn sie mit Einwilligung des Berechtigten erfolgt, und nach § 185 Abs. 2 wird sie wirksam, wenn der Berechtigte sie genehmigt. Als ,,Nichtberechtigter" ist hier jeder anzusehen, der nicht zur Verfügung über dieses Recht berechtigt ist; also auch der Eigentümer, wenn ihm die Verfügungsmacht entzogen ist. Entsprechend ist ,,Berechtigter" derjenige, dem die Verfügungsmacht zusteht. Die Zustimmung zu einer Verfügung führt also nur dann deren Wirksamkeit herbei, wenn der Zustimmende Verfügungsmacht hat. Zweifelhaft ist, *in welchem Zeitpunkt* er Verfügungsmacht haben muß. Im Falle der Einwilligung muß er sie grundsätzlich im Zeitpunkt der Vornahme des Verfügungsgeschäfts haben, denn dem von ihm zur Verfügung Ermächtigten kann er die Möglichkeit, wirksam zu verfügen, nur insoweit verschaffen, als er es selbst kann. Er selbst kann nur verfügen, wenn er im Zeitpunkt der Verfügung die Verfügungsmacht über das Recht besaß. Im Falle der Genehmigung einer Verfügung muß der Genehmigende Verfügungsberechtigter noch im Zeitpunkt der Erteilung der Genehmigung sein, denn hiervon hängt seine Zuständigkeit für die Genehmigung ab.[15] Darüber hinaus muß er, *sofern die Genehmigung zurückwirken soll,* Verfügungsmacht auch in dem Zeitpunkt gehabt haben, auf den sie zurückwirken soll, im allgemeinen also im Zeitpunkt der Vornahme des Verfügungsgeschäfts, weil er andernfalls in das Recht des damals Verfügungsberechtigten eingreifen würde.[16] Unbedenklich ist jedoch eine Genehmigung ohne Rückwirkung, wenn der Genehmigende im Zeitpunkt der Vornahme noch keine Verfügungsmacht hatte, sie aber inzwischen erlangt hat.

§ 184 Abs. 2 bestimmt, daß durch die Rückwirkung der Genehmigung Zwischenverfügungen nicht unwirksam werden, die der Genehmigende vor der Ge-

---

[13] So auch *Thiele* in MünchKomm 32 vor § 182 (gegen das RG).

[14] Vgl. *Doris* aaO S. 59, 161ff.; *Thiele* aaO. S. 147ff.

[15] So die h.L.; vgl. *Flume* § 57 3a, *Thiele,* Die Zustimmungen S. 273f. u. in MünchKomm 26 zu § 184 (m. Nachw.); anders aber *Pfister* in JZ 69, 623 u. die Vorauflagen (2. bis 4.). Vgl. ferner BGHZ 56, 131.

[16] So auch *Thiele* in MünchKomm 28 zu § 184.

nehmigung über den Verfügungsgegenstand getroffen hat oder die im Wege der Zwangsvollstreckung oder der Arrestvollziehung oder durch den Konkursverwalter erfolgt sind. Das ist einmal nur die Konsequenz daraus, daß der Genehmigende nur insoweit für die Genehmigung zuständig ist, als er *jetzt* (noch) Verfügungsberechtigter ist, durch seine frühere Verfügung oder die gegen ihn gerichtete Vollstreckungsmaßnahme, soweit sie reicht, aber bereits seine Verfügungsmacht eingebüßt hat.[17] Die ,,Rückwirkung" betrifft nur die Rechtsfolgen, nicht die Voraussetzungen einer wirksamen Genehmigung. Überdies wäre es nicht gerechtfertigt, daß derjenige, der durch die frühere Verfügung oder die Vollstreckungsmaßnahme ein Recht erlangt hat, dieses infolge einer späteren Entscheidung des früher Berechtigten – eben durch die von ihm erklärte Genehmigung – wieder verlöre.

Die Verfügung, die ein Nichtberechtigter im eigenen Namen über das Recht eines anderen trifft, kann, außer durch Genehmigung, gemäß § 185 Abs. 2 Satz 1 noch in zwei weiteren Fällen nachträglich wirksam werden. Man spricht in diesen Fällen von **„Konvaleszenz"** der Verfügung. Der eine Fall ist der, daß der Verfügende den Gegenstand der Verfügung später erwirbt. Dann ist der Mangel seiner Verfügungsberechtigung, der das Wirksamwerden der Verfügung verhindert hatte, nunmehr behoben; ihrem nachträglichen Wirksamwerden steht nichts mehr im Wege. Dem gleichzustellen ist der Fall, daß der Verfügende zwar Rechtsinhaber war, ihm im Augenblick der Verfügung aber die Verfügungsmacht fehlte und er sie später wiedererlangt. Der zweite Fall ist der, daß der Verfügende von dem Berechtigten beerbt wird und daß dieser für die Nachlaßverbindlichkeiten unbeschränkt haftet. Der Berechtigte soll hier die von seinem Erblasser, wenngleich als Nichtberechtigtem, getroffene Verfügung wie eine eigene gelten lassen. Sinnvoll ist das aber, wie besonders der Hinweis auf die Haftung des Erben für die vom Erblasser herrührenden Verbindlichkeiten zeigt, nur dann, wenn derjenige, der verfügt hatte, also der Erblasser, zur Zeit seines Todes den Verfügungserfolg noch schuldete. Für diesen Fall wird man daher mit *Hagen*[18] den § 185 Abs. 2 dahin einschränken müssen, daß die Konvaleszenz nur dann eintritt, wenn dadurch eine noch bestehende Verpflichtung erfüllt wird, die von dem, der verfügt hatte, jetzt als eine ihn als Erben treffende Nachlaßverbindlichkeit zu erfüllen ist.

---

[17] So *Flume* § 57 3a, insbesondere Anm. 15; *Thiele* in MünchKomm 33 zu § 184. Das Gesetz spricht nur von Zwischenverfügungen des Genehmigenden; zweifelhaft ist, ob es entsprechend auch auf Zwischenverfügungen eines anderen, etwa des Rechtsvorgängers des Genehmigenden, anzuwenden ist. Dafür *Oertmann* 4d zu § 184, *Pfister* aaO. S. 626, dagegen *Flume* § 57 3c, *Thiele* in MünchKomm 42 zu § 184, RGZ 134, 121 u. die h. L. Die Situation ist in der Tat eine andere.

[18] *Hagen* aaO. vertritt das für beide Fälle der Konvaleszenz. Ihm folgten die Vorauflagen. Überzeugend aber *Thiele* in MünchKomm 63, 69 zu § 185, der *Hagen* nur für den 2. Fall zustimmt. Gegen eine Rechtsgrundabhängigkeit der Konvaleszenz in beiden Fällen *Medicus* Rdz. 1031. Vgl. aber auch *Flume* § 58 Anm. 6.

Eine „Rückwirkung" findet in den Fällen der Konvaleszenz nicht statt. Die Rechtsfolgen der Verfügung gelten mit Wirkung von dem Zeitpunkt an, in dem die Verfügung konvalesziert. Waren über den Gegenstand der Verfügung mehrere miteinander nicht im Einklang stehende Verfügungen getroffen, so konvalesziert nur die zeitlich frühere Verfügung (§ 185 Abs. 2 Satz 2).

§ 25. Bedingte und befristete Geschäfte

Literatur: A. *Blomeyer,* Die Anwartschaft aus bedingtem Rechtsgeschäft, 1937; Studien zur Bedingungslehre, 1938/39; *Brecht,* Bedingung und Anwartschaft, JherJb. 61, 263; *Egert,* Die Rechtsbedingung im System des bürgerlichen Rechts, 1974; *Enneccerus,* Rechtsgeschäft, Bedingung und Anfangstermin, 1888/89; *Forkel,* Grundfragen der Lehre vom privatrechtlichen Anwartschaftsrecht, 1962; *Henke,* Bedingte Übertragungen im Rechtsverkehr und Rechtsstreit, 1959; R. *Henle,* Unterstellung und Versicherung, 1922; *Oertmann,* Die Rechtsbedingung, 1924; *Raiser,* Dingliche Anwartschaften, 1961; *Schiemann,* Pendenz und Rückwirkung der Bedingung, 1973 (dogmengeschichtlich); *Schmidt-Rimpler,* Die Gegenseitigkeit bei einseitig bedingten Verträgen, 1968; *Walsmann,* Ein Beitrag zur Lehre von der Wollensbedingung, JherJb. 54, 197.

I. Bedeutung, Arten und Abgrenzung der durch Rechtsgeschäft bestimmten Bedingung

Die Parteien können eine rechtsgeschäftliche Regelung in der Weise treffen, daß sie nur im Falle des Eintritts eines jetzt noch ungewissen, künftigen Ereignisses gelten soll. In einem solchen Falle sprechen wir von einem *aufschiebend bedingten* Rechtsgeschäft. Möglich sind sowohl bedingte Verpflichtungsgeschäfte, wie bedingte Verfügungen: Jemand pachtet eine Gastwirtschaft unter der Bedingung, daß er die zum Betrieb einer solchen erforderliche behördliche Erlaubnis erhält. Oder jemand übereignet schenkweise einem anderen einen Kraftwagen unter der Bedingung, daß dieser bis zu einem bestimmten Tag die Fahrprüfung besteht. Der wichtigste Fall einer aufschiebend bedingten Übereignung ist der der Übergabe einer verkauften Sache an den Käufer unter Eigentumsvorbehalt (§ 455).[1]

Der Ausdruck „Bedingung" wird in der Rechts- und Verkehrssprache in verschiedener Bedeutung gebraucht. So spricht man ganz allgemein von Vertragsbedingungen, um damit die einzelnen Bestimmungen eines Vertrages zu bezeichnen. Im gleichen Sinne spricht man von „allgemeinen Geschäftsbedingungen", „Lieferbedingungen", „Zahlungsbedingungen", „Beförderungsbedingungen", „Versicherungsbedingungen". Hier handelt es sich nicht um bedingte Geschäfte in dem dargelegten Sinn. Man sagt ferner, der Tatbestand sei die Bedingung der Rechtsfolge. Damit meint man, daß immer dann, wenn der Tatbestand einer Rechtsnorm erfüllt, d. h. in einem konkreten Sachverhalt verwirklicht ist, die ihm in der Norm zugewiesene Rechtsfolge eintritt. Von diesen und anderen Bedeutungen des Ausdrucks „Bedingung", vor allem auch von jeder Gleichsetzung mit einem ursächlichen Geschehenszusammenhang, ist hier abzusehen.

Das Gesetz bezeichnet als „Bedingung" sowohl die Bestimmung des Rechtsgeschäfts, derzufolge seine Geltung (oder Fortgeltung) von einem künftigen

---

[1] Vgl. darüber Sch.R. II § 43 II.

Umstand abhängig gemacht wird, wie diesen Umstand selbst. Wenn wir von einer „bedingten Übereignung" sprechen, dann meinen wir, daß die Übereignung einer Sache mit der Bestimmung vorgenommen wird, daß das Eigentum nur im Falle des Eintritts eines bestimmten Umstandes, regelmäßig der vollständigen Bezahlung des Kaufpreises, übergehen soll. Wenn wir vom „Eintritt der Bedingung" sprechen, dann meinen wir damit das Eintreten des Umstandes, von dem der Rechtserfolg des bedingten Geschäfts abhängig sein soll. In § 158 Abs. 1 wird der Ausdruck „Bedingung" einmal im ersten und gleich darauf zweimal im zweiten Sinne gebraucht.

Die wichtigste Unterscheidung ist die der **„aufschiebenden"** und die der **„auflösenden" Bedingung.** Ist ein Geschäft aufschiebend bedingt, so bedeutet das, daß die vorgesehenen Rechtsfolgen vorerst nicht, sondern erst dann und nur dann eintreten, wenn die Bedingung eintritt (§ 158 Abs. 1). Ist es auflösend bedingt, so treten die vorgesehenen Rechtsfolgen sofort ein, fallen aber mit dem Eintritt der auflösenden Bedingung wieder hinweg (§ 158 Abs. 2). Im ersten Fall ist das Ingeltungtreten des Rechtsgeschäfts von dem Eintritt, im zweiten Fall seine Weitergeltung von dem Nichteintritt des als Bedingung gesetzten Umstandes abhängig.

In der Bedingung liegt regelmäßig zugleich eine Befristung des Rechtsgeschäfts, nämlich in der aufschiebenden Bedingung die Setzung eines Anfangstermins, in der auflösenden die eines Endtermins. Von der *reinen Befristung,* bei der allenfalls das „Wann", also der Zeitpunkt des für die Terminierung maßgebenden Ereignisses ungewiß, dieses selbst aber gewiß ist – Beispiele: Der Todestag einer bestimmten, noch lebenden Person, der Tag, an dem die Temperatur an einem bestimmten Ort zum erstenmal in einem bestimmten Winter mittags unter dem Gefrierpunkt liegt – unterscheidet sich die Bedingung dadurch, daß hier auch das „Ob" ungewiß ist. Dabei kann das „Wann" von vornherein feststehen – Beispiel: Der Tag, an dem eine bestimmte Person, wenn sie ihn erlebt, 70 Jahre alt wird – oder gleichfalls ungewiß sein: Der Tag, an dem das eben geborene Kind heiraten wird.

Als das wichtigste Kennzeichen eines bedingten Geschäfts sieht es das Gesetz und die herrschende Lehre an, daß ein Zustand entsteht, währenddessen es zunächst objektiv ungewiß ist, ob der als Bedingung gesetzte Umstand eintreten, die Rechtsfolge daher (bei aufschiebender Bedingung) in Geltung treten oder (bei auflösender Bedingung) ihre Geltung wieder verlieren wird oder nicht. Solange dieser Zustand objektiver Ungewißheit andauert, sei das Geschäft gleichsam „in der Schwebe". Doch trifft das Bild von der „Schwebe" nur auf das aufschiebend bedingte Geschäft zu; das auflösend bedingte tritt ja auf jeden Fall in Kraft. Die Parteien eines aufschiebend bedingten Schuldvertrages sind ferner während des Schwebezustandes bereits verpflichtet, sich in ihrem Verhalten auf die Möglichkeit des Bedingungseintritts einzustellen. Sie dürfen nichts tun, was ihnen in diesem Fall die Erfüllung ihrer dann entstehenden Leistungspflicht unmöglich machen würde. Davon wird noch zu sprechen sein. Dagegen kann während des Schwebezustandes, wenn es sich um eine aufschiebende Bedingung handelt, die vertragsmäßige Leistung noch nicht verlangt werden; ist eine Verfügung aufschiebend bedingt vorgenommen, so tritt die Rechtsänderung, auf die sie abzielt, erst mit dem Eintritt der Bedingung ein.

An einer objektiven Ungewißheit und dem auf ihr beruhenden Schwebezustand fehlt es, wenn die Parteien die Gültigkeit des Geschäfts von einem in der Gegenwart oder der Vergangenheit liegenden, bereits entschiedenen Umstand abhängig machen, der sich bei der Vornahme des Geschäfts lediglich noch ihrer Kenntnis entzieht. Jemand kauft z. B. einen teuren Gegenstand unter der Bedingung, daß er bei der heutigen Ausspielung der Lotterie, die bereits stattgefunden hat, deren Ergebnis den Parteien aber noch nicht bekannt ist, den Hauptgewinn gemacht hat. Die herrschende Lehre scheidet diese Fälle aus dem Kreis der bedingten Rechtsgeschäfte aus.[2] Man spricht von einer „uneigentlichen“ Bedingung, von einer „Unterstellung“ *(Henle)* oder „Voraussetzung“ *(v. Tuhr).* Es fehlt in diesen Fällen das sonst der Bedingung zugleich innewohnende Moment der Befristung. Die Rechtsfolgen des solchermaßen „bedingten“ Geschäfts treten je nachdem, ob der Umstand, von dem sie abhängen sollen, vorliegt oder nicht, entweder sogleich mit dem Abschluß des Geschäfts oder überhaupt nicht ein. Ob das eine oder das andere der Fall ist, ist nicht objektiv, sondern nur den Parteien ungewiß. Für einen „Schwebezustand“, wie er normalerweise durch den Abschluß eines aufschiebend bedingten Rechtsgeschäfts entsteht, ist kein Raum.

Die Berechtigung der Unterscheidung wird von *Blomeyer* bestritten.[3] Er meint, auch im Falle der echten Bedingung stehe der künftige Eintritt oder Nichteintritt des Umstandes, von dem die Rechtsfolge abhängig sein soll, jetzt schon (für einen allwissenden Betrachter) fest; nur sei dies für das beschränkte menschliche Erkenntnisvermögen noch nicht erkennbar. Trete die Bedingung ein, so werde nur „das bekannt, was zunächst unbekannt war, mit dessen Existenz aber die Parteien rechnen mußten“.[4] Nichts spreche daher dagegen, „objektiv“ die Rechtsfolge sogleich mit der Vornahme des bedingten Geschäfts eintreten zu lassen, wenn nur die Bedingung hernach eintrete. Wenn nach § 160 derjenige, der sich unter einer aufschiebenden Bedingung zu einer Leistung *verpflichtet* hat, im Falle des Eintritts der Bedingung dem Berechtigten in derselben Weise für sein Verhalten in der Zwischenzeit einzustehen hat, wie sonst ein Schuldner vom Beginn des Schuldverhältnisses an, so deshalb, meint *Blomeyer,* weil er eben in diesem Fall von Anfang an Schuldner gewesen ist. „Werden Rechtswirkungen abhängig vom Bedingungseintritt angeordnet, so bestehen sie schon vorher, falls ihre Verletzung überhaupt zu Sanktionsfolgen führt.“[5] Entsprechend leitet *Blomeyer* aus § 161 ab, daß bei aufschiebend bedingter *Verfügung* über ein Recht der Erwerber das Recht sofort erlange, wenn nur die

---

[2] So *v. Tuhr* Bd. III § 80 IV; *Enn./N.* § 194 zu Anm. 6; *Lehmann/Hübner* § 35 A I 3; *Erman/Westermann* 2c vor, MünchKomm/Westermann 50 zu § 158; *Medicus* Rdz. 829. Grundlegend die Schrift von *Henle,* Unterstellung und Versicherung, 1922.

[3] *A. Blomeyer,* Studien zur Bedingungslehre Bd. 1, S. 31ff.

[4] Ebenda S. 54.

[5] aaO. S. 57.

Bedingung später eintritt.[6] Je nachdem, ob die Bedingung eintritt oder ausfällt, stehe das Recht, über das verfügt wird, „dem Vertragsteil zu, der es endgültig erwirbt oder behält".[7] Damit scheint in der Tat jeder Unterschied zwischen der echten Bedingung, deren Eintritt oder Nichteintritt objektiv ungewiß ist, und der Unterstellung eines objektiv bereits entschiedenen Umstandes beseitigt. So gut sich aber auch die Lehre *Blomeyers* mit der Regelung der §§ 160 und 161 vereinbaren läßt, so sehr widerspricht sie dem § 158 Abs. 1. Denn nach dieser Bestimmung tritt die von der Bedingung abhängig gemachte Rechtsfolge erst mit dem Eintritt der Bedingung ein. Das Gesetz geht ersichtlich davon aus, daß es zukünftige Ereignisse gebe, deren Eintritt oder Nichteintritt nicht nur für die Parteien, sondern „objektiv", d.h. nach dem derzeitigen Stande des menschlichen Erfahrungswissens ungewiß ist. Es ist im übrigen nicht nur, wie er meint, die Beschränktheit des menschlichen Erkenntnisvermögens, die es verbietet, jedes in der Zukunft liegende Ereignis schon jetzt als entschieden anzusehen. Vielmehr muß der Mensch als Handelnder notwendig davon ausgehen, daß die Zukunft in irgendeiner Weise noch „offen" ist, daher von ihm durch sein Handeln, durch seine Entscheidung so oder so beeinflußt werden kann. Die „objektive Ungewißheit", von der hier die Rede ist, darf also nicht auf einen allwissenden und alles vorhersehenden Geist, sondern muß auf die spezifische Situation des Menschen bezogen werden, für den die Zukunft eben noch nicht in jeder Hinsicht bereits entschieden ist.

Der zur Bedingung gemachte Umstand kann ein Naturereignis – wie die Geburt eines Kindes, das Erreichen eines bestimmten Lebensalters durch eine bestimmte Person –, er kann die Handlung eines Vertragspartners (z. B. die Zahlung des Kaufpreises) oder eines Dritten (z. B. die Übernahme einer Bürgschaft) oder ein Sozialakt (z. B. der Ausgang einer Wahl, eine behördliche Entscheidung, der Erlaß eines Gesetzes) sein. Hängt er allein von dem Willensentschluß eines der Beteiligten ab, so spricht man von einer **„Potestativbedingung"**. Gegen sie besteht so lange kein Bedenken, als nicht etwa die Verknüpfung der zur Bedingung gemachten Handlung mit der Rechtsfolge sittenwidrig ist.[8] Sittenwidrig wäre z. B. ein Schenkungsversprechen unter der Bedingung des von dem anderen vorzunehmenden Konfessionswechsels. Fraglich ist, ob die Geltung eines Rechtsgeschäfts auch davon abhängig gemacht werden kann, daß ein Geschäftspartner später erklärt, das Geschäft gelten lassen zu wollen. Man spricht dann von einer **„Wollensbedingung"**. Die Verfasser des Gesetzes gingen von der Möglichkeit einer derartigen Bedingung aus und bedienten sich dieser Konstruktion bei dem Kauf auf Probe (§ 495 Abs. 1 Satz 2). Es handelt sich jedoch nicht um die Vornahme eines bedingten Rechtsgeschäfts. Wer erklärt, er schließe einen Kaufvertrag, einen Mietvertrag usw. unter der Bedingung ab, daß er ihn demnächst billigen, demnächst sein Einverständnis erklären werde, der hat sich die

---

[6] Studien Bd. 2 S. 166ff.

[7] aaO. S. 168.

[8] Bei einem aufschiebend bedingten Geschäft ist in solchen Fällen das ganze Rechtsgeschäft nichtig, da seine Aufrechterhaltung ohne die Bedingung eine qualitative Inhaltsänderung darstellen würde, die nicht unter die Regel des § 139 fällt. Anders indessen bei einer auflösenden Bedingung; hier soll das Geschäft in Geltung treten, die sittenwidrige Bedingung (etwa: kein zukünftiger Konfessionswechsel) betrifft nur seinen Fortbestand. Sie kann gestrichen werden, ohne daß das Geschäft selbst zu einem anderen würde. Vgl. dazu *Flume* § 38 4c. Auch eine Umdeutung gemäß § 140 dürfte bei einem aufschiebend bedingten Geschäft nicht in Betracht kommen. Über die besondere Problematik bei einer Zuwendung von Todes wegen vgl. aber *Flume* § 38 4d.

Entscheidung darüber, ob der Vertrag gelten solle, in Wahrheit noch vorbehalten, d. h. er hat erst eine Absicht kundgetan, aber noch keine Geltungserklärung abgegeben. Die demnächstige Erklärung, er billige oder sei einverstanden, ist, von ihm aus gesehen, erst der entscheidende Akt, durch den er die vertragliche Regelung in Geltung setzt. Seine anfängliche, nur „bedingt" abgegebene Erklärung ist, da sie gerade nicht besagt, ihr Inhalt solle gelten, nur vorbereitender Natur.[9] Zwar steht der Inhalt des abschließenden Vertrages nunmehr unter den Parteien fest, ob er aber in Geltung tritt, unterliegt noch der freien Entscheidung der einen Partei. Wenn diese dem Vertrage endgültig zustimmt, bedeutet das nicht nur die Herbeiführung eines Umstandes, von dem der Eintritt der Rechtsfolge als Bedingung abhängig gemacht worden war, sondern in Wahrheit erst den Abschlußakt selbst. Allenfalls kann man sagen, daß der Vertragsschluß hier in zwei Stufen vor sich geht: auf der ersten Stufe wird lediglich der Inhalt des Vertrages festgestellt, seine Geltung aber noch in das Belieben der einen Partei gestellt; erst auf der zweiten Stufe gelangt der Vertrag mit dem vorher festgelegten Inhalt zur Geltung. Sieht man den Vorgang so, dann läßt sich die Auffassung vertreten, daß es bei einem formbedürftigen Geschäft genügt, wenn nur der erste Akt formgerecht vorgenommen worden ist, die den Abschluß erst vollendende Geltungserklärung dagegen formfrei vorgenommen wird. Es ist diese Konsequenz, um die es der herrschenden Lehre zu tun ist.[10] Hierzu bedarf es aber der in sich widerspruchsvollen Konstruktion der „Wollensbedingung" nicht. Man sollte daher auf sie verzichten, zumal auch die Rechtsprechung nicht einheitlich ist.[11]

Keine rechtsgeschäftliche Bedingung ist die sogenannte **Rechtsbedingung** (condicio iuris). Hier handelt es sich um eine auf der Rechtsordnung, nicht auf der Parteibestimmung beruhende Wirksamkeitsvoraussetzung des Rechtsgeschäfts, die im Zeitpunkt seiner Vornahme jedoch noch nicht gegeben ist. Wenn deren Eintritt ungewiß ist, entsteht ein Schwebezustand, der dem bei der Bedingung entstehenden vergleichbar ist. *Oertmann* bezeichnet daher als Rechtsbedingung „eine nachholbare, aber beim Geschäftsabschluß selbst noch ausstehende Wirksamkeitsvoraussetzung".[12] Hauptbeispiel ist die Genehmigung. Während aber das Gesetz bei dieser eine sogenannte Rückwirkung anordnet (§ 184 Abs. 1), ist das bei der ihr vergleichbaren aufschiebenden Bedingung nach § 158 Abs. 1 gerade nicht der Fall. Die mit der Genehmigung zusammenhängenden Probleme

---

[9] Vgl. hierzu Sch.R. II § 44 I (zum Kauf auf Probe). Ähnlich auch *Flume* § 38 2; *Westermann* in MünchKomm 21, 22 zu § 158.

[10] Vgl. *Enn./N.* § 194 IV 3. Mit Recht betont aber *Flume* (§ 38 2d), daß man, soweit die Form gerade denjenigen Vertragsteil, der sich seine Entscheidung vorbehalten hat, schützen will, für dessen Einwilligungserklärung die Form verlangen solle. So auch *Medicus* Rdz. 83f.

[11] Keine uneingeschränkte Bejahung der Zulässigkeit einer Wollensbedingung enthält die dafür meist zitierte Plenarentscheidung des RG, RGZ 72, 385. Für die Zulässigkeit RGZ 104, 98, 100; dagegen RGZ 131, 24, 26.

[12] *Oertmann,* Die Rechtsbedingung, S. 28.

sind in den §§ 184, 185 geregelt (vgl. oben § 24). Auch sonst sind die Bestimmungen über die durch Rechtsgeschäft bestimmte Bedingung auf die sogenannte Rechtsbedingung durchweg nicht anwendbar.[13] Es kommt allenfalls eine analoge Anwendung einzelner Vorschriften, so etwa des § 160, in einzelnen Fällen in Betracht.[14] Auf die Geltung einer Rechtsbedingung haben die Parteien keinen Einfluß. Es ist daher gleichgültig, ob sie sie in dem Rechtsgeschäft erwähnen oder nicht. Durch die Erwähnung wird die Bedingung nicht etwa zu einer rechtsgeschäftlichen; ihre Erwähnung in einem „bedingungsfeindlichen" Geschäft (unten II) ist daher unschädlich.[15] Möglich ist, daß die Parteien der gesetzlichen eine weitere Bedingung, die dann eine rechtsgeschäftliche ist,[16] hinzu fügen. Sie können z. B. in einen Vertrag, der der behördlichen Genehmigung bedarf, die Bestimmung aufnehmen, der Vertrag solle nur unter der Bedingung in Kraft treten, daß die Genehmigung bis zu einem bestimmten Datum erteilt werde. Wird sie bis dahin nicht erteilt, so liegt – wegen Ausfalls der zusätzlichen rechtsgeschäftlichen Bedingung – kein genehmigungsfähiges Rechtsgeschäft mehr vor; die verspätete Genehmigung ist daher wirkungslos.

II. Die Zulässigkeit der Bedingung und der Befristung

Nicht alle Rechtsgeschäfte können unter einer Bedingung oder auch nur befristet vorgenommen werden. Der Parteiautonomie sind hier Grenzen durch das Gesetz, durch die Natur der Sache und durch die gebotene Rücksicht auf den Geschäftsgegner gezogen. Unter den Rechtsgeschäften, die keine Bedingung vertragen, die, wie man sagt, „bedingungsfeindlich" sind, lassen sich in der Hauptsache zwei Gruppen unterscheiden.

Zur ersten Gruppe gehören die Eheschließung (§ 13 Abs. 2 EheG) und der an das Vormundschaftsgericht gerichtete Antrag, der auf die Annahme eines anderen als Kind gerichtet ist (§ 1752 Abs. 2), sowie die für die Annahme als Kind vom Gesetz geforderten Einwilligungserklärungen (§ 1750 Abs. 2 Satz 1). In diesen Fällen verträgt sich eine Bedingung nicht mit dem öffentlichen Interesse an Klarstellung, aber auch nicht mit dem Wesen des Gemeinschaftsverhältnisses, das dadurch begründet werden soll. Weiter gehören in diese Gruppe alle die Geschäfte, bei denen ein öffentliches Interesse oder ein Interesse des Rechtsverkehrs an der Eindeutigkeit oder Kundbarkeit der Rechtslage die Bedingung und

---

[13] So ist § 162 nicht anwendbar, weil eine gesetzliche Wirksamkeitsvoraussetzung unabhängig vom Verhalten der Parteien stets vorliegen muß. So auch RGZ 129, 357, 376; 168, 261, 267; *Enn./N.* § 196 zu Anm. 11; *Flume* § 40 1 g; *Egert* aaO. S. 183f.

[14] Vgl. *Oertmann* aaO. S. 154ff.; *Egert* aaO. S. 184.

[15] Vgl. *Oertmann* aaO. S. 45ff.; *v. Tuhr* Bd. III § 80 zu Anm. 129; *Flume* § 38 5 zu Anm. 58; h. L.

[16] A. A. *Egert* aaO. S. 44; die Rechtsbedingung werde von den Parteien lediglich „verschärft". Die „Verschärfung" beruht aber nicht mehr auf dem Gesetz, sondern eben auf Rechtsgeschäft.

zumeist auch die Zeitbestimmung als unangebracht erscheinen läßt. Zu nennen sind hier insbesondere die Auflassung (§ 925 Abs. 2), die Annahme eines Wechsels (Art. 26 WG), die Annahme sowie die Ausschlagung einer Erbschaft und eines Vermächtnisses (§§ 1947, 2180 Abs. 2), des Amtes eines Testamentsvollstreckers (§ 2202 Abs. 2).

Zur zweiten Gruppe gehören die meisten *einseitigen gestaltenden Rechtsgeschäfte.* Bei ihnen ist in der Regel die mit einer Bedingung verbundene Ungewißheit und in manchen Fällen auch der zeitliche Aufschub dem anderen Teil, der die dadurch herbeigeführte Rechtsgestaltung hinzunehmen hat, nicht zumutbar. Ausdrücklich ausgesprochen hat das Gesetz die Unzulässigkeit der Bedingung und einer Zeitbestimmung nur bei der Aufrechnung (§ 388 Satz 2). Sie wird von der Rechtsprechung und der Lehre allgemein angenommen bei der Anfechtung,[17] dem Rücktritt, dem Widerruf und, hinsichtlich der Bedingung, in der Regel auch bei der Kündigung.[18] Die Befristung ist dagegen bei der Kündigung nicht nur zulässig, sondern sogar die Regel; sie liegt im Interesse des anderen Teils, damit dieser sich auf die durch die Kündigung herbeigeführte Rechtslage einstellen kann. Auch eine Bedingung ist bei ihr dann für zulässig zu erachten, wenn die Parteien ihre Zulässigkeit vereinbart haben[19] oder wenn der Eintritt oder Nichteintritt der Bedingung allein von einer Handlung des Empfängers der Kündigung abhängt. Einen Fall dieser Art enthält § 643. Grundsätzlich zulässig ist danach auch eine Kündigung für den Fall, daß der Empfänger einer vom Kündigenden begehrten Vertragsänderung nicht zustimme (Änderungskündigung).[20] ,,Bedingungsfeindlich" ist ferner die Ausübung eines Wahlrechts und eines Optionsrechts, wie des Vorkaufs- und des Wiederkaufsrechts.[21] Nicht alle einseitigen Rechtsgeschäfte sind jedoch bedingungsfeindlich. Einwilligung und Bevollmächtigung können bedingt vorgenommen werden. Da sie in diesem Fall erst wirksam werden, wenn die Bedingung eintritt, so handelt der Empfänger der Einwilligung oder der Vollmacht, wenn er schon vorher das entsprechende Rechtsgeschäft vornimmt, ohne Einwilligung oder Vertretungsmacht.[22] Die Genehmigung ist da-

[17] RGZ 66, 153.

[18] RG WarnR 1915, Nr. 103; BAG, NJW 68, 2078.

[19] Im Fall RGZ 91, 307 hatten die Parteien vereinbart, der Mieter von Geschäftsräumen solle zu einem bestimmten Termin mit vierteljährlicher Frist kündigen dürfen, wenn er seinen Geschäftsbetrieb aufgebe. Der Mieter kündigte zu dem Termin, gab aber sein Geschäft nicht schon mit der Kündigung, sondern erst beim Eintritt des Termins auf. Das RG nahm an, die Kündigung sei unter der aufschiebenden Bedingung der demnächstigen Geschäftsaufgabe erfolgt. Diese Bedingung sei hier zulässig, weil das von den Parteien vereinbart worden sei.

[20] Vgl. MünchKomm/*Westermann* 31 zu § 152. Bei Mietverhältnissen über Wohnraum ist jedoch dem Vermieter nach Art. 3 § 1 des 2. Wohnraumkündigungsschutzgesetzes die Kündigung zum Zwecke der Mieterhöhung untersagt; dazu oben § 3 II a.

[21] Vgl. über diese Rechte Sch.R. II § 44 II, III und IV unter Ziff. 3.

[22] Nach *v. Tuhr* Bd. II § 53 Anm. 52 und *Müller-Freienfels,* Die Vertretung beim Rechtsgeschäft, S. 248ff. soll es für die Zulässigkeit der Bedingung bei einer Einwilligung und bei der Bevollmächtigung darauf ankommen, ob die Einwilligung oder die Vollmacht zu einem Rechtsgeschäft erteilt

gegen bedingungsfeindlich. Da sie einen Schwebezustand beenden soll, darf sie nicht einen neuen Schwebezustand schaffen.[23]

Eine unzulässige Bedingung oder Befristung macht das Rechtsgeschäft regelmäßig im ganzen nichtig.[24] Das gleiche gilt dann, wenn das Geschäft dadurch, daß ihm eine Bedingung hinzugefügt wird, zu einem gesetz- oder sittenwidrigen wird.[25] Auch eine sogenannte ,,uneigentliche Bedingung" oder ,,Unterstellung" ist bei den grundsätzlich bedingungsfeindlichen Geschäften in der Regel für unzulässig zu erachten.[26]

III. Die aufschiebende Bedingung

a) **Eintritt und Ausfall der Bedingung.** Bei einem aufschiebend bedingten Rechtsgeschäft ,,tritt die von der Bedingung abhängig gemachte Wirkung mit dem Eintritt der Bedingung ein" (§ 158 Abs. 1). Daraus ergibt sich:

1. Die Rechtsfolgen, auf die das Geschäft hinzielt, treten mit dem Eintritt der Bedingung *ohne weiteres* ein. Es bedarf hierzu nicht einer erneuten Willensäußerung, etwa einer Bestätigung des Rechtsgeschäfts. Da die Parteien, sofern nicht etwa ein Widerrufsrecht vereinbart worden ist, in der Zwischenzeit bereits an ihre Erklärungen gebunden sind, so vermag keine Partei, wenn nur die Bedingung eintritt, zwischenzeitlich den Eintritt der Rechtsfolge zu hindern. Mit dem Abschluß des Geschäfts haben die Parteien – vom Fall einer Potestativbedingung abgesehen – alles, was ihnen obliegt, um es in Geltung zu setzen, getan. Für die persönlichen Wirksamkeitserfordernisse des Geschäfts, wie Rechtsfähigkeit, Geschäftsfähigkeit, Zustimmung des gesetzlichen Vertreters, auch guten Glauben des Erwerbers, Kennen oder Kennenmüssen bestimmter Tatsachen, kommt es daher allein auf den Zeitpunkt der Vornahme des Geschäfts, nicht auf den des Eintritts der Bedingung und damit seines Wirksamwerdens an.

2. Die Rechtsfolgen treten *erst mit dem Eintritt der Bedingung,* also nicht vorher, ein. Eine sogenannte ,,Rückwirkung" hat das Gesetz hier, anders als im Fall der

---

werden, das selbst eine Bedingung verträgt oder nicht. Tritt jedoch die Bedingung vor der Vornahme des Rechtsgeschäfts ein, so kann der Empfänger der Einwilligung oder der Bevollmächtigte auf Grund der nunmehr für ihn bestehenden Rechtsmacht auch ein bedingungsfeindliches Rechtsgeschäft nunmehr unbedingt, damit wirksam, vornehmen. Fehlt ihm dagegen die Rechtsmacht bei der Vornahme des Geschäfts, dann kommt es darauf an, ob dieses genehmigungsfähig ist. Wenn dies der Fall ist, wird man ihn für befugt halten können, die Genehmigung nach Eintritt der Bedingung, von der *seine* Rechtsmacht abhängt, nunmehr auch selbst auszusprechen.

[23] Für die Zulässigkeit wenigstens auflösend bedingter Genehmigungen *Wilckens,* AcP 157, 399ff.

[24] So ausdrücklich § 925 Abs. 2; vgl. jedoch im näheren *Enn./N.* § 196 II 3; *Flume* § 38 5; MünchKomm/*Westermann* 35 zu § 158.

[25] Vgl. oben Anm. 8 auf S. 483.

[26] Vgl. *v. Tuhr* Bd. III § 80 zu Anm. 125. Die Erklärung ist jedoch gültig, wenn der Empfänger den Umstand, von dem ihre Gültigkeit abhängen soll, bei ihrem Empfang bereits kennt.

Genehmigung, nicht angeordnet.[27] Das ergibt sich zweifelsfrei aus § 159, nach dem die Parteien, wenn sie die Zurückbeziehung der Folgen auf einen früheren Zeitpunkt vereinbart haben, lediglich in ihrem Verhältnis zueinander verpflichtet sind, einander das zu gewähren, was sie haben würden, wenn die Folgen bereits in diesem Zeitpunkt eingetreten wären. Damit ist eine ,,Rückwirkung" auch im Verhältnis zu Dritten, die bei Verfügungen praktisch werden könnte, nach dem Buchstaben des Gesetzes ausgeschlossen. Die praktische Bedeutung dieses Ausschlusses wird jedoch nahezu aufgehoben durch die Regelung der §§ 160, 161. Dies wird sogleich deutlich werden, wenn wir die Rechtslage während des Bestehens des Schwebezustandes betrachten (unten b).

Unter dem ,,Ausfall der Bedingung" versteht man jedes Ereignis, das bewirkt, daß sie nun nicht mehr eintreten kann. War die Bedingung, daß eine bestimmte Person einen bestimmten Tag erlebt, so fällt die Bedingung mit ihrem vorherigen Tode aus. War die Bedingung, daß jemand vor Vollendung seines 30. Lebensjahres heiratet, so fällt die Bedingung, wenn er bis dahin nicht geheiratet hat, aus, sobald er das 30. Lebensjahr vollendet hat. War die Bedingung die Zahlung des Kaufpreises, so fällt sie aus, wenn der Kaufvertrag, sei es durch Rücktritt, Anfechtung oder Aufhebungsvertrag, aufgehoben wird, weil dann die zu erfüllende Kaufpreisschuld nicht mehr besteht.[28] In diesem Fall ist der Schwebezustand beendet. Es steht nunmehr fest, daß die von der Bedingung abhängig gemachte Rechtsfolge nicht eintreten wird. Das gleiche muß gelten, wenn zwar die Bedingung noch eintreten kann, nicht aber mehr die von ihr abhängig gemachte Rechtsfolge.[29]

Die Bedingung wird trotz Nichteintritts dann als eingetreten behandelt, wenn diejenige Partei, zu deren Nachteil ihr Eintritt gereichen würde, ihren Eintritt ,,wider Treu und Glauben" verhindert; sie wird trotz ihres Eintritts als nicht eingetreten angesehen, wenn ihr Eintritt von der Partei, zu deren Vorteil er gereicht, ,,wider Treu und Glauben" herbeigeführt worden ist (§ 162). Es handelt sich um einen Anwendungsfall des allgemeinen Prinzips, daß niemand aus seinem eigenen gegen Treu und Glauben verstoßenden Verhalten einen rechtlichen Vorteil soll ziehen dürfen. ,,Wider Treu und Glauben" handelt ein Vertragsteil dann, wenn er sich nicht so verhält, wie das nach dem Sinn des Vertrages von einem loyal denkenden Vertragspartner erwartet werden kann, und wenn er dadurch zum eigenen Vorteil den Eintritt der Bedingung verhindert oder herbeiführt. Das ist besonders dann der Fall, wenn er eine ihm nach dem Sinn des Vertrages obliegende Handlung, ohne die die Bedingung nicht eintreten

---

[27] Über die Gründe für diese Entscheidung des Gesetzgebers vgl. *Schiemann* aaO. S. 129.

[28] Vgl. *Raiser,* Dingliche Anwartschaften S. 32.

[29] Etwa im Falle des § 161 Abs. 3, wenn ein Dritter auf Grund einer Zwischenverfügung, die mit Rücksicht auf seinen guten Glauben wirksam ist, das Recht erworben hat. Vgl. *Serick,* Eigentumsvorbehalt und Sicherungsübertragung, Bd. 1, S. 417.

kann, unterläßt, obgleich es ihm möglich war und nach Lage der Dinge von ihm erwartet werden konnte, sie vorzunehmen.[30] Daß er den Ausfall der Bedingung dadurch herbeizuführen beabsichtigte, ist so wenig zu fordern, wie die schuldhafte Verletzung einer Vertragspflicht; es genügt, daß sein Verhalten, für ihn erkennbar, nicht dem entspricht, was der andere Teil, nach ,,Treu und Glauben", von ihm zu erwarten berechtigt ist.[31]

b) **Die Rechtslage während des Schwebezustandes.** Wenn auch die von der Bedingung abhängig gemachte Rechtsfolge gemäß § 158 Abs. 1 erst im Zeitpunkt des Eintritts der Bedingung wirksam werden, so wäre es doch falsch anzunehmen, daß das bedingte Rechtsgeschäft vorher überhaupt noch keine Rechtswirkungen äußerte. Vielmehr sind die Parteien, die mit dem Abschluß des Rechtsgeschäfts dessen Rechtsfolgen, wenn auch nur für den noch ungewissen Fall des Eintritts der Bedingung, in Geltung gesetzt haben, an das Geschäft bereits in dem Sinne gebunden, daß keine Partei ihre Erklärung einseitig widerrufen kann. Auch ihr Verhalten während der Schwebezeit unterliegt bereits bestimmten rechtlichen Bedingungen, die insgesamt sicherstellen sollen, daß im Falle des Bedingungseintritts der mit dem Rechtsgeschäft bezweckte Erfolg erreicht wird. Wenn man insoweit von ,,Vorwirkungen" des Rechtsgeschäfts spricht, so ist dieser Ausdruck schief, weil das Rechtsgeschäft bereits abgeschlossen ist und eben nur der Eintritt der Hauptfolgen, auf die es abzielt, hinausgeschoben ist. Besser wäre es, von ,,Sofortwirkungen" des Geschäfts zu sprechen, die freilich nur in dem Fall, daß die Bedingung hinterher eintritt, praktisch von Bedeutung sind.

Nach § 160 Abs. 1 kann derjenige, der unter einer aufschiebenden Bedingung ein Recht erworben hat, im Falle des Eintritts der Bedingung Schadensersatz von dem anderen Teil verlangen, wenn dieser während der Schwebezeit das von der Bedingung abhängige Recht durch sein Verschulden vereitelt oder beeinträchtigt. Es bedarf, um diese Bestimmung in das System unseres Rechts einzuordnen, nicht, wie *Blomeyer* meint, der Annahme, daß bei einem Schuldvertrag im Falle des Bedingungseintritts die vertragliche Leistung schon von Anfang an geschuldet gewesen sei. Denn die heutige Zivilrechtsdogmatik unterscheidet von der eigentlichen Leistungspflicht des Schuldverhältnisses weitere Verhaltenspflichten, die als vertragliche oder gesetzliche Nebenpflichten sicherstellen sollen, daß die Leistung nicht vereitelt, und daß der andere Vertragsteil vor vermeidbaren Schädigungen geschützt wird.[32] Zu ihnen gehört insbesondere auch

[30] Vgl. die Entscheidung RGZ 79, 96.

[31] Str. Die schuldhafte Verhinderung oder Herbeiführung der Bedingung verlangt *Flume* § 40 1e. Dagegen läßt es der BGH – LM Nr. 3 zu § 162 BGB – genügen, daß die Vertragspartei ihr zumutbare Schritte unterließ, obwohl sie erkennen konnte, der andere vertraue darauf. Vgl. ferner dazu *Medicus* Rdz. 835, *Staudinger/Dilcher* 8, *Erman/Hefermehl* 2, MünchKomm/*Westermann* 10, *Palandt/Heinrichs* 2b zu § 162; für das österreichische Recht *Knütel,* Jur. Blätter, 76, 627.

[32] Vgl. Sch.R. I § 2 I.

die Pflicht, rechtzeitig die erforderlichen Vorbereitungen zu treffen, um vertragsgerecht leisten zu können, sich aller Handlungen zu enthalten, die die Leistung unmöglich machen, sie gefährden oder ihren Wert für den Gläubiger herabsetzen würden. Daher besagt der § 160 Abs. 1 nichts anderes, als daß diese Vorbereitungs- und Unterlassungspflichten auch dann, wenn die Leistungspflicht aufschiebend bedingt ist, sofort mit dem Abschluß des Vertrages entstehen. Das entspricht auch dem Sinne des Rechtsgeschäfts.[33] Denn damit, daß die eine Partei sich, wenn auch nur für den Fall des Eintritts der Bedingung, jetzt schon zu der Leistung verpflichtet, sagt sie zugleich, daß sie in der Zwischenzeit loyal zu dieser Verpflichtung stehen und daher nichts unternehmen werde, was ihrer Erfüllung hinderlich wäre. Allerdings führt die Verletzung dieser Pflicht nur dann auch zu einem Schadensersatzanspruch, wenn die Bedingung eingetreten ist. Dies aber nicht deshalb, weil das Verhalten des Schuldners, wenn die Bedingung nicht eintritt, rechtmäßig und nicht pflichtwidrig gewesen wäre, sondern deshalb, weil der Gläubiger, wenn die Bedingung nicht eintritt, dadurch, daß die Leistung unmöglich geworden ist, keinen Schaden erlitten hat.

Nicht so einfach liegen die Dinge, wenn es sich um eine **bedingte Verfügung** handelt. In der Regel wird sich, wenn der Verfügende den Rechtserwerb des bedingt Berechtigten schuldhaft vereitelt oder beeinträchtigt, ein Schadensersatzanspruch für diesen schon aus dem der Verfügung zugrunde liegenden Kausalgeschäft ergeben. Das Gesetz knüpft die Verpflichtung, sich so zu verhalten, daß der Erfolg der Verfügung im Falle des Eintritts der Bedingung nicht vereitelt oder beeinträchtigt wird, aber auch an die Vornahme der Verfügung als solcher.[34] Eine solche Verpflichtungswirkung einer Verfügung ist zwar ungewöhnlich, aber nicht ganz ohne Parallelen im Gesetz (vgl. §§ 402, 403).

Im Falle der bedingten Verfügung sichert das Gesetz den Erwerber aber nicht nur mittelbar durch die Begründung einer Verhaltenspflicht für den Verfügenden mit der Folge, daß dieser im Fall ihrer Verletzung zum Schadensersatz verpflichtet wird, sondern auch unmittelbar, indem es zu seinen Gunsten sofort eine Beschränkung der Verfügungsmacht des Verfügenden eintreten läßt, die allerdings nur dann, wenn die Bedingung eintritt, wirksam wird. Nach § 161 Abs. 1 sind nämlich alle weiteren Verfügungen, die derjenige, der bedingt verfügt hatte, während der Schwebezeit über den Gegenstand der Verfügung trifft, *im Falle des Eintritts der Bedingung insoweit unwirksam,* als sie das von der Bedingung abhängige Recht vereiteln oder beeinträchtigen würden. Den Verfügungen desjenigen,

---

[33] Zutreffend bemerkt *Flume* (§ 40 2c), für das bedingte Verpflichtungsgeschäft habe § 160 nur die Bedeutung einer Klarstellung, während sich für das bedingte Verfügungsgeschäft die Verpflichtung des Verfügenden erst aus § 160 ergäbe.

[34] A. A. *Schiemann* aaO. Anm. 8 auf S. 2. Nach ihm soll sich § 160 BGB nur auf Verpflichtungsgeschäfte beziehen. Eine ,,anspruchsbegründende Verfügung" sei zwar rechtlich nicht unmöglich, ,,aber im Falle des § 160 BGB praktisch kaum vorstellbar".

der aufschiebend bedingt über ein Recht verfügt hat, stehen ,,Verfügungen" gleich, die während der Schwebezeit im Wege der Zwangsvollstreckung, der Arrestvollziehung oder durch den Konkursverwalter erfolgen.[35] Alle derartigen Verfügungen sind daher endgültig nur unter der Bedingung wirksam, daß die Bedingung der ersten Verfügung nicht eintritt. Zugunsten des gutgläubigen Dritterwerbers finden jedoch die Vorschriften zugunsten derer, die Rechte von einem Nichtberechtigten herleiten, soweit derartige Vorschriften bestehen, entsprechende Anwendung (§ 161 Abs. 3). Hat also A sein Motorrad dem B verkauft und unter der Bedingung der Zahlung des Kaufpreises mittels Übergabe übereignet, danach aber es leihweise von B für einen Tag zurückerhalten, und benutzt er diese Gelegenheit, es nunmehr dem nicht gutgläubigen C zu verkaufen, dem er es sofort übergibt und damit übereignet, dann wird die Übereignung an C nach § 161 Abs. 1 Satz 1 unwirksam, wenn die Bedingung der ersten Verfügung eintritt, wenn also B den Kaufpreis vollständig bezahlt. B erwirbt dann das Eigentum so, wie wenn es dem A in diesem Augenblick noch zustünde, und kann daher von C die Herausgabe seines Motorrades nach § 985 verlangen. C kann ihm nicht entgegenhalten, daß er jetzt Eigentümer sei, weil die zu seinen Gunsten vorgenommene Verfügung des A nunmehr unwirksam ist. Anders ist es jedoch, wenn C gutgläubig war, d. h. wenn er weder wußte noch lediglich infolge grober Fahrlässigkeit nicht wußte, daß A hinsichtlich des Motorrades schon zugunsten des B verfügt hatte. Dann bleibt gemäß § 161 Abs. 3 in entsprechender Anwendung des § 932 die zu seinen Gunsten getroffene Verfügung wirksam. C ist also endgültig Eigentümer des Rades geworden, B hat in diesem Fall das Nachsehen; er ist auf Schadensersatzansprüche gegen A gemäß § 160 und aus dem Kaufvertrag beschränkt.

Die danach bestehende Regelung hinsichtlich der Wirksamkeit von Zwischenverfügungen unterscheidet sich in der Tat praktisch nur geringfügig von der, die bestehen würde, wenn das Gesetz angeordnet hätte, daß die aufschiebend bedingte Verfügung im Falle des Eintritts der Bedingung als *von Anfang an wirksam* anzusehen wäre. A hätte bei solcher Regelung in unserem Beispiel dann gegenüber C als Nichtberechtigter verfügt; § 932 wäre direkt, nicht nur entsprechend, anwendbar. Kein Unterschied ergibt sich auch für den Fall, daß B noch vor Eintritt der Bedingung, also vor der Zahlung der letzten Kaufpreisrate, das Motorrad an einen Dritten, den D, weiter veräußert und übergeben hätte. Nach der vom Gesetz getroffenen Regelung hätte er dann zwar, weil das Eigentum in diesem Augenblick noch nicht auf ihn übergegangen war, als Nichtberechtigter über das Motorrad verfügt; diese Verfügung wäre aber im Augenblick des Bedingungseintritts gemäß § 185 Abs. 2 (durch ,,Konvaleszenz") wirksam gewor-

[35] Hier entsteht die gleiche Problematik wie im Falle des § 135 Abs. 1 Satz 2. Vgl. dazu oben § 23 IV sowie *Serick,* Eigentumsvorbehalt und Sicherungsübertragung Bd. 1, S. 293; BGHZ 55, 20, 25.

den. Hätte das Gesetz dagegen angeordnet, daß die Verfügung im Falle des Bedingungseintritts als von Anfang an, also rückwirkend, wirksam anzusehen wäre, so hätte B nach der dann anzustellenden Betrachtung, wenn nur die Bedingung seines Eigentumserwerbs eintritt, bereits im Augenblick der Weiterveräußerung an D als Eigentümer und damit wirksam verfügt.

Die Regelung des § 161 Abs. 1 bedeutet, daß derjenige, der aufschiebend bedingt über ein Recht verfügt, damit seine Verfügungsmacht für den Fall des Eintritts der Bedingung beschränkt.[36] Er ist zwar während des Schwebezustandes noch Inhaber des Rechts und in diesem Sinne „Berechtigter",[37] aber nur mit der Maßgabe, daß er sich für den Fall des Eintritts der Bedingung seiner Verfügungsmacht über das Recht in dem durch das Gesetz bezeichneten Umfang begeben hat. Der Erwerber erlangt mit Eintritt der Bedingung den Verfügungsgegenstand auch dann, wenn der Verfügende in der Zwischenzeit etwa dadurch, daß er in Konkurs gefallen ist, die ihm noch verbliebene beschränkte Verfügungsmacht verloren hat. Auf den Konkursverwalter geht nur diese solchermaßen beschränkte Verfügungsmacht über. Folgerichtig sind auch Verfügungen, die der Konkursverwalter über den Gegenstand trifft, im Falle des Eintritts der Bedingung insoweit, als sie den Rechtserwerb des durch die bedingte Verfügung Begünstigten vereiteln oder beeinträchtigen würden, unwirksam. Entgegen der allgemeinen Regel, daß es für das Vorliegen der Verfügungsmacht auf den Zeitpunkt des Wirksamwerdens der Verfügung ankommt, ist bei der aufschiebend bedingten Verfügung die Verfügungsmacht im Zeitpunkt der Vornahme des Verfügungsgeschäfts erforderlich und genügend.

c) **Das Anwartschaftsrecht des Erwerbers.** Aus der dargestellten Rechtslage während des Schwebezustandes, wie sie sich aus den gesetzlichen Bestimmungen ergibt, folgt, daß derjenige, zu dessen Gunsten ein anderer sich unter einer aufschiebenden Bedingung verpflichtet hat und ebenso derjenige, zu dessen Gunsten ein anderer über ein Recht unter einer aufschiebenden Bedingung verfügt hat, hinsichtlich des Erwerbs eines Forderungsrechts oder desjenigen Rechts, über das verfügt wurde, eine rechtlich weitgehend gesicherte Position hat, die ihm freilich nur in dem Falle von Vorteil ist, daß die Bedingung eintritt. Wichtigstes Kennzeichen dieser Rechtsposition ist, daß der Erwerb dieses Rechts von dem, der sich aufschiebend bedingt verpflichtet oder über ein Recht verfügt hat, nicht mehr verhindert werden kann. Er hängt lediglich noch von dem Eintritt der Bedingung ab, auf den der andere in der Regel keinen Einfluß hat. Weder kann dieser das aufschiebend bedingte Rechtsgeschäft einseitig, etwa durch Widerruf, rückgängig machen noch, im Falle der Verfügung, den Erfolg durch weitere Verfügungen (ausgenommen allerdings im Fall des § 161 Abs. 3) verhindern. Er ist

---

[36] Vgl. *Flume* § 39 3a.
[37] *Flume* § 39 3b.

ferner, wie wir gesehen haben, schon jetzt verpflichtet, alles zu unterlassen, was das von der Bedingung abhängige Recht des Begünstigten im Falle des Eintritts der Bedingung vereiteln oder beeinträchtigen würde, und er hat Schadensersatz zu leisten, wenn er dieser Verpflichtung schuldhaft zuwiderhandelt. Dieser starken Gebundenheit desjenigen, der sich unter einer aufschiebenden Bedingung verpflichtet oder unter einer solchen Bedingung über ein Recht verfügt hat, entspricht auf seiten des Begünstigten eine schon jetzt rechtlich gesicherte Erwerbsaussicht, eine „Anwartschaft". Die herrschende Lehre und die Rechtsprechung behandeln diese bereits gegenwärtige Anwartschaft als ein subjektives Recht, als Anwartschaftsrecht.[38]

Über die rechtliche Natur dieses Anwartschaftsrechts besteht freilich keine volle Übereinstimmung. Meist wird gesagt, das Anwartschaftsrecht sei eine „Vorstufe" des erwarteten Rechts;[39] es sei mit diesem Rechte „wesensgleich", kein „aliud", sondern nur ein „minus".[40] Diese und ähnliche Aussagen sind jedoch mit Vorsicht aufzunehmen. Die rechtlich gesicherte Anwartschaft auf den Erwerb einer Forderung ist noch keine Forderung, auch nicht eine Forderung minderer Art oder minderen Grades; dem Anwartschaftsberechtigten gebührt die Leistung noch nicht, und er kann sie nicht verlangen. Ebenso ist die Anwartschaft auf den Erwerb des Eigentums noch kein Eigentum, auch kein gemindertes Eigentum. Der „Anwärter" ist noch nicht berechtigt, selbst auf die Sache einzuwirken; ihm stehen lediglich auf Grund seiner Anwartschaft noch keine Herrschaftsbefugnisse zu. Sein „Anwartschaftsrecht" ist nichts anderes als die Kehrseite aller rechtlichen Bindungen, denen derjenige, der zu seinen Gunsten sich aufschiebend bedingt verpflichtet oder aufschiebend bedingt verfügt hat, bereits jetzt unterworfen ist.[41] Der wichtigste Vorteil, den es gewährt, ist der, daß der Anwartschaftsberechtigte mit dem Eintritt der Bedingung das Recht, dessen Anfall ihm durch die Anwartschaft gesichert wird, erwirbt, ohne daß es hierzu noch einer weiteren Handlung des anderen Teils bedürfte, und ohne daß dieser es durch einen Widerruf hindern könnte. Seiner Struktur nach ist das Anwartschaftsrecht, wie oben (§ 13 I Ziff. 9) bereits dargelegt, ein *Erwerbs- oder Anfallsrecht,* dessen Bedeutung, hält man sich streng an das Gesetz, sich darin erschöpft, den Anfall des Rechts, auf das es hinzielt, vorzubereiten und zu sichern. Wenn wir es als ein „subjektives Recht" auffassen, dann deshalb, weil es für den Berechtigten bereits einen gegenwärtigen Vermögenswert hat und ihm die Möglichkeit gegeben werden soll, über diesen Vermögenswert, gleich wie über ein anderes vermögenswertes Recht, zu verfügen. Das gilt vor allem für das

---

[38] Dazu ausführlich BGHZ 20, 88, 93f.

[39] Dazu *Raiser,* Dingliche Anwartschaften, 1961, S. 6ff.

[40] *Enn./N.* § 197 II 4; BGHZ 28, 16, 21. Kritisch hierzu mit Recht *Flume,* AcP 161, 408; *Georgiades,* Die Eigentumsanwartschaft beim Vorbehaltskauf, S. 98ff.

[41] So auch *Flume* § 39 2 und 3c.

Anwartschaftsrecht des Vorbehaltskäufers, dem die Kaufsache vom Verkäufer unter der aufschiebenden Bedingung der Kaufpreiszahlung übereignet worden ist.[42] Er kann sein Anwartschaftsrecht durch Einigung über dessen Übergang und Übergabe der Sache (§ 929 analog) auf einen Dritten übertragen.

IV. Die auflösende Bedingung

Während bei der aufschiebenden Bedingung die Rechtsfolge des Geschäfts nur beim Eintritt der Bedingung und erst in diesem Zeitpunkt eintritt, tritt sie im Falle der auflösenden Bedingung sofort ein, endigt aber, sobald die auflösende Bedingung eintritt. Das Gesetz fügt hinzu: ,,Mit diesem Zeitpunkt tritt der frühere Rechtszustand wieder ein" (§ 158 Abs. 2, 2. Halbsatz). Das ist aber, auch wenn man beachtet, daß der frühere Rechtszustand nur für die Zukunft, nicht also auch für die dazwischenliegende Zeit, wiederhergestellt wird, nur bei Verfügungen möglich und zutreffend. Ist eine Sache unter einer auflösenden Bedingung übereignet worden, so fällt bei deren Eintritt das Eigentum wieder dem früheren Eigentümer zu, ohne daß es dazu noch eines weiteren Rechtsakts bedürfte. Bei einem Dauerschuldverhältnis,[43] wie Miete, Pacht, Gesellschaftsverhältnis, endet dieses als Dauerverhältnis mit dem Eintritt der auflösenden Bedingung, nicht anders, als wäre es von vornherein nur bis zu diesem Zeitpunkt eingegangen worden. Da ein Dauerschuldverhältnis in aller Regel irgendwann – sei es, weil es von vornherein nur für eine bestimmte Zeit eingegangen wurde, oder infolge einer Kündigung oder einverständlichen Aufhebung – ein Ende findet, so ist die auflösende Bedingung nur eine besondere Art und Weise seiner Beendigung. Die Beendigung bedeutet aber, daß die geschuldete Dauerleistung fortan nicht mehr gefordert werden kann, neue Leistungspflichten nicht entstehen; die in der Vergangenheit entstandenen bestehen dagegen, soweit sie noch nicht erfüllt waren, weiter (z. B. die Verpflichtung zur Zahlung rückständiger Mietzinsen), und darüber hinaus können jetzt Abwicklungspflichten entstehen, wie die Pflicht, die Mietsache zurückzugeben. Die Abwicklungspflichten dienen dazu, den tatsächlichen Zustand, wie er bei der Eingehung des Dauerschuldverhältnisses bestand, wiederherzustellen. Insofern tritt aber mit dem Eintritt der auflösenden Bedingung nicht einfach der gleiche Rechtszustand wieder ein, wie er vorher bestanden hatte, sondern es entsteht ein Abwicklungsverhältnis. Noch deutlicher ist dies bei einem Schuldverhältnis, das nur auf eine einmalige Leistung gerichtet ist, z. B. bei einem Kaufvertrag. Regelmäßig wird in diesem Fall die Sache dem Käufer übergeben worden sein, damit er in die Lage kommt, die

---

[42] Dazu Sch.R. II § 43 II c.

[43] Über Dauerschuldverhältnisse vgl. Sch.R. I § 2 VI.

Nutzungen aus der Sache zu ziehen. Andernfalls hätte ja der Abschluß eines, wenn auch auflösend bedingten, Kaufvertrags keinen Sinn.[44] Meist wird ferner mit der Übergabe der Sache auch das Eigentum an ihr übertragen worden sein. Tritt nun die auflösende Bedingung ein, so ist der Rechtsgrund, aus dem der Käufer bis dahin die Sache besitzen und ihre Nutzungen ziehen durfte, wie auch der Rechtsgrund für die Erlangung des Eigentums mit Wirkung von nun an fortgefallen; nicht aber auch schon sein Eigentum, falls nicht etwa auch die Übereignung auflösend bedingt war. Der Käufer ist vielmehr nach der bisher herrschenden Auffassung, die hier das Bereicherungsrecht anwendet,[45] gemäß § 812 verpflichtet, das Eigentum auf den Verkäufer zurückzuübertragen; war auch die Übereignung auflösend bedingt, so hat er doch wenigstens den Besitz zurückzuübertragen. Der Verkäufer ist seinerseits verpflichtet, den empfangenen Kaufpreis wegen nachträglichen Fortfalls des rechtlichen Grundes zurückzuzahlen. Mit *Flume*[46] ist indessen anzunehmen, daß sich diese Ansprüche bereits aus der richtig verstandenen Vereinbarung ergeben, daß es also des Rückgriffs auf § 812 nicht bedarf. Die beiderseitigen Rückgewährpflichten sind Zug um Zug zu erfüllen.[47] Der Käufer behält die von ihm in der Zwischenzeit aus der Kaufsache gezogenen Nutzungen; der Verkäufer braucht den empfangenen Kaufpreis für diese Zeit nicht zu verzinsen. Das wird sich in den meisten Fällen aus dem Zweck des Vertrages, soweit aus der getroffenen Vereinbarung ergeben. Anders ist es nur, wenn die Parteien gemäß § 159 die *Rückbeziehung* der Folgen des Bedingungseintritts auf einen früheren Zeitpunkt vereinbart haben. Dann hat jeder dem anderen das zu gewähren, was dieser gehabt hätte oder an Nutzungen hätte ziehen können, wenn der Kaufvertrag bereits in dem vereinbarten Zeitpunkt keinen rechtlichen Bestand gehabt hätte.

Derjenige, der ein Recht nur unter einer auflösenden Bedingung erworben hat, darf sich während der Schwebezeit die Erfüllung seiner mit Eintritt der auflösenden Bedingung entstehenden Rückgabepflicht nicht unmöglich machen. Im Falle schuldhafter Zuwiderhandlung gegen diese Pflicht hat er bei Eintritt der auflösenden Bedingung gemäß § 160 Abs. 2 Schadensersatz zu leisten. Da sowohl der Käufer wie der Verkäufer mit dem Eintritt der auflösenden Bedingung und daher damit rechnen müssen, daß sie dann das Empfangene zurückzuerstatten haben,

---

[44] Vgl. *Flume* § 38 2a.

[45] So RGZ 49, 424; BGH, LM Nr. 1 zu § 159 BGB (falls nicht der Vereinbarung der Parteien im Wege auch der ergänzenden Vertragsauslegung etwas anderes zu entnehmen sei); *Soergel/Knopp* 23, *Staudinger/Dilcher* 14 zu § 158.

[46] *Flume* § 40 2d a. E., auch *Wunner*, AcP 168, 425, 443ff.; *Medicus* Rdz. 840.

[47] Das Synallagma setzt sich im Abwicklungsverhältnis fort. Wendet man Bereicherungsrecht an, so kommt man hierzu über die „Saldotheorie" (vgl. Sch.R. Bd. II § 70 III); sieht man den Grund für die Rückabwicklungspflichten in dem jetzt aufgelösten Vertrag, so kann man an die entsprechende Anwendung des § 348 denken, der seinerseits auf § 320 und damit auf das ursprüngliche Synallagma verweist. (Hierzu Sch.R. Bd. I, § 26b Nr. 3).

so kann sich auch keiner von beiden auf den Fortfall seiner Bereicherung berufen (vgl. § 820 Abs. 1 Satz 2 in Verbindung mit Satz 1 und mit § 818 Abs. 4).

Die auflösende Bedingung wird vom Gesetz entsprechend der aufschiebenden Bedingung behandelt, wobei nur gleichsam die Rollen umgekehrt sind. Im Falle einer auflösend bedingten Verfügung steht also dem Empfänger das Recht während der Schwebezeit zu, er ist aber in der Verfügungsmacht für den Fall des Eintritts der auflösenden Bedingung in gleicher Weise beschränkt wie derjenige, der über ein Recht aufschiebend bedingt verfügt hatte, beschränkt ist. Verfügungen, die er in der Zwischenzeit trifft, sind also bei Eintritt der Bedingung insoweit unwirksam, als sie den Rückfall des unter der auflösenden Bedingung übertragenen Rechts vereiteln oder beeinträchtigen würden, wobei auch hier wieder die Vorschriften über den Erwerb des Gutgläubigen von einem Nichtberechtigten entsprechende Anwendung finden (§ 161 Abs. 2 und 3). Wie im Falle der aufschiebenden Bedingung derjenige, zu dessen Gunsten verfügt worden ist, ein Anwartschaftsrecht hat, so hat im Falle der auflösenden Bedingung der Verfügende, dem das Recht bei Bedingungseintritt wieder anfallen wird, ein Anwartschaftsrecht.

Wenn die auflösende Bedingung ausfällt, steht nunmehr fest, daß die durch das Rechtsgeschäft herbeigeführten Rechtsfolgen von Bestand bleiben. Bei einem Dauerschuldverhältnis gilt dies allerdings nur so lange, als es nicht aus einem anderen Grund beendet wird.

V. Die Befristung

§ 163 bestimmt, daß dann, wenn für die Wirkung eines Rechtsgeschäfts bei dessen Vornahme ein Anfangs- oder Endtermin bestimmt ist, im ersten Fall die für die aufschiebende, im zweiten Fall die für die auflösende Bedingung geltenden Vorschriften der §§ 158, 160, 161 entsprechende Anwendung finden. Es treten also die Rechtsfolgen des Geschäfts im ersten Fall mit dem Termin ein, im zweiten Fall enden sie mit ihm. Ein Zustand der Ungewißheit besteht hier, wenigstens nach Meinung der Parteien,[48] nicht hinsichtlich des „ob", sondern allenfalls hinsichtlich des „wann"; eine scharfe Grenzziehung ist nicht immer möglich und wegen § 163 auch nicht erforderlich. Auch hier hat derjenige Geschäftspartner, der dem anderen mit Wirkung von einem bestimmten Anfangstermin an ein Recht eingeräumt hat oder dessen Recht mit einem Endtermin

[48] Verspricht A dem B eine Schenkung auf den noch fernen Tag des 100. Geburtstags des B, so werden beide es als sehr zweifelhaft ansehen, ob B diesen Tag erleben wird; es handelt sich dann um eine Bedingung. Anders, wenn das Versprechen wenige Tage vor dem 100. Geburtstag des B abgegeben wird und beide es als gewiß ansehen, daß B ihn erleben wird. Dann liegt eine Befristung näher. Ebenso, wenn das Versprechen, sei es auch länger vorher, für den 30. oder 40. Geburtstag des B abgegeben wird und die Parteien nicht ernstlich bezweifeln, daß er diesen Tag erleben wird.

endet, sich in der Zwischenzeit, d.h. bis zum Eintritt des Termins, aller Handlungen zu enthalten, die geeignet sind, den demnächstigen Rechtserwerb des anderen zu vereiteln oder zu beeinträchtigen. Er hat im Falle schuldhafter Verletzung dieser Pflicht bei Eintritt des Termins Schadensersatz zu leisten. Im Falle einer befristeten Verfügung sind weitere Verfügungen in dem Umfang unwirksam, der sich aus § 161 ergibt. Man muß daher auch hier demjenigen, der mit dem Anfangstermin ein Recht erwerben oder an den es mit dem Endtermin zurückfallen wird, für die Zwischenzeit ein Anwartschaftsrecht zuerkennen, das, weil der Eintritt des Termins als solcher gewiß ist – selbst wenn der genaue Zeitpunkt noch ungewiß sein sollte – wesentlich stärker ist als das eines bedingt Berechtigten.[49]

Die Anwendung des § 163 bereitet keine Schwierigkeit bei befristeten Verfügungen, die freilich selten sind. Hat etwa A eine Darlehensforderung gegen den Schuldner S im Januar zum 1. April an B abgetreten, so ist er bis dahin noch der Gläubiger der Forderung; S wird daher befreit, wenn er vor dem 1. April an A leistet.[50] Nach dem 1. April ist dagegen B der Gläubiger und zur Einziehung der Forderung berechtigt; durch eine Leistung an A wird S nur noch insoweit befreit, als ihm der § 407 zugute kommt. Die Zinsen für die Zeit bis zum 1. April gebühren dem A, die danach anfallenden dem B. Eine weitere Abtretung der Forderung durch A oder ihre Pfändung durch einen Gläubiger des A ist gemäß § 161 unwirksam, vermag also den Erwerb der Forderung durch B am 1. April nicht zu hindern.

Bei Verpflichtungsgeschäften erhebt sich die Frage, ob überhaupt ein Unterschied besteht zwischen einer aufschiebend befristeten Forderung im Sinne des § 163, die erst mit dem Anfangstermin entsteht, und einer Forderung, die zwar sofort entsteht, aber erst in einem späteren Zeitpunkt fällig wird, d.h. zu erfüllen ist. Manche sprechen im letzteren Fall von einer „betagten Forderung“, während andere diesen Ausdruck als gleichbedeutend mit der befristeten Forderung ge-

---

[49] Vgl. BGH, LM Nr. 2 zu § 163 BGB (unter 3).

[50] Nach derjenigen Auffassung, die die Erfüllung einer Forderung stets für ein Rechtsgeschäft hält, das auf Seiten des Gläubigers eine Verfügung über die Forderung darstellt (vgl. Sch.R. I § 18 I zu Ziff. 1 und 2), wäre allerdings die Erfüllung gemäß § 161 bei Eintritt des Termins unwirksam; der Schuldner wäre nur im Rahmen des § 407 geschützt. Er müßte an B, da die in der Annahme der Leistung durch A gelegene Verfügung nunmehr unwirksam, die Schuld daher nicht „erfüllt“ wäre, jetzt noch einmal leisten. Dieser Auffassung ist jedoch nicht zu folgen. Bei einer aufschiebend befristeten Forderungsabtretung ist m.E. nicht zweifelhaft, daß der Schuldner während der Zwischenzeit mit befreiender Wirkung an den bisherigen Gläubiger leisten kann, denn andernfalls wäre er, da jedenfalls der erst von dem Eintritt des Termins an Berechtigte vorher noch nicht Gläubiger ist, überhaupt nicht in der Lage, während der Zwischenzeit, sofern er die Sachlage kennt, seine Schuld zu erfüllen. An beide gemeinsam zu leisten, stößt auf Schwierigkeiten, wenn einer von ihnen nicht dazu bereit ist. Die nur auf Verfügungen zugeschnittene Vorschrift des § 161 darf also nicht auf die Empfangszuständigkeit ausgedehnt werden. Diese verbleibt dem A so lange uneingeschränkt, bis die Forderung mit Eintritt des Termins auf B übergeht.

brauchen. Das Gesetz schreibt in § 271 Abs. 2 vor, daß, wenn eine Zeit für die Leistung bestimmt ist, im Zweifel anzunehmen ist, daß der Gläubiger die Leistung vor dieser Zeit nicht verlangen, der Schuldner aber sie vorher bewirken kann. Damit sagt das Gesetz, daß auch bei Vereinbarung eines späteren Leistungstermins im Zweifel die Forderung sogleich entsteht. Nach § 813 Abs. 2 ist die Rückforderung ausgeschlossen, wenn eine „betagte Verbindlichkeit" vorzeitig erfüllt wird; die Erstattung von Zwischenzinsen kann in diesem Fall nicht verlangt werden. Auch diese Bestimmung geht offenbar davon aus, daß die Verbindlichkeit schon besteht, wenn auch als eine solche, die erst in einem späteren Zeitpunkt zu erfüllen ist. Entnimmt man aus der in § 163 ausgesprochenen Verweisung auf § 158 Abs. 1, daß im Falle aufschiebender Befristung eines Verpflichtungsgeschäfts die Forderung und damit die Verbindlichkeit erst im Zeitpunkt des Anfangstermins entsteht, so wäre das Gesetz, was bei der sorgfältigen Abfassung des BGB sehr unwahrscheinlich ist, in sich widersprüchlich, wenn die „betagte Forderung" im Sinne des § 813 Abs. 2 identisch wäre mit einer aufschiebend befristeten. Daher ist anzunehmen, daß beide nicht dasselbe sind;[51] § 163 gilt also für eine Forderung, deren Fälligkeit lediglich hinausgeschoben ist, nicht. Andererseits sind § 271 Abs. 2 und § 813 Abs. 2 nicht auf befristete Forderungen anzuwenden. Da nach § 271 Abs. 2 im Zweifelsfall eine sofort entstehende Forderung anzunehmen ist, deren Fälligkeit lediglich hinausgeschoben ist, so wird dadurch das Anwendungsgebiet des § 163 stark eingeschränkt.

Der Hauptfall einer Befristung, auf den § 163 anwendbar ist, ist der, daß ein Dauerschuldverhältnis, z. B. ein Mietverhältnis, erst zu einem späteren Zeitpunkt in Lauf gesetzt werden soll. Wird eine Wohnung im Januar zum 1. April vermietet, so soll das Mietverhältnis nicht vorher beginnen. Zwar sind die Vertragspartner im Sinne der Unwiderruflichkeit ihrer Erklärungen an den geschlossenen Vertrag gebunden; aber weder die Pflicht zur Gebrauchsgewährung noch die Pflicht des Mieters zur Zahlung des Mietzinses sollen vor dem 1. April beginnen. Der Vermieter kann seine Leistung nicht vorher bewirken, schon weil die Gebrauchsgewährung im März nicht dieselbe wäre wie die Gebrauchsgewährung im April. Eine vorzeitige Erfüllung ist hier schon durch die Natur der Leistung als einer während eines bestimmten Zeitraums zu erbringenden ausgeschlossen. Ebensowenig schuldet der Mieter einen Mietzins für den Monat März; hat er versehentlich eine Monatsmiete schon am 1. März überwiesen, so muß er den Betrag zurückfordern können. § 813 Abs. 2 steht nicht entgegen, eben weil es

[51] So auch *v. Tuhr* Bd. III § 83 II; *Lehmann/Hübner* § 35 B I 2; *Enn./Lehmann,* Schuldrecht § 223 I 2b; *Medicus* Rdz. 845 sowie die meisten Kommentare; anders aber *Enn./N.* § 199 II; *Flume* § 41. *Flume* behauptet, die Unterscheidung sei zwar gedanklich möglich, aber „für die Rechtsanwendung ohne Sinn" und werde „heute allgemein mit Recht verworfen". Das trifft jedoch nicht zu. Mit Recht bemerkt *Westermann* (in MünchKomm 3 zu § 163), bei funktionaler Betrachtung sei „ohne die Unterscheidung nicht ganz auszukommen". Die Rechtswirkungen sind auch, wie sich aus dem Text ergibt, nicht „fast völlig die gleichen" (so aber *Lange/Köhler* § 47 IV 2 a. E.).

sich nicht um eine „betagte", sondern um eine „aufschiebend befristete" Verbindlichkeit handelt, die noch gar nicht entstanden war. Nimmt man ferner an, wofür vieles spricht, daß die Mietzinsforderungen jeweils für den betreffenden Zeitabschnitt sukzessive entstehen, nicht etwa für die ganze Mietzeit im voraus (bei lediglich hinausgeschobener Fälligkeit), so gilt für die weiteren Mietzinsraten das gleiche. Sowenig der Vermieter die Gebrauchsgewährung für August im Juli vorwegnehmen kann, sowenig kann er beanspruchen, wenn der Mieter im Juli versehentlich doppelt gezahlt hat, den zuviel gezahlten Betrag als vorzeitige Erfüllung der Mietzinsschuld für August behalten zu dürfen. Dauerschuldverhältnisse, die erst in einem späteren Zeitpunkt in Vollzug treten sollen, sind also aufschiebend befristet;[52] auch wenn sie in Vollzug gesetzt sind, sind die Leistungspflichten, die sich auf einen späteren als den laufenden Zeitabschnitt beziehen, ebenfalls befristet. Nur soweit die Gegenleistung für eine Dauerleistung nicht schon am Beginn des jeweiligen Zeitabschnitts zu entrichten ist, ist sie von da ab „betagt"; der Mietzins für April kann also nicht zurückgefordert werden, wenn er am 1. April gezahlt wurde, obgleich er erst am 15. April fällig war.

§ 26. Die analoge Anwendung der Vorschriften über Rechtsgeschäfte auf „geschäftsähnliche" Handlungen

Literatur: *Eltzbacher,* Die Handlungsfähigkeit nach deutschem bürgerlichem Recht, 1. Bd. Das rechtswirksame Verhalten, 1903; *Klein,* Die Rechtshandlungen im engeren Sinne, 1912; *Manigk,* Willenserklärung und Willensgeschäft, 1907 (insb. S. 650ff.); Das System der juristischen Handlungen im neuesten Schrifttum, JherJb. 83, 1; Das rechtswirksame Verhalten, 1939.

Die Rechtsordnung knüpft in vielen Fällen Rechtsfolgen an Handlungen, die, wenigstens typischerweise, nicht darauf abzielen, eine Rechtsfolge in Geltung zu setzen, die aber doch irgendeine Bezugnahme auf Rechtsverhältnisse enthalten. Auf derartige Handlungen können und müssen die Vorschriften über Rechtsgeschäfte insoweit entsprechend angewandt werden, als sie Elemente aufweisen, die ihnen mit diesen gemeinsam sind.

Lassen wir die in diesem Zusammenhang nicht interessierenden rechtswidrigen Handlungen außer Betracht, so kann man unter den privatrechtlich bedeutsamen Handlungen, die nicht Rechtsgeschäfte sind (den sogenannten „Rechtshandlungen im engeren Sinn"), zwei Gruppen unterscheiden: Die „geschäftsähnlichen" Handlungen und die sogenannten „Realakte". Als „Realakte" werden solche privatrechtlich bedeutsame Handlungen bezeichnet, die lediglich auf die Herbeiführung eines tatsächlichen Erfolges gerichtet sind, die also typischerweise keine Bezugnahme auf Rechtsfolgen oder auf ein Rechtsverhältnis zum Ausdruck bringen, an die aber die Rechtsordnung Privatrechtsfolgen knüpft. Dazu gehören die

---

[52] Vgl. über aufschiebend befristete Arbeitsverhältnisse auch *Nikisch,* Arbeitsrecht Bd. 1 § 19 II 4.

Begründung eines Wohnsitzes durch „ständige Niederlassung" (§ 7),[1] die Besitzergreifung (§ 854 Abs. 1), die Übergabe einer Sache, soweit sie nicht gleichzeitig als Ausdruck des Übereignungswillens anzusehen ist,[2] die Herstellung einer neuen Sache durch Verarbeitung (§ 950), der Fund (§ 965) und der Schatzfund (§ 984). Mit Ausnahme der Wohnsitzbegründung, für die das Gesetz wegen der weitreichenden Folgen Geschäftsfähigkeit verlangt (§ 8), bedarf es zur Vornahme eines „Realakts" weder der Geschäftsfähigkeit, noch kommen im allgemeinen die Vorschriften über Willensmängel, Einwilligung, Genehmigung und Stellvertretung zur Anwendung. Von einem Zugang und einer Auslegung vom Standpunkt des Erklärungsempfängers kann schon deshalb nicht die Rede sein, weil hier nichts erklärt wird.

Zu den „geschäftsähnlichen" Handlungen gehören in erster Linie Aufforderungen und Mitteilungen, die auf Ansprüche oder Rechtsverhältnisse Bezug nehmen, vielfach auch im Bewußtsein der dadurch ausgelösten Rechtsfolgen vorgenommen werden, jedoch nicht unmittelbar auf den Eintritt dieser Rechtsfolgen gerichtet sind, sie nicht als solche bezeichnen, die gelten sollen. Die wichtigsten sind die folgenden:

1. Die Mahnung. Sie bedeutet die Aufforderung des Gläubigers an den Schuldner, seine fällige Schuld zu erfüllen. Damit nimmt sie notwendig auf das bestehende Schuldverhältnis Bezug, ohne aber zum Ausdruck zu bringen, daß die vom Gesetz an die Mahnung geknüpften Rechtsfolgen eintreten sollen. Das Gesetz knüpft an die Mahnung, wenn die weiteren Voraussetzungen des Schuldnerverzuges gegeben sind, die Verzugsfolgen (§§ 284ff.). Die Mahnung bringt zwar den Willen des Gläubigers zum Ausdruck, der Schuldner solle seiner Verpflichtung entsprechend leisten; sie ist also eine Willensäußerung, richtet sich aber nicht gerade auf die Herbeiführung der Verzugsfolgen, sondern darauf, den Schuldner zu einer Handlung, nämlich zur Leistung, zu veranlassen, und ist daher keine Geltungserklärung.

2. Die Fristsetzung. In manchen Fällen, z. B. dem des § 326, macht das Gesetz den Eintritt einer Rechtsfolge davon abhängig, daß der Gläubiger dem Schuldner

---

[1] Mit Recht rechnet *Flume* § 9 2a cc die Begründung des Wohnsitzes zu den Realakten, bei denen lediglich das Willensmoment eine besondere Rolle spielt und deshalb Geschäftsfähigkeit gefordert wird. Anders *Enn./N.* § 137 Anm. 15 und die h. L., die in der Wohnsitzbegründung eine geschäftsähnliche Handlung sehen. Keinesfalls wird man aber die Bestimmungen über die Anfechtung wegen Irrtums oder Täuschung darauf anwenden können; sowenig wie die Bestimmungen über den Zugang einer Willenserklärung.

[2] Erfolgt die Übergabe einer Sache zum Zwecke ihrer Übereignung, so pflegt der Übereignungswille gerade aus der Tatsache der Übergabe in Verbindung mit einem vorausgegangenen Rechtsgeschäft (meist Kauf) hervorzugehen. Die Übergabe ist in diesem Fall nicht nur Realakt, sondern, als Kundgabe des Übereignungswillens durch „schlüssiges Verhalten" (oben § 19 IV b), Willenserklärung. Die in der Übergabe liegende Erklärung des Übereignungswillens kann wegen Irrtums, Täuschung usw. angefochten werden; die Übergabe als tatsächliche Handlung, die sie auch in diesem Fall ist, und ihr Erfolg, der Besitzübergang, dagegen nicht.

zuvor für die Erbringung seiner Leistung eine bestimmte Frist gesetzt hat. Die Fristsetzung bringt wiederum nur den Willen des Gläubigers zum Ausdruck, der Schuldner möge innerhalb der gesetzten Frist leisten; sie nimmt damit auf die bestehende Leistungspflicht Bezug, sagt aber nicht, es sollten, falls der Schuldner nicht innerhalb der Frist leiste, die dann vom Gesetz vorgesehenen Folgen eintreten. Der Eintritt der gesetzlichen Folgen wird in der Regel durchaus dem Willen des Gläubigers entsprechen; trotzdem ist die Fristsetzung keine rechtsgeschäftliche Willenserklärung, weil sie nicht darauf gerichtet ist, diese Rechtsfolgen in Geltung zu setzen. Sie ist aber jedenfalls einer solchen ähnlich, weil ihr Zweck darin besteht, für den Fall der Nichtleistung des Schuldners die Voraussetzungen für ein weiteres Vorgehen des Gläubigers zu schaffen, und weil dies auch dem Schuldner ersichtlich ist.

3. Die Aufforderung an den gesetzlichen Vertreter oder an denjenigen, für den ein anderer als Vertreter ohne Vertretungsmacht gehandelt hat, sich über die Genehmigung oder die Verweigerung der Genehmigung zu erklären (§§ 108 Abs. 2, 177 Abs. 2). Die Aufforderung bringt den Willen zum Ausdruck, der andere möge sich baldigst erklären; die Herbeiführung der vom Gesetz an die Aufforderung sowie an ihre Nichtbeachtung geknüpften Rechtsfolgen mag, wie bei der Fristsetzung gemäß § 326, von dem Auffordernden gewollt sein, ist aber auch dann nicht Inhalt, sondern eben nur gesetzliche Folge der Erklärung. Weitere Fälle dieser Art ergeben sich aus den §§ 466 und 496.

4. Die Mitteilung, man habe einem anderen Vollmacht erteilt (§ 171), eine Forderung abgetreten (§ 409), das vermietete Grundstück an einen Dritten übereignet (§ 576). Das Gesetz schützt den Empfänger einer solchen Mitteilung in seinem Vertrauen auf ihre Richtigkeit; der Mitteilende muß also den Inhalt der Mitteilung als richtig gegen sich gelten lassen, auch wenn sie tatsächlich unrichtig war. Auch diese Rechtsfolgen treten wiederum nicht deshalb ein, weil die Mitteilung auf ihren Eintritt gerichtet wäre, sondern weil das Gesetz sie daran knüpft. Die Mitteilungen haben aber einen rechtlich bedeutsamen Vorgang zum Gegenstand; dieser Bedeutung ist sich der Mitteilende regelmäßig ebenso wie der Tatsache bewußt, daß der Empfänger daraus auf eine bestehende Rechtslage schließen wird.

5. Die Mängelrüge (§ 377 HGB). Sie ist, wenn es sich bei einem Kauf für beide Teile um ein Handelsgeschäft handelt, nach dem Gesetz Voraussetzung für die Erhaltung der Mängelansprüche des Käufers. Ihrem Inhalt nach ist sie nicht auf die Erhaltung dieser Ansprüche gerichtet, sondern stellt nur eine Unterrichtung des Verkäufers über die festgestellten Mängel dar. Damit bezieht sie sich aber zugleich auf den Kaufvertrag, demzufolge der Verkäufer eine mangelfreie Sache schuldete. Ähnlich verhält es sich mit der Anzeige des Verlustes oder der Beschädigung einer eingebrachten Sache an den Gastwirt, in dessen Betrieb der Verlust

oder die Beschädigung eingetreten ist. Die Anzeige ist nach § 703 erforderlich, um dem Gast seinen Anspruch aus § 701 zu erhalten. Sie ist aber ihrem Inhalt nach nicht auf die Erhaltung dieses Anspruchs und somit auf eine Rechtsfolge gerichtet.

6. Die Anzeige der Verpfändung einer Forderung an den Schuldner, § 1280. Sie ist nach dem Gesetz ein Wirksamkeitserfordernis der Verpfändung.

7. Anzeigen, durch die nach dem Gesetz die Möglichkeit einer Genehmigung herbeigeführt oder eine Frist in Lauf gesetzt wird, z. B. nach den §§ 415 Abs. 1 Satz 2, 416 Abs. 1 Satz 1, 510. Auch diese Anzeigen beziehen sich ihrem Inhalt nach auf rechtlich bedeutsame Vorgänge; sie richten sich aber nicht auf die Herbeiführung der daran geknüpften Rechtsfolgen.

Allen genannten Fällen ist es zunächst gemeinsam, daß es sich um *Erklärungen,* d. h. um solche Äußerungen handelt, denen ein bestimmter Kundgabesinn innewohnt. Ferner ist ihnen – mag es sich nun um Willensäußerungen oder um Mitteilungen handeln – gemeinsam, daß sie sich inhaltlich auf Rechtsverhältnisse oder rechtlich bedeutsame Vorgänge beziehen. Zwar treten die daran vom Gesetz geknüpften Rechtsfolgen ohne Rücksicht darauf ein, ob sie im Einzelfall auch gewollt sind; die Erklärungen werden aber regelmäßig wenigstens in dem Bewußtsein vorgenommen, daß sie von rechtlicher Bedeutung sind. Für den Eintritt der Rechtsfolgen muß man daher verlangen, daß derjenige, der die Handlung vorgenommen hat, die Fähigkeit hat, die rechtliche Bedeutsamkeit der Handlung zu erkennen und die Folgen zu beurteilen. Es müssen deshalb die Bestimmungen über die Geschäftsfähigkeit auch auf solche Handlungen angewandt werden. Weil es sich ferner um Erklärungen handelt, die einen Kundgabesinn haben und an einen bestimmten anderen gerichtet werden, so sind auch die Bestimmungen über den Zugang empfangsbedürftiger Willenserklärungen, über die Auslegung solcher Erklärungen vom Standpunkt des Erklärungsempfängers und, in den meisten Fällen, auch über Willensmängel und Stellvertretung analog anzuwenden. Es bedarf jedoch für jede Fallgruppe der Prüfung, wie weit ihre Ähnlichkeit mit den rechtsgeschäftlichen Willenserklärungen reicht und welche Bestimmungen daher einer analogen Anwendung fähig sind.[3] So dürfte bei der Mahnung und der Fristsetzung wie auch in manchen Fällen der Mitteilungen, etwa in denen unserer Fallgruppe 5, kein Bedürfnis für eine Anfechtung bestehen, sondern die einfache Rücknahme der Mahnung oder Fristsetzung, der Widerruf oder die Berichtigung der Mitteilung genügen, aber auch zulässig sein. Wo dagegen das Gesetz an die Mitteilung eine dem Mitteilenden unter Umständen ungünstige Rechtsfolge knüpft, wie vornehmlich in der Fallgruppe 4, da

[3] Nach *Enn./N.* § 207 II „darf die analoge Anwendung als Regel behauptet werden". Eine Analogie darf aber niemals schematisch vorgenommen werden, vielmehr ist für jede Fallgruppe und für jede Gruppe von Vorschriften zu prüfen, ob hier die Voraussetzungen einer Analogie gegeben sind.

kann für den Mitteilenden, hat er sich über den Inhalt seiner Mitteilung geirrt oder sie unter dem Einfluß einer Drohung oder einer arglistigen Täuschung gemacht, in gleicher Weise wie bei einer Willenserklärung das Bedürfnis bestehen, ihre Folgen durch eine Anfechtung rückwirkend zu beseitigen. Das spricht für eine analoge Anwendung wenigstens der §§ 119 Abs. 1, 120, 121, 122 und 123. Es ist jedoch für jede Art der Mitteilungen gesondert zu prüfen, ob nicht der Schutz des Empfängers der Mitteilung höher zu bewerten, eine Anfechtung daher auszuschließen und der Mitteilende auf den Widerruf (mit Wirkung ex nunc) zu beschränken ist.

B. Verträge

§ 27. Der normale Vertragsschluß durch Willenserklärungen

Literatur: *Bailas,* Das Problem der Vertragschließung und der vertragsbegründende Akt, 1962; *Henrich,* Vorvertrag, Optionsvertrag, Vorrechtsvertrag, 1965; Ernst A. *Kramer,* Grundfragen der vertraglichen Einigung, 1972; *Manigk,* Das Wesen des Vertragsschlusses in der neueren Rechtsprechung, JherJb. 75, 127; *Mayer-Maly,* Vertrag und Einigung, Festschr. f. *Nipperdey,* 1965, I S. 509; ders., Die Bedeutung des Konsenses in privatrechtsgeschäftlicher Sicht, in: Rechtsgeltung und Konsens, 1976; *Rolf Raiser,* Schadenshaftung bei verstecktem Dissens, AcP 127, 1; *Schlossmann,* Der Vertrag, 1876; *Schmidt-Rimpler,* Grundfragen einer Erneuerung des Vertragsrechts, AcP 147, 130; *Titze,* Die Lehre vom Mißverständnis, 1910; Manfred *Wolf,* Rechtsgeschäftliche Entscheidungsfreiheit und vertraglicher Interessenausgleich, 1970.

Unter den in § 18 IIa aufgeführten Arten von Rechtsgeschäften – nämlich den einseitigen Rechtsgeschäften, den Verträgen und den Beschlüssen – sind die wichtigsten die Verträge. Durch einen Vertrag binden sich die Vertragsschließenden wechselseitig (d. h. jeder sich und dadurch zugleich auch den anderen); sie setzen damit für ihr beiderseitiges Verhältnis eine Norm, die „lex contractus" (oben § 2 IIe). Der Vertrag ist ein zweiseitiger Akt rechtlicher Geltungserzeugung[1] im Verhältnis der daran beteiligten Rechtssubjekte. Die von ihnen im Vertrag gesetzte Norm gilt grundsätzlich nur für sie selbst,[2] nicht, wie eine allgemeine Rechtsnorm, für eine unbestimmte Vielzahl von Personen und möglicher Anwendungsfälle. Die vertraglich gesetze Norm ist daher, im Unterschied

---

[1] Wo die Parteien die rechtliche Bindung ausdrücklich ausschließen, da liegt kein Rechtsgeschäft und somit kein Vertrag im rechtlichen Sinne vor. Eine andere Frage ist, ob die Rechtsordnung eine Absprache, die von den Beteiligten zwar nicht als rechtlich bindend, aber doch als Einverständnis über das von ihnen zu beobachtende Verhalten gemeint ist, in bestimmten Hinsichten einem Vertrage gleich erachtet. Das hat der Gesetzgeber getan in § 25 Abs. 1 GWB.

[2] In die Rechtsstellung eines Dritten können die Vertragspartner grundsätzlich nicht eingreifen, sei es, daß sie ihm ein Recht entziehen oder eine Pflicht auferlegen könnten. Dies würde seiner Selbstbestimmung widerstreiten. Verträge können freilich in anderer Weise Interessen Dritter beeinträchtigen; hierzu *Martens,* Rechtsgeschäft und Drittinteressen, AcP 177, 113.

zu den in einem Gesetz oder einer Satzung enthaltenen Normen, keine ,,Rechtsnorm" im Sinne des Art. 2 EGBGB, kein ,,Rechtssatz" im technischen Sinne – es sei denn, es handle sich, wie bei dem normativen Teil eines Tarifvertrags, um einen sog. ,,Normenvertrag".

In privatrechtlichen Verträgen, mit denen wir es hier allein zu tun haben, geht es typischerweise um die Regelung einer Einzelsituation oder doch bestimmter, von den Partnern als möglich vorausgesehener Situationen. Damit die von ihnen getroffene Regelung im positivrechtlichen Sinne gilt, ist, wie wir wiederholt betont haben, weiter erforderlich, daß sie von der positiven Rechtsordnung als rechtsgültig anerkannt wird. Das ist im allgemeinen der Fall, wenn die vom Gesetz aufgestellten Voraussetzungen eines gültigen Rechtsgeschäfts, wie Geschäftsfähigkeit, Erklärung gegenüber dem Geschäftsgegner, Wahrung der etwa vorgeschriebenen Form, vorliegen, der Vertrag nicht gegen ein gesetzliches Verbot oder die guten Sitten verstößt, keine zwingenden Gesetzesvorschriften entgegenstehen und, soweit die vertragliche Regelung auf einem Gebiete liegt, auf dem ein gesetzlicher ,,Typenzwang" besteht, sie einem der zugelassenen Vertragstypen entspricht. In diesem Rahmen kann nach geltendem Recht jedermann Verträge mit einem beliebig gewählten Partner abschließen (Abschlußfreiheit) und mit diesem den Inhalt der vertraglichen Regelung frei bestimmen (Freiheit der inhaltlichen Gestaltung). Das besagt der im Gesetz zwar nicht ausdrücklich ausgesprochene, aber von ihm vorausgesetze und durch die Normierung seiner Grenzen mittelbar anerkannte Grundsatz der Vertragsfreiheit.[3]

Die im Vertrag getroffene Regelung gründet sich im Prinzip auf den sie in Geltung setzenden Willen der Vertragsschließenden selbst. Nur dann, wenn die vertragliche Regelung im Augenblick des Vertragsschlusses vom erklärten Willen *beider* Vertragspartner getragen ist, ist sie Ausdruck und Verwirklichung der Privatautonomie oder Selbstbestimmung eines jeden von ihnen.[4] Damit der Wille eines jeden im Vertrage Geltung erlangen kann, muß er in einander entsprechenden Geltungserklärungen beider, jeweils für den anderen Vertragspartner erkennbar, Ausdruck gefunden haben. Demnach erfordert der Vertrag grundsätzlich zwei Willenserklärungen der beiden Vertragspartner, die hinsichtlich des Inhalts der vertraglichen Regelung übereinstimmen und beide besagen, diese

[3] Vgl. darüber Sch.R. I § 4. Zur Bedeutung des Grundgesetzes für die Vertragsfreiheit vgl. oben § 4 III. Skeptisch gegenüber dem Prinzip der Vertragsfreiheit *Zweigert*, ,,Rechtsgeschäft" und ,,Vertrag" heute, in Festschr. f. *Rheinstein*, 1969, Bd. II S. 493. *Zweigert* schüttet m. E. das Kind mit dem Bade aus, wenn er die Vertragsfreiheit zunächst im Sinne einer *absoluten* Freiheit von allen ökonomischen und sozialen Zwängen versteht und dann, insoweit zutreffend, meint, eine solche Freiheit sei ,,eine Utopie und keine Realität". In Wahrheit bedeutet ,,Freiheit" immer nur die Möglichkeit einer Auswahl unter einer beschränkten Zahl von Verhaltensweisen. Das Vorliegen bestimmter ökonomischer Zwänge, denen sich niemand zu entziehen vermag, und die in der einen oder anderen Weise auch stets wirksam gewesen sind, hindert deshalb noch nicht das Bestehen von Vertragsfreiheit, insbesondere der Abschlußfreiheit innerhalb der im Text angedeuteten Grenzen.

[4] Vgl. hierzu *Manfred Wolf* aaO. S. 59ff.

Regelung *solle gelten*. Nur die Erklärungen beider zusammen vermögen die vertragliche Regelung in Geltung zu setzen; beide Erklärungen zusammen, in ihrer wechselseitigen Bezogenheit aufeinander, bilden „das Rechtsgeschäft".[5] Ist auch nur eine der beiden Erklärungen aus irgendeinem Grunde nichtig, so ist damit notwendig der Vertrag als zweiseitiges Rechtsgeschäft nichtig.

Das Gesetz unterscheidet die zum Vertragsschluß führenden Erklärungen der beiden Vertragspartner als „Antrag" (Angebot, Offerte) und „Annahme" des Antrags. Das Angebot für sich allein ist nichts anderes als ein Vorschlag, den der andere Teil dadurch, daß er ihn annimmt, zur von beiden übereinstimmend gesetzten Norm erhebt. Von welchem der Kontrahenten – ob vom Käufer oder vom Verkäufer, vom Mieter oder vom Vermieter, vom Besteller oder vom Werkunternehmer – das Angebot im einzelnen Fall ausgeht, ist gleichgültig. Erforderlich ist lediglich, daß die Erklärung des einen als ein Vertragsangebot, die des anderen als – rechtzeitige, uneingeschränkte und vorbehaltlose – Annahme dieses Angebots gewertet werden kann. Wenn das der Fall ist, und welche Folgen eintreten, wenn es an einer dieser Voraussetzungen fehlt, ist nunmehr darzustellen.

Der Unterschied von Angebot und Annahme wird dann bedeutungslos, wenn nicht die eine Partei der anderen einen fertigen Vorschlag zur Annahme unterbreitet, sondern wenn beide Parteien den Vertragstext gemeinsam aufsetzen und danach beide durch ihre Unterschrift ihr Einverständnis bekunden. In diesem Fall, so kann man sagen, befindet sich jeder zugleich in der Rolle des Antragenden und des Annehmenden.

I. Das Vertragsangebot

a) **Die rechtlichen Erfordernisse eines Vertragsangebots.** Ein Vertragsangebot liegt nur dann vor, wenn es inhaltlich so bestimmt ist, daß ein Vertrag mit hinreichend bestimmtem Inhalt durch die einfache Zustimmungserklärung des Empfängers – ohne irgendwelche Zusätze – zustandekommen kann, und wenn außerdem daraus hervorgeht, der Antragende wolle den Vertrag mit diesem Inhalt, wenn sein Angebot angenommen wird, gelten lassen. An der notwendigen inhaltlichen Bestimmtheit fehlt es, wenn beispielsweise der Verkäufer einen Gegenstand zum Verkauf anbietet, ohne den Preis zu nennen und ohne daß die Umstände den geforderten Preis erkennen ließen. Er wird dann in der Regel erwarten, daß ihm der Käufer einen Preisvorschlag – und damit ein Vertragsangebot – macht. Denn zu einem Kaufvertrag gehört, nach dem Grundsinn dieses Vertragstypus, als Mindestinhalt die Bestimmung des Kaufgegenstandes und des

---

[5] Weder das Angebot, noch seine Annahme sind, für sich allein genommen, bereits ein Rechtsgeschäft, da sie nur beide zusammen die Rechtsfolgen, auf die sie abzielen, herbeizuführen, den Vertrag als Regelung in Geltung zu setzen vermögen. Ebenso MünchKomm/*Kramer* 2 zu § 145, 2 zu § 151.

Preises.[6] Allerdings können die Vertragspartner auch die Bestimmung des Preises einem von ihnen oder einem Dritten überlassen (vgl. §§ 315ff.); dann aber müßte das Angebot erkennen lassen, daß dies gewollt ist. In der Übersendung einer Preisliste, in einer mit Preisangaben versehenen Zeitungsanzeige oder in einem Preisverzeichnis, das im Geschäftslokal angeschlagen ist, liegt noch kein Verkaufsangebot, einmal weil bei unvertretbaren Sachen immer noch die Auswahl des einzelnen Stücks, bei vertretbaren die Menge oder Stückzahl offen bleiben, zum anderen, weil der Absender oder Inserent in aller Regel die Entscheidung über das Zustandekommen eines Vertrages nicht dem Empfänger der Preisliste oder dem Leser der Anzeige überlassen, sondern sich selbst noch vorbehalten will. Aus dem letzten Grunde wird man auch in der mit Preisangaben versehenen Ausstellung einzelner Stücke im Schaufenster eines Geschäfts noch kein Vertragsangebot sehen dürfen: viele Verkäufer sind nur bereit, solche Schaufensterstücke erst nach einiger Zeit zu verkaufen; es fehlt daher an der erkennbaren Bereitschaft des Geschäftsinhabers, das ausgestellte Stück einem beliebigen Käufer zu überlassen. Daher liegt das Vertragsangebot erst in der Erklärung des Käufers, er wolle dieses Stück zu dem angegebenen Preis kaufen. Erst wenn der Verkäufer dieses Angebot annimmt, ist der Kaufvertrag zustandegekommen. Die Übersendung von Preislisten, Zeitungsinserate und die Ausstellung einzelner Stücke im Schaufenster sind daher nur als Aufforderungen an Kaufinteressenten zu werten, entsprechende Kaufangebote zu machen.

Ein Vertragsangebot wird zwar in der Regel an einen bestimmten Empfänger gerichtet, mit dem der Anbietende den Vertrag abzuschließen wünscht. Möglich ist aber auch, das Angebot an einen unbestimmten Personenkreis mit der Maßgabe zu richten, daß es jedem gegenüber gelten soll, der es innerhalb einer bestimmten Frist, oder solange es aufrechterhalten wird, annehmen werde. Man spricht in diesen Fällen von einer Offerte „ad incertas personas". Nach h. L. liegt ein derartiges Angebot in der Aufstellung und Inbetriebnahme eines Verkaufsautomaten. Das Angebot soll so lange gelten, wie Waren der entsprechenden Art in dem Automaten vorhanden sind. Die Annahme erfolgt hier nicht durch eine an den Verkäufer gerichtete Erklärung, sondern gemäß § 151 durch eine entsprechende Willensbetätigung (unten § 28 I).[7]

---

[6] Die Parteien können zwar die Bestimmung des Preises einer späteren Einigung vorbehalten, dann müssen sie aber zum mindesten darüber einig sein, es solle ein Preis auf jeden Fall bezahlt werden, wobei sie unter „Preis" einen „angemessenen Preis" verstehen werden. Einigen sie sich über die Höhe des Preises dann nicht, ist dieser vom Gericht festzusetzen; so OLG Hamm, NJW 76, 1212.

[7] Nach *Medicus* Rdz. 362 geht das Vertragsangebot – durch den Einwurf des Geldstücks? – erst vom Kunden aus; die Annahme dieses Angebots erfolgt „durch das Funktionieren des Automaten", so daß kein Vertrag zustandekommt, wenn er nicht funktioniert. Es fällt mir schwer, in Handlungen wie dem Einwurf eines Geldstücks, oder dem Betätigen eines Knopfes oder Hebels, eine an eine andere Person – die nichts davon bemerkt und der auch nichts, was einer Erklärung nur ähnlich sähe, zugeht – gerichtete Willenserklärung zu sehen; allenfalls könnte man an eine Analogie denken, die aber doch als sehr fraglich erscheint.

b) **Die zeitliche Begrenzung des Angebots.** Wer einem anderen ein Vertragsangebot macht, rechnet damit, daß der andere sich über die Annahme oder die Ablehnung des Angebots alsbald oder doch innerhalb einer nicht zu langen Frist entscheiden werde. Er ist nicht gesonnen, sein Angebot für alle Zeiten aufrechtzuerhalten, zumal er in der Lage sein will, es im Falle der Nichtannahme einem anderen zu unterbreiten. Demgemäß bestimmt das Gesetz, daß das Angebot nach einer gewissen Zeit erlischt, d. h. nicht mehr angenommen werden kann, wenn es nicht bis dahin angenommen worden ist (§ 146). Grundsätzlich vermag der Anbietende selbst zu bestimmen, wie lange sein Angebot gelten soll. Hat er dem Empfänger für die Annahme eine Frist gesetzt, so kann es nur innerhalb dieser Frist angenommen werden (§ 148). Hat er keine Frist bestimmt, so ist zu unterscheiden zwischen einem Angebot, das einem Anwesenden gemacht wird, und einem Angebot an einen Abwesenden.[8] Das einem Anwesenden gemachte Angebot kann von diesem nur sofort angenommen werden (§ 147 Abs. 1). Das einem Abwesenden gemachte Angebot kann nur ,,bis zu dem Zeitpunkt angenommen werden, in welchem der Antragende den Eingang der Antwort unter regelmäßigen Umständen erwarten darf" (§ 147 Abs. 2). Bei der Bestimmung dieses Zeitpunkts ist von den Erwartungen auszugehen, die der Antragende unter den ihm bekannten Umständen hegen durfte. Konnte er mit einer normalen Beförderungsdauer rechnen, so ist bei einem brieflichen Angebot die Zeit bis zum voraussichtlichen Eintreffen des Briefes beim Empfänger, die normale Beförderungsdauer für ein Antwortschreiben und endlich eine angemessene Zeit für die Beantwortung des Briefes einzurechnen, die bei Geschäftsbriefen, je nach der erkennbaren Dringlichkeit, einen Tag oder mehrere Tage betragen kann. Mit einer längeren Zeit muß man vor allem dann rechnen, wenn anzunehmen ist, der Empfänger werde, ehe er sich entschließt, noch Erkundigungen einziehen, umfängliche Berechnungen anstellen oder die übersandten Proben einer eingehenden Prüfung unterziehen. Auf ein telegraphisches Angebot wird man in der Regel eine telegraphische Antwort, und zwar entweder noch an demselben Tag oder am Anfang des folgenden Geschäftstages erwarten dürfen.

Dem Anbietenden bekannte Umstände, die die Antwort zu verzögern geeignet sind, wie zeitweilige Abwesenheit oder Krankheit des Empfängers, Streik, Unterbrechung der Verkehrsverbindung,

---

[8] Als Angebot ,,unter Anwesenden" gilt auch ein telefonisch gemachtes Angebot (§ 147 Abs. 1 Satz 2). Wird im Laufe der Vertragsverhandlungen dem anwesenden Partner ein schriftliches Angebot überreicht, zu dem dieser nicht alsbald Stellung nimmt, so ist es wie ein Angebot unter Abwesenden zu behandeln; es kann also noch innerhalb der Frist des § 147 Abs. 2 angenommen werden (vgl. RGZ 83, 104). Das schriftliche Angebot kann auch mündlich, sogar durch ,,schlüssiges Verhalten", angenommen werden; dies wird insbesondere dann anzunehmen sein, wenn der eine Teil ein ihm von dem anderen übergebenen Vertragsformular ausfüllt und dem anderen übergibt, dieser es wortlos entgegennimmt und über den Inhalt unter ihnen Einverständnis besteht (vgl. BGH LM Nr. 2 zu § 147 BGB).

sind bei der Bemessung der Frist mit zu berücksichtigen.[9] Innerhalb der berechneten Gesamtfrist können Verzögerungen in einem der ersten Abschnitte noch durch eine Verkürzung des letzten Abschnitts ausgeglichen werden, indem etwa der Empfänger seine Antwort, wenn ein Brief nicht mehr rechtzeitig eintreffen würde, telegraphisch oder fernmündlich übermittelt. Dagegen ist dem Empfänger ein solcher Ausgleich nicht mehr möglich, wenn die Gesamtfrist in dem Augenblick, in dem er von dem Angebot Kenntnis erhält, bereits abgelaufen ist. Der Empfänger hat kein Recht darauf, ein ihm verspätet zugegangenes Angebot noch annehmen zu können.

Außer durch Zeitablauf erlischt das Angebot auf jeden Fall dann, wenn es dem Anbietenden gegenüber abgelehnt wird (§ 146). Dagegen erlischt es gemäß § 153 nicht notwendig dadurch, daß der Anbietende *vor* der Annahme stirbt oder geschäftsunfähig wird, ,,es sei denn, daß ein anderer Wille des Antragenden anzunehmen ist". Da sich der Antragende hierüber so gut wie niemals Gedanken gemacht haben wird, kann es nur darauf ankommen, was ein verständiger Mensch an seiner Stelle für diesen Fall angeordnet haben würde. Ein solcher würde die Fortdauer des Angebots über seinen Tod hinaus jedenfalls dann nicht gewollt haben, wenn seine vertragliche Leistung, weil er sie nur persönlich erbringen konnte, dann unmöglich geworden wäre, oder wenn die Leistung des anderen Teils nur für ihn persönlich von Interesse war, für seine Erben aber wertlos ist. Ob das so ist, wird wenigstens in der Regel auch der Angebotsempfänger erkennen können;[10] Er trägt damit kein übermäßiges Risiko, zumeist in Zweifelsfällen nach § 153 die Fortgeltung des Angebots anzunehmen ist. Stirbt der *Empfänger* des Angebots, ohne sich erklärt zu haben, vor Ablauf der Annahmefrist, so hängt es von den Umständen ab, ob es für diesen Fall als an den oder die Erben gerichtet anzusehen ist. Dabei wird es unter anderem darauf ankommen, ob die vertragliche Leistung ebenso auch von den Erben oder an diese erbracht werden kann, und wie weit für das Angebot das persönliche Vertrauen maßgebend war, das der Antragende gerade dem Empfänger entgegenbrachte.

c) **Die Gebundenheit an das Angebot und die Rechtsposition des Empfängers.** Von der Gebundenheit an den Vertrag zu unterscheiden ist die Gebundenheit des Antragenden an das von ihm gemachte Angebot. Die Gebundenheit an den geschlossenen Vertrag bedeutet in erster Linie die Maßgeblichkeit der vertraglichen Regelung für die Vertragschließenden, ihre Unterwerfung unter die von ihnen selbst geschaffene lex contractus als eine für sie maßgebliche Norm. Darin ist eingeschlossen die Unwiderruflichkeit, die Unstatthaftigkeit einer einseitigen Lösung vom Vertrage. Eine Gebundenheit lediglich in diesem zweiten Sinne, dem der Unwiderruflichkeit, läßt das Gesetz für den Antragenden bereits hinsichtlich seines Angebots eintreten, falls er nicht seine Gebundenheit daran

[9] Vgl. RGZ 142, 402, 404.

[10] Darauf, ob dem Angebotsempfänger die Beschränkung des Angebots auf einen Vertragsschluß mit dem Antragenden persönlich nach den Umständen erkennbar ist, will *Flume* § 35 I 4 (S. 647) abstellen. Ihm folgt *Medicus* Rdz. 377, auch *MünchKomm/Kramer* 4 zu § 153. Im Ergebnis dürfte das auf dasselbe hinauslaufen, was im Text vertreten wird.

ausgeschlossen hat (§ 145). Die Gebundenheit an das Angebot dauert selbstverständlich nur so lange, wie dieses noch angenommen werden kann, also bis zu seinem Erlöschen. Sie tritt – bei einem Angebot an einen Abwesenden – dann nicht ein, wenn diesem vorher oder gleichzeitig mit dem Zugang des Angebots ein Widerruf zugeht, weil das Angebot dann überhaupt nicht „wirksam" wird (§ 130 Abs. 1 Satz 2).

Daß die Bindungswirkung des Angebots von dem Antragenden ausgeschlossen werden kann, ohne daß es deshalb aufhört, ein als solches annahmefähiges Vertragsangebot zu sein, zeigt, daß sie kein notwendiges Element eines Vertragsangebot ist. Sie ist vielmehr alles andere als selbstverständlich.[11] Die Bindung beruht, trotz der Möglichkeit ihrer Ausschließung, nicht auf dem typischerweise vorhandenen Willen des Antragenden selbst, denn dieser Wille ist in der Regel nur darauf gerichtet, sich für den Fall der Annahme des Angebots *an den Vertrag* zu binden. Die Bindung an das Angebot hat das Gesetz angeordnet, um dem Empfänger, vor allem im Falle eines länger befristeten Angebots, für die Zeit bis zu seinem Erlöschen eine gesicherte Rechtsposition zu geben. Er soll bis zum Ablauf der ihm gesetzten Frist in Ruhe überlegen können, ob er das Angebot annehmen will, ohne befürchten zu müssen, der Antragende könne seinen Entschluß ändern und sein Angebot widerrufen. Indessen muß bei einem auf längere Zeit befristeten Angebot dem Antragenden nach Treu und Glauben dann doch der Widerruf gestattet sein, wenn sich in der Zwischenzeit die Voraussetzungen, von denen er *für den Empfänger erkennbar* bei seinem Angebot ausgegangen ist, so wesentlich geändert haben, daß ihm die Bindung nicht mehr zugemutet werden kann.[12] Das gilt allerdings nicht, wenn die Änderung voraussehbar war, und der Antragende daher das Risiko auf sich genommen hat.

Der Ausschluß der Gebundenheit an den Antrag bedeutet nach dem Gesagten, daß der Antragende ihn widerrufen kann. Der Widerruf muß, um wirksam zu werden, dem Empfänger gegenüber erklärt werden. Er kann nicht mehr wirksam werden, wenn dem Antragenden vorher bereits die Annahmeerklärung zugegangen ist, da damit der Vertrag geschlossen ist. Daß der Antragende nur gerade seine Gebundenheit an den Antrag ausschließt, ist jedoch selten. Angebote, die als „freibleibend", „ohne obligo" oder mit einer ähnlichen Wendung gemacht werden, haben meist die Bedeutung, daß der Antragende sich die letzte Entscheidung über das Zustandekommen des Vertrages noch vorbehalten will.[13] Sie schließen also nicht nur die Bindung an das Angebot, sondern dessen Annahmefähig-

[11] Zur gemeinrechtlichen Lehre und zu den Erwägungen der Gesetzesredaktoren vgl. *Flume* § 35 I 3a; zur Problematik der Bindungswirkung ebenda 3d und e.

[12] *Flume* § 35 I 3d. Dagegen allerdings *Medicus* Rdz. 369. Er verweist auf die Möglichkeit, im Wege der Auslegung festzustellen, daß die Bindung an den Antrag so weit nicht gehe. M. E. handelt es sich um eine Parallele zur Lehre von der Geschäftsgrundlage. Erkennt der Angebotsempfänger oder muß er erkennen, daß Umstände nicht mehr vorliegen, die für den Anbietenden dessen subjektive Geschäftsgrundlage darstellen, dann darf er sich nicht dessen Bindung an sein Angebot dazu bedienen, um einen Vertrag zustandezubringen, den der andere unter diesen Umständen niemals hätte schließen wollen.

[13] Vgl. RGZ 105, 8, 12; JW 21, 393; 26, 2674. Rechtsprechung und h. L. nehmen an, daß in diesen Fällen überhaupt noch kein Angebot vorliege; mit Recht bemerkt jedoch *Flume* § 35 I 3c, es liege immerhin mehr als nur eine Aufforderung zur Abgabe eines Angebots vor.

keit aus. Der Anbietende will auch für den Fall der Annahme noch die Möglichkeit der Ablehnung behalten. Allerdings muß er diese im Falle rechtzeitiger Annahme seines Angebots unverzüglich zum Ausdruck bringen; andernfalls muß sein Schweigen nach „Treu und Glauben“ als Ausdruck seiner endgültigen Zustimmung gewertet werden. Ausdrücke wie „Lieferung freibleibend“, „Liefermöglichkeiten vorbehalten“ können schließlich so gemeint sein, daß sie Inhalt des abzuschließenden Vertrages werden sollen; in diesem Falle will sich der Anbietende ein vertragliches Rücktrittsrecht sei es für jeden Fall, sei es für den Fall auftretender Lieferschwierigkeiten oder dergleichen ausbedingen. In welchem Sinne derartige Ausdrücke im Einzelfall zu verstehen sind, muß unter Berücksichtigung aller für die Auslegung von empfangsbedürftigen Willenserklärungen bedeutsamen Umstände von Fall zu Fall ermittelt werden; eine allgemeine Regel, eine feste Verkehrssitte hinsichtlich der Bedeutung solcher Ausdrücke besteht nicht. Hinsichtlich der Zulässigkeit derartiger Klauseln in allgemeinen Geschäftsbedingungen vgl. unten § 29a III b.

Dadurch, daß der Empfänger des Vertragsangebots so lange, bis dieses erlischt, die normalerweise vom Antragenden durch einen Widerruf nicht zu beseitigende Möglichkeit hat, den ihm angebotenen Vertrag durch die Annahme des Angebots in Geltung zu setzen, hat er eine ihm günstige Rechtsposition erlangt. Diese jedoch, wie es vielfach geschieht,[14] als ein Gestaltungsrecht anzusehen, durch dessen Ausübung das vertragliche Rechtsverhältnis allein von dem Empfänger in Geltung gesetzt werde, begegnet dem Bedenken,[15] daß der Vertrag niemals auf der Annahmeerklärung allein, sondern immer auf den Erklärungen beider Partner beruht, während jene nur ein Element des Gesamtvorgangs ist. Das Vertragsangebot zielt nach dem ihm eigenen Sinn nicht auf die Einräumung einer besonderen Rechtsmacht für den Empfänger – die vielmehr nur die mittelbare Folge der vom Gesetz angeordneten Bindung an das Angebot ist –, sondern auf den Vertragsschluß selbst. Es entspricht daher der Sachlage nicht, das Angebot als eine dem Empfänger erteilte Ermächtigung aufzufassen, durch die dieser in den Stand versetzt würde, nunmehr den Vertrag durch einen einseitig gestaltenden Akt zustande zu bringen. Allerdings ist es kaum von einer praktischen Bedeutung, ob man die Rechtsposition des Antragsempfängers als Gestaltungsrecht ansieht oder nicht; insbesondere hängt davon nicht die Beantwortung der Frage ab, ob er im Einzelfall berechtigt ist, das Angebot an einen Dritten weiterzugeben, und ob die für ihn geschaffene Rechtsposition vererblich ist oder nicht. Es kommt hierfür vielmehr, wie schon bemerkt, auf den Sinn des Angebots und auf die Umstände des Einzelfalls an.

Ein Recht, durch das jemand die Möglichkeit erhält, ein Vertragsverhältnis, dessen Inhalt vorher festgelegt ist oder objektiv bestimmt werden kann, *einseitig* in Geltung zu setzen, nennt man ein **Optionsrecht.**[16] Zu den Optionsrechten gehören das Vorkaufsrecht und das Wiederkaufsrecht. Die

---

[14] So bei v. *Tuhr* Bd. II § 62 III zu Anm. 70; *Enn./N.* § 161 IV 1; *Lehmann/Hübner* § 33 II 2a, *Staudinger/Dilcher* 11, *Palandt/Heinrichs* 3 zu § 145.

[15] Überzeugend hat dieses Bedenken *Bötticher* in der Festschr. f. *Dölle*, Bd. 1 S. 52ff. zum Ausdruck gebracht. Gegen ihn v. *Einem*, Die Rechtsnatur der Option, 1974, S. 33ff.

[16] Über Optionsrechte vgl. *Henrich*, Vorvertrag, Optionsvertrag und Vorrechtsvertrag, 1965, S. 230ff.; *Flume* § 38 2d; *Georgiades*, Optionsvertrag und Optionsrecht, in Festschr. f. Karl *Larenz*, 1973, S. 409; v. *Einem*, Die Rechtsnatur der Option, 1974.

Optionsrechte sind Gestaltungsrechte,[17] die ihrerseits in der Regel (anders die gesetzlichen Vorkaufsrechte) durch einen auf die Einräumung eines solchen Rechts abzielenden Vertrag, den ,,Optionsvertrag",[18] eingeräumt werden. Sie sind regelmäßig befristet und häufig – so das Vorkaufsrecht – bedingt. Soweit sie ihrerseits auf einem Vertrag beruhen, gründet sich das durch die Ausübung des Optionsrechts in Geltung gesetzte Vertragsverhältnis wenigstens mittelbar auch auf diesen Vertrag. Dadurch geschieht dem Vertragsprinzip (§ 305) genüge. Wenn auch der wirtschaftliche Effekt, der durch die vertragliche Einräumung eines Optionsrechts und durch ein langfristig geltendes Vertragsangebot erzielt werden kann, derselbe ist, so ist die rechtliche Konstruktion doch verschieden. Der Inhalt der Offerte wird von dem Offerenten einseitig bestimmt. Der Empfänger der Offerte kann zu ihr nur ,,ja" oder ,,nein" sagen. Dagegen wird durch einen Optionsvertrag der Inhalt des durch die Ausübung des Optionsrechtes in Kraft zu setzenden ,,Hauptvertrag" im Wege der Vereinbarung festgelegt. Er ist bereits das Resultat der Vertragsverhandlungen; die Parteien sind sich insoweit bereits einig geworden. Es bleibt lediglich dem einen der Partner überlassen, den Vertrag mit dem von beiden festgelegten Inhalt in Geltung zu setzen oder nicht. Die Ausübung des Optionsrechts ist daher in Verbindung mit dem Optionsvertrag zu sehen, auf dem es beruht.[19] Schon die Einräumung des Optionsrechts bindet denjenigen, der es bestellt, hinsichtlich des Hauptvertrages für den Fall, daß der andere sein Optionsrecht ausübt. Daher ist bei formbedürftigen Verträgen bereits der Vertrag, durch den das Optionsrecht eingeräumt wird, formbedürftig, während die Ausübung dieses Rechts, wie das Gesetz für das Wiederverkaufsrecht in § 497 Abs. 1 Satz 2 und für das Vorkaufsrecht in § 505 Abs. 1 Satz 2 bestimmt, formlos erfolgen kann.[20] Dagegen bedarf die Annahme eines langfristigen Angebots etwa zu einem Grundstückskauf der Form des § 313. Man sollte um der Klarheit der Terminologie willen daher die durch ein bindendes Vertragsangebot dem Empfänger eingeräumte Rechtsposition, die in der Möglichkeit eben der Annahme des Angebots innerhalb der dafür bestehenden Frist besteht, nicht zu den Optionsrechten und damit zu den Gestaltungsrechten zählen.

II. Die Annahmeerklärung

Die Annahme eines Vertragsangebots erfolgt in der Regel durch eine an den Anbietenden gerichtete, also empfangsbedürftige Willenserklärung, die Annahmeerklärung. Das Gesetz sagt dieses nicht ausdrücklich, sondern setzt es voraus, indem es in § 151 solche Fälle regelt, in denen die Annahme ausnahmsweise nicht durch eine Willenserklärung, sondern durch eine als ,,Annahme" zu bewertende Willensbetätigung erfolgt. Der Vertrag ist in den Regelfällen dann geschlossen, wenn die Annahmeerklärung wirksam wird.

Da die Annahmeerklärung grundsätzlich ,,empfangsbedürftig" ist, so wird sie nach der Regel des § 130 Abs. 1 unter Abwesenden erst im Zeitpunkt ihres Zugangs wirksam. Hiervon macht das Gesetz

---

[17] Dazu *Bötticher* aaO. S. 52ff.; v. *Einem* aaO. S. 109ff.

[18] Über den Optionsvertrag, seinen Inhalt und seine Rechtsfolgen, *Georgiades* aaO. S. 415ff., 426ff. v. *Einem* aaO. S. 82ff. nennt ihn ,,Hauptvertrag mit Optionsvorbehalt". Anders (nur ein ,,Angebot mit verlängerter Bindungswirkung") *Staudinger/Dilcher* 47 vor §§ 145ff., der aber die Position eines Angebotsempfängers allgemein als Gestaltungsrecht ansieht und insoweit hier zu dem gleichen Ergebnis kommt.

[19] Vgl. dazu *Georgiades* aaO. S. 425, 422ff.

[20] A. A. jedoch *Georgiades* S. 425. Er hält den Grundsatz der §§ 497 Abs. 1 Satz 2 und 505 Abs. 1 Satz 2 nicht für verallgemeinerungsfähig; außerhalb des Anwendungsbereichs dieser Vorschriften sei nicht nur der Optionsvertrag, sondern auch die Erklärung, das Recht auszuüben, formbedürftig. Ebenso *Kramer* in MünchKomm 43 vor § 145 (zu Anm. 147); wie hier von *Einem* aaO. 114ff.; *Soergel/Heinrich Lange/Hefermehl* 52 vor § 145.

für den Fall eine Ausnahme, daß die notarielle Beurkundung eines Vertrages, was nach § 128 zulässig ist, in der Weise erfolgt, daß zuerst nur das Angebot und hernach, vielleicht vor einem anderen Notar, die Annahmeerklärung beurkundet wird. Dann kommt, wenn die Parteien nichts anderes bestimmt haben, der Vertrag bereits mit der Beurkundung der Annahme zustande (§ 152).

Die Annahmeerklärung kann jedoch nur dann wirksam werden und damit den Vertrag zustandebringen, wenn sie rechtzeitig erfolgt ist, und wenn sie die uneingeschränkte Zustimmung des Annehmenden zu dem Angebot zum Ausdruck bringt, also keine Einschränkungen oder Vorbehalte enthält.

1. Die Annahmeerklärung ist im allgemeinen **rechtzeitig,** wenn sie im Fall der Anwesenheit sofort abgegeben wird, im Fall der Abwesenheit dem Antragenden zugeht, solange das Angebot noch nicht erloschen ist. Wenn indessen eine dem Antragenden verspätet zugegangene Annahmeerklärung so abgesendet worden ist, daß sie bei normaler Beförderungsdauer ihm rechtzeitig zugegangen sein würde, und er dies (etwa aus dem Poststempel, bei einem Telegramm aus dem Vermerk über die Zeit der Aufgabe) erkennen mußte, dann trifft ihn die Obliegenheit, die Verspätung dem Annehmenden „unverzüglich" (also ohne schuldhaftes Zögern, § 121 Abs. 1 Satz 1) mitzuteilen. Unterläßt er dies, so „gilt die Annahme als nicht verspätet" (§ 149 Satz 2); sie wird also, trotz der Überschreitung der Frist, noch als rechtzeitig behandelt. Voraussetzung dafür ist, daß der Annehmende mit einer normalen Beförderungsdauer rechnen durfte; mußte er mit einer längeren Dauer rechnen, so hätte er, um die Rechtzeitigkeit des Zugangs zu sichern, eine schnellere Beförderungsart wählen müssen.

Ist die Annahmeerklärung verspätet, so kann sie – von dem Fall, daß sie gemäß § 149 doch noch als rechtzeitig anzusehen ist, abgesehen –, da sie nun nicht mehr auf ein annahmefähiges Angebot trifft, den Vertrag nicht zustandebringen. Sie ist trotzdem nicht ohne rechtliche Bedeutung; vielmehr „gilt" sie, gemäß § 150 Abs. 1, als neuer Antrag. Der Empfänger der Annahmeerklärung – also derjenige, von dem das erste Angebot ausgegangen war – hat nun die Möglichkeit, durch Bekundung seines Einverständnisses dieses „neue Angebot" anzunehmen. Das kann auch durch sein Schweigen geschehen, wenn der Annehmende nach den Umständen für den Fall, daß der Empfänger mit dem Vertrag jetzt nicht mehr einverstanden wäre, von ihm eine dahingehende Erklärung erwarten durfte. Das gilt vor allem dann, wenn die Verspätung der Annahmeerklärung so geringfügig war, daß der Annehmende erwarten konnte, der andere werde ihr keine Bedeutung beimessen.[21]

Nach *Flume*[22] ergibt sich aus der Rechtsprechung zum Schweigen auf eine verspätete Annahmeerklärung der Rechtssatz, daß diese wirksam ist, wenn der Empfänger der Annahmeerklärung die

[21] Vgl. den Fall RGZ 103, 11, 13. Die Verspätung war in diesem Fall so gering, daß der Zugang bei etwas weitherziger Bemessung der nach § 147 Abs. 2 zu bestimmenden Frist noch als fristgerecht hätte angesehen werden können. Vgl. auch BGH, LM Nr. 1 zu § 150 BGB (Leitsatz c).

[22] § 35 II 2.

Verspätung dem Absender nicht unverzüglich anzeigt. So allgemein läßt sich das wohl nicht behaupten.[23] Bei der von *Flume* angeführten Entscheidung[24] handelt es sich offenbar um eine „Mitleidsentscheidung", deren Begründung kritischer Prüfung nicht standhält, und die daher, mag man sie auch für den entschiedenen Fall billigen, nicht zur Grundlage eines neuen Rechtssatzes gemacht werden sollte.

2. Eine „Annahmeerklärung" wird vom Gesetz nur dann als solche gewertet, wenn sie die *uneingeschränkte* Zustimmung zu dem Vertragsangebot zum Ausdruck bringt. Eine „Annahme unter Erweiterungen, Einschränkungen oder sonstigen Änderungen gilt als Ablehnung verbunden mit einem neuen Antrage" (§ 150 Abs. 2). Es kommt häufig vor, daß jemand mit einem ihm gemachten Vertragsangebot zwar im allgemeinen einverstanden ist, aber noch irgendeine kleine Änderung oder einen Zusatz, der vielleicht nur der Klarstellung dient, wünscht. Teilt er dies dem Antragenden mit, so ist der Vertrag noch nicht geschlossen, weil es noch an dem erklärten Einverständnis des anderen mit der gewünschten Änderung oder dem gewünschten Zusatz fehlt. Das Gesetz trägt dem durch die angeführte Bestimmung Rechnung. Auch hier kann das Schweigen auf den „neuen Antrag" unter Umständen als Annahme gedeutet werden, so etwa, wenn der gewünschte Zusatz oder die gewünschte Änderung von so geringer Bedeutung ist, daß das Einverständnis des anderen als sicher angenommen werden kann, oder wenn derjenige, der das erste Angebot gemacht hatte, obgleich ihm deutlich sein mußte, daß der Angebotsempfänger ohne die von ihm gewünschte Änderung nicht abzuschließen bereit war, trotzdem mit der Vertragsausführung beginnt oder die vertragliche Leistung entgegennimmt.[25] Grundsätzlich sieht jedoch der BGH in dem Schweigen auf den neuen Antrag nicht dessen Annahme, sondern vielmehr seine Ablehnung.[26]

III. Die Übereinstimmung der Parteien, der sogenannte Konsens

Der Rechtssatz des § 150 Abs. 2 ist nur eine Folgerung daraus, daß durch den Vertrag die Partner *im beiderseitigen Einvernehmen* eine für sie verbindliche Regelung setzen, daß also *jeder* von ihnen dem Vertrag, so wie er Geltung erlangen soll, zugestimmt haben muß. Die danach erforderliche Übereinstimmung der Parteien muß sich auf den gesamten Inhalt des Vertrages erstrecken.

Was aber bedeutet „Übereinstimmung" der Parteien? Der Ausdruck könnte auf ihren „inneren Willen", er könnte, ohne Rücksicht auf den „inneren Willen" lediglich auf die Erklärungen zu beziehen sein. Entsprechend dem (oben § 19 II) über die Auslegung empfangsbedürftiger Willenserklärungen Gesagten ist wie-

[23] Kritisch hierzu auch *Medicus* Rdz. 392.
[24] BGH, LM Nr. 1 zu § 150 BGB = NJW 51, 313.
[25] So der Fall LM Nr. 6 zu § 150 BGB.
[26] BGHZ 18, 212, 215; 61, 282, 285; LM Nr. 7 zu § 150 BGB; JZ 77, 602 (m. Anm. von *Lindacher*).

derum danach zu unterscheiden, ob die Parteien die Erklärung des einen der Partner tatsächlich *in demselben Sinne* verstanden haben – mag sie ,,objektiv" auch mehrdeutig sein – oder ob das nicht der Fall ist. Haben die Parteien ihre Erklärungen übereinstimmend *in dem gleichen Sinne verstanden,* so gelten sie, wie dargelegt wurde, in *diesem* Sinne (,,falsa demonstratio non nocet"). Insoweit bedeutet der ,,Konsens" die Übereinstimmung sowohl der im Sinne des tatsächlichen Verständnisses beider Parteien ausgelegten Erklärungen wie ihres damit übereinstimmenden ,,inneren Willens". Haben die Parteien ihre Erklärungen dagegen nicht im gleichen Sinne gemeint – haben sie sich z. B. des gleichen Wortes bedient, hat aber jeder darunter etwas anderes verstanden –, so kommt es auf den durch die normative Auslegung zu ermittelnden rechtlich maßgeblichen Sinn der Erklärung eines jeden an. Ist dieser für die Erklärungen beider Parteien der gleiche, stimmen also die Erklärungen in ihrem normativ maßgeblichen Sinn überein, so ist der Vertrag, und zwar mit dem Inhalt geschlossen, der sich aus der rechtlich maßgeblichen Bedeutung der Erklärungen ergibt. Es liegt, trotz Nichtübereinstimmung des von den Parteien *tatsächlich* Gemeinten, im rechtlichen Sinne eine Übereinstimmung, sogenannter ,,Konsens",[27] vor. Entscheidend ist letztlich also immer *die Übereinstimmung der Erklärungen* in dem durch ihre Auslegung festgestellten Sinn; nicht entscheidend ist dagegen die Übereinstimmung oder Nichtübereinstimmung nur des ,,inneren Willens" der Parteien. Wenn die für das Zustandekommen des Vertrages geforderte Übereinstimmung mit dem aus dem römischen Recht übernommenen Ausdruck ,,Konsens", ihr Fehlen mit dem Ausdruck ,,Dissens" bezeichnet wird, so darf aus diesen Worten nicht geschlossen werden, daß es allein auf die Übereinstimmung oder die Nichtübereinstimmung des ,,inneren Willens", des von jeder Partei *subjektiv* gewollten Vertragsinhalts ankomme. Nur wenn die Parteien *tatsächlich* dasselbe gemeint haben, bestimmt dieser ,,innere" Konsens auch den maßgeblichen Inhalt ihrer Erklärungen und dadurch den Vertragsinhalt. Fehlt es an solchem ,,inneren" Konsens, so darf deshalb nicht ohne weiteres ,,Dissens" angenommen werden. Vielmehr ist nun zu prüfen, in welcher Bedeutung jede Partei *ihre* Erklärung nach den Grundsätzen der normativen Auslegung gelten lassen muß. Ergibt sich danach für die Erklärungen beider Parteien die gleiche Bedeutung, so ist die für den Vertragsschluß erforderliche Übereinstimmung, der ,,Konsens" im Sinne inhaltlich übereinstimmender Willenserklärungen, gegeben, auch wenn die Parteien etwas Verschiedenes gemeint haben, ihr ,,innerer Wille" also nicht übereinstimmte.[28]

---

[27] *Kramer* aaO. S. 177 spricht in diesen Fällen von einem ,,normativen" Konsens, im Gegensatz zum ,,inneren" oder ,,natürlichen" Konsens, der vorliege, wenn der Erklärungsempfänger die Erklärung in dem vom Erklärenden gemeinten Sinne verstanden hat. Zur Dogmengeschichte des Konsensbegriffes *Mayer-Maly* aaO.

[28] Vgl. dazu die lehrreiche Entscheidung des BGH, LM Nr. 1 zu § 155 BGB.

Mag der Ausdruck „consensus" im klassischen römischen Recht auch die innere Willensübereinstimmung der Parteien bedeutet haben, der Irrtum einer Partei über den Geschäftstypus oder den Geschäftsgegenstand daher den Konsens verhindert haben,[29] so ist doch kein Zweifel daran, daß sich das im heutigen Recht anders verhält. „Der Konsens", heißt es in der das römische Recht betreffenden Untersuchung von *Wunner,*[30] „ist in unserer modernen Vertragslehre kein psychologischer Tatbestand. Er bezieht sich auf die äußere Erscheinungsform inhaltlich übereinstimmender Willenserklärungen". *Flume*[31] bezeichnet den Konsens als „das durch die Willenserklärungen der Kontrahenten bewirkte Einverständnis" und bemerkt dazu, wie stets in der Lehre vom Rechtsgeschäft, komme es für den Vertragsschluß „nicht auf den Willen als ein psychologisches Phänomen, sondern auf den Akt der Willenserklärung eines jeden der beiden Kontrahenten an". Ebenso eindeutig heißt es bei v. *Tuhr.*[32] „Konsens und Dissens beziehen sich nur auf die Erklärungen, nicht auf den inneren Willen der Parteien". Wenn man daher vom Konsens als der „Willensübereinstimmung" der Parteien spricht, dann muß man sich dessen bewußt bleiben, daß hier nicht von einem psychologischen Willen, sondern von dem zurechenbaren Erklärungsinhalt als dem rechtlich maßgeblichen „Willen", also vom „Willen" als einem normativen Begriff die Rede ist, der nicht mit dem sog. „inneren Willen" identisch zu sein braucht. Erforderlich und genügend für den Vertragsschluß ist nach heutigem Recht der „äußere Konsens", d. h. die Übereinstimmung der beiden Erklärungen in ihrem durch die Auslegung ermittelten, rechtlich maßgeblichen Inhalt.

Ist unter Konsens die Übereinstimmung, so ist unter **Dissens** die Nichtübereinstimmung der beiderseitigen Erklärungen in ihrer als maßgeblich zu betrachtenden Bedeutung zu verstehen. Von dem das Zustandekommen des Vertrages hindernden *Dissens* streng zu unterscheiden ist der *Irrtum* einer Partei über den Inhalt der von *ihr* abgegebenen Erklärung.[33] Ein solcher Irrtum hindert nicht das Zustandekommen des Vertrages, sondern gibt nur der Partei, die sich geirrt hat, das Recht, unter den weiteren Voraussetzungen des § 119 Abs. 1 ihre Erklärung anzufechten. Hat A z. B. eine Ware, die im Verkehr zu einem Preis zwischen 100 und 102,5 gehandelt wird, dem B schriftlich zu einem Preis von 102,00 anbieten wollen, enthält sein Schreiben aber infolge eines von ihm nicht bemerkten Schreibversehens die Angabe 100,20 und hat B dieses Angebot durch einfache Bezugnahme auf das ihm zugegangene Schreiben angenommen, so ist der rechtlich maßgebliche Sinn sowohl des Angebots wie der Annahmeerklärung die Vereinbarung eines Preises von 100,20. Beide Erklärungen stimmen also überein; es liegt kein Dissens vor, sondern lediglich ein Erklärungsirrtum des A, der ihn zur Anfechtung berechtigt. Hätte A so wie er wollte 102,00 geschrieben, B sich verlesen und zurückgeschrieben, er kaufe die Ware für den Preis von 100,20, A wiederum diese Abweichung von seinem Angebot übersehen und gemeint, es sei

---

[29] Vgl. dazu *Kaser,* Das römische Privatrecht Bd. 1, S. 208; *Wunner,* Contractus, 1964, S. 198.
[30] aaO. S. 138.
[31] *Flume* § 34, 1.
[32] *v. Tuhr* Bd. II § 62 V.
[33] Von diesem Fall wiederum zu unterscheiden ist der, daß die (gleich lautenden) Erklärungen beider Parteien *in sich widersprüchlich* sind. Ein solcher Fall lag vor in der Entsch. des BGH, LM Nr. 2 zu § 155. Der BGH hat versucht, den Widerspruch durch Auslegung zu beheben, danach Dissens verneint und Irrtumsanfechtung zugelassen. Ist aber der Widerspruch nicht zu beheben, so ist ein Vertrag zwar nicht wegen Dissens, wohl aber mangels Bestimmbarkeit seines Inhalts nicht zustande gekommen.

von B so angenommen worden, wie er es gemacht hatte, dann stimmten die beiderseitigen Erklärungen nicht überein; der Vertrag wäre mangels Konsens nicht zustandegekommen. In diesem Fall könnte jeder, sobald er den Irrtum entdeckt, die Erfüllung verweigern und seine Leistung, wenn er sie schon gemacht hatte, zurückfordern.

Das Gesetz enthält in den §§ 154 und 155 zwei Bestimmungen über den Dissens, die aber nur einen Teil der Dissensfälle betreffen. § 154 hat den Fall im Auge, daß die Partner, was vornehmlich bei umfangreichen Vertragswerken vorkommen kann, sich in länger dauernden Verhandlungen nach und nach über eine Vielzahl einzelner Vertragspunkte einigen, daß also die Herstellung einer Übereinstimmung über den Inhalt des von beiden beabsichtigten Vertrages schrittweise erfolgt. Es ist selbstverständlich, daß der Vertrag so lange nicht geschlossen ist, als sich die Parteien noch nicht über alle Hauptpunkte, die für den beabsichtigten Vertragstypus von wesentlicher Bedeutung sind, die sogenannten „essentialia negotii", geeinigt haben.[34] Dagegen kann es zweifelhaft sein, ob nicht der Vertrag schon als geschlossen anzusehen ist, wenn sich die Parteien nur noch über einen Nebenpunkt nicht geeinigt haben, über den sie weiter zu verhandeln beabsichtigen, dem sie aber im Rahmen des ganzen Vertragswerks eine verhältnismäßig untergeordnete Bedeutung beilegen. § 154 Abs. 1 bestimmt, daß, solange sich nicht die Parteien über alle Punkte eines Vertrages geeinigt haben, über die nach der Erklärung auch nur einer Partei eine Vereinbarung getroffen werden sollte, der Vertrag im Zweifel nicht geschlossen ist. Das gilt auch dann, wenn die Verständigung über einzelne Punkte schriftlich festgehalten wurde. Es handelt sich indessen nur um eine Auslegungsregel. Die Parteien können vereinbaren, daß der Vertrag mit dem Inhalt, über den sie sich bereits geeinigt haben, gelten solle, und daß die Regelung der noch offen gebliebenen Punkte einer späteren Absprache überlassen bleiben solle. Nach der zu billigenden Ansicht von *Flume*[35] ist anzunehmen, daß die Parteien den Vertrag in Geltung setzen, wenn sie, obgleich sie wissen, daß die Regelung eines Nebenpunktes noch aussteht, in beiderseitigem Einvernehmen mit der Ausführung des Vertrages beginnen.[36]

Von dem in § 154 geregelten Fall des sogenannten „offenen Dissenses", bei dem sich die Parteien dessen bewußt sind, daß eine vollständige Einigung über alle zu regelnden Punkte noch nicht erfolgt ist, unterscheidet das Gesetz in § 155 den Fall des sogenannten **„versteckten Dissenses"**, in dem die Parteien überse-

---

[34] Vgl. *Flume* § 34 6b; MünchKomm/*Kramer* 5 zu § 154.

[35] § 34 6e; ihm folgend *Medicus* Rdz. 434.

[36] Das BAG hat den Vertragsschluß zutreffend in einem Fall bejaht, in dem der Arbeitnehmer seinen Dienst im Einverständnis mit dem Arbeitgeber angetreten hatte, obgleich sich beide über die Vertragsdauer, über die eine Vereinbarung getroffen werden sollte, bis dahin noch nicht geeinigt hatten.

hen haben, daß sie sich über einen Punkt noch nicht geeinigt haben, und infolgedessen den Vertrag bereits als geschlossen ansehen. Das kann insbesondere vorkommen, wenn die Parteien den Punkt, über den anfänglich gesprochen wurde, im Laufe der Verhandlungen aus dem Auge verloren haben, oder wenn beide glauben, ihre Erklärungen über diesen Punkt stimmten überein, während das in Wahrheit nicht der Fall ist. Das Gesetz bestimmt, daß in solchen Fällen das Vereinbarte gilt, sofern anzunehmen ist, daß der Vertrag auch ohne eine Bestimmung über den nicht geregelten Punkt geschlossen sein würde. Es will damit dem Rechnung tragen, daß die Parteien, wenn sie den Vertrag als geschlossen ansehen, sich auf ihn eingerichtet haben, und daß verständige und redlich denkende Parteien in einem solchen Fall den Vertrag nicht an der fehlenden Einigung über einen Punkt von nur untergeordneter Bedeutung scheitern lassen werden.

§ 155 betrifft nach seinem Wortsinn und dem Zusammenhang mit § 154 nur einen Sonderfall des ,,versteckten Dissenses" – den Fall, daß sich die Parteien gerade nur über einen einzelnen Punkt des zu schließenden Vertrages in Wahrheit nicht geeinigt haben. Bei weitem wichtiger sind dagegen die Dissensfälle, in denen der Dissens einen Hauptpunkt des Vertrages, wie z. B. bei einem Kaufvertrag den Preis, oder den Vertrag als Ganzes betrifft.[37] Es ist nach dem Grundgedanken des Vertrages, der eben eine inhaltliche Übereinstimmung der Parteierklärungen in ihrer maßgeblichen Bedeutung verlangt, klar, und es brauchte daher im Gesetz nicht besonders ausgesprochen zu werden, daß in diesen Fällen der Vertrag nicht geschlossen ist. Die bloße Annahme der Parteien, sie hätten sich geeinigt, vermag die tatsächlich fehlende Übereinstimmung nicht zu ersetzen.

§ 28. Die Annahme des Vertragsangebots durch Willensbetätigungen

Literatur: *Bärmann,* Typisierte Zivilrechtsordnung der Daseinsvorsorge, 1948; *Bydlinski,* Privatautonomie und objektive Grundlagen des verpflichtenden Rechtsgeschäfts, 1967; *Haupt,* Über faktische Vertragsverhältnisse, 1941; *Himmelschein,* Beiträge zur Lehre vom Rechtsgeschäft, 1930; *Jacobsohn,* Die rechtliche Natur der Vertragsannahme nach § 151 BGB, JherJb. 56, 329 (insb. S. 390ff.); *Manigk,* Willenserklärung und Willensgeschäft, 1907; Das rechtswirksame Verhalten, 1939 (S. 370ff.); *Mayer-Maly,* Von solchen Handlungen, die den Kontrakten in ihrer Wirkung gleichkommen, Festschr. f. *Wilburg,* 1965, S. 129; Spiro *Simitis,* Die faktischen Vertragsverhältnisse, 1957; *Wedemeyer,* Abschluß eines obligatorischen Vertrages durch Erfüllungs- und Aneignungshandlungen, 1903. – Vgl. auch die Angaben zu § 27.

---

[37] So etwa in dem Falle, daß *beide* Teile verkaufen wollten, infolge eines wechselseitigen Mißverständnisses ihrer telegraphischen Erklärungen aber jeweils von dem anderen annahmen, er wolle kaufen. Hierzu vgl. RGZ 104, 265; zu diesem Fall aber *Medicus* Rdz. 438. *Kramer* in MünchKomm 6 zu § 155 spricht in solchen Fällen von einem ,,Totaldissens".

I. Erfüllungs- und Gebrauchshandlungen als Annahme

§ 151 Satz 1 sagt: „Der Vertrag kommt durch die Annahme des Antrags zustande, ohne daß die Annahme dem Antragenden gegenüber erklärt zu werden braucht, wenn eine solche Erklärung nach der Verkehrssitte nicht zu erwarten ist oder der Antragende auf sich verzichtet hat". Fälle, in denen eine Annahmeerklärung gegenüber dem Antragenden nach der Verkehrssitte nicht zu erwarten ist, sind z. B. die telegraphische Bestellung eines Hotelzimmers oder die schriftliche Bestellung eines Buches bei einem Antiquariat auf Grund des übersandten Verzeichnisses. Der Gast erwartet im ersten Fall, daß für den angegebenen Tag ein Zimmer bereitgestellt wird, der Besteller erwartet im zweiten Fall, daß das bestellte Buch, wenn noch vorhanden, an ihn abgesandt wird. Ein Verzicht auf die Annahmeerklärung würde z. B. anzunehmen sein, wenn der Buchhändler seinem Kunden ein Buch zur Ansicht zusendet mit dem Bemerken, er bitte um gelegentliche Rückgabe, sofern es der Empfänger nicht zu behalten wünsche. § 151 entbindet den Antragsempfänger unter den genannten Voraussetzungen von dem Erfordernis einer Annahmeerklärung gegenüber dem Anbietenden, nicht von dem Erfordernis einer „Annahme" überhaupt. Das ist gewiss. Streitig ist aber, worin in diesen Fällen die Annahme zu erblicken ist. Entbindet das Gesetz nur von dem Erfordernis einer Annahmeerklärung *gerade gegenüber dem Antragenden,* d. h. praktisch vom Zugangserfordernis,[1] oder genügt als „Annahme" eine wie immer geartete *Betätigung* des Annahmewillens? *Flume*[2] meint sogar, nicht einmal eine Willensbetätigung sei erforderlich; es genüge, „daß der Angebotsempfänger den Entschluß faßt, das Vertragsangebot anzunehmen".

Zustimmung verdient die Auffassung, die eine *Willensbetätigung* verlangt, eine solche aber auch genügen läßt. Es kommen hauptsächlich zwei Gruppen von Annahmehandlungen in Betracht, die *Erfüllungs-* und die *Aneignungs- oder Gebrauchshandlungen.*[3] Zur ersten Gruppe gehören die kurzfristige schriftliche oder telegraphische Bestellung eines Hotelzimmers sowie die einer auf Grund eines

---

[1] So *Pawlowski* II S. 184f.; *Staudinger/Dilcher* 9, *Palandt/Heinrichs* 1 zu § 151. Sie sehen die als Annahmehandlungen in Betracht kommenden Willensbetätigungen als, wenn auch nicht empfangsbedürftige, Willenserklärungen an, obgleich sie keineswegs final darauf gerichtet sind, Rechtsfolgen in Geltung zu setzen, und vielfach jedes Kundgebungszwecks entbehren. Das halte ich mit dem sonst auch von diesen Autoren nicht bestrittenen Begriff der Willenserklärung für unvereinbar. Die eingehenden Untersuchungen von *Manigk* sind insoweit immer noch beachtenswert, scheinen aber heute vergessen zu sein. Vgl. dazu auch oben § 18 I.

[2] *Flume* § 35 II 3. Gegen ihn aber, mit Recht, *Brox* Rdn. 187; *Medicus* Rdz. 382; *Soergel/Lange/Hefermehl* 4, MünchKomm/*Kramer* 49, *Palandt/Heinrichs* 1 zu § 151.

[3] Die Einteilung geht zurück auf *Wedemeyer,* Der Abschluß eines obligatorischen Vertrages durch Erfüllungs- und Aneignungshandlungen, 1904. Vgl. ferner *Himmelschein,* Beiträge zu der Lehre vom Rechtsgeschäft, 1930, S. 37ff.; *Manigk,* Das rechtswirksame Verhalten, S. 370ff.; *Oertmann* 2c zu § 151; *Enn./N.* § 162 I 2a.

Kataloges oder Preisverzeichnisses vom Besteller ausgesuchten Ware; die Annahme liegt nach allgemeiner Auffassung in der Eintragung des Namens des Bestellers in die Zimmerliste oder dem Versand der Ware, also in der Vornahme von Handlungen, die offensichtlich dazu bestimmt sind, den angetragenen Vertrag auszuführen, mit der Erfüllung wenigstens zu beginnen. Weiter kann man hierher auch den Automatenkauf rechnen (vgl. dazu oben § 27 I a a. E.). Durch das Einwerfen der Münze, durch das er seine Verpflichtung zur Preiszahlung im gleichen Augenblick erfüllt, nimmt der Käufer das Angebot an. In der Gruppe der Aneignungs- oder Gebrauchshandlungen wird zumeist nur der Fall angeführt, daß der Empfänger einer Ansichtssendung, etwa von Büchern, Stoffen, Spirituosen, die eine oder die andere Ware in Gebrauch nimmt oder wie ein Eigentümer über sie verfügt, indem er z. B. seinen Namen in das Buch schreibt oder Unterstreichungen vornimmt, einen der Stoffe zuschneidet, eine Flasche entkorkt oder sie verschenkt. Ferner wird der Fall hierher gerechnet, daß der Gast im Lokal aus dem bereitgestellten Brotkorb ein Brötchen oder ein Stück Brot entnimmt. Um *Willenserklärungen* handelt es sich in allen Fällen deshalb nicht, weil die in Betracht kommenden Erfüllungs-, Aneignungs- oder Gebrauchshandlungen nicht dazu bestimmt sind, anderen einen Rechtsfolgewillen kundzutun.[4] Mit ihnen bezweckt derjenige, der sie vornimmt, nicht, dem anderen seinen Annahmewillen zur Kenntnis zu bringen und dadurch den Vertrag in Geltung zu setzen, sondern lediglich einen tatsächlichen Erfolg. Sie sind daher keine Geltungserklärungen. Wenn aus ihnen dennoch auf das Vorhandensein eines (latenten) Annahmewillens geschlossen werden kann, so deshalb, weil sie im allgemeinen nur unter dieser Voraussetzung einen verständlichen Zweck haben oder, im Fall der Aneignungs- oder Gebrauchshandlungen, rechtmäßig vorgenommen werden können, rechtmäßiges Handeln im Zweifel aber zu unterstellen ist.

Die Bestimmung des § 151 bezweckt die Erleichterung von Vertragsschlüssen. Sie liegt in den Fällen der Annahme *durch Erfüllungshandlungen* im Interesse des Empfängers des Angebots, der, nachdem er seinerseits mit der Erfüllung begonnen hat, nun auch die Rechte aus dem Vertrag erwirbt. Häufig entsteht bei ihm ein gewisser Arbeitsaufwand – die bestellte Ware muß vom Lager geholt, abgewogen, verpackt, das Paket adressiert und auf den Weg zum Empfänger gebracht werden –; in anderen Fällen verzichtet der Empfänger auf die Möglichkeit eines anderen Vertragsabschlusses, so wenn der Hotelbesitzer, der das letzte freie Zimmer dem Besteller reserviert hat, einen anderen Gast abweist. Käme im letzten Fall der Vertrag erst mit dem Zugang einer Annahmeerklärung zustande, die erst dem eintreffenden Gast gegenüber abgegeben werden könnte, so könnte

---

[4] So auch v. *Tuhr* Bd. II S. 479 (zu Anm. 140); *Flume* § 35 II 3 (zu Anm. 64); *Lehmann/Hübner* § 33 III 3b. Grundlegend *Manigk,* Willenserklärung und Willensgeschäft.

der Hotelbesitzer von dem Gast nichts fordern, wenn dieser nicht käme. Der Verkäufer, der die bestellte Ware abgesandt hat, trüge entgegen der Regel des § 447 die Gefahr, daß sie den Empfänger nicht erreicht, da vorher der Kaufvertrag noch nicht geschlossen wäre. Das wäre unbillig. Wenn freilich der Vertrag schon mit der Bereitstellung des Zimmers, der Absendung der Ware geschlossen ist, dann erhebt sich die Frage, ob nun auch der Hotelbesitzer und der Verkäufer ihrerseits an den Vertrag gebunden sind, also sich schadensersatzpflichtig machen, wenn sie, ehe noch der Antragende davon erfahren hat, ihre Annahmehandlung wieder rückgängig machen. Das ist, weil beide Vertragspartner gleich behandelt werden müssen, zu bejahen.

Der Angebotsempfänger betätigt seinen Willen, das Angebot anzunehmen und damit den Vertrag zustande zu bringen, in den Fällen der Annahme durch Erfüllungshandlungen dadurch, daß er mit der Erbringung der ihm nach dem Vertrage obliegenden Leistungen beginnt. Daß schon der zu bewirkende Leistungs*erfolg* eingetreten sei, ist nicht erforderlich. Auch der Annahme von *Himmelschein,*[5] von einem Annahmewillen könne nur dann gesprochen werden, wenn dieser sich „in bewußt definitiven, die Rücknahme grundsätzlich ausschließenden Handlungen äußert", kann nicht zugestimmt werden. Mag auch die Rücknahme der Handlung tatsächlich noch möglich sein, so hat sich doch der Wille, den Vertrag gelten zu lassen, in der Ausführungshandlung mit hinreichender Deutlichkeit verwirklicht. Daß man in den Fällen der Warenbestellung die Betätigung des Annahmewillens erst in der Absendung der Ware und nicht schon in einer internen Anweisung des Verkäufers an sein Personal, die Ware auszusondern und zum Versand fertig zu machen, erblickt, hat seinen Grund lediglich darin, daß man ein leicht erkennbares Kriterium wünscht. Spätestens mit der Absendung ist der Annahmewille so deutlich in die Erscheinung getreten, daß nunmehr der Vertrag als geschlossen angesehen werden kann. Dagegen genügt der nur erst innere Entschluß, der noch in keiner ihn aktualisierenden Handlung Ausdruck gefunden hat, nicht, weil derjenige, der nur erst einen Entschluß gefaßt, aber mit der Ausführung noch nicht begonnen hat, noch vollkommen Herr über seinen Entschluß ist, in der Tat noch nichts in Gang gesetzt hat. Damit freilich der Vertrag durch eine Erfüllungshandlung zustande kommt, muß diese der vom Antragenden begehrten Leistung im wesentlichen entsprechen. Übersendet der Verkäufer eine andere als die gewünschte Ware, reserviert der Hotelbesitzer statt des gewünschten Zweibett-Zimmers ein Zimmer mit nur einem Bett, so stimmen das Angebot und die Annahme nicht überein; der Vertrag ist nicht geschlossen. Stimmen sie überein, irrte der Angebotsempfänger aber etwa über die Person des Antragenden – der Hotelwirt hätte etwa diesem Besteller das Zimmer, hätte er sich über die Person nicht geirrt, nicht reserviert –, oder befand

---

[5] aaO. S. 57.

er sich in einem nach § 119 Abs. 2 beachtlichen Motivirrtum, so kann er in entsprechender Anwendung des § 119 – entsprechend, weil es sich eben nicht um eine Willenserklärung, sondern um eine rechtsgeschäftliche Willensbetätigung handelt – die Annahme anfechten.

Erfolgt die Annahme des Vertragsangebotes dagegen durch eine *Aneignungs- oder Gebrauchshandlung,* so liegt es vornehmlich im Interesse des Antragenden, daß hierdurch der Vertrag zustandekommt, so daß er den Vergütungsanspruch erhält. Das ist besonders deutlich, wenn der Angebotsempfänger die ihm überlassene Ware verbraucht oder, z. B. durch Zuschneiden des Stoffes, verändert hat, sie also nicht oder doch nicht mehr in ihrem vormaligen Zustand zurückgeben kann. Dem Empfänger sind alle derartigen Handlungen vom Antragenden nur für den Fall gestattet, daß er das Vertragsangebot annimmt. Der Empfänger, der dies weiß, will regelmäßig und redlicherweise den Vertrag gelten lassen. Deshalb ist es berechtigt, aus der Vornahme einer solchen Handlung auf den Annahmewillen zu schließen. Wer *in Kenntnis der Sachlage* eine derartige Handlung vornimmt, dabei aber den Willen hat, das Angebot nicht anzunehmen, gleicht demjenigen, der eine Willenserklärung unter dem geheimen Vorbehalt abgibt, sie solle nicht gelten. In analoger Anwendung des § 116 ist das Fehlen des Annahmewillens in einem solchen Falle nicht zu beachten; die Annahme- oder Gebrauchshandlung ist vielmehr trotz des Fehlens des Annahmewillens als Annahme zu werten, und zwar ohne Möglichkeit einer Irrtumsanfechtung. Hat er sich dagegen über die Sachlage geirrt, indem er die Sache für seine eigene hielt, so ist der Schluß auf einen Annahmewillen nicht begründet. Da kein dem des § 116 vergleichbarer Fall vorliegt, ist das Fehlen eines Annahmewillens dann zu beachten mit der Folge, daß es an einer als Annahme des Angebots zu wertenden Handlung fehlt. Denn ob es sich um die Annahme eines Vertragsangebots handelt, das kann hier nicht vom Standpunkt eines ja nicht vorhandenen Erklärungsempfängers aus, sondern allein mit Rücksicht auf den aus allen vorliegenden Umständen zu schließenden Willen des Handelnden entschieden werden. Die Rücksichtnahme auf das Vertrauen des Erklärungsempfängers und eine deshalb gebotene Zurechnung der von diesem zu verstehenden Bedeutung entfällt, weil eben eine Erklärung gar nicht abgegeben wird. Folglich bedarf es auch keiner Anfechtung wegen eines Erklärungsirrtums (§ 119 Abs. 1). Für eine solche ist kein Raum, wo nichts erklärt wird. Der h. L., die das tatsächliche Vorhandensein des Annahmewillens fordert,[6] ist für diese Fälle daher zuzustimmen.[7] Allerdings trifft den Handelnden hier in den meisten Fällen die Beweislast für das Fehlen

---

[6] Vgl. etwa *v. Tuhr* Bd. II S. 479 zu Anm. 141 a; *Flume* § 35 II 3; MünchKomm/*Kramer* 50, *Palandt-Heinrichs* 2 zu § 151.

[7] Den Fall, daß der Gast im Lokal aus dem bereitgestellten Korb ein Stück Brot entnimmt, wird man dagegen schon den Fällen der Vertragsannahme durch „sozialtypisches Verhalten" (unten II) zurechnen können.

eines Annahmewillens, weil seine Handlung auf den ersten Blick als eine Annahme erscheint. Fällt ihm bei der Verwechslung der angebotenen Sache mit einer eigenen Fahrlässigkeit zur Last, so wird er dem Anbietenden wegen fahrlässiger Verletzung seines Eigentums nach § 823 Abs. 1 schadensersatzpflichtig. Ferner bestehen Bereicherungsansprüche gemäß § 812 Abs. 1 (Eingriffskondiktion). Wollte der Handelnde das ihm gemachte Angebot annehmen, irrte er aber über dessen Inhalt (er hatte sich z. B. verlesen), so fehlt es ihm zwar an dem Willen, das ihm gemachte Angebot, *so wie es tatsächlich lautete,* anzunehmen. Immerhin wollte der Angebotsempfänger hier aber ein ihm gemachtes Angebot annehmen. Das rechtfertigt m. E. eine analoge Anwendung des § 119. Er muß also zunächst seine Handlung als Annahme des Angebots, wie es gemacht war, gelten lassen, kann sich aber von seiner Bindung durch eine Anfechtung gemäß § 119 Abs. 1 befreien. Dann hat er jedoch dem Anbietenden dessen Vertrauensschaden zu ersetzen.

Der von ihm zu ersetzende Vertrauensschaden besteht m. E. in dem Schaden, den der Antragende dadurch erleidet, daß er dem Empfänger die Aneignung oder die Gebrauchshandlung in dem Vertrauen darauf ermöglicht hat, dieser werde sie nur vornehmen, wenn er das Angebot mit dem Inhalt, den es hatte, annehme. Ihm ist daher, wenn sie nicht zurückgegeben werden kann, der Wert der Sache, andernfalls der durch die Gebrauchshandlung entstandene Minderwert zu ersetzen. Er ist so zu stellen, wie wenn er das Angebot gar nicht gemacht hätte. Dagegen kann er nicht verlangen, so gestellt zu werden, wie wenn der Vertrag ausgeführt wäre.

In den Fällen des § 151 ist der § 147 Abs. 2 nicht anwendbar, weil hier der Eingang einer Antwort vom Antragenden nicht erwartet wird. Der Zeitpunkt des Erlöschens des Antrags bestimmt sich hier „nach dem aus dem Vertrag oder den Umständen zu entnehmenden Willen des Antragenden“ (§ 151 Satz 2). Bei einer Warenbestellung ist das der Zeitpunkt, bis zu dem man allenfalls noch mit der Ausführung der Bestellung rechnen kann. Bei Ansichts- oder Auswahlsendungen wird der Antragende möglicherweise eine Frist setzen, bis zu deren Ablauf er dem Empfänger die Sache zu überlassen bereit ist. Nach Ablauf dieser Frist kann er die Rückgabe verlangen, wenn sein Angebot bis dahin nicht angenommen worden ist.

II. Sozialtypisches Verhalten als Annahme

Im modernen Massenverkehr ist es vielfach üblich geworden, daß Beförderungs- oder Versorgungsleistungen zu festgesetzten Bedingungen – meist zu den Bedingungen eines behördlich genehmigten „Tarifs“ – allgemein angeboten werden und von jedermann in Anspruch genommen werden können, ohne daß es hierfür einer auf den Abschluß des Vertrages gerichteten Willenserklärung des Benutzers bedürfte. Die tatsächliche Inanspruchnahme der Leistung bringt das Vertragsverhältnis zustande. Das Phänomen als solches sollte nicht geleugnet werden;[8] seine rechtliche Einordnung ist bis heute ungemein streitig geblieben.[9] Die im folgenden vorgetragene Auffassung, der zu Folge die tatsächliche Inanspruchnahme der Leistung in diesen Fällen nicht nur, wie in denen des § 151, eine *Annahmeerklärung,* sondern auch *den Willen* ersetzt, ein Vertragsangebot anzunehmen, wird von der h. L. abgelehnt, weil sie darin einen zu tiefen Einbruch in die Rechtsgeschäftslehre erblickt. Ihre Versuche, allein von deren Boden aus zu angemessenen Lösungen zu gelangen, überzeugen jedoch nicht. Ist aber mit ihr nicht auszukommen, sollte man das offen zugeben und, ähnlich wie bei der „Vertrauenshaftung", neue Lösungen akzeptieren, die den heutigen Verhältnissen angemessen sind. Um welche Fälle geht es?

Es handelt sich vornehmlich um die Benutzung eines öffentlichen Verkehrsmittels, sofern diese nicht die vorherige Lösung einer Fahrkarte und damit den Abschluß eines Beförderungsvertrages durch darauf gerichtete Willenserklärungen erfordert; das Abstellen eines Wagens auf einem als „gebührenpflichtig" oder in ähnlicher Weise gekennzeichneten Parkplatz; den Verbrauch von elektrischem Strom ohne vorherigen Abschluß eines Vertrages über den Strombezug oder nach dessen zeitlichem Auslaufen.[10] In diesen Fällen fehlt es zumeist an einer Willenserklärung des Benutzers schon deshalb, weil zum mindesten im Augenblick des Beginns der Benutzung – Einsteigen in den schaffnerlosen Wagen, Stromentnahme – *niemand da* ist, der sie vernehmen könnte, als an den gerichtet sie angesehen werden könnte.[11] Wer darin dennoch eine Willenserklärung durch „schlüssiges Verhalten" sieht, verkennt m. E., daß auch ein solches Verhalten, wo eine *empfangsbedürftige* Erklärung verlangt wird, *dem Adressaten der Erklärung*

---

[8] Das tun alle diejenigen, die in dem Akt des Gebrauchmachens unter allen Umständen eine Willenserklärung durch „schlüssiges Verhalten" sehen, auch wenn dieser Akt eines Kundgabesinns entbehrt. Sie wollen auf diese Weise immer die Anwendung der Vorschriften über Willenserklärungen erreichen, müßten dann aber auch die Irrtumsanfechtung nach § 119 zulassen, was sie dann im Ergebnis – durch die Annahme eines „widersprüchlichen Verhaltens" – doch nicht tun.

[9] Vgl. *G. Haupt,* Über faktische Vertragsverhältnisse, 1941 (grundlegend); *Bärmann,* Typisierte Zivilrechtsordnung der Daseinsvorsorge, 1948; *Betti,* Über sogenannte faktische Vertragsverhältnisse, Festschr. f. *Lehmann,* 1956, I, S. 253; *Brox,* Rdn. 200; *Enn./N.* § 163 VII 3; *Enn./Lehmann,* Schuldrecht § 26 IV 3; *Esser,* AcP 157, 86; *Flume* § 8 2 und Festschr. für den DJT, Bd. I S. 183; *Kaduk,* Vertrag und sozialtypisches Verhalten, JR 68, 1; *Lange/Köhler* § 40 II; *Larenz,* NJW 56, 1897 und DRiZ 58, 245; *Lehmann,* JherJb. 90, 131; NJW 58, 1; *Lehmann/Hübner* § 25 I 2e; *Löning,* ZAkDR 42, 289; *Medicus* Rdz. 245ff.; *Nikisch,* Festschr. f. *Dölle* 1963, I, S. 79, insbesondere S. 86ff.; *Nipperdey,* MDR 1957, 129; *Palandt/Heinrichs* 5b vor § 145; *Raiser,* Festschr. für den DJT, Bd. I S. 120; *Siebert,* Faktische Vertragsverhältnisse, 1958; *Simitis,* Die faktischen Vertragsverhältnisse, 1957; *Tasche,* JherJb. 90, 101; *Wieacker,* ZAkDR 43, 33; JZ 57, 61; Göttinger Festschrift für das OLG Celle, S. 263.

[10] Vorausgesetzt, der Strom wird in der Rolle eines Verkehrsteilnehmers abgenommen, der sozialtypischer Weise den Strom auf seine eigene Rechnung bezieht, z. B. als Betriebsinhaber, Wohnungsinhaber oder Hauseigentümer. Wer Strom lediglich in seiner Eigenschaft als Gast, Untermieter oder Angestellter im Betrieb eines anderen entnimmt, begründet dadurch kein Vertragsverhältnis zum Elektrizitätswerk. Vgl. die lehrreiche Entscheidung des LG Berlin, JZ 73, 217, m. Anm. von *Beuthien.*

[11] *Kramer* in MünchKomm 9 zu § 151 bemerkt zu diesem Satz, es komme für die Wirksamkeit der Annahmeerklärung nicht darauf an, ob sie vom Adressaten vernommen, sondern nur darauf, ob sie

gegenüber gezeigt werden muß (vgl. oben § 19 VIb), so daß dieser es wahrnehmen und den Schluß daraus ziehen kann. An einem solchen Adressaten aber fehlt es hier. Die immer wieder zu lesende Behauptung, das Einsteigen in eine Straßenbahn oder in einen Bus stelle eine Willenserklärung dar, durch die der Fahrgast einen Antrag zum Abschluß eines Beförderungsantrags annimmt, wird durch ihre häufige Wiederholung nicht richtiger. Sie ist, jedenfalls für die Mehrzahl der Fälle, schlicht falsch. In der Tat liegt überhaupt keine an einen anderen gerichtete *Erklärung,* keine Handlung mit *Kundgabesinn,* sondern lediglich eine Benutzungshandlung vor, die allerdings in der Regel als die Betätigung eines latenten Annahmewillens, also als eine *rechtsgeschäftliche Willensbetätigung,* angesehen werden kann.

Es liegt daher nahe, auch hier den § 151 anzuwenden und die Fälle unter die Gruppe der Annahme durch Aneignungs- und Gebrauchshandlungen einzuordnen.[12] Der Benutzer der Straßenbahn oder des Parkplatzes, der Stromabnehmer macht von der ihm wie jedermann unter bestimmten Bedingungen angebotenen Leistung Gebrauch und betätigt hierdurch regelmäßig seinen Willen, ein Vertragsangebot anzunehmen. Es liegt insoweit nicht anders als in den Fällen der Vertragsannahme durch Ingebrauchnahme einer unter mehreren zur Auswahl übersandten Sachen. Hier wie dort kann angenommen werden, daß der Anbietende auf eine Annahmeerklärung verzichtet hat oder daß sie nach der Verkehrssitte nicht zu erwarten ist. Hier wie dort genügt jede, wie immer geartete, *Betätigung* des Annahmewillens.

Gegen diese Lösung spricht jedoch, daß es in den Fällen des § 151, von dem Ausnahmefall unredlichen Handelns abgesehen, regelmäßig auf einen tatsächlichen Annahmewillen ankommt,[13] so daß dann der Benutzer im Einzelfall damit gehört werden müßte, er sei sich dessen nicht bewußt gewesen, ein Vertragsangebot anzunehmen, sein Verhalten sei also nicht die Betätigung eines Annahmewillens. Er müßte ferner anfechten können, wenn er sich über den Inhalt des Angebots (etwa die Höhe des Fahrpreises) und damit seiner Annahme geirrt hätte. Das geht deshalb nicht an, weil derjenige, der im Verkehr bestimmte Leistungen, wie jedermann weiß, gegen Entgelt, *massenweise* und zwar so, daß jeder ohne weiteres von ihnen Gebrauch machen kann, anbietet, sich darauf verlassen können muß, daß derjenige, der Gebrauch macht, dann auch zur Zahlung des Entgelts verpflichtet wird. Es geht nicht um den Schutz des Vertrauens des Anbietenden darauf, daß das Verhalten des Benutzers *den Sinn einer Willenser-*

---

in seinen Organisationsbereich gelangt sei. Das gilt jedoch nur für verkörperte Erklärungen, die der Empfänger auch später zur Kenntnis nehmen kann. Die Gebrauchshandlung ist keine solche verkörperte Erklärung. Soll sie einem ,,Empfänger" etwas sagen, muß sie in seiner Gegenwart erfolgen, so daß er sie wahrnehmen und den Schluß daraus ziehen kann. Ist niemand da, der dazu imstande wäre, ist die in ihr enthaltene ,,Botschaft" ins Leere gesprochen.

[12] So *Pawlowski* II S. 215ff.

[13] Was allerdings *Pawlowski* bestreitet.

klärung bestimmten Inhalts habe[14] – eine an ihn gerichtete *Erklärung,* auf die der Adressat vertrauen könnte, liegt, wie immer wieder betont werden muß, ja gar nicht vor –, wohl aber um die Möglichkeit ungestörter Abwicklung derartiger Massenvorgänge,[15] bei denen der Anbietende darauf vertraut und muß vertrauen können, daß jeder Benutzer die ,,Spielregeln" dieses Verkehrs kennt und einzuhalten bereit ist. Der Benutzer muß sich die *sozialtypische Bedeutung* seines Verhaltens als Betätigung eines Annahmewillens ohne Rücksicht auf das Vorhandensein eines solchen Willens im Einzelfall und ohne eine Anfechtungsmöglichkeit deshalb zurechnen lassen, weil sie nach der allgemeinen Verkehrsauffassung *in der Konsequenz seines Verhaltens liegt* und ihm dies auch bewußt ist oder bewußt sein muß.

Der Benutzer einer Straßenbahn kann also die Zahlung des Fahrpreises nicht deshalb verweigern, weil er sich über die Höhe des Fahrpreises, damit über den Inhalt des ihm gemachten Angebots geirrt habe und daher seine Annahme anfechten könne. Der Benutzer des Parkplatzes kann nicht, nachdem er seinen Wagen dort einige Stunden hat stehen lassen, die Zahlung der Gebühr mit der Begründung verweigern, er habe das Schild ,,Gebührenpflichtiger Parkplatz" übersehen, den Platz für nicht bewacht und gebührenfrei gehalten und infolgedessen auch nicht den ,,latenten" Willen gehabt, ein Vertragsangebot anzunehmen. Der Benutzer einer Bahn, die durch ein Ausstellungsgelände fährt, kann nicht die Bezahlung des Fahrpreises deshalb verweigern, weil er des Glaubens war, dieser sei schon in dem Eintrittspreis für die Ausstellung inbegriffen, und ihm deshalb der Wille fehlte, einen Beförderungsvertrag abzuschließen. Die tatsächliche Inanspruchnahme einer jedermann angebotenen Versorgungs- oder Verkehrsleistung hat generell ,,sozialtypisch", für jedermann erkennbar, die Bedeutung, daß dadurch ein Vertragsverhältnis unter den von dem die Leistung ausführenden Unternehmen festgesetzten, meist auch behördlich genehmigten Bedingungen zustandekommt, soweit diese im Rahmen des Üblichen liegen. Wer sich in solcher Weise ,,sozialtypisch" verhält, muß sich die generelle Bedeutung seines Verhaltens als ,,Vertragsannahme" ohne Rücksicht darauf zurechnen lassen, ob er sie im Einzelfall gekannt, die Rechtsfolgen gewollt hat oder nicht. Er kann sich auf einen Irrtum auch nicht zur Begründung einer Anfechtung berufen. Das sozialtypische Verhalten ersetzt, wenn es nur auf dem Willen beruht, die entsprechende *tatsächliche* Handlung vorzunehmen, den für eine Annahme nach § 151 erforderlichen Rechtsfolgewillen. Es wirkt, ohne die Möglichkeit einer Irrtumsanfechtung, als Annahme des Angebots, gleichviel, ob es als solche gemeint und gewollt war oder nicht.

Die Auffassung, daß ein Vertragsverhältnis außer durch Willenserklärungen und durch die Betätigung eines Annahmewillens gemäß § 151 auch durch ein sozialtypisches Verhalten zustandekommen

---

[14] So jedoch *Kaduk,* JR 68, 1, 5. Vgl. aber *Canaris,* Die Vertrauenshaftung, S. 445ff.
[15] Vgl. auch *Raiser,* Festschr. für den DJT, Bd. I S. 123.

kann, geht zurück auf die von *Haupt* begründete, insbesondere von *Simitis* fortgeführte Lehre von den „faktischen Vertragsverhältnissen", die zum erstenmal auf die Besonderheit der hier in Frage kommenden Fälle aufmerksam gemacht hat. Die hier vertretene Auffassung unterscheidet sich von dieser Lehre einmal durch die Beschränkung auf die Vorgänge des Massenverkehrs. Sie sieht ferner als das rechtlich entscheidende Moment nicht das Faktum als solches, sondern seinen sozialtypischen Sinn an. Der BGH hat sie sich in der bekannten Parkplatzentscheidung[16] zu eigen gemacht. Der Besitzer des Wagens hatte ihn auf einem als „parkgeldpflichtig" gekennzeichneten Platz abgestellt und dem auf dem Platz befindlichen Ordner erklärt, er wünsche keine Bewachung und lehne eine Bezahlung ab, da er sich auf Grund des Gemeingebrauchs berechtigt glaube, seinen Wagen hier abzustellen. Der BGH verneinte den Gemeingebrauch und verurteilte den Wagenbesitzer trotz seiner ausdrücklichen Erklärung, er lehne den angebotenen Benutzungs- und Bewachungsvertrag ab, zur Zahlung des Parkgeldes, da es nicht auf den von ihm erklärten gegenteiligen Willen, sondern allein auf die sozialtypische Bedeutung seines Verhaltens ankomme. Das LG Frankfurt hat einen Vertragsschluß durch sozialtypisches Verhalten beim Bezug von Fernwärme ohne vorangegangenen Vertragsschluß angenommen.[17]

Im Schrifttum wird die Entscheidung des BGH im Parkplatzfall vielfach damit begründet, gegenüber der tatsächlichen Benutzungshandlung, dem Abstellen des Wagens auf dem Parkplatz, sei die Erklärung, keinen Benutzungs- und Bewachungsvertrag abschließen zu wollen, als „protestatio facto contraria" unbeachtlich. Warum aber die Erklärung unbeachtlich sein soll, wird nicht gesagt.[18] Wenn dabei die Meinung sein sollte, daß derjenige, der sich mit seiner Erklärung in Widerspruch zu seinem eigenen Verhalten setzt, unredlich handle, gegen „Treu und Glauben" verstoße, so wird dabei übersehen, daß der Benutzer im Parkplatzfall der Meinung war, die kostenlose Benutzung des Parkplatzes sei ihm auf Grund des Gemeingebrauchs der öffentlichen Wege und Plätze erlaubt. In Wahrheit geben die Anhänger der Lehre von der Unbeachtlichkeit der „protestatio facto contraria" zu erkennen, daß hier auch nach ihrer Meinung der objektive, eben der „sozialtypische" Sinn des Verhaltens sogar einem ausdrücklich erklärten gegenteiligen Willen vorgeht, der Wille, das Vertragsangebot anzunehmen, also nicht in allen Fällen entscheidend ist. Weder läßt sich das tatsächliche Verhalten, wenn der entgegengesetzte Wille ausdrücklich erklärt ist, nach Auslegungsgrundsätzen als Annahmeerklärung auslegen, noch handelt es sich in diesen Fällen um die Betätigung eines Annahmewillens. Es bleibt somit, hält man die Entscheidung des Parkplatzfalles und ähnliche Entscheidungen im Ergebnis für richtig, gar nichts anderes übrig, als anzunehmen, daß hier das Verhalten entsprechend seinem sozialtypischen Sinn generell von der Rechtsordnung als „Annahme" gewertet wird, ohne Rücksicht darauf, ob es im einzelnen Fall so gemeint und gewollt war oder – sogar erklärtermaßen – nicht.

Da es sich bei der Vertragsannahme durch sozialtypisches Verhalten zwar in der Mehrzahl der Fälle um eine Willensbetätigung handelt, die von einem (aktuellen oder doch latenten) Annahmewillen getragen wird, es auf einen solchen Willen im Einzelfall aber nicht ankommt, so fragt es sich, ob die Vorschriften über die Geschäftsfähigkeit anzuwenden sind oder nicht. Das Gebrauchmachen von einer jedermann angebotenen Leistung, das sozialtypisch die Bedeutung der Annahme eines Vertragsangebots hat, ist eine heute weit verbreitete Art der *Teilnahme am Rechtsverkehr*. Das spricht dafür, die Vorschriften über Geschäftsfä-

---

[16] BGHZ 21, 319; vgl. ferner BGHZ 23, 175 (Entnahme von elektrischem Strom); BGH, LM Nr. 7 Vorb. zu § 145 BGB (Stromentnahme).

[17] MDR 70, 843.

[18] *Flume* (§ 8 2) meint, das Rechtsgeschäft, welches durch die Inanspruchnahme einer als entgeltlich bereitgestellten Leistung vollzogen wird, könne „selbstverständlich" nicht durch eine entgegenstehende Erklärung aufgehoben werden. Warum der tatsächliche Vollzug hier die ausdrückliche Erklärung eines gegenteiligen Willens ausschaltet, sagt er nicht.

higkeit anzuwenden.[19] Der Geschäftsunfähige und der in der Geschäftsfähigkeit Beschränkte sollen vor Nachteilen geschützt werden, die ihnen aus der Teilnahme am Rechtsverkehr entstehen können. Ob diese Teilnahme in der Form der Abgabe einer Willenserklärung, durch eine Willensbetätigung gemäß § 151 oder durch sozialtypisches Verhalten erfolgt, macht hierbei keinen Unterschied.

Die Fälle der Annahme eines Vertragsangebots durch ein tatsächliches Gebrauchmachen, das infolge seiner sozialtypischen Bedeutung im Verkehr von der Rechtsordnung generell als ,,Annahme" gewertet wird, mag auch ein Annahmewille im Einzelfall erkennbar gefehlt haben – und zwar ohne die Möglichkeit, deswegen die Rechtsfolge durch eine Irrtumsanfechtung zu beseitigen –, liegen gleichsam am äußersten Rand des rechtsgeschäftlichen Bereichs. Die Bindung des ein Angebot in solcher Weise Annehmenden beruht zwar in der Masse der Fälle auf seinem eigenen Willen, in Ausnahmefällen aber allein auf der Zurechnung der sozialtypischen Bedeutung seines Verhaltens. Auch im Bereich der Willens*erklärungen,* so hatten wir früher gesehen, gibt es die Möglichkeit einer Bindung aufgrund einer Zurechnung. Die weitergehende Wirkung des sozialtypischen Verhaltens liegt im Ausschluß der Irrtumsanfechtung. Es ist keineswegs selbstverständlich, daß § 119, der von ,,Willenserklärungen" spricht, auch auf rechtsgeschäftliche Willens*betätigungen* anzuwenden ist. Wenn wir das (oben I) für die Fälle des § 151 bejaht haben, so deshalb, weil in diesen Fällen dem tatsächlichen Willen des Annehmenden sogar noch ein größeres Gewicht zukommt als bei empfangsbedürftigen *Erklärungen.* Demgegenüber verlangen die hier gemeinten Vorgänge des massenhaften Anbietens jedermann zugänglicher Leistungen – die der Gesetzgeber in ihrer Eigenart noch nicht gesehen hat – eine stärkere Generalisierung und Standardisierung; sie vertragen nicht die Rücksichtnahme darauf, daß der Benutzer nicht den Willen zur Annahme eines Vertragsangebotes *mit diesem Inhalt* hatte, auch nicht in der schwächeren Form der Möglichkeit einer Irrtumsanfechtung. Voraussetzung ist dabei allerdings, daß der angebotene Vertrag einen *verkehrstypischen Inhalt* hat. Andernfalls bedeutet die Benutzungshandlung sozial-typisch keine Zustimmung, darf eine solche nicht unterstellt werden.

§ 29. Die vertragliche Regelung

Literatur: *Hager,* Gesetzes- und sittenkonforme Auslegung und Aufrechterhaltung von Rechtsgeschäften, 1983; *Henckel,* Die ergänzende Vertragsauslegung, AcP 159, 106; *Larenz,* Die Methode der Auslegung des Rechtsgeschäfts, 1930, Neudruck 1966, (insb. S. 92ff.); Ergänzende Vertragsauslegung und dispositives Recht, NJW 63, 737; Ergänzende Vertragsauslegung und Rückgriff auf die

---

[19] Meine frühere gegenteilige Ansicht habe ich bereits in der 3. Auflage aufgegeben. Sie war von dem Gedanken bestimmt, dem geschäftsunfähigen Benutzer sollten die Schutzwirkungen des Vertrages zugutekommen. Der heutige Stand der Dogmatik erlaubt es jedoch, solche Schutzpflichten zu begründen, auch wenn ein gültiger Vertrag nicht zustande kommt.

Geschäftsgrundlage, VersR 1983, Beiheft; *Lüderitz,* Auslegung von Rechtsgeschäften, 1966 (S. 386ff.); *Martens,* Rechtsgeschäft und Drittinteressen, AcP 177, 116; *Mayer-Maly,* Die Bedeutung des tatsächlichen Parteiwillens für den hypothetischen, Festschr. f. *Flume,* 1978, S. 621; *Medicus,* Vertragsauslegung und Geschäftsgrundlage, Festschr. f. *Flume,* 1978, S. 629; *Oertmann,* Rechtsordnung und Verkehrssitte, 1914; *Pilz,* Richterliche Vertragsergänzung und Vertragsabänderung 1963; *Raiser,* Vertragsfunktion und Vertragsfreiheit, Festschr. JZ Bd. I, S. 101; *Reinhardt,* Die Vereinigung subjektiver und objektiver Gestaltungskräfte im Vertrage, Festschr. f. *Schmidt-Rimpler,* S. 115; *Sandrock,* Zur ergänzenden Vertragsauslegung im materiellen und internationalen Schuldvertragsrecht, 1966; *Schmidt-Rimpler,* Zum Vertragsproblem, Festschr. f. *L. Raiser,* 1974, S. 3; vgl. auch die zu § 19 genannte Literatur.

I. Der Inhalt der Regelung als Ergebnis der ergänzenden Vertragsauslegung

Mit dem Abschluß des Vertrages wird die in ihm vereinbarte Regelung durch die Vertragschließenden in Geltung gesetzt, sei es, daß sie sofort, sei es, daß sie erst in einem späteren Zeitpunkt, nach Eintritt einer Bedingung oder einer sonstigen Wirksamkeitsvoraussetzung, in Geltung treten soll. Gebunden im Sinne der Unwiderruflichkeit sind die Parteien sofort. Geltung bedeutet darüber hinaus ihre Gebundenheit an die von ihnen gesetzte Regelung. Sie setzen sich durch einen Schuldvertrag für ihr künftiges Verhalten eine Norm. In einem dinglichen Vertrag nehmen sie eine Änderung der rechtlichen Güterzuordnung vor. Derjenige, dem das Recht zusteht, überträgt es einem anderen oder räumt dem anderen ein abgeleitetes, beschränkteres Recht ein. Bei dem Gründungsvertrag eines Vereins oder einer anderen Körperschaft handelt es sich darüber hinaus um die Schaffung einer Regelung, die nicht nur für die Gründer, sondern auch für die künftigen Mitglieder – für diese auf Grund ihrer Unterwerfung in dem Beitrittsakt – Geltung haben soll.

Daß durch den Vertrag von den Parteien eine für sie geltende Regelung gesetzt wird, tritt in dem „Vertrag" überschriebenen Abschnitt des BGB kaum hervor. Er befaßt sich mit Ausnahme einer einzigen Vorschrift, des § 157, allein mit dem Zustandekommen des Vertrages, mit den dazu erforderlichen Rechtsakten der Parteien. Die Vorstellung einer gesetzesgleichen Wirkung des Vertrages unter den Parteien ist der französischen, nicht so sehr der deutschen Rechtswissenschaft geläufig. Art. 1134 des Code Civil besagt, daß die gemäß den Gesetzen geschlossenen Verträge für die Vertragschließenden die Kraft eines Gesetzes haben. Es ist das Verdienst *Raisers*[1] und *Flumes,*[2] daß sie auf die Funktion des Vertrages, eine „rechtliche Ordnung zwischenmenschlicher Beziehungen" zu schaffen, die lex contractus in Geltung zu setzen, nachdrücklich hingewiesen haben. Der Vertrag als Rechtsgeschäft, als ein in der Zeit verlaufender sinnhafter Vorgang, und das Vertragsverhältnis als die durch den Vertrag in Geltung gesetzte, in der Zeit

[1] Festschr. für den DJT Bd. I S. 114ff.
[2] *Flume* § 33 2 u. 6.

bestehende (geltende) Regelung müssen unterschieden, dürfen freilich aber auch nicht auseinandergerissen werden. Beide sind in der Weise aufeinander bezogen, daß es der Sinn des Vertrages als Rechtsgeschäft ist, daß die von den Parteien intendierte Regelung gelten soll, und daß andererseits die vertragliche Regelung ihre Geltung durch den ihr zugrunde liegenden geltungserzeugenden Akt, eben das Rechtsgeschäft, in Verbindung mit dessen Anerkennung durch die positive Rechtsordnung, erlangt.[3] Als eine Regelung, die ihren Ursprung im Willen der Parteien und in dem von ihnen erstrebten Interessenausgleich hat, zugleich als rechtliche Regelung aber auch gewissen Grundanforderungen der Rechtsordnung zu genügen hat und sich in den verschiedensten, von den Parteien nicht immer vorhergesehenen Situationen bewähren soll, gewinnt der Vertrag einen über den begrenzten Vorstellungskreis der Parteien hinausreichenden Sinngehalt, der durch die Vertragsauslegung, die Verdeutlichung der in ihm angelegten Regelungselemente und Norminhalte erschlossen wird. Immer dann, wenn Zweifel über die Tragweite oder die Bedeutung der von den Parteien gewählten Ausdrücke, über das Verhältnis einzelner vertraglicher Bestimmungen zueinander, über ihre Anwendbarkeit auf die jetzt eingetretene Situation auftauchen, wenn die Parteien darüber streiten, was der Vertrag hierüber bestimmt, ist es erforderlich, den Vertrag auszulegen.

Die Auslegung eines Vertrages, über dessen Inhalt die Parteien verschiedener Meinung sind, hat zu beginnen mit der Auslegung der einzelnen Erklärungen der Parteien, also des Angebots und der Annahmeerklärung. Es handelt sich bei diesen Erklärungen – von den Fällen der Annahme eines Vertragsangebots nicht durch eine Erklärung, sondern durch bloße *Betätigung* des Annahmewillens (§ 151) und durch ,,sozialtypisches Verhalten" sehen wir hier ab – um *empfangsbedürftige* Willenserklärungen; für deren Auslegung gilt daher das oben (§ 19, IIa und b) Gesagte. Die Auslegung der einzelnen Erklärungen ergibt, ob sie inhaltlich übereinstimmen, der Vertrag also zustandegekommen ist, oder ob ein ,,Dissens" vorliegt. Stimmen die Erklärungen in ihrem als rechtlich maßgeblich erkannten Sinn überein, dann ist der Vertrag mit dem sich daraus ergebenden Inhalt geschlossen, auch wenn etwa die eine Partei ihre Erklärung in einem anderen Sinne gemeint hatte (oben § 27 III).

Es kann sein, daß die Tragweite einer Vertragsbestimmung, über die die Parteien sich einig waren, aus ihren Erklärungen nicht eindeutig festgestellt werden kann, oder daß die Parteien an einen Punkt, der der Regelung bedurfte, insbesondere an eine solche Situation, wie sie jetzt eingetreten ist, nicht gedacht haben und der Vertrag deshalb eine ,,Lücke" aufweist. Die von den Parteien gesetzte Regelung ist dann ,,lückenhaft", wenn sie eine Bestimmung vermissen läßt, die erforderlich ist, um den ihr zugrundeliegenden ,,Regelungsplan" der Parteien zu

---

[3] Ebenso *Raiser* aaO. S. 105.

verwirklichen.[4] Der Regelungsplan umfaßt nur die Hauptpunkte, über die sich die Parteien einig sein müssen; bei einem gegenseitigen Vertrage sind dies zum mindesten der Austauschzweck sowie Art und Umfang der beiderseitigen Leistungen. Seine Durchführung aber kann weitere Bestimmungen erfordern, z. B. über die Modalitäten der Leistungen, den Umfang der von einem Vertragsteil übernommenen Garantie, und anderes mehr. Wo solche zusätzliche Bestimmungen fehlen, ist der Vertrag als Regelung unvollständig, lückenhaft, und daher ergänzungsbedürftig.[5] Zur Ausführung solcher Regelungslücken dient das dispositive Recht (dazu weiteres unter II). Es hält jedoch nicht immer eine passende Bestimmung bereit. Es fragt sich dann, ob die Lücke dadurch geschlossen werden kann, daß man die in dem Vertrag getroffene Regelung auf der Grundlage der von beiden Parteien angenommenen Bewertungsmaßstäbe, unter Berücksichtigung des Vertragszwecks und der gesamten Interessenlage, folgerichtig weiterdenkt, die unvollständige Regelung also aus ihren eigenen Voraussetzungen und ihrem Sinnzusammenhang heraus ergänzt. Das ist die Aufgabe der sogenannten „ergänzenden Vertragsauslegung".

Die **ergänzende Vertragsauslegung** ist nicht Auslegung einzelner Willenserklärungen, ihres normativen Sinnes, sondern Auslegung der durch den Vertrag geschaffenen *objektiven Regelung*.[6] Sie ähnelt darin der Gesetzesauslegung, daß sie den Sinngehalt einer Norm oder eines Normenkomplexes zu ergründen sucht,

---

[4] Dieser Begriff der Vertragslücke lehnt sich an den der Gesetzeslücke als einer „planwidrigen Unvollständigkeit" des Gesetzes an; zur Gesetzeslücke *Engisch,* Einführung in das juristische Denken, 7. Aufl. 1977, S. 141ff.; *meine* Methodenlehre der Rechtswissenschaft, 5. Aufl. 1983, S. 354ff.; *Canaris,* Die Feststellung von Lücken im Gesetz, 2. Aufl. S. 16f.; *Bydlinski,* Juristische Methodenlehre und Rechtsbegriff, 1983, S. 473. Zur Vertragslücke auch *Staudinger/Dilcher* 40, 41 zu §§ 133, 157. Der „Regelungsplan" der Parteien entspricht dem Gesetzesplan.

[5] Die „Lücke" kann sich auch daraus ergeben, daß eine einzelne Klausel unwirksam ist. Bevor dann § 139 zur Anwendung kommt, ist zu fragen, ob die so entstandene Lücke im Wege der ergänzenden Vertragsauslegung geschlossen werden kann. Vgl. BGH, NJW 75, 44.

[6] Hiergegen wendet *Lüderitz* (aaO. S. 399) ein, der Vertrag könne, soweit er eine autonome Regelung ist, keinen anderen Inhalt als die ihn konstituierenden Erklärungen haben. Er werde in ihnen vielmehr vollständig antizipiert. Der Vertrag ist jedoch eine von den Parteien *gemeinsam* gesetzte Regelung, die, sobald sie von ihnen in Geltung gesetzt ist, ein *eigenes Gewicht* erhält. Die Auslegung der einzelnen zum Vertragsschluß führenden Willenserklärung kann z. B. nur klarstellen, was der Empfänger ihr im Zeitpunkt ihrer Abgabe als vom Erklärenden gemeinten Inhalt entnehmen konnte und mußte. Situationen, an die in diesem Zeitpunkt keiner der Partner dachte und auch nicht zu denken brauchte, sind nicht schon durch die einzelne Erklärung, wohl aber durch den Vertrag als geltende Regelung dann (sinngemäß, implicite) mitgeregelt, wenn sich dem Gesamtsinn der Regelung ein Maßstab für sie entnehmen läßt. – *Lüderitz* selbst sieht in der „ergänzenden Vertragsauslegung" eine Zwischenstufe zwischen „autonomer Wertung" – d. h. Auslegung der Vertragserklärungen – und „heteronomer Wertung", d. h. Ergänzung durch objektives Recht. Einsetzend bei der Ermittlung „vernünftigen und redlichen Willens" gehe „Auslegung stufenweise in Ergänzung über", Autonomie werde „schrittweise zur Heteronomie" (S. 453). Das schließt es aber nicht aus, innerhalb des weiten Feldes der Auslegung der Rechtsgeschäfte zwischen der Auslegung der einzelnen Erklärung – die auch schon eine „ergänzende sein kann – und der Auslegung der durch den Vertrag gesetzten Regelung als solcher – der „ergänzenden Vertragsauslegung" – zu differenzieren. Vgl. dazu auch *Manfred Wolf,* Rechtsgeschäftliche Entscheidungsfreiheit und vertraglicher Interessen-

unterscheidet sich von ihr aber dadurch, daß der auszulegende Vertrag nicht als Teilstück einer umfassenden Normordnung betrachtet werden kann, sondern eine partielle Regelung ist, die eben nur unter diesen Parteien und auch nur, sehen wir von ,,allgemeinen Geschäftsbedingungen" ab, für einen konkreten Sachverhalt oder Lebensvorgang gilt. Gesetzliche Grundlage der ,,ergänzenden Vertragsauslegung" ist der § 157. Der Vertrag ist danach so auszulegen, ,,wie Treu und Glauben mit Rücksicht auf die Verkehrssitte es erfordern". ,,Treu und Glauben" erfordern, daß jeder Partner den Vertrag so gelten läßt, wie er nach seinem Grundgedanken und seinem Zweck – das heißt dem ihm zugrundeliegenden Regelungsplan –, unter Berücksichtigung der Gepflogenheiten des Geschäftsverkehrs von redlich denkenden Vertragspartnern verstanden werden muß. Die Verweisung auf die ,,Verkehrssitte" erklärt sich aus der Annahme des Gesetzgebers, daß, wo kein Grund besteht, davon abzuweichen, die Parteien mit der in solchen Fällen im Verkehr üblichen Regelung in der Regel einverstanden sein werden. Zwar darf sich die ergänzende Vertragsauslegung nicht zu dem in Widerspruch setzen, was die Parteien eindeutig vereinbart haben, auch wenn dies nach der einen oder der anderen Richtung hin unbillig sein sollte. Der Beurteiler, d. h. also der Richter, soll den Parteien, die im Rahmen ihrer Privatautonomie den Vertragsinhalt selbst bestimmen können, nicht seine eigenen Maßstäbe aufdrängen, sondern lediglich die von den Parteien zugrunde gelegten Wertungen zu Ende denken. Dieselbe Bedeutung, die für die Gesetzesauslegung die Zwecke des Gesetzgebers und die dahinter stehenden materialen Rechtsprinzipien und Wertmaßstäbe haben, haben für die Vertragsauslegung die Zwecke der Vertragspartner und deren erkennbare Bewertungsgrundlagen. Es kommt also wesentlich darauf an, in welcher Weise die Parteien ihre beiderseitigen Interessen miteinander in Einklang zu bringen gesucht haben, was wiederum aus der Gesamtgestaltung des Vertrages und den von den Parteien vorausgesetzten Umständen, die hierfür maßgebend waren, zu entnehmen ist. In Betracht zu ziehen sind alle Umstände, die gerade *diesem* Vertrag seinen besonderen Charakter geben – nicht, wie *Flume* meint,[7] die für den betreffenden Vertrags*typus* charakteristischen. *Flumes* Meinung, es gelte, nicht für ,,diesen" Vertrag, sondern für ,,einen solchen" Vertrag die ergänzende Regelung zu finden, kann nicht zugestimmt werden. Die für ,,einen solchen" Vertrag, d. h. die für den Vertrag als Typus passende Regelung ist in erster Linie den dispositiven Normen des Gesetzes, wenn diese lückenhaft sind, der sinngemäß fortgebildeten Rechtsordnung zu entnehmen. Die ,,er-

---

ausgleich, 1970, S. 35. – Daß die ,,ergänzende Vertragsauslegung", wie immer man sie einordnen mag, ein unentbehrliches Hilfsmittel fallgerechter Rechtsfindung ist, beweist das von *Lüderitz* ausgebreitete umfangreiche Material aus der Rechtsprechung. Unhaltbar ist daher die Meinung von *Pilz* (aaO. S. 91), die Lehre von der ,,ergänzenden Vertragsauslegung" sei ,,praktisch unbrauchbar und unnötig".

[7] *Flume* § 16 4b. Gegen ihn zutreffend *Sandrock* aaO. S. 102; auch *Mayer-Maly* in MünchKomm 27 zu § 157.

gänzende Vertragsauslegung" ist vielmehr gerade dort unentbehrlich, wo der konkrete Vertrag entweder überhaupt nicht einem im Gesetz näher geregelten Vertragstypus zugeordnet werden kann oder von ihm in einzelnen Hinsichten so weit abweicht, daß die gesetzliche Regelung insoweit auf ihn nicht paßt.

Einige Beispiele mögen das Gesagte verdeutlichen. In einem vom RG entschiedenen Fall[8] hatte ein Geschäftsmann einem anderen sein Geschäft verkauft und sich im Kaufvertrag dazu verpflichtet, dem Käufer alle Patente sowie ,,sämtliche ideellen Werte" wie Geschäftsverbindungen, Absatzmöglichkeiten usw. zu überlassen. Als Gegenleistung dafür sollte er auf die Dauer von 10 Jahren am Geschäftserlös in bestimmter Höhe beteiligt sein. Vor Ablauf der 10 Jahre eröffnete er ein Konkurrenzunternehmen. Auf den Einspruch des Käufers erwiderte er, daß im Vertrage ein Konkurrenzverbot nicht vereinbart worden sei. Das RG nahm im Wege der ergänzenden Vertragsauslegung ein solches Konkurrenzverbot für die Zeit der Beteiligung des Verkäufers am Geschäftserlös des Käufers als sinngemäß im Vertrage enthalten an. Ein Kaufmann, so führte es aus, der als Gegenleistung für die Übertragung eines Geschäfts mit allen Absatzmöglichkeiten dem Verkäufer auf die Dauer von 10 Jahren eine Beteiligung am Gewinn des Geschäfts einräumt, rechne damit und könne damit rechnen, daß er während dieser Zeit aus der Kundschaft den Nutzen ziehen könne, den vorher der Verkäufer aus ihr gezogen hatte. Dem Vertrage könne daher nach ,,Treu und Glauben" nur die Bedeutung gegeben werden, daß der 10jährigen Gewinnbeteiligung des Verkäufers seine auf die gleiche Zeit zu bemessende Vertragspflicht entspreche, dem Käufer nicht durch eigenen Wettbewerb die ihm überlassenen Möglichkeiten der Gewinnerzielung wieder zu entziehen oder zu schmälern. In einem vom BGH entschiedenen Fall[9] hatten zwei Ärzte, die in verschiedenen Städten praktizierten, einen Tausch ihrer beiderseitigen Praxen vereinbart und auch vollzogen. Schon nach einigen Monaten kam es unter ihnen zu Streitigkeiten, in deren Verlauf der eine die Absicht äußerte, demnächst zurückzukehren und sich in unmittelbarer Nähe seiner früheren Praxisräume wieder als Arzt niederzulassen. Hiergegen wandte sich der andere mit einer Unterlassungsklage. Der BGH gab der Klage statt. Er führte zunächst aus, daß der Praxistauschvertrag gültig sei. Es komme daher entscheidend darauf an, ob der Vertrag für die Tauschpartner ein Verbot enthalte, in ihren alten Praxisbereich zwecks Wiederaufnahme ärztlicher Tätigkeit zurückzukehren. Zwar habe das Berufungsgericht hierzu keine ausdrückliche Übereinstimmung der Parteien festgestellt. Dem Richter werde jedoch durch § 157 die Aufgabe gestellt, den gesamten Vertragsinhalt nach objektivem Maßstab zu ermitteln. Dieser Aufgabe könne er nur genügen, wenn er den Vertragsinhalt auch in solchen Punkten feststelle, zu denen eine Vereinbarung der Parteien nicht vorliege. Es sei daher ,,im Wege der ergänzenden Vertragsauslegung gegebenenfalls auch dasjenige zu ermitteln und zu berücksichtigen, was die Parteien zwar nicht erklärt haben, was sie aber in Anbetracht des gesamten Vertragszwecks erklärt haben würden, wenn sie den offen gebliebenen Punkt in ihren Vereinbarungen ebenfalls geregelt hätten und hierbei zugleich die Gebote von Treu und Glauben und der Verkehrssitte beachtet hätten". Voraussetzung dafür sei, daß es sich um eine ausfüllungsbedürftige, d. h. für die Sicherung des Vertragszwecks wesentliche Lücke innerhalb des tatsächlich gegebenen Rahmens des Vertrages handele. Diese Voraussetzung sei hier gegeben. Durch die nur kurze Zeit nach Vollzug des Tauschvertrages erfolgende Rückkehr eines Tauschpartners in seinen ehemaligen Praxisbereich würde der ganze Vertragszweck weitgehend gefährdet. Ein in maßvoller Weise, d. h. etwa auf eine Zeit von 2–3 Jahren begrenztes Rückkehrverbot müsse daher als Vertragsinhalt betrachtet werden. Ein letztes Beispiel.[10] In einem Pachtvertrage über eine Gaststätte (nebst Wohnung) hatte der Pächter die Ausführung der sog. Schönheitsreparaturen übernommen. Die bei der Beendigung des Pachtverhältnisses von ihm auszuführenden Reparaturen waren für den Verpächter deshalb wertlos, weil er die Räume sogleich umbauen wollte. Er verlangte daher von dem Pächter statt der Durchführung der Arbeiten den Geldbetrag, den dieser sonst hierfür hätte aufwenden müssen. Der BGH gab dem statt. Zwar enthielte der Vertrag keine derartige Bestimmung. Es entspreche aber ,,Treu und Glauben und der Verkehrssitte",

[8] RGZ 117, 176.
[9] BGHZ 16, 71.
[10] BGHZ 77, 301.

somit dem § 157, ,,anstelle des wirtschaftlich sinnlos gewordenen Anspruchs auf Durchführung von Schönheitsreparaturen einen entsprechenden Geldanspruch zu geben". Weitere Beispiele lassen sich sowohl in der älteren wie in der neueren Rechtsprechung in großer Zahl finden.

Häufig wird gesagt, die ergänzende Vertragsauslegung habe zu ermitteln, was die Parteien angeordnet hätten, wenn sie die nicht ausdrücklich geregelte Frage bedacht hätten und hätten regeln wollen, den ,,hypothetischen Parteiwillen". Das ist richtig, wenn man unter dem ,,hypothetischen" Willen der Parteien nicht etwa das versteht, was jeder nur unter Berücksichtigung seines eigenen Interesses für einen solchen Fall vermutlich gewollt hätte, sondern das, was *beide Parteien,* und zwar bei redlicher Denkweise als einen *gerechten Interessenausgleich,* gewollt oder akzeptiert hätten. Es kommt nicht darauf an, ob im ersten Beispiel der Verkäufer mit einem 10jährigen Konkurrenzverbot, wenn der Käufer seine Aufnahme in den Vertrag verlangt hätte, tatsächlich einverstanden gewesen wäre oder nicht, sondern nur darauf, daß er bei redlicher Denkweise ein solches Konkurrenzverbot als im Sinne der getroffenen Regelung liegend, als vertragsmäßig gelten lassen muß. Der ,,hypothetische Parteiwille" ist also, was nicht selten verkannt oder doch nicht deutlich ausgesprochen wird, ein *normatives Kriterium,*[11] das redlich denkende Vertragspartner meint und insofern am Gedanken der *ausgleichenden Vertragsgerechtigkeit* (oben § 2V) orientiert ist. Das ist nun freilich nicht so zu verstehen, als dürfe ein vertragsfremder Maßstab angelegt werden. Vielmehr ist von dem Vertrag als einer gegebenen Regelung auszugehen und zu fragen, was im Sinne dieser Regelung liegt und was ein verständig und redlich denkender Vertragspartner daher als durch den Vertrag gefordert gelten lassen muß.

Die ergänzende Vertragsauslegung findet ihre Grenze einmal an einem erkennbar entgegenstehenden Willen der Parteien,[12] zum anderen dort, wo die gesuchte Antwort nicht mehr aus dem Zweck und dem Sinnzusammenhang der vertraglichen Regelung gefunden werden kann. Das RG hat mehrfach gesagt,[13] die ergänzende Vertragsauslegung dürfe nicht zu einer von den Parteien nicht gewollten Erweiterung des Vertragsgegenstandes führen. Das ist allerdings, wie *Flume*[14] treffend bemerkt, nur ,,cum grano salis" zu verstehen. Wenn z. B. im Falle des Verkaufs eines Geschäfts unter den Parteien darüber ein Streit entsteht, ob der Verkäufer auch verpflichtet sei, dem Käufer seine Kundenlisten auszuhändigen und der Vertrag hierüber ausdrücklich nichts bestimmt, die Frage nach dem Sinn und Zweck des Vertrages aber zu bejahen ist, dann liegt hierin vom Standpunkt des Verkäufers aus, der die Kundenlisten zu behalten gedachte, eine ,,Erweite-

---

[11] Zutreffend *Flume* § 16 4a; *Pawlowski* II S. 256f.; *Medicus* Rdz. 343; *Hager,* aaO. S. 144 (was von den Parteien ,,folgerichtigerweise mitgewollt werden müßte"), S. 162 (,,Ergebnis einer Wertung");

[12] Vgl. *Mayer-Maly,* Festschr. f. *Flume* S. 625, MünchKomm 43 zu § 157.

[13] RGZ 87, 211, 213f.; 136, 266, 271; ebenso BGHZ 9, 273, 278.

[14] *Flume* § 16 4d.

rung des Vertragsgegenstandes". Eine derartige Erweiterung des Vertragsgegenstandes oder der Vertragspflichten wäre nur dann unzulässig, wenn der davon betroffene Vertragsteil sie vor Vertragsschluß ausdrücklich abgelehnt hätte. Denn dann hätte der andere Teil gewußt, daß der Verkäufer die im Vertrag versprochene Überlassung sämtlicher Geschäftswerte unter Ausschluß der Kundenlisten verstand, und hätte das hingenommen. Die von einer Partei klargestellte, von der anderen Partei hingenommene Auslegung des Vertragstextes ist für beide Parteien bindend und geht der „ergänzenden Vertragsauslegung" vor. Auf der anderen Seite kann die ergänzende Vertragsauslegung, wie zu einer Erweiterung, so auch zu einer Einschränkung der Vertragspflichten führen. Hatte der Verkäufer die Übergabe aller das Geschäft betreffenden Papiere versprochen, so kann doch die ergänzende Vertragsauslegung ergeben, daß Papiere, die lediglich einen Erinnerungswert für seine Familie, aber keinen geschäftlichen Wert haben, hiervon ausgenommen sind.

Der BGH hat mit der Hilfe einer ergänzenden Vertragsauslegung mitunter auch eine Lücke der vertraglichen Regelung geschlossen, die sich daraus ergab, daß eine der vereinbarten Bestimmungen *unwirksam* war. Er hat es damit vermieden, daß der gesamte Vertrag etwa deshalb, weil ihn eine Partei ohne die unwirksame Klausel nicht geschlossen hätte, nach § 139 nichtig war. Die Parteien eines Mietvertrages hatten eine Wertsicherungsklausel vereinbart, die nach den Richtlinien der Bundesbank nicht genehmigungsfähig, daher nichtig war. Der BGH schloß die dadurch entstandene Lücke, indem er annahm, die Parteien hätten bei Kenntnis der Rechtslage eine andere, genehmigungsfähige oder nicht genehmigungsbedürftige Klausel vereinbart, die ihre beiderseitigen Belange wahrte und denselben Zweck erfüllte. Er ergänzte daher den Vertrag, gemäß seinem Regelungsplan, durch eine solche Klausel, verneinte danach die Teilunwirksamkeit und brauchte so den § 139 nicht anzuwenden.[15] *Hager,* der hier von einer „geltungserhaltenden Auslegung" spricht[16] sieht darin einen Teilaspekt des Bestrebens, Rechtsgeschäfte so weit als möglich im Einklang mit den Wertungsgrundsätzen der Rechtsordnung, also „gesetz- und sittenkonform", auszulegen und zu ergänzen. Das darf freilich, soll die Privatautonomie nicht Schaden leiden, nur innerhalb der Grenzen geschehen, die die Parteien – durch ihren Regelungsplan und übereinstimmende eindeutige Willensbekundungen – gesetzt haben.

Ein anderer Weg, auf dem es möglich ist, daß die Parteien wenigstens den von ihnen erstrebten *wirtschaftlichen* Erfolg trotz der Nichtigkeit einer einzelnen Vertragsbestimmung (und daher, bei Anwendung des § 139, des ganzen Vertrages) dennoch annähernd erreichen, ist der der *Umdeutung* des Vertrages gemäß § 140 (oben § 23 III). Ihr Verhältnis zur (ergänzenden) Vertragsauslegung ist umstrit-

---

[15] BGHZ 63, 132, 135f.

[16] *Hager* aaO. S. 33ff., 53ff., 158ff. Zur Frage der „geltungserhaltenden Reduktion" bei AGB unten § 29a III d.

ten. Nach einigen[17] handelt es sich bei der Konversion nur um einen Sonderfall der Auslegung; mit dieser komme man in allen Fällen aus. Dem kann nicht zugestimmt werden. In dem eben angeführten Beispiel bleibt der Mietvertrag in seinem gesammten übrigen Inhalt unverändert; es tritt lediglich an die Stelle der unwirksamen Wertsicherungsklausel eine andere, wirksame. Hier braucht man die Umdeutung in ein ,,anderes Geschäft" nicht. Als Gegenbeispiel kann der Fall dienen, in dem das RG einen Vertrag, durch den sich der eine Teil verpflichtet hatte, dem anderen ein Grundstück (als Mitgift) zu übereignen, wegen des Mangels der vorgeschriebenen Form in eine (formlos gültige) Verpflichtung zur Bestellung eines lebenslänglichen Nießbrauchsrechts umgedeutet hat.[18] Hier kann von einer durch die Unwirksamkeit einer einzelnen Vertragsklausel entstandenen *Vertragslücke*, die dann im Wege ergänzender Auslegung (gemäß dem Regelungsplan der Parteien) ausgefüllt werden könnte, nicht die Rede sein. Der Vertrag ist *in seiner Gänze* nichtig, für eine bloße Ergänzung daher kein Raum. Durch die Umdeutung in die Bestellung nur eines Nießbrauchs ändert der Vertrag, so wie ihn die Parteien gewollt hatten, seinen Gesamtcharakter; an die Stelle der vereinbarten Regelung tritt *zur Gänze* eine andere. Das überschreitet die Möglichkeiten auch einer ,,ergänzenden", die getroffene Regelung nur vervollständigenden Auslegung. Man sollte den Unterschied nicht übersehen, auch wenn die Resultate im Einzelfall einander sehr ähnlich sind – § 140 reicht über das nach § 157 Mögliche hinaus.

Ähnlich verhält es sich mit dem Verhältnis der ergänzenden Vertragsauslegung zur (richterlichen) Anpassung des Vertragsinhalts an die tatsächlich (jetzt) vorliegenden Verhältnisse im Falle des Fehlens oder Wegfalls der *Geschäftsgrundlage.* Auch hier wird die Ansicht vertreten,[19] es bedürfe der Lehre vom Wegfall der Geschäftsgrundlage nicht, weil man in den meisten Fällen mit der Vertragsauslegung zu den gleichen Ergebnissen komme; es handle sich allenfalls um einen graduellen Unterschied, letzten Endes um ein ,,einheitliches Institut der Lückenausfüllung." Auch hier weist man auf die Rolle hin, die beide Male der ,,hypothetische Parteiwille" als Richtmaß (der Ergänzung oder Anpassung) bildet. Zur Verdeutlichung zunächst wieder einige Beispiele. Im Fall der Roggenklausel[20] hatten die Parteien bei der Bestellung eines Erbbaurechts im Jahre 1958 vereinbart, der Besteller solle statt des in einem bestimmten Geldbetrag festgesetzten Erbbauzinses jährlich eine bestimmte Menge Roggen verlangen können. Dem Besteller lag nichts am Roggen; er wollte sich auf diese Weise vor einer Geldentwertung sichern. Dieser beiderseits mit der Klausel erstrebte Zweck wurde nicht erreicht, weil der Preis für Roggen, entgegen den Erwartungen der Parteien,

---

[17] So *Hager* aaO, S. 155.
[18] RGZ 110, 391.
[19] So vor allem *Nicklisch,* BB 80, 949. Gegen ihn *Littbarski,* JZ 81, 8.
[20] BGHZ 81, 135. Dazu auch *Medicus* Rdz. 876.

wegen der Subventionierung der Landwirtschaft an der allgemeinen Preissteigerung kaum teilnahm. Im Jahre 1978 verlangte der Besteller deshalb nunmehr eine angemessene Erhöhung des vereinbarten Erbbauzinses. Der BGH gab dem statt. Die Roggenklausel vermöge die ihr zugedachte Wertsicherungsfunktion nicht zu erfüllen. Da aber die Parteien eine Sicherung des Bestellers gegen den Schwund der Kaufkraft des Geldes gewollt hatten – ich möchte sagen: eine solche in ihrem Regelungsplan lag –, sei die von ihnen gesetzte Regelung infolgedessen nunmehr lückenhaft. Die Lücke könne im Wege der ergänzenden Vertragsauslegung, gemäß dem hypothetischen Parteiwillen, durch die Annahme geschlossen werden, die Parteien hätten für den Fall, daß sich die Roggenklausel als ineffektiv erweisen würde, einen sogenannten Leistungsvorbehalt[21] vereinbart. Auf die Frage, ob die Geschäftsgrundlage fortgefallen sei, komme es wegen des „Vorrangs der ergänzenden Vertragsauslegung vor einer Anwendung der Grundsätze über den Wegfall der Geschäftsgrundlage" nicht an. Es kann daher auch dahinstehen, ob die Anwendung dieser Grundsätze hier den BGH nicht vielleicht zu demselben Ergebnis – nämlich dem einer Anpassung des Erbbauzinses an die gesunkene Kaufkraft des Geldes – geführt hätte.

Der Entscheidung des BGH im Fall der Roggenklausel ist zuzustimmen. Nun ein Gegenbeispiel.[22] Es ging ebenfalls um die Erhöhung eines Erbbauzinses. Die Bestellung des Erbbaurechts war 1939 erfolgt, irgendeine Bestimmung, die den Besteller vor dem Schwund der Kaufkraft des Geldes schützen sollte, in diesem Fall aber nicht getroffen. Der BGH sah daher, ich meine mit Recht, für eine ergänzende Vertragsauslegung keinen Raum. Daß dem Besteller das Risiko der Geldentwertung, wenigstens bis zu einem gewissen Grad, abgenommen werden solle, war hier nicht Bestandteil des Regelungsplans der Parteien. Folglich war ihre Regelung auch nicht, wie im Falle der Roggenklausel, im Hinblick auf ihren Regelungsplan vervollständigungsbedürftig, in dem angegebenen Sinne lückenhaft. Grundsätzlich trägt dann das Risiko der Geldentwertung der Geldgläubiger. Hiervon macht die Rechtsprechung eine Ausnahme nur in den Fällen des Fortfalls der Geschäftsgrundlage, insbesondere in Fällen einer schweren Äquivalenzstörung.[23] So war es auch hier. Der BGH billigte dem Besteller eine angemessene Erhöhung des Erbbauzinses zu, weil das von den Parteien beim Vertragsschluß zugrundegelegte Verhältnis von Leistung und Gegenleistung so stark gestört war, daß „die Grenze des übernommenen Risikos überschritten" war und „die benachteiligte Vertragspartei in der getroffenen Vereinbarung ihr Interesse nicht mehr auch nur annähernd noch gewahrt sehen" konnte.

Was können uns diese Beispiele über das Verhältnis der ergänzenden Vertragsauslegung zur Lehre vom Fortfall der Geschäftsgrundlage lehren? Beide Lehren

---

[21] Zu derartigen Klauseln, die genehmigungsfrei sind, vgl. Sch.R. Bd. I § 12 V.
[22] BGHZ 77, 194.
[23] Zu diesen Fällen vgl. Sch. R. Bd. I § 21 II.

haben eine verschiedene Funktion. Die ergänzende Vertragsauslegung sucht eine Lücke – die auch nachträglich entstanden sein kann – der von den Parteien gesetzten Regelung zu schließen, damit deren erkennbarer Regelungsplan durchführbar wird oder bleibt. Sie bleibt daher im Rahmen dieses Regelungsplans. In den Fällen des Fehlens oder Fortfalls der Geschäftsgrundlage geht es dagegen nicht um die Schließung einer Vertragslücke in dem dargelegten Sinne,[24] sondern um die Vermeidung einer groben Unbilligkeit, als die sich die *unveränderte Durchführung* der vereinbarten Regelung in Anbetracht der von den Parteien so nicht gesehenen oder vorausgesehenen Verhältnisse – mit Einschluß der für den Vertrag maßgebenden Gesetzgebung und Rechtsprechung – jetzt darstellt. Das eine Mal geht es nur darum, die getroffene Regelung so zu vervollständigen, daß der Regelungsplan, wenn auch vielleicht in veränderter Weise, durchgeführt werden kann, das andere Mal bedarf der Regelungsplan selbst einer Korrektur, um ein Mindestmaß an Gerechtigkeit zu wahren. Es versteht sich, daß hierfür strengere Anforderungen zu stellen sind. Wo eine ergänzende Vertragsauslegung möglich ist, hat sie daher den Vorrang;[25] wo sie nicht möglich ist, etwa weil der Regelungsplan der Parteien für die sich aufdrängende Frage nichts hergibt, bleibt zu prüfen, ob die Möglichkeit einer Anpassung des Vertragsinhalts wegen des Fehlens oder des Fortfalls der Geschäftsgrundlage besteht.

Das Ergebnis der ergänzenden Vertragsauslegung gilt unter den Parteien deshalb, weil es, wenn auch nur „sinngemäß", Inhalt der von ihnen getroffenen Regelung ist. Es ist aber nicht Inhalt der einzelnen Willenserklärung, eben weil die Parteien sich über diesen Punkt nicht erklärt haben. Inhalt der von ihnen gesetzten Regelung ist es gleichwohl, weil diese gegenüber dem, was die Parteien bedacht und in ihren Erklärungen ausgesprochen haben, einen überschießenden Sinngehalt aufweisen kann, der sich dann erschließt, wenn man sie folgerichtig zu Ende denkt. Das Phänomen eines solchen „Sinnüberschusses" ist von der Gesetzesauslegung her geläufig und der Hermeneutik wohl bekannt.[26] Von hier aus ist die Frage zu beantworten, ob eine Partei ihre Erklärung wegen Erklärungsirrtums anfechten kann, weil sie sich über die erst im Wege der ergänzenden Vertragsauslegung gefundenen Konsequenzen im Irrtum befunden hat. Kann etwa im Fall des Praxisaustausches zweier Ärzte der Rückkehrwillige seine Vertragserklärung anfechten, weil er seine Zustimmung zu einem Rückkehrverbot nicht habe erteilen wollen? Die h. L., der zu folgen ist, verneint das, wenn auch teilweise mit unzureichender Begründung.[27] Die Begründung muß lauten, daß nur der Irrtum über den Inhalt der abgegebenen Erklärung, nicht auch der

[24] So auch *Staudinger/Dilcher* 40, 41 zu §§ 133, 157.
[25] Ebenso *Lange/Köhler* § 35 VI 3.
[26] Vgl. etwa *Betti,* Allgemeine Auslegungslehre als Methodik der Geisteswissenschaften, 1967, S. 281 ff., 632 ff.; *meine* Methodenlehre der Rechtswissenschaft, 5. Aufl. 1983, S. 287 f.
[27] So *Flume,* § 164 i (S. 326); *Enn./N.* § 205 Anm. 29; anders *Sandrock* aaO. S. 117 ff.

über die Konsequenzen der durch sie in Geltung gesetzten Regelung zur Anfechtung berechtigt, weil dem, der die Erklärung gewollt hat, die Konsequenzen zuzumuten sind und gegenüber einem derartigen Irrtum das Interesse an der Erhaltung des Vertrages den Vorzug verdient.

II. Die ergänzende Vertragsauslegung und das dispositive Recht

Es wäre mißlich, wenn immer dann, wenn die Parteien in ihrem Vertrage nicht alle Eventualitäten geregelt haben, der Richter versuchen müßte, die Regelung im Wege der ergänzenden Vertragsauslegung aus dem Vertrage selbst zu entnehmen. Häufig wird dieser keine genügenden Anhaltspunkte bieten; häufig werden verschiedene Regelungen gleichermaßen denkbar sein, so daß eine große Rechtsunsicherheit eintreten könnte, wenn hier stets von Fall zu Fall entschieden werden müßte. Daher hat das Gesetz für die häufigen und typischen Vertragsarten in Gestalt von ergänzenden, aber dispositiven, d. h. durch die Parteien abdingbaren, Normen Regelungen vorgesehen, die immer dann eingreifen, wenn der konkrete Vertrag und wenn die Parteien hinsichtlich dieser Frage nichts anderes bestimmt haben. Bei der Schaffung dieser Regeln hat dem Gesetzgeber ein *gerechter Interessenausgleich* vorgeschwebt, wobei er von der für einen solchen Vertrag typischen Interessenlage der Beteiligten ausgegangen ist. Der Gesetzgeber hat *die* Regelung getroffen, die nach seiner Auffassung in solchen Fällen der ausgleichenden Vertragsgerechtigkeit entspricht, beiden Parteien gerecht wird. Die Parteien unterlassen es vielfach, selbst eine eingehende Regelung zu treffen, weil sie wissen, daß das Gesetz eine solche bereithält, und keinen Grund sehen, von ihr abzuweichen. Wollen sie jedoch davon abweichen, so steht ihnen das auf Grund ihrer Privatautonomie wenigstens insoweit frei, als das nicht in allgemeinen Geschäftsbedingungen (unter § 29a), sondern im Wege einer Individualvereinbarung geschieht.

Hiernach stehen zur Ausfüllung der von den Parteien in ihrer Vereinbarung offen gelassenen Lücken häufig zwei Wege zur Verfügung: die ergänzende Vertragsauslegung und das dispositive Recht. Nur wo das dispositive Gesetzesrecht keine hier zutreffende Regel enthält, bleibt die ergänzende Vertragsauslegung als die einzige Möglichkeit. Im übrigen fragt es sich, wie sich die beiden Möglichkeiten zueinander verhalten.[28] Das dispositive Recht würde seine Funktion, die Masse der typischen Fälle gleichmäßig zu regeln und dadurch die Rechtssicherheit zu erhöhen, nicht erfüllen können, wenn ihm *in allen Fällen* die ergänzende Vertragsauslegung vorginge. Denn dann könnte mit der Begründung, aus dem

[28] Eine von der im Text gegebenen abweichende Antwort auf diese Frage gibt *Bucher* in der Festschr. f. *Deschenaux* (Fribourg, Schweiz, 1977) S. 249ff. Er will danach unterscheiden, ob die in Frage stehende dispositive Gesetzesnorm einen „materiellen Ordnungsgehalt" hat – dann gehe sie der ergänzenden Vertragsauslegung vor – oder als „vermuteter Parteiwille" aufzufassen sei – dann gehe ihr die Vertragauslegung vor (S. 269).

Sinn und Zweck des konkreten Vertrages ergebe sich etwas anderes, das dispositive Gesetzesrecht gar zu leicht beiseitegeschoben werden. Auf der anderen Seite kann aber der ergänzenden Vertragsauslegung zur Erzielung eines gerechten Ergebnisses doch der Vorzug zu geben sein. Es ist nämlich zu bedenken, daß viele der im Leben geschlossenen Verträge einem der im Gesetz geregelten Vertragstypen nur *mehr oder weniger,* vielleicht in den Hauptzügen, nicht aber in jeder Hinsicht entsprechen. Die normalerweise vom Gesetzgeber bei einem solchen Vertrag vorausgesetzte Interessenlage kann im einzelnen Fall nicht gegeben sein; der konkrete Vertrag kann zusätzlich Elemente enthalten, die nicht (für einen solchen Vertrag) typisch sind und eine gerade in dieser Frage abweichende Beurteilung erforderlich machen. Die gesetzlichen Vertragstypen sind keine starren, sondern mannigfacher Abwandlungen fähige, in diesem Sinne „offene Typen".[29] Wo solche Abwandlungen ihrerseits als Annäherungen an einen anderen gesetzlichen Vertragstypus verstanden werden können, lassen sich oft aus der Regelung dieses Typus passende Normen gewinnen. Wo das nicht der Fall ist, wo sie nicht ausreichen, wo der konkrete Vertrag weitergehende Besonderheiten gegenüber dem gesetzlich geregelten „Normaltypus" aufweist, oder wo aus dem Gesamtinhalt des Vertrages sich ergibt, daß die Parteien die Geltung der dispositiven Gesetzesregel jedenfalls *nicht* wollten, diese also wegbedungen haben, ohne ausdrücklich eine andere an ihre Stelle gesetzt zu haben, da ist Raum für die ergänzende Vertragsauslegung.[30]

Beispielsweise gewährt das Gesetz dem Besteller bei einem Werkvertrag, wenn das Werk mangelhaft ist, einen Nachbesserungsanspruch (§ 633 Abs. 3), dem Käufer aber nicht. Der Gesetzgeber ging bei der Regelung des Falles, daß die Kaufsache mangelhaft ist, von dem „Normalfall" aus, daß der Verkäufer lediglich Händler, nicht aber Hersteller der Ware und daher auch nicht zur Ausbesserung in der Lage ist. Nun gibt es aber Fälle, in denen der Verkäufer, wenn auch nicht Hersteller, so doch Fachmann und zur Reparatur durchaus in der Lage ist. Hat der Verkäufer in einem solchen Fall überdies den Käufer darauf hingewiesen, daß er ja Fachmann sei und die Ware selbst geprüft habe, dann kann sich aus diesen Umständen ein Nachbesserungsrecht des Käufers als im Interesse beider Parteien liegend und dem Sinne des Vertrages entsprechend ergeben. Die ergänzende Vertragsauslegung, die hier zur Bejahung eines Nachbesserungsanspruchs führt, geht dann also der gesetzlichen Dispositivregelung, die ein solches beim Kauf im allgemeinen nicht kennt, vor. In den beiden oben erwähnten Fällen des Verkaufs eines Geschäfts und des Praxistausches zweier Ärzte war für die ergänzende Vertragsauslegung deshalb Raum, weil das Gesetz keine speziellen Vorschriften für derartige Verträge kennt. Die gesetzliche Regelung, die sich auf den Verkauf oder den Tausch von Sachen oder Rechten bezieht, reicht für den Verkauf oder den Tausch unkörperlicher Vermögenswerte, um den es sich in beiden Fällen handelte, nicht aus.

Handelt es sich um einen Schuldvertrag, so konkurriert mit der ergänzenden Vertragsauslegung gemäß § 157 häufig die das Schuldverhältnis immer mitbestimmende Generalklausel des § 242. Denken wir an den oben erwähnten Fall, in dem der Pächter einer Gaststätte die Schönheitsreparaturen

---

[29] Dazu *Leenen,* Typus und Rechtsfindung, 1971, S. 120ff., 170f.

[30] Für den Vorrang des dispositiven Rechts *W. Henckel,* AcP 159, 106; ähnlich wie hier *meine* Abhandlung in NJW 63, 737; *Lüderitz* aaO. S. 454; *Sandrock* aaO. S. 47f.; *Pawlowski* II S. 258; *Mayer-Maly* in MünchKomm 29, 39, 40 zu § 157; mit der Einschränkung, die ergänzende Auslegung gehe solchen dispositiven Gesetzesregeln vor, die nur als „letzte Aushilfe" zu verstehen sind, auch *Soergel/Knopp* 106 zu § 157.

übernommen hatte, dem Verpächter aber an deren Vornahme nach dem Auszug des Pächters nichts lag, weil er die Räume alsbald umbauen wollte. Daß der Pächter ihm unter diesen Umständen statt der Ausführung der Reparatur die dafür sonst von ihm aufzuwendende Geldsumme schuldete, begründete der BGH mit einer ergänzenden Vertragsauslegung aus dem Sinnzusammenhang des Vertrages. Er hätte es auch gemäß § 242 damit begründen können, „Treu und Glauben" gebiete es dem Pächter hier, seine Leistung, statt in der vorgesehenen Weise, durch die Zahlung der entsprechenden Geldsumme zu erbringen. Beide Begründungen treffen hier deshalb zu, weil hinter der Forderung, „Treu und Glauben" zu beachten, beide Male das Leitbild eines redlich und loyal denkenden Vertragspartners steht. Ein solcher würde dem Verlangen, die für die Reparatur von ihm aufzurechnende Geldsumme unmittelbar an den Verpächter zu zahlen, nachkommen, weil er dadurch gegenüber seiner ursprünglichen Verpflichtung nicht schlechter gestellt wird. Doch wird man der Begründung mit ergänzender Vertragsauslegung, wo sie möglich ist, den Vorzug geben, weil sie den Blick stärker auf den Vertrag und auf den Regelungsplan der Parteien lenkt. Eine genaue Abgrenzung der Anwendungsbereiche der ergänzenden Vertragsauslegung und des § 242 ist weder möglich noch erforderlich; die Rechtsprechung begnügt sich häufig damit, die §§ 157 und 242 nebeneinander anzuführen.

III. Abänderung und Aufhebung des Vertragsverhältnisses

Die vertragliche Regelung gilt, weil sie von den Parteien in Geltung gesetzt worden ist. Auf den ersten Blick scheint es daher, als müsse sie von den Parteien im beiderseitigen Einverständnis auch jederzeit durch eine andere Regelung ersetzt, geändert oder aufgehoben werden können. Doch trifft dies unbeschränkt nur für Schuldverträge zu. Das Gesetz erwähnt in § 305 nur die Änderung des Inhalts eines Schuldverhältnisses durch einen Vertrag zwischen den Beteiligten. Daß ein Schuldverhältnis durch einen Vertrag zwischen den Beteiligten aufgehoben werden kann, hielt der Gesetzgeber für selbstverständlich. Im gemeinen Recht sprach man von dem „contrarius consensus".[31] Die durch den Vertrag in Geltung gesetzte Regelung verliert durch den Aufhebungsvertrag ihre Geltung. Wenn es sich nicht um ein Dauerschuldverhältnis handelt, dessen Geltung für die bereits vergangene Zeit unberührt bleiben soll, sind die bereits erbrachten Leistungen nach § 812 Abs. 1 Satz 2 zurückzugewähren, weil ihr rechtlicher Grund „später weggefallen" ist. Der Aufhebungsvertrag kann aber und wird in den meisten Fällen den weitergehenden Sinn haben, daß sich die Parteien durch ihn dazu verpflichten, das Empfangene zurückzugewähren. In diesem Fall entstehen vertragliche Rückgewähransprüche, die weiter gehen können als solche wegen „ungerechtfertigter Bereicherung".[32] Genau genommen handelt es sich dann nicht nur um einen Aufhebungsvertrag, sondern um einen Änderungsvertrag.[33] Die Parteien ändern das bestehende Schuldverhältnis dahin um, daß an die Stelle der bisherigen Leistungspflichten, die damit aufgehoben werden, soweit sie nicht

---

[31] Zur Geschichte dieses Begriffs vgl. *Flume* § 33 5.

[32] Vgl. hierzu die ähnlich liegende Problematik bei der Vereinbarung einer auflösenden Bedingung in einem Schuldvertrag; oben § 25 IV.

[33] Die Rechtsfolgen sind ebenso zu beurteilen wie beim Rücktritt. Vgl. dazu Sch.R. I § 26; *v. Tuhr* Bd. II § 50 zu Anm. 182; *Flume* § 33 5.

vorher, etwa durch Erfüllung, erloschen waren, jetzt Rückgewährpflichten treten. Diese sind Zug um Zug zu erfüllen; das ergibt sich aus einer Analogie zu § 348, bei einem gegenseitigen Vertrage aus der Fortwirkung des Synallagmas. Soll durch den Aufhebungsvertrag die Verpflichtung zur Rückübereignung eines Grundstücks begründet werden, so bedarf der Vertrag der Form des § 313.

Eine Verfügung über ein dingliches Recht kann, wenn der zu ihrer Wirksamkeit erforderliche Vollzugsakt (Übergabe, Eintragung im Grundbuch) hinzugekommen ist, nicht mehr aufgehoben, sondern ihre Wirkung kann lediglich durch eine entgegengesetzte Verfügung wieder beseitigt werden. Die durch die erste Verfügung eingetretene Änderung der dinglichen Rechtslage hat Dritten gegenüber ihre Wirkung entfaltet. Wenn daher ein Dritter in der Zwischenzeit ein Recht an der Sache, z. B. ein Pfändungspfandrecht, erworben hat, bleibt dieses bestehen und wird durch die zweite Verfügung nicht mehr berührt. Ob also die Wirkung der ersten Verfügung durch eine zweite voll wieder beseitigt werden kann, hängt davon ab, ob inzwischen weitere Verfügungen oder verfügungsähnliche Eingriffe in das Recht erfolgt sind oder nicht. Ist das verkaufte Grundstück am 1. 10. dem Käufer aufgelassen und dieser danach im Grundbuch eingetragen worden, und heben die Parteien den Kaufvertrag im Januar des nächsten Jahres wieder auf, so wird dadurch nur das Kaufverhältnis, nicht auch schon der Eigentumsübergang hinfällig. Vielmehr ist der Käufer – sei es aus dem formgerecht abgeschlossenen Aufhebungsvertrag selbst, sei es aus ,,ungerechtfertigter Bereicherung" – nunmehr verpflichtet, das Grundstück dem Verkäufer wieder aufzulassen. Dazu ist er aber nur in der Lage, wenn er nicht das Eigentum in der Zwischenzeit einem Dritten übertragen hat. Hat der Käufer in der Zwischenzeit eine Hypothek an dem Grundstück bestellt, so bleibt diese bestehen, auch wenn der Käufer das Grundstück dem Verkäufer zurückübertragen hat. Nur wenn die Eintragung des Käufers im Grundbuch noch nicht erfolgt, das Eigentum auf ihn also noch nicht übergegangen war, können die Parteien zugleich mit der Aufhebung des Kaufvertrages auch den dinglichen Vertrag, die Auflassung, aufheben, und ihr dadurch die Wirkung nehmen.[34]

§ 29a. Vertragsschluß unter Verwendung Allgemeiner Geschäftsbedingungen

Literatur: *Dietlein/Rebmann,* AGB aktuell, Erläuterungen zum AGB-Gesetz mit Zusammenstellung von Gesamtmaterialien, 1976; *Koch/Stübing,* AGB, Kommentar, 1977; *Löwe,* Der Schutz des Verbrauchers vor Allgemeinen Geschäftsbedingungen, Festschr. f. *K. Larenz,* 1973 (rechtspolitisch); *Löwe/Graf v. Westphalen/Trinkner,* Kommentar zum Gesetz zur Regelung des Rechts der Allgemeinen Geschäftsbedingungen, 1977 (zit. *Löwe* u. a.); 2. Aufl. Bd. II, 1983; *Raiser,* Das Recht der Allge-

---

[34] Vgl. *Wolff/Raiser,* Sachenrecht, § 38 IV zu Anm. 33.

meinene Geschäftsbedingungen, 1935, Neudruck 1961; *Schlosser, Coester-Waltjen* u. *Graba,* Kommentar zum AGB-Gesetz, 1977 (zit. *Schlosser* u. a.); *Schmidt-Salzer,* Das Recht der Allgemeinen Geschäfts- und Versicherungsbedingungen, 1967; Allgemeine Geschäftsbedingungen, 2. Aufl. 1977; *Stein,* AGB-Gesetz, 1977; *Ulmer/Brandner/Hansen,* AGB-Gesetz, Kommentar, 4. Aufl. 1982 (zit. *Ulmer* u. a.).

Bereits bei der Darstellung der Fortbildung des Bürgerlichen Rechts seit dem Inkrafttreten des BGB (oben § 3 II c) wurde auf die Rechtsprechung hingewiesen, die die sog. Allgemeinen Geschäftsbedingungen, welche heute von Produzenten, Banken, Versicherern, Beförderungsunternehmen, Bauträgern und anderen wirtschaftlich potenten Unternehmen allen von ihnen mit ihren Kunden geschlossenen Verträgen zugrundegelegt werden, in zunehmendem Maße einer *Inhaltskontrolle* am Maßstab der ausgleichenden Vertragsgerechtigkeit unterworfen hat. Es wurde auf die gesteigerte Bedeutung hingewiesen, die das dispositive Gesetzesrecht dadurch erlangt hat, daß es bei dieser Inhaltskontrolle als eine Art Muster für eine im großen und ganzen sachgerechte Regelung fungiert, als ein Muster, von dem in Allgemeinen Geschäftsbedingungen nicht beliebig, sondern nur insoweit abgewichen werden darf, als dabei auch die Interessen des ,,Kunden" angemessen berücksichtigt werden. Die gesetzliche Grundlage für eine solche ,,Inhaltskontrolle" hat der BGH in den §§ 242 und 315 gefunden. Dabei war der entscheidende Gesichtspunkt, daß ,,Allgemeine Geschäftsbedingungen" regelmäßig nicht ausgehandelt, sondern von demjenigen, der sie verwendet, einseitig entworfen und formuliert werden, der andere, also der Kunde, keinen Einfluß auf ihren Inhalt nimmt und faktisch meist genötigt ist, sie einfach zu akzeptieren.

Die häufige Verwendung Allgemeiner Geschäftsbedingungen ist, worauf auch schon hingewiesen wurde, eine Folge davon, daß im modernen Verkehr bestimmte Güter oder Leistungen *massenweise* angeboten werden; eine Folge aber auch der immer stärkeren Differenzierung der Verkehrsgeschäfte. Auf der einen Seite wünschen die Unternehmen, die täglich vielleicht hunderte oder tausende gleichartiger Geschäfte mit ihren Kunden abschließen, alle diese Geschäfte nach den gleichen Regeln abzuwickeln (Rationalisierungszweck), auf der anderen Seite reichen die auf verhältnismäßig wenige Grundtypen von Geschäften zugeschnittenen gesetzlichen Regeln oft nicht dazu aus, der Besonderheit gerade solcher Geschäfte gerecht zu werden (Anpassungszweck). Darüber hinaus aber haben die Verwender sie vielfach dazu benutzt, sich von den ihnen nach dem Gesetz obliegenden Verpflichtungen weitgehend ,,freizuzeichnen". Ein generelles Verbot der Verwendung ,,Allgemeiner Geschäftsbedingungen" würde indessen der Entwicklung des rechtsgeschäftlichen Verkehrs zu starke Fesseln auferlegen. Um die aufgetretenen Mißstände abzustellen und um deutlich zu machen, was auf diesem Gebiet noch erlaubt ist, was nicht, hat der Gesetzgeber das AGB-Gesetz – Gesetz zur Regelung des Rechts der Allgemeinen Geschäftsbedingungen vom 9. 12.

1976 – erlassen, das am 1. 4. 1977 in Kraft getreten ist.[1] Außer der *Inhaltskontrolle durch die Gerichte,* für die es Maßstäbe aufstellt, regelt es einige andere Fragen, die im Zusammenhang mit der Verwendung Allgemeiner Geschäftsbedingungen auftauchen, insbesondere ihre *Einbeziehung in den jeweiligen Vertrag.* Ferner hat das Gesetz ein *besonderes Verfahren* geschaffen, das eine generelle Überprüfung der Wirksamkeit bestimmter Allgemeiner Geschäftsbedingungen ermöglichen soll. Zweck des Gesetzes ist der Schutz des Kunden, dem gegenüber Allgemeine Geschäftsbedingungen verwendet werden, wobei der Schutz für Kaufleute, denen das Gesetz im allgemeinen eine größere Geschäftserfahrung und eine stärkere faktische Position unterstellt, geringer ist als der für den normalen Verbraucher. Das Gesetz findet keine Anwendung auf Verträge auf den Gebieten des Arbeits-, Erb-, Familien- und Gesellschaftsrecht (§ 23 Abs. 1). Hier sah der Gesetzgeber teils keinen Raum für die Anwendung Allgemeiner Geschäftsbedingungen, teils sah er den Schutz – so im Arbeitsrecht – schon durch andere Bestimmungen hinreichend gewährleistet. Das Hauptanwendungsgebiet des Gesetzes ist das der Schuldverträge, insbesondere der gegenseitigen Verträge.

I. Allgemeine Geschäftsbedingungen als Vertragsbestandteil

a) **Die gesetzliche Definition.** Allgemeine Geschäftsbedingungen (AGB) im Sinne des Gesetzes sind „alle für eine Vielzahl von Verträgen vorformulierten Vertragsbedingungen, die eine Vertragspartei (Verwender) der anderen Vertragspartei bei Abschluß eines Vertrages stellt“ (§ 1 Abs. 1 Satz 1). Es muß sich also um „Vertragsbedingungen“ handeln, d. h. um Bestimmungen, die Inhalt einer vertraglichen Regelung werden sollen. Sie müssen – von demjenigen, der sie verwendet, oder einem Dritten, z. B. von seinem Rechtsberater, oder von einem Interessenverband, der seinen Mitgliedern ihre Verwendung empfiehlt – „für eine Vielzahl von Verträgen vorformuliert“ sein. Es genügt eine begrenzte Zahl von Verträgen; etwa alle Mietverträge über Wohnungen in einer bestimmten Wohnanlage. Das Merkmal „vorformuliert“ bringt zum Ausdruck, daß die Bedingungen nicht das Ergebnis erst der Verhandlung mit dem Vertragspartner sind, sondern diesem vom Verwender[2] als ein fertiger Entwurf präsentiert werden. Erforderlich ist, daß der Verwender die vorformulierten Bedingungen wenigstens in einem Fall in der Absicht, dies auch in weiteren Fällen zu tun,[3] oder in einer Vielzahl von Fällen tatsächlich der anderen Vertragspartei bei Abschluß eines Vertrages „stellt“, d. h. ihre Einbeziehung in den Vertrag verlangt. In der Wortverbindung „Vertragsbedingungen, die eine Vertragspartei der anderen

---

[1] Die Angaben von Paragraphen beziehen sich im folgenden auf dieses Gesetz.

[2] Zur Frage, wer im Einzelfall als „Verwender“ anzusehen ist, *Schlechtriem* in Festschr. f. *Duden,* 1977, S. 573ff.

[3] Ebenso *Ulmer* u. a. 24, *Schlosser* u. a. 14, anders *Löwe* u. a. 8 zu § 1.

stellt", kommt die Einseitigkeit des Vorgehens des Verwenders deutlich zum Ausdruck, die eben darin liegt, daß er die andere Partei vor eine fertige Regelung stellt, die nicht Gegenstand der Verhandlung ist. Nicht erforderlich ist jedoch, daß das in Ausnutzung einer überlegenen Marktstellung geschieht, daß dabei irgendeine Art von Druck ausgeübt wird.

Weitere Merkmale als die genannten verlangt das Gesetz nicht. Vielmehr hebt es in § 1 Abs. 1 Satz 2 ausdrücklich hervor, daß es keine Rolle spielen soll, „ob die Bestimmungen einen äußerlich gesonderten Bestandteil des Vertrages bilden oder in die Vertragsurkunde selbst aufgenommen werden, welchen Umfang sie haben, in welcher Schriftart sie verfaßt sind und welche Form der Vertrag hat". Auch wenn AGB in einem notariell beurkundeten Vertrag verwendet werden, unterliegen sie, unbeschadet der Belehrungspflicht des Notars, dem AGB-Gesetz.[4] Es kommt, wenigstens bei Nichtkaufleuten, auch nicht darauf an, ob der Kunde im einzelnen Fall schutzbedürftig ist oder nicht.

Den Gegensatz zu den AGB bilden die *Individualabreden,* die von den Vertragsparteien gerade für diesen konkreten Vertrag getroffen werden. Ausnahmsweise können AGB im Einzelfall zu Individualabreden werden und dadurch aufhören, auch in diesem Fall als AGB zu funktionieren, wenn sie im einzelnen zwischen den Parteien ausgehandelt werden. Diesen Fall betrifft § 1 Abs. 2. Er schränkt insoweit die Anwendbarkeit des Gesetzes ein.[5] „Ausgehandelt" ist eine Bestimmung der AGB nur dann, wenn sie nicht aufgrund einer pauschalen Zustimmung, sondern als Ergebnis tatsächlicher Verhandlungen Vertragsbestandteil geworden ist.[6] Es kann nicht genügen, daß der Verwender nur bereit war, über einzelne Klauseln zu verhandeln, und dies auch zu erkennen gegeben hat.[7] Denn dann könnte der Verwender eines komplizierten Klauselwerks dieses leicht der Herrschaft des Gesetzes entziehen, indem er Verhandlungen anbietet, wohl wissend, daß der Kunde, der sich dem nicht gewachsen fühlt, resignieren wird. Es ist deshalb mit Manfred *Wolf*[8] und *Heinrichs*[9] zu fordern, daß über die betreffende Klausel *tatsächlich verhandelt* worden ist, was bedeutet, daß für den Kunden die „reale Möglichkeit" einer Einflußnahme bestanden haben muß.[10] Das ist sicher der Fall, wenn die betreffende Bestimmung abgeändert wurde, oder wenn der

---

[4] *Löwe* u. a. 16, *Ulmer* u. a. 38, *Palandt/Heinrichs* 3d zu § 1. Im näheren hierzu *Battes,* Festschr. f. *Möhring,* 1975, S. 21; *Schippel* u. *Brambring,* DNotZ 77, 131. Der Notar ist berechtigt, die Beurkundung eines Formularvertrags abzulehnen, der nach dem AGB-Gesetz unwirksame Klauseln enthält (*Schippel/Brambring* S. 148f.).

[5] Wo von vornherein *nur* eine individuelle Vereinbarung vorliegt, ist für § 1 Abs. 2 kein Raum. Vgl. dazu *Löwe* u. a. 20 zu § 1 und 10 zu § 4.

[6] Daß die Bedingungen dem Kunden nur vorgelesen und erläutert wurden, reicht für ein „Verhandeln" nicht aus; so die h. L. Anders *Schmidt-Salzer,* Allg. Geschäftsbedingungen Rdn. B 13, B 52; NJW 77, 133f.

[7] So aber der BGH in einer noch vor dem Inkrafttreten des Gesetzes ergangenen Entscheidung; vgl. BB 77, 715 = NJW 77, 624. Dagegen überzeugend *Trinkner,* BB 77, 717; *Löwe,* NJW 77, 1328; *Ulmer* u. a. 50 (jedoch einschränkende Rdn. 51), *Palandt/Heinrichs* 4c zu § 1 AGBG; *Medicus* Rdz. 407.

[8] In NJW 77, S. 1937.

[9] In NJW 77, S. 1505; *Palandt/Heinrichs* 4c zu § 1.

[10] Daß er tatsächlich Einfluß genommen habe, verlangen *Löwe* u. a. 22; *Koch/Stübing,* 42 zu § 1.

Verwender für ihre unveränderte Übernahme in den Vertrag dem Kunden in einem anderen Punkte, der ebenfalls Gegenstand der Verhandlung war, entgegengekommen ist, also gewissermaßen einen Preis dafür gezahlt hat. Hat dagegen der Verwender in keinem einzigen Punkte nachgegeben, dann liegt die Vermutung nahe, daß er sich nur zum Schein auf eine Verhandlung eingelassen hat, in Wahrheit aber entschlossen war, nichts zu ändern. Liegt es so, stand somit das Ergebnis der „Verhandlung" von vornherein fest, dann sind die Bedingungen nicht „ausgehandelt", sondern allein vom Verwender durchgesetzt. Der Verwender müßte hier schon beweisen, daß es anders war, daß etwa der Kunde auf seinen anfänglichen Änderungswunsch, ohne daß er einen Druck auf ihn ausgeübt hätte, verzichtet hat. Über die betreffenden Bedingungen muß ferner „im einzelnen" verhandelt worden sein. Es genügt daher noch nicht, daß der Verwender für die pauschale Übernahme seiner Bedingungen dem Kunden einen Preisnachlaß oder sonstige Vorteile anbietet.[11] Gerade in der *pauschalen* Zustimmung zu einem Klauselwerk, das er im einzelnen nicht übersieht, liegt eine der Gefahren, vor denen das Gesetz die Kunden schützen will. Sie werden vielleicht den Preisnachlaß gern mitnehmen, ohne die Risiken zu erkennen, die für sie mit der pauschalen Übernahme der AGB verbunden sind. Deshalb ist an das Erfordernis, daß nur die Bestimmungen der AGB zu Individualabreden werden, die „im einzelnen" zwischen den Vertragsparteien ausgehandelt sind, ein strenger Maßstab anzulegen. Die Beweislast für das Aushandeln trägt der Verwender.[12]

b) **Die Einbeziehung in den Vertrag.** AGB werden auch durch ihre Verwendung in einer noch so großen Vielzahl von Verträgen nicht zu Rechtsnormen, da der Verwender keine Befugnis zur Normsetzung hat. Ihre Geltung jeweils für einen bestimmten Vertrag hängt davon ab, daß sie durch ihre Einbeziehung in diesen Vertrag zum Vertragsbestandteil geworden sind. Dazu bedarf es, wie stets zum Zustandekommen eines Vertrages, übereinstimmender Willenserklärungen beider Vertragspartner. Nach den allgemeinen Regeln des Vertragsrechts würde es hierfür genügen, daß der Verwender dem Kunden irgendwie zu erkennen gibt, er wolle nur zu seinen AGB abschließen, und daß der Kunde dem durch „schlüssiges Verhalten" (oben § 19 IV), das schon im Nichtwiderspruch liegen kann, zustimmt. Die Rechtsprechung ist anfänglich noch weiter gegangen, indem sie bei solchen Unternehmen wie Banken, Versicherern, Spediteuren, bei denen es verkehrsüblich ist und daher jedermann damit rechnen müsse, daß sie AGB verwenden, deren Vertragsangebot gemäß der Verkehrssitte stets dahin auslegte, daß es auf einen Abschluß nur unter Einbeziehung ihrer AGB gerichtet

---

[11] So auch *Ulmer* u. a. Rdn. 50 aE. zu § 1.

[12] Hierfür genügt nicht, daß die vom Kunden unterschriebenen Bedingungen eine Klausel enthalten, der zufolge dieser bestätigt, diese seien zwischen den Parteien ausgehandelt; vgl. BGH, NJW 77, S. 432 u. 624; *Palandt/Heinrichs* 4a zu § 1.

sei.[13] Dem Kunden, der hiermit nicht rechnete, wurde seine Zustimmung zu dem Angebot dann dahin ausgelegt, daß sie sich auch auf die Einbeziehung der AGB bezog. Ihm blieb dann allenfalls die Möglichkeit, seine Erklärung wegen Inhaltsirrtums anzufechten. Damit war ihm aber in den meisten Fällen nicht gedient, weil die Anfechtung die Nichtigkeit des ganzen Vertrages zur Folge hat und ihn obendrein mit der Verpflichtung gemäß § 122 belastet.

Um es dem Kunden zu ermöglichen, zu erkennen, ob der andere seine AGB zum Vertragsbestandteil machen will, stellt das Gesetz in § 2 zunächst zwei Voraussetzungen für die Einbeziehung der AGB in den Vertrag auf: Der Verwender muß den Kunden beim Vertragsschluß ausdrücklich oder, wenn dies „wegen der Art des Vertragsabschlusses nur unter unverhältnismäßigen Schwierigkeiten möglich ist", durch deutlich sichtbaren Aushang am Ort des Vertragsabschlusses auf seine AGB hinweisen, und er muß ihm die Möglichkeit verschaffen, in zumutbarer Weise von ihrem Inhalt Kenntnis zu nehmen. Nur wenn diese beiden Voraussetzungen von Seiten des Verwenders erfüllt sind, werden die AGB durch die Einverständniserklärung der anderen Vertragspartei, die – was dann unbedenklich ist – auch „stillschweigend" erfolgen kann,[14] zum Vertragsinhalt. Die Vertragsparteien können unter Beachtung dieser Voraussetzungen die Geltung der AGB des Verwenders, statt für jeden einzelnen Vertrag, auch im voraus für eine bestimmte Art von künftig unter ihnen abzuschließenden Rechtsgeschäften vereinbaren (§ 2 Abs. 2). *Nach* Abschluß des Vertrages erfolgende Hinweise des Verkäufers auf seine Geschäftsbedingungen – etwa auf der übersandten Rechnung oder einem Lieferschein – vermögen ihre Geltung nicht zu begründen.[15]

Dem Erfordernis eines ausdrücklichen Hinweises ist nur dann genügt, wenn dieser *unmißverständlich* und *in nicht zu übersehender Weise* erfolgt. Ein Hinweis in dem Vertragsformular, dem Angebotsschreiben oder einem vom Kunden zu verwendenden Bestellschein muß so gefaßt sein, daß er auch einem durchschnittlichen Kunden, der „Kleingedrucktes" nicht zu lesen pflegt, in die Augen fällt.[16] „Wegen der Art des Vertragsschlusses nur unter unverhältnismäßigen Schwierigkeiten möglich" ist ein ausdrücklicher Hinweis etwa bei laufend vorgenommenen Geschäften wie dem Verkauf von Fahrkarten oder Eintrittskarten, Losverkäufen auf der Straße, sowie in den Fällen, in denen die Annahme des Vertragsangebotes durch ein „sozialtypisches Verhalten" erfolgt (z. B., Benutzung eines „gebührenpflichtigen" Parkplatzes). Hier genügt, ist aber auch erforderlich, ein deutlicher sichtbarer Aushang, etwa neben der Kasse oder an der Einfahrt des Parkplatzes. Dabei ist auch das zweite Erfordernis zu beachten, daß die andere Vertragspartei die Möglichkeit haben muß, von dem Inhalt der AGB „in zumutbarer Weise Kenntnis zu nehmen". Der Aushang muß daher drucktechnisch so gestaltet und so angebracht sein, daß der Kunde ihn mühelos lesen kann.

---

[13] Zu dieser Rechtsprechung aaO. *Raiser* S. 201 ff.; *Schmidt-Salzer,* Allgemeine Geschäftsbedingungen, Rdn. 33ff.

[14] Vgl. *Ulmer* u. a. 61, *Löwe* u. a. 18 zu § 2. War sich der Kunde dieser Bedeutung seiner Erklärung nicht bewußt, so kann er sie unter den weiteren Voraussetzungen des § 119 Abs. 1 wegen Irrtums anfechten; vgl. dazu *Loewenheim,* AcP 180, 433; *Ulmer* u. a. 62 zu § 2.

[15] H. L.; vgl. *Löwe* u. a. 37, *Ulmer* u. a. 27, *Schlosser* u. a. 35, *Koch-/Stübing* 40 zu § 2.

[16] Vgl. *Palandt/Heinrichs* 2a, MünchKomm/*Kötz* 6 zu § 2.

Gemäß § 24 Abs. 1 findet die Bestimmung des § 2 *keine Anwendung* im Falle der Verwendung von AGB *gegenüber Kaufleuten,* wenn der Vertrag zum Betriebe ihres Handelsgeschäfts gehört, und der Verwendung gegenüber juristischen Personen des öffentlichen Rechts oder einem öffentlich-rechtlichen Sondervermögen. In diesen Fällen gelten daher für die Einbeziehung der AGB in den Vertrag weiterhin allein die allgemeinen Regeln über Willenserklärungen und über den Abschluß von Verträgen.[17] Daher genügt hier ein „schlüssiges Verhalten" sowohl auf Seiten des Verwenders wie des Kunden. Stehen 2 Kaufleute miteinander in einer dauernden Geschäftsverbindung und hat der eine von ihnen bei Gelegenheit früherer Vertragsschlüsse wiederholt darauf hingewiesen, er schließe nur zu *seinen* Geschäftsbedingungen ab, der andere dem nicht widersprochen, so kann bei einem neuen Vertragsschluß auch ohne erneuten Hinweis davon ausgegangen werden, daß beide mit ihrer Geltung auch für den neuen Vertrag einverstanden sind.[18] Ob es indessen bei der früheren Praxis bleiben kann, daß es dort, wo die Verwendung von AGB verkehrsüblich ist, also etwa bei Banken, Versicherern, Spediteuren, überhaupt keines Hinweises darauf bedarf, der Vertrag solle zu den AGB des Verwenders geschlossen werden, ist zweifelhaft.[19] Nur dann, wenn irgend ein Hinweis – an dessen Deutlichkeit hier allerdings weniger strenge Anforderungen zu stellen sind – erfolgt ist, wird man im allgemeinen das Schweigen des Kunden zu diesem Punkt als Zustimmung auslegen können, da er andernfalls keinen für ihn ersichtlichen Grund hatte, zu widersprechen. Anders nur, wenn die Verwendung im wesentlichen übereinstimmender Geschäftsbedingungen in dem betreffenden Geschäftszweig als geradezu „selbstverständlich" gilt und jeder Kaufmann dies wissen muß; hier kann das Einverständnis vorausgesetzt werden, selbst wenn der Hinweis unterlassen wurde.

Im kaufmännischen Verkehr kommt es nicht selten vor, daß *beide Vertragspartner* AGB verwenden und jeder zum Ausdruck bringt, er wolle dem Geschäft seine Bedingungen zugrundelegen. Einigen sie sich dann nicht, dann ist nach § 154 Abs. 1 („offener Dissens") „im Zweifel" der Vertrag noch nicht geschlossen. Es ist aber möglich, daß die Parteien diesem Punkt keine so große Bedeutung beimessen, daß sie den Vertrag daran scheitern lassen wollen. Sie lassen

---

[17] Zur Einbeziehung Allgemeiner Geschäftsbedingungen durch ein kaufmännisches Bestätigungsschreiben. *Lindacher,* WM 81, 702; vgl. unten § 33 IV.

[18] Vgl. BGHZ 42, 53, 55; BGH, NJW 78, 2243 (bloße Hinweise auf Lieferscheinen genügen jedoch nicht); *Löwe* u. a. 38, *Palandt/Heinrichs* 6b, MünchKomm/*Kötz* 25 zu § 2. Bei Verwendung gegenüber Nichtkaufleuten steht § 2 dem entgegen. (Teilweise abweichend, unter dem Gesichtspunkt des Vertrauensschutzes, *Müller-Graff,* JZ 77, 245, unter IV 3).

[19] Vgl. *Ulmer* u. a. 83ff.; *Löwe* u. a. 32 zu § 2. Für Beibehaltung der Rechtsprechung in ihrem bisherigen Umfange, aber gegen jede Ausdehnung auf weitere Geschäftszweige *Palandt/Heinrichs* 6f an § 2, für die Entbehrlichkeit jedes Hinweises bei branchenüblichen Geschäftsbedingungen, die „von allen oder nahezu allen Verwendern der gleichen Branche in einheitlicher Form benutzt werden", *Kötz* in MünchKomm 24 zu § 2.

daher die Frage auf sich beruhen und schließen gleichwohl ab, was besonders dann anzunehmen ist, wenn eine von ihnen mit der vertraglichen Leistung beginnt, die andere sie annimmt. Dann ist der Vertrag nach der heute wohl überwiegenden Auffassung[20] entgegen der nur „im Zweifel" geltenden Regel des § 154 Abs. 1 mit dem Inhalt geschlossen, über den sich beide einig gewesen sind. Für die AGB bedeutet das, daß sie soweit Vertragsbestandteil geworden sind, als sie sich decken oder nebeneinander Bestand haben können; soweit sie sich dagegen widersprechen, gelten weder die des einen noch die des anderen.[21] Insoweit ist dann auf das dispositive Recht zurückzugreifen. Sollten die Parteien den Punkt im Laufe der Verhandlungen aus dem Augen verloren haben und jede der irrtümlichen Meinung gewesen sein, ihre AGB seien von der anderen akzeptiert, so wird man über § 155 („versteckter Dissens") zu dem gleichen Ergebnis kommen.

Die Bestimmung des § 2 ist ferner nach § 23 Abs. 2 Nr. 1 nicht anwendbar für die mit Genehmigung der zuständigen Verkehrsbehörde oder auf Grund von internationalen Übereinkommen erlassenen Tarife und Ausführungsbestimmungen der Eisenbahnen und für genehmigte Beförderungsbedingungen der Straßenbahnen, Obusse und Kraftfahrzeuge im Linienverkehr. Nach § 23 Abs. 3 unterliegen ein Bausparvertrag, ein Versicherungsvertrag sowie das Rechtsverhältnis zwischen einer Kapitalanlagegesellschaft und einem Anteilinhaber den von der zuständigen Behörde genehmigten AGB der Bausparkasse usw. auch dann, wenn die besonderen Erfordernisse des § 2 Abs. 1 Nr. 1 und 2 nicht eingehalten sind.

Aber auch dann, wenn alle Erfordernisse für die Einbeziehung AGB in einen Vertrag erfüllt sind, werden nach § 3 solche Bestimmungen der AGB nicht Vertragsbestandteil, die „nach den Umständen, insbesondere nach dem äußeren Erscheinungsbild des Vertrages, so ungewöhnlich sind, daß der Vertragspartner des Verwenders mit ihnen nicht zu rechnen braucht". **(Überraschende Klauseln).** Hierdurch soll der Kunde dagegen geschützt werden, daß aufgrund seiner pauschalen Einverständniserklärung auch eine solche Klausel der AGB Vertragsinhalt wird, mit der er wegen ihrer Ungewöhnlichkeit nicht zu rechnen brauchte. Seine Einverständniserklärung ist daher kraft Gesetzes (unwiderlegbar) dahin auszulegen, daß sie sich auf derartige Klauseln nicht mit bezieht. „Ungewöhnlich" muß die Klausel gerade bei einem derartigen Vertrage sein. Dabei kommt es auf die Umstände des Vertragsschlusses, insbesondere auf das „äußere Erscheinungsbild" des Vertrages an, worunter wohl die für den Vertragstypus charakteristischen Grundzüge und die besonders in die Augen fallenden Vertragsbestimmungen zu verstehen sind. Eine Klausel, die bei einem Vertragstypus häufig ist, kann bei einem Vertrage, der einem ganz anderen Typus zuzuordnen ist, vollkommen ungewöhnlich und daher für den Kunden überraschend sein.

---

[20] Vgl. hierzu *Flume* § 37 3; *Schlechtriem,* Festschr. f. *Wahl* S. 67; BB 74, 1709; *Palandt/Heinrichs* 6c, *Löwe* u. a. 40ff., *Ulmer* u. a. 92ff. zu § 2. Übersicht über die Spezialliteratur zu diesen Thema bei *Ulmer* u. a. vor Rdz. 92.

[21] So auch *Löwe* u. a. Rdn. 46, *Ulmer* u. a. 102ff. zu § 2.

Ob die Klausel für den Vertragspartner wegen ihrer Ungewöhnlichkeit so überraschend ist, daß er mit ihr nicht zu rechnen brauchte, muß grundsätzlich mit Rücksicht auf den Verständnis- und Erwartungshorizont nicht des individuellen Kunden, sondern des *typischen Kunden* des Verwenders dieser Geschäftsbedingungen beurteilt werden.[22] Der Überraschungseffekt, den § 3 im Auge hat, entfällt, wenn die Klausel dem Kunden bekannt ist oder der Verwender unmißverständlich auf sie hingewiesen hat, es sei denn, sie sei so abgefaßt, daß der Kunde sie nicht zu verstehen vermochte.[23]

Die Bestimmung des § 3 gilt, anders als die des § 2, auch im Falle der Verwendung von AGB gegenüber Kaufleuten. Allerdings kann man bei einem Kaufmann ein größeres Maß an Geschäftserfahrung voraussetzen, sodaß er eher mit der Möglichkeit auch einer in derartigen Verträgen nicht gerade gewöhnlichen Klausel wird rechnen müssen.

II. Die Auslegung Allgemeiner Geschäftsbedingungen; der Vorrang von Individualabreden

Hinsichtlich der Auslegung von AGB haben sich in der Rechtsprechung seit langem bestimmte Grundsätze herausgebildet, die weiterhin gelten, auch soweit sie im Gesetz nicht erwähnt werden. AGB haben, vom Verwender her gesehen, den Zweck, die gleichmäßige Abwicklung aller von ihm mit seinen Kunden geschlossenen Verträge zu ermöglichen. Dieser Zweck kann nur erreicht werden, wenn sie auch allen Kunden gegenüber in gleicher Weise ausgelegt werden. Die Rechtsprechung sieht daher als maßgeblich für ihre Auslegung nicht den Verständnishorizont des jeweiligen Kunden, sondern, wie bei Erklärungen an die Öffentlichkeit oder einen unbestimmten Personenkreis (oben § 19 II c), den Verständnishorizont eines durchschnittlichen Angehörigen des angesprochenen Kreises von Verkehrsteilnehmern an. Es dürfen also bei der Auslegung nur solche Umstände berücksichtigt werden, deren Kenntnis von jedem Angehörigen dieses Verkehrskreises erwartet werden kann.[24] Darauf, ob gerade dieser Kunde

---

[22] So auch *Kötz* in MünchKomm 4, jetzt auch *Ulmer* u. a. 12, 13 zu § 3. Anders aber *Palandt/Heinrichs* 2b, *Schlosser* u. a. 11 a. E., *Löwe* u. a. 13 zu § 3: es komme auf die Erfahrung des einzelnen Vertragspartners, nicht auf den Horizont eines Durchschnittskunden an. Das halte ich für unpraktikabel. Für einen besonders unerfahrenen Kunden könnten schon solche Klauseln, die ganz üblich und unbedenklich sind, so ungewöhnlich sein, daß er, nach seinem Erfahrungsstand, mit ihnen nicht zu rechnen braucht. Im Verkehr muß aber ein gewisser Standard vorausgesetzt werden. Auf die Verständnismöglichkeit gerade des betreffenden Kunden kann es nur dann ankommen, wenn der Verwender *gerade ihm gegenüber* durch seine Erklärungen oder sein bisheriges Verhalten Anlaß gegeben hatte, eine solche Klausel nicht zu erwarten; so auch *Ulmer* u. a. 73 zu § 3.

[23] Vgl. *Löwe* u. a. 14, *Ulmer* u. a. 23, MünchKomm/*Kötz* 6 zu § 3.

[24] *Raiser* aaO. S. 253ff.; *Schmidt-Salzer* Rdn. E 35; *Lüderitz*, Auslegung von Rechtsgeschäften, 1966, S. 235ff.; *Emmerich*, JuS 72, 365; *Löwe* u. a. 4 u. 5, MünchKomm/*Kötz* 2 zu § 5; zuletzt BGHZ 60, 174, 177. Teilweise anders *Brandner*, AcP 162, 237, 253ff.

aufgrund der gerade ihm bekannten Umstände oder ihm gegenüber gegebener Erläuterungen die betreffende Klausel anders verstehen konnte und vielleicht auch verstanden hat als der Durchschnittskunde, kommt es, sofern nicht die Klausel nach dem oben Gesagten ausnahmsweise zur Individualabrede geworden war, nicht an. Der Verwender muß sich die Klausel so, wie sie objektiv zu verstehen ist, stets zurechnen lassen. Wenn freilich der BGH in einer neueren Entscheidung[25] meint, auszulegen sei die Klausel ,,nach dem Willen verständiger und redlicher Vertragspartner unter Abwägung der Interessen der normalerweise an solchen Geschäften beteiligten Kreise", dann ist zu fragen, ob hier nicht zu Unrecht Erwägungen, die zur Inhaltskontrolle gehören, bereits in die Auslegung hineingenommen werden. Das Gesetz will, daß an die Stelle einer nach den Maßstäben der Inhaltskontrolle unwirksamen Klausel das dispositive Gesetzesrecht tritt (§ 6 Abs. 2; dazu unten III d). Deshalb geht es nicht an, daß das Gericht eine Klausel, die nach objektiver Auslegung in ihrem Inhalt bedenklich ist, durch eine ,,berichtigende Auslegung" auf den Inhalt zurückführt, den sie nach der Meinung des Gerichts haben sollte, um Bestand haben zu können. Hier ist vielmehr im Wege der Inhaltskontrolle zu helfen.[26] Die Auslegung, d. h. die Ermittlung der objektiv verstehbaren Bedeutung der AGB, ist Vorstufe, aber nicht selbst ein Mittel der Inhaltskontrolle.

Früher (oben § 19 II f) haben wir bemerkt, daß die Frage nach der *normativen* Bedeutung einer Willenserklärung eine Rechts-, nicht eine Tatfrage ist. Tatfrage ist, was eine Partei gesagt oder wie sie sich verhalten hat, welche Umstände vorgelegen haben, auch, was in bestimmten Kreisen üblich ist, was hier unter einem bestimmten Ausdruck tatsächlich verstanden wird. Über alles dies kann im Prozeß Beweis erhoben werden. Aber wie ein durchschnittlich informierter Kunde verständigerweise diese Klausel verstehen konnte und mußte, das ist eine Rechtsfrage, die eine Bewertung erfordert. Nur noch über Rechtsfragen, nicht mehr über die Tatfragen entscheidet das Revisionsgericht. Wir haben aber gesehen, daß gleichwohl die Rechtsprechung die normative Auslegung von Willenserklärungen und Individualverträgen weitgehend der Revision entzieht, sie vielmehr der Tatsacheninstanz allein vorbehält. Das hat seinen Grund darin, daß sich hier die Rechts- und die Tatfrage oft in der Praxis nur noch schwer trennen lassen, in der größeren Sachnähe des Richters der Tatsacheninstanz und wohl auch in der dadurch bewirkten Entlastung des Revisionsgerichts. Für die Auslegung von AGB macht die Rechtsprechung aber eine Ausnahme; sie hält ihre Auslegung für in der Revisionsinstanz nachprüfbar, sofern der Anwendungsbereich der betreffenden AGB über den Bezirk eines Oberlandesgerichts hinaus-

---

[25] BGHZ 62, 251, 254.

[26] *Löwe* u. a. 6, *Ulmer* u. a. 30, *Koch/Stübing* 8 zu § 5; vgl. auch BGHZ 62, 83, 89.

reicht.[27] Damit soll wiederum die Einheitlichkeit der Auslegung der AGB gesichert werden. Die Ausnahme ist aber auch deshalb gerechtfertigt, weil es bei der Auslegung der AGB auf die besonderen Umstände gerade dieses Einzelfalls nicht ankommt, sondern nur auf die Umstände, die jedem Angehörigen des angesprochenen Kundenkreises bekannt sein konnten und mußten; insofern fehlt es aber auch dem Revisionsgericht nicht an der erforderlichen „Sachnähe". Die Rechtsprechung verdient daher auch weiterhin Zustimmung.

Die Rechtsprechung hat ebenfalls seit langem die Regel aufgestellt und praktiziert, daß Unklarheiten im Text der AGB zu Lasten desjenigen gehen, der sie aufgestellt hat und verwendet.[28] Unter mehreren, dem Wortsinn und dem Textzusammenhang nach möglichen Auslegungen gibt sie der dem Kunden günstigeren den Vorzug. Diese Regel hat das AGB-Gesetz in § 5 übernommen. Der Verwender trägt damit das Risiko, daß er sich nicht deutlich genug ausgedrückt hat. Die **„Unklarheitenregel"** sollte aber wiederum nicht dazu benutzt werden, eine verdeckte Inhaltskontrolle auszuüben. Die Anwendung der Regel setzt voraus, daß die objektive Auslegung einer Klausel, die zunächst als unklar oder mehrdeutig erscheint, nicht zu einem eindeutigen Ergebnis führt, daß vielmehr zwei verschiedene Deutungen gleichermaßen „vertretbar" sind. Nur dann ist diejenige von ihnen, die dem Kunden günstiger ist, vorzuziehen. Führt dagegen die Auslegung zu dem Ergebnis, daß die Klausel in einem dem Kunden ungünstigen Sinne zu verstehen ist, dann ist kein Raum für die „Unklarheitenregel" – denn die anfängliche Unklarheit ist ja durch die Auslegung beseitigt –, vielmehr ist die Klausel in der durch die Auslegung ermittelten Bedeutung nunmehr der Inhaltskontrolle zu unterwerfen, falls ihr Inhalt Bedenken erweckt.[29]

In § 4 spricht das Gesetz aus, daß **indivduelle Vertragsabreden** den Vorrang vor AGB haben. Wenn solche Abreden getroffen werden, muß angenommen werden, daß die Vertragsparteien ihre Geltung wollten, auch wenn sie mit der einen oder anderen Klausel der AGB im Widerspruch stehen sollten. Die Individualabrede ist in einem solchen Fall gegenüber den AGB gewissermaßen „lex specialis". Fraglich ist, ob dieser Grundsatz auch dann gilt, wenn die AGB spezielle Voraussetzungen für die Gültigkeit von Individualabreden enthalten, z. B. für sie eine Form – meist die Schriftform – verlangen oder eine Einschränkung der Vertretungsmacht des sonst abschlußberechtigten Vertreters enthalten. Der Schutzzweck des Gesetzes gebietet es m. E., der Individualabrede den Vorrang auch vor der in den AGB enthaltenen Schriftformklausel einzuräumen.[30] Nicht

---

[27] BGHZ 22, 109, 112; 62, 251, 254; 65, 107, 112. Aus dem Schrifttum: *Raiser* aaO. S. 271 ff.; *Schmidt-Salzer* Rdn. E 55; *Löwe* u. a. 11, *Ulmer* u. a. 10 zu § 5.

[28] Vgl. *Raiser* S. 264 ff.; *Schmidt-Salzer* Rdn. 119 f.; *Palandt/Heinrichs* 4 zu § 5 AGB-Gesetz.

[29] Vgl. *Ulmer* u. a. 20, MünchKomm/*Kötz* 7 zu § 5; *Löwe,* NJW 77, 424.

[30] Str.: vgl. dazu *Schmidt-Salzer* Rdn. E 16; *Palandt/Heinrichs* 2c, MünchKomm/*Kötz* 8, 9, *Koch/Stübing* 14, *Schlosser* u. a. 20 ff., *Ulmer* u. a. 34 ff.; *Löwe* u. a. 28, 29 zu § 4.

so einfach liegt es mit der Beschränkung der Vertretungsmacht. Legt der Vertreter eine schriftliche Vollmacht vor, aus der die Beschränkung nicht hervorgeht, dann geht diese den AGB vor. Das ergibt sich schon aus § 172. Dem stehen die Fälle des § 171 gleich. Auch dann kann sich der Verwender m. E. nicht auf die in den AGB enthaltene Beschränkung der Vertretungsmacht berufen, wenn er es duldet, daß sein Vertreter derartige Abreden trifft („Duldungsvollmacht", unten § 33 I a). Die Beschränkung in den AGB genügt nicht, um den Anschein einer weitergehenden Vollmacht zu zerstören. Liegt keiner dieser Fälle vor, so muß sich der Kunde m. E. die Beschränkung entgegenhalten lassen,[31] es liegt an ihm, sich über das Vorliegen einer entsprechenden Vollmacht zu vergewissern.

III. Die Inhaltskontrolle

Kernstück des Gesetzes ist die Regelung der gerichtlichen Inhaltskontrolle in den §§ 8 bis 11. Die Inhaltskontrolle soll verhüten, daß AGB Geltung erlangen, durch die der Vertragspartner des Verwenders in unangemessener, der Vertragsgerechtigkeit grob widersprechender Weise benachteiligt wird. Um dieses Ziel zu erreichen, führt das Gesetz in den §§ 10 und 11 eine Reihe von Klauseln in AGB an, die es für unzulässig hält. Dabei unterscheidet es Klauselverbote „mit" und „ohne" Wertungsmöglichkeit. Die Klauselverbote mit Wertungsmöglichkeit erfordern vom Richter noch eine zusätzliche Wertung, sollen sie durchgreifen. Darüber hinaus enthält das Gesetz in § 9 eine Generalklausel, an der alle Bestimmungen in AGB zu messen sind. Sie ist weit gefaßt und läßt so der richterlichen Beurteilung einen breiten Raum. Zuvor legt das Gesetz in § 8 fest, worauf sich die Inhaltskontrolle im näheren bezieht.

a) **Gegenstand der Inhaltskontrolle.** Die Inhaltskontrolle erstreckt sich grundsätzlich auf AGB, die durch ihre wirksame Einbeziehung Bestandteil eines Vertrages geworden sind. Scheitert die Einbeziehung nach § 2 oder nach § 3, oder geht der fraglichen Klausel eine Individualabrede vor, so entbehren die AGB oder doch diese Klausel der Wirksamkeit für diesen Vertrag; es bedarf daher insoweit keiner Inhaltskontrolle. Gegenstand der Inhaltskontrolle sind die AGB in der ihnen nach den Maßstäben einer „objektiven" Auslegung zukommenden Bedeutung. Die Auslegung hat also der Inhaltskontrolle stets vorauszugehen. Schließlich sind nach § 8 nicht alle Bestimmungen in AGB Gegenstand der Inhaltskontrolle, sondern nur diejenigen, „durch die von Rechtsvorschriften abweichende oder diese ergänzende Regelungen vereinbart werden". Was ist damit gemeint?

Dazu, worüber sich die Parteien bei einem gegenseitigen Vertrag vor allem einigen müssen, gehören die Hauptleistungspflichten der einen und der anderen Partei, bei einem Kaufvertrag also der Kaufgegenstand – bei einem „Gattungskauf" die Art und die Menge, die geliefert werden soll – und der Preis. Bei einem Werkvertrag bedarf es der Bestimmung des herzustellenden Werkes und der Höhe der Vergütung. Wenn sich die Parteien hierüber nicht geeinigt haben, ist ein Vertrag nicht zustandegekommen. Alle übrigen Fragen dagegen, wie die nach Zeit und Ort der Leistung, Nebenpflichten oder Obliegenheiten der einen oder anderen Partei, ferner nach den Folgen einer verspäteten Erfüllung oder einer sonstigen Vertragsverletzung, eines Mangels der Sache oder des Werkes oder des Eintritts eines künftigen Umstandes, der die Leistung des einen Teils erheblich erschwert, können die Parteien im Vertrag regeln, brauchen dies aber nicht zu tun. Soweit sie solche Fragen offen gelassen haben, greift dann das, meist dispositive, Gesetzesrecht ein. Sinn der Inhaltskontrolle der AGB ist es, diejenigen Bestimmungen der AGB auf ihre Angemessenheit hin zu überprüfen, die das dispositive Recht – an zwingendes sind die Parteien ohnehin gebunden – ersetzen oder ergänzen sollen. Es muß sich dabei also um die Regelung von Fragen handeln, die im Gesetzesrecht entweder – wenn auch nur durch dispositive Regeln – geregelt sind oder doch durch Gesetzesrecht geregelt werden könnten. Dazu gehört die Bestimmung der beiderseitigen Hauptleistungen nicht, da dies mit der Privatautonomie unvereinbar wäre. Sie ist daher im Wege der Inhaltskontrolle so wenig nachprüfbar, wie die Frage, ob zwischen den beiderseitigen Leistungen ein Verhältnis objektiver Gleichwertigkeit vorliegt. Der Gesetzgeber wollte den Gerichten nicht die Aufgabe einer Preiskontrolle aufbürden.[32]

Bei weitem die meisten Bestimmungen der AGB sind jedoch von der Art, daß sie unter die Inhaltskontrolle fallen, da sie entweder nur untergeordnete Modifikationen der Leistung, die Gewährleistung für Mängel oder die Folgen bestimmter Leistungsstörungen, also solche Fragen betreffen, die durch das dispositive Recht geregelt werden können. Über den Leistungsgegenstand selbst und den Preis einigen sich die Parteien meist individuell. Doch wird mitunter die Leistung erst in den AGB näher bestimmt; so nicht selten bei Bauverträgen durch eine vorformulierte, für eine Vielzahl von Verträgen verwendete Baubeschreibung. Aus den AGB der Versicherer ergibt sich die nähere Umgrenzung des versicherten Risikos. Die Höhe des Entgelts kann einer in den AGB enthaltenen Preistabelle zu entnehmen sein. Derartige Bestimmungen der AGB, die man als „*Leistungsbeschreibungen*" charakterisieren kann,[33] unterliegen zum mindesten in ih-

[32] So ausdrücklich die Regierungsbegründung zum jetzigen § 8.

[33] Nach dem Zweck des Gesetzes müssen jedoch solche Bestimmungen in allgemeinen Geschäftsbedingungen der Inhaltskontrolle unterliegen, durch die die individuell vereinbarte Leistung entgegen der danach vom Kunden zu erwartenden Beschaffenheit modifiziert, insbesondere eingeschränkt wird. Das Stichwort „Leistungsbeschreibung" liefert für sich allein kein genügendes Abgrenzungskriterium, was die Diskussion hierüber deutlich ergeben hat. Vgl. hierzu *Brandner,* Schranken der Inhaltskontrolle, in Festschr. f. *Hauß* 1978, S. 1; *Ulmer* u. a. 8, 18ff., MünchKomm/*Kötz* 4ff. zu § 8. Zu der Frage, in wie weit *Risikobegrenzungen* in den Geschäftsbedingungen der Versicherer – als zur „Leistungsbeschreibung" gehörend – von der Kontrolle ausgenommen sind, *Prölss/Martin,* Versicherungsvertragsgesetz, 22. Aufl., Vorbem. I 6C.

rem Kerngehalt nicht der Inhaltskontrolle und damit auch nicht dem Verfahren nach den §§ 13ff., wohl aber den Vorschriften der §§ 1 bis 7. Das ist für ihre Einbeziehung in den Vertrag, insbesondere im Hinblick auf die §§ 2 und 3, von erheblicher Bedeutung.

Der § 8 des Gesetzes steht in einem inneren Zusammenhang mit § 6 Abs. 2, dem zufolge insoweit, als AGB nicht, wie vom Verwender beabsichtigt, Vertragsbestandteil geworden oder unwirksam sind, sich der Inhalt des Vertrages nach den gesetzlichen Vorschriften richtet. In diesen Bestimmungen tritt die Grundtendenz des Gesetzes zutage, der Aushöhlung des dispositiven Gesetzesrechts durch ihm widersprechende, sachlich unangemessene Regelungen in AGB entgegenzutreten. Diese Tendenz bestimmt auch die einzelnen Klauselverbote und kommt ebenso in der Formulierung der Generalklausel zum Ausdruck.

b) **Einzelne Klauselverbote.** Die große Zahl der in den §§ 10, 11 enthaltenen Klauselverbote verbietet es, sie hier alle im einzelnen aufzuführen. Es muß auf den Gesetzestext und auf die Kommentare verwiesen werden. Einige der wichtigsten greifen wir heraus, damit sich der Leser wenigstens ein ungefähres Bild von der Bedeutung dieser Klauselverbote machen kann.

Unter den **Klauselverboten „mit Wertungsmöglichkeit“** (§ 10) erwähnen wir zunächst das der Nr. 1. Unwirksam ist danach eine Bestimmung in den AGB, durch die sich der Verwender „unangemessen lange oder nicht hinreichend bestimmte Fristen für die Annahme oder Ablehnung eines Angebots oder die Erbringung einer Leistung vorbehält“. Die Frist, innerhalb derer ein Vertragsangebot angenommen werden kann und der Antragende nach § 145 regelmäßig an sein Angebot gebunden ist, ergibt sich im Grundsatz aus § 147 (vgl. oben § 27 I b). Der Antragende kann jedoch eine längere Frist bestimmen (§ 148) und sich damit für längere Zeit an sein Angebot binden. Verwender von AGB lassen den Kunden nicht selten sein Angebot auf einem Formular (Vertragsantrag, Bestellschein) machen, auf dem vermerkt ist, der Antragsteller (Besteller) halte sich so und so lange an sein Angebot gebunden. Der Verwender hat es so lange dann in der Hand, das Angebot anzunehmen oder abzulehnen, während der Kunde gebunden ist, daher nicht ohne Risiko anders disponieren kann. Bei der Beurteilung der Wertungsfrage, ob die bestimmte Frist „unangemessen lang“ ist, sind auch die berechtigten Interessen des Verwenders zu berücksichtigen. Eine längere Frist kann gerechtfertigt sein, wenn der Verwender nach der Art des Geschäfts in der Lage sein muß, bevor er sich entscheidet, Rückfragen zu stellen oder Auskünfte bei Dritten einzuholen (z. B. bei einem Kreditgeschäft), oder wenn dem Antrag Unterlagen beizufügen sind, deren Bearbeitung auch im Falle, daß sie vollständig sind, eine gewisse Zeit erfordert. Liegen derartige Umstände nicht vor, so dürfte eine Frist „unangemessen“ lang sein, die nicht unerheblich über die aus § 147 Abs. 2 sich ergebende hinausgeht. Eine Frist für die

Erbringung der Leistung des Verwenders ist „unangemessen" lang, wenn sie das Interesse des Kunden (an möglichst baldiger Lieferung, Vornahme einer Reparatur usw.) weiter außer Acht läßt, als dies nach den Umständen, besonders nach der Art der Leistung, oder im Hinblick auf Schwierigkeiten, mit denen gerechnet werden muß (z. B. durch Witterungseinflüsse bei Bauten) gerechtfertigt ist. Wenn der Verwender wegen der Lage in seinem Betrieb (hoher Auftragsbestand, Mangel an Arbeitskräften) eine längere Frist benötigt, wird er sie sich zweckmäßig durch eine Individualvereinbarung sichern. Der Kunde hat dann die Wahl, ob er sich darauf einlassen oder versuchen will, die Leistung von einem anderen zu erhalten, der kürzere Fristen anbietet.

Nach § 10 Nr. 3 ist unwirksam „die Vereinbarung eines Rechts des Verwenders, sich ohne sachlich gerechtfertigten und im Vertrag angegebenen Grund von seiner Leistungspflicht zu lösen". Dies gilt für den Vorbehalt eines Rücktritts-, Kündigungs- oder Widerrufsrechts, auch für Klauseln wie „freibleibend", „ohne obligo", sofern diese nichts anderes bedeuten als den Vorbehalt eines Rücktrittsrechts (vgl. oben § 27 Ic). Ein sachlich gerechtfertigter Grund, der in den AGB angeführt sein muß, könnte z. B. ein nicht unerhebliches vertragswidriges Verhalten des Kunden, das Ausbleiben seiner erforderlichen Mitwirkung oder ein anderer, wohl näher zu bezeichnender, nicht im Einflußbereich des Verwenders gelegener Umstand sein, dessen Eintritt seine Leistung über das ihm zumutbare Maß hinaus erschwert.[34] Die Bestimmung ist nicht anwendbar auf Dauerschuldverhältnisse (letzter Halbsatz). Die, regelmäßig befristete, Kündigung ist das normale Mittel zu ihrer Beendigung, falls sie auf unbestimmte Zeit eingegangen sind. Es bedarf für sie, von der Ausnahme im Wohnmietrecht abgesehen, keines sie sachlich rechtfertigenden Grundes. Eine *fristlose* Kündigung wird allerdings in AGB nur für den Fall eines „wichtigen Grundes" vereinbart werden können, da eine Klausel, die sie auch ohne einen solchen zuließe, nach § 9 Abs. 2 Nr. 1 unwirksam sein würde.[35] Denn es ist ein „wesentlicher Grundgedanke" der gesetzlichen Regelung, daß eine Kündigung, also die einseitige Beendigung eines Dauerrechtsverhältnisses, falls kein „wichtiger Grund" vorliegt, nur unter Einhaltung einer Frist erfolgen soll, deren Länge allerdings sehr unterschiedlich sein kann (vgl. die Fristen des § 565!).

Von den übrigen Klauselverboten des § 10 seien nur kurz erwähnt: der Änderungsvorbehalt (Nr. 4), die Fiktion einer Willenserklärung (Nr. 5) oder des Zugangs einer Erklärung (Nr. 6), die Vereinbarung einer unangemessen hohen Nutzungsvergütung oder eines unangemessen hohen Aufwendungsersatzes für den Fall der Rückabwicklung eines Vertrages (Nr. 7) und die Vereinbarung der

---

[34] Zu Klauseln wie „Lieferungsmöglichkeit" oder „Selbstbelieferung vorbehalten" vgl. *Ulmer* u. a. 6, 8; *Löwe* u. a. 2. Aufl. Bd. II 39ff., 45f. zu § 10 Nr. 3.

[35] So auch *Palandt/Heinrichs* 3a cc zu § 10.

Geltung ausländischen Rechts oder des Rechts der DDR in Fällen, in denen hierfür „kein anerkennenswertes Interesse besteht“ (Nr. 8). Die zuletzt genannte Bestimmung soll verhindern, daß ein Vertrag mit nur schwacher Auslandsberührung (der Verwender ist die inländische Niederlassung einer ausländischen Firma; der Kunde wohnt im Inland, hier ist das Geschäft abgeschlossen und soll es auch vollständig abgewickelt werden) durch AGB einer fremden Rechtsordnung unterstellt wird, was für den Kunden, dem diese unbekannt ist und dem sie vielleicht geringeren Schutz bietet, sehr nachteilig sein kann. Ein „anerkennenswertes Interesse“ dürfte nur vorliegen, wenn die Auslandsbeziehung überwiegt,[36] wenn also z. B., weil es sich um den Verkauf eines ausländischen Grundstücks handelt, der Vertrag im Ausland zu erfüllen ist.

Unter den **Klauselverboten ohne Wertungsmöglichkeit** sind wohl die wichtigsten die der Nr. 7 bis 11 des § 11. Sie betreffen sog. **Freizeichnungsklauseln,** durch die der Verwender seine gesetzliche Haftung für die von ihm nach dem Gesetz zu „vertretenden“ Vertragsverletzungen sowie für Mängel der von ihm verkauften oder vermieteten Sache oder des von ihm herzustellenden Werkes auszuschließen oder wenigstens zu beschränken sucht. Derartige Klauseln haben in der Vergangenheit eine sehr große Rolle gespielt. Nr. 8 bezieht sich auf den Fall des Leistungsverzuges des Verwenders oder der von ihm zu vertretenden Unmöglichkeit seiner Leistung, Nr. 7 auf alle anderen Fälle einer Vertragsverletzung, etwa die Verletzung einer vertraglichen Nebenpflicht oder einer Schutzpflicht. Auch hier kommt es nach dem BGB stets darauf an, ob die Vertragsverletzung von dem Schuldner zu vertreten ist. Hat er sie zu vertreten, so hat er Schadensersatz zu leisten. „Zu vertreten“ hat er nach § 276 Abs. 1 BGB eigenes vorsätzliches oder fahrlässiges, d. h. schuldhaftes Verhalten, nach § 278 BGB darüber hinaus ein schuldhaftes Verhalten seiner gesetzlichen Vertreter und seiner „Erfüllungsgehilfen“. Nur die Haftung wegen eigenen Vorsatzes kann dem Schuldner nicht im voraus erlassen werden, da dies in Wahrheit hieße, ihm die Erfüllung freizustellen (§ 276 Abs. 2 BGB); im übrigen handelt es sich um dispositives Recht. Hier setzt § 11 Nr. 7 an. Danach kann in AGB die Haftung nicht ausgeschlossen oder begrenzt werden für einen Schaden, der auf einer eigenen *grob* fahrlässigen Vertragsverletzung des Verwenders oder auf einer vorsätzlichen oder *grob* fahrlässigen Vertragsverletzung eines gesetzlichen Vertreters oder Erfüllungsgehilfen des Verwenders beruht; dies gilt auch für die Verletzung von Pflichten, die schon mit der Aufnahme von Vertragsverhandlungen entstehen. Zulässig in AGB ist danach nur noch ein Ausschluß oder eine Begrenzung der Haftung – z. B. der Höhe nach – für Schäden, die aus einer *leichten* Fahrlässigkeit

---

[36] So auch *Ulmer* u. a. 7, *Koch/Stübing* 17f. zu § 10 Nr. 8; *Palandt/Heinrichs* 8a zu § 10. Anders jedoch *Löwe* u. a. 2. Aufl. Bd. II 9ff. zu § 10 Nr. 8: es genüge „ein vernünftiges Interesse an der Wahl eines fremden Rechts“; nicht erforderlich sei, daß dieses Interesse das des Kunden an der Anwendung deutschen Rechts überwiege.

(des Verwenders selbst, seiner gesetzlichen Vertreter oder Erfüllungsgehilfen) entstehen. Für die Sonderfälle des Verzuges und der zu vertretenden Unmöglichkeit, die das BGB in den §§ 284ff., 326, 636 (Verzug) und 280, 325 geregelt hat, trifft Nr. 8 eine dem ähnliche, zum Teil noch strengere Regelung.

Soweit das BGB in diesen Fällen dem anderen Vertragsteil ein Recht gibt, sich vom Vertrage zu lösen, kann dieses Recht auch im Falle nur leichter Fahrlässigkeit weder ausgeschlossen noch eingeschränkt werden; das Recht des anderen Vertragsteils, Schadensersatz zu verlangen,[37] kann keinesfalls ausgeschlossen, für den Fall nur leichter Fahrlässigkeit jedoch eingeschränkt werden. Wie weit die Einschränkung gehen darf – eine Beschränkung auf einen nur symbolischen Ersatz in Höhe von 1 DM wäre gewiß unwirksam –, entzieht sich einer generellen Festlegung.[38] Der zu leistende Ersatz muß m. E. noch in einem vertretbaren Verhältnis zu dem eingetretenen und typischerweise in solchen Fällen zu erwartenden Schaden stehen. Als zulässig denkbar wäre etwa der Ausschluß des Ersatzes eines entgangenen Gewinns oder eine Begrenzung des zu leistenden Ersatzes auf eine Höchstsumme, die sich an dem typischerweise zu erwartenden Schaden orientiert. § 11 Nr. 9 ergänzt die gesetzliche Regelung für den Fall teilweisen Leistungsverzuges des Verwenders oder einer von ihm zu vertretenden teilweisen Unmöglichkeit seiner Leistung.

Auf die gesetzliche Gewährleistung für die Abwesenheit von Mängeln und das Vorhandensein zugesicherter Eigenschaften beziehen sich die Nr. 10 und 11 des § 11. Sie enthalten eine sehr in's einzelne gehende Regelung, auf die hier nur in den Grundzügen eingegangen werden kann. Hervorzuheben ist, daß sich die Nr. 10 nur bezieht auf Verträge „über Lieferungen neu hergestellter Sachen und Leistungen", also nicht auf Kaufverträge über gebrauchte Sachen. Die Formulierung des Gesetzes ist unklar, da sie dazu verführt, die Worte „neu hergestellter" nicht nur auf Sachen, sondern auch auf „Leistungen" zu beziehen, was keinen rechten Sinn ergibt. Die jetzige Fassung der Bestimmung geht auf den Rechtsausschuß des Bundestages zurück, der ihren Geltungsbereich über die ursprünglich im Regierungsentwurf allein genannten Kauf-, Werk- und Werklieferungsverträge hinaus erweitern wollte.[39] Sie ist daher so zu lesen, als lautete sie: „bei Verträgen über Lieferungen neu hergestellter Sachen und bei Verträgen über (andere) Leistungen (als Lieferungen)".[40] Unter die Bestimmung fallen auch Werkverträge, die nicht eine Sachlieferung zum Gegenstand haben (z. B. Reparatur- und Wartungsverträge), wohl auch Miet- und Pachtverträge.[41] Die Ausnah-

[37] Im Verzugsfall sowohl der Anspruch auf Ersatz des Verzugsschadens (§ 286), wie der auf das Erfüllungsinteresse nach § 326; h. L. Anders *Ulmer* u. a. 10, 11 zu § 11 Nr. 8; auf den Anspruch aus § 286 erstrecke sich die Bestimmung nicht. Die Begründung hierfür überzeugt jedoch nicht; vgl. dazu *Löwe* u. a. 2. Aufl. Bd. II 23ff. zu § 11 Nr. 8.

[38] Vgl. *Ulmer* u. a. 13, *Löwe* u. a 2. Aufl. Bd. II 30ff. zu § 11 Nr. 8. Eine „Faustregel", der zufolge mindestens 50% des entstandenen Schadens zu ersetzen sind (so *Löwe/Graf v. Westphalen*) halte ich für zu schematisch.

[39] Bundestagsdrucksache 7/5422 der 7. Wahlperiode S. 8.

[40] *Palandt/Heinrichs* 10 vor a zu § 11, *Löwe* u. a. 2. Aufl. Bd. II 15f., *Koch/Stübing* 4 zu § 11 Nr. 10.

[41] Für Miet- und Pacht-, auch Leasingverträge ist das str. Einige halten ihre durch den Wortlaut gedeckte Einbeziehung für ein „Redaktionsversehen", das zu berichtigen sei; so *Ulmer* u. a. 3, *Dietlein/Rebmann* 2, *Schlosser* u. a. 25, *Koch/Stübing* 13f. zu § 11 Nr. 10. *Für* ihre Einbeziehung dagegen *Löwe* u. a. 2. Aufl. Bd. II 15 zu § 11 Nr. 10; *Palandt/Heinrichs* 10, MünchKomm/*Kötz* 78 zu § 11.

me der Verträge über die Lieferung nicht neuer, also bereits gebrauchter Sachen, z. B. gebrauchter Kraftfahrzeuge, Maschinen oder Möbel, ist deshalb gerechtfertigt, weil hier dem Verkäufer das Einstehen für nicht von ihm erkannte und vielleicht auch nicht erkennbare Mängel zumal mit Rücksicht auf den meist stark reduzierten Preis (gegenüber gleichartigen neuen Sachen) nicht immer zugemutet werden kann. Der Käufer solcher Sachen weiß, daß er ein Risiko eingeht. Anders ist es, wenn der Verkäufer den Mangel kennt; hier kann ihn die Verpflichtung treffen, den Käufer aufzuklären. Von dieser Pflicht kann er sich nur im Rahmen des § 11 Nr. 7 (beachte den letzten Halbsatz!) freizeichnen. Im übrigen kann der vollständige Ausschluß *aller* Gewährleistungsansprüche in den AGB des Verkäufers auch beim Verkauf gebrauchter Sachen nach der Generalklausel des § 9 unwirksam sein; so etwa, wenn eine Sache als ,,neuwertig" verkauft wird.

Die wichtigsten Regeln, die sich aus der Nr. 10, so weit diese anwendbar ist, ergeben, sind folgende: die Gewährleistungsansprüche gegen den Verwender können nicht ausgeschlossen oder auf die Einräumung von Ansprüchen gegen Dritte beschränkt werden (Buchst. a); sie können nur dann auf ein Recht der anderen Vertragspartei auf Nachbesserung oder Ersatzlieferung beschränkt werden, wenn dieser zugleich ausdrücklich das Recht eingeräumt wird, im Falle des Fehlschlagens der Nachbesserung oder Ersatzlieferung einer Herabsetzung der Vergütung oder, sofern es sich nicht um eine Bauleistung handelt, die Rückgängigmachung des Vertrages zu verlangen (Buchst. b); die Verpflichtung des Verwenders, im Falle der Nachbesserung die Aufwendungen zu tragen, die zum Zwecke der Nachbesserung erforderlich werden, darf nicht ausgeschlossen oder beschränkt werden (Buchst. c); die Beseitigung des Mangels oder die Ersatzlieferung darf nicht von der vorherigen Zahlung des vollständigen Entgelts oder eines unverhältnismäßig hohen Teils des Entgelts abhängig gemacht werden (Buchst. d).

§ 11 Nr. 11 untersagt den Ausschluß oder die Einschränkung der in den §§ 463, 480 Abs. 2, 635 BGB geregelten Schadensersatzansprüche gegen den Verwender wegen *Fehlens einer zugesicherten Eigenschaft*. Diese Bestimmung gilt für *alle* Kauf-, Werk- und Werklieferungsverträge, auch für den Verkauf gebrauchter Sachen. Ob der zu ersetzende Schaden nur der durch die Minderwertigkeit der Sache selbst bedingte eigentliche Mangelschaden ist oder auch einen Mangelfolgeschaden umfaßt, der dem Käufer oder Besteller infolge der Mangelhaftigkeit der Sache an seinen sonstigen Rechtsgütern – Leben, Gesundheit, anderen Sachen – entsteht, hängt von dem durch Auslegung zu ermittelnden Inhalt der Zusicherung ab.[42] Erstreckt sich die Zusicherung, die in den AGB selbst oder in einer Individualabrede enthalten sein kann, auch auf den Mangelfolgeschaden, weil sie ihrem vom Kunden zu verstehenden Sinne nach diesen gerade auch vor einem solchen schützen soll, dann kann die Ersatzpflicht auch für diesen Schaden durch die AGB nicht eingeschränkt werden. Umfaßt die Zusicherung nicht den Mangelfolgeschaden, so könnte sich ein Anspruch auf Ersatz dieses Schadens noch aus einer vom Verwender zu vertretenden ,,positiven Vertragsverletzung" ergeben. Ein solcher Anspruch könnte in AGB nur im Rahmen des § 11 Nr. 7 ausgeschlossen oder beschränkt werden.[43]

Von den übrigen Klauselverboten des § 11 seien nur noch die der Nr. 1 und 2 erwähnt. Nr. 1 verbietet den Vorbehalt der *Preiserhöhung* für Waren oder Leistungen, die innerhalb von 4 Monaten nach Vertragsabschluß geliefert oder erbracht werden sollen; dies gilt nicht für Lieferungen und sonstige Leistungen im Rahmen von Dauerschuldverhältnissen. Durch die Vereinbarung einer längeren

---

[42] Vgl. *Löwe* u. a. 2. Aufl. Bd. II 16ff., *Ulmer* u. a. 15f. zu § 11 Nr. 11; BGHZ 65, 107, 112; zur Unterscheidung des Mangelschadens und des Mangelfolgeschadens Schr. R. Bd. II, §§ 41 II c, 53 II b.

[43] Vgl. *Ulmer* 20 zu § 11 Nr. 7.

Lieferfrist oder Frist für seine Leistung – was im Wege der AGB allerdings nur im Rahmen des § 10 Nr. 1 geschehen kann – vermag der Verwender dieser Bestimmung zu entgehen; behält er sich aber bei Vereinbarung einer längeren Frist Preiserhöhungen auch ohne einen sie sachlich rechtfertigenden Grund oder in einem nicht gerechtfertigten Ausmaß vor, so kann der Vorbehalt immer noch nach § 9 unwirksam sein.[44] § 11 Nr. 2 untersagt eine Bestimmung in den AGB, durch die das Leistungsverweigerungsrecht des Vertragspartners des Verwenders gemäß § 320 BGB oder ein ihm zustehendes Zurückbehaltungsrecht, soweit es auf demselben Vertragsverhältnis beruht, ausgeschlossen oder eingeschränkt wird. Unberührt bleibt jedoch die Vereinbarung einer Vorleistungspflicht des Kunden, durch die verhindert werden kann, daß die genannten Rechte für ihn entstehen.[45] Es ist üblich und wird weiterhin auch durch AGB vereinbart werden können, daß der Verkäufer z. B. von Möbeln eine Anzahlung verlangt, daß der Bauherr Teilzahlungen entsprechend den Baufortschritten zu leisten hat oder daß bei einem Reisevertrag der gesamte Betrag vor Antritt der Reise zu bezahlen ist.[46] Wenn aber die Vereinbarung einer Vorleistungspflicht des Kunden in AGB diesen in sachlich nicht zu rechtfertigender Weise benachteiligt, kann sie auf Grund der Generalklausel des § 9 unwirksam sein.

c) **Die Generalklausel des § 9 AGBG.** Ist eine Klausel in AGB nicht schon auf Grund der §§ 10 oder 11 unwirksam, dann ist zu prüfen, ob sie nach dem Maßstab des § 9 Bestand haben kann. Nach dieser ,,Generalklausel" sind Bestimmungen in AGB dann unwirksam, wenn sie ,,den Vertragspartner des Verwenders entgegen den Geboten von Treu und Glauben unangemessen benachteiligen".

Das Gesetz führt nebeneinander die ,,Gebote von Treu und Glauben" und den Gesichtspunkt der ,,unangemessenen Benachteiligung" des Vertragspartners des Verwenders an. Ihr Verhältnis zueinander ist so zu sehen, daß die ,,unangemessene Benachteiligung" der spezielle Gesichtspunkt ist, im Hinblick auf den hier das allgemeine Gebot von ,,Treu und Glauben" zu konkretisieren ist. Die Gebote von ,,Treu und Glauben" können ja vielerlei verlangen: die Erfüllung erweckter Erwartungen, rücksichtsvolles Verhalten, Bereitschaft zum Zusammenwirken bei der Erreichung des Vertragszwecks, Vertragstreue im weitesten Sinn. Hier geht es darum, daß bei einem Vertrage jede Partei erwarten darf, daß das Verhältnis der beiderseitigen Rechte, Pflichten, Chancen und Risiken ein einigerma-

---

[44] So auch BGHZ 82, 21 (Unzulässigkeit der sog. Tagespreisklausel beim Verkauf neuer Kraftfahrzeuge ohne gleichzeitige Einräumung der Möglichkeit an den Käufer, sich im Falle nicht nur geringfügiger Preiserhöhung vom Vertage zu lösen).

[45] Beachte die Worte: ,,es sei denn, daß er vorzuleisten verpflichtet ist", im Text des § 320 Abs. 1 Satz 1, die Worte: ,,sofern sich nicht aus dem Schuldverhältnis ein anderes ergibt", im Text des § 273 Abs. 1 BGB.

[46] Vgl. hierzu *Löwe* u. a. 2. Aufl. Bd. II 10ff., *Ulmer* u. a. 11f. zu § 11 Nr. 2; *Palandt/Heinrichs* 2a aa zu § 11. Zum Reisevertrag vgl. Sch. R. II; 53 V a aE.

ßen ausgeglichenes ist. Der Verstoß gegen „Treu und Glauben" liegt darin, daß durch die der anderen Partei vom Verwender gestellten Bedingungen das Äquivalenzverhältnis empfindlich gestört, ein Ungleichgewicht geschaffen wird. Hierauf kommt es für die Bewertung entscheidend an. Die Benachteiligung des Kunden ist „unangemessen", wenn sie die Gewichte zu seinen Ungunsten so verschiebt, daß die beiderseitigen Rechte und Pflichten, Chancen und Risiken nicht mehr ausgeglichen sind. Damit darin ein Verstoß gegen „Treu und Glauben" gesehen werden kann, darf das entstandene Ungleichgewicht nicht unbedeutend sein.[47]

Das Gesetz sucht den Gesichtspunkt der „unangemessenen Benachteiligung" dadurch weiter zu konkretisieren, daß es zwei Tatbestände herausstellt, bei deren Vorliegen eine unangemessene Benachteiligung „im Zweifel" anzunehmen ist. Es sind dies (§ 9 Abs. 2) erstens der Fall, daß eine Bestimmung in AGB „mit wesentlichen Grundgedanken der gesetzlichen Regelung, von der abgewichen wird, nicht zu vereinbaren ist", und zweitens der Fall, daß sie „wesentliche Rechte oder Pflichten, die sich aus der Natur des Vertrages ergeben, so einschränkt, daß die Erreichung des Vertragszwecks gefährdet ist".

Die gesetzliche Regelung, von der abgewichen wird, kann die des allgemeinen Vertragsrechts, des allgemeinen Schuldrechts (§§ 241 ff.) oder des besonderen Vertragstypus sein, dem der betreffende Vertrag zuzuordnen ist (also z. B. das Kauf- oder Mietrecht). Was aber sind die „wesentlichen Grundgedanken" dieser gesetzlichen Regelungen? Der BGH ist der Meinung, das seien die Normen, denen ein wesentlicher Gerechtigkeitsgehalt zukomme, im Unterschied zu solchen, die reine Ordnungsvorschriften sind. Die Abgrenzung ist jedoch sehr zweifelhaft;[48] man muß auch fragen, ob nicht im Kontext einer insgesamt ausgewogenen Regelung nahezu jeder Norm auch ein Gerechtigkeitsgehalt zukommt.[49] Es kommt darauf an, ob durch die Abänderung dieser Regel die Ausgewogenheit der Gesamtregelung deutlich beeinträchtigt wird. Nur wenn das nicht der Fall ist, die Regelung immer noch als „ausgewogen" angesehen werden kann, ist die Abweichung von einer dispositiven Norm unschädlich. Ein „wesentlicher Gerechtigkeitsgehalt" kommt jedenfalls den Normen zu, die dazu dienen sollen, die Interessen der Vertragsparteien möglichst gleichmäßig zu berücksichtigen. Handelt es sich aber um einen speziellen Vertragstypus, so wird man zu den „Grundgedanken" der gesetzlichen Regelung auch das „Leitbild" des Typus zu rechnen haben, wie es dem Gesetzgeber vor Augen gestanden und in

---

[47] Vgl. dazu *Ulmer* u. a. 56, 66ff., *Palandt/Heinrichs* 2b zu § 9. Der Meinung von *Schlosser* u. a. Rdn. 15 zu § 9, die ausdrückliche Erwähnung von Treu und Glauben in § 9 sei überflüssig, kann nicht gefolgt werden; das Schwergewicht liegt freilich auf der „unangemessenen Benachteiligung".

[48] Vgl. BGHZ 72, 222.

[49] Dazu *Ulmer* u. a. 96, *Löwe* u. a. 26, *Schlosser* u. a. 25 zu § 9. Kritisch zum „Gerechtigkeitsgehalt" *Schapp,* DB 78, Heft 13.

der gesetzlichen Regelung insgesamt, in der sinnhaften Verknüpfung der Regeln, Ausdruck gefunden hat.[50] Hierbei geht es sowohl um die typischen Vertragszwecke beider Parteien, ihre daraus sich ergebenden Rechte und Pflichten, wie um die bei einem Vertrag solcher Art typischerweise von jeder zu übernehmenden Risiken und typischerweise mit ihm verbundener Erwartungen. Was das Gesetz im Hinblick darauf angeordnet hat, gehört ebenfalls zu den Grundgedanken seiner Regelung. Indessen genügt nicht jede, sei es auch noch so geringfügige Abweichung; das Gesetz verlangt „Unvereinbarkeit" mit den „wesentlichen Grundgedanken", und die liegt nur vor, wenn durch die betreffende Klausel ohne einen entsprechenden Ausgleich die Gewichte nicht unerheblich zu Lasten des Kunden verschoben werden.[51]

Der zweite Tatbestand knüpft vor allem an den Vertragszweck an; er liegt nur vor, wenn dessen Erreichung gefährdet ist. Im übrigen deckt er sich aber weitgehend mit dem ersten. Denn die „wesentlichen Grundgedanken" der gesetzlichen Regelung eines Vertragstypus stimmen mit den Rechten und Pflichten, die sich aus der „Natur" eines solchen Vertrages, d.h. wiederum seinen (nächsten) Zwecken und seinem Gesamtinhalt, ergeben, überein. Allerdings kann nicht jeder Vertrag einem gesetzlich geregelten Vertragstypus zugeordnet werden. Wenn und soweit es für den hier vorliegenden Vertrag an einer spezifischen gesetzlichen Regelung fehlt, weil er kein „typischer" im Sinne der Gesetzestypik ist, bleibt für die Prüfung der Angemessenheit der AGB nur die Besinnung auf den Zweck eines solchen Vertrages und auf die zu seiner Erreichung im Vertrage vorgesehenen Mittel. „Unangemessen" sind in der Tat Klauseln, die die Erreichung des Vertragszwecks (der Gegenpartei des Verwenders) auf den im Vertrage vorgesehenen Wege gefährden. Der 2. Fall des § 9 Abs. 2 ist danach hauptsächlich für solche Verträge von Bedeutung, die sich der gesetzlichen Typik nicht, oder nur in einigen, aber nicht in allen Hinsichten,[52] einordnen lassen und bei denen daher der Rückgang auf die Grundgedanken der gesetzlichen Regelung nicht genügend hergibt.

Die beiden im zweiten Absatz des § 9 umschriebenen Tatbestände sind aber nur als exemplarisch dafür gedacht, was im Sinne des ersten Absatzes unter einer „unangemessenen Benachteiligung" des Kunden zu verstehen ist. Ob eine solche, und zwar in dem Maße, daß von einem Verstoß gegen die Gebote von Treu und Glauben gesprochen werden kann, vorliegt, bedarf stets der abschließenden Feststellung, was durch die Worte „im Zweifel" unterstrichen wird. Eine Zuweisung der *Beweislast* an den Verwender kann aus ihnen nur insofern entnommen werden, als es sich um solche *Tatsachen* handelt, die den Schluß rechtfertigen

---

[50] Hierzu *Leenen,* Typus und Rechtsfindung, 1971, S. 80ff., 148ff.

[51] Vgl. dazu *Ulmer* u.a. 101 zu § 9.

[52] Dazu gehört z.B. der Leasingvertrag. Seine Einordnung lediglich als Mietvertrag geht fehl; vgl. Sch.R. Bd. II, § 63 II.

sollen, die Klausel sei trotz des Vorliegens eines der Tatbestände des zweiten Absatzes nicht „unangemessen". Das Urteil, sie sei angemessen oder nicht, ist dagegen ein Werturteil, das der Richter unabhängig von der Beweislast zu treffen hat.[53]

d) **Die Rechtsfolgen der Unwirksamkeit.** Ist eine Klausel oder sind einige oder gar alle Klauseln der in einen Vertrag einbezogenen AGB unwirksam, so handelt es sich rechtssystematisch um einen Fall der Teilnichtigkeit im Sinne des § 139 (oben § 23 II). Die Anwendung des § 139 könnte zur Unwirksamkeit des ganzen Vertrages führen, dann nämlich, wenn angenommen werden muß, der Verwender hätte den Vertrag bei Kenntnis der Unwirksamkeit seiner AGB nicht geschlossen. Damit wäre aber dem Kunden nicht gedient, der sich ja regelmäßig auf die Durchführung des Vertrages eingerichtet haben wird. Deshalb bestimmt das Gesetz in § 6 Abs. 1, daß dann, wenn AGB ganz oder teilweise unwirksam sind, der Vertrag im übrigen wirksam bleibt. Eine Ausnahme davon macht § 6 Abs. 3 für den Fall, daß das Festhalten am Vertrag auch unter Berücksichtigung der Anwendung dispositiven Rechts anstelle der unwirksamen Klauseln eine unzumutbare Härte für eine Vertragspartei darstellen würde. Bei Unwirksamkeit nur einer oder einiger Klauseln dürfte dies nur selten der Fall sein.

Soweit die vertragliche Regelung infolge der Unwirksamkeit der AGB oder einzelner ihrer Bestimmungen lückenhaft wird, ist die Lücke nach § 6 Abs. 2 durch das auf einen Vertrag solcher Art anwendbare Gesetzesrecht zu schließen. Fraglich ist, ob eine Klausel, die über das zulässige Maß hinausgeht, ihrem ganzen Inhalt nach, oder nur gerade so weit unwirksam ist, als sie dieses Maß überschreitet, im übrigen aber wirksam bleibt. Von einer Lücke der im Vertrag getroffenen Regelung ließe sich nur im ersten Fall sprechen. Ist beispielsweise in AGB die Haftung des Verwenders für Fahrlässigkeit ausgeschlossen, so fragt es sich, ob diese Klausel schlechthin unwirksam ist, sodaß statt ihrer nun die §§ 276, 278 BGB anzuwenden wären mit der Folge, daß der Verwender auch für leichte Fahrlässigkeit einzustehen hat, oder ob sie nur insoweit unwirksam ist, als sie auch die Haftung für grobe Fahrlässigkeit ausschließt, dagegen gültig bleibt hinsichtlich des Ausschlusses der Haftung für leichte Fahrlässigkeit. Die Frage ist im Schrifttum kontrovers. Nach einer Meinung[54] sind „unangemessene Klauseln" – z. B. unangemessen lange Fristen – „mit demjenigen Teilgehalt aufrechtzuerhalten", der sich aus der Gesamtregelung lösen läßt und den Interessen beider Rech-

---

[53] Von „Darlegungs"- und „Beweislast" kann man nicht mit Bezug auf rechtliche Werturteile, sondern nur mit Bezug auf solche Tatsachen sprechen, die bei der Beurteilung eine Rolle spielen können. Solche Tatsachen hat im allgemeinen derjenige zu beweisen, der sich auf sie beruft. In den Fällen des zweiten Absatzes ist es im Interesse des Verwenders, Tatsachen vorzubringen, die eine andere Beurteilung als die durch diesen Tatbestand nahe gelegte rechtfertigen können. Vgl. *Ulmer* u. a. 62, 117, *Schlosser* u. a. 60 zu § 9.

[54] So etwa *Beuthin/Lüderitz*, Studienkommentar, 3 zu § 9 AGBG; mit Einschränkung auch *Kötz*, NJW 79, 785 u. MünchKomm 8ff. zu § 6.

nung trägt. Man spricht von einer „geltungserhaltenden Reduktion" der über das zulässige Maß hinausgehenden Klausel auf das eben noch zulässige Maß. Hiergegen wird eingewandt, der Schutzzweck des Gesetzes verbiete es, daß der Verwender es zunächst einmal mit einer eindeutig unzulässigen Klausel versucht in der Erwartung, falls der Kunde sich überhaupt zur Wehr setze, werde das Gericht sie allenfalls insoweit einschränken, wie sie „gerade noch als tragbar erscheint". Der Verwender, der seine Haftung über das zulässige Maß hinaus einschränkt, solle das Risiko tragen, dann einer Beschränkung seiner Haftung auch insoweit verlustig zu gehen, als er sie hätte vornehmen können. Die heute wohl überwiegende Meinung lehnt deshalb eine „geltungserhaltende Reduktion" ab.[55] Dem ist grundsätzlich zuzustimmen. Anders ist es nur, wenn es zweifelhaft sein kann, ob die Klausel das zulässige Maß überschreitet oder nicht, ob z. B. die vorgesehene Frist von 6 Wochen noch angemessen ist, oder nur eine solche von 4 Wochen angemessen wäre. In solchen Fällen mag das Gericht eine Frist von 4 Wochen als wirksam vereinbart gelten lassen.[56] Der Ausschluß der Haftung für jede, damit auch für grobe Fahrlässigkeit oder aller Gewährleistungsansprüche auch beim Verkauf neu hergestellter Sachen (§ 11 Nr. 10) verstößt hingegen so offenkundig gegen das Gesetz, daß hier die Unwirksamkeit der ganzen Klausel anzunehmen ist. Nach denselben Grundsätzen ist die gleichfalls streitige Frage nach der Wirksamkeit einer sogenannten „salvatorischen" Klausel, d. h. einer Klausel zu beurteilen, die für den Fall der Unwirksamkeit einer Klausel bestimmt, sie solle insoweit gelten, als sie mit dem Gesetz (noch) vereinbar sei.[57]

Ist das anwendbare dispositive Recht seinerseits lückenhaft, so ist zu prüfen, ob andere gesetzliche Vorschriften analog anzuwenden sind. Ist auch das zu verneinen, etwa weil es sich um einen im Gesetz nicht geregelten Vertragstypus handelt, dann bleibt als letzte Möglichkeit die ergänzende Vertragsauslegung nach § 157 BGB. Zwar begründet § 6 Abs. 2 unzweifelhaft den Vorrang des dispositiven Rechts. Aus § 6 Abs. 1 ist jedoch zu entnehmen, daß das Gesetz nach Möglichkeit die Nichtigkeit des Vertrages vermeiden will. Wenn eine der Regelung

---

[55] So *Löwe* u. a 2, *Schlosser* 9, im Grundsatz jetzt auch *Ulmer* u. a. 23 zu § 6, ferner *Lindacher,* BB 83, 154; BGHZ 62, 83, 89; 85, 305, 312. Nach *Ulmer* 25a zu § 6 soll das Verbot geltungserhaltender Reduktion nicht gelten, wenn „der vorformulierte Text bereits selbst eine Unterteilung kritischer AGB-Klauseln in der Weise enthält, daß er außer unangemessenen gesondert auch (noch) angemessene Vereinbarungen ... aufführt". Im gleichen Sinne *Hager,* Gesetzes- u. sittenkonforme Auslegung und Aufrechterhaltung von Rechtsgeschäften, 1983, S. 71 ff. Mir ist das zweifelhaft. Soll es wirklich einen Unterschied machen, ob es heißt, der Verwender hafte nicht für fahrlässige oder er hafte weder für grob noch für leicht fahrlässige Verletzungen seiner Vertragspflichten? Auch im 2. Fall läßt es der Verwender doch wohl darauf ankommen, ob sich der Kunde zur Wehr setzt.

[56] Ebenso *Palandt/Heinrichs* 3b vor § 8. Anders jedoch *Götz,* NJW 78, 2223.

[57] Hierzu *Ulmer* u. a. 38, *Schlosser* 1 a. E. zu § 6, *Baumann,* NJW 78, 1953; *Palandt/Heinrichs* 3b vor § 8, 3 zu § 6; MünchKomm/*Kötz* 13 zu § 6.

bedürftige Frage anders nicht zu beantworten ist, muß auf die ergänzende Vertragsauslegung zurückgegriffen werden.[58]

Die Vorschriften des § 6 gelten auch dann, wenn AGB nicht Vertragsbestandteil geworden sind, sei es, weil es an den Erfordernissen des § 2 gefehlt hat, sei es nach § 3. Auch dann bleibt der übrige Vertrag wirksam, vorausgesetzt, daß es zum Vertragsabschluß gekommen ist; auch in diesem Fall gilt grundsätzlich wieder das dispositive Recht. Hier ist auch eher ein Fall des dritten Absatzes denkbar: etwa dann, wenn mit Rücksicht auf § 2 die gesamten AGB nicht Vertragsbestandteil geworden sind, darunter auch die Leistungsbeschreibung, die ja nicht aus dem dispositiven Recht ergänzt werden kann, ohne die aber dem Verwender die Leistung nicht möglich oder nicht zumutbar ist. Dann bleibt nichts anderes als die Nichtigkeit des Vertrages.

e) **Die Inhaltskontrolle bei der Verwendung von AGB gegenüber Kaufleuten.** Nach § 24 sind die §§ 10, 11 – also die einzelnen Klauselverbote – ebenso wie der § 2 nicht anzuwenden auf AGB, die gegenüber einem Kaufmann verwendet werden, wenn der Vertrag zum Betriebe seines Handelsgewerbes gehört, sowie gegenüber einer juristischen Person des öffentlichen Rechts oder einem öffentlich-rechtlichen Sondervermögen. Die Nichtanwendbarkeit der §§ 10 und 11 bedeutet aber nicht, daß die AGB in diesen Fällen überhaupt keiner Inhaltskontrolle unterlägen. Vielmehr gilt die Generalklausel des § 9 auch hier, und § 24 sagt ausdrücklich, daß deren Anwendung hier auch zur Unwirksamkeit solcher Klauseln führen kann, die in den §§ 10 und 11 genannt sind. Bei der Anwendung des § 9 soll lediglich auf die im Handelsverkehr geltenden Gewohnheiten und Gebräuche „angemessene Rücksicht" genommen werden.

Die Klauselverbote der §§ 10 und 11 sind nichts anderes als gesetzliche Konkretisierungen des Grundtatbestandes des § 9. Daher liegt es nahe, sie auch bei der richterlichen Konkretisierung des § 9 in seiner Anwendung auf AGB, die gegenüber Kaufleuten verwandt werden, zu beachten.[59] Das bedeutet jedoch nicht, daß von der grundsätzlichen Unwirksamkeit der nach den §§ 10, 11 verbotenen Klauseln auch bei ihrer Verwendung gegenüber Kaufleuten ausgegangen werden könnte.[60] Die Schutzbedürftigkeit des Partners des Verwenders ist vielmehr von Fall zu Fall zu prüfen.[61] Daß eine sonst verbotene Klausel bei der Verwendung gegenüber Kaufleuten usw. nicht den Tatbestand des § 9 erfüllt, kann sich z. B. daraus ergeben, daß sie in diesem Geschäftszweig so branchenüblich ist, daß hier niemand an ihr Anstoß nimmt, oder daß sie durch einen Vorteil kompensiert wird, der gerade im kaufmännischen Verkehr und bei einer dauerhaften Ge-

---

[58] So auch *Löwe* u. a. 8, *Ulmer* u. a. 35, *Palandt/Heinrichs* 3, MünchKomm/*Kötz* 17 zu § 6.

[59] So auch *Löwe* u. a. 2. Aufl. Bd. II, 12, *Ulmer* u. a. 19 zu § 24; *Palandt/Heinrichs* 5 zu § 9.

[60] Dagegen insbesondere *Helm* in BB 77, 1109.

[61] Vgl. dazu auch *Schlechtriem* in Festschr. f. *Duden,* 1977, S. 577ff.

schäftsverbindung für den Kunden in's Gewicht fällt.[62] Auch die geringere Schutzbedürftigkeit solcher Kaufleute, die gegenüber dem Verwender eine gleich starke wirtschaftliche Position einnehmen, kann eine Rolle spielen.

Die §§ 10 und 11 sind ferner teils in ihrem ganzen Umfang, meist aber nur hinsichtlich einzelner Bestimmungen nicht anzuwenden auf die in § 23 Abs. 2 Nr. 2 bis 6 genannten Verträge. Darauf kann hier nur verwiesen werden. Hervorzuheben ist, daß in Nr. 5 Verträge genannt werden, für die die Verdingungsordnung für Bauleistungen (VOB) Vertragsgrundlage ist, deren Anwendbarkeit bei Bauverträgen fast immer vereinbart wird. Daraus geht hervor, daß das Gesetz grundsätzlich auch auf die Bestimmungen der VOB anzuwenden ist. § 9 bleibt in allen in § 23 Abs. 2 Nr. 2 bis 6 genannten Fällen anwendbar.

IV. Das Verfahren zur Überprüfung Allgemeiner Geschäftsbedingungen

Wie eingangs erwähnt wurde, hat das Gesetz ein besonderes Verfahren geschaffen, das eine generelle gerichtliche Überprüfung der Wirksamkeit bestimmter AGB – unabhängig von einem Rechtsstreit über ihre Geltung in einem konkreten Vertrag – ermöglichen soll. Dieses Verfahren regeln die §§ 13 bis 22. Wir heben daraus wieder nur das Wichtigste heraus.

Um eine solche Überprüfung zu ermöglichen, räumt das Gesetz in § 13 bestimmten Verbänden das Recht ein, von demjenigen, der in seinen AGB Bestimmungen verwendet, die nach den §§ 9 bis 11 unwirksam sind, oder der solche für den rechtsgeschäftlichen Verkehr empfiehlt, im ersten Fall die Unterlassung weiterer Verwendung, im zweiten Fall die Unterlassung des Empfehlens und Widerruf zu verlangen. Berechtigt sind die in § 13 Abs. 2 aufgeführten Verbände, darunter Verbraucherverbände, wenn sie gewissen Bedingungen genügen. Die Rechte sind ihnen als eigene, wenngleich im fremden Interesse, nämlich dem der Verbraucher oder sonstiger „Kunden“ der Verwender (auch dann wenn sie Kaufleute sind – dann fehlt nur den Verbraucherverbänden die Berechtigung), eingeräumt. Sie sind im Klagewege zu verfolgen. Für die Klagen sind die Landgerichte ausschließlich zuständig; Näheres ergibt sich aus § 14. Für das Verfahren gelten die Vorschriften der ZPO (§ 15).

Wenn das Gericht die Klage für begründet hält, dann hat es im Urteil die beanstandeten Bestimmungen der AGB im Wortlaut anzuführen, die Rechtsgeschäfte zu bezeichnen, für die sie nicht verwendet werden dürfen, und das Gebot auszusprechen, „die Verwendung inhaltsgleicher Bestimmungen in AGB zu unterlassen“. Im Falle der Verurteilung zum Widerruf hat es das Gebot auszusprechen, „das Urteil in gleicher Weise bekanntzugeben, wie die Empfehlung ver-

[62] Darauf weist besonders die Begründung zum Reg. Entwurf, S. 43, hin.

breitet wurde" (§ 17). Dem Kläger kann auf Antrag die Befugnis zugesprochen werden, die Urteilsformel in der in § 18 näher bestimmten Weise bekanntzumachen. Die Durchsetzung eines Unterlassungsurteils erfolgt nach § 890 ZPO durch die vom Prozeßgericht auf Antrag vorzunehmende Festsetzung einer Ordnungsgebühr wegen jeder Zuwiderhandlung.

Ein prozeßrechtliches novum ist die in § 21 bestimmte *bedingte Rechtskrafterstreckung des Unterlassungsurteils* auf Dritte. Verwendet der zur Unterlassung Verurteilte dem Unterlassungsgebot zuwider die AGB erneut, dann „ist die Bestimmung in den AGB als unwirksam anzusehen, soweit sich der betroffene Vertragsteil auf die Wirkung des Unterlassungsurteils beruft". Die Formulierung ist mißverständlich, da das Urteil selbst nur die Pflicht zur Unterlassung der Verwendung der Klausel ausspricht, die hier gemeinte Wirkung des Unterlassungsurteils – nämlich die Unwirksamkeit der Klausel inter omnes – sich gerade erst aus dem § 21 ergibt. Grundsätzlich bewirken Urteile Rechtskraft nur unter den Parteien dieses Prozesses (§ 325 ZPO). Die Berufung der neuen Prozeßpartei auf das in dem anderen Verfahren ergangene Urteil bewirkt, daß das nunmehr entscheidende Gericht an die in dem Unterlassungsurteil implicite, nämlich als notwendiger Bestandteil der Begründung der Unterlassungspflicht, enthaltene Feststellung der Unwirksamkeit der Klausel gebunden ist, sie also jetzt nicht als wirksam beurteilen darf.[63] Die Berufung auf das Urteil ist die Bedingung der dann eintretenden Rechtskrafterstreckung. Das Gericht braucht also nicht selbst nachzuforschen, ob ein Unterlassungsurteil im Verfahren der generellen Überprüfung ergangen ist, sondern kann abwarten, ob die Prozeßpartei ein solches findet, und sich darauf beruft. Keine derartige Rechtskrafterstreckung findet statt, wenn die Klage im Verfahren der generellen Überprüfung abgewiesen wird. Das Gericht des späteren Prozesses unter anderen Prozeßparteien wird dadurch nicht daran gehindert, die Klausel nun doch als unwirksam zu beurteilen.

Wie aber erfährt der Kunde, dem gegenüber die Klausel trotz des ergangenen Unterlassungsurteils erneut verwendet wurde, von diesem Urteil? Das Gesetz sieht in § 20 vor, daß beim Bundeskartellamt ein Register geführt wird, in das sowohl die anhängigen Klagen im Verfahren nach § 13 wie die darauf ergangenen Urteile eingetragen werden, wenn sie rechtskräftig geworden sind. Über eine bestehende Eintragung ist auf Antrag jedermann Auskunft zu erteilen. Nach 20 Jahren werden diese Eintragungen gelöscht. Dadurch wird aber niemand daran gehindert, sich auf ein Unterlassungsurteil mit der Wirkung des § 21 zu berufen, wenn er auf andere Weise von ihm Kenntnis erlangt hat.

V. Räumlicher und zeitlicher Geltungsbereich des Gesetzes; Umgehungsverbot

Über den *räumlichen Geltungsbereich* der Vorschriften unseres Privatrechts entscheidet, wo ihre Anwendung zweifelhaft sein kann, das deutsche internationale

[63] Vgl. *Ulmer* u. a. 7, *Löwe* u. a. 2. Aufl. Bd. II, 10, MünchKomm/ Gerlach 3, 4 zu § 24.

Privatrecht (oben § 1 III c). Für Schuldverträge gilt der Grundsatz, daß die Vertragsparteien das auf ihre Rechtsbeziehungen anzuwendende Recht im Vertrag selbst bestimmen können. Geschieht das nicht durch eine Individualvereinbarung, sondern in AGB, dann ist der bereits erwähnte § 10 Nr. 8 zu beachten. Haben es die Parteien bei einem Vertrage mit „Auslandsberührung" unterlassen, das anzuwendende Recht zu bestimmen, dann ist zu fragen, wo das Vertragsverhältnis seinen räumlichen „Schwerpunkt" hat, wobei eine besondere Bedeutung, neben anderem, dem vereinbarten Erfüllungsort zukommt. Unterliegt hiernach ein Vertrag ausländischem Recht oder dem Recht der DDR, dann ist nach § 12 das AGB-Gesetz gleichwohl von den deutschen Gerichten zu berücksichtigen, wenn zwei Voraussetzungen vorliegen. Der Vertrag muß „auf Grund eines öffentlichen Angebots, einer öffentlichen Werbung oder einer ähnlichen im Geltungsbereich dieses Gesetzes entfalteten geschäftlichen Tätigkeit des Verwenders" zustande gekommen sein, und der andere Vertragsteil muß bei Abgabe seiner Vertragserklärung seinen Wohnsitz oder gewöhnlichen Aufenthalt im Geltungsbereich dieses Gesetzes gehabt und hier seine Willenserklärung abgegeben haben. Geschützt wird hiernach der im Inland wohnende Besteller, der auf Grund des ihm übersandten Werbeprospekts oder Katalogs einer Firma, die ihren Sitz im Ausland hat, seine briefliche Bestellung im Inland aufgegeben hat, auch wenn nach den insoweit nicht zu beanstandenden AGB der ausländischen Firma das Recht ihres Heimatlandes anzuwenden ist. Das AGB-Gesetz ist aber nur zu „berücksichtigen", d. h. es bleibt grundsätzlich bei der Anwendung des ausländischen Rechts; die Bestimmungen des AGB-Gesetzes sind anzuwenden, soweit das ausländische Recht dem Kunden keinen gleichwertigen Schutz bietet.

Die Bestimmung des § 12 findet wieder keine Anwendung auf AGB, die gegenüber einem Kaufmann verwendet werden, wenn der Vertrag zum Betriebe seines Handelsgewerbes gehört, oder die gegenüber einer juristischen Person des öffentlichen Rechts oder einem öffentlich-rechtlichen Sondervermögen verwendet werden (§ 24).

In *zeitlicher Hinsicht* bestimmt das Gesetz in § 28 Abs. 1, daß es nicht für Verträge gilt, die vor seinem Inkrafttreten, d. h. vor dem 1. 4. 1977 (§ 30) geschlossen worden sind. Bei Verträgen, die vor diesem Zeitpunkt geschlossen wurden, richtet sich daher die Einbeziehung von AGB in den Vertrag allein nach den Regeln des BGB. Dabei ist zu beachten, daß die „Überraschungsklausel" auch schon bisher von der Rechtsprechung angewandt wurde. Die Inhaltskontrolle richtet sich ebenfalls nach den von der Rechtsprechung entwickelten Grundsätzen, die sie auf die §§ 242, 315 BGB gestützt hat. Für ein Verfahren gemäß § 13 ist erst dann Platz, wenn die AGB nach dem 1. 4. 1977 weiter verwendet oder empfohlen werden.

Von dem Grundsatz, daß das Gesetz nicht für Verträge gilt, die vor dem 1. 4. 1977 geschlossen worden sind, macht § 28 Abs. 2 eine Ausnahme hinsichtlich der

Generalklausel des § 9. Sie gilt auch für vor diesem Zeitpunkt geschlossene Verträge „über die regelmäßige Lieferung von Waren, die regelmäßige Erbringung von Dienst- oder Werkleistungen sowie die Gebrauchsüberlassung von Sachen, soweit diese Verträge noch nicht abgewickelt sind". Es handelt sich um Verträge, die oft eine lange Laufzeit haben; aus diesem Grunde erscheint hier eine gewisse Anpassung auch der älteren Verträge an das neue Recht als wünschenswert. Auch hier entsteht, wie im Falle des § 24 (oben III e), die Frage, ob nicht über die Generalklausel des § 9, deren gesetzliche Konkretisierung sie darstellen, mittelbar auch die Bestimmungen der §§ 10, 11 zur Anwendung kommen. Das wird man in den meisten Fällen bejahen müssen, doch bedarf es in jedem Fall der Prüfung, ob die betreffende Klausel hier vielleicht mit Rücksicht auf besondere Umstände, z. B. auf den Vorteil, den die lange Vertragsdauer dem Partner des Verwenders bringt, doch tragbar ist. Es muß also auch in den Fällen des § 11, der Verbote „ohne Wertung", eine Abwägung gemäß den Richtlinien des § 9 stattfinden. Die Anwendung des § 9 gilt nur insoweit, als die Verträge noch nicht abgewickelt sind, sondern weiter wirken. Soweit darin überhaupt eine Rückwirkung des Gesetzes zu sehen ist,[64] ist sie m. E. deshalb unbedenklich, weil der Verwender auch schon vor dem 1. 4. 1977 auf Grund der noch in der Entwicklung begriffenen Rechtsprechung mit der Möglichkeit rechnen mußte, die Klausel werde der Inhaltskontrolle der Gerichte nicht standhalten, sein Vertrauen auf ihren Bestand daher nicht schutzwürdig ist.

Schließlich enthält das Gesetz, nach dem Vorbild des § 6 AbzG, in § 7 die Bestimmung, daß es auch dann anzuwenden ist, wenn seine Vorschriften „durch anderweitige Gestaltungen umgangen werden". Die Bestimmung ist absichtlich weit gefaßt; ihre Bedeutung wird sich erst erkennen lassen, wenn es zu nach ihr zu beurteilenden „anderweitigen Gestaltungen" kommt. Der Fall, daß eine Klausel in AGB zwar nicht dem Verbotskatalog der §§ 10, 11 unterfällt, aber die gleiche Wirkung hat wie eine verbotene Klausel und dem Vertragspartner des Verwenders im gleichen Maße nachteilig ist, wird in der Regel nach § 9 seine Lösung finden. Für derartige Fälle bedarf es daher der Umgehungsklausel nicht.[65] Auch sonst ist eine Vertragsgestaltung, die, obgleich sie von den weit gefaßten Vorschriften des Gesetzes nicht erfaßt wird, doch nach ihrem Zweck oder ihrer Auswirkung auf die Rechtslage des „Kunden" als eine Umgehung einer dieser Vorschriften zu beurteilen ist, nur schwer vorzustellen. Gedacht wurde an den Fall, daß der Lieferant von Büchern, Schallplatten und ähnlichen Waren seine Abnehmer als eine Gesellschaft oder einen Verein organisiert und das Entgelt für seine Waren als „Beitrag" gestaltet, um über § 23 Abs. 1 die Nichtanwendbarkeit des AGB-Gesetzes zu erreichen. Ferner könnte man an die sog. „Kaffeefahrt" denken. Ein Unternehmer, der Waren anbietet, verlegt die Abschlüsse in

[64] Vgl. *Löwe* u. a. 9 zu § 28.
[65] So auch *Ulmer* u. a. 7 zu § 7.

das benachbarte Ausland, indem er Ausflüge dorthin organisiert, bei einem Halt auf ausländischem Boden seine Waren anbietet und Kaufverträge unter Verwendung seiner AGB abschließt, die beiderseits auf der Stelle erfüllt werden. Es bedarf hier nicht der Vereinbarung, die nach § 10 Nr. 8 unwirksam wäre, es solle das Recht des betreffenden Auslandes Anwendung finden; dieses ist auch ohne eine entsprechende Vereinbarung anwendbar, da die Kaufverträge ihren räumlichen „Schwerpunkt" in diesem Lande haben. Auch § 8 schützt die Kunden nicht, da sie ihre Willenserklärungen nicht im Inland abgegeben haben. Für die Geltung des ausländischen Rechts besteht aber in einem solchen Fall kein „anerkennenswertes Interesse". Die Verlegung der Kaufabschlüsse in das Ausland zu dem Zwecke, sie der Geltung des AGB-Gesetzes zu entziehen, dient dem gleichen Zweck wie eine nach § 10 Nr. 8 verbotene Klausel über die Geltung ausländischen Rechts und stellt sich daher als eine Umgehung des AGB-Gesetzes dar.

C. Rechtsgeschäftliches Handeln in Vertretung eines anderen

§ 30. Wesen, Voraussetzungen und Rechtsfolgen der unmittelbaren Stellvertretung

Literatur: *Ballerstedt,* Zur Haftung für culpa in contrahendo bei Geschäftsabschluß durch Stellvertreter, AcP 151, 501; *Bettermann,* Vom stellvertretenden Handeln, 1937 (Neudruck 1964); *Wolfgang Blomeyer,* Die teleologische Korrektur des § 181 BGB, AcP 172, 1; *Buchka,* Stellvertretung, 1852; *Ernst Cohn,* Der Empfangsbote, 1927; Das rechtsgeschäftliche Handeln für denjenigen, den es angeht, 1931; *Dölle,* Neutrales Handeln im Privatrecht, Festschr. f. *F. Schultz,* 1952, Bd. 2, S. 268; *Robert Fischer,* Zur Anwendung von § 181 BGB im Bereich des Gesellschaftsrechts, Festschr. f. *Hauß,* 1978, S. 61; *Frotz,* Verkehrsschutz im Vertretungsrecht, 1972; *Ulrich Hübner,* Interessenkonflikt und Vertretungsmacht, Zur funktionalen Präzisierung des § 181 BGB, 1977; *Götz Hueck,* Bote – Stellvertreter im Willen – Stellvertreter in der Erklärung, AcP 152, 432; *Larenz,* Verpflichtungsgeschäfte „unter" fremdem Namen, Festschr. f. *H. Lehmann,* 1956, S. 234; *Lenel,* Stellvertretung und Vollmacht, JherJb. 36, 1; *Letzgus,* Zum Handeln unter fremdem Namen, AcP 137, 327; *Lieb,* Zum Handeln unter fremdem Namen, JuS 67, 106; *L. Mitteis,* Lehre von der Stellvertretung, 1885 (Neudruck 1962); *Müller-Erzbach,* Die Grundsätze der mittelbaren Stellvertretung aus der Interessenlage entwickelt, 1905; *Müller-Freienfels,* Die Vertretung beim Rechtsgeschäft, 1955; *Riezler,* Konkurrierendes und kollidierendes Handeln des Vertreters und des Vertretenen, AcP 98, 372; *Rosenberg,* Stellvertretung im Prozeß auf Grund der Stellvertretungslehre des bürg. Rechts, 1908; *Max Rümelin,* Das Handeln in fremdem Namen im BGB, AcP 93, 131; *Schlossmann,* Die Lehre von der Stellvertretung, 2 Bde. 1900/02; *H. J. Wolff,* Organschaft und Juristische Person, Bd. 2, Theorie der Vertretung, 1934.

I. Das Wesen der Stellvertretung

a) **Begriff und Zwecke der unmittelbaren Stellvertretung.** Rechtsgeschäftliches Handeln ist in der Regel ein Handeln für sich selbst: Derjenige, der ein Rechtsgeschäft vornimmt, geht damit entweder selbst eine Verpflichtung ein, oder verfügt über ein Recht kraft ihm zustehender Verfügungsmacht, oder erwirbt ein Recht für sich selbst. Die Privatautonomie, deren Verwirklichung das Rechtsgeschäft dient, bedeutet die Möglichkeit des einzelnen zur eigenen Gestaltung seiner rechtlichen Beziehungen zu einem anderen, regelmäßig im Einvernehmen mit diesem anderen. Indessen ergibt sich in einer ausgebildeten Verkehrswirtschaft das unabweisbare Bedürfnis, einen anderen an seiner Stelle handeln zu lassen, so daß dieser andere, der Vertreter, für den Vertretenen in der gleichen Weise Rechtsfolgen begründen kann, wie dieser für sich selbst. Dadurch, daß er den Vertreter an seiner Stelle handeln läßt, erweitert der Vertretene seinen Wirkungskreis, die Möglichkeiten, im rechtsgeschäftlichen Verkehr seine Interessen wahrzunehmen. Der Vertreter ist in der Lage, etwa während einer zeitweiligen Verhinderung des Vertretenen oder an einem anderen Orte als dieser, für ihn Rechtsgeschäfte abzuschließen, die den Vertretenen ebenso berechtigen und verpflichten, wie wenn er sie selbst vorgenommen hätte. Die Voraussetzung hierfür ist einmal, daß die Rechtsordnung grundsätzlich die Möglichkeit des Handelns in Vertretung eines anderen, mit Wirkung für diesen, anerkennt,[1] und sodann, daß die vom Gesetz hierfür aufgestellten Erfordernisse im Einzelfall erfüllt sind. Sowohl die grundsätzliche Zulässigkeit wie die gesetzlichen Erfordernisse wirksamer Stellvertretung ergeben sich aus § 164 Abs. 1. Die beiden vom Gesetz genannten Voraussetzungen sind: Abgabe einer Erklärung „im Namen des Vertretenen" und „innerhalb der dem Vertreter zustehenden Vertretungsmacht". Neben der „gewillkürten", d. h. auf dem Willen des Vertretenen selbst beruhenden Stellvertretung kennen wir die unmittelbar auf dem Gesetz beruhende Vertretung der im Rechtsverkehr nicht oder nur in beschränkten Umfang Handlungsfähigen durch ihre „gesetzlichen Vertreter", sowie die auf der Satzung oder dem Gründungsvertrag und einem ordnungsgemäßen Bestellungsakt beruhende Vertretungsmacht der Organe einer juristischen Person.

Das Wesen, die rechtliche Bedeutung der Stellvertretung liegt darin, daß der Vertreter „an Stelle" des Vertretenen ein Rechtsgeschäft für diesen vornimmt, das hinsichtlich seiner Rechtsfolgen wie ein Geschäft des Vertretenen selbst behandelt wird. Der Vertreter schließt zwar das Geschäft ab, aber nicht als sein eigenes, sondern *als das eines anderen,* des von ihm Vertretenen. Der Vertretene, nicht der Vertreter, wird Geschäftspartei; ihn treffen alle Rechtsfolgen aus diesem Geschäft. Die Vornahme eines Rechtsgeschäfts für einen anderen mit der Folge, daß dieser, nicht der Handelnde selbst, Geschäftspartei wird, macht den Begriff der Stellvertretung aus. Ihr regelmäßiger Zweck ist die Wahrnehmung der Interessen des Vertretenen durch den Vertreter im rechtsgeschäftlichen Verkehr. Ausschließlicher Zweck ist dies bei der gesetzlichen Vertretung einer Person, die

[1] Das ist nicht selbstverständlich. Noch im 19. Jahrhundert wurde die direkte Stellvertretung von einigen für „unmöglich" gehalten. Vgl. hierzu und zur Möglichkeit der Stellvertretung überhaupt *H. J. Wolff,* aaO. S. 129 ff.; zur Geschichte der Stellvertretung auch *Flume* § 43 2.

wegen fehlender oder beschränkter Geschäftsfähigkeit zur Eigenwahrnehmung ihrer Interessen rechtlich nicht oder nur in beschränktem Umfang in der Lage ist. Doch ist die Interessenwahrnehmung kein Begriffsmerkmal der Stellvertretung; sie ist es so wenig, wie die Wahrnehmung fremder Interessen im rechtsgeschäftlichen Verkehr nur in der Form der unmittelbaren Stellvertretung möglich ist. Der durch Rechtsgeschäft, also vom Vertretenen selbst bestellte Vertreter kann von ihm auch dazu ermächtigt sein, ein eigenes Interesse oder das eines Dritten wahrzunehmen;[2] ein Grundstückseigentümer kann beispielsweise einen anderen dazu bevollmächtigen, sein Grundstück mit einer Hypothek zu belasten, die als Sicherheit für ein dem Vertreter von einem Dritten zu gewährendes Darlehen dienen soll. Die Begriffe ,,Stellvertreter" und ,,Interessenvertreter" sind also auseinanderzuhalten.[3] Das ist vor allem wichtig für die Einordnung der ,,Vertreter kraft Amtes", die vielfach andere Interessen wahrnehmen als nur die des durch sie ,,Vertretenen" (siehe unten am Ende dieses Abschnitts).

Nicht nur bei der *Abgabe,* sondern auch beim *Empfang* einer Willenserklärung ist Stellvertretung möglich. Der Vertreter – man spricht von ,,passiver Stellvertretung" – steht in diesem Falle hinsichtlich des Vernehmens einer mündlichen oder des Zugangs einer schriftlichen Erklärung an der Stelle des Vertretenen: wenn er sie vernommen hat oder wenn sie ihm zugegangen ist, dann hat das, sofern er ,,passive Vertretungsmacht" hatte, rechtlich die gleiche Bedeutung, wie wenn die Erklärung von dem Vertretenen vernommen oder diesem zugegangen wäre.[4] ,,Aktive" und ,,passive" Stellvertretung sind meistens miteinander verbunden. Wenn V in Vertretung des A für diesen ein Vertragsangebot an B richtet, dann wird B dieses Angebot in der Regel dadurch annehmen, daß er die Annahme dem V erklärt; mit dem Zugang der Annahmeerklärung bei V ist der Vertrag dann mit Wirkung für A zustandegekommen. Bei der Abgabe des Angebots fungiert V als ,,aktiver", beim Empfang der Annahmeerklärung als ,,passiver" Vertreter des A. Wer zur aktiven Vertretung berechtigt ist, ist es regelmäßig in der betreffenden Angelegenheit auch zur passiven Vertretung. Wenn umgekehrt die aktive Vertretungsmacht in dieser Angelegenheit fehlt, dem fehlt in der Regel auch die passive.[5]

Die Rechtsmacht, einen anderen bei einem Rechtsgeschäft, bei gewissen oder bei allen Rechtsgeschäften zu vertreten, bezeichnet man als **,,Vertretungs-**

---

[2] Vgl. hierzu RGZ 71, 219, 221.

[3] So zutreffend *Bettermann,* aaO. S. 49.

[4] Ist derjenige, an den die Erklärung zu richten ist, geschäftsunfähig, so wird sie nach der Regel des § 131 Abs. 1 erst wirksam, wenn sie dem gesetzlichen Vertreter zugeht. Dieser ist dann also für den Empfang allein zuständig.

[5] Mit Recht hat der BGH (LM Nr. 17 zu § 164 BGB) angenommen, daß ein bauleitender Architekt, der zwar die Rechnungen entgegenzunehmen hatte, aber nicht aktiv zur Leistung von Zahlungen bevollmächtigt war, auch nicht passiver Vertreter des Schuldners hinsichtlich der Erlangung der Kenntnis von einer Forderungsabtretung (mit der Rechtsfolge des § 407) sei.

macht". Sie kann dem Vertreter durch den Vertretenen selbst eingeräumt sein; in diesem Falle nennen wir sie Vollmacht. Sie kann ihre Grundlage in der Satzung einer juristischen Person haben und wird dann im Einzelfall durch die Bestellung zum Organ oder satzungsgemäßen Vertreter dieser juristischen Person begründet. Sie kann endlich ihre Grundlage unmittelbar im Gesetz finden und wird dann dadurch erlangt, daß der Tatbestand, an dessen Eintritt das Gesetz die Vertretungsmacht knüpft, sich verwirklicht. Gesetzliche Vertreter sind insbesondere Eltern, Vormünder und Pfleger.

Die Erteilung einer Vollmacht, also die rechtsgeschäftliche Erteilung einer Vertretungsmacht durch den Vertretenen selbst, läßt dessen eigene rechtsgeschäftliche Handlungsmöglichkeiten unberührt. Er muß nur diejenigen Rechtsgeschäfte, die sein Vertreter im Rahmen der ihm erteilten Vollmacht für ihn vorgenommen hat, gegen sich gelten lassen. Da seine Möglichkeit zu eigenem rechtsgeschäftlichen Handeln dadurch, daß er einem anderen Vollmacht erteilt hat, nicht eingeschränkt wird, und da die Vertretungsmacht des Vertreters in diesem Falle auf seinem eigenen Willen beruht, widerspricht das Institut der auf einer Vollmacht beruhenden Stellvertretung nicht dem Grundsatz der Privatautonomie,[6] es stellt vielmehr eine Erweiterung der in der Privatautonomie gelegenen Möglichkeiten dar. Juristische Personen werden im Rechtsverkehr handlungsfähig überhaupt erst dadurch, daß sie Organe haben, die sie zu vertreten vermögen. Die gesetzliche Vertretung des Kindes durch seine Eltern, der nicht unter elterlicher Gewalt stehenden Kinder und der Entmündigten durch einen Vormund dient der Wahrnehmung ihrer Angelegenheiten im Rechtsverkehr, die hier durch einen anderen erfolgen muß,[7] weil sie selbst nach der Auffassung der Rechtsordnung nicht dazu in der Lage sind. Auch hier liegt kein Widerspruch zum Grundsatz der Privatautonomie vor, weil diese Personen der Privatautonomie überhaupt nicht fähig sind. Das Kind oder der Mündel entbehren nicht etwa deshalb der Privatau-

---

[6] Es ist das Verdienst von *Müller-Freienfels,* die Frage nach dem Verhältnis der Stellvertretung zum Grundsatz der Privatautonomie in aller Schärfe gestellt zu haben. (Vgl. sein Buch über die Vertretung beim Rechtsgeschäft S. 14, 28, 71, 209ff.). Seiner Meinung, zwischen dem Grundsatz der Privatautonomie und dem Institut der Stellvertretung bestehe ein Widerspruch, kann jedoch nicht gefolgt werden. *Müller-Freienfels* will den vermeintlichen Widerspruch dadurch ausräumen, daß er die Erteilung der Vollmacht und das auf Grund derselben vorgenommene Vertretergeschäft als ein einheitliches Rechtsgeschäft betrachtet. Da dieser Weg bei der gesetzlichen Vertretung nicht gangbar ist, so meint er, auf die Geschäfte des gesetzlichen Vertreters sei der Begriff des Rechtsgeschäfts nicht anwendbar (S. 361ff.). Das ist nicht haltbar, sie zielen auf die Begründung von Rechtsfolgen für den Vertretenen ab. Vielmehr ist *Flume* (§ 43 3) recht zu geben, wenn er sagt, die Stellvertretung stehe nicht im Gegensatz zu dem Grundsatz der Privatautonomie, sondern sei vielmehr, soweit die Vertretungsmacht durch Rechtsgeschäft erteilt wird, deren konsequente Durchführung. Bei der gesetzlichen Stellvertretung werde der Grundsatz der Privatautonomie nicht verletzt, weil in diesen Fällen der Vertretene nicht in der Lage ist, in Selbstbestimmung zu handeln. Zu den Thesen *Müller-Freienfels'* vgl. auch *Frotz* aaO. S. 23, Anm. 66 u. S. 28, Anm. 73; *Thiele* in MünchKomm 76, 78; *Schultze-v. Lasaulx* bei *Soergel* 15ff. vor § 164.

[7] Vgl. *H. J. Wolff* aaO. S. 177.

tonomie, weil sie einen gesetzlichen Vertreter haben, sondern sie erhalten einen gesetzlichen Vertreter, weil und solange ihnen die Fähigkeit der Selbstgestaltung abgeht. Die gesetzliche Vertretung ist dazu bestimmt, die Lücke auszufüllen, die dadurch entsteht, daß die betreffenden Personen, obwohl Rechtssubjekte, doch nicht privatautonom handeln können.[8] Die Rechtsordnung sorgt für einen Ersatz der ihnen fehlenden Handlungsfähigkeit dadurch, daß sie andere als ihre gesetzlichen Vertreter für sie handeln läßt.

Zweifelhaft und sehr umstritten ist, ob zu den gesetzlichen Vertretern („im weiteren Sinn") auch die amtlich bestellten oder testamentarisch eingesetzten Verwalter fremden Vermögens, wie etwa der Konkursverwalter, der Nachlaßverwalter (§ 1985) und der Testamentsvollstrecker (§ 2205), zu rechnen sind.[9] Die genannten Verwalter sind berechtigt, über die Gegenstände des ihrer Verwaltung unterliegenden Vermögens zu verfügen und den Inhaber des Vermögens – also der Konkursverwalter den Gemeinschuldner, der Nachlaßverwalter und der Testamentsvollstrecker den oder die Erben – mit Bezug auf dieses Vermögen zu verpflichten. Sie selbst dagegen werden aus den von ihnen in ihrer Eigenschaft als Verwalter abgeschlossenen Geschäften weder berechtigt noch verpflichtet. Die Rechtsfolgen dieser Geschäfte treffen nicht sie, sondern den Vermögensinhaber. Das spricht dafür, sie den gesetzlichen Vertretern zuzuzählen. Nicht dagegen spricht, daß sie nicht oder nicht in erster Linie dazu berufen sind, die Interessen des Vermögensträgers wahrzunehmen. Der Konkursverwalter hat das Konkursverfahren als ein Verfahren zur gleichmäßigen Befriedigung aller Gläubiger vornehmlich in deren Interesse durchzuführen. Die Nachlaßverwaltung kann im Interesse des Erben (an der Beschränkung seiner Haftung), wie auch der Nachlaßgläubiger liegen. Der Testamentsvollstrecker soll den Willen des Erblassers vollstrecken. Der Begriff der Stellvertretung fordert aber, wie wir gesehen haben, nicht, daß der Vertreter gerade das Interesse des Vertretenen wahrzunehmen hat. Da der Verwalter, um mit Wirkung für das von ihm verwaltete Vermögen zu handeln, jedenfalls bei Verpflichtungsgeschäften in seiner Eigenschaft *als* Konkursverwalter, Nachlaßverwalter usw. auftreten muß, so fehlt es auch nicht daran, daß das Vertretungsverhältnis dem anderen Teil ersichtlich ist. Der Verwalter handelt erkennbar gerade nicht für sich selbst.[10] Auffallend ist allerdings, daß er in seiner Eigenschaft als Verwalter mit dem Inhaber des Vermögens z. B. über die Zugehörigkeit oder die Nichtzugehörigkeit eines Gegenstandes zu diesem Vermögen einen Rechtsstreit führen kann. Manche wollen ihn daher in den Prozessen, die er in seiner Eigenschaft als Verwalter führt, nicht als Vertreter des Vermögensinhabers, sondern selbst als „Partei kraft Amtes" ansehen („Amtstheorie").[11] Selbst wenn man ihm aber im Prozeß diese Stellung einräumen will, bleibt es doch dabei, daß materiellrechtlich gesehen die Rechtsmacht der genannten Verwalter, mit Bezug auf das von ihnen verwaltete Vermögen nicht nur zu verfügen, sondern den Vermögensinhaber auch zu verpflichten, nur als Vertretungsmacht erfaßt werden kann. Auch treffen die Wirkungen der von ihnen geführten Prozesse, wie die Rechtskraft des Urteils und die Kostentragungspflicht, den Vermögensinhaber, nicht den Verwalter persönlich. Daß im Prozeß des Verwalters mit dem Vermögensinhaber der letztere auf beiden Seiten „Partei" ist, nur das eine Mal als Inhaber seines verwaltungsfreien Vermögens, das andere Mal dagegen, vertreten durch den Verwalter, als Inhaber des von diesem verwalteten Vermögens, ist eine Folge der Sonderung der beiden Vermögensmassen sowie des Umstandes, daß das der Verwaltung unterliegende Vermögen zur Befriedigung auch anderer Interessen dient als

---

[8] Vgl. *Flume* § 43 3.

[9] Dafür *v. Tuhr* Bd. III § 84 zu Anm. 21; § 86 zu Anm. 36ff.; *Enn./N.* § 180 I 1e; *Flume* § 45 I 2; MünchKomm/*Thiele* 10 vor § 164; *Lent/Jauernig*, Zwangsvollstreckungs- und Konkursrecht, § 44.

[10] Vgl. *Bettermann* aaO. S. 65f.; *Stein/Jonas/Leipold*, ZPO, 20. Aufl., Rdn. 32 vor § 50. Der Meinung von *Dölle* (Festschrift für *F. Schulz*, Bd. II, S. 268ff.), der Verwalter handle weder im eigenen Namen, noch im Namen des Vermögensinhabers, sondern „neutral", vermag ich mich nicht anzuschließen.

[11] So unter anderen *Nikisch*, Zivilprozeßrecht § 28 II 2; *Blomeyer*, Zivilprozeßrecht § 6 I 3; *Rosenberg/Schwab*, Zivilprozeßrecht § 40 III; auch BGHZ 24, 393 396.

derjenigen des Vermögensinhabers. Die Sonderung der Vermögensmassen trotz Fortbestandes der einheitlichen Rechtszuständigkeit bringt es mit sich, daß der Vermögensinhaber in einem Prozeß, den der Vermögensverwalter gegen ihn selbst (oder er gegen diesen) führt, eine doppelte Parteistellung einnehmen kann,[12] was eine gewisse Spaltung des Vermögenssubjekts darstellt.

Allerdings handelt es sich in den Fällen der Verwaltung fremden Vermögens nicht, wie bei der gesetzlichen Vertretung im engeren Sinn, um einen Ersatz für die fehlende Fähigkeit des Vertretenen zur Selbstgestaltung. Beim Konkurs handelt es sich um einen hoheitlichen Eingriff in die Rechts- und Handlungssphäre des Gemeinschuldners im Interesse einer gleichmäßigen Befriedigung seiner Gläubiger, die gefährdet ist, weil er in Vermögensverfall geraten ist. Die Einsetzung eines Testamentsvollstreckers beruht auf dem Willen des Erblassers und damit *seiner* Privatautonomie, die die des Erben einschränkt. Die Nachlaßverwaltung ist ein rechtstechnisches Mittel, um den Nachlaß von dem übrigen Vermögen des Erben zu trennen; sie kann im Interesse des Erben oder der Nachlaßgläubiger liegen. Der Erbe kann in der Regel ihre Anordnung vermeiden; er kann sich der damit verbundenen Beschränkung seiner Handlungsfähigkeit in Bezug auf den Nachlaß durch die Ausschlagung der Erbschaft entziehen.

b) **Abgrenzungen: mittelbare Stellvertretung, treuhänderische Berechtigung, Abschlußvermittlung.** 1. Von der in den §§ 164ff. geregelten sogenannten direkten oder unmittelbaren Stellvertretung ist die indirekte oder **„mittelbare" Stellvertretung** zu unterscheiden. Sie ist eine Form der Interessenvertretung. Der mittelbare Vertreter schließt (im eigenen Namen) ein Geschäft mit einem Dritten ab, aus dem er selbst berechtigt und verpflichtet wird, dessen wirtschaftlicher Erfolg im Endergebnis aber demjenigen zugutekommen soll, dessen Interesse von ihm, eben als „mittelbarer Vertreter", wahrgenommen wird. Derjenige, um dessen Interesse es geht, der „Geschäftsherr", steht bei dieser Gestaltung der Dinge lediglich zu seinem Vertreter in Rechtsbeziehungen, nicht aber zu dem Dritten, mit dem dieser abschließt. Der Vertreter ist dem Geschäftsherrn aus dem zwischen beiden bestehenden Rechtsverhältnis, meist einem Auftrag oder einem Dienstverhältnis, dazu verpflichtet, das, was er aus dem Geschäft mit dem Dritten erlangt hat, an den Geschäftsherrn weiterzuleiten. Der Dritte hat hiermit nichts zu tun; er kann sich seinerseits nur an seinen Kontrahenten, also den mittelbaren Vertreter, halten.

Wenn A mit Hilfe des B einen bestimmten Gegenstand erwerben will, dann kann dies rechtlich auf zweierlei Weise geschehen: B kann, sofern A ihm entsprechende Vollmacht erteilt, den Gegenstand im Namen des A, als direkter Stellvertreter, kaufen. Dann wird aus dem Kaufvertrag, den er mit dem Verkäufer V für A abschließt, A selbst unmittelbar berechtigt und verpflichtet; B dagegen erwirbt weder einen Anspruch auf Erfüllung gegen V, noch wird er dem V zur Zahlung des Kaufpreises verpflichtet. Das von B abgeschlossene Geschäft ist rechtlich das des A, dieser, nicht B, ist Geschäftspartei. Übergibt V die Kaufsache dem als Stellvertreter des A auftretenden B, so geht dadurch das Eigentum an ihr auf A über. B kann aber auch als „mittelbarer Vertreter" des A handeln. In diesem Fall tritt er im eigenen Namen auf, ist also selbst Käufer. Er, nicht der A, erwirbt den Anspruch auf Erfüllung des Kaufvertrages gegen V und wird diesem zur Zahlung des Kaufpreises verpflichtet. Durch die Übergabe der Kaufsache geht das Eigentum an ihr auf den B über. Dieser ist auf Grund des zwischen ihm und A bestehenden Rechtsverhältnisses, meist eines Auftrags, dem A zur Herausgabe und Übereignung der Kaufsache verpflichtet (§ 667). Der Eigentumsübergang von B auf A kann auch durch ein im voraus unter ihnen vereinbartes sogenanntes Besitzkonstitut (§ 930) herbeigeführt werden.[13] Zwar erwirbt dann A das Eigentum bereits in dem Augenblick, in dem B den Besitz der

[12] Dazu *Thiele,* Die Zustimmungen in der Lehre vom Rechtsgeschäft, S. 168ff.

Sache erlangt, jedoch nicht unmittelbar von V, wie im Falle der direkten Stellvertretung, sondern im Wege des sogenannten Durchgangserwerbs. B wird für einen nicht meßbaren Zeitteil Eigentümer und gibt das von V erlangte Eigentum sofort an A weiter. Unmittelbare Rechtsbeziehungen zwischen A und V entstehen auch in diesem Fall nicht.

Der Weg einer mittelbaren Stellvertretung wird einmal dann gewählt, wenn der Geschäftsherr als solcher nicht hervortreten, wenn er ungenannt bleiben will. Meist aber will der Geschäftsherr in diesen Fällen die Geschäftserfahrung und die geschäftlichen Beziehungen des mittelbaren Vertreters ausnutzen. Als mittelbarer Vertreter handelt vor allem der Kommissionär. Kommissionär ist, „wer es gewerbsmäßig übernimmt, Waren oder Wertpapiere für Rechnung eines anderen im eigenen Namen zu kaufen oder zu verkaufen" (§ 383 HGB). Über die mittelbare Stellvertretung finden sich im BGB keine Vorschriften. Ihre Zulässigkeit ist unbestritten. Sie wirft besondere Probleme auf, die sich daraus ergeben, daß die tatsächliche Interessenlage mit der rechtlichen Gestaltung nicht voll im Einklang steht. So könnte im Falle des Ankaufs einer Sache für Rechnung des A durch B als mittelbaren Vertreter das Interesse des A dadurch vereitelt werden, daß ein Gläubiger des B, nachdem dieser das Eigentum an ihr erworben und bevor er es an A weiter übertragen hat, auf sie zugreift. Es sind daher im Schrifttum auch immer wieder Versuche unternommen worden, die Rechtswirkungen des Handelns in mittelbarer Vertretung eines anderen denen der direkten Stellvertretung anzunähern.[14] Auf diese Problematik kann hier nicht eingegangen werden.

2. Von der Stellvertretung ist weiterhin die **treuhänderische Berechtigung** zu unterscheiden. Auch sie ist eine Form der Wahrnehmung fremder Interessen; sie berührt sich mit der mittelbaren Stellvertretung. Einen eindeutig definierten Rechtsbegriff der „Treuhand" gibt es nicht.[15] Nach einer älteren Entscheidung des RG[16] liegt ein Treuhandverhältnis dann vor, wenn „der Treugeber aus seinem Vermögen dem Treuhänder einen Gegenstand zu treuen Händen anvertraut, d. h. übereignet, und zwar derart, daß der andere das übertragene Recht im eigenen Namen ausüben, aber nicht zu seinem Vorteil gebrauchen soll". Der Treuhänder kann, da ihm das Treugut zu eigenem Recht übertragen ist, darüber im eigenen Namen verfügen;[17] er bedarf hierfür keiner Vollmacht, ja sie würde

---

[13] Eine andere Möglichkeit besteht darin, daß der Geschäftsherr den Vertreter zu einem sogenannten „Insichgeschäft" (§ 181) ermächtigt (vgl. unten II a).

[14] Vgl. (zur Einführung) *MünchKomm/Thiele* 14ff. vor § 164; ferner *Enn./N.* § 179; aus dem neueren Schrifttum: *Hager*, Die Prinzipien der mittelbaren Stellvertretung, AcP 180, 239; *Schwark*, Rechtsprobleme der mittelbaren Stellvertretung, JuS 1980, S. 777. *Schwark* empfiehlt die analoge Anwendung einiger Vorschriften des Stellvertretungsrechts; so, m. E. überzeugend, die des § 166 Abs. 2.

[15] Vgl. RGZ 127, 341, 345; MünchKomm/*Thiele 30 vor § 164.*

[16] *RGZ 84, 214, 217.*

[17] Einschränkungen seiner Verfügungsmacht mit Wirkung gegen Dritte scheitern an § 137 Satz 1; treuwidrige Verfügungen sind daher in der Regel wirksam, obgleich der Treuhänder dadurch seine

ihm nichts nützen, da der Treugeber selbst sich des Rechts und damit der Verfügungsmacht über das Recht zugunsten des Treuhänders begeben hat. Schuldrechtliche Verträge, die der Treuhänder in Rücksicht auf das Treugut mit einem Dritten abschließt, schließt er, wie ein mittelbarer Stellvertreter, im eigenen Namen ab; er selbst wird also daraus berechtigt und verpflichtet, nicht der Treugeber. Der Treuhänder ist aber dem Treugeber gegenüber dazu verpflichtet, mit dem Treugut nur entsprechend den Zwecken der Treuhand zu verfahren; meist auch, ihm Rechenschaft abzulegen und das Treugut nach Erreichung des Zwecks der Treuhand oder bei Eintritt bestimmter Voraussetzungen zurückzuerstatten. Das Treuhandverhältnis kann verschiedenen Zwecken dienen: Der Treuhänder soll etwa das Treuhandvermögen im Interesse des Treugebers oder eines Dritten, z. B. eines oder mehrerer Gläubiger des Treugebers, verwalten (Verwaltungstreuhand), oder er soll die ihm abgetretene Forderung des Treugebers einziehen und den Erlös an diesen abführen (treuhänderische Abtretung, Inkassozession), oder er soll das ihm dann meist von mehreren überlassene Vermögen zu einem bestimmten Zweck verwenden (Sammelvermögen und ähnliche Fälle). In allen diesen Fällen ist die Treuhand uneigennützig. Das Treugut kann dem Treuhänder aber auch zu dem Zweck überlassen sein, damit er sich daraus, falls der Treugeber eine Schuld ihm gegenüber nicht erfüllt, selbst befriedigt (Sicherungstreuhand). In diesem Fall dient das Treuhandverhältnis auch dem Interesse des Treuhänders, ist also nicht uneigennützig; er hat jedoch vor dem Beginn seiner Verwertungsbefugnis und auch bei der Verwertung des Treuguts das Interesse des Treugebers mit zu berücksichtigen.

Über die ursprünglich vom RG dazu gerechneten Fälle hinaus spricht man von einem Treuhandverhältnis heute auch dann, wenn dem Treuhänder ein Gegenstand zwar nicht zu eigenen Recht übertragen, aber ihm eine Verfügungsmacht über diesen Gegenstand eingeräumt wird, die er wiederum nur gemäß der getroffenen Vereinbarung ausüben darf.[18] Von der Vollmacht unterscheidet sich die durch Einwilligung gemäß § 185 Abs. 1 begründete Verfügungsmacht dadurch, daß der Ermächtigte über das Recht *im eigenen Namen* verfügen kann, also nicht wie ein Stellvertreter im Namen des Vertretenen auftritt (vgl. oben § 24). Der Inhaber des Rechts, der einem anderen Verfügungsmacht erteilt hat, tritt bei dem Verfügungsgeschäft nicht in die Erscheinung; trotzdem wirkt die Verfügung unmittelbar gegen ihn. Das ist die Folge der dem Ermächtigten übertragenen „Verfügungsmacht".

3. **Abschlußvermittler, Handelsvertreter.** Kein Stellvertreter ist, wer damit beauftragt ist, für einen anderen den Abschluß von Geschäften mit Dritten nur zu

---

Pflicht *gegenüber dem Treugeber* verletzt und diesem deshalb schadensersatzpflichtig wird. Teilweise anders aber *Schlosser,* NJW 70, 681.

[18] Vgl. *Enn./N.* § 148 II zu Anm. 24; *Siebert,* Das rechtsgeschäftliche Treuhandverhältnis S. 21f., 104, 253ff., 294ff.; MünchKomm/*Thiele* 32 vor § 164.

vermitteln. Das Gesetz kennt den „Zivilmakler“ (§§ 652ff.) und den „Handelsmakler“ (§§ 93ff. HGB). Beide werden selbständig – der Handelsmakler auch gewerbsmäßig – tätig, um für andere die Gelegenheit zum Abschluß eines Vertrages nachzuweisen (Nachweismakler) oder Verträge zu vermitteln. Zur „Vermittlung“ gehört die Einziehung von Erkundigungen, Erteilung von Auskünften, Führung vorbereitender Verhandlungen, nicht aber der Geschäftsabschluß selbst. Wer nur Vermittler ist, schließt weder im eigenen Namen noch in dem seines Auftraggebers ab; er bedarf daher auch keiner Vertretungsmacht. Die sogenannten „Handelsverteter“ (§§ 84ff. HGB) können nur mit der Vermittlung oder auch mit dem Abschluß von Geschäften für einen anderen betraut sein. Im letzteren Fall bedürfen sie hierzu einer Vollmacht („Handlungsvollmacht“, §§ 54ff., 91 HGB); nur soweit ihnen diese erteilt ist, sind sie auch „Stellverteter“ im Sinne des BGB.

c) **Stellvertreter und Bote.** Der Stellvertreter steht „an der Stelle des Vertretenen“ bei der Vornahme eines Rechtsgeschäfts, sei es bei der Abgabe oder beim Empfang einer Willenserklärung. Vom Stellvertreter unterscheiden wir den *Boten*. Dieser gibt nicht an Stelle des Vertretenen und mit Wirkung für diesen selbst eine Erklärung ab, sondern er übermittelt nur eine Willenserklärung seines Auftraggebers. Geschieht dies in der Weise, daß er sie dem Empfänger wiederholt, also nicht nur ein vom Auftraggeber herrührendes Schriftstück überbringt, sondern dessen gesprochene oder auch geschriebene Worte reproduziert, so gilt die Vorschrift des § 120. Übermittelt der Bote in diesem Fall die Erklärung nicht so, wie sie ihm aufgetragen war, unterläuft ihm also ein Fehler bei ihrer Reproduktion, so muß sie der Auftraggeber doch in der von dem Boten übermittelten Fassung als die seinige gelten lassen; er kann sie aber ebenso anfechten wie eine eigene Erklärung im Falle eines Erklärungsirrtums. Da der Bote gleichsam nur sein verlängerter Arm ist, so verhält es sich nicht anders als in dem Fall, daß *er* sich verschrieben oder vergriffen hat. Der Fehler, den der Bote bei der Übermittlung begeht, steht einem von ihm selbst bei dem Erklärungsvorgang begangenen Fehler gleich. Voraussetzung dafür, daß dem Auftraggeber die Erklärung, die der Bote abgibt, als die seinige zugerechnet werden kann, ist, daß er ihn mit der Übermittlung betraut hatte, die, wenn auch fehlerhaft, übermittelte Erklärung tatsächlich auf ihn zurückgeht.[19] Übermittelt daher der Bote absichtlich etwas anders, als ihm aufgetragen war, dann kann dem Auftraggeber das nicht mehr als seine Erklärung zugerechnet werden; er braucht die absichtlich verfälschte Erklärung nicht gegen sich gelten zu lassen, ohne daß es einer Anfechtung bedarf (vgl. oben § 20 IIa a. E.).

---

[19] Soweit *Dilcher* bei *Staudinger* 76 vor § 164 mir die Meinung unterstellt, einer Ermächtigung dazu, als Bote zu handeln, bedürfe es für die Zurechnung an den Auftraggeber nicht, hat er mich mißverstanden.

Ob jemand als Vertreter oder als Bote eines anderen anzusehen ist, richtet sich allein nach seinem tatsächlichen Auftreten gegenüber dem Geschäftsgegner, nicht danach, als was er nach dem Willen des Auftraggebers auftreten sollte.[20] Er ist also als Stellvertreter zu behandeln, wenn er dem Sinne nach sagt: „Ich kaufe diese Sache für den X", dagegen als Bote, wenn er sagt: „X läßt Ihnen sagen, daß er Ihr Kaufangebot annehme." Im ersten Fall tritt er selbst als derjenige auf, der für den X eine rechtsgeschäftliche Erklärung abgibt, im zweiten Fall dagegen als jemand, der nur die von dem X bereits abgegebene Erklärung übermittelt.[21] Tritt aber der Bevollmächtigte als Bote auf, so muß der Vollmachtgeber die Erklärung als die seinige gelten lassen, wenn sie nur im Rahmen der von ihm erteilten Vollmacht liegt. Dasselbe muß gelten, wenn der nur mit der Übermittlung der vom Auftraggeber abgegebenen Erklärung Beauftragte als dessen Stellvertreter auftritt, sofern nur die von ihm in dieser Weise abgegebene Erklärung sich inhaltlich mit der ihm zur Übermittlung aufgetragenen voll deckt. Denn in beiden Fällen entspricht ja die Erklärung inhaltlich dem, was der Auftraggeber wenn auch in einer anderen Weise mit Wirkung für sich in Geltung zu setzen gewollt hatte.[22] Insoweit ersetzt die erteilte Vertretungsmacht die fehlende Botenmacht und umgekehrt.

Hinter dem auf den ersten Blick als nur formal erscheinenden Unterschied steht allerdings ein bedeutsamer sachlicher Unterschied. Wer sich durch einen anderen vertreten läßt, der räumt dem Vertreter typischerweise ein mehr oder minder großes Maß von Entscheidungsfreiheit ein. Der Vertreter soll etwa den zu kaufenden Gegenstand unter mehreren anderen auswählen, er soll prüfen, verhandeln und sich entschließen, ob er das Geschäft mit diesem bestimmten Inhalt für den Vertretenen abschließen will. Der Vertretene überläßt ihm das „Ob" des Geschäftsabschlusses und häfuig auch die nähere Bestimmung des Geschäftsinhalts. In den Fällen der gesetzlichen Vertretung soll der Vertreter sogar allein die Entscheidung treffen. Der Vertreter steht also, typischerweise an der Stelle des Erklärenden nicht nur bei der Erklärungshandlung, sondern auch bei der ihr vorangehenden Prüfung, Bewertung und Entscheidung, wenn er dabei auch an bestimmte Richtlinien, die ihm der Vertretene gegeben hat, gebunden sein mag. Der Bote dagegen hat keinerlei Entscheidungsmacht. Er übermittelt eine fertige Erklärung, die in keiner Hinsicht die seinige, sondern eben die seines Auftraggebers ist. Daher bedarf er, was unstreitig ist, auch nicht einmal der beschränkten Geschäftsfähigkeit. Auch ein sechsjähriges Kind kann als „Bote" im Rechtssinn fungieren.

[20] Heute h. L.; so *v. Tuhr* Bd. III § 84 zu Anm. 43; *Enn./N.* § 178 II 1 c; *Flume* § 43 4; *Medicus,* Rdz. 886; MünchKomm/*Thiele 47 vor § 164. Dagegen aber Götz Hueck,* AcP 152, 432.

[21] Einprägsam die Formulierung von *Reinach* (Die apriorischen Grundlagen des bürgerlichen Rechts, in „Jahrb. f. Philosophie und phänomenologische Forschung" Bd. I, S. 792): „Der Vertreter vollzieht, der Bote überbringt ein schon Vollzogenes."

[22] So auch *Flume* § 43 4 (S. 757); *MünchKomm/Thiele* 52ff., *Palandt/Heinrichs* 3f. vor § 164.

Es gibt allerdings Fälle, in denen auch einem Vertreter die eigene Entscheidungsmacht fehlt; dann nämlich, wenn er nur dazu bevollmächtigt wird, im Namen des Vertretenen eine Erklärung ganz bestimmten Inhalts (z. B. eine Kündigungserklärung) abzugeben, und diese Erklärung auch unter allen Umständen abgeben soll. In diesem durchaus atypischen Grenzfall rücken Bote und Stellvertreter nahe zusammen. Die Entscheidung darüber, welche Vorschriften anzuwenden sind, muß auch in diesem Fall danach getroffen werden, als was der Betreffende auftritt, ob er also sagt: ,,Ich kündige Ihnen namens des A", oder ob er sagt: ,,A läßt Ihnen sagen, daß er kündige". Verfehlt ist dagegen die vom BGH vertretene Annahme,[23] es gebe zwischen Stellvertretung und Botenschaft noch eine Zwischenform, nämlich die Stellvertretung ,,nur in der Erklärung". Diese soll im Gegensatz zur normalen Stellvertretung stehen, die eine Stellvertretung auch ,,im Willen" sei. Hier wird aber verkannt, daß Wille und Erklärung nicht zwei verschiedene Dinge sind, sondern daß sich der rechtsgeschäftliche Wille nur in der Erklärung zu verwirklichen vermag. Die Willensbildung ist ein Prozeß, der erst damit abgeschlossen ist, daß sich der Wille in der Erklärung verwirklicht. Entweder gibt der Geschäftsherr selbst die Erklärung ab, indem er sie seinem Boten zur Übermittlung aufträgt; in diesem Fall ist für eine Stellvertretung kein Raum. Oder der Geschäftsherr hat die Erklärung noch nicht selbst abgegeben, sondern seinen Vertreter beauftragt, dies in seinem Namen zu tun; dann vertritt dieser ihn nicht nur in der Erklärungshandlung, sondern damit auch in der letzten Phase der Willensbildung. Auch wenn der Vertreter seinen Willen dem des Vertretenen völlig unterordnet, indem er sich genau an dessen Auftrag hält, betätigt er immer noch dadurch, daß *er* die Erklärung abgibt und nicht nur übermittelt, einen eigenen Willensentschluß, der eben dahin geht, die Erklärung jetzt, an dieser Stelle und mit dem vom Vertretenen gewollten Inhalt, für ihn abzugeben. Jede Vertretung ,,in der Erklärung" ist also notwendig auch eine Vertretung ,,im Willen"; andernfalls liegt nicht Stellvertretung, sondern Botenschaft vor.

So wie wir den aktiven und den passiven Stellvertreter unterscheiden, so unterscheiden wir den Erklärungsboten und den **Empfangsboten.**[24] Steht der passive Vertreter an der Stelle des Vertretenen beim Empfang einer Willenserklärung, so daß es, wenn die Erklärung ihm zugegangen ist, ebenso angesehen wird, als wäre sie dem Vertretenen zugegangen, so soll der Empfangsbote im Auftrage des Empfängers die an diesen gerichtete Erklärung entgegennehmen und an ihn weiterleiten. Der Empfangsbote ist Hilfsperson des Empfängers. Die dem Empfangsboten übergebene schriftliche oder ihm gegenüber mündlich ausgesproche-

[23] BGHZ 5, 344, 349. Dagegen mit unterschiedlichen Begründungen: *Flume* § 43 5; *Müller/Freienfels* aaO. S. 72; *Götz Hueck* aaO. S. 443; *Soergel/Schultze-v. Lasaulx* Vorbem. 55, MünchKomm/*Thiele* 63, *Staudinger/Dilcher* 82ff. vor § 164.

[24] Zum Begriff des Empfangsboten *Ernst Cohn,* Der Empfangsbote, 1927.

ne Erklärung ist, da sie damit in den Herrschaftsbereich des Empfängers gelangt ist, diesem dadurch in der Regel bereits zugegangen. Der Empfangsbote fungiert hinsichtlich des Zugangs in ähnlicher Weise wie der Hausbriefkasten oder das Postfach des Adressaten. Sofortiger Zugang kann allerdings nur dann angenommen werden, wenn der Empfangsbote sich in den Wohn- oder Geschäftsräumen des Empfängers aufhält; ist das nicht der Fall, muß die Zeit hinzugerechnet werden, deren es normalerweise für die Weiterleitung der Erklärung durch den Boten an den Empfänger bedarf.[25] Voraussetzung für einen Zugang durch Übermittlung der Erklärung an einen Empfangsboten ist ferner, daß dieser – z. B. ein Geschäftsangestellter oder eine Hausangestellte oder ein Mitglied der Familie des Empfängers – als zur Entgegennahme solcher Erklärungen geeignet und nach der Verkehrsauffassung auch als dazu ermächtigt anzusehen ist oder der Empfänger ihn zur Empfangnahme ermächtigt oder ihn dem Erklärenden gegenüber als ermächtigt bezeichnet hat. Nur in diesen Fällen ist es berechtigt, daß die unrichtige Weitergabe oder die Unterlassung der Weitergabe durch den Empfangsboten an den Empfänger zu dessen Lasten geht. Die Vorschriften über die Stellvertretung, z. B. § 165, sind auf den Empfangsboten nicht anzuwenden. Während bei der passiven Stellvertretung der Stellvertreter selbst, weil er an der Stelle des Vertretenen steht, der Empfänger der Erklärung ist, es ihrer Weiterleitung also nicht mehr bedarf und die Erklärung mit Rücksicht auf seine Verständnismöglichkeit auszulegen ist, ist der Empfangsbote nur Übermittlungsperson, die Erklärung ist nicht mit Rücksicht auf sein Verständnis, sondern auf das des Empfängers auszulegen; dagegen tritt der Empfangsbote, sobald er seine Funktion der Übermittlung erfüllt hat, völlig zurück.

II. Die Voraussetzungen wirksamer Stellvertretung

a) **Die Vertretungsmacht.** Es gibt keine wirksame Stellvertretung ohne eine wie immer begründete Vertretungsmacht des (aktiven oder passiven) Stellvertreters.[26] Autorisiert wird der Vertreter entweder durch den Vertretenen selbst oder

---

[25] Nach der Meinung des BGH – LM Nr. 8/9 zu § 346 (Ea) HGB – ist ein an die Hauptniederlassung einer Firma gerichtetes, dem Leiter einer Zweigstelle als deren „Empfangsboten" übergebenes Schreiben der Firma erst in dem Zeitpunkt zugegangen, in dem sein Eintreffen in der Hauptniederlassung „nach dem regelmäßigen Lauf der Dinge zu erwarten" war. Der Zeitpunkt des Zugangs wird in einem solchen Fall also so weit hinausgeschoben, bis der Adressat nach dem „regelmäßigen Lauf der Dinge" Kenntnis nehmen kann. Ebenso *Thiele* in MünchKomm 60 vor § 164. Nach *Flume* § 143d soll es nur für die Frage der Rechtzeitigkeit der Erklärung auf den späteren Zeitpunkt ankommen, alle übrigen Wirkungen des Zugangs sollen sofort eintreten.

[26] *Flume* (§ 44 1) bezeichnet es als „ein apriorisches Erfordernis der Wirksamkeit der Vertretung, daß der Vertreter Vertretungsmacht hat, d. h. daß er autorisiert ist, für den Vertretenen zu handeln". Das ist richtig, wenn man hinzufügt, daß die zunächst fehlende Autorisation durch die Genehmigung des Vertretenen nachgeholt werden kann.

durch die Rechtsordnung. Die durch solche Autorisation begründete Vertretungsmacht ist ein bestimmtes rechtliches „Können", eine „Rechtsmacht", die m. E. weder zu den subjektiven Rechten zu zählen ist,[27] noch zu den persönlichen Fähigkeiten wie der Geschäftsfähigkeit und der Deliktsfähigkeit.[28] Zu den subjektiven Rechten deshalb nicht, weil sie dem Vertreter nicht um seinetwillen, sondern um des Vertretenen willen eingeräumt ist und nur eine Hilfsfunktion hat. Zu den persönlichen Fähigkeiten deshalb nicht, weil sie keine Unterart der allgemeinen Fähigkeit ist, in rechtlich relevanter Weise handeln zu können, sondern eine Erweiterung des rechtlichen Könnens mit Bezug auf ein bestimmtes Geschäft oder einen bestimmten Geschäftskreis des Vertretenen. Am ehesten läßt sie sich vergleichen mit der auf einer Ermächtigung gemäß § 185 Abs. 1 beruhenden Verfügungsmacht über ein fremdes Recht (vgl. oben § 24),[29] der „Empfangszuständigkeit" des von dem Gläubiger zum Empfang der Leistung ermächtigten Dritten (§ 362 Abs. 2) und der Prozeßführungsbefugnis, d. h. der Zuständigkeit zur Führung eines Prozesses über ein bestimmtes Recht oder Rechtsverhältnis. Die „Macht" zur passiven Stellvertretung kann als Zuständigkeit zur Empfangnahme von Willenserklärungen charakterisiert werden, die für einen anderen, den Vertretenen, wirksam werden sollen.

Die Gründe, auf denen die Vertretungsmacht im einzelnen Fall beruhen kann, wurden bereits genannt: Bevollmächtigung durch den Vertretenen selbst, Satzung eines Vereins oder einer Körperschaft in Verbindung mit der Bestellung zum Vorstand oder Vertreter durch das dazu bestimmte Organ, gesetzliche Regelung in Verbindung mit dem Tatbestand, an den das Gesetz die Entstehung einer gesetzlichen Vertretung knüpft oder mit der Bestellung z. B. zum Vormund oder zum Pfleger durch das Vormundschaftsgericht. Der Umfang der Vertretungsmacht ergibt sich im ersten Fall aus der Vollmacht, im zweiten Fall aus der Satzung und im dritten Fall aus dem Gesetz. Er kann sehr verschieden sein. Die Vollmacht kann sich beziehen auf die Vornahme eines einzigen Geschäfts, z. B. den Verkauf eines bestimmten Grundstücks, auf einen Kreis von Geschäften (z. B. auf alle Geschäfte, die mit der Verwaltung eines Grundstücks oder einer bestimmten Vermögensmasse zusammenhängen) oder schließlich auf Vermögensangelegenheiten aller Art. Im letzten Fall spricht man von einer Generalvollmacht. In den Fällen der gesetzlichen Vertretung ist der Umfang der Vertretungsmacht, abgesehen von der eines Pflegers, sehr weit; die Eltern, der Vormund sind berechtigt, das Kind oder den Mündel in allen seinen persönlichen

---

[27] Manche rechnen sie zu den Gestaltungsrechten; so *Enn./N.* § 184 I.

[28] Hiergegen zutreffend *Müller/Freienfels* S. 34ff. Er selbst bezeichnet die Vertretungsmacht (S. 83ff.) als eine „sekundäre Zuständigkeit", die aus der primären Zuständigkeit des Vertretenen abgeleitet sei. *Flume* § 45 II 1 bezeichnet sie als „Legitimation".

[29] Die Vertretungsmacht muß, gleich der Verfügungsmacht, in dem Zeitpunkt vorliegen, in dem das Geschäft für den Vertretenen wirksam wird.

und Vermögensangelegenheiten zu vertreten. Einschränkungen ergeben sich hier, im Hinblick auf mögliche Interessenkollisionen, aus den §§ 1629 Abs. 2, 1795, 1796. Für eine Reihe besonders schwerwiegender Geschäfte bedürfen Eltern und Vormünder der Zustimmung des Vormundschaftsgerichts. Für bestimmte, typische Fälle der Vollmachtserteilung hat das Gesetz den Umfang der Vollmacht, teils zwingend, teils nur durch dispositive Normen, festgelegt; so für die Prokura (§§ 49, 50 HGB), die Handlungsvollmacht (§ 54 HGB) und die Prozeßvollmacht (§§ 81 bis 83 ZPO). Überschreitet der Vertreter den Rahmen seiner jeweiligen Vertretungsmacht, so handelt er insoweit ohne Vertretungsmacht; die Folgen richten sich dann nach den §§ 177 ff. (unten § 32).

Eine allgemeine Beschränkung jeder Vertretungsmacht enthält § 181. Danach kann ein Vertreter, falls ihm das nicht ausnahmsweise gestattet ist, einen anderen nicht wirksam vertreten bei einem Rechtsgeschäft mit sich selbst oder mit einem Dritten, der gleichfalls durch ihn vertreten wird.[30] Man spricht im ersten Fall von „Selbstkontrahieren", im zweiten Fall von „Mehrvertretung", in beiden Fällen von einem **„Insichgeschäft"**. Die Beschränkung gilt jedoch nicht, wenn das Geschäft ausschließlich in der Erfüllung einer Verbindlichkeit besteht. Der Zweck der Beschränkung ist der, eine mögliche Schädigung des Vertretenen, oder, im Falle der Mehrvertretung, eines der Vertretenen in den hier naheliegenden Fällen einer Interessenkollision zu verhindern. Die Möglichkeit einer Interessenkollision scheidet indessen regelmäßig dann aus, wenn es sich lediglich um die Erfüllung einer Rechtspflicht handelt.[31] Der Vertreter kann also sowohl durch eine Zahlung aus seinem Vermögen in die von ihm verwaltete Kasse des Vertretenen eine eigene Schuld diesem gegenüber erfüllen wie auch durch eine Zahlung

---

[30] Gedacht ist an Rechtsgeschäfte, bei denen sich die Beteiligten, also der Vertreter und der durch ihn Vertretene, oder die mehreren durch ihn Vertretenen, in der Rolle von Geschäftspartnern gegenüberstehen, die unterschiedliche Interessen verfolgen, die sie, im Falle eines Vertrages, miteinander auszugleichen suchen. Anders ist es, wenn mehrere Gesellschafter zur Verfolgung des ihnen gemeinsamen Zwecks im Wege der Beschlußfassung zusammenwirken. Hier sieht der BGH die in § 181 vorausgesetzte Situation nicht als gegeben an. Ein Gesellschafter kann daher an Beschlüssen über Maßnahmen der Geschäftsführung sowohl im eigenen Namen, wie als Vertreter eines anderen Gesellschafters mitwirken, ohne daß dem § 181 entgegenstünde. So BGHZ 65, 93.

[31] Anders kann es liegen, wenn es sich um eine unentgeltliche Zuwendung seines gesetzlichen Vertreters an einen Minderjährigen handelt, der Erwerb des ihm zugewendeten Gegenstandes diesem aber nicht nur einen rechtlichen Vorteil bringt. In der Entsch. BGHZ 78, 28 ging es um eine *Schenkung von Wohnungseigentum.* Nach der Ansicht des BGH brachte dessen Erwerb dem Minderjährigen wegen der damit verbundenen Pflichten nicht nur rechtliche Vorteile. Das notariell beurkundete Schenkungsversprechen (§ 518) hatte der Minderjährige (über 7 Jahren) selbst angenommen, wozu er gemäß § 107 in der Lage war. Könnte jetzt der Vertreter die Auflassung, das Erfüllungsgeschäft, gemäß § 181, zweiter Halbsatz, durch Insichgeschäft allein vornehmen, so wäre damit der vom Gesetz gewollte Minderjährigenschutz unterlaufen. Der BGH nahm deshalb aufgrund einer „Gesamtbetrachtung" an, hier sei schon das obligatorische Geschäft nicht nur rechtlich vorteilhaft. Mangels einer wirksamen Verpflichtung läge dann der Fall des § 181, zweiter Halbsatz, nicht vor. (Zustimmend *Gitter/Schmitt,* JuS 82, 253). Vorzuziehen ist für solche Fälle eine teleologische Reduktion des § 181, zweiter Halbsatz; so *Jauernig,* JuS 82, 576. Vgl. auch *Medicus* Rdz. 565.

mit Mitteln des Vertretenen an sich selbst eine Schuld, die der Vertretene ihm gegenüber hat. Er kann die hierfür notwendigen Übereignungen von Geldscheinen vornehmen.

Die Gestattung des ,,Insichgeschäfts" kann sich aus einer gesetzlichen Bestimmung ergeben,[32] im Falle einer auf einer Satzung beruhenden Vertretungsmacht aus der Satzung und im Falle der Vollmacht aus deren Inhalt oder aus einer sie ergänzenden besonderen Ermächtigung durch den Vollmachtgeber. Diese stellt nichts anderes dar als eine Erweiterung der Vollmacht; sie ist daher nach den Vorschriften über die Vollmachterteilung zu beurteilen und kann gemäß den §§ 177ff. auch noch nachträglich, durch eine Genehmigung, erfolgen.[33] Zweifelhaft ist, ob dem gesetzlichen Vertreter eines Minderjährigen oder dem für mehrere Mündel bestellten Vormund oder Pfleger durch das Vormundschaftsgericht die Vornahme eines Geschäfts mit sich selbst oder eines Geschäfts unter den mehreren von ihm vertretenen Kindern oder Mündeln gestattet werden kann, was die Bestellung eines besonderen Pflegers für jedes Kind oder jedes Mündel überflüssig machen würde. Das RG (Vereinigte Zivilsenate) hat die Frage verneint, weil das Gesetz eine derartige Gestattung nicht vorsieht und der aus den Gesetzesmaterialien erkennbare Wille des Gesetzgebers dagegen spreche.[34] Der BGH hat sich diesem Standpunkt bedauerlicherweise angeschlossen.[35] Im Schrifttum wird dagegen mit guten Gründen die Ansicht vertreten, daß das Vormundschaftsgericht den gesetzlichen Vertretern zwar nicht das Selbstkontrahieren, wohl aber die Mehrvertretung gestatten könne, wenn diese gleichermaßen dem Interesse aller Kinder oder Mündel entspricht.[36] Dem ist zuzustimmen.

§ 181 verneint, von den erwähnten Ausnahmen abgesehen, die Zulässigkeit eines Insichgeschäfts wegen der damit verbundenen Gefahr einer Interessenkollision generell, also nicht nur dann, wenn diese Gefahr im Einzelfall wirklich besteht. Der BGH hat betont,[37] daß das Verbot des Insichgeschäfts ,,eine formale Ordnungsvorschrift darstellt, bei der ein Interessengegensatz zwischen den mehreren vom Vertreter repräsentierten Personen zwar gesetzgeberisches Motiv, aber zur Tatbestandserfüllung grundsätzlich weder erforderlich noch ausreichend ist." Damit ist jedoch nur gesagt, daß es nicht darauf ankommt, ob ein Interes-

---

[32] Beispielsweise ergibt sich aus § 125 Abs. 2 Satz 2 HGB eine solche Gestattung, insofern danach ein Gesamtvertreter dazu mitwirken kann, daß ihm selbst eine spezielle Ermächtigung erteilt wird.

[33] RGZ 67, 51, 55; 119, 114, 116; BGHZ 65, 123, 126; *Hübner* aaO. S. 103f.; *Flume* § 48 1 zu Anm. 10.

[34] RGZ 71, 162.

[35] BGHZ 21, 229, 234.

[36] So *Nipperdey*, Festschr. f. *Raape* S. 305ff.; *Enn./N.* § 181 II 1; *Staudinger/Dilcher*, 40, *Soergel/Leptien* 39 zu § 181; für die Möglichkeit der Gestattung auch des Selbstkontrahierens *Hübner* aaO. S. 125ff. Anders jedoch *Flume* § 48 I zu Anm. 14; *Thiele* in MünchKomm 40 zu § 181; *Medicus* Rdz. 957.

[37] BGHZ 50, 8, 11.

sengegensatz im einzelnen Fall vorliegt und daher die Gefahr einer Benachteiligung des Vertretenen (oder eines der Vertretenen) *in concreto* besteht. Eine solche Gefahr besteht indessen *generell* dann nicht, wenn das Geschäft nach seinem typischen Inhalt dem Vertretenen ausschließlich einen rechtlichen Vorteil bringt. Für derartige Geschäfte ist es gerechtfertigt, den § 181 im Wege einer „teleologischen Reduktion", d. h. einer Einschränkung seines Anwendungsbereichs entsprechend seinem Zweck,[38] *nicht anzuwenden*. Andernfalls wären z. B. die Eltern als gesetzliche Vertreter ihrer minderjährigen Kinder unter sieben Jahren rechtlich nicht in der Lage, Schenkungen, die sie diesen machen, für sie anzunehmen und das Eigentum an dem geschenkten Gegenstand für die Kinder zu erwerben. Es müßte vielmehr zu diesem Zweck in jedem Fall dem Kind vom Vormundschaftsgericht ein Pfleger bestellt werden. Im Schrifttum hat man sich zur Vermeidung dieses Ergebnisses häufig darauf berufen, es bestehe eine entsprechende Verkehrsauffassung oder eine allgemeine Rechtsüberzeugung, die den Eltern derartige Rechtsgeschäfte erlaube.[39] Hierzu ist zu sagen, daß eine solche Verkehrsauffassung oder Rechtsüberzeugung nur zur Ausfüllung einer „offenen" Gesetzeslücke herangezogen werden könnte. Die „Lücke" besteht hier indessen gerade darin, daß das Gesetz die nach seiner Zwecksetzung zu erwartende Einschränkung nicht enthält („Verdeckte Lücke"). Die Ausfüllung einer solchen Lücke geschieht durch die Hinzufügung dieser Einschränkung, durch eine „teleologische Reduktion". Diesen Weg ist nun auch der BGH gegangen.[40] Danach gilt § 181 nicht für solche Insichgeschäfte eines Vertreters, die inhaltstypisch dem Vertretenen allein einen rechtlichen Vorteil bringen, ihm nicht nachteilig sein können. Schon vorher hatte der BGH in der Sache eine „teleologische Reduktion", entgegen seiner früheren Rechtsprechung, für den Fall bejaht, daß der Alleingesellschafter einer GmbH (Einmanngesellschaft) in seiner Eigenschaft als Geschäftsführer der Gesellschaft mit sich selbst kontrahiert.[41] Hier könnten freilich auch Interessen Dritter, etwa der Gläubiger der Gesellschaft, berührt werden, weshalb diese Entscheidung auch auf Widerspruch gestoßen ist.[42] Indessen

---

[38] Zu diesem Verfahren *meine* Methodenlehre der Rechtswissenschaft, 5. Aufl. S. 375ff.

[39] So *Flume* § 48 VI. Aus dem Schrifttum ferner *Boehmer*, Grundlagen der bürgerlichen Rechtsordnung, Bd. II/2, 1952, S. 44ff.; *v. Lübtow*, Schenkungen der Eltern an ihre minderjährigen Kinder, 1949; *Enn./N.* § 181 Anm. 9 und zu Anm. 25.

[40] BGHZ 59, 336. Zustimmend *Giesen*, JR 73, 62; *W. Blomeyer*, AcP 172, 1, 11ff.; *Stürner*, AcP 173, 442f.; *Säcker u. Klinkhammer*, JuS 75, 626; *Hübner* aaO. S. 141ff.; *Lange/Köhler* § 50 II b; *Medicus* Rdz. 961; MünchKomm/*Thiele 9, 15, Soergel/Leptien* 24f., *Staudinger/Dilcher* 5 zu § 181. Ablehnend *Schubert* in WM 78, 290; *Pawlowski* II 391f. Nicht zugestimmt werden kann der Meinung von *Brox* (Rdn. 544), man solle darauf abstellen, ob ein Interessenkonflikt im Einzelfall vorliegt, denn da dies oft nur schwer zu erkennen ist, hat der Gesetzgeber dies bewußt nicht zum Kriterium der Zulässigkeit machen wollen. Die Einschränkung ist daher nur dort zu rechtfertigen, wo ein Interessenkonflikt ersichtlich nicht entstehen kann.

[41] JZ 72, 20 m. Anm. von *W. Blomeyer* = BGHZ 56, 97.

[42] Vgl. die Anm. von *Blomeyer u. Giesen*, JR 71, 507; *Fischer* aaO. S. 71ff. Im Ergebnis zustimmend

schützt § 181 primär das Interesse des Vertretenen, nicht das dritter Personen; der Vertretene, die Gesellschaft, ist hier aber faktisch, wenn auch nicht rechtlich, mit dem Vertreter identisch, weshalb ein Interessenkonflikt zwischen ihnen nicht wohl bestehen kann. Dem Schutz der Gläubiger dienen andere Bestimmungen. Schließlich hat der BGH die gleiche teleologische Reduktion auch hinsichtlich des Vertretungsverbots des § 1795 Abs. 1 Nr. 1 vorgenommen.[43] Die Eltern können danach ihre minderjährigen Kinder auch bei einem Geschäft mit der Großmutter eines Elternteils vertreten, wenn das Geschäft – die schenkungsweise Übereignung von Grundstücken – den Kindern lediglich einen rechtlichen Vorteil bringt. Der Entscheidung ist zuzustimmen.

Außerordentlich bestritten ist die Möglichkeit einer **analogen Anwendung** des § 181 in einer Reihe von Fällen, in denen er zwar nicht dem Wortsinn nach zutrifft, die Gefahr einer Interessenkollision aber offensichtlich gegeben ist. Die Rechtsprechung hat eine analoge Anwendung zumeist abgelehnt,[44] sie aber in einigen Ausnahmefällen anerkannt. In einigen Fällen kann eine Erklärung wahlweise an den von ihrer Rechtswirkung Betroffenen oder an eine Behörde, etwa an das Grundbuchamt, gerichtet werden. Hierzu gehört nach § 875 Abs. 1 Satz 1 die Erklärung des Hypothekengläubigers, er gebe die Hypothek auf. ,,Begünstigter" im Sinne dieser Vorschrift ist der Grundstückseigentümer. Erklärt nun dieser als Vertreter des Hypothekengläubigers die Aufgabe der Hypothek an sich selbst (in seiner Eigenschaft als Eigentümer), so ist es nicht zweifelhaft, daß § 181 Platz greift. Der BGH hat ihn auch in einem Fall angewandt, in dem der Vertreter des Hypothekengläubigers die ihn als Eigentümer begünstigende Erklärung gegenüber dem Grundbuchamt abgegeben hatte, da der Vertretene in beiden Fällen gleichermaßen schutzwürdig sei.[45] Im Schrifttum wird eine analoge Anwendung des § 181 weiterhin ganz überwiegend für den Fall befürwortet, daß der Vertreter, dem das Selbstkontrahieren nicht gestattet ist, für den Vertretenen einen weiteren Vertreter (einen *Untervertreter*) bestellt und dann mit diesem abschließt, oder daß er für sich selbst einen Bevollmächtigten bestellt und mit diesem in seiner Eigenschaft als Vertreter kontrahiert.[46] Hier besteht in der Tat die Gefahr einer Umgehung des § 181 oder doch einer ähnliche Gefährdung des Vertretenen, wie im Falle des § 181; die Analogie ist daher berechtigt. Mit der h. L. ist die analoge Anwendung des § 181 dagegen abzulehnen,[47] wenn der Vertreter für den Vertretenen ein Rechtsgeschäft mit einem Dritten vornimmt, dessen Wirkungen dem Vertreter selbst zugutekommen sollen, z. B. im Namen des Vertretenen eine Bürgschaft für seine eigene Schuld leistet. Hier kommt es darauf an, ob das vorgenommene Geschäft noch im Rahmen seiner generellen Vertretungsmacht liegt; wenn dies der Fall ist, ob es sich um einen vom Geschäftsgegner erkannten oder für ihn offenkundigen Mißbrauch der Vertretungsmacht handelt, der sie, wie sogleich dargelegt wird, im Einzelfall ausschließt, oder ob das nicht der Fall ist.

Die Einräumung einer bestimmten Vertretungsmacht, sei es durch den Vertretenen selbst, sei es durch die Satzung einer Körperschaft, sei es unmittelbar durch

---

Blomeyer AcP 172, 1; *Thiele* in MünchKomm 16 zu § 181; mit eingehender Begründung auch *Hübner* aaO. S. 251 ff.

[43] JZ 76, 66, mit zustimmender Anm. von *Stürner.*

[44] Vgl. RGZ 76, 89, 92; 108, 405, 407; 157, 24, 31 f.

[45] BGHZ 77, 7. Ebenso *Staudinger/Dilcher* 24, *MünchKomm/Thiele* 23, 24.

[46] *Enn./N.* § 181 III 2; *Flume* § 48 4; *Staudinger/Soergel/Leptien* 28, MünchKomm/*Thiele* 23, 24 zu § 181; *Harder* AcP 170, 295; *Medicus* Rdz. 962. Differenzierend für den Fall des Abschlusses mit einem Untervertreter aber *Hübner* aaO. S. 177 ff.

[47] So *Enn./N.* § 181 III 1; *Flume* § 48 5; *Soergel/Leptien* 32, MünchKomm/*Thiele* 33, zu § 181. Für eine analoge Anwendung des § 181 im Falle eines ,,evidenten" Eigeninteresses des Vertreters *Hübner* aaO. S. 195 ff.

die Rechtsordnung in den Fällen der gesetzlichen Vertretung, soll den Vertreter dazu in den Stand setzen, die Interessen des Vertretenen, in einigen Fällen (Vertreter „kraft Amtes") auch Interessen Dritter, im rechtsgeschäftlichen Verkehr mit Wirkung für den Vertretenen wahrzunehmen. Regelmäßig ist die Vertretungsmacht also – vom Falle des „procurator in rem suam" abgesehen – keine eigennützige, sondern eine fremdnützige „Macht", von der der Vertreter pflichtgemäß nur einen den Interessen des Vertretenen oder (z. B. im Falle des Konkursverwalters) einen im Rahmen der ihm übertragenen Aufgabe liegenden Gebrauch machen soll. Indessen kennt das Gesetz eine allgemeine Beschränkung der Vertretungsmacht dahingehend, daß diese jeweils nur so weit reicht, als der Vertreter von ihr einen pflichtgemäßen Gebrauch macht, nicht.[48] Eine solche Beschränkung der Vertretungsmacht würde die Rechtssicherheit gefährden, da der Geschäftsgegner häufig nicht in der Lage ist zu beurteilen, ob das von dem Vertreter vorgenommene Geschäft im Einzelfall noch einer pflichtgemäßen Wahrnehmung der ihm übertragenen Aufgabe entspricht. Es muß daher grundsätzlich genügen, daß es innerhalb des allgemeinen Rahmens der ihm eingeräumten Vertretungsmacht liegt. Dieser ist für den Geschäftsgegner leichter ersichtlich, etwa aus einer Vollmachtsurkunde oder aus einer gesetzlichen Bestimmung. Er kann jedoch weiter sein und ist meistens weiter als der Umkreis derjenigen Geschäfte, die der Vertreter bei *pflichtmäßiger* Wahrnehmung der ihm übertragenen Angelegenheiten des Vertretenen ihm gegenüber vornehmen *darf.* Eine noch im Rahmen der ihm erteilten Vertretungsmacht liegende, aber pflichtwidrige Ausübung derselben macht den Vertreter *im Innenverhältnis zum Vertretenen* (vgl. unten § 31 I a) zwar, wenn sie zugleich schuldhaft ist, schadensersatzpflichtig, beeinträchtigt aber die Wirksamkeit des von dem Vertreter vorgenommenen Geschäfts für den Vertretenen in der Regel nicht. Der Geschäftsgegner wird insoweit geschützt. Wenn aber der Geschäftsgegner im einzelnen Fall erkennt, daß der Vertreter zum Nachteil des von ihm Vertretenen und damit pflichtwidrig handelt, verdient nicht er, sondern der Vertretene Schutz. In der Rechtsprechung und im Schrifttum hat sich daher der Grundsatz durchgesetzt,[49] daß die Vertretungsmacht dann entfällt, wenn der Vertreter *mit Wissen des Geschäftsgegners* seine Vertretungsmacht zum Nachteil des Vertretenen **mißbraucht,** einerlei, ob *er* sich der Pflicht-

---

[48] H. L.: anders jedoch *Frotz* aaO. S. 605, 610ff. Nach seiner Ansicht läßt das Gesetz die Frage offen. Sachgerecht, meint er, sei allein die Begrenzung des Umfangs der Vertretungsmacht auf pflichtgemäßes Verhalten des Vertreters. Ob das konkrete Vertretergeschäft aber als „pflichtgemäß" anzusehen sei, müsse in den Fällen der Vollmacht im Verhältnis zum Geschäftsgegner aus *dessen* Perspektive beurteilt werden. Für die Fälle der gesetzlichen Vertretungsmacht empfiehlt *Frotz* eine „schadensersatzrechtliche Lösung". Dagegen MünchKomm/*Thiele 111 zu § 164.*

[49] Grundlegend *Kipp* in RG-Festschrift, Bd. II, S. 273ff.; ferner *Heinrich Stoll* in Festschr. f. *Lehmann* 1937, S. 115ff.; *Rinck,* Pflichtwidrige Vertretung, 1936; *Enn./N.* § 183 I 5; *Flume* § 45 II 3; *Lehmann/Hübner* § 36 VI 4; *Soergel/Leptien* 15ff. zu § 177; *Schott,* AcP 171, 385; *H. J. Westermann,* JA 1981, S. 521.

widrigkeit seines Handelns bewußt ist oder nicht.[50] Der Kenntnis des Geschäftsgegners von dem Mißbrauch der Vertretungsmacht ist mit *Flume*[51] der Fall gleichzusetzen, daß der Mißbrauch für den Geschäftsgegner offenkundig ist, sich ihm auf Grund aller ihm bekannten Umstände gleichsam aufdrängen muß. Bloßes „Kennenmüssen" des Geschäftsgegners genügt dagegen nicht; der Geschäftsgegner braucht sich im allgemeinen nicht davon zu vergewissern, daß der Vertreter, dessen Handeln im Rahmen seiner Vertretungsmacht liegt, auch so handelt, wie er darf.[52] Es müssen schon besondere Umstände vorliegen, die auffällig genug sind, um den Geschäftsgegner stutzig zu machen, ihn Verdacht schöpfen zu lassen und ihm eine Rückfrage bei dem Vertretenen oder wenigstens das Ersuchen um Auskunft an den Vertreter nahe zu legen. Die Folge des dem Gegner bekannten oder sich ihm geradezu aufdrängenden Mißbrauchs der Vertretungsmacht ist, daß das Geschäft für den Vertretenen nicht wirksam ist. Von diesem kann also nicht Erfüllung verlangt werden. Für eine „Schadensteilung" gemäß § 254, wie sie der BGH hier vornimmt,[53] ist insoweit kein Raum.

Mehreren Personen kann eine Vertretungsmacht in der Weise gemeinschaftlich zustehen, daß nur alle zusammen oder doch nur einige von ihnen zusammen in der Lage sind, durch ihre Erklärungen Rechtsfolgen für den Vertretenen zu begründen. Sie sind dann **„Gesamtvertreter".** Das Gesetz bevorzugt diese Art der Vertretung bei der AG (§ 78 Abs. 2 AktG) und der GmbH (§ 35 Abs. 2 GmbHG); es sieht ihre Möglichkeit ausdrücklich vor bei der OGH (§ 125 Abs. 2 HGB). Auch bei der Gesellschaft des bürgerlichen Rechts ist sie die Regel (§§ 714, 709 Abs. 1, 710 Satz 2). Nach ausdrücklicher Vorschrift kann eine Prokura an mehrere gemeinschaftlich erteilt werden (§ 48 Abs. 2 HGB). Eine Gesamtvertretung ist heute auch die gesetzliche Vertretung des Kindes durch beide Elternteile.[54] Die mehreren Gesamtvertreter können in aktiver Stellvertretung grundsätzlich nur so handeln, daß sie alle – wenn auch nicht notwendig gleichzeitig – übereinstimmende Erklärungen gegenüber dem Geschäftsgegner abgeben. Häufig tritt jedoch dem Geschäftsgegner gegenüber nur einer der Gesamtvertreter auf und beruft sich auf die ihm intern erteilte Zustimmung des oder der anderen. Das ist, wie heute anerkannt wird,[55] in der Weise möglich, daß ihn alle

---

[50] Die früher h. L. – so auch die Vorauflagen – verlangte regelmäßig einen dem Vertreter selbst bewußten Mißbrauch seiner Vertretungsmacht. Es geht aber nur um den Schutz des Vertrauens des Geschäftsgegners. Daher kann es auch nur darauf ankommen, ob *dieser* die Pflichtwidrigkeit erkennt. So *Flume* § 45 II 3; *Medicus* Rdz. 968; MünchKomm/*Thiele 118 zu § 164.*

[51] *Flume* § 45 II 3 zu Anm. 33. Ihm folgend auch *Medicus* Rdz. 967; *Lange/Köhler* § 48 V 2a.

[52] Mit Recht weist *Westermann* aaO. S. 524 darauf hin, das Risiko, das sich aus der Undurchsichtigkeit des Innenverhältnisses für andere ergibt, müsse grundsätzlich der Vertretene tragen.

[53] BGHZ 50, 112. Zutreffend die Kritik von *Heckelmann,* JZ 70, 62; gegen den BGH auch *Medicus* Rdn. 118; MünchKomm/*Thiele 122 zu § 164.*

[54] *Vgl. Gernhuber,* Familienrecht § 50 III.

[55] *Flume* § 45 I 3.

anderen Vertreter zusammen zur Vornahme eines bestimmten Geschäfts oder auch einer bestimmten Art von Geschäften ermächtigen oder sein zunächst vollmachtloses Handeln genehmigen. Die Möglichkeit einer solchen Ermächtigung ist im Gesetz ausdrücklich anerkannt in § 125 Abs. 2 Satz 1 HGB und § 78 Abs. 4 AktG. Das RG hat diese Möglichkeit im Wege einer Rechtsanalogie für alle Fälle der Gesamtvertretung bejaht.[56] Die ,,Ermächtigung" ist nicht als Erteilung einer Untervollmacht, sondern als eine partielle Erweiterung der Vertretungsmacht des ermächtigten Gesamtvertreters zu verstehen.[57] Ebenfalls für alle Fälle der Gesamtvertretung gilt, daß jeder Gesamtvertreter zur Empfangnahme einer Willenserklärung, also zur passiven Vertretung, allein ermächtigt ist (vgl. § 125 Abs. 2 Satz 3 HGB, § 78 Abs. 2 Satz 2 AktG).

b) **Das Handeln im Namen des Vertretenen und ,,unter fremdem Namen".** Als zweites Erfordernis wirksamer aktiver Stellvertretung nennt das Gesetz in § 164 Abs. 1 das der Offenlegung des Vertretungsverhältnisses. Der Vertreter muß ,,im Namen des Vertretenen" handeln. Dadurch macht er deutlich, daß die Rechtsfolgen der von ihm abgegebenen Erklärung nicht ihn selbst, sondern den Vertretenen treffen sollen. Zwar braucht er die Erklärung, wie es in § 164 Abs. 1 Satz 2 heißt, nicht ,,ausdrücklich im Namen des Vertretenen" abzugeben; es genügt, daß ,,die Umstände ergeben, daß sie in dessen Namen erfolgen soll". Erforderlich ist, daß die Erklärung in Verbindung mit den zu ihrer Auslegung heranzuziehenden Umständen, soweit sie dem Erklärungsempfänger erkennbar waren,[58] diesen hinreichend erkennen läßt, daß der Erklärende das Rechtsgeschäft nicht für sich selbst, sondern für einen anderen als dessen Vertreter vornehmen will. Mit Recht bemerkt *Flume,*[59] daß das Erfordernis der Offenlegung der Vertretung nicht, wie das des Vorliegens einer Vertretungsmacht, schon durch die Sache als notwendig gefordert wird; daher sind Ausnahmen von diesem Erfordernis durchaus möglich. Eine solche Ausnahme ergibt sich aus § 1357: Rechtsgeschäfte, die ein *Ehegatte* – gleichgültig welcher – ,,zur angemessenen Deckung des Lebensbedarfs der Familie" mit einem Dritten vornimmt, berechtigen und verpflichten beide Ehegatten, ,,es sei denn, daß sich aus den Umständen etwas anderes ergibt".[60] Jeder Ehegatte hat in dem angegebenen Rahmen Vertretungsmacht für den anderen; er braucht dem Dritten gegenüber nicht zu erken-

---

[56] RGZ 81, 325, 329.

[57] So BGHZ 64, 72; MünchKomm *Thiele 90 zu § 164.*

[58] Zutreffend wendet der BGH auch für die Entscheidung der Frage, ob jemand als Vertreter oder im eigenen Namen aufgetreten ist, die allgemeinen Grundsätze der Auslegung empfangsbedürftiger Erklärungen an; BGHZ 36, 30, 33.

[59] *Flume* § 44 I.

[60] Die Bestimmung ist hervorgegangen aus der früheren ,,Schlüsselgewalt" der Ehefrau. Diese hatte Vertretungsmacht für den Mann, soweit es sich um Rechtsgeschäfte innerhalb des ihr damals allein zustehenden ,,häuslichen Wirkungskreises" handelte. Die nunmehrige Fassung des § 1357 gilt seit dem 1. 7. 1977.

nen zu geben, daß er zugleich für sich selbst und für den anderen abschließt. Es kommt nicht darauf an, ob der Dritte weiß oder erkennen kann, daß sein Kontrahent verheiratet ist und das Geschäft zum Zwecke der angemessenen Deckung des Familienbedarfs vornimmt. Nur, wenn die Umstände ergeben, daß er lediglich sich selbst, oder – dann ist die Vertretung offenkundig – lediglich den anderen verpflichten will, greift die Bestimmung nicht ein.

Das Gesetz verlangt grundsätzlich die Offenkundigkeit der Fremdbezogenheit des Geschäfts für den Geschäftsgegner, damit dieser weiß oder wissen kann, mit wem er es zu tun hat, wer sein Geschäftspartner wird. Das wird unterstrichen durch die Bestimmung des § 164 Abs. 2. Sie lautet: ,,Tritt der Wille, in fremdem Namen zu handeln, nicht erkennbar hervor, so kommt der Mangel des Willens, im eigenen Namen zu handeln, nicht in Betracht". Diese in ihrer Formulierung nicht gerade als glücklich zu bezeichnende Bestimmung besagt zweierlei. Zunächst besagt sie, daß in allen Fällen, in denen weder die Erklärung selbst noch ihre Umstände den Erklärungsempfänger erkennen lassen, ob der Erklärende für sich selbst oder für einen anderen handeln will,[61] in denen also die Erklärung hinsichtlich der Person desjenigen, der Geschäftspartei sein soll, objektiv mehrdeutig ist, die Erklärung als im eigenen Namen des Erklärenden abgegeben, das Geschäft als sein eigenes angesehen werden soll. Insoweit handelt es sich um eine gesetzliche Auslegungsregel: Im Zweifel ist die Erklärung ein Eigengeschäft des Erklärenden. Darüber hinaus besagt die Bestimmung aber auch, daß, wenn die Erklärung als Eigengeschäft des Erklärenden zu verstehen ist, dieser sie nicht deshalb, weil er sie selbst als Vertreter eines anderen abgeben wollte, wegen Irrtums über ihren Inhalt anfechten kann. Denn der Mangel seines Willens, für sich selbst zu handeln, ist nach dieser Bestimmung, sofern er nicht erkennbar war, rechtlich unbeachtlich; er kommt daher auch nicht als Grundlage einer Irrtumsanfechtung in Betracht. Insofern handelt es sich bei der Bestimmung des § 164 Abs. 2 nicht um eine Auslegungsregel, sondern um eine Einschränkung des § 119 Abs. 1. Das Gesetz schützt das Vertrauen des Erklärungsempfängers darauf, daß der Erklärende selbst und nicht ein ungenannter Dritter Geschäftspartei wird, durch den Ausschluß der Anfechtungsmöglichkeit in höherem Maße, als es sonst das Vertrauen auf den Inhalt einer Willenserklärung schützt.

Rechtsprechung und Lehre haben den Offenkundigkeitsgrundsatz in verschiedener Hinsicht abgeschwächt. Der Vertretene braucht dem Geschäftsgegner nicht mit seinem Namen, als individuelle Person, bekannt oder erkennbar zu sein; es genügt, daß sich die Erklärung erkennbar etwa auf den Inhaber eines Unternehmens oder auf den Träger eines bestimmten Vermögens (wer immer dieser auch sei) bezieht. Wer in einem Warenhaus kauft oder Geld bei einer Sparkasse einzahlt, weiß, daß der Verkäufer oder der Kassierer nicht für sich

---

[61] Zur Beweislast BGH, NJW 75, 775 = LM Nr. 37 zu § 164 BGB.

selbst handelt, sondern für den Inhaber des Kaufhauses oder der Sparkasse, wobei es ihm in der Regel unbekannt und auch gleichgültig ist, wer dieser Inhaber ist. Selbst wenn aber der Käufer den im Laden tätigen Angestellten für den Inhaber des Ladens hält und nach den Umständen halten kann, gilt das Geschäft nicht für den Verkäufer persönlich, sondern für den Inhaber, weil die Umstände erkennen lassen, daß der Inhaber, wer er auch sei, Geschäftspartei sein soll. Auch wenn eine Urkunde als Aussteller den Namen einer Firma angibt und von einem Vertreter ohne einen als Vertretungsverhältnis erkennbar machenden Zusatz unterzeichnet ist, wird in der Regel der Inhaber der Firma und nicht der Vertreter selbst verpflichtet. Für diesen kann sich aber unter besonderen Umständen eine Haftung aus dem von ihm veranlaßten Rechtsschein ergeben.[62]

Von hier aus ist es nur noch ein kleiner Schritt zu den Fällen des sogenannten **„Geschäfts für den, den es angeht“.** Im Falle eines *„offenen Geschäfts für den, den es angeht“* gibt der Vertreter dem Geschäftsgegner zwar zu erkennen, daß er nicht für sich, sondern für einen anderen handle, nicht aber, wer dieser andere ist. Dabei kann es sein, daß der ungenannte Geschäftsherr bereits objektiv feststeht, aber unbekannt bleiben will (so bei der Versteigerung von Kunstwerken, die ein Auktionator für einen ungenannt bleibenden Auftraggeber durchführt), oder daß der Geschäftsherr im Augenblick des Geschäftsabschlusses noch unbestimmt ist und der Vertreter sich vorbehält, ihn nachträglich zu bestimmen.[63] (So wenn ein Händler, der mehrere Interessenten für bestimmte Gegenstände an der Hand hat, einen solchen Gegenstand für einen ungenannten Interessenten kauft, dessen spätere Benennung er sich vorbehält.) Gemeinsam ist diesen Fallgruppen, daß der Geschäftsgegner zwar weiß, daß der Erklärende nicht selbst Geschäftspartei sein will, sondern als Vertreter handelt, daß er aber nicht weiß und auch nicht aus den Umständen entnehmen kann, wer sein Geschäftspartner ist. Eine solche Stellvertretung unter Offenhaltung der Person des Vertretenen[64] ist nach allgemeiner Auffassung zulässig,[65] das Offenkundigkeitsprinzip ist hier insoweit gewahrt, als der Vertreter erkennbar nicht im eigenen, sondern im fremden Namen handelt, wobei freilich offenbleibt, in wessen Namen. Wer sich auf ein solches Geschäft einläßt, nimmt die Ungewißheit über die Person des Vertretenen und damit dessen, der sein Geschäftspartner ist, in Kauf; er wird dies freilich nur tun, wenn ihm diese Person gleichgültig ist. Das aber wird im allgemeinen nur der Fall sein, wenn das Geschäft, wie etwa ein Barkauf, mit dem Vertreter sofort abgewickelt wird.

---

[62] Vgl. RGZ 67, 148; BGHZ 62, 216, 219ff.; 64, 11, 14f. Kritisch dazu *Lüderitz,* Prinzipien des Vertretungsrechts, in: Beiträge zum deutschen und internationalen Privatrecht, 1977, S. 59f.

[63] Vgl. *Ernst Cohn,* Das rechtsgeschäftliche Handeln für denjenigen, den es angeht, 1931, S. 3ff.

[64] Vgl. *Cohn* aaO. S. 13.

[65] *Cohn* aaO. S. 34ff.; *v. Tuhr* Bd. III § 84 zu Anm. 57–65; *Enn./N.* § 178 zu Anm. 21; *Flume* § 44 II 1a und 2; *Staudinger/Dilcher* Vorb. 46 vor § 164.

Bei beiderseits sofort erfüllten Barkäufen geht die h. L. sogar noch einen Schritt weiter.[66] Sie läßt hier den Kaufvertrag, mindestens aber den dinglichen Vertrag, die Übereignung der Kaufsache, für den wirken, den es angeht, auch wenn derjenige, der als Käufer aufgetreten ist, in keiner Weise zu erkennen gegeben hat, er handle nicht für sich selbst, sondern für einen ungenannten Dritten. Voraussetzung hierfür ist nur, daß es dem Geschäftsgegner völlig gleichgültig ist, wer die Geschäftspartei ist, und daß der Handelnde den Willen gehabt hat, das Geschäft für einen anderen zustandezubringen. Da es hier, anders als in den vorigen Fällen, für den Verkäufer nicht einmal ersichtlich ist, daß derjenige, der als Käufer auftritt, gar nicht selbst Kaufpartei sein will, kann man von einem **„verdeckten Geschäft für denjenigen, den es angeht"** sprechen. Die Zulassung auch des verdeckten Geschäfts für den, den es angeht, bedeutet in Wahrheit eine Durchbrechung des Offenkundigkeitsprinzips; sie verschiebt die Grenze zwischen der unmittelbaren und der nur mittelbaren Stellvertretung. Sie wird daher von einem Teil des Schrifttums, so von *Coing*[67] und von *Flume,*[68] abgelehnt. Nach anderer Ansicht ergibt sich ihre Zulässigkeit jedoch aus der Entbehrlichkeit der Schutzfunktion des Offenheitsgrundsatzes in diesen Fällen.[69]

Der Musterfall des verdeckten Handelns für denjenigen, den es angeht, ist folgender:[70] Die Haushälterin des X kauft für dessen Rechnung Gegenstände des täglichen Bedarfs ein, ohne daß der Verkäufer zu erkennen vermag, daß sie diese nicht für sich selbst, sondern für einen anderen kauft. Sie bezahlt sofort und erhält die Ware. Wenn man am Offenkundigkeitsprinzip festhält, kommt man nicht darum herum, daß sie hier sowohl den Kaufvertrag wie das dingliche Rechtsgeschäft im eigenen Namen geschlossen hat. Ihr würden daher etwaige Mängelansprüche zustehen, und das Eigentum an der Ware wäre mindestens für eine „logische Sekunde", eine nicht mehr meßbare Zeiteinheit, auf sie übergegangen. Praktisch unerträgliche Folgen ergeben sich hieraus kaum. Die Mängelansprüche könnte sie an den Geschäftsherrn abtreten. Die Möglichkeit, daß einer ihrer Gläubiger sie auf ihrem Einkaufsgang durch den Gerichtsvollzieher begleiten läßt, der die Ware im gleichen Augenblick, in dem sie ihr übergeben wird, pfändet, ist rein theoretisch. Das Bedürfnis dafür, das Eigentum sogleich auf den übergehen zu lassen, den es angeht, wenn es nur dem Verkäufer gleichgültig ist, wer Eigentümer wird, ist kaum stark genug, um die Abweichung vom Offenkundigkeitsprinzip zu rechtfertigen.[71] Darüber hinaus muß es Bedenken erwecken, daß die Person dessen, der Eigentümer

---

[66] Vgl. z. B. *Enn./N.* § 179 III 3c; *Medicus* Rdz. 920f., Bürgerl. Recht Rdz. 90; *Staudinger/Dilcher* 52ff. vor, *Palandt/Heinrichs* 1c zu § 164; *Klaus Müller,* JZ 82, 777; aus der Rechtspr. RGZ 140, 223, 229.

[67] In der 11. Aufl. des Kommentars von *Staudinger,* 49 vor § 164.

[68] *Flume* § 44 II 2.

[69] So *Soergel/Schultze-v. Lasaulx* Vorbem. 39 vor § 164; MünchKomm *Thiele 47 zu § 164. Es würde sich dann um eine teleologische Reduktion des § 164 Abs. 2 handeln. Klaus Müller* aaO. nimmt in den betreffenden Fällen eine Vertragslücke an, die durch ergänzende Vertragsauslegung auszufüllen sei. § 164 Abs. 2 hat aber bei der Ausfüllung der Lücke den Vorrang; es geht in erster Linie darum, ihn hier auszuschalten. In den von *Müller* ebenfalls hierher gerechneten Fällen des Warenhausangestellten bedarf es dessen nicht, weil hier das Handeln in Vertretung für den Inhaber offenkundig ist.

[70] Vgl. *Cohn* aaO. S. 147ff.

[71] Ebenso *Pawlowski* II, 321. Auch *Medicus,* Bürgerl. Recht Rdz. 90, bemerkt, daß Fälle, in denen es auf einen sofortigen und direkten Eigentumserwerb des Vertretenen ankommt – er nennt den Fall, daß ein Mieter an der Haustür etwas für einen anderen kauft – „nicht oft vorkommen werden". Man muß sie mit der Lupe suchen.

wird, davon abhängen soll, für wen der Käufer das Eigentum erwerben *will*. Der nicht geäußerte, lediglich „innere Wille" kann hier wie sonst keine Rechtsfolgen herbeiführen. Im Beispiel wird sich die Haushälterin möglicherweise überhaupt keine Gedanken darüber gemacht haben, ob sie das Eigentum zunächst für sich oder sogleich für X erwerben will. Wenn man daher schon das verdeckte Geschäft für den, den es angeht, zulassen will, sollte man mit *Bettermann*[72] objektive Momente entscheiden lassen. Dafür spricht insbesondere die Analogie des § 1357, die sich gerade in den meist als Beispiel angegebenen Fällen aufdrängt. Hiernach hätte es darauf anzukommen, ob dem Handelnden von dem Geschäftsherrn die Besorgung bestimmter Angelegenheiten übertragen worden ist, ob das betreffende Geschäft in den Kreis dieser Angelegenheiten fällt und ob die Übertragung so zu verstehen ist, daß sie eine Vertretungsmacht einschließt. Weitere Voraussetzung der unmittelbaren Wirkung des Geschäfts für den Geschäftsherrn ist auf jeden Fall, daß es dem Geschäftsgegner gleichgültig ist, ob der Handelnde für sich selbst oder für einen anderen kontrahiert.

Vom Handeln **im** fremden Namen ist zu unterscheiden das Handeln **unter fremden Namen.** Darunter versteht man den Fall, daß sich jemand beim Abschluß eines Rechtsgeschäfts den Namen einer bestimmten anderen (existierenden)[73] Person zulegt und den Eindruck erweckt, diese andere Person zu sein. In diesen Fällen taucht die Frage auf, ob die Erklärung für den Handelnden selbst wirkt oder für den Namensträger, der zu sein dieser vorgegeben hat.[74] Der Handelnde erklärt hier nicht, er handle für den von ihm vertretenen Namensträger, sondern er erklärt, er handle für sich selbst (im eigenen Namen), wobei er aber gleichzeitig den Namen einer anderen Person als den seinigen angibt und dadurch vortäuscht, diese andere Person zu sein. Es fragt sich, wodurch die Person dessen, für den das Geschäft gelten soll, in den Augen des Geschäftsgegners individualisiert wird: ob durch die tatsächlich auftretende Person oder durch den von ihr angegebenen, in Wahrheit eine andere Person bezeichnenden Namen. Man wird sagen können, daß unter Anwesenden der Erklärende, der scheinbar im eigenen Namen auftritt, in der Regel als die hier anwesende und sprechende Person individualisiert wird; der Name, unter dem er sich vorgestellt hat, tritt demgegenüber zurück, ist jedenfalls nicht Inhalt seiner Erklärung.[75] Daher muß die Erklärung unter Anwesenden unerachtet der falschen Namensbezeichnung grundsätzlich als ein Eigengeschäft des Handelnden angesehen werden. Wenn aber der Handelnde das Geschäft für den Namensträger abschließen

---

[72] a.a.O. S. 80ff.

[73] Der Fall, daß jemand unter einem Phantasienamen auftritt oder sich eines Allerweltsnamens bedient, mit dem nicht die Vorstellung einer bestimmten anderen Person verbunden werden kann, bietet keine Schwierigkeit. Hier liegt, da der Name zur Individualisierung des Handelnden nichts beiträgt, ein Eigengeschäft des Handelnden vor.

[74] Die Behandlung dieser Frage ist im Schrifttum sehr streitig. Vgl. dazu *Letzgus* in AcP 126, S. 27 und 137, S. 327; *Ohr* in AcP 152, 216 und MDR 59, 89; *Hinke,* Wirkung des Handelns unter fremdem Namen, 1929; *Bettermann* aaO. S. 113ff.; *meine* Abhandlung in Festschr. f. *Lehmann,* 1956, S. 234; *Lieb,* JuS 67, 106; *Holzhauer,* Die eigenhändige Unterschrift, 1973, S. 135ff.; *Enn./N.* § 183 III; *Lehmann/Hübner* § 36 IV 2d; *Flume* § 44 IV; *Staudinger/Dilcher* 88ff. vor, *Soergel/Schultze-v. Lasaulx* 18f., MünchKomm/*Thiele* 40ff., *Erman/Brox* 8 zu § 164; *Medicus* Rdz. 908; *Lange/Köhler* § 48 II 2b; *Pawlowski* II S. 349ff.

[75] A. A. *Lieb* aaO. S. 109.

will und diesen Willen eben dadurch bestätigt, daß er unter dessen Namen auftritt, und wenn ferner der Geschäftsgegner gerade mit dem ihm zwar nicht von Angesicht, wohl aber dem Namen nach bekannten Namensträger kontrahieren will, dann muß das Geschäft für diesen gelten. Denn beide Kontrahenten meinen in diesem Fall dasselbe, nämlich daß der Namensträger Geschäftspartei werden solle. Entsprechend dem Grundsatz „falsa demonstratio non nocet" schadet der Umstand, daß der Erklärungsempfänger den Erklärenden selbst für den Namensträger gehalten hat, mit dem er kontrahieren wollte, nicht. Der unter fremdem Namen Handelnde ist in diesem Fall *wie ein Stellvertreter* anzusehen, und das Geschäft wird daher für den Namensträger wirksam, wenn dieser dem Erklärenden Vollmacht erteilt hatte oder das Geschäft genehmigt. Wenn ferner der unter fremdem Namen Handelnde das Geschäft nicht für den Namensträger, sondern für sich selbst zustandebringen wollte, aber wußte oder damit rechnete, der Geschäftsgegner werde nicht mit ihm, sondern nur mit dem Namensträger abschließen, wenn er also den Geschäftsgegner über seine Identität getäuscht hat, um diesen dadurch zum Abschluß zu bewegen, dann muß er sich bei seinem Wort nehmen und sich so behandeln lassen, als habe er das Geschäft für den Namensträger abgeschlossen. Dieser hat also die Möglichkeit, das Geschäft gemäß den §§ 177ff. zu genehmigen. Anders ist es bei einer schriftlichen oder telegraphischen Erklärung. Bei einer schriftlichen Erklärung gehört der die Erklärung abschließende Name, der den Urheber der Erklärung individualisiert, zum Inhalt der Erklärung. Da somit die Auslegung der Erklärung hier den Namensträger als denjenigen ergibt, der Geschäftspartei werden soll, ist er als solcher anzusehen.[76] Auf den „inneren Willen" des Erklärenden kann es dabei nicht ankommen; maßgebend ist hier wie sonst der dem Empfänger verständliche Sinn.[77] Die Erklärung wirkt für den Namensträger aber wiederum nur, wenn er dem Erklärenden Vollmacht erteilt hatte oder das Geschäft genehmigt. Wenn jedoch der Erklärende, wie Felix Krull in dem Roman von Thomas Mann, im Verkehr ständig unter einem fremden Namen aufzutreten pflegt, dann bezeichnet dieser Name nun auch ihn selbst, so daß die Erklärung dann als ein Eigengeschäft angesehen werden kann.

c) **Voraussetzungen in der Person des Vertreters.** Ein weiteres Erfordernis wirksamer Stellvertretung ist, daß der Vertreter mindestens *beschränkt geschäftsfähig* ist. Das Gesetz geht davon aus, daß auf das rechtsgeschäftliche Handeln eines Stellvertreters grundsätzlich die allgemeinen Bestimmungen über die Geschäfts-

[76] Insoweit weiche ich von dem Standpunkt, den ich in *meiner* Abhandlung in der Festschrift für *Lehmann* eingenommen habe, jetzt ab. Anders aber *Thiele* in MünchKomm 41 zu § 164: auch bei schriftlichen Erklärungen komme es nur darauf an, ob der Empfänger mit dem angegebenen Namen bestimmte Vorstellungen verbindet – dann wirke das Geschäft für den Namensträger –, oder nicht. Im zweiten Fall handle es sich auch dann um ein Eigengeschäft des Handelnden, wenn dieser die Erklärung schriftlich abgegeben hat.

[77] So auch BGHZ 45, 193.

fähigkeit anzuwenden sind, bestimmt aber in § 165, daß es unschädlich ist, wenn der Vertreter in der Geschäftsfähigkeit beschränkt ist. Diese Bestimmung widerspricht nicht dem Schutzzweck der §§ 107ff. Da die Rechtsgeschäfte, die der Vertreter als solcher im Rahmen seiner Vertretungsmacht vornimmt, nur für den Vertretenen, nicht für ihn selbst wirksam sind, erlangt der Vertreter aus ihnen weder einen rechtlichen Vorteil, noch bringen sie ihm Nachteile; es handelt sich für ihn um „indifferente Geschäfte". Deshalb bedarf er nicht des Schutzes, der in der Zustimmungsbedürftigkeit aller für den Minderjährigen selbst wirkenden Rechtsgeschäfte liegt, wenn sie diesem nicht lediglich einen rechtlichen Vorteil bringen. Auf der anderen Seite bedarf auch der Vertretene eines solchen Schutzes in der Regel nicht. Bevollmächtigt er einen Minderjährigen, so tut er das, wenn dieser geschäftlich unerfahren ist, auf sein eigenes Risiko. In den Fällen der gesetzlichen Vertretung dagegen wird der § 165 kaum praktisch sein. Zur gesetzlichen Vertretung des Kindes ist ein in der Geschäftsfähigkeit beschränkter Elternteil nicht befugt (vgl. § 1673 Abs. 2 Satz 1 u. Satz 2, 2. Halbsatz). Zum Vormund *kann* nicht bestellt werden, wer geschäftsunfähig oder wegen Geistesschwäche, Verschwendung oder Trunksucht entmündigt ist (vgl. § 1780); zum Vormund *soll* nicht bestellt werden, wer minderjährig oder nach § 1906 unter vorläufige Vormundschaft gestellt ist (vgl. § 1781 Nr. 1). § 165 hat daher im wesentlichen nur für den Bevollmächtigten und den satzungsmäßig berufenen Vertreter einer juristischen Person Bedeutung.

Die von oder gegenüber einem *Geschäftsunfähigen* als Vertreter abgegebenen Willenserklärungen sind, wie sich aus den §§ 105, 131 Abs. 1 und aus § 165 ergibt, nichtig. Das Gesetz sieht den Geschäftsunfähigen schlechterdings nicht als fähig an, am rechtsgeschäftlichen Verkehr teilzunehmen und Willenserklärungen, sei es für sich selbst, sei es für einen anderen, wirksam abzugeben. Anders steht es mit dem Boten. Da er selbst keine Erklärung abgibt und auch nicht beim Empfang einer Erklärung an der Stelle des Adressaten steht, sondern nur die von einem anderen abgegebene Erklärung übermittelt, so kann auch ein Geschäftsunfähiger, wie schon oben (Ic) bemerkt wurde, wenn er nur nach seinem tatsächlichen Entwicklungszustand dazu in der Lage ist, Erklärungsbote oder Empfangsbote sein.[78]

Da es der Vertreter ist, der, normalerweise auf Grund der von ihm selbst vorgenommenen Interessenbewertung und eines von ihm selbständig gefaßten Entschlusses, das Rechtsgeschäft vornimmt,[79] so muß es hinsichtlich von **Wil-**

[78] H. L.; vgl. *Enn./N.* § 178 II 1 b.

[79] Der Vertreter ist derjenige, der die Erklärung „abgibt". Daher ist es gemäß § 130 Abs. 2 auf die Wirksamkeit der von einem Vertreter abgegebenen Erklärung ohne Einfluß, wenn der Vertreter nach ihrer Abgabe, aber bevor sie dem Empfänger zugegangen ist, stirbt oder geschäftsunfähig wird. Zwar endet seine Vertretungsmacht mit seinem Tode; § 130 Abs. 2 überwindet jedoch den Grundsatz, daß die Vertretungsmacht noch im Augenblick des Wirksamwerdens der Erklärung bestehen muß.

lensmängeln sowie der **Kenntnis** und des **Kennenmüssens** bestimmter Umstände, soweit dadurch die Folgen einer Willenserklärung beeinflußt werden, grundsätzlich auf ihn und nicht auf den Vertretenen ankommen. Das besagt § 166 Abs. 1. Danach ist die von dem Vertreter abgegebene Willenserklärung anfechtbar, wenn *er* sich über den Inhalt der Erklärung oder über eine verkehrswesentliche Eigenschaft des Geschäftsgegenstandes geirrt hatte oder zur Abgabe der Erklärung durch eine widerrechtliche Drohung oder durch eine vom Geschäftsgegner begangene arglistige Täuschung bestimmt worden war. Die Erklärung ist nichtig, wenn der Vertreter sie im Einverständnis mit dem Gegner nur zum Schein abgegeben hatte. Wenn dies im Gesetz auch nicht ausdrücklich gesagt ist, so folgt daraus, daß der Vertreter der Erklärende ist, doch, daß der Empfänger sich darum zu bemühen hat, den Sinn zu verstehen, den *der Vertreter* erkennbar gemeint hat. Im Falle einer Falschbezeichnung gilt die Erklärung, wenn der Vertreter und der Empfänger sie in dem gleichen Sinne verstanden haben, in diesem Sinne. Soweit es für die Folgen einer Willenserklärung darauf ankommt, ob der Erklärende bei ihrer Abgabe bestimmte Umstände kennt oder kennen muß, kommt es ebenfalls auf die Kenntnis oder das Kennenmüssens des Vertreters an. Im Falle, daß der Vertreter für den Vertretenen das Eigentum an einer beweglichen Sache gemäß § 929 erwirbt, kommt es, wenn die Sache dem Veräußerer nicht gehört, für die Frage der Gutgläubigkeit des Erwerbers (§ 932) also auf den guten oder den bösen Glauben des Vertreters an.[80] Kauft der Vertreter eine Sache für den Vertretenen, so hat der Verkäufer einen Mangel im Recht (§ 439 Abs. 1) oder einen Sachmangel (§ 460) nicht zu vertreten, wenn der Vertreter den Mangel bei dem Abschluß des Kaufes kennt.[81] Bei mehreren Gesamtvertretern genügt die Kenntnis oder das Kennenmüssen eines von ihnen.[82] In *analoger Anwendung* des § 166 Abs. 1 rechnet die Rechtsprechung dem Geschäftsherrn auch die Kenntnis und das Kennenmüssen eines *Verhandlungsgehilfen,* der nicht das Geschäft abgeschlossen hat, dann zu, wenn dieser auf den Inhalt und den Abschluß des Geschäfts einen maßgeblichen Einfluß genommen, es etwa bis zur Abschlußreife vorbereitet hat.[83] Der BGH hat darüber hinaus den Satz aufge-

---

[80] Anders jedoch, wenn beim Erwerb durch Besitzkonstitut (§ 930) die Sache vom Veräußerer an einen Besitzmittler des Erwerbers übergeben und dadurch dem Erfordernis des § 933 Genüge getan ist, der Besitzmittler aber nicht Vertreter des Erwerbers bei der Einigung über den Eigentumsübergang war. Dann kommt es nicht auf den guten Glauben des Besitzmittlers, sondern auf den des Erwerbers selbst an. Vgl. RGZ 137, 23.

[81] Vgl. RGZ 131, 343, 355ff.

[82] Vgl. RGZ 59, 400, 408; 131, 343, 355.

[83] Vgl. RGZ 131, 343, 357; BGH, LM Nr. 8 u. 14 zu § 166 BGB, *Soergel/Schultze-v. Lasaulx* 6, MünchKomm/*Thiele* 25; *Palandt/Heinrichs* 2b, *Staudinger/Dilcher* 4 zu § 166. Meist wird gefordert, daß der zum Abschluß Mitwirkende auch als solcher nach außen hervorgetreten sei; das ist mir zweifelhaft. Überläßt der Geschäftsinhaber bestimmte Angelegenheiten völlig einem nach außen nicht hervortretenden Mitarbeiter und unterschreibt er insoweit unbesehen alles, was ihm dieser vorlegt, ist m. E. die Analogie geboten.

stellt: Wer einen anderen – unabhängig von einem Vertretungsverhältnis – mit der Erledigung bestimmter Angelegenheiten in eigener Verantwortung betraut, muß sich das in diesem Rahmen erlangte Wissen des anderen zurechnen lassen.[84] Es kommt darauf an, daß derjenige, dessen Wissen zugerechnet wird, ähnlich wie ein Vertreter, ohne doch ein solcher zu sein, von demjenigen, dem es zugerechnet wird, mit der *weitgehend selbständigen* Wahrnehmung dieser Angelegenheit betraut worden war. Das trifft keineswegs auf *jeden* Verhandlungsgehilfen oder nur bei der Vorbereitung des betreffenden Geschäfts Hinzugezogenen, schon gar nicht auf den Boten zu.

Von dem in § 166 Abs. 1 ausgesprochenen Grundsatz macht Abs. 2 dann eine Ausnahme, wenn es sich um einen durch Rechtsgeschäft bestellten Vertreter handelt und wenn dieser nach bestimmten Weisungen des Vollmachtgebers gehandelt hat. Dann kann sich der Vollmachtgeber „in Ansehung solcher Umstände, die er selbst kannte, nicht auf die Unkenntnis des Vertreters berufen". Das gleiche gilt von Umständen, die der Vollmachtgeber kennen mußte, wenn das Kennenmüssen nach einer gesetzlichen Vorschrift der Kenntnis gleich steht. In dieser Gesetzesbestimmung hat die Erkenntnis Ausdruck gefunden, daß der Vertreter dann, wenn er das Geschäft auf Grund ihm erteilter spezieller Weisungen vornimmt – z. B. das ihm vom Vollmachtgeber bezeichnete bestimmte Pferd für diesen kauft – weitgehend nur den Geschäftswillen des Vertretenen in die Tat umsetzt. Es geht nicht an, daß in einem solchen Fall der Vertretene, der etwa den Mangel des von ihm bezeichneten Pferdes kennt, sich den Folgen seiner Kenntnis dadurch entzieht, daß er das Geschäft, statt es selbst abzuschließen, durch einen Vertreter vornehmen läßt, der diese Kenntnis nicht besitzt. Grundsätzlich kommt es auf die Kenntnis oder das Kennenmüssen des Vollmachtgebers im Zeitpunkt der Erteilung der betreffenden Weisung an.[85] Die Bestimmung ist auf Willensmängel entsprechend anzuwenden.[86] Hat der Vollmachtgeber mit dem Geschäftsgegner vereinbart, ein von seinem Vertreter vorzunehmendes Geschäft solle nur zum Schein gelten, so ist es, auch wenn der Vertreter von dieser Vereinbarung nichts weiß, ein Scheingeschäft im Sinne des § 117. Hat der Geschäftsgegner durch eine arglistige Täuschung den Vertretenen dazu bestimmt, seinem Vertreter die Weisung zum Abschluß dieses Geschäfts zu erteilen, dann kann der Vollmachtgeber das Geschäft gemäß § 123 anfechten.[87] Einer „bestimmten Wei-

---

[84] BGHZ 83, 293.

[85] Spätere Kenntniserlangung genügt, wenn der Vollmachtgeber zu diesem Zeitpunkt noch die Möglichkeit hat, durch eine neue Weisung auf das von dem Vertreter vorzunehmende Geschäft einzuwirken, und dies unterläßt. So der BGH, BB 68, 1402.

[86] So auch *v. Tuhr* Bd. III § 84 zu Anm. 142; *Medicus* Rdz. 902; *Lange/Köhler* § 48 IV 3; *Pawlowski* II S. 384; *MünchKomm/Thiele,* 45; *Palandt/Heinrichs* 4c zu § 166. Anders die bis vor kurzem noch h. L.; so *Staudinger/Dilcher* 27 zu § 166. Kritisch zu ihr aber *Müller-Freienfels* aaO. S. 402ff.

[87] So auch der BGH; BGHZ 51, 141, 147.

sung" ist es gleichzustellen, wenn der Vollmachtgeber den Vertreter auf andere Weise, durch ein „gezieltes Verhalten", dazu veranlaßt, gerade *dieses* Geschäft für ihn vorzunehmen.[88] Schließlich kann in besonderen Fällen § 166 Abs. 2 auch auf einen *gesetzlichen Vertreter* analog angewandt werden,[89] so, wenn ein Minderjähriger, der die genügende Einsichtsfähigkeit besitzt, um das Unrechte seines Tuns zu erkennen, seinen gutgläubigen gesetzlichen Vertreter, selbst bösgläubig, dazu bestimmt, für ihn eine unterschlagene Sache zu erwerben, oder wenn der wissende gesetzliche Vertreter eines Minderjährigen zur Vornahme eines bestimmten Geschäfts für diesen einen nicht wissenden Pfleger bestellen läßt.[90]

Der Grundsatz des § 166 Abs. 1 ist in entsprechender Weise auch dann anzuwenden, wenn die Folgen einer Willenserklärung durch das Verhalten beim Geschäftsabschluß beeinflußt werden und der Geschäftsabschluß durch einen Stellvertreter erfolgt. Hat also der Vertreter den Geschäftsgegner beim Geschäftsabschluß arglistig getäuscht, so kann dieser seine Erklärung ebenso anfechten, wie wenn der Vertretene selbst ihn getäuscht hätte. Der Käufer hat die Rechte aus § 463, wenn der für den Verkäufer handelnde Vertreter ihn im Rahmen seiner Vertretungsmacht eine Zusicherung gemacht oder wenn der Vertreter einen Fehler arglistig verschwiegen hat.[91] Der Vertreter steht hinsichtlich aller von ihm im Zusammenhang mit dem Geschäftsabschluß abgegebenen Erklärungen an der Stelle des Vertretenen; dieser muß sich das gesamte Verhalten seines Vertreters beim Abschluß des Geschäfts zurechnen lassen.

III. Die Rechtsfolgen wirksamer Stellvertretung

Handelt der Vertreter im Namen und im Rahmen seiner Vertretungsmacht, so gelten die Rechtsfolgen des von ihm vorgenommenen Rechtsgeschäfts nicht für ihn, sondern für den Vertretenen. Das Rechtsgeschäft ist, wie *Flume*[92] sagt, „als Regelung" das des Vertretenen. Dieser erlangt, wenn es sich um den Abschluß eines Vertrages handelt, *in jeder Hinsicht* die Stellung der Vertragspartei. Mietet z. B. der V namens und in Vollmacht des A für diesen eine Wohnung, so erlangt

---

[88] Vgl. dazu *Müller-Freienfels* aaO. S. 396ff.; RGZ 161, 153, 161; BGHZ 38, 65, 68. Nur fahrlässige Nichthinderung – wie in dem von *Müller-Freienfels* S. 397 erwähnten Beispiel – genügt m. E. jedoch nicht. Vgl. dazu auch *Flume* § 52 6; *Soergel/Schultze-v. Lasaulx* 29 zu § 166.

[89] Vgl. *Müller-Freienfels* aaO. S. 392ff.

[90] So auch der BGH, BGHZ 38, 65 (lesenswerte Entscheidung!).

[91] Nach RGZ 132, 76, 78 braucht sich jedoch der Mündel ein arglistiges Verhalten seines gesetzlichen Vertreters beim Vertragsabschluß dann nicht zurechnen lassen, wenn der Vertreter den Mündel nicht ohne Zustimmung des Vormundschaftsgerichts vertreten kann. Vgl. auch *Enn./N.* § 182 Anm. 12.

[92] *Flume* § 43 3.

A nicht nur sämtliche Rechte und Pflichten aus diesem Mietvertrag, er hat auch im übrigen die rechtliche Stellung des Mieters. Er ist daher zuständig für den Empfang einer Kündigung, auf seine Lebensverhältnisse kommt es für einen Widerspruch gegen die Kündigung gemäß § 556a an, an ihn ist die Anzeige gemäß § 576 zu richten usw. Da ferner der Vertreter das Rechtsgeschäft an Stelle des Vertretenen und damit als *dessen* Geschäft, nicht als sein eigenes, vornimmt, so entsteht das Anfechtungsrecht, wenn der Vertreter sich geirrt hatte oder getäuscht worden ist, für den Vertretenen. Zwar hat er nicht die Erklärung abgegeben, sondern an seiner Stelle der Vertreter; deshalb kommt es für die Frage, ob ein sogenannter Willensmangel vorliegt, wie schon bemerkt wurde, auf die Person des Vertreters an. Durch das Anfechtungsrecht als Gestaltungsrecht soll aber demjenigen, für den die Erklärung „wirkt", die Möglichkeit gegeben werden, selbst zu entscheiden, ob er sie trotz des Willensmangels gelten lassen will oder nicht. Weil sie für ihn und nicht für den Vertreter wirkt, muß der Vertretene das Anfechtungsrecht haben. Eine andere Frage ist, ob er es selbst ausübt, oder ob es der Vertreter, wenn seine Vertretungsmacht so weit geht, an seiner Stelle ausübt.

Das Gegenstück dazu, daß die durch das Rechtsgeschäft in Geltung gesetzte Regelung *für den Vertretenen* gilt, ist, daß sie für den Vertreter *nicht* gilt. Dieser wird, obgleich er das Geschäft vorgenommen hat, nicht Geschäftspartei; er kann aus dem Geschäft weder in Anspruch genommen werden, noch wird er aus ihm berechtigt. Anders ist es nur, wenn er das Geschäft zugleich im eigenen und im fremden Namen, für sich selbst und für den von ihm Vertretenen, abschließt. A mietet beispielsweise ein Zimmer für sich selbst und den durch ihn vertretenen B. In diesem Fall werden beide, A und B, Mieter. Im Falle des § 1357 Abs. 1 (neue Fassung) werden beide Ehegatten nebeneinander Geschäftspartner, ohne daß es der Offenlegung des Handelns (zugleich) als Vertreter bedarf. Wer im Namen eines nichtrechtsfähigen Vereins ein Rechtsgeschäft für diesen vornimmt, haftet nach der Vorschrift des § 54 Satz 2 – wenn er Vertretungsmacht hatte, neben „dem" Verein – auch persönlich. Eine allgemeine Regel des Inhalts, daß bei wirksamer Stellvertretung der Vertreter für die Erfüllung der sich aus dem von ihm vorgenommenen Geschäft ergebenden Verpflichtungen des Vertretenen einzustehen habe, kennt unsere Rechtsordnung aber nicht. Eine solche Regel wäre unzweckmäßig, weil sie das Handeln in Vertretung eines anderen mit einem häufig unzumutbaren Risiko belasten würde. Die meisten Vertreter sind Angestellte, die für ihre Firma oder ihren Dienstherrn Verträge abschließen, die selbst zu erfüllen oder für deren Erfüllung einzustehen ihre wirtschaftlichen Kräfte weit übersteigen würde. Nur dann hat der Vertreter für die Erfüllung des von ihm im fremden Namen geschlossenen Vertrages selbst einzustehen, wenn er keine Vertretungsmacht hatte, der Vertretene das Geschäft auch nicht genehmigt und der Vertreter den Mangel seiner Vertretungsmacht gekannt hat (§ 179; unten § 32).

Ein Sonderproblem, das seit der viel beachteten Abhandlung von *Ballerstedt*[93] noch nicht zur Ruhe gekommen ist, ist das einer Haftung des Vertreters für eine von ihm im Stadium der Vertragsverhandlungen begangene Verletzung einer in dem Verhandlungsverhältnis begründeten Sorgfalts-, Aufklärungs- oder Erhaltungspflicht, für **„culpa in contrahendo“.** Nach der heute allgemein anerkannten Lehre wird nämlich durch die Aufnahme von Vertragsverhandlungen oder eines sie vorbereitenden geschäftlichen Kontakts unter den Beteiligten ein gesetzliches Schuldverhältnis begründet, das sie im Rahmen der dadurch geschaffenen Beziehung zu gegenseitiger Rücksichtnahme und zu erhöhter Sorgfalt bei der Wahrung der Interessen des anderen verpflichtet.[94] Im Falle der schuldhaften Verletzung einer solchen Pflicht haftet der Verletzer dem Geschädigten nach den Grundsätzen der vertraglichen Haftung auf Schadensersatz, auch wenn es zu einem Vertragsschluß nicht kommt, oder der später geschlossene Vertrag nichtig ist.

Das durch die Aufnahme von Vertragsverhandlungen begründete gesetzliche Schuldverhältnis muß grundsätzlich auch dann, wenn die Aufnahme der Verhandlungen durch einen Vertreter erfolgt, demjenigen zugeordnet werden, für den die Verhandlungen geführt werden, der also Geschäftspartei werden soll. Der Verhandlungsführer steht in diesem Fall nicht erst beim Abschluß, sondern schon beim Beginn der Vertragsverhandlungen an der Stelle des Vertretenen; sein Handeln ist final auf das Zustandebringen eines Geschäfts *für den Vertretenen* bezogen. Der Dritte will in aller Regel über den Vertreter eine Beziehung mit dem Vertretenen anknüpfen. Entsteht aber das gesetzliche Schuldverhältnis aus der Aufnahme eines geschäftlichen Kontakts zwischen dem Dritten und demjenigen, der Geschäftspartei werden soll, dem insoweit Vertretenen, so hat dieser nun für die Verletzung einer Pflicht aus diesem Rechtsverhältnis sei es durch seinen gesetzlichen Vertreter,[95] sei es durch seinen Bevollmächtigten oder auch durch einen „Verhandlungsgehilfen“, der keine Abschlußvollmacht hat, gemäß § 278 ebenso einzustehen, wie für eigenes pflichtwidriges Handeln. Es kann daher allenfalls eine Haftung des Vertreters oder des Verhandlungsgehilfen *neben* der des Vertretenen in Frage kommen. Die Rechtsprechung bejaht eine solche Haftung dann, wenn der Vertreter an dem Abschluß des Vertrages wirtschaftlich

[93] In AcP 151, S. 501.

[94] Vgl. Sch.R. I, § 9 I.

[95] Wenn *Ballerstedt* meint, der Schutz des Geschäftsunfähigen oder beschränkt Geschäftsfähigen verlange, daß nicht er, sondern allein sein gesetzlicher Vertreter hafte, so könnte man mit dieser Begründung auch die Verpflichtung zum Schadensersatz wegen Nichterfüllung wegen einer vom Vertreter schuldhaft herbeigeführten Unmöglichkeit der Leistung oder die Verpflichtung zum Schadensersatz wegen einer vom Vertreter begangenen „positiven Vertragsverletzung“ in der Person des Vertreters, statt in der des Vertretenen entstehen lassen. Dem steht entgegen, wie *Flume* (§ 46 6 zu Anm. 13) zutreffend bemerkt, daß unser Gesetz die vertraglichen Pflichten mit Einschluß der aus ihrer Verletzung entstehenden Sekundärpflichten nun einmal dem Vertretenen zuordnet, auch wenn sie für diesen von dem Vertreter zu erfüllen sind.

ein eigenes Interesse hat, oder wenn er im besonderen Maße das Vertrauen des Geschäftsgegners in seine eigene Person in Anspruch genommen hat. Im näheren muß hier auf die Darstellung im Schuldrecht verwiesen werden.[96]

§ 31. Die Vollmacht

Literatur: *Fikentscher,* Scheinvollmacht und Vertreterbegriff, AcP 154, 1; *Hupka,* Die Vollmacht, 1900; *H. Isay,* Vollmacht und Verfügung, AcP 122, 195; *Laband,* Die Stellvertretung bei dem Abschluß von Rechtsgeschäften nach dem allgem. Deutsch. Handelsgesetzbuch, ZHR 10, 183; *Manigk,* Stillweigend bewirkte Vollmachten im Handelsrecht, 1931; *Müller-Freienfels,* Die Abstraktion der Vollmachtserteilung im 19. Jahrhundert, in: *Coing* u. *Wilhelm,* Wissenschaft und Kodifikation des Privatrechts im 19. Jahrhundert, II. S. 144; *Siebenhaar,* Vertreter des Vertreters?, AcP 162, 354; *v. Tuhr,* Die unwiderrufliche Vollmacht, Festgabe f. *Laband,* 1908, S. 43. Vgl. ferner die Angaben vor § 30.

I. Die Bedeutung der Vollmacht als rechtsgeschäftlich erteilter Vertretungsmacht

a) **Vollmacht und Innenverhältnis.** Die vom Vertretenen selbst oder in seinem Namen von seinem Vertreter durch Rechtsgeschäft erteilte Vertretungsmacht nennen wir Vollmacht. Der Akt der Erteilung der Vollmacht (§ 167 Abs. 1) ist die ,,Bevollmächtigung"; derjenige, der die Vollmacht erteilt hat, wird als ,,Vollmachtgeber", derjenige, dem sie erteilt worden ist, der Vertreter also, als ,,Bevollmächtigter" bezeichnet. Die Umgangssprache, mitunter sogar das Gesetz (so die ZPO in den §§ 80 Abs. 1, 89 Abs. 1 Satz 1), bezeichnet als ,,Vollmacht" daneben auch die Urkunde, in der die Bevollmächtigung verbrieft ist; das BGB spricht korrekterweise von einer ,,Vollmachtsurkunde".

Die Vertretungsmacht, also auch die Vollmacht, die einen Unterfall der Vertretungsmacht darstellt, bedeutet, wie wir gesehen haben, die rechtliche Macht oder das rechtliche Können des Vertreters, im Rechtskreis des Vertretenen, mit Wirkung für diesen, Rechtsfolgen dadurch herbeizuführen, daß er in seinem Namen Rechtsgeschäfte abschließt. Diese rechtliche ,,Macht" ist nicht Selbstzweck, sondern soll es regelmäßig dem Vertreter ermöglichen, an Stelle des Vertretenen dessen Interesse, mitunter auch das Interesse Dritter oder sogar ein eigenes Interesse, wahrzunehmen. Sie findet ihre Grundlage in dem zwischen dem Vertretenen und dem Vertreter bestehenden Rechtsverhältnis, aus dem sich ihr Zweck und die Verpflichtung des Vertreters ergibt, sie in einem bestimmten Sinne zu gebrauchen. Aus diesem Rechtsverhältnis ergeben sich ferner regelmäßig Ansprüche des Vertreters, z. B. auf Ersatz seiner Auslagen oder auf eine

[96] Vgl. Sch. R. I, § 9 I Nr. 4. Außer dem dort angegebenen Schrifttum etwa nach *Flume* § 46 5; *Lange/Köhler* § 48 VI 2b; *MünchKomm/Thiele* 12, *Staudinger/Dilcher* 13 zu § 164. Kritisch *Medicus,* Bürgerl. Recht Rdz. 200.

Vergütung für seine Tätigkeit, und weitere Pflichten des einen oder des anderen. Man bezeichnet dieses Rechtsverhältnis im Unterschied zu der Vertretungsmacht als das „Innenverhältnis", weil es nicht das rechtliche Können des Vertreters gegenüber Dritten, sondern seine rechtlichen Beziehungen zu dem Vertretenen zum Inhalt hat. In den Fällen der gesetzlichen Vertretung ist dieses Innenverhältnis ein gesetzliches Schuldverhältnis, das seinerseits seine Grundlage entweder in einem umfassenderen familienrechtlichen Verhältnis, der „elterlichen Sorge", oder in der Amtsstellung des Vormundes, der Stellung als Pfleger, Nachlaßverwalter oder Testamentsvollstrecker findet. Im Rahmen dieses gesetzlichen Schuldverhältnisses treffen den Vertreter Sorgfaltspflichten gegenüber dem Vertretenen (vgl. §§ 1664, 1833, 1915, 2218, 2219); er hat Ansprüche auf Ersatz seiner Auslagen (§§ 1648, 1835, 1915, 2218) und in einigen Fällen auch auf Vergütung (§§ 1836, 1987, 2221). In den Fällen der rechtsgeschäftlich erteilten Vertretungsmacht, also der Vollmacht, ist das Innenverhältnis regelmäßig ein Vertragsverhältnis, etwa ein Auftragsverhältnis (§ 662) oder ein Dienst- oder Werkvertrag der in § 675 bezeichneten Art oder ein Gesellschaftsverhältnis (vgl. §§ 709ff., 713, 714).

Die gedankliche Unterscheidung der Vertretungsmacht von dem ihr zugrunde liegenden Rechtsverhältnis verdankt die Rechtswissenschaft einer im Jahre 1866 erschienenen Abhandlung von *Laband,*[1] dessen Auffassung die Verfasser des BGB gefolgt sind. Die Erteilung einer Vollmacht bedarf hiernach eines von der Begründung des Innenverhältnisses zu sondernden eigenen Aktes, eben der Bevollmächtigung; sie ergibt sich also nicht schon aus dem Innenverhältnis. (Anders jedoch § 714.) Wenn A den B bittet, für ihn bei einer Versteigerung ein bestimmtes Gemälde zu erwerben, und B diesen Auftrag annimmt, dann kann B ihn ausführen, indem er als mittelbarer Vertreter im eigenen Namen oder als unmittelbarer Stellvertreter im Namen des A handelt. Nur im letzten Fall bedarf er einer Vertretungsmacht. Diese kann ihm ohne ausdrücklich darauf gerichtete Erklärung, durch „schlüssiges Verhalten", erteilt sein, wenn es dem Sinne des ihm erteilten Auftrags entspricht, daß B als Stellvertreter des A handelt. Die Frage, ob das der Fall ist, ist eine Auslegungsfrage. Wenn B minderjährig ist, kann er den Auftrag, der ihm nicht lediglich einen rechtlichen Vorteil bringt, da er durch die Annahme zur Ausführung verpflichtet wird, nicht ohne die Zustimmung seines gesetzlichen Vertreters annehmen. Verweigert dieser die Zustimmung, dann ist das Auftragsverhältnis unwirksam. Dagegen erfolgt die Bevollmächtigung durch ein einseitiges Rechtsgeschäft des Vollmachtgebers (§ 167 Abs. 1). Dieses kann auch dem Dritten gegenüber vorgenommen werden, dem gegenüber die Vertretung stattfinden soll. Die auf solche Weise einem Minder-

---

[1] ZHR Bd. 10, 185, 203ff. Zu ihr und zu ihrer Wirkung auf die weitere Entwicklung ausführlich – und kritisch – *Müller/Freienfels* aaO. S. 172ff.

jährigen erteilte Vollmacht ist also wirksam, ebenso wie das von ihm auf Grund der Vollmacht vorgenommene Rechtsgeschäft (§ 165). Die Beziehungen zwischen A und B richten sich dann, da ein wirksames Auftragsverhältnis nicht zustandegekommen ist, nach den Vorschriften über die Geschäftsführung ohne Auftrag (§§ 677ff., vgl. § 682). Die Entstehung einer Vollmacht ist hiernach unabhängig davon, ob das beabsichtigte Innenverhältnis wirksam ist; sie ist insofern von diesem gelöst, „abstrakt".[2] Dagegen bestimmt sich das Erlöschen der Vollmacht nach dem ihr zugrunde liegenden Rechtsverhältnis (vgl. vorläufig § 168 Satz 1).

Auch der **Umfang der Vollmacht** richtet sich grundsätzlich nach dem Inhalt der Bevollmächtigung, nicht aber nach ihrer sich aus dem Innenverhältnis ergebenden Zweckbestimmung. Indessen ist dieses doch für die Auslegung der Vollmacht mit heranzuziehen. Wer „in einem Laden oder in einem offenen Warenlager angestellt ist", gilt nach § 56 HGB als ermächtigt zu Verkäufen und Empfangnahmen, „welche in einem derartigen Laden oder Warenlager gewöhnlich geschehen". Wer einen anderen zum Verwalter eines Hauses oder Grundstücks bestellt, ihm die Leitung eines Filialbetriebes, einer Zweigstelle überträgt, wird ihm in der Regel eine Vollmacht erteilen, die die Vornahme aller solcher Geschäfte umfaßt, die eine derartige Tätigkeit gewöhnlich mit sich bringt und die der Vertreter muß vornehmen können, um der ihm übertragenen Aufgabe zu genügen. Soll die Vertretungsmacht nicht soweit gehen, will der Auftraggeber die Vornahme bestimmter Geschäfte, die an sich in den übertragenen Tätigkeitsbereich fallen, sich selbst vorbehalten, so muß er dies bei der Erteilung der Vollmacht zum Ausdruck bringen. Der Umfang der Vollmacht und damit des rechtlichen „Könnens" des Vertreters kann weiter reichen als sein aus dem Innenverhältnis zu entnehmendes „Dürfen". Die Vollmacht verträgt, mit Rücksicht auf ihre Wirkung gegenüber Dritten, nur eine klar erkennbare Begrenzung. Dagegen kann das, was der Bevollmächtigte dem Vollmachtgeber gegenüber gemäß dem Innenverhältnis tun „darf", bis zu einem gewissen Grade unbestimmt gelassen, von der jeweiligen Situation abhängig gemacht werden. Beauftragt A den B mit dem Verkauf seines Wagens, jedoch nicht unter 1000 DM, und erteilt er gleichzeitig Vollmacht hierzu, so ist anzunehmen, daß auch die Vollmacht nur einen Verkauf zum Preise von mindestens 1000 DM umfaßt, so daß also B, wenn er den Wagen für 800 DM verkauft, nicht im Rahmen seiner Vertretungsmacht handelt. Beauftragt aber A den B, den Wagen „bestens" zu verkaufen, dann ist die Vollmacht des B hinsichtlich der Kaufpreishöhe nicht begrenzt,[3] selbst wenn A geäußert hat, er rechne mit einem Erlös von mindestens

---

[2] Das gilt grundsätzlich auch für die intern erteilte Vollmacht; vgl. dazu *Flume* § 50 2, und unten unter II. Anders aber *Medicus* Rdz. 949.

[3] Ebenso *v. Tuhr* Bd. III § 85 zu Anm. 142.

1000 DM. Verkauft B den Wagen für 800 DM, dann ist der Kaufvertrag in diesem Fall für A wirksam, da er im Rahmen der Vollmacht des B liegt. B könnte aber, wenn er sich nicht darum bemüht hat, den Wagen bestens zu verkaufen und wenn anzunehmen ist, daß er bei einiger Bemühung einen höheren Preis hätte erzielen können, dem A wegen Verletzung seiner Verpflichtung zur sorgfältigen Ausführung des Auftrags schadensersatzpflichtig sein. Auf Grund der ihm erteilten, hinsichtlich der Höhe des Kaufpreises nicht begrenzten Vollmacht „konnte" er zwar den Wagen mit Wirkung gegen A für 800 DM verkaufen, aber in Anbetracht der ihm gegebenen Weisung, ihn „bestens" zu verkaufen, sowie der tatsächlich bestehenden Möglichkeit, einen höheren Preis zu erzielen, „durfte" er ihn um diesen Preis nicht verkaufen.

Daß dann, wenn der Geschäftsgegner erkannt hat oder ohne weiteres erkennen konnte, daß der Vertreter seine Vollmacht „mißbraucht", das Geschäft für den Vertretenen nicht wirksam ist, wurde oben (§ 30 IIa) bereits gesagt. Die aus dem Innenverhältnis sich ergebende Pflichtbindung des Bevollmächtigten schränkt dann, wenn ihre Mißachtung durch den Vertreter für den Geschäftsgegner offenkundig ist, die Vertretungsmacht ein. Die Vertretungsmacht ist zwar gegenüber dem Innenverhältnis verselbständigt, aber, was sich auch bei ihrem Erlöschen (unten IIIa) zeigt, doch nicht völlig von ihm gelöst. Insoweit hat die seitherige Entwicklung die von *Laband* allzusehr in den Vordergrund gerückte Trennung von Vollmacht und Innenverhältnis wieder relativiert.[4]

b) **Die Untervollmacht.** Ein Vertreter kann einem anderen eine sogenannte Untervollmacht erteilen, wenn seine eigene Vertretungsmacht ihm dies erlaubt. Man spricht in diesem Fall von einer *„mehrstufigen Vertretung"*. Ob der zuerst Bevollmächtigte dazu ermächtigt ist, eine Untervollmacht zu erteilen, ist im Wege der Auslegung der ihm erteilten Vollmacht festzustellen. Die Prozeßvollmacht (§ 81 ZPO) schließt auch die Rechtsmacht zur Bestellung eines Vertreters sowie eines Bevollmächtigten für die höhere Instanz ein.

Die Erteilung einer Untervollmacht ist die Begründung einer Vertretungsmacht für den Vertretenen durch einen dahin zielenden Akt des Hauptvertreters. Dieser nimmt die Bevollmächtigung des Unterbevollmächtigten an Stelle des Vertretenen und mit Wirkung für diesen vor. Regelmäßig bleibt seine eigene Vollmacht davon unberührt, sofern sie sich nicht in der Befugnis zur Bestellung eines anderen Vertreters erschöpft.[5] Die Untervollmacht kann enger begrenzt

---

[4] Dazu *Müller-Freienfels* aaO. S. 209ff. Vgl. auch MünchKomm/*Thiele 100, 106ff. zu § 164.*

[5] *Vgl. v. Tuhr* Bd. III § 85 VIII. Der Hauptbevollmächtigte kann, nachdem er einem anderen eine der seinigen inhaltsgleiche Vollmacht erteilt hat, seinerseits auf seine Vollmacht verzichten, oder es kann von vornherein vereinbart sein, daß seine Vollmacht in diesem Falle endet. Auch in diesem Fall handelt es sich nicht um eine „Übertragung der Vollmacht", sondern um die Erteilung einer neuen Vollmacht mit gleichem Inhalt und mit der Folge des Erlöschens der bisherigen Vollmacht. Vgl. dazu *Enn./N.* § 185 II 1; MünchKomm/*Thiele 81 zu § 167; zum Verzicht auf die Vollmacht unten IIIa.*

sein als die Vertretungsmacht des Hauptbevollmächtigten oder den gleichen Umfang haben wie diese, nicht aber über sie hinausgehen. Im Rahmen seiner Untervollmacht kann der Untervertreter Geschäfte mit Wirkung für den Vertretenen abschließen. Seine Rechtsmacht hierzu gründet sich auf zwei aneinander anschließende Bevollmächtigungen: die des Hauptbevollmächtigten durch den Vertretenen und die des Unterbevollmächtigten durch den Hauptbevollmächtigten. Sie besteht daher nicht, wenn eine dieser beiden Vollmachterteilungen nicht wirksam ist, insbesondere wenn der Hauptbevollmächtigte durch die Erteilung der Untervollmacht den Rahmen seiner Vollmacht überschreitet. Ob der Fortbestand der Untervollmacht von dem der Hauptvollmacht abhängig ist, so daß die Untervollmacht zugleich mit der Hauptvollmacht erlischt, oder ob sie diese zu überdauern vermag, ist Auslegungsfrage. Die Untervollmacht kann von dem Vertretenen selbst und, in seiner Vollmacht, von dem Hauptbevollmächtigten, der sie erteilt hat, widerrufen werden. Da der Unterbevollmächtigte bei dem Rechtsgeschäft mit einem Dritten den Vertretenen als den Geschäftsherrn – nicht etwa den Hauptbevollmächtigten – vertritt, muß er im Namen des Vertretenen, nicht in dem des Hauptbevollmächtigten, auftreten. Es genügt, daß er sich als Vertreter des Geschäftsherrn zu erkennen gibt; wird allerdings von ihm der Nachweis seiner Vertretungsmacht verlangt, dann muß er sich auf seine eigene Bevollmächtigung und auf die Vertretungsmacht des Hauptbevollmächtigten zu einer derartigen Unterbevollmächtigung berufen.

Die vorstehend gekennzeichnete Rechtslage wird dadurch verdunkelt, daß ein Teil der Lehre,[6] insbesondere aber der BGH,[7] zwei Arten der Untervollmacht unterscheidet. Nur bei der ersten Art soll der Unterbevollmächtigte, U, unmittelbar Vertreter des Geschäftsherrn, G, sein und daher in dessen Namen handeln müssen. Bei der zweiten Art einer möglichen Untervertretung soll dagegen U unmittelbar nur den Hauptbevollmächtigten, H, vertreten, und zwar in dessen Eigenschaft als Vertreter des G. Die Wirkungen des von U im Rahmen seiner Untervollmacht vorgenommenen Rechtsgeschäfts sollen, wie der BGH sagt, ,,gleichsam durch den Hauptvertreter hindurchgehen" und somit den G erst mittelbar treffen.

Mit Recht wendet sich *Flume*[8] gegen diese Unterscheidung, die bereits *v. Tuhr*[9] als ,,unvereinbar mit den Grundsätzen des Vertretungsrechts" erklärt hat. Das Geschäft, das der Unterbevollmächtigte im Rahmen seiner Untervollmacht abschließt, soll für und gegen den Geschäftsherrn, G, wirken; dieser, nicht H, soll Geschäftspartei sein. Die Vorstellung, die Rechtsfolgen des Geschäfts träten auch nur für eine sogenannte ,,logische Sekunde" in der Person des H ein und würden von diesem im gleichen Augenblick auf den G ,,weitergeleitet", findet keine Stütze im Gesetz und widerspricht der Auffassung aller Beteiligten, daß das Geschäft rechtlich ein solches des G sei. Es handelt sich hierbei um eine Konstruktion, die, wenn auch nicht denkunmöglich, so doch, wie *Flume* zutreffend betont, in hohem Maße sachfremd und verkehrsfremd ist. Sie wird daher im Schrifttum im zunehmenden Maße abgelehnt.[10] *Thiele* nennt sie ,,unsachgemäß, unnötig und verwirrend". Freilich ist sie nicht

---

[6] *Statt aller Enn./N.* § 185 II 2.

[7] BGHZ 32, 250, 253f.; 68, 391.

[8] *Flume* § 49 V.

[9] *v. Tuhr* Bd. III § 85 Anm. 231.

[10] Gegen sie *Soergel/Schultze-v. Lasaulx* 58, MünchKomm/*Thiele* 84 zu § 167; *Lange/Köhler* § 48 V 1b; *Wolf* § 13 D II; *Medicus* Rdz. 951.

von ungefähr entstanden, sondern verfolgt, wie die meisten derartigen Konstruktionen, eine vernünftige Absicht. Es geht ihren Verteidigern darum, im Falle, daß die Vollmacht des H nicht bestand oder ihn nicht zur Erteilung einer Untervollmacht ermächtigte, den U, der dies nicht wußte, wegen des daraus sich ergebenden Mangels seiner Untervollmacht nicht mit der Haftung gemäß § 179 zu belasten, sondern vielmehr den H nach dieser Vorschrift einstehen zu lassen. Auf dieses Problem soll erst im Zusammenhang der Haftung eines Vertreters ohne Vertretungsmacht (unten § 32 II) eingegangen werden.

II. Die Erteilung der Vollmacht. Bevollmächtigung und Vertretergeschäft

Die Erteilung der Vollmacht erfolgt durch eine in der Regel empfangsbedürftige Willenserklärung des Vollmachtgebers; sie ist einseitiges, gestaltendes Rechtsgeschäft,[11] eine Art der Ermächtigung. Die Hinzufügung einer Bedingung ist möglich.[12] Inhalt und unmittelbare Rechtsfolge der Bevollmächtigung ist die Begründung einer Vertretungsmacht für den Vollmachtgeber in der Person des Bevollmächtigten. Die Entstehung der Vertretungsmacht hängt, da das Gesetz (§ 167 Abs. 1) die Erklärung des Vollmachtgebers genügen läßt, nicht von der Zustimmung des Bevollmächtigten ab; indessen wird man ihm die Befugnis zubilligen müssen, eine ihm unerwünschte Vollmacht zurückzuweisen.[13] Diese Befugnis entfällt, wenn die Vollmacht, was gleichfalls als zulässig angesehen werden muß,[14] durch einen Vertrag zwischen Vollmachtgeber und Bevollmächtigten erteilt worden ist. Ein derartiger Vertrag darf indessen nicht verwechselt werden mit dem das Innenverhältnis regelnden Vertrag, etwa der Erteilung und Annahme des der Vollmacht zugrunde liegenden Auftrags.

Erklärungsempfänger ist nach dem Gesetz entweder der Bevollmächtigte oder der Dritte, ,,dem gegenüber die Vertretung stattfinden soll" (§ 167 Abs. 1). Im ersten Fall spricht man von ,,interner", im zweiten Fall von ,,externer" Vollmachtserteilung. Die interne Vollmachtserteilung wird meist einhergehen mit der Begründung des Innenverhältnisses, also dem Abschluß eines Auftrags- oder Geschäftsbesorgungsvertrages. Eine Geschäftseinheit im Sinne des § 139 anzunehmen,[15] ist gleichwohl nicht unbedenklich, weil dann die Verselbständigung der Vollmachtserteilung gegenüber dem ihr zugrunde liegenden Rechtsverhältnis, für die sich das Gesetz nun einmal entschieden hat, bei der internen Vollmachtserteilung praktisch wieder aufgegeben wird. Auch stünde dies im Wider-

---

[11] H. L.; vgl. *Staudinger/Dilcher* 10ff. zu § 167; *Flume* § 49 1 u. 52 3; a. A. *Müller-Freienfels* (vor § 30) S. 243ff. und öfter.

[12] Vgl. dazu oben § 25 II; *Flume* § 52, 3 Anm. 22; *v. Tuhr* Bd. II § 53 Anm. 52.

[13] So auch *Flume* § 51 3 zu Anm. 2.

[14] Es besteht, wenn auch die einseitige Bevollmächtigungserklärung weitaus die Regel sein wird, kein sachlicher Grund, die Erteilung einer Vollmacht durch einen Vertrag für unzulässig zu halten. So zutreffend *Flume* § 49 1.

[15] So indessen mehrfach das RG: RGZ 81, 49, 51; 94, 147, 149; 97, 273, 275 und *Flume* § 32 2a. Dagegen *Lüderitz* aaO. S. 63.

spruch zu der allgemein angenommenen Gültigkeit der einem Minderjährigen erteilten Vollmacht (vgl. oben I a). Jedoch werden häufig die gleichen Nichtigkeits- oder Anfechtungsgründe, die hinsichtlich des zugrunde liegenden Geschäfts bestehen, auch für die Vollmachtserteilung zutreffen. Die externe Vollmachtserteilung kann auch durch Erklärungen gegenüber einer Mehrzahl von Personen – etwa durch gleichlautende Schreiben an alle Kunden einer Firma – oder durch Erklärung gegenüber einem unbestimmten Personenkreis[16] – z. B. durch Zeitungsanzeigen oder durch Aushang im Geschäftslokal – erfolgen. Doch wird in diesen Fällen meist schon vorher eine interne Bevollmächtigung erfolgt sein und die Erklärung gegenüber den Kunden oder der Öffentlichkeit daher nur die Bedeutung einer nachträglichen Kundgabe der Tatsache haben, daß eine Vollmacht erteilt worden sei. Eine solche Kundgabe oder Mitteilung stellt keine Willenserklärung dar, ist aber eine rechtlich bedeutsame Handlung; auf sie ist der § 171 Abs. 1 anzuwenden (vgl. unten § 33 I). Die Bevollmächtigung durch Erklärung an die Öffentlickeit ist demgegenüber eine nicht empfangsbedürftige Willenserklärung; sie wird wirksam, sobald die Öffentlichkeit von ihr Kenntnis zu nehmen vermag. Für die Auslegung der Vollmacht ist maßgebend bei einer internen Bevollmächtigung der Verständnishorizont des Bevollmächtigten, bei einer externen Bevollmächtigung, wenn sie gegenüber einer bestimmten Person erklärt wird, der Verständnishorizont dieser Person, und wenn sie gegenüber einem unbestimmten Personenkreis erklärt wird, der Verständnishorizont eines durchschnittlichen Angehörigen dieses Personenkreises.[17]

Wie schon die Möglichkeit einer externen Bevollmächtigung deutlich macht, sind bei der Vollmachterteilung in der Regel mindestens drei Personen betroffen, der Vollmachtgeber, der Bevollmächtigte und der Dritte, dem gegenüber die Vertretung stattfinden soll. Die Begründung einer Vertretungsmacht ist zwar die unmittelbare, nächste Rechtsfolge der Bevollmächtigung, aber diese ist nur das Mittel für eine schon in Betracht gezogene fernere Rechtsfolge, nämlich die Wirksamkeit des von dem Bevollmächtigten mit dem Dritten oder ihm gegenüber vorzunehmenden Vertretergeschäfts für den Vollmachtgeber. Es fragt sich daher, wie das Verhältnis von Bevollmächtigung und Vertretergeschäft im näheren zu denken ist. *Müller-Freienfels*[18] hat viel Mühe darauf verwandt darzutun, daß der Wille des Vollmachtgebers schon bei der Vollmachterteilung auch auf den Inhalt des Vertretergeschäfts gerichtet sei und daher die Bevollmächtigung und das Vertretergeschäft zusammen als ein einheitlicher Akt gesehen werden müßten, „*ein* Rechtsgeschäft" bildeten. Diese Auffassung scheitert m. E. schon an der Möglichkeit einer Generalvollmacht. Nur bei einer ganz eng gefaßten Spezialvollmacht ist der Vollmachtgeber bei der Vollmachtserteilung in der La-

[16] So auch *Staudinger/Dilcher* 12 zu § 167.
[17] Vgl. *v. Tuhr* Bd. III § 85 zu Anm. 138–145.
[18] In seinem Buch: Die Vertretung beim Rechtsgeschäft, 1955. Ihm folgt *Siebenhaar* aaO.

ge, sich den Inhalt des Vertretergeschäfts konkret vorzustellen und ihn durch die Fassung der Vollmacht selbst zu bestimmen. Das „Ob" des Geschäftsabschlusses steht dabei oft noch im Willen des Vertreters. In den meisten Fällen überläßt dagegen der Vollmachtgeber die Entscheidung nicht nur über das „Ob", sondern auch über den näheren Inhalt des abzuschließenden Geschäfts innerhalb bestimmter Grenzen dem Vertreter. Man wird daher schwerlich sagen können, er habe dieses konkrete Geschäft, wie es später tatsächlich vom Vertreter geschlossen wird, schon bei der Erteilung der Vollmacht *so* gewollt.[19] Von dieser mehr psychologischen Frage abgesehen, kommt es bei einem Rechtsgeschäft grundsätzlich darauf an, welche Rechtsfolge als eine solche, die gelten soll, erklärt worden ist. Die Erteilung der Vollmacht besagt, daß der Bevollmächtigte die „Macht" haben solle, für den Vollmachtgeber durch den Abschluß von Rechtsgeschäften Rechtsfolgen, die durch den Umfang der Vollmacht nur erst mehr oder weniger bestimmt, weithin aber noch unbestimmt sind, in Geltung zu setzen. Es ist gerade, von dem Grenzfall der Bevollmächtigung zur Vornahme eines bereits in allen Einzelheiten festliegenden Geschäfts abgesehen, der Sinn der Bevollmächtigung, daß der Vollmachtgeber dem Bevollmächtigten gleichsam ein Stück seiner eigenen Dispositionsfreiheit abtritt, ihm die Entscheidung über das von ihm vorzunehmende Rechtsgeschäft in mehr oder weniger weitem Umfang überläßt. Der Auffassung von *Müller-Freienfels* kann daher nicht gefolgt werden.[20] Daß sie nicht die Auffassung des Gesetzes ist, ergibt sich aus der Bestimmung des § 167 Abs. 2, derzufolge die Erteilung der Vollmacht nicht der Form bedarf, die für das Rechtsgeschäft vorgeschrieben ist, zu dessen Vornahme Vollmacht erteilt wird.

Das bedeutet nun allerdings nicht, daß zwischen der Vollmachtserteilung und dem Vertretergeschäft überhaupt kein rechtlich beachtlicher Zusammenhang bestünde. Das Vorliegen einer entsprechenden Vollmacht ist unstreitig ein Erfordernis der Wirksamkeit des Vertretergeschäfts für den Vertretenen. Obgleich die Vollmachtserteilung ein *einseitiges* Rechtsgeschäft ist, wird man eine Vollmacht zum Abschluß eines Vertrages, die ein beschränkt Geschäftsfähiger ohne Einwilligung seiner gesetzlichen Vertreter erteilt, entgegen der Regel des § 111 nicht für unwirksam, sondern in analoger Anwendung des § 108 für genehmigungsfähig, also nur für schwebend unwirksam halten dürfen. Insoweit wird man *Müller-Freienfels* zustimmen müssen.[21] Denn unzweifelhaft könnte der gesetzliche Vertreter, wenn der ohne seine Zustimmung von dem Minderjährigen Bevollmächtigte für diesen einen Vertrag abschließt, den Vertrag selbst in Vertretung des Minderjährigen nach § 177 Abs. 1 genehmigen. Es kann für ihn zweckmäßiger

---

[19] Zutreffend *Hupka,* Die Vollmacht S. 31 ff.

[20] So auch *Flume* § 49 1; 52 1 und 3; vgl. auch *Lange/Köhler* § 48 III 2b; *Staudinger/Dilcher* 32 vor § 164.

[21] Vgl. hierzu *Müller-Freienfels* aaO. (Angabe vor § 30) S. 7, 246; *Flume* § 52 1 a. E.

sein und sollte möglich sein, daß er stattdessen die Erteilung der Vollmacht genehmigt. Bevollmächtigt der Minderjährige einen anderen zu einem Geschäft, das ihm lediglich einen rechtlichen Vorteil bringt, z. B. zur Annahme einer Schenkung, so bringt auch eine solche Vollmachtserteilung dem Minderjährigen lediglich einen rechtlichen Vorteil und ist daher nach § 107 wirksam. Von dem Grundsatz des § 167 Abs. 2 ist richtigerweise in den Fällen eine Ausnahme zu machen, in denen die Form vornehmlich eine „Warnfunktion" zu erfüllen hat, falls durch die Erteilung einer unwiderruflichen Vollmacht oder einer mit der Erlaubnis zum Selbstkontrahieren verbundenen Vollmacht bereits eine endgültige rechtliche Bindung des Vollmachtgebers herbeigeführt werden soll.[22] Das ist eine aus dem Zweck der betreffenden Formvorschrift – vor allem der Vorschrift des § 313 – herzuleitende „teleologische Reduktion" des § 167 Abs. 2, die dem inneren Zusammenhang zwischen der Bevollmächtigung und dem auf Grund ihrer vorzunehmenden Geschäft in sachlich gebotener Weise Rechnung trägt.

Der innere Zusammenhang zwischen Bevollmächtigung und Vertretergeschäft verlangt ferner dann Berücksichtigung, wenn die Erteilung der Vollmacht durch einen „Willensmangel" beeinflußt ist und der Bevollmächtigte vor der Anfechtung oder einem Widerruf bereits ein Vertretergeschäft vorgenommen hat.[23] Die Rückwirkung der Anfechtung der Vollmachtserteilung hat zur Folge und zielt darauf ab, daß dann auch das Vertretergeschäft dem Vertretenen gegenüber unwirksam wird. Der Geschäftsgegner sollte hier deshalb nicht auf Ansprüche aus § 179 gegen den Vertreter (unten § 32 II) angewiesen sein,[24] sondern stattdessen[25] Ersatz seines Vertrauensschadens gemäß § 122 von dem seine Erklärung anfechtenden Vollmachtgeber verlangen können.[26] Die Anfechtung der Vollmachterteilung ist auch dann, wenn sie intern erfolgt war, dem Geschäftsgegner gegenüber zu erklären, da dieser der von ihrer Rechtsfolge in erster Linie Betroffene ist.[27] Um dem Bevollmächtigten die ihm „intern" erteilte Vollmacht für die

---

[22] Hinsichtlich der unwiderruflich erteilten Vollmacht ist das h. L.; hinsichtlich der Befreiung vom Verbot des Selbstkontrahierens soll es nach manchen auf den Sinn dieser Befreiung im Einzelfall ankommen. Vgl. dazu RGZ 97, 332; 108, 125; 110, 319; BGH, LM Nr. 18 zu § 167 BGB; anders BGH, NJW 79, 2306. *Enn./N.* § 184 Anm. 9; *Flume* § 52 2b, *Soergel/Schultze-v. Lasaulx* 8f., *MünchKomm/Thiele* 19ff. zu § 167; *Medicus* Rdz. 929. Weitere Nachweise bei *Müller-Freienfels* aaO. S. 264ff. Die Absicht einer Gesetzesumgehung verlangt dagegen *Dilcher* bei *Staudinger* 20 zu § 167.

[23] Dazu *Eujen* und *Frank* in JZ 73, 232.

[24] § 179 paßt auf diesen Fall nicht. Dazu *Müller-Freienfels* aaO. S. 403; *Flume* § 52 5c; *Medicus* Bürgerl. Recht Rdn. 96; *Brox* Rdn. 527.

[25] So auch die in der vorigen Anm. Genannten. Dagegen meint *Thiele* in MünchKomm 98 zu § 167, beide hafteten nebeneinander, der Vertreter nach § 179, der Vertretene nach § 122; nur im Innenverhältnis hafte letzterer allein. Es geht indessen m. E. zu weit, den Vertreter das Risiko, daß der Vertretene die Vollmachtserteilung anficht, auch nur in dieser Weise mittragen zu lassen. So auch *Flume* aaO.

[26] *Eujen* und *Frank* wollen weitergehend die Anfechtung der Vollmachtserteilung ganz ausschließen, aber die des Vertretergeschäfts dann zulassen, wenn ein nach § 119 relevanter Irrtum bei der Vollmachtserteilung auf das Vertretergeschäft „durchschlägt". Ebenso *Brox* Rdn. 528.

[27] So auch *Medicus* Rdz. 945.

Zukunft zu entziehen, ist ihm gegenüber ein Widerruf der Vollmacht genügend. Handelt es sich allerdings um eine unwiderrufliche Vollmacht, bedarf es der Anfechtung, die dann dem Bevollmächtigten gegenüber zu erklären ist.

III. Das Erlöschen der Vollmacht

a) **Die Erlöschensgründe im allgemeinen.** Eine Vollmacht erlischt:

1. durch Zeitablauf, falls sie befristet war; durch den Eintritt einer auflösenden Bedingung; ferner durch ihren Verbrauch, wenn sie nur für ein bestimmtes einzelnes Geschäft erteilt war und der Bevollmächtigte es abgeschlossen hat;
2. durch Verzicht des Bevollmächtigten;
3. regelmäßig durch Widerruf seitens des Vollmachtgebers;
4. durch Beendigung des ihrer Erteilung zugrunde liegenden Rechtsverhältnisses;
5. regelmäßig durch den Tod oder den Eintritt der Geschäftsunfähigkeit des Bevollmächtigten;
6. durch Konkurseröffnung über das Vermögen des Vollmachtgebers.

Im einzelnen ist hierzu zu bemerken: Das Gesetz erwähnt nur den Widerruf und das Erlöschen des zugrunde liegenden Rechtsverhältnisses (§ 168). Die unter 1 genannten Erlöschensgründe verstehen sich von selbst. Daß der Bevollmächtigte durch Erklärung gegenüber dem Vollmachtgeber[28] auf die ihm übertragene Vollmacht verzichten und sie dadurch zum Erlöschen bringen kann, ist zwar nicht unbestritten,[29] aber, ebenso wie die Möglichkeit sofortiger Zurückweisung, daraus zu folgern, daß niemandem ein Recht oder eine Rechtsmacht, die er nicht haben will, sollte aufgedrängt werden können. Ob der Bevollmächtigte dem bestehenden Innenverhältnis zufolge auf seine Vollmacht vorzeitig verzichten *darf,* ist eine andere Frage.

Der – nach dem Gesetz grundsätzlich mögliche – **Widerruf der Vollmacht** erfolgt durch einseitige gestaltende Erklärung, und zwar, ebenso wie die Bevollmächtigung, gegenüber dem Bevollmächtigten oder gegenüber dem Dritten, dem gegenüber die Vertretung stattfinden soll (§ 168 Satz 3). Eine durch Erklärung an die Öffentlichkeit erteilte Vollmacht kann, wie aus § 171 Abs. 2 zu folgern ist, in der gleichen Weise, in der sie erfolgt war, widerrufen werden. Die jederzeitige Widerruflichkeit der Vollmacht ist deshalb geboten, weil die Ertei-

[28] Durch den Verzicht auf die Vollmacht wird am stärksten das Interesse des Vollmachtsgebers berührt, der in die Lage versetzt werden muß, sich einen neuen Bevollmächtigten zu suchen. Daher muß der Verzicht meines Erachtens ihm gegenüber erklärt werden, auch wenn die Vollmacht extern erteilt war. Der Dritte ist jedoch durch § 170 geschützt.

[29] Dafür *v. Tuhr* Bd. III, § 85 VIII 4; *Flume* § 51 3; MünchKomm/*Thiele 8 zu § 168; Medicus* Rdz. 943; dagegen *Müller-Freienfels* S. 46f.

lung einer Vollmacht den Vollmachtgeber bis zu einem gewissen Grade von der Entschließung des Bevollmächtigten abhängig macht und daher ein besonderes Vertrauen zu dem Bevollmächtigten voraussetzt. Ist dieses Vertrauen nicht mehr vorhanden, oder hat sich der Vollmachtgeber die Sache anders überlegt, dann wäre es eine für ihn schwer erträgliche Einschränkung seiner Selbstbestimmung, müßte er dem Bevollmächtigten die diesem eingeräumte Vertretungsmacht bis zur Beendigung des „Innenverhältnisses" oder bis zum Eintritt eines anderen Erlöschungsgrundes lassen. Das Gesetz sieht gleichwohl die Möglichkeit der Erteilung einer unwiderruflichen Vollmacht, wenn auch nur als Ausnahme, vor (vgl. § 168 Satz 2; dazu unten b).

Die Vollmacht erlischt, wenn nicht aus einem der anderen Gründe, dann mit dem Ende des ihr zugrunde liegenden Rechtsverhältnisses (§ 168 Satz 1). Ist dieses ein Auftragsverhältnis, so endet es mit dem jederzeit möglichen Widerruf durch den Auftraggeber, der Kündigung durch den Beauftragten oder dem Eintritt des Endtermins (vgl. § 671), im Zweifel auch durch den Tod des Beauftragten (§ 673). Weiter endet das Auftragsverhältnis und damit die Vollmacht mit der Eröffnung des Konkurses über das Vermögen des Auftraggebers, ausgenommen den Fall, der Auftrag beziehe sich nicht auf das zur Konkursmasse gehörige Vermögen (§ 23 KO). Ist das Innenverhältnis ein Dienstverhältnis, so endet es, falls es nicht für eine bestimmte Zeit eingegangen war, normalerweise auf Grund einer befristeten Kündigung (§ 620). Eine fristlose Kündigung ist, abgesehen von dem Fall des § 627, nur beim Vorliegen eines wichtigen Grundes möglich (§ 626). Das Dienstverhältnis endet ferner, da die Dienste im Zweifel in Person zu leisten sind (§ 613), regelmäßig mit dem Tode des Verpflichteten.

In bestimmten Fällen (§§ 674, 729) gilt ein Auftrag oder die Geschäftsführungsbefugnis eines Gesellschafters zu dessen Gunsten trotz Vorliegens eines Endigungsgrundes als fortbestehend, bis er von dem Endigungsgrund Kenntnis erlangt oder erlangen muß. In diesen Fällen gilt auch die Vollmacht als fortbestehend, jedoch nicht zugunsten eines Dritten, der bei der Vornahme eines Rechtsgeschäfts mit ihm den Erlöschensgrund kannte oder kennen mußte (§ 169).

Auch unabhängig von dem zugrunde liegenden Rechtsverhältnis, insbesondere dann, wenn ein solches gar nicht besteht, endet die Vollmacht in der Regel durch den Tod des Bevollmächtigten. Da sie ein besonderes Vertrauen voraussetzt, kann nicht angenommen werden, sie solle ohne weiteres auf den oder die Erben übergehen.[30] Anders liegt es nur bei einer ausschließlich im Interesse des Bevollmächtigten selbst erteilten Vollmacht; diese verschafft ihm eine – im Fall ihrer Unwiderruflichkeit sogar unentziehbare – vermögensrechtliche Stellung,[31] die vererblich ist. Wer geschäftsunfähig ist, kann auch nicht als Vertreter eines anderen wirksam Rechtsgeschäfte vornehmen. Es ist deshalb sachgemäß, daß die ihm erteilte Vollmacht erlischt, wenn der Bevollmächtigte gemäß § 104 Nr. 2 oder

[30] Ebenso *Enn./N.* § 186 III; *Flume* § 51 8; *Medicus* Rdz. 943.
[31] Vgl. dazu *v. Tuhr* Bd. III § 85 X a. E.

Nr. 3 geschäftsunfähig wird; im Falle der Entmündigung jedenfalls in dem Zeitpunkt, von dem an sie nicht mehr im Wege der Anfechtungsklage angegriffen werden kann.[32]

Der Tod des Vollmachtgebers beendet nach h. L. die Vollmacht grundsätzlich nicht.[33] Für die Prokura ist dies in § 52 Abs. 3 HGB ausdrücklich bestimmt. Die weiterbestehende Vollmacht wirkt für den oder die Erben; ihnen steht jedoch das Widerrufsrecht zu. Das Erlöschen der Vollmacht kann sich aber aus ihrem Zweck oder aus dem Innenverhältnis ergeben. Aus dem Innenverhältnis ist der Bevollmächtigte dem Erben gegenüber verpflichtet, ihn zu informieren und, falls nicht mit dem Aufschub des Geschäfts Gefahr verbunden ist, dessen Entschließung abzuwarten. Ebensowenig erlischt die Vollmacht ohne weiteres dadurch, daß der Vollmachtgeber nachträglich die Geschäftsfähigkeit verliert;[34] der gesetzliche Vertreter mag die Vollmacht widerrufen. Dagegen erlischt sie, auch wenn das zugrunde liegende Rechtsverhältnis kein Auftrag oder Geschäftsbesorgungsvertrag ist, analog § 23 KO (mit der dort bestimmten Einschränkung), wenn über das Vermögen des Vollmachtgebers der Konkurs eröffnet wird. Dies deshalb, weil es der Konkurszweck erfordert, daß Handlungen, die die Verwaltung des Konkursvermögens betreffen, nur noch durch den Konkursverwalter vorgenommen werden können.

Im Falle eines auf Rechtsgeschäft beruhenden *Betriebsüberganges* fragt es sich, was aus den von dem bisherigen Inhaber erteilten Handlungsvollmachten und Prokuren wird. Aus § 168 Abs. 1 ist zu folgern, daß sie jedenfalls für den bisherigen Inhaber nicht fortgelten, da auch die mit ihm bestehenden Arbeitsverhältnisse – unbeschadet gewisser Nachwirkungen gemäß § 613a Abs. 2 – *für ihn* nicht weiterbestehen. Die h. L. nimmt deshalb an, daß sie erlöschen.[35] Denkbar wäre aber auch, daß die Vollmachten nunmehr mit Wirkung für den neuen Inhaber weiter bestünden, so lange, bis der neue Inhaber sie widerruft. Dies wäre auch zweckmäßig, damit die Vertreter, deren Arbeitsverhältnisse nach § 613a Abs. 1 auf den neuen Inhaber übergehen, ihre Tätigkeit erst einmal fortsetzen können. Begründen ließe das sich damit, daß, weil der Gesetzgeber des BGB einen Übergang von Dienstverhältnissen nicht kannte, das Gesetz durch die Einfügung des § 613a hinsichtlich der Frage, welche Folge der Übergang (nicht nur: das Erlöschen) für in Verbindung mit ihm eingeräumte Vollmachten hat, lückenhaft geworden ist. Nur hinsichtlich der Prokura muß es bei deren Erlöschen bleiben, da sie auf einem besonders engen Vertrauensverhältnis zu beruhen pflegt, das nicht ohne weiteres übertragbar ist.[36] Der neue Inhaber müßte sie daher nach § 48 Abs. 1 HGB ausdrücklich neu erteilen.

b) **Die unwiderrufliche Vollmacht.** Eine Vollmacht kann, wie bereits erwähnt wurde, dann nicht widerrufen werden, wenn sich ihre Unwiderruflichkeit aus dem ihr zugrunde liegenden Rechtsverhältnis ergibt (§ 168 Satz 2). Das ist

---

[32] So auch MünchKomm/*Thiele 7 zu § 168, wohl auch Flume* § 51 8.

[33] *v. Tuhr* Bd. III § 85 VII 2; *Enn./N.* § 186 II 1; *MünchKomm/Thiele* 19ff. zu § 168. RGZ 88, 345, 348. Bedenken hiergegen bei *Flume* § 51 5.

[34] Bedenken dagegen äußert wiederum *Flume* § 51 6.

[35] Für sie *Köhler,* BB 79, 912 (mit Nachw.).

[36] So im Ergebnis auch MünchKomm/*Thiele 5 zu § 168.*

deshalb nicht unbedenklich, weil durch die Erteilung einer unwiderruflichen Vollmacht der Vollmachtgeber sich in eine gewisse Abhängigkeit von dem Bevollmächtigten begibt. Man wird daher den Widerruf dennoch zulassen müssen, wenn der Bevollmächtigte das in ihn gesetzte Vertrauen gröblich enttäuscht, insbesondere, wenn er seine Vollmacht mißbraucht. Insoweit müssen die anerkannten Grundsätze über die Kündigung eines Dauerschuldverhältnisses aus wichtigem Grunde (z. B. §§ 626, 723 Abs. 1 Satz 2) entsprechend angewandt werden.[37] Man wird darüber hinaus fordern müssen, daß die Unwiderruflichkeit der Vollmacht in dem zugrunde liegenden Rechtsverhältnis einen berechtigten Grund findet,[38] daß sie, wie *v. Tuhr* sagt,[39] „durch besondere Zwecke der Vollmacht gerechtfertigt ist". *Flume*[40] sieht die Unwiderruflichkeit nur dann als gerechtfertigt an, wenn „der Bevollmächtigte oder ein Dritter, für welchen der Bevollmächtigte tätig wird, gegen den Vollmachtgeber einen Anspruch auf die Vornahme des Geschäfts hat, zu welchem ihn die Vollmacht ermächtigt". Der typische Fall hierfür wäre etwa der, daß A sein Grundstück an B verkauft und dem B die Vollmacht erteilt, in seinem, des A Namen, die Auflassung sei es an sich selbst, sei es an einen Dritten, dessen mittelbarer Vertreter B ist, vorzunehmen. Bei einer solchen Fallgestaltung ist es unbedenklich, daß die Vollmacht unwiderruflich erteilt wird, weil A hier durch einen Widerruf gegen seine im Kaufvertrag eingegangene Verpflichtung verstoßen würde. Folgerichtig sagt *Flume,*[41] daß die Vollmacht widerruflich wird, wenn der durch B in Vollmacht des A zu erfüllende Anspruch nachträglich, etwa durch Rücktritt von dem Kaufvertrag, wegfällt. Ob allerdings der von *Flume* gekennzeichnete Fall der einzige ist, in dem die Erteilung einer unwiderruflichen Vollmacht nach den zugrunde liegenden Rechtsbeziehungen der Beteiligten als gerechtfertigt anzusehen ist, mag zweifelhaft sein.[42] Der BGH[43] sieht eine Vollmacht jedenfalls dann als stets widerruflich, die Unwiderruflichkeitsklausel daher als unwirksam an, wenn der der Vollmacht zugrunde liegende Auftrag *allein* den Interessen des Auftraggebers dient.

---

[37] H. L.; vgl., statt aller, *Soergel/Schultze-v. Lasaulx* 28, *Staudinger/Dilcher* 14, MünchKomm/*Thiele* 41 zu § 168; die Polemik von *Flume* § 53 4 halte ich nicht für begründet.

[38] MünchKomm/*Thiele 34 zu § 168; anders* Enn./N. § 186 IV 2b.

[39] *v. Tuhr* Bd. III § 85 zu Anm. 209.

[40] *Flume* § 53 3. Ihm folgt *Pawlowski* II S. 375; gegen ihn *Soergel/Schultze-v. Lasaulx* 22 zu § 167.

[41] *Flume* III § 53 4.

[42] Dazu MünchKomm/*Thiele 36 zu § 168.*

[43] *Vgl. BGH, WM 71, 956.*

§ 32. Vertreterhandeln ohne Vertretungsmacht

Literatur: *Hupka,* Die Haftung des Vertreters ohne Vertretungsmacht, 1903; *Theodor Kipp,* Zur Lehre von der Vertretung ohne Vertretungsmacht, RG-Festschr. II, S. 273.

Als Vertreter eines anderen handelt, wie wir gesehen haben, wer bei der Vornahme eines Rechtsgeschäfts entweder ausdrücklich als Vertreter eines – von ihm genannten oder auch nicht genannten – anderen auftritt, oder wessen Auftreten in Verbindung mit den begleitenden Umständen, für den Geschäftsgegner erkennbar, den Schluß nahelegt, daß das Geschäft für einen anderen gelten solle. Die Wirksamkeit des Geschäfts für den Vertretenen hängt dann weiter davon ab, daß der als Vertreter Handelnde Vertretungsmacht gehabt und sich im Rahmen seiner Vertretungsmacht gehalten hat. Trifft das nicht zu, so handelt er als „Vertreter ohne Vertretungsmacht". In einem derartigen Fall ergeben sich vornehmlich zwei Fragen. Der Handelnde hat dadurch, daß er, obschon er keine Vertretungsmacht hatte, das Geschäft eines anderen als dessen Vertreter geführt hat, in dessen Geschäftskreis eingegriffen, und er hat auf der anderen Seite das Vertrauen des Geschäftsgegners darauf erweckt, das Geschäft sei für den Vertretenen gültig. Im Hinblick auf den ersten Gesichtspunkt fragt es sich, ob der Vertretene, wenn er mit dem Geschäft einverstanden ist, dieses dadurch für sich gültig machen kann, daß er das Handeln des Vertreters billigt, ihn nachträglich autorisiert. Im Hinblick auf den zweiten Gesichtspunkt fragt es sich, ob der Geschäftsgegner, falls das Geschäft für den Vertretenen nicht wirksam wird, sich stattdessen an den Vertreter halten kann. Die erste Frage regelt das Gesetz in § 177, die zweite in § 179.

I. Die Folgen für den Vertretenen

Hinsichtlich der Möglichkeit eines nachträglichen Wirksamwerdens des Vertretergeschäfts für den Vertretenen unterscheidet das Gesetz zwischen Verträgen und einseitigen Rechtsgeschäften. Schließt jemand als Vertreter eines anderen einen Vertrag, ohne (hinreichende) Vertretungsmacht zu haben, so kann nach § 177 Abs. 1 der Vertretene den Vertrag dadurch für sich gültig machen, daß er ihn genehmigt. Für die Genehmigung, also die nachträgliche Zustimmung zu dem Vertretergeschäft, gilt das oben in § 24 Gesagte. Die Bestimmung des § 182 Abs. 2 ist jedoch, wie dort schon bemerkt wurde, insoweit einzuschränken, als die betreffende Formvorschrift gerade auch im Interesse dessen besteht, für den das Geschäft wirken soll, insbesondere insoweit ihr eine Warnfunktion zukommt. Das zur Formbedürftigkeit der Vollmachtserteilung (oben § 31 II) Gesagte gilt auch hier.

Bis zur Erteilung oder Verweigerung der Genehmigung ist der Vertrag „schwebend unwirksam" (vgl. oben § 23 VI).

Das Gesetz räumt dem Vertretenen die Möglichkeit ein, selbst darüber zu bestimmen, ob er den in seinem Namen geschlossenen Vertrag, zu dessen Abschluß der Vertreter weder Vollmacht noch eine sonstige Vertretungsmacht hatte, für sich gelten lassen will oder nicht. Von dieser ihm eingeräumten Möglichkeit kann er aber nur Gebrauch machen, wenn er von dem Geschäft, das der Vertreter für ihn abgeschlossen hat, erfährt, und wenn er weiß oder wenigstens mit der Möglichkeit rechnet, daß der Vertrag für ihn nicht wirksam wird, falls er ihn nicht genehmigt. Denn andernfalls hat er keinen Anlaß, sich zu entscheiden. In der Rechtsprechung wird deshalb gesagt, die Genehmigungsmöglichkeit setze begrifflich die Kenntnis und den Willen des Genehmigenden voraus, daß der Vertrag erst mit seiner Genehmigung rechtswirksam wird; eine Genehmigung könne nur erfolgen, wenn der Genehmigende sich der schwebenden Unwirksamkeit des Vertrages bewußt sei oder doch mit einer solchen Möglichkeit rechnete.[1] Wenn und so lange der Vertretene glaubt, das vom Vertreter vorgenommene Rechtsgeschäft sei für ihn gültig, wird er nicht daran denken, es, sei es auch nur vorsorglich, zu genehmigen. Zweifelhaft ist die Entscheidung des Falls, daß der Vertreter zwar eine Vollmacht besaß, diese aber für das von ihm vorgenommene Geschäft nicht ausreichte, der Vertretene, der dies nicht bemerkte, das Geschäft jahrelang als gültig behandelt hat und dann erst den Umstand, daß der Vertreter seine Vertretungsmacht überschritten hatte, benutzen will, um von dem Geschäft wieder loszukommen. Zwar kann sein Verhalten, solange er die Überschreitung der Vertretungsmacht nicht bemerkte, der Geschäftsgegner auch keinen Anlaß hatte, anzunehmen, er habe es bemerkt, nicht als Genehmigung durch schlüssiges Verhalten gedeutet werden. Hat aber der Geschäftsgegner während der ganzen Zeit auf die Gültigkeit des Geschäfts vertraut, sich in diesem Vertrauen durch das Verhalten des Vertretenen bestärkt gefühlt und dem entsprechend seine eigenen Dispositionen getroffen, so kann in der jetzigen Geltendmachung des Vertretungsmangels oder in der Verweigerung der Genehmigung ein „venire contra factum proprium", ein Verstoß gegen Treu und Glauben, liegen. Der Vertretene muß dann trotz des Fehlens (ausreichender) Vertretungsmacht seines Vertreters das Geschäft gegen sich gelten lassen aufgrund einer „Vertrauenshaftung kraft widersprüchlichen Verhaltens".[2]

Hat der Geschäftsgegner den Mangel der Vertretungsmacht bei dem Abschluß des Vertrages nicht gekannt, so kann er seine Vertragserklärung bis zur Geneh-

---

[1] RGZ 118, 335, 336f.; HRR 30, Nr. 766; 32, Nr. 1821; BGHZ 2, 150, 153.

[2] Dazu *Canaris,* Die Vertrauenshaftung im deutschen Privatrecht, 1971, S. 287, 311ff., 317f.; vgl. auch *Thiele* in MünchKomm 29 zu § 177.

migung widerrufen (§ 178).[3] Hat er dagegen den Mangel der Vertretungsmacht des Vertreters bei dem Abschluß des Vertrages gekannt, dann ist er gebunden, weil er in diesem Fall das Risiko einer Verweigerung der Genehmigung auf sich genommen hat. Der Geschäftsgegner hat aber in jedem Fall die Möglichkeit, ein Ende des für ihn ungünstigen Schwebezustandes herbeizuführen. Er muß zu diesem Zweck den Vertretenen zur Erklärung über die Genehmigung aufforden (§ 177 Abs. 2). Die Erklärung kann darauf nur noch ihm, nicht mehr dem Vertreter gegenüber erfolgen; eine vor der Aufforderung dem Vertreter gegenüber erklärte Genehmigung oder Verweigerung der Genehmigung wird unwirksam. Mit dem Zugang der Aufforderung beginnt ferner eine Frist von 14 Tagen zu laufen, nach deren Ablauf die Genehmigung, falls sie bis dahin nicht dem Geschäftsgegner gegenüber erklärt ist, als verweigert „gilt". Die Fiktion hat die Bedeutung einer gesetzlichen Rechtsfolgeanordnung: Mit dem Verstreichen der Frist ist der Schwebezustand beendet, eine spätere Genehmigung ist unwirksam. Wie bereits früher (oben § 19 IV) dargelegt wurde, ist eine Anfechtung der Rechtsfolgen des Schweigens wegen Irrtums über seine Bedeutung (§ 119) hier deshalb nicht zuzulassen, weil der Zweck der Bestimmung, dem Geschäftsgegner endgültig Gewißheit über die Rechtslage zu verschaffen, dem entgegensteht. Dagegen ist eine Anfechtung nach § 123 zuzulassen, wenn der Vertretene durch eine arglistige Täuschung des Geschäftsgegners oder durch rechtswidrige Drohung dazu veranlaßt worden ist, die von ihm beabsichtigte Genehmigung nicht zu erklären. Denn in diesem Fall verdient sein Schutz den Vorrang vor dem Interesse des Geschäftsgegners. Da die Aufforderung bezweckt, eine endgültige Entscheidung über die Gültigkeit des Vertrages für den Vertretenen herbeizuführen, so ist sie eine geschäftsähnliche Handlung, auf die § 131 analog anzuwenden ist. Sie wird daher, wenn der Vertretene geschäftsunfähig oder in der Geschäftsfähigkeit beschränkt ist, erst dann wirksam, wenn sie seinem gesetzlichen Vertreter zugeht. Nur das Schweigen des gesetzlichen Vertreters auf die ihm zugegangene Aufforderung hin löst die Rechtsfolgen des § 177 Abs. 2 aus.

Ein einseitiges Rechtsgeschäft, das ein Vertreter ohne Vertretungsmacht für einen anderen vornimmt, ist zwar grundsätzlich unwirksam (§ 180 Satz 1). Indessen sind die Vorschriften über Verträge entsprechend anzuwenden, wenn derjenige, dem gegenüber es vorzunehmen war, die von dem Vertreter behauptete Vertretungsmacht bei der Vornahme des Geschäfts[4] nicht beanstandet hat oder wenn er damit einverstanden war, daß der Vertreter ohne Vertretungsmacht handelte (§ 180 Satz 2). Die Wirksamkeit für und gegen den Vertretenen

---

[3] Darüber, wann eine Erklärung als „Widerruf" zu werten ist, vgl. RGZ 102, 24; BGH LM Nr. 1 zu § 178 BGB.

[4] Im Falle einer schriftlichen Erklärung, wenn er diese nicht unverzüglich nach ihrem Empfang beanstandet. Vgl. *Enn./N.* § 183 Anm. 27.

hängt also in diesen Fällen wieder davon ab, ob dieser das Geschäft genehmigt. Der Geschäftsgegner hat die Möglichkeit, durch eine Aufforderung an den Vertretenen gemäß § 177 Abs. 2 das Ende des Schwebezustandes herbeizuführen. Unter der „entsprechenden Anwendung" des § 178 wird man die Zurückweisung des Rechtsgeschäfts mit der Folge, daß es nun nicht mehr genehmigt werden kann, zu verstehen[5] haben.

Die Vorschriften über Verträge finden ebenfalls dann entsprechende Anwendung, wenn ein einseitiges Rechtsgeschäft, das gegenüber dem Vertretenen vorzunehmen ist, gegenüber einem Vertreter ohne Vertretungsmacht vorgenommen wird, und wenn dieser damit einverstanden war (§ 180 Satz 3).

In allen Fällen, in denen das von dem Vertreter ohne Vertretungsmacht vorgenommene Geschäft durch die Genehmigung des Vertretenen für diesen nachträglich wirksam wird, ist es so anzusehen, als habe der Vertreter schon im Augenblick der Vornahme des Geschäfts Vertretungsmacht gehabt. Das ergibt sich aus der in § 184 Abs. 1 angeordneten sogenannten „Rückwirkung" der Genehmigung. Die Vorschriften über die Stellvertretung, insbesondere auch die §§ 165 und 166, sind also anzuwenden.[6]

II. Die Folgen für den Vertreter

Genehmigt der Vertretene den von dem vollmachtlosen Vertreter in seinem Namen geschlossenen Vertrag nicht, so ist der Vertrag für ihn nicht wirksam. Der Geschäftsgegner, der glaubte, es mit einem zur Vertretung ermächtigten Vertreter zu tun zu haben und infolgedessen darauf vertraute, daß der Vertrag mit dem Vertretenen zustandegekommen sei, sieht sich in diesem Vertrauen getäuscht. Es fragt sich, ob er sich nun, statt an den Vertretenen, an denjenigen halten kann, der als Vertreter aufgetreten war und dadurch den Eindruck erweckt hatte, er habe Vertretungsmacht.

Das Gesetz regelt diese Frage in § 179. Sehen wir zunächst von der sprachlichen Fassung, durch die eine bestimmte Regelung der Beweislast zum Ausdruck gebracht werden soll, ab, so ergibt sich folgendes: Wer als Vertreter ohne Vertretungsmacht[7] einen Vertrag geschlossen hat, hat dem Vertragsgegner grundsätzlich selbst einzustehen, wenn der Vertretene die Genehmigung verweigert. Solange das noch nicht geschehen ist, der Vertrag also noch in der Schwebe ist, kann der Vertreter nicht in Anspruch genommen werden. Er haftet auch nicht, wenn der Geschäftsgegner der möglichen Genehmigung dadurch zuvorkommt,

---

[5] So auch *Enn./N.* § 183 Anm. 31.

[6] Vgl. RGZ 68, 374, 376; 128, 116, 120.

[7] Einerlei, ob als angeblich Bevollmächtigter oder als angeblicher gesetzlicher Vertreter oder als Organ einer juristischen Person; vgl. RGZ 104, 191, 193; MünchKomm/*Thiele 9 zu § 179.*

daß er seine Vertragserklärung gemäß § 178 widerruft.[8] Der Vertreter braucht ferner dann nicht einzustehen, wenn der Geschäftsgegner den Mangel der Vertretungsmacht kannte oder kennen mußte, weil der Geschäftsgegner in diesem Fall nicht schutzbedürftig ist. Der Geschäftsgegner ,,muß" den Mangel der Vertretungsmacht kennen, wenn ihn die ihm bekannten Umstände bei Anwendung der verkehrsmäßigen Sorgfalt dazu veranlassen müssen, sich um das Vorhandensein der von dem Vertreter behaupteten Vertretungsmacht zu kümmern.[9] Schließlich entfällt die Haftung des Vertreters, wenn er in der Geschäftsfähigkeit beschränkt war und ohne Zustimmung seiner gesetzlichen Vertreter gehandelt hat.

Hat nach dem bisher Gesagten der Vertreter dem Geschäftsgegner einzustehen, so gestaltet sich seine Haftung verschieden, je nachdem, ob er selbst den Mangel seiner Vertretungsmacht gekannt hat oder nicht. Kannte er ihn nicht, so hat er dem Geschäftsgegner lediglich dessen Vertrauensschaden zu ersetzen, jedoch nicht über den Betrag des Interesses hinaus, das dieser an der Wirksamkeit des Vertrages hat (des sogenannten Erfüllungsinteresses). Er hat ihn also so zu stellen, wie er wirtschaftlich jetzt stehen würde, wenn er sich nicht auf das Zustandekommen des Vertrages eingerichtet hätte. Die Haftung des Vertreters ist in diesem Fall eine reine Vertrauenshaftung, die sich, ebenso wie im Falle des § 122 (vgl. oben § 20 II c), allein auf die Veranlassung des Vertrauenstatbestandes gründet und keinerlei Verschulden zur Voraussetzung hat. Sie stellt für den Vertreter dann eine erhebliche Härte dar, wenn er selbst bei Anwendung äußerster Sorgfalt nicht zu erkennen vermochte, daß seine vermeintliche Vertretungsmacht nicht bestand; so z. B. dann, wenn sein Vollmachtgeber bei Erteilung der Vollmacht unerkennbar geisteskrank war. Ob es jedoch statthaft ist, wie *Flume*[10] will, die Haftung wenigstens dann entfallen zu lassen, wenn ,,das Fehlen der Vertretungsmacht außerhalb jeder Erkenntnis- oder Beurteilungsmöglichkeit des Vertreters lag", ist angesichts nicht nur des Wortlauts, sondern auch der Absicht des Gesetzgebers, die Haftung unabhängig von jedem Verschulden eintreten zu lassen, sehr zweifelhaft. Wer im Verkehr als Vertreter eines anderen auftritt, geht, so will es das Gesetz, das Risiko ein, im Falle des Fehlens einer Vertretungsmacht oder hinreichender Vertretungsmacht dem Geschäftsgegner selbst für dessen Vertrauensschaden einstehen zu müssen. Darin liegt die Wertung, daß der als Vertreter Handelnde immer noch näher daran sei, diesen Schaden zu tragen, als der andere, der sich auf die wenn auch im besten Glauben gemachte Angabe des Vertreters, er habe Vertretungsmacht, verläßt. An diese Wertung des Gesetzes ist die Auslegung m. E. gebunden.[11]

Kannte aber der Vertreter bei dem Abschluß des Vertrages das Fehlen seiner

---

[8] *KG, JW 30, 3488.*
[9] *Vgl. RGZ 104, 191, 194.*
[10] *Flume* § 47 3 c.
[11] Zustimmend *Thiele* in MünchKomm 4 zu § 179.

Vertretungsmacht, so ist er dem anderen Teil nach dessen Wahl entweder zur Erfüllung des Vertrages oder zum Schadensersatz wegen Nichterfüllung verpflichtet, sofern die Genehmigung des Vertrages von dem Vertretenen verweigert wird. Daß der Vertreter dem Vertragsgegner in diesem Fall nicht nur für den Vertrauensschaden, sondern für das Erfüllungsinteresse einzustehen hat, beruht darauf, daß er dessen Vertrauen *bewußt* enttäuscht hat. Ihm ist es deshalb zuzumuten, den Vertragspartner voll zu befriedigen, weil er das Risiko, das er eingeht, erkennen kann. Überraschend ist, daß der Geschäftsgegner von ihm statt des Schadensersatzes wahlweise die Vertragserfüllung verlangen kann. Diese Möglichkeit setzt zunächst einen solchen Vertrag voraus, bei dem überhaupt von einer ,,Erfüllung" gesprochen werden kann, also einen Schuldvertrag. Ferner setzt sie voraus, daß die geschuldete Leistung nicht gerade nur von dem Vertretenen erbracht werden kann. Wählt der Geschäftsgegner die Erfüllung, so nötigt er dadurch den Vertreter der Sache nach, den Vertrag zu übernehmen;[12] kommt dieser dem Verlangen nach, so erlangt er dafür zum Ausgleich, auch wenn das im Gesetz nicht gesagt ist, die Stellung der Vertragspartei. Er muß daher bei einem gegenseitigen Vertrage nun auch seinerseits die Gegenleistung fordern und die sich aus dem Vertrage ergebenden Rechte geltend machen können; ihm steht gegen den Erfüllungsanspruch der Einwand gemäß § 320 zu.[13] Einen eigenen Erfüllungsanspruch hat er nach h. L., so lange er nicht selbst geleistet hat, allerdings nicht. Wählt der Geschäftsgegner dagegen Schadensersatz, so entsteht ein einseitig verpflichtendes Schuldverhältnis; der Vertreter schuldet in diesem Fall nicht Naturalherstellung (das käme der Erfüllung gleich), sondern Geldersatz. Die Höhe des zu leistenden Ersatzes berechnet sich, wenn es sich um einen gegenseitigen Vertrag handelt, aus der Wertdifferenz zwischen dem Wert der Leistung, die der Vertragsgegner hätte fordern können, und dem Wert der von ihm ersparten Gegenleistung (,,Differenztheorie"[14]).

Hinsichtlich des Wahlrechts des Geschäftsgegners sind die Vorschriften über die Wahlschuld (§§ 262ff.) anzuwenden.[15] Die Wahl erfolgt danach durch Erklärung gegenüber dem Vertreter; die einmal getroffene Wahl bindet auch den Wahlberechtigten, also den Geschäftsgegner.[16] Das hindert ihn jedoch nicht, nachträglich statt der Erfüllung Schadensersatz zu verlangen, wenn sich herausstellt, daß der Vertreter zur Erfüllung unvermögend ist, sowie unter den Voraussetzungen der §§ 325, 326, wenn diese eingetreten sind, die dort bestimmten Rechte, mit Einschluß des Rechts, Schadensersatz wegen Nichterfüllung zu verlangen, geltend zu machen.

Für die Beweislast ergibt sich aus der Fassung des § 179, daß der Geschäftsgegner, wenn er den

---

[12] Damit will ich nicht etwa sagen – wie *Litterer,* Vertragsfolgen ohne Vertrag, 1979, S. 29, mich anscheinend verstanden hat – es finde eine *rechtsgeschäftliche* Vertragsübernahme statt. Vielmehr geht das von dem Vertreter für den Vertretenen begründete Schuldverhältnis, das zunächst ,,schwebend unwirksam" ist, *kraft Gesetzes* auf den Vertreter über.

[13] So im Ergebnis auch *Flume* § 47 3b; *Medicus,* Rdz. 986; *MünchKomm/Thiele* 33, *Staudinger/Dilcher* 15, *Palandt/Heinrichs* 2a zu § 179.

[14] Vgl. dazu Sch. R. I, § 22 IIb.

[15] Über Wahlschulden vgl. Sch. R. I, § 11 II.

[16] Vgl. RGZ 154, 58, 62.

Vertreter auf Erfüllung oder auf Schadensersatz wegen Nichterfüllung in Anspruch nehmen will, nur zu beweisen braucht, daß jener als Vertreter eines anderen mit ihm einen Vertrag geschlossen hat und daß der Vertretene die Genehmigung verweigert hat. Der Vertreter muß, um der Verurteilung im Prozeß zu entgehen, entweder beweisen, daß er Vertretungsmacht gehabt hat, oder daß einer der Fälle des § 179 Abs. 3 vorliegt. Will er wenigstens erreichen, daß er nur zu einer Geldzahlung in Höhe des Vertrauensschadens des Gegners verurteilt wird, dann muß er beweisen, daß er den Mangel seiner Vertretungsmacht nicht gekannt hat.

Sämtliche Ansprüche aus § 179 verjähren nach einer Entscheidung des BGH,[17] der zuzustimmen ist, in der Frist, die für den Erfüllungsanspruch aus dem nicht wirksam gewordenen Vertrage gegolten hätte. Die Verjährung beginnt erst mit der Verweigerung der Genehmigung.

Ein besonderes Problem ergibt sich im Falle einer *mehrstufigen Vertretung* (oben § 31 Ib) dann, wenn eine Untervollmacht zwar erteilt wurde, derjenige, der sie erteilt hat – der „Hauptbevollmächtigte" – aber keine wirksame Vollmacht besaß oder seine Vollmacht nicht dazu ausreichte, eine Untervollmacht zu erteilen. Da die Erteilung der Untervollmacht in diesen Fällen für den Geschäftsherrn (G) nicht wirksam wird, handelt der Untervertreter (U), wenn er im Rahmen seiner vermeintlichen Untervollmacht für G ein Geschäft abschließt, in Wahrheit ohne Vertretungsmacht. Es ist streitig, ob er dem Geschäftsgegner nach § 179 einzustehen hat, sowie ob der Hauptbevollmächtigte (H) statt seiner oder neben ihm haftet. Dabei spielt es eine Rolle, ob U dem Geschäftsgegner gegenüber die mehrstufige Vertretung aufgedeckt hat oder, was er unstreitig kann, lediglich als Vertreter des G aufgetreten ist.

Der BGH ist der Ansicht, daß dann, wenn U „als Vertreter des H" aufgetreten sei, für den Mangel der Vollmacht des H nur dieser, nicht aber U, einzustehen habe.[18] Zur Begründung beruft er sich darauf, in diesem Fall träfen die Wirkungen des Geschäfts zunächst den H und nur „durch seine Person hindurch" den G. Diese Konstruktion ist, wie oben (§ 31 Ib a. E.) bemerkt wurde, unhaltbar und wird zunehmend im Schrifttum abgelehnt. Im Ergebnis ist dem BGH dennoch zuzustimmen.[19] Wenn U die mehrstufige Vertretung offen legt, nimmt er das Vertrauen des Geschäftsgegner sowohl darauf, daß ihm von H eine Untervollmacht erteilt sei, wie darauf in Anspruch, daß H seinerseits Vertretungsmacht für G habe. Das Vertrauen in die Vertretungsmacht des H beansprucht er auf dessen Veranlassung. Das rechtfertigt es, hier den H insoweit als denjenigen anzusehen, der Vertrauen erweckt und deshalb nach § 179 einzustehen hat. Dafür spricht ferner die Erwägung, daß in diesen Fällen auch das Vertrauen des U in die ihm gegenüber von H behauptete Vertretungsmacht enttäuscht worden ist, daß U daher ebenfalls schutzbedürftig ist. Nur wenn er im Sinne des § 179 Abs. 3 selbst bösgläubig war, verdient er den Schutz nicht, muß daher auch selbst einstehen.

Wenn dagegen U die mehrstufige Vertretung nicht offen gelegt hat, sondern

---

[17] BGH, JZ 79, 307, entgegen RGZ 145, 40.

[18] BGHZ 32, 250.

[19] So auch *Flume* § 49 5; *Medicus* Rdz. 396; *Lange/Köhler* § 49 II 2a; *Soergel/Schultze-v. Lasaulx* 56ff. zu § 167. Teilweise anders *Thiele* in MünchKomm 87 zu § 167.

einfach als Vertreter des G aufgetreten ist, hat er nur das Vertrauen des Geschäftsgegners auf seine eigene Vertretungsmacht – gleich, wie diese entstanden sei –, nicht auch auf die Vertretungsmacht des H erweckt. In diesen Fällen muß daher U, was wiederum der Meinung des BGH entspricht,[20] dem Geschäftsgegner wegen des Mangels seiner Vertretungsmacht auch dann einstehen, wenn dieser allein darauf beruht, daß H der Vertretungsmacht ermangelte. An H kann sich der Geschäftsgegner in diesem Fall nicht halten, da er auf dessen Vertretungsmacht nicht vertraut hatte. Man wird aber dem U, der H vertraut hatte, gegen diesen einen Freistellungsanspruch geben müssen.

Der Vertreter hat nach § 179 nur für den Mangel seiner Vertretungsmacht, nicht auch für andere Mängel des Geschäfts einzustehen. Ist der von ihm abgeschlossene Vertrag aus einem anderen Grunde, etwa wegen Formmangels oder wegen Versagung einer erforderlichen behördlichen Genehmigung, unwirksam, so kann ihn der andere weder auf Erfüllung noch auf Schadensersatz in Anspruch nehmen. Er haftet lediglich auf das Vertrauensinteresse wegen einer „culpa in contrahendo", wenn die Voraussetzungen einer solchen Haftung in der Person des Vertreters gegeben sind (vgl. oben § 30 III aE). Die Rechtsprechung[21] wendet jedoch den § 179 analog an, wenn die Person, die der Vertreter zu vertreten behauptet, überhaupt nicht existiert oder, falls es sich um eine juristische Person handelt, zur Vornahme eines derartigen Geschäfts rechtlich nicht in der Lage ist.[22] Sie legt damit dem als Vertreter Handelnden neben der gesetzlichen Einstandspflicht für das Vorliegen der von ihm behaupteten Vertretungsmacht eine Einstandspflicht dafür auf, daß die Voraussetzungen einer derartigen Vertretungsmacht in der Person des angeblich Vertretenen gegeben sind. Dem ist zuzustimmen. In einem weiteren vom RG entschiedenen Fall[23] handelte es sich darum, daß der von dem Vertreter geschlossene Vertrag einer behördlichen Genehmigung bedurfte, die aber, wäre der Vertrag für den angeblich Vertretenen (eine öffentliche Körperschaft) gültig gewesen, wahrscheinlich erteilt worden wäre, während sie so nicht erteilt wurde. Hier ist es in der Tat angebracht, die Lage hinsichtlich der Haftung des Vertreters auf Schadensersatz so anzusehen, als habe die Behörde den Vertrag genehmigt. Denn es ist nicht angängig, daß die Nichtgenehmigung des Vertrages, die nur darauf beruht, daß er für den Vertretenen nicht wirksam ist, den Vertreter, der hierfür einzustehen hat, entlastet.

---

[20] BGHZ 68, 391.

[21] RGZ 106, 68, 73; 145, 40, 44; BGHZ 63, 45, 48f.

[22] BGHZ 63, 45, 48f.; *Flume* § 47 1 zu Anm. 2 bis 4.

[23] RGZ 145, 40. Vgl. hierzu *Flume* § 47 3 Anm. 16. In der Entscheidung des RG wird nicht hinreichend klar unterschieden zwischen der Anwendung des § 179, die im Falle, daß der Vertreter den Mangel seiner Vertretungsmacht nicht kannte, zu einer Haftung auf das Vertrauensinteresse auch ohne Verschulden führt, und einer Haftung nach den Grundsätzen der „culpa in contrahendo", die gleichfalls auf das Vertrauensinteresse gerichtet ist, aber ein Verschulden voraussetzt.

D

§ 33. Die Rechtsscheinhaftung als Ergänzung zur Haftung aus Rechtsgeschäften

Literatur: *Canaris,* Die Vertrauenshaftung im deutschen Privatrecht, 1971; *Eichler,* Die Rechtslehre vom Vertrauen, 1950; *Frotz,* Verkehrsschutz im Vertretungsrecht, 1972; *Litterer,* Vertragsfolgen ohne Vertrag, 1979; *Wellspacher,* Das Vertrauen auf äußere Tatbestände im Bürgerlichen Recht, 1906 (dazu *Demelius* AcP 153, 1).

Bereits *im Rahmen der Rechtsgeschäftslehre,* so hatten wir gesehen, wird das Vertrauen des durch eine Willenserklärung Angesprochenen darauf geschützt, daß die Erklärung in der gerade *ihm verständlichen* Bedeutung „gilt", sofern diese auch dem Erklärenden zurechenbar ist. Erinnert sei an die Auslegung „empfangsbedürftiger" Willenserklärungen mit Rücksicht auf den Verständnishorizont des Empfängers (oben § 19 II a), an die Willenserklärungen (ohne Erklärungsbewußtsein) aufgrund der Zurechnung ihrer Bedeutung als Willenserklärung (§ 19 III), und an die Lehre vom vertraglichen „Konsens" als Übereinstimmung der – zuvor ausgelegten – Willenserklärungen (§ 27 III). Ihre Rechtfertigung findet die hiernach vielfach eintretende Bindung des Erklärenden an den von ihm (so) nicht gewollten Inhalt seiner Erklärung in dem Gedanken der Verantwortung für die ihm zurechenbare Erklärungsbedeutung. Zugerechnet wird ihm der (objektiv zu verstehende) Sinn seines Verhaltens *als* einer Willenserklärung und ebenso ihr vom Erklärungsempfänger (bei sorgfältiger Prüfung) zu verstehender Inhalt, wenn er selbst sich nur der vom Empfänger zu verstehenden Bedeutung seines Verhaltens (als einer Willenserklärung dieses Inhalts) bewußt sein konnte. Er hat freilich im Falle, daß er seine Erklärung anders gemeint hatte oder eine rechtsgeschäftliche Erklärung gar nicht hatte abgeben wollen, die Möglichkeit, seine Erklärung wegen eines Erklärungsirrtums gemäß § 119 Abs. 1 anzufechten und dadurch seine Haftung aus der Erklärung dahin abzuschwächen, daß er dem Empfänger nur für dessen „Vertrauensschaden" (§ 122) aufzukommen braucht.

Darüber hinaus schützt die Rechtsordnung in manchen Fällen ein Vertrauen auf den Eintritt oder den Fortbestand einer normalerweise rechtsgeschäftlich bewirkten Bindung oder Ermächtigung (z. B. einer Vollmacht), das sich nicht oder nicht allein auf eine – als solche zurechenbare – Willenserklärung, sondern auf einen in sonstiger Weise hervorgerufenen *Anschein einer entsprechenden Rechtslage* gründet. In diesen Fällen hat regelmäßig derjenige, der den Anschein einer bestehenden Rechtslage gegen sich gelten lassen muß, diesen Anschein in einer ihm zurechenbaren Weise hervorgerufen oder, obgleich er dazu in der Lage war, nicht beseitigt; der Begünstigte muß auf den Anschein vertraut haben und regelmäßig auch bei Beachtung der verkehrsmäßigen Sorgfalt haben vertrauen dürfen. Die Folge ist, daß ihm gegenüber die betreffende Rechtsfolge als eingetreten oder fortdauernd anzusehen ist, daß er also „so gestellt wird, wie es der von ihm angenommenen Lage entspricht".[1] Es handelt sich in diesen Fällen einer *Rechtsscheinhaftung*[2] um Fälle einer über die Verantwortung für eigene – als solche zu verstehende und zurechenbare – Willenserklärungen hinaus erweiterten Verantwortlichkeit für ein Handeln oder Geschehenlassen im rechtsgeschäftlichen Verkehr; um eine Vertrauenshaftung nicht *im Rahmen* der Rechtsgeschäftslehre, sondern in *Ergänzung zur Haftung aus Rechtsgeschäften.* Während dort, wo es sich um eine Haftung (Bindungswirkung) *aus Rechtsgeschäft* handelt, bei Fehlen des Willens, eine Geltungserklärung überhaupt oder dieses Inhalts abzugeben, die Haftung durch Anfechtung auf das „negative Interesse" (den Vertrauensschaden) des Gegners herabgesetzt werden kann, kommt es auf diesen Willen hier nicht an; daher kommt auch nur eine entsprechende Anwendung der Vorschriften über mangelhafte Willenserklärungen, und zwar jeweils nach der Art des Tatbestandes, auf den vertraut werden kann, und nach der Stärke des Verkehrsschutzbedürfnisses in den verschiedenen Fallgruppen, in Betracht.

Die erste, hier näher zu betrachtende Fallgruppe ist die des Anscheins der Erteilung oder des Fortbestehens einer Vollmacht.

I. Die Rechtsscheinhaftung im Recht der Stellvertretung

a) **Der Rechtsschein der Erteilung einer Vollmacht.** Hat jemand durch „besondere Mitteilung" oder durch „öffentliche Bekanntmachung" kundgegeben, daß er einen anderen bevollmächtigt habe, so ist dieser im ersten Fall dem Empfänger der Mitteilung, im zweiten jedem Dritten gegenüber entsprechend dem Inhalt der Kundgabe zur Vertretung befugt (§ 171 Abs. 1). Zwar kann die Kundgabe im Einzelfall die Bedeutung einer externen Bevollmächtigung haben; meist wird aber die Vollmacht intern erteilt worden sein und die Mitteilung oder die öffentliche Kundgabe dies nur dem Empfänger der Mitteilung oder der Öffentlichkeit zur Kenntnis bringen sollen. Sie hat dann nicht den Charakter einer Geltungserklärung, denn sie ist nicht dazu bestimmt, eine Rechtsfolge – hier: eine Vertretungsmacht – in Geltung zu setzen, sondern nur dazu, ihr Bestehen mitzuteilen. Sie dient der Unterrichtung über die bereits eingetretene, nicht der Schaffung einer erst durch sie zur Wirksamkeit gelangenden Rechtsfolge. Wenn aber die Mitteilung oder die öffentliche Bekanntmachung nicht den Tatsachen entsprach, weil die Bevollmächtigung nicht oder nicht wirksam erfolgt war, so

[1] So *Canaris* aaO. S. 5, 518.
[2] In der Terminologie von *Canaris,* der sie als einen Unterfall der „Vertrauenshaftung" versteht. Andere Fälle der Vertrauenshaftung werden hier nicht behandelt.

begründet sie nun ihrerseits kraft Gesetzes eine Vertretungsmacht, deren Rechtfertigung sich daraus ergibt, daß der Mitteilende oder Kundgebende den Rechtsschein einer von ihm erteilten Vollmacht in zurechenbarer Weise hervorgerufen hat.

Anderer Ansicht ist allerdings *Flume*.[3] Er meint, die besondere Mitteilung oder die öffentliche Bekanntmachung enthalte eine „Bekräftigung" der vorangegangenen internen Vollmachtserteilung in dem Sinne, daß die Vertretungsmacht durch sie selbständig begründet würde, wenn die interne Vollmachtserteilung aus irgendeinem Grunde nichtig sein sollte. Es kann sich gewiß im Einzelfall so verhalten, daß der Mitteilende diese Rechtsfolge durch die Mitteilung oder Bekanntmachung herbeiführen will. Sie tritt aber unabhängig davon ein, ob er einen derartigen *Rechtsfolgewillen* hat und zum Ausdruck bringt oder nicht. Er kann, wenn er eine solche Vorstellung mit seiner Mitteilung nicht verband, die Rechtsfolge, eben die Entstehung einer Vertretungsmacht, nicht durch eine Anfechtung nach § 119 Abs. 1 ausschließen. Vielmehr tritt sie aufgrund der bloßen Mitteilung oder Bekanntmachung, die nicht den Sinn einer Geltungserklärung zu haben braucht, *kraft Gesetzes* ein.[4]

Ist die Mitteilung oder öffentliche Bekanntmachung auch keine Willenserklärung wie die externe Vollmachterteilung, so doch eine geschäftsähnliche Handlung (oben § 26), die aufgrund des Gesetzes die gleiche Wirkung wie eine Willenserklärung hat. Der Minderjährige oder sonst nicht voll Geschäftsfähige muß auch hier vor den ihm nachteiligen Folgen geschützt werden. Daher ist für den Eintritt der Rechtsfolge stets Geschäftsfähigkeit zu verlangen. Auszulegen ist die besondere Mitteilung so wie eine empfangsbedürftige Willenserklärung, also mit Rücksicht auf den Verständnishorizont des Empfängers. Das kann zur Folge haben, daß die Mitteilung – etwa bezüglich des aus ihr vom Empfänger zu entnehmenden Umfangs der Vollmacht – anders auszulegen ist als die interne Vollmachtserklärung, für deren Auslegung es ja auf den Verständnishorizont des Bevollmächtigten ankommt.[5] Fraglich ist, ob der Mitteilende die Rechtsfolge dann durch eine Anfechtung – analog den §§ 119 bis 123 – beseitigen kann, wenn er über den Inhalt der *Mitteilung* bei deren Abgabe im Irrtum war oder zu ihr durch Drohung oder Täuschung veranlaßt wurde. Diese Frage ist für die „besondere Mitteilung" zu bejahen, da eine solche einer externen Bevollmächtigung doch sehr nahe kommt, im Einzelfall oft von ihr nicht zu unterscheiden sein wird.[6] Anfechtungsgegner ist der Empfänger der Mitteilung; ihm steht der Anspruch auf Ersatz seines Vertrauensschadens zu. Die Anfechtung wegen Täu-

---

[3] *Flume* § 49 2a.

[4] Gegen *Flume* auch *Canaris* aaO. S. 32f. Wie hier *Enn./N.* § 184 II 3a; *Medicus* Rdz. 927 Nr. 3; *Soergel/Schultze-v. Lasaulx* 2, 3; *Staudinger/Dilcher* 2f., *MünchKomm/Thiele* 1 zu § 171. *Beuthien/Hadding* (I zu §§ 169ff.) spricht von einer „unwiderlegbar gesetzlich vermuteten Vertretungsmacht".

[5] Darauf weist *Rimmelspacher* in AP zu § 81 ZPO Bl. 319 (1978, Heft 7–10) hin. In dem betr. Fall ging es um die Auslegung einer dem Dritten vorgelegten Vollmachtsurkunde.

[6] So auch, wenigstens im Ergebnis, *Flume* § 49 2c, *Frotz* aaO. S. 310ff., 515; *Medicus* Rdz. 947, Bürgerl. Recht Rdz. 97; *MünchKomm/Thiele* 9 zu § 171. Der Irrtum über die Rechtsfolge der Mitteilung ist selbstverständlich kein Anfechtungsgrund, da die Rechtsfolge des § 171 unabhängig von einem rechtsgeschäftlichen Willen eintritt. Gegen jede Anfechtungsmöglichkeit *Enn./N.* § 184 zu Anm. 26, *Staudinger/Dilcher* 9, *Soergel/Schultze-v. Lasaulx* 3, *Palandt/Heinrichs* 1 zu § 171.

schung setzt voraus, daß der Empfänger der Mitteilung sie kannte oder kennen mußte. Im Fall der öffentlichen Bekanntmachung spricht die Stärke des Verkehrsschutzbedürfnisses – eine Vielzahl von Rechtsgeschäften, die der Vertreter abgeschlossen hat, könnte betroffen sein – dagegen für den Ausschluß jeder Anfechtungsmöglichkeit.[7]

Der besonderen Mitteilung einer erteilten Vollmacht durch den Vollmachtgeber steht es gleich, wenn dieser dem Vertreter eine **Vollmachtsurkunde** ausgehändigt hat und der Vertreter sie dem Dritten, mit dem er kontrahiert, vorlegt (§ 172 Abs. 1). Die Urkunde bezeugt, daß der Aussteller dem darin genannten Vertreter eine Vollmacht bestimmten Umfangs erteilt habe. Der Dritte, dem sie vorgelegt wird, kann darauf vertrauen, daß ihr Inhalt richtig, die darin bekundete Vollmacht also erteilt ist. Nicht in der Urkunde erwähnte Beschränkungen der Vollmacht können dem Dritten nicht entgegengesetzt werden. Die Aushändigung der Urkunde ist nicht Rechtsgeschäft, aber eine geschäftsähnliche Handlung, für die Geschäftsfähigkeit zu fordern ist. Da sie, in Verbindung mit der Vorlegung der Urkunde durch den Vertreter an den Dritten, einer ,,besonderen Mitteilung" an diesen sehr nahe kommt, wird man die Anfechtung wegen eines Irrtums des Ausstellers über den *Inhalt der Urkunde* sowie wegen Drohung und Täuschung ebenso zulassen müssen wie im Fall der besonderen Mitteilung. Erforderlich ist, daß der Aussteller der Vollmachtsurkunde sie dem Vertreter ,,ausgehändigt", d. h. zum Zwecke des Gebrauchmachens übergeben hat. Hat sich der Vertreter *gegen den Willen* des Ausstellers in den Besitz der Urkunde gesetzt, so ist § 172 auch nicht etwa entsprechend anzuwenden.[8] Es fehlt in einem solchen Falle an der Zurechenbarkeit des Rechtsscheins. Da aber der Aussteller schon durch die Ausstellung der Urkunde eine Bedingung für deren, obgleich von ihm nicht gewollte, Verwendung gesetzt hat, sollte er dem auf die Urkunde vertrauenden Dritten wenigstens zum Ersatz des *Vertrauensschadens,* und zwar analog § 122, also auch wenn ihn kein ,,Verschulden" (etwa wegen nachlässiger Verwahrung) trifft, verpflichtet sein.[9]

Über die Vollmachtsurkunde enthält das Gesetz noch folgende weitere Vorschriften: Nimmt ein Bevollmächtigter einem anderen gegenüber ein einseitiges Rechtsgeschäft (z. B. eine Kündigung) vor, so kann der Gegner verlangen, daß der Bevollmächtigte seine Vollmacht durch die Vorlegung

---

[7] Ähnlich *Canaris* aaO. S. 35ff. Er will die Anfechtung – wegen Mängel der Mitteilung selbst, nicht der ihr zugrundeliegenden internen Bevollmächtigung – dann zulassen, wenn die Vollmacht nur auf den Abschluß mit bestimmten Personen, nicht, wenn sie auf den Abschluß mit einer unbestimmten Vielzahl von Personen gerichtet ist. Letzteres wird bei öffentlicher Bekanntmachung immer der Fall sein. Vgl. ferner *Eujen* u. *Frank* in JZ 73, 232, 237. Für die Möglichkeit der Anfechtung auch der öffentlichen Bekanntgabe MünchKomm/*Thiele 12 zu § 171.*

[8] *BGHZ 65, 13 = JZ 76, 132 mit Anm. von Canaris.* Ebenso *Staudinger/Dilcher* 7, *MünchKomm/Thiele* 6 zu § 172.

[9] So *Canaris,* JZ 76, 134; Vertrauenshaftung S. 487 (Ziff. 7) u. S. 548 (Ziff. 3). Anders – Haftung nur ,,unter den Voraussetzungen der culpa in contrahendo", also im Falle eines Verschuldens – MünchKomm/*Thiele 6 zu § 172. Nicht eindeutig BGHZ 65, 13 a. E.*

einer Vollmachtsurkunde nachweist. Legt der Bevollmächtigte die Urkunde nicht vor, und weist der andere das Rechtsgeschäft aus diesem Grunde unverzüglich zurück, so ist es unwirksam, selbst wenn die Vollmacht bestand. Dies gilt nicht, wenn der Vollmachtgeber den Dritten von der Bevollmächtigung auf andere Weise in Kenntnis gesetzt hatte (§ 174). Diese Regelung entspricht derjenigen der §§ 111 Satz 2 und 3, 182 Abs. 3, 410 Abs. 1 Satz 2 und Abs. 2, 1160 Abs. 2 und 1831 Satz 2. Derjenige, der das einseitige Rechtsgeschäft, wenn es wirksam ist, gelten lassen muß, soll die Möglichkeit haben, sich darüber zu vergewissern, ob die zu seiner Wirksamkeit erforderliche Zustimmung eines anderen oder die von dem Erklärenden behauptete Vollmacht gegeben ist. Er soll sich dadurch dagegen schützen können, daß er zu Unrecht die Wirksamkeit des Rechtsgeschäfts annimmt und sich danach einrichtet. Nach dem Erlöschen der Vollmacht hat der Bevollmächtigte die Vollmachtsurkunde dem Vollmachtgeber zurückzugeben; ein Zurückbehaltungsrecht aus irgendeinem Grunde steht ihm nicht zu (§ 175). Denn der Vollmachtgeber ist wegen der Rechtsscheinwirkung der Urkunde so lange gefährdet, als sie sich noch im Besitz des Bevollmächtigten befindet und dieser von ihr Gebrauch machen kann. Behauptet der Bevollmächtigte, nicht mehr im Besitz der Urkunde zu sein, so kann der Vollmachtgeber die Urkunde durch eine vom Amtsgericht zu bewilligende öffentliche Bekanntmachung nach den näheren Vorschriften des § 176 Abs. 1 und 2 für kraftlos erklären. Da die Kraftloserklärung einen Widerruf enthält oder doch einem Widerruf in der Wirkung gleichkommt, ist sie unwirksam, wenn die Vollmacht unwiderruflich ist (§ 176 Abs. 3).

Sowohl im Fall der besonderen Mitteilung, wie in dem der öffentlichen Bekanntmachung und in dem der Aushändigung einer Vollmachtsurkunde wird der Dritte indessen nicht geschützt, wenn er *nicht gutgläubig* war, d. h. wenn er entweder wußte oder wissen mußte, daß die kundgegebene Vollmacht nicht wirksam erteilt oder inzwischen erloschen war. Ausdrücklich ausgesprochen im Gesetz ist das nur für den Fall des Erlöschens (§ 173), es muß aber auch für den Fall gelten, daß die Vollmacht nicht wirksam erteilt, die Mitteilung oder Kundgabe daher von Anfang an unrichtig war.[10] Nur wer auf den Anschein einer bestehenden Vollmacht vertraut *und vertrauen darf,* wird geschützt.[11]

Ein weiterer Fall, in dem man auf den Anschein der Erteilung einer Vollmacht vertrauen kann, ist der der sogenannten **Duldungsvollmacht.** Läßt es jemand zu, daß ein anderer wiederholt als sein Vertreter auftritt, und zwar so, daß Dritte daraus auf das Bestehen einer Vollmacht schließen können, so muß er sich so behandeln lassen, als habe er ihm Vollmacht erteilt. Voraussetzung dafür ist, daß er das Verhalten des nicht von ihm bevollmächtigten Vertreters kannte und nicht dagegen einschritt, obgleich ihm dies möglich gewesen wäre. Es geht hierbei nicht um die Fälle, in denen das „Dulden" bereits als eine interne Vollmachtserteilung gegenüber dem Vertreter (durch „schlüssiges Verhalten") ausgelegt werden kann. Um eine solche handelt es sich nur dann, wenn das Verhalten des Vertretenen aus der Sicht des Vertreters, dem gegenüber die interne Vollmacht zu erklären ist, diese Bedeutung hat. Daher liegt eine interne Bevollmächtigung nicht vor, wenn der Vertreter sehr wohl weiß, daß der Vertretene ihm keine Vollmacht geben will, ihn vielleicht nur aus Unentschlossenheit oder Schwäche

---

[10] So auch RGZ 108, 127; *Enn./N.* § 184 zu Anm. 24; *Soergel/Schultze-v. Lasaulx* 2, *Staudinger/Dilcher* 7, *MünchKomm/Thiele* 10 zu § 173.

[11] Vgl. *Canaris* aaO. S. 504; über den an das „Kennenmüssen" anzulegenden Maßstab dort S. 505 f.

gewähren läßt. In diesen Fällen liegt weder eine interne noch eine externe Bevollmächtigung, wohl aber ein dem Vertretenen zurechenbarer, weil von ihm bewußt hingenommener Rechtsschein des Bestehens einer Vollmacht vor. Nur in diesen Fällen kann man, zur Vermeidung von Mißverständnissen, von einer „Duldungsvollmacht" sprechen.[12] Eine Analogie zu § 171, und zwar zum Fall der „öffentlichen Bekanntmachung", liegt nahe. Kennt der Vertretene das Verhalten des Vertreters und beanstandet er es gleichwohl nicht, so kann es darauf, ob er sich auch dessen bewußt war, andere müßten daraus und aus seiner Duldung auf das Bestehen einer Vollmacht schließen, nicht ankommen; es genügt, daß er damit rechnen mußte.[13] Da aber auch das „Dulden" (in Kenntnis des Vertreterhandelns) noch eine Teilnahme am Rechtsverkehr darstellt, ist Geschäftsfähigkeit zu fordern.

Weitergehend nimmt die Rechtsprechung und teilweise die Lehre eine Vertretungsmacht aufgrund Rechtsscheins, eine sogenannte **Anscheinsvollmacht,** auch dann an, wenn der Vertretene das Auftreten des Vertreters zwar nicht kannte, also auch nicht „duldete", aber bei pflichtmäßiger Sorgfalt, etwa bei gehöriger Überwachung seiner Angestellten, hätte bemerken können und müssen, und wenn Dritte daher annehmen durften, er kenne und dulde es. Die Zurechnung des entstandenen Rechtsscheins ist jedoch in diesen Fällen äußerst problematisch.[14] Die unbewußte, lediglich „fahrlässige" Hervorrufung eines Rechtsscheins kann nach den Grundsätzen der Haftung für einen Rechtsschein, wie sie auch den §§ 171 bis 173 zugrundeliegen, nicht dazu ausreichen, den Veranlasser in der Weise einstehen zu lassen, daß er sich so behandeln lassen muß, als sei der Schein Wirklichkeit (also eine Vollmacht erteilt). In den Fällen der Mitteilung und der Bekanntmachung, der Aushändigung einer Vollmachtsurkunde und der bewußten Duldung weiß der Vertretene um die Schaffung des Sachverhalts, der für andere den Schein der erteilten Vollmacht begründet; hier weiß er nicht darum. Es fehlt deshalb an einem hinreichenden Zurechnungsgrund. Selbst wenn man ihm eine Verkehrspflicht dahingehend auferlegen wollte, seine Angestellten ständig daraufhin zu überwachen, ob sie nicht etwa als Vertreter auftreten, würde aus der Verletzung dieser Pflicht höchstens eine Scha-

---

[12] So auch *Canaris* aaO. S. 40ff.; *Soergel/Schultze-v. Lasaulx* 21, 23ff., *MünchKomm/Thiele* 37, 46f., *Staudinger/Dilcher* 30, 32 zu § 167; *Lange/Köhler* § 48 III 3; *Medicus* Rdz. 930; *Brox* Rdz. 518ff. Dagegen sehen sie *Flume* § 49 3, *Pawlowski* II S. 359ff., *Palandt/Heinrichs* 4b zu 173 unterschiedslos als rechtsgeschäftlich erteilte Vollmacht an.

[13] A. A. *Canaris* aaO. S. 43. Er will wegen des „Irrtums über die Konkludenz des Handelns" die Anfechtung zulassen, falls nicht „die Bedeutung des Verhaltens evident ist, der Geschäftsherr vor ihr geradezu die Augen verschlossen hat." In der Tat wird man nur in solchen Fällen annehmen dürfen, daß der Vertretene mit ihr rechnen mußte; dabei wird man jedoch seine größere oder geringere geschäftliche Erfahrung berücksichtigen müssen.

[14] Für die Rechtspr. treten ein: *Staudinger/Dilcher* 40, *Soergel/Schultze-v. Lasaulx* 24, *MünchKomm/Thiele* 53ff. zu § 167; *Palandt/Heinrichs* 40 zu § 173.

densersatzpflicht zu folgern sein. Der BGH hat im Falle, daß derjenige, der eine ihn als Vertreter benennende Vollmachtsurkunde vorlegt, diese eigenmächtig an sich gebracht hatte, in diesem Sinne entschieden.[15] Die Rechtsprechung über die Anscheinsvollmacht kann daher nicht gebilligt werden.[16]

Da sich die Anscheinsvollmacht weder als eine auf Rechtsgeschäft, noch auf Rechtsscheinhaftung beruhende Vertretungsmacht begründen ließe, eine Haftung nur auf den Vertrauensschaden ihm aber als nicht ausreichend erscheint, schlägt *Peters*[17] einen anderen Weg vor. Die Geschäfte des Vertreters seien zwar zunächst schwebend unwirksam, den Vertretenen, der „fahrlässig" gegen ihn nicht eingeschritten ist, treffe aber eine *Genehmigungspflicht,* wenn für den Geschäftsgegner ein Tatbestand vorlag, auf den er vertrauen durfte, und wenn dieser darüber hinaus Dispositionen getroffen, insbesondere mit der Erfüllung begonnen hatte. Eine solche Genehmigungspflicht könnte m. E. allenfalls dann angenommen werden, wenn das Nichteinschreiten des Vertretenen auf *grober* Nachlässigkeit beruht, was bei dem Inhaber eines nach kaufmännischen Grundsätzen zu führenden Unternehmens eher der Fall sein wird, als bei einem Privatmann. Doch sollte man mit der Annahme einer solchen Pflicht sehr vorsichtig sein.

b) **Der Rechtsschein des Fortbestehens einer Vollmacht.** Die extern erteilte Vollmacht bleibt demjenigen gegenüber, dem gegenüber sie erteilt war, so lange „in Kraft", bis ihm ihr Erlöschen von dem Vollmachtgeber angezeigt wird (§ 170). Auch die extern erteilte Vollmacht kann gemäß § 168 Satz 3 intern, d. h. durch Erklärung gegenüber dem Vertreter, widerrufen werden und erlischt gemäß § 168 Satz 1 mit der Beendigung des ihr zugrundeliegenden Rechtsverhältnisses. § 170 bezweckt den Schutz des Dritten, der von dem Erlöschen der *ihm gegenüber erklärten* Vollmacht nichts weiß. Auf das Fortbestehen der Vollmacht kann er, falls ihm kein externer Widerruf zugeht, so lange vertrauen, bis ihm ihr anderweitiges Erlöschen von dem Vollmachtgeber angezeigt wird oder bis er auf sonstige Weise davon erfährt. Seiner Kenntnis vom Erlöschen der Vollmacht steht das Kennenmüssen gleich.

Die Ausdrucksweise des Gesetzes, die (auf andere Weise als durch einen externen Widerruf) erloschene Vollmacht bleibe bis zur Anzeige des Erlöschens in Kraft, ist nicht korrekt. An die Stelle der erloschenen, rechtsgeschäftlich erteilten Vertretungsmacht (Vollmacht) tritt hier eine gesetzliche Vertretungsmacht gleichen Umfangs aufgrund des Rechtsscheins des Fortbestehens der Vollmacht.

---

[15] BGHZ 65, 13. Der Vertretene hatte hier durch nachlässige Verwahrung das Gebrauchmachen von der Urkunde fahrlässig ermöglicht. Der BGH meinte hier, der auf die Urkunde vertrauende Dritte müsse sich mit dem Ersatz seines Vertrauensschadens begnügen.

[16] Ablehnend *Flume* § 49 4; *Bienert,* Anscheinsvollmacht und Duldungsvollmacht, 1975; *Wolf* S. 596; *Lüderitz* in: Beiträge zum deutschen und israelischen Privatrecht, 1977, S. 70f. Für eine Beschränkung der Anscheinsvollmacht auf den Bereich des Handelsrechts, im übrigen für eine Haftung nur auf den Vertrauensschaden, *Canaris* aaO. S. 48ff., 191ff.; JZ 76, 133; *Lange/Köhler* § 48 III 3b 2; *Medicus* Rdz. 969ff., 972; *Litterer* aaO. S. 142ff. Dieser Ansicht ist zuzustimmen. Konsequent ist jedoch die Auffassung des BGH, daß der Geschäftsgegner, *sofern* er den Vetretenen aufgrund einer Anscheinsvollmacht auf Erfüllung in Anspruch nehmen kann, sich nicht daneben (wahlweise) gemäß § 179 an den Vertreter halten kann; vgl. BGHZ 61, 59, 68; BGH, JZ 83, 989.

[17] *Peters,* JZ 79, 214. Dagegen *Medicus* Rdz. 971.

Grund dieses Rechtsscheins und zugleich seiner Zurechenbarkeit an den Vollmachtgeber ist die von diesem extern ausgesprochene Bevollmächtigung in Verbindung mit der Unterlassung eines in einem solchen Fall zu erwartenden externen Widerrufs oder einer entsprechenden Mitteilung.[18] Die „Anzeige" im Sinne des § 170 ist nicht eine Willenserklärung – dann wäre sie ein externer Widerruf –, sondern einfache Mitteilung.[19] Für sie muß dasselbe gelten wie für die „besondere Mitteilung" im Sinne des § 171. Sie setzt also Geschäftsfähigkeit voraus; die §§ 119 bis 123 können analog angewendet werden.

Den gleichen Vertrauensschutz genießt nach § 171 derjenige, dem die Erteilung der Vollmacht durch eine besondere Mitteilung bekanntgemacht war; im Fall öffentlicher Bekanntmachung der Vollmacht ist bis zu deren öffentlichem Widerruf jeder geschätzt. Der Rechtsschein der dem Vertreter ausgehändigten Vollmachtsurkunde bleibt bis zu deren Rückgabe oder Kraftloserklärung wirksam (§ 172 Abs. 2). Auch in diesen Fällen endet jedoch die Vertretungsmacht, wenn dem Dritten ein externer Widerruf oder eine entsprechende Erlöschensanzeige zugeht.[20]

II. Die Rechtsscheinhaftung in Verbindung mit der Abtretung einer Forderung

Eine zweite Fallgruppe der Rechtsscheinhaftung findet sich im Schuldrecht, und zwar in Verbindung mit der Abtretung einer Forderung.[21]

Wenn der Schuldner eine Urkunde über die Schuld ausgestellt hat und die Forderung darauf von dem Gläubiger unter Vorlegung der Urkunde abgetreten wird, dann kann sich nach § 405 der Schuldner dem neuen Gläubiger gegenüber nicht darauf berufen, daß die Eingehung der Schuld nur zum Schein erfolgt oder die Abtretbarkeit der Forderung durch Vereinbarung mit dem ursprünglichen Gläubiger (gemäß § 399, zweite Alternative) ausgeschlossen sei. Im ersten Fall, dem des Scheingeschäfts (§ 117 Abs. 1), war eine Schuld nicht entstanden, im zweiten ist die Abtretung nichtig. Der neue Gläubiger erwirbt dennoch die Forderung, es sei denn, daß er bei der Abtretung „den Sachverhalt kannte oder kennen mußte". Der Schuldner wird also dem neuen Gläubiger gegenüber so verpflichtet, wie wenn die Forderung bestanden hätte, die Abtretung gültig gewesen wäre. Geschützt wird das Vertrauen des neuen Gläubigers auf das Bestehen und die Abtretbarkeit der Forderung, freilich (nach dem eng gefaßten Gesetzeswortlaut), nur insoweit als dem eine der beiden genannten Einwendungen – und nicht eine andere – entgegensteht.

---

[18] Dazu *Canaris* aaO. S. 135f.

[19] Anders auch hier wieder *Flume* § 51 9. Für ihn ist die Anzeige nichts anderes als ein externer Widerruf.

[20] Vgl. *Canaris* aaO. S. 137 (zu Anm. 16).

[21] Sch. R. I § 34 I.

Der Schuldner, der eine Urkunde über eine von ihm nur zum Schein eingegangene Verpflichtung ausstellt, erweckt damit bewußt den Anschein des Bestehens einer Forderung. Er muß damit rechnen und rechnet vielleicht auch damit, daß Dritte auf den von ihm geschaffenen Anschein vertrauen. Das gleiche gilt, wenn er es unterläßt, die Vereinbarung der Nichtabtretbarkeit in den Schuldschein aufzunehmen. In der wissentlichen Schaffung eines Rechtsscheins sieht *Canaris*[22] den Grund für die Zurechnung des Scheintatbestandes. Folgerichtig tritt er für eine Ausdehnung des Vertrauensschutzes über die engen Grenzen des § 405 hinaus ein, einmal auf mündliche Erklärungen des Schuldners, zum anderen auf andere Einwendungen als die im Gesetz genannten, sofern sie nur dem Schuldner bekannt waren. Ob dem zu folgen ist, muß hier offen bleiben. Bedenken ergeben sich immerhin daraus, daß der Gesetzgeber den Schutz des Forderungserwerbers auf das Bestehen der ihm abgetretenen Forderung bewußt in engen Grenzen gehalten hat. Am ehesten wird man einen erweiterten Vertrauensschutz dann bejahen können, wenn der Schuldner das Bestehen der Schuld und das Nichtvorliegen von Einwendungen auf Anfrage des (demnächstigen) Erwerbers diesem bestätigt, die Schuld „anerkennt“.[23] In diesem Fall weiß er, daß seine Auskunft für den Entschluß des anderen von Bedeutung ist, daß dieser darauf vertraut. Verschweigt er ihm eine Einwendung, mit der er selbst rechnet, so muß er für den von ihm bewußtermaßen hervorgerufenen Anschein einer Rechtslage einstehen; d. h. er verliert die Einwendung gegenüber dem auf seine Auskunft vertrauenden Erwerber.

Das Vertrauen auf die *Mitteilung* einer Rechtsänderung oder deren Verlautbarung in einer Urkunde wird im Recht der Forderungsabtretung noch in einem anderen Fall geschützt.[24] Zeigt der Gläubiger dem Schuldner an, daß er die Forderung abgetreten habe, dann muß er die mitgeteilte Abtretung gegen sich gelten lassen, auch wenn sie in Wahrheit nicht erfolgt oder aber aus irgendeinem Grunde nicht wirksam war. Der Schuldner wird daher befreit, wenn er an den vermeintlichen neuen Gläubiger leistet. Das gleiche gilt, wenn der Gläubiger eine Urkunde über die Abtretung ausstellt und der darin als der neue Gläubiger Bezeichnete sie dem Schuldner vorlegt (§ 409). Der Schuldner soll sich darauf verlassen können, daß das ihm Mitgeteilte oder in der Urkunde Verlautbarte richtig ist. Nach h. L. und nach der Rechtsprechung kommt es dabei nicht auf seinen guten Glauben an.[25] Vom Schuldner wird nicht verlangt, die Richtigkeit der ihm zugegangenen Mitteilung nachzuprüfen; was ihm von dritter Seite mitgeteilt wird, kann er ignorieren. Insoweit geht der Schutz, der § 409 dem Schuld-

---

[22] a.a.O. S. 86ff.
[23] Dazu *Canaris* a.a.O. S. 102ff.
[24] Vgl. Sch. R. I § 34 IV.
[25] *MünchKomm/Roth* 10, *Palandt/Heinrichs* 1 zu § 409.

ner gewährt, noch über den bloßen Vertrauensschutz hinaus.[26] Der Schuldner soll kein Risiko laufen; er soll sich an die ihm vom Gläubiger gemachte Mitteilung oder die Urkunde halten können, auch wenn er Grund hat, an ihrer Richtigkeit zu zweifeln. Nur wenn ihm der Sachverhalt in einer jeden Zweifel ausschließenden Weise bekannt ist und seine Berufung auf die ihm gemachte Mitteilung den ganzen Umständen nach als arglistig anzusehen ist, muß sein Schutz entfallen. Die Anzeige kann nur mit Zustimmung dessen zurückgenommen werden, der darin als der neue Gläubiger bezeichnet ist. Sie kann nicht deshalb angefochten werden, weil sie unrichtig, die Abtretung in Wahrheit nicht erfolgt sei, wohl aber – in Analogie zu den §§ 119ff. –, deshalb, weil die Mitteilung, so wie sie für den Empfänger zu verstehen ist, etwas anderes besagt, als der Mitteilende sagen wollte, oder weil er zu der *Mitteilung* durch arglistige Täuschung oder durch Drohung veranlaßt worden ist. Sie ist insofern nicht anders zu behandeln als die „besondere Mitteilung" der erfolgten Bevollmächtigung.

III. Die Haftung aus einer weisungswidrig ausgefüllten Blanketturkunde

Es ist anerkannt, daß jemand eine Willenserklärung auf die Weise abgeben kann, daß er seine Unterschrift unter eine noch unvollständige Erklärung (oder auf ein leeres Blatt) setzt und einen anderen dazu ermächtigt, das Blankett – meist in einem bestimmten Sinne, innerhalb eines bestimmten Rahmens – auszufüllen und, wenn das geschehen, dem Empfänger zu übermitteln. Der Vorgang hat, auf den ersten Blick, einige Ähnlichkeit mit der Bevollmächtigung. Denn der zur Ausfüllung Ermächtigte ist, wie ein Bevollmächtigter, dazu befugt, nach seinem Dafürhalten und seiner Entschließung Rechtsfolgen für den Aussteller der Urkunde herbeizuführen. Aber der Ermächtigte handelt selbst dann nicht „im Namen" des Ausstellers, wenn er die Urkunde erst in Gegenwart des Empfängers, also „offen", ausfüllt, oder wenn der Empfänger weiß, daß es sich um ein ausgefülltes Blankett handelt. Der Ermächtigte gibt nicht selbst, als Vertreter eines anderen, die Erklärung ab, sondern vervollständigt lediglich die vom Aussteller herrührende Erklärung, die dieser durch seine Unterschrift regelmäßig als seine eigene zu erkennen gibt und demgemäß grundsätzlich als solche gelten lassen muß.[27] Er wirkt lediglich bei der inhaltlichen Ausgestaltung einer Erklärung des Ausstellers wie auch bei ihrer Übermittlung mit. Wegen seiner Mitwir-

[26] Nach *Roth* – in *MünchKomm* 2 zu § 409 – kann die Bestimmung deshalb nicht als ein Fall der Rechtsscheinhaftung eingeordnet werden. Sie steht dieser aber doch sehr nahe, auch wenn sie für einen Teil der Fälle noch weiter geht. Die Meinung, die Anzeige bewirke den Übergang der Forderung, wird auch von *Roth* (Rdz. 7 u. 10) abgelehnt.

[27] H. L.; vgl. *v. Tuhr* Bd. II, S. 415; Bd. III, S. 338; *Enn./N.* § 155 I 2c; *Flume* § 15 II 1d; *Medicus* Rdz. 910f.; *Lange/Köhler* § 48 VIII 1 u. 2; *MünchKomm/Thiele* 19 zu § 172. Abweichend *Canaris* aaO. S. 55 für das offene Blankett, da hier der Empfänger erkenne, daß keine fertige Erklärung des Ausstellers überbracht, sondern die Erklärung erst durch den Blankettinhaber „perfiziert", d. h. in

kung an der inhaltlichen Ausgestaltung der Erklärung ist er aber nicht lediglich Bote, auch wenn er, im Falle des ,,verdeckten" Blanketts, dem Empfänger als solcher erscheinen mag.

Die Blanketterklärung bietet insoweit keine besonderen Schwierigkeiten, als sich der Ausfüllende bei der Ausfüllung im Rahmen der ihm erteilten Ermächtigung gehalten hat. In Analogie zu § 166 Abs. 1 kann der Aussteller die Erklärung anfechten, wenn sich der Ermächtigte bei der Ausfüllung in einem nach § 119 beachtlichen Irrtum befunden hat oder zu ihr durch Täuschung oder Drohung veranlaßt wurde. Ebenso kann er anfechten, wenn er sich selbst bei der Niederschrift der von ihm abgefaßten Teile der Erklärung in einem derartigen Irrtum befunden hat oder zu seiner Unterschrift durch Täuschung oder Drohung veranlaßt worden ist. Die Ermächtigung zur Ausfüllung eines Blanketts ist, wie die Bevollmächtigung, einseitiges Rechtsgeschäft. Sie erfolgt regelmäßig *intern* und in Verbindung mit der Aushändigung der unterschriebenen Urkunde. Auch für das Erlöschen der erteilten ,,Ausfüllungsmacht" können die Vorschriften über die Vollmacht entsprechend herangezogen werden. Ebenso kann § 165 entsprechend angewendet werden.

Problematisch ist die Rechtsfolge, wenn der Ermächtigte den Rahmen der ihm erteilten Ermächtigung überschreitet, die Urkunde entgegen der ihm erteilten Weisung ausfüllt oder sie ausfüllt und begibt, nachdem die ihm erteilte Rechtsmacht erloschen ist. Hinter der Erklärung steht dann nicht mehr der Wille des Ausstellers, sie gelten zu lassen. Die früher im Schrifttum vorherrschende Lehre wollte daher dem Aussteller der Erklärung die *Anfechtung* wegen Irrtums gestatten, da er eine Erklärung dieses Inhalts nicht habe abgeben wollen.[28] Auf diese Weise würde er dem Empfänger dann nur nach § 122 auf dessen Vertrauensschaden haften, nicht aber auf Erfüllung in Anspruch genommen werden können. Die neuere Lehre und der BGH[29] wollen dagegen den Aussteller an der Erklärung mit dem ihr vom Überbringer gegebenen Inhalt ohne Anfechtungsmöglichkeit festhalten. Denn, so sagt der BGH,[30] ,,wer eine Blankettunterschrift leistet und aus der Hand gibt, schafft damit die Möglichkeit, daß das Blankett entgegen oder abweichend von seinem Willen ausgefüllt und in den Verkehr gebracht wird. Er begründet einen Rechtsschein, auf Grund dessen er dem darauf Vertrauenden haftet". Meist werden die Vorschriften über die Vollmachtsurkunde analog angewandt. Dem ist jedenfalls im Ergebnis zuzustimmen.

Geltung gesetzt wurde. M. E. hat jedoch die Unterschrift des Ausstellers den Sinn, daß er den darüber stehenden, vom Inhaber (abredegemäß) vervollständigten Text vollinhaltich als *seine* Erklärung gelten lassen will.

[28] So *v. Tuhr* Bd. II, S. 415, 571 f.; *Oertmann* 3β zu § 126; *Enn./N.* 167 II 1 (aber mit Hinweis auf mögliche Rechtsscheinhaftung in Anm. 4); *G. Fischer,* Die Blanketterklärung, 1975, S. 83 ff.

[29] *Flume* § 23 II c; *Soergel/Hefermehl* 16 zu § 119; *Lange/Köhler* § 48 VIII 3; *Medicus* Rdz. 913; *Brox* Rdz. 376; *MünchKomm/Thiele* 22 zu § 172; BGHZ 40, 65 u. 297. Eingehend *Canaris* aaO. S. 54 ff.

[30] BGHZ 40, 67.

Die Blanketturkunde bezeugt zwar nicht, wie eine Vollmachtsurkunde, *durch ihren Inhalt,* daß eine Ermächtigung erteilt worden sei. Aber ihre *Innehabung* begründet in Verbindung mit den Umständen in den Fällen ihrer „offenen" Ausfüllung für den Empfänger der Erklärung den *Anschein,* daß der Überbringer zu ihrer Ausfüllung innerhalb der Grenzen, die sich aus dem bei solchen Erklärungen Üblichen oder zu Erwartenden ergeben, ermächtigt sei.[31] Bleibt die Ausfüllung innerhalb dieses Rahmens, so kann der Empfänger annehmen, der Aussteller wolle mit seiner Unterschrift die Erklärung, so wie sie ausgefüllt wurde, decken, d. h. als die seinige gelten lassen. Auf diesen, dem Aussteller zurechenbaren Rechtsschein muß sich der Empfänger so lange verlassen können, als nicht die Umstände ihm erheblichen Anlaß zu einem Zweifel geben. Der Rechtsschein einer durch die Unterschrift des Ausstellers voll gedeckten, dem Anschein nach seiner Weisung entsprechend ausgefüllten Erklärung ist dem Aussteller deshalb zurechenbar, weil er das Risiko nicht weisungsgemäßer Ausfüllung mit der Übergabe des Blanketts bewußt geschaffen und auf sich genommen hat. Da er es in der Hand hat, nicht nur, ob er ein Blankett ausstellt, sondern auch, wem er die Ausfüllung anvertraut, ist er jedenfalls „näher daran", die Folgen der nicht weisungsgemäßen Ausfüllung zu tragen, als der Empfänger, der hierauf keinen Einfluß hatte. Im Falle der „verdeckten" Ausfüllung erweckt die Urkunde den Anschein, entweder, daß sie vollinhaltlich von dem Aussteller selbst herrührt, oder daß sie doch von einem dazu Befugten ausgefüllt worden sei. Zwar können die Umstände so sein, daß sie zu Zweifeln Anlaß geben. Soweit das nicht der Fall ist, muß der Empfänger auf das ordnungsgemäße Zustandekommen der Erklärung auch hier vertrauen können. Der Aussteller, der das Risiko weisungswidriger Ausfüllung der von ihm offen gelassenen Teile „seiner" Erklärung – das über das gewöhnliche Risiko, sich über den Inhalt seiner Erklärung zu irren, weit hinausgeht – bewußt geschaffen hat, muß sich so behandeln lassen, als sei die Erklärung vollinhaltlich die seinige, ohne die Abweichung ihres Inhalts von seinem Willen durch eine Anfechtung zur Geltung bringen zu können. Wer Blankette ausstellt und aus der Hand gibt, muß wissen, daß er damit ein Risiko eingeht.

Der Aussteller des Blanketts kann den Rechtsschein dadurch zerstören, daß er dem Adressaten der Erklärung rechtzeitig, bevor diesem das ausgefüllte Blankett übermittelt wird, mitteilt, daß der Inhaber der Urkunde zu ihrer Ausfüllung nicht oder nicht mehr ermächtigt sei. Weiß der Empfänger, daß der Ausfüllende zur Ausfüllung nicht befugt war oder seine Befugnis überschritten hat, so kann er die Erklärung nicht als eine solche des Ausstellers betrachten; sie ist für diesen dann nicht verbindlich, ohne daß es einer Anfechtung bedarf.[32]

---

[31] So zutreffend *Canaris* aaO. S. 57ff. Teilweise anders *G. Fischer* aaO. S. 67ff.

[32] So auch *Flume* aaO.; *Medicus* Rdz. 914.

IV. Normiertes Schweigen im kaufmännischen Verkehr

Nach § 362 HGB gilt, wenn einem Kaufmann, dessen Gewerbebetrieb die Besorgung von Geschäften für andere mit sich bringt, ein Antrag über eine solche Geschäftsbesorgung von jemand zugeht, mit dem er in Geschäftsverbindung steht, sein Schweigen als Annahme des Antrags, sofern er nicht unverzüglich antwortet. Nach einem in der Rechtsprechung vielfach bestätigten[33] Gewohnheitsrechtssatz gilt ferner im kaufmännischen Verkehr das Schweigen auf ein sogenanntes Bestätigungsschreiben als Zustimmung zu seinem Inhalt, wenn nicht der Empfänger ihm unverzüglich widerspricht. Unter einem ,,Bestätigungsschreiben" versteht man die schriftliche Wiederholung und Zusammenfassung des Inhalts eines von den Parteien zuvor mündlich ausgehandelten und entweder bereits geschlossenen oder doch als nunmehr abschlußreif betrachteten Vertrages. Es dient also der Klarstellung oder der endgültigen Fixierung dessen, worauf sich die Parteien schließlich geeinigt haben; es soll künftige Streitigkeiten über das ,,ob" des Vertragsschlusses und vor allem über den Inhalt des Vertrages nach Möglichkeit ausschließen. Dieser Zweck macht es erforderlich, daß der Empfänger sich alsbald dazu äußert, wenn er den Inhalt nicht gelten lassen will, da andernfalls die Unsicherheit andauern würde. Der Absender, der glaubt, nur das festgehalten zu haben, worüber man sich bereits einig geworden war, wird in der Regel das Ausbleiben eines Widerspruchs dahin deuten, daß der Empfänger mit ihm der gleichen Meinung ist, den Vertrag mit dem in dem Bestätigungsschreiben angeführten Inhalt als geschlossen ansieht. Nur dann darf er das, wie auch in der Rechtsprechung anerkannt ist, nicht annehmen, wenn ,,der Inhalt des Bestätigungsschreibens von dem Inhalt der Besprechungen so weit abweicht, daß der Absender vernünftigerweise nicht mit einem Einverständnis des Empfängers rechnen kann".[34]

Wir haben früher (oben § 19 IV) gesehen, daß das Schweigen in einer bestimmten Situation als eine Willenserklärung durch ,,schlüssiges Verhalten" ausgelegt werden kann; dann nämlich, wenn es als *Mittel der Kundgabe eines bestimmten Rechtsfolgewillens* erscheint. Es ist dann ein ,,beredtes Schweigen". In den Fällen des § 362 HGB und des kaufmännischen Bestätigungsschreibens kann das Schweigen umso eher als Ausdruck einer Annahme oder Zustimmung gedeutet werden, als anzunehmen ist, daß sich jeder Kaufmann[35] der durch Gesetz oder Verkehrssitte generell festgelegten Bedeutung des Schweigens in solcher Situa-

---

[33] Nachweise bei *Soergel/Heinr. Lange/Hefermehl* 37ff. zu § 145; *Staudinger/Dilcher* 49ff. vor §§ 116ff.; grundlegend *Krause,* Schweigen im Rechtsverkehr, 1933. Zum heutigen Stand vgl. *Medicus* Rdz. 440ff.; *Lange/Köhler* § 40 I; neuestens *Litterer* aaO. S. 114ff.

[34] So der BGH, BGHZ 40, 42, 44; 61, 283, 286.

[35] Zur Anwendung der Regel auf Nichtkaufleute BGHZ 40, 42 43f.

tion auch bewußt sein wird. Es liegt daher nahe, die Wirkung des Schweigens auch in diesen Fällen noch auf eine „stillschweigende" Willenserklärung zurückzuführen.[36] Nun ist man sich aber im Ergebnis darüber einig, daß es für die Wirkung des Schweigens nicht darauf ankommt, ob dem Empfänger des Bestätigungsschreibens – oder des Vertragsantrags im Fall des § 362 HGB – *im Einzelfall* die Bedeutung seines Schweigens bewußt war oder nicht. Der Zweck des Rechtssatzes, dem Antragenden (im Fall des § 362 HGB) oder dem Absender des Bestätigungsschreibens bei Ausbleiben einer Antwort nach angemessener Zeit die Gewißheit zu verschaffen, daß sein Antrag angenommen, der Vertrag mit dem in dem Bestätigungsschreiben niedergelegten Inhalt in Geltung getreten ist, würde vereitelt, wenn der Empfänger des Antrags oder des Bestätigungsschreibens hernach einwenden könnte, er habe gemeint, sein Schweigen bedeute nichts oder er habe nur aus Versehen oder Unkenntnis der Vorgänge nicht geantwortet, keinesfalls aber, um damit seine Zustimmung zu erklären. Vor allem diejenigen, die für das Vorliegen einer Willenserklärung das sogenannte *Erklärungsbewußtsein* verlangen (oben § 19 III), geraten mit der Deutung des Schweigens als Willenserklärung in Schwierigkeiten; denn dieses Bewußtsein fehlt jedenfalls in den zuletzt genannten Fällen. Aber auch, wenn man, wie wir, für das Vorliegen einer Willenserklärung die *Zurechenbarkeit der Erklärungsbedeutung* (d. h. der Bedeutung *als* einer Willenserklärung) genügen läßt, gibt es Fälle, in denen es daran fehlen kann, die Wirkung aber gleichwohl eintreten muß; so, wenn der Empfänger des Bestätigungsschreibens dieses – etwa weil er verreist oder krank ist oder weil er es übersehen hat – gar nicht zur Kenntnis genommen hat. Denn dann konnte er sich auch der Bedeutung seines Untätigbleibens als eines beredten Schweigens nicht bewußt werden; es ist ihm daher nicht als Willenserklärung zurechenbar. Selbst wenn man aber die Zurechenbarkeit als Willenserklärung auch in solchen Fällen noch bejahen wollte, müßte man dem Empfänger dann zum mindesten die *Anfechtung gestatten,* weil er eine rechtsgeschäftliche Erklärung überhaupt nicht abgeben wollte. Man ist sich aber darüber weitgehend heute einig, daß die ge-

---

[36] Das versucht *Kramer* in MünchKomm 50ff. zu § 119, 21ff. zu § 151. Er beschränkt deshalb die Wirkung des Schweigens auf die Fälle, in denen der Absender des Bestätigungsschreibens die mündlichen Abreden lediglich präzisiert oder in „konsensfähiger" Weise (Rdn. 37 zu § 151) ergänzt hat, da er nur in diesen Fällen mit einer Zustimmung rechnen durfte, im Falle weitergehender Abweichungen oder Ergänzungen aber nicht. Lägen solche vor, bliebe das Schweigen ohne Bedeutung. Ob aber eine Ergänzung – z. B. die Einfügung einer Lieferfrist, über die noch nicht gesprochen war – für den Empfänger „konsensfähig" war und, wenn nicht, ob der Absender dies erkennen mußte, dürfte sich oft kaum entscheiden lassen. Andererseits will auch *Kramer* in den Fällen, in denen der Absender das Schweigen des Empfängers als Zustimmung deuten durfte, ebenso wie die h. L. die Anfechtung des Empfängers wegen Irrtums über die Bedeutung seines Schweigens als Zustimmung, und bei Unkenntnis oder Mißverständnis des Bestätigungsschreibens wenigstens im Falle mangelnder Sorgfalt, wegen des „bei Handelsgeschäften besonders gesteigerten Vertrauens – bzw. Verkehrsschutzbedürfnisses" ausschließen. Insoweit nähert er sich der hier vertretenen Meinung wieder.

nannten Rechtssätze auch die Anfechtung wegen eines Irrtums über die Bedeutung des Schweigens *als* Annahme oder Zustimmung ausschließen.

Die Erkenntnis, daß sich die weitergehende Wirkung des Schweigens im Falle des § 362 HGB und des kaufmännischen Bestätigungsschreibens nicht allein im Rahmen der Rechtsgeschäftslehre begründen läßt, hat zu verschiedenen anderen Deutungsversuchen geführt. So hat man aus der bestehenden Geschäftsverbindung oder den gepflogenen Vertragsverhandlungen eine Rechtspflicht[37] oder doch eine ,,Obliegenheit"[38] zur Beantwortung ableiten wollen, deren Verletzung eben die genannte Wirkung haben soll. Allein diese Lehren vermögen nicht verständlich zu machen, warum dann die Rechtsfolge der Verletzung hier nicht nur eine Schadensersatzpflicht, sondern die eines – unanfechtbar – geschlossenen Vertrages und folglich eine Erfüllungspflicht ist. *Flume* meint,[39] das Schweigen auf ein kaufmännisches Bestätigungsschreiben sei ,,nicht eine Erklärung, sondern ein ,,Nicht-Erklären". Wenn er fortfährt, der Inhalt des Schreibens ,,gelte" als ,,rechtsgeschäftliche Regelung", dann bleibt jedoch zu fragen, weshalb. *Litterer*[40] sieht die Rechtfertigung der Haftung wegen des Schweigens auf ein Bestätigungsschreiben in einer Analogie zu § 362 HGB. Aber auch hier ist die Frage nach der ratio legis zu stellen. *Diederichsen*[41] und *Canaris*[42] sehen die Antwort im Gedanken der Rechtsscheinhaftung in Verbindung mit der verfestigten oder typisierten Bedeutung eines derartigen Verhaltens im kaufmännischen Verkehr. Ihnen ist grundsätzlich zuzustimmen.[43] Allerdings ist der Tatbestand, auf den man vertrauen kann, hier nicht, wie in den meisten bisher erörterten Fällen, eine Mitteilung oder urkundliche Bezeugung – daß eine Vollmacht erteilt, eine Forderung abgetreten sei –, sondern ein Verhalten, dem im Verkehr, generell, die Bedeutung einer zustimmenden Erklärung beigelegt wird. Vertraut wird nicht auf die Richtigkeit der Mitteilung oder Beurkundung, auch nicht auf das Vorhandensein einer Ausfüllungsbefugnis oder darauf, daß die vom Aussteller unterschriebene Erklärung vollinhaltlich von ihm stammt, sondern darauf, daß durch das als Willenserklärung erscheinende Verhalten (das Schweigen des Empfängers) eine *endgültige Bindung eingetreten* ist.[44] Das rückt die Haftung doch wieder sehr in die Nähe der Haftung aus Rechtsgeschäften. Sie unterscheidet sich

---

[37] *Fabricius,* JuS 66, 50ff.

[38] *Hanau,* AcP 165, 220, 239ff.

[39] *Flume* § 36 5.

[40] *Litterer* aaO. S. 115ff.

[41] JuS 66, 129.

[42] aaO. S. 196ff.; 206ff.; zur typisierten Bedeutung im kaufmännischen Verkehr S. 218ff.

[43] So auch *Lange/Köhler* § 40 I; *Staudinger/Dilcher* 53 vor §§ 116ff.

[44] Daher kein Vertrauensschutz, wenn der Empfänger gegenüber dem Absender den Vertragsschluß von einer schriftlichen Annahmeerklärung abhängig gemacht hatte; BGH, NJW 70, 2104.

von ihr im praktischen Ergebnis fast nur durch den Ausschluß der Anfechtung wegen Irrtums über die Bedeutung des Schweigens.

Der Grund dafür, daß derjenige, der durch sein Schweigen einen Vertrauenstatbestand setzt, nicht nur den Vertrauensschaden zu ersetzen hat, sondern auf die Erfüllung haftet, liegt einmal in dem gesteigerten Bedürfnis des kaufmännischen Verkehrs nach Sicherheit, zum anderen darin, daß man einem Kaufmann ein größeres Maß an Sorgfalt bei der Durchsicht und Beantwortung seiner geschäftlichen Post zumuten und von ihm erwarten darf, als einem Privatmann. Läßt er es daran fehlen oder versäumt er es, entsprechende Vorsorge in seinem Betriebe zu treffen, dann muß das daraus resultierende Risiko unbeabsichtigten „Schweigens" ihm zur Last fallen.[45]

Ausgeschlossen ist die Anfechtung wegen des Irrtums über die Bedeutung des Schweigens (als Annahme des Vertragsantrags oder als Zustimmung zum Inhalt des Bestätigungsschreibens), mag der Irrtum nun auf Unkenntnis des Zugangs eines solchen Antrags oder Schreibens oder, was selten vorkommen wird, auf Unkenntnis der verkehrsmäßigen Bedeutung des Schweigens in solcher Lage beruhen. Wenn aber der Empfänger des Antrags oder des Bestätigungsschreibens in Kenntnis der Rechtsfolge *bewußt* geschwiegen hat, weil er den Antrag annehmen, den Inhalt des Bestätigungsschreibens gelten lassen *wollte,* dann darf er nicht schlechter stehen, als wenn er die Annahme oder Zustimmung ausdrücklich erklärt hätte. Er muß daher in diesem Fall anfechten können, wenn er den Antrag oder das Bestätigungsschreiben in seinem Inhalt mißverstanden hat und sich deshalb über den Inhalt seiner eigenen, zustimmenden Erklärung geirrt hat.[46] Nicht dagegen kann er auch deshalb anfechten, weil er infolge eines Erinnerungsfehlers der Meinung war, das (von ihm richtig verstandene) Bestätigungsschreiben stimme inhaltlich mit dem Ergebnis der mündlichen Verhandlung überein. Denn in diesem Fall wollte er durch sein Schweigen eben das zum Ausdruck bringen, was es besagt, nämlich daß er seinen Inhalt als vereinbar gelten lassen wolle. Ein Erklärungsirrtum liegt also nicht vor; die irrige Annahme, der Inhalt des Schreibens stimme mit dem mündlich Vereinbarten überein, ist nur ein Irrtum im Motiv.[47] Bei arglistiger Täuschung durch den Absender des Schreibens freilich kann der Empfänger nach § 123 anfechten.

Die Fälle des Schweigens auf einen Vertragsantrag unter den Voraussetzungen des § 362 HGB und auf ein kaufmännisches Bestätigungsschreiben liegen hart an

---

[45] *Canaris* spricht darum (S. 228ff.) von einer „Rechtsscheinhaftung kraft kaumännischen Betriebsrisikos".

[46] Im einzelnen ist hier vieles streitig. Vgl. dazu *Canaris* aaO. S. 205, 210f.; *Medicus* Rdz. 442, ähnlich wie hier *Erman/Hefermehl* 12 zu § 147; *Kramer* (wenn auch nur für die von ihm für relevant gehaltenen Fälle) in MünchKomm 51 zu § 119. Zu demselben Ergebnis kommt *Litterer* aaO. S. 126 aufgrund der Annahme, in diesen Fällen liege eine (konkludente) Willenserklärung vor, es komme daher die Haftung ex lege gar nicht zur Anwendung.

[47] So zutreffend *Canaris* aaO. S. 211. Vgl. auch BGH, NJW 69, 1711.

der Grenze des Vertrauensschutzes *im Rahmen der Rechtsgeschäftslehre* und der Rechtsscheinhaftung *in Ergänzung der Haftung aus Rechtsgeschäften*. In vielen Fällen hat das Schweigen in der Tat die Bedeutung einer als solcher zurechenbaren Willenserklärung; die Rechtsfolge ist dann eine rechtsgeschäftliche. Aber es kommt nicht darauf an, ob dem auch *im Einzelfall* so ist, und vor allem: das Fehlen des Bewußtseins, eine Willenserklärung, sei es überhaupt, sei es dieses Inhalts, abzugeben, wird auch nicht, wie normalerweise bei Willenserklärungen, durch die Gewährung der Anfechtungsmöglichkeit berücksichtigt. Der unter solchen Umständen Schweigende muß sein Schweigen als das gelten lassen, was es objektiv besagt: als Zustimmung; er kann seine Haftung nicht gemäß § 122 auf das Vertrauensinteresse des anderen beschränken, sondern schuldet Vertragserfüllung. Das geht über den Vertrauensschutz im Rahmen der Rechtsgeschäftslehre hinaus. Es zeigt sich indessen, daß das Prinzip der Selbstbindung – das in der Rechtsgeschäftslehre dominiert – und das Prinzip des Einstehens für das durch eigenes Verhalten begründete Vertrauen, das in der „Rechtsscheinhaftung" nur eine besondere Ausprägung gefunden hat, *miteinander* den Rechtsverkehr bestimmen, und daß diese Prinzipien in *verschiedener Weise* miteinander kombiniert werden können. Von den Fällen strenger Selbstbindung im Vertrag (bei Vorliegen auch des „inneren" Konsenses) über die der Bindung an die zurechenbare Erklärungsbedeutung (mit Anfechtungsmöglichkeit und nachfolgender Verpflichtung zum Ersatz des Vertrauensschadens) führt die Stufenfolge zum Ausschluß der Anfechtungsmöglichkeit und weiter zur Bindung an den entweder bewußt hervorgerufenen oder sonst zu vertretenden Anschein einer bestimmten Rechtslage, zur „Rechtsscheinhaftung".

Die hier angeführten Fälle einer Rechtsscheinhaftung erschöpfen deren Anwendungsbereich bei weitem nicht. Eines ihrer wichtigsten Anwendungsgebiete ist das Wertpapierrecht.[48] Auf dieses kann hier so wenig eingegangen werden wie auf die Frage, ob sich gewisse allgemeine Leitgedanken für alle Fälle einer – noch über den Bereich der Rechtsscheinhaftung hinausgreifenden – Vertrauenshaftung auffinden lassen.[49] Hier muß es genügen, das Prinzip einer die Haftung aus Rechtsgeschäften *ergänzenden* Rechtsscheinhaftung an einigen Beispielen deutlich gemacht zu haben.

---

[48] Vgl. Sch. R. II § 66 II.
[49] Dazu *Canaris* aaO. S. 491 ff.

Fünftes Kapitel. Vorschriften über Fristen, Termine und Sicherheitsleistung

§ 34. Die Auslegung von Frist- und Terminbestimmungen

Bei der Erörterung der Auslegung von Willenserklärungen (oben § 19 II e) wurde darauf hingewiesen, daß das Gesetz neben Auslegungsgrundsätzen, die den Richter lediglich anweisen, *wie* er die Auslegung einer Willenserklärung vorzunehmen hat, auch einige „materiale Auslegungsregeln" enthält, die für den Fall, daß die Auslegung nach den allgemeinen Grundsätzen zu keinem zweifelsfreien Ergebnis führt, eine bestimmte Bedeutung der Erklärung als diejenige angeben, die dann („im Zweifel") als maßgebend anzusehen ist. Solche materialen Auslegungsregeln gibt das Gesetz für die Auslegung von Frist- und Terminbestimmungen in den §§ 186 ff. Sie gelten nicht nur für die Auslegung der in Rechtsgeschäften, sondern auch der in gesetzlichen Vorschriften und gerichtlichen Verfügungen enthaltenen Frist- und Terminbestimmungen. Soweit sie sich auf gesetzliche Vorschriften beziehen, haben sie die Funktion von erläuternden Rechtssätzen.[1]

Die §§ 186 ff. gelten für das Gesamtgebiet des Privatrechts. Für das Prozeßrecht enthält die ZPO teils eigene Bestimmungen (so § 221 ZPO für den Anfang einer Frist), teils verweist sie auf die Bestimmungen des BGB (§ 222 ZPO).

Wenn für den *Beginn einer Frist,* wie das häufig der Fall ist, ein bestimmtes Ereignis – z. B. der Empfang einer Willenserklärung, einer Mitteilung oder einer Aufforderung – oder ein in den Lauf eines Tages fallender Zeitpunkt maßgebend ist, dann wird bei der Berechnung der Frist der Tag nicht mit eingerechnet, in welchen das Ereignis oder der Zeitpunkt fällt (§ 187 Abs. 1). Das Gesetz will auf diese Weise vermeiden, daß bei einer Frist, die nach Tagen oder längeren Zeitabschnitten, z. B nach Wochen oder Monaten bemessen ist, Bruchteile von Tagen in Ansatz kommen. Ist die Frist nach Tagen berechnet, so endet sie mit dem Ablauf des letzten Tages (§ 188 Abs. 1) und nicht im Laufe dieses Tages. Hat also A dem B zur Vornahme einer Handlung am Montag um 10 Uhr eine Frist von drei Tagen gesetzt, so läuft die Frist am Donnerstag um 24 Uhr, nicht schon um 10 Uhr, ab. Ist die Frist nach Wochen oder Monaten bestimmt, so endet sie in der Regel mit Ablauf desjenigen Tages der letzten Woche oder des letzten Monats der Frist, der dem Tag entspricht, auf den das für den Beginn der Frist maßgebende Ereignis fällt (§ 188 Abs. 2, erste Alternative). Betrüge also in dem gedachten Fall die Frist zwei Wochen, so würde sie am zweiten Montag nach dem

---

[1] Über erläuternde Rechtssätze vgl. *meine* Methodenlehre der Rechtswissenschaft 5. Aufl. S. 247 ff.

Montag, an dem sie gesetzt wurde, um 24 Uhr enden. Die Nichteinrechnung des Tages, in dessen Lauf das die Frist in Gang setzende Ereignis fällt, bewirkt eine Verlängerung der Frist um so viele Stunden oder Minuten, als an der Vollendung dieses Tages beim Eintritt des Ereignisses noch fehlen.

Anders ist dagegen zu rechnen, wenn der Beginn eines Tages der für den Anfang einer Frist maßgebende Zeitpunkt ist (Beispiel: eine Frist soll mit dem 1. 10. beginnen). Dann wird dieser Tag in die Frist eingerechnet, und demgemäß endet sie mit dem Ablauf des Tages, der dem sich aus der vorigen Berechnungsart ergebenden Tage vorausgeht (§ 187 Abs. 2 Satz 1, zur Beendigung vgl. § 188 Abs. 1 und Abs. 2, zweite Alternative). Die mit dem 1. 10., einem Mittwoch, beginnende Frist von einer Woche würde also mit dem Ablauf des folgenden Dienstags, d. h. am 7. 10. um 24 Uhr, enden. Eine Frist von einem Monat, die mit dem Ende der Gerichtsferien (§ 199 GVG), d. h. mit dem Beginn des 16. 9. zu laufen beginnt, endet mit dem Ablauf des 15. 10. Wird ein innerhalb dieser Monatsfrist einzureichender Schriftsatz erst am 16. 10. eingereicht, so ist er verspätet.[2] Die gleiche Berechnungsart soll angewandt werden bei der Berechnung des Lebensalters (§ 187 Abs. 2 Satz 2). Der Tag der Geburt wird also auf jeden Fall mitgerechnet, auch wenn die Geburt in der letzten Minute des Tages stattgefunden hat. Das am 1. 10. geborene Kind hat daher ohne Rücksicht auf die Uhrzeit der Geburt sein erstes Lebensjahr mit dem Ablauf des 30. 9. des folgenden Jahres vollendet. Der 1. 10. des folgenden Jahres, der sogenannte Geburtstag, ist also jeweils der erste Tag eines neuen, nicht der letzte des ablaufenden Lebensjahres. Wer seinen achtzehnten Geburtstag feiert, ist an diesem Tage bereits volljährig.

Die Bestimmungen der §§ 187, 188 sind nicht anzuwenden, wenn eine Frist nach einem kürzeren Zeitabschnitt als nach Tagen, etwa nach Stunden oder Minuten, bemessen ist. Eine Frist von 24 Stunden läuft am nächsten Tage zur gleichen Uhrzeit ab, zu der sie begann. Keine Bestimmung trifft das Gesetz für den Fall, daß eine Frist „bis" zu einem bestimmten Tage gelten soll. Da ein einheitlicher Sprachgebrauch nicht besteht,[3] ist hier von Fall zu Fall zu prüfen, ob eine Frist, die bis zum 15. 1. gelten soll, mit dem Ablauf des 14. 1. oder erst mit dem des 15. 1. endet. Nach dem in dieser Hinsicht in Deutschland unterschiedlichen Sprachgebrauch spricht in Bayern wohl eine Vermutung für die erste Annahme, weil man hier, sollte der 15. 1. noch in die Frist eingerechnet werden, statt „bis" „mit" sagen würde, während im übrigen Deutschland, in dem dieser Sprachgebrauch unbekannt ist, eine solche Vermutung nicht am Platze ist.[4] Eine Frist „bis zum Ende des Monats" oder „bis zum Ende des Jahres" schließt immer den letzten Tag des Monats oder des Jahres mit ein.

---

[2] BGHZ 5, 275.
[3] Vgl. RGZ 105, 417, 419; *Staudinger/Dilcher* 8 zu § 188.
[4] So auch RGZ 95, 20.

Unter einem halben Jahre wird eine Frist von sechs Monaten, unter einem Vierteljahre eine Frist von drei Monaten, unter einem halben Monat eine Frist von fünfzehn Tagen verstanden (§ 189 Abs. 1). Ist ein Zeitraum nach Monaten oder Jahren in solcher Weise bestimmt, daß er nicht zusammenhängend zu verlaufen braucht, so ist der Monat zu dreißig, das Jahr zu dreihundertundfünfundsechzig Tagen zu rechnen (§ 191). Unter dem Anfang eines Monats wird der erste, unter der Mitte des Monats der fünfzehnte und unter dem Ende des Monats der letzte Tag dieses Monats verstanden (§ 192). Wird eine Frist verlängert, so wird die neue Frist von dem Ablauf der vorigen an berechnet (§ 190). Danach bestimmt sich der Ablauf der ganzen, zusammenhängenden Frist nach § 188.

Ist an einem bestimmten Tage oder innerhalb einer bestimmten Frist eine Erklärung abzugeben oder eine Leistung zu bewirken, und fällt der bestimmte Tag oder der letzte Tag der Frist auf einen Sonntag, einen am Erklärungs- oder Leistungsort staatlich anerkannten Feiertag oder einen Sonnabend, so tritt an die Stelle des bestimmten Tages oder des letzten Tages der Frist der folgende Werktag (§ 193).[5] Durch diese Bestimmung will das Gesetz dem Umstand Rechnung tragen, daß die Abgabe der Erklärung oder die Vornahme der Leistungshandlung nach den geschäftlichen Gepflogenheiten an Sonn- und Feiertagen, heute auch an Sonnabenden, vielfach nicht möglich oder doch nicht zumutbar ist, weil an diesen Tagen kein geschäftlicher Verkehr stattfindet. Im Falle der Verlängerung einer Frist (§ 190) ist diese Bestimmung aber nur für das Ende der verlängerten und nicht etwa auch für das der ursprünglichen Frist anzuwenden. Das ergibt sich m. E. daraus, daß § 193 nur bezweckt, es demjenigen, der innerhalb einer Frist eine Erklärung abzugeben oder eine Leistung zu bewirken hat, zu ermöglichen, die Frist voll auszunutzen; dieser Zweck entfällt im Falle der Verlängerung der Frist. Unter dem ,,Ablauf der vorigen Frist" im Sinne des § 190 ist daher der Tag zu verstehen, an dem sie ohne Berücksichtigung des § 193 geendet hätte. War also der letzte Tag der ursprünglichen Frist ein Sonntag, so ist dieser in die gesamte Frist wie alle Sonntage, mit Ausnahme desjenigen Sonntags, der den letzten Tag der Frist darstellt, mit einzurechnen.[6]

---

[5] Die Bestimmung ist nicht auf eine Kündigung anzuwenden, wenn es um die Frage geht, ob eine Kündigungsfrist gewahrt ist. Denn ,,Kündigungsfristen sind Mindestfristen, die dem Gekündigten unverkürzt zur Verfügung stehen sollen". So BGHZ 59, 265, 267. Einschränkend aber BGH, NJW 75, 40. Vgl. auch MünchKomm/*v. Feldmann* 6, *Staudinger/Dilcher* 7f., *Palandt/Heinrichs* 2b zu § 193.

[6] Str. Wie hier RGZ 131, 337; MünchKomm/*v. Feldmann* 1, *Erman/Brox* 1 zu § 190; *Lange/Köhler* § 17 III; anders jedoch für prozessuale Fristen BGHZ 21, 43; dem folgen *Staudinger/Dilcher* 2 u. 4, *Palandt/Heinrichs* 1 zu § 190. Ein sachlicher Grund hierfür ist nicht einzusehen; so auch *MünchKomm/v. Feldmann* aaO.

§ 35. Vorschriften über Sicherheitsleistung

In manchen Fällen ordnet das Gesetz an, daß ein Schuldner seinem Gläubiger Sicherheit zu leisten habe oder einen Nachteil durch Sicherheitsleistung abwenden könne – so, um nur einige dieser Fälle zu nennen, in den §§ 257 Satz 2, 273 Abs. 3, 321, 509, 562, 775 Abs. 2, 1039 Abs. 1 Satz 2, 1051, 1067 Abs. 2. Es gibt für diese Fälle einige allgemeine Regeln in den §§ 232ff. Sie sind einigermaßen unproblematisch; nur der Vollständigkeit halber werden sie im folgenden aufgeführt. Die Sicherheit besteht im allgemeinen darin, daß der Gläubiger die Möglichkeit erhält, sich wegen seiner Forderung aus bestimmten Vermögensgegenständen des Schuldners mit Vorrang vor dessen übrigen Gläubigern zu befriedigen; im Falle der Bürgschaft in der Gewinnung eines weiteren Schuldners. Dadurch werden die Aussichten des Gläubigers, im Wege der Zwangsvollstreckung für seine Forderung Befriedigung zu erlangen, wesentlich erhöht. Das Gesetz bestimmt in § 232 zunächst, in welcher Art, falls nichts anderes in der betreffenden Gesetzesvorschrift bestimmt oder von den Parteien vereinbart ist, die Sicherheit geleistet werden kann, und in den §§ 233ff. sodann, was bei den verschiedenen Arten der zugelassenen Sicherheitsleistung im einzelnen zu beachten ist. Insgesamt zählt es sieben zulässige Arten der Sicherheitsleistung auf. Zwischen den verschiedenen zugelassenen Arten hat der Schuldner die Wahl; nur die Sicherheitsleistung durch die Stellung eines Bürgen ist ihm erst dann gestattet, wenn ihm eine Sicherheitsleistung auf eine der anderen Arten nicht möglich ist (§ 232 Abs. 2). Die Stellung eines Bürgen bringt dem Gläubiger geringere Sicherheit als eine der anderen Arten, weil er nicht dagegen geschützt ist, daß auch der Bürge in Vermögensverfall gerät.

Nicht genannt unter den zulässigen Sicherungsmitteln ist die Sicherungsübereignung. Das Gesetz hat sie ursprünglich nicht vorgesehen; sie hat sich im wesentlichen als Ersatz für die dem Gesetz nicht bekannte Mobiliarhypothek erst in der Praxis durchgesetzt. Der Gläubiger braucht sich also, wenn ihm das Gesetz das Recht gewährt, Sicherheit zu verlangen, auf das Angebot einer Sicherungsübereignung beweglicher Sachen nicht einzulassen; gibt er sich indessen damit zufrieden, so kann der Schuldner seiner Pflicht auch auf diese Weise nachkommen, da die §§ 232ff. als dispositives Recht anzusehen sind.

Die nach § 232 zugelassenen Sicherungsmittel sind:

1. Die *Hinterlegung von Geld oder Wertpapieren.* Die Hinterlegung erfolgt bei einer amtlichen Hinterlegungsstelle; solche Stellen sind nach § 1 Abs. 2 der Hinterlegungsordnung vom 10. 3. 1937 die Amtsgerichte. Wird Geld hinterlegt, so erwirbt an im Inland geltenden gesetzlichen und gesetzlich zugelassenen Zah-

lungsmitteln[1] der Fiskus, d.h. der Staat als Vermögenssubjekt, das Eigentum; Wertpapiere dagegen werden unverändert aufbewahrt (§§ 7, 9 HO). Mit der Hinterlegung erwirbt der Berechtigte, also der Gläubiger, ein Pfandrecht an den hinterlegten Wertpapieren; hinsichtlich des hinterlegten Geldes, das in das Eigentum des Fiskus übergeht, erwirbt er ein Pfandrecht an der Forderung des hinterlegenden Schuldners auf Rückerstattung (§ 233). Weitere Vorschriften hinsichtlich der Eignung von Wertpapieren zur Sicherheitsleistung enthält § 234. Es muß sich danach um solche Wertpapiere handeln, die auf den Inhaber lauten, einen Kurswert haben und im Sinne des § 1807 und der hierzu ergangenen Verordnungen „mündelsicher" sind. Mit Wertpapieren kann Sicherheit nur in Höhe von drei Vierteln ihres derzeitigen Kurswertes geleistet werden (§ 234 Abs. 3).

Wer durch Hinterlegung von Geld oder Wertpapieren Sicherheit geleistet hat, ist berechtigt, das hinterlegte Geld gegen geeignete Wertpapiere, die hinterlegten Wertpapiere gegen Geld oder andere geeignete Wertpapiere auszutauschen (§ 235). Dabei ist § 234 Abs. 3 zu beachten. Das Umtauschrecht ist für den Hinterleger dann von Wert, wenn die von ihm hinterlegten Wertpapiere im Kurse so sehr gestiegen sind, daß ihr jetziger Kurswert den unter Beachtung des § 234 Abs. 3 errechneten Sollwert erheblich übersteigt; die neu von ihm hinterlegten Wertpapiere brauchen diesen Sollwert nur zu erreichen. Sinkt umgekehrt der Kurswert unter den Sollwert, so ist der Schuldner nach § 240 verpflichtet, die Sicherheit so zu ergänzen, daß sie den Sollwert wieder erreicht, oder anderweitige genügende Sicherheit zu leisten.

2. Die *Verpfändung von Forderungen,* die in das *Schuldbuch* des Bundes oder eines Landes eingetragen sind. Auch hier kann die Sicherheit nur in Höhe von drei Vierteln des Kurswertes derjenigen Schuldverschreibungen geleistet werden, deren Aushändigung der Gläubiger der Buchforderung gegen die Löschung seiner Forderung verlangen kann (§ 236).

3. Die *Verpfändung beweglicher Sachen* gemäß §§ 1205ff. Mit einer beweglichen Sache kann Sicherheit nur in Höhe von zwei Dritteln ihres Schätzungswerts geleistet werden. Sachen, deren Verderb zu besorgen oder deren Aufbewahrung, etwa wegen ihres Umfanges oder der hierfür erforderlichen Einrichtungen mit besonderen Schwierigkeiten verbunden ist, kann der Gläubiger zurückweisen (§ 237).

4. Die *Bestellung von Schiffshypotheken* an Schiffen oder Schiffsbauwerken, die in einem deutschen Schiffsregister oder Schiffsbauregister eingetragen sind.

5. Die *Bestellung von Hypotheken* an inländischen Grundstücken.

6. Die *Verpfändung von Forderungen,* für die eine *Hypothek* an einem inländischen Grundstück besteht, sowie die *Verpfändung von Grundschulden* und *Rentenschulden* an inländischen Grundstücken. Hierzu bestimmt § 238 Abs. 1, daß eine Hypo-

[1] Ausländische Zahlungsmittel dürften im Sinne dieser Bestimmung als „Wertpapiere" zu behandeln sein; vgl. *Staudinger/Dilcher* 2, *Soergel/Fahse* 3, *Erman/Hefermehl* 1 zu § 232; MünchKomm/*v. Feldmann* 1 zu § 233. Als „Geld" sieht sie dagegen – jedoch unter entsprechender Anwendung des § 234 Abs. 3 – *Heinrichs* an; so *Palandt/Heinrichs* 3 zu § 232, 1 zu § 372.

thekenforderung, eine Grundschuld oder eine Rentenschuld zur Sicherheitsleistung nur geeignet ist, wenn sie den Voraussetzungen der „Mündelsicherheit" entspricht. Die h. L. wendet diese Bestimmung entsprechend auch auf den Fall der Sicherheitsleistung durch die Bestellung einer Hypothek an.[2]

Für den Fall der Verpfändung einer Hypothekenforderung (und nur für diesen Fall) gilt ferner die Bestimmung des § 238 Abs. 2, nach der eine Forderung, für die eine Sicherungshypothek besteht, zur Sicherheitsleistung nicht geeignet ist. Eine Sicherungshypothek ist, im Gegensatz zur „Verkehrshypothek", eine Hypothek, bei der sich das Recht aus der Hypothek (das dingliche Verwertungsrecht am Grundstück) streng nach der ihr zugrundeliegenden Forderung richtet (§ 1184). Das bedeutet, daß der Erwerber einer solchen Hypothekenforderung hinsichtlich der Hypothek nicht durch den öffentlichen Glauben des Grundbuchs geschützt wird, wenn die Forderung nicht besteht oder ihr Einwendungen entgegenstehen. Das gleiche gilt für den Erwerber eines Pfandrechts an einer solchen Hypothekenforderung. Besteht die Forderung in Wahrheit nicht, so erwirbt er das Pfandrecht weder an der Forderung noch an der Hypothek. Wegen dieser Unsicherheit für den Erwerber erscheint dem Gesetz das Pfandrecht an einer Forderung, für die nur eine Sicherungshypothek besteht, als keine hinreichende Sicherheit.

7. Die Stellung eines *„tauglichen Bürgen"*. Sie ist, wie bemerkt, nur hilfsweise, d. h. nur dann, wenn die Sicherheit nicht in einer anderen Weise geleistet werden kann, zulässig. Ein Bürge ist „tauglich", wenn er „ein der Höhe der zu leistenden Sicherheit angemessenes Vermögen besitzt und seinen allgemeinen Gerichtsstand im Inland hat" (§ 239 Abs. 1).[3] Durch das Erfordernis des inländischen Gerichtsstandes soll gewährleistet sein, daß die Rechtsverfolgung gegen ihn im Inland möglich ist. Erforderlich ist eine Bürgschaft, bei der der Bürge auf die Einrede der Vorausklage verzichtet hat (§ 239 Abs. 2).

Der Schuldner hat, wenn er ausreichende Sicherheit geleistet hat, dafür zu sorgen, daß sie weiterhin *ausreichend bleibt*. Er hat sie daher zu ergänzen oder aber anderweitige Sicherheiten zu leisten, wenn sie ohne Verschulden des Berechtigten unzureichend wird (§ 240). Unzureichend werden kann sie sowohl durch eine nachträgliche Erhöhung der Schuld, wie durch eine nachträgliche Entwertung der Sicherheit. War die Sicherheit von Anfang an unzureichend, so bedarf es einer analogen Anwendung des § 240 nicht;[4] solange der Schuldner die Sicherheit nicht auf einen ausreichenden Stand gebracht hat, hat er seiner Pflicht zur Sicherheitsleistung, wenn eine solche bestand, noch nicht genügt, und treten daher die für ihn günstigen Rechtsfolgen einer Sicherheitsleistung nicht ein.

---

[2] *Enn./N.* § 243 Anm. 18; *Soergel/Fahse* 1, *Erman/Hefermehl* 2, MünchKomm/*v. Feldmann* 1 a. E. zu § 238; *Staudinger/Dilcher* 9 zu § 232.

[3] Ein regelmäßiges Einkommen ist nach h. L. dem Vermögen gleichzustellen; so *Enn./N.* § 243 Anm. 21; *Erman/Hefermehl* 2, *Soergel/Fahse* 2, MünchKomm/*v. Feldmann* 1, *Palandt/Heinrichs* 1 zu § 239. Es muß freilich darauf ankommen, wie hoch das Einkommen im Verhältnis zu der zu leistenden Sicherheit, und wie „sicher" es ist.

[4] So auch *Staudinger/Dilcher* 2, *Soergel/Fahse* 3, MünchKomm/*v. Feldmann* 1, *Palandt/Heinrichs* 1, *Erman/Hefermehl* 3 zu § 240; a. A. *Enn./N.* § 243 Anm. 23.

Sachverzeichnis

(Die Zahlen verweisen auf die Seiten, kursive Seitenzahlen auf die Hauptstellen)

Verzeichnis der Gesetzesstellen

(Fette Zahlen = Gesetzesparagraphen, magere Zahlen = Seiten; kursive Seitenzahlen verweisen auf die Hauptstellen)

Verzeichnis der Gesetzesstellen

Fette Zahlen = Gesetzesparagraphen

2. Einführungsgesetz zum Bürgerlichen Gesetzbuch

3. Gesetz betreffend die Abzahlungsgeschäfte (Abzahlungsgesetz)

Verzeichnis der Gesetzesstellen

40. Einführungsgesetz zur Zivilprozeßordnung

41. Gesetz über die Zwangsversteigerung und die Zwangsverwaltung